Historische Gärten
in Schleswig-Holstein

Herausgegeben von
Adrian von Buttlar und Margita Marion Meyer
unter Mitarbeit von
Birgit Alberts, Jörg Matthies und Thomas Messerschmidt

Verlag Boyens & Co.

Mit Text- und Bildbeiträgen von
Birgit Alberts – Karen Asmussen-Stratmann – Dörte Beier
Sylvia Borgmann – Michael Breckwoldt – Ilsabe von Bülow
Adrian von Buttlar – Ronald Clark – Nils Claussen – Helga de Cuveland
Karen David-Sirocko – Mareile Ehlers – Kirsten Eickhoff-Weber
Christa Fiedler – Gisela Floto – Klara Frantz – Imke Gode
Heinz Hahne – Burkhard von Hennigs – Annette Henning – Hjördis Jahnecke
Silke Kuhnigk – Felix Lühning – Barbara Martins – Jörg Matthies
Thomas Messerschmidt – Margita Marion Meyer – Michael Paarmann
Renate Paczkowski – Kai Pörksen – Hans-Helmut Poppendieck
Dagmar Rösner – Ingrid Alexandra Schubert
Heiko K. L. Schulze – Gisela Thietje – Christa Trube

Ausgezeichnet mit dem Preis
Kultur Aktuell Schleswig-Holstein 1996
des Landeskulturverbandes
Schleswig-Holstein e.V.

Das Forschungsprojekt „Historische Gärten in Schleswig-Holstein" wurde in
Zusammenarbeit des Kunsthistorischen Instituts der Universität Kiel mit dem Landesamt für
Denkmalpflege Schleswig-Holstein durchgeführt.
Das Projekt wurde seit 1991 gefördert durch:
Ministerium für Wissenschaft, Forschung und Kultur des Landes Schleswig-Holstein,
Kulturstiftung des Landes Schleswig-Holstein,
Deutsche Forschungsgemeinschaft DFG.
Die Publikation wurde ermöglicht durch einen Druckkostenzuschuß der
Kulturstiftung des Landes Schleswig–Holstein und der
Peter-Hirschfeld-Stiftung an der Christian-Albrechts-Universität zu Kiel.

Schutzumschlag: Schloßgarten Eutin (Photo Borgmann), Altona – Buchumschlag von Hans Leip 1928.

ISBN 3-8042-0790-1

2., durchgesehene Auflage 1998

© 1996 Westholsteinische Verlagsanstalt Boyens & Co., Heide
Alle Verwertungsrechte vorbehalten.
Herstellung: Westholsteinische Verlagsdruckerei Boyens & Co., Heide
Printed in Germany

Inhaltsverzeichnis

Vorwort 7

Adrian von Buttlar: Historische Gärten in
  Schleswig-Holstein – Funktion, Gestalt,
  Entwicklung 11
Hans-Helmut Poppendieck: Historische Zier-
  pflanzen in schleswig-holsteinischen Gärten
  und Parkanlagen 60
Margita Marion Meyer: Gartendenkmalpflege
  in Schleswig-Holstein – Geschichte und
  Aktualität historischer Gärten 75

Katalog der Gärten
Ahrensbök (S. Kuhnigk) 95
Ahrensburg (H. de Cuveland) 100
Altona:
 – Elbgärten (S. Borgmann) 110
 – Klein Flottbek (S. Borgmann) 132
 – Gartenbauausstellung 1914
   (M. Breckwoldt) 149
 – Volkspark (M. Breckwoldt) 152
Ascheberg (M. M. Meyer) 158
Bad Oldesloe (B. v. Hennigs) 166
Blomenburg (K. David-Sirocko) 168
Blumendorf (B. v. Hennigs) 173
Bredeneek (J. Matthies/I. A. Schubert) 178
Breitenburg (H. Jahnecke) 181
Charlottenberg (I. A. Schubert) 191
Deutsch-Nienhof (M. M. Meyer) 194
Eckhof (K. Frantz) 198
Emkendorf (K. Pörksen) 208
Eutin (G. Thietje) 215
Flensburg:
 – Margarethenhof (T. Messerschmidt) 230
 – Marienhölzung (T. Messerschmidt) 232
 – Christiansen-Gärten und Alter Friedhof
   (T. Messerschmidt) 234
 – Stadtpark (T. Messerschmidt) 247
Friedrichsruh (M. Ehlers) 249
Friedrichstadt (N. Claussen) 255

Gelting (A. v. Buttlar) 257
Glücksburg (I. Gode) 265
Glückstadt (J. Matthies) 270
Grabau (J. Matthies) 276
Gudow (I. v. Bülow) 279
Gülzow (I. A. Schubert) 282
Hamfelde (I. A. Schubert) 286
Hanerau (M. M. Meyer) 288
Haseldorf (K. Asmussen-Stratmann) 293
Heiligenstedten (B. Alberts) 297
Hochdorf (M. M. Meyer) 304
Hörst (J. Matthies) 308
Hohenstein (I. A. Schubert) 311
Husum (H. de Cuveland) 320
Jersbek (B. v. Hennigs) 328
Karlsburg (J. Matthies) 338
Kellinghusen (J. Matthies) 342
Kiel:
 – Schloßgarten (B. Alberts) 345
 – Brümmerscher Garten (R. Paczkowski) 356
 – Düsternbrooker Gehölz (B. Martins) 359
 – Fruchtbaumschule (B. Martins) 365
 – Forstbaumschule (B. Martins) 368
 – Alter Botanischer Garten
   (B. Martins/C. Trube) 372
 – Schrevenpark (J. Matthies) 378
 – Werftpark (D. Beier) 381
Knoop (K. Pörksen) 389
Krummendiek (J. Matthies) 394
Lauenburg (J. Matthies/I. A. Schubert) 397
Lehmkuhlen (J. Matthies/I. A. Schubert) 402
Louisenlund (C. Fiedler) 410
Ludwigsburg (M. M. Meyer) 426
Lübeck:
 – Wallanlagen (T. Messerschmidt) 429
 – Stadtpark (H. Hahne) 433
 – Garten Dr. Linde (T. Messerschmidt) 436
 – Marly (H. Hahne) 438
Meischenstorf (I. A. Schubert) 440
Nehmten (A. v. Buttlar) 443

Neudorf (A. v. Buttlar) 452
Neumünster (K. Eickhoff-Weber) 457
Niendorf/Stecknitz (M. M. Meyer) 461
Panker und Hessenstein
   (T. Messerschmidt) 464
Perdöl (I. A. Schubert) 470
Plön (S. Kuhnigk/R. Clark) 472
Rantzau (H. Jahnecke) 485
Rastorf (A. v. Buttlar) 492
Reinbek (H. de Cuveland) 497
Rixdorf (I. A. Schubert) 506
Rundhof (B. Alberts) 510
Salzau (I. A. Schubert) 513
Schierensee (M. M. Meyer) 526
Schleswig:
  – Gärten der Gottorfer Residenz
    (T. Messerschmidt) 533
  – Das Globushaus im Neuwerk-Garten
    (F. Lühning) 546
  – Die Skulpturenausstattung des Neuwerk-
    Gartens (M. Paarmann) 552
  – Der Gottorfer Herkules im Neuwerk-Garten
    (H. K. L. Schulze) 556
  – Der Gottorfer Codex (H. de Cuveland) 559
  – Palais Dernath (G. Thietje) 563
Seebüll (M. Breckwoldt) 567
Seestermühe (K. Asmussen-Stratmann) 573
Sielbeck (T. Messerschmidt) 580

Steinhorst (K. Asmussen-Stratmann) 584
Stendorf (G. Thietje) 587
Testorf (J. Matthies) 591
Travenort (J. Matthies/I. A. Schubert) 598
Traventhal (S. Kuhnigk) 601
Tremsbüttel (D. Rösner) 609
Uetersen (H.-H. Poppendieck) 612
Wandsbek:
  – Schloßpark (A. v. Buttlar) 614
  – Garten Lengercke (I. A. Schubert) 621
Wassersleben (J. Matthies/I. A. Schubert) 623
Waterneverstorf (I. A. Schubert) 625
Weissenhaus (I. A. Schubert) 635
Wilster (M. M. Meyer) 640
Wotersen (I. A. Schubert) 643
Wyk auf Föhr (J. Matthies) 647

Anhang
Biographien 650
Liste der Stinzenpflanzen 676
Fachausdrücke 682
Abkürzungsverzeichnis 685
Literaturverzeichnis 686
Abbildungsnachweis 717
Autorenverzeichnis 719
Register 722
Danksagung 746

Vorwort

Schleswig-Holstein war und ist – trotz großer Substanzverluste – noch immer reich an historischen Gärten und Parkanlagen, deren künstlerische, regionalgeschichtliche und kulturlandschaftliche Bedeutung bislang kaum erkannt wurde. Dieses lebendige Erbe der Landschaftskunst und Gartenarchitektur aus vier Jahrhunderten wird häufig nicht einmal bewußt wahrgenommen. Wichtigstes Ziel der vorliegenden Publikation ist es deshalb, die Ergebnisse eines mehrjährigen wissenschaftlichen Forschungsprojektes an der Christian-Albrechts-Universität zu Kiel nicht nur der Fachwelt, sondern auch einer breiteren Öffentlichkeit vorzustellen und durch anschauliche Texte und Bilddokumente die Augen zu öffnen für die historische Bedeutung, die gestalterischen Qualitäten und botanischen Besonderheiten dieser einst prächtigen, heute nur noch fragmentarisch erhaltenen Anlagen.

Daß von vielen historischen Gärten – zumindest auf den ersten Blick – nur noch Spuren erkennbar sind und kaum ein Park gegenwärtig seinem authentischen Sollzustand entspricht, liegt nicht zuletzt daran, daß mit den ursprünglichen Nutzungen in der Regel auch die notwendige Pflege aufgegeben oder reduziert wurde. Gärten sind als ‚Kunstwerke auf Zeit‘ aus vergänglichem Material geformt und verlieren ohne ordnende Eingriffe rasch ihre Konturen. Sie sind nicht nur wechselnden Idealen und Moden, sondern auch dem Wandel ihrer gesellschaftlichen Funktion unterworfen, was sich an ihren historischen Gestaltungsschichten gut ablesen läßt. Die beiden Weltkriege markieren deutliche Einschnitte in die traditionellen Lebens- und Repräsentationsformen der Eigentümer, für die die aufwendigen Parks nicht selten zur Last geworden sind. Aber auch die öffentliche Grünplanung ist von den hohen reformerischen Ansprüchen des 19. und frühen 20. Jahrhunderts abgerückt.

Ursächlich für Verfall, Verwilderung oder gar Untergang von historischen Gärten ist neben natürlicher Überalterung, Funktionsverlust und Pflegedefiziten aber sicherlich auch ein Mangel an gartenhistorischen Kenntnissen. Nach Pionierleistungen zu Anfang unseres Jahrhunderts stößt die kunstwissenschaftliche Gartenforschung erst seit einigen Jahren wieder auf wachsendes Interesse. Als Antwort auf die skrupellose Vernutzung der Ware Natur ist eine zögernde Anerkennung historischer Gärten und Landschaften als schutzwürdige Denkmäler der Kunst- und Kulturgeschichte im Gange – stellen diese doch nicht nur museale Werte dar, sondern auch sinnlich erlebbare Reservate früherer Naturerfahrungen und Naturstimmungen, darüber hinaus Lebensräume seltener Tier- und Pflanzenwelten. Die Forderung nach sachgerechter Pflege und Wiederherstellung alter Gärten und Kulturlandschaften führte in jüngster Zeit zur Etablierung der Gartendenkmalpflege. Deren sichtbare Erfolge wiederum machten einige der bedeutendsten historischen Anlagen – etwa das Wörlitzer Gartenreich des Fürsten Franz von Anhalt-Dessau oder die Gärten des Fürsten Pückler-Muskau – wieder populär und lassen sie in mancher Region sogar zu einem respektablen Tourismusfaktor werden.

Schleswig-Holstein hat mit dem 1991 begonnenen Forschungsprojekt seinen Kenntnisrückstand nicht nur aufgeholt, sondern setzt neue Maßstäbe für die Regionalforschung. Spielten die hiesigen Gärten – von wenigen Ausnahmen abgesehen – in der Forschung bislang eher eine Nebenrolle, etwa in Peter Hirschfelds grundlegendem Werk über die *„Schlösser und Herrenhäuser in Schleswig-Holstein"* (1980[5]), aus der literaturwissenschaftlichen Perspektive der Arbeiten Dieter Lohmeiers und Wolfgang Kehns oder in bezug auf die Erforschung der schleswig-holsteinischen Landschaftsmalerei, so können wir in der vorliegenden Dokumentation erstmals eine repräsentative Auswahl von etwa einhundert historisch bedeutsamen Parks und Gärten des Landes ausführlich vorstellen. Viele waren bisher nicht einmal dem Namen nach bekannt. Auch wenn manche Fragen, etwa nach der Wechselwirkung mit der Gartengeschichte Dänemarks, weiterer Erforschung bedürfen und manche schwer zugängliche Quelle noch unberücksichtigt bleiben mußte, läßt sich aus dem schätzungsweise zu zwei Dritteln unpublizierten Quellen- und Bildmaterial des Kataloges ein recht differenziertes Bild der schleswig-holsteinischen Gartenkunstgeschichte gewinnen. Die Aspekte, die dabei berücksichtigt wurden, sind vielfältig: Entstehung und geschichtliche Entwicklung der Gärten, die Großformen der Gartenarchitektur, die Baulichkeiten, Pflanzungen, Wegesysteme und Ausstattungselemente sind ebenso einbezogen wie – nach Möglichkeit – ihre inhaltlich-programmatischen Aussagen, zumal im Hinblick auf das geistige, politische und persönliche Umfeld der Auftraggeber. Ein zweiter Katalog umfaßt Biographien der für die hiesige Gartenkunst relevanten Architekten, Gartengestalter und Künstler.

Der junge Forschungszweig ‚Historische Pflanzenverwendung' konnte zwar nicht systematisch berücksichtigt werden, doch ermöglichen die Bestimmung vor Ort, die Auswertung vieler Pflanzenlisten und botanischer Traktate sowie ein fachwissenschaftlicher Beitrag, einschließlich eines Kataloges der sogenannten Stinzenpflanzen, ein erstes Bild der lokalhistorischen Gartenbotanik.

Aus pragmatischen Gründen wurden bei der Erfassung die heutigen politischen Grenzen, allerdings unter Einbeziehung Altonas und der Elbgärten, zugrunde gelegt, so daß nur vergleichend auf kunsthistorisch relevante Beispiele im heutigen Dänemark (Nordschleswig) verwiesen werden kann, während Objekte im Lauenburgischen auch dann Berücksichtigung finden, wenn sie vor der Eingliederung in den Gesamtstaat (1816) bzw. in die preußische Provinz Schleswig-Holstein (1876) entstanden sind.

Die Anfänge der hiesigen Gartenkultur werden in der zweiten Hälfte des 16. Jahrhunderts greifbar, der gartenkünstlerische Schwerpunkt der Untersuchung liegt in den barocken Gestaltungen des 17. und frühen 18. Jahrhunderts (Residenz- und Gutsgärten) und den in weit größerem Umfang erhaltenen Landschaftsgärten des späten 18. und 19. Jahrhunderts (Gutsgärten, Villengärten, öffentliche Stadt- und Volksgärten).

Doch ist auch die Epoche der modernen Reformgartenbewegung von der Jahrhundertwende bis zum Ende der Weimarer Republik (Hausgärten, Stadtgärten, Kuranlagen, Überformung älterer Gärten) durch einige erstaunliche Beispiele dokumentiert. Hingegen bleiben spezifische Gattungen der Gartenarchitektur, die von anderen Disziplinen erforscht werden, wie etwa Bauerngärten und Friedhöfe, ausgeklammert.

Eine flächendeckende Inventarisation aller historischen Gärten und Parkanlagen Schleswig-Holsteins wurde ebenso wenig angestrebt wie eine entsprechende Schematisierung der Bestandsaufnahme. Die Auswahl, die angesichts der großen Zahl von Gütern und kommunalen Anlagen im Lande zwangsläufig den einen oder anderen Garten von Bedeutung vermissen lassen wird, richtete sich u. a. auch nach der Zugänglichkeit von Objekt und Quellenmaterial sowie nach spezifischen Erkenntnisinteressen der Bearbeiter. Den Autoren und Autorinnen waren, was den methodischen Zugang zum Objekt und den Stil ihrer Darstellung betrifft, innerhalb eines gemeinsam entwickelten Rahmens aus gutem Grunde Freiheiten gelassen, so daß sich der Katalog als Sammlung von individuellen Namensbeiträgen versteht. Ein gewisses Maß an Subjektivität scheint zum einen dem zu vermittelnden künstlerischen Charakter der Gärten angemessener als eine pseudo-objektive, neuerdings häufig mit Wissenschaft verwechselte Sammlung computergerechter Daten; zum anderen entspricht dies der individualistischen Struktur der Forschungsgruppe, die ihrer Größe und Herkunft nach den engen akademischen Rahmen sprengt.

Den Anstoß, einschlägige Forschungs- und Lehrerfahrungen am Kunsthistorischen Institut der Christian-Albrechts-Universität zu einem gartenhistorischen Forschungsprojekt auszubauen, verdanken wir der damaligen Ministerin für Wissenschaft, Forschung und Kultur des Landes Schleswig-Holstein, Marianne Tidick, und ihrem ehemaligen Staatssekretär Peter Kreyenberg. Das Ministerium hat zusammen mit Schleswig-Holsteins Kulturstiftung die erste Phase des Projektes 1991–1993 durch Finanzierung einer wissenschaftlichen Mitarbeiterstelle und Sachmittel ermöglicht. Marianne Tidick, die in den vergangenen Jahren bei vielen Gelegenheiten für die Sache der historischen Gärten und Kulturlandschaften eingetreten ist, sei an dieser Stelle für ihr Engagement herzlich gedankt. Dank gilt der Kulturstiftung auch dafür, daß sie die Publikation unserer Ergebnisse durch einen Druckkostenzuschuß ermöglicht hat. Rita Hirschfeld, der Witwe des ehemaligen Landeskonservators Peter Hirschfeld (1900–1988), dessen langjährige Bestrebungen in unserem Forschungsprojekt aufgegriffen werden, sind wir durch die 1995 an der Christian-Albrechts-Universität eingerichtete Peter-Hirschfeld-Stiftung zur Förderung der kunstgeschichtlichen Landesforschung verbunden. Der allererste Beitrag aus diesem Fonds ermöglichte eine großzügige Auswahl bei der Bilddokumentation.

Den wichtigsten Eckpfeiler des Forschungsprojektes bildete die enge Kooperation mit dem Landesamt für Denkmalpflege, namentlich mit Landeskonservator Johannes Habich und Oberkonservator Deert Lafrenz, die auf der Grundlage des Schleswig-Holsteinischen Denkmalschutzgesetzes bereits die Unterschutzstellung von Gartenanlagen betrieben hatten, ohne jedoch aufgrund ihrer vielfältigen Aufgaben systematische Forschungen durchführen zu können. Zum einhundertsten Geburtstag der Denkmalpflege in Schleswig-Holstein hat Ministerin Tidick 1993 dem Landesamt eine Dezernentenstelle für Gartendenkmalpflege zugeordnet, die aus dem Projekt heraus besetzt wurde. In der Person der Mitherausgeberin blieb somit das Landesamt in leitender Funktion auch in der zweiten Phase mit dem Forschungsprojekt verbunden.

Diese zweite Projektphase vom Herbst 1994 bis Frühjahr 1996, die der vertieften wissenschaftlichen Auswertung, Ergänzung und Bearbeitung des Materials und der Texte gewidmet war, wurde dankenswerterweise von der Deutschen Forschungsgemeinschaft DFG finanziert: Birgit Alberts, Jörg Matthies und Thomas Messerschmidt gebührt als wissenschaftlichen Mitarbeitern bei der Redaktion für außergewöhnlichen Einsatz außerordentliche Anerkennung; nur Eingeweihte ahnen, was sie zu leisten hatten. Sabine Lemke vom Kunsthistorischen Institut danken wir für die zuverlässige Rechnungslegung unseres Projekts. Individuellen Dank verdienen aber vor allem sämtliche Mitglieder der ‚Arbeitsgemeinschaft Historische Gärten Schleswig-Holsteins‘, an der sich Studierende am Kunsthistorischen Institut, Magistranden, Doktoranden, Photograph(inn)en, Gartenforscher und Gartenforscherinnen unterschiedlicher Profession aus Schleswig-Holstein, Hamburg und Niedersachsen mit außergewöhnlichem Engagement und unentgeltlichem Idealismus beteiligten: Allein Ingrid A. Schubert brachte, zum Teil in Kooperation mit Jörg Matthies, mehr als zwanzig Neuland erschließende Beiträge ein, die insbesondere der schleswig-holsteinischen Gartenkunst des 19. und frühen 20. Jahrhunderts schärfere Konturen verleihen. Sylvia Borgmann verdanken wir nicht nur komplexe Zusammenfassungen zu Klein Flottbek und den Altonaer Elbgärten, sondern auch eine Fülle kongenialer Farbphotos. Ohne sie und ohne Annette Henning, die Originalaufnahmen von hoher Professionalität beisteuerte und als Institutsphotographin auch die Reproduktion vieler Pläne und Veduten übernahm, hätte dieses Buch schwerlich entstehen können. Gisela Floto hat – von einem parallelen photokünstlerischen Projekt ausgehend – das Buch durch eine Serie gartenarchäologisch und ästhetisch interessanter Luftbilder bereichert. Auch Michael Breckwoldt, Helga de Cuveland, Burkhard von Hennigs, Klara Frantz und Gisela Thietje, seit längerem in der Gartenforschung ausgewiesen, brachten ihre Forschungsergebnisse und darüber hinaus einen Erfahrungsschatz mit, von dem die Gruppe insgesamt profitierte. Zu den Studierenden und Absolventen, deren Beiträge das Ergebnis gezielt vergebener oder zumindest thematisch naheliegender Magister- oder Doktorarbeiten darstellen, gehören außer den bereits Genannten Karen Asmussen-Stratmann, Dörte Beier, Ilsabe von Bülow, Nils Claussen, Karen David-Sirocko, Christa Fiedler, Imke Gode, Hjördis Jahnecke, Silke Kuhnigk, Barbara Martins, Kai Pörksen und Dagmar Rösner. Viele von ihnen übernahmen jedoch weitere Beiträge aus dem Umkreis, bisweilen auch fernab ihres Themas, wofür ihnen herzlich gedankt sei. Schließlich sind wir den Kollegen und Kolleginnen sehr verbunden, die auf unsere Bitte als Gäste spezielle Artikel beigesteuert haben: Ronald Clark, Mareile Ehlers, Kirsten Eickhoff-Weber, Heinz Hahne, Felix Lühning, Michael Paarmann, Renate Paczkowski, Heiko K. L. Schulze und Christa Trube. Ein besonderer Dank gilt Hans-Helmut Poppendieck, der das Projekt durch seine Forschungen über die historischen Zierpflanzen in Schleswig-Holstein um eine wertvolle botanische Dimension ergänzt hat. Die vielen Kolleginnen und Kollegen aus verschiedenen Instituten, Bibliotheken, Sammlungen und Archiven, die durch Hilfe und Rat zur Forschung und Materialbeschaffung beigetragen haben, sollen an gesonderter Stelle genannt sein.

Alle Mitwirkenden haben ihre Interessen, Erfahrungen und Kontakte vor Ort in das gemeinsame Projekt eingebracht. Gerade die auf persönlichen Kontakten der einzelnen Bearbeiter basierende Kooperation vieler privater Eigentümer, die uns gastfreundlich ihre Häuser, Gärten und Gutsarchive öffneten, war für die vorliegende Arbeit unerläßlich; stellen doch die großen Parkanlagen der Adeligen Güter einen Hauptfaktor der schleswig-holsteinischen Gartenkunst dar. Die Zahl der Gartenbesitzer, die das Projekt tatkräftig unterstützt haben, ist so groß, daß ihre Namen ebenfalls an gesonderter Stelle genannt werden müssen. Wir bedanken uns bei ihnen für ihr Entgegenkommen und die Überwindung einer gewissen Skepsis hinsichtlich möglicher Folgen unseres Tuns: In der Regel sind die Eigentümer mit ihrem angestammten Traditionsbewußtsein seit jeher aufmerksame Denkmalschützer und behutsame Landschaftspfleger in eigener Sache. Das neue Interesse am ästhetischen, botanischen und kulturgeschichtlichen Wert ihrer Gärten, Parks und Kulturlandschaften hat manche von ihnen zu verstärkten eigenen Pflegemaßnahmen ermutigt. Dennoch weckt es auch verständliche Befürchtungen vor einem Gartentourismus, der den Anlagen physisch schaden und die Privatsphäre mißachten könnte. Wir fühlen uns deshalb um so mehr verpflichtet, die Leser um Verständnis dafür zu bitten, daß die als Privatbesitz gekennzeichneten Anlagen, auch wenn wir ihre Geschichte hier vorstellen, in der Regel nicht besichtigt werden können.

Befürchtungen wecken auch falsche Vorstellungen von den Aufgaben der Gartendenkmalpflege. Ihr ist deshalb ein eigener Beitrag gewidmet, der klarstellt, daß die getreue Rekonstruktion historischer Gärten nicht nur jenseits aller finanziellen Möglichkeiten liegen dürfte, sondern in der Regel auch keineswegs gartendenkmalpflegerischen Zielsetzungen entspricht. Es geht vielmehr darum, überkommene Gartenstrukturen behutsam zu sichern, Gartenräume, Bauwerke, Blickbeziehungen und historische Pflanzungen vor weiterer Zerstörung zu schützen und in ihrem künstlerischen Zusammenhang soweit als möglich wieder erlebbar zu machen. Das erfordert in wenigen lohnenden Fällen vielleicht auch umfangreichere Wiederherstellungsarbeiten. Zumeist wird es aber nur darum gehen, den Zustand der Anlagen gründlich zu analysieren und anstelle bislang routinemäßig praktizierter Arbeitsmaßnahmen gezieltere und angemessenere – nicht einmal unbedingt kostspieligere – zu ergreifen.

Allerdings bleibt insbesondere die Öffentliche Hand aufgefordert, mit gutem Beispiel voranzugehen und die ihr anvertrauten historischen Parkanlagen – etwa die ehemaligen Schloßgärten von Eutin, Plön und Salzau, die zu den bedeutendsten des Landes überhaupt zählen – mit gesteigertem Sachverstand zu nutzen, zu pflegen und zu revitalisieren. Konflikte zwischen unterschiedlichen Zielperspektiven auf kulturpolitischer Ebene, vor allem zwischen ökologischem Naturschutz und kulturhistorisch orientierter Gartendenkmalpflege, sind beim Umgang mit historischen Gärten fast unvermeidlich. Die vorliegende Dokumentation versteht sich als Plädoyer für eine verstärkte Berücksichtigung der Rolle historischer Gärten als Denkmale der Kunst- und Kulturgeschichte – intelligente Kompromisse mit ihrer Dimension als ‚Ökotope' inbegriffen.

Adrian von Buttlar / Margita Marion Meyer

Adrian von Buttlar
Historische Gärten in Schleswig-Holstein
Funktion – Gestalt – Entwicklung

Im äußersten Norden Deutschlands, wo das Land dünn besiedelt war und das Vorurteil noch heute eher eine nüchterne und wenig verschwenderische Mentalität vermutet, setzt der einstige Luxus schöner Gärten in Erstaunen. Relativ fernab von den auch für die Gartenkunst maßstabsetzenden Kunstzentren – erst Italien und Holland, dann Frankreich und schließlich England – mußten sie dem rauhen Klima und der flachen Landschaftsphysiognomie mühsamer abgetrotzt werden als etwa in Süd- und Mitteldeutschland. Das Bedürfnis nach solchen künstlichen Paradiesen war hierzulande deshalb nicht geringer: Gärten vermittelten auch in Schleswig-Holstein den Rahmen standesgemäßer Repräsentation und kultureller Identität, dienten als Medium der sich wandelnden Anschauungen von Gott und Natur, Individuum und Gesellschaft, als Bühne geselliger Auftritte oder privaten Rückzugs und als Spiegel seelischer Befindlichkeiten. Sie befriedigten botanische Sammelleidenschaft, lieferten Köstlichkeiten für die Tafel und Blumenpracht fürs Auge; so verbanden sie seit jeher das Schöne mit dem Nützlichen. Aus dem Blickwinkel ihrer Schöpfer und Nutzer verkörperten sie lange Zeit ein schlichtweg notwendiges Potential leiblicher, seelischer und geistiger Selbsterhaltung und Selbstdarstellung. Seit der Aufklärung, verstärkt in der Reformzeit des späten 19. und frühen 20. Jahrhunderts, wurde öffentliche Gartenkunst auch zu einem wirkungsvollen Instrument reformerischer Sozialpolitik.

Die Dreiteilung des Landes in Marsch, Geest und östliches Hügelland spielt für die Entstehung der Gartenkultur in Schleswig-Holstein zumindest keine zentrale Rolle. Nicht das Klima oder andere geophysische Gründe sind ursächlich dafür, daß es im westlichen Marschland nur wenige bemerkenswerte Lustgärten gibt, denn der Boden ist besonders fruchtbar und die Ausnahmen (z. B. Husum, Seestermühe, Haseldorf) glänzten trotz häufiger Sturmschäden durch gestalterische und botanische Vielfalt. Vielmehr war dies Ausdruck der geopolitischen Struktur: Adelige Güter gab es hier kaum. Die freien Marschbauern pflegten bewußt eine Bauerngartenkultur, bei der die Annäherung an feudale Lustgartenformen die Ausnahme blieb (Hochdorf).

Die Ausbreitung der Lustgärtnerei war anfänglich auch unabhängig von unserem gängigen Begriff landschaftlicher Schönheit, der sich erst im Laufe des 18. und 19. Jahrhunderts entwickelt hat und damals zur Entdeckung der Reize der Kieler Fördelandschaft, der Holsteinischen Schweiz und der Ostsee führte. Noch später, nämlich im letzten Drittel des 19. Jahrhunderts, begann die romantisierende Verherrlichung der rauhen Westküste, deren Ausdruckskraft uns die Dichtungen Theodor Storms (1817–1888) und die Bilder Hans Peter Feddersens (1848–1941) nahebringen. Noch Emil Nolde (1867–1956) verband in seinem Garten diese zum Expressionismus gesteigerte Natursicht mit der heimatlichen Bauerngarten-Tradition (Seebüll).

Entscheidend für die Blüte der Gartenkunst war vielmehr die Entwicklung der politischen Machtstrukturen und der Aufstieg und Untergang der damit verbundenen Herrschaftszentren und Eliten. Die Anfänge der spätmittelalterlichen Gartenkultur sind in den Klöstern zu suchen. Da wir aus dieser Zeit keine lokalen Text- oder Bildquellen kennen, läßt sich nur vermuten, daß Kräuter, Heilpflanzen und Gemüse nach allgemeinem Brauch in Beeten gezogen wurden, deren geometrische Muster als Abbilder paradiesischer Ordnung galten. Historisch greifbar wird die hiesige Gartenkunst erst nach der Reformation und der damit verbundenen Säkularisierung, die im Laufe des 16. Jahrhunderts aus den Klöstern weltliche Besitzungen und aus den Klostergärten feudale Lustgärten werden ließ (u. a. Husum, Eutin, Breitenburg, Ahrensbök, Glücksburg). Einige der ausgewilderten Kulturpflanzen in deren Umfeld sollen ursprünglich aus den Klostergärten stammen: ‚Gartenflüchtlinge' oder Stinzenpflanzen. Von solcher Kontinuität zeugen auch dokumentarisch belegte Beete aus dem frühen 17. Jahrhundert auf Schloß Reinbek, deren Broderien nach altem Brauch aus Gewürz- und Heilpflanzen wie Lavendel, Thymian, Salbei und Rosmarin bestanden und regelmäßig abgeerntet wurden.

Der Begriff „Schloß" bezeichnet nach landesüblichem, wenn auch nicht immer konsequentem Sprachgebrauch keinen Bautypus, sondern unabhängig von Größe und Aufwand lediglich die Häuser der regierenden Fürsten.[1] Mit wenigen Ausnahmen sind alle größeren Gärten der Renaissance in diesem Sinne Schloßgärten, angelegt unter den Herzögen von Schleswig-Holstein-Gottorf in den letzten Jahrzehnten des 16. Jahrhunderts (Gottorf, Husum, Kiel, Reinbek). Die Ausnahmen bildeten vor allem die Gärten des Humanisten Heinrich Rantzau (1526–1599), Statthalter der dänischen Krone und somit gleichfalls Nutznießer der Säkularisation, der mit dem gleichaltrigen Herzog Adolf (1526–1586) in einer freundschaftlichen Konkurrenz stand – nicht zuletzt in Hinblick auf seine Gartenleidenschaft (u. a. Breitenburg, Rantzau, Wandsbek).

In dieser Konkurrenz spiegelt sich die komplizierte politische Ordnung seit dem 16. Jahrhundert[2]: Das Land war – unter den Halbbrüdern Christian III. und Herzog Adolf – aufgeteilt in die Gebiete, in denen der dänische König herrschte, der durch einen Statthalter vertreten war, und die Territorien, in denen von Schleswig aus die Gottorfer Herzöge regierten, schließlich in diejenigen, die von beiden gemeinsam (in jährlichem Wechsel) verwaltet wurden; das waren insbesondere die holsteinischen Landesteile. Aber damit nicht genug: Neben dem Herzogshaus Gottorf gab es die sogenannten „abgetheilten Herren" aus dem Hause Oldenburg, aus dem die Nebenlinien Sonderburg (seit 1582) und – unter anderen – auch Sonderburg-Plön (1622–1761) mit ihren Schlössern in Glücksburg, Ahrensbök, Plön und Traventhal hervorgingen; ferner die Hansestadt Lübeck, das Bistum (bzw. Fürstentum) Lübeck mit seiner Hauptresidenz Eutin und die Grafschaft (später: Herrschaft) Pinneberg, die bis 1640 von den Schauenburger Grafen regiert wurde.

1713 hat die dänische Krone gewaltsam die schleswigschen Landesteile des Hauses Gottorf übernommen und etablierte dort ab 1721 erneut ihre Statthalter, darunter Markgraf Friedrich Ernst von Brandenburg-Kulmbach (Schleswig: Palais Dernath) und den Prinzen Carl von Hessen (Louisenlund, Panker, Karlsburg). Die Politik für die Herzogtümer wurde jedoch in der Deutschen Kanzlei in Kopenhagen gemacht, ab 1751 namentlich von dem aufgeklärten Grafen Johann Hartwig Ernst von Bernstorff und seinem Neffen Andreas Peter (Bernstorff Slot/Kopenhagen, Wotersen). 1773 gingen auch die holsteinischen Gebiete, und damit der Rest des Gottorfer Herzogtums, das im Zuge des Nordischen Krieges zum Zankapfel unter den Großmächten Dänemark, Schweden und Rußland geworden war, im Dänischen Gesamtstaat auf. Die inzwischen auf dem russischen Zarenthron sitzende ältere Gottorfer Linie, Peter III. bzw. seine Witwe und Nachfolgerin Katharina II., verzichtete – dank der diplomatischen Anstrengungen Caspar von Salderns (Schierensee-Heeschenberg) – auf ihre holsteinischen Ansprüche. Die Eutiner Fürstbischöfe, die der jüngeren Linie des Hauses Gottorf entstammten, wurden damals per Gebietstausch Herzöge – und nach dem Wiener Kongreß – Großherzöge von Oldenburg (Eutin, Stendorf sowie ab 1839 auch Güldenstein). Es folgte die Schleswig-Holsteinische Erhebung 1848 und schließlich die Umwandlung der ehemaligen Herzogtümer in eine preußische Provinz 1866. Ihr wurde 1876 das (schon 1816 von Hannover an Dänemark abgetretene) ehemalige Herzogtum Lauenburg einverleibt, das bis 1689 durch die gleichnamigen sächsischen Fürsten regiert worden war (Lauenburger Fürstengarten). 1937 fielen Altona – um 1800 die größte dänische Stadt außerhalb des Mutterlandes (Elbgärten, Klein Flottbek, Volkspark Altona) und Wandsbek an Hamburg. 1949 wurden die Grenzen des heutigen Bundeslandes festgelegt, die die Zugehörigkeit der nordschleswigschen Gebiete zu Dänemark (Abstimmung 1920) festschrieben.

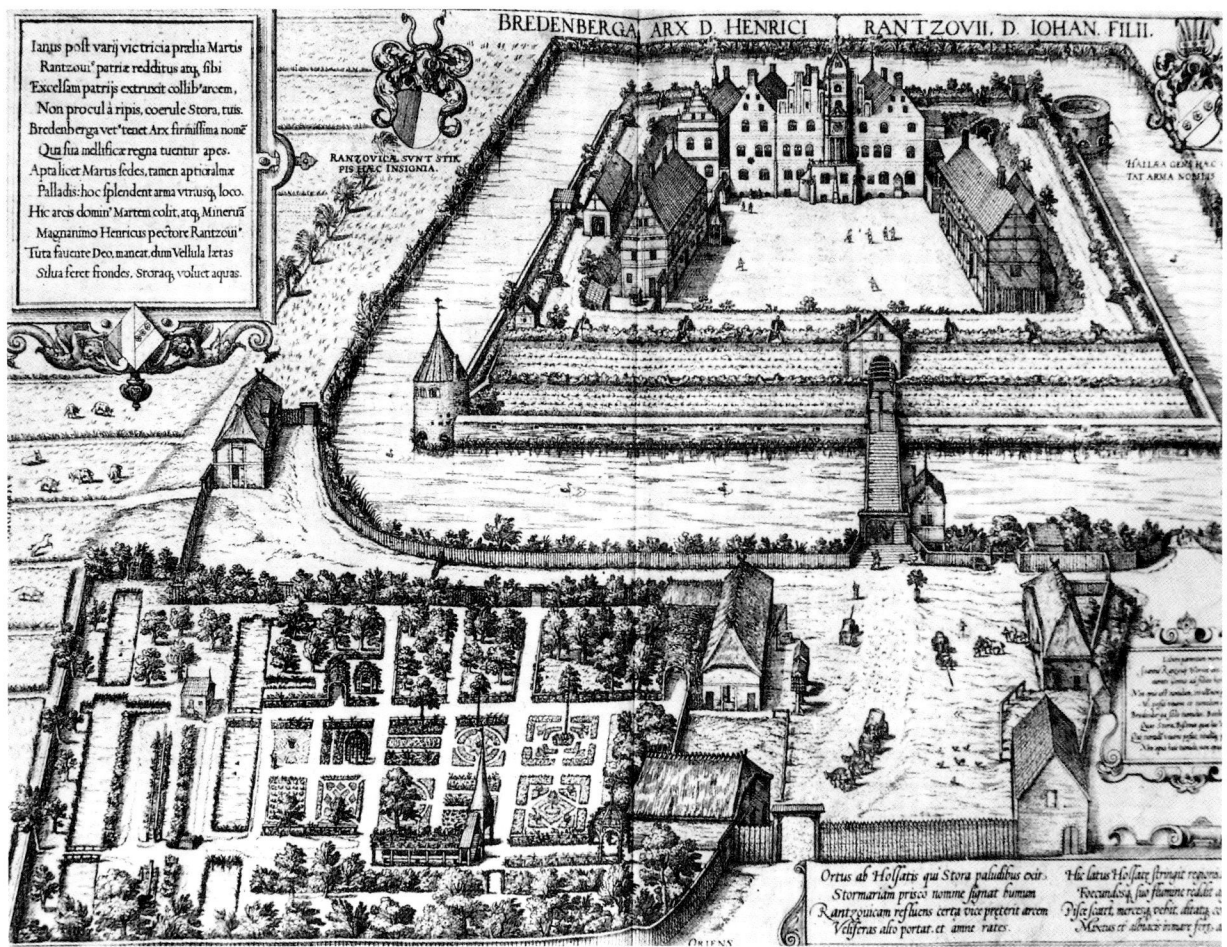

Abb. 1: Breitenburg, Vogelschau von Osten, Kupferstich um 1590 von F. Hogenberg aus Henninges (1590), (SHLB).

In dieser kursorischen Übersicht über die komplizierten Souveränitätsstrukturen in unserem Untersuchungsgebiet sind auch die wichtigsten Residenzen genannt, in denen weitere fürstliche Lustgärten entstanden (Eutin, Glücksburg, Ahrensbök, Plön und Traventhal). Die Gutsgärten, vor allem aus der Zeit vom 18. bis zum frühen 20. Jahrhundert, liegen entsprechend der historisch-agrarischen Entwicklung konzentriert vor allem in Angeln, Schwansen, dem Dänischen Wohld sowie in der Probstei und Ostholstein bis hinunter ins Lauenburgische sowie im Umkreis Hamburgs, wo sich längs der Elbe auch die Landhäuser und Villen der reichen Hamburger Kaufherrenschaft aufzureihen begannen. Später wurde Industriekapital aus ganz Deutschland in schleswig-holsteinischen Guts- und Landbesitz investiert.

Die wachsende Bedeutung der Kommunen, des Bürgertums und der Arbeiterschaft, aber auch das Aufblühen des Bädertourismus – parallel zum Fortschreiten der Industrialisierung – läßt sich seit Anfang des 19. Jahrhunderts an der Entstehung von öffentlichen Volksparks, Stadtgärten und Kurparks ablesen (Kiel-Düsternbrook, Lübecker und Glückstadter Wallanlagen, Kurpark Bad Oldesloe, Kieler Werftpark, Altonaer Volkspark, Schrevenpark Kiel, Stadtpark Lübeck, Kurpark Wyk auf Föhr usw.).

Die Gärten der Renaissance

Voraussetzung für das Entstehen der Lustgärten war, daß die befestigten herrschaftlichen Burgen des Mittelalters – zumeist ursprünglich ‚Motten' mit Wall und Graben, dann regelrechte Wasserburgen – im Verlaufe

Abb. 2: Der Plöner See mit Stadt und Burg Plön und den Gütern Rantzau, Nehmten und Ascheberg (im Uhrzeigersinn). Kupferstich von 1593 aus Braun/Hogenberg (1572–1617/18), (SHLB).

des 16. Jahrhunderts ihren Wehrcharakter abzulegen und zunehmend repräsentative Funktionen zu erfüllen begannen. Die alten Burgplätze sind zwar in späterer Zeit vielfach in die Gartengestaltung einbezogen worden (u. a. Seestermühe, Gülzow, Salzau, Gelting, Waterneverstorf), von den Renaissancegärten aber sind kaum nennenswerte Spuren geblieben. Immerhin haben sich erste Bildquellen und Beschreibungen erhalten.

Zu Heinrich Rantzaus Breitenburg bei Itzehoe, damals noch durch Wall, Graben und Zugbrücke gesichert, gehörte ein beachtlicher Garten außerhalb der Burginsel (Abb.1). Er folgte in seiner strikten Abgrenzung nach außen durch einen Staketen-Zaun und in der Reihung quadratischer Kompartimente im Inneren noch der Tradition des mittelalterlichen *„hortus conclusus"*, nahm aber in der Betonung von Haupt- und Nebenachsen und in der Aufschmückung durch Laubengänge, Bauwerke und Statuen antiker Gottheiten bereits deutliche Einflüsse der Renaissance auf. Fischteiche, Küchen- und Obstbaumquartiere, Blumenbeete und Promenaden bildeten ein – freilich noch nicht sehr homogenes – Ganzes. Rantzau hatte auf seiner Bildungsreise 1548–1553 viele Staädte des Reiches kennengelernt und verfügte über italienische und französische Architekturtraktate, darunter Jacques Androuet Du Cerceaus Ansichtenwerk der neueren Schlösser und Gärten Frankreichs (1576/77). Typisch für diese Zeit ist noch die separate, fast zufällig wirkende Lage der Gärten jenseits der Schloßgräben, doch gibt es bei Du Cerceau auch Beispiele der neuen, aus Italien importierten Vorliebe für Symmetrie und Axialität, aus der eine fast zweihundert Jahre andauernde Ehe zwischen Architektur und Gartenkunst entstehen sollte (freilich auf Kosten der letzteren, die sich den architektonischen Prinzipien mehr und mehr anzupassen hatte).

Das jüngste von Rantzaus zahlreichen Herrenhäusern in Schleswig-Holstein, Gut Rantzau nördlich des Plöner Sees (1592), belegt den wachsenden Einfluß dieser neuen künstlerischen Prinzipien eindrucksvoll: Das Herrenhaus war nun bereits als symmetrische Dreiflügelanlage ausgebildet. Auf einer zentralen Achse lag dahinter ein kreisrunder Inselgarten in der zu einem See aufgestauten Kossau (Abb. 2) – auch dies ein antikes, in der Renaissance wiederbelebtes Gartenmotiv.

Daß Rantzaus Bauten und Gärten so gut dokumentiert sind, ist kein Zufall, sondern das Resultat gezielter Selbstdarstellung per Auftrag an Stecher und Lobschreiber, worin sich der Stolz auf seine Schöpfungen manifestiert.[3] Herzog Adolfs erster Gottorfer Garten, der gleichfalls außerhalb der Schloßinsel gelegene „Westergarten" (um 1580), war keineswegs aufwendiger oder kunstreicher gestaltet. Auch wies er die gleiche strikte Abgrenzung nach außen und eine ähnliche Anordnung der Kompartimente im Inneren auf, wo Nutz- und Lustgartenfunktionen sich vermischten.[4] Eine andere Gattung von Gärten, die den Keim der späteren weitläufigen Parkanlagen darstellen (Deutsch-Nienhof), waren die fürstlichen und adeligen „Tiergärten" – sorgfältig eingehegte Jagdgründe von beträchtlichen Dimensionen, die wir in der Nähe aller Schlösser und mancher Herrensitze der Renaissance auf den Karten verzeichnet finden (Gottorf, Eutin, Glücksburg, Plön, Rastorf etc.).

Das vor allem in der älteren holländischen Gartenkunst beliebte Rasterschema bestimmte die Grundrisse der Gärten in der herzoglichen Nebenresidenz Husum ebenso wie beim Jagdschloß Reinbek – kleine Meisterstücke niederländischer Renaissancearchitektur auf norddeutschem Boden. Kiel, das als Witwensitz des Hauses Gottorf fungierte, besaß unter Herzog Adolf nördlich des Schloßgrabens einen Schloßgarten, in dessen Mitte sich spätestens seit 1595 ein Lusthaus befand. Die Errichtung mehr oder minder aufwendiger Gartenpavillons – etwa im Auftrag der herzöglichen Witwen Augusta und Maria Elisabeth im Husumer und im Reinbeker Schloßgarten – belegt die Aufwertung der Gärten als Ort höfischer Lustbarkeiten im 17. Jahrhundert. Ihr Baustil – Backsteinfassaden mit Hausteindekor und ‚Speklagen' – weist gleichfalls auf Holland, dessen führender künstlerischer Einfluß auf Nordeuropa nun auch vom Kopenhagener Hofe Christians IV. (reg. 1588–1648) zurückstrahlte.

Eine neue Stilstufe manifestiert sich im sogenannten „Alten Garten" zu Gottorf, der unter Herzog Friedrich III. 1623–1637 entstand. Auch er lag noch fernab des Schlosses auf der sich südwestlich in die Schlei vorschiebenden Halbinsel (dort, wo heute ein unübersehbarer Hochhausturm steht). Die Rasterteilung weist noch immer auf das in den deutschen Renaissancegärten verbreitete holländische Schema. Die Dynamisierung der Längsachse und die perspektivische Ausformung der Beete hingegen erinnert schon an die italienischen Anlagen des Frühbarock und die Anfänge des ‚Großen Stils' der französischen Gartenkunst unter Jacques Boyceau im Pariser Tuilerien-Garten (publiziert 1638). Erstmals können wir mit Johannes Clodius aus Bückeburg (1584–1660) auch einen entwerfenden Gartenarchitekten namhaft machen, der nicht nur die holländischen, sondern auch die französischen und italienischen Gärten aus eigener Anschauung kannte. Acht Jahre war er in Rom sowie in Florenz tätig gewesen. Schon 1689 soll der Alte Garten so verwildert gewesen sein, daß man „*in den unkraut bis an den knien [gehet] also daß derselbe vielmehr einer wiesen, als einem garten ehnlich ist*".[5] Diese auf die zeitweilige Verwaisung des Gottorfer Hofes bezogene Beobachtung läßt sich insofern verallgemeinern, als eine Gestaltungsschicht in dieser Epoche selten eine Generation unverändert überdauerte.

Clodius' Meisterwerk, der ab 1637 noch während des Dreißigjährigen Krieges entstandene Gottorfer „Neuwerk-Garten" (Abb. 3), stellte mehr als eine gelungene Synthese von Ideen aus Europas führenden Gartenländern dar: ein eigenwilliges, in vieler Hinsicht herausragendes Exempel fürstlicher Gartenkunst der

Abb. 3: Schleswig, Der Neuwerk-Garten. Ausschnitt aus einer perspektivischen Ansicht von H. C. Lönborg, aquarellierte Zeichnung 1732 (LAS).

Spätrenaissance und des Frühbarock in Nordeuropa. Im „Neuen Werk" nutzte Clodius die Hanglage nördlich der Schloßinsel. In der ersten Phase unter Herzog Friedrich III. wurde der rechteckige Herkulesteich ausgehoben, in dessen Mitte sich die etwa sechs Meter hohe Kolossalfigur des Herakles im Kampf mit der Hydra erhob. Bei der Entschlammung und Sanierung des Bassins, die 1994 in einem Sonderprojekt der Gartendenkmalpflege durchgeführt wurde, sind die Fragmente geborgen worden, aus denen die Figur 1997 rekonstruiert wurde. Gartenplastik von solcher Monumentalität und Wasserbassins von solchen Ausmaßen hatten ihre Vorbilder in den italienischen Gärten der Spätrenaissance (Tivoli, Castello, Pratolino, Villa Aldobrandini). Vergleichbares auf deutschem Boden gab es allenfalls im neuen Heidelberger Schloßgarten, den Salomon de Caus für Kurfürst Friedrich von der Pfalz schuf (1619 vollendet) und im neuen Münchner Hofgarten Kurfürst Maximilians I. (ab 1613).[6] Auch die Herkules-Ikonographie – Sinnbild für Kraft und Tugend des Fürsten – kam aus Italien. Herzog Friedrich III., der in den Wechselfällen des Dreißigjährigen Krieges häufig in Rivalität zu Christian IV. geriet, bekräftigt seinen Herrschaftswillen in kämpferischer Pose, während später Fouquet in Vaux-le-Vicomte (um 1660) oder Landgraf Carl von Hessen auf dem Carlsberg 1695–1717 (heute Kassel-Wilhelmshöhe) mit Kopien des auf seiner Keule ausruhenden antiken „Herkules Farnese" den friedfertigen Schöpfer solcher gigantischen Anlagen herauskehrten.

Von geistigem Führungsanspruch zeugt das Wunderwerk des mechanisch angetriebenen Gottorfer Riesenglobus (seit 1713 als ‚Geschenk' an Zar Peter den Großen in St. Petersburg), für dessen Aufbewahrung im Scheitelpunkt der Futtermauer oberhalb des Herkulesteiches die sogenannte Friedrichsburg errichtet wor-

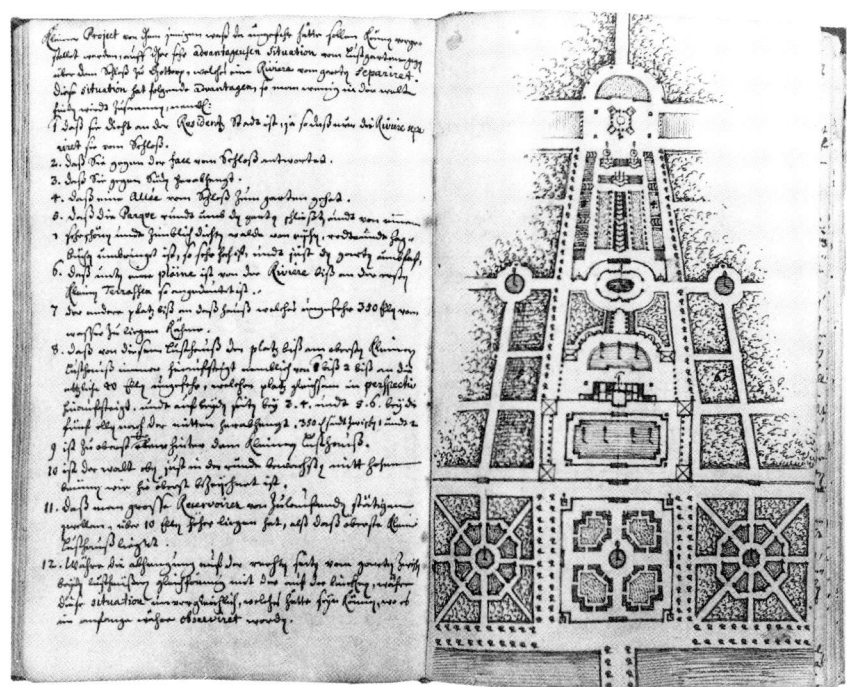

Abb. 4: Reisetagebuch von Nikodemus Tessin d. J. mit idealer Version des Neuwerk-Gartens 1687 (RA Stockholm).

den war. Sie diente nicht zuletzt als Kunstkammer und als astronomisches Himmelslabor. Ein Pendant zur Kunstkammer, die ja in ihrem spezifischen Kunstbegriff ‚tote' Mirabilien aus den Sphären der Natur, Kunst und Technik in sich vereinte, stellten die kostbaren Pflanzensammlungen (bisweilen auch Menagerien und Volieren) der Renaissancefürsten dar: gleichsam Museen ‚lebendiger Kunstwerke' des Schöpfers. Im damaligen Neuwerk-Garten finden wir nicht nur eine Fülle seltener Zier- und Nutzpflanzen, die Herzog Friedrich in einem prächtig gemalten Pflanzenatlas – dem sogenannten „Gottorfer Codex" – darstellen ließ, sondern auch aufwendige heizbare Treibhäuser für exotische Pflanzen wie Agaven bzw. Aloen, und eine große Orangerie, in der Orangen, Zitronen, Pomeranzen und Ananas gezogen wurden. Heute sind all diese Früchte in jedem Supermarkt erhältlich; so können wir uns den unbeschreiblichen Eindruck, den sie damals hervorriefen, kaum vorstellen: Zitrusfrüchte – die ‚Goldenen Äpfel' aus den mythischen Gärten der Hesperiden – zu besitzen und die Bäume im harten Klima des Nordens über den Winter zu bringen, erinnerte in den Augen der Renaissance nicht nur an eine der Taten des Herkules, sondern signalisierte die fast gottgleiche Wissens- und Machtfülle des Fürsten, über Erdteile und Jahreszeiten zu gebieten.

Herzog Christian Albrecht (reg. 1659–1694) stellte seinen Kieler Schloßgarten damals der von ihm gegründeten Universität als Botanischen Garten zur Verfügung: Das wissenschaftliche Eindringen in die Geheimnisse der Natur und das sinnliche Erleben ihrer Schönheit wurden zu dieser Zeit noch nicht als unüberbrückbare Gegensätze aufgefaßt. Allerdings führte die Öffnung des Schloßgartens für das Publikum bereits 1667 zu einem herzoglichen Erlaß gegen Vandalismus: „Wiewohl Wir nun den Studiosis, auch andere, die sich Höfflich erweisen, in Unsern Garten zu gehen, und sich darin zu zerlustigen, wohl gestatten können. So sind Wir doch Keines weges deren Jungen und anderen, Muthwillen zu treiben, die Bluhmen und Früchte abzureisen und schaden zu thun, noch weniger jemand zu überwältigen, geständig."[7]

Doch kehren wir zum Gottorfer Neuwerk-Garten zurück: Das mit Büsten antiker Herrscher und Helden besetzte „Amfiteatro", das den Globusgarten zum Hang abschloß, ist auf das Vorbild der Villa Aldobrandini in Frascati (1598–1603) zurückzuführen. Die Terrasse oberhalb der Friedrichsburg bildete den Auftakt zu dem 1659–1672 unter Christian Albrecht erweiterten Terrassengarten, der sich in fünf Stufen perspektivisch verjüngte und mit einem Pavillon, der Amalienburg, bekrönt war. Der heute überwachsene, aber in den Geländestufen noch erkennbare Terrassenberg, der einst mit Kaskaden, Statuen und kunstvoll gepflanzten Broderien besetzt war, machte den Geländeanstieg in der flachen Schleilandschaft im Rücken des Gottorfer Wasserschlosses zu einem effektvollen künstlerischen Ereignis und zum Auftakt barocker Gartenkunst in Schleswig-Holstein. In der kunstarmen Zeit während und nach dem Dreißigjährigen Krieg ließ sich dem kaum etwas an die Seite stellen.

Die größte Verwandtschaft bestand mit dem schon Ende des 16. Jahrhunderts begonnenen Lauenburger Fürstengarten des Herzogs Franz II. von Sachsen-Lauenburg (1547–1619), der um 1650 vollendet gewesen sein muß. Auch hier handelte es sich um einen italienischen, diesmal von der Villa d'Este in Tivoli inspirierten Terrassengarten, dessen Zentrum eine kunstvolle, an die Renaissance-Gärten der Medici (Boboli, Castello, Petraia) erinnernde Grottenanlage bildete: Wie die dortigen Grotten wurde sie durch ein Oberlicht beleuchtet und war mit Kristallen, Muscheln, farbigen Steinen, Brunnen und Skulpturen ausgestattet.

Einzig und allein die Ausrichtung der Gartenachse des Neuwerks auf das Gottorfer Schloß fehle noch, bemängelte der königlich schwedische Architekt Nikodemus Tessin d. J. (1654–1728) bei seinem Besuch im Jahre 1687. In seinem Reisetagebuch zeichnete er eine im barocken Sinne ‚korrigierte' Version des Gottorfer Gartengrundrisses (Abb. 4), die vielleicht eine der Wurzeln der verblüffend ähnlichen Kasseler Herkulesanlage unter Landgraf Carl von Hessen war (ab 1695).[8] In Gottorf führte Tessins Kritik zur Errichtung der Kleinen Kaskade am Kopfende der Schloßachse durch den Bildhauer Theodor Allers (um 1695). Allers verband in dieser, vom „Blauen Teich" gespeisten Wassertreppe die mit Meerestieren besetzte ‚catena d'acqua' italienischer Provenienz (Tivoli, Villa Lante, Caprarola) mit einem abschließenden architektonischen Arkadenbauwerk nach Louis Le Vaus Vorbild in St. Cloud westlich von Paris (1675), einem Meisterwerk André Le Nôtres für den Herzog von Orléans.

Die Gärten des Barock

Für ein gutes Jahrhundert herrschten von nun an auch in den Schleswig-Holsteinischen Gärten die aus französischen Theorien und Musterbüchern übernommenen Regeln und Motive vor – gleichsam die internationale Sprache barocker Gartenkunst.[9] Während die ehemals herzöglichen Gärten in Gottorf, Husum und Reinbek nach der Annexion durch Dänemark allmählich verfielen, ging der Stern der kleineren Residenzen und des Adels nach dem Nordischen Krieg um so strahlender auf – „*Ruhe des Nordens*" heißt das Schlagwort für diese Epoche der Prosperität im dänischen Gesamtstaat.[10] Dies führte freilich zu sehr unterschiedlichen Lösungen. Gemeinsam war ihnen die große gestalterische Geste als Ausdruck eines hohen Repräsentationsanspruches, der in hierarchisch abgestufter Form Machtfülle und Herrschaftswillen der Bauherren auch in Garten und Landschaft darzustellen hatte: von den regierenden Fürsten über die in der Ritterschaft seit alters vertretenen „*originarii*" bis zu den neuadligen und neureichen Aufsteigern bürgerlicher Herkunft[11] im letzten Drittel des Jahrhunderts: z.B. Sönke Ingwersen, seit 1759 erster Baron von Geltingen (Gelting), Caspar von Saldern, Sohn eines Amtsschreibers (Schierensee-Heeschenberg), Heinrich Carl, seit 1779 Graf Schimmelmann (Ahrensburg, Wandsbek) oder Gabriel Friedrich Schreiber, in zweiter Generation geadelter von Cronstern (Nehmten). Hinzu kamen die bürgerlichen Vertreter der hansischen Handelsnobilität, die ihr Kapital gleichfalls in Güter und ländliche Villen im Umkreis Altonas, vorzugsweise mit Elbblick, zu investieren begannen.

Daß das Adelige Gut seine eigentliche Rolle als Zentrum von Herrschaft und Ökonomie[12] in seiner hierarchischen Gestalt anschaulich verkörpern müsse, mahnte Gutsherr Andreas Gottlieb Bernstorff seinen Bruder Johann Hartwig Ernst, den dänischen Staatskanzler (1712–1772), als dieser von einem Schloß

„*weit von den Wirtschaftsgebäuden mitten in einem kostbar angelegten Park*" träumte: „*Dein Leben, lieber Bruder, hat Dir Geschmack für Lustschlösser und die kurzen Besuche der großen Herren auf ihren Landsitzen gegeben, ... aber andererseits kannst du über die Stellung eines Landjunkers nicht unkundig sein ... ich bin selber vor [für] alle Agréments und Schönheiten, so lange solche nur nicht mit dem wahren Nutzen [!] oder soliderer Bequemlichkeit streiten.*"[13]

Nach der überkommenen Theorie des Dekorum war es keineswegs dem subjektiven Ermessen überlassen, mit welchem Anspruch und Aufwand Gärten standesgemäß ausgestattet wurden. Um so interessanter sind potentielle Verstöße gegen die ungeschriebenen Regeln der Angemessenheit, etwa wenn die Ahlefeldts eine fast übertriebene fürstliche Pracht entfalteten (Seestermühe ab 1713, Jersbek ab 1726), der Husumer Bürgersohn und ehemalige Chef des Geheimen Gottorfer Regierungsconseils, Magnus von Wedderkop, nach dem Machtverlust auf seinem Gut Steinhorst kräftig auftrumpfte (ab 1721) oder der um Anerkennung ringende Plöner Herzog Friedrich Carl sich nicht nur einen aufwendigen Residenzgarten in Plön (1730–1745) leistete, sondern gleichzeitig noch sein Sommerschloß Traventhal mit einem glanzvollen Rokoko-Garten und einer mehr als 1000 Meter langen Kanalachse à la Versailles austattete, so als habe er über ein Großreich zu gebieten (Abb. 5). Bezeichnenderweise empfing er 1760 den dänischen König Friedrich V. in Traventhal und nicht in Plön. Schon im folgenden Jahr fielen diese Liegenschaften aufgrund eines Sukzessionsvertrages mit sämtlichen Verbindlichkeiten an die dänische Krone. König Christian VII. besiegelte das Aussterben der Plöner Herzogslinie nach dem Tod der Herzoginwitwe 1783 demonstrativ durch die Überpflanzung des Plöner Schloßgartens. Aus den eleganten höfischen Ornamenten wurden (für ein halbes Jahrhundert) die nüchtern gereihten Quartiere einer staatlichen Obstbaumschule.

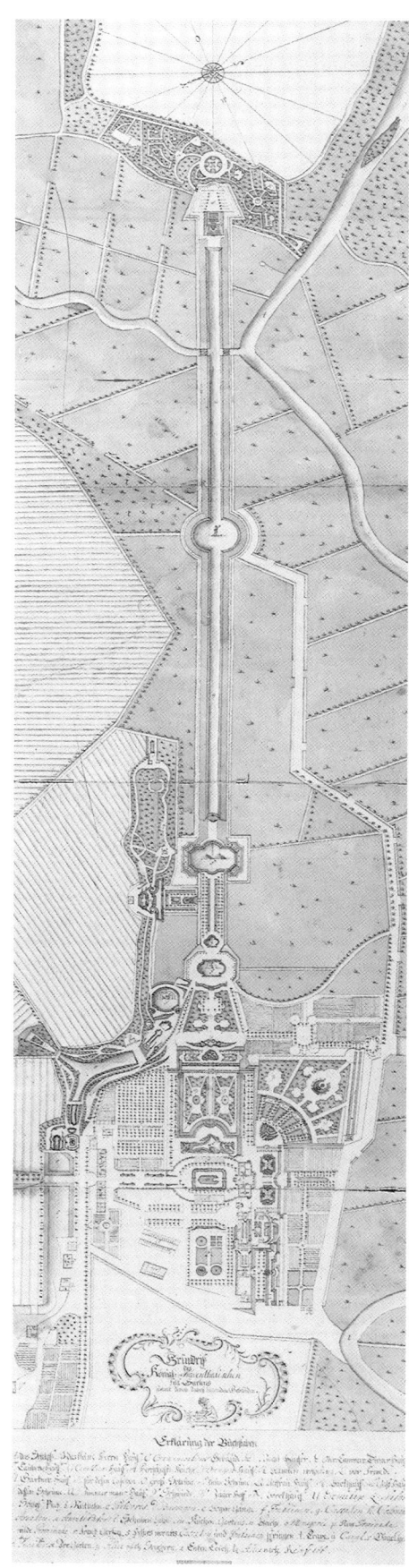

Abb. 5: Traventhal, Plan der fertiggestellten Anlage von H. L. Sidon, lavierte Federzeichnung 1765 (LAS).

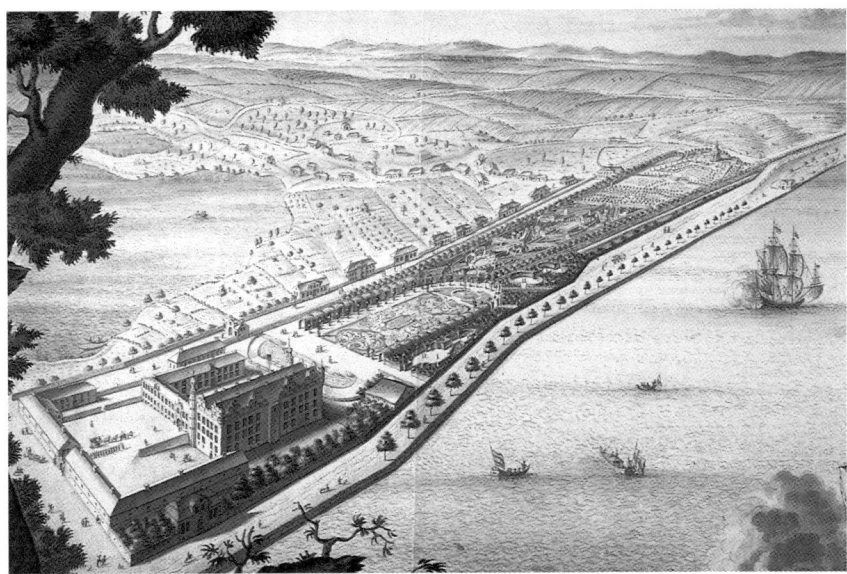

Abb. 6: Der Kieler Schloßgarten. Vogelschau (Detail) von J. E. Randahl, lavierte Federzeichnung um 1740 (LB Eutin).

Der Stadtgarten des Hofmarschalls Otto Friedrich von Brümmer – Erzieher des späteren Zaren Peter III. – am Kleinen Kiel (um 1725) mußte schon aus Gründen des Dekorum bescheidener bleiben als der Palaisgarten in Schleswig, den Graf von Dernath als Mitglied des Gottorfer Regierungsconseils ab 1707 auf dem Gelände des ehemaligen herzoglichen Westergartens anlegte, doch übertraf er andererseits zwangsläufig einen provinziellen Palaisgarten wie den ‚Margarethenhof' des Kammerpräsidenten von Reventlow in Flensburg. Noch der aufgeklärte Gartentheoretiker Christian Cay Lorenz Hirschfeld, der in seiner „Theorie der Gartenkunst" (1779–1785) das neue Ideal des Landschaftsgartens propagierte, dachte unwillkürlich in den Kategorien des Dekorum, wenn er Gärten dem Charakter bzw. Stand der Besitzer zuordnete und für die jeweiligen Klassen sogar Bäume, Stauden und Blumen mit entsprechendem Ausdruckscharakter von fürstlicher Pracht bis zu bürgerlicher Bescheidenheit empfahl.[14]

Unterschiedlich bildeten sich die barocken Gartenanlagen auch hinsichtlich der Geländetopographie aus. Wo immer – in den bescheidenen Grenzen des Naturgegebenen – ein Höhenunterschied wirkungsvoll genutzt werden sollte, bleibt noch eine Erinnerung an das Gottorfer Neuwerk spürbar: So stieg der zuerst um 1695 in barocker Form angelegte und ab 1739 völlig neu gestaltete Kieler Schloßgarten am Nordhang (zur heutigen Kunsthalle) in Terrassenstufen an, die ein Pavillon bekrönen sollte (Abb. 6). Vorausgegangen war Johan Cornelius Kriegers Terrassengarten zu Frederiksborg (1720–25)[15], vor allem aber die französische Gestaltung des Eutiner Residenzgartens von gleicher Hand wie Kiel, der aufgrund seiner perspektivischen Zuspitzung sowie in der Abfolge von Bassin, Geländeterrassen und Pavillon (1735) noch stärker an das Neuwerk erinnerte. Selbst Caspar von Salderns Terrassengarten auf dem Heeschenberg bei Schierensee (1768) folgte noch diesem Vorbild. Gärten in der feuchten Niederung wie Seestermühe in der Marsch (ab 1713) oder Gelting in Angeln (ab 1775) arbeiteten hingegen vorzugsweise mit Grabensystemen und schützenden Wällen, eine Technik, die in Holland perfektioniert worden war.

Eutin besaß zweifellos den bedeutendsten französischen Barockgarten im Lande (Abb. 7). Die Eutiner Fürstbischöfe Christian August und Adolph Friedrich, Schwager Friedrichs des Großen und nach 1751 König von Schweden, konkurrierten bei Anlage und Ausstattung ganz offensichtlich mit den neuesten Prachtgärten im Süden des Reiches: dem Wiener Belvedere-Garten des Prinzen Eugen von Savoyen (ab 1717) und den Schöpfungen des Mainzer Erzbischofs und Kurfürsten Lothar Franz von Schönborn in Seehof, Pommersfel-

Historische Gärten in Schleswig-Holstein

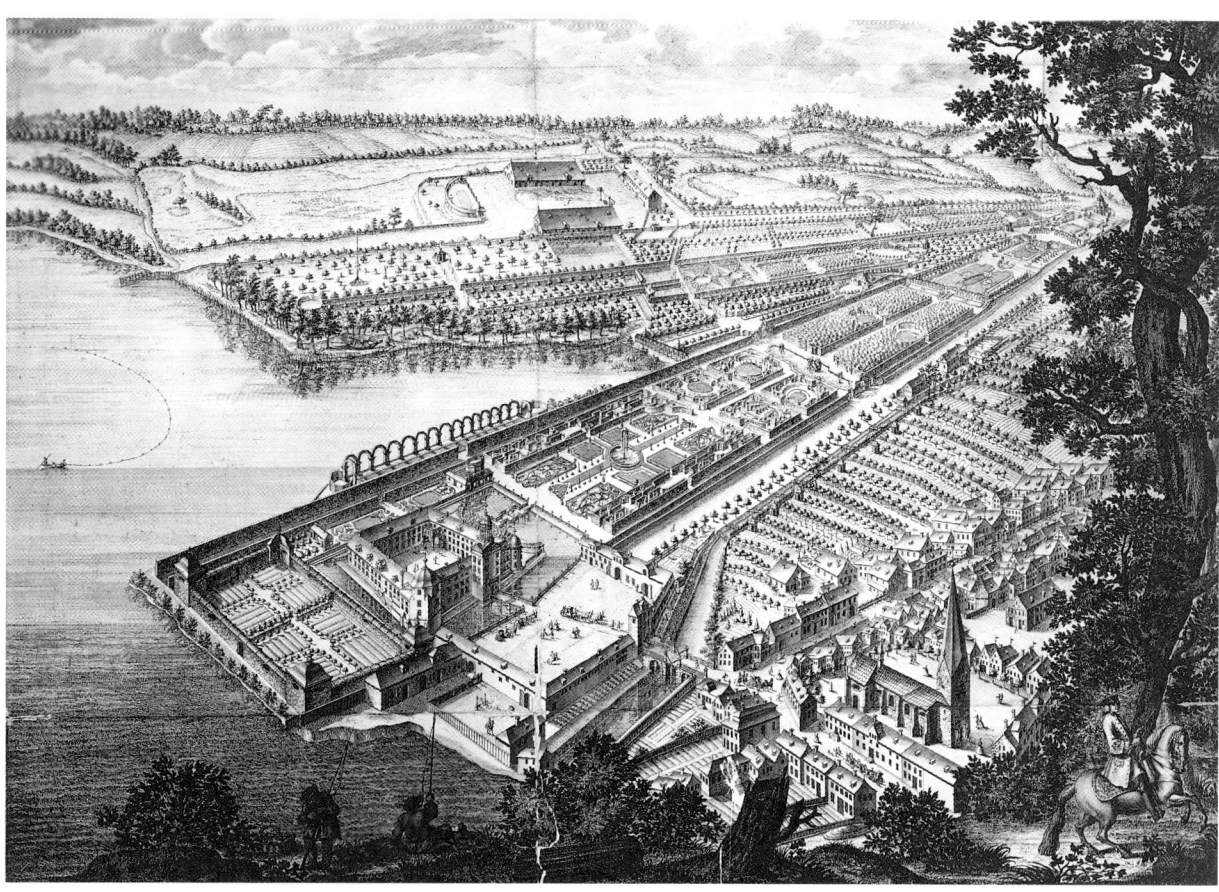

Abb. 7: Der Eutiner Schloßgarten, „Prospect des Bischöfflichen Residentz Schlosses und Gartens zu Eutien ...," Kupferstich (Detail) aus Lewon/Engelbrecht 1743 (LB Eutin).

den, Mainz und Gaibach aus den ersten drei Jahrzehnten des 18. Jahrhunderts.[16] 1743 erschienen die großformatigen Perspektiven und Ansichten des Eutiner Gartens bei dem gleichen Augsburger Verleger Engelbrecht, der zwischen 1726 und 1731 auch die Ansichten Salomon Kleiners von jenen berühmten Gärten herausgegeben hatte, denen die Eutiner bis zur Wahl der diagonalperspektivischen Vogelschau und der Repoussoirs im Vordergrund ähneln. All diese Publikationen befanden sich in der Eutiner Schloßbibliothek. Die auch im überregionalen Vergleich eindrucksvollen Entwürfe für Eutin gehen auf Garteninspektor Johann Christian Lewon (um 1690–1760) zurück, der 1743 zusätzlich die Rolle Rudolph Matthias Dallins als Eutinischer Hofbaumeister übernahm, wenngleich er vor allem als Gartenarchitekt nachweisbar ist (Kiel, Stendorf, Schleswig, Blumendorf, Rantzau). Der Architekt Dallin (um 1680–1743) war hingegen wohl eher für Pracht- und Wirtschaftsbauten sowie für die architektonischen Elemente innerhalb der Gärten zuständig. An den Hofgärten von Eutin und Kiel arbeiteten beide Künstler zusammen.

Grammatik und Vokabeln der barocken Gartenkunst sind in den französischen und deutschen Musterbüchern jener Jahre sowie in den Stichwerken zu finden. Der geringe zeitliche Verzug in der Rezeption und der Variantenreichtum in der Adaption der Vorbilder zeigen, daß von Provinzialität der hiesigen Bauherren und Künstler wohl kaum die Rede sein kann. Bei dieser Rezeption ging es schon nicht mehr um Anlehnung an den klassisch-französischen Barockstil André Le Nôtres (1613–1700), der weder der Funktion der Gärten, noch den Mitteln und der Bedeutung der hiesigen Auftraggeber entsprochen hätte. Vielmehr bezog man sich auf die nach dem Tod Ludwigs XIV. (1715) folgende Epoche der Régence, die trotz strenger Symme-

Abb. 8: Traventhal, Detail aus einem Plan mit Randveduten, lavierte Federzeichnung von G. Tschierske um 1760 (LB Eutin).

trie größere Leichtigkeit, mehr Abwechslung und Natürlichkeit im Sinne des Verzichts auf allzu aufwendige architektonische und künstliche Ausstattungselemente propagierte.[17] Obwohl das maßgebliche Lehrbuch barocker Gartenkunst, Antoine Joseph Dezallier d'Argenvilles „*La Théorie et la Pratique du Jardinage*" erstmals 1709, also noch zu Lebzeiten des Sonnenkönigs erschienen war, wurde es zur Grundlage des Régence- und Rokokostils in ganz Europa – insbesondere durch die nachfolgenden, unter dem Namen Alexandre Le Blond publizierten und reichhaltiger illustrierten Neuausgaben (deutsch 1731, letztmalig 1771).[18]

Auf die Phase der Régence folgte bereits ab der zweiten Hälfte der 1730er Jahre ein bis etwa 1770 spürbarer Einfluß des französischen Rokoko, der sich vor allem im Durchbrechen der Axialität durch Asymmetrie, überraschende Abwechslung und Kleinteiligkeit der Elemente sowie den bewußten Einsatz der „*scena per angolo*", der aus dem Theaterbereich übernommen malerischen Schrägsicht, bemerkbar machte (Abb. 8) – nicht zuletzt im verstärkten Aufbrechen der Gärten zur Landschaft. Erste englische Boskette mit charakteristischen Schlängelwegen finden sich in Traventhal Mitte der 1740er Jahre, auf Greggenhofers Idealplan für Ahrensburg (1759) und – bereits eine freiere Form ankündigend – in Gülzow (1765) und Heiligenstedten (um 1770). Während in den späten 1760er und frühen 1770er Jahren im Typus des Eremitagegartens und der Ornamented farm die ersten Ansätze zum englischen Landschaftsgarten faßbar werden (Schierensee, Salzau, Louisenlund, Eckhof), kommt es andererseits zu einer Reaktion gegen solche Tendenzen der Formauflösung: zu einer Rückbesinnung auf die strengeren Strukturen und räumlich-repräsentativeren Werte des klassischen Barockgartens (Wotersen von N. H. Jardin), die sich mit intimen Rokoko- und Naturgartenmotiven im Sinne des jardin anglo-chinois durchmischen können (Wandsbek von C. G. Horn, Gelting von J. C. Bechstedt). Die Vorlagen sind nun bei Jacques-François Blondel (1737/38), der in seinem „*Cours d'Architecture*" (1771/77) den französischen Garten strikt gegen die englische Mode verteidigte, bei Jean-François Neufforge (1772/80) und deren gemeinsamem Schüler Pierre Panseron (1783/88) zu finden.[19]

Betrachten wir die typischen Elemente der barocken Gärten etwas genauer: Allein an den Gestaltungen des Parterres lassen sich die Stilentwicklungen des 17. und 18. Jahrhunderts differenziert nachvollziehen. Die üppig bepflanzten, in sich abgeschlossenen Kompartimente der Spätrenaissance und des Frühbarock, die noch unter holländischem Einfluß, etwa von Jan van der Groens 1669 erschienenem Werk „*Der Niederländische Gärtner*" entstanden (Eutin 1675, Kiel 1695), weichen zu Beginn des 18. Jahrhunderts eleganteren, spiegelsymmetrisch komplementären Formen französischer Provenienz. Für den Kieler Schloßgarten entwarf Lewon beispielsweise um 1739 ein überaus elegantes Broderieparterre nach Vorlagen aus Dezallier d'Argenville (1709/1731) und J. D. Fülcks „*Neuer Garten-Lust*" (1720). Ein Parterre war nicht nur ein Kunststück vom Reißbrett, sondern erschien – wie der Hamburger Ratsherr Brockes um 1740 dichtete – gerade im Sinne des Régence-Stiles, der den Blumen wieder zu ihrem Recht verhalf, als ein göttliches Wunderwerk:

> „*Mein Gott, was hast Du doch allhier,*
> *In dieser bunten Blumen Zier,*
> *Auf diesem bunten Schauplatz, mir*
> *Für Weißheit, Lieb und Macht gewiesen! ...*
> *So rief ich, als ich jüngst den Platz,*
> *Worauf ich kurz vorher der Beeten Schrancken*
> *Von Buchsbaum mit geschlungenen Rancken,*
> *Nicht viereckt, wie gewöhnlich, fassen,*
> *Und hier und da mit rothem Sand*
> *Und bunten Steinchen zieren lassen;*
> *Als, sag ich, ich hier diesen Ort,*
> *Bedeckt, erfüllt mit einem Schatz,*
> *Von bunten Tulipanen fand.*
> *Die Regel=rechte Symmetrie ...*
> *Stand mit der bunten Blumen Menge*
> *Und dem fast funckelnden Gepränge*
> *In einer solchen Harmonie,*
> *Daß jeder, der es sah, erstaunet stille stund*
> *Und, vor Verwunderung,*
> *so gleich kaum sprechen kunnt*".[20]

Eine zunehmende Naturalisierung und Vereinfachung der Formen führte zur Ausführung der Muster aus glattem Rasen, dem sogenannten Parterre à l'angloise (z.B. Plön, Ascheberg, Wandsbek). An die Stelle komplizierter Blumen- oder Buchsbroderien treten zunehmend auch simple, ganz kurzgeschorene und unmerklich eingetiefte Rasenflächen, geeignet für Kugelspiele (Boulingrin nach dem englischen „*bowlinggreen*"), sowie die von Alleen gesäumten Wälle, Rasenbänder und Rasenteppiche (Tapis de gazon, Platesbandes, Tapis vert). Eine Methode, ein Parterre auf den Spaziergänger wirken zu lassen, war seine Eintiefung bzw. Umrahmung durch einen höher gelegenen Terrassenweg (Weissenhaus). In der Regel aber lag die Parterrezone direkt unterhalb der Gartenfassade und war auf den Blick aus den Festräumen im ersten Stock (Belétage) berechnet, von dem aus sich auch die axialsymmetrische Struktur der Gesamtanlage erschloß. Erst wenn man sich dieses über ein Jahrhundert gültige System vergegenwärtigt, wird die Verlegung des Festsaals ins Erdgeschoß, seine Öffnung durch große Fenster und Türen zum Garten als Symptom eines veränderten Naturbezuges verständlich, demzufolge das Parterre seine Funktion allmählich verlieren mußte. Statt dessen kommt es nun zur Integration der Landschaftsprospekte in den Festsaal, wo sie mit idealen Landschaftsgemälden konkurrieren oder durch Spiegel vervielfacht werden (Emkendorf, Knoop).

Gleichfalls von der Belétage überschaute man die normalerweise hinter dem Parterre angeordnete Boskett-Zone mit ihren abwechslungsreichen Raumformen über komplizierten geometrischen Grundrissen (Salle, Cloître, Cabinet usw.). In diesen sogenannten Lustquartieren mit beschnittenen Heckenwänden (vorzugsweise aus Hainbuchen oder Ulmen, später auch Taxus) erreichte die Architektonisierung der Natur ihren Höhepunkt. Bei schönem Wetter dienten die Boskette tatsächlich als Fortsetzung der Schloßräume für vielerlei höfische Lustbarkeiten und Spiele (u. a. Dernath-Palais Schleswig, Kiel, Rixdorf, Blumendorf, Traventhal) oder als Heckentheater für diverse Aufführungen (Eutin, Traventhal, Idealplan Ahrensburg).

Die Reihung der Boskette setzte sich in Obstquartieren fort, in denen Äpfel, Birnen, Pflaumen, Kirschen, Maronen und viele andere Sorten, meist in Quincunx-Manier oder in Form „*gefüllter Boskette*" gepflanzt waren (Kiel, Plön, Seestermühe, Gelting etc.). Manche Gärten waren an der mittleren Längsachse zweigeteilt in eine Lustgartenhälfte und eine Obstgartenhälfte (Rastorf, Ascheberg). Einen gesonderten Obstgarten – oder besser umgekehrt: einen reinen Lustgarten – konnte und wollte man sich allenfalls in größeren Residenzen leisten. Französische Obstkultur (Pomologie) war damals noch immer führend, wie Hirschfeld 1780 bemerkt.[21] Graf Hans Rantzau hatte seine Ascheberger Obst-Kulturen in den 1720er Jahren aus Paris importiert. Solche sogenannten „*Frantz'schen Quartiere*" finden wir auch in Seestermühe, Traventhal und vielen anderen Gärten.

Der gelehrte Schleswig-Holsteinische Gutsgärtner Johann Caspar Bechstedt (1735–1801) weist in seinem „*Niedersächsischen Land- und Gartenbuch*" 1772 etwas mißmutig auf die Monopole Frankreichs in der

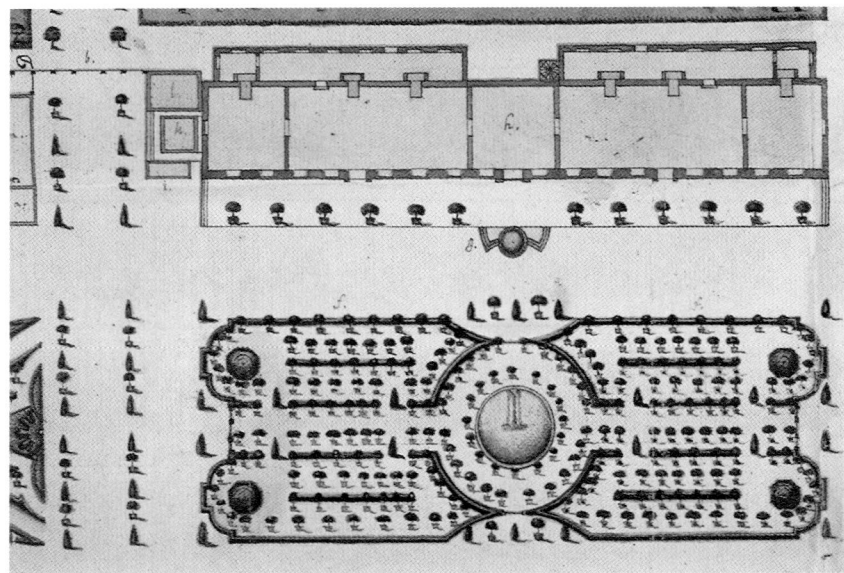

Abb. 9: Orangerie mit Orangerieparterre im Neuwerk-Garten (Detail), aquarellierte Federzeichnung (LAS).

Obstkultur und Hollands in der Blumenzucht hin, die es jetzt durch einheimische Fachleute zu brechen gelte.[22] Bechstedt (tätig u. a. in Saxtorf, Schierensee, Louisenlund, Gelting) gehörte zu jenen Reformern der Gartenkunst, die von der Vermehrung und Veredelung der Baumkulturen ausgingen, die etwa durch den Import amerikanischer Spezies[23] bereichert werden sollten – ganz im Sinne des 1765–73 erschienenen Lehrbuches „Der Hausvater" des Otto von Münchhausen (1716–1774), der seine Vorstellungen in seinem Garten Schwöbber im Niedersächsischen verwirklichte.[24] Hier liegen nicht nur die Wurzeln der seit Ende des 18. Jahrhunderts zunehmend beliebten Baumsammlungen (Arboreten), sondern auch der unter staatlicher Regie entstehenden Frucht- und Forstbaumschulen (Kiel, Plön).

Orangerien, die im 17. Jahrhundert noch als Privileg der regierenden Fürsten gelten können (erstmals im Alten Garten zu Gottorf 1632, Reinbek, Husum, Eutin, Plön, Traventhal, Glücksburg), gehörten im 18. Jahrhundert zum Standard der adeligen Gutsgärten (u. a. Jersbek, Ludwigsburg, Sierhagen, Testorf, Wandsbek etc.). Im Sommer wurden die Pflanzen, über deren Art, Anzahl und Preis wir durch Listen recht gut unterrichtet sind, dekorativ in ihren Kübeln im Garten aufgestellt, in der Regel in speziellen Orangerieparterres wie auf dem Gottorfer Neuwerk (Abb. 9), oder auch auf den Promenaden im Wechsel mit Taxuspyramiden (Weissenhaus). Die Versteigerung oder Auflösung von Orangerien (Reinbek 1748, Glücksburg 1811) war ein sicheres Zeichen für den wirtschaftlichen Niedergang einer Liegenschaft oder ihrer Eigentümer. Im Laufe des 19. Jahrhunderts lösten dann verstärkt beheizbare Treibhäuser für andere Exoten wie Agaven, Palmen oder auch Orchideen (Jenischpark Altona, Bredeneek) die klassischen Orangerien ab.

Ein wichtiges Gestaltungselement der Barockgärten stellte das Wasser dar, wobei größere oder kleinere Kaskaden (Gottorf, Eutin, Schierensee-Heeschenberg) und aufwendige Wasserkünste wie Springbrunnen wegen des geringen Gefälles und großen technischen Aufwandes selten blieben und nicht immer funktionierten. Bassins und Kanäle wurden jedoch gerade in Schleswig-Holstein sehr wirkungsvoll eingesetzt, zumal sie sich leicht mit den bereits bestehenden Grabensystemen verbinden ließen. Kanäle in der Hauptblickachse, also nach Versailler Vorbild, finden wir in Seestermühe (nach 1713), Traventhal (1744) und in bescheidener Dimension auch im barocken Salzau (um 1750) und Wandsbek (1768). In Plön wurde – wahrscheinlich erst im Laufe der 1740er Jahre – der See in Form eines Kanals an den Garten herangeführt, der ein wenig an den spektakulären Kanal erinnert, der die Ostsee mit Schloß Peterhof bei St. Petersburg verband,

Abb. 10: Jersbek, Sphingen von J. C. L. von Lücke um 1730, Photo um 1984.

wo Friedrich Carls Gottorfer ‚Vetter' Peter III. seit 1742 residierte. In Eutin trennte ein Querkanal nach d'Argenvilles Muster (Tafeln 1 und 2) Boskettzone und Terrassengarten. In Blumendorf, Stendorf und Rantzau hat Lewon geschickt die fließenden Gewässer zu einem kanalartigen Wasserparterre erweitert.

Unsere Kenntnisse der Ausstattung und Ikonographie der barocken Gärten sind noch recht unbefriedigend. Die mehr oder minder aufwendigen barocken Gartenpavillons (Gottorf, Eutin, Jersbek, Testorf, Wandsbek) sind meist mit den barocken Gartenstrukturen zugrunde gegangen und über ihre Ausmalungen sind nur wenige Hinweise überliefert. Überlebt haben der Seestermüher Pavillon, das Plöner Gartenhaus von Rosenberg (1744), der Uklei-Pavillon von Greggenhofer (1776) und der bei Hirschfeld abgebildete Gülzower Jagdpavillon – allesamt mehr oder minder baulich verändert.

Seit Rantzaus Breitenburger Skulpturen, über deren Beschädigung während der Belagerung durch Wallensteins Truppen ein Inventar von 1651 berichtet, haben die kanonischen Götter des antiken Olymp Einzug in die Anlagen gehalten: Jupiter, Juno, Mars, Venus, Apollo, Diana, Merkur u. a. m. Sie schmückten auch die Kaskadenterrassen zu Gottorf, während im Globusgarten in allegorischer Form die Elemente dargestellt waren und Herkules als Fürstenallegorie in Korrespondenz zu den Kaiserbüsten in der Globusmauer stand. Besonders reich war um 1700 der Kieler Schloßgarten mit vierzig kleinen Skulpturen aus gotländischem Stein ausgestattet – ein Luxus angesichts der Tatsache, daß vielfach nur weiß gestrichene Holzfiguren belegt sind. Allegorien der Jahreszeiten und Erdteile gehören zum universalistischen Konzept barocker Gartenikonographie und haben sich zahlreicher, u. a. als Zweitverwendung um 1790 (aus Schloß Friedrichsruh in Drage) im „Bürgermeistergarten" von Wilster erhalten. Einzelfiguren aus Statuenprogrammen sind gelegentlich in situ oder aber fernab von ihrem ursprünglichen Bestimmungsort in Magazinen,

Abb. 11: Seestermühe, Blick durch die Achse der vierreihigen Lindenallee zum Herrenhaus, Photo 1995.

Museums- oder Privatbesitz aufzufinden – zumeist in beklagenswertem Zustand. Einer der künstlerisch interessantesten Schöpfer solcher Gartenskulpturen war der Permoser-Schüler Ludwig von Lücke (um 1703–1780), der für Graf Schimmelmann in Ahrensburg und Wandsbek u. a. einen ausdrucksstarken Zyklus der Erdteile und groteske Löwenpärchen gearbeitet hat. In seiner Jugendzeit hatte er bereits das noch in Jersbek fragmentarisch erhaltene Figuren-Programm für Bendix von Ahlefeldt geschaffen, zu dem die ägyptisierenden Sphingen gehören, die etwa ab 1730 die Freitreppe zum Lusthaus flankierten (Abb. 10). Das Mittelstück der monumentalen Jersbeker Titanengruppe (Abb. 244), die die *„Felsen des Gebirges"* im Zentrum des großen Brunnenbassins emporstemmte und von sechs vergoldeten Statuen der *„vornehmsten Götter"* umgeben war[25], erinnert als Torso geradezu an Michelangelos ,Sklaven'. Wahrscheinlich meinte Hennings mit den Titanen die Giganten, deren vergeblicher Aufstand gegen die Götter, in dessen Verlauf sie Berg auf Berg türmten, um den Olymp zu erreichen, zu den traditionellen Hybris-Mahnungen im Rahmen aristokratischer Tugend-Ikonographie gehörte: Aufstände gegen die Obrigkeit zahlen sich nicht aus.

Die wirkungsvollsten Gliederungsmotive der barocken Gärten bildeten die Laubengänge und Alleen (Abb. 11), die seit dem 17. Jahrhundert Schlösser und Herrenhäuser in ihrem topographischen Umfeld verankerten und noch heute den kulturlandschaftlichen Charakter Schleswig-Holsteins maßgeblich prägen, indem sie schon aus der Ferne von der Bedeutung der Güter und ihrer einstigen Schöpfer künden. Sie wurden bis ins letzte Viertel des 18. Jahrhunderts regelmäßig beschnitten und besaßen entsprechend eine wesentlich geringere Höhe als heute. Die symmetrisch-hierarchische Anordnung von Herrenhaus, Wirtschaftshof, Torhaus und Garten und ihre Verbindung mit Katen, Instenhäusern, Feldfluren und Forsten erschien – zusammengehalten durch das klare Netzwerk der Alleen – als Abbild einer gottgewollten, patriarchalischen und rationalen Ordnung. Sie seien „*nicht allein eine der größten Schönheiten, sondern sie dienen auch ausserdem gleichsam zum Wegweiser, gleich den Straßen in den Städten ... je länger sie sind, desto schöner fallen sie ins Auge*", schreibt Bechstedt 1772.[26] Zu den ältesten, z. T. ins 17. Jahrhundert zurückreichenden Garten- und Gutsalleen gehören Eichenalleen (Gudow, Testorf, Neudorf). Aus den 1720er Jahren stammen die Lindenalleen des Jersbeker Barockgartens, die 1984 zurückgeschnitten und saniert wurden. Die 1732 gepflanzten Lindenalleen, die den Plöner Residenzgarten auf der Seeseite und auf der Hangseite rahmen, haben sich nach Auflassung des Barockgartens 1783 zu mächtigen, nahezu 30 Meter hohen Bäumen ausgewachsen. Aus dem Anfang des 18. Jahrhunderts stammen auch die 700 m langen Doppelalleen von Seestermühe und Karlsburg, die mit 3 Meter Abstand dicht gepflanzte Lindenallee von Traventhal und die in Quincunx-Manier gepflanzte Seitenallee in Ascheberg. Vielfältige Schnittformen der Alleen und Hecken finden sich auf den alten Gartenansichten. Sie folgten den katalogähnlich aufgereihten Mustern in den Handbüchern: etwa der Kastenform „*à l'Italienne*" (Rixdorf), der Arkadenform, „*Arcades und Palissades executées*" wie in Eutin oder Jersbek, dem Zinnenschnitt (Jersbek, Plön); der Laubengang erscheint bald offen, bald geschlossen. Bechstedt zählt zu den geeignetsten Alleebäumen die aus Amerika stammende Robinie, die aber die angestammte Linde und Ulme (Yper) kaum verdrängen könne, wobei letztere sich wegen ihres schnellen Wachstums besonders als Windschutz eignete (die Ulmen sind in den letzten Jahrzehnten durch ein großes Ulmensterben weitgehend abgegangen). Außer der am weitesten verbreiteten Linde hebt er Kastanien und Platanen hervor, während die Hainbuchen nur im Zusammenhang von Berceaus und Hecken erwähnt werden und die Eiche wegen ihres langsamen Wachstums für Alleen kaum noch Verwendung fand. Besonders interessant sind die sogenannten „*gemischten Alleen*", die mit verschiedenen Baumarten bepflanzt wurden, z. B. die auf dem Heeschenberg nachgewiesene „*Quitschern-*

[Ebereschen]-Tannen-Allee", die ehemalige Kirschen-Tannen-Allee zu Salzau oder die kilometerlange Emkendorfer Allee, die u. a. mit Linden, Kastanien und Ahorn bepflanzt wurde.

Die Entdeckung der Landschaft

Eine neue Haltung zur Natur kündet sich schon während des Rokoko an, die das ‚gewisse Etwas' (je-ne-sais-quoi) jenseits der strengen Regeln, das Irreguläre, Wilde und Nachlässige im Kontrast zum Wohlgeordneten zu entdecken beginnt. Auch Englands Vorbild-Rolle setzt nun ein, zunächst in der literarischen Vermittlung eines naturreligiösen, durch den Deismus Shaftesburys[27] oder physikotheologische Spekulationen geprägten Naturbegriffs. Barthold Hinrich Brockes (1680–1747), Mitglied des Hamburger Senats und Dichter, Mitbegründer der Hamburger Freimaurerloge und der Patriotischen Gesellschaft, hatte seinen berühmten englischen Kollegen und Freimaurerbruder Alexander Pope (1688–1744), einen der Väter der englischen Landschaftskunst, noch persönlich in seinem Garten in Twickenham bei London besucht.[28] Popes „*Versuch über den Menschen*", den Brockes ebenso übersetzte wie James Thomsons „*Jahreszeiten*", hat dessen eigene Natur-Poesie „*Irdisches Vergnügen in Gott*" (1721–1748, 9 Bde.) stark beeinflußt und auf die Gebildeten in ganz Deutschland gewirkt. Nach der Horazschen Maxime, daß die Dichtung mit den gleichen Kunstgriffen wie die Malerei arbeiten solle (ut pictura poesis), spielt in den religiös durchdrungenen Natur- und Gartenschilderungen eine neue ‚Augenlust' die zentrale Rolle: Die zugehörigen Illustrationen von Christian Fritzsch, der übrigens auch die prächtigen Gartenstiche von Jersbek und Plön schuf, zeigen eine Gartenwelt, die sich aus den noch kunstvoll und architektonisch geformten Naturräumen überraschend in die Weite der Landschaft öffnet.[29] Brockes selbst beschreibt diesen Kontrast um 1740 beispielhaft an einem Lindenrondell, wie es damals etwa im Plöner Schloßgarten zu finden war (Abb. 12):

Abb. 12: Lindenrondell im Plöner Schloßgarten, Detail aus dem Kupferstich von C. F. Fritzsch 1749 (Kreisarchiv Plön).

*„Hier sind, auf eine fremde Weise,
In einem Zirkel-runden Kreise,
Sechs schöne Linden so gesetzt,
Daß jedes Stammes schlanke Länge
Uns, durch dadurch formierte Gänge
Gleich einer schönen Seul' ergetzt.
Die Wipfel sind, durch Kunst, gebogen,
Und so geflochten und gezogen,
Daß ein gewölbtes Blätter-Zelt,
Wodurch der ganze Platz begrünet,
Die Durchsicht zu verschönern, dienet ...
Durch dieser Laube grüne Schatten,
Die sich mit holder Kühlung gatten,
Wird der erstaunte Blick gestärkt,
Da man, im hellen Sonnen-Strahle,
Die schöne Landschaft, in dem Thale
Dadurch noch herrlicher bemerkt."*[30]

Nach der Aufgabe des Kunstschnittes in den letzten Jahrzehnten des 18. Jahrhunderts hat sich mancher kreisrunde, aus Linden gebildete „*Salon*" – erkennbar noch an den Schnittstellen in etwa drei bis vier Metern Höhe – zu einem romantischen „*Lindendom*" ausgewachsen (Waterneverstorf, Hohenstein, Haseldorf, Jersbek etc., Abb. 13).

Betrachtet man die Gärten der Régence und des Rokoko genauer, so fällt neben ihrer formalisierten Binnenordnung gerade dieser ausgeprägte Landschaftsbezug ins Auge: Vom höchsten Punkt des Eutiner Gartens schweifte der Blick über die Schloßinsel und den dahinter liegenden See, der sich als malerische Bucht zwischen Lustgarten und Obstgarten schob. An der Wasserseite der Allee entstand um 1735 ein Boulingrin, das von großen zu Arkadenbögen geschnittenen Hecken – einer schon bei d'Argenville so bezeichneten „*Galerie*" – gerahmt wurde, die dem Betrachter eine Abfolge von Fenstern zur Landschaft bot (Abb. 14). Ganz ähnlich war der Weg am älteren Burggraben von Jersbek zurechtgeschnitten. In Plön sollte der Blick nicht nur über die Hauptschneise und den Kanal auf den See gelenkt werden, sondern die wasserseitige Lindenallee war mit einer Hecke abgeschlossen, die die Aussicht abwechselnd verstellte und in zinnenartigen Abstufungen wieder freigab: ein einzigartiges, im Abschreiten sich veränderndes Panorama des Plöner Sees und seiner umgebenden Uferlandschaften (heute leider völlig zugewachsen). In Blumendorf boten jeweils am Ende der Seitenalleen triumphbogenartige Heckenportale gerahmte Bilder der ländlichen Gegend. In Nehmten entstand 1768 eine mehrere hundert Meter lange Allee als perspektivische Rahmung eines Landschaftstableaus, dessen Point-de-vue das Plöner Schloß auf der gegenüberliegenden

Abb. 13: Lindendom in Haseldorf, sogenannte „Klopstocklinden", Photo 1994.

Seeseite bildete. Die Inszenierung des Blickes in die Landschaft entsprach jener Öffnung der „prospects", für die wenige Jahre zuvor in England die Gartenarchitekten Charles Bridgeman (gest.1738) und William Kent (1685–1748) gefeiert worden waren.

Eine zweite Stufe der Landschafts-Aneignung lebt vom bewußt eingesetzten Kontrast zwischen der künstlichen Ordnung innerhalb des Gartens und der göttlichen „Unordnung" der Schönen Natur außerhalb. War jene ein Teil der höfischen Welt und der ihr zugehörigen Etikette, so diente diese als Kontrastsphäre dem Rückzug des einsamen Individuums, der Suche nach Gott, und wurde letztendlich zum Spiegel der eigenen Innerlichkeit. Seit der Renaissance bildete die Eremitage unter religiösen oder spielerischen Aspekten einen primitiven Gegenort zum Schloß, so auch noch die in der alten Tradition der Felsengrotten stehende Eremitage im Eutiner Schloßgarten. In den nach 1730 modern werdenden Einsiedeleien kündigte sich hingegen schon ein sentimentales, auf Empfindungen begründetes Naturverständnis an, das den Rousseauschen Kontrast Hütte contra Palast ausspielte.

Abb. 14: Schloßgarten Eutin, Boulingrin mit Galerie zum Eutiner See, Kupferstich aus Lewon/Engelbrecht 1743 (LB Eutin).

Abb. 15: Schloßgarten Eutin, Philosophischer Gang am Seeufer, Ölgemälde von F. Loos um 1870 (Ostholstein-Museum Eutin).

In Schleswig-Holstein wurden seit den späten 1730er Jahren sogenannte „*philosophische Gänge*" (Hirschfeld 1780) beliebt, die aus der strengen Formenwelt der Lustgärten an besonders schöne, einsame oder wilde Plätze führten.[31] Auf dem Eutiner Gartenstich Lewons (Abb. 7) erkennt man bereits den naturbelassenen Uferstreifen mit frei wachsenden Bäumen an der Bucht, der auf Plänen eindeutig als Weg gekennzeichnet ist und noch zur Zeit des Eutiner Landschaftsgartens als romantischer Uferspaziergang in die sogenannte „*ländliche Gegend*" führte (Abb. 15). In Plön folgte der – gleichfalls noch heute als öffentlicher Wanderweg erhaltene – „*Philosophenweg*" unterhalb des Schloßgartens den sanften Kurven des Seeufers, in Rastorf verlief er längs der Schwentine flußabwärts. In Ascheberg führte ein natürlicher Spazierweg vom Seeufer bis auf die Höhen des gleichnamigen Hügels, wo es um 1740 bereits Eremitagen in Form urtümlicher Holzhütten oder Borkenhäuser gab. Naturverbundene Anspruchslosigkeit im Sinne Rousseaus, den Rantzau persönlich nach Ascheberg eingeladen haben soll,[32] stellte sich in scharfen Kontrast zur Pracht des französischen Gartens.

Hans Rantzau, der 1731–32 als dänischer Gesandter in London gelebt hatte, wußte möglicherweise von den im vierten Band des „*Vitruvius Britannicus*" (1739) abgebildeten Eremitagehütten, die William Kent damals für Königin Caroline und andere prominente Auftraggeber im Umkreis Londons geschaffen hatte, weshalb wohl der Ascheberg schon im Urteil des 18. Jahrhunderts als „*Inokulation*" des englischen Landschaftsgartens in Schleswig-Holstein galt.[33] 1739 richtete sich auch eine Verwandte, Hinrich Blomes Witwe Elisabeth, geb. Rantzau, im Gehölz „*Dohl*" zu Waterneverstorf eine Eremitage mit Ostseeblick ein. Der Blick vom Ascheberg war in vier Himmelsrichtungen durch ausgehauene Prospekte auf den Plöner See und das Schloß (Abb. 16), den Gutsbezirk und eine idyllische Waldgegend bestimmt. Die Naturschönheit dieser Szenerie, die manche Zeitgenossen an Salomon Gessners „*Idyllen*" (1756) erinnerte, mußte den zugehörigen Ascheberger Barockgarten bald als hoffnungslos altmodisch erscheinen lassen (so erstmals Hirschfeld 1779).[34] Aus dem bewußten Kontrast war eine Konkurrenz der Ideale geworden: Die ‚freie' Natur Gottes als Ausdruck inneren Seelenlebens und die fragwürdig werdende feudale Repräsentationsform des französischen Gartens als Statussymbol für Herrschaft, Ordnung, Stand und Reichtum geraten fortan in dem Maße in Widerspruch, in dem Natur als ‚bürgerlicher Gegenort' ihre utopische und eskapistische Macht entfaltet. So schuf sich beispielsweise die neunzehnjährige Herzogin Anna Carolina in Glücksburg um 1770 den einfachen, völlig ungekünstelten Naturgarten Carolinenlund mit einigen Obstbäumen und Schäfchen und einer offenen Laube, der ganz dem Ideal Julies aus Rousseaus *„Nouvelle Heloise"* (1760) entsprach und mit dem repräsentativen Barockgarten ebenso kontrastierte wie ihre private mit ihrer öffentlichen Rolle. Gleichzeitig entstand eine andere Version von Julies Garten in Eckhof: Julianenruh, der Lieblingsplatz der jungen Gräfin Holck. 1781 erschien übrigens Rousseaus *„Botanik für Frauenzimmer, in Briefen an die Frau von L., aus dem Französischen"*.

Etwas anders liegt der Fall in Schierensee. Caspar von Saldern (1711–1786), aus bürgerlichen Verhältnissen zum wichtigsten Berater und Minister der russischen Zarin aufgestiegen und nicht zuletzt durch geheime dänische Zahlungen zu enormem Reichtum gekommen, ließ sich ab 1767 von dem Baumeister Georg Greggenhofer und dem Gärtner Johann Caspar Bechstedt auf dem bewaldeten Heeschenberg einen ganzen Eremitagengarten anlegen, der vielleicht von den Bayreuther Gärten der Markgräfin Wilhelmine inspiriert wurde und anschaulich die Spannung zwischen neureich-höfischem Glanz und moderner Natursehnsucht widerspiegelte – er wurde innerhalb weniger Monate für den Besuch König Friedrichs V. buchstäblich aus dem Boden gestampft. Die mit zahlreichen Hütten, Treppenwegen, Grotten, Hecken, Blumenbeeten, Kaskaden und Fischteichen ausgestaltete Anlage diente Saldern und seinen Gästen im Sommer für gesellig-einsame Vergnügungen. Im Zentrum stand ein der Seelenruhe – *„Tranquilitati"* – gewidmeter Pavillon. Hirschfeld hebt in seiner ausführlichen Beschreibung 1782 vor allem das von steifer Etikette befreite Lebensgefühl des Salderkreises hervor: *„Jetzt athmet hier alles Ruhe und Freyheit. Jeder Gast ist Herr seiner Zeit und seiner Bewegungen ... Beschäftigungen, Zeitvertreibe, Gespräche, einsame Ergötzungen wechseln hier miteinander ab, bis ein Geläute zur bestimmten Stunde die zerstreuten Gäste aus ihren Einsiedeleyen oder von geselligen Spaziergängen in den großen Pavillon auf der Höhe zur Tafel wieder zusammenruft."*[35] Allerdings war das einfache Leben hier im Sinne des französischen Rokoko noch ein wenig höfisches Spiel, die luxuriösen Einsiedeleien seien jeweils

Abb.16: Blick vom Ascheberg auf Plön, Tuschzeichnung über Bleistift von A. Burmester 1876 (SHLB).

mit einer eigenen Bibliothek ausstaffiert, man esse von schwerem silbernem Geschirr, berichtet Emilie von Berlepsch 1783 und bekrittelt die inzwischen altmodischen Hecken, die die schönen Baumstämme verdeckten.[36]

Auch der Jagd- und Lustpavillon des Eutiner Fürstbischofs Friedrich August in Sielbeck am Uklei-See, 1776 gleichfalls vom Eutiner Hofbaumeister Greggenhofer errichtet, gehört in die Eremitagen-Tradition. Den Garten ersetzt hier der *„Lustort"*: die landschaftlich so reizvolle und einsame Lage in jener Seenlandschaft, die gegen Ende des Jahrhunderts als das Albano der Holsteinischen Schweiz gepriesen und von dem Eutiner Hofmaler Ludwig Philipp Strack (1761–1836) in arkadischen Veduten festgehalten wurde. Herzog Peter Friedrich Ludwig hatte zu diesem Zweck ein *„Verzeichniß der schönsten Ansichten Hollsteins"*[37] zusammengestellt.

Die Entdeckung der schleswig-holsteinischen Land-

Abb 17: Weihnachten im Wandsbeker Schloß 1796, v. l.: Friedrich Christoph Perthes, Friedrich Heinrich Jacobi, Caroline, Rebecca und Matthias Claudius, Christian und Friedrich Leopold Stolberg sowie Klopstock (sitzend), Stich nach Th. von Oer (StAHH).

schaft ist ein längerer Prozeß, der neben der naturreligiösen auch die starke literarische Verwurzelung des Sehens in den Traditionen des Arkadischen und Idyllischen belegt.[38] Mehr und mehr aber verblassen die klassischen topoi zugunsten des charakteristisch ‚Schleswig-Holsteinischen', dessen Eigenart nicht mehr nur mit heiligen, schönen oder erhabenen Weltgegenden (Garten Eden, Albano, die Schweiz) verglichen, sondern zunehmend in seinem Eigenwert erkannt wird. Von den Ideallandschaften Stracks, die noch in das goldene Licht Claude Lorrains getaucht sind, führt die Entwicklung über die mehr oder minder treuen oder idealisierenden Veduten des frühen und mittleren 19. Jahrhunderts bis zu den spätromantischen Stimmungslandschaften eines Charles Ross (1816–1858) oder Louis Gurlitt (1812–1897), in denen sich bereits Postulate des Nationalbewußtseins spiegeln und Motive der Heimatideologie der Jahrhundertwende ankündigen.

Als erste haben die ehemaligen Mitglieder des empfindsamen Göttinger Dichterbundes „*Der Hain*", von denen sich viele in den 1770er Jahren in Schleswig-Holstein niederließen, die ostholsteinische Landschaft – erfüllt von einem neuen Patriotismus des Nordens – liebevoll, bisweilen schwärmerisch dargestellt. Johann Heinrich Voß, Friedrich Heinrich Jacobi, Jens Baggesen, Matthias Claudius, Carl Friedrich Cramer und die Grafen Christian und Friedrich Leopold zu Stolberg – im Zentrum ihrer aller Idol, der aus Kopenhagen zurückgekehrte Dichter des „*Messias*": Friedrich Gottlieb Klopstock (1724–1803) – sind aufs engste mit den hiesigen Gütern und der Entstehung landschaftlicher Gärten verbunden[39], mit Eckhof, Tremsbüttel, Wandsbek (Abb. 17), Haseldorf, Waterneverstorf sowie mit dem aufgeklärten Hofe Herzog Peter Friedrich Ludwigs (Eutin) und dem literarischen Kreis um Fritz und Julia von Reventlow (Emkendorf). Reventlows Emkendorf, Stolbergs Tremsbüttel, Prinz Carls Louisenlund und Lehmkuhlen, das der ehemalige Revolutionsführer Marquis Lafayette (1757–1834) mit seiner Familie 1797–98 gemietet hatte, wurden zum Treffpunkt zahlreicher französischer Emigranten, unter denen der ehemalige Hofbau- und Kunstintendant Ludwigs XVI., Graf d'Angivillers (1730–1809), der Archäologe und Kunstgelehrte Quatremère de Quincy (1755–1849) und der ehemalige französische Außenminister und Oberkommandierende der Armee, Charles François Dumouriez (1739–1823), zu den bekanntesten zählen.[40] Ein Zeugnis aus Emkendorf über den Bau der kleinen Kaskade durch den Grafen Dumas läßt ahnen, daß auch sie sich aktiv gartenkünstlerisch betätigten. Der in Hamburg ansässige Emigrant Joseph-Jacques Ramée (1764–1842) wurde zu einem der gesuchtesten Gartenarchitekten der Epoche.

Der Landschaftsgarten: Metapher der Freiheit – Allegorie des Lebens

Bei der Umsetzung des neuen Naturideals in die Gartengestaltung spielten englische Vorbilder eine zunehmende Rolle, die nicht nur literarisch, sondern auch aus eigener Anschauung vermittelt waren. Nach den Reisen von Brockes, Rantzau (Ascheberg) und dem älteren Bernstorff (Bernstorf Slot, Wotersen) in den 1730er Jahren sind in der zweiten Jahrhunderthälfte Englandaufenthalte u. a. des Grafen Holck (Eckhof), Herzog Peter Friedrich Ludwigs (Eutin), Christian August von Rumohrs (Rundhof), Friedrich und Julia von Reventlows (Emkendorf) und Caspar Voghts (Klein Flottbek) bekannt. Dennoch ist die Einführung des englischen Gartenstils weder aus modischer Nachahmung („*jede Copie scheint den Ruhm ihres Geschmacks zu vollenden, wenn sie nur zeigt, daß sie in England gewesen sind*") oder etwa aus Gründen der Kostenersparnis zu verstehen[41], sondern spiegelt in erster Linie den tiefgreifenden Bedeutungswandel der sich im Garten nun selbst darstellenden Natur.

Die schleswig-holsteinischen Gärten, die Hirschfeld in seiner „*Theorie*" beschrieb, die also vor 1785 neu entstanden waren, gehören noch in eine Phase des Übergangs, in der formale Strukturen sich mit freien und irregulären Formen, tradierte mit neuen Sinngebungen und konventionelle mit innovativen Funktionen mischten (Ascheberg, Schierensee, Louisenlund, Eckhof, Salzau). Die poetisch-bildhaften Beschreibungen rücken nicht zufällig die landschaftlichen Fernblicke ins Zentrum der Aufmerksamkeit, während die gärtnerischen Gestaltungen selbst ungenauer erfaßt sind. Spürbar ist jedoch bereits in dieser ersten Phase die Abkehr vom Glanz höfischer Repräsentation und die Definition eines idealen Land- und Gartenlebens als Gegenentwurf zur korrupten Welt von Stadt und Hof. Es waren – ähnlich wie in England – weniger die eingesessenen Gutsherren als die aus politischen oder persönlichen Gründen aus der Residenz und vom Hofe in die Sphäre bürgerlicher ‚Privatheit' zurückkehrenden Dienstadeligen, die die Darstellung aufklärerisch-empfindsamer Ideale im Garten suchten: Natur aus der Perspektive des Städters, Natur als Symbol der Freiheit und höchstes Ziel von Kunst und Kultur.[42]

Auffällig, daß es sich bei jenen Anlagen um Gärten von politisch liberal gesinnten Gutsherren handelte. Daß ihr Stand sein Wohlergehen ganz wesentlich dem Bauernlegen und der seit dem 16. Jahrhundert praktizierten Leibeigenschaft verdankte, mußte den Weiterblickenden damals bewußt werden (Bernstorff, Rantzau, Holck etc.). Das feudale Modell des ‚Ganzen Hauses', das nicht nur das Eigentum an den Gutsuntertanen, sondern auch die Verpflichtung zu ihrer Alimentation einschloß, paßte nicht mehr zur freien Konkurrenz agrarischer Unternehmer, deren Exporte damals bis nach England reichten,[43] noch weniger in das neue naturrechtliche Konzept von Freiheit und Menschenwürde. Infolgedessen fiel die Forderung nach der Befreiung der Garten-Natur von „*der tyrannischen Gewaltthätigkeit der Scheere*" – die „*Revolution in der Gartenkunst*" (Hirschfeld) – mit dem Appell zur Aufhebung der Leibeigenschaft zusammen: Hirschfeld bezeichnet sie unter Berufung auf den Wiener Staatsrechtler und Freimaurer Joseph von Sonnenfels (1732–1817) – den ‚Sarastro' aus Mozarts ‚Zauberflöte' – als „*Sclaverey*" und „*Schandfleck der Verfassung*".[44] Konservative wie Josias von Qualen verteidigten hingegen die überkommene Ordnung auf dem Lande gegen das Horror-Szenario der „*Stadt-Kinder*", die Leibeigene mit Sklaven verglichen, „*die mit grossen Ketten und abgeschnittenen Zungen*" umherschlichen und „*mit der Peitsche ... zu unmenschlicher Arbeit angetrieben*" würden (1760).[45]

Die Qualens bildeten damals noch die Mehrheit, doch gewannen Aufgeschlossenere an Boden, wenn man den 1783 gesammelten Eindrücken der Emilie von Berlepsch glauben darf: „*Der Adel erhält sich in diesem Theil von Deutschland noch recht sehr in seinem ursprünglichen Glanze, und in seiner turnierfähigen Reinheit ... [doch] ... sind mir einige Familien in Holstein bekannt, die den Grazien und Musen opfern, das gesunde Denken neuerer Zeiten nicht verachten, und auch Halb- und Vierteladeliche und adellose Fremde sehr angenehm und artig bewirthen.*"[46] Der Plöner Amtmann August von Hennings sprach der Gartenkunst wenig später eine führende Rolle im aufklärerischen Prozeß zu: „*Wohl möglich ist es also, daß, indem der politische Reformer vergebens daran arbeitet, eine Revolution in der Denkart der Menschen zu würken, unvermerkt die schöne Gartenkunst eine*

Abb. 18: Daniel Chodowiecki, Andres und seine Braut, Kupferstich um 1790 aus „Wandsbeker Bote", Ausgabe 1847 (UB Kiel).

gänzliche Reform in den Gesinnungen und in den Vorstellungen der Menschen würken wird."[47]

Die Thematisierung von Werten wie Natur, Vernunft und Freiheit in den frühen Landschaftsgärten war Symptom der Verbürgerlichung der Adelskultur unter einem gemeinsamen Begriff von Humanität. Der Landschaftsgarten vermochte aber auch das darüber hinausreichende metaphysische Erlebnis einer göttlichen Natur zu vermitteln, wie es einerseits der innerlichen Empfindungswelt des Pietismus, andererseits freimaurerisch-deistischen Vorstellungen entsprang.

Nicht zufällig waren die Franckeschen Anstalten und die Universität Halle Ausgangspunkt für den Dichter Brockes, den Gärtner Bechstedt und den jungen Hirschfeld. Im *„Wandsbecker Boten"* hat Matthias Claudius 1772 seinen Briefhelden Andres über das schlicht-fromme Gotteserlebnis des nächtlichen Ster-

Abb. 19: Emblem eines Turmes, aus B. H. Brockes „Irdisches Vergnügen in Gott", Bd. 3 1736 (UB Kiel).

nenhimmels nachdenken lassen, das Daniel Chodowiecki als Einklang seelischer und kosmischer Natur so anschaulich illustrierte (Abb. 18). Der Pietismus hat zwar die Amtsethik am Kopenhagener Hof, etwa der Bernstorffs und Stolbergs geprägt, aber letztlich im alten Holsteinischen Adel kaum Fuß fassen können.[48] Ein entsprechendes, um Manufaktur, Dorf, Gutspark und herrnhutischen Friedhof kreisendes Gemeinschaftsideal, wie es die aus dem Württembergischen zugewanderten Mannhardts (Hanerau, ab 1799) vertraten, blieb ohne Parallele.

Häufiger verbanden sich die den Rationalismus der Aufklärung unterlaufenden religiös-mystischen Bedürfnisse mit den bruderschaftlichen Idealen des aus England importierten Freimaurerbundes. Die aufgeklärten Ideen bürgerlicher Freiheit und naturrechtlicher Gleichheit wurden in den Logen mit den esoterischen Traditionen uralter Geheimkulte und christlicher Ritterorden umgeben und entfalteten eine romantische Anziehungskraft auch innerhalb des Adels.[49] Vor diesem Hintergrund entstand ein Motivkreis, der sich ikonographisch auch in manchem schleswig-holsteinischen Garten niederschlug.

Schon im Jersbeker Barockgarten des Freimaurers Ahlefeldt scheinen die ägyptisierenden Sphingen (Abb. 10) durch die *„Sphinx Mystagoga"* des Jesuiten Athanasius Kircher (1665) inspiriert, der den mystischen Charakter von Naturerkenntnis in den ägyptischen Geheimlehren wiederentdeckte und in den Logen viel gelesen wurde. Sphingen dienen gleichsam als Tempelwächter eines sakralen Naturbezirks. Bekann-

Abb. 20: Flensburg, Spiegelgrotte im Christiansenpark, Photo um 1965 (Städtisches Museum Flensburg).

ter ist der Freimaurerturm von Louisenlund (1782), dessen Stockwerke verschiedene Grade der Erkenntnis symbolisieren. Das damals verbreitete Turmmotiv wurzelt in der älteren Emblematik der Rosenkreuzer. Der Freimaurer Brockes hat die in Versform geschriebenen „*Grundsätze der Weltweisheit*" von Abbé Charles Claude Genest (1639–1717)[50] übersetzt, die sich nicht zuletzt mit Sinnestäuschung und wahrer Erkenntnis befassen. Eine zugehörige emblematische Darstellung von 1736 (Abb. 19) zeigt einen sehr ähnlichen Turm, der auf die rosenkreuzerische Idee des „*Invisible College*" zurückgeht[51] – jener Geheimgesellschaft der Weltweisen, die noch in Klopstocks „*Gelehrtenrepublik*" (1773) oder Goethes Turmgesellschaft im „*Wilhelm Meister*" (ab 1778) nachklingt. Ein Auge und optische Hilfsmittel wie Spiegel und Vergrößerungsglas zur Linken, ein Ohr und akustische Instrumente zur Rechten verweisen auf die Trugbilder, wie sie als Prüfungen der Sinne im ‚unendlichen Raum' und in den ‚Flüsterwinkeln' des Louisenlunder Turmes für die Logenmitglieder inszeniert wurden.[52]

Die Flensburger Spiegelgrotte in Christiansens Park, die das Bild des Eintretenden als Gleichnis von Selbstsuche und Selbsttäuschung unendlich reflektiert (Abb. 20), stellt sich gleichfalls wie eine Illustration zu Genests „*Grundsätzen*" dar:

*„Wir müssen die verschiednen Flächen
Von unterschiednen Gläsern sehn,
So findet man, wenn sich die Strahlen brechen,
Daß hell und klar
Auf einem Spiegelglas entstehn
Gemälde, welche bald nicht wahr sind,
und bald wahr ...
Die Winkel sind verwirrt, die Linien und Ecken,
Die sonder Ordnungen sich durcheinander strecken,
Formieren uns viel eitle Phantaseyen ...
Jedwede Seite stellt den ganzen Vorwurff dar,
So, daß durchs Auge mein Gemüht,
Statt eines Vorwurffs, zwanzig sieht.
O vorteilhaffte Lehr! O Anmuth! recht zu sehen,*

Abb. 21: Der Einsiedler von Louisenlund, Zeichnung von F. Westphal 1833 (Städtisches Museum Schleswig).

*Durch welche Regel doch die Züg in uns entstehn,
Daß blos der Geist vermag zu richten und zu spüren,
Daß wir in allen dem, was uns verführen,
Nicht weniger uns auch belehren,
Die Sinnen wol und recht regieren,
Auch sie verleiten kann, man die
Vernunfft muß hören!"*[53]

Die beliebten Spiegelungen der Landschaft in Gartenpavillons, wie sie beispielsweise im Garten des Freimaurers Wolff von Blome (Salzau) oder noch Jahrzehnte später im Buchwaldtschen Neudorf beschrieben wurden, stehen in dieser Tradition.

Vielleicht ist es auch kein Zufall, daß der Held von Siegfried August von Goués Briefroman „Über das Ganze in der Freimaurerei" (1782) sich im Holsteinischen niederlassen und hier einen freimaurerischen Garten anlegen wollte: *„Bruder, wäre ich reich genug, ... so würde ich mir ein Landgut kaufen und daraus einen Freymaurersitz machen. Ich habe die Beschreibung eines englischen Freimaurergartens in den Händen ... Man geht durch Alleen, der Betrachtung, die sie erwecken sollen, gemäß angelegt, von Tempel zu Tempel ..."*[54] Aufgrund seiner führenden Position in der Freimaurerei zeigt der ab den 1770er Jahren entstandene Park des Landgrafen Carl in Louisenlund das umfangreichste Programm dieser Art. Dazu gehörte neben dem Freimaurerturm mit seinem Ägyptischen Portal unter anderem die Eremitage mit der Automatenfigur eines Einsiedlers (1804), der noch bis in die Vorkriegszeit die Besucher erschreckte (Abb. 21) und ursprünglich wohl als erste Station eines Initiations- und Prüfungsweges zu verstehen ist. Hier sollte sich der mutige Adept weltabgeschieden auf seine neue Rolle vorbereiten. Eine vergleichbare Einsiedelei war auch im Salzau Blomes, des Gründers der Kieler Loge, szenengerecht mit Baumrinde, Lager und Kruzifix sowie mit Glas-Fenstern ausstaffiert, *„die aus einer alten gothischen Domkirche entlehnt zu seyn scheinen"* (Hirschfeld). Der geteilte Wasserfall mit der geheimen Grotte beim Nordischen Hause zu Louisenlund geht als Ort mystischer Initiation auf entsprechende Szenen in dem – übrigens von Matthias Claudius übersetzten – Initiationsroman „Séthos" des Abbé Térasson (1731)[55], bzw. auf Mozarts Freimaureroper „Die Zauberflöte" zurück, die 1794/95 in Schleswig mehrfach aufgeführt wurde. Parallele Auswirkungen hatten der Roman und die Oper in den Freimaurergärten Frankreichs, Schwedens und Österreichs.[56]

Einen freimaurerischen Hintergrund vermuten wir auch im Falle der ‚Mumiengrotte' im Stuhrschen bzw. Christiansenschen Park in Flensburg (wohl um 1800, Abb. 22), wo ein antiker phönizischer Sarkophag die Mysterien von Tod und Wiedergeburt vor Augen führt, die im Ritual der Freimaurer eine wichtige Rolle spielen. Goué beschreibt in seinem fiktiven Freimaurergarten neben Labyrinth und Säulenmonument auch einen gotischen Tempel: *„In diesem Tempel findest Du eine Mumie, dann einige Bücher, die zu ernsthaften Betrachtungen Anleitung geben."*[57] Weitere Motive, die mit der freimaurerischen Ideenwelt in Verbindung gebracht werden können, sind etwa Denkmäler der Freundschaft (Salzau, Heiligenstedten), Altäre der Natur (Louisenlund, Rundhof) oder an fernöstlich-konfuzianische Weisheit erinnernde chinesische Pavillons und Pagoden (Salzau, Rantzau, Altona).

Das Grab im Garten stellte nicht nur ein sentimentales arkadisches Motiv dar, sondern verband sich häu-

Abb. 22: Flensburg, Mumiengrotte im Christiansenpark, Photo 1993.

fig mit der unter Freimaurern verbreiteten Hoffnung auf Transzendenz in das göttliche Universum der Natur.[58] Auch in Schleswig-Holstein finden wir derartige Parkbegräbnisse, beispielsweise das des Freimaurers Paschen von Cossel (Jersbek), der 1790 sein Grab in Form eines Ringwalls im Jersbeker Gehölz anlegte, oder das des Prinzen von Hessenstein (Panker 1808), der *„das Angesicht gegen das Morgenlicht und den Spiegel des unendlichen Meeres gekehrt"* in den ‚Ewigen Osten' eingehen wollte. Graf Heinrich Christoph von Holstein (Waterneverstorf) richtete seinen Begräbnisplatz in den 1830er Jahren im mittelalterlichen Burghügel ein. Das Begräbnis von Gutsbesitzern und ihren Familien innerhalb der Gutsparks – fernab der Patronatskirchen – propagierte bereits Hirschfeld und begründete damit eine bis heute praktizierte Tradition, die jedoch durch den Bau von Parkmausoleen, vor allem in der zweiten Hälfte des 19. Jahrhunderts (Haseldorf 1884, Testorf um 1896, Friedrichsruh 1898, Seestermühe und Waterneverstorf 1904, Gülzow 1937

usw.), in ihrer naturreligiösen Sinnsetzung zurückgenommen wurde.

Am deutlichsten zeigt heute noch der nach Anweisung des Herzogs Peter Friedrich Ludwig gestaltete Eutiner Landschaftsgarten (ab 1788) ein allegorisches, gleichfalls freimaurerisch beeinflußtes Konzept, das den zivilisatorischen Aufstieg des Menschen durch die Elemente (Wasser, Erde, Feuer/Licht, Luft) und die verschiedenen Stufen von wilder und elementarer Natur zu Kultur, Humanität und Weisheit – verkörpert durch den auf dem höchsten Punkt gelegenen Sonnentempel – versinnbildlicht: *„Von der lieblichen Staffelei des Hrn. Strak gieng ich in den Schloßgarten, diese wahre Feerei, die da, wo der steife Geschmak der Väter und abgezirkelte Barbarei ein durch hundertjährige Bäume tiefgewurzeltes und durch Marmor-Becken, oder Cascaden felsenfest gemauertes Monument der Nachwelt darzubieten drohten, in weniger als*

Abb. 23: Eutin, Blick in den Tempelgarten, Photo 1996.

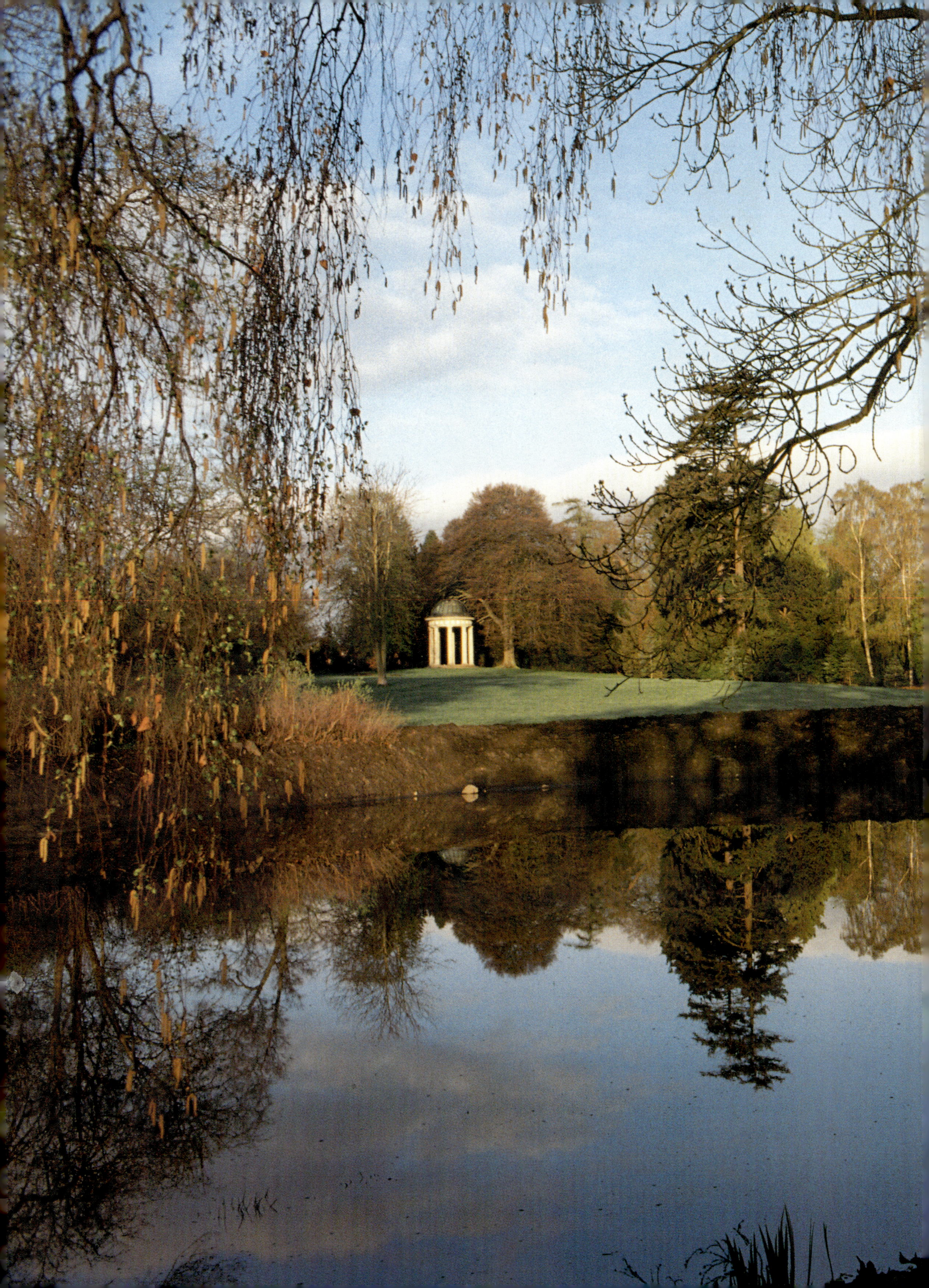

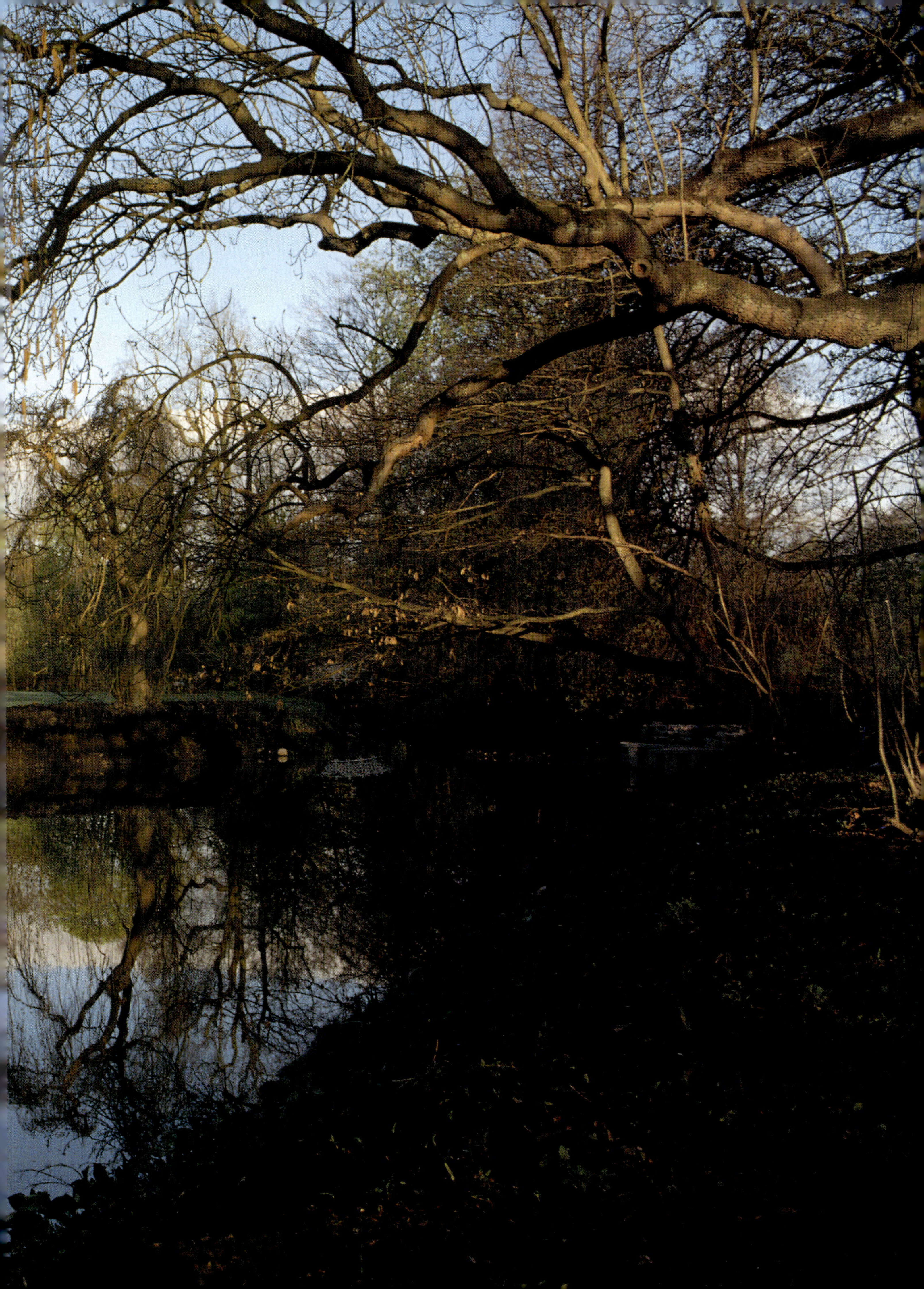

zwölf Jahren das lieblichste Landschaftsgemählde von der Welt hingezaubert hat. Der Garten erschien heute in einer magischen Erleuchtung ...", schreibt ein Besucher im Jahre 1799 (Abb. 23).[59] Eutin stellt nicht nur den ersten klassischen Landschaftsgarten in Schleswig-Holstein dar, der nachweislich von englischen Vorbildern, insbesondere Kew Gardens von Sir William Chambers (1723–1796), beeinflußt wurde, sondern auch das erste prominente Beispiel der fortan gängigen Praxis, die funktionslos gewordenen Barockgärten vollständig landschaftlich zu überformen.

Das Vermächtnis Hirschfelds: Ornamented farm und öffentlicher Volkspark

Im Landschaftsgarten sind die Visionen idealer Natur in dreidimensionalen, begehbaren ‚Bildern' realisiert, die den Malern und Dichtern nachempfunden wurden: *„Bewege durch den Garten stark die Einbildungskraft und die Empfindung, stärker als eine blos natürlich schöne Gegend bewegen kann."*[60] Eine sorgfältig kalkulierte Wegeführung – häufig in Form eines Rundganges (Beltwalk) – lenkt die Abfolge der Eindrücke; Auswahl und Gruppierung der Pflanzen variieren den Stimmungscharakter; Bodenmodulationen, Baumgruppen (Clumps), Solitäre, Gewässer und Fernblicke bilden eine malerische Komposition; Monumente, dekorative Bauwerke und Inschriften erschließen den Sinnhorizont der Szenen (Salzau, Eckhof, Eutin, Emkendorf, Rundhof, Deutsch-Nienhof, Nehmten etc.).[61]

Relativ am Anfang der *„Gartenrevolution"* in Deutschland stand der Kieler Professor der Philosophie und Schönen Wissenschaften Christian Cay Lorenz Hirschfeld (1742–1792). Durch seine in erster Fassung 1774–75, in erweiterter Form 1779–85 in Leipzig zugleich auf Deutsch und Französisch erschienene *„Theorie der Gartenkunst"* propagierte er erstmals umfassend Systematik, Theorie und Praxis des englischen Landschaftsgartens. Bestätigt durch Goethes Urteil vom Weimarer Olympierthron, daß *„die Neigung zu ästhetischen Parkanlagen überhaupt durch Hirschfeld aufs höchste gesteigert ward"*[62], galt er bald als führende Autorität in Gartenfragen. Die Gartenästhetik, die er dem deutschen Publikum vermittelte, stützt sich in erster Linie auf die Theorien des Sensualismus, auf Edmund Burkes Lehre vom Schönen und Erhabenen (1757), Henry Homes *„Grundsätze der Kritik"* (deutsch 1763–66), Johann Georg Sulzers *„Theorie der angenehmen und unangenehmen Empfindungen"* (1762) und dessen *„Allgemeine Theorie der Schönen Künste"* (1771–1774), nicht zuletzt auf Gartentraktate von William Shenstone (1764), Thomas Whately (1770, deutsch 1771), Horace Walpole (1771), William Chambers (1772, deutsch 1775), Henri Watelet (1774, deutsch 1776) und R.-L. Girardin (1777, deutsch 1779).[63] Die Landlebendichtung von Vergil und Horaz bis zu Abbé De Lille und den Anakreontikern war ihm, der als Hauslehrer der Gottorfer Prinzen 1767 in Bern seinen ersten poetischen Versuch über das *„Landleben"* herausgegeben hatte, ohnehin bestens vertraut. Hirschfelds psychologisch orientierte Wirkungsästhetik bleibt – und daraus resultiert sein hoher Anspruch an Gartenkunst als eine vollwertige und eigenständige Kunstgattung – stets an die moralischen Normen des deutschen Idealismus gebunden: Sie wird zum Instrument sittlicher Erziehung des einzelnen und der Gemeinschaft. Dem hiesigen Umfeld entspricht auch die betonte Klassifizierung der Gärten nach dem *„Charakter der Besitzer"*, das domestizierte bürgerliche Freiheitspathos und der Versuch, zwischen übereifriger Nachahmung der Franzosen und Briten einen *„deutschen Mittelweg"* zu finden.[64]

Hinreichende praktisch-botanische Kenntnisse befähigten Hirschfeld zur Leitung der Kieler Fruchtbaumschule (ab 1783) und zur Publikation eines entsprechenden Lehrbuches (1788), doch vor dem ihm 1786 angetragenen Amt eines fürstlich hessischen Gartendirektors in Kassel schreckte er zurück. Nur wenige Gestaltungsvorschläge, etwa für Graf Schimmelmanns Park in Wandsbek (1780), sind überliefert, und doch war die Auswirkung seiner Schriften auch in Schleswig-Holstein zwischen 1780 und 1830 konkret spürbar. 1779 hatte er im ersten Band der *„Theorie"* für die Idee der Landschaftsgärtnerei im Norden mit den Worten geworben: „*... mein geliebtes Vaterland, Holstein, [ist] mit Schönheiten geschmückt, die den Fremden einnehmen und den oft umwölkten Augen des Einwohners unbekannt vorübergehen ... eine Menge ländlicher Reize [ist] über den fruchtbarsten Boden verbreitet; sanfte Erhöhungen und Vertiefungen, ein anmuthiges Gemisch von Kornfeldern, von Wiesen, von Viehtriften, von Gebüschen, von Waldungen, von meilenlangen Seen, deren heller Spiegel das Bild der frischgrünenden Landschaft zurückwirft ... Und in diesen Gefilden ein Adel, ... dem, was der Geschmack entwerfen würde, der Reichthum ausführen helfen könnte.*"[65] Elf Jahre später konnte er befriedigt konstatieren: „*Man schaue nun um sich herum, und urtheile. Wieviele seitdem vollendete Anlagen, wie viele angefangene noch täglich ...*"[66]

Hirschfeld nimmt aber auch den Staat in die Pflicht und erklärt die Anlage öffentlicher Volksgärten zu einem „*neuen fruchtbaren Feld für die patriotische Gartenkunst ...*"[67] Die Verschönerung der Gutslandschaften im Sinne der Ornamented farm und die Anfänge des demokratischen Volksparkgedankens sind die vielleicht wichtigsten Anstöße, die Hirschfeld der Gartenkunst vermittelt hat.

Die Idee der Ornamented farm geht auf einen Essay Joseph Addisons (1672–1719) in der Zeitschrift „*Spectator*" aus dem Jahre 1712 zurück, wo bereits den englischen Landlords die Verbindung von Landwirtschaft und Gartenkunst – des Nützlichen mit dem Schönen – vorgeschlagen wurde: „*Kornfelder bieten einen hübschen Anblick, und wenn die zwischen ihnen befindlichen Wege mit etwas Sorgfalt angelegt würden, wenn der natürliche Schmuck der Wiesen durch einige Zutaten aus dem Bereich der Kunst veredelt und verbessert würde ..., dann könnte jedermann aus seinen Besitzungen ein schönes Landschaftsbild machen.*"[68] Dieses bukolisch-arkadische Konzept eines um Felder, Forsten, Weiden und Fischteiche erweiterten, überdimensionalen Lustgartens setzt die Konzentration des ehemaligen Bauernlandes in der Hand weniger großer Grundbesitzer voraus – eine Entwicklung, die in England durch die „*Enclosure Acts*" vorangetrieben wurde, deren Resultat die allmähliche Umwandlung Mittelenglands in eine kontinuierliche Agrar- und Parklandschaft war.

In Schleswig-Holstein lief der gleiche Prozeß nach englischem Vorbild ab. Auf Initiative des Grafen Bernstorff wurde 1766 eine Schleswig-Holsteinische Landkommission bestellt, deren Empfehlungen 1771 und 1773 zu Verkoppelungsgesetzen, zur Aufhebung des Flurzwanges, zu Flurzusammenlegungen und Einhegungen geführt haben – nach Maßgabe von Lehrbüchern wie Nicolaus Oests „*Oeconomisch-practische Anweisung zur Einfriedung der Ländereien*" (Flensburg 1767). So entstand in der zweiten Hälfte des 18. Jahrhunderts die noch heute vertraute Schleswig-Holsteinische Knicklandschaft, die Biernatzki 1848 als „*große englische Anlage Gottes*" bezeichnete.[69]

Das auch von Hirschfeld beschriebene Landgut The Leasowes des Dichters William Shenstone (1714–1763) in Shropshire war nicht nur durch Publikationen bekannt, sondern wurde auch von Reisenden gern besucht – möglicherweise auch von Graf Holck, der 1768 mit dem dänischen Hof unter Führung Bernstorffs England bereiste und 1772 in Eckhof bei Kiel eine Zierfarm mit literarischem Überbau schuf. Zum Kreis um Holck und seine Gattin Juliane gehörten liberale Kieler Professoren und Dichter aus dem Umkreis des ‚Göttinger Hain', die sich hier jeden Sommer um Klopstock versammelten. Zahlreiche literarische Inschriften waren auf den zwischen Feldern, Weiden und Hölzungen angelegten Spazierwegen nach dem Vorbild von Leasowes angebracht, das seinerseits das antike Sabinische Landgut des Horaz imitierte. Eckhof entstand als ‚poetic garden' etwa parallel zu Jobst Anton von Hinübers Marienwerder bei Hannover mit Inschriften „*aus den besten englischen Dichtern*"[70], aber fast ein Jahrzehnt vor dem Seifersdorfer Tal der Gräfin und des Grafen Brühl bei Dresden, die eine ähnliche Mäzenatenrolle für die Weimarer Klassiker zu spielen versuchten. Eine Ornamented farm im Sinne Addisons stellte – jenseits des allegorischen Gartenkerns – auch die zwischen 1772 und 1800 verschönerte Gutslandschaft des dänischen Statthalters, des Prinzen Carl von Hessen, zu Louisenlund dar. Die von der Meierei aus aufgenommene An-

Abb. 24: Louisenlund, Blick von der Meierei über Park und Schlei, kolorierter Kupferstich von C. D. Voigts 1805 (SHLB).

sicht Carl Daniel Voigts (1805) zeigt den Blick über ausgedehnte Felder, die noch immer ordnenden Linien der schon frei laufenden Alleen, das neue Herrenhaus und die lichte Weite der Schleilandschaft (Abb. 24).

Es ging bei der Anlage von Mustergütern nicht zuletzt um Steigerung der land- und forstwirtschaftlichen Erträge, um veredelnde Tierzucht, Verbesserung der Böden, Freisetzung aller Kräfte mittels sozialer Reformen: um den reformierten Gutsbetrieb als Wirtschafts- und Gesellschaftsmodell, wie es beispielhaft auch der Prinz von Anhalt-Dessau im Wörlitzer ‚Gartenreich' zu verwirklichen versuchte.[71] Die von den englischen Agrarreformern und von den Physiokraten in Frankreich verfolgten Ziele[72] sind von progressiven Gutsbesitzern wie Holck, Blome, Rumohr, Schreiber von Cronstern und Prinz Carl (übrigens allesamt Freimaurer) seit den 1770er Jahren umgesetzt worden: Aufhebung oder zumindest Minderung der Folgen der Leibeigenschaft, Parzellierung und Verpachtung der Bauernstellen, Ein-

richtung von Schulen, Bau von sauberen Straßen und Dörfern (z. B. Schimmelmann in Ahrensburg und Wandsbek), ferner: Hebung der Sitten durch Bildung, Pädagogik und Verschönerung; aber auch Stallfütterung, Gründüngung, vermehrter Anbau neuer Sorten und „*oeconomische Versuche*" (Gräfin Baudissin auf Knoop, Baron Vogt auf Klein Flottbek). Die Meliorationsmaßnahmen des älteren Cronstern auf Nehmten lesen sich wie ein zweiter Schöpfungsbericht. Tatsächlich entstanden damals große Teile der Schleswig-Holsteinischen Forsten völlig neu und mit ihnen die Grundsätze der modernen Forstästhetik (Kieler Forstbaumschule), wie beispielsweise die Dienstreise des Geheimen Staatsministers Reventlow (1748–1827) durch die Herzogtümer im Jahre 1796 eindrucksvoll belegt.[73]

Abb. 25: Nehmten, Blick von der Tannenkoppel nach Plön, aquarellierte Zeichnung von L. von Cronstern um 1810 (GA Nehmten).

Historische Gärten in Schleswig-Holstein

Die Anzucht der hierzulande fremden Tannen im Jahr 1771 war ein derartiges Experiment, daß Wolff von Blome (Salzau) dem Gelingen 1780 ein Denkmal setzte. Ludewig von Cronstern hielt um 1810 die vom Vater in Nehmten etwa gleichzeitig gepflanzte *„Tannenkoppel"* mit dem Fernblick zum Plöner Schloß fest, die der Fiktion einer *„Holsteinischen Schweiz"* überhaupt erst einen Hauch von Legitimität gab (Abb. 25). Tannen waren aber neben Eichen seit den schwedischen Landschaftsgemälden Allaert van Everdingens (1621–1675) auch Elemente einer nationalromantischen nordischen Ikonographie – häufig in Verbindung mit Hünengräbern, deren Einbeziehung in den Garten Hirschfeld nach dem Vorbild des dänischen Erbprinzen (Jægerspris, Søndernmarken) mit Erfolg propagierte (Rundhof, Nehmten, Neudorf etc.).[74] Nicht zufällig wurde die Tanne in jenen Jahren in Norddeutschland als Lichterbaum zum Weihnachtsfest eingeführt, angeblich erstmalig auf Wandsbek (Abb. 17).[75]

Im 5. Band der *„Theorie"* (1785) hat Hirschfeld seine weitreichenden Forderungen nach *„Gartenmäßiger Verschönerung einzelner Teile des Landsitzes"* systematisiert.[76] Er analysiert dort Feldspazierwege, Landstraßen, Meiereien, Gehölze und das Erscheinungsbild ganzer Dörfer einschließlich der Wirkung auf die Stimmung und soziale Befindlichkeit der Bewohner. Vor allem aber sollen sinnreiche Blickachsen und Prospekte in das Landschaftserlebnis einbezogen werden: *„Liegt hinter einem Gehölz eine Windmühle, ein Kirchturm, ein Dorf oder eine Stadt, so läßt sich durch ausgehauene Öffnungen auf diese Prospekte die tote Stille in dem landschaftlichen Gemälde mildern."* Die Anregung, den Blick vom Gut auf Dorf und Patronatskirche freizustellen, wurde vielfach beherzigt (z. B. Eckhof, Testorf, Travenort). *„Weite, offene, bebaute Felder mit Dörfern untermischt, geben ein lachendes Gemälde von Wohlstand und Freude"*, ebenso die Ausblicke auf vorüberziehende Flüsse und Schiffe – gegebenenfalls die eigenen (Altonaer Elbgärten). Die einzigartigen, sich aus manchem hiesigen Garten gezielt öffnenden Panoramen auf die Ostsee grenzen gar an das *„Erhabene"* (Waterneverstorf, Eckhof, Dänisch-Nienhof, Neudorf, Hohenstein etc.).

Hirschfeld will Verschönerungsmaßnahmen aber keineswegs als bloßes arkadisches Spiel mißverstanden wissen: *„Es würde das Vorurtheil eines platten, gewinnsüchtigen Pächtergeistes sein, wenn man glaubte, daß diese Gattung der Verschönerung, wenn sie von Überlegung begleitet wird, den nützlichen Ertrag der Ländereyen schmälerte."*[77] Im Gegenteil: Das bedeutendste norddeutsche Mustergut des ausgehenden 18. Jahrhunderts, das ab 1785 Innovationen der agrarischen und wirtschaftlichen Methodik mit Profit umsetzte und mit einem hohen, ganz an Hirschfelds *„Gartentheorie"* orientierten künstlerischen Standard verband, war Caspar Voghts (1752–1839) Ornamented farm Klein Flottbek, deren vier Parkteile nur noch fragmentarisch überdauert haben (am bekanntesten der Hamburger Jenisch-Park). In seiner Beschreibung *„Flotbeck in ästhetischer Hinsicht"* (1824)[78] hat Voght seine ungewöhnliche Parkschöpfung eingehend kommentiert.

Noch eine Konsequenz hatte die großräumliche romantische Integration von Herrenhäusern und Gutslandschaften in die natürliche Weite des realen Landschaftsraumes: Landschaft wurde nun als überdimensionales Gartenbild, gleichsam als Panorama, verstanden, das adäquat erst von Aussichtstürmen erlebbar wurde. Vergleichbar dem Potsdamer Parkgürtel Lennés (1833) korrespondierte die neugotische Blomenburg (ab 1842), ein Werk des Berliner Schinkel-Schülers Eduard Knoblauch, durch ihren markanten Aussichtsturm über den Selenter See hinweg mit dem Salzauer Stammsitz der Familie Blome (Abb. 26). Wenig später erhielten Herrenhäuser wie Neudorf und Hohenstein romantische Turmbauten. Schon 1839 hat Landgraf Friedrich von Hessen, Besitzer des nahegelegenen Gutes Panker, den neugotischen Aussichtsturm *„Hessenstein"* errichten lassen, der öffentlich zugänglich war und auch heute einen herrlichen Rundblick bis zur Insel Fehmarn bietet. 1858 entstand der Turm in Luisenberg-Kellinghusen, in den 1890er Jahren folgten der skurrile Holzturm im Bad Oldesloer Kurpark und der schöne Aussichtspavillon mit der schmiedeeisernen Laube im Alten Botanischen Garten zu Kiel.

Das zweite große Verdienst Hirschfelds war – Jahre

Abb. 26: Salzau, Blick über den Selenter See auf die Blomenburg, Aquarell von A. Burmester um 1846 (SHLB).

vor der Französischen Revolution – seine Forderung nach Demokratisierung der Gartenkunst, „*die niemals der Politik gleichgültig seyn sollte*". Bereits 1773 sah er in der Anlage von „*Gärten auf öffentliche Kosten*" die Aufgabe „*einer gesunden Staatskunst*".[79] Der Volksgarten als Instrument staatlicher Sozialpolitik hatte zwar Vorläufer in der Öffnung einiger fürstlicher Parks für das Volk, aber niemand hat so früh ein politisch, formal und inhaltlich so durchdachtes Volkspark-Konzept vorgelegt wie Hirschfeld[80], so daß der bayerische Minister Graf Rumford und der Gartenarchitekt Friedrich Ludwig von Sckell im Revolutionsjahr 1789 bei der Anlage des Englischen Gartens in München unmittelbar an seine Ideen anknüpfen konnten.[81] Dazu gehörte erklärtermaßen, daß der Volkspark dem Abbau gesellschaftlicher Spannungen dienen solle: „*Die verschiedenen Stände gewinnen, indem sie sich hier mehr einander nähern, auf der einen Seite an anständiger Sittsamkeit und scheuloser Bescheidenheit, und auf der anderen an herablassender Freundlichkeit und mittheilender Gefälligkeit.*"

Von Anfang an standen neben Bildungsaspekten sportliche Ertüchtigung, Sonne, frische Luft und Begrünung der Stadtpromenaden – also Aspekte der Stadt-Hygiene – auf dem Programm, wie sie auch der Altonaer Arzt und Freimaurer Jakob Mumsen (1737–1819) in seinem Buch „*Gedanken über die Luft und ihren Einfluß auf Wachsthum und Nahrung organischer und belebter Wesen*" (Hamburg 1787) sowie in seiner „*Apologie der Bäume. Der Patriotischen Gesellschaft zugeeignet von einer alten abgängigen Ulme*" (Kiel 1792) propagierte.[82]

Sicher ist nicht nur die landschaftliche Umgestaltung, sondern auch die Öffnung des Eutiner Schloßgartens für das Volk letztlich auf den ideellen Einfluß Hirschfelds, den ehemaligen Tutor des Herzogs Peter Friedrich Ludwig, zurückzuführen.[83] Graf Schimmelmann hatte seinen Wandsbeker Park angeblich schon um 1780 für das Publikum geöffnet.[84] Auch Caspar Voghts Flottbeker Anlagen standen, wie die im „*Quellental*" aufgestellte Parkordnung zeigt (Abb. 29), den Anwohnern offen. In Hanerau öffnete der Gutsherr Johann Wilhelm Mannhardt bald nach 1800 den Gutspark für die Bevölkerung der umliegenden Dörfer. In Kiel regte Hirschfeld 1782 die Verlängerung der Wasserallee des Schloßparks ins Düsternbrooker Gehölz an, einen damals noch königlichen Forst, um auf einzelnen „*Spaziergängen*" die Schönheit der Fördelandschaft zu erschließen.[85] Erst 1806 wurde dieser Gedanke von Kronprinz Friedrich aufgegriffen, der die

Abb. 27: Kiel: Düsternbrooker Gehölz, Ausblick von Bellevue auf die Förde, Bleistiftzeichnung von T. Rehbenitz um 1845 (SHLB).

Düsternbrooker Allee bis zur heutigen Krusenkoppel führen ließ. Mit der Errichtung des klassizistischen Aussichtstempels im Marienhain durch Axel Bundsen, einem Geschenk der Stadt an die damals im Kieler Schloß residierende Kronprinzessin, erfolgte 1807 eine erste gartenmäßige Verschönerung im Sinne Hirschfelds. 1839 fielen die Zäune des Kieler Schloßgartens, den der aus Hannover stammende königlich Plöner Garteninspektor Christian Schaumburg (1788–1868) in einen öffentlichen Stadtpark verwandelte. 1843 entstand das Freilichttheater Tivoli und 1846 das Gasthaus Bellevue mit Fördeblick auf dem ehemaligen Gelände der Hirschfeldschen Fruchtbaumschule (Abb. 27). Von neu angelegten Spazierwegen durchzogen, war der Waldgürtel längs der Förde um die Mitte des 19. Jahrhunderts zum beliebtesten Ausflugsgebiet der Stadt geworden. Eine ähnliche Entwicklung ist in bescheideneren Dimensionen für die Flensburger Marienhölzung belegt.

Die Schleifung der Wälle und Bastionen gab im frühen 19. Jahrhundert vielfach Gelegenheit zur Einrichtung öffentlicher Promenaden und Parks. Für Schleswig-Holstein ist das Beispiel der Glückstädter Anlagen hervorzuheben, die ab 1818 von Stadtpräsident Johann Ernst Seidel (1765–1832) angeregt wurden, der während seines Kieler Studiums noch bei Hirschfeld gehört haben dürfte. In Lübeck begann die Bepflanzung der Wallanlagen mit diversen ausländischen Gehölzen bereits vor 1780. Für den Entwurf eines städtebaulich anspruchsvollen Grüngürtels, der auch die neue Eisenbahnlinie integrieren sollte, wurde 1852 der preußische Generalgartendirektor Peter Joseph Lenné (1789–1866) herangezogen. In Husum ersetzte 1878 ein von dem Hamburger Gartenarchitekten Rudolph Jürgens entworfener Stadtpark im landschaftlichen Stil die verwilderten Relikte der herzoglichen Anlagen. Hirschfelds Vision eines demokratischen Grüns war vielerorts Wirklichkeit geworden.

Vom Lustgärtner zum Gartenarchitekten: Die Professionalisierung der Gartenkunst im 18. und 19. Jahrhundert

Die Frage, wer in welcher historischen Epoche für den Entwurf, die Realisierung und Pflege eines Gartens verantwortlich war, ist keineswegs so einfach zu beantworten, wie es auf den ersten Blick erscheinen mag.

Abb. 28: Gartendienste im Gutspark, Skizze von L. von Cronstern um 1805 (GA Nehmten).

Mit Sicherheit hatte der Bauherr bei der Konzeption immer ein wichtiges Wort mitzureden. Die Hofgärtner der Barockzeit mußten aber eine recht vielseitige Ausbildung besitzen, die neben dem eigentlichen Gärtnerhandwerk Mathematik, Elementarlehre der Architektur, Vermessung und Perspektive, bestenfalls auch allgemeine künstlerische Bildung und Auslandserfahrungen einschloß – wie etwa im Falle des Gottorfers Johannes Clodius (1584–1660). Nur so waren sie imstande, selbst zu entwerfen oder die Ausführung eines fremden Entwurfs, der zumeist in aufwendigen Schauplänen festgehalten wurde, durch Bauhandwerker, Gärtnergehilfen und zu Gartendiensten verpflichteten Gutsuntertanen zu beaufsichtigen. Aus dem Rechnungswesen erfahren wir, daß bei Anlage eines Residenz- oder Gutsgartens sowie zu seiner ständigen Pflege Dutzende von Männern und Frauen jeweils saisonabhängig über Tage und Wochen mit Gartenarbeiten beschäftigt wurden.[86] Nach Aufhebung der Leibeigenschaft mußten Gartendienste (Abb. 28) in der Regel als Tagelöhner-Arbeiten entlohnt werden. Doch gab es auch professionelle Gartenbaufirmen. Als im Falle des Plöner Schloßgartens die Planierung des Gartenplateaus durch eigene Kräfte nicht schnell genug vorankam, engagierte der Herzog im März 1731 den Preetzer Bauunternehmer Hans Jacob Blome. Sieht man einmal von wenigen Importen aus dem Ausland und anderen Gegenden Deutschlands ab, so lieferte nicht einmal ein halbes Dutzend großer Handelsgärtnereien und Baumschulen aus Altona, Hamburg und Lübeck, darunter vor allem die Firmen Böckmann, Klefeker und Booth[87] fast das gesamte Pflanzenmaterial für die Schleswig-Holsteinischen Gärten.

Für die Ebnung großer Terrainflächen, den Aushub von Gräben, Kanälen und Bassins, den Bau von Rampen, Dämmen, Brücken, Wegen und Stützmauern waren Kenntnisse im Bereich der militärischen Ingenieurwissenschaften unerläßlich. Der Eutiner Hofarchitekt Dallin, der aus diesem Fach kam, Garteninspektor Lewon oder auch der Plöner Hofgärtner Tschierske dürften sie mit Sicherheit besessen haben. Im Falle Jersbeks wird der Bühnenbildner der Hamburger Oper, Jacob Fabris (um 1689–1761), als Entwerfer vermutet.[88] Zunehmend scheinen im Laufe des 18. Jahrhunderts Architekten wie Georg Greggenhofer, der über die Grafen Kielmansegg aus Hannover engagierte Johann Friedrich Laves (Seestermühe, Gülzow), Bernstorffs Protegée Nicolas-Henri Jardin (Heiligenstedten, Wotersen) oder der aus Sachsen stammende Hausarchitekt des Schimmelmann-Clans, Carl

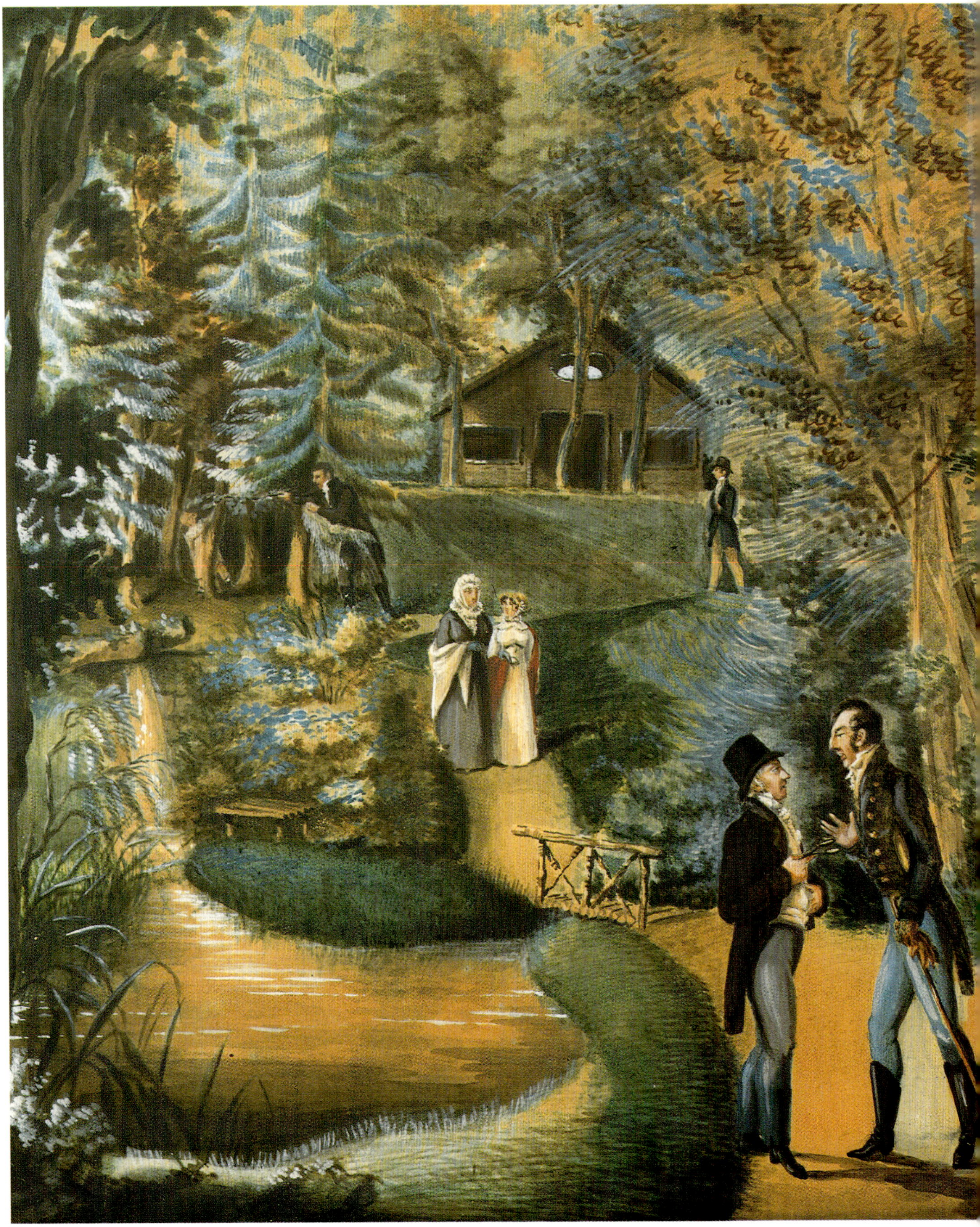

Gottlob Horn (Ahrensburg, Wandsbek, Knoop, Emkendorf), die Vorhand gewonnen zu haben. Der Gärtner Bechstedt, ein Spezialist für Baum-, Blumen-, Obst- und Gemüsegärtnerei, beschwerte sich 1772 unmißverständlich über diejenigen, *„welche sich unterstehen, Entwürfe von der Gärtnerey zu machen, und doch die dazu nöthigen Eigenschaften nicht haben ... indem sie der Naturlehre nicht mächtig genug sind und keine rechte Kenntnis von den Eigenschaften und Wirkungen der Pflanzen"* besäßen. Damit meinte er vor allem die *„Baumeister und Ingenieurs"*, denen es nur darauf ankomme, *„alle möglichen geometrischen Figuren anzubringen"*.[89] Andererseits kanzelt Hirschfeld im *„Gartenkalender auf das Jahr 1784"* den Potsdamer Hofgärtner Friedrichs des Großen recht arrogant ab, weil er die *„Gartenkunst"* noch mit der *„Gärtnerey"* verwechsele.[90]

Mit dem Aufkommen des Landschaftsgartens, zu dem es anfänglich keine konkreten Lehr- und Musterbücher gab[91], ging die Initiative des Entwurfs – wie eine Generation zuvor in England – auf die gartenkünstlerisch dilettierenden Bauherrn selbst über. Die Anlage eines Gartens war nun in erster Linie ein Prozeß der Selbstverwirklichung im Kreise der Geistesfreunde und der Familie. Goethe hat das in den *„Wahlverwandtschaften"* (1809) genau beschrieben. So war auch Caspar Voght in Klein Flottbek selbstverständlich sein eigener Gartenkünstler. Der Garten wird zum Ort des kontemplativen Naturerlebnisses und des empfindsamen Dialogs mit Vertrauten, dessen bevorzugtes Thema wiederum die Gestaltung des Gartens war.[92] Beispielhaft zeigt dies eine Ansicht aus Voghts Flottbeker Quellental um 1817 mit dem Hausherrn im Kreise seiner Freunde Rist, Bokelmann (Perdöl), den Poels und Sievekings (Abb. 29).

Die künstlerischen Leitlinien des neuen Eutiner Schloßgartens (ab 1787) gehen auf Herzog Peter

Abb. 29: Klein Flottbek: Baron Voght und seine Freunde im Quellental, unbekannter Künstler, Aquarell um 1817. V.l.n.r.: Emma Poel, Karl Sieveking, Mad. Sieveking, Miß Shilling, P. E. Poel jun., P. E. Poel sen., J. G. Rist, Baron Voght und Mad. Poel (sitzend), G. L. Bokelmann (Besitzer von Perdöl), (Privatbesitz).

Abb. 30: Der Nehmtener Gutsgärtner bei der Arbeit, aquarellierte Zeichnung von L. von Cronstern 1810 (GA Nehmten).

Abb. 31: Der Gutsgärtner Schmidt in Hanerau, Photo um 1890 (Privatbesitz).

Friedrich Ludwig selbst zurück, auch wenn er von seinem jungen Hofgärtner Daniel Rastedt beraten wurde, der die Pläne zeichnete. Fritz und Julia Reventlow dürften den bereits sechzigjährigen, in der barocken Formenwelt beheimateten Architekten Horn überredet haben, ihre eigenen Vorschläge für eine landschaftsgärtnerische Umgestaltung Emkendorfs in einen professionellen Plan (um 1795) umzusetzen.

Beispiele dieses schöpferischen Dilettantismus des 18. Jahrhunderts, der erst seit der kritischen Analyse Goethes und Schillers (1799)[93] seine moderne, abwertende Bedeutung erhielt, lieferten die jungen Gutsherren Christian August III. von Rumohr (Rundhof), Ludewig und Gabriel von Cronstern (Nehmten) und Christian Friedrich von Hedemann (Deutsch-Nienhof). Rumohrs zwischen 1783 und 1798 von ihm selbst entworfener Landschaftsgarten mit künstlichen Hügeln, germanischer Kultstätte, Hünengrab, Tempel und Insel folgt sehr genau den Anregungen Hirschfelds, bei dem Rumohr wohl auch studiert hatte. Ludewig von Cronstern lieferte nach Art der „*Red Books*" Humphry Reptons seit etwa 1810 Pläne, Skizzen und ein mit der Camera obscura hergestelltes Panorama für die Umwandlung des väterlichen Parks von Nehmten in einen modernen Landschaftsgarten (ab 1818). Hedemann schließlich hat 1817 den Bestandsplan des eben fertiggestellten Landschaftsparks zu Deutsch-Nienhof

Abb. 32: Altona, Idealansicht von Baurs Park, aquarellierte Zeichnung von J.-J. Ramée 1810 (Musée National de Blérancourt).

selbst gezeichnet und signiert. Christian zu Stolberg galt als Schöpfer seines Landschaftsgartens in Tremsbüttel (ab 1777)[94], ähnlich sein Freund, der dänische Konferenzrat Joachim Wasserschlebe, auf seiner kleinen Villa Wassersleben bei Flensburg (ab 1780).

Die meisten Gartenschöpfer blieben auf erfahrene praktische Gärtner angewiesen, die die erforderlichen Arbeiten und die kontinuierliche Pflege sachgerecht durchführten. Der Gutsgärtner (Abb. 30) stand als Lust- oder Küchengärtner – auch wenn er in der Regel kein entwerfender Gartenkünstler war – in der Hierarchie der Domestiken weit oben, wie sich an Gehalt, Behausung, Kostgeld und Naturalienabgaben ablesen läßt. Er verkörperte bis ins frühe 20. Jahrhundert häufig einen fast atavistischen Typus von Naturverbundenheit (Abb. 31).

Das hohe Ideal des umfassend begabten Dilettanten paßte bald nicht mehr zu jenem Massenphänomen, zu dem die Landschaftsgärtnerei sich mittlerweile auch in Norddeutschland entwickelt hatte. Der Markt erforderte einen neuen Typus von Gartenfachmann, der nicht mehr bei Hofe oder am Gut fest angestellt war, sondern als freier Unternehmer entwerfend und beratend tätig wurde: den Gartenarchitekten. Der erste bedeutende Vertreter dieses Typus war der Emigrant Joseph-Jacques Ramée (1764–1842), der 1790 noch als Gestalter des großen Pariser Revolutionsfestes tätig gewesen war. Seit 1801 betrieb er in Hamburg die Einrichtungs- und Ausstattungsfirma Masson & Ramée und übernahm – gelegentlich parallel zu den Bauten C. F. Hansens – etliche Gartengestaltungen im Umkreis Hamburgs, darunter Sievekings Garten in Neumühlen (1796), Baurs Park in Blankenese (Abb. 32, 1805/1833) und Baurs Elbschlößchen-Garten (1807) sowie Parish's Garten (1835) in Nienstedten. Ferner gehen die Anlagen von Perdöl nahe Plön (1798), Char-

Abb. 33: Hohenstein, Partie am Teich, Photo 1992.

lottenberg bei Itzehoe (ca. 1804), Hamfelde bei Trittau (um 1798) und die landschaftliche Überformung der Breitenburg für Graf Conrad Rantzau (ab 1804) auf ihn zurück. Bis auf letzteren handelte es sich durchweg um Aufträge eines neuen bürgerlichen Kundenkreises vermögender und unternehmender Hamburger Kaufleute. Ramées großzügige und ideale Landschaften zeigen schon in den publizierten Plänen eine elegante, fast routinierte Stilisierung auf der Höhe der Zeit.[95] Bemerkenswert, daß Ramée im Sinne physiokratischer Ideen die Kupfermühle und Manufaktur des Hamburger Kaufmanns Daniel Poppe in Hamfelde (um 1798) und die Kattunfabrik seines Schwagers von Lengercke in Wandsbek (1834) bewußt in das arkadische Gartenbild einbezog und damit eine Frühform der Industriellen-Villa schuf.

Die fürstlichen Gärtner konnten privat hingegen wohl nur beratend tätig werden. So hat der Ludwigsluster Hofgärtner Schweer 1827 Adolph Gottlieb von Bülow bei der Konzeption des Gudower Gutsparks beraten, zur Ausführung aber das Engagement eines Schweriner *„Kunstgärtners"* empfohlen. Jacob Hinrich Rehder (1790–1852), der 1837/38 für sieben Monate die langjährige Rolle eines Muskauer Park-Inspektors beim Fürsten Pückler mit dem Hofgärtnerposten in Eutin (als Nachfolger Rastedts) vertauschte, hatte wohl kaum Gelegenheit, auf Schleswig-Holsteinischen Gütern aktiv zu werden. Auch die Entwurfstätigkeit Hermann Carl Bernhard Roeses (1830–1900), der seine Ausbildung unter Lenné in Potsdam und Eduard Petzold in Muskau absolviert hatte und von 1854 bis 1888 Eutiner Hofgärtner war, beschränkte sich vermutlich auf die herzoglichen Besitzungen. Ähnliches gilt für den aus Hannover berufenen Christian Schaumburg (1788–1868), der 1839–1847 unter Christian VIII. das Amt eines königlich dänischen Garteninspektors in Plön und Kiel innehatte und beide Schloßgärten – unter Einbeziehung der barocken Grundstrukturen – in Landschaftsgärten verwandelte. Die ihm fälschlicherweise zugeschriebenen Landschaftsgärten von Deutsch-Nienhof und Nehmten waren zu dieser Zeit bereits im wesentlichen fertiggestellt; freilich ist nicht auszuschließen, daß Schaumburg wie in Waterneverstorf die Gutsherren bei weiteren Veränderungen beriet.[96]

Eine Ramée vergleichbare Rolle spielte in der zweiten Hälfte des 19. Jahrhunderts der vielseitige, aus einer Lübecker Gärtnerfamilie stammende Friedrich Joachim Christian Jürgens (1825–1903), der als Gartenarchitekt und Baumschulunternehmer in Nienstedten bei Altona wirkte. Seine bislang nahezu unbekannten Gärten im Umkreis Hamburgs und in Schleswig-Holstein, u. a. Meischenstorf (1866) und Hohenstein (1883) (Abb. 33) – beide für Töchter aus dem Hamburger Bankhaus Schröder – sowie seine Neugestaltung der Breitenburg (1882/84), zeigen eine Variante des klassischen Landschaftsgartens, deren Wirkung fast ausschließlich auf sensiblen Raumbildungen, Bodenmodulationen, Fächerblicken, Clumps und Solitären beruht und im Sinne eines Naturgartens aus der lokalen Flora entwickelt ist. Sorgsam kalkulierte, fast impressionistisch wirkende Farb- und Lichtwirkungen idealisieren die heimische Landschaft. Sein Sohn Rudolph Jürgens (1850–1930), Schöpfer des neuen Husumer Schloßparks, galt gleichfalls als ausgesprochener Landschafter.

Auch in den öffentlichen Stadtparks am Ende des Jahrhunderts – im Werftpark (1893) und Schrevenpark (1900) in Kiel oder im Lübecker Stadtpark (1898) – dominierte noch das herkömmliche landschaftliche Element. Reichskanzler Otto von Bismarck zog auf seinem Jagd- und Ruhesitz Friedrichsruh im Sachsenwald (1878–1898) ein Stück kultivierter, aber originärer Wald- und Auenlandschaft jeder künstlichen Gartenform vor. Diese auffallende Tendenz zum Natürlichen stand in einer gewissen Spannung zum üblichen neoformalen, sogar neobarocken Pomp der Kaiserzeit. Der preußische Einfluß der Lenné-Meyerschen Schule hatte sich in Schleswig-Holstein zuerst in der an Schloß Babelsberg erinnernden Blomenburg des Lehnsgrafen Otto Blome (ab 1842) gezeigt und breitete sich nach 1866 im Lande aus. Die üppige wilhelminische Ausstattung des Pleasuregrounds mit far-

Abb. 34: Teppichbeet im Kurpark von Bad Oldesloe, Postkarte um 1910 (Privatbesitz).

Abb. 35: Teppichbeet in Form eines Eisernen Kreuzes in Gudow, Photo 1905 (vgl. Abb. 201), (Privatbesitz).

benprächtigen, in Palmenarrangements aufgipfelnden Teppichbeeten zeigt den zeittypischen Geschmack der späten 1880er und 1890er Jahre. Die auf den Gütern aufbewahrten Photoalben aus der Jahrhundertwende belegen eine erstaunlich konforme Ausstattung der großen adeligen Gutsgärten in diesem üppigen Stil.

Abb. 36: „Rothblühender Ahorn u. Tulpenbaum am Grasplatz 27. August [18]13" in Nehmten, aus dem Skizzenbuch L. von Cronsterns (GA Nehmten).

Das gilt auch für die großbürgerlichen Anlagen am Altonaer Elbufer und die öffentlichen Parks (Kieler Schloßgarten als ‚Kaiserpark', Kurpark Bad Oldesloe, Abb. 34) mit Prunkbeeten, Ziervasen, Palmengewächsen und Gartenmöblierungen sowie Veranden, Treibhäusern und ‚Rockeries', die in der Regel ebenso plötzlich wieder verschwanden – wohl in der Zeit nach dem Ersten Weltkrieg. Ein besonderes Kuriosum stellt das Teppichbeet in Form eines Eisernen Kreuzes in Gudow dar, das 1871 entstanden ist und noch heute jährlich bepflanzt wird (Abb. 35, 201).

In den Jahrzehnten vor dem Ersten Weltkrieg erreichte auch das im 18. Jahrhundert erwachte, und bald weitverbreitete botanische Sammelinteresse an exotischen Bäumen, Stauden und Blumen seinen Höhepunkt. Botanische Vielfalt forderten hierzulande schon Bechstedt (1772) und Hirschfeld (1779–1785) im Sinne von Münchhausens Hausvater-Idee (1765–1773). Die dilettierenden Gutsherren haben sie durch Pflanzenimporte praktisch gefördert: „*Unmöglich ist es, die verdienten Namen alle herzunennen, die den ehemals kaum bemerkten Kunstgärtner zum Gartenkünstler oder wissenschaftlichen Pflanzenkenner erhoben … Forstmänner, Botaniker und Reisende bieten sich die Hände, um durch das Studium der Natur die Liebhaberei in eine Wissenschaft und in ein nüzliches Geschäfte zu verwandeln, und durch neue Entdeckungen und neue Schätze der Natur unsern Reichthum zu vermehren*", schrieb der Plöner Amtmann Hennings in seinem Aufsatz „*Über Baummahlerei, Garten Inschriften, Clumps und Amerikanische Anpflanzungen*" 1797.[97] Zunächst blieben die Arboreten Teil eines bildhaften Gesamtkonzepts im Sinne des klassischen Landschaftsgartens. Am Beispiel Nehmtens (Abb. 36) kann man sehen, daß seltene, darunter viele nordamerikanische Spezies jeweils noch paarweise und perspektivisch wirksam angeordnet wurden (Abb. 338). Als „*die erste und noch bis jetzt vollständigste in Dänemark*" beschreibt Hirschfeld 1780 die Baumsammlung in Bernstorffs Garten bei Kopenhagen.[98] Eine der bis heute meist bewunderten Arboreten schuf Hans Heinrich von Schilden zwischen 1780 und 1816 in Haseldorf. In Klein Flottbek richtete der am Hofe Großherzog Karl Augusts in Weimar ausgebildete Johann Heinrich Ohlendorff (1788–1857), Leiter des neuen Botanischen Gartens am Dammtor, in den 1830er Jahren zusammen mit Senator Jenisch Arboretum und Palmenhaus ein. Am Ende des 19. Jahrhunderts entwickelten die Arboreten einen eigenen, von der Kontrastwirkung der Solitäre in Form, Farbe und Charakter bestimmten, gelegentlich fast expressionistischen Stil. Die hervorragendsten Beispiele dieser Art legten der botanisch hochinteressierte Hamburger Kaufmann und Bankier Conrad Hinrich II. von Donner auf Bredeneek (ab 1898) und sein Sohn Conrad Hinrich III. auf Lehmkuhlen (ab 1905) zusammen mit ihrem Obergärtner Cosmos von Milde (1841–1929) an. Die letzte Stufe der Symbiose von Dilettant und professionellem (hier sogar adeligem) Gärtner fand ihren bemerkenswerten Ausdruck in einem Gedenkstein, den der Gutsherr seinem Freund Milde zum fünzigjährigen Dienstjubiläum 1928 *„in Treue und Dankbarkeit"* setzte.

*Gartenkunst der Reformzeit:
Der Ausklang im frühen 20. Jahrhundert*

Im späten 19. und frühen 20. Jahrhundert – einer in bezug auf die Gartenkunst regional noch fast völlig unerforschten Zeit – verstärkt sich die Tendenz zur Übernahme von Gütern, Villen und Liegenschaften in Schleswig-Holstein durch Kaufleute und Großindustrielle. Unter den Neugestaltungen ragt der Gutsgarten von Hörst heraus, den der Kieler Gartenarchitekt Clemens Jelinek (1868–1936) 1911 für den Hamburger Kaufmann Rudolf Illies entworfen hat. Die einmalige Idee eines repräsentativen Wasserparterres mit Sichtachse auf einen Gartenpavillon vereint neoklassizistische, neobarocke und Züge des Jugendstils mit einem intimen Japanischen Garten im Randbereich, der dem persönlichen Wunsch des Bauherrn entsprang. Jelineks Grundidee ist vielleicht durch das Vorbild des monumentalen Wasserparterres in Fritz Schumachers Hamburger Stadtparkentwurf (um 1909/1910) zu erklären. Ein anderes neoformales Beispiel der Gartenkunst des Jugendstils ist der von Elsa Hoffa (1885–1965) entworfene Blankeneser Terrassengarten für den Bankier Max M. Warburg, der *„Römische Garten"*, der seit 1954 als öffentliche Grünanlage dient und kürzlich von der Hamburger Gartendenkmalpflege wiederhergestellt wurde.

Den modernen Landhausgarten nach dem Ersten Weltkrieg vertritt der, zumindest im Plan leicht expressionistisch wirkende Garten der Villa Wachholtz in Neumünster, den der Lübecker Gartenarchitekt Harry Maasz (1880–1946) um 1924 entworfen hat – ein charakteristisches Beispiel neuer Gestaltung auf relativ kleinem Grundriß, das sich durch abwechslungsreiche Gartenräume und architektonische Einbindung des Hauses über Treppen, Terrassen und Trockenmauern mit Staudenbepflanzung auszeichnet. Der vielbeschäftigte Maasz übernahm Anfang der

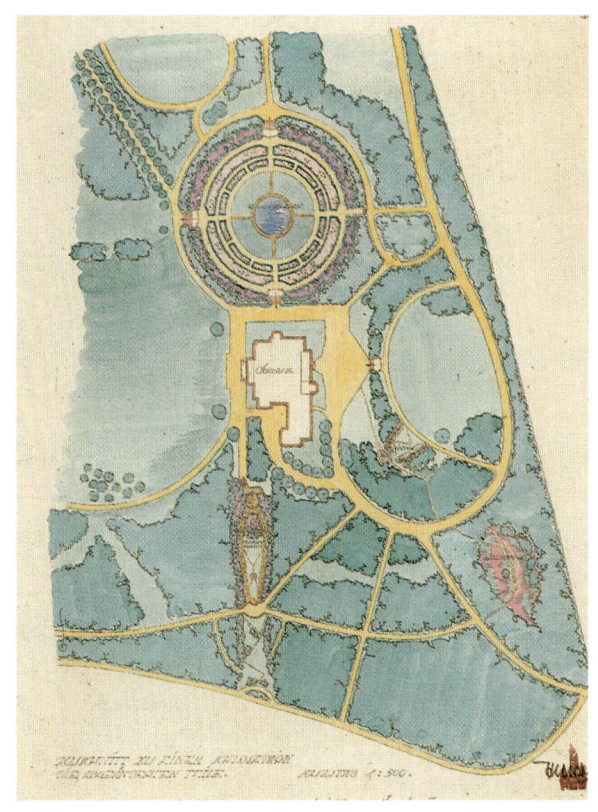

Abb. 37: Harry Maasz, Entwurf für Grabau (geostet), aquarellierte Federzeichnnung 1924 (LAS AAI).

Zwanziger Jahre auch die Fortplanung des Gartens des Herrenhauses Grabau für den Bremer Großkaufmann Gustav Lahusen. Der Pleasureground wurde durch ein gewaltiges, von Rhododendren gerahmtes, kreisrundes Rosarium und durch einen eigenwilligen Staudengarten akzentuiert, Elemente, die – fast wie bei Repton oder Loudon – relativ unvermittelt in die großzügige klassische Parklandschaft eingebettet waren (Abb. 37). In den meisten Fällen ging es nur um ergänzende neue Gartenpartien: Karl Foerster (1874–1970) schuf in den späten 1920er Jahren einen seiner charakteristischen Senk- und Staudengärten in Waterneverstorf, Hermann Koenig (1883–1961) zog dem Bismarckschen Friedrichsruh um 1923 ein formelleres Gerüst ein und ergänzte Ende der 1930er Jahre Emkendorf um eine neckische Neo-Rokoko-Partie auf der Haseninsel nach Mustern aus Veitshöchheim.

Weiterreichende Neuerungen gingen von dem bedeutenden Gartenreformer Leberecht Migge (1881–1935)

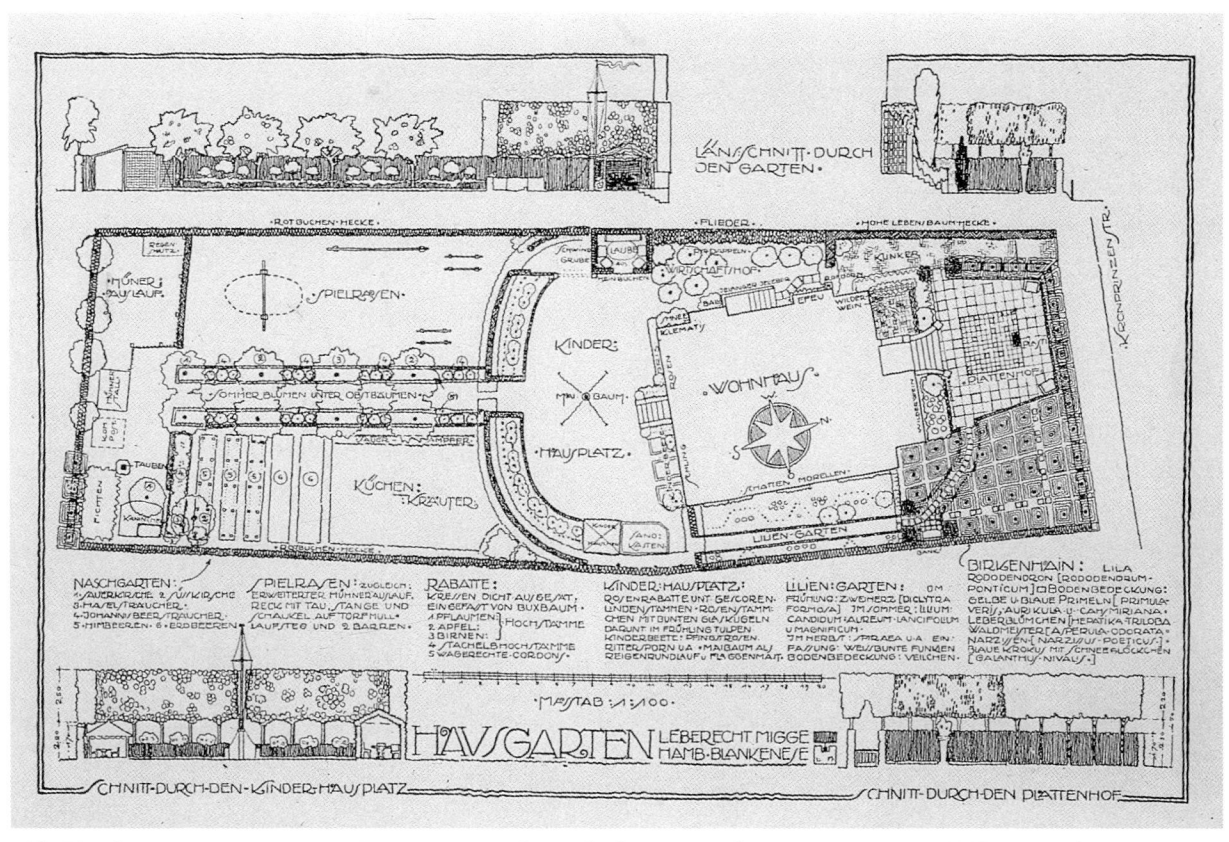

Abb. 38: Altona, „Hausgarten" von L. Migge in Hamburg-Blankenese, Zeichnung aus Die Kunst 1917 (UB Kiel).

aus, der in seinem Hamburger Mustergarten in Blankenese (Abb. 38) eine Fülle nützlicher und schöner Gartenelemente und Gartenfunktionen auf kleinstem Raum aufreihte und damit Ansätze aus der Gartentypologie John Claudius Loudons (1783–1843) fortentwickelte. Im Sinne der Selbstversorgung kam seinem Konzept eine sozialreformerische Bedeutung zu, die bei der Planung der großen Genossenschafts-Siedlungen der Zwanziger Jahre, etwa in Frankfurt und Sachsen-Anhalt, breite Anwendung fand. In Wilhelmshaven und in Kiel arbeitete er nach 1921 mit dem progressiven Stadtbaurat Willy Hahn (1887–1930) an der Idee eines Grüngürtels zusammen.[99] Die reformerische und die öffentliche Aufgabe der Gartenkunst, die auch die großen Gartenbauausstellungen (Altona 1914) mehr und mehr ins Bewußtsein gerückt hatten, zeigt sich am deutlichsten im Bereich der modernen Stadt- und Volksparks.

Die Volksgartenbewegung des 19. Jahrhunderts hatte schon vielen Bedürfnissen des Publikums Rechnung getragen – volkstümliche Gastwirtschaften, Freilichtbühnen, Aussichtspunkte, Bootsvergnügen. Die überkommene ideale Naturgestaltung und der in den Denkmalsetzungen (Kaiser-Wilhelm-Denkmal im Kieler Schloßgarten 1896, Denkmal des Generals von Wrangel im Flensburger Stadtpark 1903) spürbare Obrigkeits-, Bildungs- und Kulturbegriff trugen den wilhelminischen Volksgärten aber seitens der modernen Reformer bald das Etikett von *„Sonntagsgärten"* ein (Leberecht Migge 1913). Von elitär-sonntäglicher Schönheit war auch noch die 1907 entstandene Jugendstil-Konzeption des Lübecker Marly-Parks (heute Dräger-Park), der das Lübecker Stadtbild würdig rahmen sollte (Abb. 39). Die Entwürfe aus dem Jahr 1907 stammen von dem Gartenarchitekten und Stadtgärtner Erwin Barth (1880–1933) und stellen gleichsam den Schwanengesang des idealistischen Vedutenprinzips dar.

Nun sollte die Aktivierung des Publikums im Zentrum der Planung stehen. Migge entwickelte mit Hahn einen Grünflächenplan für Kiel, demzufolge der Werftpark völlig umgestaltet wurde und ausgedehnte Spiel- und Sportmöglichkeiten, ein Kinderluftbad mit Planschbecken (Abb. 40) und ein neues Jugendheim in *„moderner Baugesinnung"* erhielt. Überall hielten nun moderne Sportplätze nach amerikanischem Vorbild Einzug auch in die historischen Parkanlagen (Lübecker Wallanlagen 1911–1927), bisweilen ohne jede Rücksicht auf deren Substanz und Bedeutung (Plöner Schloßgarten um 1937). Caspar Voghts Osterpark in Klein Flottbek wurde als Golfplatz (1906), der Norderpark als Pologelände (1907) umgenutzt. Im Reinbeker Schloßgarten entstand nach 1919 ein Erholungsheim, für das der Hamburger Gartenarchitekt Wilhelm Luserke diverse Plätze für Freikörperkultur plante. So fortschrittlich angesichts der Wohnungsnot und der großen sozialen Probleme die großzügige Ausstattung des Altonaer Volksparks (1913–1920) mit Sport- und Spielplätzen erscheint und so bewundernswert das Engagement seines Schöpfers Ferdinand Tutenberg (1874–1956) war, so fragwürdig liest sich heute seine damit verbundene Forderung nach einem neuen *„kräftigen Geschlecht"* angesichts des *„männermordenden Krieges"* (1916) und seine mystische Ideologisierung des deutschen Waldes als *„Wurzel deutscher Kraft"* (1925). Wie die Heimat- und Naturschutzbewegung war auch die Garten- und Landschaftskunst für eine Vereinnahmung durch den Nationalsozialismus prädestiniert, wie beispielhaft die Karriere von Harry Maasz zeigt. Ada und Emil Noldes expressionistischer Blumen- und Staudengarten in Seebüll (ab 1927) bildet dazu einen beeindruckenden Kontrapunkt.

Ein Fazit läßt sich aus vier Jahrhunderten schleswig-holsteinischer Gartenkunst nur schwer ziehen: Weder im europäischen Vergleich noch im nationalen kann das Gartenland Schleswig-Holstein eine Führungsrolle beanspruchen, es steht auch hinter Dänemark mit seinen großartigen Königlichen Gärten zwangsläufig zurück – und doch gab es hier eine dichte und beeindruckende Gartenkultur, Anlagen von hohem Rang und auch von überregionaler Bedeutung. Aus der hiesigen Geisteswelt gingen wichtige Impulse für die Gartenkunst aus, unter den besonderen historischen

Abb. 39: Erwin Barth, Entwurf für den Lübecker Marly-Garten (heute Dräger Park), Aquarell 1907 (TU Berlin).

Voraussetzungen entwickelten sich typische und bemerkenswerte Qualitäten, die noch heute lebendig den Landschaftscharakter Schleswig-Holsteins prägen. Schon 1875 rühmte der Ökonomieprofessor Hanssen den *„Luxus der Parkanlagen, welcher überhaupt den adeligen Gütern der Herzogthümer eigenthümlich ist und durch den herrlichsten Baumwuchs und die Formation des Bodens begünstigt wird. Diese Parks sind die Poesie der Herzogthümer, welche in den Gutsgärten des inneren Deutschlands so häufig vermißt wird."*[100] Nicht zuletzt wird am Beispiel Schleswig-Holsteins deutlich, daß Natur, wie sie sich modellhaft in den Gärten darstellt, auf allen Stufen der Entwicklung das Resultat nicht nur eines ökonomischen oder herrschaftlichen Nutzungskonzeptes, sondern stets auch eines komplexen geistigen Aneignungsprozesses war: Kulturlandschaft, die unserem Bewußtsein weit-

Abb. 40: Planschbecken in den Lübecker Wallanlagen, historisches Photo vor 1930 (Grünflächenamt der Hansestadt Lübeck).

gehend abhanden gekommen ist, indem sie einerseits zur Fiktion eines ‚unberührten' Ökotops, andererseits zum wissenschaftlich beliebig manipulierbaren Produktionsfaktor polarisiert wird.

1 Hirschfeld (1980), S. 11ff.
2 Vgl. u. a. Hoffmann/Reumann/Kellenbenz (1986); Klose/Degn (1960); Degn (1994).
3 Zu Rantzau zuletzt Steinmetz (1991).
4 Zur Gartenkunstgeschichte der Renaissance und des Barocks in Deutschland vgl. Hennebo/Hoffmann (1962–1965) Bd. 2; Hansmann (1983).
5 Bericht einer Kommission an Herzog Christian Albrecht anläßlich des Endes der dänischen Besetzung im Sommer 1689. Zit. nach Paarmann (1986), S. 45.
6 Vgl. Salomon de Caus, Hortus Palatinus, Heidelberg 1620, Reprint Worms 1980; zum Münchner Hofgarten Buttlar/Bierler-Rolly (1988).
7 Zit. nach Seebach (1965), S. 312f; vgl. Buttlar (1992).
8 Vgl. Buttlar (1993).
9 Die erste ausführlichere Auseinandersetzung mit den wichtigsten barocken Gärten des Landes nach P. Hirschfeld in der Jersbek-Monographie von Hennigs' (1985).
10 Hubatsch (1980).
11 Zum Problem der Rezeption in der Ritterschaft vgl. Rumohr (1980).
12 Vgl. Prange (1980).
13 Zit. nach Neuschäffer (1980), S. 107.
14 Hirschfeld (1779–1785) Bd. 5, S. 26ff.
15 Vgl. Lund (1977), S. 108–120.
16 Vgl. Hennebo/Hoffmann (1962–1965), Bd. 2; Hansmann (1983), S. 227ff.
17 Vgl. Dennerlein (1981).
18 Vgl. Dennerlein (1981) und Le Blond (1731).
19 Vgl. Lauterbach (1987).
20 „Ein Parterre", in: Barthold Hinrich Brockes, Irdisches Vergnügen in Gott, Bd. 5, 3. Auflage, Hamburg 1740, S. 70ff.
21 Hirschfeld (1779–1785), Bd. 2, S. 24, unter Verweis auf die Verzeichnisse von den verkäuflichen Obstarten der Carthäuser zu Paris, 1767.
22 Bechstedt (1772), S. 7f, S. 403ff.
23 Vgl. Hirschfeld (1779–1785), Bd. 4, S. 10.
24 Vgl. Köhler (1993), S. 101–125.
25 Hennings (1784–1791), in: Hennigs (1985), S. 189.
26 Bechstedt (1772), S. 22ff.
27 Anthony Ashley Cooper, 3rd Earl of Shaftesbury (1671–1713), „Characteristicks of Men, manners, opinions, times", London 1711, deutsch: „Die philosophischen Werke des Grafen von Shaftesbury", übersetzt von Hölty und Voß, Leipzig 1776–1779.
28 J. B. Zinck im Vorwort zu Brockes' „Versuch über den Menschen des Herrn A. Pope", Hamburg 1740.
29 Vgl. Ostwald (1985b).
30 „Beschreibung meines, nach beglückter Zurückkunft aus Ritzebüttel, in völlig gutem Zustande wieder vorgefundenen Gartens", in: Herrn B. H. Brockes: Irdisches Vergnügen in Gott bestehend aus Physicalisch- und Moralischen Gedichten, 8. Theil, Hamburg 1746, S. 90f.
31 Hirschfeld (1779–1785), Bd. 2, S. 69.
32 Reventlow (1796), S. 208.
33 Berlepsch (1786), S. 353.
34 Hirschfeld (1779–1785), Bd. 1, S. 80.
35 Hirschfeld (1779–1785), Bd. 2, S. 148.
36 Berlepsch (1786), S. 327f.
37 Nach Ostwald (1985b), S. 46.
38 Vgl. u. a. Lohmeier (1978a); Ostwald (1985b); Ausst. Kat. „Lieblich zum Auge" (1986); Ausst. Kat. Holstein (1988).

39 Vgl. Schubert-Riese (1975); Schulz (1980).
40 Schumann (1953 u. 1954).
41 Hirschfeld (1779–1785), Bd. 4, S. 11 verweist auf die Exzesse der holländischen Tulpenspekulationen, die nun fortfallende Unterhaltung der Orangerien und kostspieliger Wasserkünste sowie auf die Aufgabe des Beschnitts; Zitat S. 15.
42 Zu England: Buttlar (1982); zu Schleswig-Holstein: Neuschäffer (1980); Kehn (u. a. 1980 und 1983).
43 Vgl. Arnim (1957).
44 Hirschfeld (1779–1785), Bd. 1, S. 125; Bd. 5, S. 171ff.
45 [J. v. Qualen]: „Beschreibung eines Adelichen Guths in Holstein nebst einigen Betrachtungen, Anno 1760", in: Degn/Lohmeier (1980), S. 27ff (333ff).
46 Berlepsch (1786), S. 357f.
47 Hennings (1797).
48 Hubatsch (1980), S. 17ff; Rumohr (1980), S. 35f.
49 Vgl. Neuschäffer (1983).
50 „Principes de Philosophie ou Preuves naturelles de l'existence de Dieu et de l'immortalité de l'âme" (1716).
51 Vgl. Frances A. Yates, The Rosicrucian Enlightenment, London 1972, S. 93ff.
52 Vgl. Schwartz (1975); Gerckens (1985).
53 B. H. Brockes, Von Spiegeln und Ferngläsern, in: Bd. 3, 3. Auflage, Hamburg 1736, S. 483ff.
54 Siegfried August von Goué, Über das Ganze in der Maurerei. Aus den Briefen der Herren von Fürstenstein und Stralenberg, Leipzig 1782, S. 86, 25. Brief. Vgl. Wolfgang Kelsch, Ein Freimaurerroman aus dem Jahre 1782 (August Siegfried von Goué, ein Ritterbruder Goethes aus der Wetzlarer Zeit) in: Quatuor Coronati Jahrbuch, 15 (1978), S. 129–164.
55 „Geschichte des egyptischen Königs Sethos. Aus dem Französischen übersetzt von M. Claudius", Breslau 1777/1778.
56 Vgl. Parallelen bei Gerndt (1981); Olausson (1985); Hajós (1989); Buttlar (1995).
57 Goué (1782), S. 281 (59. Brief).
58 Buttlar (1994b); ders. (1995).
59 „Eutin", in: Genius der Zeit, Bd. 19 (1800), S. 64.
60 Hirschfeld (1779–1785), Bd. 1, S. 155f.
61 Vgl. u. a. Hallbaum (1927); Hennebo/Hoffmann (1962–1965), Bd. 3; Buttlar (1989).
62 Zit. nach Kehn (1992b), S. 144, Anm. 151.
63 Zu Hirschfeld vgl. Schepers (1980); Breckwoldt (1988) und vor allem die Arbeiten Wolfgang Kehns, insbes. (1992b und 1995).
64 Vgl. Schepers (1978c); Buttlar (1981 und 1994a).
65 Hirschfeld (1779–1785) Bd. 1, S. 73f.

66 Hirschfeld (1790), S. Vff.
67 Hirschfeld (1779–1785), Bd. 5, S. 68ff.
68 Spectator Nr. 414 (1712), Übersetzung des Autors.
69 Vgl. Pruns (1994a), Anm. 55, und Pruns (1994b) sowie Ausst. Kat. „Lieblich zum Auge" (1986), S. 12f.
70 Hirschfeld (1779–1785), Bd. 5, S. 204f; vgl. Köhler (1992).
71 Vgl. zuletzt Hirsch (1995); Ausst. Kat. Wörlitz (1996).
72 Vgl. Wagner (1985).
73 Reventlow (1796).
74 Vgl. Lund (1977); Elling (1942); Buttlar (1994a).
75 Pohlmann (1975), S. 124.
76 Hirschfeld (1779–1785), Bd. 5, S. 120–194.
77 Hirschfeld (1779–1785), Bd. 5, S. 126.
78 Voght (1824).
79 Hirschfeld (1773), S. 6 und S. 171.
80 Hirschfeld (1779–1785), Bd. 5, S. 68–74.
81 Vgl. u. a. Buttlar (1983); Englischer Garten (1989).
82 Das gelehrte Teutschland Bd. 5, Lemgo 1797, S. 358f.
83 Direkte Kontakte sind nach der spektakulären Entlassung des Hauslehrers Hirschfeld 1767 in Bern nicht mehr belegt, vgl. Kehn (1992b).
84 Hirschfeld (1779–1785), Bd. 4, S. 223.
85 Kehn (1984 und 1992a); Martins (1994).
86 Vgl. de Cuveland (1994b), S. 50 oder z. B. Beitrag „Gelting".
87 Vgl. Sorge-Genthe (1973).
88 Vgl. Hennigs (1985).
89 Bechstedt (1772), S. 70 und 106f.
90 Hirschfeld (1784), S. 30.
91 Le Rouge (1775–1787) und Grohmann (1796–1806) füllten diese Marktlücke.
92 Vgl. Gerndt (1981) und Kehn (1991).
93 J. W. Goethe/F. Schiller/H. Meyer, Fragment über den Dilettantismus (1799).
94 Reventlow (1796), S. 100.
95 Vgl. Schubert (1995).
96 Die im Nehmtener Gutsarchiv befindliche Korrespondenz mit Louise Schaumburg bezieht sich allerdings nur auf eine Bürgschaft Gabriel Cronsterns für eine 1846 erfolgte Anleihe des Garteninspektors bei der Plöner Spar- und Leihkasse.
97 Hennings (1797), S. 22.
98 Hirschfeld (1779–1785), Bd. 3, S. 223ff mit einer Pflanzenliste.
99 Vgl. Hahn/Migge (1922); Behnke (1990); Becker (1992).
100 Hanssen (1875), S. 59.

Hans-Helmut Poppendieck

Historische Zierpflanzen in schleswig-holsteinischen Gärten und Parkanlagen

„Blumen nehmen nicht blos leeren Plätzen das Oede, sie bezaubern auch rings um sich her durch die Schönheit, Abwechselung und Mannichfaltigkeit der Farben, die der eifersüchtigen Kunst unerreichbar sind; ... und sind an sich so angenehme Gegenstände auf einem Gartenplatze, daß man lange glaubte, schon ihre bloße Gegenwart mache einen Garten, und bey ihrer Abwesenheit verschwinde auch aller Begriff vom Garten."[1]

Das Bewußtsein für historische Gärten ist auch in Schleswig-Holstein und Hamburg erst langsam gewachsen. Aber selbst zu Zeiten, als man Parks verwildern ließ oder sie durch fehlgeleitete Modernisierungen entstellte, hat es ein Gefühl für ihren geschichtlichen Wert gegeben. Nur lag das Interesse weniger auf gartenkünstlerischen Raumvorstellungen als beim Pflanzenbestand: bei alten Bäumen und verwilderten Blumen. Nicht zufällig zeigt das Titelbild des ersten Büchleins (1966) über schleswig-holsteinische Gärten die berühmten Husumer Krokusteppiche[2] (Abb. 238). Aber auch Lauenburger Winterlinge (Abb. 41), Jersbeker Primeln, Lerchensporne bei Saxtorf oder Gelbsternrasen auf Hoyerswort sind seit altersher bekannt.

Einige solcher Pflanzenvorkommen, wie die Wildtulpen bei Rainvilles Terrassen in Altona, haben sogar den Verfall des Gartens selbst überlebt und bilden nun die einzigen an Ort und Stelle greifbaren historischen Dokumente früherer Gartenkultur.

Für diese Pflanzen gibt es die aus Holland stammende Bezeichnung ‚Stinzenpflanzen'. Wir verstehen darunter *„Pflanzen, die innerhalb eines bestimmten Gebietes in ihrer Verbreitung beschränkt sind auf Wasserburgen, Schloßparke, Landsitze (Gutsparke), alte Bauernhöfe, Gärten und verwandte Standorte wie Friedhöfe, Bastionen und Stadtwälle. Es sind Arten und Varietäten mit auffälligen Blüten, die vorher als Zierpflanzen in Parks und Gärten ausgepflanzt wurden und anschließend verwildert und eingebürgert sind. Bestimmte Arten können sich aber auch spontan aus der Umgebung angesiedelt haben."*[3] Namensgebend war das Wort ‚stins' = Steinhaus, mit dem man im Friesischen die dort um 1400 aufgekommenen, von einem Graben umgebenen Mottenkastelle bezeichnete. Die Begriffe ‚Burgenflora' oder ‚Schloß- und Gutsparkpflanzen' bezeichnen einen ähnlichen Sachverhalt. Bei

Abb. 41: Winterlinge (Eranthis hiemalis) am Hang des Lauenburger Fürstengartens, Photo 1985.

Abb. 42: Weibliche Pflanze der Gemeinen Pestwurz (Petasites hybridus) am Rand des Weges vom Schloß Gottorf zum Neuwerk-Garten, Photo 1994.

Historische Zierpflanzen

Abb. 43: Ausbreitungsgeschichte der Wildtulpe (Tulipa sylvestris) in Europa. Eingekreiste Zahlen = Jahr des ersten Nachweises in Gärten; freistehende Zahlen = Jahr des ersten Nachweises verwilderter Vorkommen (Jäger 1973).

uns sind die meisten dieser historischen Zierpflanzen seit Mitte (in den Niederlanden seit Beginn) des 17. Jahrhunderts als Kulturpflanzen (Abb. 42) und seit Beginn des 19. Jahrhunderts als eingebürgerte Pflanzen nachgewiesen (Abb. 43). Ihre Geschichte und ihre Biologie ist das Thema dieses Beitrages.

Blumenverwendung in Parks und Gärten

Bis in die Mitte des 18. Jahrhunderts spielt die Einzelpflanze in der Gartenkunst ihre Rolle vor allem in den Blumengärten der Renaissance und des Barock. Die bekannte Abbildung des Anckelmannschen Gartens in Horn vor den Toren Hamburgs[4] gibt ein anschauliches Bild eines solchen Sammlergartens, der dem lustvollen Aufenthalt außerhalb der unhygienischen, noch mittelalterlichen Stadt ebenso diente wie dem gesellschaftlichen Leben und der Präsentation seltener und kostbarer Pflanzen. Zwei Pflanzengruppen erfuhren höchste Wertschätzung: Exotische Gewächse, mit großer Mühe aus fremden Ländern eingeführt, die in Töpfen gezogen und in Treibhäusern überwintert werden mußten – der Hamburger Ratsherr Barthold Hinrich Brockes (1680–1747) ließ seine Kinder von Balthasar Denner (1685–1749) mit dem Blütenstand einer solchen Pflanze (Erythrina spec., Korallenstrauch) porträtieren.[5] Sowie die sogenannten Floristen- oder Blumisten-Blumen, also Tulpen, Ranunkeln, Garten-Anemonen, Hyazinthen, Aurikeln oder Nelken: genetisch heterogene Sippen, die sich bei der Vermehrung aus Samen aufspalten, sich untereinander kreuzen und leicht vegetativ vermehren lassen und als so erzeugte ‚Sorten' verkauft, getauscht und verschickt werden können. Die Geschichte der Tulpen- und vergleichbarer Manien ist zu bekannt, als daß hier darauf eingegangen werden müßte. Festzuhalten bleibt jedoch, daß die gärtnerische Betreuung beider Pflanzengruppen anspruchsvoll ist und eines geschulten Personals bedarf: So traten in Schleswig, an kleineren Residenzen und auf den größeren Gütern Kunstgärtner auf den Plan, und um Hamburg entwickelten sich bereits Mitte des 17. Jahrhunderts spezialisierte Gartenbaubetriebe.[6]

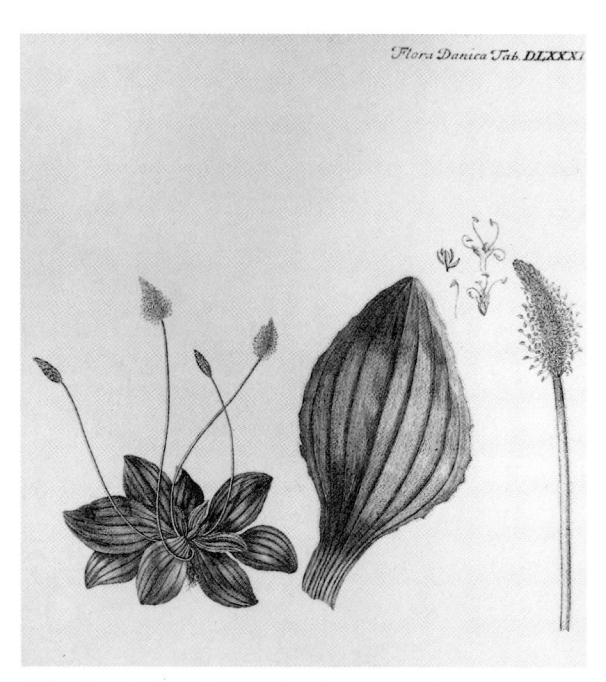

Abb. 44: Mittlerer Wegerich (Plantago media), Kupferstich aus der Flora Danica (Oeder/Müller/Vahl/Hornemann 1761–1861), (SHLB).

Kritik an dem als übertrieben und gekünstelt empfundenen Aufwand für die seltenen ‚curiosen' Blumen der Floristen übte bereits Antoine Joseph Dezallier d'Argenville.[7] Diese Kritik schwillt in der zweiten Hälfte des 18. Jahrhunderts zu einer einflußreichen Bewegung an, die von Joseph Addison, Jean-Jacques Rousseau und Christian Cay Lorenz Hirschfeld[8] beeinflußt wird, aber auch durch Carl von Linné, der die Botanik nicht nur zur Wissenschaft, sondern auch zur Liebhaberei für gebildete Stände erhoben hatte.

„*Wenn ausgesuchte Blumen, anstatt auf abgezirkelten Beeten gepflanzt zu seyn, hin und wieder nachlässig in einem Boden von kurzem Grase angebracht, und mit artigen Feldblümchen vermischt werden: so muß ein solches Stickwerk auf einem grünen Teppich durch Mannigfaltigkeit und Contrast von einer sehr angenehmen Wirkung seyn. Man freut sich, sie da zu finden, wo man sie nicht erwartete, und wo sie doch so wohl stehen, weil sie von der Hand der Natur dahin gesäet zu seyn scheinen.*"[9] Mannigfaltigkeit, Nachlässigkeit, Feldblumen, die unsichtbare Hand der Natur – mit diesen und ähnlichen, schon von Addison und Rousseau verwendeten Begriffen beschreibt Hirschfeld einen

Abb. 45 und Abb. 46: Pflanzenabbildungen auf Porzellan. Oben: Deckelvase mit dekorativ angeordneten gefüllten Gartenblumen in Rokokomanier; Meißen um 1745. Unten: Kühlgefäß aus dem Flora Danica Service mit botanisch exakter Darstellung einer Wildpflanze aus der Gattung Potentilla, Kopenhagen um 1795 (Museum für Kunst und Gewerbe Hamburg).

Paradigmenwechsel in der Pflanzenverwendung: An die Stelle von gezirkelten Beeten treten Rasen und Gebüsch. Züchtungen, Seltenheiten, ‚Indische Gewächse' und andere Exoten, die aufwendige und teure Treibhäuser erforderten, werden von ‚gewöhnlichen' einheimischen Gewächsen abgelöst, die auch in der näheren Umgebung vorhanden sind. Die Kunstfertigkeit des Gärtners wird abgelehnt, da sie als Gegensatz zur ‚Hand der Natur' empfunden wird.

Besonders deutlich machen läßt sich dieser Wertewandel an den sogenannten gefüllten Blumen. In den Gärten der Renaissance und des Barock hatte man sie hoch geschätzt, wobei die Lust an Spielarten der Natur eine Rolle gespielt haben mag, aber auch die banale Tatsache, daß gefüllte Blumen länger blühen als die einfachen Wildformen und sich darüber hinaus vegetativ leicht vermehren lassen. Hirschfeld nennt sie zwar noch in großer Zahl, aber Linné verurteilt in seiner 1751 zuerst erschienenen „*Philosophia botanica*" alle gefüllten Blumen apodiktisch als Monstrositäten, die nicht durch die Natur, sondern durch gärtnerischen Kunstfleiß und Geschäftssinn erzeugt wären.[10] Der Botaniker solle sich nur mit den Arten und Gattungen beschäftigen, da es sich bei diesen um Schöpfungen der Natur handelt, nicht mit den Sorten und Abarten, die zur Sphäre des Handels und der Geschäftemacherei gehören. Sein Schüler Ehrhardt, königlicher Regierungsbotaniker in Hannover, hat diese Kontroverse nach Deutschland getragen.[11] Gefüllte Blumen wurden unmodern und gelten bis heute als künstlich, als hochgezüchtet. Die Blumen des klassischen Meißner Porzellans sind noch der künstlichen Bildwelt des Rokoko verhaftet (Abb. 45). Das Flora Danica Porzellan verkörpert hingegen, wie die Flora Danica selbst, den Sieg Linnés und die Apotheose der naturwissenschaftlich orientierten Botanik (Abb. 46).

Die Blumen haben in den jetzt entstehenden Landschaftsgärten neuartige Plätze an den Seiten der Lusthaine und Gebüsche, im Rasen, in der Wiese, an Wegen, bei Grotten und am Bach- und Gehölzrand gefunden. Die Akklimatisation von Pflanzen und Tieren wird unter Gutsbesitzern zur Mode.[12] Feldblumen werden in die Gärten geholt. Alte formale Parks verwildern oder werden umgestaltet. All dies schafft ideale Bedingungen für die Verwilderung von Zierpflanzen, und zwischen 1789 und 1810, also wenige Jahre nach der Aufgabe gärtnerischer Pflege, werden Pflanzen wie die Gemswurz, die Herbstzeitlose oder das Zimbelkraut aus dem Schleswiger Neuwerk von Lokalbotanikern als offenkundige Wildpflanzen dokumentiert. Wahrscheinlich haben aber auch die formalen Barockgärten solch ausbreitungskräftigen, robusten Pflanzen wie dem Garten-Veilchen und den Milchstern-Arten Gelegenheit zur Verwilderung geboten. Der Jersbeker Garten zeigt, daß Lebensräume für Waldbodenpflanzen auch unter Lindenalleen zu finden sind; im Hochdorfer Garten finden wir den größten Reichtum an Stinzenpflanzen im Bereich des formalen Gartens und nicht im landschaftlichen Teil. Und zumindest ein Hinweis in Laurembergs „Horticultura" zeigt, daß schon um 1631 so etwas wie ein Auswildern von Zierpflanzen auf Baumscheiben praktiziert worden sein mag.[13] Auch größere Umgestaltungen in unserem Jahrhundert haben solchen Arten wenig anhaben können, wie das Beispiel Planten und Blomen zeigt.[14]

Das 19. Jahrhundert brachte die massenhafte Einführung neuer Pflanzen aus Übersee und einen unerhörten Aufschwung der Gartentechnik. Im Freiland trat die Verwendung von Stauden[15] zurück, selbst wenn Gartenkünstler wie Sckell[16] Anleitungen zur Auswilderung von Zwiebelpflanzen gaben (Abb. 47). Die fürs 19. Jahrhundert charakteristische Mode der Teppichbeete entstand um 1840 in England und war eng mit dem Aufkommen und der Popularisierung von Gewächshäusern verbunden. Verwendet wurden letztlich tropische Unkräuter, nicht winterharte Dauerblüher, die im Gewächshaus vorkultiviert oder im Warmen überwintert werden müssen.[17] Bei den relativ wenigen dauerhaft etablierten Parkpflanzen, die in jener Zeit zu uns kamen, handelt es sich vielfach um hochwüchsige Solitärstauden: Telekie (Telekia speciosa), Großer Milchlattich (Cicerbita macrophylla), aber auch der inzwischen längst überall eingebürgerte Riesen-Bärenklau (Heracleum mantegazzianum) und der ebenso aggressive Japanische Staudenknöterich (Reynoutria japonica) (Abb. 48).

Abb. 47: Nickender Milchstern (Ornithogalum nutans) in der Lindenallee des Eutiner Schloßgartens, Photo 1995.

Abb. 48: Japanischer Staudenknöterich (Reynoutria japonica) aus Gartenflora 32 (1883), S. 283.

Die Mode der Teppichbeete war gegen Ende des Jahrhunderts bis in die Bauerngärten vorgedrungen: *„Ganz modern war ein Teppichbeet mit Mais, Tabak und Hanf in der Mitte und mit Lobelia Erinus L. (var. „Kaiser Wilhelm") und Coleus Verschaffeltei Lam. im Umkreise"*, berichtet Knuth im Jahre 1892 vom Garten des Forsthauses im nordschleswigschen Dravit (bei Løgumkloster).[18] Aber sie hatte sich dann bald überlebt. Lichtwark und seine Zeitgenossen polemisierten gegen die blutroten Prunk-Salvien und die grausam blauen Lobelien und empfahlen als Vorbilder die Gartenschöpfungen englischer Zeitgenossen wie William Robinson (1838–1935) und Gertrude Jekyll (1843–1932). Sie priesen die einfachen wilden Blumen oder die alten Bauern- und Pastorenblumen und bereiteten so den Boden vor, auf dem sich sowohl eine historisierende Bauerngartenmode wie auch – sicher bedeutsamer – die von Karl Foerster (1874–1970) vorangebrachte deutsche Tradition der Staudengärtnerei entfalten konnte.[19] Diese erfuhr ihre wissenschaftliche Vertiefung durch die fast gleichzeitig aufgekommene Pflanzensoziologie und ist unter den divergierenden Tendenzen des 20. Jahrhunderts[20] in unserem Zusammenhang besonders wichtig.

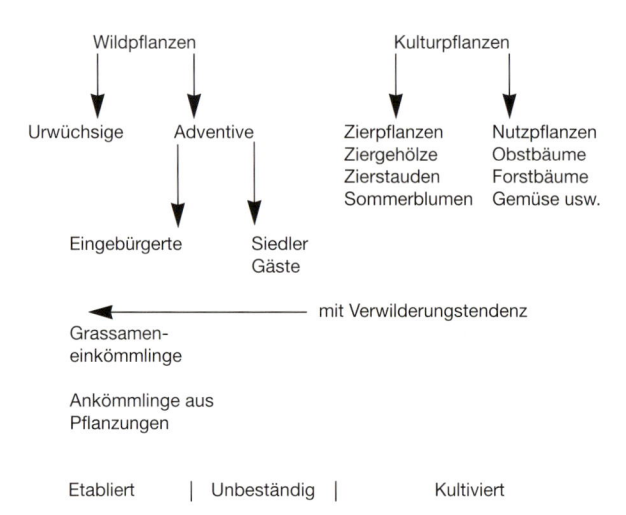

Tabelle: Übersicht über die parkspezifischen Gruppen von Gefäßpflanzen (Sukopp 1968).

Zur Biologie der Stinzenpflanzen und ihrer Lebensräume

In seiner klassischen Arbeit über die Pfaueninsel definierte Sukopp[21] das Arbeitsgebiet der Parkbotanik: Es geht darum, die Bedeutung von Gestaltung und Nutzung eines Geländes als Park für dessen Flora und Vegetation zu erforschen. Wir haben es dabei einerseits mit einem breitem Spektrum von Wildpflanzen und Kulturpflanzen zu tun, andererseits mit einer Vielzahl von parkspezifischen Lebensräumen. Eine Übersicht über die parktypischen Pflanzengruppen gibt obige Tabelle[22].

Die Schloß- und Gutsparkpflanzen bilden einen Sonderfall unter den kulturabhängigen Pflanzenvorkommen. Sie sind absichtlich auf eine Kulturfläche eingebracht worden und haben sich dort oder von dort

Abb. 49: Aronstab (Arum maculatum), Aquarell (Fabricius [1680]), (UB Kiel).

Historische Zierpflanzen

134.

Arum

Arum vulgare non maculatum
Arum maculatum L.

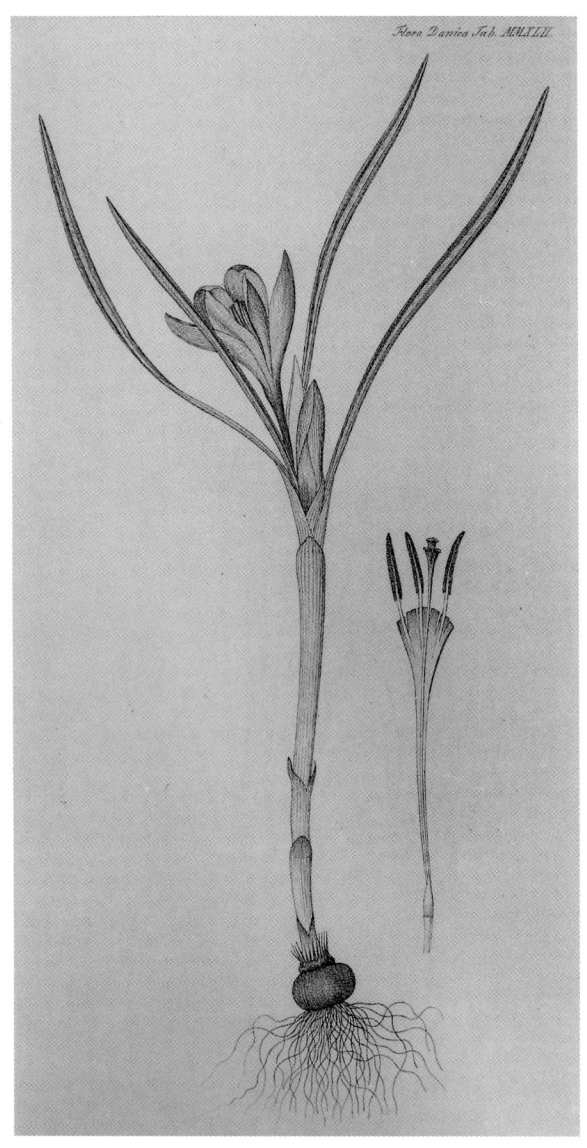

Abb. 50: *Frühlings-Krokus (Crocus vernus = Crocus neapolitanus), Kupferstich aus der Flora Danica (Oeder/Müller/Vahl/Hornemann 1761–1861), (SHLB).*

ausgehend seit einem so langen Zeitraum (als kritische Grenze gelten drei Generationen oder 25 Jahre) gehalten, daß sie als eingebürgert und ihre Populationen als Wildvorkommen[23] gelten können. Da die Einbürgerung von Pflanzen, die ursprünglich nicht unserer Flora angehören (sogenannte Neophyten), einen Modellfall für die Ausbringung von gentechnisch veränderten Pflanzen darstellt, wird auf diesem Gebiet gegenwärtig intensiv geforscht[24]. Ohne darauf näher eingehen zu wollen, müssen wir festhalten, daß der Erfolg der Einbürgerung von Kulturpflanzen zwar nicht vorhergesagt werden kann, aber doch um so wahrscheinlicher ist, je näher die biologischen Eigenschaften der Pflanze denen heimischer Wildpflanzen kommen und je naturnäher die Standortverhältnisse sind.

Die meisten Stinzenpflanzen unterscheiden sich genetisch nicht von Wildsippen. Strenggenommen müßte man sie als ‚Anbaupflanzen' und nicht als Kulturpflanzen bezeichnen, denn Kulturpflanzen haben Domestikationsmerkmale erworben, die sie vom Menschen abhängig machen und ihre Konkurrenzkraft gegenüber Wildarten schwächen; ihre Verwilderung setzt in der Regel einen Verlust dieser Eigenschaften voraus. Dementsprechend ist die dauerhafte Etablierung von solchen Kulturpflanzen relativ selten: Beispiele wären großblütige Garten-Maiglöckchen (Convallaria majalis 'Grandiflora') oder die Florentiner-Nessel (Lamium argentatum, hervorgegangen aus Lamium galeobdolon cv. 'Florentinum'), aber auch die Pfirsichblättrige Glockenblume (Campanula persicifolia), bei der die in den Hamburger Gärten verwildernden Formen sich durch größere, oftmals weiß- oder rosafarbene Blüten von den ostholsteinischen Wildvorkommen unterscheiden. Zierpflanzen aus wärmeren Klimagebieten (die meisten Sommerblumen) sind meist nicht winterhart und können ihren Lebenszyklus bei uns nicht vollenden. Für beide Gruppen ist der Lebensraum im Garten das Beet, vielfach müssen sie sogar im Gewächshaus vorkultiviert werden. Das schließt nahezu aus, daß etwa die im 17. Jahrhundert so beliebten Tulpen und Garten-Ranunkeln oder die Teppichbeetpflanzen des 19. Jahrhunderts bei uns verwildern.

Über die Einführungsgeschichte der Zierpflanzen nach Mitteleuropa liegen umfangreiche Arbeiten vor, so daß wir gut über die zeitlich aufeinanderfolgenden Perioden der Einführung südeuropäischer, nordamerikanischer und ostasiatischer Gewächse unterrichtet sind.[25] Holländische Autoren gliedern die Stinzenpflanzen nach ihrer Heimat; die Gruppen bilden eine Reihe, bei der die Abhängigkeit von menschlichen Kulturmaßnahmen zunimmt.[26]

Lokale Stinzenpflanzen sind Arten, die in Schleswig-Holstein in einigen Landesteilen urwüchsig sind und in anderen nur in Parks vorkommen. Dies wird bei kleinräumiger Betrachtung besonders deutlich: In der ursprünglich waldfreien Marsch bilden die Baumparks der Herrenhäuser und die Friedhöfe inselartig vorgeschobene Sonderstandorte. Im Kreis Pinneberg, dessen westliches Drittel dem Naturraum der Elbmarschen zuzuordnen ist, sind Parks wie der in Haseldorf wichtige Standorte für sonst nur auf der Geest vorkommende Waldpflanzen. Es handelt sich bei den lokalen Stinzenpflanzen überwiegend um Waldbodenpflanzen (Abb. 49).[27] Bis auf wenige Ausnahmen sind diese Arten um 1780 als Park- und Gartenpflanzen genannt.[28] Hierher gehören aber auch Arten, die wenig attraktiv sind und wahrscheinlich unabsichtlich in Parks eingebracht wurden oder durch Wind oder Tiere dorthin verbreitet wurden.[29]

Regionale Stinzenpflanzen sind in einigen Teilen Mitteleuropas heimisch, aber bei uns nur in Parks anzutreffen, wie Zweiblättriger Blaustern (Scilla bifolia), Gefingerter Lerchensporn (Corydalis solida) oder Brauner Storchenschnabel (Geranium phaeum).

Mitteleuropäische Stinzenpflanzen sind in Südeuropa (aber auch in Asien oder Nordamerika) heimische Pflanzen oder Kulturvarietäten, die in mitteleuropäischen Parks voll eingebürgert sind. Hierher gehören so bekannte Parkpflanzen wie Wildtulpe (Tulipa sylvestris), Krokusse (Crocus neapolitanus und C. tommasinianus) (Abb. 50), Pracht-Himbeere (Rubus spectabilis) (Abb. 51) oder die Telekie (Telekia speciosa).

Exotische Stinzenpflanzen sind meist außereuropäische Pflanzen, die in den Parks nur unbeständig vorkommen und sich allenfalls wenige Jahre am Platze behaupten können. Beispiele wären die Kaiserkrone (Fritillaria imperialis), das Einjährige Silberblatt (Lunaria annua) oder die Taglilien (Hemerocallis flava und H. fulva).

Man spricht bei den relativ naturnahen Gehölzen der Parks von Parkforsten[30] und meint damit vom Menschen angelegte oder durch gestalterische Eingriffe geprägte Gehölzbestände; unter Wald wird in der Vegetationskunde dagegen ein natürlicher oder naturnaher, nicht vom Menschen gepflanzter Baumbestand verstanden. Solche Lebensräume sind zwar für Landschaftsgärten typisch, aber man kann auch die Bos-

Abb. 51: Prachthimbeere (Rubus spectabilis) aus Botanical cabinet 17 (1830), Tab. 1602.

kette und Heckensäume der barocken Parks hierzu rechnen. Im lichten Schatten, auf ‚reifem' humosen und frischen Boden gedeihen einheimische Waldstauden wie Buschwindröschen, Hohler Lerchensporn, Waldmeister oder Lungenkraut sowie Stinzenpflanzen wie Haselwurz, Immergrün oder die Blaustern-Arten. Parkforste zeichnen sich gegenüber den heutigen Wirtschaftswäldern durch einen hohen Struktur- und Artenreichtum aus, der durch die langandauernde differenzierte Nutzung zu erklären ist. Insbesondere ist die Krautvegetation üppig entwickelt, wobei Arten der nitrophilen Saumgesellschaften dominieren: Aus ein- bis mehrjährigen Arten aufgebaute Säume der schattigen bis halbschattigen Waldinnenränder, Lichtungen, Gebüschränder usw., die den Störungen der Vegetationsdecke angepaßt sind und vom Nährstoffreichtum der Parks profitieren. Charakteristische Arten dieses Lebensbereiches sind heimische Pflanzen wie Brennnessel und Knoblauchsrauke, eine häufige Stinzenpflanze dieses Bereichs ist das Duft-Veilchen (Viola odorata). Bei der Traufe handelt es sich um den Be-

Abb. 52: Märzenbecher (Leucojum vernum) im Park des Gutes Travenort, Photo 1996.

reich, der von den Baumkronen überschirmt und im Sommer beschattet wird und wo Rasen schlecht oder gar nicht wächst: ein wichtiger Lebensraum für Frühjahrsgeophyten, die von der schütteren Vegetationsdecke und der fehlenden Belaubung profitieren. Alte, lückig gewordene und vermooste Parkrasen im Kronenschirm der Bäume sind daher optimale Plätze für Stinzenpflanzen wie Blau-, Gelb- und Milchsternarten, für Lerchensporne und Wildtulpen, Schneeglöckchen, Märzenbecher (Abb. 52) und Winterlinge und überhaupt die meisten der in unserer Liste genannten Pflanzen. Wichtig für die Ansiedlung und Erhaltung dieser Pflanzenvorkommen ist die Erhaltung einer sich rasch zersetzenden Laubschicht sowie eine möglichst extensive Pflege.[31]

Wo in Parks optimale Bodenverhältnisse für Stinzenpflanzen herrschen, nähern sich diese einem im mittleren Deutschland anzutreffenden Waldtyp an, dem sogenannten Kleebwald, in dem viele dieser Arten (Scilla bifolia, Corydalis cava usw.) auch natürlich vorkommen. Er zeichnet sich durch aus Hangerosion gebildeten Mullböden mit besonders lockerer Struktur, guter Durchlüftung und hoher biologischer Bodenaktivität aus. Parkböden haben diese Eigenschaften durch menschliche Aktivitäten erworben: Umgraben, Hacken, Vermischung des ursprünglichen Substrats mit Sand, Mist, Teichschlamm, Kompost, (Muschel-)Kalk oder kalkreichem Trümmerschutt abgebrochener Gebäude. Im Schleswiger Neuwerk sind die Stinzenpflanzen auf die umgeformten Böden beschränkt und dringen nicht auf den gewachsenen Waldboden vor,

eine Beobachtung, die durch Kartierungen an anderen Orten bestätigt wird.

Grundsätzlich unterscheiden sich Parkrasen und Parkwiese von vergleichbaren Beständen außerhalb der Parks vor allem durch ihre Artenzusammensetzung, die in historischen Parks durch die spezifischen und vom Wirtschaftsgrünland abweichenden Pflegemaßnahmen und durch die ursprünglich verwendeten Ansaaten geprägt wird: Durch sie sind eine Reihe von sogenannten Grassameneinkömmlingen[32] in unsere Parks gelangt, unter anderem Plantago media (Mittlerer Wegerich) (Abb. 44), Poa chaixii (Berg-Rispengras), Centaurea nigra (Schwarze Flockenblume) und Luzula luzuloides (Schmalblättrige Hainsimse).[33]

Zum Lebensraum Beet gehören Rabatten, Parterres, Blumenflächen und Staudenbeete, alles Bereiche, die eine hohe Pflegeintensität und regelmäßige Eingriffe wie Hacken oder Umgraben erfordern. Von den weiteren Lebensräumen sind in unserem Zusammenhang nur noch die Parkmauern interessant, in denen sich unter günstigen Umständen Zierpflanzen wie das Zimbelkraut (Cymbalaria muralis) oder der Gelbe Lerchensporn (Corydalis lutea) ansiedeln können.

Von den im Anhang genannten 57 ‚echten' Stinzenpflanzen (Grassameneinkömmlinge, Agriophyten und nicht parkspezifische Archäophyten[34] nicht mitgerechnet) sind 42 und damit 74 % Frühblüher, deren Blütezeit vor dem 15. Mai liegt. Bei dieser Gruppe sind Vegetationsrhythmik, Bestäubungsweise und Ausbreitungsbiologie eng miteinander verknüpft. Meist handelt es sich um Zwiebel- oder Rhizomgeophyten mit unterirdischer Nährstoffspeicherung. Sie treiben in dem von der Frühlingssonne erwärmten Laubstreu aus, blühen vor dem Laubaustrieb, haben ihre Früchte mit dem Beginn der vollen Belaubung ausgebildet und gehen dann in ein Ruhestadium über. Sie entgehen so der Beschattung durch die Bäume und der Wurzelkonkurrenz der auch im Frühjahr assimilierenden Gräser und nehmen damit eine räumliche und zeitliche Nische zwischen den Bäumen und dem Grasland ein. Rosettenpflanzen wie die Primel- und Lungenkraut-Arten besitzen ganzjährig grüne Blätter und können dank der im Frühjahr und Herbst gebildeten Assimilate die ungünstigen Jahreszeiten (Sommer und Winter!) überdauern. Bei beiden Gruppen spielt die starke vegetative Vermehrung eine wichtige Rolle für ihre Etablierung, bei gefüllt blühenden oder selten Samen ansetzenden Formen sogar die entscheidende, z. B. Wildtulpe (Tulipa sylvestris), Gemswurz (Doronicum pardalianches), Gefüllte Narzisse (Narcissus pseudonarcissus 'Van Sion'), Gefülltes Schneeglöckchen (Galanthus nivalis 'Flore Pleno'). Hinzu kommt, daß für Bienen, Hummeln und andere blütenbesuchende Insekten im Frühjahr Nahrungsmangel herrscht – was zur Folge hat, daß die Blüten stark besucht werden und der Bestäubungserfolg und damit auch der Samensatz gesichert ist: *„Die Bienen besuchen fast alle unsere Blumen so eifrig, daß einem das Frühjahr hörbar wird. Eine großzügige Besiedlung der Parks mit Frühjahrsblumen liegt daher im Interesse der Imker. Umgekehrt wird die Samenvermehrung in der Nähe von Bienenstöcken viel schneller gehen."*[35] Schließlich liegt die Attraktivität der aus dem südlichen Europa stammenden Stinzenpflanzen auch darin begründet, daß sich ihre Blütezeit im kühlen Klima Mitteleuropas über mehrere Wochen hinziehen kann; in ihrer mediterranen Heimat blühen sie nur wenige Tage.

Die meisten unserer einheimischen Waldpflanzen werden durch Ameisen verbreitet (Myrmekochorie) (Abb. 53). Die Samen dienen wegen ihrer nährstoffreichen Futterkörper (Elaiosomen, ‚Ameisenbrot') zur Aufzucht der Brut, werden in die Baue verschleppt und entlang der Ameisenstraßen verbreitet. Es handelt sich hierbei um einen Mechanismus, der zur Fernausbreitung wenig taugt, aber offenbar sehr präzise für die Etablierung an geeigneten Stellen sorgt. Alle myrmekochoren Pflanzen lassen sich relativ leicht auswildern. 53 % der frühblühenden Stinzenpflanzen unserer Liste sind myrmekochor. Dieser Ausbreitungsmechanismus erklärt das lokal begrenzte, aber dann oft massenweise Vorkommen der Pflanzenarten, und kennzeichnet nicht nur die meisten Stinzenpflanzen, sondern auch viele Zeigerarten für historisch alte Wälder.[36] Hierzu gehören unter anderem die Lerchensporne (Corydalis cava und intermedia), Bärlauch (Allium ursinum), Haselwurz (Asarum europaeum),

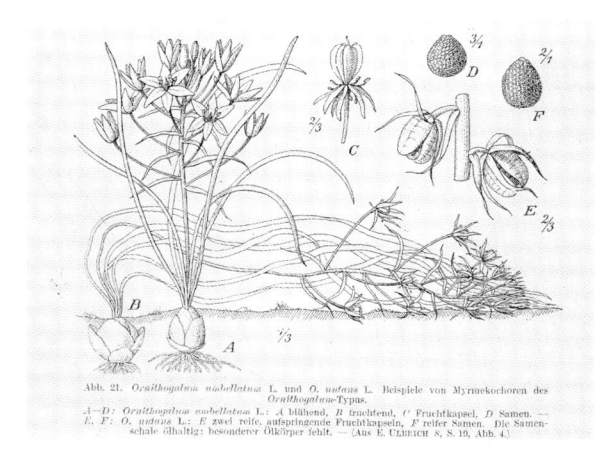

Abb. 53: Dolden-Milchstern (Ornithogalum umbellatum), Beispiel für Myrmekochorie, aus Ulbrich (1928).

Busch-Windröschen (Anemone nemorosa) und Wald-Gelbstern (Gagea lutea), die durch den Menschen auf ihre Parkstandorte ‚fernverbreitet' wurden.

Pflanzenvorkommen als gartenhistorische Dokumente

Für die Bewertung der hier beschriebenen Pflanzenvorkommen im Rahmen der historischen Pflanzenverwendung ist zunächst einmal eine genaue Datierung erforderlich. Die örtlichen Legenden sind dabei vielfach irreführend und lassen sich in der Regel nicht verifizieren, wie das Beispiel der Husumer Krokusse zeigt. Sie sollen ursprünglich (aber irrtümlich) zur Safrangewinnung angebaut worden sein, entweder schon im Mittelalter von Mönchen im Klostergarten oder um 1680 von der Herzogin Maria Elisabeth. Ähnliche Legenden gibt es beispielsweise auch für die Lauenburger und Ahrensböker[37] Winterlinge. Zwar wurde Crocus neapolitanus schon um 1660 in Gottorf kultiviert und mag von dort nach Husum gekommen sein. Aber erst 1831 wurde eine Verwilderung dieser Art für Hemmelmark bei Eckernförde nachgewiesen, einen ersten sicheren Beleg für das große Wildvorkommen in Husum gibt es nicht vor 1843,[38] und der zweite Beleg stammt aus dem 1851 erschienenen Gedicht *„Hinter den Tannen"* von Theodor Storm.[39]

In der im Anhang folgenden Liste sind die Daten zu Einführung und Verwilderung von Stinzenpflanzen in

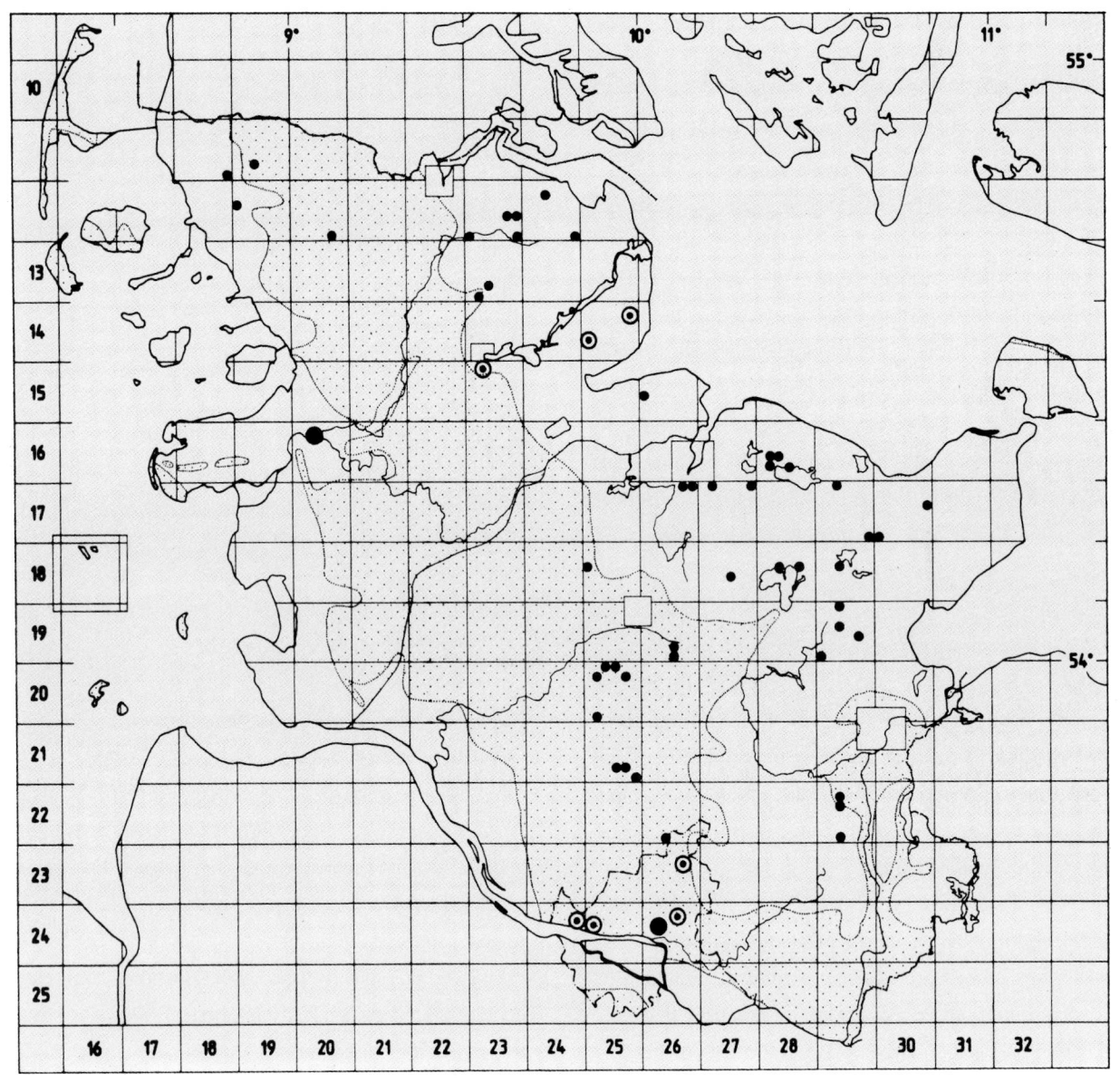

Abb. 54: *Verbreitung der Kriechenden Gemswurz (Doronicum pardalianches) in Schleswig-Holstein. Große schwarze Punkte = Orte der frühesten Kulturnachweise in Husum und Hamburg; große halbausgefüllte Punkte = Wildvorkommen vor 1850; kleine Punkte = heutige Verbreitung (Stand 1980, nach Daten der Landesstelle für Vegetationskunde, Universität Kiel).*

Schleswig-Holstein aufgeführt. Viele Pflanzenvorkommen sind bereits seit dem frühen 19. Jahrhundert bekannt, zeigen also eine erstaunliche Kontinuität. Zwischen der Einführung in die Kultur und dem ersten Nachweis des Wildvorkommens kann eine Spanne zwischen drei und 220 Jahren liegen. Fehler in der Datierung[40] kommen vor allem dadurch zustande, daß die floristische Erforschung Schleswig-Holsteins erst um 1780 einsetzte und frühere Wildvorkommen von Pflanzen nur ausnahmsweise belegt sind. Der Übergang vom barocken Park zum Landschaftsgarten brachte es mit sich, daß ‚natürliche' Blumen in hohen Stückzahlen an geeignete Standorte wie Wiesen, Gehölz oder Traufe gebracht wurden. Gleichzeitig sorgte die Mode- und Liebhaberwissenschaft Botanik dafür, daß man sie dort mit der gebührenden Aufmerksamkeit als Wildpflanzen zur Kenntnis nahm.

So ist es auch zu erklären, daß die ‚klassischen' Fundorte für Stinzenpflanzen nahe der kulturellen Zentren Hamburg und Schleswig zu finden sind, wo

Historische Zierpflanzen 71

Abb. 55: Frühlings-Braunwurz (Scrophularia vernalis), Herbarbeleg gesammelt 1867 von L. C. Laban „an einer Gartenmauer im Neuwerk bei Schleswig" (Herbarium Hamburgense).

Abb. 56: Trauben-Hyacinthe (Muscari botryoides), Herbarbeleg 1887 gesammelt von R. Sadebeck in Steinbek bei Hamburg (Herbarium Hamburgense).

sowohl eine hochenwickelte Gartentradition wie die für die floristische Erfassung und korrekte Benennung notwendige Literatur vorhanden war. Exemplarisch läßt sich dies an der Einführung und Verbreitung der Gemswurz (Doronicum pardalianches) (Abb. 54) zeigen und an der Tatsache, daß wir der Hamburger Gärtnerfamilie Buek sowohl ein wichtiges Kulturpflanzenverzeichnis in Linnéischer Nomenklatur wie auch die erste Hamburger Florenliste verdanken.

Der ‚locus classicus' für Stinzenpflanzen in Schleswig-Holstein ist das Schleswiger Neuwerk. Zahlreiche noch heute hier vorkommende Arten sind sowohl für die Zeit um 1660 durch den Gottorfer Codex als Kulturpflanzen wie auch durch die Flora von Esmarch und entsprechende Herbarbelege (Abb. 55 u. Abb. 56) noch vor 1850 als Wildvorkommen dokumentiert.[41]

Die ganz anders geartete Hamburger Gartenlandschaft steht dem nicht nach. Klassische Stinzenpflanzenvorkommen sind von den östlichen Garten-Vororten des 18. und frühen 19. Jahrhunderts (Hamm, Horn, Billstedt und Billwerder) ebenso dokumentiert wie von Altona und den Elbvororten (Abb. 57). Der Knollen-Beinwell (Symphytum tuberosum) kommt seit 1801 bis heute bei Altona vor, der Kleine Lerchensporn (Corydalis solida) seit 1815. Eutin und Lauenburg sind durch relativ frühe Fundmeldungen aus den 1820er Jahren bekannt. Merkwürdig ist die Tatsache, daß um Lübeck Stinzenpflanzen, von den beiden Milchstern-Arten und der Schachblume (Abb. 58) abgesehen, erst relativ spät dokumentiert worden sind. Noch später dokumentiert sind die umfangreichen Vorkommen in der Gutslandschaft des östlichen Hügellandes. Auch

Abb. 57: Purpurblauer Steinsame (Buglossoides purpurocaerulea) im Hindenburgpark Hamburg, Photo 1992.

Abb. 58: Schachblume (Fritillaria meleagris), Aquarell (Fabricius [1680]), (UB Kiel).

dies mag aber seine Erklärung in der verspäteten botanischen Erfassung des Landes finden.

Wie sind nun Stinzenpflanzen im Rahmen gartendenkmalpflegerischer Vorhaben zu bewerten? Der historische Garten sollte als Dokument und Zeuge von Geschichte gepflegt werden.[42] Zweifellos handelt es sich bei den hier beschriebenen Pflanzenvorkommen um ‚lebende Dokumente', die einen Teil des historischen Inventars der Parks und Gärten ausmachen und bei der Erstellung von Parkpflegewerken gebührend berücksichtigt werden müssen. Man wird sicher differenzieren müssen: Geprägt vom Anspruch, Natur künstlich nachzuempfinden und nachzubauen, gaben die Landschaftsgärten den Pflanzenpopulationen Raum zur bewußten Verwilderung und damit zur – wenn auch kontrollierten – freien Entwicklung. Im Gegensatz zu den älteren formalen Anlagen war die Einbürgerung von Zierpflanzen hier also nicht das zufällige Nebenprodukt nachlassender Pflege, sondern Teil des ursprünglichen Konzepts. In beiden Fällen wird man jedoch bei der Restaurierung überalteter Anlagen sensibel vorgehen müssen. Alle großen Parks und Gärten wurden im 20. Jahrhundert vor allem durch steigende Unterhaltskosten, Personalrückgang und kriegs- und nachkriegsbedingte Verwilderungen betroffen. Das damit einhergehende ‚Auswachsen' der Parks machte die sorgfältig geplanten Strukturen vergangener Jahrhunderte unkenntlich, gab den an eine extensive Bewirtschaftung gebundenen Stinzenpflanzen jedoch Raum zur Entfaltung. Als zu Beginn der 80er Jahre sich bei uns die Gartendenkmalpflege entwickelte, traf sie auf ein stark entwickeltes ökologisches Bewußtsein, das die Parks bereits für sich reklamiert hatte: Als Wildnis, als Vogel- und Fledermausschutzgebiet, als Ausgleichsfläche für die Fehlentwicklungen der städtischen Bauplanung. So wurden die durch Tritt, Nährstoffeintrag und andere anthropogene Einflüsse stark beeinträchtigten Parkforsten plötzlich nahezu sakrosankt, während gleichzeitig in der freien Landschaft – gefördert durch die Naturschutzbewegung und die damit verbundene Gesetzgebung – ein Trend zum Vergärtnern und Auspflanzen einsetzte, dessen Intensität den gestalterischen Impetus der Parkschöpfer voriger Jahrhunderter weit übertraf. Da aber gegenwärtig die Bedeutung der historischen Ökologie für den Naturschutz immer stärker deutlich wird[43] und andererseits in der Gartendenkmalpflege die Sensibilität für den ‚Werkstoff Pflanze' und dessen Eigenarten wächst, ist zu hoffen, daß sich die in der Vergangenheit schroff gegenüberstehenden Positionen im Sinne einer historisch arbeitenden (und nicht historisierenden) Gartendenkmalpflege[44] annähern werden.

Hinsichtlich differenzierter Pflegekonzepte für die Erhaltung spezifischer Lebensräume in historischen Parks sei auf die inzwischen umfangreiche Literatur verwiesen.[45] Hilfreiche und sehr lesenswerte Hinweise für die Auswilderung von frühblühenden Zwiebelpflanzen findet man vor allem bei Ambrózy-Migazzi.[46] Die benötigten Stückzahlen – auf einen Morgen gehen 30 bis 40 Millionen Schneeglöckchen – können aus finanziellen und technischen Gründen in kurzer Zeit nicht beschafft werden. *„Diese zur Erzielung großzügiger Masseneffekte unerläßliche Menge Pflanzen können wir nur an Ort und Stelle erlangen, wenn wir die Natur für uns arbeiten lassen."* Ambrózy-Migazzi empfiehlt Probepflanzungen und sorgfältige Beobachtungen, um die jeweils geeigneten Standorte herauszufinden, und strenges Pflückverbot in der Aufbauphase: *„Die ohne jeglichen Geldaufwand alljährlich wiederkehrenden reinen ununterbrochenen Farbflächen, die können sich nur dort bilden, wo das Pflückverbot mit der unnachsichtigen Strenge eines Berserkers geübt wird. Haben sich dann einmal richtige Formationen zu Hunderttausenden und Millionen gebildet, dann kann man, ohne ihnen im geringsten wehe zu tun, nach Herzenslust aus dem Vollen schneiden, verschenken, stehlen lassen und meinetwegen auch verkaufen. Man wird beim besten Willen kaum mehr imstande sein, auch nur die Zinsen seines Blumenreichtums zu verzehren."*

1 Hirschfeld (1779–1785), Bd. 2, S. 76.
2 König (1976) (1. Aufl. 1966).
3 Bakker (1986). Vgl. auch Bakker/Boever (1985); van der Ploeg (1969) und Londo/Leys (1979).
4 Staatl. Museen Preuß. Kulturbesitz Berlin, Abb. 11 und Titelbild von Hansmann (1983).
5 Kunsthalle Hamburg, Inv. Nr. 35, Ölgemälde von B. Denner: Drei Kinder des Ratsherrn Brockes, um 1730–40.

6 Sorge-Genthe (1973), S. 15.
7 Le Blond (1731), S. 303.
8 Vgl. dazu Hirschfeld (1779–1785), Bd. 2, S. 77; vgl. auch Addison und Rousseau zit. bei Hirschfeld (1779–1785), Bd. 1, S. 126 bzw. 131.
9 Hirschfeld (1779–1785), Bd. 2, S. 77.
10 Linné (1787): *„Luxuriantes Flores nulli Naturales, sed omnes Monstra sunt Pleni..."* (no. 150); *„Cultura tot Varietatum mater ... Horticulturae mangonium produxit flores plenos..."* (no. 316).
11 Alpers (1905). Auch Ehrhardt zitiert dabei Addison und Rousseau!
12 Vgl. dazu Kehn (1992b), S. 19, über die Aktivitäten von Hirschfelds zeitweiligem Vorgesetzten v. Staal, der eine botanische Sammlung von 500 Kräutern, *„theils hiesige, theils fremde, die einheimisch werden können"* unterhielt und sich einer Zucht von mit großem Aufwand aus der Türkei eingeschmuggelten Angora-Ziegen rühmte.
13 *„So sollst du einzelne Bäume einfassen und in diese Beete Schattenblumen und –kräuter säen oder pflanzen wie Märzveilchen, Erdbeeren, Maiglöckchen, Haselwurz, Alpenveilchen, Lungenkraut usw."* Lauremberg (1631), zitiert nach Wimmer (1995), der dies für eine originale Idee Laurembergs hält.
14 Ringenberg/Poppendieck (1993).
15 Explizit: Paxton (1838), zit. nach Stuart (1988), S. 116f.
16 Sckell (1818).
17 Stuart (1988), S. 116, 199. Entscheidend für die Popularisierung der privaten Gewächshäuser war unter anderem die Aufhebung der Steuer auf Glas.
18 Knuth (1892).
19 Poppendieck (1992).
20 Kutter (1981).
21 Sukopp (1968), S. 114.
22 Nach Sukopp (1968), S. 116. Es wurde bewußt auf diese ältere Übersicht zurückgegriffen, um den Aufsatz nicht mit der umfangreichen Terminologie der sogenannten Adventivfloristik zu belasten. Eine gute neuere Übersicht dazu bietet z. B. Adolphi (1995). Danach wären beispielsweise klassische Stinzenpflanzen wie Tulipa sylvestris oder Corydalis solida als Epökophyten anzusprechen, d. h. als florenfremde Arten auf vom Menschen geschaffenen Standorten; auf natürliche Standorte vorgedrungene Gartenflüchtlinge wie Reynoutria japonica als Agriophyten; und Buschwindröschen in Baumgärten der Marschen als Apophyten, nämlich als heimische Arten auf anthropogenen Standorten.
23 Verstanden als das spontane Auftreten einer Kultur- oder Anbauart außerhalb ihrer Kulturfläche, Adolphi (1995), S. 21.
24 Siehe z. B. Jeske (1992); Kowarik (1992).
25 U. a. Kraus (1894); Bretschneider (1898).
26 Londo/Leys (1979).
27 Anemone nemorosa (Busch-Windröschen); Anemone ranunculoides (Gelbes Windröschen); Arum maculatum (Aronstab); Campanula latifolia (Breitblättrige Glockenblume); Campanula persicifolia (Pfirsichblättrige Glockenblume); Campanula trachelium (Nesselblättrige Glockenblume); Convallaria majalis (Maiglöckchen); Corydalis cava (Hohler Lerchensporn); Corydalis intermedia (Finger-Lerchensporn); Gagea lutea (Wald-Goldstern); Galium odoratum (Waldmeister); Hedera helix (Efeu); Oxalis acetosella (Sauerklee); Polygonatum mul-

tiflorum (Vielblütige Weißwurz); Polygonum bistorta (Schlangen-Knöterich); Primula elatior (Hohe Schlüsselblume); Primula vulgaris (Kissen-Primel); Pulmonaria obscura (Lungenkraut); Stellaria holostea (Große Sternmiere). Ausgewertet wurden Raabe (1987) und Urbschat (1972).
28 Buek (1779); Hirschfeld (1779–1785), Bd. 4, S. 141ff.
29 Carex sylvatica (Wald-Segge); Circaea lutetiana (Hexenkraut); Ficaria verna (Scharbockskraut); Geranium robertianum (Stinkender Storchschnabel); Milium effusum (Wald-Flattergras); Moehringia trinervia (Nabelmiere); Rumex sanguineus (Wald-Ampfer).
30 Vgl. hierzu und den folgenden Ausführungen Nath (1990); Sukopp (1968); Krosigk (1985) sowie auch Dierssen (1988).
31 Ambrozy-Migazzi (1922); Nath (1990).
32 Hylander (1943); Nath (1990).
33 Eine umfassende Analyse der Grassameneinkömmlinge schleswig-holsteinischer und Hamburger Parks steht noch aus.
34 Archaöphyten sind vor 1500 in Mitteleuropa eingebürgerte Pflanzen, in der Regel mittelalterliche Kulturpflanzen.
35 Ambrozy-Migazzi (1922) in: Silva-Tarouca und Schneider (1922), S. 72
36 Vgl. Zacharias (1994), S. 81ff.
37 Struck (1956).
38 Müller (1843) (gedruckt 1853): „... *ex multis annis in area arcis Husumensis spontaneus* ...".
39 Dietrich (1994).
40 Kowarik (1992), S. 47ff behandelt dieses Problem ausführlich am Beispiel von exotischen Gehölzen.
41 Aconitum napellus (Eisenhut); Allium ursinum (Bärlauch); Arum maculatum (Aronstab); Colchicum autumnale (Herbst-Zeitlose); Corydalis solida (Gefingerter Lerchensporn); Cymbalaria muralis (Zimbelkraut); Doronicum pardalianches (Kriechende Gemswurz); Fritillaria meleagris (Schachblume); Gagea lutea (Goldstern); Galanthus nivalis (Schneeglöckchen); Geranium phaeum (Brauner Storchenschnabel); Lilium bulbiferum (Feuer-Lilie); Lilium martagon (Türkenbund-Lilie); Muscari botryoides (Trauben-Hyazinthe); Ornithogalum nutans (Nickender Milchstern); Ornithogalum umbellatum (Dolden-Milchstern); Petasites hybridus (Pestwurz); Polygonatum multiflorum (Vielblütige Weißwurz); Scilla non-scripta (Hasenglöckchen); Scrophularia vernalis (Frühlings-Braunwurz); Tulipa sylvestris (Wildtulpe). – Außerdem folgende, später eingeführte Arten (eigene Beobachtungen und Puck 1987): Chionodoxa luciliae (Schneestolz); Heracleum mantegazzianum (Riesen-Bärenklau); Rubus odoratus (Zimt-Himbeere); Rubus spectabilis (Pracht-Himbeere); Veronica filiformis (Faden-Ehrenpreis).
42 Vgl. dazu Schmidt in Hennebo (1985), S. 50ff.
43 Vgl. dazu das Symposium „*Bedeutung historisch alter Wälder für den Naturschutz*" (NNA-Berichte 7(3): 1–159, 1994).
44 Vgl. dazu Schmidt (wie Fußnote 42).
45 Zusammenfassungen u. a. in Nath (1990) und Krosigk (1985).
46 Ambrozy-Migazzi (1922). Vgl. auch Hansen/Stahl (1990) sowie die BdB-Handbücher Stauden und Wildstauden I und II. Diese angewandt-pflanzensoziologisch orientierten Arbeiten verwenden ein von Hansen und Müssel (Weihenstephan) entwickeltes Kennziffer-System zur Staudenverwendung, dem teilweise umfangreiche Rundfragen zugrunde liegen, auch in Schleswig-Holstein; vgl. Hansen (1962/1963).

Margita Marion Meyer

Gartendenkmalpflege in Schleswig-Holstein
Geschichte und Aktualität historischer Gärten

Keine Denkmalgruppe hat im Laufe ihrer Geschichte so große Verluste erlitten wie die Werke der Gartenkunst. Immer wieder wurden und werden historische Gärten von konkurrierenden Nutzungen beansprucht: Als Bauerwartungsland, als preisgünstige Reserveflächen für öffentliche Bildungs-, Erholungs- und Versorgungseinrichtungen (Abb. 59) und neuerdings auch aufgrund ihres vielerorts festzustellenden Verwilderungszustands als Biotope und *„Ausgleichsflächen"* für den Naturschutz. Der Festspielbetrieb im Eutiner Schloßgarten und der Sportplatz im Plöner Schloßgarten (Abb. 60) verdeutlichen das aktuelle Konfliktpotential im Umgang mit historischen Grünanlagen auf geradezu paradoxe Weise: Kulturaufgaben werden heute durch Preisgabe von Kulturwerken erfüllt.

Historisches Verständnis und aktuelle Bedeutung von Gartendenkmalen

Daß historische Gärten im Sinne des jeweiligen Zeitgeschmacks modernisiert oder vermeintlich dringenderen Verwendungszwecken zugeführt werden, ist ein Schicksal, das viele von ihnen auch in der Vergangenheit erlitten. Während aber diese Umgestaltungen gerade das allgemeine Interesse an den Gärten zeigten, das durch die Einzelverluste nicht infrage gestellt werden kann, fehlt es heute an öffentlichem Bewußtsein für die Erhaltung der überkommenen Anlagen.

Galt im Jahrhundert der Aufklärung die Gartenkunst noch als autonome Kunstgattung, so verloren die Gärten im Laufe des 19. Jahrhunderts ihre Anerkennung als eigenständige Kunstwerke. Selbst Fachleute wie Kunsthistoriker und Denkmalpfleger hatten und haben teilweise noch immer Zweifel am Kunstcharakter dieser landschaftlichen Kulturdenkmale und betrachten die historischen Gärten bestenfalls als mitzuschützende Umgebung von Baudenkmalen. Dabei traten schon Ende des 19. Jahrhunderts mit der Wiederentdeckung der barocken Gartenkunst, die in spektakulären Rekonstruktionen französischer Gartenpartien etwa in Schleißheim oder in Vaux-Le-Vicomte ihren Ausdruck fand, die historischen Gärten auch als Objekte der Denkmalpflege in Erscheinung.[1] Mit der Gründung der Deutschen Gesellschaft für Gartenkunst (1887) und des Deutschen Bundes für Heimatschutz (1904), der das Ziel hatte, *„die deutsche Heimat in ihrer natürlichen und geschichtlichen Eigenart zu schützen"*, wurden die Stimmen lauter, die forderten, dem Verfall der Gärten Einhalt zu gebieten, sie als Denkmale der Geschichte unter Schutz zu stellen und sie für die Nachwelt zu erhalten.

Leider wurden nach dem Zusammenbruch des deutschen Kaiserreiches 1918, vor und nach der sogenannten Fürstenabfindung (1926), nur in Bayern, Sachsen und in Preußen staatliche Schlösser- und Gärtenverwaltungen eingerichtet, die die Aufgaben der früheren Hofgartenintendanturen fortsetzten. In den anderen Bundesländern, so auch in Schleswig-Holstein, waren sehr verschiedene Behörden für die nun staatlich gewordenen ehemaligen fürstlichen Gärten zuständig, was sich oft zum Nachteil der Gartenkunstwerke aus-

Abb. 59: Kieler Schloßgarten als Parkplatz, Photo 1991.

Abb. 60: Plöner Schloßgarten als Sportplatz, Photo 1991.

wirkte. Wenn auch die Schlösserverwaltungen die Anlagen überwiegend nicht im gartendenkmalpflegerischen Sinne unterhielten und auch oft kaum ausreichende Mittel dafür bekamen, so erfüllten sie doch bis heute eine entscheidende Voraussetzung für den Erhalt der überlieferten Gartenanlagen: die kontinuierliche Betreuung mit qualifiziertem Fachpersonal. Gerade die landschaftlichen Parks, deren Denkmalwert vor allem in ihrem historischen Pflanzenbestand liegt und nicht nur in ihren baulichen Ausstattungselementen, sind auf ständige Pflege angewiesen, und die in Jahrzehnten gewonnenen Erfahrungen aus praktischer Arbeit in ihnen bieten die besten Voraussetzungen für ihre denkmalgerechte Unterhaltung.

Schon Fürst Pückler schrieb 1834: „*Wir sind nämlich nicht imstande, in der landschaftlichen Gartenkunst ein bleibendes, fest abgeschlossenes Werk zu liefern, wie der Maler, Bildhauer und Architekt, weil es nicht ein todtes, sondern ein lebendes ist, und gleich den Bildern der Natur auch die unsrigen ... nie ganz fixirt und sich selbst überlassen werden können. Es ist also eine leitende, geschickte Hand Werken dieser Art fortwährend nötig. Fehlt diese zu lange, so verfallen sie nicht nur, sie werden auch ganz etwas Anderes ...*"[2] Dieses ist wohl das hervorstechendste Merkmal eines Gartenkunstwerks – sein transitorischer Charakter – es ist ein lebendes Denkmal, das immer wieder wächst und vergeht. Der Bedarf an ständiger Pflege und Unterhaltung ist heute für die Gartendenkmalpflege die wohl größte praktische Herausforderung. Dieses Problem scheint in einer Zeit unlösbar geworden zu sein, in der der Staat willens ist, sich weitgehend aus den sozialen und kulturellen Bereichen des gesellschaftlichen Lebens zurückzuziehen, und in der private Gartenbesitzer ohne finanzielle Unterstützung durch die öffentliche Hand überfordert sind. Diese aber wird immer geringer und meistens auch noch verweigert, wenn sie aus Furcht vor Zerstörungen, Nutzungsschäden und Abfallbelastung nicht bereit sind, ihre Gärten für die Bevölkerung zu öffnen.

Nach dem Zweiten Weltkrieg gab es einen Neuanfang und Wiederaufbau nur für die ehemaligen Schloßbauten selbst. Die Schlösser der ehemaligen schleswig-holsteinischen Residenzen[3] wurden entweder durch Neubauten wie im kriegszerstörten Kiel ersetzt oder wie in Gottorf und Husum umfassend und aufwendig als Denkmale instandgesetzt. Eutin und Glücksburg blieben auch nach 1918 in fürstlichem Besitz. Erst in den letzten Jahren wurden für sie Stiftungen gegründet. Die dazugehörigen Gärten aber verwahrlosten, und es ist bis heute nicht gelungen, sie als Teil der historischen Ensembles oder gar als Gartendenkmale zu pflegen.

Die Situation der öffentlichen, aber auch der privaten historischen Parks und Gärten in Schleswig-Holstein ist wie in allen anderen Bundesländern äußerst brisant. Auf den alten Luftbildern aus der Zeit nach dem Zweiten Weltkrieg kann man sie fast allesamt noch gut erkennen. Ihr Grundriß, ihre topographischen Strukturen, die Gewässer und Wegeführungen und auch die imposanten alten Baum- und Pflanzenbestände waren damals noch größtenteils vorhanden. Sicher sind viele Ausstattungselemente und kleinteilige Strukturen, wie pflegeintensive Zierbeete und Laubengänge, bereits im 19. Jahrhundert infolge von Geschmackswandel, Desinteresse oder fehlenden Mitteln der Besitzers, verschwunden, aber als Gartenkunstwerke blieben sie erlebbar. Es scheint, daß erst die Wirtschaftswunderzeit der 1950er und 1960er Jahre die größten Verluste bewirkte, was sich leider aufgrund der sehr lückenhaften Inventarisation nicht statistisch belegen läßt.

Doch zeichnet sich in den letzten Jahren ein Einstellungswandel ab. Er wurde durch die Ökologiebewegung ausgelöst, die unseren Fortschrittsglauben nachhaltig in Frage stellte. Das Unbehagen über die Technisierung und Uniformierung unserer Umwelt, die Skepsis gegenüber dem Vorranganspruch ökonomischer Interessen und das Gefühl des Verlusts der eigenen Geschichte in der Hektik des modernen Lebens führten dazu, daß in den meisten der Ende der Siebziger Jahre novellierten Denkmalschutzgesetze auch endlich die historischen Gärten ihre Denkmalfähigkeit zugesprochen bekamen. Seither gelten historische Gärten als den Baudenkmalen gleichrangige und selbständige Kunst- und Kulturdenkmale, unabhängig davon, ob es sich um ehemals fürstliche Anlagen, städtische Parks oder Plätze, ehemalige Gutsparks, Dorfauen, Friedhöfe, private Parks, Villen- und Landhausgärten handelt.

Um diesen in Gesetzesform gebrachten politischen Willen auch praktisch umzusetzen, bedarf es einer institutionalisierten Gartendenkmalpflege. Erstmalig in der damaligen Bundesrepublik wagte die Berliner Senatsverwaltung für Stadtentwicklung und Umweltschutz 1978 die Einrichtung eines eigenen Gartendenkmalpflegereferats zur Erfüllung dieser neuen Aufgabe der Denkmalpflege. Ihr folgten 1990 die Hamburger Umweltbehörde, 1991 das Institut für Denkmalpflege in Hannover (Niedersachsen), und 1993 wurde in Schleswig-Holstein anläßlich des hundertjährigen Jubiläums der Denkmalpflege eine Dezernentenstelle für Gartendenkmalpflege beim Landesamt für Denkmalpflege in Kiel eingerichtet. In der ehemaligen DDR gab es beim Zentralen Institut für Denkmalpflege in Berlin eine Gartendenkmalpflegeabteilung und in jedem der fünf Institute für Denkmalpflege[4] je einen Gartendenkmalpfleger. Wie das Beispiel der Wörlitzer Anlagen in Sachsen-Anhalt oder der Potsdamer Gärten in Brandenburg zeigt, könnte die längere Gartendenkmalpflegetradition in den neuen Bundesländern für die alten Vorbild sein.

Angesichts der Dringlichkeit, der Dimension der Aufgaben und der Schwierigkeit der anstehenden Probleme bedarf es solcher Fachreferate in allen Bundesländern. Sie müßten aber auch personell und finanziell in die Lage versetzt werden, ihren vielfältigen Aufgaben nachkommen zu können.

Reist man heute durch Schleswig-Holstein und besichtigt die meist verwilderten, zugewachsenen oder aufgeforsteten Gärten,[5] so wird man sich eines weiteren Problems bewußt, das für öffentliche wie private Anlagen gleichermaßen gilt: Die Gärten haben ihre gesellschaftliche Funktion verloren. Die fürstlichen Gärten dienen nicht mehr der herrschaftlichen Repräsentation, und die ausgedehnten landschaftlichen Parks stellen keine Projektionsfläche mehr für ideale Weltanschauungen dar. Die soziale Funktion der Gärten, die in der Aufklärung auf der Grundlage von philanthropisch motivierten Erziehungsprogrammen in kunstvoll inszenierten Gartenbildern ihren Anfang nahm und im sozialen Grün der Reformjahre der Weimarer Republik ihren bisherigen Höhepunkt erreichte, spielt in den aktuellen politischen Diskussionen kaum noch ein Rolle. Selbst der bürgerliche Garten, der, ausgehend vom biedermeierlichen Idyll, seinen Besitzern einen privaten Rückzugsort garantierte, hat heute nur noch im Schrebergarten seine Funktion bewahren können. Angesichts von Erlebnis- und Spielcentern, von sogenannten Freizeitparks, den Möglichkeiten des modernen Ferntourismus und den Kunstwelten in Fernsehen und Computern scheint das selbstgeschaffene, wie auch immer vorgestellte und gewünschte Paradies vor der eigenen Tür obsolet geworden zu sein.

Doch gerade durch diesen Bedeutungsverlust könnten die überlieferten Gärten eine neue Aufgabe übernehmen: Als Denkmale der Geschichte, die uns die Wünsche, Sehnsüchte und Hoffnungen der vergangenen Generationen in ihren räumlichen Kompositionen und kunstvoll ausgestatteten Arrangements vor Augen führen, könnten sie heute Orte des sinnlichen Begreifens und Erkennens vergangener, aber utopisch und damit aktuell gebliebener Natur- und Kulturideale werden.

Bedeutende Gartenkunstwerke wie die ehemaligen Residenzgärten, aber auch kleinere Objekte der Regionalgeschichte, erfreuen sich bereits großer Beliebtheit. Das Dessau-Wörlitzer-Gartenreich, die Gärten Friedrichs des Großen in Brandenburg, die Weimarer Gärten in Thüringen und die prächtigen Schloßgärten in Bayern, Hessen und Niedersachsen werden jedes Jahr von hunderttausenden von Besuchern aufgesucht. Freilich müssen die historischen Gärten dafür in einen guten Pflegezustand versetzt werden und es bedarf dafür erheblicher Investitionen. Gerade in Schleswig-Holstein, wo der Fremdenverkehr eine der wichtigsten Erwerbsquellen neben der Landwirtschaft darstellt, könnten intakte Gartenanlagen den Tourismus auch außerhalb der Hochsaison im Sommer beleben. Geeignete Gärten für den Fremdenverkehr wären fast alle ehemaligen Schloßgärten insbesondere dann, wenn in den dazugehörigen Schlössern Museen oder andere kulturelle Institutionen ihren Sitz haben: So Gottorf, Kiel, Eutin, Plön, Husum, Reinbek und Glücksburg, aber auch Kleinode wie der Großbauerngarten in Hochdorf bei Tating, der Alte Botanische Garten in Kiel, der Christiansenpark in Flensburg oder Künstlergärten wie der von Ada und Emil Nolde in Seebüll.

Aufgaben und Probleme der Gartendenkmalpflege

Nach dem schleswig-holsteinischen Denkmalschutzgesetz[6] stehen alle historischen Gartenanlagen ipso lege unter Schutz. Gärten von besonderer historischer, künstlerischer, städtebaulicher oder wissenschaftlicher Bedeutung müssen außerdem durch Verwaltungsakt in das Denkmalbuch eingetragen werden. Der Gottorfer Neuwerk-Garten ist z. B. der historisch bedeutendste Garten des 17. Jahrhunderts in Schleswig-Holstein. Hier wurden italienische Gartenkunsteinflüsse erstmals in den nordeuropäischen Raum eingeführt, die sich trotz des verwilderten Zustandes in den als Geländestufen erhaltenen Terrassen ablesen lassen. Als Beispiel für einen Garten, der sich insbesondere durch sein künstlerisches Programm auszeichnet, kann der Eutiner Schloßgarten genannt werden, der als Gesamtkunstwerk der Spätaufklärung für Schleswig-Holstein einzigartig ist. Der Kieler Schloßgarten stellt bis heute, trotz erheblicher Substanzverluste, aufgrund seiner exzeptionellen Lage am Kieler Schloß, das an der Förde auf dem alten Burghügel steht, und seiner Ausdehnung zwischen Kleinem Kiel und ehemaligem Stadttor ein Gartendenkmal von städtebaulicher Bedeutung dar. Botanische Gärten, wie z. B. der Alte Botanische Garten am Düsternbrooker Weg in Kiel, oder Pflanzensammlungen wie das Arboretum von Lehmkuhlen stellen Denkmale der botanischen Wissenschaft dar.

Zu den Aufgaben der staatlichen Denkmalpflege gehört die Erforschung und die Inventarisation[7] des historischen und aktuellen Bestands des geschichtlichen Grüns. Die Zusammenarbeit mit den Universitäten, den Kunsthistorischen Instituten in Kiel und Hamburg sowie den Fakultäten für Landschaftsarchitektur und Landschaftsplanung in Berlin, Dresden, Hannover, München und Kassel ist dafür notwendig. Ihre Forschungsergebnisse und ihre Lehrangebote für die auszubildenden Studenten tragen wesentlich zur Qualität der gartendenkmalpflegerischen Theorie und Praxis bei. Wie die vorliegende Publikation dokumentiert, wurden und werden die bedeutendsten Gärten und Parks bereits in Form von Magister- und Diplomarbeiten und in Dissertationen erforscht,[8] so daß die großen Wissenslücken der Vergangenheit immer weiter ausgefüllt werden können.

Besonders zeitaufwendig ist das Auffinden und Durchsehen der Quellen – seien es Pläne, Fotos, Bilder, Zeichnungen, Texte, Briefe und Beschreibungen von Zeitzeugen. Wie das Archivstudium so erfordert auch die Interpretation der Pläne und Stiche einen kritischen Verstand, denn das Dargestellte entspricht nicht in jedem Fall einem tatsächlich ausgeführten Zustand. Idealpläne und unausgeführte Entwürfe können zwar für die Interpretation der historischen Anlage zentrale Bedeutung erlangen, als Grundlage für eine gartendenkmalpflegerische Rekonstruktion sind sie jedoch oft unbrauchbar.[9] Die wissenschaftlichen Ansprüche der Bau- und der Gartendenkmalpflege, die auf Fachtagungen[10] und in speziellen Arbeitsgruppen diskutiert werden, sind diesbezüglich sehr hoch: Gerade bei der Rekonstruktion entspricht das sogenannte „*schöpferische*" Nachbauen[11] von Einzelelementen, Partien oder gar ganzer Anlagen nicht mehr dem heutigen Stand der Denkmalpflege. Nur was eindeutig belegt werden kann oder durch Grabung noch vor Ort verifizierbar ist, kann auch wieder gebaut oder nachgepflanzt werden. Und selbst wenn diese Forderung erfüllt ist, folgt daraus keine Rekonstruktionspflicht. Statt regelmäßig beschnittener Lindenbäume moderne Kugelahornzüchtungen zu pflanzen, ein überliefertes Gartenhaus einfach an einer anderen Stelle wiederaufzubauen oder eine historische Wegeführung nur deswegen zu verschwenken, weil dort zufällig in der Zwischenzeit ein Baum aufgewachsen ist, gilt gartendenkmalpflegerisch als nicht vertretbar.

Auch auf dem Gebiet der Inventarisation der historischen Gärten und Parks konnte in den letzten Jahren ein Fortkommen erzielt werden. In einer ersten listenmäßigen Übersicht wurden rund fünfhundert Anlagen in Schleswig-Holstein aufgeführt, von denen viele noch einer genaueren Untersuchung und Bewertung bedürfen. Bisher sind gut fünfzig Gärten, Parks und Friedhöfe in das schleswig-holsteinische Denkmalbuch eingetragen worden.

Dreizehn ehemalige Residenzanlagen zeugen von der komplizierten Territorialgeschichte Schleswig-Holsteins. Einen Schwerpunkt der schleswig-holsteinischen Gartendenkmalpflege stellen die Gutsgärten dar, nicht nur aufgrund ihrer Vielzahl, sondern vor allem wegen der herausragenden politischen und kulturellen Bedeutung der Güter für die Landesgeschichte. Die Kulturlandschaft des östlichen Holsteins, aber auch die der südlichen Landesteile und die der schleswigschen Gebiete Angeln und Schwansen wurden seit dem 16. Jahrhundert durch die Gutswirtschaft entscheidend geprägt. 164 Gutsgärten von den ehemals über 300 adeligen Gütern wurden in die Listen aufgenommen. Personell und finanziell sind die Gutsbetriebe heute nicht mehr in der Lage, die hohen Kosten für den Erhalt und die Pflege ihrer Gärten aufzubringen. Ohne die steuerlichen Vorteile für Erhaltungsaufwand und ohne staatliche Zuwendungen wäre das private Gartenkulturerbe im Lande sicherlich zum Untergang verurteilt.

Andererseits sind die privaten Garteneigentümer auch aufgefordert, in kultureller Verantwortung für ihr Eigentum selbst Initiativen zu ergreifen. So gründeten in den Niederlanden 1973 fünfzig private Gartenbesitzer, die eine historische Anlage über 1 ha Größe besaßen, die Stiftung „*Castellum Nostrum*", in der heute 90 % aller Gartenbesitzer der Niederlande organisiert sind. In der Stiftungssatzung heißt es: „*Die Stiftung ist nicht eine Gemeinschaft zur Wahrnehmung von Privatinteressen, sondern eine Organisation, die sich zum Ziel gesetzt hat, Burgen und Schlösser in Privateigentum mit den dazugehörenden Gärten im Interesse des Gemeinwohls zu erhalten.*"[12] Gab es zu Anfang nur einen unbesoldeten Sekretär mit einer Teilzeitsekretärin, so beschäftigt die Organisation heute 70 Mitarbeiter davon 57 Gärtner, einen Historiker, zwei Landschaftsarchitekten und einen Biologen. Die Gärtner arbeiten auf der Grundlage von Parkpflegewerken, die von der Planungsabteilung der Stiftung nach Beratung und Absprache mit den Mitgliedern aufgestellt werden. Sie werden anteilig von verschiedenen Ministerien und den jeweiligen Eigentümern bezahlt. Ein gemischtes System von Steuererleichterungen und Subventionen, das den Empfehlungen eines Wirtschaftlichkeitsgutachtens im Auftrag des Finanzministeriums folgte, ermöglicht es, die Kosten für Erhalt, Pflege und behutsame Instandsetzungen aufzubringen. Das niederländische Organisationsmodell könnte zum Vorbild für Schleswig-Holstein werden. Es zeigt, wie mit gezielten gesetzlichen und steuerpolitischen Maßnahmen des Staates und mit dem vorbehaltlosen Engagement privater Gartenbesitzer beeindruckende Erfolge bei der Erhaltung historischer Gärten erreicht werden können.

Im Rahmen der listenmäßigen Inventarisation wurden in Schleswig-Holstein auch 43 öffentliche Parks und 58 bürgerliche Gärten erfaßt. Zu den städtischen Freiräumen gehören auch die Volksparks, die im Zusammenhang mit der raschen Industrialisierung entstanden, aber auch das durch die Gartenstadtidee und durch die Heimatschutzbewegung angeregte Siedlungsgrün. Im gleichen Stil, aber mit großbürgerlichem Anspruch wurden am Anfang des 20. Jahrhunderts auch die Villen der Industriellen, Fabrikanten und höheren Beamten in Kiel, Altona, Neumünster und Flensburg mit großzügigen Gartenanlagen ausgestattet, wie z. B. die Villen von dem Kieler Architekten Ernst Prinz.[13] Die bürgerlichen Gärten, in der Regel Villengärten, waren bisher überhaupt noch nicht beachtet worden. Ihre große Zahl schwindet indessen ständig durch Parzellierung und Bebauung vor allem in den Ballungsgebieten, wo die Grundstückspreise sehr hoch sind. Jeder Quadratmeter muß gegen Verkehrs- und Stadtplaner und neuerdings auch gegen Naturschützer verteidigt werden. Die wenigen intakten öffentlichen Parks und Gärten werden meist von den zuständigen Gartenbauämtern betreut, deren personelle Ausstattung aufgrund der Sparmaßnahmen in den kommunalen Haushalten nur für die Beseitigung der Schäden durch die intensive Nutzung und für die Gewährleistung der Verkehrssicherungspflichten ausreicht.

Eine besondere Kategorie von Gartendenkmalen stellen die historischen Friedhöfe dar. Bisher wurden 134 Fried- und Kirchhöfe aufgelistet. Kirchhöfe haben sich als Gräberanlagen nur noch in Dörfern erhalten und bilden hier mit den zugehörigen Kirchen Denkmalensembles. Die seit dem frühen 19. Jahrhundert angelegten selbständigen kommunalen oder kirchlichen Friedhofsanlagen folgten in ihrer Gestaltung den herrschenden Gartenmoden. So wurde der erste kommunale Friedhof in Norddeutschland, der Alte Friedhof in Flensburg (Selkfriedhof) von 1810 als Landschaftsgarten bepflanzt und war zugleich selber Teil eines landschaftsgärtnerischen Geländes oberhalb der am Fördetal gelegenen Flensburger Altstadt. Als in sich geschlossene Gesamtanlage mit beeindruckendem Altbaumbestand, Zyklopen-Feldsteinmauer, klassizistischer Kapelle und künstlerisch bedeutenden Grabmälern stellt er ein Kulturdenkmal par excellence dar.

Gartendenkmalpflegerische Planungen und Methoden

Die Pflege und Instandsetzung bestimmter Gartenpartien und die Restaurierung besonders wertvoller Ausstattungselemente erfordern umfangreiche Planungen, die in Text, Karten und Bildern festgehalten werden. Je verfallener ein Gartendenkmal ist, umso aufwendiger sind diese Untersuchungen. Das erste gartendenkmalpflegerische Gutachten für Schleswig-Holstein wurde 1991 für den Gottorfer Neuwerk-Garten von den Landschaftsarchitekten Rose und Gustav Wörner aus Wuppertal im Auftrag des Finanzministeriums erstellt.[14] Weitere Gutachten sind seitdem in Auftrag gegeben worden, die hier nicht im Detail vorgestellt werden können, sich aber in Methodik und Aufbau ähneln.

Ziel jedes gartendenkmalpflegerischen Gutachtens, Parkpflegewerks oder Planungskonzepts ist es, dem Eigentümer eine Handlungsanweisung für die denkmalgerechte Pflege und Unterhaltung seines Gartens zu geben. Vielfach dienen diese Planwerke dazu, überhaupt erst einmal den Wert der Anlage zu begründen und damit den erforderlichen Mittelaufwand zu legitimieren. Deshalb sind sie auch für die Einwerbung von Fördermitteln bei privaten und öffentlichen Stiftungen und Organisationen sehr hilfreich. Auf der Grundlage des bereits genannten Gottorfer Gutachtens konnten z. B. 1993 für die Wiederherstellung des Herkulesteichs EG-Gelder eingeworben werden.[15]

Der Arbeitskreis „*Historische Gärten*" der DGGL[16] hat den aktuellen Standard solcher gartendenkmalpflegerischen Untersuchungen in den „*Leitlinien zur Er-*

stellung von Parkpflegewerken" beschrieben. Fünf Arbeitsschritte werden unterschieden:

1. Dokumentation und Auswertung der Quellen (Archiv- u. Bibliotheksarbeit)
2. Bestandsanalyse (Inventarisierung und Kartierung des Geländes)
3. Nutzungsanalyse (aktuelle Nutzungsmöglichkeiten und Nutzungskonflikte)
4. Bewertung und Leitkonzept (gartendenkmalpflegerische Zielplanung)
5. Erhaltung- und Restaurierungskonzept (kurz-, mittel- und langfristige Sanierungs- und eventuelle Wiederherstellungsmaßnahmen).

Hieraus wird ersichtlich, daß Gartendenkmalpflege wissenschaftlich fundiert sein muß. Das Aufsuchen möglichst aller Archive und Bibliotheken, in denen Pläne zu der zu bearbeitenden Gartenanlage vorhanden sein könnten, das Auswerten der Biographien der einstigen Auftraggeber und ihrer Gartenarchitekten und das Suchen nach alten Beschreibungen der Gärten sind oft mühsam und arbeitsintensiv. In Betracht kommen nicht nur die Bestände des Landes Schleswig-Holstein, sondern auch Archive von Nachbarländern, soweit zu ihnen historische Beziehungen bestanden: So die hamburgischen, hannoverischen und oldenburgischen sowie schwedische und dänische Archive.

Keineswegs dienen nur die schönsten der gefundenen Pläne und Abbildungen als Planungsgrundlage. Manchmal wurde, was auf ihnen dargestellt ist, gar nicht ausgeführt. Oft bringt erst die Auswertung der Rechnungsbücher Klarheit über die tatsächliche Ausführung. Wenn solche Quellen fehlen, kann nur versucht werden, aus dem überlieferten Zustand des Gartens die ursprüngliche Gestaltung herauszulesen. Das ist, da die Gärten aus wachsenden Pflanzen bestehen, sehr schwierig. So kann es notwendig werden, daß Wegeführungen und andere Strukturen mit archäologischen Methoden ermittelt werden müssen.

Für die Wiederherstellung des Herkulesteichs im Neuwerk-Garten von Schloß Gottorf in Schleswig wurden im Sommer 1994 in Zusammenarbeit mit dem Landesamt für Vor- und Frühgeschichte umfangreiche Grabungen durchgeführt. Das Ziel war, die Funda-

Abb. 61: Bergung der Herkules-Statue im Neuwerk-Garten, Photo 1994.

mente der ehemaligen Teichumfassungsmauern freizulegen und Gewißheit über die Ausdehnung und Höhenabwicklung des Geländes zu erlangen. Obwohl es eine Fülle von Plänen und Akten zum Neuwerk-Garten gibt, konnten aus diesen allein keine exakten Aussagen gewonnen werden. Außerdem sollte nach den im Teich vermuteten Trümmern einer monumentalen Skulpturengruppe, Herkules im Kampf mit der Hydra, gesucht werden, die sich einst in der Mitte der Wasserfläche erhob. Die Grabung war in jeder Hinsicht erfolgreich. Nicht nur wurden 90 Prozent der Herkulesgruppe in rund hundert Einzelstücken ans Tageslicht gebracht (Abb. 61), sondern auch die nördlichen, südlichen und westlichen Fundamente der Teichfassung freigelegt. Dabei stellte sich heraus, daß die nördliche Fundamentmauer zum Hang der Terrassenanlage des Gartens in einem Abschnitt aus der Linie gewichen war, so daß die Fundamentmauer teil-

Abb. 62: Herkulesteich im wiederhergestellten Zustand im Schleswiger Neuwerk-Garten, Photo 1995.

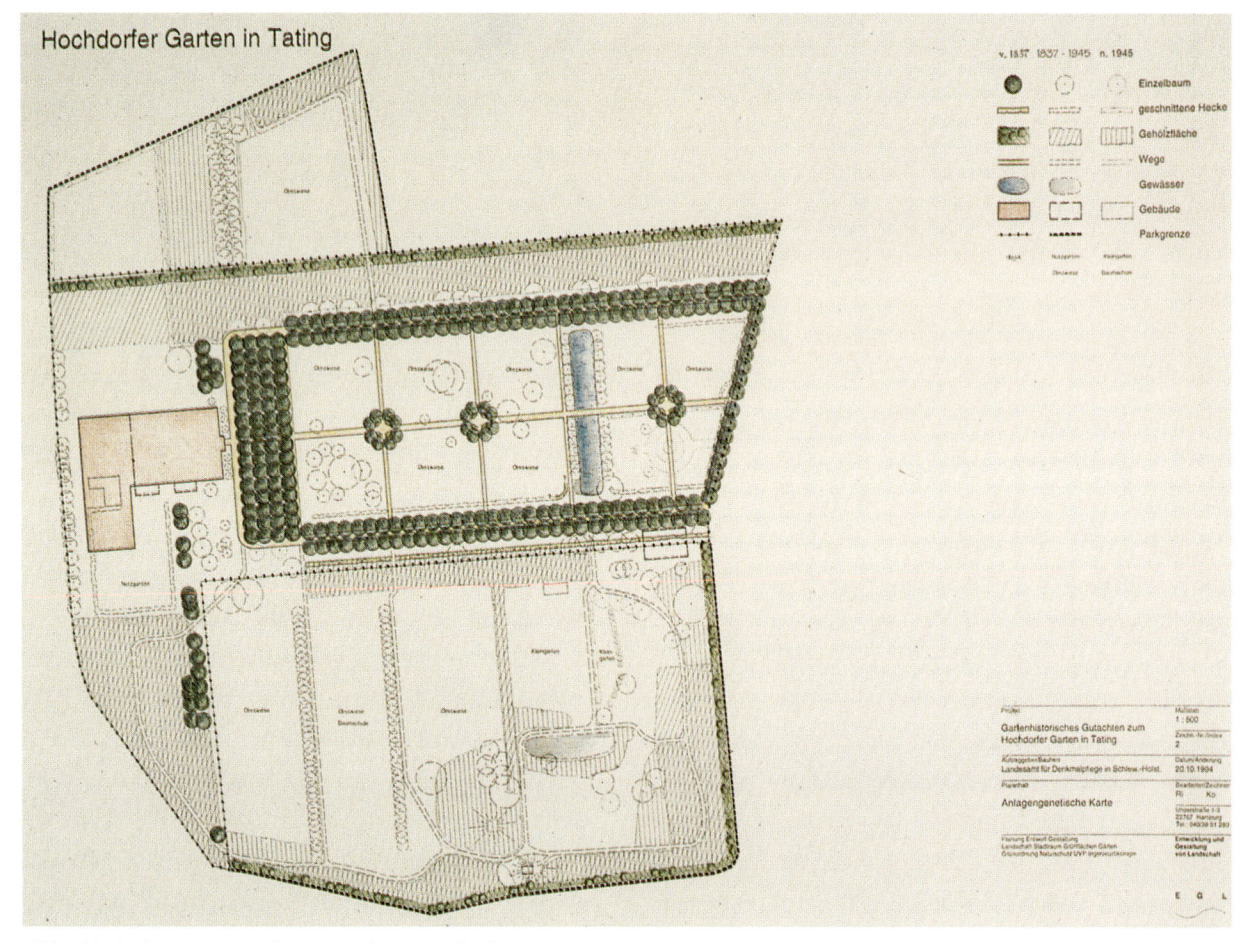

Abb. 63: Anlagengenetische Karte des Hochdorfer Gartens in Tating, barocke Strukturen farblich hervorgehoben, Gutachten Büro EGL Hamburg 1994.

Gartendenkmalpflege in Schleswig-Holstein 83

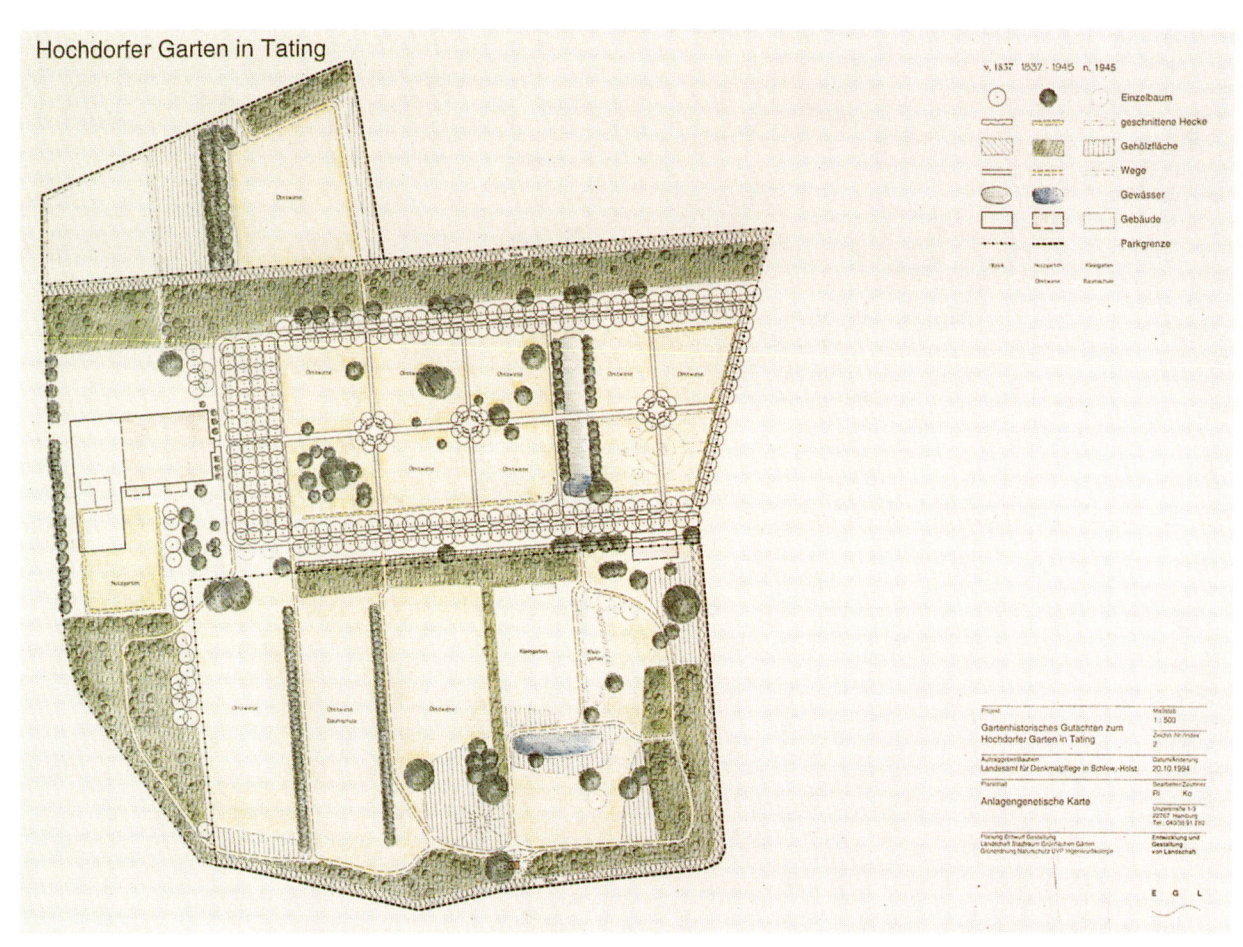

Abb. 64: Anlagengenetische Karte des Hochdorfer Gartens in Tating, Strukturen des Arboretums farblich hervorgehoben, Gutachten Büro EGL Hamburg 1994.

weise gerade gerückt und neu aufgebaut werden mußte (Abb. 62).

Gartenarchäologische Grabungen vor Ort werden durch noch so gewissenhafte Planung nicht ersetzt. Sie sind für eine authentische Wiederherstellung des historischen Kunstwerks und zur Sicherstellung von ehemaligen Ausstattungselementen unabdingbar.

Alle Ergebnisse der Quellenrecherche und alle vor Ort gefundenen Strukturen und Reste eines historischen Gartens werden in einer „*Anlagengenetischen Karte*" eingetragen. Diese zeigt die verschiedenen Entwicklungsphasen des Gartens. Je nach Materiallage und Aussagegenauigkeit der Pläne kann auch ein spezieller Lageplanvergleich erforderlich werden, bei dem die historische Karte mit einer aktuellen Vermessung des Geländes übereinandergelegt wird. Gärten entwickeln sich meistens über längere Zeiträume. Infolge des Geschmackswandels der Besitzer oder durch Nutzungsänderungen kann sich ihr Aussehen verändern. Auf den beiden abgebildeten Plänen des Hochdorfer Gartens sieht man einmal die ursprüngliche barocke Anlage (Abb. 63) und zum anderen die gegen Ende des 19. Jahrhunderts durch die Einfügung eines Arboretums in den Garten verursachte Veränderung (Abb. 64) farblich hervorgehoben.

Solche Karten der historischen Entwicklung sind gewissenhaft nicht nur auf der Grundlage alter Pläne und Quellen aufzustellen, sondern müssen durch die detaillierte Kartierung vor Ort überprüft werden und gewinnen dadurch Exaktheit und Aussagekraft. Die umfassende gartendenkmalpflegerische Bestandsaufnahme ist Voraussetzung aller denkmalpflegerischen Entscheidungen und Maßnahmen. Der Bestandsplan

Abb. 65: Beschnittene Allee im Gutsgarten von Wensin, Photo 1994.

Der pflanzliche Bestand eines Gartens kann nach seiner Artenvielfalt, den verschiedenen Wuchsformen der Gehölze, den unterschiedlichen Farbwirkungen der Belaubung und der Äste und Stämme untersucht werden. Je nach Stil des Gartens pflanzte man bestimmte Baumarten einzeln als Solitäre oder in kunstvollen Gruppen als Clumps zusammen. So sind z. B. Platanen, Nordamerikanische Eichen und Weymouthskiefern typische Arten des Landschaftsgartens, während Linden, Ulmen und Eiben bevorzugt in Barockgärten vorkommen. Auch kann die Vegetation in Reihen gepflanzt und zu Wänden, Salons und Kabinetten geschnitten werden, an kunstvollen Rankgerüsten zu Laubengängen oder in mehreren Reihen zu dominierenden Alleen angeordnet sein. Taxuspyramiden und beschnittene Hecken verweisen auf ein architektonisch aufgefaßtes Naturverständnis. Schnitthöhen und -weisen geben Auskunft über historische Pflegetraditionen (Abb. 65),[17] die oft wieder erlernt werden müssen, um die Bäume denkmalgerecht unterhalten zu können.

enthält alle noch auffindbaren, historisch bedeutsamen Strukturen und Elemente wie Bodenrelief, Gewässer, Wegeführung, Vegetation, alle Baulichkeiten wie Pavillons und Brücken sowie Ausstattungselemente, z. B. Statuen, Bänke, Zäune und Ziergitter. Bevor die Bestandsaufnahme nicht abgeschlossen ist, verbieten sich bestandsverändernde Maßnahmen vor Ort.

Abb. 66: Der Jersbeker Barockgarten, Luftbild 1996.

Gartendenkmalpflege in Schleswig-Holstein

Abb. 67: Hasenglöckchen (Scilla non-scripta), Aquarell (Fabricius 1680), (UB Kiel).

Abb. 68: Blühende Telekie im Ascheberger Gutsgarten, Photo 1992.

Gerade im Landschaftsgarten spielt die symbolische Bedeutung, die bestimmte Baumarten beim Betrachter hervorrufen, eine wichtige Rolle: So z. B. Säulenpappeln, die aufgrund ihrer Zypressenform italienische Landschaften versinnbildlichen oder mächtige Platanen-, Ahorn- oder Koniferen-Clumps, die natürlich anmutende Landschaftsbilder im Gartenraum hervorbringen. Ausgedehnte Wiesenflächen und gezielt freigehauene Ausblicke auf die umgebende Kulturlandschaft können die Gestalt eines Gartens so entscheidend bestimmen, daß, wenn sie aufgeforstet werden oder zuwachsen, die ursprünglich beabsichtigte Wirkung verloren geht. Sie kann nur durch die „Goldene Axt" des Gärtners wiedergewonnen werden. Auch die historischen Grasnarben und bestimmte Pflanzengesellschaften im Traufbereich alter Alleen oder auf historischen Gemäuern können wichtige Aufschlüsse über Alter und Entstehungsgeschichte der Anlage geben. So kann z. B. anhand spezifischer Grassamenmischungen in den Landschaftsparks[18] das Alter dieser Wiesen bestimmt werden.

Besonders typisch für die schleswig-holsteinische Kulturlandschaft sind die imposanten Gutsalleen, die von einem Herrenhaus ausgehend, die umliegenden Gärten, Parks und Wirtschaftshöfe durchziehen, um dann in die entfernt liegenderen Äcker, Weiden und Wälder hineinzustrahlen (Abb. 66). Meist barocken Ursprungs verbinden sie die verschiedenen Teile einer Gutsanlage. Ihre geometrischen Formen erkennt man sehr deutlich aus der Luft, wie die Luftaufnahmen in diesem Buch beeindruckend belegen.

Eine besondere Kostbarkeit sind die Stinzenpflanzen, ursprünglich in den Garten eingebrachte Zierpflanzen, die am Standort verwilderten und manchmal die letzten Zeugen vergangener Gartenpracht darstellen. Berühmte Beispiele sind die Krokusse (Crocus

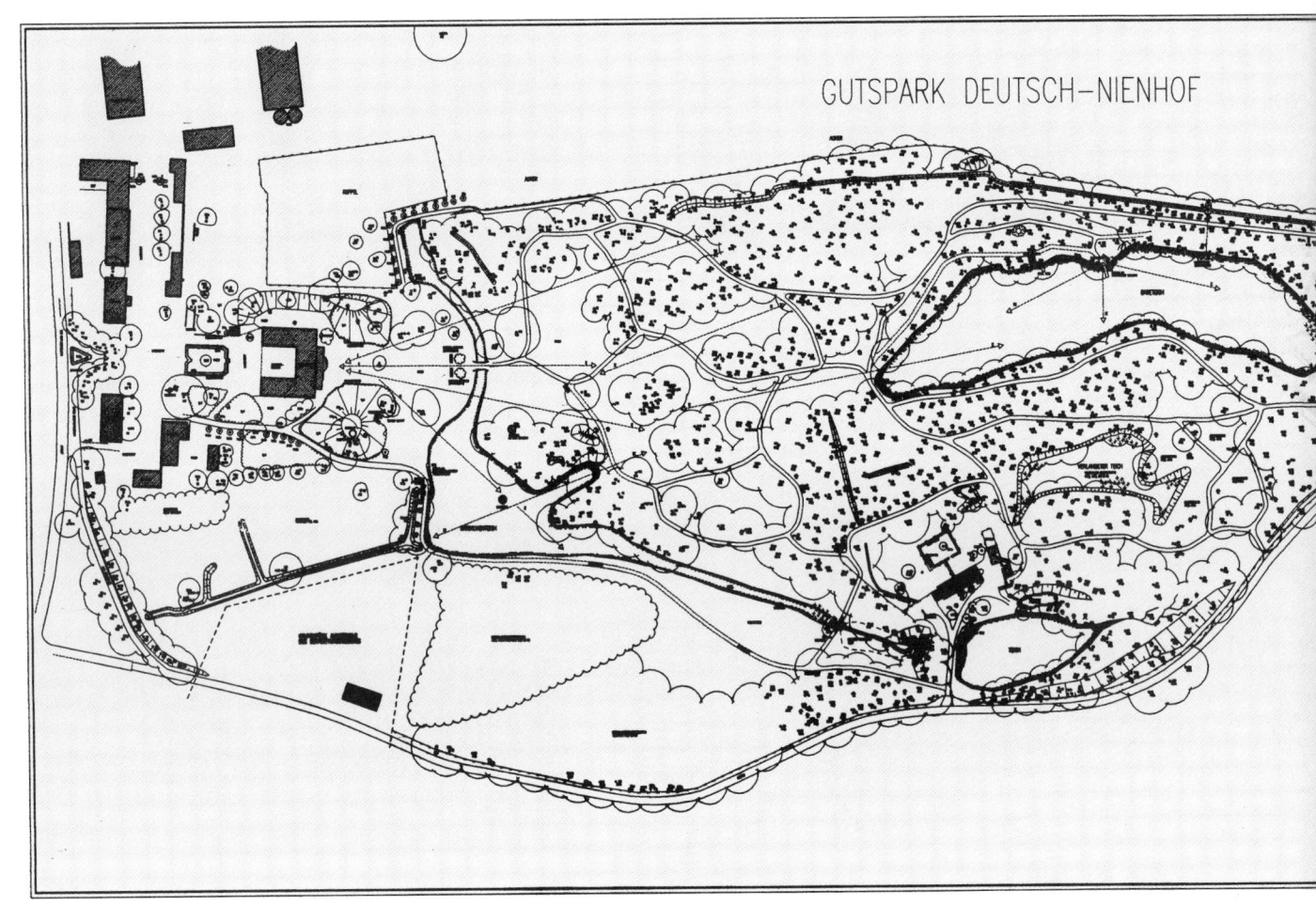

Abb. 69: Computerunterstützte Bestandsaufnahme des Gutsparks in Deutsch-Nienhof von B. Schubert 1995, Berlin.

neapolitanus) im Husumer Schloßgarten oder die Winterlinge (Eranthis hyemalis) im Lauenburger. Da diesem Thema ein eigener Beitrag gewidmet ist, seien hier nur beispielhaft einige der häufigsten Stinzenpflanzen genannt: Der Nickende Milchstern (Ornithogalum nutans), der nachweislich Ende des 16. Jahrhunderts über die Niederlande nach Deutschland eingeführt wurde. Er gedeiht und blüht auch auf dem Mittelstreifen der den Kieler Schloßgarten durchschneidenen Autostraße, die auf dem zugeschütteten Schloßgraben liegt. In Gutsgärten sind der Kriechende Gemswurz (Doronicum pardalianches), das Hasenglöckchen (Scilla nonscripta) (Abb. 67) und die Telekie (Telekia speciosa) (Abb. 68), die mit ihren goldgelben Blüten im Sommer große Flächen beleben kann, weit verbreitet.

Sämtliche Gartenausstattungen werden unabhängig von ihrem Zustand kartiert und erforderlichenfalls in Detailzeichnungen dargestellt. Auch Stubben bereits gefallener Bäume geben Aufschluß über die Struktur des Gartens und die ursprüngliche Gestaltungsabsicht seines Schöpfers. Beispielhaft sei eine computerunterstützte Bestandsaufnahme des Gutsparks von Deutsch-Nienhof angeführt (Abb. 69), die von dem Berliner Büro Dr. Jacobs im Auftrag des Landesamts für Denkmalpflege 1995 aufgestellt wurde.

Naturschutz und Denkmalpflege

Während die öffentlichen Anlagen meist durch zu intensive Nutzung und durch mangelhafte Pflege zu Schaden kommen, leiden private Gärten darunter, daß sie von ihren Eigentümern gar nicht mehr genutzt und gepflegt werden. Sie verfallen und verwachsen, so daß sie bereits nach 5 Jahren als schützens- und erhaltenswerte Biotope gelten (§ 15a Schleswig-holsteinisches Landesnaturschutzgesetz). Jede Pflege – auch die gartendenkmalpflegerische – wird dann zum genehmigungsbedürftigen Eingriff, der gegebenenfalls mit einem Geldbetrag oder einer Naturschutzmaßnahme an anderer Stelle ersetzt werden muß (gemäß § 7 LNatSchG Eingriffs-Ausgleichsregelung). Im Rahmen des Gottorfer Gutachtens wurde ein Konfliktplan zur Abwägung der Belange des Naturschutzes und der Denkmalpflege aufgestellt (Abb. 70). Naturschutzrechtlicher Genehmigung bedarf schon das Freistellen zugewachsener Blickbeziehungen oder das Freiräumen alter Graben- und Gewässersysteme. Während die Maßnahmen der ordnungsgemäßen Land- und Forstwirtschaft und des Deichbaus im Naturschutzgesetz privilegiert sind (§ 7 Abs. 10 (3) LNatSchG), gilt das leider nicht für die Gartendenkmalpflege, die gesetzlich genauso behandelt wird wie der private Hausbau, der öffentliche Straßenbau und die Anlage von Gewerbegebieten. Damit sind unter Umständen Konflikte vorprogrammiert und gartendenkmalpflegerische Maßnahmen können allein schon durch die Kosten der geforderten Ausgleichs- oder Ersatzmaßnahmen undurchführbar werden. Erfahrungen zeigen, daß gartendenkmalpflegerische Maßnahmen nur durchführbar waren, wenn die behördlichen Naturschutzvertreter vor Ort vom Denkmalwert der Anlage überzeugt werden konnten und die Genehmigungen im Rahmen ihres Ermessens mit milden Auflagen versahen.

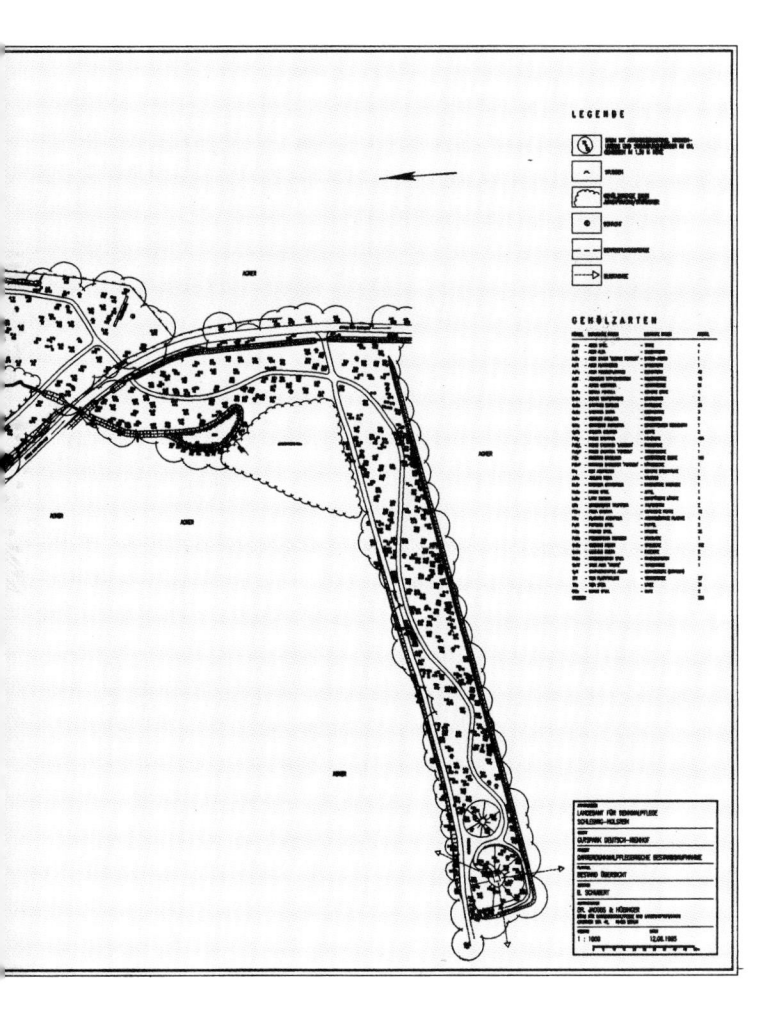

Während dieser Konflikt zwischen Naturschutz und Denkmalschutz für die privaten ländlichen Gärten am brisantesten ist, sind die öffentlich genutzten Grünräume vor allem durch politische, soziale und wirtschaftliche Interessenkollisionen bedroht. Da dieser Aspekt in Parkpflegewerken oft zu wenig berücksichtigt wird, sind viele gute Planungen bei der Umsetzung zum Scheitern verurteilt. Für ein Gartendenkmal, in dem solche Nutzungskonflikte auftreten, sollte daher immer eine Nutzungsanalyse[19] gemacht werden. Hier werden die Problembereiche dargestellt, in denen z. B. durch Fahrradfahren, Hundeauslauf, durch Wasservögel und durch regelmäßige Nutzung, etwa durch Festveranstaltungen, Schäden entstehen. Dieser dritte Plan dient als objektive Grundlage für politische Diskussionen. Je mehr Ansprüche an den Park gestellt bzw. erfüllt werden, umso kostspieliger werden Pflege und Unterhaltung. Diese recht einfache Erkenntnis wird von vielen Politikern bis heute nicht wahrgenommen: Zirkuszelte, Freiluftveranstaltungen und Musikfeste finden auf den letzten noch frei verfügbaren Grünflächen statt und führen zu Beschädigungen, während gleichzeitig den kommunalen Pflegeeinrichtungen Stellen und Mittel gestrichen werden.

Gartendenkmalpflegerische Ziele

Schließlich stellt der gartendenkmalpflegerische Zielplan (Abb. 71) das angestrebte Ergebnis zukünftiger Maßnahmen dar. Er wurde auf der Grundlage des hi-

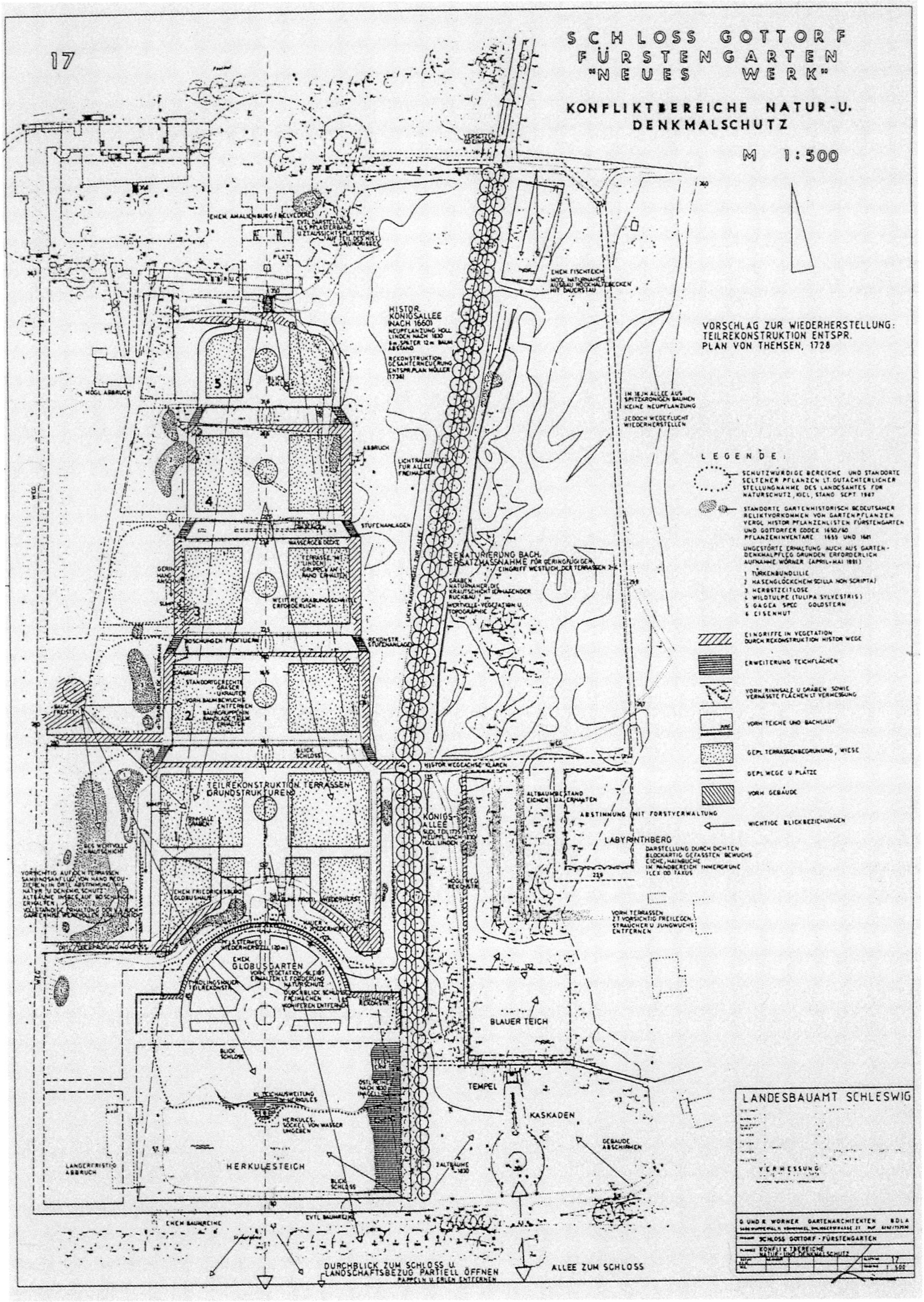
17
SCHLOSS GOTTORF
FÜRSTENGARTEN
"NEUES WERK"
KONFLIKTBEREICHE NATUR-U. DENKMALSCHUTZ
M 1:500
VORSCHLAG ZUR WIEDERHERSTELLUNG: TEILREKONSTRUKTION ENTSPR. PLAN VON THEMSEN, 1728
LEGENDE:
HISTOR. KÖNIGSALLEE
TEILREKONSTRUKTION TERRASSEN GRUNDSTRUKTUREN
RENATURIERUNG BACH, ERSATZMASSNAHME
KÖNIGS-ALLEE
LABYRINTHBERG
EHEM. GLOBUSGARTEN
BLAUER TEICH
TEMPEL
KASKADEN
HERKULESTEICH
DURCHBLICK ZUM SCHLOSS U. LANDSCHAFTSBEZUG PARTIELL ÖFFNEN
ALLEE ZUM SCHLOSS
LANDESBAUAMT SCHLESWIG
SCHLOSS GOTTORF · FÜRSTENGARTEN

Gartendenkmalpflege in Schleswig-Holstein 89

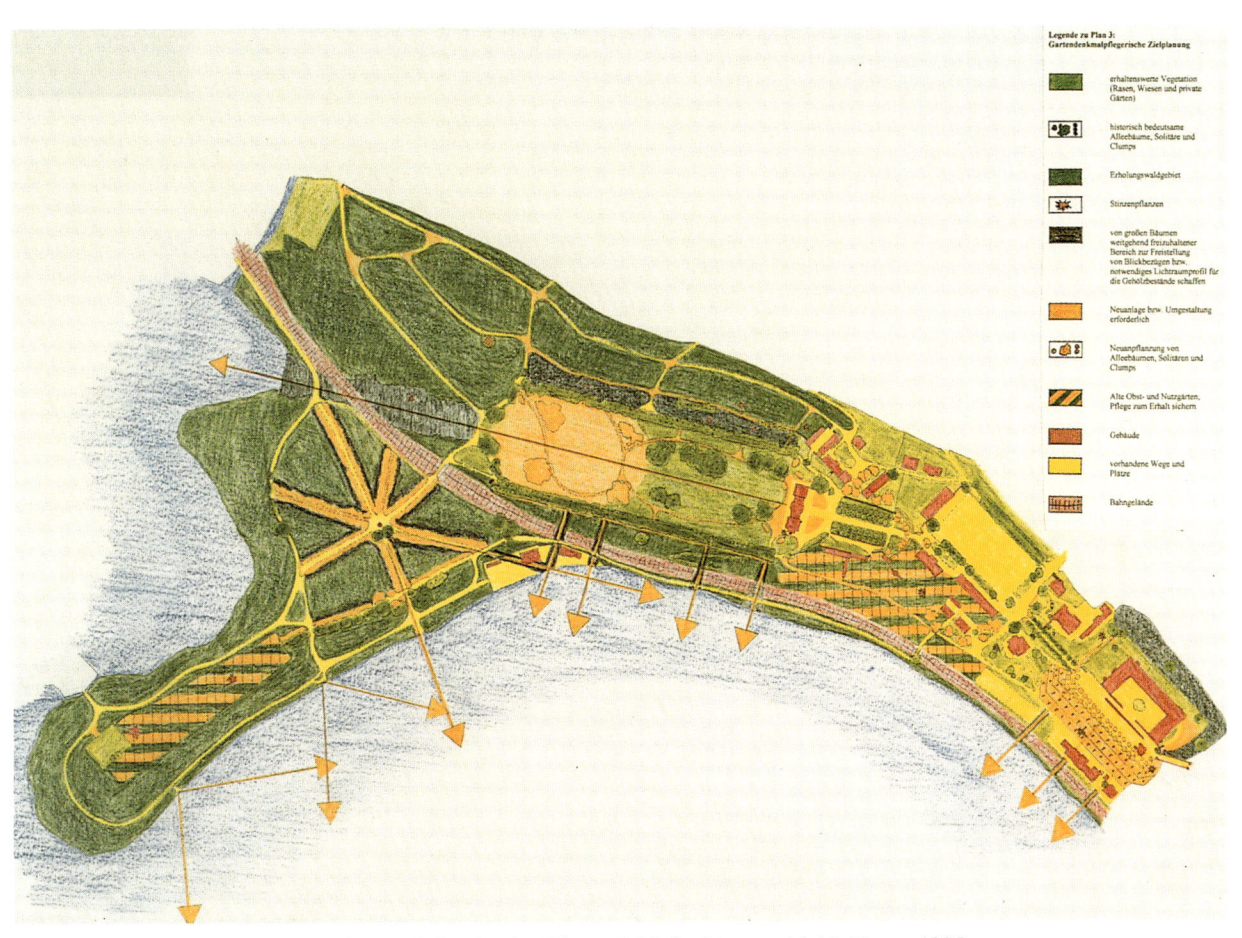

Abb. 71: Gartendenkmalpflegerischer Zielplan für das Plöner Schloßgebiet von M. M. Meyer, 1995.

storischen Entwicklungsplans und der Bestandskartierung aufgestellt. Dabei werden für einzelne Elemente, Strukturen und Teilbereiche des Gartens Wiederherstellungs- und Pflegemaßnahmen empfohlen. Gartendenkmalpflegerische Zielvorstellungen streben keineswegs eine formale Homogenisierung des Gartendenkmals oder eine Idealisierung und Ästhetisierung bestimmter Stilepochen an. Oft können und sollen historische ‚Brüche' erkennbar bleiben. Andererseits ist in einem Garten nicht jede historische Schicht denkmalwürdig. Was für die Gärten als Ganze gilt, kann auch auf ihre verschiedenen Schichten angewendet werden: Erhaltens- und schützenswert im denkmalpflegerischen Sinne ist nur, was einen Beitrag zum Denkmalwert leistet, d. h. was historische, künstlerische, städtebauliche oder wissenschaftliche Bedeutung beanspruchen kann. Welche Zustände in einem Garten erhalten, wiederhergestellt oder wieder entfernt werden, hängt davon ab, welche Eigenschaften und Qualitäten bei der Unterschutzstellung des Gartens den Denkmalwert begründeten. Wenn z. B. ein großzügiger Ausblick auf die umgebende Landschaft oder eine Sichtachse vom Wohnhaus in den Garten eine wesentliche Eigenschaft des Denkmalwerts einer Gartenanlage ist, aber durch eine zu einem späteren Zeitpunkt gepflanzte Baumgruppe gestört wird, so ist das Entfernen dieser Baumgruppe durchaus geboten.

Abb. 70: Konfliktplan Natur- und Denkmalschutz im Gottorfer Neuwerk-Garten, Gutachten von R. und G. Wörner, 1991.

Ein weiteres, sehr schönes Beispiel für diese Bewertungsproblematik stellen die Landschaftsgärten dar, deren Denkmalwert in bestimmten aufeinanderfolgenden Gartenbildern[20] (Abb. 72 und 73) begründet ist, die beim Spazieren auf den Beltwalks dem Lust-

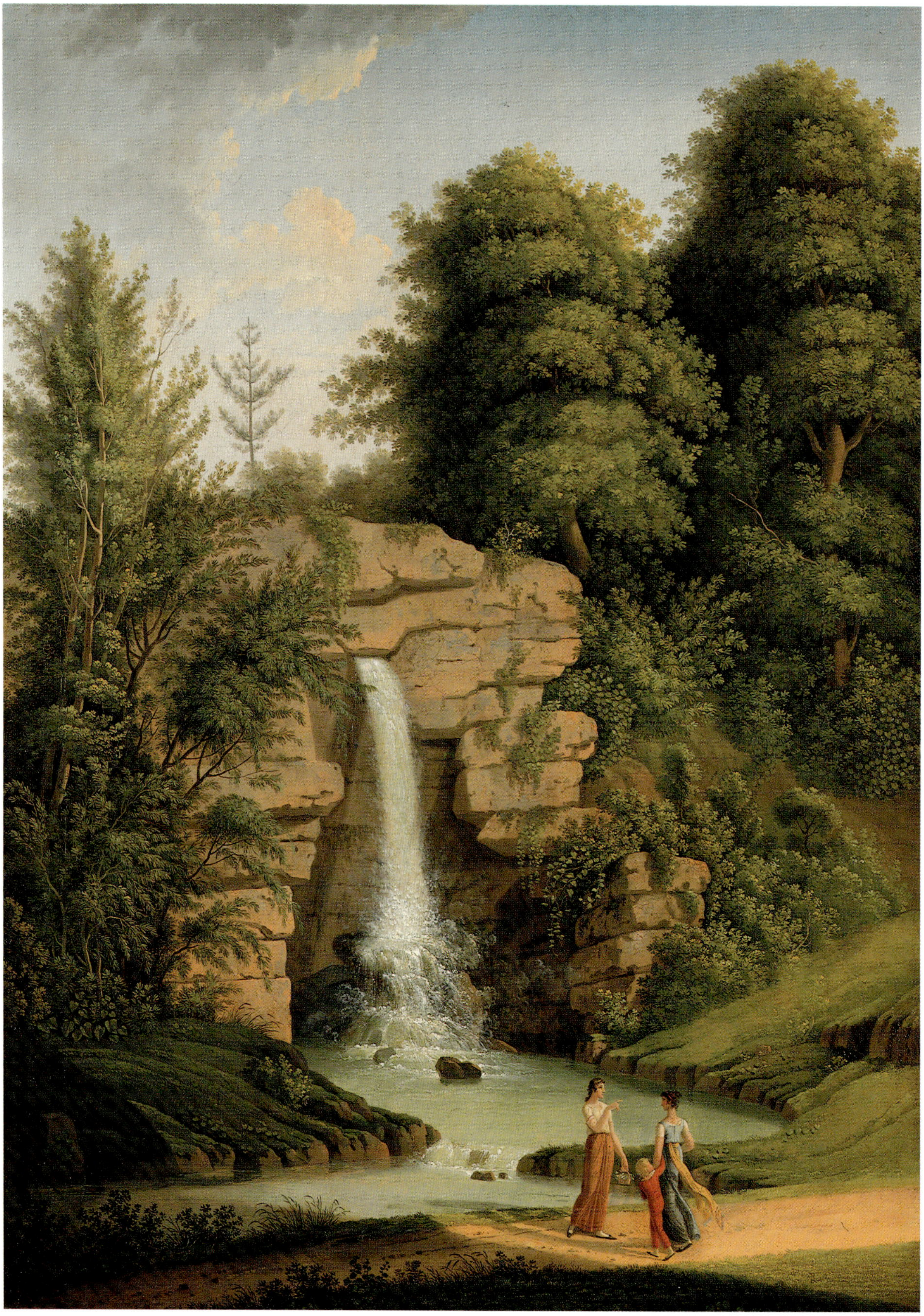

wandelnden vor Augen geführt werden. Diese Gartenbilder sind denkmalpflegerisch wie historische Gemälde zu restaurieren: Die Bildaussagen störenden Elemente und moderne Zutaten sind, wenn sie den Aussagegehalt und die Wirksamkeit des historischen Kunstwerks stören, zu entfernen. Niemand würde auf die Idee kommen, in einem Gemälde von Rubens ein modernes Haus einzufügen. Für die dreidimensionalen Gartenbilder hat sich diese Erkenntnis jedoch noch nicht durchsetzen können.

Die Rekonstruktion publikumswirksamer barocker Parterres war in den Anfängen der Gartendenkmalpflege besonders beliebt. Nach heutiger Auffassung ist eine solche Rekonstruktion nur angebracht, wenn das Parterre als Vermittlungsglied innerhalb eines Ensembles „*Schloß-Parterre-Garten-Park (Tiergarten)*" von zentraler Bedeutung ist, wenn also der Denkmalwert in einer bestimmten Raumabfolge begründet ist, die ohne dieses Vermittlungsstück unterbrochen wäre. Eine Rekonstruktion ist dann denkmalpflegerisches Ziel. Hingegen ein barockes Parterre vor einem klassizistisch veränderten Schloß nachzubauen, würde nur in seltenen Ausnahmefällen eine denkmalpflegerische Maßnahme darstellen.

Für die Sanierung und Instandsetzung der baulichen und skulpturalen Ausstattung eines Gartens arbeitet der Gartendenkmalpfleger mit Baudenkmalpflegern und Restauratoren zusammen. Beispielhaft seien die Kleine Kaskade im Neuwerk von Schloß Gottorf (1984–87) und ein Gartenhäuschen im Flensburger Christiansenpark (1993) erwähnt (Abb. 74 und 75). In beiden Fällen gingen umfangreiche Bauuntersuchungen und Rekonstruktionsplanungen voran.

Es gilt auch in Zukunft das öffentliche Interesse für die Gärten als historische Kunstwerke zu wecken. Maßnahmen der staatlichen Gartendenkmalpflege werden von der Öffentlichkeit und den Gartenbesitzern umso mehr akzeptiert und tatkräftig unterstützt, je anschaulicher es gelingt, den Wert und die Bedeutung dieser Anlagen zu vermitteln – in Vorträgen, Führun-

Abb. 72: Der Große Wasserfall im Eutiner Schloßgarten, Ölgemälde um 1800 von L. P. Strack (Privatbesitz).

Abb. 73: Der Große Wasserfall im Eutiner Schloßgarten, Zustand 1992.

gen und Ausstellungen, in Faltblättern, Zeitschriften und Büchern.[21]

Viele Gärten verfielen oder wurden in der Vergangenheit nur aus Unkenntnis ihres kulturellen Werts umgenutzt. Das historische Gartenkulturerbe kann langfristig nur erhalten werden, wenn möglichst viele Menschen für diese Sache begeistert werden. Wie das Beispiel des Alten Botanischen Gartens in Kiel zeigt, in dem ein Hubschrauberlandeplatz für das Universitätsklinikum geplant war, können nur entschlossene und über die Geschichte aufgeklärte Gruppen die Zerstörung und den Verfall der Gartendenkmale aufhalten. Ohne den engagierten und nicht nachlassenden Einsatz des „*Vereins für die Erhaltung des Alten Botanischen Gartens*" wäre dieser in Landeseigentum befindliche Park heute nicht mehr als Gartendenkmal vorhanden.

Der in den vergangenen Jahren erreichte bundesweite Fortschritt bei der Sanierung, Restaurierung und

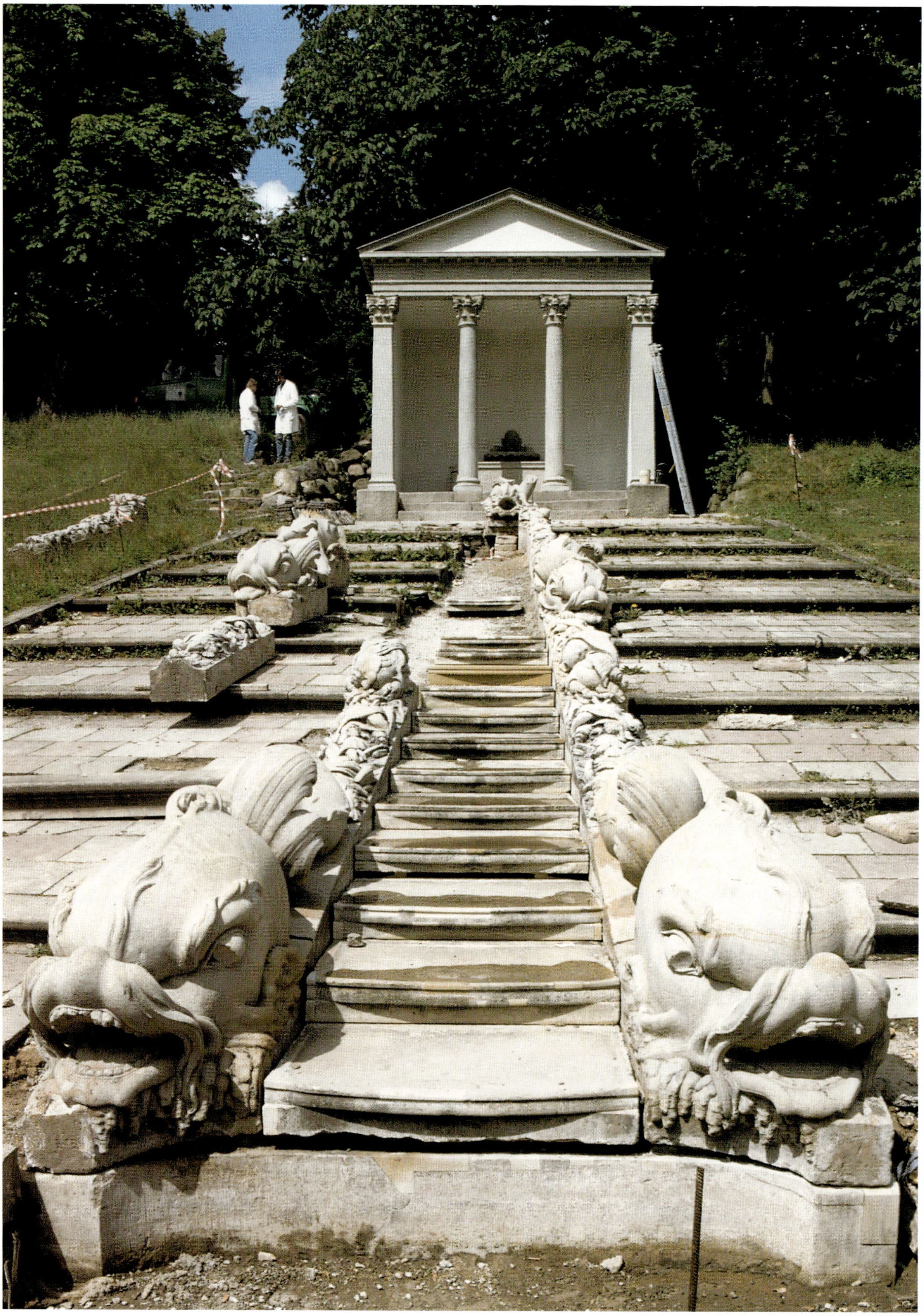

denkmalgerechten Pflege von historischen Parks und Gärten, wie er sich in Berlin, Potsdam, Rheinsberg, Wörlitz, Weimar, Dresden, Brühl, Herrenhausen, Weikersheim und Schwetzingen feststellen läßt, ist bisher noch nicht ausreichend in das Bewußtsein verantwortlicher Planer, Beamter und Betreuer historischer Gartenanlagen gedrungen, so daß die Qualifizierung der für die historischen Gartenanlagen Zuständigen in Ländern und Kommunen sowie der beauftragten Gartenarchitekten weitergehen muß. Die schleswig-holsteinische Architekten- und Ingenieurkammer und die Oberfinanzdirektion Kiel haben in den letzten Jahren Fortbildungsveranstaltungen zum Thema der historischen Gärten abgehalten. Und auch Organisationen wie die Deutsche Gesellschaft für Gartenkunst und Landschaftspflege (DGGL) und der Bund Deutscher Landschaftsarchitekten (BDLA) sind in ihren jeweiligen Regionalgruppen aktiver geworden. Gemeinsame Arbeitsgruppen zu bilden, wie das im Rahmen des EG-Pilotprojekts für den Neuwerk-Garten und des von der Kultusministerin berufenen Beirats für historische Gärten[22] gelungen ist, erhöht die zukünftigen Chancen für den Schutz und Erhalt des gartenkulturellen Erbes im Lande.

Gärten zu planen, zu erhalten und zu pflegen – das bedeutete auch in der Vergangenheit Lust, Leidenschaft und Luxus. Wenn wir unser kulturelles Gartenkunsterbe bewahren wollen, wenn wir ein öffentliches Gartenbewußtsein schaffen wollen und wenn wir in der schleswig-holsteinischen Kulturlandschaft, die noch eine der intaktesten Deutschlands ist, auch zukünftig leben wollen, dann erfordert das einen personellen, finanziellen und mentalen Einsatz, der über den bisherigen Rahmen hinausgehen muß.

Mit der hier vorgelegten Publikation, die die wichtigsten Forschungsergebnisse auf dem Gebiet der schleswig-holsteinischen Gartenkunstgeschichte erstmals in einer Gesamtschau zusammenfaßt, erhält die schleswig-holsteinische Gartendenkmalpflege ein wissenschaftliches Grundlagenwerk, das die praktische Arbeit

Abb. 74: Die Kleine Kaskade im Gottorfer Neuwerk-Garten bei der Wiederherstellung, Photo 1985.

Abb. 75: Der kleine Gartenpavillon im Flensburger Christiansenpark bei der Restaurierung, Photo 1994.

vor Ort und die öffentliche Akzeptanz der Maßnahmen der Gartendenkmalpflege erhöhen und vielleicht auch die Lust und Leidenschaft einiger Gartenbesitzer anregen wird, ihre Gärten wieder instandzusetzen.

Wenn vor Ort gesehen, gefühlt, gerochen und gehört werden kann, wie schön und gut ein Garten auf den Körper und Geist wirkt, dann wird auch die zentrale Botschaft, die uns gelungene Gartenschöpfungen vergangener Epochen heute noch vermitteln können, vielen bewußt: Daß das Schöne nützlich und der Nutzen schön sein kann. Gerade in unserer Gesellschaft, in der die künstlichen, technischen und finanziellen Operationen und Spekulationen unsere physischen und psychischen Aufnahmefähigkeiten überfluten, ist ein gelenkter und doch freier Blick auf die Landschaft, die Entdeckung einer Türkenbundlilie im Gras, das Überqueren einer Brücke über einen Kanal, der Anblick eines Tempels im Garten eine Erfahrung, die wir uns selbst, den anderen und den Nachfolgenden nicht vorenthalten sollten.

1 Die Geschichte der Gartendenkmalpflege ist ausführlich nachzulesen in: Hennebo (1985), S. 11–48.
2 Pückler-Muskau (1834), S. 70f.
3 Vgl. auch: Meyer (1994a).
4 Die Berliner Einrichtung war eine nationale Denkmalinstitution, die es im föderalistischen System der Bundesrepublik, in dem Kulturaufgaben Ländersache sind, nicht gibt. Bei der Neuorganisation der Verwaltungsstrukturen in den 50er Jahren, die das Gebiet der DDR in 14 Bezirke unterteilte, wurde für die Denkmalbehörden die alte Ländereinteilung beibehalten.

5 Vgl. zu den aktuellen Zuständen der historischen Gärten im Lande die Fotodokumentation von Thode (1995).
6 Gesetz zum Schutze der Kulturdenkmale (Schleswig-Holsteinisches Denkmalschutzgesetz) vom 7. Juni 1958 (GVOBl. Schl.-H. S. 217), zuletzt geändert am 16. Juni 1993 (GVOBl. Schl.-H. S. 254): § 5 (3): *„Historische Garten- und Parkanlagen sind geschützt. Ihre Beseitigung und Veränderung ist mit Ausnahme von Pflegemaßnahmen unzulässig. Die oberen Denkmalschutzbehörden können Ausnahmen zulassen oder den Umfang der notwendigen Erhaltung oder zulässige Veränderungen durch Vertrag regeln."*
7 Eine erste Zwischenbilanz zum Stand der Inventarisation historischer Gärten und Parks in Schleswig-Holstein in: Meyer (1995).
8 Diese Arbeiten sind in der Literaturliste im Anhang aufgeführt.
9 Vgl. zu diesem Themenkomplex: Seiler, Michael: Auswertung historischer Pläne der Landschaftsgärten, in: Hennebo (1985), S. 120–140.
10 Siehe z. B. Charta von Florenz – Charta der historischen Gärten. Verabschiedet vom Internationalen Komitee für historische Gärten – ICOMOS/IFLA am 21. Mai 1981 in Florenz.
11 Mit der *„schöpferischen Gartendenkmalpflege"* ist eine Richtung der Denkmalpflegepraxis gemeint, die historische Anlagen im Sinne ihres jeweiligen Schöpfers weiterzuentwickeln versucht.
12 Koeno Sluyterman van Loo: Erhaltung und Unterhaltung privater historischer Gärten in den Niederlanden, in: Fachtagung Fragen zur Gartendenkmalpflege 7.–8. Oktober 1991 in Nordkirchen, hrsg. vom Landschaftsverband Westfalen-Lippe und dem Westfälischen Denkmalamt Münster, S. 32–38, Zitat S. 34.
13 Vgl. dazu Prinz (1963).
14 Rose und Gustav Wörner (1991): Erläuterungen zum gartendenkmalpflegerischen Gutachten Schloß Gottorf in Schleswig – Fürstengarten und Schloßinsel. Im Auftrag des Finanzministeriums des Landes Schleswig-Holstein, vertreten durch die Oberfinanzdirektion Kiel und das Landesbauamt Schleswig 1991. Nicht veröffentlicht. Siehe daher auch: Wörner (1994).
15 Siehe dazu: Architektonisches Erbe in Europa – seine Erhaltung. Historische Gärten. Europäische Kommission Generaldirektion X. Information, Kommunikation, Kultur, Audiovisuelle Medien, Kulturelle Aktion. 1993, Athen 1994, S. 90–91.
16 Arbeitskreis Historische Gärten der Deutschen Gesellschaft für Gartenkunst und Landschaftspflege e. V. (1990), Heft 4 der Textreihe der DGGL, S. 17–22.
17 Vgl. die bisher einzige Veröffentlichung zu diesem gartendenkmalpflegerisch wichtigen Thema: Stritzke (1994).
18 Vgl. dazu Nath (1990); Krosigk, Klaus von: Gartendenkmalpflegerische Aspekte bei der Behandlung der Wiesen und Grasflächen in historischen Parkanlagen, in: Das Gartenamt 1980, Heft 12.
19 Vgl. dazu: Gert Gröning: Zur sozialen Dimension der Parkpflege, in: Garten und Landschaft. Zeitschrift für Landschaftsarchitektur, Planung, Gestaltung und Entwicklung 1991, Heft 6, S. 32–36.
20 Vgl. zur gartendenkmalpflegerischen Rekonstruktion historischer Blickbeziehungen: Ludwig Trauzettel: Wanderer, achte Natur und Kunst und schone ihrer Werke. Ideengehalt und Wiederherstellung der Wörlitzer Anlagen, in: Garten Kunst Geschichte (1994), S. 202–205 und Tafeln 68–70.
21 Beim Landesamt für Denkmalpflege im Kieler Schloß können ein Faltblatt zum Eutiner Schloßgarten und eine Broschüre zum Plöner Schloßgebiet bestellt werden.
22 Ein Beirat für historische Gärten wurde anläßlich des von der Kulturstiftung und dem Kultusministerium finanzierten zweijährigen Forschungsprojekts (1991–1993) *„Historische Gärten in Schleswig-Holstein"* gegründet. Er setzt sich aus Vertretern von Landesbehörden, aus der Universität, aus dem Berufsstand und aus privaten Gartenbesitzern sowie engagierten Privatpersonen zusammen.

Ahrensbök

Witwensitz und Nebenresidenz der Herzöge von Schleswig-Holstein-Sonderburg-Plön zwischen Eutin und Lübeck. Ehemalige Schloßinsel mit Régencegarten (ab 1740). Abriß des 1593 errichteten Renaissanceschlosses 1765. Lindenalleen und Vorwerksinsel erhalten. Bebaut mit Amtsgericht um 1890, Kaiser-Wilhelm-I.-Denkmal (1891) am Wall, Rathaus (1983/85) von D. Hoffmann.

Herzog Johann d. J. von Sonderburg (reg. 1564 bis 1622), der den säkularisierten Klosterbesitz nach der Reformation 1564 übernahm, betrieb die von den Mönchen in Ahrensbök etablierte Fischzucht weiter. Auf der Vermessungskarte (Abb. 76), die J. de Bruyn 1773 anfertigte, ist Ahrensbök noch von Teichen und Seen umgeben. Bis auf den *„Kleinen Spannbroock"* müssen sie in den folgenden Jahren abgelassen worden sein, denn die *„Topographisch Militärische Charte des Herzogtums Holstein"* (1789–96) zeigt anstelle der Wasserflächen Heide- und Moorlandschaften. Die Umgebung Ahrensböks wird von aussichtsreichen Hügelketten geprägt, die viele bewaldete Einschnitte aufweisen. Dichte Buchenwälder, die sich mit von Knicks begrenzten Äckern und Wiesen abwechseln, kennzeichnen das Gesicht der Kulturlandschaft. Die Waldungen sind zum großen Teil Reste des Ahrensböker Tiergartens, der ab 1593 als Wildgehege und Jagdrevier für Herzog Johann d. J. angelegt wurde. Der Tiergarten umfaßte die gesamte Fläche der Vorwerke Ahrensbök und Hohenhorst.

Als Jagdsitz erbaute der Herzog zugleich mit der Einrichtung des Tiergartens das Schloß Hoppenbroock nördlich des Klosters. Die Kartause wurde abgebrochen und als Baumaterial für das landesherrliche Schloß verwendet. So entstand zwischen 1593 und 1601 der Ahrensböker Schloßplatz, im 19. Jahrhundert als *„Amtswiese"* bezeichnet. Heute ist das Gelände von der Plöner Straße im Osten, der Poststraße im Norden und Westen und der Lindenstraße im Süden eingefaßt. Die rechteckige Fläche wird auf drei Seiten von Randalleen gesäumt. Die umlaufende Grabenzone ist breit und tief. Zur Plöner Straße hin findet der Graben in einem Damm seinen Abschluß, der eine Lindenallee trägt.

Bei einem Vergleich der heutigen Geländesituation mit den Karten von 1773 und 1789[1] wird ersichtlich, daß der höher gelegene Schloßplatz ursprünglich auf allen Seiten vom Spannbroocksteich umschlossen war. Der Ahrensböker Schloßplatz war also eine Insel, die nur über Brücken mit dem Festland und der westlich gelegenen Vorwerksinsel verbunden war.

Das Ahrensböker Schloßgebiet umfaßte drei Inseln. Während sich der kleine Lustgarten direkt auf der Schloßinsel befand, lagen Küchen- und Obstbaumgarten räumlich abgesetzt auf dem südlichen Festland.[2] Dieses Gelände ist heute überbaut.

Die Frage nach dem Aussehen von Schloß und Lustgarten im 18. Jahrhundert beantworten vier Grundrisse, die Landbaumeister N. S. Bauer vor dem Abbruch 1765 anfertigte. Im selben Zuge zeichnete der Hofgärtner Paul Paulsen den Lustgarten (Abb. 77). Ergänzt wird das Bild durch ein Inventar des Kammerrats Gröter, das auch den Küchengarten, das Vorwerk, die Meierei und den Jägerhof umfaßt.[3] Das Schloß war ein dreigeschossiger Bau mit zwei kurzen, den Hauptflügel durchschneidenden Quertrakten. An der östlichen Fassade sprangen sie als Pavillons vor. Der von den Flügeln im Westen umschlossene Freiraum, der sich zu Schloßbrücke und Vorwerk hin öffnete, diente als Ehrenhof.

In östlicher Richtung weitete sich die Schloßinsel zu einer Terrasse, auf der sich der Lustgarten befand. Kammerrat Gröter kommentierte die 1765 von dem Hofgärtner angefertigte Zeichnung der Anlage in seinem vor dem Abriß des Schlosses aufgenommenen Inventar mit folgenden Worten: *„Der Lust=Garten, welcher hinter dem Corps de Logis an beiden Enden desselben wie auch neben dem nach Süden stehenden*

Abb. 76: Ahrensbök, Vermessungskarte von J. de Bruyn (Detail), aquarellierte Zeichnung 1773 (LAS).

Flügel lieget" war *„nebst der Terrusso nach dem Spannbroocks Teich 144 Fuß lang gegen 366 Fuß breit. ... Rund um den Garten stehet eine Allée von Linden Bäumen 100 Stück an der Zahl, 11 Fuß hoch 2 Fuß in der Runde."*[4] An den Eckpunkten der Alleen nach Norden und Süden waren *„2 Treillage Cabinetter von Eichen Holz mit föhrenen Latten benagelt, auch mit Linden und Ypern bepflanzet"* als Blickpunkte angeordnet. In der Mitte war ein Boulingrin (78 x 69 Fuß bei 3 Fuß Tiefe) eingesenkt. Daneben lagen zwei ornamentale Rasenstücke, die von 45 Taxuspyramiden zu 12 Fuß Höhe umstanden wurden. Der mittlere Bereich wurde von zwei Buscagen aus *„Hegebüchen"* gerahmt. Im Westen und Osten bildeten Heckensalons den Abschluß. Dort standen Bänke aus Föhrenholz. Den gesamten Garten umgaben Buchenhecken, die einen Zaun aus *„Stakettwerk"* hinter sich verbargen. Besondere Erwähnung fand am *„nach Sü-*

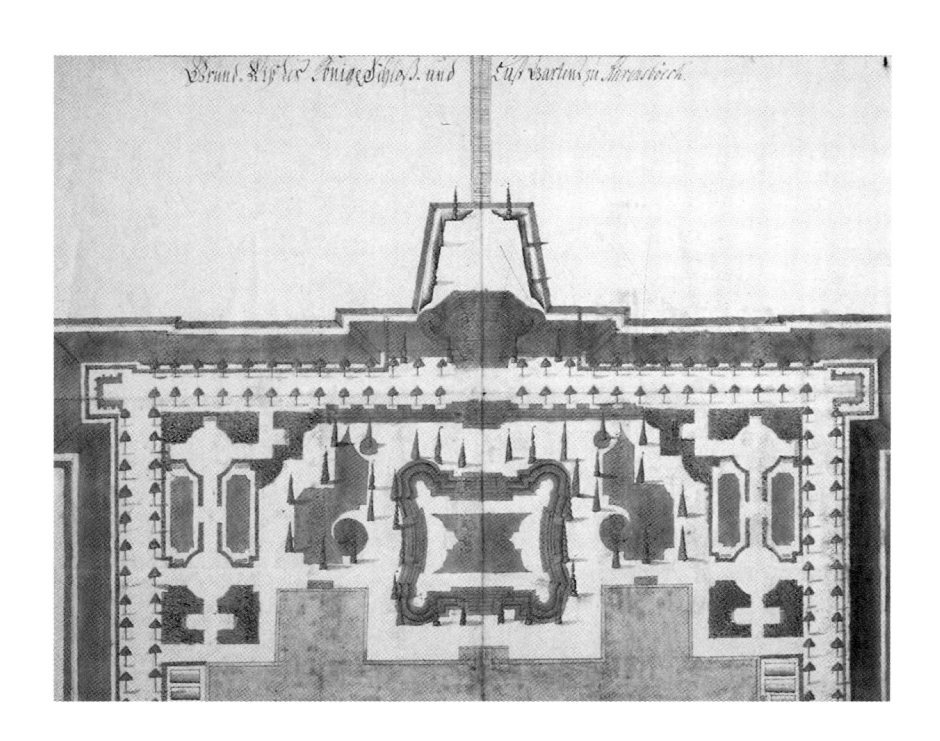

Abb. 77: Ahrensbök, „Grund-Riß" des Ahrensböker Lustgartens von P. Paulsen, aquarellierte Federzeichnung 1765 (LAS).

den gelegenen Schloß=Flügel nebst Stall=Gebäude ... ein altes Espalier mit einer von Föhren Holz versehenen Verdachung, worin folgende Bäume stehen: 10 Stück Apricosen-Bäume, 8 Stück Pfirsich-Bäume."

Die im Lustgarten verwendeten Gestaltungselemente sind von den Entwürfen A. J. Dezallier d'Argenvilles[5] inspiriert. Die strenge Symmetrie der spiegelbildlich konzipierten Anlage, die großzügige Verteilung von gestalteter und freier Fläche auf dem engen Raum, die umlaufenden Lindenalleen und der Verzicht auf Blumenschmuck deuten (wie in Plön) auf einen Lustgarten im Régencestil. Besonders spricht die ausgefallene Amboßform des Boulingrins für eine Datierung der Anlage in die 1740er Jahre nach der Übernahme des Schlosses durch den Plöner Herzog Friedrich Carl (1706–1761). Die Form findet sich z. B. in Entwürfen J. F. Blondels, die Jean Mariette 1727 veröffentlichte[6]. Die Taxuspyramiden, die Boulingrin und Rasenstücke begleiten, gehen in ihrer Häufung auf niederländische Vorbilder zurück. Im Sinne der für den Régencestil typischen Schlichtheit ist in Ahrensbök auf jede plastische Ausstattung verzichtet worden. Genauere Formvergleiche zeigen, daß der Ahrensböker Lustgarten auf der Schloßinsel in engem Zusammenhang mit dem Plöner Schloßgebiet und dem Schaffen des Herzogs stand, zugleich aber auch von den aktuellen Strömungen der Gartenkunst Europas beeinflußt wurde.

Die Rechnungen der Plöner Rentekammer bezeugen, daß der dortige Hofgärtner George Tschierske (1699–1753) auf einer Inspektionsreise durch das Herzogtum im Jahre 1730 neben Traventhal und Rethwisch auch Ahrensbök besuchte.[7] Tschierske, der mit Herzog Friedrich Carl aus Norburg nach Plön gekommen war, hatte dort sofort die Stelle des Hof- und Lustgärtners eingenommen. Er zeichnete vermutlich auch für die Gartengestaltung der übrigen landesherrlichen Schlösser im Herzogtum, also auch für den Entwurf des Ahrensböker Gartens, verantwortlich. Bis dahin hatte Paul Paulsen, der nun nach Ahrensbök versetzt wurde,[8] den Plöner Posten innegehabt. Paulsen war schon Anfang des 18. Jahrhunderts in der herzoglichen Besoldungsliste als Gärtner der zum Plöner Schloß gehörigen Insel (heute: Prinzeninsel, Großer Plöner See) erwähnt worden. Im Jahre 1714 übernahm Paulsen die Pflege des Plöner Küchengartens und der Hänge des Schloßbergs bei 250 Rt. jährlichem Gehalt.[9] Seit dem Tod seines Dienstherrn Joachim Friedrich (reg. 1706–1722) kümmerte sich Paulsen für zusätzliche 50 Rt. pro Jahr auch um die Orangerie.

Nach der Regierungsübernahme durch Herzog

Abb. 78: Ahrensbök, Blick auf das Rathaus mit barocken Lindenalleen, Photo 1996.

Friedrich Carl und Paulsens Versetzung nach Ahrensbök war er dort für Lust-, Küchen- und Baumgarten zuständig. Über seine genauen Aufgaben gibt eine Bestallungsurkunde von 1755 Auskunft: *„Zu wißen sey hiermit, daß ... er auch die Taxus, Lindenbäume und Hecken, wie auch die Linden alleen, Ipern an den Cabinetten und alles was sonsten in dem Lustgarten umb das Schloß vorhanden, doch auch die Linden in der Allee über die Brücke, jährlich zur rechten Zeit zu schneiden und zu binden, die Bäume gegen den Winter gebührend mit Mist zu versehen, und an demjenigen waß zur Conservation derselben gereichen kann, nichts zu verabsäumen, in gleichen ... daß Graß in diesem Garten gut in acht zu nehmen, und an stampfen, begießen und mähen desselben wie auch in Erhaltung der Gänge an nichts ermangeln zu lassen"*[10] hat. Für die erforderlichen Aufräumarbeiten standen Paulsen viermal jährlich 30 Amtsuntertanen zur Verfügung. Als Dienstwohnung gehörte ihm auf Lebenszeit das Gärtnerhaus am Küchengarten. Außerdem wurde im Vertrag ausdrücklich darauf hingewiesen, daß Pfirsiche und Aprikosen für die Herrschaft reserviert waren und ohne Ausnahme an die Plöner Hofhaltung geliefert werden mußten.

Listen über Pflanzenlieferungen für die Ahrensböker Gärten liegen erst aus dem Jahr 1740 vor, als Friedrich Carl das Schloß nach dem Tod seiner Tante Juliane Luise (1698–1740) übernahm. Zunächst wurden große Mengen Gemüsesamen, dann aber auch Linden und Kirschbäume von den Gebrüdern Klefeker aus Hamburg geliefert.[11] 1742 holte Paulsen persönlich die 100 Linden für die Alleen ab.[12] Später folgten dann Apfel-, Birn- und Aprikosenbäume.[13] Insgesamt standen 185 Apfel- und Birnbäume, 42 Kirschbäume verschiedener Sorten, neun Zwetschgenbäume, 14 Pflaumen- und Aprikosenbäume, zwei *„Qaneel Kirschen"* und sechs *„Welsche Nuß-Bäume"*[14] im Baumgarten. Die Obstbaumkultur lag dem letzten Plöner Herzog besonders am Herzen. So hatte er bereits den ehemaligen Weinberg am Plöner Schloß mit Obstbäumen bepflanzt und plante weitere Fruchtgärten bei seiner Residenz.

Vom Küchengarten schreibt Gröter 1765, daß er aus 7 Quartieren und einer Eichenschonung bestand, die von 9 Fuß breiten Wegen umgeben waren, welche von Johannisbeeren, Stachelbeerbüschen, Quitten- und Haselnußstauden gesäumt wurden.[15]

1765, also vier Jahre nach Friedrich Carls Tod und der Übernahme des Plöner Herzogtums durch den dänischen König, war der Abbruch des Schlosses beschlossene Sache. Vergeblich versuchten die lokalen Beamten, die Auslöschung des Gartens soweit wie möglich zu verhindern. Amtsverwalter Gröter richtete am 29. November 1764 die Anfrage an den Plöner Amtmann, was mit den wertvollen Pflanzen des Lustgartens geschehen solle, da die Anlage bei den Abrißarbeiten zwangsläufig zerstört würde.[16] In der Tat gingen Schloß und Lustgarten ab 1765 unter. Erhalten blieben die historische Oberflächengestalt von Inseln und Wall und die barocken Lindenalleen.

Da fortan die Amtsgebäude die einzigen Zeugen der Vergangenheit auf der inzwischen trockengelegten Schloßinsel waren, bürgerte sich in den folgenden Jahrzehnten der Begriff „Amtswiese" für das Areal ein. Das genaue Baudatum des am Westrand der Amtswiese stehenden Großherzoglichen Amtsgerichts ist nicht bekannt. Die Quellen legen eine Datierung um 1890 nahe. Seit den dreißiger Jahren unseres Jahrhunderts diente das Gebäude als Rathaus, heute wird es als Gemeindebücherei genutzt.[17]

Zum Sedansfest 1891 wurde das Denkmal Kaiser Wilhelms I. (reg. 1871–1888) an der Anhöhe der Lindenallee auf dem Wall enthüllt.[18] Beim Bau der Lindenstraße südlich der Amtswiese mußte der Wall ein Stück weit abgetragen und die Kaiserbüste rund 20 m zurückversetzt werden.[19] Das zwischen 1983 und 1985 von Diethelm Hoffmann errichtete Rathaus steht nicht an der Stelle des Schlosses, sondern im ehemaligen Lustgarten. Die querrechteckige Form des Schloßbaus findet sich im Baukörper motivisch wieder. Außerdem korrespondiert die Außenform mit der Gestalt der Schloßinsel. Den barocken Alleen sind anstelle der ursprünglich vorhandenen Treillagen moderne Pavillons (Abb. 78) als Blickpunkte zugeordnet worden. Die Pavillons vermitteln zwischen den tiefer gelegenen Bereichen des ehemaligen Spannbroocksteichs und dem Niveau des Schloßplatzes. In Ahrensbök bildet die Schloßinsel mit ihren Lindenalleen und den trockenen Gräben heute eine zentrale Grünanlage, die dem Besucher eine Begegnung mit Natur und Geschichte ermöglicht. Durch Aufstellen eines Schaukastens, der die historische Topographie erläutert, könnten Erlebnis und Verständnis entscheidend intensiviert werden.

Silke Kuhnigk

1 Vgl. die „*Topographisch Militärische Charte des Herzogtums Holstein 1789*" von G. A. von Varendorf.
2 Wallroth (1882/83).
3 LAS Abt. 20 Nr. 1040.
4 LAS Abt. 66 Nr. 8362, S. 62–64.
5 Dezallier d'Argenville (1709).
6 Mariette (1727).
7 LAS Abt. 20 Nr. 1040.
8 LAS Abt. 20 Nr. 1144.1.
9 LAS Abt. 20 Nr. 1116.1 u. 1040.
10 LAS Abt. 66 Nr. 8362, S. 67–70.
11 LAS Abt. 20 Nr. 1147.1 u. 1177.1.
12 LAS Abt. 20 Nr. 1175.
13 LAS Abt. 20 Nr. 1195.
14 LAS Abt. 66 Nr. 8362, S. 65–66.
15 LAS Abt. 66 Nr. 8362, S. 66.
16 LAS Abt. 66 Nr. 6641.
17 Fick (1978), Abb. 15.
18 Brather (1990), S. 337–340.
19 Fick (1978), Abb. 20.

Ahrensburg

Nordöstlich von Hamburg, Renaissance-Herrenhaus auf Burginsel, ursprünglich mit älterem Lust- und Nutzgarten, um 1765 Parterregarten. Prätentiöse spätbarocke, frühlandschaftliche Gartenpläne für das Gelände zwischen Schloß und neuer barocker Stadtanlage, nicht ausgeführt. Nach 1778 Englischer Garten und Tiergarten; landschaftliche Neugestaltung auf der Schloßinsel um 1868. Heute öffentliche Grünanlage.

1595 baute Peter von Rantzau im Wiesental der Hunnau auf einer von Wall und Graben geschützten Insel ein schloßartiges Herrenhaus. 1759 erwarb Heinrich Carl Schimmelmann (1724–1782), der vom Kaufmann in Dresden zum Schatzmeister des dänischen Reichs in Kopenhagen aufgestiegen und zum Lehnsgrafen ernannt worden war, den Besitz. Lage und Beschaffenheit der Herrschaft Ahrensburg in der letzten Rantzau-Zeit zeigt eine Karte von C. L. Diehn von 1749 (Abb. 79): Das Dorf Woldenhorn mit Kirche und Bauernstellen in unregelmäßiger Parzellierung sowie das Renaissanceschloß mit seinem sich an der Ostseite seeartig erweiternden Wassergraben, wo eine Steinbrücke von der parallel zum See verlaufenden Zufahrtstraße auf die Insel führt. Eine weitere Brücke erschließt den Wirtschaftshof auf der nördlichen Inselhälfte.

Charakteristisch für die Insellage war das Fehlen eines Gartens beim Haus. Lust- und Nutzgarten liegen außerhalb der Insel auf dem östlichen Hang und umschließen einen geräumigen Hofplatz mit Viehhaus und Scheune. Die Südseite begrenzt eine vierreihige Baumpflanzung. Die Ostseite ist unterteilt in drei rechteckige Felder mit je acht Beeten, von denen das nördliche mit einem geometrisch geformten mittleren Zierstück ausgestattet ist. An der Nordseite führt ein breiter Mittelweg zwischen zwei langgestreckten Feldern auf ein Gebäude in der nordöstlichen Ecke, wohl ein Garten- oder Gewächshaus, zu. Alle großen Kompartimente sind mit Hecken eingefaßt. Die nördliche Kontur des Gartens bildet der „*Atlen-Camps-Teich*". An diesem entlang führt ein Weg in nordöstlicher Richtung in ein unregelmäßig begrenztes Waldstück, das Gartenholz. Auf der entgegengesetzten westlichen Seite der Schloßinsel ist die Böschung jenseits des Grabens mit Gehölzen bestanden.

Diese Situation fand Heinrich Carl Schimmelmann vor, als er Ahrensburg[1] übernahm. Unverzüglich begann er, die Insel durch Schleifen der Wälle, Vertiefen des Schloßteiches und Pflanzung von Lindenreihen umzugestalten. Gleichzeitig betrieb er die Realisierung eines ehrgeizigen Plans, nämlich den Abriß und die völlige Neuordnung des Dorfes Woldenhorn im Sinne einer barocken Ortsanlage. Die Umgestaltung Woldenhorns ließ Schimmelmann durch den Landvermesser Johann Jürgen Bærner dokumentieren. Die defekte Karte von 1766/67 wurde 1930 von Hans Schadendorff umgezeichnet (Abb. 80). Sie zeigt einen kleinen Garten auf der Schloßinsel, für den man durch Zuschütten des inneren Hausgrabens mehr Raum gewonnen hatte. Dieser Garten wurde von Carl Gottlob Horn (1734–1807), dem Schimmelmannschen Hausarchitekten, entworfen.[2] Die Zuschreibung stützt sich auf Briefe Schimmelmanns 1765/66 an seinen Inspektor Heydrich mit Anweisungen an Horn für die Gestaltung der Schloßumgebung. Diese spiegeln sich in der Bærnerschen Karte wider. Die Anlage besteht aus Broderieparterres an drei Seiten des Gebäudes mit einem zum Schloßgraben führenden Mittelweg. Neu ist eine Lindenallee, die rings um die Insel führt, den nördlichen Wirtschaftshof umfaßt und an der östlichen Seite von der Brücke her doppelläufig zum Schloß führt. Auf dem Gelände des herrschaftlichen Lust- und Küchengartens im Osten sind zwei Gartengebäude hinzugekommen. Die Quartiere der nordöstlichen Ecke zeigen deutlich Strukturen eines Ziergartens. Hier beginnt eine in leichten Krümmungen dem Terrain folgende ‚Promenade' zum Gehölz, während

Ahrensburg

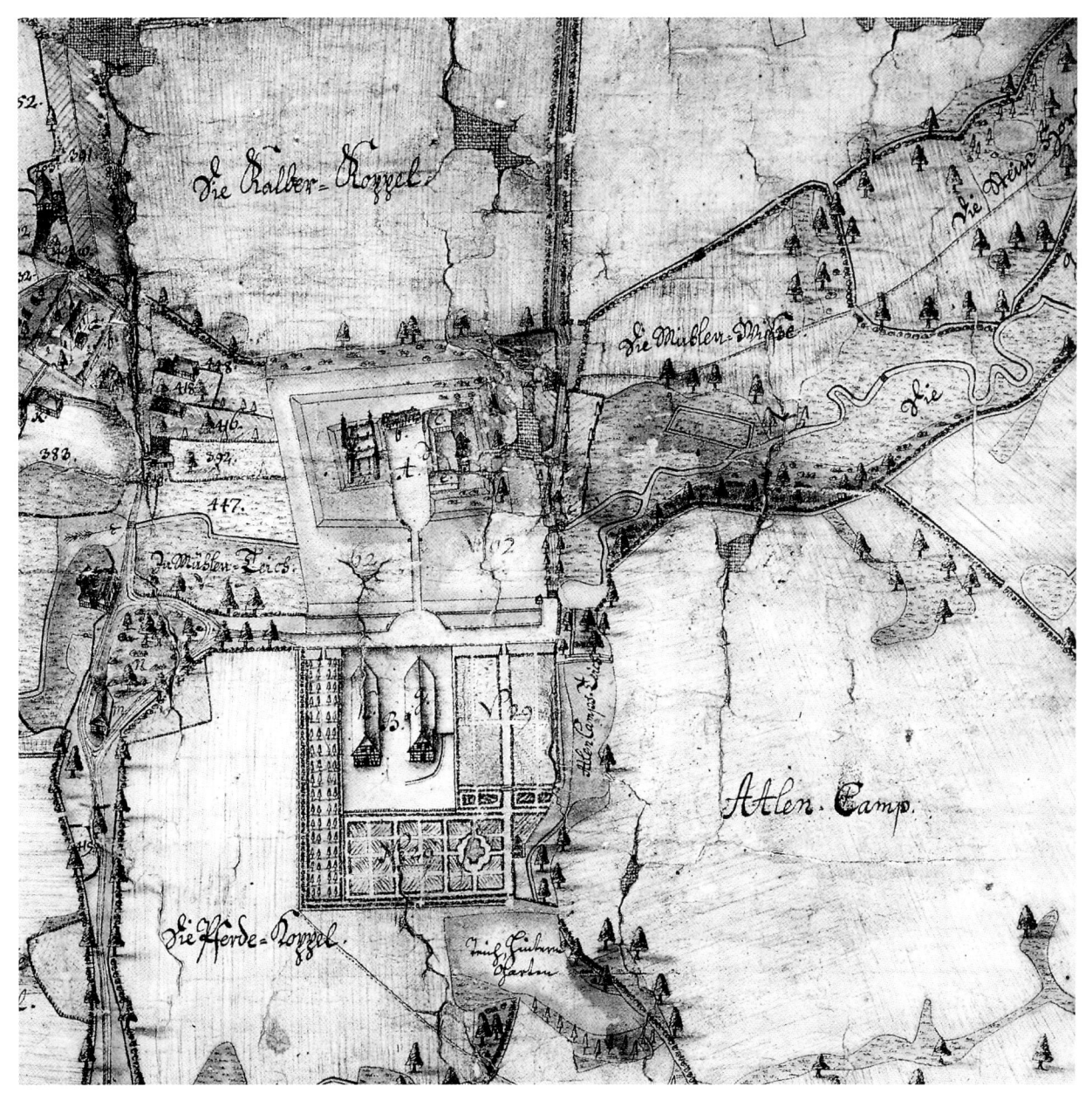

Abb. 79: Ahrensburg, Karte von C. L. Diehn (Detail, gewestet), Zeichnung 1749 (LAS).

außen um Garten und Atlen-Camps-Teich herum eine gerade Allee in das mit einem Wegestern und kleinen Bosketträumen gestaltete Waldstück führt.³ Schimmelmann ließ weitere große Alleen pflanzen, die im Westen und Norden den herrschaftlichen Wohnbereich von der Feldflur abgrenzen, ihn mit dem neuen Ahrensburg im Südwesten verbinden. Die Hauptachse führt auf einen Drei-Wege-Stern, von dem aus die ins Land strebenden Baumreihen den Eindruck eines entschiedenen Gestaltungswillens vermitteln.

Die beiden Karten von Diehn und Bærner können als authentisch angesehen werden. Die folgenden undatierten und unbezeichneten Pläne stellen Entwürfe dar, die wohl nicht ausgeführt wurden. Sie sind dennoch von großem gartenkünstlerischen und historischen Interesse, sowohl unter dem Gesichtspunkt der Intentionen des Auftraggebers als auch hinsichtlich der Qualifikation der mit ihnen befaßten Baumeister. Obendrein können diese Entwürfe im Zusammenhang mit dem sonstigen architektonischen und gartenplane-

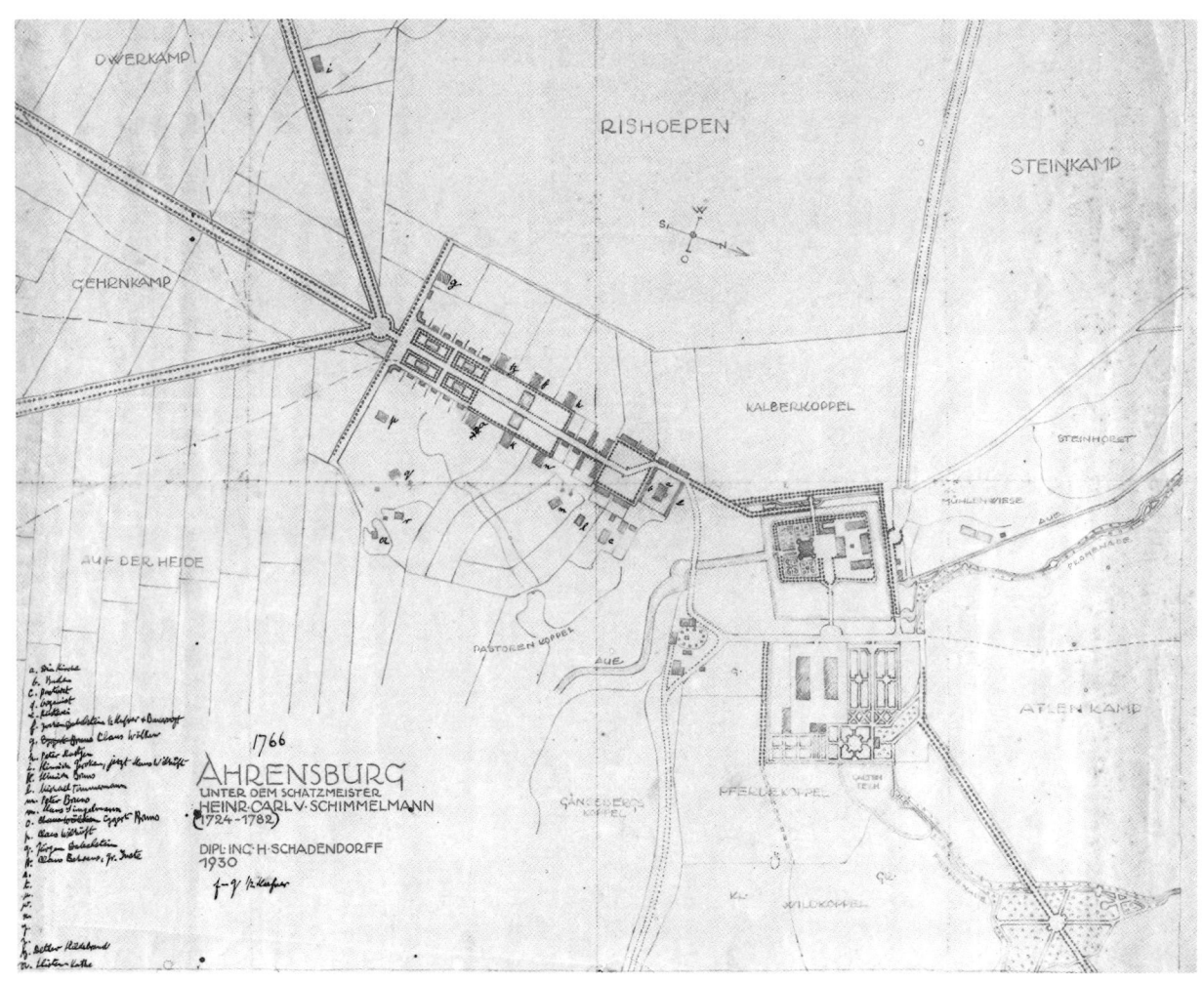

Abb. 80: Ahrensburg, Plan von J. J. Bærner von 1766/67 in der Umzeichnung von H. Schadendorff 1930 (LAS).

rischen Werk der Baumeister betrachtet, eine Vorstellung vom Stand der Gartenkunst im nordelbischen Raum nach der Mitte des 18. Jahrhunderts geben, als erste Anzeichen für die Auflösung spätbarocker Stilprinzipien und die Auseinandersetzung mit dem englischen Landschaftsgarten sichtbar wurden.

Während die Karte Bærners von 1766/67 dem tatsächlichen Zustand entsprechen dürfte, zeigt ein undatierter, anonymer Entwurf[4] die Situation mit dem geplanten neuen Dorf und der Schloßinsel, auf der es noch keinen Garten gibt. Schwerpunkt ist die Planung für das neue Ahrensburg in Gegenüberstellung zum Schloßbereich. Die Verbindung beider Komplexe untereinander ist noch völlig offen. Der Entwurf ist vermutlich eine Vorzeichnung des Geometers Bærner im Stadium der Planung des neuen Dorfes, das 1764 fertig war.

Ein Georg Greggenhofer (1718/19–1769) zugeschriebener Plan (um 1759)[5] zeigt auf dem durch Einbeziehung der westlichen und östlichen Hänge stark erweiterten Gelände eine strenge architektonische Gartenanlage im französischen Stil mit Ausnahme eines Bereiches, der sich entsprechend der allerneuesten Entwicklung dem englischen Landschaftsstil nähert (Abb. 81). Die bauliche Situation auf der Insel ist im barocken Verständnis mit durchgehender Nord-Süd-Achse geklärt und durch einen U-förmigen Wirtschaftsteil mit stattlichem Torhaus erneuert. Dieser Komplex verbindet sich mit der axialsymmetrischen Ortsanlage Ahrensburgs im Sinne barocker Ordnungs-

Abb. 81: Ahrensburg, Idealplan von G. Greggenhofer, lavierte Federzeichnung um 1759 (LAS).

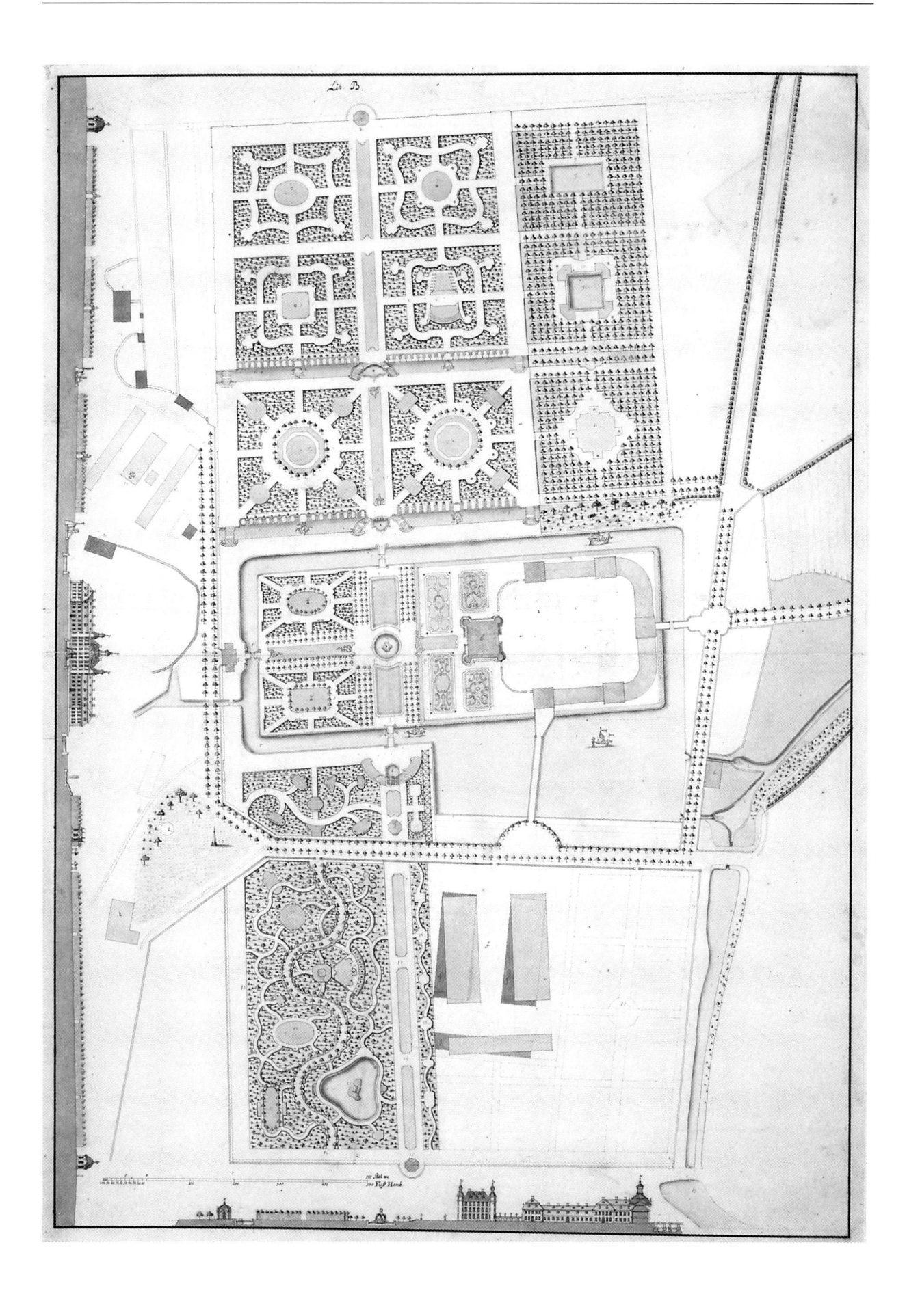

Ahrensburg

prinzipien. Die Schloßinsel ist nach Süden etwa bis zur jetzigen Bauernbrücke erweitert. Außer der alten Steinbrücke überspannen vier Zugbrücken den Graben. Eine Querachse von etwa 750 m Länge verbindet den neuen Gartenteil auf der westlichen Höhe mit einer Neuanlage auf dem östlichen Hang neben dem alten Nutzgarten und ist in ganzer Länge als Tapis vert vorgesehen. Die Niveauunterschiede werden mit Terrassen und geschwungenen Treppen überbrückt. Auf der Achse liegen drei kleinere und im Kreuz mit der Nord-Süd-Achse ein großes Fontänebecken.

Der westliche Gartenteil ist in neun quadratische Kompartimente unterteilt. Die drei nördlichen sind als Baumgärten im Quincunx-Verband mit Wegekreuz, zwei davon mit großen Wasserbecken zur Speisung der Fontänen gestaltet. Die übrigen sechs Quartiere zeigen Boskette in unterschiedlichen Konfigurationen. Zur Böschung grenzt eine Heckenarkade mit Kugelköpfchen die Terrasse ab. In einem dieser Boskette befindet sich ein Heckentheater. Vor dem Schloß verläuft die nordsüdliche Achse im Anschluß an das Parterre über eine Treppe hinunter in den neuen Teil über die Querachse hinweg und auf die südliche Grabenbrücke zu. Hinter dieser wird die zum neuen Dorf führende Allee erreicht. Der östliche Teil der Anlage zeigt in Form eines ‚englischen Boskets' erste Elemente des englischen Landschaftsgartens. Signaturen für Bänke, Skulpturen, Lauben, Lusthäuser, Wasserbecken, Fontänen und Prunkbarken komplettieren das Projekt, dessen Großzügigkeit *„königliche Anlagen zum Vergleich herausgefordert"*[6] hätte. Die Umsetzung dieses höchst kostspieligen Plans hätte erhebliche Bodenbewegungen und Drainagemaßnahmen erfordert, von den Kanal- und Brückenbauten, Gartenarchitekturen, Wasserkünsten und der vegetativen Ausstattung ganz zu schweigen.

Warum hat Schimmelmann diesen Plan nicht ausführen lassen? Die Rentabilität von Ahrensburg untersuchte Degn: *„Wenn man ... bedenkt, daß Schimmelmann allein in den nächsten zwei Jahren obendrein noch einen Betrag, der der Kaufsumme ungefähr gleichkam, für alle möglichen baulichen Veränderungen verausgabte, so sieht es um die Rentabilität nicht besonders gut aus ... Ein besonders lukrativer Besitz scheint Ahrensburg nicht gewesen zu sein, der Wert lag mehr im Repräsentativen."*[7] Vermutlich hielt Schimmelmann, der ökonomisch dachte, eine solche Gartenanlage für zu kostspielig. Hinzu kam, daß er wenig später mit der Umgestaltung des 1762 gekauften Schlosses Wandsbek begann. Nicht zuletzt dürfte ins Gewicht gefallen sein, daß er möglicherweise einen Prachtgarten im architektonischen Stil schon als nicht mehr zeitgemäß empfand.

Doch zumindest im östlichen Garten zeigte Greggenhofer modernere Formen. Er zerfällt in den kleineren, an den Schloßgraben anschließenden Teil und den größeren auf dem Hang, beide durch die Allee getrennt. Der kleine Teil, an der Nordseite durch ein Berceau abgegrenzt, ist mit der Treppe rechts und links einer Kaskade noch fest in die Symmetrie des barocken Teils einbezogen. Auch die große Gartenachse ist am Rande der Anlage konsequent bis zum Pavillon am Ende durchgeführt. Die parallele schmale Achse, die aus dem Barockgarten herüberkommt, wird in steife Serpentinen, als Allee mit Heckenunterzug, gezwungen. Daneben aber schlängeln sich in der mit Gehölzen bewachsenen Fläche unregelmäßig Wege zu eingestreuten Heckenräumen. Auf der Höhe liegt ein See mit einer kleinen Insel und einer Hütte. Dieser Teil wirkt durch die ungerade Wegeführung und das Fehlen übergreifender Achsen in sich abgeschlossen, wie es dem Geschmack französischer Rokokogärten entsprach. Er entbehrt jedoch deren „*variété*" der Boskette mit ihren komplizierten Figuren, so daß hier offenbar noch andere, nämlich englische Vorbilder wirksam waren. Man wird an jene Schlängelformen früher englischer Gärten erinnert, aus denen William Hogarth 1753 seine serpentinenförmige ‚Schönheitslinie' entwickelte.[8] Beim Vergleich Greggenhofers englischer Partie mit dem etwa gleichzeitig entstandenen ‚chinesischen Boskett' beim Teehaus Friedrichs des Großen in Sanssouci wird deutlich, daß sein Plan für diese Zeit keineswegs altmodisch war, allerdings die Probleme des revolutionären Umbruchs zu der in England weit fortgeschrittenen landschaftlichen Gartenkunst getreu widerspiegelt.

Ahrensburg

Der folgende, ebenfalls undatierte und unsignierte Entwurf stellt eine weniger aufwendige Lösung dar. Das Blatt, *„General Plan du Chateau d'Ahrensburg"* betitelt, stammt wahrscheinlich von Carl Gottlob Horn (Abb. 82). Deutlich stützt auch er seine Planung auf den Bærnerschen Vorentwurf, indem er nämlich das im Süden der Insel gelegene Gelände zur Vergrößerung des engen Gartenraums benutzt. Allerdings verzichtet er auf Einbeziehung der beidseitigen Hänge im Westen und Osten. Die Insel erhält in Richtung auf die Schloßbrücke eine Ausrundung, so auch drei ihrer vier Ecken. Die Gebäude des Wirtschaftshofes gruppieren sich in vier jeweils im rechten Winkel gebauten Komplexen symmetrisch zur von Norden kommenden Auffahrt. Das Schloß wird durch Mauern an die beiden nächststehenden Hofgebäude angeschlossen. Nur von Westen gibt es über eine Brücke direkten Zugang zum Garten. Das Parterre auf drei Seiten des Hauses zeigt ein aufgelöstes Rokokoornament mit Blatt-, Füllhorn- und Blumenkorbmustern, S-Schwüngen und Schleifenformen ohne Rahmung durch Platebandes, in seiner unsymmetrischen Ausführung möglicherweise als Vorlage von zwei Alternativmustern zu verstehen. Nur die östliche Inselböschung ist mit Hecke und Rasenstreifen gefaßt. Dem schließt sich nach Süden auf dem hinzugenommenen Gelände ein großes Rondell an, eine Radform mit acht Speichen, deren west-östlicher Durchmesser sich als Achse auf die benachbarten Hänge fortsetzt und in zwei Gebäuden endet. Im Zentrum des Kreises betont ein Wasserbecken mit Fontäne die sich kreuzenden beiden Hauptachsen der Gesamtanlage. Die östliche Fortsetzung zeigt ein entsprechendes Muster, einen doppelten Halbzirkel über einer Patte d'oie, und im Kreuzungsbereich mit einer weiteren Diagonalen einen runden Heckenraum. Die gegenüberliegende westliche Böschung läßt ungelenke Gestaltungsversuche im landschaftlichen Stil mit geschwungenen Wegen erkennen, die aber durchaus auch der sich um diese Zeit auflösenden spätbarocken Ornamentik entnommen sein können. Auf dem westlichen Hang und im Verlauf der östlichen Gartenbegrenzung zeigen Signaturen zwei Lusthäuser an. Von den Zeichen der Unfertigkeit und technischer

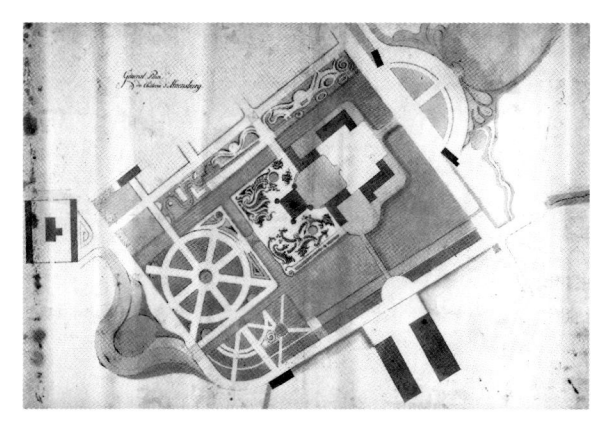

Abb. 82: „General Plan du Chateau d'Ahrensburg" von C. G. Horn, aquarellierte Zeichnung vor 1766 (LAS).

Mangelhaftigkeit – weder die Signaturen für vegetative und architektonische Details noch die Farbgebung sind signifikant – abgesehen, ist das Suchen nach neuem Ausdruck Hauptmerkmal des Plans. Zur Datierung ist zu berücksichtigen, daß er älter als 1766 sein muß, weil die Bærnersche Karte 1766/67 den endgültig ausgeführten Zustand zeigt.

Schimmelmann dürfte den Auftrag, Konzepte für einen Garten in dem von Bærner kartographisch unausgeführt gelassenen Areal zu entwerfen, im Zusammenhang mit der Neugestaltung der Ortschaft und den Umbaumaßnahmen auf der Schloßinsel vergeben haben, also ab 1759. Horn trat 1755 in den Dienst des Schatzmeisters und war spätestens 1760 in Ahrensburg, zunächst als Maurerpolier, 1762 als Conducteur (Bauleiter). Er entwarf im Dezember 1762 für Schimmelmann zwei Lusthäuser. Zu diesem Zeitpunkt hat wohl ein Gartenentwurf von Horn, möglicherweise dieser *„General Plan ..."* vorgelegen. Daß Schimmelmann den Entwurf nicht akzeptierte, kann an den Problemen der praktischen Durchführung gelegen haben, ebenso gut aber auch an der stilistischen und technischen Unzulänglichkeit der Vorlage. Schimmelmann schickte Horn 1763 nach Paris. Als er zurückkam, stand der Ausbau der Schloßinsel bevor. Offenbar legte Horn jetzt einen neuen Plan für den Garten vor, denn im November 1765 geht es in dem Briefwechsel zwischen Schimmelmann und Heydrich um Anweisungen an Horn betreffs der Ausgestaltung der Insel. Diese

Abb. 83: Ansicht von Ahrensburg, Lithographie von A. Nay um 1859 (SHLB).

Anweisungen beziehen sich eindeutig nicht auf Horns „*General Plan...*", sondern müssen, wie oben dargelegt, einen verlorenen Plan, dessen Ergebnis aber Bærners topographische Karte von 1766/67 zeigt, zur Grundlage haben.

Die Zuschreibung des „*General Plan...*" an Horn findet eine Stütze in der weiteren Entwicklung des Baumeisters als Gartenarchitekt, die so interessant wie für die Zeit bezeichnend ist. Seine folgenden Pläne zu einem Garten für Schloß Wandsbek 1767/68[9] zeigen charakteristische Elemente der 1737/38 veröffentlichten Gartenentwürfe Jacques-François Blondels. Typisch ist die Loslösung von den orthogonalen Achsen des geometrischen Gartens und die Bevorzugung von Diagonalsystemen, die zu Sternformen und Pattes d'oie führen, sowie das Ineinandergreifen der verschiedenen Boskettformen, wodurch eine dichte, teils unübersichtliche Gestaltung zustande kommt. Das stark bewegte Muster des Ahrensburger Blumenparterres scheint er aus Einzelelementen von Broderievorlagen zusammengefügt zu haben. Nach Schimmelmanns Tod 1782 arbeitete Horn auf Knoop und ab 1790 auf Emkendorf bei den Schwiegersöhnen des Schatzmeisters. Die dortigen Gartenpläne lassen zunehmende Sicherheit in der Gestaltung eines Landschaftsgartens erkennen.[10]

Horns zahlreiche Gartenpläne können im Rahmen dieses Beitrags nicht im einzelnen gewürdigt werden. Sie zeigen jedoch Motive und Signaturen, wie sie auch

Abb. 84: Ahrensburg, Schloßinsel mit Lindenallee, Photo 1996.

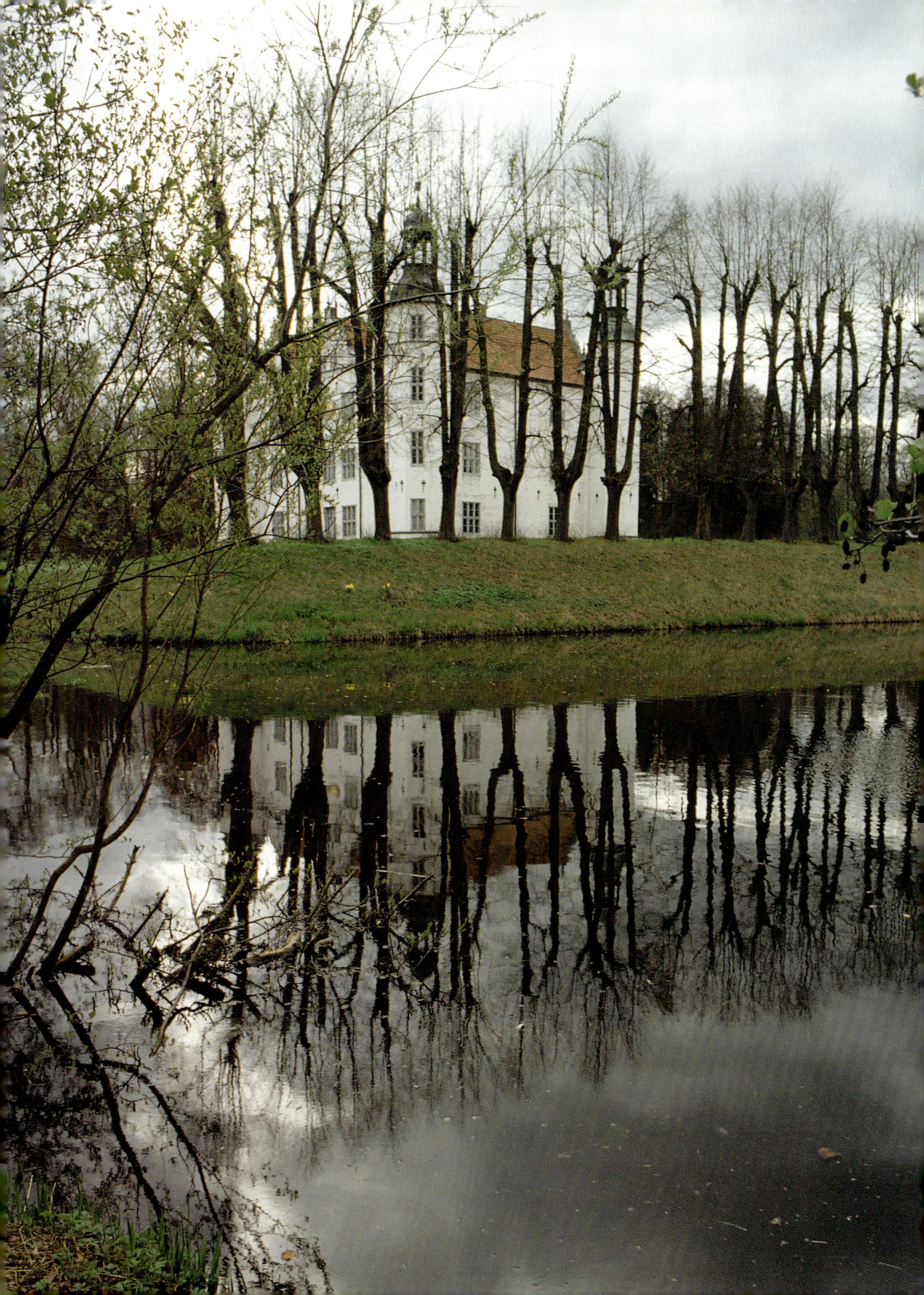

der Ahrensburger Plan aufweist. Für die Entwicklung der neuen Ausdrucksformen ist sicher Horns Parisaufenthalt 1763 und in noch höherem Maße das Studium der damaligen wichtigen Gartenarchitektur-Lehrbücher, die sich in seiner Bibliothek befanden, ausschlaggebend gewesen. Horn, der durch seine Stellung als Schimmelmannscher Hausarchitekt nicht unbedingt im Blickfeld überregionaler Kenntnisnahme stand, zeigt in seinem mehr als vier Schaffensjahrzehnte umgreifenden Werk ein Spiegelbild der Umbruchszeit zu einer neuen Gartenkunst.[11]

König Christian VII. von Dänemark war mehrfach Gast in Ahrensburg. Nach einem Souper im Schloß (1768), bei dem Schimmelmann zum Schatzmeister des Königs ernannt wurde, fanden eine Illumination der neuen Anlagen und ein großes Feuerwerk statt.[12] An der Schloßbrücke empfingen den Besucher zwei Sandsteinlöwen des Hamburger Bildhauers Ludwig von Lücke (um 1703–1780). Den Vorplatz schmückte eine Sonnenuhr. Auf dem Schloßteich wartete ein ‚Lustfahrzeug‘ mit Sonnensegel auf Gäste. Ein bewegliches Theater, das man im Garten wie im Haus benutzte, wurde aufgeschlagen. Es gab Vogelschießen, Bauernaufzug, Ringreiten, Karussell, Tanz und ‚Comedie‘. Ein Taubenhaus diente wie eine mit grünem Tuch ausgeschlagene Schaukel der Belustigung. Im großen Lust- und Küchengarten stand außer einem Gärtner- und Gewächshaus ein aus Stein gebautes Lusthaus.[13] Die genaue Lage der drei Gebäude wird nicht beschrieben, vermutlich stimmt sie jedoch mit den auf der Karte Bærners gezeigten Gebäuden überein.

1778 zog Schimmelmann nach Wandsbek und überließ Ahrensburg seinem Sohn Friedrich Joseph (1754–1800). Dieser fügte dem Kleinen Garten beim Schloß nach Norden außerhalb der Insel einen ‚Englischen Garten‘ hinzu, der später bis etwa 1879 als Tiergarten oder Hirschpark diente (Abb. 83). Die Schloßinsel wurde unter dessen Enkel Graf Ernst Schimmelmann (1820–1885) von dem Hamburger Gartenarchitekten J. H. Ohlendorff (1788–1857) umgestaltet. Die Wirtschaftsgebäude verschwanden, an ihrer Stelle wurde 1868–70 die nördliche Inselhälfte als Landschaftsgarten angelegt.[14] Das Terrain wurde modelliert, seltene Bäume angepflanzt und ein äußerer Rundweg, der Beltwalk englischer Gärten, angelegt, von dem aus man nach Norden über den Mühlenredder hinweg einen Blick in die Anlagen des Tiergartens hatte, wo eine Hütte die Spaziergänger zur Rast einlud. Den Kindern wurde ein eigener Bereich mit einer Hütte, der sogenannte „*Comtessengarten*" eingerichtet.

Der alte Lust- und Küchengarten, auf dessen Gelände entlang der Straße 1845 der Marstall entstand, diente nunmehr als Nutzgarten. Um 1850 wurde ein neues Treibhaus für Wein, Spalierobst, Ananas gekauft, 1852 ein „*langes Gewächshaus*" speziell für Ananas sowie ein „*breites Gewächshaus*" für die Blumenzucht gebaut. Blumenbeete hatten auf der Südseite des Schlosses die alte barocke Anlage ersetzt. Hier prangten im Frühling blaue, weiße und gelbe Hyazinthen, Primeln, Goldlack, Tulpen, Krokus und Jonquillen, später Petunien, Levkojen, Bartnelken, Chinesernelken, Mittagsblumen, Balsaminen, Löwenmäulchen, Hahnenkamm, Hainblume, Phlox, Reseda, Tagetes, Schwarznessel, Kapuzinerkresse, im Herbst Georginen, Chrysanthemen, Astern. An Rankpflanzen wurden gehalten: Glycine, Trompetenblume (Campsis), Waldrebe in Sorten, Pfeifenblume (Aristolochia), Wilder Wein, Geißblatt, Dreifarbige Winde u. a. Kübelpflanzen wie Datura, Hibiscus, Rizinus, Citrus und Lorbeer hatten vor der Südfassade des Hauses ihren Platz. Rhododendronsträucher waren zu einer schattigen Laube geschnitten.[15] Der Gärtnermeister bezog zwischen 1856 und 1860 Saatgut für Gemüse, Blumen und Küchenkräuter von den Samenhandlungen Peter Smith und Co. in Hamburg-Bergedorf, Julius Rüppel in Altona, A. H. Höbbel in Hamburg. Gehölze lieferte die bekannte Flottbeker Baumschule James Booth & Söhne.[16]

Ende 1932 trennte sich die Familie Schimmelmann aus wirtschaftlichen Gründen von ihrem Besitz. Gut Ahrensburg wurde aufgeteilt, das Schloß verkauft, ein Museum unter der Obhut des ‚Verein Schloß Ahrensburg‘ eingerichtet. Von der beredten Gartengeschichte zeugt heute der vegetative Bestand des Parks mit Pflanzen aus dem späten 19. Jahrhundert. Lage und

Beschaffenheit der Schloßinsel (Abb. 84) sowie des Auetales zwischen den Hängen und die Situation des ehemaligen Dorfes sind jedoch im wesentlichen unverändert und gestatten immer noch, sich von den gebauten wie von den ehrgeizig geplanten Gärten ein anschauliches Bild zu machen. Der Gedanke, mit einer großen, Schloß und Ortschaft verbindenden Gartenanlage ein Gesamtkunstwerk zu schaffen, erinnert noch an barockes Formgefühl. Die Pläne Greggenhofers und Horns spiegeln dagegen die Probleme der Umsetzung dieser Idee in einer Zeit, die nach neuem Ausdruck in der Gartenkunst suchte. Die Ahrensburger Pläne sind deshalb als Zeugnisse der Phase des Übergangs vom barocken geometrischen Stil zum englischen Landschaftsgarten von besonderem Wert.

Helga de Cuveland

1 Vgl. zum Ahrensburger Garten ausführlich de Cuveland (1994 b).
2 Der Originalgartenplan existiert offenbar nicht mehr, denn die Zuschreibung an Horn erfolgte aus den Quellen des Schimmelmann-Archivs sowie vermutlich unter Bezug auf Bærners Karte, vgl. Hirschfeld (1934); Schadendorff (1936).
3 Promenaden und Alleen werden begrifflich nicht unterschieden.
4 LAS 402 A 23 Nr. 11.3, um 1759.
5 Zur Zuschreibung des Plans vgl. bei Hirschfeld (1934), S. 178 und Schadendorff (1933/34) ohne Begründung, bei Pietsch (1977), S. 31 aufgrund der Architekturformen und einer Kammerrechnung von 1759. Weitere stilistische Gründe bestätigen die Zuschreibung, etwa die auffallende Ähnlichkeit des Heckentheaters mit dem im Eutiner Schloßgarten, wo Greggenhofer nach 1760 als Nachfolger Lewons tätig war, und die gepunkteten ‚Gesichtslinien', die er auch für den Entwurf des Wasserfalles am Heeschenberg/Schierensee verwendete.
6 Schadendorff (1933/34), S. 32f.
7 Degn (1984), S. 94f.
8 William Hogarth: Analysis of Beauty, London 1753.
9 StAHH. Photos in LDSH: PK I 1745. Zwei weitere Wandsbek-Entwürfe: LDSH: PK I 1744 und PK II 932.
10 Horns Entwürfe befinden sich im Emkendorfer Archiv. Vgl. Abb. 4 in: Kehn (1980), während Abb. 2 und 3 ebd. nicht Emkendorf betreffen.
11 Aus eigener Anschauung kannte Horn den Belvedere-Garten in Wien, den Barockgarten im benachbarten Jersbek und den Garten des Herzogs von Plön in Traventhal, sicher auch die Dresdener Gärten des sächsischen Oberbaumeisters Knöffel, der die Brühlsche Terrasse ebenfalls mit einem großen Kreismuster gestaltete, sowie den Moszynska-Garten von Schwarze in Dresden, vielleicht auch den Garten des Grafen Brühl zu Pförten in Brandenburg, vgl. Koch (1910), S. 205, 216, 226. Im Emkendorfer Archiv finden sich Pläne der Gärten Moszynska-Palais und Pförten. Bei dem letzteren könnte es sich um einen Entwurf Horns handeln, der von demjenigen Knöffels, in: Koch (1910), S. 226, abweicht, aber das schon von diesem verwendete Kreismuster aufnimmt.
12 Schadendorff (1933/34), S. 38. Vgl. ebenfalls zu den Festlichkeiten und Vergnügungsmöglichkeiten Hirschfeld (1939), S. 372–424.
13 Der Entwurf für das Gewächshaus findet sich: LAS Abt. 127.3 GA Nr. 643; zum Lusthaus vgl. LAS Abt. 127.3 SchA Nr. 58, I u. LAS Abt. 127.3 GA Nr. 542.
14 LAS Abt. 127.3 SchA Nr. 130. Dabei wurden für 800 Taler Erdarbeiten durchgeführt.
15 LAS Abt. 127.3 SchA Nr. 91.
16 LAS Abt. 127.3 GA Nr. 499, I.

Altona: Elbgärten

Etwa 10 km langer ‚Grüngürtel' in Hamburg von der Altonaer Palmaille bis zur Rissener Heide in Wittenbergen, am Hochufer der Elbe gelegen. Erschlossen durch die Elbchaussee, den Elbwanderweg (Uferpromenade) und den Elbhöhenwanderweg. Entwicklung bürgerlicher Gartenkultur seit über 360 Jahren, noch heute ablesbar: Strukturen barocker Lustgärten, ausgedehnte englische Landschaftsgärten mit klassizistischen Landhäusern, Spuren botanischer Sammlerleidenschaft, Villengartenkultur um 1900. Heute vierundzwanzig historische Parks (etwa 160 ha) in öffentlicher Nutzung, gefährdet durch vorrückende Industrieentwicklung am gegenüberliegenden Ufer der Elbe und sich verdichtende Wohnbebauung.

Altona war einst größte Stadt Schleswig-Holsteins und zweitgrößte im dänischen Reich. Sie war berühmt wegen ihrer Parks mit den herrlichen Elbsichten. Diese verwandelten die westlichen Elbdörfer von Neumühlen bis nach Blankenese in eine Oase grüner Vielfalt.[1] Hans Leip schilderte bereits um 1927 Altona als „*Gesundborn*" der nahen Großstadt Hamburg: „*... für die unermüdet schuftende Nachbarriesin der stille Garten, der Windfächer, Sondergrüngürtel, ... ihre Tummelwiese und Sandkiste, ihre erbauliche Andachtsfläche für Entspannung, Genießen und Kräftigung...*"[2] (Abb. 85). Altona, „*die Stadt der Parks*", wurde im Jahre 1937/38 Hamburg verwaltungsmäßig einverleibt und ging damit Schleswig-Holstein als Höhepunkt bürgerlicher Gartenkultur verloren. Den in dänischer Zeit entfachten Konkurrenzkampf der Handelsstädte Hamburg und Altona beendeten nun maßgeblich Argumente der Grünpolitik.

Die Topographie zwischen Blankenese und Altona ist von einem Geestrücken geprägt, der sich bis zu achtzig Meter hoch vom Ufer der Elbe erhebt. Die teils fruchtbaren, der Südsonne zugewandten, aber ständig von Erosion bedrohten Hänge begleiten das Ufer typischerweise in eingekerbten, geschützten Geländewellen. Die Grünentwicklung auf dem hohen Elbufer ist um so erstaunlicher, als noch im 17. Jahrhundert die Hänge entlang der Elbe weitgehend kahl waren. Erste Spuren von Gartenkultur tauchen in den Karten des 17. und 18. Jahrhunderts in geometrischen Strukturen auf. Städtebaulich prägend wurde die Altonaer „*Palmaille*" mit den südlich anschließenden, spätbarocken Gartenterrassen, die sich bis heute in dem öffentlichen Grünzug zwischen Olbersweg und dem „*Altonaer Balkon*" erahnen lassen.

Daß es sich bei der „*Palmaille*"[3] um eine barocke Ballspielanlage handelt, sieht man ihr kaum noch an. Sie stellt sich heute als ein ‚Straßenbegleitgrün' dar, bestehend aus zwei Reihen junger Linden auf einem langgestreckten Rasenstück, wahllos von Trampelpfaden durchkreuzt. Die Verheerungen des Dreißigjährigen Krieges schienen überstanden, als der damalige Landesherr, Graf Otto VI. von Schauenburg und Pinneberg (1614–1640)[4] sich bemühte, seinen Landen zu neuem Wohlstand zu verhelfen. Er dachte bereits über all das nach, was die Entwicklung dieses Landstrichs später tatsächlich beförderte: Hochwasserschutz, Hangbefestigung und Geländeumformungen für besondere Nutzungen wie Mühlenbetrieb, Weinbau, Fischzucht und – nicht zuletzt – gärtnerische Anlagen. Im Jahre 1638 faßte Graf Otto einen eher gewagten Entschluß: Er spekulierte auf die Spielfreude der reichen Hamburger. Hoch über der Elbe, mit Sicht auf die Kirchtürme Hamburgs, ließ er in der kargen, unbewohnten Landschaft ein Plateau einebnen. Hier sollte das in Paris gerade in Mode gekommene, altitalienische Pall Mail Spiel (palla a maglio = Kugelspiel mit Hammer) gespielt werden. Vierhundert Bäume – Linden, Ahornbäume und Ulmen – wurden auf einer Länge von 647 m in vier geraden Reihen von Ost nach West gepflanzt. Graf Otto gab bekannt, daß er einen „*Paliemaillemeister*" suchte. Damit nicht genug, für den Weinbau sollte im Anschluß nach Süden der Elbhang in windgeschützten Terrassen modelliert werden. Die schrecklichen Zeiten des Dreißigjährigen Krieges waren jedoch noch nicht ausgestanden und ließen derweil alle Gartenträume erstarren. Die Maillebahnen verwilderten und wurden später für die Reepschlägerei benutzt.

Zur gleichen Zeit wie die Palmaille entstanden die frühen ‚Lusthöfe' in den Elbdörfern. Lusthöfe sind ursprünglich Bauernhöfe, die von vermögenden Städtern zur Sommerfrische erworben wurden. Sie sind in den Karten typischerweise an dem T-förmigen Grundriß des Haupthauses auszumachen. Das Bauernhaus wurde um einen Querbau mit Gartensaal und Wohnräumen erweitert, beim Haus ein einfaches Broderieparterre angelegt, geometrische Nutz- und Obstbaumgärten angepflanzt. Die weiter entfernt liegenden Felder und Wiesen blieben zumeist unter bäuerlicher Bewirtschaftung. Typische Beispiele solcher ‚Lusthöfe' waren in Dockenhuden (Gebiet des späteren Hirschparks) und in Nienstedten (Bereich Newmans Park und Elbchaussee 392) zu finden.

Nur bruchstückhaft und eher mosaikartig läßt sich aus den wenigen Überlieferungen ein Bild dieser frühen Lustgärten zeichnen. Daß sie teilweise bis heute, wenn auch vielfach überformt, als Gärten existieren, macht sie umso denkwürdiger: Nienstedten 1630: Der „urgelaarte" Hamburger Pastor Hardekopf – der ähnlich wie der Pastor Johann Rist (1607–1667) aus Wedel eine Vorliebe für landschaftlich erlesene Plätze hatte – erwirbt ein „Lusthaus", das er im Krieg wieder einreißen lassen muß.[5] Dockenhuden 1632: Der flüchtige Rechtsgelehrte Hugo Grotius (Huigh de Groot 1583–1645, Begründer des Völker- und Seerechts) versteckt sich auf einem Lusthof in Dockenhuden und schreibt: *„Das Landgut, auf dem ich diesen Sommer verlebe, hat sechs Fischteiche, Frucht- und andere Bäume, Blumen und reichliches Gemüse."* Neumühlen 1661: Der Hoppenhof unterhalb vom heutigen Altonaer Balkon wird verkauft, *„lebensgroße Figuren, Nachbildungen von Antiken"* gehören dazu. Klein Flottbek 1730: Ein Pachtvertrag über die *„Überlassung eines Stück Kornlandes für die Anlage eines Lustgartens"*[6] wird erwähnt. Der Garten, Baron-Voght-Straße 27, trägt den Namen *„Eichenlust"* und liegt in Nachbarschaft zum Jenischpark. Der hintere Teil wurde nach dem Zweiten Weltkrieg mit Einfamilienhäusern bebaut. Klein Flottbek, vor 1734: Ein kleines, zweistöckiges Gartenhaus, holländisch anmutend in rotem Backstein, ist in einer Karte eingezeichnet. Es ist noch heute an der Baron-Voght-Straße 57 zu finden und das älteste Gartenbauwerk der Elbvororte, das die Zeiten überdauerte. Nienstedten 1765: Der ehemals Simpsonsche Hof wird verkauft, mit *„in dem Garten befindlichen Statuen und in Kasten gepflanzten Lorbeerbäumen."*[7]

All diese Anwesen konnten sich allerdings in ihrer ländlichen Bescheidenheit nicht mit den Gärten an der Alster, den zierlichen italienischen Gärten am Jungfernstieg im 17. Jahrhundert, oder den legendären

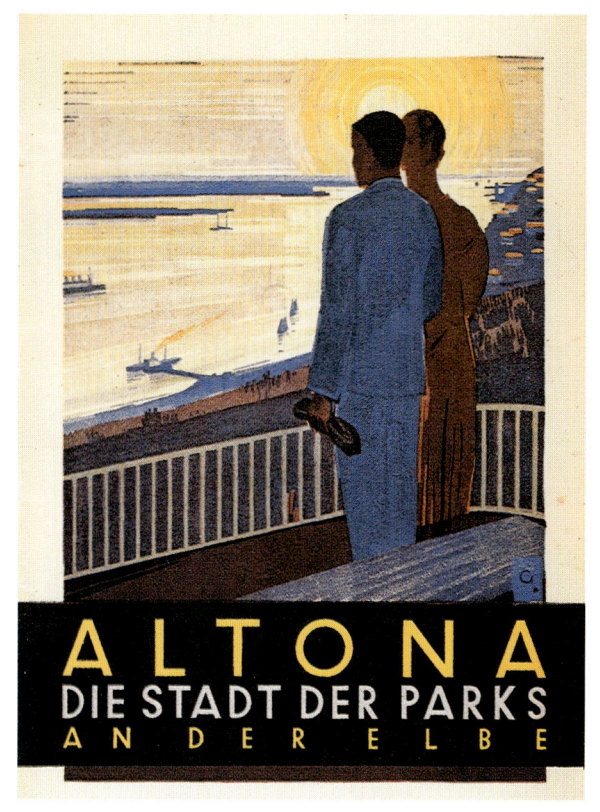

Abb. 85: „Altona, die Stadt der Parks", Buchumschlag von Hans Leip 1928 (Privatbesitz).

Abb. 86: Altona, Blick aus den Gärten der Palmaille auf die Elbe, Gouache um 1756/57 (Altonaer Museum in Hamburg – Norddeutsches Landesmuseum).

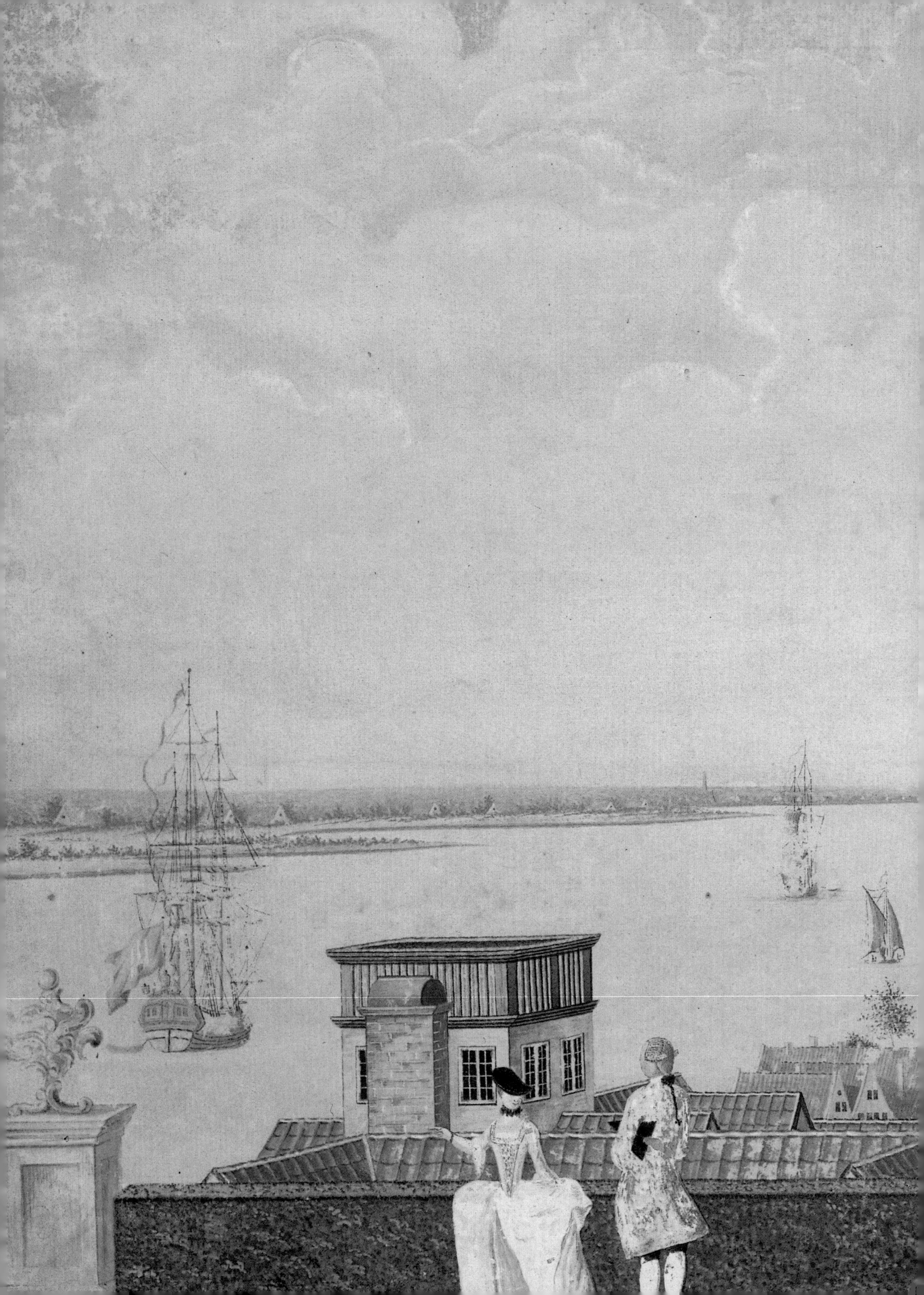

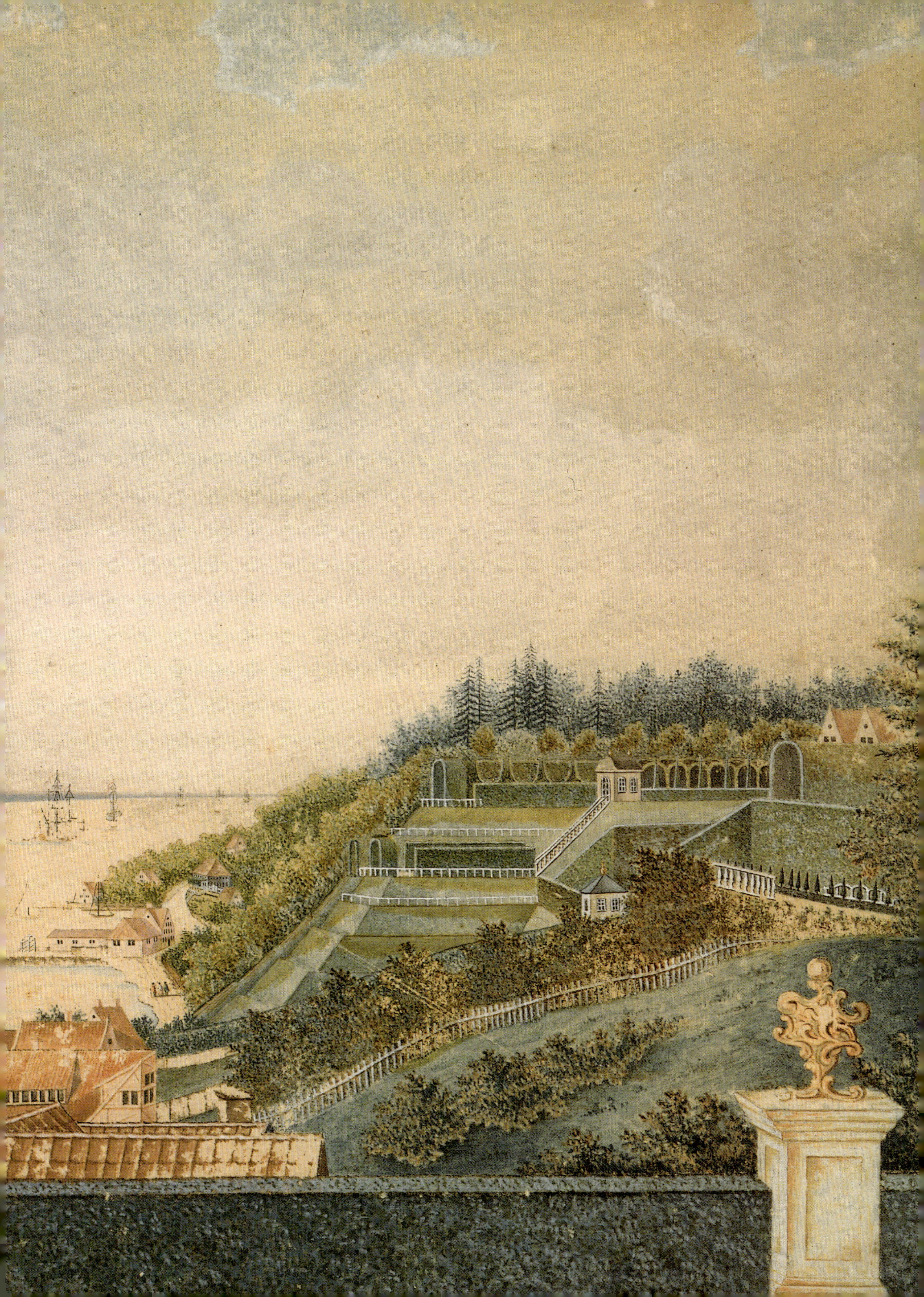

Kaufmannsgärten im Osten der Stadt Hamburg im 18. Jahrhundert messen. Auch traten die Gärten der Elbdörfer nur vereinzelt zwischen den Bauernländereien auf und nicht in dichter Fülle wie die Landhäuser in Hamm und Billwerder, am Wege nach Bergedorf und jenseits des Dammtors nach Harvestehude und Eppendorf hin. Erst recht hielten sie in ihren bürgerlichen Dimensionen keinem Vergleich stand mit den adligen Gütern Wandsbek und Jersbek, Haseldorf und Seestermühe, dienten sie doch lediglich Bürgern oder auch zugezogenen Glaubensflüchtlingen, meist Mennoniten aus dem holländischen Raum, zur eher bescheidenen Gartenlust.

Bemerkenswert allerdings waren die Terrassengärten, die südlich der Palmaille entstanden (Abb. 86). Altonas Oberpräsident Graf Reventlow und der Stadtbaumeister Claus Stallknecht (1681–1734) nahmen sich der verwahrlosten Maillebahnen nach dem Schwedenbrand 1713 an. Sie erkannten die Palmaille als *„den wenigen, der Stadt noch übriggebliebenen Zierrat"* und sicherten sie im Zuge des Wiederaufbaus der Stadt in zähen Prozessen mit den Eigentümern als *„publike Allee"* mit Fahrstreifen rechts und links.[8]

Hinrich I. van der Smissen (1662–1737) war jener aufstrebende Altonaer Kaufmann aus mennonitischer Familie,[9] der später als der *„Städtebauer"* bezeichnet wurde. Er erwarb im Jahre 1706 die Südseite der Palmaille bis hinab zur Elbe. Er ließ Packhäuser im Hafen erbauen und eben jene Straßenstrukturierung vornehmen, die bis heute das Oben und Unten geradezu hierarchisch prägt: die Prachtstraße der Palmaille oben und die geschäftige Große Elbstraße unten am Hafen. Zwei Steilwege, wiederum mit Baumreihen bepflanzt, der *„Quäkerberg"* und *„Van der Smissens Allee"*, schufen eine gartenkünstlerisch gesäumte Verbindung, *„um eine bequeme Auffahrt von der Elbe nach Altona und Ottensen zu haben"*.[10] Oben ließ sich van der Smissen ein Palais und einen Garten streng geometrisch nach holländischem Vorbild anlegen, fünf weitere Anwesen[11] entstanden rechts und links und reichten bis zu Slaafs Hof vor Neumühlen. Zusammen bildeten sie eine repräsentative Gartenlandschaft, die fürstliche Pracht verbreitete.

Der zeitgenössische Dichter und Ratsherr Barthold Hinrich Brockes (1680–1747) aus Hamburg war zur Zeit des Spätbarock tonangebend, was die sinnliche Gartenbetrachtung betraf. Er besang Natur und Gärten an der Elbe in den Gedichtbänden *„Irdisches Vergnügen in Gott"* als Lob auf den Schöpfer.

„Hier kann man Blumen-Stück', und dort Gasons entdecken,
Hier Gallerien dort Statüen,
Hier Grotten, dort Orangerien, Ligustrum-hier,
dort Taxus Hecken.
Hier kann man Teiche, dort Alleen,
Da Pyramiden, Bogen-Gänge,
Fontainen, Steig' in großer Menge
Und grün-belaubte Planken sehn.
Hier Gärten Häuserchen, Portale dort und Lauben.
Der Reben Meng', als Müttersüsser Trauben,
Der Aprikosen- und der Pfirschen-
Der Quitten-Pflaumen-Birnen-Kirschen-
Und Aepfel-Bäume zu geschweigen, ..."[12]

Seltene, auch südliche Obstgehölze zu beziehen, war kein Problem mehr; in St. Georg hatte sich die bekannte Baumschule Böckmann 1674 etabliert.[13] Über Friedrichstadt bezog man Blumenzwiebeln hauptsächlich aus Holland. Ausnahmsweise ließ man sich Raritäten, z. B. Königskerzen, aus England kommen. Auch an den Hamburger Kapellmeister und Gartenfreund Georg Philipp Telemann wurde 1750 ein Kistchen abgeschickt, wie seiner Korrespondenz mit seinem Jugendfreund Georg Friedrich Händel aus London zu entnehmen ist.[14]

In Altona jedoch war noch etwas anderes wichtig geworden: Der unübertroffene Fernblick über die Elbe.[15] Das weite Panorama reichte damals aus van der Smissens Garten von einer vorspringenden Geländenase bis nach Stade. Nach Süden schweifte der Blick über die weitverzweigte, mit einzelnen Mühlen und Höfen besetzte Insellandschaft über den Köhlbrand, einen Seitenarm der Elbe, bis nach Harburg. Die Armaden von Segelschiffen unterschiedlichster Größe boten im Takt der Tide und unter dem Gebot der Windrichtung ein bewegtes Bild. Die Pracht der gärtnerischen Anwesen avancierte zur geschäftlichen Visitenkarte der Stadt. Hier, auf der Höhe der Palmaille, ist die

Tradition der hiesigen Reeder und Kaufleute entstanden, zu ihren einlaufenden Schiffen vom Elbgarten aus hinüberzugrüßen und das reiche Anwesen den auf der Elbe Vorbeisegelnden zur Schau zu stellen.

Jencquels Landsitz oberhalb Neumühlens schloß im Westen an die geschilderten Gärten an und lag in Sichtweite. Er war schon seit Ende des 17. Jahrhunderts Spekulationsobjekt Hamburger Gartenlust und wurde von dem Großvater des späteren Barons Caspar Voght ab 1716 kunstvoll als mehrstufiger Terrassengarten mit hohen Hecken, üppig berankten Treillagen und verschwiegenen Gartenkabinetten ausgestattet. *„Wer die Erlaubnis erhalten kann, in den Jencquelschen und Gerhardschen Garten einzutreten, der wird bekennen, daß die Natur nichts reizender hervorgebracht, als was sich hier den Sinnen bietet"*, berichtet Willebrandt.[16]

Wenngleich die Gitter dieser barocken Kaufmannsgärten mittlerweile gefallen sind und eine öffentliche Parkanlage dort nur noch wenig Details alter Barockgärten erahnen lassen, so sind doch die großen Landschaftsstrukturen der Terrassen am Elbhang, gekrönt von der ebenen Palmailleanlage auf dem Hochplateau, erhalten. Dieses in dem Gewirr geschichtlicher Wandlungen zu erkennen, könnte dazu beitragen, die fast 400 Jahre alten Landschaftsstrukturen zu bewahren und nicht den Blicken von der Elbe her zu verstellen.[17]

Nicht nur Ländereien, auch Begräbnisplätze waren westlich der Palmaille um 1760 noch *„wohlfeil"* zu bekommen. Ein *„Grab, bis zu ewigen Tagen"* wünschte sich in ihrem Testament Meta Moller (1728–1759).[18] Ihr Ehemann Friedrich Gottlieb Klopstock (1724–1803), äußerte sich nicht zu dem Preis, sondern zu dem Symbolwert der Gegend: *„Ich will unser Grab in Ottensen, oder auf einem andern Dorfkirchhofe weiter an der Elbe hinauf machen lassen. Ich werde eine schöne Gegend um derer Willen aussuchen, die sich im Frühling der Auferstehung freuen mögen."*

Klopstock war jener Dichter, der zeitgeschichtlich und literarisch am Anfang einer neuen ‚Empfindsamkeit' in der Gartenkunst steht und die gebildete Kaufmannsschicht der Aufklärungszeit in Hamburg maßgeblich beeinflußte. Bei Metas Grab ließ er zwei Lindenbäume setzen und bat eine Freundin, *„Feld-*

Abb. 87: Altona, Linde mit Klopstocks Grab vor der Christianskirche, Photo 1995.

blümchen darauf zu unterhalten". Rosengebüsche umkränzten das Grab.[19] Als er dann 1803, mehr als 40 Jahre nach Metas Tode, selbst zu Grabe getragen werden sollte, war eine der Linden zu dem *„weit umher schönsten Baum"* herangewachsen (Abb. 87). *„Unentweihet von der Axt und Scheere; von ihrem Wipfel herab bis zur Fläche ihrer untersten sich über das Grab wölbenden Zweige, eine natürliche Pyramidenform; reich geastet, dicht belaubt, kräftigen Wuchses."* Das Begräbnis wurde ein großes Ereignis. Ein Trauerzug von fünfzigtausend Menschen, so wird berichtet, voran Baron Voght, das konsularische Corps und die Ratsherren, geleitete den Dichter zu Grabe. Weißgekleidete Jungfrauen streuten Frühlingsblüten als Zeichen der Auferstehung. Die Linde steht noch heute vor der roten Backsteinfassade der altehrwürdigen Christianskirche. Das dunkelgrüne Laub der hohen Rhododendronbüsche schirmt das Rauschen und Getriebe auf der nahen Klopstockstraße, die in die Elbchaussee übergeht, nur mühsam ab. Daß dort heute unter Getöse, Abgase verbreitend, etwa 40 000 Autos täglich vorbeirauschen, ist die Kehrseite einer Entwicklung, die mit der Erschließung des Hamburger Westens vor 200 Jahren begann.

Einen großen Wandel brachten die neuen Gartenideen aus England: Die *„hügelichte Lage"* der Elbdörfer wurde entdeckt: Mitglieder des English Court[20] wie der Courtmaster John Blacker in Neumühlen, der Kaufmann John Parish in Nienstedten und die Gebrüder Lodge in Blankenese spekulierten schon ab 1770 auf *„wohlfeile"* Gartenländereien. Der Hamburger Kaufmann und Englandreisende Caspar Voght erwarb ab 1785 in Klein Flottbek mehrere Höfe, um dort einen Englischen Landsitz als Ornamented farm zu entwickeln. Die Brüder Jean César und Pierre Godeffroy, Refugées, die reich geerbt hatten, erwarben in Dockenhuden Lusthöfe. Die hügelige Lage entsprach genau den Voraussetzungen, die der Gartentheoretiker Christian Cay Lorenz Hirschfeld (1742–1792) als ideal für die Anlage eines englischen Landschaftsgartens beschreibt. Die weiten Ausblicke auf den sich verbreiternden Mündungsstrom, die grünen Inseln, die fernen blauen Hügel am Horizont erschienen *„dem Pinsel eines Landschaftsmalers würdig"* und wurden zum vielfach variierten Thema der Gartenbilder.

Es entstanden jene berühmten klassizistischen Landhäuser, entworfen von dem königlichen Landbaumeister Christian Frederik Hansen (1756–1845) und dem Architekten Johann August Arens (1757–1806), die der Landschaft palladianische Akzente aufsetzten. Neun Landhäuser schuf Hansen hier im Auftrag reicher Kaufleute, von denen heute noch fünf an der Elbchaussee zu finden sind: Die beiden Godeffroyschen Landhäuser, heute Hirschpark-Haus (Elbchaussee 499) und Weißes Haus (Elbchaussee 547) genannt, Baurs Elbschlößchen (Elbchaussee 372), letzte Spuren des Böhlschen Landhauses in Othmarschen (Elbchaussee 190) und Blackers Landhaus in Dockenhuden, heute in aufgestockter Form als Goßlerhaus (Goßlers Park 1) bekannt. Gebauers Landhaus, in Anlehnung an die benachbarte Rolandsmühle ein Rundbau, ursprünglich anderthalbstöckig mit kegelförmigem Strohdach, liegt am Philosophenweg 18. Aufschluß über die Erwartungen, die die Auftraggeber an ihre künftigen Gärten stellten, geben Hansens Präsentationzeichnungen der Landhäuser. Daß dabei gerade die Stimmung des zukünftigen Gartens eine wichtige Rolle spielt, die zu den eher strengen Architekturen in eigenartigem Widerspruch stand, entsprang dem Zeitgeist der ‚Empfindsamkeit'. Beim Hirschparkhaus zum Beispiel ist es das *„schweitzer Ambiente"*[21], das Hansen pointiert darzustellen weiß, beim Goßlerhaus der *„sandige Hügel"*[22], ein *„wahrhaftiger Parnaß"*[23], der dies ungewöhnliche Tempelgebäude tragen sollte.

Beim ‚Elbschlößchen' ist es die lieblich eingewachsene Stimmung eines *„Morgengartens"*.[24] Das ungewöhnliche Gebäude mit seiner an das Pantheon erinnernden Rundkuppel wird von Hansen gleichsam wie auf einer Gartenbühne präsentiert. Aus Hirschfelds Gartentheorie ist bekannt, was dazugehört: *„Ein beträchtlicher Strom, der sich vor dem Morgengarten vorüber wälzt, gewährt eine noch größere Lebhaftigkeit."* Tatsächlich, die Elbe ist nicht fern und der Gartenkünstler Ramée, auf den im folgenden noch eingegangen wird, rundete den Garten, auch Baurs Feld genannt, zu einem Meisterwerk englischer Gartenkultur ab: Eine große Wiese öffnete sich vor dem Hause hin zur Elbe, ein Beltwalk, durch Shrubberies und Clumps geführt, erschloß halbrunde Aussichtsplätze und Sitznischen. Er führte von einem Hüttchen im östlichen Winkel des Gartens, einer Art ‚Neugierde', von der aus man die Chaussee beobachten konnte, bis hin nach Westen, wo ein kleines Gewässer im Scheitel einer langgezogenen Lichtung eine verschwiegene Abwechslung zu dem Gemüse-, Obst- und Grasgarten bot. Hier war eine Allee zwischen die kleinen Nutzfelder gefügt, die zu den Wirtschaftsgebäuden führte und bei einem Sitzplatz in den landschaftlichen Teil des Gartens lenkte.

Die neue Bauweise, beflügelt von den Freiheitsgedanken französischer Revolutionsarchitektur, ging einher mit einem neuen Bewußtsein für das arkadische Umfeld. Der Standort des Gebäudes wurde frei ge-

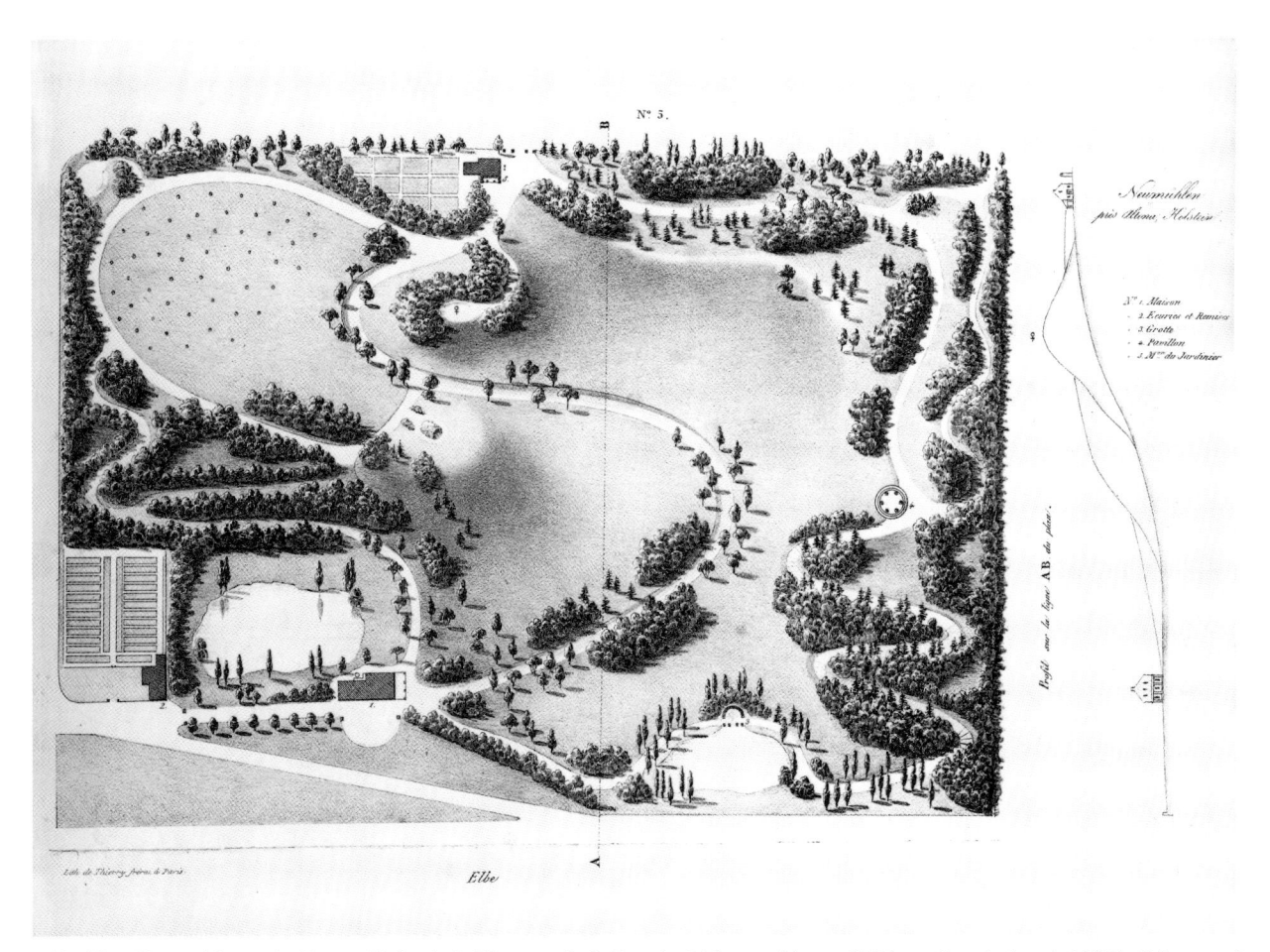

Abb. 88: „Neumühlen prés Altona, Holstein", Plan von J.-J. Ramée, Lithographie um 1796 aus Ramée [nach 1835], (Library of Congress Washington).

wählt, in keine Baufluchtt, wie 100 Jahre später, eingepfercht, sondern an den natürlichen Gegebenheiten der näheren und weiteren Landschaft orientiert. Im Gegensatz zu Hansen fertigte Arens auch Gartenpläne. Er hatte schon in Weimar in Goethes Park an der Ilm mitgewirkt und dessen Gartenhaus entworfen.[25] Neben Flottbek wurde auch Vidals Landhaus und Garten, der heutige Park des Seegerichtshofes in Nienstedten (Georg-Bonne-Str. 33/Elbschloßstraße 1/Elbchaussee), von Arens gestaltet. Der Landschaftsgarten mit alten Eichengruppen ist seit Jahrzehnten verwildert und wurde neuerdings Bauland.[26]

Der ungewöhnlichste und doch am längsten vergessene Gartenkünstler des Elbufers war der französische Architekt Joseph-Jacques Ramée (1764–1842).[27] Ihn verschlug es in den Wirren der französischen Revolution über Weimar und Meiningen 1795 nach Altona und Hamburg. In Frankreich hatte er sowohl für den Adel gearbeitet als auch für die Aufständischen einen „Altar des Vaterlandes" auf dem Marsfeld errichtet. Er entwarf nicht nur Landschaftsgärten im englischen Stil, sondern auch klassizistische Inneneinrichtungen wie in Voghts Landhaus. Schnell faßte er in Hamburg und Umgebung Fuß und schuf im dänischen Reich bis hin nach Kopenhagen Parkanlagen. Allein sechs bedeutende Landschaftsgärten entstanden an der Elbe. Hier wurde sein Stil prägend: Großartige, idealisierte Landschaftsbilder mit weiten Wiesenflächen und Panoramablick, gerahmt mit Gebüsch und ausdrucksstarken Solitärbäumen. Manchmal schob sich dekorativ ein Schornstein einer Manufaktur, eine ferne Windmühle oder das feurige Stiemen eines Kalkofens in das Bild. Seine Wegführungen sind immer elegant, immer unregelmäßig, scheinbar zufällig und doch in der

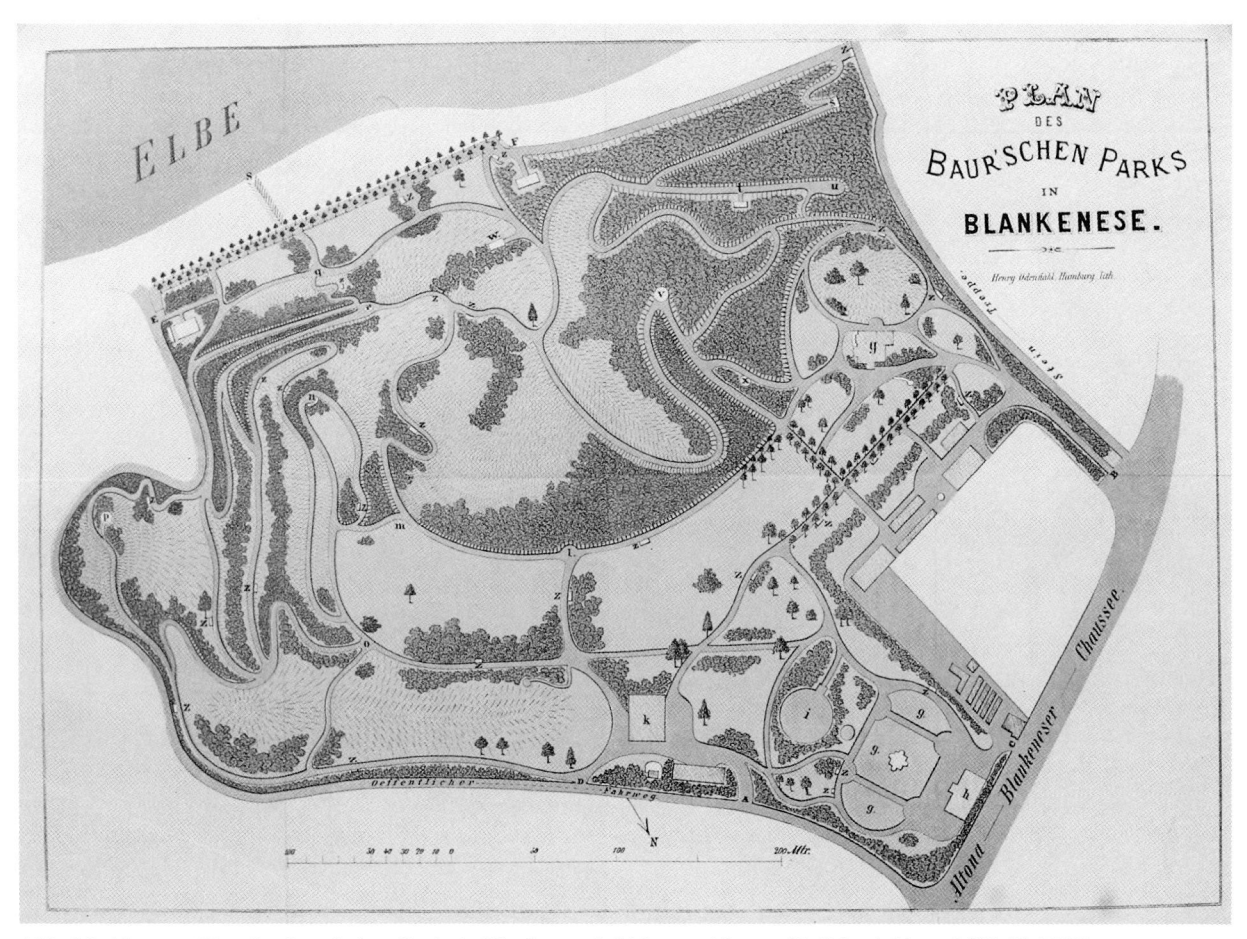

Abb. 89: Altona, „Plan des Baur'schen Parks in Blankenese", Lithographie von H. Odendahl um 1870 (StAHH).

Abb. 90: Altona, Pagode in Baurs Park, kolorierte Lithographie von Poppel und Kurz um 1845 (StAHH).

schwingungsvollen Harmonie des Gesamtkunstwerkes begründet.

Sein Erstlingswerk war Sievekings Garten (um 1797, heute Donners Park) in Neumühlen (Abb. 88), spät vollendet wurde Baurs Park in Blankenese (1803–1812 und 1833). Beide Gärten spielen mit den Steil-

hängen am Ufer. Als Akzent erhielt das abschüssige Gelände vorgebaute Aussichtsplätze (Kanonenberge). Dabei kamen Ramée Kenntnisse im Festungsbau zugute. Sievekings Garten war ein illustrer Versammlungsort eines politisch, literarisch und philosophisch interessierten Freundeskreises um die Handelspartner und Aufklärer Georg Heinrich Sieveking (1751–1799) und Caspar Voght (1752–1839), zu dem sich im Zuge der Französischen Revolution immer mehr Emigranten und Flüchtlinge gesellten. *„Zu Sonntag wurden sie dann nach Neumühlen geladen. Die Tafel war für 70–80 Personen gelegt, und die Couverts reichten zuweilen nicht aus, so groß war das Gewühl, und so unbegrenzt die, übrigens durchaus einfach und ohne Luxus geübte Gastfreiheit."*[28] Man lagerte sich auf der Wiese, um Tee zu trinken und den Ausblick zu genießen, lustwandelte im *„trauten Gespräch"* in *„schattigen, heimlichen Gängen"*, traf sich in einer

Altona 119

Abb. 91: Altona, Blick auf Baurs Park, Ölgemälde von L. P. Strack 1811 (Altonaer Museum in Hamburg – Norddeutsches Landesmuseum).

Strohhütte bei „trefflicher Aussicht auf die Elbe und ihre Inseln", man bestaunte das „Bergbosket" am Hang, verweilte an einem „klaren Teich" bei „den schönsten Kastanienbäumen", oder unter dem Säulenaltan des Hauses nahe dem Elbstrand. „*Eine kleine Laube [stand] in dem heimlichsten Theile des Gartens, die Madame Sieveking ihrem Gatten zum arbeiten hat einrichten lassen.*"[29] „Romantisch" wurde der Garten über einer Grotte empfunden, „*wo sich die Quelle mit Geplätscher aus der Höhle in das Becken ergießt, und von wo man die Elbe majestätisch ihre Wellen ans Ufer treiben sieht*". Nachts waren „*im dunklen Gebüsch flammende Pechtonnen verteilt*"; zusätzlich erleuchtete „*die nahe Kalkbrennerei mit hellem Feuer die Bäume und die Gebäude, und über allem strahlte mit silberner Klarheit der Mond und die unzähligen Sterne …*", schildert der Kammerherr August von Hennings die „märchenhafte" Stimmung.[30]

Der Altonaer Kaufmann, Konferenzrat Georg Friedrich Baur (1768–1865)[31], ist für Ramée und viele Künstler, die es damals nach Altona zog, der ideale Auftraggeber gewesen: Von ständiger Unrast beseelt, was die Ästhetik seiner Umgebung anbelangte, hatte er immer wieder Lust zu weitreichenden Veränderungen. Er war sehr vermögend und hatte sich von Hansen an der Palmaille (heute Palmaille 49) ein Palais erbauen lassen. Um zu verhindern, daß der Rest der Straße durch weniger schöne Häuser verschandelt würde, kaufte er die Nachbaranwesen auf, ließ die vorhandenen Gebäude abreißen und von Hansens Neffen Johann Matthias Hansen (1781–1850) die sogenannten ,10 Baurschen Häuser' erbauen. In Blankenese war es ähnlich. Am Schwalkenberg kaufte er von 1802 bis 1817 elf Gärten und Grundstücke, um letztendlich in großem Wurf einen weitläufigen Park daraus gestalten zu lassen (Abb. 89). Vor großen Erdarbeiten scheute er nicht zurück: Schon 1803 ließ er den Kanonenberg von Ramée aufsetzen, von dem aus die eigenen Schiffe begrüßt wurden. Um den sandigen Boden für die wertvollen Bäume und Sträucher, die er bei der Baum-

Abb. 92: Altona, „Ansicht von Jacobsens Garten" von J. T. Glashoff, Gouache um 1820 (StAHH).

schule Booth und bei Ramée bezog, aufzubessern, wurde in Schuten Mutterboden aus dem fruchtbaren Alten Land von der anderen Seite der Elbe herübergeschafft. Der obere Teil des Gartens liegt beträchtlich höher als der untere. Auf sieben verschiedenen Wegen kann man noch heute nach unten gelangen. Sie führen an all den besonderen Plätzen der verschiedenen Staffagen vorbei, die Baurs Park berühmt machten (Abb. 32). Heute sind sie verschwunden: Die gotische Turmruine, der chinesische Pagodenturm (Abb. 90) mit goldenem Wetterhahn und Glöckchen, der ägyptische Tempel, die verschwiegene Spiegelgrotte, auf der ein Monopteros errichtet war, die Tuffsteingrotte, Weinlaube, zwei Eremitagen, die Flaggenstange, der japanische Schirm und die Rosenlaube. An der Elbe steht noch heute das lange gußeiserne Gitter, von dem Bildhauer Winck entworfen, gegossen in der Rendsburger Carlshütte. Aus Gußeisen waren auch zahlreiche Gartenbänke, die die Aussichtsplätze zierten.

Konferenzrat Georg Friedrich Baur hatte elf Kinder. Damit sie eine Erinnerung an den Park hätten, wenn sie aus dem Hause gingen, ließ er von dem Hofmaler Ludwig Philipp Strack (1761–1836) für alle Kinder Ansichten malen, die Ramées großzügige Landschaftsgestaltung verdeutlichen (Abb. 91).[32] Baurs Park ist heute öffentlich, aber an diversen Staffageplätzen mit Einfamilienhäusern bebaut. An der Stelle der Pagode auf dem ehemaligen Kanonenberg steht ein rot-weiß gestreifter Leuchtturm aus Beton (1985/86, Architekten Garten/Kah/Hoyer). Er überragt die Wipfel der hohen Parkbäume um mehr als das Doppelte und steht in krassem Gegensatz zu der noch immer romantisch anmutenden Parkkulisse.

In Nienstedten verfeinerte Ramée den Garten für Baurs Elbschlößchen (Baurs Feld, nach 1807) und den für Parish (1835, Elbchaussee). In Dockenhuden verschönerte er um 1800 den eigenen Garten „de Bost" unterhalb des heutigen Hirschparks, wo seine Tapetenmanufaktur Masson & Ramée in der alten Amidanfabrik an der Elbe untergebracht war (heute Landhaus Bost, In de Bost 39/41, entworfen von Architekt Arthur Patrick Mee, 1836). Während der napoleonischen Besetzung Hamburgs wurde es Ramée 1810 von der Hamburger Kaufmannsfamilie Parish ermöglicht, nach Nordamerika zu gehen. Sechzigjährig kehrte er noch einmal nach Hamburg zurück, und wurde für Baur (1833), Heine (Gestaltung Heine-Park 1834) und Richard Parish (Parish's Garten in Nienstedten 1835) tätig.

Der hugenottische Kunstgärtner Daniel Louis Jacob (1763–1830), den der Kaufmann Pierre Godeffroy von Dresden nach Nienstedten holte, schuf Anlagen, die bis heute eine große Könnerschaft erahnen lassen. Er wußte vorgefundene Barockstrukturen spannungsreich mit dem neuen Stil zu verbinden und wurde wegen seiner botanischen Kenntnisse gelobt.[33] Er legte den Garten für Pierre Godeffroy in Dockenhuden an – noch heute ein wunderbar gepflegter Privatpark an der Elbchaussee 547. Weithin bekannt wurde Jacob in einem anderen Metier: als Gastwirt einer „*herrschaftlichen Einkehr*" in Nienstedten. Dort komponierte er in den Wirtshausgarten über der Elbe seine malerische Lindenterrasse (Abb. 92).[34] Eine Laienzeichnung von Glashoff zeigt, wie sich die Lindenterrasse, ein typisches Wirtshausmotiv, in den Gesamtzusammenhang des Steilufers einfügte. Dort, wo damals der Blick über die Rotunde eines Gartenhäuschens zum benachbarten Kirchturm schweifte, ist jüngst ein Bollwerk raumgreifender Architektur entstanden, das den gesamten Hang mehrere Stockwerke tief unterhöhlt hat (Bauvolumen über 100 Millionen DM). Zu hohem Preis wurden drei wesentliche Dinge gerettet: Die Tradition gepflegter Gastlichkeit und Gastronomie, die der Lindenterrasse die historische Nutzung bewahrt; der endlich wiederentdeckte Eiskeller, der zum Garten und der Gastronomie gleichermaßen gehörte, und die vielbesungene und gemalte Aussicht auf die Elbe, deren Bild jedoch unter den Ansprüchen einer expandierenden Flugzeugwerft auf der anderen Uferseite mehr und mehr einer drastischen Änderung anheimfällt. Welcher Gartenkünstler Jean César IV. Godeffroys Garten (heute Hirschpark) in einen pittoresk empfindsamen Landschaftspark umgestaltet hat, wer den kleinen, barocken Baumgarten bei der Wassermühle in Klein Flottbek (heute Wesselhöftpark) mit den Mühlenteichen in einen verschwiegen romantischen Garten mit rauschendem Wasserfall verwandelte, nach wessen Gartenplänen Klünders Garten (heute Hesse Park) oder Lawaetz Garten (heute Rosengarten) angelegt wurden, ist nicht bekannt. Daß auch hier die oben Genannten ihren Einfluß verbreiteten, steht zu vermuten.

Viel Gestaltungswillen ging von den Gartenbesitzern des Elbufers selbst aus. Wenngleich sie sich der Hilfe und des Rates eines Architekten, Gartenkünstlers oder Baumschulers bedienten, so hatten sie klare Vorstellungen sowohl über Ablauf als auch Ergebnis ihrer Gartenschöpfungen. Es ist wenig beschrieben, welch großen Anteil die den Gartenbesitzern nahestehenden

Frauen an der Gartengestaltung hatten. Liest man sich in die Verwandtschaftsverhältnisse entlang der Elbchaussee ein, hat man den Eindruck, die von Gartenideen beseelten Familien hätten immer wieder untereinander geheiratet, sich versippt und verschwägert, wobei die Töchter von einem Garten zum nächsten, den sie dann wieder neu mitzugestalten wußten, wechselten.[35] Viele verwandtschaftliche Bindungen bestanden auch zwischen den Besitzern der Elbgärten und den schleswig-holsteinischen Gütern.

Richtungsweisend bezüglich der Pflanzenverwendung und -behandlung wurde der schottische Baumschulgärtner James Booth (1772–1814)[36], den Caspar Voght 1793 in Schottland als Sohn der dortigen, größten Baumschule kennenlernte und bewegen konnte, sich mit seiner Familie in Klein Flottbek anzusiedeln. Baron Voght stellte ihm östlich des heutigen Jenischparkes ausgedehnte Ländereien für eine Baumschule zur Verfügung (Abb. 93). Seinem Geschäftssinn ist es zu danken, daß die Boothsche Baumschule letztendlich zur Keimzelle des Baumschulwesens im Pinneberger Raum wurde, das heute als das größte in Europa gilt.[37]

Während Voght anfänglich noch Baumschulware schiffsladungsweise nach Klein Flottbek aus England importierte, heißt es im 1796 erschienenen Garten-Almanach: „*Man hat durch Anzucht nordamerikanischer und anderer ausländischer in unserem Clima auch im Freyen ausdauernde Bäume und Sträucher, die sich mit dem neueren Gartengeschmack von England nach Deutschland verbreiteten, auch in unsere Gärten mehr Mannigfaltigkeit des Colorits und Wohlgeruchs zu leiten gewußt, diesen Geschmack begünstigt, und durch ihn unsere umliegenden Gegenden bereichert und verschönert.*" Zur Zeit der Aufklärung wurde es selbstverständlich, dem Publikum den Zugang zu den größeren Parks und Gärten zu gestatten, allerdings mit Einschränkungen, um sich gegen Vandalismus und Pöbel zu verwahren. Eintrittskarten gegen Gebühr an die Armenkasse gab es z. B. in Klein Flottbek, Eintragung in ein Besucherbuch in Baurs Park. Für den eiligen Fuß- und sonntäglichen Kirchgänger führte der öffentliche Kirchenstieg durch die

Abb. 93: Altona, „Booth's Flottbeker Baumschule", Aquarell um 1850 (StAHH).

Gärten auf direktem Wege hindurch und manchmal daran entlang. Zur Zeit des Biedermeier jedoch wurde der Garten immer mehr zum privaten Refugium im ausgedehnten Familienkreis. Gegen die Öffentlichkeit des Kirchenstieges grenzte man sich nun ab: Er wurde von einer Parkbrücke überspannt wie in Vorwerks Garten (Baron-Voght-Str. 19), in de Bost und am Kiekeberg, oder aber untertunnelt wie im Hirschpark. Da die Kirchenstiege für alle Zeiten grundbuchmäßig gesichert waren und sind, findet man sie noch heute, selbst dort, wo eine sechsspurige Autobahn das uralte Wegerecht zu vereinnahmen drohte und den Zusammenhang der Landschaft durchschneidet wie z. B. in Othmarschen vor dem Elbtunnel.

Prägend für die Elbgärten ist die Überlagerung von mehreren Zeitschichten, in denen die Gärten weiter verschönt, neu geformt, verändert, erweitert oder aber auch reduziert wurden. Die Nähe zum Welthandel mit seinem konjunkturellen Auf und Ab bewirkte eine Gestaltungsunrast ihrer Besitzer, die immer dann in Pflanzen, Gartenszenen, Zufahrtswege, Feste und Lustbauten investierten, wenn die Einnahmen aus dem Handel es erlaubten. So entstand ein ungewöhnlich vielfältiges Gestaltungsbild, das allerdings nur der entdeckt, der hinter den Vorhang momentaner Verwahrlosung, großstädtischer Übernutzung und eingeschränkter oder vernachlässigter gärtnerischer Pflege zu schauen versteht. Blackers *„sandiger Hügel"* (Goßlers Park) trägt beispielsweise bis heute die Handschrift einer eigensinnigen Gestaltung (Abb. 94), die in einem Bestandsplan von 1841 ablesbar ist. Zwischen 1816 und 1897 hatte das Anwesen die englisch-schottische Familie Daniel Roß (1776–1840) inne, die offenbar neuen englischen Vorbildern, z. B. dem von John Claudius Loudon (1783–1843) geprägten Gartenstil (*„The Gardenesque"*) folgte. Baumgruppen wurden nicht als scheinbar natürliche Bildkulissen, sondern als Solitäre in der Reihe oder in Gruppen im Kreis gepflanzt (siehe Buchenrund), der formale Küchengarten nicht am Rande angegliedert, sondern mitten in der geschwun-

Altona

Abb. 94: Altona, Goßlers Park in Blankenese, Photo 1995.

genen Anlage als Sondergarten ausgebildet. Diese Grundstruktur verleitete 1934 zu einer *„parkartigen Bebauung"* im nord-östlichen Teil.

Besonders interessant sind die Zeitschichten im Hirschpark[38]: Als Jean César IV. Godeffroy in Dockenhuden 1789 einen Lusthof erwarb, fand er schon einige stattliche Baumreihen und zwei gebogene Alleen entlang der Wiesen und Felder vor. Eichen und alte Linden umstanden den Lusthof, der sich dort befand, wo er dann das strohgedeckte Kavaliershaus erbaute (heute Witthüs Teestuben). Daß César IV. die heute noch so prachtvolle, zwei- bis vierreihige Lindenallee schon vorgefunden hätte, wurde behauptet, allerdings nie belegt (Abb. 95). Vieles spricht dafür, besonders die Details der Verkoppelungskarte von 1789 sowie die zeitgenössische Reiseliteratur[39], daß diese Lindenallee von ihm erst um 1790 angelegt wurde. Schnurgerade wurde sie nach Le Nôtres barocken Pflanzempfehlungen in Abständen von 3,5 m und 7 m gepflanzt. Zum Vergleich ziehe man die Allee im Eutiner Schloß-

Abb. 95: Altona, Lindenallee im Hirschpark Dockenhuden, Photo 1994.

Abb. 96: Altona, Der Blumengarten im Hirschpark Dockenhuden, Postkarte um 1910 (Privatbesitz).

garten heran: Auch sie wurde erst 1788 gepflanzt[40], als Alleen schon nicht mehr in Mode waren. Die Bäume beider Alleen zeigen keine alten Schnittstellen. César IV. ließ einen Landschaftsgarten mit Beltwalk und geschwungen Wegen, einem kleinen Gewässer und Insel in den vorgefundenen Strukturen von Feldern und Wiesen anlegen. Nördlich der Allee befanden sich die geometrisch gegliederten Beete des Küchengartens und ein Obstbaumgarten. 1792 wird von einer Strohhütte berichtet[41], die wahrscheinlich an einer Stelle (ca. 200 m südlich des Landhauses) stand, wo man heute nur noch eine kleine Geländenase am Hang, üppig von Efeu überwuchert, entdeckt. Genau hier ist der Platz, wo man das Programm des Gartens erfassen kann: Nach Norden gewandt, sieht man das klassizistische Landhaus. Noch heute glänzt es dort „*wie der Hutknopf eines Feldherrn über der Elbe*". Nach Westen zu sieht man den Garten des Bruders Pierre Godeffroy. Sein Landhaus, das sogenannte Weiße Haus, blinkt hier bis heute zwischen den Bäumen hindurch: „*Beide Gärten hängen durch ein Thal zusammen; brüderlich schlängeln sich die Wege ineinander, wie Sinn und Herz der Brüder. Der Gärten sind zwei, jeder mit eigentümlichen Ansichten und Aussichten, und doch eins. Zur Linken sind wieder Hügel. Von unten duften wohlriechende Stauden herauf,*" wird von Ewald berichtet.[42]

Doch nun zu der nächsten Zeitschicht, die den Hirschpark bis heute prägt und zwischen 1843 und 1870 kontinuierlich entwickelt wurde: Godeffroys Enkel, Johan César VI. (1813–1885), fügte südlich der Lindenallee eine weitere formal gestaltete Gartenachse ein, die auf die Insel im Teich ausgerichtet war.[43] Inseln waren seine Leidenschaft: Er wurde wegen der vier Dutzend Inselniederlassungen seiner Weltfirma, die er im Südpazifik unterhielt, als der „*ungekrönte König der Südsee*" bezeichnet. Fast wirkt es wie ein höfischer Anspruch, daß der Blumengarten in einer Erneuerung barocker Gartenkultur mit reichen Teppichbeeten, Springbrunnen und antikisierenden Skulpturen ausgestattet wurde (Abb. 96). Seltene Koniferen säumten die Achse, 2000 lilablühende Rhododendren wur-

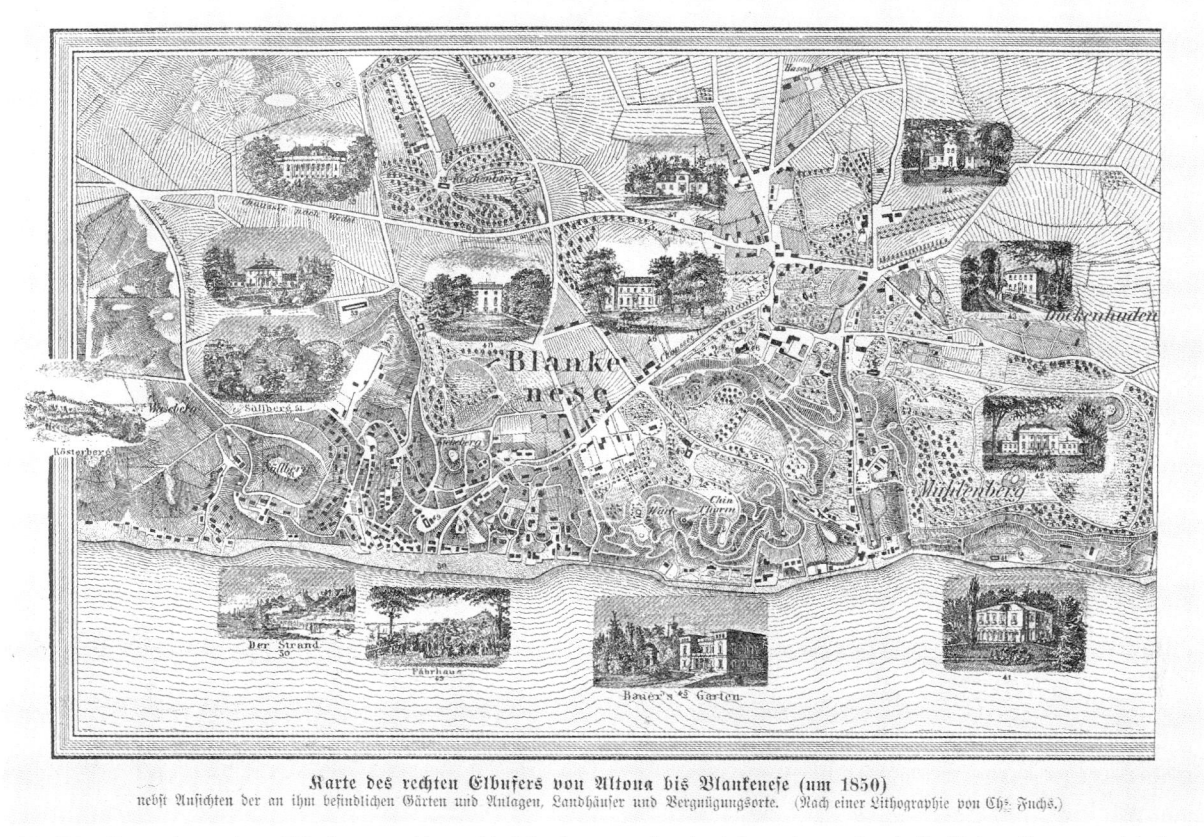

Abb. 97: „Karte des rechten Elbufers von Altona bis Blankenese nebst Ansichten der an ihm befindlichen Gärten und Anlagen, Landhäuser und Vergnügungsorte" (Ausschnitt), Lithographie von C. Fuchs um 1850 aus Ehrenberg (1897), (Privatbesitz).

den gepflanzt und erfreuen noch heute. Die große botanische Sammelleidenschaft, die Europa im Zuge der Entdeckung neuer Länder ergriffen hatte, fand natürlich gerade bei den reichen Handelsherren, deren Schiffe vom Hamburger und Altonaer Hafen aus die Weltmeere ansteuerten, ihre eifrigsten Vertreter. Nach dem Vorbild von Kew Gardens entstand jene botanische Fülle und Vielfalt nicht nur im Hirschpark, sondern entlang der gesamten Elbchaussee, die den Lyriker Detlev von Liliencron (1844–1909) später dazu hinreißen sollte, diese Straße als die „schönste ... der Welt"[44] zu bezeichnen.

Der erste Botanische Garten Hamburgs wurde ab 1835 am Dammtor angelegt und setzte neue Impulse. Sein Garteninspektor Johann Heinrich Ohlendorff (1788–1857) wurde herangezogen, wenn es um eine Verfeinerung der schon bestehenden Landschaftsgärten mit ausgesuchtem Pflanzenmaterial ging, oder aber um eine Neuanlage wie z. B. im Garten Vorwerk in Klein Flottbek, wo noch heute alte Gebüsche von pontischen Azaleen, der immergrünen Calmia, hohe Taxuswände, der seltene Gingkobaum, Eßkastanien und ein alter Tulpenbaum von dieser Entstehungszeit zeugen. Im Jahre 1836 regten die Söhne Booth an, den „Garten- und Blumenbauverein" zu gründen, in dem Erfahrungen ausgetauscht wurden. Die lange Liste der Mitglieder ist beachtlich, hier finden sich all die Namen Hamburger Kaufmannsfamilien, mit denen man noch heute viele Parks und Gärten der Hansestadt verbindet.[45] Um 1850 verschönern bereits 53 bemerkenswerte Gartenanlagen den Landstrich, der die Elbe zusehends in einem zusammenhängenden Gartensaum begleitet. Charles Fuchs lithographierte eine anschauliche Karte des rechten Elbufers, auf der alle „Gärten und Anlagen, Landhäuser und Vergnügungsorte ... nebst Ansichten" verzeichnet sind (Abb. 97).

Abb. 98: Blick auf den Blankeneser Süllberg, Lithographie von A. Nay um 1859 (SHLB).

Die „*Vergnügungsorte*" schreiben ein eigenes Kapitel Gartengeschichte. Es beginnt mit Slaafs Hof, wo im 18. Jahrhundert kunstvolle Feuerwerke über der Elbe abgebrannt wurden. Weiter handelt es von Rainville[46], dem einzigartigen Landschaftsgarten in Ottensen, in dem sich zu Heines Zeiten Tausende vergnügten und der 1867 von einem Spekulanten abgeholzt wurde. Diese Tat blieb nicht ohne Folgen: Der Hang rutschte ab, und der Spekulant mußte Konkurs anmelden. Die Stadt war genötigt, auf ihre Kosten den Hang mit einer aufwendigen Treppenanlage und mit einem von Felspartien gesäumten Weg zu befestigen (Neu-Rainville).

Ein sozialgeschichtlich interessanter und 1995 viel diskutierter Garten ist die Terrasse des Blankeneser Süllbergs.[47] Der Süllberg war und ist Point de vue der umliegenden Landschaftsgärten, wie Baurs Park, Hesse-Park, Bismarckstein, Wilmans Park, Kösterberg usw. Lange war der Süllberg nicht bebaut und kahl, bis der Gastwirt Georg Karl Hansen die Kuppe 1837 kaufte und dort eine Gastwirtschaft eröffnete (Abb. 98). Er erfüllte damit die Sehnsucht all derer, die zwar in den umliegenden Privatparks flanieren, aber nie eine Aussicht vom Kaffeetisch aus genießen durften. Tausende strömten um 1890 auf den Süllberg und bevölkerten die Wirtshausterrassen. Tatsächlich ist der Panoramablick von hier aus auf die Elbe großartig, der Rundblick vom Aussichtsturm einzigartig. Ein Investor will den „*Restaurantberg für Jedermann*" nun in einen teuren Wohnberg der Luxusklasse verwandeln. Das Süllbergrestaurant wurde 1995 geschlossen, das Inventar mit Terrassengitter und Floraskulptur aus dem Garten versteigert.

Die Zeiten hatten sich schon ein Jahrhundert zuvor gewandelt: Damit die Landsitze schneller zu erreichen wären, wurden damals die unwegsamen Stellen des alten Heerweges gepflastert und befestigt. Gemeinsam finanzierten die Anlieger einen pferdebespannten, weißen Omnibus, die sogenannte „*Dame Blanche*". Zweimal am Tag pendelte dieses imposante Gefährt zwischen Altona und Blankenese. Ein Dampfboot verkehrte zusätzlich auf der Elbe. In immer schnellerer Folge überlagerten sich die Zeitschichten eines sich wandelnden Gartengeschmacks, immer dichter folgten Villengärten zwischen den Knicks der letzten Felder und Weiden. Die Architekten Martin Haller (1835–1925) und Auguste de Meuron (1813–1898) wurden für Umbauten, aber auch für neue Landsitze im neogotischen Stil und Eklektizismus herangezogen. Senator Gustav Godeffroy, der Bruder Césars VI., ließ sich das Schlößchen „*Beausite*" auf dem benachbarten

Abb. 99: Römischer Garten in Blankenese, Photo 1995.

Mühlengelände erbauen, mit Blickschneise zum Hirschpark-Haus einerseits und zur Elbe andererseits. In Sievekings Garten wich 1856 das alte Landhaus dem *„Donnerschloß"*, entworfen von dem Architekten Johann Heinrich Strack (1805–1880). Bomben des letzten Weltkriegs, die eigentlich den nahen Industrien des Hafens galten, zerstörten es mitsamt seiner Gartenpracht des Historismus. Mit den Trümmern wurde der Teich zugeschüttet, so daß Donners Park heute seiner Höhepunkte beraubt ist.

In Mode kamen die Ideen des Gartenbau-Ingenieurs Friedrich Joachim Christian Jürgens (1825–1903), der mit der Anlage des neuen Tiergartens (1861) und der Internationalen Gartenbauausstellung von 1869 in den Wallanlagen begeisterte. Sein Sohn, der Garteningenieur Rudolph Jürgens (1850–1930), richtete die Allgemeine Gartenbauausstellung 1897 aus. Der Vater unterhielt eine eigene Baumschule in Klein Flottbek. Die Spezialität war das Pflanzen ausdrucksstarker Solitäre in bisher nicht verpflanzter Größe. Vater und Sohn prägten über zwei Generationen die Erneuerungen in diversen alten Gärten entlang der Elbchaussee, fügten elegante Wegeschwünge hinzu und schufen selbst auf kleinem Raum durch geschickte Geländemodulationen und immergrüne Blätterwände Illusionen landschaftlicher Weite. Dekorative Blattpflanzen, Moos- und farnüberwucherte Rockeries, Hängebuchen hielten ab 1865 mehr und mehr Einzug in die Gärten, und wohlgehegte Kübelpflanzen des Mittelmeerraumes waren der Stolz ihrer Besitzer. Vieles erinnerte an die Gärten an den Seen der Südalpen, in Lugano und Montreux, Kur- und Vergnügungsorte, die man jetzt mit der Eisenbahn bequem bereiste und deren Flair man schätzen lernte. In dem ehemals Klünderschen Gartenreich am Kahlkamp z. B. wurde die Strohhütte unterhalb der alten Ölmühle durch eine Feldsteingrotte aus berankten Tuffstein ersetzt. Das machte Schule: Noch weitere zwei Grotten wurden auf den Nachbargrundstücken angelegt. Die unterste, Kahlkamp 4, ist wegen einer verhängnisvollen Bauausweisung seit Jahren bedroht, die mittlere wurde zu einem geheimnisvollen Ort im neoklassizistischen Anwesen Wilmanspark 17 (1922, Architekt W. Baedecker).[48]

Der Stein des Weisen sei in diesem Garten versteckt, heißt es. Der Stein findet sich am Eingang eingemauert in der Torwand und trägt eine griechische Inschrift, die offenbar nicht ganz korrekt nach dem Alten Testament zitiert ist[49]:

ἡ ἀρχὴ τῆς σοφίας
νομίζε τὸν θεοῦ
φόβον

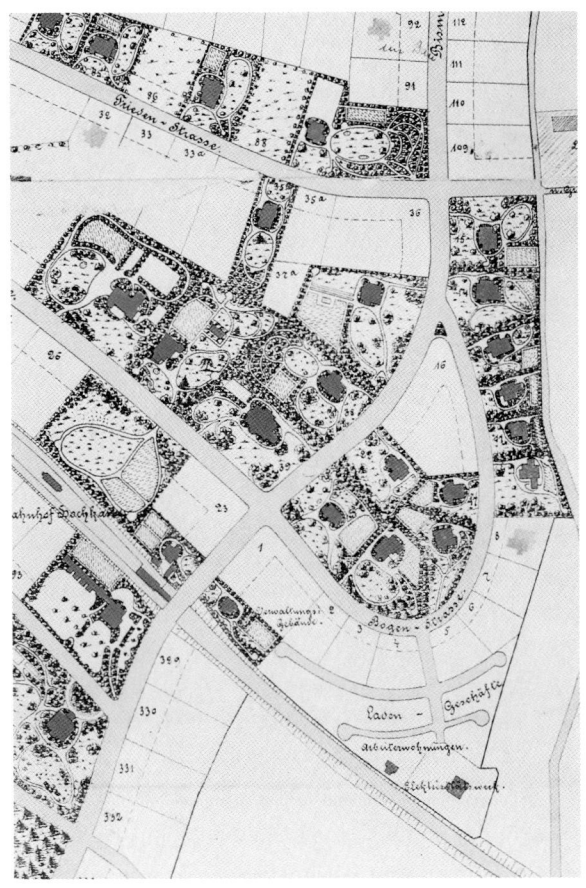

Abb. 100: Altona, Parzellierungsplan der „Villenanlage Hochkamp" (Detail), um 1900 (StAHH).

Gemeint ist damit dem Sinne nach: „*Die Furcht des Herrn ist der Weisheit Anfang*".

Ein Garten, der in der Zeit des Jugendstil begonnen und in den 20er Jahren vollendet wurde, ist der Römische Garten (Abb. 99).[50] Er liegt am Falkensteiner Ufer. Unter Elsa Hoffa (1885–1965), der Obergärtnerin der Familie Warburg, die Karl Foersters Ideen der Staudengärtnerei aufgriff, entstand das Meisterwerk eines formalen Terrassengartens mit Girlandenhecke, Rosengarten, Wasserbassin, Alpinum und Freilufttheater. Der Park wurde der Stadt 1954 im Gedenken an den Bankier Max M. Warburg (1867–1946) geschenkt. Die Stadt verpflichtete sich, den Garten zu erhalten und zu pflegen.

Im Zuge des Ausbaus der Vorortbahn entstanden um 1900 in Othmarschen und Hochkamp Villensiedlungen, die noch immer der Idee der ‚Schönheitslinie', der geschwungenen Linie in der Landschaft verpflichtet waren – nun im städtebaulich ordnenden Sinne (Abb. 100). Die schleswig-holsteinische Knicklandschaft mit ihren alten Eichen wurde dabei zum Grundraster vielfältiger Wohn- und Gartenlandschaften. Der Bauunternehmer Ferdinand Ancker (1857–1920) entwickelte die Villensiedlung Neu-Othmarschen (südlich der Bahnlinie). Noch großzügiger wurde der Villenvorort Hochkamp, für den Ancker als Geldgeber Friedrich Loesener (Schwiegersohn des Reeders Robert M. Sloman) gewann. In Hochkamp – und das bewährt sich bis heute – sicherte die grundbuchmäßig eingetragene „*Hochkampklausel*" die Gestaltung. Beide Villensiedlungen wurden Vorbild und Maßstab für diverse Terraingesellschaften, was bis heute den Elbvororten eine hochwertige Villenkultur bescherte. Aus der Fontanestraße in Hochkamp z. B. erinnert sich ein Zeitzeuge: „*Jugendstilveranden und Grottenplätze wurden mit Rattanmöbeln und Palmen dekoriert. Assecoirs wie die Nester der subtropischen Webervögel versetzten die Kaffeerunde in die Gefilde weitbereister Kolonialländer.*" Im Garten schlingen sich Brezelwege zwischen Thujabäumen, und der erhöhte Laubenplatz auf der Grundstücksecke ist überwölbt von Flieder und Goldregen. Auch im damals als relativ klein bewerteten Garten von 2500 qm entsteht die Illusion größter Welt- und Weitläufigkeit, die allerdings bereits vor dem Ersten Weltkrieg von einem Revival formaler Gartenkultur abgelöst wurde, das sich in der Reformbewegung durchsetzte.

Der Gartenarchitekt Leberecht Migge (1881–1935) schrieb in Blankenese seine zahlreichen Beiträge zu einer neuen ‚Gartenkultur', die den Übergang vom mittlerweile bespöttelten Landschaftspark auf relativ kleinem Raum zum noch kleineren Einfamilien-Hausgarten von 700 qm bereitete (Abb. 38). Der Garten wurde als Fortsetzung der Räume des Hauses gesehen. Bemerkenswert, welche Fülle Migge auf kleinstem Raum unterbrachte, wie in seinem eigenen Hausgarten an der Kronprinzenstraße: Plattenhof, Birkenhain, Kinderspielplatz, Maibaum, Sitzplätze, Naschgarten, Liliengarten, Spielrasen usw.; Kletterrosen, Clematis, Efeu und Wein rankten am Haus. Eine beschnittene Allee gliederte den Hintergarten, in dem noch außerdem

Abb. 101: Altona, Der Reemts-mapark in Hamburg-Othmar-schen mit der Bepflanzung durch L. Migge, Luftbild 1932 (Staatliche Landesbildstelle Hamburg).

eine Obstbaumplantage, platzsparend am Spalier gezogen, Taubenhaus, Hühner und Kompost unterkamen. Migge stellte Typisierungen für den Hanggarten, den Waldgarten, den Landhausgarten vor und lieferte gleichzeitig einen Katalog für die Möblierung mit Bänken, Lauben, Spalieren usw. In Klein Flottbek verband Migge seine Entwürfe mit Häusern des Heimatstils (z. B. Garten Thiel, Ohnhorststraße 52; Garten Max Emden, Jenischstraße 48).

Eine ganz andere Herausforderung bot sich ihm 1930: Der Zigarettenfabrikant Philipp Fürchtegott Reemtsma (1893–1959) ließ den Landschaftsgarten des Senators Schütte an der Holztwiete, den Jürgens um 1865 angelegt hatte, überformen und erweitern. Luftbilder von 1932 zeigen eine schnurgerade Reitbahnanlage und streng formal gestaltete Gartenräume, die den Bauhaus-Stil des Wohnhauses (1930–32, Architekt Martin Elsässer) aufgreifen (Abb. 101). Auffällig ist ein quadratischer Kassettengarten, dessen flache Beetstufen zur Mitte hinabführen, wo ein dekorativer Baum steht. Ein riesiger Nutzgarten neben der Reitbahn wurde effizient durchorganisiert: Frühbeete unter Glas, Gewächshäuser, Spalierobst in Reihen, Saatbeete. Zu kubischen Formen von Plätzen und Gebäuden tritt das Halboval, das kühlen Anklang zu den geschwungenen Formen des alten Landschaftsgartens findet. Heute ist der Reemtsmapark teilweise öffentlich. Der Nutzgarten ist Verwaltungsgebäuden des Zigarettenkonzerns gewichen, die Reitbahn den Autoparkplätzen. Der Landschaftsgartenteil mit seinem bewegten Terrain und ausdrucksstarken Solitärbäumen präsentiert sich in eleganter Schönheit.

Die Sportbegeisterung Anfang des 20. Jahrhunderts ließ Tennisplätze, aber auch Golf- und Poloplätze entstehen. Man fügte diese Spielgärten als eine Art von ‚lawn' entweder einem alten Landschaftsgarten ein, wie z. B. den Polo- und der Golfplatz im Flottbeker Park des Barons Jenisch (1906), oder aber man legte sie nach den Maximen eines Landschaftsgartens neu an, wie den Golfplatz Falkenstein (1928–30, Hamburger Golf-Club).

Es mag der Dichter Hermann Löns (1866–1914) mitbewirkt haben, daß das Ringen um Bodenverbesserung erstmalig seit der Aufklärung von der bewußten Inszenierung der Kargheit abgelöst wurde. Man entdeckte den Reiz der Heidelandschaft und der Hochmoore, die im Klövensteen, der Rissener Heide und am Falkenstein zu finden waren. Gerade diese Gebiete gehörten zu den Forsten des Johan César VI. Godeffroy. Der Waldpark im Klövensteen mit den Fischteichen an der Rüdiger Au und der Wedeler Au ist das letzte Grün-Vermächtnis der Familie Godeffroy.[51]

Die Wirtschaftskrise in den zwanziger Jahren unseres Jahrhunderts zwang etliche Kaufmannsfamilien, ihre großen Landsitze an der Elbe aufzugeben. Tatsächlich hatten sie sich diese, aufgrund kluger Erbschaftsregelungen, unaufgeteilt über mehrere Generationen in Familienhand halten können. Zur Zeit der Weimarer Republik wurde 1919 das Fideikommiß per Gesetz aufgehoben und die Besteuerung großen Grundbesitzes drastisch erhöht.

In sozial und grünpolitischer Verantwortung nutzten sowohl die Landgemeinden als auch der damalige Altonaer Stadtbaurat Gustav Oelsner und Bürgermeister Max Brauer die Chance, etliche Privatgärten als Erholungsräume für die Öffentlichkeit zu gewinnen. Allerdings wurden dabei, aus Finanzierungsgründen, die als minder wertvoll erachteten Gemüsegärten und Randgebiete der Parks für eine lukrative Bauausweisung geopfert. Dieses Verfahren hat heute seine Grenzen gefunden, will man nicht die qualitätvollen Reste der alten Landschaftsgärten zerstören. Dieser notgedrungen kursorische Abriß mag verdeutlichen, daß zwischen der Palmaille im Osten und dem Falkensteiner Ufer im Westen eine Landschaft lebendiger Gartengeschichte zu finden ist, deren Reiz in der Vielfalt ihrer individuellen Ausprägungen einerseits und ihrem Zusammenhalt andrerseits liegt. Die Sorge um ihre Bewahrung macht es umso dringlicher, ihre historische Entwicklung genauer zu erforschen und zu dokumentieren.

Sylvia Borgmann

1 Altona und die Elbdörfer gehörten ursprünglich zur Pinneberger Herrschaft der Schauenburger Grafen und kamen 1640–1864 unter dänische Herrschaft, ab 1867 zu Preußen. Zwischen 1889 und 1927 wurden die Elbdörfer nach Altona eingemeindet, so daß sich das Stadtgebiet Altonas zusätzlich auf das 17fache vergrößerte.
2 Leip [1928], S. 3.
3 Ehrenberg (1893), S. 65ff.
4 Bei Ehrenberg (1893) wird der letzte Schauenburger Graf mit Otto V. bezeichnet, es muß heißen Otto VI. Vgl. auch: Meeder (1839), S. 155 und Hoff (1910), S. 351. Der Druckfehler wurde bis in jüngste Zeit selbst in einer Gedächtnistafel an der Palmaille übernommen.
5 Alle folgenden Zitate vgl. Ehrenberg (1897), S. 92ff.
6 Vorwerk (1906), S. 47.
7 Ehrenberg (1897), S. 98.
8 Alle Zitate Freytag/Engels (1991), S. 71f.
9 Vgl. Hoffmann (1929), Bd. 2, S. 222ff.
10 Zitiert bei Lappenberg (1847), S. 72.
11 Zu den Besitzerfolgen an der Palmaille vgl. Klée Gobert (1970), S. 146ff.
12 Brockes, Irdisches Vergnügen in Gott, 4. Theil (1732) zitiert in Georg Guntermann (Hrsg.): Die Welt im Licht, S. 57.
13 Vgl. Sorge-Genthe (1973), S. 15ff.
14 Vgl. Kleßmann, Eckart: Der Blumenfreund Georg Philipp Telemann, Hamburg 1996, S. 11f.
15 Vgl. Hedinger (1992), S. 23ff.
16 Zitiert bei Lappenberg (1847), S. 77.
17 Am Holzhafen wird zur Zeit ein gigantisches Bauwerk geplant und konträr diskutiert. Siebenstöckig wird es die Uferlinie überragen. Geformt wie ein großes liegendes ‚B' soll es lediglich zwei Gucklöcher erhalten, die Ein- und Ausblick gewähren.
18 Tiemann (1980), S. 200.
19 Vgl. Meyer (1816), S. 123.
20 Gilde der Merchant Adventurer, angesehene, englische Kaufleute, die seit 1567 Hamburg als Handelsstützpunkt nutzten und Zollprivilegien genossen.
21 Vgl. Ramdohr (1792), S. 60: *„... zwei anhöhen, die von großem umfange sind. Die zur rechten steigt ziemlich hoch hinauf und bildet eine art von spitze. Die zur linken läuft mehr in grader richtung weg."*
22 Vgl. Ewald (1799), S. 100.
23 C. F. Hansen schrieb am 6.10.94 an seinen Schwager, den Dichter Knud Lyhne Rahbeck: *„Ich baue zur Zeit einen Tempel, der auf einem wahrhaftigen Parnaß stehen soll, von dem man einen Teil der Herrlichkeiten dieser Welt übersieht."* Zitiert nach Heydorn (1985), S. 7, dänisch bei Lund/Thygesen (1995), S. 105.
24 Vgl. Hirschfeld (1779-1785), Bd. 5, S. 4ff.
25 Vgl. Wietek (1972), S. 21.
26 1996 wurde ein Bauplatz gerodet, um den preisgekrönten Ensembleentwurf für den Internationalen Seegerichtshof zu verwirklichen (Architekt: Alexander von Branca, München).
27 Vgl. Turner (1985) und Schubert (1995).
28 Poel (1884), S. 59.
29 Alle Zitate bei Ewald (1799), S. 161f.
30 Zitiert bei Poel (1884), S. 61f.
31 Vgl. zu Baurs Park die Beschreibung seiner Enkelin Julie Grüner (1965), S. 75 ff.
32 Vgl. Grüner (1965), S. 57 und 181.
33 Vgl. Köhnke (1839), S. 182.
34 Vgl. Ausst. Kat. Jacob (1995).
35 Z. B. heirateten die Schwestern Emilie und Sophie Hanbury (Eichberg in Klein Flottbek) die Brüder César VI. und Gustav Godeffroy (Hirschpark und Schloß Beausite); Susanne Godeffroy (Weißes Haus) und Richard Parish (Parish's Garten, Nienstedten).
36 Vgl. Möring (1990).
37 Vgl. Alpen/Beitz/Hell (1994), S. 14ff.
38 Dank an Dr. Joh. Diederich Hahn-Godeffroy für Mitteilungen aus dem Familienarchiv.
39 Ramdohr (1792), S. 61.
40 Vgl. Thietje (1994), S. 193.
41 Nevermann (1792), S. 8.
42 Alle Zitate bei Ewald (1799), S. 93 und 98f.

43 Vgl. Heydorn, Volker Detlef: Betrachtungen zur Stilgeschichte des Hirschparks, in: Blankenese, Monatszeitschrift des Blankeneser Bürger-Vereins, 27. Jg. Nr. 9, 10, 11.
44 Wiese (1967), S. 238.
45 Gartenbauverein [1961], S. 28ff.
46 Hedinger (1992).
47 Vgl. Schulte Haubrock, Margrit: Süllberg-Restaurant 1837–1987, Erinnerungen aus 150 Jahren, Süllberg 1987. Krug-Brayshaw, G. und D. und Chr. Peters (Hrsg. Freie und Hansestadt Hamburg): Elbhanggebiet Blankenese, Milieuschutzfibel, Hamburg o. J.
48 Heute *„Stiftung zur Erhaltung Europäischen Kulturgutes"* des Modeschöpfers Karl Lagerfeld, Wilmans Park 17 (1922, Architekt W. Baedecker). Vgl. Heydorn, Volker Detlef: Wilmans Park 17. Eine Sonderleistung des Blankeneser Landhausbaus, in: Hesse/Borgmann/Haspel (1990); Borgmann, Sylvia: Die Entwicklung von Klünders Garten und den Ländereien des Kahlkampes, Hamburg 1992 (Manuskript).
49 Vgl. Griechische Übersetzung aus dem Alten Testament (der Septuaginta 2. Hälfte des 2. Jahrhunderts v. Chr.). Der Satz kommt dort dreimal vor und zwar Psalm 111,10 und Sprüche Salomos 1,7 und 9,10. Herrn Hans Reimer Kuckuck sei Dank für die Recherche.
50 Vgl. Radziewsky, Elke von: Römischer Garten unter norddeutschem Himmel, in: Architektur in Hamburg 1994, S. 164ff.
51 Vgl. Hahn-Godeffroy (1984), S. 29.

Altona: Klein Flottbek

Ornamented farm ab 1785, eingeschlossen in vier Parks, die nach den Himmelsrichtungen benannt wurden. Im Herzen der Anlage liegt bis heute der Gutshof mit Landhaus (Baron-Voght-Straße 57–75). Bedeutende Parklandschaft Hamburgs, noch immer im Stadtbild erkennbar: Im Süden der Jenischpark (seit 1927 öffentlich genutzt); im Norden der Botanische Garten (1979), Hamburger Polo-Club (1907), Jenischschule; im Osten der Groß Flottbeker Golfclub (1906), Christianeum und Gymnasium Hochrad; im Westen Quellental Park, Baumschule, Derby Park und Siedlung Karl-Jacob-Straße.

In der hügeligen Landschaft des Dorfes Klein Flottbek legte der Hamburger Kaufmann, Sozial- und Agrarreformer Caspar Voght (1752–1839)[1] eine Parklandschaft in der Gestalt einer Ornamented Farm an.[2] Klein Flottbek gehörte damals zu der Herrschaft Pinneberg. Der Jenischpark (Süderpark), der lediglich ein Viertel der gesamten Anlage ausmacht, ist noch immer weit über Norddeutschlands Grenzen hinaus bekannt (Abb. 102). Sein Gegenstück, der bisher in weiten Teilen als Baumschule genutzte Westerpark mit dem Quellental, rückte in den letzten Jahren wieder in das Bewußtsein und konnte so vor massiver Bebauung bewahrt werden.

Voght ersteigerte im Jahre 1785 zunächst zwei Bauernhöfe. Schon in den folgenden Jahren erwarb er zweieinhalb weitere Höfe hinzu und arrondierte im Laufe der Zeit bis 1803 seinen Besitz zu einem Gut von knapp 225 Hektar, das sich zwischen Othmarschen und Nienstedten, zwischen Teufelsbrück und Groß Flottbek bis nach Bahrenfeld und Iserbrook er-

Abb. 102: Altona, Alte Eichen im Flottbektal des Jenischparks, Photo 1993.

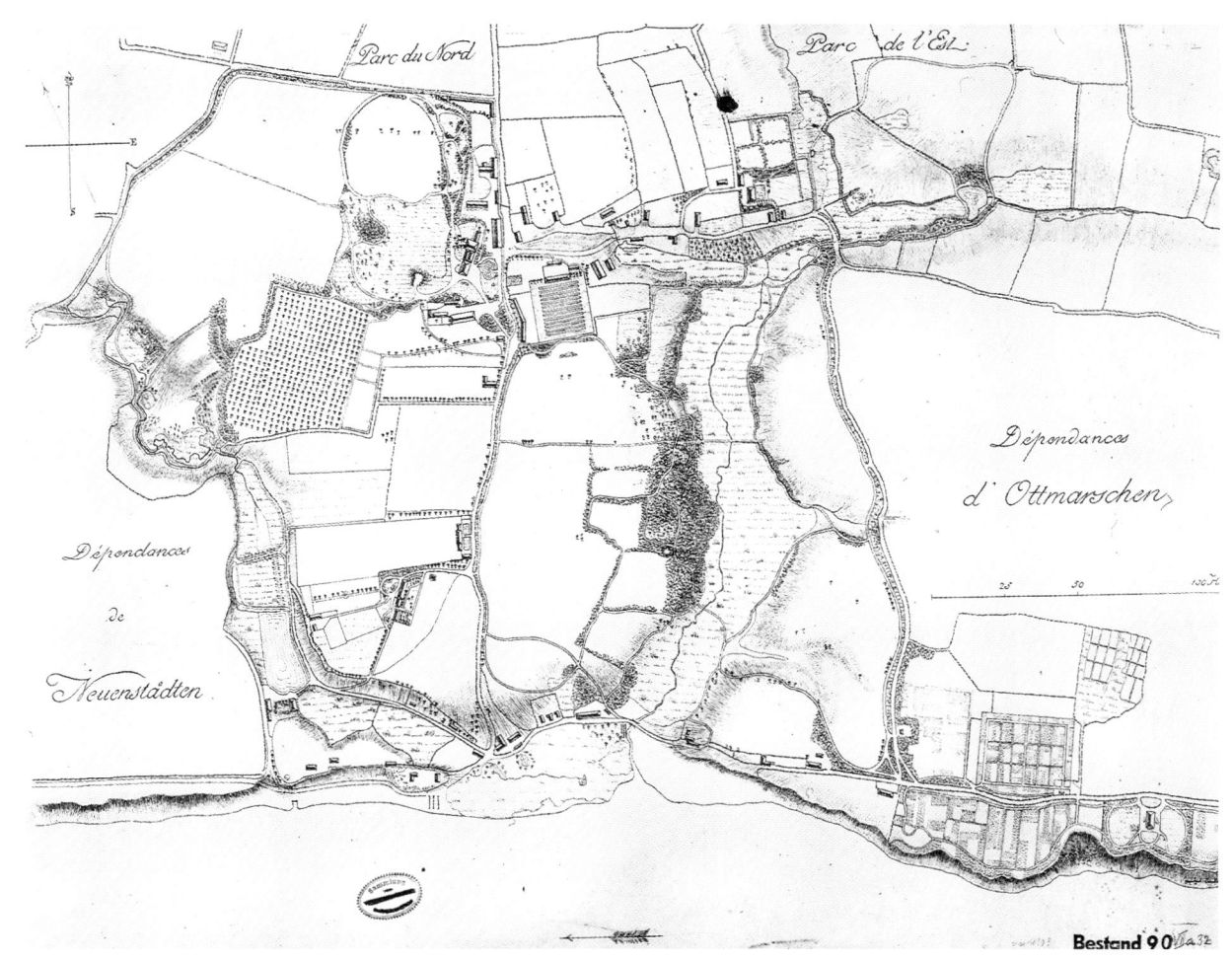

Abb. 103: Altona, Karte von Klein Flottbek, gezeichnet von J. Sierakowski, Feder auf Leinwand um 1810 (StAHH).

streckte (Abb. 103).³ Ähnlich wie der Wörlitzer Garten bekam Flottbek Modellcharakter, sowohl was die ästhetischen Absichten der Gartenkunst als auch was Voghts agrar- und sozialreformerische Ziele anbelangte.

Das Nützliche suchte Vogt mit dem Schönen zu verbinden. Die Wiesen und Felder in hügeliger Lage, die weiten Aussichten auf den Strom der Elbe, die schönen Eichen, das Auetal der Flottbek und ein uraltes Waldstück boten die allerbeste Veranlassung, eine Vielzahl wechselnder Landschaftsbilder zu komponieren, diese mit „*sorgsam schüchterner Hand auszubilden*".⁴

Weitgereist und hochgebildet, hatte Vogt die englische Hortikultur im Lande selbst kennengelernt, aber auch in Frankreich und Italien Anregungen gefunden. Er bereiste England im Jahre 1772 im Rahmen einer Grand Tour und besuchte im Jahre 1786 auf einer Geschäftsreise diverse Landsitze. Bezeichnenderweise wurden die großen Vorbilder des Flottbeker Parks die Gartenanlage Moulin-Joli des französischen Malers Claude-Henri Watelet (1718–1786) und die berühmte Ornamented farm „*The Leasowes*" des Dichters William Shenstone (1714–1763).⁵

Die Entstehung der Flottbeker Ornamented farm verläuft in drei Phasen und ist untrennbar mit dem Werdegang ihres Besitzers verbunden. Die Anfangszeit ist von den Bildern des „*elysischen Flottbek*"⁶ geprägt: „*Lieblicher Ort! Hätte Plato in Hamburg gelebt, zu dir hin hätte er die Scene seines Gastmahls verlegt*"⁷, schreibt ein Zeitgenosse 1792 begeistert. Auf den Wiesen hinter dem Gehöft weideten „*Schafe mit ihren Glocken*" und lagerten sich malerisch im Schatten der Baumgruppen vor dem Waldesrand, Moossitze

Abb. 104: Klein Flottbek, die rekonstruierte Freundschaftshütte („Eierhütte") im Jenischpark, Photo 1995.

waren hier und da an erhabener Stelle eingerichtet, „*die schönsten Herden von größerem Vieh und dazwischen ein fleckigter Stier, der dem Vergil zum Muster seiner Beschreibung dieses Thiers hätte dienen können*", versetzte die Besucher in Entzücken.[8]

Im Mittelpunkt stand, wie sein engster Freund und Weggefährte Piter Poel (1760–1837) berichtet[9], ein schöngeistig geprägtes, geselliges Landleben, das sich auf dem Landgut entfaltete. Es fehlte nicht an der „*lebendigsten Unterhaltung*", Musik klang durch das alte Bauernhaus. An Festtagen wurde in der mit „*duftenden Kränzen*" geschmückten Diele bis in den Morgen getanzt, dabei die Kühe hinter Girlanden versteckt. Im aufgeklärten Zirkel der befreundeten Familien Reimarus, Büsch[10] und Sieveking[11], Hanbury[12], Poel[13] und Pauli[14] las und rezitierte man die Lieblingsdichter der Engländer, Deutschen und Franzosen, und Friedrich Gottlieb Klopstock (1724–1803), der hochverehrte Dichtergreis, weilte unter ihnen. „*Nahe und entfernte Bekannte, darunter geistreiche Männer, die schönsten jungen Frauen und Mädchen aus Hamburg, versammelten sich hier.*"[15]

Voght – erst 34jährig – konnte sich mehr und mehr von dem wenig geliebten, wenn auch überaus erfolgreichen Geschäftsleben zurückziehen. Er widmete sich in seinem Flottbeker Refugium dem Studium der Astronomie und „*umgab sich mit landwirtschaftlichen und botanischen Büchern*". Als einer der Hauptverfechter der Hamburger Armenfürsorge träumte er nicht nur von einer besseren Welt, sondern strebte, sie tatkräftig durchzusetzen. Intensivierung der Landwirtschaft durch moderne Anbaumethoden und höhere Bildung der Bevölkerung, Arbeit statt Almosen erschienen ihm der Schlüssel, um dem Elend breiter Bevölkerungsschichten zu begegnen.

Während diese Gedanken reiften, wandte er sich vorerst der Gestaltung der ‚Idylle' Flottbeks zu: „*Er ordnete Verbesserungen, aber vor allem Verschönerungen an*", berichtet Piter Poel weiter. Wie Voght dabei genau vorging, liest sich wie eine Anleitung aus Christian Cay Lorenz Hirschfelds „*Theorie der Gartenkunst*" und war für die Bewegung der Englischen Gartengestaltung am Elbufer vorbildlich: Er „*.... half der Natur nach, dem Boden gefällige Unebenheiten zu geben, befreite die Massen und Gruppen von allem was der reinen Auffassung ihrer Formen hinderlich sein konnte, benutzte jede Zufälligkeit einer einsam liegenden Bauernhütte, eines einzelnen, seine Aeste malerisch ausstreckenden Baumes, einer zur Anlegung einer ländlichen Brücke geeigneten Vertiefung, dem Auge Abwechslung zu verschaffen, öffnete Durchsichten, die hier das malerische Dorf, dort den entfernten Kirchturm, und an mehreren Stellen den majestätischen Strom in verschiedenen Einfassungen erblicken ließen, sorgte für passende Ruhepunkte und Hütten, wo die reiche oder friedliche Aussicht dem Spaziergänger das Verweilen immer erwünscht machte, und verwandelte so einen wildverwachsenen morastigen Fleck in einen Lustgarten ...*".

Der im Jahre 1792 herausgekommene „*Almanach aller um Hamburg liegenden Gärten*" beschreibt Flottbek noch recht einsilbig und knapp: „*Garten und Gehölze*". Im Jahre 1793 jedoch heißt es bereits: „*Die Aussichten, engl. Gebüsche, Eremitagen, die vielen Abwechselungen, und überhaupt die natürliche ländliche Einrichtung, verdienen gesehen zu werden.*"[16]

Mit „*Eremitagen*" waren offensichtlich jene strohgedeckten Hütten gemeint, die Voght als Staffagen errichten ließ (Abb. 104). Sie waren „*aus den Aesten der Bäume, welche sie beschatten, und dem in diesen Schatten wachsenden Moose zusammengesetzt*". Im Stile der Empfindsamkeit untermalten Zitate des Vergil und Horaz die Stimmung.

Abb. 105: Klein Flottbek, Landhaus des Baron Voght, Photo 1991.

Jede Überladung war Voght zuwider, er hatte „*einen früben Ekel für die sinnlose Zusammenstellung von griechischen Tempeln und gotischen Kirchen, Chinesischen Pagoden und altdeutschen Burgen, türkischen Bädern und Klausnerhütten*".[17]

Es lag im Trend der Zeit, daß die baulichen Staffagen trotz ihres urwüchsigen Baumaterials im Ebenmaß klassizistischer Proportionen abgemessen waren. Sie trugen klar die Handschrift des „*Architecten und Landschaftszeichners*" Johann August Arens (1757–1806), von dem es heißt, sein „*erster Wirkungskreis*" nach ausgedehnten Studien in Rom habe sich „*in den Wäldern und auf den Fluren von Flottbek*" befunden.[18] Für ihn war es mehr als das äußerlich Sichtbare, was die besonderen Plätze seines Landsitzes kennzeichnete. „*Amicis et Quieti*" stand an der Hütte über der Flottbek, zu deutsch: „*Den Freunden und der Ruhe gewidmet*". Die Freunde seines Lebens bedeuteten ihm viel, sich mit ihnen ständig auszutauschen, formte, wie er selbst schreibt, seine Seele, förderte seine innere Reifung – und, wie wir an anderen Stellen erfahren, letztendlich auch den Park.[19] Voght hatte die seltene Fähigkeit, mit vielen bedeutenden Persönlichkeiten Europas Freundschaft zu schließen und sich in den aufgeklärten Zirkeln seiner Zeit auszutauschen. Auch war er mit Dichtern und Gelehrten wie Klopstock, Goethe, Voltaire, Pestalozzi und Madame de Staël bekannt. Großen Einfluß auf seine innere Entwicklung jedoch hatte seine Beziehung zu Magdalena Pauli, geb. Poel (1757–1825), der Schwester seines Freundes Piter Poel, die mit dem Lübecker Kaufmann Pauli verehelicht war. Zeitlebens blieb Voght unverheiratet, fühlte er sich doch ihr verbunden. „*Zu lange habe ich von dem geschwiegen, was eigentlich meinem Leben seine Farbe gab*", teilt er in hohem Alter mit. „*Durch sie, für sie war alles! Jeder Prunk am hohen Elbufer, wo die Natur uns hochentzückt hatte, erhielt sein Monument, jeder Ort, der durch ihr Wort, ihren Blick mir heilig geworden war. Heilig und unzugänglich war der Ort, wo der seelenerhebenden Liebe, den Umarmungen des Amor und der Psyche, ein Altar stand."* [20]

Mit der Ernüchterung über die Französische Revolution entfloh Vogt im Jahre 1792 dem lokalen Geschehen und brach zu einem dreijährigen Studienaufenthalt nach England, Schottland und Irland auf. Er wußte es einzurichten, seine geschäftlichen Aktivitäten auf den damals beginnenden Amerikahandel zu beschränken. Flottbek wurde in die Obhut eines Verwalters gelegt, die Bestellung der Felder per Postdepesche bestimmt.

An der Universität zu Edinburgh waren zu der Zeit die fortschrittlichsten Wissenschaftler versammelt. Vogt vertiefte sich hier in ein Studium generale, bei dem Agrar- und Naturwissenschaften im Vordergrund standen. Er bereiste Irland, untersuchte sozialkritisch die dortigen Verhältnisse im Vergleich zu Schottland und dem industriell erblühenden England. Er beschrieb seinen Freunden in Hamburg die schönsten Landschaftsszenen, nicht ohne davon zu träumen, wie sehr die Volkswirtschaft und das Glück der Menschen eines Landes gewönne, das bessere Bildung, Aufklärung breiter Bevölkerungsschichten, Freiheit und Sicherheit des Eigentums böte. Er schildert in tagebuchartigen Briefen die *„schönsten Kunstgärten Englands"*[21] und erkennt die wichtige, wegweisende Rolle der *„gentleman farmer"*[22], deren florierende Landgüter er besuchte. Ihre richtungweisenden Erfolge beruhten auf neuen Methoden der Düngung und Bodenverbesserung, dem klugen Einsatz von zweckmäßigen Maschinen und dem Prinzip der Arbeitsteilung.

Aus der Ferne instruierte Vogt seinen Architekten Arens, wie sich das neue Landhaus, das er sich in der Formensprache des Klassizismus dachte, in Flottbek in die ländliche Szenerie einpassen sollte (Abb. 105). Das alte Bauernhaus war 1793 abgebrannt. Er schreibt 1794 aus London: *„... Mein Haus müßte zu den übrigen Gebäuden auf dem Hofe passen, kein fremdes Ansehen haben ... nicht die Wohnung eines Städters ..., sondern des Landmannes, dessen Wünsche und Aussichten sein kleiner Hof begränzt, der da heimisch, da nothwendig ist ..."*. Ganz bewußt sollte es wie das alte, abgebrannte Bauernhaus wieder im Mittelpunkt der Gutsanlage errichtet werden. Als *„Karakter dieses Hauses"* wünscht er sich von seinem Architekten: *„Ländliche Ruhe, lächelnde Zufriedenheit, Liebe für jeden Winkel dieses Wohnorts"*.

Besondere Umsicht galt dem Terrain rundum: *„Das Profil des Grundes muß auf allen Seiten schön seyn: Das empfehl ich Ihnen, lieber Arens"*. Nordwärts soll das Haus an das Boskett des Gartens anschließen. *„Von den Bäumen und Stauden dieses Boskets muß nicht ein einziger gerührt werden ... Alles wächst da sehr lustig, und soetwas versetzt sich nicht."* Besondere Rücksichten erforderte der Ausblick, die Felder westwärts sollten vom Söller des Hauses aus überblickt werden können. Ein Geländer zwischen dem *„Gesträuch an der Ecke meiner Bibliothek und am Eintritt zu meinem Hause"* sollte *„auch den Eintritt vor dem Vieh"* beschützen und *„sich nordwärts vor dem Hause in das Boskett nicht weit von der Gegend des Teichs verlieren"*. Den Teich vor dem Hause, der auch als Viehtränke diente, *„möchte ich wohl in einer bogenförmigen Richtung weiter fortgraben lassen, so daß man weder vom Hofe aus, noch von dem Wege nach der Kuhweide sein Ende sähe"*. Die Stützen des Söllers sollten berankt werden, von *„Epheu, Kaprifolium und Wein und Waldrebe und Laurus"*.[23]

Im Jahre 1795 kehrte Vogt nicht nur mit klaren Vorstellungen über die neue Bewirtschaftung Flottbeks zurück, sondern war auch in der glücklichen Lage, in der Zwischenzeit um eine Million[24] reicher geworden zu sein. Das hoch spekulative Amerikageschäft hatte sich ausgezahlt. Die eine Hälfte der Million wurde unter Mitstreiter und Freunde verteilt, die andere Hälfte jedoch kam der weiteren Verbesserung Flottbeks zugute.

Aus England ließ Vogt modernes Ackergerät mitbringen. Damit dieses weiterentwickelt und verbreitet würde, verpachtete er langfristig auf dem Hofgelände eine Schmiede an den *„industriösen Mann"* Christian Wilde, der für Interessenten aus ganz Deutschland landwirtschaftliches Gerät, z. B. den *„Flotbecker Grubber"*[25] (Abb. 106) nachbaute. Auch siedelte Vogt den erfahrenen schottischen Landwirt Alexander Rogers mit seiner Familie in Klein Flottbek an, der den hiesigen Arbeitern seine Kenntnisse vermitteln sollte. Bereits in London reihte er in seine Gefolgschaft den Pharmazeut und Chemiker Johann Gottfried Schmeisser (1767–1837), von dem er die Umsetzung neuer Erkenntnisse der Chemie und Mechanik in die Erfordernisse des Alltags erhoffte.[26]

Außerdem konnte er den Sohn der größten schottischen Baumschule, James Booth, gewinnen, sich in Flottbek anzusiedeln und im Osten des Parkes seine später so berühmte Baumschule zu gründen. Ihr und dem Voghtschen Geschäftssinn ist es zu danken, daß heute das hohe Elbufer nicht mehr kahl, sondern mit prächtigem Baumwuchs überzogen ist. Die Baumschule Booth wurde zur Keimzelle des heute größten Baumschulgebietes Europas im Pinneberger Raum.[27] Die Gestaltung Flottbeks trat nun in eine neue Phase. Im Westen kam 1797 das Quellental hinzu, das in seiner Naturnähe der schönste und verschwiegenste Teil des Parkes wurde. Schiffsladungsweise trafen vorgezogene Bäume und Büsche aus Schottland ein, die fachgerechte Pflanzung besorgte James Booth.

In chemischen Untersuchungen wurden die Bodenqualitäten der einzelnen Felder genau ermittelt. Für jede Kuh und jeden Acker wurde in *„italiänischer Buchführung"*[28] ein Konto angelegt, in dem über den Ertrag im Verhältnis zum investierten Aufwand Buch geführt werden sollte. Mit wissenschaftlichem Ansatz wurde begonnen, Ursachen von Gewinn und Verlust der Landwirtschaft rational zu durchdringen.

Der begabte Lucas Andreas Staudinger (1770–1842)[29], vordem Vorleser bei Klopstock, etablierte sich 1797 auf Anregung von Voght in Groß Flottbek mit einer Landwirtschaftsschule. Der berühmteste Sprößling dieser Lehranstalt wurde Johann Heinrich von Thünen (1783–1850). Er gewann unter dem Eindruck der Voghtschen Landwirtschaft entscheidende Ideen zur Standorttheorie und prägte den Begriff der ‚Thünenschen Kreise'. Von Thünen gilt als Mitbegründer der ‚Nationalökonomie' als einer neuen Wissenschaft.

Die Bodenmelioration war vordringliches Ziel geworden. Da Voght selbst nur in beschränktem Maße

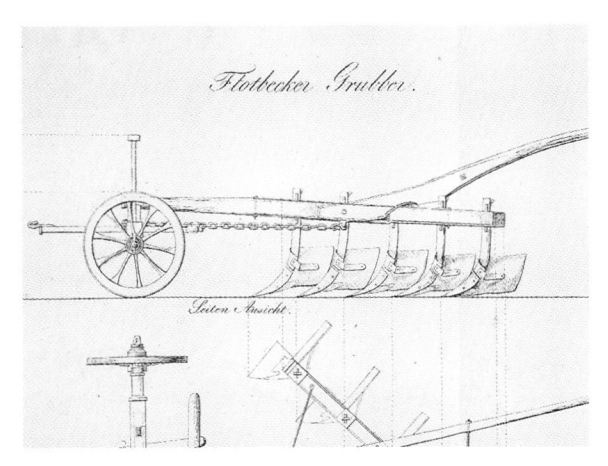

Abb. 106: „Flotbecker Grubber" Ackergerät, Lithographie (Detail) aus Voght (1834), (Privatbesitz).

Viehwirtschaft betrieb und daher entsprechend wenig Mist zum Düngen anfiel, kam er auf einen organisatorisch genialen Gedanken: Er gründete die sogenannte *„Gassendünger-Entreprise"*[30], eine Gesellschaft, die die Straßenkotreinigung der nahen Städte Hamburg und Altona besorgte. Per Schute wurde nun der sogenannte *„Gassendung"* in Teufelsbrück angelandet, kompostiert oder mit Grassoden unter die Felder gepflügt. Kein geringerer als Goethe fand diese Methode bemerkenswert. Er traf Voght wiederholt in Karlsbad und schrieb im Jahre 1806 in sein Tagebuch: *„Bei der Bewirthschaftung von Flottbek ist das merkwürdigste, daß er ... den Mist von Hamburg zu Schiffe kommen läßt, auch die Reinigung der Stadt Altona übernommen hat."*[31]

Die neue *„reiche Kultur"* belebte die Landschaftsbilder des Parkes, die Düngung mischte die Farben der Wiesen und Felder zu einem neuen, satten Grün, was sich langsam dem englischen Ideal näherte. Kleeanbau und Gründüngung wurden eingeführt; der feldmäßige Anbau der Kartoffel wurde erprobt, um von den teuren Kartoffeleinfuhren aus Holland unabhängig zu werden.

Das Landhaus war endlich von Arens fertiggestellt und doch schon wieder zu klein geworden. Ein Festsaal mußte angebaut werden. Die lange Zeile der strohgedeckten Instenhäuser wurde vis-à-vis jenseits des *„Fuhrweges"* errichtet. Sie gewährten einerseits den

Landarbeiterfamilien des Hofes eine in damaliger Zeit vorbildliche Wohnung, andererseits boten sie vom Söller des Landhauses aus, mit Teich und Brücke im Vordergrund, eine „holländische Ansicht"[32] dar, erst recht, wenn das Vieh zur Tränke geführt wurde. In den Instenhäusern wohnten Landarbeiterfamilien aus dem Pinneberger Raum, denen sich Voght in patriarchalischer Weise verbunden fühlte.[33]

„Felix et ille, qui Deos novit agrestes", d. h. derjenige ist glücklich, welcher die göttlichen Freuden des Landlebens kennt,[34] stand bruchstückhaft auf dem Architrav eines kleinen, einfach gehaltenen Tempelchens,[35] das in der Nähe den Eintritt in die Parklandschaft kennzeichnete. Sicherlich hatte auch dieses Staffagegebäude der Architekt Arens zu dem neu erweiterten Ensemble entworfen.

In einer dritten Gestaltungsphase nach 1813 führte Voght die Ornamented farm zur Vollendung. Sowohl persönliche Vermögenseinbußen als auch die Franzosenzeit hatten Flottbek übel zugesetzt. Zwischenzeitlich war der Besitzer jahrelang (von 1806–11) abwesend gewesen. Zwar wurde Voght für seine Verdienste um die Armenfürsorge in Wien vom Kaiser zum Reichsfreiherrn geadelt, Flottbek jedoch entbehrte seiner Obhut vor Ort.

Ein mit dem Namenszug „Sierakowski" (der polnische Graf Józéf Sierakowski 1765–1831)[36] signierender Zeichner hatte während der Franzosenzeit um 1810 von Flottbek eine sehr genaue Karte angefertigt und in französischer Sprache beschriftet (Abb. 103). Sie zeigt maßstabsgerecht die Wegeführung des heutigen Jenischparkes und des Quellentales, auch ist ein Teil des „Parc de l'Est" mit der Teufels Au, einem Nebenbach der Flottbek, zu sehen. Der „Parc du Nord" ist nicht mehr auf der Karte ausgeführt, sondern seine Lage im Anschluß bezeichnet.

Baron Voght selbst verfaßte zwei Beschreibungen des Parkes aus zwei gänzlich verschiedenen Blickwinkeln. Er veröffentlichte zum einen 1822 die Schrift „Flotbeck und dessen diesjährige Bestellung mit Hinsicht auf die durch dieselbe beabsichtigten Erfahrungen". Sie schildert das gesamte Gut unter dem agrarökonomischen Gesichtspunkt und war gedacht als „ein Wegweiser für die landwirthschaftlichen Besucher desselben".

Die andere Beschreibung skizziert „Flotbeck in ästhetischer Ansicht" und erwähnt die Landwirtschaft als nur einen Bestandteil in der Vielfalt des gartenkünstlerischen Gesamtbildes. Sie wurde im Jahre 1824 verfaßt und nahen Verwandten und Freunden gewidmet, „deren Mitgenuß mir diesen lieben Fleck so unendlich theuer gemacht hat". In sieben Heften sollte die Parklandschaft nach „der Verschiedenheit des Orts" beschrieben werden: „Zuerst der Pachthoff selbst, dann der Garten, 3tens das Quellenthal, 4tens der Park, wo der Elbstrom den Mittel- oder Hinter-Grund ausmacht, 5tens das Wiesenthal, 6tens der östliche Hügel, 7tens das hohe Elbufer." Bedauerlicherweise sind nur die drei ersten Hefte erhalten. Sie wurden 1990 von Charlotte Schoell-Glass kommentiert und veröffentlicht.

Die Karte um 1810 und die beiden Beschreibungen ermöglichen noch heute, die Einteilung des Anwesens in vier sogenannte „Koppeln" und viele Details wiederzufinden. „Meine klein-Flotbecker Felder liegen in 4 Parks eingeschlossen, die ihrer Lage nach, der Süder-, Wester-, Oster- und Norder-Park genannt werden",[37] heißt es in dem landwirtschaftlichen Wegweiser. Jeder der vier Parks war von einem Beltwalk umschlossen, aber auch einfühlsam von Rundwegen durchzogen, die einerseits die althergebrachten Flurstücke für den landwirtschaftlichen Betrieb erschlossen, zum anderen die landschaftlichen Schönheiten dem Spaziergänger als lebendige Bilder vor Augen führten.

„Das Erste malerische Bild, schaft die mit Absicht auf die Ecke des Hauses gerichtete Auffahrt. Die Beleuchtung wird dadurch reicher im Wechsel eines lebhafteren Lichtes und dunklern Schatten",[38] heißt es zum Beispiel in „Flotbeck in ästhetischer Ansicht". Noch heute ist dort das Landhaus hinter Fliederge-büsch „halb und halb" versteckt, die Instenhäuser, diverse Hofgebäude und das noch ältere Gartenhaus aus rotem Backstein, in dem zeitweilig Voghts Bibliothek untergebracht war, sind noch vorhanden. Die Stimmung von blühenden Roßkastanien verwandelt noch immer die Kulisse von Teich und Brücke im Frühling in ein liebliches Bild.

Folgen wir weiter dem landwirtschaftlichen Wegweiser[39] in den Süder-Park, der später nach dem Besitznachfolger Jenischpark benannt wird. Schon damals überraschte die prächtige Elbsicht, schon damals erstreckte er sich „*zwischen 2 zum Theil mit sehr schönen Eichen bewachsenen Anhöhen*", die über das Auetal der Flottbek hinweg Sichtbeziehungen schufen. Blaublühende Kartoffeln, sowie Hafer- und Roggenfelder säumten den Weg, wo heute Wiesen zu finden sind. „*Der Weg führt um ein kleines Kleefeld ... an das reinliche Fischerdorf bei dem, von schönen Eichen beschatteten, Dorfsbrunnen vorbei, zu einem kleinen Felde, wo einige Sitze und eine Mooshütte einige schöne Landschaften, mit der Elbe im Hintergrunde, darbieten.*"

Ganz bewußt waren die schönen Seiten des „*Fischerdorfes*" in die Parkansicht einbezogen. Erstaunlicherweise kann der aufmerksame Besucher noch im heutigen Jenischpark die einstigen Gebüsche, die damals die rechteckigen Felder einfaßten, ausmachen. Ausgewachsen beeindrucken sie heute teils als prächtige Eichenkulissen, teils als alte Schlehengebüsche. Die damals erwähnten „*schönen Eichen*" jedoch sind nunmehr als malerische Veteranen wiederzufinden.

Die Mooshütte, schon als Freundschaftshütte erwähnt, wurde 100 Jahre später im Volksmund wegen ihrer runden Fenster als „*Eierhütte*" bezeichnet. Nachdem auch ihr Nachfolgebau[40] abgebrannt war, wurde im Jahre 1995 die Freundschaftshütte auf Anregung des Kunsterziehers Paul Ziegler und mittels einer großzügigen Spende der Reemtsmastiftung als wichtiger Bezugspunkt des Parkes rekonstruiert (Abb. 104).

Noch immer kann man durch das „*Gehölz*" zu der Stelle kommen, wo damals eine Brücke den Hohlweg überspannte, auf welchem das Heu aus den tiefer liegenden Auen der Flottbek zum Hofe gefahren wurde. Das „*Gehölz*" befindet sich hier seit ältesten Zeiten und fasziniert durch seine alten Hainbuchen, Rotbuchen und Eichen. Im Frühjahr blüht unter den noch lichten Bäumen, ähnlich wie im Düsternbrooker Gehölz in Kiel, ein Meer von Buschwindröschen. Er-

Abb. 107: Klein Flottbek, Knüppelholzbrücke im Jenischpark, Postkarte um 1900 (Privatbesitz).

freulicherweise gibt es Pläne, die nach dem Zweiten Weltkrieg als Feuerholz demontierte Brücke neu erstehen zu lassen. Sie gewährte dem Spaziergänger gleichsam von erhöhter Warte Überblick über das landwirtschaftliche Wirken im Park. Sie darf durchaus als Symbol für den gehobenen Standpunkt, von dem aus Voght seine Ökonomie betrachtete, gewertet werden. Es existieren Abbildungen auf Postkarten um 1900 (Abb. 107) und Zeichnungen, die die Knüppelholzkonstruktion bis ins Detail nachvollziehen lassen. Die Fundamentsteine, große, im Erdreich der Böschung versenkte Findlinge, sind noch vorhanden.

Im stets feuchten Auetal der Flottbek, das sich noch heute von der Otto-Ernst-Straße bis zur Elbe erstreckt, mäandriert ein vom Tidenhub der Elbe zusätzlich bewegter Bachlauf, der bei Teufelsbrück in die Elbe

Abb. 108: Klein Flottbek, „Teufelsbrück", Lithographie von W. Heuer um 1845 (SHLB).

mündet. Bis zu viermal im Jahr wurde hier das Heu gemäht, zwischendurch sogar Wäsche gebleicht, heute steht das Gebiet unter Naturschutz (Abb. 108). Wiesenblumen und Schilfsorten, die früher an jedem Bachufer wuchsen, werden heute als bedrohte Seltenheiten gehütet: Schach- und Sumpfdotterblumen, Mädesüß und Rohrkolben. Damals dürften hier Störche und Reiher, Eisvogel, Wasseramsel und Nachtigall genauso selbstverständlich wie die Froschkonzerte im Frühjahr und Frühsommer gewesen sein. Heute hat der Städter nur sehr selten und allenfalls in den Morgenstunden Gelegenheit, den Flug eines einsamen Graureihers, der sich aus der Haseldorfer Marsch hierher verirrt hat, zu bewundern. Vogt zeichnet uns dort folgendes Bild: *„In der Mitte der Wiesen liegt hier unter einer Baumgruppe eine Hütte, besonders zu der Zeit der Heuwindung von einer lieblichen, bewegungsvollen Landschaft umgeben"*. Außerdem heißt es: *„Nicht unbemerkt werden hier die ineinander verschlungenen Überbleibsel der ältesten Waidenbäume in den Herzogthümern bleiben."* Noch heute fasziniert ein mächtiges Weidengebüsch – allerdings südlicher – an der Flottbek. In der Richtung, wo seit 1963 aus bewässerungstechnischen Gründen ein Rückhaltebecken in der Wiese aufgestaut wurde, fand sich früher versteckt eine kleine Fischerhütte mit einem Teich, dem sogenannten „Fischers Diek".

Östlich der Flottbek erreichte man über kleine Brücken die sogenannten „Neulande", wo teils Raps, teils Weizen und blaublühende Kartoffeln angebaut wurden. *„Wenn man ... den Park durch die östliche Pforte verläßt, trifft man gerade auf die kleine Thür des Elbgartens; eines Gebüsches, welches der Liebhaber der weiten Flußansichten eben so wenig unbesucht lassen wird, als der Liebhaber von Stauden, Bäumen, Gewächshauspflanzen und Blumen ..."*. Man muß sich den Ausgang dort denken, wo 1906 das noch heute an der Elbchaussee imponierende „Kaisertor" errichtet wurde. Der Weg führte zur Baumschule Booth, die u. a. *„die vollständigste Sammlung von Gräsern"* zu bieten hatte: *„Es sind über 400 Arten da in Blüthe."*[41]

Diese Bemerkung offenbart mehr über die Pflanzenwelt des späteren Jenischparkes, als man zunächst annimmt. Es konnte nachgewiesen werden, daß bei der Anlage von Landschaftsgärten sehr bewußt verschiedenste Grassorten je nach Standort eingesetzt wurden, um alles möglichst natürlich erscheinen zu lassen. Primär gesammelt wurden viele Grassortensamen im Mittelmeerraum. Mit den Grassamen jedoch schlichen sich wildwachsende Mittelmeerstauden ein, so auch im Gebiet der Ornamented farm.[42]

Kehren wir zum Hof zurück, um die Spurensuche im *„Wester-Park"* fortzusetzen. Westlich des Landhauses dehnten sich die *„vom Garten umschlossene Hauswiese und -weide"* aus. Die Beschreibung des Gartenteils in *„Flottbek in ästhetischer Ansicht"* hat Voght Fanny Jenisch, der späteren Hausherrin, gewidmet. Sehr sinnlich schildert er die Vielzahl der Wirkungen, die aus Blumendüften, dem Gesang der Vögel, sich ineinander schlingenden Rosenbeeten und in großen Flächen sich ausbreitenden Blumenteppichen, etwa unter einer alten Eiche, erzielt wurde. Der Reiz liegt in dem großen Kontrast der schon damals dominanten Bäume und ihrer Unterpflanzung mit zarten Blumen. *„Der Besitzer hat geglaubt, daß Blumen wie Stauden ... nur da, ... wo sie in Menge vorhanden sind, wo ihre Fülle nur auf den uns umgebenden Reichthum aufmerksam macht, ihre Wirkung unfehlbar erreichen."*[43]

Die Hauswiese, der heutige Turnierplatz, war ein landwirtschaftliches Versuchsfeld. Zwanzig verschiedene, blau und weiß blühende Kartoffelsorten, diverse Getreide- und Bohnensorten wurden hier auf wohlbeschrifteten Beeten mit unterschiedlicher Düngung und Bearbeitung ausgetestet.

Zwei Eichengruppen in der Hauswiese, die bis heute überlebt haben, rahmten damals den Fernblick, den man von der Bibliothek im ersten Stock des Landhauses aus genießen konnte. Er reichte bis nach Blankenese und in die Gründe von Dockenhuden. Vor dieser Ansicht ließ sich Voght im Jahre 1801 von dem französischen Maler Jean Laurent Mosnier (1743/44–1808) in

Abb. 109: Klein Flottbek, Blick in den Süderpark der Ornamented farm, Aquarell von C. F. Stange nach 1812 (Altonaer Museum in Hamburg – Norddeutsches Landesmuseum).

Öl portraitieren. Das Gemälde hängt heute im Jenischhaus.

Der *„Hügelsitz im Garten"* befand und befindet sich nur wenige Meter westlich des Landhauses am Rande der *„Hausweide"*. Deutlich ist er als kleine Geländeerhebung auszumachen, die mittlerweile von hohen Bäumen bestanden und von Efeu überwuchert ist. Von hier aus erblickte man damals im Frühjahr die blühenden 400 Kirschbäume der *„Fruchtbaumwiese"*, zur anderen Seite hin das Landhaus. Anders als heute diente es nach drei Seiten hin als Point de vue und bildete für den Westerpark einen klaren Bezugspunkt.

Der Weg zum Quellental führte am Gemüsegarten vorbei und wand sich zwischen Fruchtbaumwiese und Hausweide hindurch. Eine Tannengruppe und ein Fußpfad über ein großes, offenes Feld mit Raps und Getreide bildete gleichsam die Einstimmung auf das Gebiet des Quellentals, wo von zwei Seiten herströmende Quellen sich in einen Teich ergossen. Vielfältige Landschaftseindrücke auf engem Raum boten hier in schneller Folge immer neue Bilder. Etwas erhöht stand die sogenannte Schweizer Hütte mit dem Horazzitat *„Hoc erat in votis"*: dies war so meiner Sehnsucht Wunsch.[44]

Die Ansicht vom Quellental um 1817 (Abb. 29) zeigt mehr als die Beschreibung: Die Geselligkeit im Park, die Üppigkeit der Natur, aber auch die Widrigkeiten, gegen die sich Voght zu wehren wußte. Ein Schild im Baum mit der Aufschrift: *„Alles übersteigen*

Abb. 110: Klein Flottbek, Jenischhaus mit blühender Wiese im Mai, Photo 1993.

und durchbrechen ist mit einer Pöne [Strafe] von 2 Reichsthaler Courant zum besten der Armen ..." spricht für sich.[45]

"Wer von der Hütte des Quellenthals südlich zur Wassermühle und eine kleine Anhöhe hinan nun das der Witwe Hanbury gehörige, mit herrlichen Eichen bekränzte Feld geht, wird auf dem Fußsteige, der durch ein Kornfeld wieder ins Dorf führt, die herrliche Aussicht auf die Elbe bewundern, deren das Wohnhaus der Frau Besitzerin genießt." Die Wassermühle stand am untersten Teich des heutigen Wesselhöftparkes, Voght hatte sich entlang dieses Nachbarparkes ein Flurstück als Durchgang gesichert. Die beschriebene Aussicht vom Eichberghaus aus ist in einem Aquarell von Hansens Architekturzeichner Carl Friedrich Stange (1784–1851, ab 1812 in Altona) festgehalten worden und zeigt gleichzeitig den Blick in den damaligen Süderpark (Abb. 109).

Bevor Baron Voght den Flottbeker Park im Jahre 1828 an seinen Patensohn Senator Martin Johann Jenisch (1793–1857) zu einem Freundschaftspreis von 137.200 Mark Banco veräußerte, konnte er das Areal noch um das Grundstück der Koopmannschen Wachsbleiche ergänzen. Schon lange war ihm dieser häßliche Zwickel am Rande des Süderparks ein Dorn im Auge gewesen. In einem Brief empfiehlt Voght dem weitaus jüngeren Freunde, den *"Character der Ornamented Farm ... beyzubehalten, ... wenn das Vorzüglichste nicht vergehen soll – wenn Flottbek nicht das Individuelle verlieren soll, das es von allen ähnlichen großen Anlagen unterscheidet und es auf dem Continent bisher einzig gemacht hat."*[46]

Zwar war der junge Jenisch einer modernen Landwirtschaft, wie Voght sie begründet hatte, nicht abgeneigt. Er ließ sie sehr wohl in weitaus größerem Ausmaß auf seinen Gütern Blumendorf und Fresenburg betreiben. Flottbek wurde zum Kanzleigut erhoben und sollte der stadtnahen Repräsentation dienen: An imponierender Stelle im Süderpark wurde ein Bauplatz ausgewählt, mit Blick auf die Elbe und doch gerade so weit von ihr entfernt, um zu einem Spaziergang einzuladen.[47]

Abb. 111: Klein Flottbek, Rosenlaube, Gewächshaus und Arboretum im Jenischpark, Photo von W. Dreesen 1901 (Privatbesitz).

Das neue Herrenhaus wurde von dem Architekten Franz Gustav Joachim Forsmann (1795–1878) entworfen. Karl Friedrich Schinkel (1781–1841) in Berlin erhielt die Pläne zur Verbesserung. Sechs Jahre dauerten Planung, Bauzeit und Einrichtung des Hauses, 1834 wurde es fertig. Heute ist es als Museum bürgerlicher Wohnkultur öffentlich zugänglich (Abb. 110). Eine repräsentative Auffahrt wurde von der Holztwiete aus mitten durch den Park gelegt. Dort erhielt er eine aufwendige, schmiedeeiserne Pforte und ein Cottage als Pförtnerhäuschen. Elegant führten die Spazierwege um das neue Herrenhaus herum und fügten es in das bestehende Wegesystem ein. Der Park *„ward mit vielen neuen Anlagen und Anpflanzungen in grandiosem Styl verschönert"*.[48]

Auf dem großen, grünen Platz der ehemaligen Wachsbleiche ließ Senator Jenisch – ganz im Trend der Zeit – von dem Garteninspektor des Botanischen Gartens, Johann Heinrich Ohlendorff (1788–1857), ein Arboretum anlegen. Es war geschmückt mit Teppichbeeten, einem berankten Laubengang und einem Rosenrondell, das von Weinranken in Girlanden umkränzt war (Abb. 111). Ein prachtvolles Gewächshaus mit Mittelkuppel und diverse weitere Glashäuser, letztendlich zehn an der Zahl, wurden errichtet und beherbergten eine viel bewunderte Orchideensammlung.[49]

Fürst Bülow schreibt in seinen Denkwürdigkeiten über seinen Oheim Jenisch: *„Wenn der Senator Jenisch, in der linken Hand eine goldene Lorgnette, die rechte auf einen Bambusstock mit goldenem Knopf gestützt, seine Orchideen betrachtete, bot er einen Anblick behaglicher Zufriedenheit, wie sie mir in dieser Welt ... selten wieder begegnet ist."*[50] Obergärtner Friedrich Berthold Kramer betreute die Pflanzenschätze langjährig seit 1833. Ihm folgte 1880 sein Sohn Franz Caspar Ludwig und nach dessen Tod 1891 J. Heydorn.[51]

Senator Jenisch und seine Frau Fanny Henriette, geb. Roeck (1801–1881), starben kinderlos. Durch letztwillige Verfügung war ein Fideikommiß errichtet worden, deren Nutznießer Nachfahren der Schwester Jenisch, verh. Rücker, bis zum heutigen Tage wurden. Das Fideikommiß, gültig bis 1919, verfügte, daß der Nutznießer den Namen Jenisch annähme und die hinterlassenen Güter nicht veräußert würden.[52] Diese Verfügung hat den Klein Flottbeker Park in seiner Gesamtheit im grünen Weichbild der Stadt bewahrt.

Um 1900 erfuhr der Park weitere Ergänzungen. Ein zwei Meter hoher, eiserner Staketenzaun umschloß

Abb. 112: Klein Flottbek, Eiche im östlichen Jenischpark („Neulande"), Photo 1993.

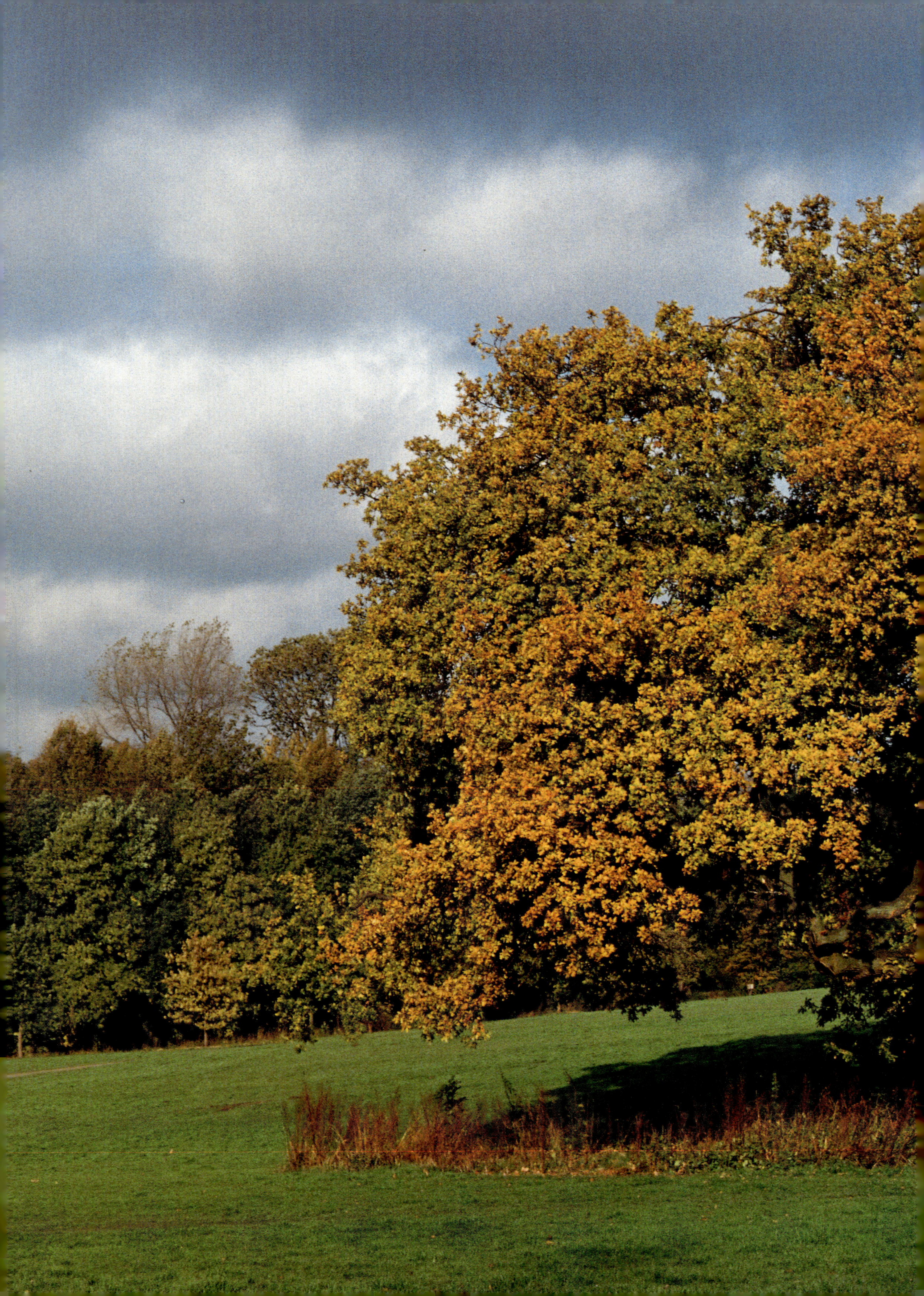

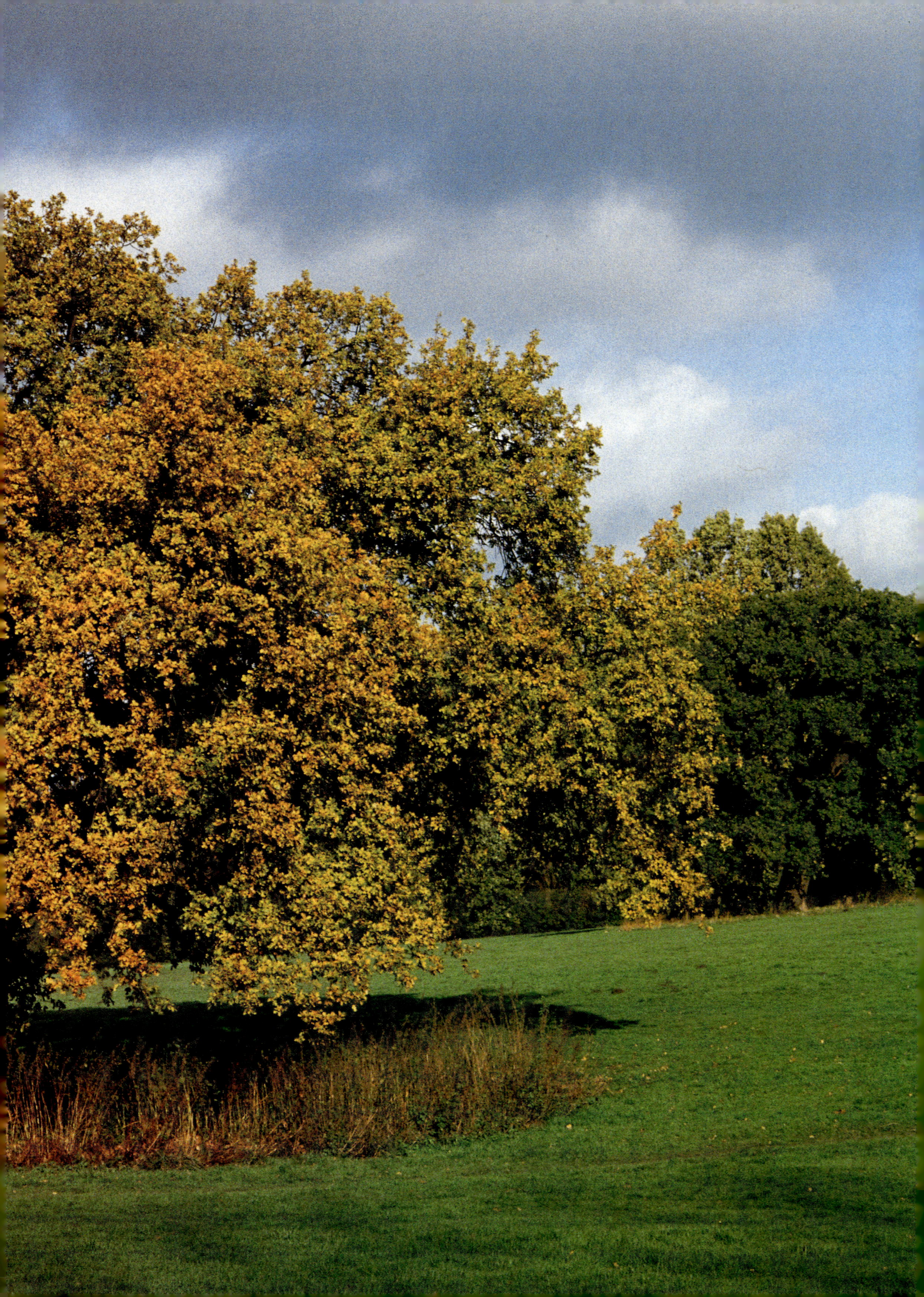

den Jenischpark. Zu Ehren Kaiser Wilhelms wurde 1906 das sogenannte Kaisertor errichtet. Eine lange, elegante Auffahrt wurde von Garteningenieur Rudolf Jürgens (1850–1930) schwungvoll in das Gelände komponiert.

Im Westerpark hielt sich der Ackerbau am längsten. Die Felder wurden im letzten Jahrhundert von umliegenden Baumschulen gepachtet, während der untere Teil des Quellentals als ‚Kleiner Jenischpark' beliebtes Ausflugsziel blieb. In Krögers Führer durch die Elbgegend von 1914 war die Rede von einer *„poetischen Landschaft, die sich hier öffnet, ein träumerisch poetischer Winkel mit seinen klaren Wassern, murmelnden Quellen, verschwiegenen Pfaden, heimlichen Verstecken, mit seinem Blühen und seiner munteren Vogelwelt"*.[53] Der Hamburger Volkssänger Hein Köllisch widmete dem Quellental um die Jahrhundertwende den Evergreen „De Pingsttour", und bis in die 1930er Jahre hinein wurde hier von den Klein Flottbekern noch Wasser für Kaffee und sogar für die Taufe geschöpft. In das kleine Fachwerkhaus – um 1835 errichtet – war eine Gastwirtschaft eingezogen, die ihren Eingang zur Erinnerung an die Schleswig-Holsteinische Erhebung mit einem Buchentor schmückte.

Nach dem Zweiten Weltkrieg wurde der Westerpark durch Bebauung eingeengt. Es entstand mit der Karl-Jacob-Straße eine Siedlung von Doppelhäusern in ‚parkartiger Bebauung', ohne Zäune, geplant von dem Architekten Bernhard Hermkes (1903–1985).

Im Osterpark ließ sich 1906 der erste Hamburger Golfclub nieder, der dort in der Parklandschaft einen kleinen Neun-Loch-Platz anlegte. Die alte Wegführung wurde aufgehoben. Blickbezüge entstanden nun zwischen ‚Abschlag' und ‚Green' und wurden den Bedürfnissen des Spiels unterworfen. Die Teiche aus Voghtscher Zeit mit ihren malerischen Uferzonen verwandelten sich zu gepflegten ‚Wasserhindernissen'. Lange blieben die alten Weiden und Eichen erhalten, inzwischen wurde der Baumbestand erheblich verjüngt und die Bahnen gegeneinander abgepflanzt; der typische Beltwalk verschwand.

Der Hamburger Poloclub pachtete 1907 im Norderpark Gelände. Der Poloplatz befindet sich dort noch heute mit seinem imposanten Clubhaus, entworfen von dem Architekten Heinrich Amsinck in den 20er Jahren. Im Anschluß pachtete für 99 Jahre der Kaufhausbesitzer, Schöngeist und Gartenenthusiast Dr. Max Emden das Gelände der heutigen Jenischschule (Jenischstr. 48) und ließ sich 1910 dort auf 40.000 qm einen Garten von Jacob Ochs (nach einem Entwurf von Leberecht Migge) anlegen. Im Stil der Reformbewegung entfaltete dieser Garten auf mehreren Ebenen eine Vielzahl von Gartenräumen, die von einem in Backstein gemauerten Wasserkanal durchzogen wurden. Leider ist dieses Gartenkunstwerk, das an die Gärten der Gertrude Jekyll erinnert haben mag, nur noch bruchstückhaft zu erahnen.[54] Sein Besitzer konnte sich rechtzeitig vor der Verfolgung im Dritten Reich in die Schweiz retten. Er zog sich 1934 auf die Brissago Inseln im Lago Maggiore zurück und errichtete dort einen kleinen Palazzo, der an das Jenischhaus erinnert.

Der Jenischpark sollte, genauso wie der Osterpark, in einen Golfplatz verwandelt und an den Rändern bebaut werden, was jedoch von Ortsvorsteher Becker in letzter Minute abgewendet wurde. Statt dessen pachtete die Stadt 1927 den Park und machte ihn öfentlich.[55] Zum Verkauf kam es 1938 unter dem Druck des Naziregimes, das im Jenischhaus die Mensa der hier geplanten ‚Hansischen Universität' vorsah. Der Campus hätte nicht nur die Parklandschaft Klein Flottbeks, sondern auch die anschließenden Villengebiete verschlungen. Die Pläne kamen – Gott sei Dank – nicht zur Ausführung.

Heute müht sich eine weitverzweigte Verwaltung um die gartendenkmalgerechte Erhaltung und Pflege des Jenischparkes.[56] Dabei ist ein Parkpflegewerk[57] hilfreich, das privat finanziert wurde und auf Initiative des Kunsterziehers Paul Ziegler zustande kam.[58] Das Gartenbauamt Altona engagierte ab 1994 einen Gärtner, der sich ausschließlich um die laufenden Pflegearbeiten im Jenischpark kümmert. Größere Arbeiten werden von Fremdfirmen ausgeführt, deren Hand man den sensiblen Umgang mit dem Gartendenkmal wünscht.

Im Norderpark, zu Voghts Zeiten geprägt von Feldern entlang des Oberlaufes der Flottbek, entstand 1979 der ‚Neue Botanische Garten' Hamburgs. Die

Landschaft wurde stark überformt, um die einzigartige Pflanzensammlung wissenschaftlich geordnet unterzubringen und zu präsentieren.

Das Quellental wurde 1964 zur Erweiterung der Flächen für die Baumschule von Ehren mit Müll und Abfällen achtlos zugeschüttet, Bach und Quellen verrohrt. Zwanzig Jahre später beschloß die Baumschule, ihren Sitz in den Süden Hamburgs zu verlagern. Weite Gebiete des ehemaligen Westerparkes – fälschlicherweise als „Industriegelände" apostrophiert – sollten nun „baureif" gemacht werden. Im Wettlauf mit einem Architektenwettbewerb gelang es Bürgern aus Klein Flottbek, die Öffentlichkeit wachzurütteln. Ein Meilenstein dieser gewaltigen Anstrengungen war die Ausstellung „Von der Schönheit des Nützlichen – 200 Jahre Kulturlandschaft Klein Flottbek".[59] Der Blick für den Wert von Kulturlandschaften wurde am Beispiel Klein Flottbek geschärft. Die Bürgerinitiative „Erhaltet Flottbek e. V." organisierte sich und machte sich die Patenschaft für die Parklandschaft zur Aufgabe.

Letztendlich begriff man den Veränderungsdruck als eine Chance. Sowohl in der Verwaltung Hamburgs als auch Schleswig-Holsteins wurde die Gartendenkmalpflege institutionalisiert. Baron Johann Christian Jenisch, der heutige Eigentümer, fand sich bereit, weite Gebiete des ehemaligen Westerparkes an die Stadt als öffentliche Grünfläche zu verpachten. Der Pachtvertrag wurde 1995 abgeschlossen. Gleichzeitig jedoch wurde von der Verwaltung eine bedrängende Bauausweisung am Rande in Aussicht gestellt und in einem Bau- und Grünordnungsplan festgeschrieben.[60]

Die Renaturierung des Quellentals gilt heute als größte Maßnahme und Pilotprojekt der Hamburger Gartendenkmalpflege.[61] Sie wird mit hohem Einsatz betreut durch die Gartendenkmalpflegerin Martina Nath-Esser von der Umweltbehörde Hamburg. Schon jetzt wird sichtbar, daß hier ein Stück fast verlorener Parkgeschichte neu und vielschichtig zum Vorschein kommt. Vierzehn Quellen wurden wiederentdeckt, historischer Gehölzbestand und Pflanzen aufgelistet, dank der arbeitsreichen Hilfe des benachbarten Landschaftsgärtners Jochen Louwien.

Flottbek, dereinst „in einem Geist gedacht"[62], muß heute von vielen ‚Geistern' gehütet werden. Nur so mag auch in unserer Zeit gelingen, was der Schöpfer dieser Parklandschaft einmal begonnen hatte, nämlich der Versuch, die widerstreitenden Kräfte im Gleichgewicht zu halten und der Nachwelt ein Stück eines einzigartigen Landschaftskunstwerkes weiterzugeben (Abb. 112).

Sylvia Borgmann

1 Voght wurde 1803 zum Reichsfreiherrn ernannt und führte seither den Adelstitel.
2 Vgl. dazu: Voght (1822); Voght (1824); Voght (1838); Lappenberg (1847); Poel (1884); Ehrenberg (1897); Schiller-Tietz [um 1901]; Stierling [1927]; Hoffmann (1937); Grundmann (1957); Klée Gobert (1958); Ahrens (1969); SHBL, Bd. 2 (1971); Aust/Effenberger (1963); Ahrens (1969); SHBL, Bd. 2 (1971); Aust (1972), Ausst. Kat. Gärten, Landhäuser und Villen (1975); Ziegler (1980); Ahrens (1981); Borgmann (1989); Schoell-Glass (1989); Ausst. Kat. Von der Schönheit (1990); Schoell-Glass (1991); Müller-Glaßl/Dittloff (1992); Kulenkampff (1992); Frühsorge (1993), S. 121–127 und 219–226; Nath-Esser (1995).
3 Vgl. Ahrens (1969), S. 65.
4 Voght (1824), S. 11.
5 Voght (1824), S. 13.
6 Brief Magdalena Pauli an H. Sieveking im Jahr 1792, zitiert bei Kulenkampff (1992), S. 89.
7 Schleswig-Holsteinische Provinzialberichte 1792, zitiert bei Ehrenberg (1897), S. 107.
8 Ramdohr (1792), S. 58. Vgl. auch Deneken (1797), S. 62ff.
9 Vgl. Poel (1884), S. 44f und S. 73ff.
10 Der Arzt Prof. Dr. Johann Albert Heinrich Reimarus (1729–1814) und der Mathematiker und frühe Wirtschaftswissenschaftler Prof. Johann Georg Büsch (1728–1800) waren vehemente Verfechter der Aufklärung in Hamburg und Mitgründer der „Patriotischen Gesellschaft zu Hamburg".
11 Voghts Freund und Geschäftspartner Georg Heinrich Sieveking (1751–1799), er heiratete die Tochter des Prof. Dr. Reimarus, Johanna (Hannchen) Margaretha (1760–1832).
12 Der Englische Konsul William Hanbury (1755–1798) bewohnte mit seiner Gemahlin Caroline, geb. Bohn (1758–1832), das Eichberghaus in Klein Flottbek.
13 Piter Poel war Herausgeber des „Altonaer Mercurius". Er heiratete die Tochter des Prof. Büsch, Frederike Elisabeth (1768–1821).
14 Magdalena Pauli (Manon), geb. Poel (1757–1825), Schwester des Piter Poel, war seit 14.4.1776 mit dem Lübecker Kaufmann verheiratet. Im Herbst 1808 trennte sie sich von ihrem Mann und zog mit ihren Kindern nach Bückeburg.
15 Poel (1884), S. 78. Rousseausches Gedankengut wurde diskutiert und gelebt, man entzündete sich an den Frei-

heitsideen der Französischen Revolution und schmückte sich mit der Trikolore. Alle folgenden Zitate vgl. Poel (1884), S. 77f.
16 Nevermann (1792), S. 14.
17 Beide Zitate: Voght (1824), S. 13.
18 Alle Zitate Voigt (1870), S. 34.
19 Vgl. Aust (1972), S. 11ff.
20 Alle Zitate: Voght (1838), S. 50–52.
21 Poel (1884), S. 86.
22 Caspar Voght, Schilderung von Irrland, 1794, in: Genius der Zeit 1796, S. 572.
23 Alle Zitate aus Klée Gobert (1958), S. 125ff.
24 Vgl. Voght (1838) S. 59f. Es ist nicht sicher, ob 1 Million ‚Mark Banco' gemeint ist, oder aber ‚Mark Courant'. Beide Währungen waren damals in Hamburg üblich (1 Mark Banco = 1,20 Mark Courant laut Ehrenberg). Zum Währungsvergleich: Voght wandte für den Kauf seiner Ländereien insgesamt 153.600 Courantmark auf, für den Bau des Landhauses 110.000 Courantmark, s. Ahrens (1969) S. 63 und 99.
25 Voght (1834).
26 Voght (1959–1967), Bd. 2, S. 24f.
27 Alpen/Beitz/Hell (1994), S. 14f.
28 Kiesewetter (1807), S. 55ff, zitiert bei Ahrens (1969), S. 106.
29 Vgl. Schwarze (1992).
30 Ahrens (1969), S. 103.
31 Zitiert bei Ahrens (1969), S. 83.
32 Voght (1824), S. 16.
33 Die schottische Bauernfamilie Rogers hatte sich nicht eingewöhnen können und war deshalb nach Rußland auf die Güter des Grafen Romanzow vermittelt worden.
34 Deneken (1797), S. 64.
35 Vgl. Sepiazeichnung von Johann Baptist Schmitt, um 1800, Altonaer Museum in Hamburg-Norddeutsches Landesmuseum, Inv. Nr. 1965/424 und Schoell-Glass (1991), S. 41.
36 Sierakowskis Nachlaß in Warschau ist leider im letzten Krieg verbrannt. Vgl. Schoell-Glass (1991), S. 206, Anmerkung 22 und Hinweis von Wanda Rudzinska M.A./Warschau.
37 Voght (1822), S. 21.
38 Ausst. Kat. Von der Schönheit (1990), S. 16.
39 Voght (1822), S. 21ff.
40 Vgl. Ziegler (1981).
41 Alle Zitate: Voght (1822), S. 21–32.
42 Vgl. Nath-Esser (1995).
43 Voght (1824), S. 21.
44 Vgl. Horaz, Satiren II 6, Übersetzung nach Friedrich Schulteß in Überarbeitung von Wilhelm Schöne.
45 Vgl. Aust. Kat. Von der Schönheit (1990), S. 42.
46 Ehrenberg (1897), S. 112.
47 Ehrenberg (1897), S. 113.
48 Archiv, Zeitschrift des Garten- und Blumenbauvereins für Hamburg, Altona und deren Umgebungen (1839), S. 32.
49 Vgl. diverse Beiträge im Archiv, Zeitschrift des Garten- und Blumenbauvereins für Hamburg, Altona und deren Umgebungen (1839), S. 31ff; (1840), S. 59ff; (1851), S. 23ff; (1853), S. 13ff.
50 Zitiert bei Grundmann (1957), S. 29.
51 Vgl. Sorge-Genthe (1973), S. 165f.
52 Vgl. Grundmann (1957), S. 29f.
53 Schiller-Tietz [um 1901], S. 136.
54 Vgl. Husen (1996).
55 Vgl. Ziegler (1980).
56 Gartenbauamt des Bezirkes Altona, Amt für Grün und Erholung in der Umweltbehörde, Denkmalamt.
57 Müller-Glaßl/Dittloff (1992).
58 Vgl. Ziegler, diverse Beiträge. Paul Ziegler stellte seine langjährige Archivarbeit der Parkforschung zur Verfügung.
59 Im Barlach Haus (Jenischpark) 1991 und anschließend im LAS, vgl. Ausst. Kat. Von der Schönheit (1990).
60 Bebauungsplan Nienstedten 18.
61 Nath-Esser (1995).
62 Ehrenberg (1897), S. 107.

Altona: Gartenbauausstellung von 1914

Gartenbauausstellung anläßlich des 250jährigen Stadtjubiläums Altonas, heute öffentliche Grünanlage am Anfang der Elbchaussee.

Als die Stadt Altona 1912/13 Donners Park erwarb, geschah dies nicht ohne Hintergedanken. Natürlich sollte der rund 5 Hektar große, frühere Privatgarten des Etatsrates Bernhard Donner für die Öffentlichkeit freigegeben werden. Zusammen mit dem benachbarten Wriedtschen Park, den die Stadt schon 1890 übernommen hatte und der nun Stadtpark hieß, entstand so eine ansehnliche öffentliche Grünanlage entlang der Elbe. Zuvor jedoch sollten beide Parks das Kernstück der Gartenbauausstellung bilden, die Altona zu seinem 250jährigen Stadtjubiläum 1914 veranstaltete (Abb. 113).[1]

Die Idee einer Jubiläums-Ausstellung war nicht in den Fachkreisen des Gartenbaus entstanden, sondern in den Reihen der Bürgerschaft. Hier witterte man die Chance, einmal aus dem Schatten der mächtigen Schwesterstadt Hamburg heraustreten zu können. *„Wir konnten für die Ausstellung ein Gelände zur Verfügung stellen, das als durchaus einzigartig bezeichnet werden darf. Wo findet sich wohl wieder eine solche Vereinigung intimen landschaftlichen Reizes, wie ihn der herrliche Baumbestand unseres hochaufragenden Elbufers bietet, mit dem monumentalen Ausblick auf einen gewaltigen, der Weltschiffahrt dienenden Strom mit dem so überaus interessanten Einblick in das große Getriebe eines Welthafens ... ?"*[2], fragte Oberbürgermeister Schnackenburg in seiner Eröffnungsansprache vom 15. Mai 1914. Gartenbaudirektor Tutenberg, der mit der Ausführung des Unternehmens beauftragt worden war, mußte aber schnell einsehen, daß sich allein mit der malerischen Lage noch keine Ausstellung machen ließ. Baumbestand und Topographie des Elbhan-

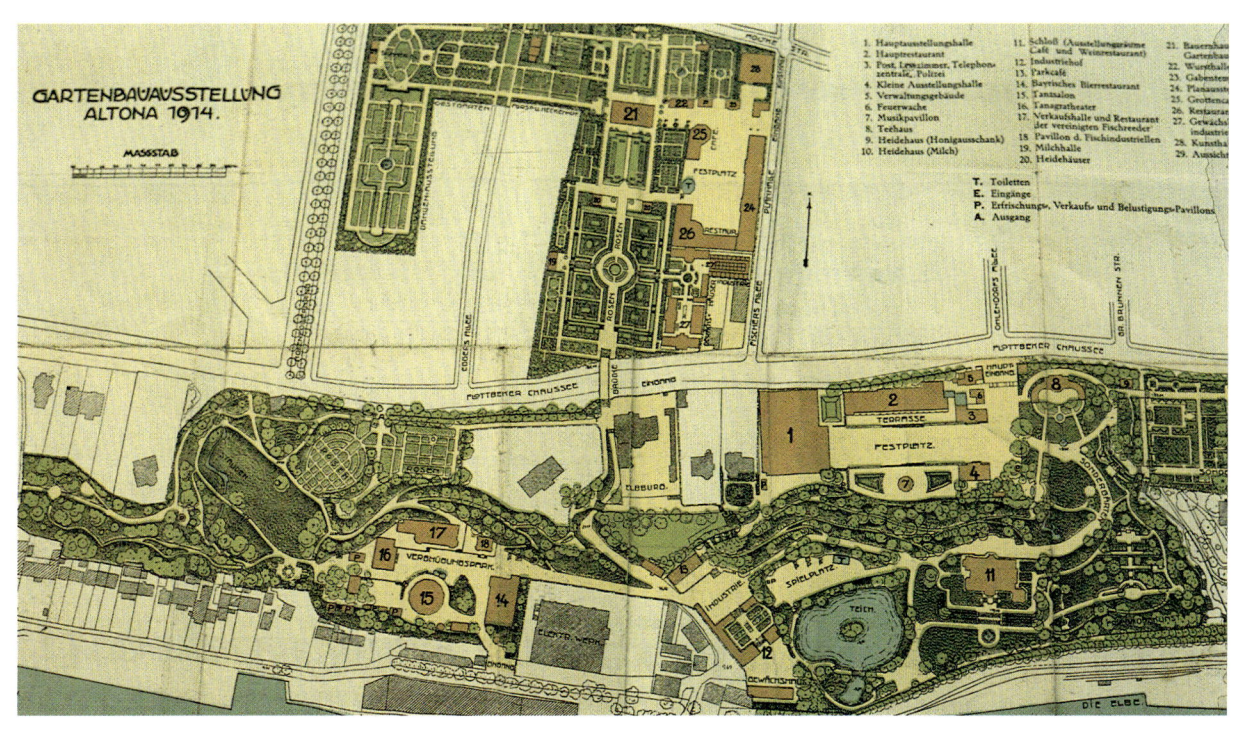

Abb. 113: „Gartenbauausstellung Altona 1914", Faltplan 1914 (StAHH).

Abb. 114: Altona: Gartenbauausstellung, Blick auf die Donnersche Weide, Photo 1914 (StAHH).

ges sollten nicht angerührt, möglichst viele Variationen wilhelminischer Gartenkultur jedoch vorgeführt werden. Um alle Sondergärten, Ausstellungshallen und Vergnügungseinrichtungen unterzubringen, verdreifachte sich nicht nur der Finanzetat von 350.000,- auf 1.130.000,- Mark, es mußten auch viele neue Flächen hinzukommen.

So stellte Kommerzienrat Georg Plange Teile seines Gartens, des heutigen „Heineparks", für eine Reihe von Sondergärten zur Verfügung. In ihnen wurden die neuen Trends in der Gestaltung von Hausgärten gezeigt. *„Wir wollen den Garten wieder als Wohnung im Freien nutzbar machen, wir müssen ihn also gegen die neugierige Außenwelt abschließen ..."*[3], kommentierte Hugo Koch diese Arbeiten. Nördlich der Flottbeker Chaussee (heute Elbchaussee), verbunden mit einer Fußgängerbrücke, wurde außerdem ein mehrere Hektar großes Areal zwischen Hohenzollernring und Fischers Allee hinzugenommen. Die ebene, baumlose Fläche umfaßte vor allem die „Donnersche Weide", den früheren Nutzgarten der Familie Donner (Abb. 114). Schwerpunkt dieses Ausstellungsteils bildete der „volkstümliche Gartenbau", den die Kritik damals sehr wohlwollend bewertete: *„Man kann sagen: Hamburg-Altona (und mit ihnen das junge Gartendeutschland) wird als künftiges Zentrum einer neuen Gartenkultur in dem Maße berufen sein, als es diesen Zweig unserer Ausstellung, die den Hamburger Garteninspektor Hölscher ihren Urheber nennt, beachtet"*[4], urteilte beispielsweise Leberecht Migge. Ein großes, niederdeutsches Bauernhaus war am Ende der Wegachse errichtet worden, auf die der Besucher von der Brücke aus gelangte. Gartendirektor Hölscher hatte hier einen stilisierten Bauerngarten und einen Musterobstgarten angelegt. Im Haus gab es Pläne und Modelle zum Schrebergarten- und Kleinwohnungswesen sowie Dokumentationen von Natur- und Heimatschutz und auch der Gartenstadtbewegung zu sehen.

Oberbürgermeister Schnackenburg hat in seiner Ansprache den erzieherischen Wert der Gartenbaukunst für das Gemeinschaftsleben einer Großstadt herausgestellt: Sie habe *„Oasen zu schaffen, auf die sich der Natur entfremdete Großstädter"* retten könnte. Eine 83 Meter lange Planhalle zeigte solche Beispiele gartenkünstlerischen Schaffens, die nicht älter als vier Jahre sein durften. Viele deutsche Städte waren dort mit ihren Projekten der Gestaltung von Straßen, Plätzen und der Schaffung stadtnaher Erholungsräume vertreten. Daß der Gartenbau seine volkstümliche bzw. soziale Funktion jedoch nicht nur in großen Stadt- und Volksparkanlagen zu verfolgen habe, machten im nördlichen Teil der Ausstellung eine Reihe musterhaft gestalteter Schrebergärten und eine Gruppe Reihenhäuser mit dazugehörenden Kleingärten deutlich. Während das Bürgertum sich aus den meist noch katastrophalen hygienischen Verhältnissen der Großstädte in ihre Vorortvillen zurückgezogen hatte, blieb der „kleine Mann" weiterhin auf die Mietskasernen angewiesen. Erst der Ausbau des öffentlichen Nahverkehrs schuf neue Perspektiven: *„Die Vorortbahnen schließen geeignete Gelände auf, wo auch der kleine Beamte und Geschäftsmann, der Handwerker und selbst der Arbeiter ein Gartenheim erstehen kann ..."*[5], stellte Christian Brügmann damals angesichts der kleinen Musterhäuser fest.

Den Begriff *„volkstümlicher Gartenbau"* allerdings vereinnahmten mit Ausbruch des Ersten Weltkrieges chauvinistisch gesinnte Kreise für ihre Zwecke. In den gärtnerischen Fachblättern wurde gegen die *„immer mehr um sich greifende Ausländerei"*[6] zu Felde gezogen. Es war von der *„widerlichen Ueberschätzung des Außländischen"*[7] und von einer notwendigen Rückbesinnung auf *„Deutsche Gartenkunst"* die Rede: *„Fra-*

gen wir uns nun, welche Richtung wir Gartengestalter bei Ausscheidung aller Ausländerei einschlagen sollen, so können wir uns sofort zur Antwort geben, unsere gewohnten alten Bahnen weiter zu gehen und bei allen Arbeiten die volkstümliche Gartenkunst, stärker denn je, zum Ausdruck zu bringen"[8], schrieb beispielsweise der Gartenarchitekt Hans Gerlach 1915.

Auf dem Areal *„Donnersche Weide"* fanden 1925 noch eine kleinere Gartenbauausstellung und 1927 eine Blumenschau statt. Heute liegt auf einem Teilstück der Park *„Fischers Allee"*. Schräg gegenüber am Elbhang erstreckt sich der frühere Wriedtsche Park, dessen heutiger Name *„Rosengarten"* auf die Gartenbauausstellung von 1914 zurückgeht. Ein Villenbesitzer von der Flottbeker Chaussee hatte der Stadt 10.000,- Mark versprochen, wenn ihm freier Blick auf die Elbe gewährt würde. Tutenberg schuf dort daraufhin einen großen Rosengarten – unter Eingeweihten hieß dieser Teil der Ausstellung *„beim Zehntausendmarkblick"*. Unterhalb erstreckte sich entlang des Elbufers der *„Staudengrund"*. Hier hatte man gemäß dem Motto der Ausstellung *„die Pflanze in ihrer Umgebung"* zu zeigen, weitläufigen Gehölz- und Staudenpflanzungen viel Platz eingeräumt. Auf der Grenze zum Donnerpark lag das Gelände mit den Industriehallen. In ihnen wurden Geräte des Gartenbaus und dekorative Objekte aus Holz, Glas, Ton, Natur- und Kunststein gezeigt. Östlich davon erhob sich das mit Efeu und Wildem Wein bewachsene Donner-Schloß. Zusammen mit einem alten Mühlenteich und den mächtigen Rhododendronbüschen war es eine Attraktion der Ausstellung. 1856/57 von Johann Heinrich Strack in neugotischem Stil für Bernhard Donner erbaut, fiel das Landhaus, nachdem die Nazis es in Beschlag genommen hatten, den Luftangriffen des letzten Krieges zum Opfer. Mit den Trümmern des Hauses wurde dann der Teich zugeschüttet.

Oberhalb des Schlosses, auf gleichem Niveau mit der Flottbeker Chaussee, befanden sich Haupteingang und repräsentativer Festplatz der Austellung. Obstgärten, Gewächshäuser und Stallgebäude des Donnerschen Anwesens hatten ihnen weichen müssen. Ausstellungshalle, Restaurant und Musikpavillon waren wie die 76 größeren und kleineren Zweckbauten innerhalb von nur 7 Monaten geplant und aus Holz erstellt worden. Nach Beendigung der Ausstellung blieben nur das damalige Verwaltungsgebäude an der Flottbeker Chaussee und das Bauernhaus erhalten, das im Altonaer Volkspark 1920 einen neuen Platz bekam.

Nahe dem Haupteingang bekamen zwei große Gartenarchitekturbüros die Möglichkeit, sich mit eigenen Entwürfen zu präsentieren. Koenig & Roggenbrod präsentierten ein Teehaus, dem ein großzügiger terrassierter Staudengarten vorgelagert war. Schnackenberg & Siebold entwarfen einen niederdeutschen Terrassengarten mit Taxuspyramiden, Buchskugeln, Putten und ziegelsteingepflastertem Brunnenplatz. Der in Blankenese lebende Leberecht Migge war auf der Ausstellung nicht vertreten, was einige Beobachter bemängelten.[9]

Die Pforten der Ausstellung blieben trotz der deutschen Kriegserklärung an Rußland und Frankreich von August bis zum Oktober, dem offiziellen Schlußtermin, geöffnet. Es wurden etwa 2 Millionen Besucher gezählt.[10]

Michael Breckwoldt

---

1 Vgl. zur Gartenbauausstellung auch Breckwoldt (1994), S. 153–156.
2 Hamburger Fremdenblatt vom 16.5.1914.
3 Koch [1914].
4 Möllers Deutsche Gärtner-Zeitung 26 (1914), S. 311.
5 Die Gartenwelt 18 (1914), S. 305.
6 Gartenflora 63 (1914), S. 345.
7 Die Gartenwelt 19 (1915), S. 287.
8 Die Gartenwelt 16 (1912), S. 182. Es bliebe zu untersuchen, welchen Stellenwert der noch gutmeinende Gedanke *„Volkstümlichen Gartenbaus"* in Altona im Umschlag auf das völkische Blut und Boden-Dogma der Nationalsozialisten einnimmt. Breckwoldt (1994), S. 156.
9 Möllers Deutsche Gärtner-Zeitung 22 (1914), S. 264.
10 Sorge-Genthe (1973), S. 217.

Altona: Volkspark

115 ha großer „Waldpark" nach reformerischen Ideen der 20er Jahre, von 1914–1926 in drei Ausbauphasen nach Entwürfen des Altonaer Gartenbaudirektors Ferdinand Tutenberg entstanden; öffentlich zugänglich.

In Hamburg wurde heftig gestritten, als Anfang des Jahrhunderts die Planung des Stadtparks zur Diskussion stand. Erbittert waren die Fronten zwischen den Verfechtern einer konventionell-landschaftlichen Lösung auf der einen und den *„Erneuerern"* zeitgenössischer Gartenkunst auf der anderen Seite, die einen streng geometrisch gegliederten Park favorisierten. Erst der neu berufene Baustadtrat Fritz Schumacher (1869–1947) beendete die Auseinandersetzung. Sein mit dem Oberingenieur Sperber erarbeiteter Entwurf wurde 1910 einstimmig von der Bürgerschaft genehmigt.[1]

Anders im Fall des Altonaer Volksparks. Für ihn ist noch nicht einmal genau dokumentiert, wie sich das Vorhaben überhaupt entwickelt hat. Zunächst wurde der ehemalige Postschaffner Necker als Schöpfer dieser Idee angesehen, da er 1895 ein Komitee gründete, *„welches die Aufgabe hatte, für die Einrichtung eines Volksparks Propaganda zu machen."*[2] Wahrscheinlich ist, daß mit der Eingemeindung Bahrenfelds, Othmarschens und Övelgönnes 1890 das Gebiet der Bahrenfelder Tannen samt angrenzender Ländereien schon zur Schaffung eines Stadtwaldes oder Parks ins Auge gefaßt wurde, ohne jedoch konkrete zeitliche Vorstellungen damit zu verbinden. Der Stadt jedenfalls gelang es, dort in den Folgejahren Grundstücke zu erwerben, ohne dabei die Aufmerksamkeit von Spekulanten zu wecken. Erst am 20. Februar 1913 beschlossen die städtischen Kollegien die Anlage eines *„Volks-Erholungs-Parkes"* und stellten dafür 150.000,– Mark zur Verfügung (Abb. 115). Anlaß war das fünfundzwanzigjährige Regierungsjubiläum Kaiser Wilhelm II. Der Monarch hatte sich anstelle von persönlichen Geschenken gewünscht, daß landesweit gemeinnützige Einrichtungen gefördert würden. Noch im gleichen Jahr richtete Altona das erste städtische Gartenamt ein und bestimmte Ferdinand Tutenberg (1874–1956) zu seinem Direktor.[3] Zeitgleich, im Frühjahr 1913, beschloß der Rat der Stadt eine große Gartenbauausstellung für das folgende Jahr. Plötzlich befand sich Altona in einer Art Gartenbaufieber, das zunächst gar keine Zeit zur Realisation des Altonaer Volksparks ließ. Tutenberg bemerkte dazu: *„Seit dem 1. April 1913 bin ich als Gartendirektor der Stadt Altona tätig. Eine meiner ersten Arbeiten war die Einrichtung der gegenwärtig stattfindenden Gartenbau-Ausstellung, die Vorbereitung der dritten deutschen Gartenbauwoche, wie auch die Schaffung des 2 1/4 ha großen Sportplatzes an der Allee für die jüngst abgehaltene Sportwoche. Ferner steht im Entwurf fertig das Projekt für den 115 ha großen Waldpark und den 120 ha großen Zentralfriedhof der Stadt Altona."*[4]

Diese kaum zu bewältigende Aufgabenfülle zeigt, daß die Stadt einen großen Nachholbedarf hatte. Hinzu kam, daß Altona zusammen mit Breslau im Vergleich zu den anderen Großstädten des deutschen Reiches am dichtesten besiedelt war. Alle praktischen Reformversuche stellten daher die Schaffung von Grünflächen an erste Stelle: *„Ihre Funktion ist also eine Verhinderung der gesundheitsschädlichen Gedrängtheit in einem Stadtbild"*, umschrieb Tutenberg ihren Wert in knappen Zügen.[5] Da sich die Bebauung jedoch nachträglich nicht lockern ließ, setzte auch er vordringlich auf die Schaffung eines Volksparks.

Dieser wurde schließlich in drei Phasen verwirklicht. Der Beginn der Baumaßnahmen ist unmittelbare Folge des Kriegsausbruchs im August 1914. Der Handel war schlagartig zum Erliegen gekommen, was den exportorientierten Hafenstädten ein Heer von Arbeits-

Abb. 115: „Übersichtsplan zum Volkspark Altona" von F. Tutenberg, aquarellierte Zeichnung um 1921 (StAHH).

Altona

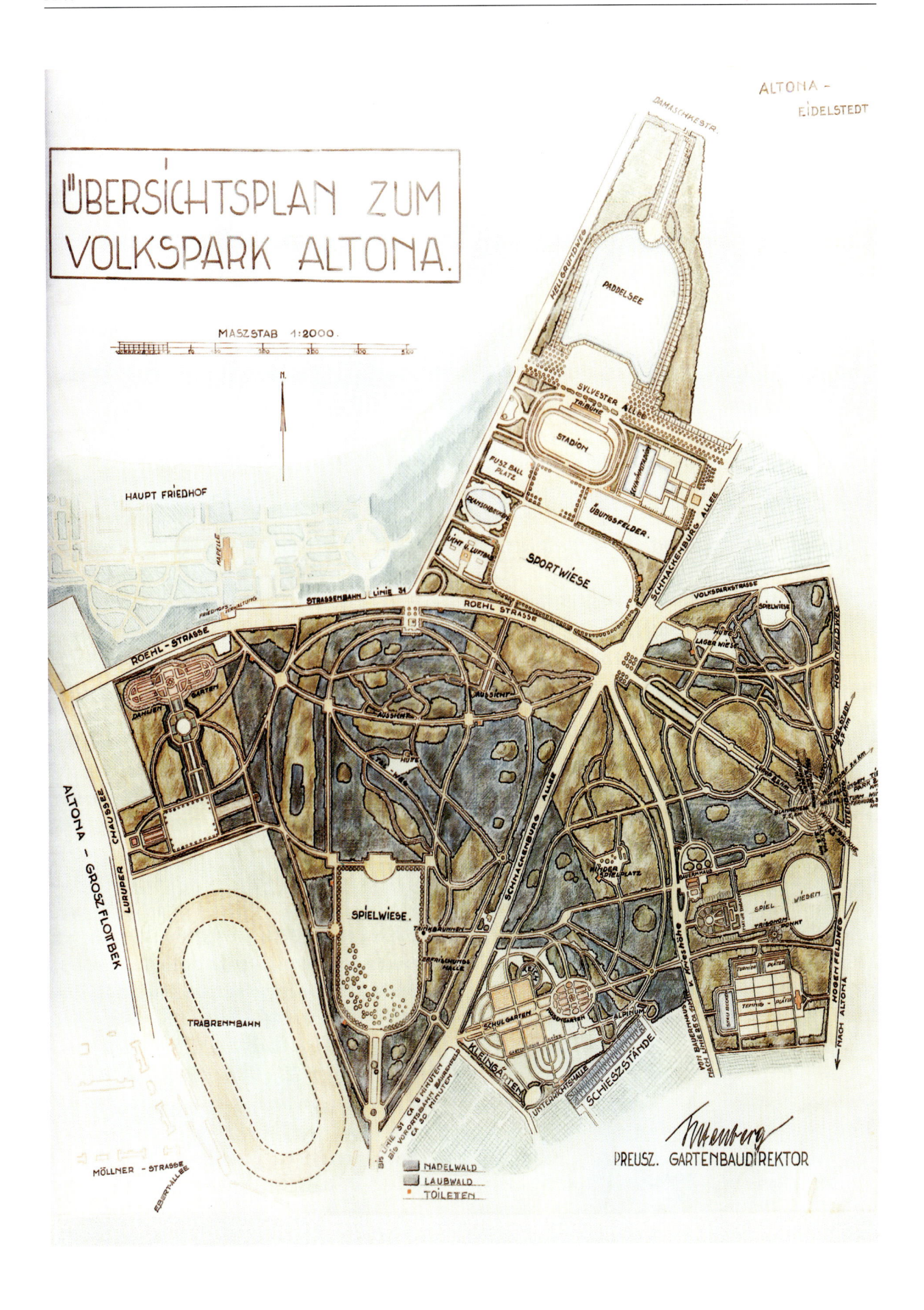

losen bescherte. Für diese schuf der Magistrat sogenannte Notstandsarbeiten, die der „*Ausführung des Waldparkprojektes*" dienten. Die Zahl der dort Beschäftigten „*wuchs bald auf über 1000 Mann*"[6], heißt es im Protokoll der Baukommission in der Sitzung der städtischen Kollegien vom Februar 1915. Die Arbeiten beschränkten sich jedoch darauf, den 44 ha großen Hauptteil des Parks zwischen Schnackenburg Allee (heute August-Kirch-Straße) und Roehlstraße (heute Stadionstraße) fertigzustellen.

Bei der Gliederung des Parks hatte Tutenberg sich an den schon vorhandenen Wegen orientiert: „*Drei hindurchführende Verkehrsstraßen: Eidelstedter Weg, Krieshöhe [heute Nansenstraße] und Röhlstraße teilen den Park in vier Parkteile. Jedem dieser Parkteile mußte eine besondere Zweckbestimmung gegeben werden, um die Massen der Besucher je nach deren Interessen möglichst gleichmäßig über das Gelände zu verteilen.*"[7]

Der erste Teil sollte nach Willen des Gartendirektors auch Repräsentationsansprüchen genügen.[8] Von dem mit Eichen umstandenen Eingangsrondell aus führen zwei Parallelwege auf die 6 ha große Spiel- und Liegewiese. In Fortführung dieser Achse sollte eine Parkwirtschaft den Abschluß bilden. Dazu ist es jedoch nie gekommen. Um die Wiese herum wurden 200 Linden gepflanzt, die den Charakter eines öffentlichen Platzes betonten und ihn von der landschaftlichen Anlage des übrigen Parks abgrenzten. Tutenberg äußerte jedoch ausdrücklich, daß die Gesamtanlage kein „*Repräsentationspark*" werden sollte. Neben dem Nutzwert für die Stadtbevölkerung sah er seine gartenkünstlerische Aufgabe vielmehr darin, sich mit der Gestaltung des Parks an die schon vorhandenen landschaftlichen Schönheiten anzupassen. Größere Erdarbeiten sollten einerseits vermieden und der bisherige Nutzforst zu einem „*Schönheitswald*" umgestaltet werden. Andererseits sollte durchaus sichtbar sein, daß „*menschliche Gestaltungskraft der vorhandenen Natur den Stempel aufdrückt und da, wo es erforderlich ist, mit voller Energie eingreift.*"[9]

Im Sommer 1915 wurde der erste Parkteil für die Öffentlichkeit freigegeben. Tutenberg machte sich nun daran, die Planung für die noch ausstehenden Flächen zu überarbeiten. Während sein erster Entwurf neben dem landschaftlichen Ensemble bloß die Schaffung eines Schießstandes, einer kleinen Spielwiese und einer großen Fest- bzw. Spielwiese mit Badeanstalt vorgesehen hatte, erweiterte er nun den Park hinsichtlich seiner Funktionen und Möglichkeiten um ein Vielfaches. Der Einfluß des Krieges war dabei nicht unerheblich: „*So brachte der Krieg neue Fingerzeige und wies neue Bahnen von weittragender Bedeutung, wie wir unsere Volksparks für die Zukunft gestalten sollen. Ein neues, kräftiges Geschlecht bedarf Deutschland nach diesem männermordenden Kriege, um das zu behaupten, was die Väter errungen. Hoffnungsvoll blicken wir auf die Jugend ... Ihr gebührt der größte Raum im Volkspark.*"[10] Spektakulär war an diesen Worten weder die nationale Tonlage – diese war im Kaiserreich verbreitet und erst recht während des Krieges – noch die scheinbar neue Zielsetzung. Schon Leberecht Migge trat 1913 dafür ein, daß vor allem der Jugend in öffentlichen Gärten viel Raum gegeben wird. Er forderte nicht nur Sport- und Spielparks, sondern auch Schul- und Schülergärten: Den Knaben und Mädchen der Großstadt seien „*schon früh die körperlichen und geistigen Segnungen der Erdscholle wieder zugänglich zu machen.*"[11] Vorbilder hierfür sah Migge vor allem in englischen und amerikanischen Volksparks. In Deutschland waren vor dem Ersten Weltkrieg mit dem Berliner Schillerpark und dem Hamburger Stadtpark nicht nur zwei große Parkanlagen neuen Typs entstanden, viele Städte hatten ähnliche, wenn auch kleinere Projekte in Arbeit oder schon abgeschlossen. Zeitgleich zum Altonaer entstand beispielsweise in Hamburg der Hammer Park, „*der mit Spielwiesen, Planschweiher mit Sandstrand, ‚Kleinkinderstuben' mit Sitznischen und Sandbecken, großer Sportanlage, Tennisplätzen, Musterkleingärten, Staudenwiese, heckenumgrenztem Blumengarten sowie Café vielfältige Erholungseinrichtungen aufwies.*"[12]

Zum Standardrepertoire des Volksparks gehörte also, was in Altona in Erweiterung des ersten Entwurfs in die weiterführende Planung von 1916 aufgenommen wurde: Sport- und Spielplätze, Licht- und Luftbä-

Abb. 116: Altona: Volkspark, Pavillon im „Schulgarten", Photo um 1916 (StAHH).

Abb. 117: Altona: Volkspark, Heckenschnitt im „Schulgarten", Photo 1994.

der, Schulgarten, Walderholungsstätte und eine Lehrstätte für den Kleingartenbau. Verwunderlich ist nur, warum diese Bestandteile von Tutenberg erst unter dem Propagandalärm und den Mangelerscheinungen des Krieges Beachtung fanden. Das Stadion mit seinen Sportstätten wurde zusammen mit einem großen Altonaer Sportverein geplant, der die Absicht hatte, „*diese Anlage gegen kostenlose Überlassung des Geländes aus eigenen Mitteln selbst zu übernehmen.*"[13] Ein „*Gebot der Pflicht*" war es für den Gartendirektor außerdem, den Opfern des Krieges eine Gedächtnisstätte im Volkspark einzurichten, die der Volksmund später „*Tutenberg*" nannte.

Erst nach Kriegsende konnten die Arbeiten am Volkspark, wiederum mit Hilfe von Notstandsarbeitern, fortgesetzt werden. Der 25 ha große, zweite Parkteil entstand, östlich vom ersten, zwischen Eidelstedter Weg und Krieshöhe. Ihn bestimmt der weitläufige, formal gestaltete Schulgarten. Er diente als Anzuchtstätte für den Pflanzenbedarf des Naturkunde- und Zeichenunterrichts sämtlicher Altonaer Schulen. Zugleich war er als Botanischer Garten angelegt. Exponiert steht noch heute der oktogonale Pavillon auf einer Anhöhe inmitten dieser Anlage (Abb. 116). Gestutzte Buchenhecken schaffen in sich geschlossene Räume, die durch rund geschnittene Torbögen miteinander verbunden sind (Abb. 117). Teils innerhalb, teils außerhalb dieser architektonischen Gartenräume lagen ein Alpinum, verschiedene Arboreten und Landschaftsmodelle mit Teich-, Moor-, Heide-, Strand- und Dünenvegetation, die Dahlienversuchsfelder sowie die Lehrstätte für Schrebergärtner mit sieben Musterkleingärten.

Nordöstlich, getrennt durch die Krieshöhe, schließt sich der 30 ha große, dritte Parkteil an. Hier dient das wieder errichtete niederdeutsche Bauernhaus von der Gartenbauaustellung 1914 noch heute als Parkwirtschaft. Daneben entstand die Freilichtbühne als Heckentheater, und in einer südlich gelegenen Sandgrube waren eine Reihe von Tennisplätzen vorgesehen. Zentral für diesen Teil des Parks erhob sich jedoch inmitten eines Eichenhaines am Ende einer axialen Wegführung das Kriegerdenkmal auf dem sogenannten „*Tutenberg*". Zu den einzelnen Terrassen des künstlich geschaffenen Bergkegels führen vier heckengesäumte Wege. Geschnittene Linden geben dem ganzen architektonische Größe. Von der Spitze aus, auf der ursprünglich eine Ruhmeshalle geplant war, hatte man einen weiten Blick in das umliegende Land.

Ausgedehnte Waldflächen mit vielen Spazier- und Reitwegen verbinden die einzelnen Parkteile miteinander. Das bewaldete Terrain mit Höhenunterschieden von bis zu 30 m erinnerte manchen Besucher sogar an „*thüringische Landschaften*"[14]. Erst 1921, nachdem die anderen Teile weitestgehend fertiggestellt waren und Tutenberg einen dritten Entwurf gezeichnet hatte, begannen die Arbeiten an dem nördlich gelegenen, vierten Parkabschnitt mit seinen diversen Sportanlagen. 28 ha standen hier für die Anlage einer weitläufigen Sport- und Spielwiese, verschiedener Übungsfelder, eines 5000 qm großen Planschbeckens und für das daran anschließende Licht- und Luftbad sowie die beiden Sportstadien, eines für die Schwimmer, für Leichtathletik und Fußball das andere, zur Verfügung. Dieser Bereich wurde zu großen Teilen erst 1926 fertiggestellt. Nördlich davon entstand in den Folgejahren auf einer Fläche von 20 ha noch ein Paddelsee.

Von Beginn an war mit der Planung des Volksparks die Schaffung des Altonaer Hauptfriedhofs auf dem gleichen Gelände verbunden. Diese Anlage „*bedeutet als Ganzes genommen eine Fortsetzung der Grünfläche des Volksparks und stellt einen großen Garten dar, der Zweckmäßigkeit und Schönheit miteinander verbindet.*"[15] Ende 1923 konnte auch der Friedhof seiner Bestimmung übergeben werden.

Die Originalität Tutenbergs als Schöpfer des Altonaer Volksparkes lag weniger in einer Betonung der sozialen Dimension des Volksparkgedankens, als vielmehr in der Hinzufügung einer naturideologischen Komponente, in der sich seine Vorliebe für den Wald ausdrückte. So änderte sich schon mit dem Amtsantritt Tutenbergs der Sprachgebrauch für das Parkprojekt: aus „*Volkserholungspark*" (Kollegienbeschluß vom 20.2.1913) wurde „*Waldpark*" (Kollegienbeschluß vom 20.2.1915). Will man ihm einen eigenständigen gestalterischen Ansatz zuschreiben, so findet sich dieser in seiner Idee vom „*Schönheitswald*". Als Gartendirektor in Altona wurde er nicht müde, diese Variante in verschiedenen Aufsätzen und Artikeln zu propagieren. „*Anstelle des Nutzwaldes soll der Schönheitswald treten, jener Wald, den unsere Dichter in Lied und Wort preisen und der uns Deutschen als eigentlicher Wald vorschwebt*"[16], schrieb er schon 1916 in seinen Erläuterungen zum Volksparkprojekt. Im Beitrag „*Der Altonaer Volkspark*" führt er diese Gedanken genauer aus. Der „*Naturwald*" gilt ihm als Vorbild, dessen Motive durch „*Kunst und Technik*" nachzuahmen seien. Alle Einrichtungen des Volksparks müßten gleichsam in einem großen „*Walddom*" untergebracht sein, so daß dem ganzen Volk, vor allem aber dem der Großstädte, die „*Wohltaten des Waldes*" zuteil würden. Die Gedanken gipfeln in dem Satz: „*Deutscher Wald ist die Wurzel deutscher Kraft*".[17] Seine Auffassungen vom Waldbau sind durchaus mit denen heutiger ökologischer Waldwirtschaft zu vergleichen. Fichtenmonokulturen lehnte er ab und sprach sich für eine große Artenvielfalt und standortgerechte Pflanzung der Waldvegetation aus. In diesem Kontext spielte der Aspekt des Vogelschutzes für ihn von Anfang an eine wichtige Rolle. Vieles deutet darauf hin, daß der Altonaer Gartendirektor den konservativen Teilen der damaligen Natur- und Heimatschutzbewegung nahestand. Sah er einerseits eine Bedrohung in der für ihn sich wechselseitig bedingenden Industrialisierung, dem Anwachsen der Großstädte und der Verbreitung des Bolschewismus, so betrachtete er andererseits den Volkspark als einen „*Jungborn*", in dem die Menschen „*Erholung, Gesundung und Kräftigung finden*"[18] und der sie vor den oben beschriebenen ‚Gefahren' schützen konnte. Darüber hinaus forderte er nicht nur, den Natur- und Heimatschutz auch in Volksparkanlagen zu praktizieren, sondern wünschte sich große stadtnahe Parklandschaften: „*Alle die Eigenarten der verschiedenen Gegenden bei den Städten im deutschen Vaterlande, Gebirge, Wälder, Seenplatten, Moor und Ödländereien usw., müssen in einem Generalsiedlungsplan bei der Flächenaufteilung Berücksichtigung finden ... So wächst sich der Volksparkgedanke aus, und es entsteht ein typisches ‚zwischengemeinschaftliches Grüngebilde' gewissermaßen als Puffer zwischen Großstadt und Landwirtschaft.*"[19]

Finden sich solch kühne Gedanken bei Tutenberg eher selten, so illustrieren sie doch seine Verbundenheit mit heimatlicher Landschaft. Folgerichtig ist daher, daß er sich bei der Gestaltung des Altonaer Volksparks in erster Linie von den landschaftlichen Gegebenheiten leiten ließ. Hierin deutet sich schon eine Entwicklung an, die in den dreißiger Jahren dazu führte, daß „*der Volkspark als Gesamtkunstwerk und als einheitliches Programm zerfiel. ... Jetzt stehen nicht mehr die Menschen, die spielenden und planschenden Kinder im Vordergrund, sondern das Landschaftliche. ‚Landschafts-, boden-, heimatverbunden' sind die neuen Vokabeln.*"[20]

Der Altonaer Volkspark kam als Nutz- und Sportpark den Bedürfnissen breiter Bevölkerungsschichten nach frischer Luft und Entfaltungsmöglichkeiten entgegen.²¹ Die weitläufigen Wiesen bildeten einen Kontrast zu den verbauten und dicht besiedelten Stadtvierteln der Jahrhundertwende. Sie dienten dazu, die angespannte soziale Situation zu entschärfen. Luft- und Sonnenbäder, Sandbuddelplätze, Planschbecken und Schulgärten trugen den neuen pädagogischen Erkenntnissen der Reformbewegungen Rechnung. In formaler Hinsicht spielten „*gartenkünstlerische Richtungskämpfe*" für den Entwurf keine Rolle mehr. „*Der formalen ‚Polarisierung', die zwischen 1905 und 1910 ihren Höhepunkt gehabt hatte, folgte eine neue Bereitschaft zur ‚Synthese', d. h. die prinzipielle Bereitschaft sich aller brauchbaren formalen Möglichkeiten zu bedienen (auch im Rahmen einer Anlage).*"²² Die Natur hingegen erfährt in Tutenbergs Konzept des Schönheitswaldes eine ideologische Aufwertung, hinter der die soziale Dimension des Volksparkgedankens zu verschwinden droht.

Michael Breckwoldt

1 Siehe hierzu Goecke (1981), S. 95ff.
2 Lüdtke/Tutenberg (1925), S. 10.
3 Hamburg richtete auch erst 1913 als Folge seines Stadtpark-Projektes eine selbständige Gartenverwaltung ein. Siehe Goecke (1981), S. 119f.
4 Tutenberg (1914), S. 309.
5 Ferdinand Tutenberg: Die Grünflächen der Großstadt und der deutsche Volkspark. Vortrag, gehalten in der Deutschen Demokratischen Partei Hamburg, in: Altonaer Nachrichten vom 6.4.1926.
6 Städtische Kollegien Altona. Drucksache Nr. 4443, vom 20.2.1915.
7 Lüdtke/Tutenberg (1925), S. 12.
8 Tutenberg (1916), S. 7.
9 Lüdtke/Tutenberg (1925), S. 14.
10 Tutenberg (1916), S. 4.
11 Mügge (1913), S. 42.
12 Goecke (1981), S. 120.
13 Tutenberg (1916), S. 15.
14 Fürstenberg (o. J.), S. 144.
15 Hoffmann (1929), S. 160.
16 Hoffmann (1929), S. 160.
17 Lüdtke/Tutenberg (1925), S. 11ff.
18 Tutenberg (1927), S. 136.
19 Ferdinand Tutenberg in: Altonaer Nachrichten vom 6.4.1926, vgl. Endnote 5.
20 Maas (1986), S. 34.
21 Die Broschüre Volkspark Altona [1995] erschien nach Abschluß des Manuskriptes und konnte nicht mehr berücksichtigt werden.
22 Goecke (1981), S. 176.

Ascheberg

Südwestlich von Plön auf einer Halbinsel am Großen Plöner See gelegenes Gut; in der ersten Hälfte des 18. Jahrhunderts unter Hans Rantzau Anlage eines anspruchsvollen Barockgartens und der Eremitenhütten auf dem bewaldeten Ascheberg. Im 19. Jahrhundert Umgestaltung in einen Landschaftspark unter C. C. Ahlefeldt und C. Brockdorff-Ahlefeldt; Ende des 19. Jahrhunderts ist der Ascheberger Park mit der Gaststätte „Schwiddeldey" ein bekanntes Ausflugsziel der Holsteinischen Schweiz. Spuren des historischen Gartens erhalten, jedoch in großen Teilen aufgeforstet. Privatbesitz, nicht öffentlich zugänglich.

Erster Beleg der Gartengeschichte von Ascheberg ist ein prächtiger barocker Gartenplan (Abb. 118), vom Anspruch her vergleichbar mit den Plänen der Gutsgärten in Jersbek oder Seestermühe, aber leider undatiert und unsigniert.[1] Dem Stil nach muß der Plan zwischen 1720 und 1740 entstanden sein. Die Grundstruktur des Gartens wird aus einem doppelten Achsenkreuz gebildet, das aus zwei Längsachsen in Ost-West-Richtung und einer Querachse in Nord-Süd-Richtung besteht (der Plan ist gewestet). Das Gelände ist im Bereich des Barockgartens und der Herrenhausanlage eben, steigt nach Südwesten jedoch recht steil auf den Ascheberg an, der im Plan bemerkenswerterweise nicht im Grundriß, sondern in der Ansicht dargestellt wird.

Die Gartenhauptachse wird durch eine doppelreihige Lindenallee betont, die mittig auf ganzer Länge von einem Tapis vert begleitet wird. Sie führt von der Gartenseite des geplanten Herrenhauses über ein französisches Parterre mit Broderien hinweg bis zu einem kreisrunden Platz im Osten. Die Abfolge und Gestaltung der verschiedenen Gartenräume entlang der Hauptachse entspricht den Prinzipien der klassischen französischen Gartenkunst, wie sie von Dezallier d'Argenville propagiert werden: Die Terrasse an der Gartenseite des Wohnhauses ist mit eleganten Broderien geziert, ihre Mittelachse durch mit Formbäumchen bestandene Rasen-Platebandes betont. Daran schließt sich die Boskettzone an. Zuerst kommen zwei große, mit einer Vielzahl von Kabinetten ausgestattete Boskette, deren Hauptwege von den Ecken aus in Form eines Andreaskreuzes verlaufen und im Kreuzungspunkt jeweils einen Salon mit Boulingrin bilden. Die Hauptlängsachsen der Boskette enden im Westen in „zwey Cabinet von Trilage", Heckenarchitekturen, von deren Aussehen und Funktion wir keine genauere Kenntnis haben.

Es folgen zwei kleinere Boskette, die mit zentral liegenden Salons ausgestattet sind. Auch diese Salons sind mit Boulingrins verziert, wobei die Kabinette hier in alle vier Himmelsrichtungen ausgerichtet sind. In derselben Größe schließen sich auf jeder Seite jeweils zwei englische Parterres an – „parterre à l'angloise", die sich in französischen Régence- und Rokokogärten großer Beliebtheit erfreuten, da sie dem geforderten „goût de la nature" entsprachen.[2] Sie galten im allgemeinen jedoch als so anspruchsvoll, daß sie entweder in der Nähe des Haupthauses, eines Gartenpavillons oder vor Orangeriegebäuden liegen mußten.[3] Warum im Ascheberger Gartenentwurf Rasenparterres an dieser Stelle liegen, bleibt rätselhaft. Der einzige Gartenpavillon des Entwurfs liegt weiter südlich und bildet den Endpunkt der Kanalachse. Auch läuft die paarweise Anordnung der Rasenparterres den Regeln der französischen Gartenkunst zuwider, denn die so gebildeten beiden kleinen Seitenachsen münden hier in geschlossene Heckenwände. Die beiden anschließenden Boskette, am östlichen Ende der Halbinsel, erscheinen überdimensioniert, schablonenhaft und starr. Man hat den Eindruck, daß der Entwerfer hier bemüht war, die Fläche auszufüllen.

Abb. 118: Ascheberg, Gartenplan, aquarellierte Federzeichnung, undatiert (NMS).

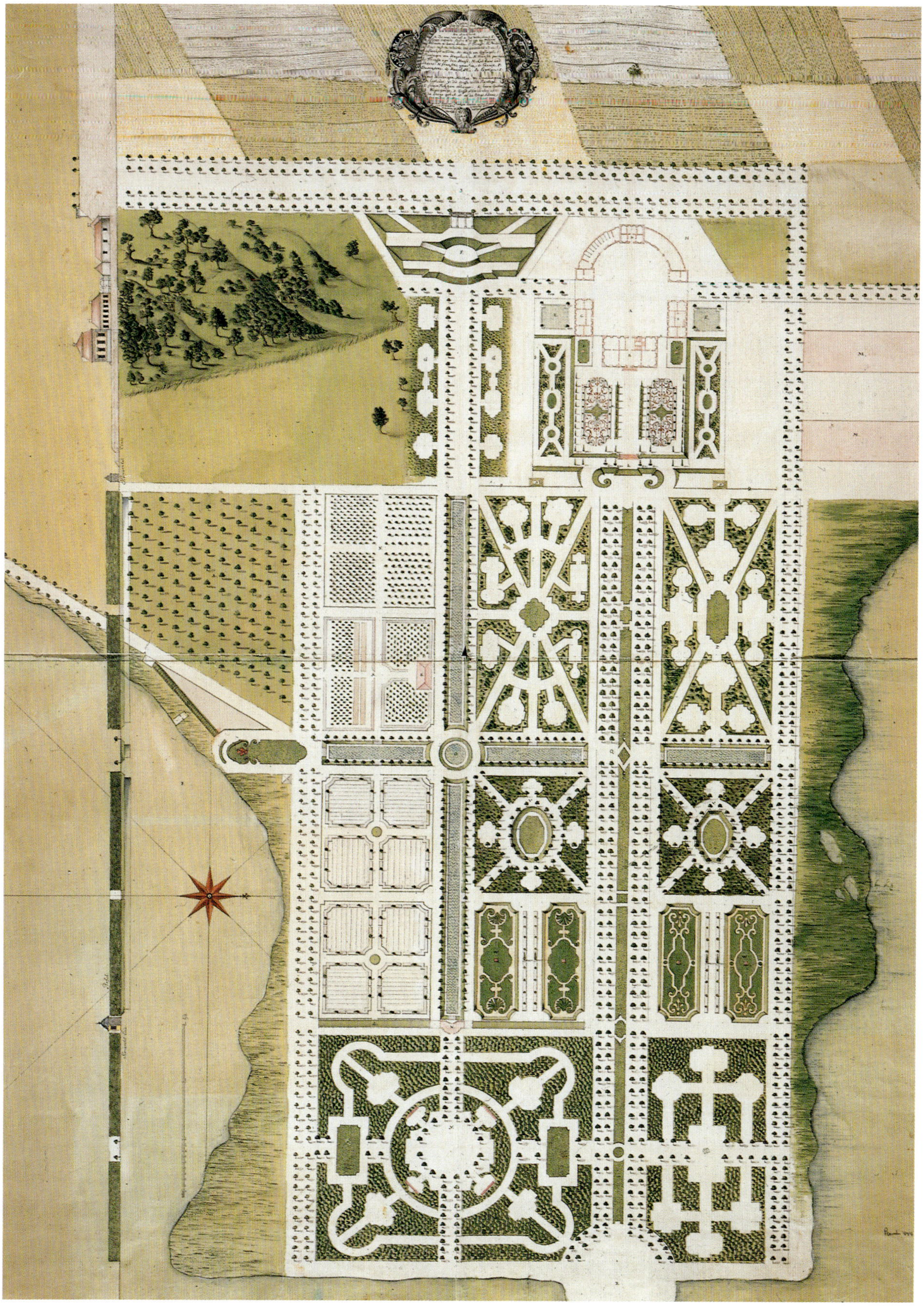

Das Kanalkreuz teilt den Garten in fünf südlich gelegene Nutzgartenquartiere und in die nördlich gelegenen, bereits beschriebenen Lustquartiere. Die Kanalachse verbindet die auf einem seitlichen Abhang des Ascheberges liegende Terrassenanlage in Form eines Amphitheaters[4], auf der sich ein kleiner Tempel als westlicher Point de vue erhebt, mit einem im Osten befindlichen Pavillon, der im Plan als „*Lustsaal*" bezeichnet wird. Die Nutzgartenquartiere untergliederten sich in einen Baumgarten in Quincunx-Manier, ein sogenanntes „*Frantzsches Quartier*", einen Obstgarten, ein mit Spalierobst besetztes Quartier, in dem sich ein Feigenhaus befand, und acht quadratische Beete, in denen Gemüse gezogen wurde. Am südlichen Ende der Kanalquerachse liegt ein Rasenparterre mit einem weiteren kleinen Pavillon, von dem aus man einen freien Blick auf den See gehabt haben muß.

Der gesamte Garten wird an den Seiten von Alleen begrenzt, die jedoch, untersucht man die Topographie des Geländes, so nicht ausgeführt worden sein können. Auch das dreiflügelige Herrenhaus und das Krummhaus, die Fischteiche, das Broderieparterre und die östlichen Boskette wurden wohl nicht realisiert. Hingegen haben sich die doppelreihige Lindenallee, der südliche Teil des Kanalkreuzes und die beiden im äußersten Nordwesten gelegenen Gebäude, das Kuhhaus und die Kornscheune, erhalten.

Der damalige Besitzer des Gutes Hans Rantzau (1693–1769)[5], jüngerer Bruder des Christian Rantzau auf Rastorf, der 1719 den Hof als Erbteil zugesprochen bekam, wird bereits vor 1725 mit der Anlage des Gartens begonnen haben, denn zu dieser Zeit sind hunderte von Obstbäumen aus dem Jardin de Chartreux aus Paris geliefert worden.[6] Diese Obstbaumlieferung muß sehr kostspielig gewesen sein und setzt die Absicht, einen anspruchsvollen Garten anzulegen, voraus. Die Pariser Bäume dürften in dem im Plan gekennzeichneten, südlich gelegenen „*Frantzschen Quartier*" angepflanzt worden sein. Hans Rantzaus Sekretär Scharmer berichtet 1739 davon, daß Rantzau bereits große, ausgewachsene Bäume in seinen Garten verpflanzte.[7]

Ein weiterer Beleg dafür, daß der Garten bereits in den 1720er Jahren begonnen wurde, sind die von Rudolph Matthias Dallin[8] 1725 erbauten Wirtschaftsgebäude, die in dem Plan korrekt dargestellt sind. Sie belegen, daß Rantzau bereits zu dieser Zeit eine Trennung von Wirtschaftshof und Herrenhausanlage im Auge hatte, auf die hin wiederum der neue Lustgarten ausgerichtet war. Die alte Burg lag, wie eine Abbildung um 1600 zeigt, am äußersten Ostende der Halbinsel. Über eine Brücke, die 1756 von Rantzau als feste Steinbrücke neu gebaut wurde, erreichte man die ehemalige Wasserburg. Rantzau muß hier bis zum Neubau seines Wohnhauses 1758 gelebt haben, wenn er sich in Ascheberg aufhielt. Das neue Herrenhaus entstand nicht auf der im Plan vorgesehenen Stelle am westlichen Ende der Lindenallee, sondern wiederum auf den Fundamenten des Vorgängerbaus.

Hans Rantzau genießt unter den Gutsherren des 18. Jahrhunderts den Ruf eines aufgeschlossenen Reformers. Er war als junger Mann in den dänischen Staatsdienst getreten und weilte 1731/32 als Gesandter in London, in den 1740er Jahren bekleidete er das Amt des Oberpräsidenten in Altona. Nach seiner Rückkehr aus England ließ er 1739 eine Gutsvermessung durchführen[9] und begann, seinen Bauern Land zur eigenen Bewirtschaftung zu überlassen. Diese Verpachtung und weitere soziale Maßnahmen Rantzaus zur Verbesserung der Situation seiner Gutsuntertanen[10] zielten zwar noch nicht darauf, die Leibeigenschaft aufzuheben, sondern entsprachen den Ideen „*... des naturrechtlich geprägten aufgeklärten Absolutismus mit seinem in alter Tradition ruhenden, aber vom Pietismus geschärften Verantwortungsbewußtsein.*"[11] Durch die anschließend durchgeführten Agrarreformen – die Einführung der reinen Brache und des Kleeanbaus, die Mergelung der Böden, die Entwässerung und Einkoppelung der Felder und Wiesen sowie die systematische, forstwirtschaftliche Anlage von Gehegen[12] – steigerte er freilich nicht nur seinen, sondern auch den Wohlstand seiner Untertanen.

Manches spricht dafür, daß auch der aufwendige Gartenplan erst nach der Rückkehr Rantzaus aus England entstand. Die in den Plan integrierte Ansicht der Gartenpartien auf dem Ascheberg und die naturverbundenen Eremitagen entsprechen den neuesten englischen Entwicklungen, etwa den Eremitagebauten William Kents in Kew, Esher und Claremont sowie der Kombination von Plan und Vedute in den aktuellen Bänden des „*Vitruvius Britannicus*" (1715–1739). Nur so erklärt sich auch die immer wiederkehrende Einschätzung dieser Partie durch die Zeitgenossen: „*Es war die erste Anlage dieser Art, und folglich der Keim, oder wenn man will, die Inokulation des englichen Geschmacks in Holstein.*"[13]

Die seitliche doppelreihige Lindenallee, die in allen erhaltenen Plänen[14] von der Südseite des neuen Herrenhauses aus schräg in Richtung Süden zum See verläuft, muß 1758 bereits bestanden haben. Eine vor 1799 entstandene Zeichnung dieser Wasserallee zeigt schon mächtig ausgewachsene Lindenbäume (Abb. 119). Sie war im Unterschied zu der doppelreihigen Lindenallee, die auf die Insel führt, in Quincunx-Manier gepflanzt, wie man heute im Gelände noch unschwer erkennen kann. Es ist wohl die einzige Allee in Schleswig-Holstein, die in dieser Form angepflanzt wurde. Auch die früheste detaillierte Beschreibung in Hirschfelds „*Theorie der Gartenkunst*" (1779) erwähnt bereits die Seitenallee von vier Gängen. Meyer schreibt 1815: „*Zu den ausgezeichneten Schönheiten Aschbergs gehören ... die herrlichen, hoch- und dichtgewölbten Lindengänge, sowohl der Anfahrt zu dem Gut, als hinter dem bescheidenen Wohnhause hinaus, zu dem prächtigen See, der als Gesichtspunkt des Gartensaals, in der Durchsicht des düstern Lindengewölbes desto glänzender erscheint.*"[15]

Anhand der Rechnungsbücher von Hans Rantzau[16] ergibt sich folgendes Bild des Gartens in den 60er Jahren des 18. Jahrhunderts: Im Garten und in den Gehegen waren Weiden, Ypern (Ulmen), Ellern (Erlen), Tannen, Lärchen, Eschen, Hagebüchen, Kastanien, Maulbeerbäume, Birken, Ahornbäume, Buchen, Walnüsse und Wacholder gepflanzt. An Gartengebäuden werden ein „*Strohhaus*", ein „*Bellevue*"[17], ein „*toi belle*", „*ein kleines Haus im Berg*" bzw. „*die Häuser im Berg*" und diverse „*Lusthäuser im Garten*" genannt.

In den Abrechnungen für die Tagelöhner tauchen

Abb. 119: Ascheberg, Wasserallee, Bleistiftzeichnung vor 1799 (GA Ascheberg).

immer wieder Gartendienste auf, wie die „*Hecken zu schneiden*", „*die Alleen zu reinigen*", in den „*Alleen zu graben*" (= Entwässerungsgräben zu ziehen) und sie „*auszuhauen*", die „*Canäle neu zu machen*", die „*Gasongs*" (= frz. gazon; Rasenstücke) zu mähen, „*Soden zu stechen*" und die „*Stacketten und Pforten im Garten zu reparieren*". Namentlich belegt sind die Gärtner Hans Hinrich Saggau[18] und der 1763 aus Ledreborg/Seeland engagierte Lustgärtner Johann Christian Pries. Gartensamen und Gartengewächse bezog Rantzau von der Samenhandlung Klefeker aus Hamburg[19], von dem Geheimen Rath von Eyben und von Baron von Schenk aus Hannover.

In den Haushaltsbüchern tauchen immer wieder Rechnungen für Vogelfutter, für den Bau von Vogelkäfigen und für den Kauf von Vögeln auf. Genannt werden Papageien, Canarienvögel, Fasane, Pfaue und „*englische Hühner*", aber auch einheimische Vögel wie Störche, Tauben, Drosseln, Dompfaffen und Stare, die er den Bauern, die sie gefangen hatten, bezahlte.

Die Besuche der dänischen Könige auf Ascheberg – Friedrich V. 1762, Christian VII. 1767 und 1770 – haben zu einigen Anekdoten Anlaß gegeben.[20] Insbesondere dem mit Eremitenhütten verschönerten Ascheberg wurde in den Beschreibungen des 18. und frühen 19. Jahrhunderts ein überschwengliches Lob zuteil.[21] Der mit Spazierwegen verschönerte Berg, von dem man herrliche Blicke auf die umgebende Seen- und Agrarlandschaft genießen konnte, war Bindeglied zwischen dem architektonischen Garten und der wilden

Abb. 120: Blick auf den Ascheberg, kolorierte Lithographie von J. E. Marston, aus Marston (1833), (Privatbesitz).

Natur.²² Die wichtigsten Prospekte, die man vom Ascheberg aus hatte, waren Blicke auf Plön und das Plöner Schloß (Abb. 16), in Richtung Dersauer Mühle, auf die landwirtschaftliche Gutslandschaft, schließlich zurück zum Herrenhaus, über die Allee und immer wieder auf den Großen Plöner See.

Hirschfeld, der 1779 den Barockgarten zwar kritisiert: *„Symmetrie, kurze Hecken, viel sumpfigtes Wasser in Canälen nach holländischem Geschmack"*, schwärmt jedoch von den Ausblicken und den Eremitagen: *„In diesem Bezirk fast auf der Höhe trifft man eine mit Stroh überzogene Hütte an. Sie ist pyramidenförmig und durchgehends von sehr einfacher Architektur, inwendig mit Baumrinden ausgeschlagen. Zwey Ruhebänke machen ihre ganze Auszierung."*²³ Domherr Meyer berichtet 1815, daß die kleinen Borkenhütten des Parks *„mit Reimen aus damaligen deutschen und französischen Dichtern und darunter auch mit Martials und Juvenals Versen bemalt [seien]; nur daß in dem tiefen Dunkel dieses Waldes, fast keine Tageszeit Licht und Luft genug darbietet, um diese redenden Thüren und Wände zu vernehmen."*²⁴ Emilie von Berlepsch hatte bei ihrem Besuch den ‚Hirschfeld' im Gepäck: *„Sehr richtig hat Hirschfeld den Charakter dieses Lustwäldchens getroffen, wenn er sagt, daß es gleichsam jungfräulich in sich selbst verhüllt bleibe ... Die bekannte Stelle auf der Höhe des Berges, wo Hirschfeld einen Sonnentempel hinwünscht, scheint freilich zu etwas Großem bestimmt. Aber auch in ihrer jezigen Wildheit gefällt sie mir ungemein ..."*²⁵ (Abb. 120).

Der Dichter Friedrich von Matthisson (1761–1831), der 1794 auf einer Reise nach Kopenhagen Ascheberg besuchte, beendet seine Beschreibung mit dem Ausruf: *„Ein Schweizerprospekt, wenn Gewölke die Zinnen der Alpen verschleyern!"*²⁶ Und tatsächlich berichtet Meyer, der offensichtlich der einzige ist, der den Weg unterhalb des Berges in Richtung des Dörfchens Der-

Abb. 121: Luftbild von Ascheberg 1996.

sau ging, von einem „*im Geschmack der Alpenbewohner*"[27] erbauten Haus, das einer Anekdote nach Rantzau 1762 für Jean-Jacques Rousseau gebaut haben soll, der jedoch nie nach Holstein kam.

Nach dem Tod Hans Rantzaus übernahm zuerst sein Sohn Schack,[28] dann sein Neffe und später dessen Sohn Christian Detlef Carl das Gut, letzterer vollendete die Reformen und hob 1794 tatsächlich die Leibeigenschaft auf. 1799 verkaufte Christian Rantzau Ascheberg, um sich in Dänemark niederzulassen.

1811 erwarb der Bremer Kaufmann Christian Schleiden das Gut. Die Lebenserinnerungen des Sohnes und späteren Diplomaten Rudolph Schleiden bestätigen das bisher entwickelte Gartenbild.[29]

Die Gutsbeschreibung, die 1825 beim Verkauf des Gutes von Schleiden an den Grafen von Ahlefeldt gedruckt wurde, beschreibt den Garten wie folgt: „*Diese Gebäude liegen in dem herrschaftlichen, im Englischen Geschmack angelegten bedeutenden Garten, in dessen Mitte sich der Ascheberg erhebt, von dessen mit Holz im üppigsten Wuchse bekränzten Gipfel man die schönsten und abwechslungsreichsten Aussichten auf den See, das Plöner Schloß und die umliegende Gegend genießt. Den Garten zieren mehrere Pavillons und Tempel, und die Anlagen dehnen sich bis in das nahgelegene Gehege des Mühlenbecks aus, worin sich auch mehrere schöne Partien, Tempel und Einsiedelei befinden, so daß Spaziergänge und Anlagen beinahe 100 Tonnen Land einnehmen. Eine vierfache, 600 Schritt lange Lindenallee führt von der Landstraße nach dem Wohnhause, das auf einer Halbinsel im See liegt; eine andere, 400 Schritt lange Allee führt von dem Gartensaal nach dem See.*"[30]

Unter Conrad Christoph Graf von Ahlefeldt aus Eschelsmark (1763–1853) wird Ascheberg in einen Fideikommiß verwandelt und „*im Laufe der Zeit ... außerordentlich verschönert*", wie Schröder in seiner ersten Topographie von 1841 berichtet. Zu den Verschönerungen gehörte der Umbau des Herrenhauses, das 1828, wohl unter Einbeziehung des Rantzauschen Fachwerkbaus, ausgeführt wurde.[31] Ein Aufmaß des Landmessers Sye von 1856, drei Jahre nach dem Tod Conrad Christoph von Ahlefeldts, zeigt die landschaftliche Umgestaltung auch des ehemaligen barocken

Gartens. Noch immer bleiben aber die barocken Raumstrukturen, die tiefen Perspektiven der Alleen und Kanäle erhalten. Der südöstliche Gartenbereich wird landschaftlich gestaltet. Ein Weg, der aus der großen Seitenallee heraustritt und das ganze südöstliche Ufer begleitet, führt bis zu einem Gartenhaus, von dem man einen wunderbaren Ausblick auf die Seenlandschaft gehabt haben muß. Westlich der Seitenallee ist ein rechteckiger Teich ausgehoben, in dem eine Insel liegt. Im Norden der Insel werden ein heute noch bestehendes Kutscherhaus und der 1975 abgerissene Pferdestall errichtet. Im Gutsgarten dominieren Nutzgartenquartiere und Gehölzpflanzungen.

Da Ahlefeldts Ehe kinderlos bleibt, adoptiert er seinen Neffen Conrad Friedrich Gottlieb von Brockdorff (1823–1909) aus Borstel, der ab 1853 das Gut unter dem Namen Graf Brockdorff-Ahlefeldt übernimmt. Unter dem ersten Grafen Brockdorff-Ahlefeldt, der bis zu seinem Tod das Gut führte, entsteht 1870 ein neues Herrenhaus. Die Entwürfe stammen von dem holsteinischen Bauinspektor Hermann Georg Krüger (1815–1897).[32] Das neue Herrenhaus wurde nicht mehr auf der alten Stelle errichtet, sondern etwas mehr in Richtung Norden versetzt (Abb. 121).

In Oldekops Topographie von 1908 heißt es: *„Hinter dem Herrenhause vor der Freitreppe befindet sich eine vierreihige 200 Jahre alte Lindenallee, welche eine der besten in ihrer Art sein soll. Ein Park von großer Schönheit ..., ausgestattet mit herrlichen alten Bäumen, schließt sich an und erstreckt sich am See entlang. Ein 200jähriger Kastanienbaum soll der älteste und stärkste Baum dieser Art im Lande sein. Von der Höhe, dem Ascheberge, genießt man prachtvolle Aussicht."*[33]

Die Riesenkastanie, die 1876 von Adolf Burmester gezeichnet wurde, ist inzwischen umgestürzt und hat zahlreiche Seitentriebe im Umkreis des ehemaligen Pflanzloches ausgebildet. Von den Hütten und Gartenhäusern, die in zahlreichen Photographien überliefert sind, finden sich heute keine Spuren mehr. Die ehemals großzügige offene Parklandschaft ist weitgehend den Aufforstungen gewichen.

Aufgrund seiner kulturhistorischen und landesgeschichtlich außerordentlichen Bedeutung ist eine Sanierung des Ascheberger Parks ein vordringliches gartendenkmalpflegerisches Anliegen: Die Sanierung der prächtigen, aber gefährdeten Alleen, die Entschlammung der Kanäle und des Burggrabens, die Reduzierung der Aufforstungen zugunsten der Neuanlage von Wiesenflächen und das Freistellen der wichtigsten Landschaftsausblicke wären die notwendigsten Maßnahmen, um dem historischen Garten in seiner über zweihundertjährigen Geschichte als Denkmal und Dokument der schleswig-holsteinischen Gartenkultur gerecht zu werden.

Margita Marion Meyer

1 In der Literatur werden drei verschiedene Architekten als Urheber dieses professionellen Entwurfes vorgeschlagen: Rudolph Matthias Dallin (um 1680–1743), der 1725 auch das Kuhhaus und die Kornscheune des Gutes baute, Johann Gottfried Rosenberg (1709–1776) und Landbaumeister Claus Stallknecht (1681–1734). Meines Erachtens kommt keiner der drei Genannten in Betracht. Tatsache ist, daß am 15.2.1764 der Baumeister Sonnin Ascheberg besucht und am 29.1.1766 ein Baumeister Bauer (wohl der Plöner Landbaumeister Nicolaus S. Bauer).
2 Vgl. Dennerlein (1981), S. 186f.
3 Dennerlein (1981), S. 8f. Zur Form und Funktion der etwas früheren Rasenparterres in Hannover-Herrenhausen vgl. Schmidt (1993) und Dezallier d'Argenville (1760), Tafel 12.
4 Vgl. Dezallier d'Argenville (1760), 2. Teil, 4. Kap. Tafel 3. Zur Definition siehe Dennerlein (1981), S. 24 und S. 185 Anmerkung 82.
5 Eine ausführliche Darstellung der Person Hans Rantzaus siehe: Prange (1969), S. 189–229.
6 Vgl. Prange (1969), S. 196f.
7 Scharmer (1739).
8 Siehe zu Dallin: Eimer (1961), S. 113ff; Hirschfeld (1985).
9 Prange (1971), S. 210 Anmerkung 234.
10 Siehe Rantzau (1766); Prange (1971), S. 203–247; Niemann (1798), S.197– 211.
11 Prange (1969), S. 218.
12 Hans Rantzaus Sekretär Scharmer hat darüber die erste forstwirtschaftliche Schrift Schleswig-Holsteins verfaßt, vgl. Scharmer (1739); vgl. auch Buchwald (1787), s. S. 307–319.
13 Berlepsch (1786), S. 353.
14 *„Topographisch Militärische Charte des Herzogtums Holstein"* (Varendorfsche Karte) von 1789–96, Handzeichnung von 1794 und Karte von 1819 von F. G. Kiene im GA Ascheberg. Graf Brockdorff-Ahlefeldt sei für seine Hilfsbereitschaft beim Auffinden und Deuten der Gutsunterlagen herzlich gedankt.

15 Meyer (1816), S. 149.
16 GA Ascheberg.
17 Bellevue muß ein kleines Belvedere auf dem Berg sein, wo ein Monument aufgestellt wurde zum Gedenken an den Besuch des Königs Friedrich V. auf Ascheberg 1762. Vgl. Prange (1971), S. 237f und Elling (1945), S. 17.
18 Prange nennt bereits einen Gärtner Wolert Ramcke, der 1723 heiratet, und den Kunstgartner Martin Friedrich Hünecke, vgl. Prange (1969), S. 197, Anm. 41.
19 Vgl. zur Hamburger Gärtnerfamilie Klefeker in Hamburg-St. Pauli: Sorge-Genthe (1973), S. 23 und 88f.
20 Vgl. Elling (1939) und Elling (1945).
21 Hirschfeld (1779–1785), Bd. 1, S. 75–81; Berlepsch (1786), S. 351ff; Matthisson (1825), S. 245–247; Deneken (1797), S. 45–49; Meyer (1816), S. 146–155; Downes (1820); Marston (1833), S. 99–106.
22 Elling (1945), S. 13f.
23 Hirschfeld (1779–1785), Bd. 1, S. 77f.
24 Meyer (1816), S. 150.
25 Berlepsch (1786), S. 351f.
26 Matthisson (1825), S. 246.
27 Meyer (1816), S. 152.
28 Vgl. Bobé (1947): Grev Schack Carl Rantzau-Ascheberg i Landflygtighed 1772–89, in: Personalhistorisk Tidsskrift 68 (1947), S. 80–86.
29 Schleiden (1886), S. 68. Zu seiner Person: Klüver, Wilhelm (1965): Rudolph Schleiden. Ein deutscher Diplomat des 19. Jahrhunderts, in: Die Heimat 72 (1965), S. 193–195.
30 „*Beschreibung des im Herzogthum Holstein, und zwar im Preetzer adelichen Güter = District belegenen adelichen Guts Ascheberg cum Pertinentiis, nebst den Bedingungen, unter welchen solches unter Autorität der dazu verordneten Königl. Landgerichts = Commission am 15ten Januar 1825, Vormittags 11 Uhr, auf dem Rathhause zu Kiel öffentlich zum Aufbot gebracht und verkauft werden soll"*, S. 8.
31 Die Zeichnungen befinden sich im GA Ascheberg. Sie sind signiert und datiert von „*J. Heinrich Ludolff im Dec. 1828"*.
32 Die Angaben von Rudolf Jaeger bezüglich der Baudaten von Ascheberg sind unzutreffend. Vgl. Jaeger (1970).
33 Oldekop (1908), Bd. 1, S. 12.

Bad Oldesloe

Kurpark aus dem 19. Jahrhundert, etwa 13 ha große öffentliche Grünfläche mit bewegtem Geländerelief und hohem Waldanteil, einem verzweigten Wegenetz und einem Gewässer, dem sogenannten „Salzteich". Teile genutzt durch einen Tennisclub mit Vereinshaus und etlichen Spielfeldern.

So lapidar könnte man mit wenigen Worten den heutigen Zustand der Anlage beschreiben, die im Jahre 1813 als „*Kurpark*" für einen hoffnungsvoll begonnenen neuen Wirtschaftszweig in der damaligen Kleinstadt Oldesloe angelegt und wenige Jahre später erweitert wurde.[1] Der Apotheker und Justizrat Dr. Friedrich August Lorentzen (1765–1842) war seit 1806 Administrator, seit 1812 Oberinspektor der Staatlichen Oldesloer Saline. Er sorgte nach der Entdeckung einer schwefelhaltigen Quelle im Jahre 1812 dafür, daß schon im Frühjahr 1813 ein Badepavillon mit sieben Badestuben und ein kleiner Park für die alsbald eintreffenden Gäste errichtet wurde. Bald nachdem die napoleonischen Truppen Norddeutschland verlassen hatten, folgte der Bau eines zweiten Pavillons sowie eines Kur- und eines Logierhauses. Schließlich beauftragte Lorentzen einen „*Gartenkünstler aus Bremen*" mit der Anlage eines richtigen Kurparks (Abb. 122). Zu denken wäre hier an den namentlich nicht überlieferten Bremer Gärtner Isaak Hermann Albert Altmann (1777–1837), der auch die Bremer und Hamburger Wallanlagen umgestaltete.[2]

Oldesloe entwickelte sich schnell zum Modebad, selbst der Landesherr, König Friedrich VI., weilte hier mehrfach zur Kur. Aber bereits Ende der 1830er Jahre ließ die Anziehungskraft des Badeortes nach. Travemünde und dann die um 1830 gegründeten Seebäder und Seebadeanstalten[3], z. B. in Wyk auf Föhr, Helgoland, in Kiel oder Haffkrug zogen die Kurgäste an sich; auch ein Spielkasino und eine Pferderennbahn vermochten den allmählichen Niedergang des Kurbetriebes nicht aufzuhalten.

Eine zweite Blüte führte am Ende des 19. Jahrhunderts u. a. zum Neubau des Kurhauses. In Oldesloe etablierte sich sogar ein eigenes Kurorchester. Der „*Konzertplatz*" am Kurhaus wurde von dem Gartenarchitekten Rudolph Jürgens (1850–1930) aus Hamburg neu angelegt; u. a. mit großen Kastanien bepflanzt und eingerahmt von zahlreichen Veranden, soll er rund 1.000 Sitzplätze geboten haben (Abb. 34). Nach dem Ersten Weltkrieg kam der Kurbetrieb nicht mehr richtig in Gang, obwohl die Stadt sich seit 1910 „*Bad Oldesloe*" nennen durfte. 1928 wurden der Kurbetrieb eingestellt und bis 1938 das Kurhaus und die Nebengebäude abgebrochen. Als letztes Gebäude fiel 1950 die Ruine des Großen Logierhauses, ein Bau des dänischen Oberbaudirektors Christian Frederik Hansen von 1823, dem Abriß zum Opfer; an seiner Stelle steht heute das 1950/51 erbaute Hauptgebäude der Stormarner Kreisverwaltung.

Von der einstigen Pracht dieser Parkanlage ist wenig erhalten: Reste einer Linden- und einer Kastanienallee, einige markante Solitäre, das schon erwähnte Wegenetz und die alte Badewanne, in der angeblich König Friedrich VI. einst gebadet haben soll (sie steht seit

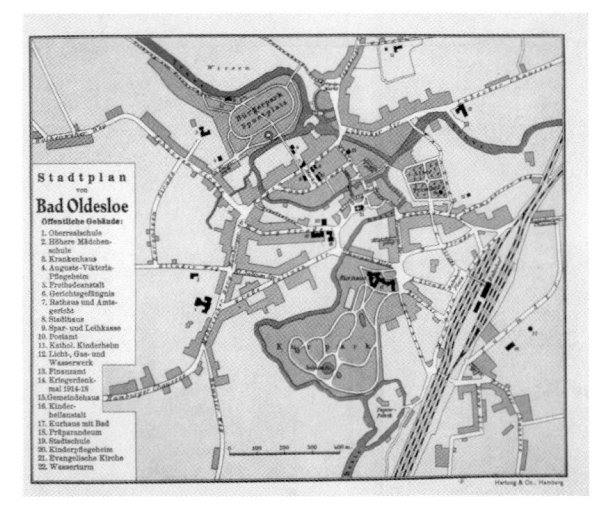

Abb. 122: Bad Oldesloe, Stadtplan 1924 (SHLB).

Bad Oldesloe   167

Abb. 123: Bad Oldesloe, „Partie am Salzteich", Postkarte 1907 (Altonaer Museum in Hamburg – Norddeutsches Landesmuseum).

1986 unter Denkmalschutz). Der „*Salzteich*", ein wohl künstlicher, ovaler Teich oberhalb des Flüßchens Beste von etwa 0,5 ha Größe, wurde damals als Badeteich genutzt (Abb. 123). Sein Wasser ist noch heute schwach salzhaltig. An seinen Ufern wächst neben einzelnen Bäumen als einzige Salzpflanze die Strandsimse. Von den hier errichteten Badekabinen hat sich nichts erhalten, ebenso ist der kleine hölzerne Aussichtsturm und sein großes Pendant, ein vierstöckiger Turm in der Nähe des Kurhauses, seit langem verschwunden (Abb. 124).

Das gilt auch für die einstige Blumenpracht. Die noch erhaltenen Bäume lassen jedoch mit der vielfältigen Artenzusammensetzung und der abwechslungsreichen Frühlings- und Herbstfärbung etwas vom einstigen Reichtum des Kurparks spüren. Die 1964 veröffentlichte Liste der Gefäßpflanzen im Kurpark zeigt den großen botanischen Wert dieses Gebietes: 309 Arten wurden erfaßt.[4] Eine botanische Rarität stellt ein Flachmoorbereich im Nordwesten entlang der Beste dar: hier wachsen (wie auch an mehreren anderen Stellen im Stadtgebiet) dank der leicht salzhaltigen Quellen sechs halophile Arten, u. a. Stranddreizack, Boddenbinse und Milchkraut – leider mit abnehmender Individuen- und Artenzahl (seit 1938 unter Landschaftsschutz).

1975 wurde der Kurpark unter Landschaftsschutz gestellt. Angeregt durch eine studentische Seminararbeit unter Professor H. Wehberg (Hamburg/Braunschweig) aus den Jahren 1987/88 setzt die Stadt Bad Oldesloe seit 1990 einige zaghafte Maßnahmen zur Revitalisierung des Kurparks um. Doch eine exakte historische Untersuchung des einstigen Bestandes fehlt bislang.

Burkhard von Hennigs

Abb. 124: Bad Oldesloe, „Aussichtsturm im Kurpark", Postkarte nach 1905 (Privatbesitz).

1 Vgl. zur Geschichte: Bangert (1925), S. 452ff u. S. 462ff; Barth (1964), S. 270–273; Spethmann (1978); Lorentzen (1993), S. 9–11.
2 Vgl. Müller-Glaßl (1991), S. 261–270. Verfasser dankt Frau U. Müller-Glaßl für den Hinweis auf Altmann.
3 Kürtz (1994).
4 Vgl. Nikoleizig (1964), S. 311–316, insbes. S. 264. Vgl. Graeber (1991), S. 49–59. Verfasser dankt Frau Dr. U. Graeber für den Hinweis auf den Aufsatz von K. Nikoleizig.

Blomenburg

Ortsrandlage im Südwesten des Dorfes Selent/Ostholstein. Park des ehemaligen Jagdsitzes, heute Privatbesitz. Landschaftsgarten, seit der Entstehung in der Mitte des 19. Jahrhunderts mehrfach überformt bzw. verwildert. Zu erkennen sind heute noch einige Solitäre und Clumps, die z. B. aus kalifornischen Scheinzypressen, Douglasien, Blutbuchen, europäischen Lärchen oder österreichischen Schwarzkiefern bestehen.

Die 1842–57 im Auftrag des Lehnsgrafen Otto Blome (1795–1884) geplante und ausgeführte Blomenburg liegt auf der höchsten Kuppe des Großen Heidberges bei Selent, nahe am südlichen Ufer des Selenter Sees (Abb. 125).[1] Das Terrain gehörte ehemals zum Gut Lammershagen, und eine Aufforstung mit Nadelgehölzen hatte bereits durch Otto Friedrich Magnus Graf von Baudissin stattgefunden. Das Gut befand sich von 1829–1862 im Besitz Blomes, der das Grundstück der Blomenburg während dieser Zeit als eigenständiges Anwesen abgetrennt hat. Der Bau ist im Stil der englischen ‚Castle-Gothic' ausgeführt, wie sie durch die Berliner Schinkel-Schule weiterentwickelt worden war. Der Jagdsitz stellte eine Ergänzung zum Hauptsitz Salzau dar. Die vierflügelige Anlage bildet Höhepunkt und Zentrum des umgebenden Landschaftsparks.

Unter Zugrundelegung eines topographischen Aufmaßes entwarf der Berliner Architekt Eduard Knoblauch (1801–1865) ab 1842 die Blomenburg mit dem Park als untrennbare Einheit (Abb. 126). Der Pleasureground war östlich des Schlosses vorgesehen, er wurde durch ein geometrisch gegliedertes Parterre, ar-

Abb. 125: Blomenburg, Ansicht der Blomenburg von A. Nay, Lithographie um 1859 (SHLB).

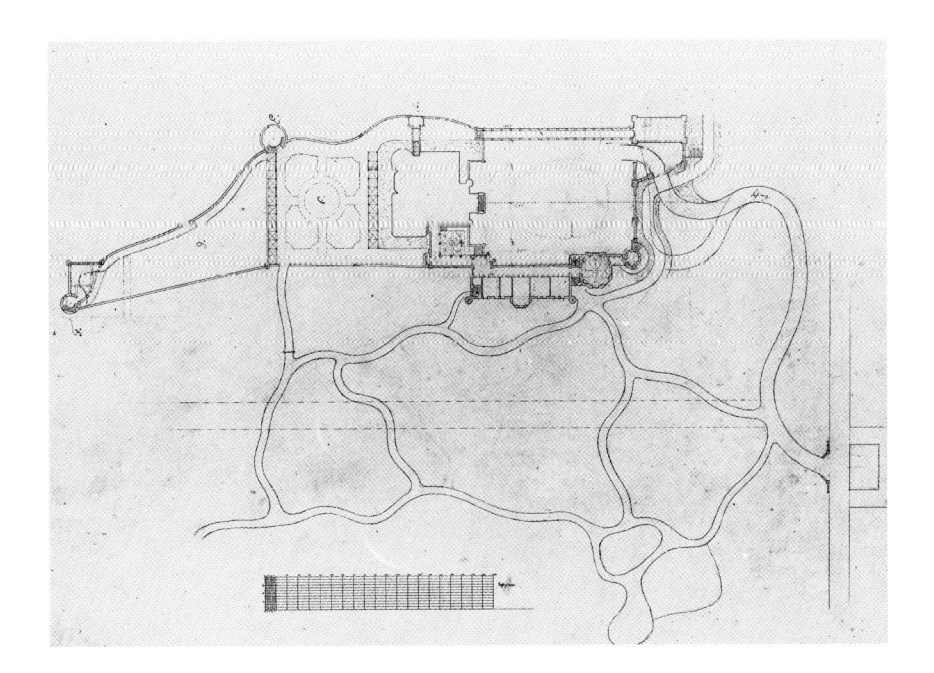

Abb. 126: Blomenburg, Plan (gesüdet) von E. Knoblauch, Federzeichnung um 1842 (TU Berlin, Plansammlung).

chitektonische Versatzstücke sowie eine Mauer aus der Umgebung hervorgehoben. Das Parterre rahmen zwei kreuzgewölbte Pergolen, von denen die östliche mit einer Außenmauer versehen ist und sich mit einer Stützenreihe zum Beet hin öffnet, während die westliche als offener, vermutlich spitzbogiger Arkadengang konzipiert ist. Knoblauch verweist damit auf die Idee eines ‚hortus conclusus' in der Tradition mittelalterlicher Klostergärten, die auf Intimität und Abgeschiedenheit angelegt waren. Den Abschluß im Osten akzentuiert eine Ruine mit Rundturm (in der Zeichnung markiert mit F), wobei das Turmmotiv am südlichen Ende des äußeren Kreuzganges noch einmal wiederholt wird (E). Bis auf die Turmruine gelangten die Staffagebauten nicht zur Ausführung. Im nordöstlichen Winkel zwischen Schloß und Pferdestall sollte ein separater, ebenfalls mit einer Mauer begrenzter Garten entstehen. Dieser Abschnitt, bei dem es sich um einen Blumengarten gehandelt haben könnte, blieb jedoch gleichfalls unrealisiert. Der Küchen- und Obstgarten wurde in die Ebene vor den Südhang verlegt.

In stetiger Wechselwirkung zwischen Flora und Architektur entfaltete sich die Anlage nach Wilhelm Hirschfelds Beschreibung aus dem Jahr 1847, als im Nordwesten das äußere, angeblich über einen Wassergraben führende Burgtor, der offene Kolonnadengang am Südhang als Bindeglied zwischen Herren- und Kavaliershaus sowie die durch einen unterirdischen Gang mit dem Hauptbau verbundene Ruine noch existierten.[2] An der Stelle des Kolonnadenganges steht inzwischen das neue Gästehaus von Eduard Mose aus dem Jahr 1870. Zudem befand sich nördlich der Burg zur Seeseite hin ein Kanonenplatz, womit Blomes Schloßkonzept an Villen der Altonaer Elbvororte anknüpft, die solche Plätze zur Begrüßung einlaufender Schiffe besaßen. Damit liegt ungefähr fest, auf welche Maßnahmen sich die für den Zeitraum von 1844 bis nach 1848 in Rechnungen dokumentierten Arbeiten in den Anlagen beziehen. Stellenweise rodete man während dieses Zeitraums die durch den Vorbesitzer angepflanzten Fichten, setzte zahlreiche neue Pflanzen und führte erhebliche Erdarbeiten durch, wofür der Gärtner C. Bock aus Lammershagen mehrere Arbeiter im Tagelohn abstellte.[3]

Abweichend von dem üblichen Bepflanzungsschema begleitet eine Reihe von kalifornischen Scheinzypressen die geschlängelte Schloßauffahrt, die das verbreitete Toskana-Motiv evozieren. Dahinter erscheint dann allerdings eine mittelalterlich-fortifikatorische Burg. Exotische Bäume an exponierter Stelle zu zeigen, schien Blome wichtiger, als ein regelhaftes

Abb. 127: Blomenburg, Turmruine, Photo um 1927 (LAS).

Stimmungsbild zu präsentieren, denn neugotische Bauten traten gewöhnlich mit dunklen nordeuropäischen Nadelholzumpflanzungen auf, wie etwa Karl Friedrich Schinkels Idealentwurf zum Mausoleum für die Königin Luise von 1810 belegt. Die Architektur der Blomenburg erschließt sich dem Betrachter sukzessive in wechselnden Ausschnitten. Der Gestaltung liegt somit das Konzept des Malerischen zugrunde, worauf bereits die asymmetrische Schloßanlage sowie deren aus der Achse gerückter Zugang verweisen. Den heutigen Besuchern vermittelt sich dieser Eindruck noch, wenn sie der gewundenen Auffahrt zum Schloß folgen.

Im Landschaftsgarten der Blomenburg greifen Knoblauch und Blome im Pleasureground auf die Ruine zurück, die in Deutschland seit dem ausgehenden 18. Jahrhundert ein beliebtes, mit verschiedenen ikonographischen Bedeutungen unterlegtes Motiv darstellt. Sie steht sowohl für natürliche Veränderungen als auch für die Vergänglichkeit von Menschenhand geschaffener Werke. Besonders vermochte die mittelalterliche Ruine eine Bindung an die Natur zu vermitteln, in deren Symbiose „*das Gemachte mit dem Gewordenen verschmilzt*"[4]. C. C. L. Hirschfeld ließ 1780 in seiner Forderung nach einer Abstimmung der Landschaft auf die jeweilige Architekturstaffage auch künstliche Ruinen zu.[5] Eine Unterstützung des natürlichen Aussehens durch Bewuchs mit Moos, Efeu etc. gewährt eine größere Mannigfaltigkeit der sorgsam komponierten Ruinenlandschaft.[6] Ein solches Erscheinungsbild bestimmte den ruinösen, überwachsenen Turm der Blomenburg (Abb. 127). Durch eine Verengung im östlichen Drittel des Pleasuregrounds rahmt die Vegetation die Ruine gleichsam, bevor sich im Zuge der Annäherung des Betrachters der Blick auf den See eröffnet. Darin zeichnet sich ein Wechselspiel zwischen dem geschlossenen und offenen Raum ab.

Auf neugotische Landschlösser, wie insbesondere das 1833 von Schinkel entworfene Babelsberg bei Potsdam, weist bereits die dominante Turmmotivik an Herrenhaus, Hofflügel und Ruine der Blomenburg hin. Vergleichbar ist weiterhin die Lage auf einer Anhöhe als Blick- und Aussichtspunkt. Ebenso, wie man von Babelsberg aus nach Potsdam, zum Pfingstberg oder Ruinenberg blicken kann, gewährt auch der holsteinische Jagdsitz mit seinem Landschaftspark bis heute einen weiträumigen Rundblick über den Selenter See mit den Orten Salzau und Giekau sowie dem Aussichtsturm Hessenstein.

Im Norden und Westen der Burg schloß sich ein mit großzügig, sanft geschlängelten Pfaden, Teich und vermutlich einigen in die Rasenflächen vereinzelt eingelassenen Blumen- und Blattpflanzenbeeten gestalteter Park an. Im Park der Blomenburg befanden sich immer wieder Baumgruppen, die Blickpunkte im Landschaftsbild darstellen. Die Rasenflächen schufen ihrerseits zusammen mit den angrenzenden Bäumen eine Aufeinanderfolge verschiedener Parkräume.

In den nur spärlich erhaltenen Unterlagen wird um 1890 ein Projekt für ein großes Gewächshaus erwähnt, ohne daß über dessen Realisierung etwas zu ermitteln ist.[7] Im Kern könnte allerdings das im Süden der Schloßanlage befindliche Gewächshaus auf diese Planungen zurückzuführen sein. Während der Zeit der

Tochter Blomes, Adeline Gräfin Hardenberg (1838–1908), die ab 1870 die Blomenburg als ständigen Wohnsitz nutzte, kamen einige Holzbauten im Park neu hinzu: Ein oktogonaler Teepavillon und die beiden durch eine Mauer verbundenen Lauben im Pleasureground. Entsprechend dem Geschmack des ausgehenden 19. Jahrhunderts überwucherte ein reicher Bewuchs an Efeu und Rhododendren die architektonischen Staffagen großflächig. Damit wurde außer dem unmittelbar an die Hofanlage grenzenden Bereich nunmehr auch der Großraum des Parkes im Norden in die Besetzung mit Kleinbauten einbezogen. Dieser Zustand des Gartens, der bis in das frühe 20. Jahrhundert hinein konstant blieb, ist in zahlreichen historischen Fotos belegt.

Anschaulich zu sehen ist die relativ aufwendige Gestaltung des Pleasuregrounds in einer Abbildung aus dem Beginn unseres Jahrhunderts (Abb. 128). Demnach gab es zwei unterschiedlich große Blumenbeete, die von Kieswegen umzogen waren. An der engeren Stelle zwischen ihnen reichen Rasenflächen mit je einem eingelassenen kleinen Beet zungenförmig in die Komposition hinein. Diese komplizierter angelegten, eine Mehrzahl an Pflanzenarten benötigenden Beete sind als Teppichbeete bekannt.[8] Die Streifen werden nunmehr ausschließlich aus Pflanzen gebildet, Rasen und Kieswege dienen der äußeren Begrenzung und Trennung der Felder. Die Erhöhung des Beetes zur Mitte hin sowie die Besetzung des Mittelpunktes mit einer Palmenart sind Kennzeichen des Teppichbeetes, wie es etwa seit den 1860er Jahren auftritt. Die Palme läßt eine weitere Eingrenzung der Entstehungszeit auf die 1880er oder 90er Jahre zu. Das runde Beet im Vordergrund ist in konzentrischen Ringen von einem äußeren Rasenrand über eine stufige Anordnung zweier Blumen- bzw. Blattpflanzenarten auf den Kreismittelpunkt ausgerichtet. Die im Zentrum stehende Palme bildet den krönenden Höhepunkt und ist zugleich Zeichen für das Interesse an exotischen Gewächsen, wie es auch im unteren Turmzimmer des Schlosses zu beobachten ist, in dessen Raummittelpunkt eine unechte goldene Palme stand. Es besteht eine enge Korrespondenz zwischen Architektur und

Abb. 128: Blomenburg, Pleasureground mit Teppichbeeten, kolorierte Postkarte vor 1927 (Privatbesitz).

Natur bzw. zwischen Innen- und Außenraum. Das größere Beet umziehen hochstielige Bäumchen aus Hochstammrosen oder -fuchsien in der Außenrandzone. Shrubberies rahmen die farbige Szenerie ein. Die terrassenartige Heraushebung des Pleasuregrounds aus der Umgebung durch eine Mauer aus behauenen Granitquadern, die vom Plateau selbst aus nicht sichtbar ist, gewährt optischen Anschluß an den großräumigeren Park. Die heutige Rasenfläche vermag nurmehr den raumbildenden Eindruck dieser Bepflanzung mit Sträuchern und Bäumen zu veranschaulichen.

In der Bezugnahme der neugotischen Blomenburg auf Salzau, das zunächst noch ein klassizistisches, nach einem Brand 1881 ein Neo-Renaissance-Gebäude war, liegt eine schon für den Landschaftsgarten des 18. Jahrhunderts kennzeichnende programmatische Gegeneinandersetzung von Klassik – Gotik, Gegenwart – Vergangenheit, wie sie etwa in Kassel-Wilhelmshöhe zu sehen ist. Über den eigentlichen Gartenbereich hinaus gestaltete Blome einen Großraum: *"Was von weitem als Bildzeichen fungiert, behauptet sich aus der Nähe als Gegenwelt, die mit der Wirklichkeit außerhalb der Gartengrenzen in Konkurrenz tritt"*.[9] Die Blickrichtung von Salzau auf das damalige Lammershagener Gehölz mit seiner dunklen Farbe (Abb. 26) hatte bereits C. C. L. Hirschfeld als eine bedeutsame Achse erwähnt.[10] Ein Wechselspiel zwischen Begrenzung und Öffnung von Raumabschnitten liegt dieser Konzeption zugrunde. Obwohl der Blick in die unendliche Weite eine wichtige Rolle spielt, gibt es immer wieder separate Räume, die ausgegrenzt und mit einer Binnenstruktur organisiert werden, überschaubare Erlebnisräume bleiben.[11] Damit ordnet sich die Gesamtanlage der Blomenburg dem Stil zwischen Romantik und zunehmend formalisierten und isolierten Gärten des Historismus ein, was genau dem Entstehungszeitraum um die Mitte des vorigen Jahrhunderts entspricht.

Karen David-Sirocko

1 Zur Baugeschichte sowie für weitere Abbildungen des Parkes vgl. David-Sirocko (1992).
2 Hirschfeld (1847). Der Gang ist nicht ohne weitere Grabungen exakt zu rekonstruieren, es gibt jedoch einen eindeutigen Hinweis auf dessen Existenz, wodurch die Schilderung Hirschfelds belegt ist. In der Südwest-Ecke am Portal des Schlosses fanden sich bei Grabungen ein einhüftiges Gewölbe mit roten und gelben Ziegellagen im Wechsel sowie im Sockelfundament ein segmentbogiger Sturz. Schon aufgrund der Tiefe ist ein Kellerfenster an dieser Stelle auszuschließen.
3 LAS Abt. 126.15 Nr. 373.
4 Werner Hofmann: William Turner und die Landschaft seiner Zeit. Ausstellungskatalog Hamburger Kunsthalle, München 1976, S. 236, zit. in Hartmann (1981), S. 130. Der Pückler-Schüler Eduard Petzold lehnte hingegen schon im Jahr 1862 künstliche Ruinen strikt ab.
5 Hartmann (1981), S. 124.
6 Hirschfeld gilt die Ruine als *"Zubehör der einsamen, sanftmelancholischen, ernsthaften und feyerlichen Gegend"*, Hirschfeld (1779–1785), Bd. 3, S. 114.
7 LAS Abt. 126.15 Nr. 378.
8 Vgl. Wimmer (1991), S. 1–16.
9 Buttlar (1990a), S. 14.
10 Hirschfeld (1779–1785), Bd. 4, S. 209f.
11 Zu denken ist an Repton, Pückler und auch Bestrebungen der Lenné-Meyerschen Schule, vgl. Meyer (1860), Tf. 18f. (Wegführung und formalisierte Bereiche nahe an der Architektur).

Blumendorf

Herrenhaus, vier Kilometer südwestlich von Bad Oldesloe gelegen. Um 1735 Anlage eines Barockgartens; von ihm sind nur geringe Reste erkennbar; wohl um 1830 Anlage eines Landschaftsgartens, Strukturen weitgehend erhalten, nicht öffentlich zugänglich.

Der historische Garten des Gutes Blumendorf wurde bisher, im Gegensatz zur Geschichte des Gutes und des Herrenhauses,[1] nicht bearbeitet. Die Anfänge des Gartens im 18. Jahrhundert lassen sich durch die beiden erhaltenen Pläne von Johann Christian Lewon (um 1690–1760) und C. G. Albutius gut nachvollziehen. Als Bauherr von Herrenhaus, Wirtschaftshof und Garten gilt Jacob Levin von Plessen (1701–1761), der das Gut Blumendorf 1735 von Christian Friedrich Freiherr von Liliencron erworben hatte. Plessen war Oberhofmarschall und Präsident der Rentekammer in Eutin, der Hauptstadt des damaligen Fürstbistums Lübeck. Sein Landesherr war damals Fürstbischof Adolph Friedrich (1710–1771), der 1751 König von Schweden wurde. Erstmals verwies Gerhard Eimer[2] auf die Verbindungen von Blumendorf nach Eutin, als er die im Nationalmuseum Stockholm verwahrten Zeichnungen zu Blumendorf von Johann Christian Lewon und Jacob Erhard Randahl (gest. 1757) vorstellte und für den Entwurf des Herrenhauses in Blumendorf den Architekten Rudolph Matthias Dallin (um 1680–1743) vermutete.[3] Mangels eindeutiger Quellen ließ sich bis heute nicht abschließend klären, ob der Entwurf von Hofanlage, Herrenhaus und Torhaus das Ergebnis einer Zusammenarbeit zwischen Dallin und Lewon war, wie Eimer behauptet, oder ob er allein Lewon zuzuschreiben ist. Auf jeden Fall ist Gisela Thietje zuzustimmen, die aufgrund mehrfacher Zahlungen Plessens an verschiedene Eutiner Handwerker sowie an Hofbildhauer Schlichting zu dem Ergebnis kommt, daß Blumendorf insgesamt eine Eutiner Schöpfung sei.[4]

Die Grisaillezeichnung[5] Lewons trägt in einem von neun geflügelten Putten gehaltenen Band die Überschrift „*Vues du Jardin et des Battiments de Blumendorf*" und stellt eine Vogelschau über die gesamte Gutsanlage dar (Abb. 129). Diese Zeichnung ist sicherlich bald nach 1735, d. h. nach dem Eigentümerwechsel von Liliencron auf Plessen entstanden. Sie dürfte den zumindest in Teilen bereits realisierten Zustand von Herrenhaus, Wirtschaftshof und Garten recht zuverlässig wiedergeben. Am unteren Bildrand (Norden) erkennt man zunächst einen Teil der alten, von Fuhrwerken und Kutschen belebten Landstraße, die, von Lübeck über Oldesloe und Bargteheide nach Hamburg führend (Bundesstraße 75), noch heute den Wirtschaftshof von Blumendorf direkt tangiert. Ein halbkreisförmiger, zur Straße offener Vorplatz wird von einem Plankwerk eingefaßt; den Abschluß bildet das Torhaus mit Turmrisalit und eingeschossigen dreiachsigen Seitenflügeln.

Sowohl der anschließende Wirtschaftshof mit dem axial gegenüber dem Torhaus gelegenen zweigeschossigen Herrenhaus als auch der barocke Garten sind auf kreuzförmigem Grundriß angelegt, was in dieser konsequenten Durchführung eine Besonderheit darstellt und durch die topographischen Gegebenheiten zu erklären ist. So besitzt Blumendorf auch ein zweites Torhaus, das den Wirtschaftshof von Westen her erschließt und bei Albutius als „*das Thorhaus nach Hamburg*" bezeichnet ist. An dieser Stelle steht heute ein „*Orangerie*" genanntes eingeschossiges Gebäude mit Mansarddach, wohl aus der 2. Hälfte des 18. Jahrhunderts, das seit Januar 1947 der Besitzerfamilie von Jenisch als Wohnhaus dient.

Parallel zu den beiden großen reetgedeckten Wirtschaftsgebäuden, der Scheune und dem Viehhaus, stehen mit der Rückseite zum Garten zwei langgestreckte Wohngebäude mit je drei Wohnungen, sicherlich für den Gutsverwalter und die Gutsarbeiter. Drei weitere kleine Katen finden sich am Rande der Hoffläche, de-

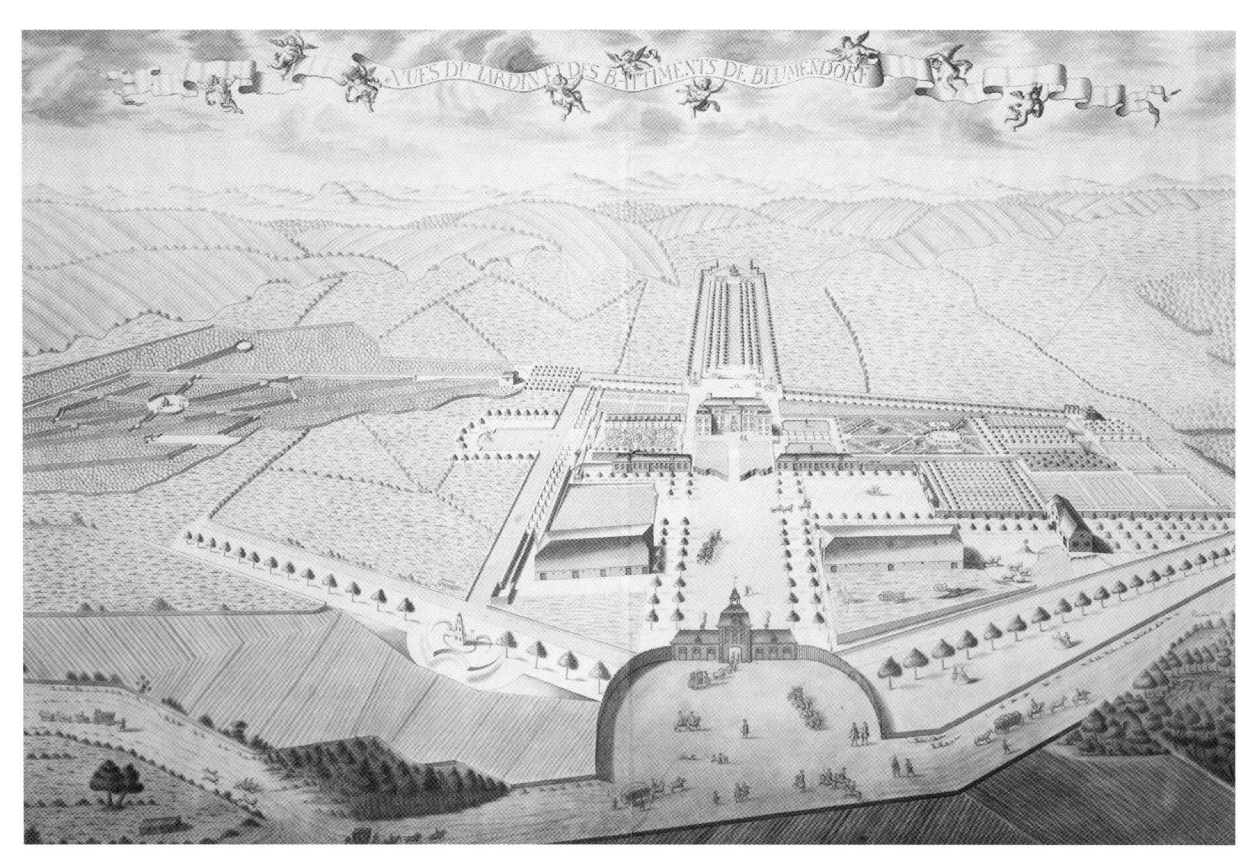

Abb. 129: Blumendorf, Vogelschau über die Gutsanlage, Grisaillezeichnung von J. C. Lewon nach 1735 (NMS).

ren östlicher Teil von einer großen ummauerten Schwemme eingenommen wird. Die breite Hoffläche wird seitlich von je zwei Reihen Linden begrenzt; eine weitere Lindenallee führt rechtwinklig dazu nach Westen bis an die Landstraße.

Jenseits des Herrenhauses und des Gartens liegt die feuchte, von einigen Knicks durchzogene Niederung der Beste. Südlich dieses noch nicht begradigten Flusses schließen sich Felder des anschließenden Dorfes Rümpel und des nahen Gutes Höltenklinken und einzelner Hölzungen an, die eine fruchtbare Agrarlandschaft im Zustand vor der Verkoppelung zeigen.

Als Fortsetzung der Hauptachse Torhaus-Herrenhaus greift eine aufwendige, aus insgesamt acht Baumreihen gestaltete Pflanzung weit in die Landschaft der Bestewiesen hinein. In ihrer Mittelachse liegt ein Tapis vert, der rechts und links von einer dreireihigen Lindenallee begleitet wird. Seitlich schließen sich jeweils Wasserbassins an, die an den Außenrändern noch einmal von einer Baumreihe gefaßt und am Ende zu einem halbkreisförmigen Becken zusammengeführt sind. In dessen Mitte ragt eine große Figur auf, die einen Neptun darstellt.

Die Alleen werden durch jeweils eine Heckenarchitektur als Point de vue abgeschlossen, deren Bögen und Pilaster vielleicht aus Balken und Brettern erbaut werden sollten und zugleich wie durch ein Fenster einen Blick in die weitere Landschaft ermöglichten.

Die der Repräsentation dienenden Teile des Barockgartens sind in Ost-West-Richtung angeordnet und grenzen direkt an den Wirtschaftshof an. Es fällt auf, daß die Hauptachse keinen direkten Bezug zu den Haupträumen des Herrenhauses hat, sondern quer über den Vorhof an seiner Eingangsfront verläuft. Linkerhand des Herrenhauses liegt, leicht vertieft, ein in sich achsensymmetrisch ausgebildetes Broderieparterre, das wohl aus buchsgerahmten Arabesken und seitlichen schmalen Rasenstreifen zusammengesetzt ist.

Blumendorf 175

Abb. 130: Blumendorf, Lithographie von W. Heuer um 1845 (SHLB).

Ein „P" in seiner Mitte verweist auf den Bauherrn Jacob Levin von Plessen. Der Entwurf der Broderien ähnelt dem Muster, das Lewon für die beiden vorderen Beete im Parterre des fürstbischöflichen Gartens in Eutin verwendet hatte. Im Vergleich zu seinem Kieler Parterre (Abb. 256) und dem etwa 15 Jahre älteren Parterre in Jersbek ist es jedoch wesentlich bescheidener ausgebildet. Die seitlichen Wege werden innen von kleinen, zu Pyramiden geschnittenen Formbäumchen und außen von einer Baumreihe und einem Berceau eingefaßt. Den östlichen Abschluß dieses Parterres bildet eine quer liegende Doppelterrasse, von der zwei kurze Treppen schräg hinabführen. Unterhalb davon könnte der bei Albutius angegebene „Grotten-Saal" ähnlich wie in Traventhal gelegen haben. Das den gesamten Hof umschließende Kanalsystem öffnet sich nach Osten zu einem rechteckigen Wasserbassin in der Breite des Parterres, das von Bäumen eingefaßt wird. Im Wasser liegt eine Felsenpyramide, auf deren Spitze die Figur eines weiteren Neptuns mit einem Dreizack in der Hand sitzt.

Rechterhand beginnt der Garten auf der Nordwestseite des Herrenhauses mit einem schlichten zweiteiligen Rasenparterre, dessen Mitte jeweils von einer überlebensgroßen Statue betont wird. Daran knüpfen zwei Hecken-Boskette an, die durch diagonal geführte Wege erschlossen sind. Im Zentrum des hinteren Bosketts liegt ein von kleinen Bäumen umstandener Gartensalon. Weiter westlich schließen sich dann einfache, in Reihen bepflanzte Baumquartiere an, die wohl mit Obstbäumen bestanden waren. Südlich folgen gleichfalls Nutzquartiere, an deren westlichem Ende ein Gartenhaus steht und eine dreibogige Heckenarchitektur plaziert ist. Östlich führt die Allee über eine Brücke des Süd-Nord-Kanals in ein Quincunx-Quartier, das den Auftakt zu dem großen Waldbereich bildet.

Der klassische französische Barockgarten besteht aus drei Hauptteilen, dem Parterre, dem Boskettbe-

Abb. 131: Blumendorf, Luftbild 1996.

reich und dem Waldquartier, letzteres französisch „parc" genannt. In Blumendorf hatte Lewon aufgrund der topographischen Gegebenheiten schon für die beiden erstgenannten Teile eine besondere Form gefunden; der „parc" liegt ohne direkten Bezug auf Parterre und Boskett seitlich (östlich) des Hofes. Dieses in sich durchkomponierte Waldquartier ist nicht als Hochwald „grand bois" ausgebildet, sondern mittelhoch, ein „bosquett de moyenne futaie à hautes palissades"[6]. Es trägt noch heute die Bezeichnung „Buschkett".

Der zentrale Teil des Waldquartiers hat eine dreieckige Grundfigur, die an den Rändern durch unregelmäßig geschnittene Flächen erweitert ist. Ein Pavillon ist zugleich Ausgangs- und Zielpunkt von zweien der drei Wege, die das innere Dreieck umschließen. Hierin liegt ein achtstrahliger Wegestern, in dessen Mitte sich ein kreisrunder, noch heute erhaltener Platz öffnet. Die Platzmitte besetzt ein weiterer Pavillon mit hohem Zeltdach. Das gesamte Waldquartier ist von einem Zaun umschlossen, so daß es auch als Tiergarten dienen konnte. Seine Größe von knapp 10 ha läßt allerdings nur an eine Jagd auf Hasen, Rebhühner und Fasanen denken. Östlich des Lübecker Torhauses, genau in der Verlängerung des Nord-Süd-Kanals steht ein schmales, dreigeschossiges, sich nach oben stufenförmig verjüngendes Bauwerk, das vermutlich als Aussichtsturm „Belvedere"[7] oder als Observatorium diente.

Eine zweite wichtige Quelle für den Blumendorfer Barockgarten ist der von C. G. Albutius[8] signierte Gartenplan, der vermutlich um 1760 im Zuge des Besitzerwechsels von Plessen auf den preußischen General und späteren Maréchal de France Nicolas Luckner entstand[9]. Der Plan belegt, daß der Blumendorfer Barockgarten inzwischen weitgehend nach dem Entwurf Lewons ausgeführt worden war.

Aus dem 19. Jahrhundert sind wichtige Belege für den Wandel des Barockgartens zu einem landschaftlichen Park erhalten: Lithographien von A. Hornemann und W. Heuer aus der Zeit um 1850 (Abb. 130), und aus dem Jahre 1869 die Vorarbeiten des preußischen Katasteramtes zu Wandsbek für das damals für Steuerzwecke neu anzulegende „Urkataster".

Die Katasterkarte[10] wurde „mit Benutzung einer im Jahre 1838 ... vom Landmeßer Staak angefertigten Karte aufgenommen"; die Reinzeichnung erfolgte im März 1876. Leider hat sich die Karte von 1838 nicht erhalten[11]. Die Katasterunterlagen sind anschließend laufend fortgeführt worden, so daß sie über Abbruch und Neubau einzelner Wirtschaftsgebäude keine Zeitangaben liefern können. Die Entwürfe zu den Blättern tragen die Bezeichnung „Coupon"; sie enthalten u. a. einzelne Namen wie „Park", „Buschkett", „Buschkettwiese" sowie Größenangaben. Details oder Gliederungen der barocken Strukturen sind auf diesen Zeichnungen nicht erkennbar – sie waren zu dieser Zeit auch sicher schon verschwunden. Immerhin wurden im „Buschkett" die damals wie heute noch erhaltenen Wegesterne andeutungsweise skizziert, der vordere und platzartig aufgeweitete Stern erhielt die Beischrift „Rundtheil". Die barocke achtreihige Hauptallee vor der Südfront des Herrenhauses mit ihren beiden Wasserzügen muß im 19. Jahrhundert spurlos beseitigt worden sein. An ihrer Stelle sehen wir eine große Wasserfläche mit schwingenden Ufern, die durch einen Graben von Nordwesten her gespeist wird. Ein „Parkweg" führt über zwei Brücken Richtung Klinken, eine weitere Brücke sogar an einer Einschnürung über die Wasserfläche hinweg. Der Hauptteich entwässert über einen Graben zunächst in den teichartig erweiterten Auslauf des östlichen Hofgrabens und dann in die weiter südlich den Park begrenzende Beste.

Eine weitergehende Umgestaltung der Acker- und

Wiesenflächen nach dem Vorbild der von Caspar von Voght geschaffenen Parkanlagen in Klein Flottbek zu einer Ornameted farm nach englischem Vorbild ist hier nicht belegbar. Dieser Besitz war 1828 an den Hamburger Senator Martin Johann Jenisch[12] gelangt, der 1827 Blumendorf erworben hatte und einige Jahre später (1834) auch das benachbarte Altfresenburg kaufte. Leider ist die landschaftsgärtnerische Gestaltung nicht durch Quellen genauer rekonstruierbar, sondern nur vom Ergebnis. Während im 18. Jahrhundert der Südrand des Barockgartens noch streng auf die obere Hangkante beschränkt war, staffeln sich jetzt einzelne Gehölz- und Baumgruppen weiter nach Süden in den Wiesengrund der Beste hinein und rahmen so das Herrenhaus auf der Parkseite trichterförmig. Dabei wird das Herrenhaus als Höhepunkt und Abschluß der malerischen Ansicht von Süden her durch eine dichte Gruppe von Linden unterstützt, die westlich direkt an das Haus anschließen. Zum Teil stammen die Linden wohl noch aus dem 18. Jahrhundert. Obwohl das einstige strenge Pflanzraster durch spätere Nachpflanzungen verloren ging, ist das unterschiedliche Alter dieser Bäume vor Ort noch heute unverkennbar. Das ehemalige Heckenboskett ist vollständig zu einer landschaftlichen Partie umgewandelt worden, sie bildet heute die engere Umgebung der 1945 zum Wohnhaus der Besitzerfamilie eingerichteten ehemaligen Orangerie. Der westliche Wald wird noch heute von dem Graben des 18. Jahrhunderts und einem mit Pappeln bepflanzten Damm begrenzt. Das östliche *„Buschkett"* ist längst zu einem Hochwald herangewachsen (Abb. 131).

Den schönsten Blick auf das Herrenhaus und den Park von Blumendorf hat man heute wie vor 100 Jahren von Südwesten, vom Ufer der Beste. Jeder Autofahrer, der die Bundesstraße 404 von Tremsbüttel gen Norden fährt, kann sich davon überzeugen, daß sich seither an dieser idyllischen Parklandschaft nichts Wesentliches geändert hat (Abb. 130).

Burkhard von Hennigs

1 Zur Geschichte des Gutes vgl.: Schröder/Biernatzki (1856), Bd. 1, S. 226f; Bangert (1925), S. 95f, S. 311, 313 u. 423f; Neuschäffer (1984), S. 147–157. Zur Geschichte des Herrenhauses vgl.: Eimer (1961), S. 129f; Beseler (1969), S. 847; Dehio (1994), S. 155; Behrens/Dreger (1989), S. 91–113.
2 Eimer (1961), S. 129f.
3 Randahl Plan: NMS THC 203. Über einen möglichen Vorgängerbau des Herrenhauses in Blumendorf ist nichts bekannt; 1635 hatte Hans von Buchwald das Gut gekauft und das bisherige Dorf in ein selbständiges Adeliges Gut umgewandelt, vgl. Schröder/Biernatzki (1856), Bd. 1, S. 226f.
4 Thietje (1986a), S. 116. Danach gibt es noch mehr Quellen, die Behrens/Dreger (1989), S. 91 nicht bekannt waren.
5 NMS THC 443.
6 Dezallier d'Argenville (1760), S. 73.
7 Zur Funktion vgl. Hennebo/Hoffmann (1962–1965), Bd. 2, S. 39 (freundlicher Hinweis von G. Thietje); einen Aussichtsturm besaß auch schon der im letzten Viertel des 16. Jahrhunderts angelegte Garten von Heinrich Rantzau in Breitenburg; auch der offene Pavillon am Ende der Hauptachse des Barockgartens in Eutin diente sicherlich nicht nur als Point de vue, sondern aufgrund seiner Höhenlage ebenfalls als Belvedere, vgl. Abb. bei Thietje (1989c), S. 217.
8 Nicht in den Künstler-Lexika vertreten.
9 GA Augustenhof (Verfasser dankt Dr. Dr. Graf von Baudissin für die freundliche Erlaubnis zur Einsichtnahme), Tuschzeichnung, fälschlicherweise bisher als Stich bezeichnet bei: Neuschäffer (1984), S. 150; Behrens/Dreger (1989), S. 96. Die Datierung des Plans um 1760 bei Behrens/Dreger ist aufgrund des Zuwachses von Hecken und Bäumen im Vergleich zum Lewon-Plan sowie im Zusammenhang mit dem Besitzerwechsel einleuchtend.
10 Katasteramt Bad Oldesloe.
11 Auskunft des Gutsbesitzers Freiherr von Jenisch vom 16.2.1993.
12 Hoffmann (1937), S. 154ff; Schoell-Glass (1989), S. 125ff.

Bredeneek

Privater Gutspark nördlich von Preetz am Rande des fruchtbaren Schwentine-Tals. Ein kleiner Park aus der Mitte des 19. Jahrhunderts wurde um 1900 bei der Erneuerung des Herrenhauses erweitert und im Zentrum zu einem Arboretum ausgestaltet. Die im Kern gepflegte Anlage ist nicht öffentlich zugänglich.

Bredeneek, ursprünglich als Meierhof zu dem großen Adeligen Gut Lehmkuhlen gehörend, wechselte im 18. Jahrhundert vielfach den Besitzer, bis es 1830 von dem kunstsinnigen und sehr begüterten Hamburger Kaufmann und Bankier Conrad Hinrich Donner I. (1774–1854) als Sommersitz erworben wurde.[1] Heute befinden sich Gut und weite Teile des Parks in Hand von Eckhard Edler von Paepcke, einem Nachkommen der Familie von Donner, während das Herrenhaus verkauft wurde (Abb. 132).

Obgleich C. H. Donner noch weitere Besitzungen zur Verfügung standen, wie das nahegelegene große Adelige Gut Rethwisch und ein Landhaus am Elbhang bei Altona, ließ er in Bredeneek sogleich von Johann Matthias Hansen (1781–1850) ein spätklassizistisches Herrenhaus errichten und von einem kleinen Landschaftspark umgeben (Abb. 133). Diese Anlage erfuhr zwar im Laufe der folgenden sieben Jahrzehnte manche Bereicherung, doch kam es erst ab 1898 zu einer prinzipiellen Neugestaltung, als Freiherr Conrad Hinrich von Donner II. (1844–1911), gleichnamiger Enkel des genannten Hamburger Unternehmers und ähnlich kulturell engagiert, das Gut zu seinem Altersruhesitz bestimmte. Während der Altonaer Baumeister August Petersen das bisherige Herrenhaus fast nahtlos in einen Dreiflügelbau integrierte, wurde der Park auf insgesamt 30 ha erweitert und erstreckte sich nun von der nördlich begrenzenden Spolsau ausgehend etwa zweieinhalb Kilometer an der Schwentine entlang – ungefähr in Form eines sich verjüngenden Dreiecks – nach Süden.

Bei der sich länger hinziehenden Gestaltung stützten sich der Hausherr und später dessen Witwe Bodild von Donner, geb. Gräfin von Holstein-Holsteinborg (1852–1927), auf die Kenntnisse ihres forstbotanisch erfahrenen Obergärtners Cosmos von Milde (1841–1929), der zusätzlich in der Hamburger Kunstgewerbeschule Kurse im Planzeichnen belegt hatte.[2] Cosmos von Milde beriet den dendrologisch interessierten Hausherrn bei der Anlage eines Arboretums, das nicht systematisch, sondern primär nach ästhetischen Gesichtspunkten aufgebaut werden sollte. Schon vorher hatte der Gutsherr auf dem südlichen, etwa 18 ha umfassenden Areal einen Mischwald pflanzen lassen, mit eingestreuten Versuchsquartieren, beispielsweise für Amerikanische Roteichen (Quercus rubra), unterschiedliche Lärchen- und Fichten-Arten, die man im Vergleich beobachten wollte, oder Kaukasische Bu-

Abb. 132: Bredeneek, Partie im Landschaftsgarten, Photo 1995.

chen (Fagus orientalis). Um diese Region in einen Parkforst zu verwandeln, wurde das bisher spärliche Wegenetz bereichert und umrundete nun diese neuen Bestände, führte zu zwei kleinen Weihern, zu einem Hünengrab und zu einem beliebten Aussichtsplatz, dem „Wasserberg". Es gab auch einen Rundweg, dessen westlicher, an einer Hangkante entlangführender Teil besonders reizvoll gewesen sein muß, weil man von ihm aus das idyllische Schwentine-Tal beobachten und abends den Sonnenuntergang genießen konnte.

Der kleinere Waldbezirk im Nordwesten wurde zur Ruhezone für Wild bestimmt und nur vereinzelt von Wegen berührt. Doch nutzte man an seinem südöstlichen Rand eine ehemalige Mergelkuhle, um einen Weiher mit kleiner Insel und idyllischem Uferweg anzulegen. Das Wasser mußte allerdings von der Schwentine hochgepumpt werden. Dort wo es in den Teich eingeleitet wurde, entstand in dem leicht ansteigenden Gelände, die Natur imitierend, eine Rockery. An dieser Stelle gab es auch eine kleine Hütte – außer einem Teepavillon am Pleasureground das einzige Parkgebäude in Bredeneek. Seit Baumwurzeln vor gut zwanzig Jahren den zementierten Grund aufgebrochen haben, bietet der einstige Teich in der malerischen Umgebung ein eher bizarres Bild.

Zwischen den geschilderten Waldregionen ließ von Donner schließlich als Herz der Anlage rings um das neoklassizistische Gebäude das heute noch eindrucksvolle Arboretum anlegen. Auf sehr weiten, leicht gewellten Rasenflächen, umrundet von sanft gekurvten Wegen, wechseln in angenehmem Rhythmus kompaktere, zu unterschiedlichen Stimmungsbildern zusammengestellte Gehölzgruppen und wertvolle Solitäre, die zum Teil mächtige Dimensionen erreicht haben. Besondere Züchtungen, darunter auch gepfropfte Exemplare wie eine Trauer-Esche (Fraxinus excelsior 'Pendula'), kommen ebenso vor wie Exoten, z. B. die Säulenförmige Sicheltanne (Cryptomeria japonica cf. 'Lobbii'). Die immer wieder auftauchende Diskussion über den Verzicht auf ausländische Bäume konnte einen Handelsherrn nicht beeindrucken, der intensive Verbindungen zu entlegensten Regionen der Welt unterhielt. Im Gegenteil, in Bredeneek wurde der für die

Abb. 133: Ansicht von Gut Bredeneek, Lithographie von A. Hornemann um 1850 (SHLB).

Wilhelminische Epoche nicht untypische Exotismus sogar besonders gepflegt. Zu diesem Zweck gab es u. a. ein Palmenhaus in der ausgedehnten Gutsgärtnerei, die für geradezu barocken Luxus in bezug auf tropische Pflanzen und Südfrüchte aller Art sorgte.[3]

Kübelpflanzen und Rosen, Teppichbeete, Rhododendren und Blütensträucher unterstützten den zeittypischen Farben- und Formen-Enthusiasmus und verliehen der Anlage von Anfang an einen gewissen Reiz, während die beabsichtigte großräumige Wirkung erst mit längerer Verzögerung erreicht wurde, obgleich man verschiedene Bäume aus der Vorgängeranlage integrieren und manche Parkgehölze schon als ältere Exemplare in Baumschulen erwerben konnte. Zwei Scheinzypressen (Chamaecyparis pisifera und Chamaecyparis pisifera 'Filifera Aurea') sind zu beachtlichen Exemplaren ausgewachsen, so daß sie heute gemeinsam mit anderen Baumsenioren, darunter eine bis zum Grund beastete Farnblättrige Buche (Fagus sylvatica 'Asplenifolia'), ein angemessenes Gegengewicht zur Architektur zu bilden. Mehr noch als andere Gärten verlangt ein Arboretum von den Pflegern eine mit viel Sachkenntnis beflügelte Phantasie, um behutsam das Wechselspiel zwischen zyklischen, linearen und spontanen Veränderungen im Sinne der ursprünglichen Idee zu steuern. Es konnte und sollte kein absolut festes Konzept geben, weil gerade in dem Prozeßhaften der besondere Reiz lag. Außer dem Blick über das weite Schwentine-Tal und die kleine Spolsau im Norden, mit ihrem typischen Erlen- und Weidenbestand, gab es keine spezifischen Landschaftsbilder in Bredeneek, statt dessen eher einen neo-romantischen Ansatz, bei dem das Spiel mit Licht und Schatten den Charakter prägte, vergleichbar mit Tendenzen der zeitgenössischen Malerei.

Obgleich der Idealzustand solcher Anlagen selten von ihren Schöpfern genossen werden konnte, waren sie im letzten Drittel des vorigen Jahrhunderts in Schleswig-Holstein sehr beliebt. Doch dem 20. Jahrhundert schien der sinnliche Genuß bei Betrachtung der seidig-glatten bis tief-zerfurchten Stämme, der in silbernen Kaskaden sich senkenden oder eigenwillig in den hellen Himmel sich reckenden Baumkronen eher suspekt. Überschaubare Gliederung und pflegeleichte Nützlichkeit standen nun auf dem Programm. Insofern ist Bredeneek als später, aber geglückter Vertreter eines damals häufigen Gartentypus zu bewerten.

Jörg Matthies / Ingrid A. Schubert

1 Zur Gutsgeschichte s. Rumohr (1982), S. 61–69; Bubert/Walter (1989), S. 25– 29.
2 Da bisher keine Pläne der Anlage bekannt sind, stützt sich die Beschreibung auf diverse Berichte der Familie und frühe Photographien, ferner auf einen Vergleich der Karten der Preußischen Landesaufnahme von 1877/79, einige Bemerkungen bei Oldekop (1908), Bd. 1, Kap. IX, S. 18ff. Sparsame Beschreibungen bei Jacobsen (1954), der Lehrling in Bredeneek war, und Beachtung des heutigen Gehölzbestandes, der in jüngster Zeit unter der Leitung von Dr. Günther Seehann (Bundesforschungsanstalt für Forst- und Holzwirtschaft, Hamburg) neu aufgenommen wurde, fanden Eingang in die Betrachtung.
3 Jacobsen (1954), S. 9.

Breitenburg

Hauptsitz der Familie Rantzau südöstlich von Itzehoe. Renaissancegarten im 16. Jahrhundert, um 1765 Barockgarten, im 19. Jahrhundert Umgestaltung zum Landschaftsgarten. Relativ gut erhaltener Zustand des 19. Jahrhunderts. Privatbesitz, nicht öffentlich zugänglich.

Die Breitenburg war ursprünglich Meierhof der Bordesholmer Mönche, genannt Mönckenhof. Es ist anzunehmen, daß die Mönche dort bereits einen Garten angelegt hatten, da es üblich war, daß sie Obst-, Gemüse- und Heilkräutergärten zur eigenen Versorgung bewirtschafteten. Auf die Tradition der Klostergärten hat auch Heinrich Rantzau später hingewiesen, der sich besonders für Heilpflanzen interessierte und sogar ein Buch darüber veröffentlichte.[1] Da die ganze Umgebung zur Zeit des Erwerbs des Klosterbesitzes durch Johann Rantzau (1492–1565) im Jahre 1526 aufgrund eines Deichbruchs überschwemmt war,[2] setzte dieser der Stör zunächst einen Deich entgegen und ließ einen breiten Graben um den massigen Hügel ziehen, auf dem er 1530 die Breitenburg errichtete. Sie war somit ein fortifikatorischer Bau mit Wall und Graben. Es wurden zunächst zwei Parallelhäuser erbaut. Später ließ Johann Rantzau dann vermutlich noch zwei weitere, nämlich die äußeren Parallelhäuser errichten. Über eine Ausgestaltung des jenseits des Burggrabens gelegenen ehemaligen Klostergartens durch Johann Rantzau gibt es keine Quellenhinweise.

Nach dem Tode seines Vaters übernahm 1565 der bekannte Humanist und Statthalter des dänischen Königs, Heinrich Rantzau (1526–1599), die Breitenburg. Zwischen 1565 und 1569 setzte eine zweite Bauperiode ein, in deren Verlauf an der Nordseite ein Kavalierhaus errichtet wurde. Es besaß zwei Geschosse und eine Wandelhalle mit „*Bildnissen*".[3] Gegenüber befand sich ein Wirtschaftsgebäude in Form eines Fachwerkbaus, so daß der Eindruck eines dreiflügeligen Renaissanceschlosses entstand. Dazu trug der vor der Hauptfassade der Parallelhäuser errichtete Treppenturm mit einem Aussichtsstand bei, der nach Aussage von Rantzaus Hauslehrer Georg Kruse nicht militärischen Zwecken, sondern dem Genuß des Gartens und der Landschaft dienen sollte. Kruse hat 1569 im Auftrag des Statthalters eine Beschreibung der Breitenburg angefertigt, aus der hervorgeht, daß man von dem Aussichtsstand die Pflanzen betrachten und den Duft der Kräuter einatmen konnte.[4] Das besondere Verhältnis Rantzaus zu seinem Garten bestätigt eine Äußerung, nach der er marmorne Häuser ohne Gärten als Gefängnisse ansähe und ihm getäfelte Decken nie so schön erschienen wie ein Blumenbeet.[5]

Aufgrund der Beschreibungen Kruses und der 1590 erschienenen „*Hypotyposis*"[6] von Peter Lindeberg läßt sich die Beschaffenheit des Breitenburger Gartens zu dieser Zeit sehr gut rekonstruieren. Bei der „*Hypotyposis*" handelt es sich um eine von Heinrich Rantzau veranlaßte Dokumentation seiner Land- und Stadtbauten sowie der von ihm in Auftrag gegebenen Kunstwerke. Beide Schriften orientieren sich bei der Darstellung des Breitenburger Gartens sehr stark am Gartenideal des Erasmus von Rotterdam (ca. 1465–1536), dessen „*Beschreibungen eines Humanistengartens*" vielen Zeitgenossen als Vorbild dienten.

Die bildlichen Quellen der Breitenburger Anlage des 16. Jahrhunderts geben einen etwas uneinheitlichen Eindruck des Gartens. Am detailliertesten und zuverlässigsten erscheint Hogenbergs Stich aus dem Jahre 1590 (Abb. 1 u. 134), der der folgenden Beschreibung zugrunde liegt und durch die Aussagen der schriftlichen Quellen ergänzt wird. Der Betrachter sieht aus der Vogelperspektive auf die Gesamtanlage der Breitenburg. Deutlich erkennt man die vier Parallelhäuser mit ihren schlichten Fassaden und die zwei symmetrisch sich gegenüberliegenden Flügelbauten, den Treppenturm und den Hofplatz. Ferner ist zur Linken ein fünftes Gebäude abgebildet, in dem die

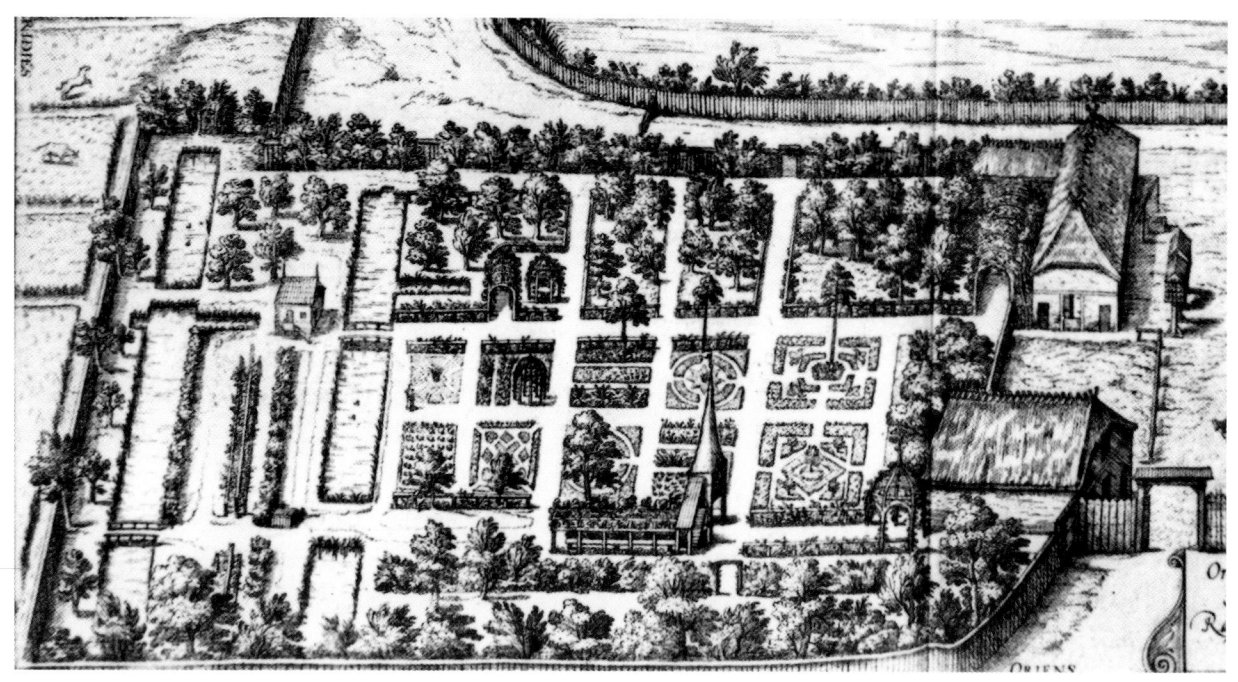

Abb. 134: Breitenburg, Renaissancegarten (Detail), Kupferstich von F. Hogenberg aus Henninges (1590), (SHLB).

1580–1590 errichtete Kapelle untergebracht war. Dieser Bau stand frei und war nur durch eine niedrige Mauer mit den Parallelhäusern verbunden. Die Burginsel ist von einem hohen Wall umgeben, der mit Kanonen bestückt wurde.

Der Garten (Abb. 134) lag zusammen mit dem Wirtschaftshof diesseits (d. h. östlich) des Burggrabens und war von einem hohen Plankwerk umgeben. Dahinter standen hohe Bäume, die den Blick von außen in den Garten versperren sollten. Deutlich erkennt man die annähernd quadratischen Beete, die in der Mitte in zwei Reihen angeordnet sind. Sie bilden das Kernstück der rasterförmigen Anlage, die durch gerade angelegte Wegachsen in mehrere Abschnitte gegliedert wird. Im Süden waren hintereinander zwei kanalartige Fischbassins – unterbrochen von Dämmen und Brücken – angelegt, in deren Mitte sich ein Gartenhaus befand. Östlich des Häuschens lagen vermutlich die Spaliere und Nutzbeete des Gemüsegartens. Der westliche Bereich der Anlage wurde durch umzäunte Baumquartiere und Laubengänge gestaltet, wobei es sich sicherlich um Obstgärten handelte. Es sind drei Laubenpavillons und drei Laubengänge abgebildet, die mit schattenspendendem Wein überwachsen waren. Unter einer Laube ist ein Spieltisch zu sehen. Sehr auffällig ist im Vordergrund ein hölzerner Turm mit einem Aufstieg, zu dem ein Laubengang führte. Die aufwendige Ausstattung des Breitenburger Gartens konnte aufgrund der Maßstäblichkeit im Stich nur angedeutet werden, den schriftlichen Quellen zufolge muß sie weitaus prächtiger gewesen sein.

Diese erwähnen die Fischteiche, Gartengebäude, den Aussichtsturm und die mit Weinranken versehenen Laubengänge sowie Springbrunnen (die bei Hogenberg nicht identifizierbar sind). Auch wird die Unterteilung in einen Obstgarten, einen Ziergarten, einen Bienengarten und einen Gemüsegarten betont. Besonders hervorgehoben wird in beiden Schriften der angenehme Duft der Pflanzen und der liebliche Gesang der Vögel. Die Gartengebäude machten den Aufenthalt sehr angenehm, und die Weinranken boten einen wohltuenden Schutz vor der Sonne. In solchen Hinweisen kommt der hohe ‚Wohnkomfort' des Breitenburger Gartens zum Ausdruck. Dieser nahm zwar noch keinen axialen Bezug zum Hauptgebäude auf, wurde jedoch erstmals in dieser Region in seiner Eigenschaft als ‚erweiterter Wohnraum', als ein Ort der Erholung, Unterhaltung und Belehrung, verstanden.

Über die Pflanzen des Gartens macht Kruse folgende Angaben: Der Gemüsegarten war mit Nutzpflanzen wie Zwiebeln, Sellerie, Salat und Gurken sowie mit Gewürzpflanzen angelegt. Im Blumengarten befanden sich Rosen, Sonnenblumen, Lilien, Veilchen und einheimische Gewächse. Heimische Pflanzen gab es auch im Obstgarten, wo man beispielsweise Apfelbäume, Birnbäume und Pflaumenbäume, jedoch auch einen Feigenbaum, Oliven und einen Sadebaum finden konnte.[7] Außerdem gab es Kräuterpflanzungen, die in vielen verschiedenen Formen gestaltet wurden. Als auffälligste Form gibt Kruse dabei ein *„Labyrinth"* an. Solche Parterrelabyrinthe sind etwa in dem berühmten Vorlagenwerk des Hans Vredeman de Vries (1583) abgebildet und waren meist aus Buchs geschnitten.[8] Anhand der Bepflanzung wird deutlich, daß der Anlage gleichzeitig die Funktion eines Nutz- und eines Ziergartens zukam.

Es soll auch verschiedene Statuen im Breitenburger Garten gegeben haben, die nach Lindeberg als *„Wächter"* dienten. Angaben über die Statuen, die auf den bildlichen Quellen leider nicht zu erkennen sind, liefert erst ein Verzeichnis, das Christian Rantzau im Jahre 1651, aufgrund einer geplanten Instandsetzung der Anlage, hatte aufnehmen lassen.[9] Demnach befanden sich dort Venus, Mars, Diana, Merkur und Jupiter, außerdem zwei Knaben aus Blei sowie Allegorien der vier Jahreszeiten und der vier Elemente aus Holz. Figuren des Priapus und der Amalthea verwiesen auf die Fruchtbarkeit der Natur. Peter Hirschfeld spricht von der *„üblichen antiken Götterreihe entsprechend dem humanistischen Zeitgeschmack"* und setzt die Bekanntschaft mit italienischen Renaissancegärten voraus.[10] Tatsächlich unterhielt Heinrich Rantzau ausgedehnte Kontakte zu wichtigen Persönlichkeiten im In- und Ausland und hatte in seiner Breitenburger Bibliothek über 6000 Schriften aus aller Welt zusammengetragen, unter denen sich mit Sicherheit auch die des Erasmus von Rotterdam, Vredeman de Vries und Jacques Androuet Du Cerceau befanden. Die Renaissancekultur gelangte vor allem über Bücher, Stiche und Briefe nach Holstein, zumal der Statthalter nur die Niederlande, nicht aber Frankreich oder Italien bereiste. Neben den Stilmerkmalen der Renaissance kommen in Breitenburg aber auch mittelalterliche Elemente noch klar zum Vorschein, etwa die Einzäunung und Abgrenzung des Gartens. Daran wird die Tradition des mittelalterlichen ‚hortus conclusus', des ummauerten Gartens, deutlich. Erst mit seinem letzten Landsitz in Rantzau (1592–94) sollte dem Statthalter eine vollkommenere Überwindung der mittelalterlichen Elemente gelingen, jedoch muß auch bedacht werden, daß er Breitenburg als das Vermächtnis seines Vaters ansah, das er wohl nie grundlegend verändert hätte. Es wäre daher ungerecht, die mittelalterlichen und wehrhaften Strukturen der Burganlage auf mangelndes Stilempfinden Heinrich Rantzaus zurückzuführen, der sich, eigenen Angaben zufolge, lieber einen eleganteren und bequemeren Wohnsitz in Breitenburg geschaffen hätte.[11] Die Vermengung der Stilelemente und die reiche Ausstattung verliehen der Anlage dennoch einen besonderen Reiz, und es läßt sich sicherlich mit Recht behaupten, daß es sich hier neben dem ältesten Gottorfer Garten (Westergarten) um einen der prächtigsten Gärten des Nordens in jenen Jahrzehnten handelte.

Nach dem Tod Heinrich Rantzaus war die glanzvolle Zeit der Breitenburger Anlage vorbei, da sein Sohn Gert (1558–1627) meist auf Feldzügen und nur selten auf der väterlichen Burg war. Gert Rantzau starb bereits 1627, und so sollte er die Besatzung und Brandschatzung der Burg durch Wallenstein im selben Jahr nicht mehr erleben. Das Schloßgebäude wurde im Verlauf der Besatzung stark beschädigt, und die Ställe und Wirtschaftsgebäude brannten vollkommen nieder. Auch die Gartenanlage wird zu diesem Zeitpunkt endgültig allen Glanz verloren haben, wobei ihre schönen Lusthäuser und Figuren weitgehend den Bränden zum Opfer fielen.

Nach dem Abzug der feindlichen Besatzer kehrte dann der noch unmündige Christian Rantzau 1630 auf die Burg zurück und begann mit ihrem Wiederaufbau. Dieser gestaltete sich sehr mühsam, zumal es in den folgenden Jahrzehnten zu erneuten Angriffen durch schwedische Truppen kam. Schließlich wurde 1647 die Schleifung der Festung beschlossen. Als Christian Rantzau 1650 in den Reichsgrafenstand erhoben

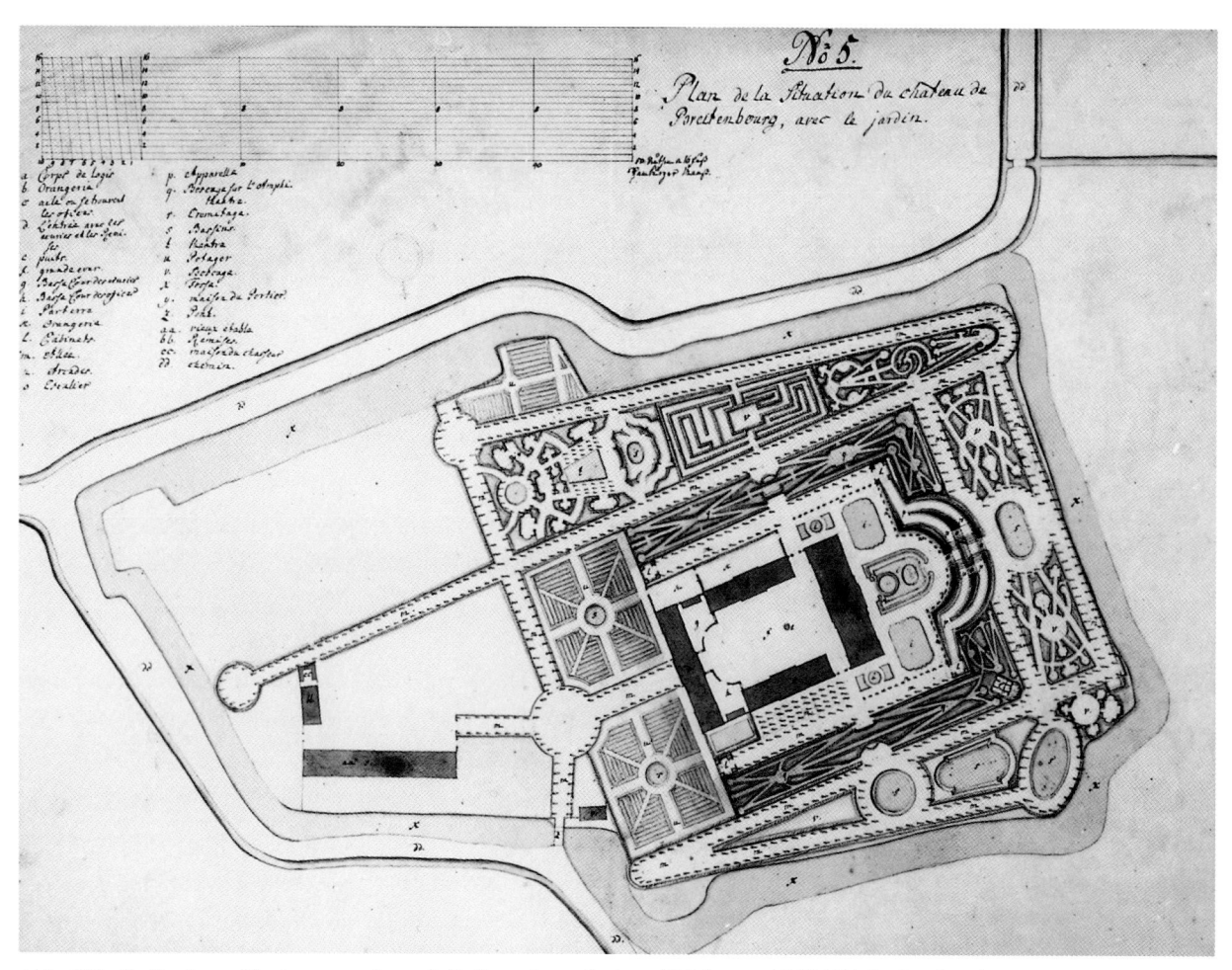

Abb. 135: Breitenburg, Gartenentwurf von J. G. Rosenberg, lavierte Zeichnung 1763 (GA Breitenburg).

wurde, bemühte er sich, die Breitenburg und den stark vernachlässigten Garten wieder in den Zustand zu Zeiten seines Großvaters Heinrich zu versetzen. Hiervon zeugen noch heute die an der Südseite der Kapelle erhaltene Bauinschrift, in der Christian Rantzau den Wiederaufbau des Schlosses in seiner alten Tradition hervorhebt, sowie das bereits erwähnte Statuenverzeichnis aus dem Jahre 1651, das für eine Rekonstruktion der Gartenanlage spricht. Bei diesen Plänen kamen dem Grafen besonders sein umfangreiches Vermögen und sein künstlerisches Interesse zugute, das weit größer war, als bislang angenommen.[12] Auch er unterhielt regen Kontakt zu zahlreichen bedeutenden Persönlichkeiten seiner Zeit, zu denen unter anderem auch Bischof Hans in Eutin zählte. Da der damalige Eutiner Garten im Verlauf des 30jährigen Krieges nicht zerstört, sondern vielmehr noch weiter ausgestattet worden war, gab dieser sicher einige Anregungen für die Wiederherstellung des Breitenburger Gartens.[13]

Christian Rantzaus Sohn Detlev verlegte, nach dem frühen Tod seines Vaters im Jahre 1663, seinen Wohnsitz nach Drage. In den folgenden Jahrzehnten wurde der Breitenburg daher keine große Aufmerksamkeit entgegengebracht, und so verfiel der Garten ein zweites Mal.

Als Graf Detlev 1697 starb, übernahm sein Sohn Christian Detlev die Herrschaft. Dieser behandelte seine Untertanen derart schlecht, daß er den Herzog von Holstein-Gottorf um Schutz bitten mußte, der daraufhin die Grafschaft besetzte. Als der unbeliebte Graf schließlich 1721 auf der Jagd erschossen wurde, ließ der König die Grafschaft administrieren. Erst 1726 gelang es der Schwester Christian Detlevs, den Breitenburger Besitz durch einen Vergleich vor dem dänischen König für die Familie Rantzau zu retten. Die hohe finanzielle Belastung erlaubte ihr jedoch nicht die erforderliche Instandsetzung der stark vernachlässigten Anlage, so daß ihre Tochter, die Gräfin Frederike Eleonore, sich 1747 zu einem Abriß des alten Schlosses entschloß.[14] Dieser wurde nur in Teilen durchgeführt. An eine aufwendige Umgestaltung des Gartens war zu diesem Zeitpunkt aufgrund der schlechten finanziellen Situation überhaupt nicht zu denken.

Neuen Glanz erlebte die Breitenburger Anlage dann unter der Gräfin Amöne, der Tochter Frederike Eleonores, und dem Grafen Friedrich zu Rantzau aus der Linie Ahrensburg, die in den sechziger Jahren des 18. Jahrhunderts mit der Umgestaltung von Schloß und Garten begannen. Zu diesem Zweck beauftragte man den damals sehr gefragten Baumeister Johann Gottfried Rosenberg (1709–1776) mit dem Entwurf eines neuen Schloßbaus. Rosenberg hielt sich im Sommer 1763 in Breitenburg auf und fertigte in den folgenden Monaten Entwürfe für den Schloßbau sowie für die Nebengebäude und den Garten (Abb. 135) an. Der aufwendige Gartenentwurf weist deutlich die Stilmerkmale des späten Barock auf. So sind hinter dem Schloßgebäude, das jetzt wieder im Westen geplant war, mehrere schlichte Parterres eingezeichnet, die den repräsentativsten Bereich des Gartens darstellen sollten. Über zwei im Halbrund angelegte terrassenartige Stufen konnte man von dort zu einem großen Wasserbassin gelangen. Flankiert wurde die rechteckige Hofanlage von Boskettzonen, die im Norden, Süden und Westen angelegt und von langestreckten Alleen gesäumt werden sollten. Die Alleen bilden im Norden und Süden jeweils die Form eines Dreiecks, wobei das erste mit Bassins, das zweite dagegen mit Heckenarchitekturen in Form von kunstvoll geschlungenen Wegen und einem Labyrinth ausgestattet ist. In diesem südlichen Bereich war ein Heckentheater geplant, was auf den unterhaltenden und festlichen Charakter des barocken Gartens hinweist. Der als unansehnlich empfundene Nutzgarten wurde dabei streng abgegrenzt und ist auf diesem Plan im Osten der Anlage vor dem langgestreckten Torhaus eingezeichnet. Es ist interessant, daß sich Rosenberg bei seinem Entwurf auf das Gebiet innerhalb des Schloßgrabens beschränkt, indem er den Garten wie einen Gürtel geschickt um die Gebäude legt und keinen axialen Bezug zur weiteren Umgebung herstellt. Eine Anregung für die Gestaltungselemente französischer Gärten, die hier klar hervortreten, dürfte dabei mit Sicherheit von dem damals weit verbreiteten Gartentraktat Dezallier d'Argenvilles ausgegangen sein. Die darin enthaltenen Musterpläne weisen zum Teil große Ähnlichkeit mit dem Rosenbergschen Entwurf auf.[15]

Ausgeführt wurden die prunkvollen Barockentwürfe Rosenbergs nicht, was sicher mit den immensen Kosten zusammenhing, die ihre Realisierung verursacht hätte. Vielmehr bemühte man sich um eine schlichtere Gestaltung der Anlage. Zwar wurden in den Jahren nach 1763 geometrische Beete und gerade Wegachsen im Breitenburger Garten geschaffen, jedoch waren die Beete mit Nutz- und Zierpflanzen ausgestattet.[16] So entstand ein den barocken Gestaltungsprinzipien folgender Garten mit natürlichen Elementen. Überhaupt kommt in zahlreichen Äußerungen und Tagebuchnotizen die große Naturverbundenheit des Grafen Friedrich zum Ausdruck, der viel für die Kultivierung und Verschönerung der gesamten Herrschaft leistete.[17] Sein Naturgefühl tritt auch bei der um 1765 entstandenen und nach seiner Frau benannten „Amönenhöhe" hervor (Abb. 136). Hier hatte man 2 km weiter nördlich auf einem Hangrücken zunächst eine einfache Laube errichtet, in der man sich in ‚freier Natur' an der reizvollen Landschaft erfreute. Den schönen Ausblick über die Stör nach Münsterdorf und zur Breitenburg lobte noch 1843 der dänische Dichter Hans Christian Andersen (1805–1875).[18] Die Amönenhöhe blieb ein beliebtes Ausflugsziel, und noch heute ist der Ende des 19. Jahrhunderts erweiterte Pavillon erhalten.[19]

Eine bildliche Quelle des spätbarocken Breitenburger Gartens, der bereits um 1770 vollendet war, liefert der Lageplan, den Conrad Rantzau anläßlich einiger geplanter Veränderungen im Jahre 1803 anfertigen ließ. Deutlich erkennt man hier, daß der Garten, ähnlich dem Rosenberg-Entwurf, wie ein Gürtel um die

Aussicht der Amönenhöhe bey Itzehoe.

Abb. 136: Breitenburg, „Aussicht der Amönenhöhe bey Itzehoe" von J. H. Barckhan, Lithographie 1820 (SHLB).

nördliche, westliche und südliche Seite der Hofanlage gelegt war. Im östlichen Teil war einstmals der prächtige Garten Heinrich Rantzaus gelegen, der auf dem Plan noch als „Alter Garten" bezeichnet ist, jedoch keinerlei Spuren des früheren Zustandes mehr aufweist. Graf Friedrich bezeichnete den „Alten Garten" in einer Tagebuchnotiz sogar als „Hengstenkoppel", was auf seine Nutzung als Weidefläche hinweist.[20] Demnach hatte man eine ganz neue Anlage geschaffen, die sich nicht mehr an den alten Strukturen orientierte. Diese Tendenz wird auch anhand der Gebäude sichtbar. Bei den auf dem Plan eingezeichneten Verbindungslinien zwischen dem Nordflügel und der Kapelle handelte es sich nur um die alten Keller des ehemaligen Schlosses. Tatsächlich befanden sich nur das im Norden gelegene neue Wohngebäude sowie die Kapelle und ein Waschhaus auf dem Burghügel. Der einstige Burggraben war zugeschüttet worden, so daß man im Norden und Osten eine Terrassierung hatte anlegen können, über die man den tiefer gelegenen, geometrisch gestalteten Küchengarten erreichen konnte.

Im Gegensatz zu den linear angeordneten Wegachsen stehen einige geschlängelte Wegpartien im Norden und Süden des Gartens. Hier wird der aus England kommende neue Einfluß des Landschaftsgartens sichtbar, der zunächst das regelmäßige System nicht verdrängte, sondern mit diesem kombiniert wurde. So stehen symmetrische Partien neben unregelmäßigen. Angelegt wurden die geschlängelten Partien im Süden zu Beginn des 19. Jahrhunderts, als der Sohn des Grafen Friedrich und der Gräfin Amöne, Andreas Conrad Peter zu Rantzau (1773–1845) den elterlichen Besitz übernahm. Dieser äußerst empfindsame und gebildete Mann genoß seinerzeit großes Ansehen und war mit Künstlern, wie Bertel Thorvaldsen und Hans Christian Andersen befreundet.[21] Gleich nach dem Tod seiner Mutter im Jahre 1802 begann der junge Graf mit der Umgestaltung der Breitenburger Anlage. Zu diesem

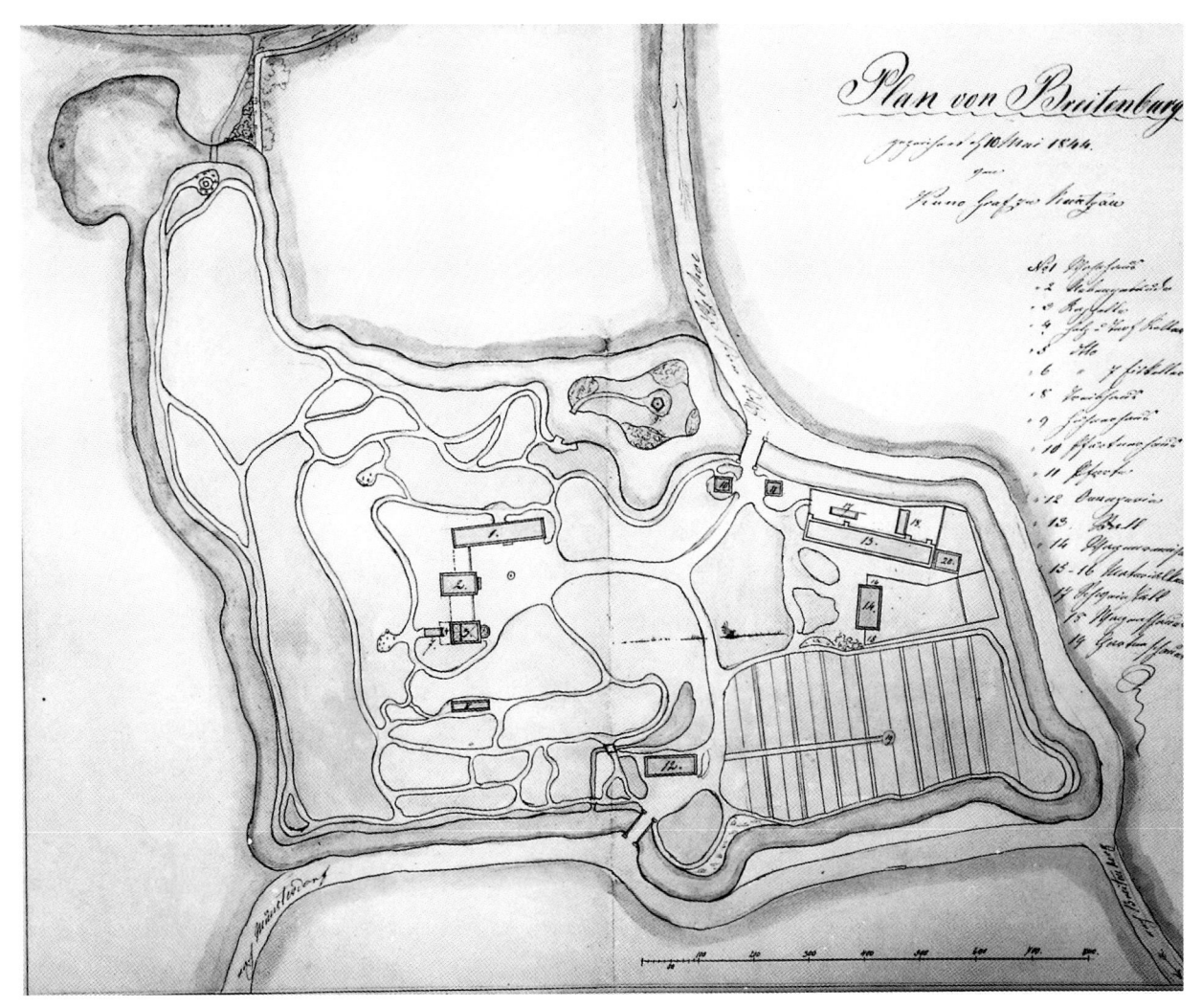

Abb. 137: Breitenburg, Gartenplan von Kuno Graf zu Rantzau, lavierte Zeichnung 1844 (GA Breitenburg).

Zweck ließ er 1803 den bereits erwähnten Lageplan von Tiedemann anfertigen, auf dessen Grundlage neue Gestaltungsvorschläge ausgearbeitet werden konnten. Zu Beginn des Jahres waren erste umfangreiche Pflanzenlieferungen durch das bekannte Altonaer Familienunternehmen James Booth nach Breitenburg gelangt, mit denen man sehr wahrscheinlich landschaftlich gestaltete Partien anlegte.[22]

Wenige Zeit später nahm der Graf Kontakt mit dem ebenfalls sehr renommierten Hamburger Ausstattungshaus Masson & Ramée auf. Diese Firma übernahm 1804 die komplette Innenausstattung des neu errichteten Orangeriegebäudes im Süden der Anlage. Da Joseph-Jacques Ramée (1764–1842) auch ein gefragter Gartenarchitekt war, stand er dem Grafen bei der Pla-

nung des Breitenburger Landschaftsgartens beratend zur Seite, wobei er zunächst die Neugestaltung der Partie um die Orangerie vorschlug. Die hierfür benötigten Pflanzen wurden erneut von der Baumschule James Booth geliefert. Im Juli 1804 schloß Graf Conrad daraufhin einen Vertrag mit Masson & Ramée ab, in welchem diese mit der vollkommenen Umgestaltung des Gartens innerhalb von vier Jahren beauftragt wurden.[23] Leider wurde dieser Vertrag von Ramée nicht erfüllt, was vermutlich auf die Abwesenheit des Grafen zurückzuführen ist, der sich zwischen 1804 und 1806 auf seiner ersten Europareise befand und den beschäftigten Gartenarchitekten daher nicht zur Einhaltung mahnen konnte. Nach der Rückkehr Conrad Rantzaus folgten dann ab 1807 erneut Pflan-

Abb. 138: Breitenburg, Ansicht des Landschaftsgartens, Randleistenbild von C. L. Mertens, Aquatinta um 1840 (SHLB).

zenlieferungen nach Breitenburg, die jedoch weit umfangreicher waren als die vorangegangenen, so daß man nun eine vollständige Ausgestaltung des Landschaftsgartens annehmen kann. Dies bestätigt auch die Errichtung des Hühnerhauses auf der im Norden des Gartens angelegten Insel im Jahre 1807.[24] Dadurch kann der veränderte, teilweise geschlängelte Verlauf des Schloßgrabens, wie er auf einem 1844 entstandenen Lageplan von Kuno Rantzau zu sehen ist (Abb. 137), schon sehr früh datiert werden. Es ist naheliegend, daß zur selben Zeit die mit dem Graben korrespondierende, geschwungene Wegeführung geschaffen wurde. Als Vorbild diente hierbei eventuell der nahe gelegene Charlottenberger Garten, den Ramée ab 1804 anlegte. Hierfür spricht beispielsweise die schlichte Ausstattung des Gartens, bei der man weitgehend auf Staffagen verzichtete. So kann angenommen werden, daß Ramées Einfluß auf die Neugestaltung der Breitenburger Gartenanlage, trotz des nicht eingehaltenen Vertrages, durchaus vorhanden war. Umgesetzt wurden die neuen Gestaltungsideen durch den Gärtner Jensen, der Zeit seines Lebens den Breitenburger Garten beaufsichtigte und später von seinem Sohn abgelöst wurde.

In den Jahren 1817–1821 folgte eine zweite Europareise Conrad Rantzaus. Zu diesem Zeitpunkt war der Landschaftspark schon fertig ausgestaltet, denn der Graf war in den folgenden Jahren (bis 1840) fast nur noch in den Sommermonaten in Holstein und konnte sich demnach kaum um die weitere Ausstattung seines Gartens kümmern. Ab 1823 folgen dann auch nur noch stetige Instandhaltungsmaßnahmen am Garten und den dazugehörigen Gebäuden, die vom Gärtner Jensen und dem Hausvogt Vezin überwacht wurden. Der Hausvogt führte genauestens Buch über die jährlichen Arbeiten, die er dem Grafen dann schriftlich zur Genehmigung übersandte. Es bestätigt sich dabei erneut die Annahme, daß der Landschaftsgarten nach seinen Umgestaltungsperioden in den Jahren 1803–1804 und 1807–1810 dem Lageplan des Kuno Rantzau entsprach (Abb. 137), da alle dort eingezeichneten Gebäude bereits in den zwanziger und dreißiger Jahren vorhanden sind und teilweise schon aufwendige Reparaturarbeiten erforderten.

Deutlich erkennt man hier, daß alle geometrischen Wegachsen aufgelöst worden sind und geschlängelte Wege das gesamte Gelände durchziehen. Das Hauptgebäude ist der mit der Ziffer „1" gekennzeichnete Nordflügel. Zwischen diesem und der Kapelle im Süden ist nun ein weiteres Gebäude eingezeichnet, das 1805 vermutlich auf den alten Kellerfundamenten aus der Zeit Johann Rantzaus errichtet worden war. Im Süden folgen dann ein Treibhaus und die 1804 erbaute

Abb. 139: Breitenburg, Blick auf den See nördlich der Breitenburg, Photo 1995.

Orangerie, zu der eine noch heute erhaltene Brücke führt. Die Nutzbepflanzung hatte man ganz in den Bereich des „Alten Gartens" im Osten der Anlage verlegt, der vom Park abgetrennt war. Neben dem Nutzgarten befanden sich die Wirtschaftsgebäude. Im Norden der Anlage ist die Insel mit dem Hühnerhaus eingezeichnet, die man mit einem Kahn erreichen konnte.[25] Eine deutliche Erweiterung des Geländes hatte man im Nordwesten der Anlage vorgenommen, wo ein zweiter Teich ausgehoben worden war. Es fällt auf, daß der Schloßgraben besonders im Westen und im Norden, wo das Gelände nicht von einer Straße begrenzt wurde, einen sehr geschwungenen Verlauf aufweist. Man war um die Auflösung der streng geometrischen Formen und um die gefällige Einbettung des Parks in die umliegende Landschaft bemüht (Abb. 138).

In den ersten Jahrzehnten nach dem Tod Conrad Rantzaus, der im Jahre 1845 kinderlos verstarb, sind keine größeren Umgestaltungsmaßnahmen an Schloß und Garten zu verzeichnen. 1871 kam dann mit Kuno Rantzau erneut ein kreativer Mann in den Besitz der Herrschaft Breitenburg. Dieser fertigte selbst einige Umbaupläne für das Schloßgebäude an, das mit zwei Türmen versehen wurde. Gegen Ende des 19. Jahrhunderts wurde ein Verbindungsbau zwischen dem Nordflügel und der Kapelle geschaffen, so daß eine rechtwinklige Anlage entstand. Mit der Umgestaltung des Parks in den Jahren 1882–1884 beauftragte Kuno Rantzau den aus Altona stammenden Gartenarchitekten Friedrich J. C. Jürgens (1825–1903), der auch im nahegelegenen Itzehoe tätig war. Jürgens legte im Norden der Anlage, jenseits des Burggrabens, einen größeren See an, wodurch das Parkgelände erneut erweitert wurde. Mit der anfallenden Erde ist mit Sicherheit an einigen Stellen des Gartens eine neue Bodenmodellierung vorgenommen worden, die teilweise noch heute zu erkennen ist (Abb. 139).

In dieser Form blieb der Garten über mehrere Jahrzehnte bestehen, wie eine Luftaufnahme aus dem Jahre 1921 zeigt. Auf der Aufnahme sieht man die geschwungenen Wege sowie die Teiche im Norden. Mehrere Teppichbeete verweisen auf die Tradition romantischer Burgschlösser und ihrer Gärten. Eine besondere Vorliebe für ornamentale Blumenbeete besaß der berühmte Fürst Hermann Pückler-Muskau, der entsprechende Abbildungen in seinen „Andeutungen über Landschaftsgärtnerei ..." bereits 1834 veröffentlichte.[26] In Breitenburg wurden die Teppichbeete vermutlich erst Ende des 19. Jahrhunderts angelegt, wobei man auch zahlreiche Palmen an den Wegen aufstellte.

Im Verlauf des 20. Jahrhunderts wurde der Garten stark verändert. Dabei blieben die Teppichbeete und die geschlängelten Wege bis zum Zweiten Weltkrieg erhalten und wurden dann, in Folge der starken Beschädigungen und hohen Haltungskosten, aufgegeben. Das Orangeriehaus wurde abgetragen, und in den sechziger Jahren richtete man auf dem Gelände des „Alten Gartens" eine Reitanlage ein. Da sich der Reitplatz mit den Stallungen in dem ohnehin vom Parkgelände abgetrennten östlichen Bereich der Anlage befindet, stört er jedoch das einheitliche Gesamtbild nicht. Anders verhält es sich bei dem im Süden gelegenen Tennisplatz und dem westlichen, unter Conrad Rantzau hinzugewonnenen Teil des Gartens, der heute verwildert und vom restlichen Gelände abgetrennt ist. Ansonsten ist die Anlage in einem gepflegten Zustand, da die jetzigen Besitzer sehr um die Instandhaltung von Schloß und Park bemüht sind.[27]

Hjördis Jahnecke

1 Rantzau (1587).
2 Kruse (1569), Einleitung.
3 Vgl. in Kruse (1569): „*imagines magni nominis heorum ...*". (Genaueres ist nicht bekannt.)
4 Kruse (1569), S. 60.
5 Hirschfeld (1980), S. 35.
6 Lindeberg (1591).
7 Kruse (1569), S. 126ff.
8 Vredeman de Vries (1587).
9 LAS Sign. F16.
10 Hirschfeld (1980), S. 49.
11 Rantzau (1595), S. 368f.
12 Ausführlich in der Dissertation „*Die Breitenburg – Architektur und Gärten*" der Autorin (in Vorbereitung).
13 Vgl. dazu Thietje (1994), S. 23ff.
14 LAS Sign FA/K9.
15 Dezallier d'Argenville (1760).
16 LAS Sign. FA/L.
17 LAS Sign. FA/L.
18 Vgl. H. C. Andersens: Dagbøger (1836–1844), ersch. Kopenhagen 1973, S. 303.
19 Die entsprechenden Umbaupläne des Hamburger Architekten August Petersen befinden sich im Breitenburger Archiv (o. Sign.).
20 LAS Sign. FA/L.
21 Zur Freundschaft des Grafen Conrad mit zahlreichen bedeutenden Persönlichkeiten seiner Zeit und seiner Rolle als Förderer der Künste vgl. die Dissertation der Autorin (in Vorbereitung).
22 Pflanzenlisten: LAS Sign. AGA IV J2.
23 LAS Sign. AGA IV J2. Zur genauen Ausstattung der Orangerie und der ausführlichen Untersuchung der Einflüsse Ramées auf die Umgestaltung des Breitenburger Gartens vgl. die Dissertation der Autorin.
24 LAS Sign. AGA H5.
25 LAS Sign. AGA H5.
26 Vgl. Pückler (1834). Erst ab ca. 1860 wird der Begriff Teppichbeet gebräuchlich, vgl. dazu näher Wimmer (1991).
27 An dieser Stelle sei der gräflichen Familie zu Rantzau herzlich für die freundliche Unterstützung gedankt.

Charlottenberg

Landhauspark in der Nähe von Itzehoe am bewaldeten Nordrand der Störniederung gelegen. Ca. 1804 entworfen von Joseph-Jacques Ramée. Struktur im mäßig gepflegten Gelände noch erkennbar. Privatbesitz, nicht öffentlich zugänglich.

Die im Jahre 1804 durch den in Altona ansässigen englischen Kaufmann Benjamin Jarvis[1] von dem Grafen zu Rantzau erworbene Landstelle, direkt neben dem zum Gut Breitenburg gehörenden Grundstück „*Amönenhöhe*", hieß damals noch „*Plageberg*". Erst 1830 wurde das Gelände nach der Tochter des damaligen Besitzers in „*Charlottenberg*" umbenannt.[2] Der offenbar kunstsinnige und anspruchsvolle Benjamin Jarvis, der in Altona an der Palmaille ein von Christian Frederik Hansen (1756–1845) erbautes Stadthaus bewohnte, ließ sich sein Landhaus und den dazugehörigen Park von dem vielseitigen, zu der Zeit in Hamburg im Zenit seines Ruhmes stehenden französischen Künstler Joseph-Jacques Ramée (1764–1842) entwerfen.[3]

Wie ein in „*Parcs & Jardins ...*" erschienener Plan[4] (Abb. 140) verdeutlicht, gelang Ramée auf dem etwas schmalen, längsrechteckigen und insgesamt nicht sehr ausgedehnten Grundstück eine großzügig wirkende Gestaltung, indem er alle Vorteile der Situation geschickt verstärkte. Er verdichtete den Gehölzbestand auf den ansteigenden Rändern im Norden, Osten und Westen und ließ dabei im Süden einen Freiraum, so

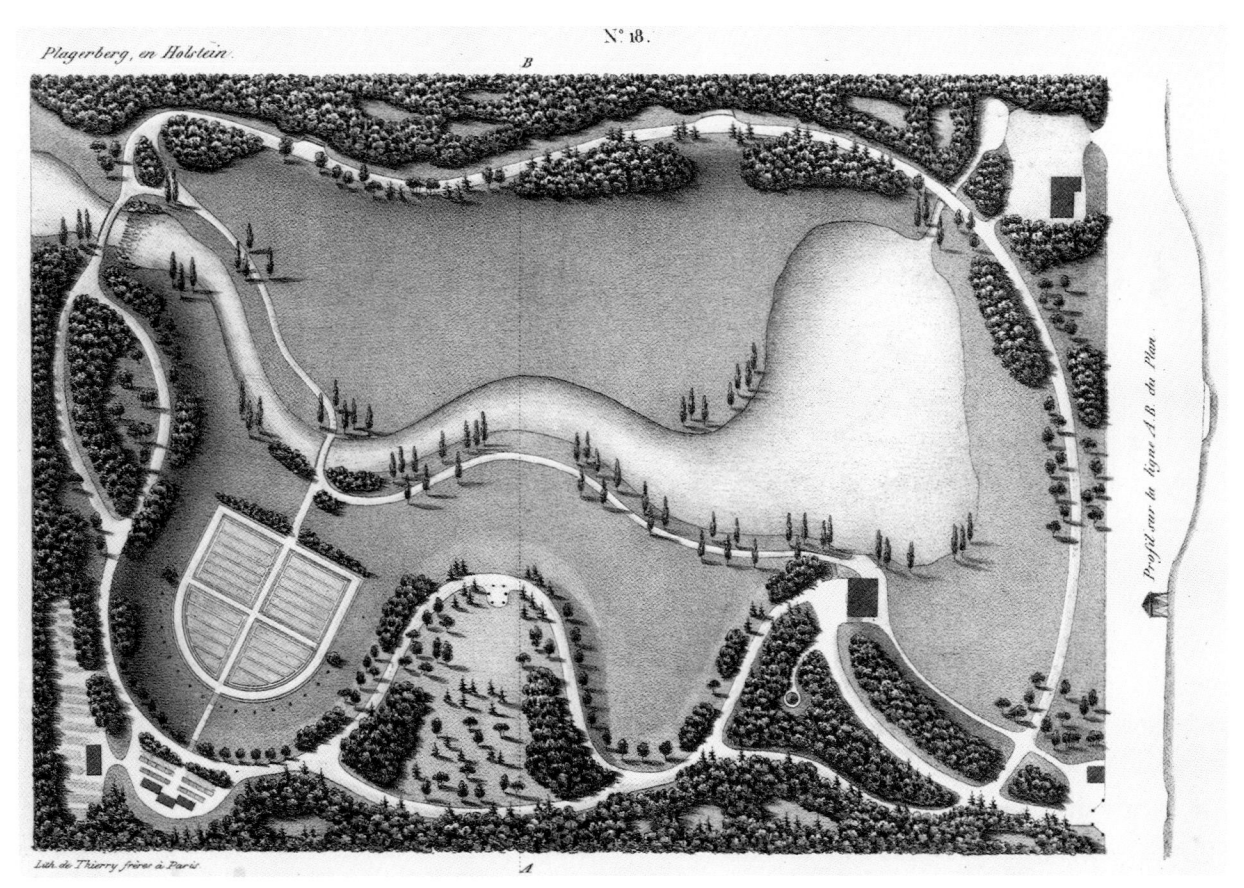

Abb. 140: Charlottenberg, Gartenplan von J.-J. Ramée, Lithographie aus Ramée [nach 1835], (Library of Congress Washington).

Abb. 141: Charlottenberg, Landhaus Jarvis von J.-J. Ramée, Photo um 1890 (Privatbesitz).

daß sich aus dem Garten heraus mehrere Sichtachsen über die Störniederung hinweg bis zum Kirchturm von Münsterdorf ergaben. Während sich der Beltwalk an dem mal vor- mal zurückschwingenden Waldessaum orientierte, wurde das Zentrum als lichtes, pastoral anmutendes weites Tal charakterisiert, in Nord-Süd-Richtung durchflossen von einer erweiterten Au. Diese Verbindung zwischen zwei Fischteichen wurde von einem Uferpfad und vielen Säulenpappeln begleitet. Deren aufstrebender Wuchs betonte in dem flachen Tal immer wieder die Senkrechte und mochte Assoziationen wecken an Zypressen in klassischer Landschaft. Daß dieser Baum in seiner *„ganzen Makellosigkeit und Unschuld"* während der Französischen Revolution als Symbol der Freiheit gesehen wurde, könnte für den Parkschöpfer, der das erste Fest auf dem Marsfeld 1790 gestaltet hatte, eine zusätzliche Motivation bedeutet haben.[5] Die klassische Parallele wird von dem einzigen Pavillon der Anlage unterstrichen: es ist – wie so oft bei Ramée – ein Monopteros.

In Charlottenberg handelt es sich also um einen klassischen Landschaftsgarten,[6] wenngleich kleiner als die frühen englischen Anlagen dieses Typs. Dabei widerstand der Gartenkünstler der Versuchung, möglichst viele Szenen in dem relativ beschränkten Gelände zusammenzustellen. Er konzentrierte sich auf ein sorgfältig komponiertes stimmungsvolles Motiv, das er dem Spaziergänger in wechselnden Ausschnitten und mit unterschiedlichen Akzenten vorführte. Gelegentlich zerlegten talseitige Baumreihen die Aussicht in unzählige Einzelbilder, die sich für den Betrachter beim langsamen Schreiten wieder zu einem Panorama zusammenschlossen. Diese in akkuraten Abständen gepflanzten Baumketten, die in anderem Zusammenhang auch schon von Le Rouge[7] vorgeschlagen wurden, erscheinen auf dem Plan deutlich als zur selben Art gehörig, während an anderen Stellen locker gestreute Gehölze mit verschiedenen Kronenformen als Solitäre gekennzeichnet werden. Mit diesem Ansatz zu einem integrierten Arboretum geht Ramée über das klassische Konzept hinaus.

Die innovative Kraft des Gartenkünstlers kommt besonders bei der ästhetisch anspruchsvollen Gestaltung des Nutzgartens zum Ausdruck, der sehr sorgfältig von dem Beltwalk umschrieben und dadurch hervorgehoben wird. Natürlich war Ramée, der seine Laufbahn als Schüler François-Joseph Bélangers (1745–1818) in Paris begonnen hatte, mit formalen Gestaltungsmodi vertraut, wie sie zur französischen Rokoko-Tradition in den Jardins anglo-chinois gehörten[8] und mag auch Anregungen von Chambers und Repton verarbeitet haben. Doch durch den Verzicht auf alle spielerischen Elemente bei dieser Gestaltung und Beschränkung auf so klare Figuren wie Halbkreis und Quadrat und ihre Kombinationen[9] kommt der französische Architekt zu einer eigenen Formensprache, die eher aus dem Vokabular der Revolutionsarchitektur zu stammen scheint.

Die Wegeführung verdichtete sich im Südwesten, in der Nähe des Landhauses (Abb. 141). Das muß in diesem Fall ganz besonders mit dem Park zusammen als Einheit gesehen werden, denn es war so in den Hang hineingebaut, daß sich zwei unterschiedliche Gartenzugänge ergaben: einer im Erdgeschoß zum Uferpfad am See und der andere im Obergeschoß zum Beltwalk am Hang. Die Idee mochte Ramée von dem Römischen Haus des Johann August Arens (1757–1806) im Park von Weimar übernommen haben, an dem beide Künstler beteiligt waren.[10] Auch die Loggia an der Südfassade des Gebäudes könnte von einem Bau des J. A. Arens inspiriert sein, von dem Landhaus des Baron Voght, für das Ramée die Innenausstattung besorgte. In Charlottenberg konnte man zwar nicht wie in Flottbek das Elbpanorama, aber doch das breite Störtal bis zur Silhouette von Münsterdorf am gegenüberliegenden Ufer und das rege Treiben auf dem Fluß wie aus einer Theaterloge genießen.

Mehr als 170 Jahre befand sich dieses Grundstück im Besitz der Nachkommen des abenteuerlustigen französischen Generals Auguste Danican, der wie der Gartenarchitekt ein ambivalentes Verhältnis zur Revolution gezeigt hatte. Heute bietet das Gelände ein mäßig gepflegtes Bild: die verlandete Au ist zu einem Bächlein geschrumpft, die Lichtung in eine Feuchtwiese übergegangen, die Fundamente der Brücken und des Tempels sind nur noch mit Mühe zu erkennen.

Doch auch im morbiden Zustand sprechen die Strukturen noch von dem Charme der Gartenkunst des Joseph-Jacques Ramée, der in diesem Park die Gestaltungstendenzen seiner ersten Hamburger Periode auf glückliche Weise zusammengefaßt hat.

Ingrid A. Schubert

1 LAS Abt. 127.21, Schuld- und Pfandprotokolle für die Vogtei Überstör, Band 9, Fol. 100.
2 Eintragung bei Schröder/Biernatzki (1856), Bd. 2, S. 234 nicht ganz korrekt.
3 Vgl. Schubert (1995), S. 54f.
4 Auf dem Plan, der die Nr. 18 trägt und mit „*Plagerberg en Holstein*" bezeichnet ist, erscheint das Gelände, verglichen mit der tatsächlichen Situation, in Nord-Süd-Richtung etwas gestaucht. Außerdem wurde er (was bei den anderen norddeutschen Gärten in dem Stichwerk nicht vorkommt) von den Stechern „*Thierry frères*" seitenverkehrt abgebildet.
5 Harten (1989), S. 12.
6 Definition nach Hallbaum (1927), S. 78ff.
7 Vgl. Hunt/Willis (1975), S. 32, Abb. 34.
8 Auch in Schleswig-Holstein kamen zu der gleichen Zeit formale Elemente in den Landschaftsgärten vor, die in der Regel, wie z. B. bei Horn in Emkendorf, als Residuen des Rokoko zu verstehen sind.
9 Auch bei dem Grund- und Aufriß des Charlottenberger Landhauses stützt Ramée sich auf diese Formen.
10 Scheidemantel (1928), S. 8.

Deutsch-Nienhof

20 km südwestlich von Kiel in der Nähe des Westensees gelegen; Tiergarten und barocker Ziergarten wohl seit Ende des 17. Jahrhunderts; um 1800 Umbau des Herrenhauses in klassizistischen Formen und Anlage eines 20 ha großen Landschaftsparks im ehemaligen Tiergartengelände; 1907–1909 Umbau des Herrenhauses und Hinzufügung eines formalen Gartens hinter dem Herrenhaus. Privatbesitz, nicht zugänglich.

Wohl 1472 ist der „*Neue Hof*" = Nienhof von Hinrich v. Ahlefeldt gegründet worden, der zur Unterscheidung von Nienhof im Dänischen Wohld, Deutsch-Nienhof genannt wurde. Zu dieser Zeit entstand das erste Haus, das von breiten Wassergräben umgeben war. Von 1501–1630 wohnten die Rantzaus auf Deutsch-Nienhof, die den in der Rantzautafel dargestellten Dreiflügelbau[1] gebaut haben müssen. Bereits zu dieser Zeit ist ein „*Krautgardenern thom Nienhave*", der „*selige M. Frantzen Otten*"[2] belegt. Wie der dazugehörige Lustgarten auf Nienhof ausgesehen hat, ist leider nicht überliefert.

Unter den Ahlefeldts, die das Gut wieder von 1655 bis 1694 besaßen, werden wohl die Gartenanlagen entstanden sein, die auf einem Plan von 1750[3] dargestellt sind. Die Karte von Hof und Hausgarten zeigt das Herrenhaus noch vollständig von einem Burggraben umschlossen. Durch das nicht achsengerecht zum Herrenhaus liegende Torhaus schreitend, vor dem sich linker Hand (östlich) hinter einem Plankwerk ein „*Kohlhof*" (Kohlgarten) befand, betrat man die Gutsanlage. Auf der östlichen Seite erstreckte sich der Wirtschaftshof. Mauern umgaben das große, zwischen Burginsel und Hof liegende Lustgartenquartier und den kleinen Garten im Westen. Eine trichterförmig auf die Zugbrücke zulaufende Heckenarchitektur rahmte den so gebildeten Ehrenhof. Erst von dort gelangte man durch Hecktore hindurch in die beiden Gärten. Die Hauptquerachse, die durch diese Eingangstore verlief, schnitt jeweils die mittleren Längsachsen der Gärten, in deren Kreuzungspunkten runde Wasserbecken, als „*Fontainen*" bezeichnet, angelegt waren. Eine zweite Querachse etwas südlicher davon, die die Rückfront des Herrenhauses aufnahm und den großen Garten in Form einer aufwendigen Heckenarchitektur abschloß, markierte offensichtlich einen Geländesprung. Von zwei exedrenartigen Ausbuchtungen hatte man einen weiten Ausblick in die umgebende Landschaft. Im Südwesten befand sich noch eine kleine, separate Parterreanlage mit geschnittenen Formbäumchen. Während die Beete des großen Gartens sicher mit Obstbäumen und Gemüsebeeten für die Versorgung des Hofes besetzt waren und der kleine Westgarten, der vielleicht aus dem im 16. Jahrhundert genannten Krautgarten hervorgegangen ist, wohl mit Kräutern und Blumen bepflanzt war, bildete dieser Südgarten ein Luststück, das vermutlich mit Broderien verziert war. Die additive Anordnung der drei verschiedenen Gärten belegt, daß sie nacheinander angelegt wurden.

Die aufwendigen Heckenarchitekturen, die beiden Fontainenbecken und die am nördlichen Ende der westlichsten Längsallee des Obstgartens gelegene Orangerie stellen für einen Gutsgarten Ende des 17. Jahrhunderts eine erstaunlich aufwendige Ausstattung dar. Dies entsprach den hohen Ansprüchen der Ahlefeldts, die wenig später die beiden berühmtesten barocken Gutsgärten Schleswig-Holsteins schufen: Hans-Hinrich von Ahlefeldt (1656–1720), der 1681 Deutsch-Nienhof von seinem Vater erbte, legte ab 1695 den barocken Gutsgarten in Seestermühe an, sein Sohn Bendix von Ahlefeldt (1679–1757) ist für seinen prächtigen französischen Barockgarten in Jersbek bekannt.

Hans-Hinrich war ein weitgereister und prachtliebender Mann. Nacheinander bekleidete er die Stelle eines Gesandten in England, in Den Haag, in Dresden und in Berlin. Er begleitete den dänischen Kronprinzen Friedrich auf seiner Frankreich- und Italienreise

Deutsch-Nienhof

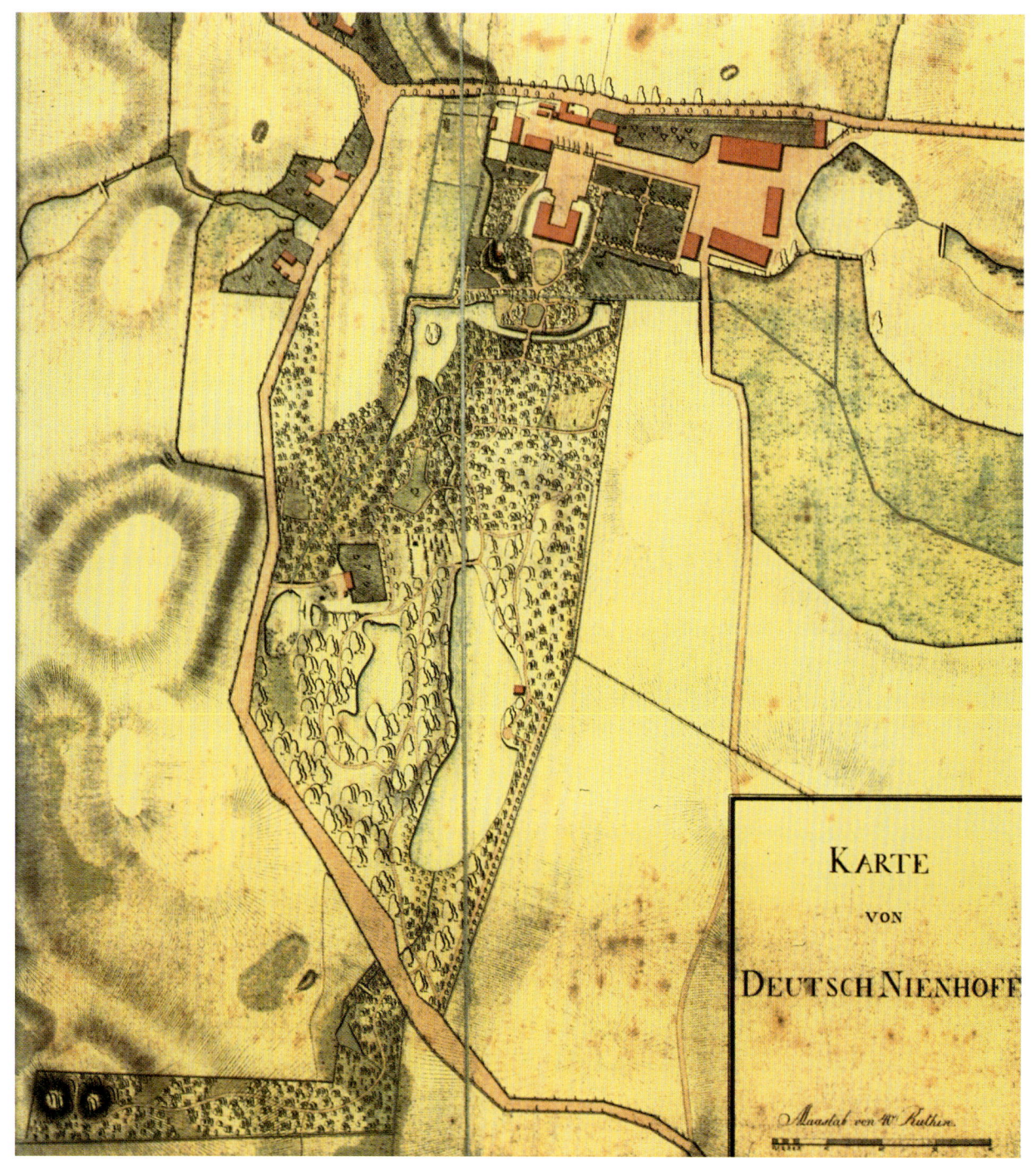

Abb. 142: Deutsch-Nienhof, Gartenplan von F. von Hedemann, aquarellierte Zeichnung 1817 (GA Deutsch-Nienhof).

1692 und erhielt ein Jahr später den Danebrogorden. Ab 1688 baute er das Herrenhaus um, und in diesem Zusammenhang sind wohl auch die oben beschriebenen Gärten entstanden. Hans-Hinrich verließ 1694 Deutsch-Nienhof.

Nach mehreren Besitzerwechseln kaufte 1743 Christian Friedrich von Heespen (1717–1776) aus Hemmelmark Deutsch-Nienhof. Er setzte 1749–53 das Haus instand und hat im Rahmen der Neuausstattung der Innenräume 1750 und 1756 auch größere Umbauten vorgenommen. Noch sechs Jahre vor seinem Tod lieferte der Eutiner Hofbaumeister Georg Greggenhofer barocke Umbauentwürfe, die jedoch nicht mehr realisiert wurden.[4]

1776 erbte sein Neffe und Patensohn Christian Friedrich von Hedemann (1769–1847) den neu gebildten Hedemann-Heespenschen Fideikommiß auf Deutsch-Nienhof. An die Erbschaft war die Bedingung gekoppelt, von nun an den Doppelnamen von Hedemann-Heespen zu tragen. Mit Erreichen seiner Mündigkeit übernahm er den Hof und begann, Herrenhaus und Gärten im Geschmack der Zeit zu modernisieren. Wie Ralf (1972) nachweisen konnte, hat Christian Friedrich von Hedemann-Heespen die im Gutsarchiv erhaltenen Entwürfe von Carl Gottlob Horn (1734–1807), der bis dahin immer nur als Privatarchitekt Schimmelmanns galt, tatsächlich ausgeführt (1792–1801).

Im Zusammenhang mit diesen Umbauten des Herrenhauses um 1800 zu einem klassizistischen Gebäude muß auch die Anlage eines ausgedehnten Landschaftsgartens im Bereich des ehemaligen Tiergartens gesehen werden. Im 18. Jahrhundert lassen sich auf vielen Gütern, so z. B. auch in Rundhof und auf Seedorf, solche Jagdgebiete finden. Diese in vorhandene Waldgebiete gelegten oder auch wie auf Deutsch-Nienhof erst angepflanzten Tiergärten bezeichnete man entsprechend der französischen Tradition als „parcs", um sie von den Gärten, die sich unmittelbar an das Haus anschlossen, zu unterscheiden. Der englische Landschaftspark hatte in diesen Tiergärten eine seiner Wurzeln. Entgegen den Ausführungen von Paul von Hedemann-Heespen, der 1906 schreibt, „die neue Anlage verdankt ihre Entstehung dem Künstlerblick des hannöverschen Hofgärtners Christian Schaumburg, der sie 1837 schuf"[5], war der Landschaftsgarten bereits 1817 vollendet. Eine im Gutsarchiv erhaltene und von „F. von Hedemann 1817" signierte Karte zeigt den ausgedehnten Waldpark[6] (Abb. 142). Eine im Auftrag des Landesamts für Denkmalpflege 1994/95 beauftragte gartenhistorische Bestandsaufnahme des Gutsparks[7] konnte bis in die Details die in dieser Karte verzeichneten Strukturen und Ausstattungen als ausgeführt bestätigen.

Demnach wurde bereits um 1800 auf dem zugeschütteten Hausgraben und unter Einbeziehung des ehemaligen West- und Südgartens sowie des westlichen Teils des ehemaligen Tiergartens ein Waldpark angelegt. Westlich und südlich des Herrenhauses erstreckte sich ein Pleasureground, wie ihn noch die Lithographie von Adolph Hornemann um 1850 (Abb. 143) zeigt. Auf dem südwestlich des Herrenhauses gelegenen Eiskellerberg, der hinter der hochaufragenden Säulenpappel zu erkennen ist, wurde ein Sitzplatz mit „Blauem Schirm" eingerichtet. Ein Kanal, der das feuchte Gebiet entwässerte und sich zu einem kleinen See verbreiterte, dem Kaninchenteich mit Kanincheninsel, schloß im Süden den Pleasureground ab. Über eine Brücke mit weißem Holzgeländer betrat man dann den nun mit einer Vielzahl von Wegen durchzogenen Waldgarten. Es scheint, daß zunächst nur diese Wege in den bestehenden Forst geschlagen und nur an bestimmten Plätzen Verzierungen angebracht wurden. Die drei großen Teiche im Süden des Tiergartens hob man neu aus: im Osten der Badeteich mit Badehaus und kleinem Sitzplatz; in der Mitte ein Teich, der recht bald wieder verlandete, jedoch topographisch noch heute im Gelände zu erkennen ist, und auf der Westseite der sogenannte Wasserfallsteich, der südwestlich des noch heute gut erhaltenen Gärtnerhauses liegt. Eine Allee, die vom Badehaus gerade nach Südosten verläuft, führt zu zwei Hügeln, alte Hünengräber, von denen der eine stark zusammengesunken ist. „Der andere, ein malerischer Buchenkegel, ist jetzt nach der Gräfin Plessen geb. von Hedemann ... Margarethenhöhe genannt. Ein kleiner Tempelbau schmückt seine Spitze, einst in antiker Manier ganz hell, jetzt ganz eigenartig in rotem Backstein angelegt",[8] heißt es 1906.

Im westlichen Parkbereich konnte man an einem Kanal spazierengehen, der den Wasserfallsteich und den Kaninchenteich verband. Dieser sogenannte Brunnenweg führt auch an einem Wasserfall vorbei, der leider fast vollständig verschwunden ist. Eine Brücke, die den Wasserlauf zwischen Wasserfall und Kaninchenteich überquert und „Liebesbrücke" genannt wurde, ist – wenn auch in schlechtem baulichen Zustand – noch erhalten.

Abb. 143: Deutsch-Nienhof, Blick in den Landschaftsgarten mit Herrenhaus, Lithographie von A. Hornemann um 1850 (SHLB).

Auf Christian Friedrich von Hedemann-Heespen folgte ab 1847 Friedrich von Hedemann-Hespen (1827–1905). Aus seiner Zeit sind bisher keine Umgestaltungen der Gärten belegt. Im Küchengarten arbeiteten im 19. Jahrhundert verschiedene Gärtner, die je nach Neigung und Können die Gärten unterhielten. Erst nachträglich erhalten wir Auskunft von der dendrologischen Vielfalt der im Tiergarten gepflanzten Bäume. So berichtet von Hedemann-Heespen von Platanen und Italienischen Pappeln am Kanichenteich, von einem riesigen mit Efeu bewachsenen Kirschbaum am Eiskellerberg, von einer Oleacea und einer großen Nordmannstanne auf der Rasenfläche hinter dem Haus. Selbst ein Maulbeerbaum stand im Küchengarten, der 1890 einem Sturm zum Opfer fiel.

Zwei Jahre nach Übernahme der Gutsherrschaft gestaltete Paul von Hedemann-Heespen (1869–1937) von 1907–1909 das Herrenhaus erneut um. Historische Photographien und erhaltene Entwürfe im Gutsarchiv belegen, daß Anfang des 20. Jahrhunderts ein architektonischer, mit Hecken gefaßter Garten hinter dem Herrenhaus angelegt wurde. Da das Archiv zur Zeit nicht zugänglich ist, bleibt eine genauere Analyse der Nienhöfer Gärten der Zukunft vorbehalten.

Margita Marion Meyer

1 Abgebildet in: Lorenzen (1913), Tafel 3.
2 Hedemann-Heespen (1906), Bd. 1, S. 84.
3 Abgebildet in Hedemann-Heespen (1906), Tafelband: „*Grundris von dem Hoff-Platz, Gebäuden und Garten des Hoch-Adelichen Guths Deutsch-Nienhoff*". Hof und Hausgarten von Nienhof 1750. Original im GA Deutsch-Nienhof.
4 Vgl. Ralf (1972). Ralf belegt überzeugend, daß Paul von Hedemann-Heespen 1906 mit seinen Ausführungen irrte, in denen er die Greggenhoferschen Entwürfe als realisierte ausgab.
5 Hedemann-Heespen (1906), Bd. 3, S. 84. Er nennt keine Quellen.
6 Hedemann-Heespen (1906) bildet diese Karte im Tafelband ab, datiert sie aber entsprechend seiner falschen Annahme, daß Schaumburg den Park entworfen habe, mit „*um 1830*".
7 Jacobs (1995).
8 Hedemann-Heespen (1906) Bd. 3, S. 84f. Im Tafelband ist ein Foto dieses heute verschwundenen Backsteinbaus enthalten.

Eckhof

Adeliges Gut westlich der Gemeinde Strande im Dänischen Wohld. Zwischen 1771 und 1783 angelegter Landschaftsgarten im Stil einer Ornamented farm mit ausgeprägt literarischem Charakter (Treffpunkt des Kreises um Klopstock), schon bald nach 1800 aufgegeben, topographische Strukturen erhalten. Privatbesitz, Feldwege öffentlich begehbar.

Wer heute die ehemals berühmte Anlage sucht, wird vor manche Schwierigkeit gestellt. Zwei Autostraßen teilen die Gutslandschaft, die in ihrer historischen Grundstruktur noch immer erkennbar ist, in vier Teile. Der freie Zugang zur Ostseeküste, der den Reiz dieser Anlage im wesentlichen bestimmte und den Höhepunkt der jeweiligen Rundgänge bildete, ist restlos zersiedelt. Hier breitet sich immer weiter die Gemeinde Strande aus.

Eine Gutskarte aus dem Jahre 1778,[1] die im Detail auch die Gartenanlagen wiedergibt, ist neben einer Zeichnung Sophie Reventlows (1819)[2] und den zeitgenössischen literarischen Zeugnissen die Hauptquelle zu deren Erforschung (Abb. 144 u. 145). Die Karte ist von dem Großfürstlichen Artillerie-Capitain und Geodät Johann Andreas Thiessen angefertigt. Dieser arbeitete als „*Geometrist*" und freischaffender Landvermesser an den zwischen 1763 und 1787 in Schleswig-Holstein stattfindenden Landvermessungen, die unter der Regierung Caspar von Salderns im Auftrage Katharinas II. durchgeführt wurden.[3] Aus der Reihe der vielen literarischen Zeugnisse, die sich mit dem Eckhofer Landschaftsgarten und den Personen, die ihn gestaltet haben, beschäftigen, sind zwei besonders zu erwähnen: C. C. L. Hirschfelds „*Theorie der Gartenkunst*", in der 1782 eine Beschreibung Eckhofs zu finden ist, die den Eckhofer Garten bekannt machte.[4] Unmittelbar danach beschrieb Emilie von Berlepsch (1755–1830)[5] 1783 Eckhof im Rahmen ihrer Reisebeschreibungen „*Über Holstein – aus den*

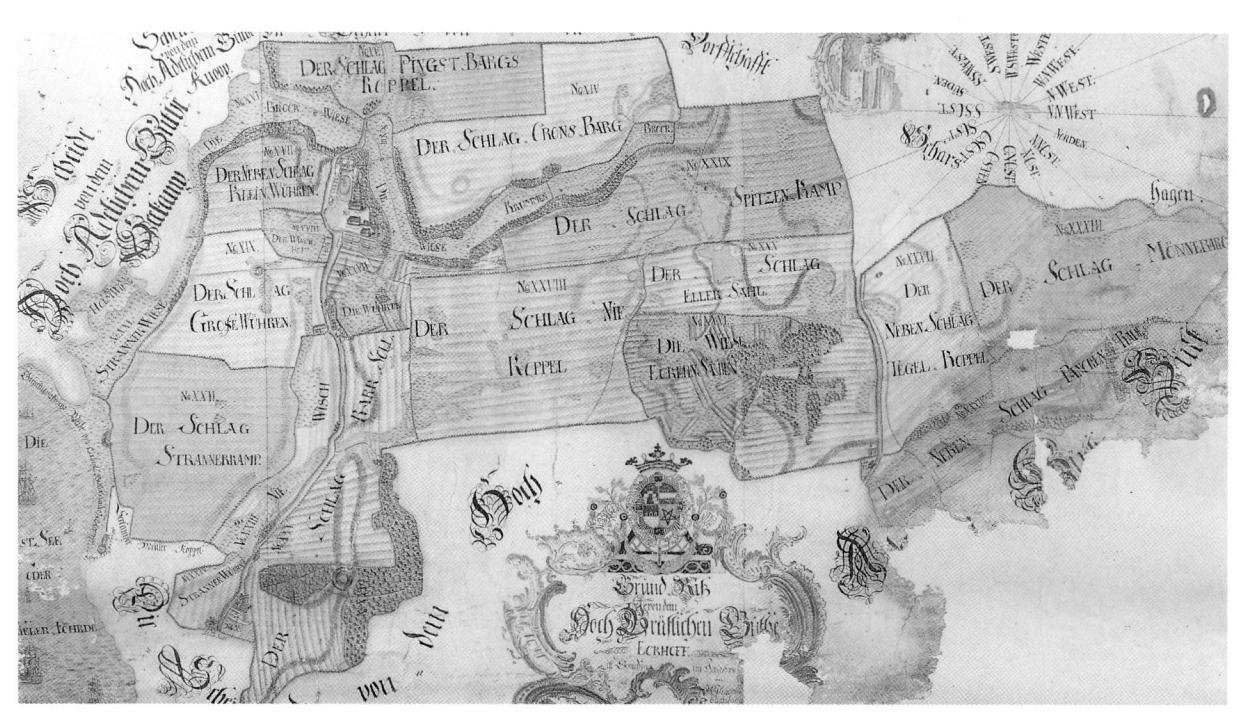

Abb. 144: Eckhof, Flurkarte von J. A. Thiessen, aquarellierte Zeichnung 1778 (Privatbesitz).

Abb. 145: „Ekhoff von der Seite des Weges nach Dänischhagen" von S. von Reventlow, Federzeichnung 1819 (Privatbesitz).

Briefen einer hannoverischen Dame".[6] Sie war eine aufmerksame Beobachterin und hat mit ihrem Sinn für Details Hirschfelds Ausführungen in vielem ergänzt. Sie war selbst als Dichterin an die Öffentlichkeit getreten, und daher galt ihr besonderes Interesse den ‚literarischen Denkmälern' in Eckhof. Frau von Berlepsch spendete den Eigentümern des Gutes, Graf und Gräfin Holck, die die Anlagen seit einem Jahrzehnt geschaffen hatten, großes Lob.

Friedrich Christian Conrad Graf Holck (1745–1800)[7] stammte aus einer alten dänischen Familie. Seiner Herkunft entsprechend verbrachte er seine Kindheit als Page am königlichen Hof in Kopenhagen. Unter der Regierung Christians VII. machte er Karriere. Er wurde einundzwanzigjährig zum Hofmarschall und später zum Geheimrat ernannt. 1768 nahm er im Gefolge des Königs an einer Reise nach England teil, die nicht nur ein offizieller Besuch eines Monarchen, sondern auch ein Verwandtschaftsbesuch war. Als die Reisegesellschaft unter der Führung des Grafen Johann Hartwig Ernst von Bernstorff (1712–1772) in London eintraf, wurde sie von König Georg III. (1738–1820) empfangen, der Christians Vetter und Schwager war. Der Aufenthalt dauerte drei Monate. Graf Bernstorff war bemüht, den jungen König für die englische Industrie zu begeistern. Aus diesem Grunde unternahm man eine Reise in den Norden, und zwar nach Oxford, Birmingham, Liverpool, Manchester, York und Cambridge. Es sollten auch die Landhäuser und Parks entlang des Weges besucht werden.[8] Bernstorff selbst hatte England schon 1731 besucht. Er erhielt sich sein Leben lang eine Bewunderung für England. Seine umfangreiche englische Bibliothek, in der sich auch die neuesten Werke zur Gartenkunst befanden, stand allen Freunden und Mitarbeitern offen. In der Reisegesellschaft befand sich auch Bernstorffs Sekretär Helferich Peter Sturz (1736–1779), der seine Eindrücke später literarisch verarbeitete. Seinen Beschreibungen, die sich u. a. mit bekannten englischen Gartenanlagen beschäftigen, kann man entnehmen, daß Graf Holck während der Reise in dieser Hinsicht viel zu sehen bekam.[9] Er empfing darüber hinaus wahrscheinlich von seinen sachkundigen Mitreisenden manche Anregung. Nach der Rückkehr nahm das Schicksal für Holck, Bernstorff und seine Freunde einen ungünstigen Lauf. 1770 wurde Bernstorff durch Einwirken des königlichen Leibarztes Johann Friedrich Struensee (1737–1772) von Christian VII. entlassen. Auch Graf Holck mußte alle seine Ämter niederlegen. Dank einer Erbschaft konnte er 1771 das Gut Eckhof erwerben und nach Schleswig-Holstein auswandern.[10]

„In allen diesen Anlagen ist leicht zu merken, daß geschmackvolle Kunst eine etwas poetisierende Einbildungskraft der Natur bescheiden zu Hülfe kam, doch ist nirgends eine Spur von Zwang, Überladung und Ziererei".[11] Dieses Urteil der Emilie von Ber-

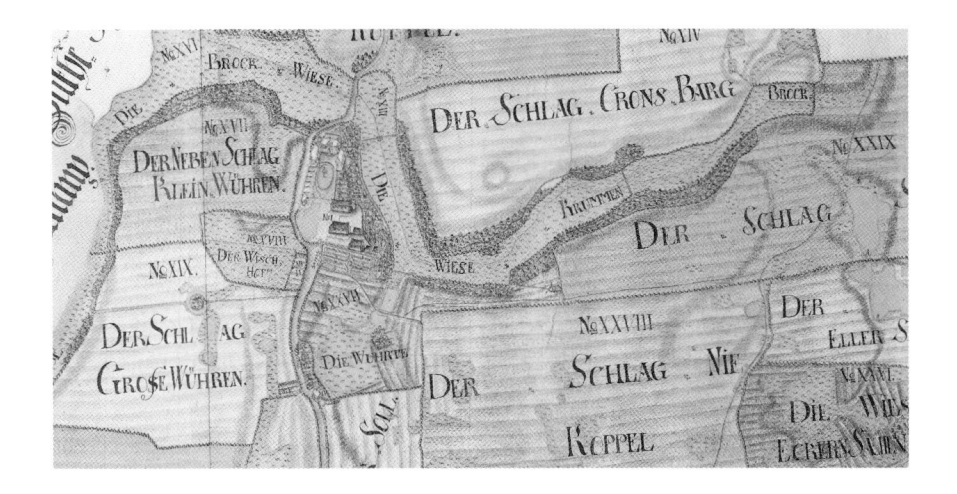

Abb. 146: Eckhof, Flurkarte von J. A. Thiessen (Detail), aquarellierte Zeichnung 1778 (Privatbesitz).

lepsch trifft auf das Wesen der Eckhofer Anlage wirklich zu, wobei das Adjektiv „bescheiden" als höchstes Lob zu verstehen ist. Wenn man die Eckhofer Gutskarte betrachtet, wird deutlich, daß der von den Zeitgenossen hochgerühmte Landschaftspark tatsächlich mit bescheidenen Mitteln geschaffen worden ist. Er erstreckte sich genau da, wo die Landwirtschaft die hügeligen, unebenen oder feuchten Teile des Gutsgeländes nicht nutzen konnte. Es wurden schmale Waldstreifen zwischen den Feldern und Wiesen oder entlang der Gewässer einbezogen. Die naturgegebene, vielfältige und reizvolle Beschaffenheit des von kleinen Moränentälern durchzogenen Geländes bot einen idealen Spielraum für Verschönerungen.

Wann das kleine Herrenhaus mit den daneben gelegenen Gebäuden, Meierei und Reitstall, gebaut wurde, läßt sich nicht mit Sicherheit feststellen. Man kann annehmen, daß es zwischen 1771–1775 geschah. Wahrscheinlich wurde gleichzeitig mit dem Landschaftsgarten, d. h. mit der Anlage eines Netzes von Wanderwegen durch die vorhandenen Waldgürtel begonnen. Ob dies von vornherein nach einem festen Plan geschah oder spontan initiiert wurde, bleibt unklar. Dazu Emilie von Berlepsch: *„Unter anderen hat mich ein Gedanke sehr angenehm überrascht; wir gingen durch die schmal ausgehauenen Gänge, und es ergötzte mich sehr zu sehen, wie des Grafen edler Natursinn bei Anlegung dieser Gänge die schönen Bäume verschont, und so wenig wie möglich hatte umhauen lassen; oft stand einer mitten in Wege, oder störte die symetrische Ordnung, ohne der Ordnung zu schaden."*[12] Den einzigen zeitlichen Anhaltspunkt liefert die Gutskarte, die beweist, daß, mit Ausnahme der Pyramide, im Jahre 1778 all das fertig war, was Hirschfeld und von Berlepsch beschrieben.

Die ausgestalteten Hauptpartien lagen nördlich und westlich, nahe des Gutshofes (Abb. 146), und erstreckten sich im Süden längs eines in großen Schwüngen zum Fuhlensee und weiter zur Ostsee verlaufenden Moränentales (heute Wanderweg); in östlicher Richtung bis zu einem größeren Waldstück am Nordrand der heutigen Gemeinde Strande (Abb. 144 u. 148).

Die bei Hirschfeld erwähnte Bepflanzung zeigt, daß die Vielfalt der Vegetation begrenzt war: einheimische Sträucher, Haselnuß, Linden, Pappeln, Buchen, Obstbäume und Eichen. Einzig eine babylonische Weide und einige italienische Pappeln sorgten für Abwechslung. Hinzu kamen Rosenbüsche, Blumen und ein kleiner Weinberg nahe des Herrenhauses, dessen Terrassen noch heute sichtbar sind. Die Bescheidenheit der Gestaltungsmittel war gewollt und folgte einem in England schon erprobten Prinzip der Ornamented farm. Die Zierfarm war eine bewußte Vermischung der ökonomischen Nutzflächen mit einer parkartigen Gartenlandschaft, die eine ästhetische Erhöhung der Ökonomie mit sich brachte. Das Buch von William Shenstone (1714–1763) „Unconnected Thoughts on Gardening" (1764), in dem diese Art von Gartengestaltung dargelegt wurde, gehörte zur Zeit von Holcks Aufenthalt in England zu den aktuellen Gartenbüchern. Der Dichter Shenstone bevorzugte bei der Anlage eines Landschaftsgartens Rundgänge als ein gestalterisches Prinzip. Dem Wanderer erschlossen sich nacheinander ausgewählt schöne Blicke in das Garteninnere, gleichzeitig boten sich ihm besonders reizvolle Ausblicke in die freie Natur. Die Grenze zwischen Landschaftsgarten und freier Natur sollte möglichst fließend sein. Die zum Verweilen ausgesuchten Plätze wurden mit Ruhebänken oder kleinen Architekturen ergänzt. Das Wohnhaus sollte sichtbar bleiben und selbst einen malerischen Anblick bieten. Shenstones eigener Besitz „*The Leasowes*", wo er seine Theorien in die Praxis umsetzen konnte, lag in unmittelbarer Nähe von Birmingham, also auf dem Wege der königlichen Reisegesellschaft. Es ist durchaus möglich, daß Holck den Park Leasowes gesehen hat. Die Beschreibung von Leasowes ist übrigens in dem gleichen Band der „*Gartentheorie*" von Hirschfeld enthalten, in dem sich auch die Beschreibung von Eckhof befindet.[13]

Das gestalterische Prinzip Shenstones ist in Eckhof sehr genau befolgt worden. Der Eckhofer Park besteht aus zwei Rundgängen, die beide am Haus anfangen und da auch enden, während das Haus fast immer in Sicht bleibt. Darüber hinaus war „*The Leasowes*" damals als berühmtester ‚poetischer' Garten Englands vorbildlich für die Anbringung literarischer Inschriften, wie sie auch in Eckhof zu finden waren.

Die Entstehung des Gartens könnte man in zwei aufeinanderfolgende Phasen teilen. Die erste, allein von Graf Holck bestimmte, dauerte bis 1776. In ihr wurden die Rundgänge angelegt, welche mit dem Zeitgeschmack entsprechendem Gartenmobiliar und kleinen Architekturen ausgestattet wurden. Die zweite Phase ist fest verknüpft mit dem Freundeskreis, der sich in Eckhof seit 1776 traf. Sie endete mit dem Bau des Denkmals für J. H. E. Bernstorff etwa 1783.

Die Freundschaft Holcks zu den an der zweiten Phase maßgeblich beteiligten Carl Friedrich Cramer (1752–1807/08)[14] und Friedrich Gottlieb Klopstock (1724–1803) entstand schon in Kopenhagen, also vor 1770. Als Cramer 1775 mit 23 Jahren zum außerordentlichen Professor der griechischen und orientalischen Sprachen an der Kieler Universität ernannt wurde, nahm er die Verbindung mit Graf Holck wieder auf. Im Februar 1776 berichtete Cramer an Klopstock zum erstenmal von seinem Aufenthalt in Eckhof. Im Sommer des gleichen Jahres war Klopstock selbst, in der Begleitung seiner Nichte und späteren zweiten Ehefrau, Johanna Elisabeth von Winthem (1747–1821), zum erstenmal dort zu Gast. Mit ihm zusammen kamen auch Cramers Eltern, der Theologieprofessor und Dichter Johann Andreas Cramer (1732–1788) mit Ehefrau Charlotte (1726–1777), die Kieler Professoren Martin Ehlers (1732–1800) und Johann Christian Fabricius (1748–1808)[15], Insektenforscher und Botaniker, mit Ehefrauen sowie Auguste Gräfin Stolberg (1763–1835) dorthin.[16] Mit Ausnahme des Jahres 1779 hielt sich Klopstock bis 1786 jedes Jahr mehrere Wochen im Sommer in Eckhof auf und besuchte von da aus andere Freunde. Die Verbindung zu Graf Holck blieb auch nach 1786 bestehen. Aus dem zweibändigen Werk von C. F. Cramer „*Klopstock – in Fragmenten aus Briefen von Tellow an Elisa*", das 1777/78 in Hamburg erschien,[17] erfahren wir Wesentliches zum Zustand des Eckhofer Gartens um 1776.

Cramer erwähnt in dem Buch, das der jungen und von ihm sehr geschätzten Gräfin Juliane Holck gewidmet ist und das als Ziel vorgibt, der Widmungsadressatin den Dichter des „*Messias*" und der „*Oden*" zu erklären, viele Details aus dem Eckhofer Gartenleben. Das Werk ist von der zeitgenössischen Kritik vorwiegend negativ aufgenommen worden und wirkt heute noch unübersichtlich. In Verbindung mit der Korrespondenz Cramers ergibt sich dennoch folgendes Bild:[18] Im Februar 1776 hielt sich Cramer in Eckhof auf und wurde von dem Ehepaar Holck gebeten, die Gesänge des „*Messias*" von Klopstock vorzulesen. Der Vortrag wurde im Sommer desselben Jahres im Garten, der im wesentlichen schon fertig war, fortgesetzt. Cramer erwähnt die „*Eremitagen Grotte*" die sich am Haus befand, die Brücke, den Wasserfall, die Laube, „*Julianenruh*", den „*Lindenplatz*" und die „*Störtebecker Insel*" als schon fertiggestellt.

Hirschfeld beschreibt 1782 etwa 26 sehenswürdige Plätze in Eckhof, die alle auf der schon erwähnten

Karte zu finden sind. Die Ausstattung dieser Plätze – mit Rasensitz, Laube, Bänken, Kegelspiel, Fischerhütte oder einem Parasolsitz – war für Gärten der empfindsamen Zeit nicht ungewöhnlich.

Das Einmalige des Gartens in Eckhof war der hohe Anteil zeitgenössischer literarischer Denkmäler, die in zwei Gruppen geteilt werden können. Eine Gruppe bestand aus Denkmälern, deren Bestandteil ein Gedicht, Zitat oder Spruch war, die andere umfaßte Motive des Eckhofer Gartens, die selbst in einem Gedicht erwähnt wurden. Hirschfelds Beschreibung weist in dem ersten Rundgang drei solcher literarischen Denkmäler auf. Das Borkenhäuschen, auch die romantische Eremitage genannt (Cramer): *„Es ist ein ganz einfaches Waldgebäude, unten mit Bork ausgeschlagen, von welcher Materie auch die Sitze sind, vorne offen ohne Thüre und mit einem Strohdach bedeckt, ... Eine englische Inschrift aus dem Young, die das Verdienst der Einsamkeit empfiehlt, zeigt sich über dem Eingang."*[19] Die Inschrift stammt aus Edward Youngs umfangreichem dichterischen Werk „Nachtgedanken" (1742). In England waren Zitate aus den „Nachtgedanken" ein fast obligatorischer Bestandteil einer Einsiedelei. Hier in Eckhof hat das Zitat einen anderen Stellenwert, weil die „Nachtgedanken" einerseits Vorbild für Klopstocks „Messias" gewesen waren und weil Young in dem Kreise Bernstorff eine besondere Verehrung genoß. Heute befindet sich an der Stelle ein kleiner gemauerter Gartenschuppen. Als nächstes auf diesem Rundgang wird „Klopstocks Hayn" genannt: *„Man sieht hier Klopstocks Hayn vor sich liegen, ... Ein Platz mit einem aufgeworfenen Hügel ist durch ein Gewässer von dem übrigen Erdreich abgesondert; Eichen von mittlerm Alter, einst in der Nachwelt noch höher und ehrwürdiger, jede jetzt schon heilig, wie in den Haynen der Druiden, ... die Scene wird ihren erhabenen Eindruck vollenden, wenn einst das Monument des Barden sich in die ehrfurchtsvolle Düsterheit der Eichenschatten erhebt."* Klopstock bedankte sich für die Schenkung 1778 mit der Ode *„Mein Wäldchen"*. Diese Ode ist dem Ehepaar Holck namentlich gewidmet und von einer Bemerkung Klopstocks begleitet: *„Der Graf hatte mich auf seinem Gute Eckhof, zum Herren eines Wäldchens gemacht, das von ungefähr aus sechzig Eichen bestand. Einen kleinen Hügel, welcher darin lag, behielt er sich vor. In dem ersten war er mein Vasall; auf dem letzten war ich der seinige. Auf meinem Grunde und Boden (hatte er sich anmerken lassen) sollte einst ein Denkmal von mir stehen".*[20] Diese Anmerkung gibt ein wenig von der heiteren und ausgelassenen Atmosphäre im sommerlichen Eckhof wieder. Der „Klopstock Hayn" ist auf der Gutskarte eindeutig zu sehen. Zum Aufstellen eines Klopstock-Denkmals ist es nicht mehr gekommen, da Klopstock das Ehepaar Holck überlebte. Es ist interessant, daß in *„The Leasowes"* sich auch ein Hain befand, der dem Dichter Vergil zugeeignet war. Heute ist der „Klopstock Hayn" abgeholzt, der Hügel eingeebnet. Der kleine See und der viereckige Karpfenteich mußten dem Straßenbau weichen. Der Rundgang führte weiter an einem „türkischen Zelt" vorbei, das auch auf der Karte zu sehen ist. Zur Zeit von Hirschfelds Besuch war das Zelt durch ein Gebäude, das von außen wie ein Zelt aussah, ersetzt worden. Hirschfeld fand die Geschichte, wonach es ein von einem Großvezier erbeutetes Zelt sei, jedoch interessanter: *„... kleine Geschichte mit der sich der Spaziergänger unterhält..."*, bemerkt er. In dessen Nähe befand sich ein kleines *„Blumengärtlein"*. Hirschfeld nennt es nicht, obwohl es schon 1778 vorhanden war. Dafür berichtet Emilie von Berlepsch hierüber genau: *„... ein kleiner runder Platz zu einem überaus artigen und niedlich geschmückten Blumengarten zubereitet ... auf dem Stamm einer abgehauenen Eiche steht folgendes kleine Gedicht, welches Kramer im Namen des Grafen an dessen älteste Tochter, der das Gärtlein gehört, gerichtet hat:*

*Wo der Feierer unsers Luthers und der Sänger
des Messias weilten,
Da umpflanzt ich, o Sophie, mit den Blumen
Jedes Lenzes dir die Stätte, und ich gab ihr
Deinen Namen du Geliebte ..."*[21]

Das Gedicht ist zwar an die achtjährige Sophie gerichtet, C. F. Cramer greift aber seine Themen „Klopstock" und die „Unvergänglichkeit der Freundschaft"

Abb. 147: Eckhof, Blick in Richtung Strander Bucht über den Fuhlensee, Photo 1995.

wieder auf. Das Gedicht stellt sich dar wie eine Vorbereitung auf den Höhepunkt des ersten Rundgangs, nämlich auf den sogenannten „*Waldaltar*", der sich am Ende des gleichen Waldstückes befand. Übereinstimmend berichten Hirschfeld und Frau von Berlepsch von dem Überraschungseffekt, der entstand, wenn man am Ende eines langen schmalen Ganges den einsamen Platz mit dem Altar erreichte, der sorgfältig bepflanzt war. Da „... *steht am Fuß einer sehr alten Eiche ein Altar von Moos und Steinen und an demselben folgende Stelle aus dem Messias:*

*Einen Becher der Freuden hat in der
Rechten; in der Linken
Einen wüthenden Dolch,
Die Einsamkeit; reicht dem Beglückten
Ihren Becher; dem Leidenden reicht sie
den wüthenden Dolch hin.*"[22]

Die Bepflanzung hat einen symbolischen Charakter. Links, dem „*wütenden Dolch*" entsprechend, liegt die mit Dornen und dunklem Gesträuch wild bepflanzte Tiefe, rechts zu dem „*Becher der Freuden*" hin erhebt sich die Höhe, geziert mit Rosen und Myrten. An der Rückseite des Altars befand sich ein Einsiedlersitz. Das Waldstück ist zwar vorhanden, sogar noch ein Fußpfad, aber die Stelle des „*Altars*" ist heute nicht mehr auffindbar.

Auf dem zweiten Rundgang, der südwestlich vom Haus seinen Anfang nimmt und der einen Bogen Richtung Osten schlägt, befinden sich u. a. vier „*Literarische Denkmäler*". Der Rundgang fängt in Hirschfelds Beschreibung mit einem dreifachen Lindengang an, der bis auf wenige Bäume der Autostraße zum Opfer fiel. Dieser Lindengang führte in einen Waldstreifen, der dem Ufer des Fuhlensees folgt. Der damals angelegte Wanderweg durchzieht auch heute noch diesen Waldgürtel fast bis zur Ostsee (Abb. 147). Gleich am Anfang befand sich auf zwei terrassenartigen Absätzen – sie sind noch heute zu sehen – „*Ein Pavillon, oben bedeckt, an den Seiten offen, und nur mit einem Geländer von Gitterwerk umgeben, ... Auf dem zweyten mit Rasen bekleideten Absatz erhebt sich eine einzelne gerade hohe Eiche mit der Inschrift:*

*O! wunderschön ist Gottes Erde,
Und werth, darauf vergnügt zu seyn!
Drum will ich, bis ich Asche werde,
Mich dieser schönen Erde freun!*"[23]

Die Inschrift ist die Schlußstrophe des Liedes „*Aufmunterung zur Freude*" von Ludwig Christoph Heinrich Hölty (1748–1776), das zum erstenmal im „*Musenalmanach*" von Johann Heinrich Voß veröffentlicht wurde. Hölty ist im November 1776 achtundzwanzigjährig gestorben. Man darf annehmen, daß die Inschrift von C. F. Cramer ausgesucht wurde. An den Freund aus seiner Göttinger Studienzeit und „*Hainbruder*" sollte hier erinnert werden. Auf der Karte ist die beschriebene Stelle zu sehen, sogar ein kleiner Treppenaufgang, der zu ihr führt. Der von Hirschfeld erwähnte Ausblick in Richtung Uhlenhorst ist heute durch ein mächtiges Kanalisationsrohr versperrt. Durchwandert man das Waldstück, erreicht man bald das Ostseeufer (Abb. 147). Etwa an der Stelle des heutigen Segelclubs von Strande befand sich die zum Andenken an Graf Bernstorff aufgestellte „*Pyramide*". E. von Berlepsch schrieb 1783: „*… Eines Entwurfs muß ich hier erwehnen, an dessen Ausführung noch gearbeitet wird. Auf einen Hügel des hiesigen Feldes, von dem man gerade in die Mündung des Haafs sieht, bilden drei hohe Eichen einen dreieckten Platz. Hier soll eine gleichfalls dreieckte Pyramide aufgeführt werden, in die ein schön in Holz geschnitztes Monument gestellt wird, welches ich schon fertig gesehn habe. Oben ist ein großes Medaillon mit des seligen Grafen Bernstorff wohl getrofnem Bildnisse, unten eine Inschrift*"[24]:

„*Bernstorff*
entwarf, leitete, und brachte eine Unternehmung zu Stande,
durch den Tod abgerufen, nur nicht zu Ende die auch
den Erfolg hatte, daß wir dem Schiffer diesen
kürzern und sicherern Weg in beyde
Meere eröffnen konnten.
Wer hier der Wegfahrenden oder Ankommenden Flagge
wehen, und Segel schwellen sieht, der erinnere
sich des Grundlegers mit einer guten
Thräne, daß Ihm dieser Anblick nicht ward.
Klopstock".[25]

Die Inschrift soll Bernstorff, den Schöpfer des ersten Nord-Ostsee-Kanals, rühmen. Als Hirschfeld Eckhof besuchte, war die Pyramide geplant, aber noch nicht aufgestellt. Vielleicht hatte er das mit „*Blumen und Laubwerk verzierte weiße Fußgestell*" oder das „*Gemalte Bildnis*" fertig gesehen. Nicht nur die Inschrift, sondern wohl auch die Idee einer Pyramide stammt vermutlich von Klopstock. Auf dem Frontispiz der Hamburger Ausgabe der Klopstockschen Oden von 1771 – diese sind dem gerade verstorbenen Bernstorff gewidmet – ist eine Pyramide abgebildet neben dem Wappen des Grafen.[26] Klopstock schickt sogar Entwürfe einer Pyramide an den als begeisterten Gartenfreund bekannten Landgrafen Friedrich V. nach Hessen-Homburg.[27] Der Gedanke ein Denkmal für Bernstorff zu errichten, war bei dem ihn verehrenden Eckhofer Freundeskreis schon lange vorhanden. C. F. Cramer geht dieses Thema schon fast programmatisch in dem ersten Band seiner „*Fragmente*" an.[28] Auf der Karte von 1778 ist die Stelle, an der die Pyramide später errichtet wurde, bereits gekennzeichnet. 1778 hielt sich, auf Empfehlung Klopstocks, der Maler Theodor Friedrich Stein in Eckhof auf und porträtierte das Ehepaar Holck. Stein war zu der Zeit ein gefragter Porträtist, der in den siebziger Jahren nicht nur Klopstock und eine Reihe Hamburger Professoren malte, sondern auch Bildnisse von Christian VII. und dem Erbherzog von Oldenburg. Es wäre denkbar, daß Stein der Autor des „*gemalten Bildnisses*" war, das sich im Monument für Bernstorff befand. Stein war der einzige bildende Künstler, der in Eckhof nachweislich tätig gewesen ist. Die Pyramide, die offensichtlich aus einem wenig haltbaren Material gebaut wurde, war bald nicht mehr vorhanden. Die unmittelbare Nähe zur Ostsee mag ihren Zerfall beschleunigt haben. Das Eigentümliche dieser Pyramide war der dreieckige Grundriß, der sie von den anderen Pyramidendenkmälern, die in jenen Jahren des 18. Jahrhunderts entstanden, unterscheidet.

Ein weiteres Ziel auf dem zweiten Rundgang ist der Pavillon „*Julianenruh*", von dem E. von Berlepsch bemerkt, daß er „*die größte Schönheit*" von Eckhof sei. Das kleine Gebäude, bestehend aus einem Salon mit kleiner Küche und anliegendem kleinen Boskettgarten, befand sich versteckt in einem Waldstück in der Nähe der Ostsee. Dieses Waldstück grenzt heute unmittelbar an Strande, und das einzige, was von Julianenruh geblieben ist, ist eine runde Vertiefung an der Stelle, wo sich der Boskettgarten befand. In Julianenruh entstand C. F. Cramers Gedicht „*Der Anblick der*

Natur – Julianenruh – den 22sten Junius 1777", das in der Zeitschrift *„Deutsches Museum"* 1778 veröffentlicht wurde. Cramer schrieb es unter dem Eindruck des Todes der von ihm verehrten Frau von Alvensleben. Die großartige Natur, die ihn in Julianenruh umgab, und der Trost der Freunde wird thematisiert:[29]

*„… Wie der Bogen des Friedens drauf ausgespant
Purpurn und golden mit dem Einen Fus
In des Meeres Kühlung sich taucht, und sein Anderer
Sich in dem Laube der Buchen verlor!
… Bilder von Ihr, die dich, Natur, mit genos,
Selber Natur, Sie! lebendere, schönere Natur
Als der träufelnde Wald
Und der Bogen in den Wolken.
Da sie da stand bei dem Gatten, in dem Kreise der Guten
Liebend und geliebet, und sie zärtlich die Gegend
Mit gerührten Blicke durchlief, ward vergüldet
(Ich sahs!) und verklärt ihr Gesicht von dem Strahl!"*

Die Bewunderung Cramers für Juliane Holck ist in diesem Gedicht gleichfalls unüberhörbar.

Als letzten Punkt des Rundgangs, kurz vor der Rückkehr zum Wohnhaus, erreichte man die *„Sturzenbecher Insel"*. Die Karte zeigt die *„Insel"*, die wohl der Rest einer ‚Motte' war – eines mit einem Ringgraben umgebenen Hügels, auf dem früher ein Wohnturm stand. Emilie von Berlepsch beschrieb die Insel: *„Nun bat ich mir aus, die sogenannte Sturzenbechersche Insel zu sehen, wo dieser berüchtigte Seeräuber würklich gewohnt haben soll … Klopstock hat den Grafen bewogen, einen großen Stein dahin bringen zu lassen, und hat zu einem Denkmal ihrer Zusammenkünfte an diesem Ort aufgestellt … unten steht folgendes Motto: ‚Freundschaft ist Schatten gegen Sonnenstrahlen und Schirm gegen Regengüsse …'"*[30] Klopstock schrieb 1777 zu diesem Ereignis die Ode *„Der Denkstein"*, in der er das Motto verarbeitete. Zu ihrer Veröffentlichung versah er sie mit einer ausführlichen Erklärung, die uns das fröhliche Sommertreiben der Freunde in dem Eckhofer Garten veranschaulicht.[31] Diesen Eindruck der Fröhlichkeit verstärkt Cramers Äußerung, wie er zum Spaß der Kinder und der Erwachsenen den *„Sturzenbecherseeräubermantel"* tragen mußte. Noch 1906 erwähnte Oldekop in seiner Topographie den *„Rest eines um die Störtebeker Insel gehenden Ringgrabens"* und den zu ihr führenden Plattenweg.[32] Diese Reste sind endgültig bei dem Verlegen eines Kanalisationsrohres beseitigt worden.

Mit dem Bau der Pyramide war die Gestaltung des Gartens endgültig abgeschlossen. Eine veränderte wirtschaftliche Situation zwang Graf Holck im Jahre 1784, Eckhof zu verkaufen. Vor Ablauf der Jahresfrist wurde der Kaufvertrag jedoch rückgängig gemacht. 1786 fand in Eckhof das letzte Fest statt. Anlaß war die feierliche Aufhebung der Leibeigenschaft am 15. Oktober. Der Vorgang ist im ersten Jahrgang der Provinzial Berichte (1787) in aller Ausführlichkeit festgehalten worden. Der anonyme Berichterstatter ist vermutlich der Kieler Professor Johann Christian Fabricius, der in demselben Jahr eine satirische Schrift *„Lob der Leibeigenschaft"* veröffentlichte. Der Verfasser des Berichts schlug dem Grafen vor, *„auf dem Hofplaz einen Stein mit der Umschrift sezen zu lassen: Reddita hominibus humanitatis iura*[33] *… noch besser würde dieser Stein sein Plaz bei der Pyramide haben die auf dem hiesigen Felde vor drei Jahren als Monument dem Andenken Bernstorfs von dem Grafen gewidmet ist."*[34] Diese Bemerkung des Verfassers wird verständlich, wenn man weiß, daß Bernstorff schon 1764 auf seinem Besitz bei Kopenhagen die Leibeigenschaft abgeschafft hatte und damit denjenigen Gutsbesitzern, die bald folgten, zum Vorbild wurde. Graf Holck nahm in seinen Vertrag, den er mit den befreiten Bauern abschloß, eine Reihe sozialer und erzieherischer Maßnahmen auf, die diese und insbesondere ihre Kinder auf die neue Situation vorbereiten sollten. Schon Emilie von Berlepsch erwähnte, daß die Gräfin Holck ihre Kinder mit den Bauernkindern gemeinsam erziehen ließ, was im Jahre 1782 gewiß eine ungewöhnliche Maßnahme war.

In den späten achtziger Jahren verschlechterten sich auf Eckhof die wirtschaftlichen Verhältnisse zunehmend. Graf Holck sah sich gezwungen, eine Amtmannsstelle anzunehmen und zog später mit seiner Familie in das Bordesholmer Amtshaus ein. 1790, nach dem Tode seiner erst 33jährigen Frau Juliane, verkaufte er Eckhof endgültig.

Der neue Besitzer, Jens Peter Bruun Neergaard, ein

Abb. 148: Eckhof, Luftbild der Gutslandschaft 1996.

geschäftiger Kaufmann und Landwirt, veränderte den Lebensstil in Eckhof vollständig. Er setzte auf neue Methoden und betrieb eine intensive Landwirtschaft. Für den Erhalt der langsam verfallenden Denkmäler hatte er wenig Sinn. Die Wanderwege der Rundgänge blieben jedoch weiter bestehen. Als der Hamburger Domherr Meyer, ein Freund und Bewunderer Klopstocks, 1815 Eckhof besuchte, meinte er, der Park sei zerstört und verschwunden.[35] 1815 aber war der Garten in seinen Strukturen noch weitgehend erhalten. Nur die kleinen und aus vergänglichem Material ausgeführten Bauwerke waren damals beschädigt oder abgerissen. Was der Domherr Meyer wohl wirklich vermißte, das waren die Personen und deren schöpferischer Geist, die diesen Garten erschaffen und belebt hatten – ein Personenkreis, in dem sich eine fruchtbare Vermischung vieler Tendenzen des ausgehenden 18. Jahrhunderts widerspiegelte. Es waren dies die älteren – Klopstock und der frühere Hofprediger und spätere Kanzler der Kieler Universität J. A. Cramer, beide engste Freunde Bernstorffs, vom Pietismus geprägt, die Jüngeren – C. F. Cramer, der Schwärmer aus dem „*Göttinger Hainbund*", die Professoren Ehlers und Fabricius, Pädagoge der erste, Naturwissenschaftler und Verfechter der Menschenrechte der zweite, schließlich dessen Frau Cäcilie Fabricius (1747–1820), Schriftstellerin und Übersetzerin, und viele andere – nicht zuletzt das Ehepaar Holck, jung und begeisterungsfähig, das die besondere Atmosphäre geschaffen hatte, in der sich die Freunde gleichberechtigt begegnen konnten.

Eine weitgehende Zerstörung des Landschaftsgartens fand erst in der zweiten Hälfte unseres Jahrhunderts statt. Wer heute an der Kreuzung der beiden Autostraßen steht, die sich in der Mitte des früheren Landschaftsgartens befinden, wird kaum nachvollziehen können, daß sich hier ein bemerkenswertes Kapitel norddeutscher Kultur- und Geistesgeschichte abgespielt hat (Abb. 148). Der Schluß der Ode „*Mein Wäldchen*" klingt, angesichts des heutigen Zustandes, fast prophetisch:

*„Wenn von dem Sturm nicht mehr die Eich
hier rauschet,
Keine Lispel mehr wehn von dieser Weide:
Dann sind Lieder noch, die vom Herzen kamen,
Gingen zu Herzen."*

Klara Frantz

1 Flurkarte des Gutes in Privatbesitz. Die „*Beschreibung des ... adeligen Guts Eckhof*" Kiel 1828, S. 8ff (SHLB) geht nicht auf den Garten ein.
2 Vgl. Lafrenz/Ostwald (1989), S. 55.
3 Dazu Kahlfuß (1969).
4 Hirschfeld (1779–1785), Bd. 4, S. 224–233.
5 Vgl. Killy (1988), Bd. 1, S. 443 und Neue Deutsche Biographie, Bd. 4, S. 347.
6 Emilie von Berlepsch (1783), Stück 7, S. 98–112 und Stück 8, S. 113–144. E. von Berlepsch ist identisch mit Emilie Harms, Harms ist ihr Name in der zweiten Ehe.
7 Zur Biographie Holcks vgl. SHBL, Bd. 6 .
8 Vgl. Friis (1904), Bd. 2, S. 529ff.
9 Sturz (1779), Bd. 1, S. 19ff.
10 Kaufvertrag LAS Abt. 415 Nr. 838.
11 Berlepsch (1783) Stück 7, S. 112.
12 Berlepsch (1783) Stück 7, S. 108.
13 Hirschfeld (1779–1785), Bd. 4, S. 247–252.
14 Zur Biographie Cramers vgl. SHBL, Bd. 2.
15 Zur Biographie Fabricius' vgl. SHBL, Bd. 2.
16 Charlotte Cramer – Aufzeichnungen, UB Kiel, Cod. M. s. KB 422, Kopie.
17 Vgl. auch Schulz (1980).
18 Klopstock (1994), Bd. 7.2, 3.
19 Alle folgenden Zitate, wenn nicht anders angegeben: Hirschfeld (1779–1785), Bd. 4, S. 225–231.
20 Klopstock (1994), Bd. 2, S. 299. Dazu ausführlich: Kelletat (1977), S. 154ff.
21 Berlepsch (1783), Stück 7, S. 109.
22 Berlepsch (1783), Stück 7, S. 108.
23 Hirschfeld (1779–1785), Bd. 4, S. 229.
24 Berlepsch (1783), Stück 8, S. 129.
25 Hirschfeld (1779–1785), Bd. 4, S. 231.
26 Vgl. Deuter (1994), S. 196ff.
27 Klopstock (1994), Bd. 8.1, S. 1, S. 119 ff.
28 Cramer (1969), Bd. 1, S. 25ff.
29 Cramer (1778), Stück 3, S. 246–248.
30 Berlepsch (1783), Stück 7, S. 111.
31 Klopstock (1824), Bd. 2, S. 248.
32 Oldekop (1908), Bd. 2, S. 44.
33 In freier Übersetzung: „*Die den Menschen zurückgegebenen Menschenrechte*".
34 Provinzialberichte 1 (1787), S. 33.
35 Meyer (1816), S. 202–203.

Emkendorf

25 km südwestlich von Kiel im Westenseer Naturpark gelegener Gutspark. Umgestaltung des Barockgartens in einen Landschaftsgarten ab 1790. Gut erhaltener Zustand des mittleren 19. Jahrhunderts mit neoformalen Änderungen um 1940. Privater Besitz, das Begehen des Parks auf den ausgeschilderten Wegen wird geduldet.

Im Jahr 1783 erbte Fritz Graf Reventlow (1755–1828) von seinem Vater das Gut Emkendorf, das er später mit seiner Frau Julia, geb. Schimmelmann (1763–1816), bewohnte. Reventlow machte Karriere im dänischen Staatsdienst. Während dieser Tätigkeit lernte er Julias Vater, den Grafen Heinrich Carl von Schimmelmann (1724–1782) kennen, den Großgrundbesitzer, Kaufmann und dänischen Schatzmeister, der sich durch den atlantischen Dreieckshandel immensen Reichtum erwarb (vgl. Ahrensburg und Wandsbek).[1] Abgesichert durch diese finanzielle Basis und durch ein erfolgreich bewirtschaftetes Gut begannen die Reventlows mit der Neugestaltung der Gesamtanlage.

Unter der Regie Julia Reventlows etablierte sich hier der vielbeschriebene *„Emkendorfer Kreis"*[2], eine Gesellschaft aus Literaten, Philosophen und Dilettanten, die schwärmerisch-romantisch, vor allem aber auch streng pietistisch geprägt waren. Gleichgesinnten gegenüber zwar aufgeschlossen, war der Kreis insgesamt jedoch konservativ ausgerichtet. Dazu gehörten neben französischen Emigranten, die vor der Revolution fliehen mußten und in Emkendorf mit offenen Armen aufgenommen wurden, der Schweizer Theologe Johann Kaspar Lavater (1741–1801), die Dichter Friedrich Leopold Graf zu Stolberg (1750–1819) und sein Bruder Christian (1748–1821), seine Frau Louise (1746–1824), Friedrich Gottlieb Klopstock (1724–1803), Matthias Claudius (1740–1815) und der Philosoph Friedrich Heinrich Jacobi (1743–1819). Auch zu Johann Gottfried Herder (1744–1803), der bereits 1770 für drei Monate in Schleswig-Holstein weilte, wurde ein enger Kontakt gepflegt. Durch die persönliche Bekanntschaft mit Caroline Baudissin (Gut Knoop, Schwester von Julia Reventlow), die Herder 1791 in Karlsbad und 1794 in Weimar traf, ergab sich die Vermittlung eines einjährigen Aufenthalts für Herders Sohn Adelbert auf Gut Eckhof bei Jens Peter Bruun Neergaard. Die Reventlows trafen Herder allerdings zum ersten Mal persönlich 1803 in Karlsbad, knapp ein Jahr vor seinem Tod. So blieb dessen Verbindung zu Emkendorf auf den intensiven Schriftverkehr und über die engen Verbindungen zu Claudius, die Stolbergs und Caroline Baudissin beschränkt. Auch Goethe hätte man gerne in Emkendorf gesehen, da aber ein Hauptanliegen der Gastgeberin Julia die Bekämpfung des Rationalismus im Namen eines konservativen Luthertums war, ist es kein Wunder, daß Goethe den Weg nach Emkendorf nicht suchte. Auch ist eine Bezeichnung Emkendorfs als *„Weimar des Nordens"* nicht zutreffend – die geistige Grundhaltung lag auf anderer Ebene.[3] Entscheidend ist jedoch, daß aufgrund des hohen kulturellen Bewußtseins im Kreis der Reventlows ein aufwendiges und interessantes Ausstattungsprogramm des Herrenhauses in Angriff genommen wurde, das in Schleswig-Holstein einzigartig ist, und auch die Neugestaltung des Gartens einschließt.

Für die umfangreichen Umbaupläne wurde der aus Sachsen stammende Schimmelmannsche Hausarchitekt Carl Gottlob Horn (1734–1807) gewonnen. Horns Aufgaben umfaßten den Umbau des Herrenhauses, die Neugestaltung des gesamten Wirtschaftshofes sowie des Gutsgartens.[4] Das Herrenhaus, außen in noch spätbarocker Formensprache, wurde im Innenbereich äußerst aufwendig unter Mitarbeit italienischer Künstler mit einem umfangreichen ikonographischen Programm ausgestattet.[5] Diese frühklassizistische Ausstattung zeigt englische Einflüsse des Dekorationsstils der Brüder Adam und ist mit der des Wörlitzer Schlosses, 1773 fertiggestellt, eng verwandt. Wörlitz war Horn durch einen gemeinsamen Besuch 1794 mit dem Grafen Reventlow, der bereits eigene Eindrücke von Landhäusern und Gärten bei seinen Englandaufenthalten gesammelt hatte, bekannt.[6] Die Wörlitzer Gartenanlagen könnten Horn auch in seinen Plänen zu Emkendorf beeinflußt haben.

Das Herrenhaus, gestaltet von Cornelius Gottfried Treu (1684–1759), einem Hamburger Baumeister, der das Gebäude für den Reichsgrafen und Hannoveranischen Generalfeldmarschall Cuno Josua von Bülow bereits um 1730 zweigeschossig und 13-achsig ausgebaut hatte,[7] wurde ab 1791 unter Horn erneut umgebaut. Der südliche Seitenflügel ist noch einmal 1910/11 von dem Architekten Ernst Prinz durch den Anbau einer Loggia erweitert worden. Die axialsymmetrische Hofanlage bestand aus zwei kleineren, die Zufahrt einfassenden Bauten, einem Lager für Baustoffe und einer Wagenremise; in Richtung Herrenhaus folgten das Kuhhaus von 1730 und die gegenüberliegende Scheune von 1745 (beide erhalten). Auf halbem Wege zwischen Wirtschaftsgebäuden und Herrenhaus befanden sich inmitten von Gemüsebeeten zwei kleinere Häuser, nördlich eine Verwalterwohnung, südlich ein Quartier für Fremde. Diese Häuser wurden von Horn abgerissen. Anstelle der Eingangsgebäude an der Hofeinfahrt errichtete er südlich einen langgestreckten Pferdestall und gegenüber ein Wirtschaftsgebäude. So wurde die symmetrische Hofanlage in traditioneller Form erweitert und harmonisiert. Ergänzt wurden die Pferdeställe durch eine reetgedeckte Reithalle im Jahre 1855 durch J. F. Holm.

Hinter dem Herrenhaus fand Horn eine schlichte, flächig gestaltete Barockanlage vor, wie der Bestandsplan zeigt.[8] Die bisher Emkendorf zugesprochenen, sehr aufwendigen barocken Pläne sind anderen Objekten zuzuordnen.[9] Vor der Gartenfassade befand sich eine von Rasenstücken eingegrenzte Terrasse mit einer mittig angelegten Treppe zum unteren Gartenbereich. Auf der Terrasse selbst waren nördlich und südlich des Herrenhauses jeweils rechteckige Rasenstücke als optische Übergänge in den Garten angelegt. Das Parterre war betont einfach und geometrisch ausgeführt und von Baumalleen seitlich eingefaßt. Auf nördlicher Seite bildete ein unregelmäßiges natürliches Uferstück und daran anschließend der Hasensee die durch die Natur vorgegebene Grenze, auf südlicher Seite war die Hangkante durch eine Terrassierung in mehreren Stufen gestaltet. Die verschiedenen Ebenen, durch Rasenböschungen unterteilt, wurden durch eine Baumallee auf der obersten Stufe abgeschlossen. Horn zeichnete in diesen Bestandsplan bereits mit vorsichtiger Feder einige Elemente des späteren Landschaftsgartens ein. Der gesamte hintere und seitliche Gartenteil einschließlich des Gebietes südlich der Getreidescheune und um das Herrenhaus bis zum Rondell nordöstlich des Kuhhauses wurde von Horn 1785 neu überplant und ab den 90er Jahren umgestaltet. Die umgebende Natur, der See mit seiner Insel, die Felder und Wiesen sowie der Wald wurden als Bezugspunkte bewußt in die Planung einbezogen. Die barocke Auffahrtsallee zum Herrenhaus, die in spitzem Winkel zur Allee von Rendsburg nach Kiel abzweigt, ist mittig auf das Herrenhaus gerichtet. Ein weiterer Weg, in gleichem spitzen Winkel angelegt, führt zu einem nördlich der Gutsanlage liegenden Hofteil, der ebenfalls von Horn neu überplant wurde. Dort befinden sich der erweiterte Betriebshof, die Meierei (heute Wohnhaus), diverse Hofgebäude, das „*Klein-Emkendorf*" genannte Haus, in dem sich Matthias Claudius während seiner Besuche auf Emkendorf aufhielt (heute Verwalterhaus), sowie die Gärtnerei und die Zufahrt zum Gebiet „*Haasenkamp*", einer Anlage, die in diagonalem Sichtbezug über den Hasensee zum Herrenhaus stand. Diese kleine Anlage, bestehend aus zwei kleinen Gebäuden und Gartenbereich, könnte eine Fasanerie gewesen sein.

Die Auffahrt an der Hauptstraße entstand in Form eines gleichschenkligen Dreiecks, von Alleen umsäumt, an dessen Spitze ein Rondell den Kutschen eine Kehrtwendung ermöglichte. Zwischen den so gebildeten drei Hauptachsen wurden parallel zu den Wegen Entwässerungsgräben angelegt, die jeweils ein ovales Gartenstück umschlossen.

An dem großen von Horn entwickelten Plan von

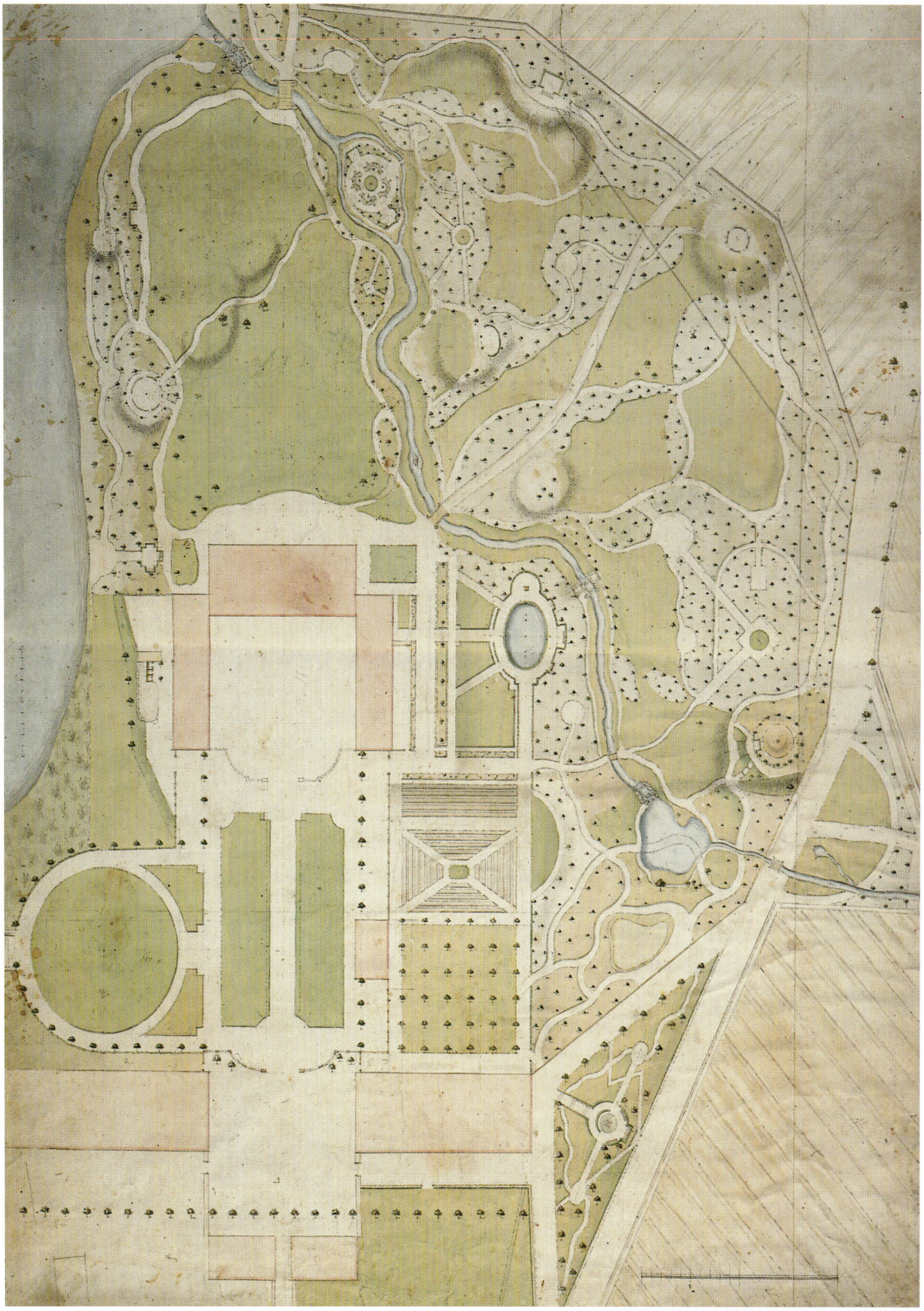

etwa 1795 (Abb. 149), dem unsere Beschreibung folgt, läßt sich die harmonische Verbindung von geometrischer und freier Gartenarchitektur gut erkennen. Im Hofbereich war der Garten noch klar in Dreiecke, Rechtecke und Ovale aufgeteilt. Südlich der Scheune lag ein dreieckiges Quartier mit teils gradlinigen, teils schlängelartigen Wegen und einem kreisrunden Zentrum. Drei Bänke standen dort mit Blickrichtung auf ein Standbild, das auf der Rückseite von einer halbrunden Rasenböschung hinterfangen wurde. Oberhalb davon entwarf Horn einen Teich, der durch ein vom Hang kommendes Bachsystem gespeist wurde. Über eine Kaskade lief das Wasser in einen Bach ab, der durch den Garten hindurchfloß und in den Hasensee mündete. Die Kaskade läßt sich nach einem Brief Graf Reventlows an Christian zu Stolberg auf 1798 datieren: *„Euer lieber Freund [Matthieu Comte Dumas, Emigrant und Gast auf Tremsbüttel bei den Stolbergs, Anm. d. Verf.] käme schon nächste Woche nach Tremsbüttel, wenn der Bau meiner Kaskade, mit der er sich so freundlich als emsig beschäftigt, und die er mit unglaublicher Geschicklichkeit und Geschmack betreibt, ihn nicht hier zurückhielte".*[10] Charakteristisch ist hier die dilettantische Mitarbeit eines Mitglieds der adeligen Gesellschaft, das sich mit Lust – aller offiziellen Aufgaben durch die Emigration beraubt – an die schöngeistige Arbeit der Gartengestaltung macht.

Hinter dem Kaskadenteich öffnete sich der Garten südlich des Herrenhauses zu einem großzügigen, freien, von Wandelpfaden durchzogenen Rasen- und Waldgelände, das über recht große Höhenunterschiede verlief, und in dem Horn mehrere Aussichtspunkte und Ruheplätze einplante. Diese Plätze boten die Möglichkeit, nicht nur auf das Herrenhaus – man befand sich im Wald etwa auf Firsthöhe – oder auf den Garten hinunterzuschauen, sondern einen Blick über die hügelige und weitläufige Landschaft der Umgebung zu genießen. Die Landschaft wurde in die Komposition des Gartens mit einbezogen. Folgte man dem Bachlauf längs der großen Wiese, gelangte man zu einer vom

Abb. 149: Emkendorf, Plan von C. G. Horn, aquarellierte Federzeichnung um 1795 (GA Emkendorf).

Bach eingeschlossenen Insel, die nur über einen südlich gelegenen Zugang zu betreten war. Das Zentrum bildete auch dort ein Standbild, umschlossen von vier halbkreisförmigen Beeten, in deren Mitte jeweils ein Baum gepflanzt war. Dem Bachlauf weiter folgend erreichte man eine großzügig bemessene Brücke, über die man in den hinteren Gartenbereich gelangte. Dieser Brücke folgte zum See hin ein felsiger Wasserfall, möglicherweise mit einer Grotte, über den das Wasser des Baches in den See abfloß. Nordöstlich des Herrenhauses war am See ein weiteres kleines Rondell ausgebildet, wahrscheinlich gemauert und den Sockel für einen Pavillon bildend, von dem sich das Geschehen gut beobachten ließ. Alle diese Partien legten sich wie ein Gehölzgürtel um die freie Wiesenfläche westlich des Herrenhauses, die dem Blick aus dem Gartensaal Weite und Tiefe gab.

Eine weitere interessante Anlage befand sich auf der dem Herrenhaus gegenüberliegenden Seite des Hasensees im Umfeld der Gärtnerei (Abb. 150). Diese dehnte ihren Bereich bis auf die Insel aus. Über die Bepflanzung ist bisher nichts bekannt; es ist zu vermuten, daß es sich um einen Obst-, Gemüse- oder Blumengarten handelte, der die große Form eines Hippodroms – eines später durchaus üblichen Elements der Gärten des 19. Jahrhunderts (z. B. Charlottenhof/Potsdam) – andeuten sollte. Diese Anlage konnte über die Gärtnerei betreten werden, die Insel selbst wurde jedoch künstlich durch Grabenziehung von ihr getrennt und bekam somit einen eigenständigen Charakter. Von einer Anlegestelle an der Rückseite des Herrenhauses konnte man per Boot zur Insel übersetzen, eine Brücke existierte noch nicht. Dort stand ein Anlegeplatz im Osten zur Verfügung. Die Einbindung geometrisch geordneter Nutzgärten in die gartenkünstlerische Gesamtkonzeption ist keineswegs ungewöhnlich.

Das gestalterische Element des Hippodroms könnte durch die Reventlows selbst eingebracht worden sein; denn es steht zu vermuten, daß Fritz und Julia Reventlow auf ihren Italienreisen 1783/84 und 1795/97[11] neben den von ihnen besuchten Villen Medici, Borghese und Pamphili und ihren Gärten auch Anlagen besucht haben wie z. B. die Villa Mattei in Rom, in deren Gär-

Abb. 150: Emkendorf, Gärtnereigelände mit Hippodrom auf der Insel im Hasensee, Entwurf von C. G. Horn, aquarellierte Federzeichnung um 1795 (GA Emkendorf).

ten es Überreste einer antiken Reitbahn gab. Zu bedenken gilt auch, daß bereits 1728 Robert Castell die Villa Tuscum (nach Plinius) rekonstruierte und dabei auf ein Hippodrom hinwies. Ob die Verwendung des Hippodrom-Motivs als Hinweis auf das Jenseitige im romantisch-verklärten Sinne im Umfeld der Julia Reventlow bewußt war, muß jedoch offen bleiben.

Bei der Beurteilung von Horns Gartenentwurf muß bedacht werden, daß der Architekt niemals selbst England besuchen konnte, um dort Studien über den Landschaftsgarten zu betreiben. Im Jahr 1782 beklagte er sich bei dem Grafen Baudissin, daß Schimmelmann ihn nur nach Paris und nicht auch nach Italien und England habe reisen lassen. So erfuhr Horn Wesentliches über den Landschaftsgarten über die ihm zugängliche Literatur[12] oder aus zweiter Hand, beispielsweise über seinen Auftraggeber Reventlow, der zeitweilig als Gesandter in England tätig war, oder über seine Verbindung zum Hause Brühl. Dort könnte eine Linie zum Seifersdorfer Tal der Gräfin Tina Brühl gezogen werden, die dort in den 1780er Jahren einen empfindsamen Garten anlegen ließ, dessen literarische Assoziationen allen aufklärerischen Gedanken zuwiderliefen.[13] Leider fanden sich bisher keine ausgiebige-

ren zeitgenössischen Schilderungen des Emkendorfer Gartens. So fehlen auch noch Informationen über die im Park aufgestellten Standbilder – die Plätze für diese wurden geschaffen, die Sockel gebaut. Es ist anzunehmen, daß hier Darstellungen der vom Emkendorfer Kreis verehrten Dichter und Denker Aufstellung fanden, von Sinn-Sprüchen begleitet.[14] Horns Entwurf zum Emkendorfer Landschaftsgarten darf als ausgeführt gelten, wenn dies auch nicht in jedem Detail lückenlos belegbar ist.

Anfang des 19. Jahrhunderts ist der Garten in seinem Bestand ausgebaut worden. In diese Zeit fällt auch die Aufstellung eines Pavillons aus Holz mit Strohdach, der in die Sichtachse des Herrenhauses auf dem freien Feld plaziert wurde (1992 restauriert). Die Insel im Hasensee wurde ab den 1930er Jahren stark verändert. Nach dem Vorbild des barocken Figurenprogramms in Veitshöchheim entstand anstelle des Hippodroms eine Neo-Rokoko-Anlage durch den Hamburger Gartengestalter Hermann Koenig. Die von ihm aufgestellten Figuren verkörperten in spielerisch-humorvoller Form die Jahres- und Tageszeiten.[15] Aus der gleichen Zeit stammen Tierdarstellungen in Form von Delphinen und Drachen, die als Wasserspeier

Emkendorf
213

Abb. 151: Emkendorf, Luftbild der Gutsanlage 1996.

dienten. Überreste dieser Ausstattung sind heute vor dem Südflügel des Herrenhauses und auf dem Rasen des Innenhofes aufgestellt. Das Zentrum der Insel wurde durch eine Art Rosette gebildet, ein Zusammenspiel von Wasser und in Stein gefaßten Beeten. Umgrenzt wurde diese Anlage von einer Buchshecke, in vier Viertelkreise mit jeweils drei Nischen und zwei Durchgängen unterteilt. In den Nischen fanden die allegorischen Darstellungen Aufstellung. Ein Weg über die neu gebaute Brücke führte über den See, durch die Anlage hindurch bis zu einer Allee, die in einen Wintergarten mündete. In östlicher Richtung schloß an das Rondell ein Laubengang an, der einen Pavillon als Endpunkt an der Bootsanlegestelle bekam.

Der heutige Zustand des Parks ist dank permanenter Pflege, die in den letzten Jahren deutlich intensiviert wurde, grundsätzlich als gut einzustufen, wenngleich viele Details aus Hornscher Zeit nicht mehr existieren (Abb. 151). Dies hängt unter Umständen mit dem stetigen Sinken des Grundwasserspiegels zusammen[16], das die Insel im Hasensee langsam verlanden und den Bachlauf durch den Garten austrocknen ließ. Trotzdem sind die meisten Strukturen noch erkennbar: Im Einfahrtsbereich sind die dem Straßenverlauf folgenden Gräben nachvollziehbar. Der hinter dem Herrenhaus liegende Hauptteil des Gartens wird noch immer durch die große Rasenfläche bestimmt (Abb. 152). Bachverlauf und Brücken sind heute teilweise durch Wege oder Bäume angedeutet. Im südlichen höhergelegenen Waldstück finden sich noch Fundamente von Bauten. Vor allem lassen sich von der Anhöhe die Sichtschneisen durch den Garten deutlich nachvollziehen. Am Alter der Bäume kann man gut die damals angestrebten Points de vue erkennen, die u. a. durch das Herrenhaus oder durch die Insel gebildet werden. Die Insel im Hasensee ist verwildert, der Zugang dorthin gesperrt, nur noch die überwachsenen Fundamente der Neo-Rokoko-Anlage sind vorzufinden.

Der Emkendorfer Garten ist ein Musterbeispiel aus der Übergangszeit zwischen spätem Rokoko- und empfindsamen Landschaftsgarten, indem er Charakteristiken beider Stilformen harmonisch miteinander verbindet. Der Hofbereich, noch in traditioneller barocker Konzeption, steht in scheinbarem Widerspruch zum landschaftlich geprägten Gartenbereich und wird geschickt mit ihm verflochten. An Plänen für weitere Projekte Horns wird deutlich, daß er bereits ab Anfang der 80er Jahre von einer durchgängig formalen, ba-

Abb. 152: Emkendorf, Blick auf das Herrenhaus, Lithographie nach A. Blome um 1850 (SHLB).

rocken Gartenplanung absah (z. B. Seelust, Dänemark, 1783). Die Umstellung auf eine landschaftliche Planung vollzog sich bei dem 60jährigen Horn konsequent, wobei auf die sicherlich starke Einflußnahme Julia Reventlows, insbesondere bei den Detailausführungen des Landschaftsparks, hinzuweisen ist. Die Ausgangslage für eine landschaftliche Gestaltung war gut: Das Gut liegt inmitten einer sanften Hügellandschaft eingebettet und entspricht somit naturgemäß der Idealform einer lieblichen Gegend im Sinne Hirschfelds. Dennoch sollen die Emkendorfer den 1792 verstorbenen Gartenhistoriker skeptisch beurteilt haben.[17] Wenn man bedenkt, daß der Emkendorfer Garten in den Jahren nach der Französischen Revolution ausgeführt wurde, stellt sich die Frage, inwieweit er und die ihn schaffende Geisteswelt seiner Erbauer noch zeitgemäß war. Das schwärmerische Wesen der Reventlows scheint noch ganz von den 70er Jahren geprägt zu sein, zu vergleichen mit den *„Darmstädter Empfindsamen"*, zu denen in ihrer Jugend auch Goethe und Herder zählten und die prägend wurden für die Emkendorfer.[18]

Kai Pörksen

1 Degn (1984); Aust. Kat. Sklaven (1994).
2 Kehn (1983), S. 59ff; Lohmeier/Müller (1984), S. 5ff; sowie zum Eutiner Kreis Schubert – Riese (1975).
3 Schumann (1958), S. 158ff; Lohmeier (1966/1967).
4 Hirschfeld (1934).
5 Mißfeldt (1954); Lohmeier/Müller (1984), S. 41ff; Seebach (1988), S. 125ff.
6 Seebach (1988), S. 130.
7 Rumohr (1988), S. 119; Heckmann (1990), S. 123.
8 Alle besprochenen Pläne befinden sich im GA Emkendorf. Dank gilt Frfr. von Lüttwitz-Heinrich für die freundliche Genehmigung zur Einsichtnahme.
9 Kehn (1983). Die Gartenpläne gehören zum Schloß Pförten und zum Palais Moszcynska in Dresden.
10 Mißfeldt (1954), S. 18.
11 Schadendorff (1950), S. 22ff.
12 Informationen über Gärten fand Horn auch in der von ihm angelegten Bibliothek, in der sich 126 Architekturwerke befanden, darunter auch 10 Bände über die Gartenkunst, z. B. Dezallier d'Argenvilles *„La Théorie et la pratique du jardinage"*,1739; eine Beschreibung der Gärten von Stowe, 1768; Hirschfelds *„Theorie der Gartenkunst"*; Watelets *„Versuch über die Gärten"* (deutsch 1776); Rodes Beschreibung der Landhäuser und Gärten zu Wörlitz (1788).
13 Vgl. Buttlar (1989), S. 152ff.
14 Eine diesbezügliche Durchsicht des Reventlow – und Schimmelmann – Nachlasses konnte in diesem Zusammenhang nicht mehr durchgeführt werden.
15 Hagström (1964); dies. (1975).
16 Saeftel (1978), S. 60.
17 Kehn (1992b), S. 83.
18 Vgl. Gerndt (1981).

Eutin

Schloßgarten südlich des Großen Eutiner Sees gelegen, öffentlich zugänglich. Ehemals Residenz des Bistums bzw. Fürstbistum, ab 1803 des Fürstentums Lübeck, ab 1815 Nebenresidenz des Großherzogtums Oldenburg. Alte Gartenkultur mit Anfängen im Mittelalter. Gegen Ende des 16. Jahrhunderts Entstehung eines Tiergartens. Erste formale Gartenanlage im frühen 17. Jahrhundert unter italienischen Einflüssen. Dreigliedriger Winkelgarten am Schloß im mittleren bis späten 17. Jahrhundert; 1675–1681 Anlage eines holländischen Parterres auf dem Südteil. Ab 1716 Umgestaltung und beträchtliche Erweiterung des Schloßgartens zu einem französischen Barockgarten. 1787–1803 Umwandlung in einen Landschaftsgarten klassischer Prägung. Bedeutendes Gartendenkmal der Aufklärung in Schleswig–Holstein.

Seit etwa 1310 war der Eutiner Hof ständiger Wohnsitz der Bischöfe von Lübeck und blieb es auch nach der Reformation, als das nunmehr evangelische weltliche Fürstbistum von Söhnen des Gottorfer Herzogshauses weitergeführt wurde. Bischof Heinrich I. Bockholt (reg. 1317–1341), der auch ein erfolgreicher Arzt war, dürfte 1317 mit der Anlage eines Wurz- und Kräutergartens den Anfang der Eutiner Gartenkunst[1] gemacht haben. In der tradierten Form solcher Gärten wurden neben Medizinpflanzen auch Rosen und Lilien gezogen. Der früheste Abdruck des Eutiner Ratssiegels, 1337 – d. h. in der Ära Heinrichs – entstanden, weist bereits Rosen und Lilien in heraldischer Form auf – eine bis heute anhaltende Tradition.

Schon ein Jahrhundert früher sind wasserbautechnische Maßnahmen nachweisbar, auf die man bei der Anlage der ersten Wasserkunst um 1500, die auch einen Springbrunnen speiste, zurückgreifen konnte. Diese Röhrbaumanlage bildete die Grundlage der großartigen Wasserkunst, die im Französischen Garten verwirklicht wurde und die, wenn auch in anderer Form, im Landschaftsgarten noch weitergeführt wurde.

Die älteste nachweisbare Gartenform am Eutiner Hof ist ein Tiergarten, ein Jagdgebiet nahe dem Hof.[2] Das von einem Bach durchflossene Gelände war mit Baum- und Gebüschgruppen in lockerer Anordnung besetzt und bot dem Rotwild mit Grasflächen Nahrung. Eine starke aus Wall und doppeltem Staket gebildete Zaunanlage hegte den Tiergarten ein. Er steht in der Tradition herrschaftlicher Tiergärten, wie sie auch am herzoglichen Hof in Gottorf und in anderen fürstlichen Residenzen jener Zeit zu finden waren.

Zu Beginn des 30jährigen Krieges entstand östlich der Schloßbucht der erste formale Renaissance-Garten. 1629 wird bekundet, daß er mit einem Gartenpavillon und einer Fontäne ausgestattet war.[3] Ein Gartenplan hat sich nicht erhalten, doch ist diese Anlage auf einem Plan von Eutin aus dem Jahre 1648 noch als „Gardte" bezeichnet.[4] Hinter einer unbeschnittenen Hecke und einem Eingangstor breitete sich eine Folge von in geometrischen Formen gestalteten Lust- und Nutzquartieren aus.

Der seit 1634 regierende Fürstbischof Hans begann einen repräsentativen dreigliedrigen Winkelgarten anzulegen, der sich dem Schloßgraben bündig anschloß. Für zwei sandsteinerne Fontänenbassins, die 1641 von dem Gottorfer Bildhauer Cornelis van Mander geschaffen wurden, dürfte man im Südteil bereits die Wasserkunst installiert haben, für die der aus der römischen Campagna stammende Wasserkunstmeister Fortuna Columbo zuständig war. Die beiden Fontänenbassins bildeten die Schnittpunktbereiche des Wegesystems: nicht mehr in, sondern zwischen den Kompartimenten des Parterres waren Betonungen gesetzt, wodurch die Längsachse aufgewertet wurde. Die an den Garten der Villa Medici in Rom erinnernde Grundstruktur bot sechs Kompartimenten Platz, auf denen Broderien anzulegen waren.[5] Der Garten wurde von Hofgärtnern betreut, die seit 1635 nachweisbar sind.

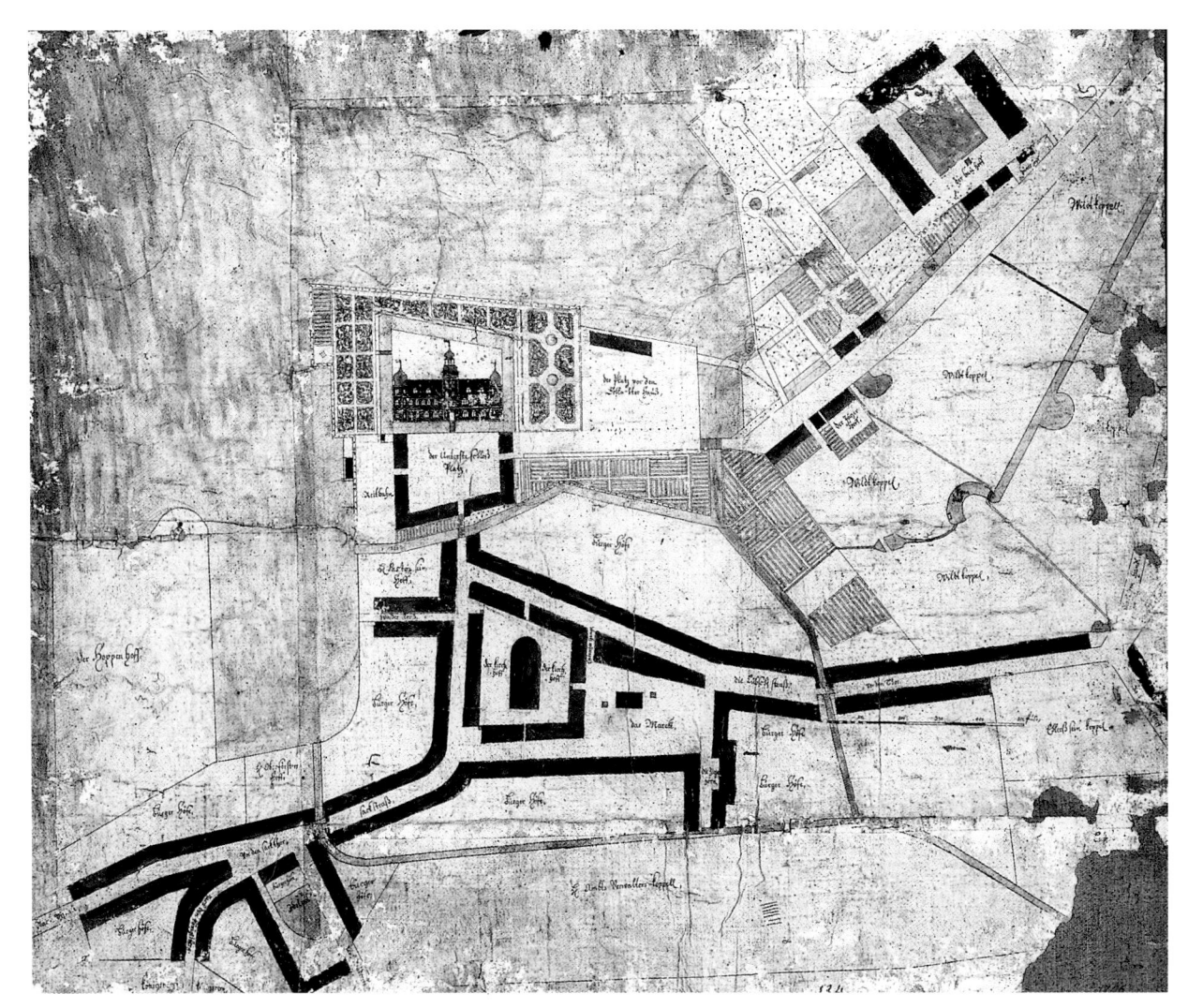

Abb. 153: Grundriß von Eutin mit dem Winkelgarten am Schloßgraben, lavierte Federzeichnung um 1700 (Ostholstein-Museum Eutin).

Ab 1675 ließ Fürstbischof August Friedrich (1646–1705) den Lustgarten neu gestalten. Hofgärtner Asmus Heinrich Kase betreute die Anlage seit etwa 1670. Ihm folgte 1701–1715 sein Sohn Johann Jürgen. Zwischen 1675 und 1681 entstand im Südteil des Winkelgartens ein Broderieparterre holländischer Prägung. Die Broderien, die auf einem wohl erst zwischen 1700 und 1702/03 entstandenen Lageplan zu sehen sind (Abb. 153), wurden innerhalb der einzelnen Abschnitte schon achsensymmetrisch angelegt.[6] Der Garten dürfte nach dem Schloßbrand von 1689 neue Broderien erhalten haben. Das noch heute in der Eutiner Landesbibliothek befindliche zerlesene Exemplar des Lehrbuchs „*Der niederländische Gärtner*", das Jan van der Groen 1669 in mehreren Sprachen veröffentlichte, deutet auf eifrigen Gebrauch am Eutiner Hof. Für die frühere Broderiegestaltung fanden sich in jenem Buch viele Anregungen, doch geht die Axialität der späteren Komposition über die Vorlagen hinaus. Mit Broderien versehen wurden auch der östliche und der nördliche Gartenstreifen, die einen neuen Zuschnitt erhalten hatten. Inzwischen hatte man nahe dem Schloß durch Entwässerungsmaßnahmen neues Gelände für einen Küchengarten gewonnen. Der alte „*Gardte*" wurde entsprechend zu einem Baumgarten (Obstgarten) umfunktioniert und bot außerdem dem Gärtnerhaus und einer „*Gewächsstub*" Platz, in der man Pflanzen mediterraner Herkunft betreute.

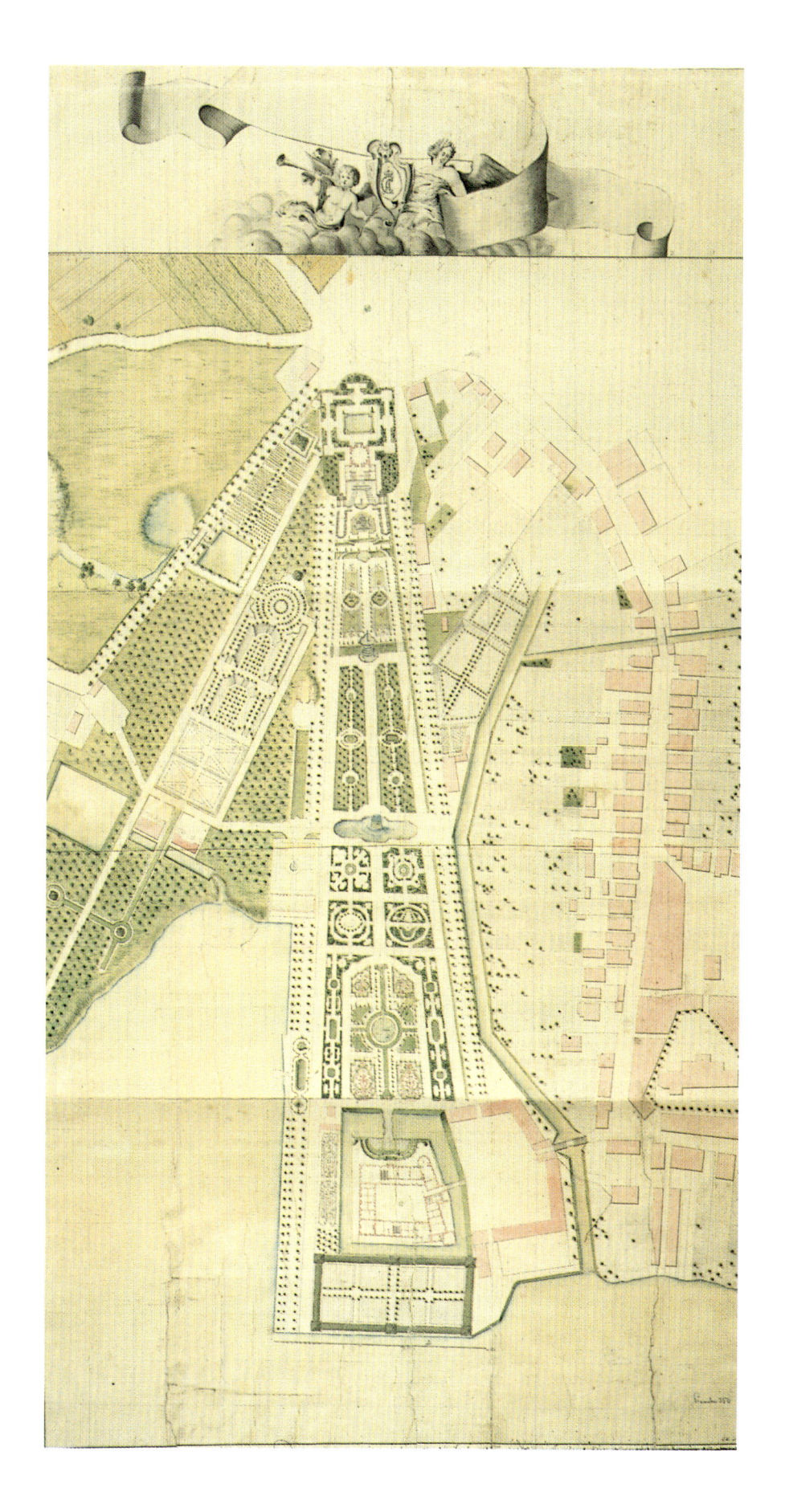

Abb. 154: Eutin, Gartenplan von J. C. Lewon, aquarellierte Zeichnung um 1720 (NMS).

Der seit 1705 regierende Fürstbischof Christian August (1673–1726) ließ das Schloß von Rudolph Matthias Dallin (um 1680–1743) umbauen und ab 1716 einen Französischen Garten anlegen. Sein Gartenarchitekt Johann Christian Löwen (um 1690–1760), genannt Lewon, schuf eine künstlerisch anspruchsvolle Anlage im Stil der Régence (Abb. 154, 155).[7] Der vorhandene frühbarocke Winkelgarten wurde im Norden zu einem Giardino segreto, einem mit Bogengängen umgebenen Separatgarten mit Gemüse- und Kräuterbestellung, der östliche Geländestreifen zu einem Blumengarten umgestaltet. Ein von Lewon errichtetes Vogelhaus (1723), das außen mit geschnitzten Hermen und Reliefs geschmückt war und innen neben den Vogelkäfigen einen mit Wandgemälden ausgestatteten Salon enthielt, schloß den Blumengarten im Süden ab. Das ehemalige Südparterre des Winkelgartens bildete den Ausgangsbereich für das neue Broderieparterre. Die Hauptachse wurde um 90 Grad gedreht, so daß sie nun vom neuen Gartenportal in der Südfassade des Schlosses ihren Ausgang nehmen konnte. Eine 1722 fertiggestellte Schloßgrabenbrücke schuf die Verbindung zwischen der Schloßterrasse und dem langgestreckten Garten, der sich bis an die Oldenburger Landstraße ausdehnte. Die Hauptachse des Lustgartens und die Hauptachse des Nutzgartens, der ebenfalls verlängert worden war, trafen sich an der äußersten Stelle der Oldenburger Landstraße. Diese beiden spitzwinkelig aufeinander zulaufenden Achsen bildeten den für den Eutiner Garten charakteristischen Grundriß. In diesem Schnittpunkt am Ende der Hauptachsen des gegen Süden leicht ansteigenden Lustgartens wurde erst 1735 in der Ära des Fürstbischofs Adolph Friedrich der sogenannte Große Gartenpavillon errichtet, ein hölzernes achteckiges Gartenhaus mit geschweiftem Dach und Laterne, das die Fluchtlinien des Barockgartens aufnahm.

Fächerartig angelegte Begleitachsen trugen zur perspektivischen Wirkung des Lustgartens bei, unterstützt von der Lindenallee am Jungfernstieg im Westen und der Kastanienallee im Osten am neuen Bauhöfer Weg, die seit 1725 zum Wirtschaftshof des Schlosses führte. Der Jungfernstieg, eine neue schnurgerade Schloßauffahrt, die nach und nach mit einer dreireihigen Lindenallee geschmückt wurde, riegelte den Garten vom 1723 errichteten Gärtnerhof, von einigen weiteren Nutzgebäuden und vom dortigen Küchengarten ab.

Das Gefälle des Lustgartens bot sich für eine Terrassierung und die Anlage einer Wasserachse an, zumal eine funktionierende Wasserkunst vorhanden war, die ihren Zufluß aus dem südlich gelegenen Lindenbruch erhielt und leicht erweitert werden konnte. Die über die „Piependieke" (Röhrbaumteiche) außerhalb des Gartens herangeführte Röhrbaumleitung speiste nun das Große Bassin im Baumgarten, während eine Abzweigung das Kleine Bassin am Südende des Lustgartens versorgte. Vom Kleinen Bassin aus verlief sie unterirdisch auf geradem Weg in Richtung des Schlosses, unterquerte den Südtrakt des Gebäudes, speiste einen im Schloßinnenhof erbauten Springbrunnen (1722/26) und entwässerte in den Schloßgraben und schließlich in den See. Entlang dieser Leitung wurden drei Terrassenstufen im Gelände angelegt, über die sich das Wasser ergoß. An der obersten Stufe lag eine Futtermauergrotte (1733 ausgeführt, 1785 vollendet), als deren Vorbild die Thetisgrotte des Mainzer Gartens Favorite des Grafen Lothar Franz von Schönborn gelten kann. Die nächste Stufe wurde mit einer zweistufigen Terrasse versehen, die mit dem von zwei Sphingen flankierten „Ägyptischen Brunnen" (um 1725) ausgestattet war. Vom „Schildkrötenteich" (1723–1726) inmitten eines Englischen Parterres verlief die Wasserachse zu einer ‚Cordonata' (1726/1733), einer fünfläufigen Stufenkaskade, ebenfalls nach dem Vorbild des Mainzer Gartens Favorite gestaltet. Der Wasserfluß erreichte sodann den im unteren Garten gelegenen Querkanal, in dessen Zentrum eine Felseninsel aufgetürmt war. Aus den Ritzen zwischen den Feldsteinen strömte das Wasser in Rinnsalen herab. Die im ‚Style rustique' gestaltete Insel bildete einen reizvollen Gegensatz zur strengen Fassung des Kanals und seines von Treillagen bestimmten Hofes. Während die Insel schon 1724/25 fertig war, hatte man Mühe mit der Anlage der Großen Fontäne in einem kreisrunden Bassin inmitten des Broderieparterres, die erst 1727 fertiggestellt wurde. Der gesamte Schmuck der Wasserarchitekturen in Form von Nereiden, Delphinen, Muscheln und dergleichen wurde von dem Hofbildhauer Theodorus Schlichting (um 1680–1746) geschaffen.[8] Mit der aufwendigen Wasserkunst und ihren abwechslungsreichen Einzelanlagen ist ein besonderes Merkmal dieses Französischen Gartens beschrieben, das für Norddeutschland eine Besonderheit darstellt.

Das neue Broderieparterre südlich der Schloßinsel dürfte einer wohl schon vor 1716 von Kase ausgeführten Anlage gefolgt sein, die nach holländischen Vorbildern in 6 Kompartimente geteilt war. Zur Aufnahme des Fontänenbassins wurde nun eine neue Querachse in Form eines Weges angelegt. Damit war zugleich eine Möglichkeit gegeben, die nunmehr acht Abschnitte des Broderieparterres zu hierarchisieren. Die vier mittleren Kompartimente erhielten im Sinne der Régence schlichte Tapis de gazon und bildeten damit einen Gegensatz zur ‚Unruhe' der Broderiemuster in den übrigen 4 Kompartimenten. Die Rasenstreifen, mit denen man die Hauptachsen des Parterres betonte, weiteten sich um das Fontänenbassin zu einem Ring und konnten damit die acht Parterreabschnitte formal zusammenhalten. Man entschied sich in Eutin für Broderiemuster, die sich an der Gartenhauptachse nicht ‚spiegelten', sondern als Ganze wiederholten. Damit folgte man dem neueren Stil, der von Le Blond ausging: von ihm stammten die meisten Illustrationen des Gartentraktates von Dezallier d'Argenville, des wichtigsten Musterbuches für Gärten der Régence. Das Farbkonzept des Eutiner Broderieparterres wurde vom roten Keramikmaterial der Broderien, vom Grün der Rasenflächen, der Buchsbaumzüge und der Taxuszierbäumchen (1723) sowie vom Weiß der so angestrichenen Sandsteinstatuen und -ziervasen bestimmt. Die ab 1723 von Schlichting geschaffenen Statuen stellten Figuren von Göttern und Allegorien der Jahreszeiten dar.

Das Boskettprogramm umfaßte Seitenboskette am Broderieparterre, sodann ein viergeteiltes Hauptboskett, zweipaarig angeordnete Niederwaldstreifen (Maronenboskett) und die „Obere Bôcage" am Kleinen Bassin. Die Seitenboskette mit abwechslungsreicher Gestaltung rahmten das Broderieparterre prächtig ein und gaben ihm zusätzlich Geschlossenheit. Die ab 1717 gepflanzten Hecken dieser Boskette bestanden aus Hainbuchen, die aus hofeigenen Beständen stammten. Die südlich des Broderieparterres angelegten Hauptboskette gehörten zur frühesten Planung von ca. 1712.[9] Ursprünglich war hier ein etwa quadratisches Quartier vorgesehen, das vier kleinere Quadrate und ein axiales Wegekreuz umfaßte. Diese Boskettform wurde nun derart umgestaltet, daß sich das Boskett der Gartenhauptachse unterordnete. Die Anlage erhielt einen Zug in die Länge und entsprach nunmehr dem barocken Formenanspruch. Der Forderung nach „variété" folgte man durch unterschiedliche interne Gestaltung der einzelnen Teile. Eine der vier Boskettteinheiten enthielt ein Heckentheater (um 1720). Südlich der hellen Zone des Querkanals schlossen paarig angeordnete Kastanienboskets an, bestehend aus je vier Reihen in Diagonalquincunx gesetzter Maronen und umgeben von streng beschnittenen Hainbuchenhecken. Jedes Kastanienboskett enthielt ein Boulingrin. Lewon orientierte sich offenbar an Vorbildern, die im Stichwerk über den Garten des Prinzen Eugen (Belvederegarten) in Wien enthalten sind.

Auch an der Schloßbucht und in einem Englischen Parterre wurden Boulingrins angelegt. Im größeren der beiden Englischen Parterres auf den Terrassenanlagen der Wasserachse entstand um 1727 anstelle des „Schildkrötenteiches" eine vertiefte Rasenanlage, die nun zum dekorativen Zentralmotiv dieses Parterres wurde. Das Boulingrin am See war der Bootsanlegestelle zugeordnet und lag ursprünglich innerhalb der Lindenallee. Nachdem aber diese Allee in den 1730er Jahren von Sturm und Hochwasser zerstört worden war, wurde ein neues Boulingrin auf dem Landrest angelegt, der nun in den See hineinragte. Die mit Rasen belegte Bodenfläche (um 1735) wurde zum Bowlinggreen, zum Spielgrund für das „Boßeln" (Kugelspiel). Die Aussicht zum See erhielt eine Rahmung aus Heckenarkaden, was die Attraktivität dieses Gartenbe-

Abb. 155: „Prospect des Hochfürstl. Bischöffl. Lust-Gartens zu Eutien ..." im Stichwerk von J. C. Lewon und M. Engelbrecht, Kupferstich 1743 (LB Eutin).

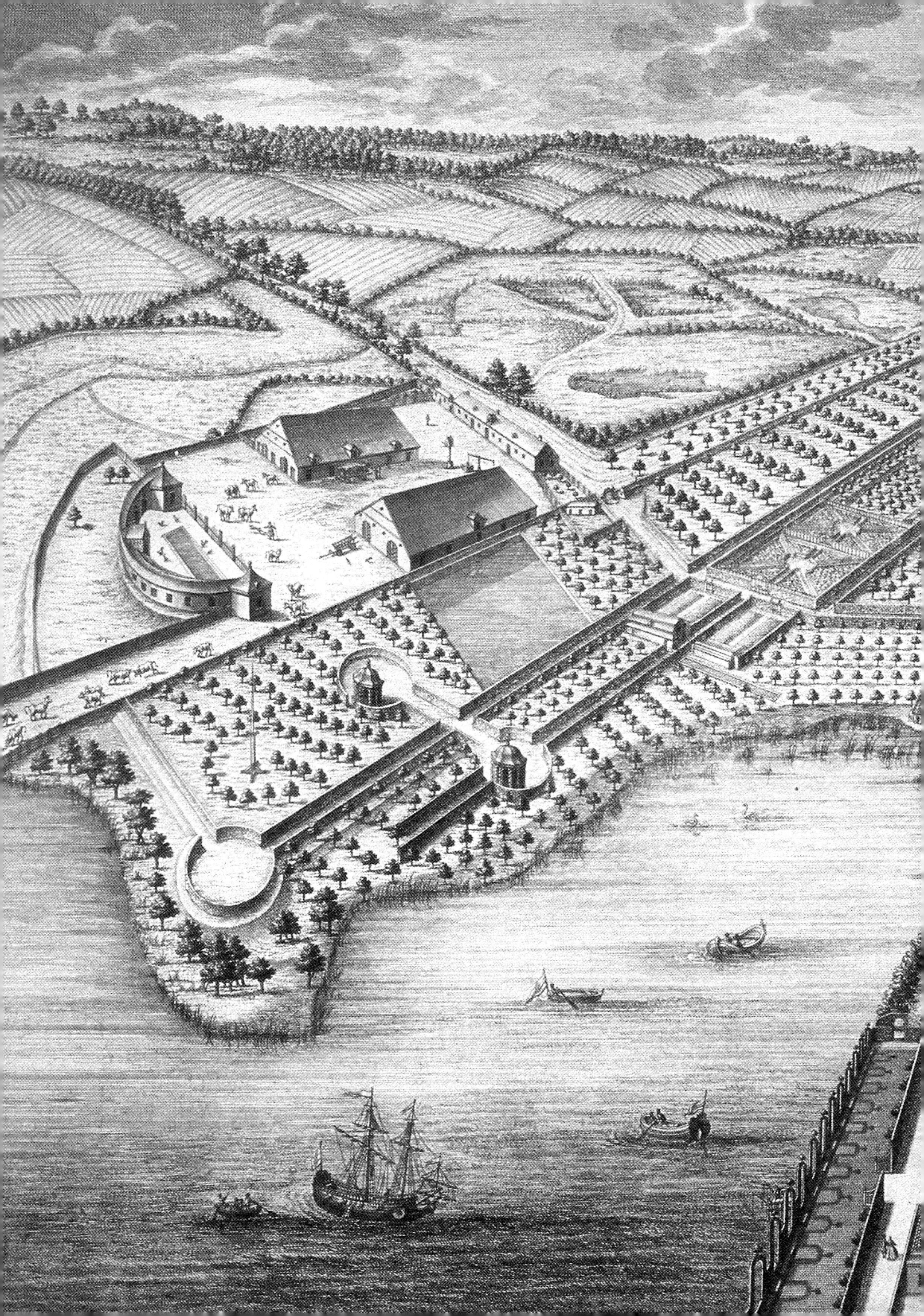

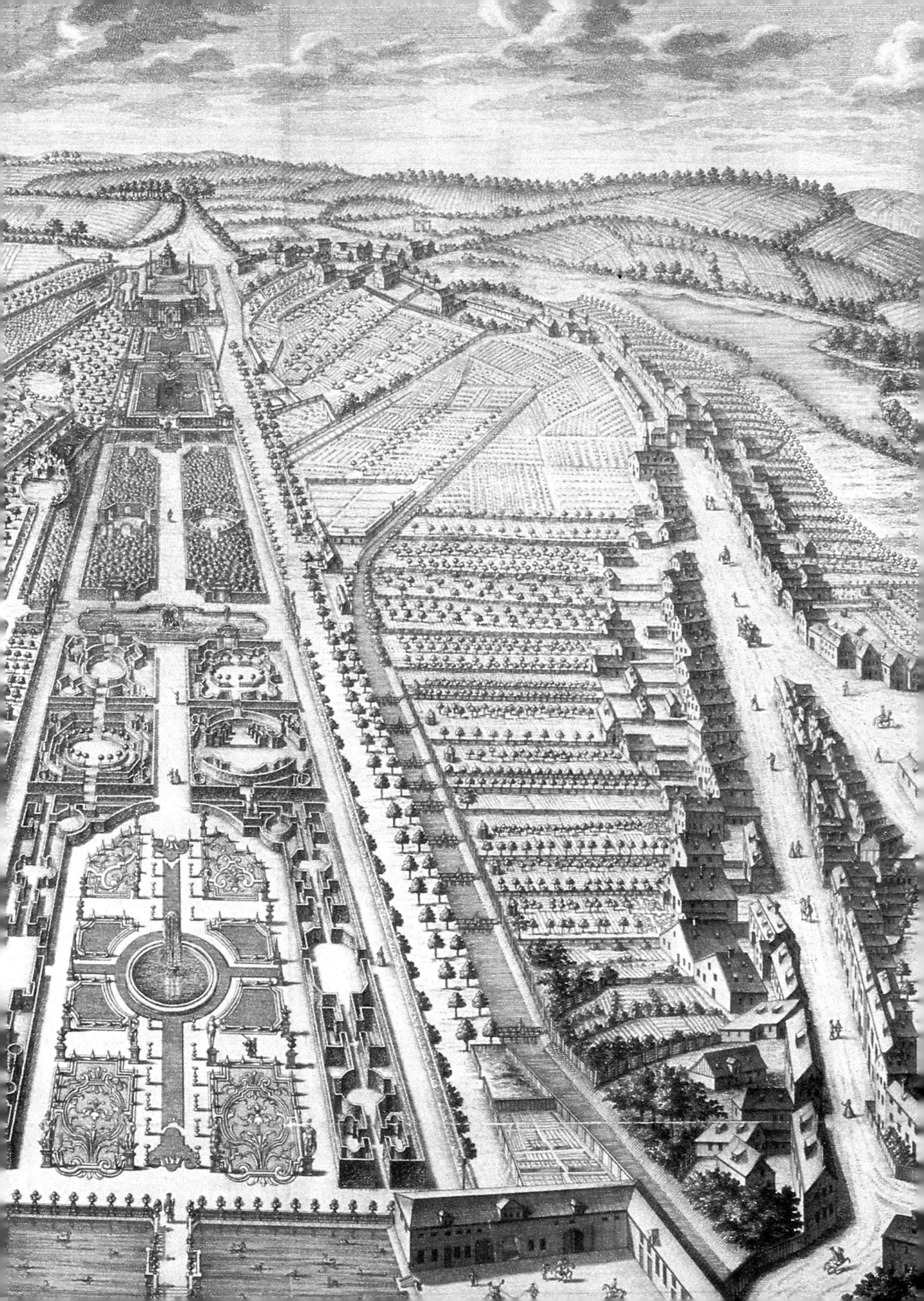

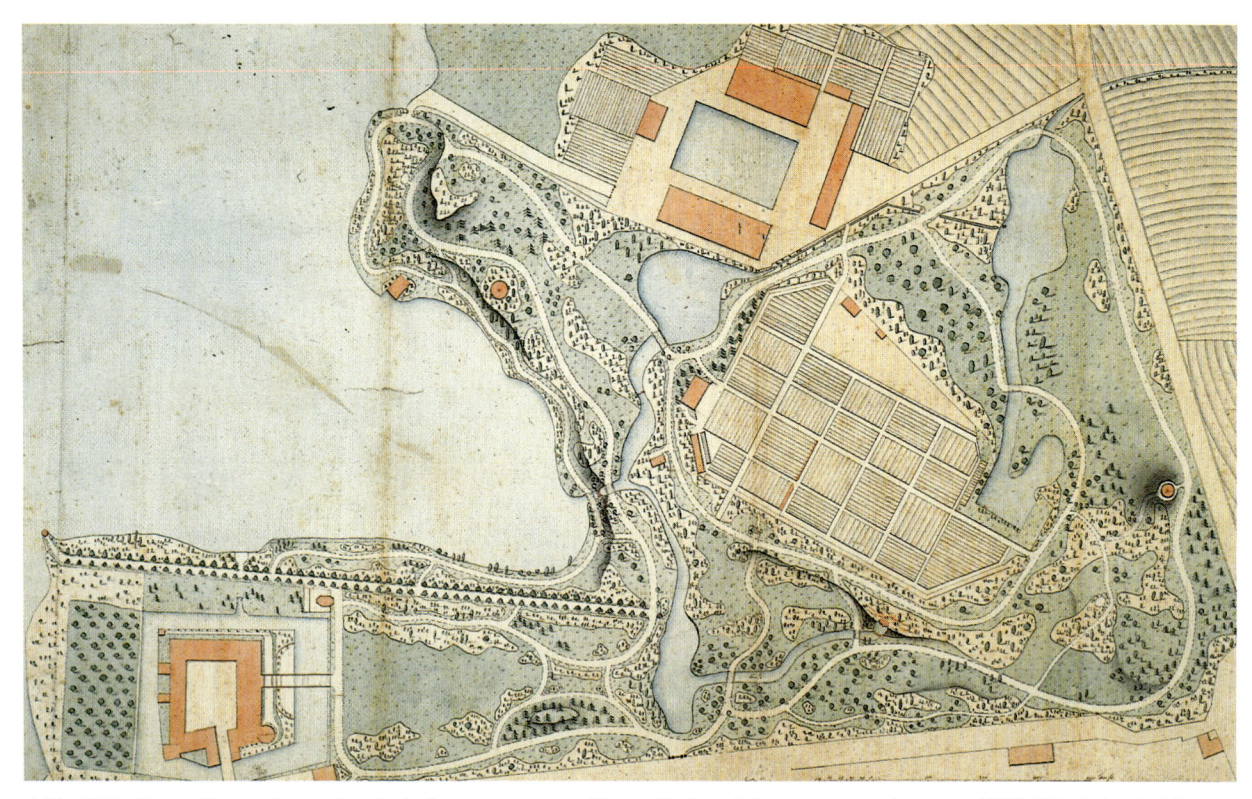

Abb. 156: Eutin, Entwurf zum Landschaftsgarten, aquarellierte Federzeichnung, unsigniert, um 1788 (Ostholstein-Museum Eutin).

reichs erhöhte (Abb. 14). Von hier brachte ein ‚Lustschiff' die Besucher zur Insel mit der Adolphsburg (1729/30), ebenfalls eine Anlage der Ära Adolph Friedrichs.[10]

Jenseits im Osten der Schloßbucht lagen im 18. Jahrhundert noch verschiedene Gartenquartiere. Im Baumgarten, der überwiegend von Obstbäumen in strengem Quincunx besetzt war, hoben sich einige Sondergärten von der Großfläche ab. So zog sich westlich der Bauhöfer Kastanienallee ein sprossenartig gegliedertes Obstgärtchen hin, dessen Basis das Große Bassin und dessen südliches Ende ein Schneckenberg (1723) war. Der Schneckenberg, ein uraltes Gartenmotiv, hatte seit der Renaissance eine neue Blüte erlebt. Es symbolisierte den über Irrwege und mühseligen Aufstieg zu erreichenden Zustand der Glückseligkeit. Lewon fand ein Vorbild für die Eutiner Anlage in einem der Blätter aus J. D. Fülcks *„Neue Garten Lust..."* (1720). Ein anderer Sondergarten befand sich auf dem Zwickel zwischen dem Lust- und dem Nutzgarten. Hier wurde im ‚Style rustique' aus heimischem Tuffgestein ein Grottenbau errichtet: die Eremitage (1723/24). Einen weiteren Sondergarten bildete der Kleine Garten, der sich den beiden Gewächshäusern anschloß. Er umfaßte zwei sternförmig angelegte Konterspalieranlagen, zwei Franzbaumquartiere und einen runden Platz vor einem Pavillon. Die Gewächshäuser, ein Sommer- und ein Winterhaus, waren um 1723/24 entstanden. Anstelle des Sommerhauses errichtete der spätere Eutiner Hofbaumeister Georg Greggenhofer (1718/19–1779) 1772 eine Orangerie, die 1776 zu einem Komödienhaus umgebaut wurde. Dessen Rückbau in eine Orangerie erfolgte erst 1791. Weitere Gewächshäuser wurden am Gärtnerhof westlich des Jungfernstiegs errichtet. 1733 hatte man unterhalb der Schloßterrasse in Form eines Krummhauses noch eine Orangerie erbaut. Diese Terrassenorangerie hatte die Pflanzen des inzwischen stark erweiterten Gewächsprogramms aufzunehmen. Aber nicht nur Pflanzen, sondern auch Tiere wurden im Französischen Garten gehalten. Neben der erwähnten Voliere und dem *„Schildkrötenteich"* gab es ein schwimmendes Entenhaus (1720) auf dem

Abb. 157: Eutin, Seepavillon von 1799/1800 am Großen Eutiner See, Photo um 1970.

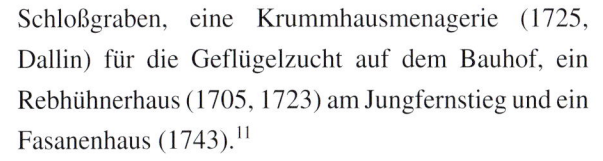

Abb. 158: Eutin, 1796/97 vollendeter Monopteros im Tempelgarten, Photo 1996.

Schloßgraben, eine Krummhausmenagerie (1725, Dallin) für die Geflügelzucht auf dem Bauhof, ein Rebhühnerhaus (1705, 1723) am Jungfernstieg und ein Fasanenhaus (1743).[11]

Der Eutiner Französische Garten ist sowohl im Kupferstichwerk, das 1743 herausgegeben wurde (Abb. 155), als auch in Planzeichnungen (vor 1726 von Lewon, 1742 von Randahl, 1751 wohl von Lewon, 1780 von Rastedt) dokumentiert. Einige Einzelentwürfe runden das Bild von diesem Garten ab. Er war Ausdruck der absolutistisch geprägten Zeit gewesen und seiner Aufgabe gerecht geworden, den barocken fürstbischöflichen Hof der jüngeren Gottorfer Linie – in Konkurrenz etwa zu den Gärten süddeutscher Fürsten – angemessen zu repräsentieren.

Als Peter Friedrich Ludwig (1755–1829), der spätere (Groß-) Herzog von Oldenburg, 1785 die Regentschaft übernommen hatte, hob er alsbald die barocke Anlage auf und schuf auf dem nun noch einmal vergrößerten Schloßgartengelände einen Landschaftsgarten (Abb. 156). In ihm wirkt zweifellos der ideelle Einfluß seines jugendlichen Hauslehrers C. C. L. Hirschfeld aus den 1760er Jahren und dessen soeben erschienene *„Theorie der Gartenkunst"* (1779–1785) nach. Ein direkter Kontakt ist nach der spektakulären Kündigung Hirschfelds auf der Schweizreise (1767) jedoch nicht zu belegen. Nach vierjährigem Studium an der Ritterakademie in Bologna, nach einer 1 $^1\!/_2$ Jahre dauernden England-Schottland-Reise (1775–1776) und ersten Erfahrungen in der Anlage eines Landschaftsgartens ab 1778 in Rastede bei Oldenburg, seinem Privatwohnsitz, konnte der Fürst eigene, inzwischen ausgereifte Gartenvorstellungen in Eutin umsetzen. Als Fachleute standen ihm neben dem Hofgärtner Alexander Schremm (gest. 1792) vor allem der junge Daniel Rastedt (1761–1836), ab 1793 Hofgärtner, Hofbaumeister Peter Richter (1750–1805) sowie zahlreiche andere Hofkünstler und -handwerker zur Verfügung.

Abb. 159: Entwurf eines Monopteros für den Eutiner Schloßgarten von C. F. Hansen, lavierte Federzeichnung 1792 (SA Eutin).

Auf dem relativ kleinen Gelände (14 ha) wurde eine vom Gedankengut der Aufklärung und der Freimaurerei[12] beeinflußte Gartenkonzeption verwirklicht, in der über Stationen der Läuterung eine Art Lebensreise symbolisiert wird, die ihren Höhepunkt und ihr Ziel in Weisheit und Glückseligkeit auf Erden findet.

Das Anfangsmotiv bildet der 1799/1800 von dem Malenter Steinmetz Jacob Röhl ausgeführte Seepavillon, ein aus behauenen Granitfindlingen über hexagonalem Grundriß errichtetes, in den See vorgeschobenes Gartenhaus. Der ursprünglich über 6 Granitstufen betretbare, kopfsteingepflasterte Bau mit 6 Pfeilern und kupfergedecktem flachem Zeltdach wirkt auffällig schmucklos, herb und rational (Abb. 157). Im Gegensatz dazu bietet sich durch die fensterlosen Öffnungen das schöne Panorama der Eutiner Seenlandschaft dar. Die bewußte Primitivität der Architektur symbolisiert Anfang.

Diesem am nördlichen Gartenende befindlichen Anfangsmotiv steht am äußersten südlichen Ende – wenn auch zunächst unsichtbar – der Weisheitstempel gegenüber (Abb. 158). Der achtsäulige Monopteros mit kupfergedecktem Kuppeldach ist innerhalb des 1796 angelegten Tempelgartens auf dem höchstgelegenen Gartenbereich errichtet worden. Er gewährte ursprünglich einen weiten Blick über die sich südlich und östlich anschließende Feldmark; ein ‚Aha' (sunken fence) als Gartenbegrenzung unterstützte den Eindruck der Öffnung zur Landschaft, was heute wegen der Bebauung der angrenzenden Oldenburger Landstraße vor Ort nicht mehr ablesbar ist. Der klassizistische Tempel wurde in den Jahren 1793 und 1795–1797 erbaut: nicht nach dem bekannten 1792 von C. F. Hansen geschaffenen Entwurf ionischer Ordnung[13] (Abb. 159), sondern in Anlehnung an den Pan- und an den Äolus-Tempel, die William Chambers 1758 bzw. 1761 in Kew Gardens bei London errichtet hatte, in dorisch-attischer Ordnung. Die Modelle für die skulpturalen Motive am Bukranienfries – Opferschalen und Stierschädel – lieferte 1796 der Hofbildhauer August Friedrich Moser (1746–1810). Die Stukkaturen im Innern der kassettierten Kuppel wurden von einem gewissen K. Diebel geschaffen (1797); sie sind während der 1873 vorgenommenen Reparatur gegen Ziermotive aus Holz ausgetauscht worden. Die Sonnendarstellung aus Granitsteinen auf dem Tempelfußboden nimmt mit den 24 *„Strahlen"*-Steinen, die an den Tagesablauf erinnern, Bezug auf Zeit und Vergänglichkeit. Der Metopenfries mit den Opfersymbolen gemahnt an Entsagungs- und Opferbereitschaft bei dem Streben nach Weisheit. Die ursprünglich dunkle, aus Nadelbäumen bestehende Hintergrundbepflanzung betonte den Ernst dieser Situation. Die lichtdurchflutete Säulenarchitektur des *„Sonnentempels"* aber symbolisiert Erleuchtung.

Zwischen dem Seepavillon und dem Weisheitstempel spannt sich das Wegesystem, das den Besucher zu verschiedenen Gartenbereichen und Stationen führt. Der erste Teil dieses Systems ist die 1788 auf einem barocken Heckenweg angepflanzte, 335 m lange Lindenallee (Abb. 160 u. 161). Sie besteht heute noch aus 55 Baumpaaren, im strengen Quincunx gesetzt, und führt den Besucher in schnurgerader Ausrichtung in den Garten ein. Sie scheint die barocke Allee zu erset-

Abb. 160: Lindenallee mit Blickbeziehung zur Flora-Statue, Postkarte um 1930 (Privatbesitz).

Abb. 161: Lindenallee mit Durchblick zum See, Postkarte um 1930 (Privatbesitz).

zen, hat aber eine völlig andere Funktion bekommen. Dieser Schattengang kommt scheinbar aus dem See hervor, führt am Schloß vorbei und scheint den langen Weg aus der Vergangenheit in die Zukunft auszudrücken. Er bildet am südlichen Ende einen Scheideweg. Von der Allee aus bestand ehemals eine Blickbeziehung zu einer Flora-Statue, einer Nachbildung der Flora im Capitolinischen Museum in Rom. Sie war am jenseitigen Ufer eines Gartenteichs aufgestellt, also nicht unmittelbar zugänglich, und es führte auch kein anderer Weg zu ihr. Die Scheidewege der Allee wenden sich vor dem Teich in östliche und westliche Richtung und führen in ihrem weiteren Verlauf zu unterschiedlichen Gartenräumen.

Vom Westweg aus bietet sich der Kleine Schloßgarten dar, der Garten des Schlosses im engeren Sinne. Ein großzügiges, 1789 angelegtes Bowlinggreen breitet sich vor der Anlage des barock überformten, aber z. T. noch mittelalterlichen Züge aufweisenden Schlosses aus, flankiert von lockeren Baum- und Strauchgruppen. Sinnbilder der Vergänglichkeit, eine aus dem Französischen Garten übernommene Sonnenuhr – 1752 von Johann Georg Moser (1713–1780) geschaffen – und zwei Ziervasen in Urnenform, die ebenfalls aus dem Barockgarten stammen dürften (um 1945 verschwunden), waren am nördlichen Rand des Bowlinggreens aufgestellt.

Der östliche Scheideweg der Lindenallee führt zu einem Gartenbereich, der einen ländlichen Charakter im Sinne einer Idylle erhielt. Die Idylle – ‚locus amoenus' – eine von der Literatur und der darstellenden Kunst her bekannte Form der Gestaltung schöner Natur, in der Pan, Nymphen und andere Naturgottheiten ihre Rolle in einer arkadischen Hirtengesellschaft

Abb. 162: Eutin, Tuffsteinhaus im Schloßpark, Sepiazeichnung von L. P. Strack um 1800 (Altonaer Museum in Hamburg – Norddeutsches Landesmuseum).

spielten, wurde hier in die Gartendarstellung übertragen. Der relativ hoch gelegene, sich zwischen der Schloßbucht und dem Wirtschaftshof („*Bauhof*") des Schlosses hinziehende Gartenbereich wurde mit Hüttenarchitektur motivisch ausgestattet, die ähnlich wie der Seepavillon den Anfang der Kulturentwicklung symbolisiert. In Eutin konnte dabei auf das bestehende reetgedeckte Bootshaus am Ende der Bucht und auf einen Eiskeller zurückgegriffen werden. Der schon seit etwa 1735 vorhandene Eiskeller wurde 1794 vom alten Standort nahe der Vorburg an den Höhenweg der „*Ländlichen Gegend*" umgesetzt. Er war oberirdisch nur in Form eines reetgedeckten Kegels sichtbar. Im nördlichen Teil der Ländlichen Gegend, dort, wo sich heute die Freilichtbühne befindet, hatte man einen Aussichtsplatz geschaffen, von wo aus man bis zum Bungsberg blicken konnte. Am Seeufer wird die Ländliche Gegend durch einen natürlich wirkenden Weg erschlossen, den „*Philosophischen Gang*", der mindestens seit 1751 so bezeichnet wurde, wahrscheinlich aber schon im Zuge der Uferbefestigungen nach 1733 entstanden war. Im Gegensatz zur Lindenallee ist er unregelmäßig und mit verschiedenen Baum- und Straucharten bepflanzt, folgt in der Linienführung dem natürlichen Verlauf des Ufers und paßt sich dem Niveau der jeweiligen Geländegestalt an (Abb. 15). 1790 suchte man den Gang mit rustikalen Steinpackungen abzusichern und stilistisch im Ausdruck der Natürlichkeit zu steigern; zudem wurde er um die Schloßbucht herum verlängert. Vom Scheitel der Schloßbucht aus erfaßt das Auge des Besuchers das Bild der Fasaneninsel inmitten des Sees und den mit weißen Seerosen (Nymphaea alba L.) bedeckten Wasserspiegel. Die Insel war 1790 mit einer Fasanerie ausgestattet und im Stil eines Landschaftsgartens bepflanzt worden. Diese Ornamented farm im kleinen bildete mit ihrem differenzierten Pflanzenbestand eine ins Bild passende Ergänzung, wobei ihre Pappeln mit denen an der Schloßseite der Bucht korrespondierten und an die Zypressen südlicher Gefilde erinnerten.

Zur motivischen Ausstattung von arkadischen Idyllen gehörten auch Grotten – Behausungen der Nymphen – und Gewässer. Ein Teich, der sogenannte „*Duvendiek*", liegt im südlichen Bereich der Ländlichen Gegend. Sein abfließendes Wasser ist an einem Grottengebäude entlanggeführt und ergießt sich in Form eines Wasserfalls in den See. Dieser sogenannte Kleine Wasserfall ist 1790 von Hofbildhauer August Friedrich Moser mit einem aus Tuff gestalteten Hintergrund versehen worden. Das Grottengebäude, das 1793 nach einem etwas vereinfachten Entwurf C. F. Hansens (1792) errichtet wurde, ist gleichfalls aus bearbeitetem Tuff erbaut worden: das Tuffsteinhaus (Abb. 162).[14] Der schlichte säulenlose Tempel über breitrechteckigem Grundriß war der Nymphengöttin Artemis gewidmet, was sich insbesondere an der ehemaligen Gestaltung der Medaillons in den flachen Giebeldreiecken und an einer Opferszene ablesen ließ. Dieses Artemision am Wege zur Ländlichen Gegend ist ein weiterer deutlicher Hinweis darauf, daß jener Gartenteil als ‚locus amoenus' oder Arkadien aufgefaßt werden sollte. Artemis als Verkörperung der wilden, ungezügelten Natur ist in der ikonographischen Verwirklichung dann jedoch aus ihrem Tempel verdrängt worden. Statt jener wurden 1794 die marmornen Büsten (Kopien antiker Büsten in Florenz) des griechischen Dichters Aratos (3. Jh. v. Chr.) und des römischen Dichters Seneca (0–65 n. Chr.) in den Seitennischen aufgestellt, die die griechisch-römische Kultur – d. h. eine völlig humanisierte Naturauffassung – verkörperten. 1813 zerstörte französisches Militär die skulpturale Ausstattung des Tuffsteinhauses. 1877 wurde es in eine C. M. von Weber-Halle (Webertempel) umgewidmet und mit einem Gitter verschlossen. Damit verlor es seinen Charakter als schützendes Gartenhaus, in dem eine Bank zur Rast eingeladen hatte.

Nahe dem Tuffsteinhaus verläuft eine Backsteinmauer. Sie umschließt den eigens in den Gesamtgarten einbezogenen Küchengarten des Schlosses. Der neue Küchengarten – der Bereich der Nutzen bringenden Natur – wurde auf dem Gelände ausgeführt, das sich der 1772 von Greggenhofer geschaffenen Orangerie südlich anschließt. Der alte Küchengarten am Gärtnerhof wurde ebenso wie das Nordgelände hinter dem Schloß in einen Obstgarten umgewandelt. Die orthogonal angelegten Wege des neuen Küchengartens folgen in den Haupt- und Nebenachsen der aus dem Französischen Garten übernommenen Situation. Deutlich ist damit der Nutzcharakter dieses 1790 bis 1792 eingerichteten Areals betont. Die ehemalige Orangerie, ein Backsteinrohbau mit einem Mansarddach aus roten Dachziegeln und bis zur Erde reichenden Stichbogenfenstern in der südlichen Breitfront, wird heute als Galerie genutzt. Verschiedene andere Gewächshäuser – Blumenhaus (1836), Kalthäuser (1842), Pelargonienhaus (1860), Weinkasten (1800) und Ananashäuser verschiedener Jahrgänge (um 1727 und 1791) – bestehen nicht mehr, das Warmhaus (1889) nur noch als Ruine.

Durch eine Art „Nadelöhr" (Rastedt) gelangt der Besucher von der Ländlichen Gegend an der Küchengartenmauer vorbei durch einen Hain in den Tempelgarten. Eine palladianische Bogenbrücke (1796, später erneuert) betont den Charakter des Jardin anglo-chinois, wie er besonders von W. Chambers propagiert worden war. Die Brücke hat ihr Vorbild offenbar in einer Brücke, die Chambers für Kew Gardens bei London entworfen und erbaut hatte. Weiß gestrichene Brücken und Geländer betonen im Eutiner Garten den Charakter des Klassizismus. In ihrer Steigerung von einfachen zu differenzierteren Ausführungen kennzeichnen die Brücken den Abstand vom bzw. die Nähe zum Weisheitstempel, sie sind dem Ausdruck ihrer Gegend angepaßt. Folgt man dem bis zur äußersten Südostecke des Gartens führenden Weg, wird man über eine weitere Brücke (1796, später erneuert) geführt, die den Zufluß zum „Großen Piependiek" überquert. Von diesem größten Gartenteich aus bietet sich der vom Monopteros gekrönte Tempelgarten den Blicken des Besuchers am eindrucksvollsten dar.

Von hier steigt die Rasenfläche des 1796 angelegten Tempelgartens sanft bis zum Tempel an. Zur Erstbepflanzung dieses Gartenteils gehörten Platanen, Edelkastanien, rotblühende Pavien, Feldulmen, Ahorn, Silberpappeln und Zieräpfel, außerdem „6 große Ypern" (Ulmen). Die meisten dieser Baumarten gehören zu der von C. C. L. Hirschfeld zusammengestellten Liste von Bäumen, die er für Plätze empfiehlt, wo Schönheit der Form, Würde und Regelmäßigkeit als Ausdruck erwünscht seien. An Sträuchern wurden für diesen Gartenteil erworben: Flieder, Geißklee, Strauchkronenwicke, Färberginster, Johanniskraut, Heckenkirsche, Mehlbeerbaum, Bocksdorn, Traubenholunder, Schneeball, Johannisbeerstrauch, Spindelbaum, Rotdorn und Eibisch. Die Bedeutung des Tempelgartens wurde mit der Anpflanzung von Rosen verschiedener Sorten (ranunculoides, virginia, holiferica, alba plena) hervorgehoben. Mit Rosa alba plena, der gefüllten weißen Gartenrose, erwies man einer seit Jahrhunderten bekannten Rosensorte, Rosa alba semiplena, eine

Abb. 163: Pleasureground am Eutiner Schloß, Photo 1995.

Reverenz, die schon im alten Rom bekannt gewesen sein soll. Mit diesem Pflanzenprogramm wurde im Tempelgarten das Elysium ausgedrückt, das Gefilde der Seligen am Westrand der Erde.

Auf dem Weg vom Monopteros zum Schloß, das durch Blickschneisen sichtbar wird, wird der Besucher an dem sogenannten Großen Wasserfall vorbeigeleitet (Abb. 72 u. 73), der 1790/91 von August Friedrich Moser mit Tuffgestein gestaltet wurde. Dieses gegen Westen zur untergehenden Sonne gewandte Gewässer kann als Symbol des Endes, aber auch der ständigen Erneuerung der Natur im Kreislauf der Elemente aufgefaßt werden (die Wasserzufuhr ist derzeit problematisch).

Westlich des Gartenteichs befindet sich das schon damals für die Öffentlichkeit bestimmte Gartenportal, das 1789/1790 aus vier Steinpfeilern und eisernem Gitterwerk geschaffen wurde. Hier war seit 1792 eine Schrifttafel mit einer Gartenordnung aufgestellt. Nicht nur im Programm, sondern auch in der Öffnung des fürstlichen Gartens für das Volk wurde der aufklärerische Anspruch des Eutiner Residenzgartens deutlich.

Im Eutiner Landschaftsgarten sind mehrere Gegenden mit verschiedenem Charakter künstlerisch dargestellt: die domestizierte Natur im Schloßbereich, die schöne, die idyllische Natur in der Ländlichen Gegend, die wilde Natur im Nymphengarten der Artemis, die nutzbringende Natur im Küchengarten, die bewirtschaftete Natur im Bauhofbereich und die von Kunst überhöhte Natur im elysischen Tempelgarten, der als Höhepunkt des Gesamtgartens zu betrachten ist. Die übrigen Gartenbereiche stehen in der Hierarchie in niedrigerer Position, worin sich die Überzeugung des Gartengestalters ausdrückt, daß nicht die gemaßregelte, die zügellose, die nur schöne oder die nur genutzte Natur sinnbildhaft als höchste Lebensform anzustreben sei, sondern jene, die all diese Aspekte in idealer Weise mit Kunst verbindet, die Wissenschaft, Poesie und Philosophie einschließt, soweit sie zum vollendeten Zustand der Weisheit und damit im Sinne der Aufklärung zur Glückseligkeit der Menschen beitragen. Nach dieser Forderung, die vom historischen Garten bestand und den zugehörigen Archivalien auch im Detail ablesbar ist, richteten sich die Ausstattung und die Bepflanzung der einzelnen Gartenbereiche. Damit erweist sich der Landschaftsgarten Peter Friedrich Ludwigs als ein Kunstwerk der Spätaufklärung (Abb. 163), das in seiner programmatischen Ikonographie für Schleswig-Holstein einmalig ist. Die vielen kleinen und größeren Beeinträchtigungen, die der Garten aus Unwissenheit oder aufgrund anderer Bedürfnisse in den letzten zwei Jahrhunderten erlitten hat, und die natürlichen Veränderungen der Vegetation lassen diesen Sinnzusammenhang heute nur noch erahnen, doch bemüht sich die Stiftung, den Eutiner Schloßgarten durch ein Parkpflegewerk auch heute in den wichtigsten Aspekten der Landschaftsgartenkunst den ursprünglichen Absichten stärker anzunähern.

Gisela Thietje

1 Vgl. ausführlich zum Eutiner Schloßgarten, unter Einbeziehung sämtlichen Quellen- und Planmaterials, Thietje (1994). Zahlreiche Pläne, Entwürfe und Skizzen finden sich in den Archiven des Eutiner Schlosses, des Ostholstein-Museums, der Landesbibliotheken in Eutin und Kiel, dem LAS sowie in Stockholmer und Kopenhagener Archiven. Zum Schloß Eutin vgl. Schulze (1991).
2 Vgl. dazu den Kupferstich der Stadt Eutin mit Schloß und Tiergarten in: Braun/Hogenberg (1572–1617/18), Liber 5 (vor 1598).
3 Des Hayes: Les voyages de Monsieur Des Hayes Baron de Courmesuin, en Dannemarc ..., Paris 1664.
4 Vgl. „*Grundtriß der stadt und Schloß Eütyn ao. 1648*", in: Danckwerth (1652).
5 Vgl. Villa Medici in Rom, Stich von G. de Scaichi. Die Eutiner Gartensituation zur Zeit des Bischofs Hans, vgl. Thietje (1994), S. 280.
6 Vgl. Schulze (1995c), S. 204–207 mit 2 Abb.
7 Der Französische Garten ist in einem prächtigen Kupferstichwerk dokumentiert, das nach Vorzeichnungen Lewons und des Eutiner Hofmalers Ph. Bleil, von dem Augsburger Kupferstecher Martin Engelbrecht (1684–1754) gestochen und 1743 von dem Fürstbischof und späteren schwedischen König Adolph Friedrich herausgegeben wurde. Zum Zeitpunkt der Herausgabe vgl. Thietje (1986a), S. 120, Anm. 68.
8 Vgl. Thietje (1986a), S. 79–122.
9 Vgl. Skizze als Vorsatz zu: Alexander Molde, „*Uthinische Chronica*", Lübeck 1713.
10 Zur Adolphsburg vgl. Thietje (1988b), S. 58ff.
11 Vgl. Thietje (1989c), S. 206–246.
12 Über die damaligen Geistesströmungen in Schleswig-Holstein vgl. Lehmann/Lohmeier (1983), darin besonders: Kopitsch, S. 53–85 und Neuschäffer, S. 87–120. Vgl. auch Muus (1986), S. 59–64.
13 Vgl. Wietek (1958), S. 116–128.
14 Vgl. Thietje (1988a), S. 54–60.

Flensburg: Margarethenhof

Adelspalais mit eingefriedetem Garten am Ostufer des Flensburger Hafens. Ursprünge im 16. Jahrhundert. Barocke Umgestaltung und Erweiterung zu Manufaktur- und Fabrikgebäuden im 18. und 19. Jahrhundert. Gartenstrukturen seit der Mitte des 19. Jahrhunderts verloren.

Schon eine Ansicht Flensburgs von Braun/Hogenberg aus dem Jahre 1588 zeigt ein Hofgebäude mit eingezäuntem Garten direkt am Fördeufer, damals noch vor den Toren der Stadt gelegen.[1] Genauere Gartenstrukturen lassen sich jedoch auf dieser Darstellung nicht ablesen. Erst eine Beschreibung aus der Zeit um 1690 wird detaillierter, dort werden ein *„Baum- und Küchengarten in St. Jürgen bey Flensburg nebst 4 aneinanderstoßenden Wohnungen, einem Garten und einem Lusthaus"* genannt.[2] Besitzer war zu dieser Zeit der Kaufmann Hans Lange, dessen Familie schon 1609 als Eigentümer genannt worden war. Nach verschiedenen Besitzerwechseln gelangte der Hof 1710 in die Hand des Reichshofrats und Kammerpräsidenten Heinrich Graf zu Reventlow. Es folgten 1716–1728 Detlef Reventlow auf Stubbe und 1728–1743 die Landrätin Charlotte von Lützau. 1759 wurde hier schließlich von dem Kaufmann Peter Holst eine Seifensiederei und 1762 von Mathias Holst eine Zuckersiederei eingerichtet. Im Rahmen der gewerblichen Nutzung erfolgte der Ausbau zu einem weitläufigen Fabrikgelände. Im 19. und 20. Jahrhundert befanden sich hier eine Metallschleiferei, eine Eisengießerei und zuletzt eine Maschinenbaufabrik.

Wahrscheinlich unter den Reventlows entstand die barocke Hofanlage mit dem vorgelagerten Garten, wie sie auf einer reizvollen Ansicht aus den ersten Jahrzehnten des 18. Jahrhunderts zu erkennen ist (Abb. 164). Das Wohnhaus mit Walmdach und Zwerchgiebel lag auf einer Anhöhe im Hangbereich am Ostufer der Flensburger Förde und war über eine stattliche Treppe zu erreichen. Der Hofbereich war von Plankwerk eingefaßt und über ein Tor zugänglich. Westlich der umzäunten Hofanlage auf der anderen Straßenseite befand sich der Garten, der wiederum von Plankwerk umgeben und über ein Tor zu erreichen war. Streng symmetrisch lagen Palais, Hof und Gartenanlage in einer Achse – unterbrochen von den Einfriedungen und der querverlaufenden Straße. Öffnete man jedoch die beiden Tore, so ergab sich ein durchgängi-

Abb. 164: Flensburg: Ansicht des Hafens mit Margarethenhof, Tuschzeichnung um 1720 (RAK).

ger Weg zwischen Hof- und Gartenbereich, der vom Wohnhaus ausgehend am Lusthaus im Garten endete. Dieser kleine Pavillon fiel als Point de vue jedem Gartenbesucher beim Betreten der Anlage sofort ins Auge. Die längsrechteckige Gartenanlage war zur Wasserseite nur durch einen Lattenzaun abgeschirmt, so daß man einen freien Blick auf die Flensburger Förde und die gegenüberliegende Stadt genießen konnte. Zwei Broderieparterres mit einem Springbrunnen lagen im östlichen Bereich des Gartens, gleich rechts und links des Eingangstores. Die übrigen, streng symmetrisch angelegten Beete lassen keine gartenkünstlerische Ausgestaltung erkennen – sie werden als Küchenbeete gedient haben. Hinter dem Garten gab es einen Bootsanleger, so daß man jederzeit auch auf dem Wasserweg in die Stadt gelangen konnte.

Im frühen 19. Jahrhundert, der Hof wurde schon zum großen Teil gewerblich genutzt, hat der Garten wohl noch in seiner ursprünglichen Form bestanden. In einem Brief von 1809 heißt es: „*Der mit einem Plankwerk rings umschlossene und mit einem Gartenhaus versehene Platz auf der Wasserseite der Strasse bei der Raffinaderie in St. Jürgen, ist seit undenklichen Zeiten ein Garten ...*".[3] Doch um die Mitte des letzten Jahrhunderts ging auch das Gartengelände verloren.

Der Margarethenhof mit seinem reizvollen kleinen Barockgarten zählt zu den typischen Adelspalais, die sich am Rande jeder größeren Stadt ansiedelten (Schleswig/Palais Dernath, Kiel/Brümmerscher Garten), von denen sich jedoch in Schleswig-Holstein kein einziges unverändert erhalten hat.

Thomas Messerschmidt

---

1 Redlefsen (1983): Nr. 2; vgl. auch Nr. 15 (Kupferstich von J. G. Fridrich, 1780) und Nr. 17 (Kupferstich von Th. A. Pingeling, 1783).
2 Zit. nach Kunstdenkmäler Flensburg (1955), S. 532.
3 Zit. nach H. E. Jepsen (1925): Margarethenhof. Die Geschichte eines Herrenhauses, Manuskript, StA Flensburg.

Flensburg: Marienhölzung

Stadtwald im Nordwesten von Flensburg. Forstwirtschaftliche Nutzung und Erholungswald der Flensburger Bürger seit Mitte des 18. Jahrhunderts, Waldgaststätte von 1825. Bis heute beliebtes Ausflugsziel.

Die Marienhölzung dient nicht nur forstwirtschaftlichen Zwecken, sondern ist darüberhinaus seit über zweihundert Jahren ein beliebtes Naherholungsgebiet für die Bürger Flensburgs.[1] Bis ins 18. Jahrhundert wurde dieses große Waldgebiet am Rande der Stadt lediglich zur Viehmast, zum Bauholzschlagen, Brennholzsammeln und Torfstechen genutzt. Um 1750 erkannten die Flensburger Bürger und der Rat auch den forstwirtschaftlichen Wert der Marienhölzung.[2] Aus dem bislang unkultivierten Wald wurde eine gepflegte Hölzung, und schon bald sah man über ihren wirtschaftlichen Nutzen hinaus den Reiz von Spaziergängen und Erholung in freier Natur.

Die Aufsicht der Marienhölzung unterstand dem Holzvogt Hans Wesche. Er hatte sie vor Holzdieben zu schützen und darauf zu achten, daß die neu angepflanzten Bäume nicht beschädigt würden.[3] Für Wesche wurden mitten im Wald, dort wo noch heute eine Gaststätte steht, Wohn- und Wirtschaftsgebäude erbaut, *„welche zugleich einigermaßen zur Gastwirthschaft eingerichtet"* waren.[4] In den Akten wird ausdrücklich darauf hingewiesen, daß der Holzvogt auf Grund seines geringen Gehalts auf die Nebeneinkünfte eines Ausschankes angewiesen war. 1824 waren die einfachen Holzgebäude so baufällig, daß sie erneuert werden mußten. Die Kirchenpatrone der St. Marien-

Abb. 165: Flensburg: Marienhölzung, Ansicht der Gaststätte, Lithographie von J. F. Fritz, 1828 (Städtisches Museum Flensburg).

kirche stellten in ihrem Antrag fest, *„daß es der allgemeine Wunsch der dortigen Stadteinwohner sey, daß ein anständiges Local zur Benutzung für diejenigen welche die Hölzung als Belustigungsort besuchten, in derselben eingerichtet werden möge"*. Die Argumente überzeugten, und die Gottorfer Kanzlei genehmigte den Bau der Gaststätte, *„weil dieser Ort unstreitig in dem ganzen Bezirke der Stadt am zweckmäßigsten und angenehmsten für Erholungs=Spaziergänge belegen, auch der dahin führende Weg [der heutige Marienhölzungsweg] erst vor Kurzem, auf Kosten mehrerer Privatpersonen in ganz vorzüglichen Stand gesetzt und mit einem sehr zweckmäßigen Trottoir versehen worden ist"*.[5] Das elegante Gaststättengebäude mit einem breitgelagerten Säulenportikus, das zu den populären Baudenkmälern des Klassizismus in Flensburg zählt, wurde von Tischlermeister Berg und Maurermeister Hochreuther errichtet – doch über den Architekten geben auch die Akten keine näheren Auskünfte.[6] 1826 wurde *„das neue Haus"* mit einem Waldkonzert eingeweiht.[7] Wie beliebt die Marienhölzung als Ausflugziel war, beweist eine Lithographie von Johann Friedrich Fritz (1798–1870), die einen regen Betrieb biedermeierlicher Sonntagsgesellschaften vor der Gaststätte zeigt (Abb. 165).

In einem hölzernen Pavillon, der am Ende des 19. Jahrhunderts entstanden sein muß und erst vor wenigen Jahren im Rahmen einer umfassenden Restaurierung des Gasthauses pietätlos abgerissen wurde, fanden bis in die zweite Hälfte unseres Jahrhunderts zahlreiche Veranstaltungen wie Konzerte und Tanzvergnügen statt. Neben dem Gasthaus sind noch heute der Schwanenteich oder die Wildgehege an den Forsthäusern beliebte Ziele der Waldspaziergänger.

Und noch immer haben die Verse Gültigkeit, die 1826 im ‚Flensburgschen Wochenblatt' zu lesen waren:

*„So stehe denn da manches Jahr,
Du stattliches Gebäude – !
Und bleibe für uns immerdar
Ein Ort der Lust und Freude:
Denn immer wird Mariens Hain
Doch gern besucht von allen seyn,
Die in der Thalstadt wohnen."*[8]

Thomas Messerschmidt

1 Ihren Namen trägt die Marienhölzung, früher auch Liebfrauenholz genannt, nach der St. Marienkirche. 1905 verkaufte die Kirche den Wald an die Stadt.
2 Zu den Eigentumsstreitigkeiten vgl. G. Claeden (1773): Historische Abhandlung von den bey der Stadt Flensburg belegenen Kirchen=Hölzungen..., Flensburg 1773.
3 Giessler (1988), S. 35.
4 LAS Abt. 65.2 Nr. 2253, 13–15.
5 LAS Abt. 65.2 Nr. 2253, 15. Der historische Weg hat bis zum Bau einer Umgehungsstraße bestanden, die 1968 mitten durch den Wald gelegt wurde.
6 Die Meister Berg und Hochreuther werden auch in der *„Giebelrede bey Einrichtung des neuen Gebäudes in der St. Marienhölzung. Flensburg, den 27ten May 1825"* genannt, die von dem Flensburger Lokalpoeten A. P. Andresen verfaßt wurde (StA Flensburg). Vgl. Kunstdenkmäler Flensburg (1955), S. 548f.
7 Der Text von dem *„Lied zum ersten Waldkonzerte in und bey dem neuen Gasthause in der St. Marien=Kirchenhölzung. Flensburg, im May 1826"* stammt, wie schon die Giebelrede ein Jahr zuvor, von dem Flensburger Poeten A. P. Andresen (StA Flensburg).
8 Flensburgsches Wochenblatt, 29. 4. 1826, S. 463.

Flensburg: Christiansen-Gärten und Alter Friedhof

Gärten der Kaufmannsfamilien Christiansen und Stuhr auf der Westlichen Höhe in Flensburg, angelegt ab 1797. Integration eines kommunalen Friedhofes 1810–1813. Ab 1820 Gartengelände im alleinigen Besitz Christiansens. Teilverkäufe und Bebauung ab 1856. Reste der Gärten mit Mumiengrotte und Spiegelgrotte sowie Friedhof bis heute erhalten. Öffentlich zugänglich.

Die Landschaftsgärten auf der Westlichen Höhe von Flensburg und der erste kommunale Begräbnisplatz – heute Alter Friedhof genannt – sind Teile einer tiefgreifenden Landschaftsgestaltung um 1800 vor den Toren der Stadt (Abb. 166 und 168).[1] Mit dem Ankauf des 4,2 ha großen Christiansenparks westlich des Alten Friedhofes erwarb die Stadt Flensburg 1992 das bedeutendste Gartendenkmal der Stadt. Diese Parkanlage ist der Rest der weitläufigen Gärten der Familie Christiansen, die aus ursprünglich zwei Landschaftsgärten zusammenwuchsen: dem westlich des Alten Friedhofes gelegenen Landschaftsgarten des Kaufmannes Stuhr, angelegt ab 1797, und dem östlich des Friedhofes gelegenen Garten der Familie Christiansen, der 1799/1800 um die erste Ölmühle der Stadt herum entstand. Nach dem Tod des Vaters 1811 übernahm Andreas Christiansen jun. (1780–1831) die Ölmühle und baute den Garten beträchtlich aus. Im Jahre 1820 konnte er auch noch den Landschaftsgarten Stuhrs dazuerwerben und vereinigte ihn mit seinem Besitz zu einem großen Gartengelände – den *„Christiansen-Gärten"*, in deren Zentrum der keilförmig eingeschobene Friedhof liegt (Abb. 168). Dieser Begräbnisplatz war landschaftlich voll integriert und bildete mit den um-

Abb. 166: Flensburg: Blick auf die Christiansen-Gärten und den Alten Friedhof. Im Vordergrund das Schützenhaus. Gouache um 1820/30 (Städtisches Museum Flensburg).

Flensburg 235

Abb. 167: Flensburg: Christiansenpark, Ansicht des Landhauses Stuhr mit Mühle, Gouache von M. C. Nöbbe, 1828 (Städtisches Museum Flensburg).

liegenden Gärten ein gestalterisches Ganzes, er lag wie das Elysium – die Insel der Seligen – inmitten des Gartenreiches der Familie Christiansen, die im ausgehenden 18. und in der ersten Hälfte des 19. Jahrhunderts zu den einflußreichsten Familien Flensburgs zählte und über drei Generationen das wirtschaftliche und kulturelle Leben der Stadt prägte. Das Handelshaus Christiansen war führend im Westindienhandel, besaß Zuckerraffinerien, Handelshöfe und Schiffswerften, betrieb Ölmühlen und war Eigner zahlreicher Schiffe. Die Familie hatte ein entsprechendes Repräsentationsbedürfnis, das sich z. B. in der Anlage ihrer prächtigen Gärten manifestierte. Der Besitz Christiansens umfaßte in seiner größten Ausdehnung von 1820–1856 ein erstaunliches Areal auf der Westlichen Höhe, das durch den Niedergang des Handelshauses in den 1850er Jahren Stück um Stück parzelliert und verkauft wurde. Als wesentlichste Elemente der einstigen Christiansen-Gärten haben sich neben dem Landhaus und einigen neugotischen Wirtschaftsgebäuden auch zwei Teiche, ein Wasserfall, ein Gedenkstein zur Gartenbauausstellung 1874, die Mumiengrotte und ein Pavillon sowie die Spiegelgrotte auf dem heutigen Museumsberg erhalten.

Peter C. Stuhr zählte neben Christiansen zu den wohlhabendsten und einflußreichsten Kaufleuten der Stadt Flensburg. 1797 erwarb er die Holländer-Windmühle *„Helene"* mit dem dazugehörigen Mühlenhaus und den angrenzenden Ländereien.[2] Das Wohnhaus ließ er zu einem prächtigen Landsitz klassizistischer Prägung ausbauen (Abb. 167). Deutliche Übereinstimmungen zeigen das Stuhrsche Landhaus und ein nicht ausgeführter Entwurf des Architekten Axel Bundsen (1768–1832) für die Gartenseite des Herrenhauses Knoop.[3] Beide schließen in einem flachen Segmentbogen ab – eine Bauidee, die bislang in Schleswig-Holstein noch nicht aufgegriffen wurde. Verblüffend ist nicht nur die Ähnlichkeit, sondern auch die zeitliche Parallelität der Arbeiten auf Knoop, das 1796 im Rohbau fertig war, mit dem Umbau des Stuhrschen Landhauses 1797 in Flensburg. Bundsens Pläne des Knooper Herrenhauses scheinen in bescheidenerer Form ihre Umsetzung in Flensburg gefunden zu haben.

Aus dem ländlichen Mühlenbetrieb wurde ein respektabler Landsitz, den Stuhr in den folgenden Jahren durch die Anlage eines englischen Landschaftsgartens in einen entsprechenden Rahmen setzte. Schon nach wenigen Jahren müssen wesentliche Teile des Gartens vollendet gewesen sein, da in einem Vermessungsbericht von 1803 neben dem Landhaus bereits eine Grotte genannt wird.[4] Diese Grottenanlage gehörte zum zentralen Bereich des Gartens, der sich bis heute erhalten hat (Abb. 169) und in einer Beschreibung der Stuhrschen Gartenanlage in den *„Neuen Schleswig-Holsteinischen Provinzialberichten"* von 1811 besondere Beachtung fand: *„Unter den einzelnen Schönhei-*

ten der Stuhrschen Anlage gefällt vorzüglich die Umgebung eines kleinen Fischteiches, dessen Wasser zur Zeit über eine Felsenwand in eine beträchtliche Tiefe hinab stürzt, und so einen kleinen Wasserfall bildet. An dem entgegengesetzten Ufer des Teiches, hinter nie ruhenden Pappeln, findet man eine treflich schauerliche Felsengrotte, aus deren hintern Felsenwand das reinste Quellwasser unaufhörlich hervor rieselt, das in ein ausgehauenes Steinbecken hinabläuft, von wo der Überfluß, mittels einer Röhre unter der Erde hinweg, in den Teich geleitet wird. Das Halbdunkel dieser Grotte, die Kühlung und das beständige Rieseln der Quelle laden den Wanderer zum schönsten Genuß ein."[5]

In der „treflich schauerlichen Felsengrotte" befindet sich bis heute ein menschenförmiger Sarkophag, der fast vollständig den Innenraum einnimmt (Abb. 22 und 170). Neben dem Tageslicht wurde er zusätzlich über einen (heute verschlossenen) Lichtschacht in der Decke beleuchtet, der so angebracht war, daß das einfallende Tageslicht genau auf den Kopf der Figur fiel. Ein Sarg (und damit der Tod) als Gestaltungselement eines Gartens wäre im Barock noch undenkbar gewesen. Erst eine neue Todesanschauung, die den Tod als natürlichen Teil des Lebens und damit der Natur selbst verstand, hob diesen Gegensatz zwischen Tod und Garten auf. Schon im mythischen Arkadien, dem Land des idyllischen Schäferlebens, findet sich das Grab in der Landschaft – das Grab des Schäfers Daphnis. Diese arkadische Idee der Einheit von Tod und Natur bildete die Grundlage eines sentimental-verklärten Gefühls- und Erinnerungskultes im englischen Landschaftsgarten. Gedenkurnen und Sarkophage dienten als gefühlsbetonte Staffagen oder zur Markierung wirklicher Gartenbegräbnisse. Eines der bekanntesten Beispiele ist das Rousseau-Grab in Ermenonville bei Paris, das ab 1778 angelegt wurde. Der sentimentale Todeskult wird in Flensburg noch verstärkt. Durch die Aufstellung des Sarkophages in der Grotte wird sie zu

Abb. 168: Flensburg: Christiansen-Gärten und Alter Friedhof, Stadtplan von O. Wergeland (Detail), kolorierte Lithographie von C. Otto, 1849 (Privatbesitz).

BURGER

Mühle
(königl.)

Mühle

Christiansens

Garten

Mühle

Schießbahn
Schützen haus

Kirchhof

Mühle

Reit Bahn

Oel Mühle
Garten
Belle
stiansens

Graben

Rathhaus u. Theater
H. Geist K.
St Marien Str.

Grosse Str.

olm
Filial bank
Norder M.
St Marien K.
Compagnie str.

Holländer
Compagnie haus

Mühlen Strom

PLANKE

Abb. 169: Flensburg: Mumiengrotte im Christiansenpark, Photo 1992.

einer „*Art Grabkammer*".⁶ Der ägyptisch-orientalische Mumien-Sarkophag in Menschengestalt, der durch seinen fremdartigen, exotischen Charakter die Wirkung der Szene noch einmal erhöht, stellt eine interessante Verbindung des romantisch-verklärten Todeskultes und der damals verbreiteten Ägyptenmode dar. Mit Ägypten verband man Ende des 18. Jahrhunderts Vorstellungen von Erhabenheit, Ursprünglichkeit und mystischen Toten- und Wiederauferstehungskulten.⁷ Wer die geheimen Weisheiten der Ägypter durchschaute, drang damit zu den tiefsten Geheimnissen der Natur vor. Mumien, Sarkophage und Hieroglyphen gaben zu schauerlichen Empfindungen und interessanten Spekulationen Anlaß.⁸ Eine entsprechende Staffage befand sich im Park des Comte de Valbelle in Tourves.⁹ Hier gab es eine Pyramide, in deren innerer Kammer ein polychrom gefaßter, steinerner Mumien-Sarkophag lag. J. G. Grohmann schlug in seinem „*Ideenmagazin für Liebhaber von Gärten …*" sogar einen Eiskeller in Form einer Pyramide vor, deren Eingang eine zusätzliche Betonung durch einen aufrechtstehenden, steinernen Mumien-Sarkophag erhalten sollte.¹⁰ Ob es sich bei diesen Sarkophagen um eine klassizistische Kopie oder um ein antikes Original handelte, wird für den damaligen Betrachter nicht von Bedeutung gewesen sein. Als gartengestalterisches Element war ihre Wirkung und nicht ihre Herkunft ausschlaggebend. In der Regel dürfte es sich um Neuschöpfungen nach antiken Vorbildern gehandelt haben. Auch der Flensburger Sarkophag galt lange als wenig beachtenswerte klassizistische Kopie in Anlehnung an ägyptische Mumien-Sarkophage.¹¹ Doch bei näherer Betrachtung erkennt man die hohe Qualität der Bildhauerarbeit. Der Körper ist ohne Andeutung von Armen oder Beinen auf die Umrißform reduziert – die Körperoberfläche fein geglättet und an einigen Fehlstellen ausgebessert. Der Kopf ist in den Details sorgsam ausgearbeitet und zeigt ein klassisch griechisches Antlitz. Diese Art anthropoider Sarkophage waren in Phönizien, einem der größten Handelsmächte des Mittelmeerraumes in der Antike, verbreitet. Ihr Stil ist griechisch, doch ihr Typus basiert auf ägyptischen Vorbildern und Totenriten: Nur durch die Erhaltung des menschlichen Ebenbildes, die Einbalsamierung und Mumifizierung des Leichnams, war nach ägyptischem Glauben ein Weiterleben im Jenseits möglich. Das Ebenbild wurde in Form einer Maske festgehalten und dem mumifizierten Leichnam aufgelegt. Erst vor diesem Hintergrund wird die eigenartige Verbindung der glatten Körperform und des wie aufgesetzt wirkenden Kopfes verständlich – der Körper entspricht dem mumifizierten Leichnam, der Kopf tritt an die Stelle der Bildnismaske.¹² Aufgrund vergleichender Stilanalysen läßt sich der Flensburger Sarkophag auf die Zeit um 400 v. Chr. datieren.[13] Doch wie und wann er aus Phönizien nach Flensburg gelangt ist, wissen wir nicht. Stuhr könnte ihn auf einer seiner Handelsreisen, vielleicht im Mittelmeerraum, vielleicht in London oder Kopenhagen auf dem Kunstmarkt erworben haben. Doch es ist auch nicht auszuschließen, daß erst sein Nachfolger Christiansen die Grotte nach 1820 für einen freimaurerischen Rundgang neu ausstaffierte.[14] Glücklicherweise hat sich die Mumiengrotte mitsamt Sarkophag als einzigartiges Ausstattungselement des Gartens bis heute erhalten.

Unweit des Stuhrschen Landschaftsgartens errichteten Andreas Christiansen sen. (1743–1811) und sein Schwiegersohn Johannes Holst um 1800 auf dem heutigen Museumsberg die erste Ölmühle Flensburgs. Die Dach-Windmühle erhielt nach dem Gott der kalten Nordwinde den Namen „*Boreas-Mühle*". Sicherlich war dieser Standort von Christiansen nicht zufällig gewählt, denn die Mühle mußte jedem Reisenden und allen Bewohnern der Stadt, die ihren Blick nach Westen richteten, sofort ins Auge fallen. Eigentümlich war die Verschmelzung der Windmühle mit dem übrigen Gebäudekomplex: Die Mühle saß mittig wie ein Dachreiter auf dem abgeflachten Dachfirst des langgestreckten Hauptgebäudes, das traufseitig der Stadt zugewandt war. Es vereinte alle notwendigen Funktionen in einem Bau – Mühle, Lagergebäude, die Wohnung des Müllers und ein Gewächshaus. Nördlich der Mühle stand ein runder klassizistischer Pavillon. Dieses kleine weißgestrichene Gartenhaus mit einem flachen, vorkragenden Kuppeldach aus Stroh war im Innern mit floralen Stukkaturen der Werkstatt Tadei ausgeschmückt.[15] Wie sehr man diesen kleinen Pavillon schätzte, beweist seine hohe Bewertung in dem Nachlaßinventar von Andreas Christiansen jun.[16]: Das „*Lusthaus im Garten*" wurde mit stattlichen 2000 Rtl. angegeben. Vielleicht stammte es vom Architekten Bundsen, der auch ein Geschäftshaus für die Familie Christiansen klassizistisch umgeformt hat. Da neben dem Gartenhaus keine weiteren gartengestalterischen Elemente zu erkennen waren, darf von einem englischen Landschaftsgarten wie beim Nachbarn Stuhr hier sicherlich noch nicht die Rede sein. Gegen das englische Prinzip spricht auch, daß der Garten an

Abb. 170: Flensburg: Christiansenpark, Phönizischer Sarkophag in der Mumiengrotte, Photo 1993.

der offenen, der Stadt zugewandten Hangseite durch eine Mauer oder einen Lattenzaun abgegrenzt war. Erst unter Christiansen jun. wurden tiefgreifendere landschaftsgestalterische Veränderungen vorgenommen. Dieser übernahm 1811 das Handelsimperium seines Vaters und führte es erfolgreich weiter. Er baute den Garten zu einem großzügigen Landschaftsgarten aus – dabei bezog er auch das Hanggelände am Graben ein. Ausgangspunkte dieser Umgestaltungsmaßnahmen waren einerseits der Mühlengarten, andererseits der Stadtgarten hinter der Zuckerraffinerie und dem Wohnhaus am Holm 12, „*Christiansen-Palais*" genannt. Enorme Erdmassen mußten bewegt werden. Das Gelände wurde teils geebnet, teils erhöht, Gehwege angelegt. Ein Steinwall am Fuß des Hanggeländes entlang des Grabens sicherte die neu geschaffenen Anlagen vor Erdrutschen. Den heutigen Südergraben baute er durch die Anpflanzung einer zweireihigen Al-

Abb. 171: Flensburg: Neugotisches Stallgebäude im Christiansenpark, Photo 1995.

lee aus 80 Bäumen zu einem Spazierweg aus. 1816 war die Ausgestaltung des Hangbereiches abgeschlossen.[17] Christiansen schuf auf diese Weise eine direkte Verbindung zwischen seinen Gartenanlagen an der Boreas-Mühle vor den Toren der Stadt und seinem Haus am Holm 12 in der Innenstadt. Die Grenzen begannen sich aufzulösen – Christiansen verband seine Besitzungen in und außerhalb der Stadt zu einem Ganzen.

Nur wenige Jahre später erwarb er nach dem Konkurs Stuhrs 1820 dessen gesamtes Parkgelände westlich des Alten Friedhofes und vereinigte es mit seinen Gartenanlagen zu den „Christiansen-Gärten", die in ihrer Gesamtheit über 20 ha umfaßten. Dieses Gartenreich wurde in zahlreichen Reisebeschreibungen eindrucksvoll geschildert. 1851 hieß es bei Meir Goldschmidt: *„Zum Besitz der Familie Christiansen gehört ebenfalls ein Park, der zu einer der schönsten Anlagen dieser Art gehört, die ich je sah. Es ist ein kleines Waldstück, in dem zum Teil ausländische Bäume stehen und eine Vegetation angelegt worden ist, in der die Natur und die Kunst sich die Hand reichen und zusammen eine großartige und geschmackvolle Einheit bilden. In die Anlage wurden große Blumengärten, Treibhäuser und Sammlungen von Tieren und Vögeln eingefügt ... ."*[18] Nach weiteren Beschreibungen gab es im Garten Vogelhäuser, Papageien, Perlhühner und Pfauen, umgitterte Wildgehege und Teiche mit Goldfischen, die durch das Läuten einer Glocke zur Fütterung herangelockt wurden.[19] Die Garten- und Wirtschaftsgebäude hat Christiansen bald nach der Übernahme des Stuhrschen Geländes im Stil der Neugotik erbaut. Neben einem großen „Oeconomiegebäude", das auch als Gewächshaus diente und in den 1970er Jahren abgerissen wurde, errichtete man ein Kutscherhäuschen mit Nebengebäude, ein Kegelbahnhäuschen, einen eckigen Gartenpavillon (Abb. 75), der jüngst restauriert wurde, und ein Stallgebäude (Abb. 171), das mit seinem stilisierten gotischen Maßwerk der Giebelfront an das Neue Exerzierhaus in Berlin von David Gilly (1748–1808) erinnert.

In der Nähe der Boreas-Mühle ließ Christiansen eine weitere Grotte errichten, die neben der Mumien-

Flensburg 241

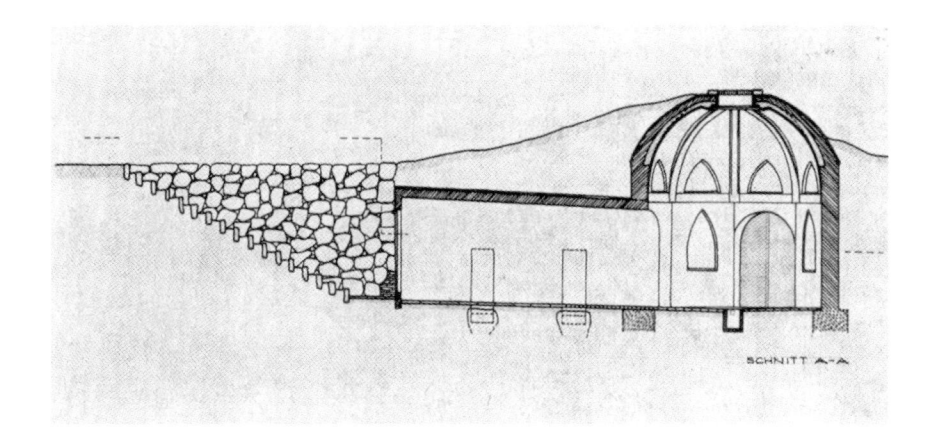

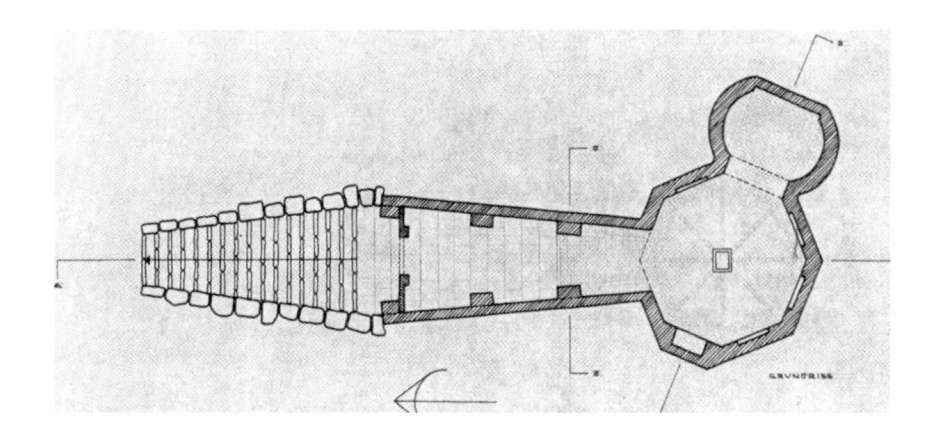

Abb. 172: Flensburg: Auf- und Grundriß der Spiegelgrotte auf dem heutigen Museumsberg (Städtisches Museum Flensburg).

grotte zu den kuriosesten Einrichtungen des Gartens gehörte und sich bis heute erhalten hat (Abb. 172). Die mit Spiegeln ausgekleidete Grottenanlage wurde erstmals 1823 von H. P. Feddersen d. Ä. in seinen Tagebucheintragungen erwähnt.[20] Es handelt sich um einen unterirdischen oktogonalen Zentralbau mit zwei Zugängen, die mit grob behauenen Feldsteinen grottenartig eingefaßt sind. Der Innenraum ist mit einer oktogonalen Kuppel überwölbt und wird über ein Oberlicht beleuchtet. In Spitzbogennischen waren insgesamt dreizehn Spiegel eingelassen, die durch ihre Hängung die Spiegelungen ins Unendliche vervielfachten (Abb. 20 und 173). Schon Leonardo da Vinci (1452–1519) entwarf ein oktogonales Spiegelkabinett, zu dem er sich wie folgt äußerte: *„Wenn du acht ebene Flächen machst ... und so im Kreis anordnest, daß sie ein Achteck bilden ..., dann kann der Mann darinnen sich von allen Seiten unendlich oft sehen."*[21] In Zedlers Lexikon von 1743 heißt es: *„[Ein] Spiegelgemach ist ein kleines enges Zimmer, worinnen die Wände mit großen Spiegeln ... ausgetäfelt sind. [Sie] haben die Eigenschaft, daß sie alles ... vielfältig vermehren, und eine große Weite in einen engen Raum vorstellen. Ihre Figur ist sechs- oder achteckigt."*[22] Der Betrachter sieht sich nicht nur unendlich oft, sondern auch in Ansichten, die dem Auge allein verborgen bleiben, d. h. für das Auge vom gegebenen Standpunkt aus nicht wahrnehmbar sind.[23] Die Spiegel geben somit schon im Abbild Sichtbares und Unsichtbares wieder – und zwar in einem kleinen, unterirdischen, doch durch die Spiegelungen grenzenlos erscheinenden Raum. Fragen nach der Unendlichkeit, den Grenzen und Dimensionen von Raum und Zeit werden in dieser geheimnisvollen Spiegelgrotte aufgeworfen. Die Funktion des Spiegels geht hier weit über eine rein sinnliche Wahrnehmung hinaus in den transzendenten Bereich der Selbsterkenntnis – er wird zum Mittel der Persönlichkeitsbildung. Zedler schreibt in seinem Lexikon 1743: *„Die Spiegel sind zu keinem andern Endzweck erfunden worden, als daß man die Würde des menschlichen*

Abb. 173: Flensburg: Blick in die Spiegelgrotte, Photo 1995.

Geschlechts, und des allmächtigen Schöpfers unaussprechliche Weißheit darinnen betrachten möge."[24] Auch die achteckige Form des Grundrisses der Spiegelgrotte kommt nicht von ungefähr, sie symbolisiert *„Auferstehung, Vollkommenheit, Neubeginn und spirituelle Wiedergeburt"*[25] – daher kommt dem Oktogon auch in der Freimaurerei, z. B. als Grundriß von Freimaurertürmen wie in Louisenlund, eine gewisse Bedeutung zu. In diesem Sinne könnte die oktogonale Grotte in Flensburg als Ort der Selbsterkenntnis und damit Station eines freimaurerischen Prüfungsweges interpretiert werden und würde bestens mit der Mumiengrotte zusammenpassen. Tatsächlich war Christiansen Freimaurer, wie wir aus einer Beschreibung des Christiansen-Palais, in dem es ein Zimmer gegeben hat, *„in dem die Freimaurer geweiht wurden"*[26], wissen.

Um die Mitte der 1820er Jahre dürfte Christiansen seine Flensburger Gartenanlagen vollendet haben. 1826 erwarb er das Gut Lehmkuhlen unweit von Preetz in Holstein, das von 1826 bis 1842 zu seinen Besitztümern zählte. Mit dem Erwerb Lehmkuhlens kehrte er der Stadt ganz bewußt den Rücken. Der gartenbegeisterte und agrarökonomisch interessierte Christiansen suchte und fand 1826 in dem Gut Lehmkuhlen ein neues Betätigungsfeld und einen idealen Rückzugsort vom städtischen Treiben. Der Erwerb eines Gutes war für einen Bürgerlichen eine sichere Investition und zugleich mit Prestigegewinn verbunden. Christiansen war ein ebenso erfolgreicher Gutsherr wie Kaufmann. Die Gutsverwaltung unterstand seinem Schwiegersohn C. Völckers, der auch nach dem Tod Christiansens 1831 Lehmkuhlen mit Erfolg weiterführte. Für stattliche 287200 Reichstaler, fast das Doppelte der Kaufsumme von 1826, verkauften die Erben Christiansens Lehmkuhlen im Jahre 1842 und gingen endgültig zurück nach Flensburg.

Schon 1810–1813 wurde inmitten der Flensburger Gärten der erste außerstädtische Friedhof angelegt, der sich in seiner Grundform bis heute nahezu unverändert erhalten hat. Im Rahmen der Aufklärung mit ihren neuen Gesundheits- und Hygienevorstellungen war die Verlegung der Friedhöfe vor die Tore der Stadt eines der vordringlichsten Postulate. Die hygienischen Zustände auf den innerstädtischen Kirchhöfen waren nicht mehr tragbar. Die hoffnungslose Überfüllung – seit 1700 hatte sich die Einwohnerzahl Flensburgs mehr als verdoppelt – machte ein menschenwürdiges Begraben in der Stadt unmöglich. Der Wunsch nach einem würdigen Begräbnisort wurde immer stärker. Und so forderte der Kaufmann, Stadtabgeordnete und Poet A. P. Andresen 1799: *„Wie lange sollen Leichen den Tempel noch entheil'gen mit verpestetem Moderduft? Wo sich der Geist soll stärken, hauchen Lüfte dem Körper ein Gift zur Krankheit! Im freyem Felde sey der Begräbnißplatz der künft'gen Leichen, fern dem Stadtgeräusch, ein schöner Garten Gottes, wo die Asche der Todten in Frieden ruht!"*[27] Schon 1785 zählte C. C. L. Hirschfeld in seinem 5. Band der *„Theorie der Gartenkunst"* Friedhöfe zu der *„melancholische[n] Gattung von Gärten"*.[28] Die neue Naturverbundenheit des Menschen ging einher mit einer geänderten Todesanschauung. Der Tod hatte seinen angsteinflößenden

Flensburg

Abb. 174: Flensburg: Blick vom Alten Friedhof über die Stadt und den Hafen, Gouache von M. Kriegsmann, um 1830 (Städtisches Museum Flensburg).

Charakter verloren. Er wurde nun als Übergang in die Unendlichkeit der Natur und ihres Schöpfers verstanden. Nur über dieses neue naturverbundene Verhältnis zum Tod ist die unmittelbare Nähe des Friedhofes und der Gärten zu erklären. Der Tod wurde nicht mehr aus dem Garten ausgeschlossen, sondern bewußt mit einbezogen: sei es als Stimmungsträger, z. B. durch die Anlage einer Mumiengrotte, sei es als tatsächlicher Begräbnisplatz durch die Einrichtung eines Familiengrabes oder gar eines kommunalen Friedhofes wie hier in Flensburg. Daher verwundert es nicht, daß sich weder Stuhr noch Christiansen gegen die Standortwahl des neu anzulegenden Begräbnisplatzes ausgesprochen haben – im Gegenteil: sie werden den Friedhof befürworten und ihn als willkommene Ergänzung zu ihren Gärten gesehen haben. An der landschaftsgestal-

terischen Einheit von Friedhof und Gärten bestand schon 1813 kein Zweifel. In den *„Neuen Schleswig-Holsteinischen Provinzialberichten"* heißt es: *„Dieser neue Begräbnisplatz liegt westwärts über der Stadt, zwischen den schönen Anlagen und Gärten der Kaufleute Stuhr und Christiansen, und bildet mit diesen jetzt vereint eine Landschaft der reizendsten und größesten Naturschönheit mit der treflichsten Aussicht über die Stadt, nach dem Hafen und weit hinaus über die fruchtbarsten Land- und Waldgegenden."*[29] Durch einen Erlaß des dänischen Königs von 1807, die Friedhöfe aus hygienischen Gründen vor die Städte zu verlegen, wurden diesbezügliche Ideen einiger Flensburger Bürger wieder aufgegriffen. Eine Kommission, der auch Christiansen und Stuhr angehörten, beschäftigte sich mit den Planungen, die die volle Zustimmung der

Regierung fanden.³⁰ 1810 konnte mit dem Bau des Begräbnisplatzes und der klassizistischen Kapelle begonnen werden. Die Gesamtleitung unterstand dem Architekten Bundsen, der schon im Zusammenhang mit den Gartenanlagen mehrfach Erwähnung fand. Im Juni 1813 waren die Bauarbeiten abgeschlossen, und der 2,6 ha große Friedhof konnte seiner Bestimmung als Begräbnisplatz und Anlage für Spaziergänger übergeben werden (Abb. 174).³¹ In der Friedhofsordnung heißt es ausdrücklich: *„Der Zweck der neuen Anlage ist, dem Verstorbenen eine anständige Ruhestätte und den Lebenden den Genuß eines anmuthigen Spazzierganges ... zu verschaffen."*³²

Die Friedhofskapelle am nördlichen Ende des Begräbnisplatzes ist noch heute das Kernstück der Gesamtanlage. Alle notwendigen Baulichkeiten – Kapellenraum, Leichenhaus, Wohnung des Friedhofswärters, Geräteraum und Wagenremise – wurden hier in einem Gebäude zusammengefaßt. Der quadratische Zentralbau mit Kuppelaufsatz und zwei eingezogenen seitlichen Anbauten birgt die Idee eines großen Durchgangstores und symbolisiert den Übergang vom Diesseits ins Jenseits. Auffällig ist die *„merkwürdig langgezogene Tropfenform"* des Friedhofes.³³ Zur Formanalogie sei ein Blick nach München geworfen. In den Jahren 1817/1818 wurde der St.-Stefans-Gottesacker von dem königlichen Baurat G. Vorherr (1778–1848) erweitert und grundlegend umgestaltet.³⁴ Auch Vorherr wählte für sein Erweiterungsprojekt in der Grundrißgestaltung die Tropfenform, die mit der des Alten Friedhofes in Flensburg gut zu vergleichen ist. Schon 1819 hieß es in einer Beschreibung des Münchener Begräbnisplatzes, der Grundriß habe die *„Form eines antiken mit Mauern umschlossenen Sarkophages"*.³⁵ Die Funktion der Friedhofsanlage wird durch ihre Grundrißgestaltung ausgedrückt. Durch diese symbolästhetische Bauauffassung gehören der Münchener und der Flensburger Friedhof in die Tradition der ausdrucksstarken Revolutionsarchitektur, wie sie in Frankreich von E. L. Boullée (1728–1799) oder C. N. Ledoux (1736–1806) vertreten wurde. Unterstützt wird diese These durch das Vorbild, das Bundsen möglicherweise in Flensburg schon vorfand: Der Mumien-Sarkophag in der Grotte des Stuhrschen Gartens zeigt eben diese langgestreckte Tropfenform, die im Grundriß des wenige Schritte entfernt liegenden Friedhofes von ihm wieder aufgegriffen werden sollte. Somit könnte der Sarkophag als ausschlaggebende Inspirationsquelle für den Freimaurer Bundsen gelten.

Am 25. Juni 1813 wurde der Alte Friedhof feierlich eingeweiht. Alle Glocken der Stadt läuteten, als eine Prozession, bestehend aus dem Magistrat, dem Ministerium und den Deputierten der Bürgerschaft, vom Rathaus zum neuen Begräbnisplatz außerhalb der Stadt zog, um an der ersten Trauerfeier und Beisetzung auf dem Friedhof teilzunehmen.³⁶ Die Einweihungsfeier war von größter Wichtigkeit. Die Einwohner der Stadt waren davon zu überzeugen, daß ein würdiges christliches Begräbnis auch fernab der Kirche nicht nur möglich, sondern diesem sogar vorzuziehen war. Denn trotz der unhygienischen Zustände auf den innerstädtischen Kirchhöfen darf nicht übersehen werden, daß es über Jahrhunderte üblich war, die Toten direkt in der Kirche oder auf dem Kirchhof, nicht aber fernab in freier Natur beizusetzen.

Auf die Vielzahl der Grabmäler kann hier nicht im einzelnen eingegangen werden. Vorgestellt sei nur die bedeutendste Grabanlage des Friedhofes: Eine Familiengruft, die Christiansen jun. seinen Eltern 1829 errichten ließ (Abb. 175). Sie befindet sich östlich der Kapelle, gesondert von den übrigen Grabstellen. Die Vorlage für den neugotischen gußeisernen Baldachin auf vier Säulen über einem Grabkreuz stammt vom preußischen Baumeister Karl Friedrich Schinkel (1781–1841). Noch heute bildet dieses mit gotischem Maßwerk reichverzierte Grabmonument einen interessanten Kontrast zur klassizistischen Kapelle. Unterhalb des Baldachins befindet sich die gemauerte Gruft, die mit einer zweiflügeligen gußeisernen Tür mit gotischem Maßwerk verschlossen ist und zu der eine doppelläufige Treppe herunterführt. Ausgeführt wurden die Gußarbeiten von der Königlichen Eisengießerei zu Berlin, von der zahlreiche weitere Grabdenkmale auf

Abb. 175: Flensburg: Grabmal der Familie Christiansen auf dem Alten Friedhof, Photo 1995.

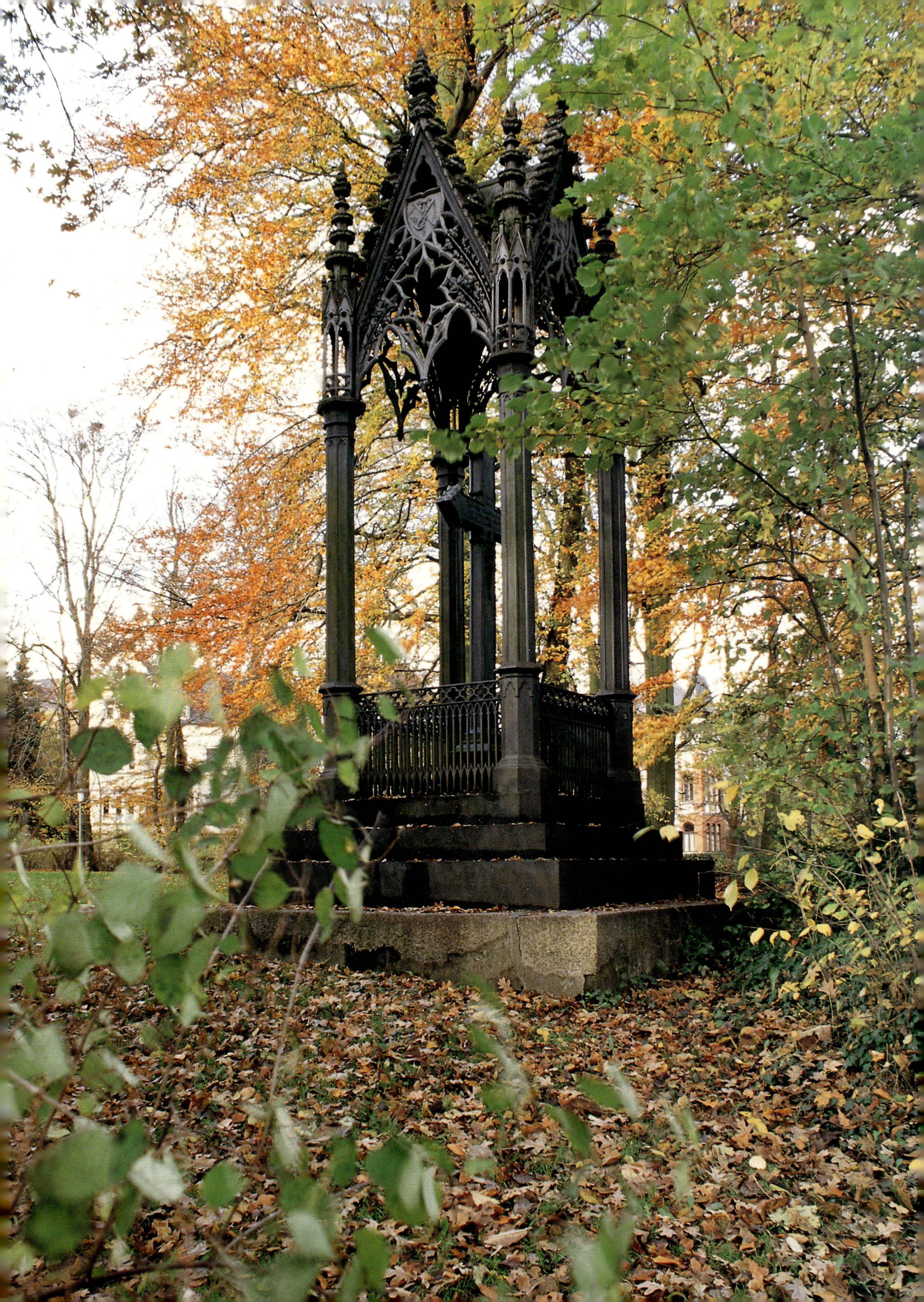

dem Alten Friedhof gefertigt wurden. Christiansen war einer der führenden Kaufleute der Stadt, der sich auch bei der Anlage des Alten Friedhofes im besonderen Maße verdient gemacht hat. Nur so ist zu erklären, daß seiner Familie ein so herausragender Platz eingeräumt wurde.

Die Landschaftsgärten der Kaufmannsfamilien Christiansen und Stuhr sowie die Einrichtung eines Friedhofes außerhalb der Stadt sind beispielhafte Zeugen für die Entdeckung der Natur und eines neuen naturverbundenen Verhältnisses zum Tod in der Zeit um 1800. Ein Anfang zur Erhaltung dieser einmaligen Garten- und Friedhofslandschaft ist mit dem Erstellen eines Parkpflegewerkes bereits getan. Doch bleibt zu hoffen, daß auch entsprechende Schritte zur Wiederherstellung eingeleitet werden, um dem Besucher dieses reizvolle Gartenreich wieder erlebbar zu machen.

Thomas Messerschmidt

1 Ausführlich vgl. Messerschmidt (1994a), zu Christiansen vgl. auch Messerschmidt (1996). Zum Christiansen-Park vgl. Redlefsen (1964), Nachlaß Redlefsen im Städtischen Museum Flensburg und Nachlaßinventar Christiansen im StA Flensburg. Zum Alten Friedhof finden sich zahlreiche Akten im LAS und im StA Flensburg, darüber hinaus sind die Aufsätze von Graef (1937) und Giessler (1988) aufschlußreich.
2 StA Flensburg, Grundbuch Nr. 53 n, Band 9, Seite 411.
3 Zu Knoop vgl. Wehser (1989), S. 11ff.
4 StA Flensburg Nr. A 165.
5 Schuhmacher (1811), S. 474f.
6 Redlefsen (1964), S. 32.
7 Lissok (1990), S. IV.
8 Bereits im 17. Jahrhundert beschäftigte sich Athanasius Kircher (1602–1680), der in Rom das „*Museo Kircheriano*" – eine Art ägyptische Wunderkammer – einrichtete, ausgibig mit dem Totenkult im alten Ägypten. Zu Kircher vgl. E. Leospo: Athanasius Kircher und das Museo Kircheriano, in: H. Budde und G. Sievernich (Hg.): Europa und der Orient 800–1900 (=Katalog zur Ausstellung im Martin-Gropius-Bau Berlin), Gütersloh/München 1989, S. 58–71.

9 Syndram (1990), S. 227.
10 Grohmann (1796–1806), 1797.
11 Redlefsen (1964), S. 32.
12 Vgl. E. Kukahn: Anthropoide Sarkophage in Beyrouth, Berlin 1955, S. 13.
13 Ein sehr ähnliches Vergleichsstück befindet sich im Kunsthistorischen Museum von Wien. Eine genauere Untersuchung seitens der klassischen Archäologie steht noch aus. Gegen eine klassizistische Kopie sprechen außer der Qualität, dem Material und den alten Ausbesserungen zwei weitere Gründe: Deckel und Wanne sind erhalten (was sicher auch für eine Fälschung auf dem damaligen Antiquitätenmarkt zu aufwendig gewesen wäre) und zweitens ist im Sinne der Ägyptenmode der Typus wiederum nicht ‚ägyptisch' genug, um eine aufwendige Kopie zu rechtfertigen.
14 Vgl. Redlefsen (1964), S. 32.
15 Redlefsen (1964), S. 30.
16 StA Flensburg XII HS 1515.
17 Rivesell (1817), S. 316f.
18 Zitiert nach Meir Goldschmidts Reise durch Schleswig im Jahre 1851, in Slesvigland 10/ 6 (1989), S. 180–183.
19 Vgl. Baumann (1926), S. 214 und Feddersen (1988), S. 144.
20 Vgl. Feddersen (1988), S. 144.
21 Zitiert nach Kern (1983), S. 268.
22 Zedler (1732–1750), S. 1601.
23 Bislang wurde vermutet, daß man durch die Spiegel Landschaftsausblicke einfangen wollte. Vgl. Redlefsen (1964), S. 37ff.
24 Zedler (1732–1750), S. 1586.
25 Kern (1983), S. 209.
26 Landt (1971), S. 9.
27 Zitiert nach P. Philippsen: Flensburg in Gedicht und Lied (=Kleine Reihe der Gesellschaft für Flensburger Stadtgeschichte, H. 20), Flensburg 1990, S. 43.
28 Hirschfeld (1779–1785), Bd. 5, S. 118.
29 Andresen (1813), S. 452.
30 LAS Abt. 65 Nr. 2252.
31 Die Kosten des Bauvorhabens haben mit nahezu 35.000 Reichstalern den Kostenvoranschlag um das Doppelte überschritten. Noch Jahre danach stritt man sich um die Aufbringung der Zinsen. Vgl. LAS Abt. 65 Nr. 2252.
32 Vgl. „*Regulativ wegen des Begrabens auf dem Begräbnißplazze ausserhalb der Stadt Flensburg*", Flensburg 1813.
33 Kunstdenkmäler Flensburg (1955), S. 272.
34 Vgl. W. Nerdinger/K. J. Philipp/H. P. Schwarz: Revolutionsarchitektur. Ein Aspekt europäischer Architektur um 1800, Ausstellungskatalog Deutsches Architekturmuseum Frankfurt/M. und Neue Pinakothek München, München 1990, S. 180.
35 Zitiert nach Wanetschek (1971), S. 71.
36 Eine eindrucksvolle Schilderung dieses Ereignisses findet sich bei Andresen (1813), S. 448ff.

Flensburg: Stadtpark

Öffentlicher Stadtpark auf der Westlichen Höhe in Flensburg. Angelegt ab 1900 nach Plänen des Altonaer Gartenbauingenieurs Heinrich Nissen. Eingeweiht mit der Enthüllung des Wrangeldenkmals von Adolf Brütt am 27. 9. 1903.

Um 1900 gab es in Flensburg keinen öffentlichen Park. Bislang waren die Bürger auf den Stadtwald Marienhölzung oder die Seebäder Ostseebad und Solitüde, die jedoch viele Kilometer außerhalb der Stadt lagen, angewiesen, wenn sie die Möglichkeit nach Spaziergängen im Grünen suchten. Auch einige Privatgärten, die in der ersten Hälfte des 19. Jahrhunderts noch der Öffentlichkeit zugänglich waren, fielen zunehmend der Bebauung zum Opfer oder waren nun der rein privaten Nutzung vorbehalten und nur in Ausnahmefällen für die Bevölkerung geöffnet, so z. B. der Garten des Kaufmannes Fromm (ehemals Christiansen-Gärten) für eine Gartenbauausstellung im Jahre 1874. Die Stadtentwicklung in der zweiten Hälfte des 19. Jahrhunderts hatte zur Folge, daß es immer weniger Grünflächen in der Stadt gab.

Diesem Verlust konnte nur durch die Planung einer öffentlichen Grünanlage entgegengewirkt werden. 1897 erwarb die Stadt Flensburg aus der ‚Nis-und-Sophie-Petersenschen-Familienstiftung' ein Grundstück von 39.600 qm Größe, wovon 22.000 qm der Einrichtung eines Stadtparks vorbehalten waren – dafür setzte sich besonders der Kirchenvorstand zu St. Marien ein.[1] Für die zuvor durch Pachtgärten genutzte Fläche legte der Stadtbaurat Otto Karl Hermann Fielitz (im Amt 1879–1910) bereits 1898 einen „*Plan für einen Stadt-*

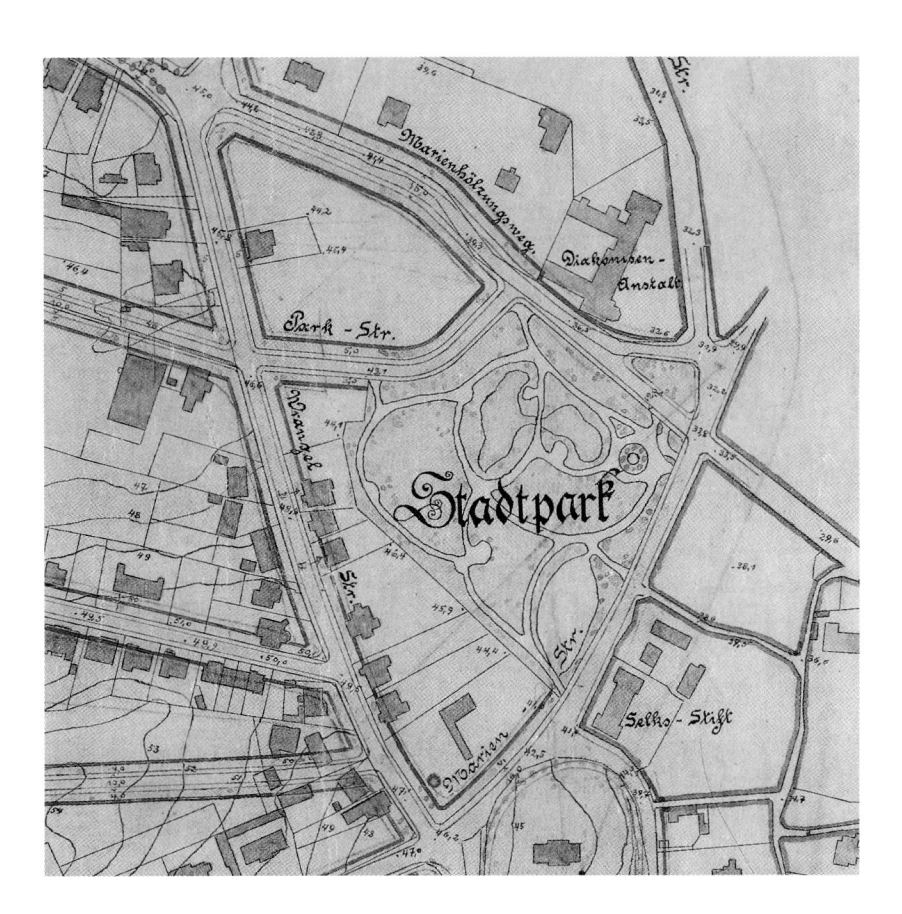

Abb. 176: Flensburg: Stadtpark, Detail aus einem Bebauungsplan der Stadt Flensburg, Zeichnung 1903 (StA Flensburg).

Abb. 177: Flensburg: Stadtpark, Teich mit Bogenbrücke, Postkarte um 1915 (StA Flensburg).

Abb. 178: Flensburg: Stadtpark, Partie mit Wrangel-Denkmal, Postkarte um 1915 (StA Flensburg).

park und die Parzellierung der Stein'schen Lücke" vor.[2] Bei der nachfolgenden Ausschreibung zum Stadtparkprojekt konnte sich Fielitz jedoch mit seinem Vorschlag nicht durchsetzen. Insgesamt waren fünfzehn Entwürfe eingereicht worden. Den ersten Preis erhielt der Gartenbauingenieur Heinrich Nissen aus Altona (Abb. 176).[3] Sein Entwurf mit dem verzweigten Netz aus Schlängelwegen und zwei Teichen mit einer knorrigen Bogenbrücke (Abb. 177) kam der landschaftlichen Planung von Fielitz zwar nahe, doch hat Nissens Projekt mit einem 1000 qm großen Kinderspielplatz im Hinblick auf eine sozial orientierte Nutzung öffentlicher Parkanlagen die Jury am ehesten überzeugen können. In den Verwaltungsberichten der Stadt Flensburg findet neben einem Trinkbrunnen besonders die *„elektrische Beleuchtungsanlage"* des Parks Beachtung.[4] Von einer mit Linden umstandenen Aussichtsterrasse hatte man ehemals einen wunderschönen Blick über die Stadt und den Hafen, der durch den Bau des Alten Gymnasiums (1912–1914) vollständig verloren ging.

Eingeweiht wurde der Stadtpark am 27. 9. 1903 mit der Enthüllung des Denkmals zu Ehren des Generals Karl von Wrangel (1812–1899), das seine Aufstellung unterhalb der Aussichtsterrasse fand (Abb. 178). Das ca. 3 m hohe Bronzestandbild und das Sockelrelief (Schlacht von Kolding am 23. 4. 1849) stammen von dem Bildhauer Adolf Brütt (1855–1939).

Ein Kunstwerk ganz anderer Art, die Marmorskulptur eines Seifenbläsers, wurde 1930 im Stadtpark aufgestellt.[5] Diese hervorragende Jugendstil-Arbeit schuf der Bildhauer und Professor der Flensburger Kunstgewerbeschule Heinrich Weddig (1870–1946) bereits 1899.

Der Flensburger Stadtpark zählt zu den typischen öffentlichen Parkanlagen, die in der zweiten Hälfte des 19. und zu Beginn des 20. Jahrhunderts in vielen Städten Schleswig-Holsteins entstanden. Er ist in seinen Grundzügen und Ausmaßen bis heute erhalten, auch das Wrangeldenkmal steht noch an seinem angestammten Platz. Doch faßte man die beiden Teiche zu einem Gewässer zusammen. Die knorrige Brücke, der Seifenbläser und die Beleuchtungsanlage sind längst verschwunden, der Kinderspielplatz wurde in seinen Abgrenzungen begradigt. Der ehemalige Charme eines Landschaftsgartens, den der Stadtpark zweifelsohne zur Zeit seiner Gründung besaß, ist heute verloren – könnte jedoch durch eine sensible Restaurierung wiedergewonnen werden.

Thomas Messerschmidt

1 „Bericht über die Verwaltung und den Stand der Gemeinde=Angelegenheiten der Stadt Flensburg in der Zeit vom 1. April 1895 bis Ende März 1902", Flensburg 1903, S. 167. StA Flensburg.
2 Der Plan liegt in der Akte VI/C/140 (Ausbau Wrangelstraße 1868–1924) im StA Flensburg.
3 Giessler (1988), S. 64.
4 „Bericht über die Verwaltung und den Stand der Gemeinde=Angelegenheiten der Stadt Flensburg in der Zeit vom 1. April 1902 bis Ende März 1907", Kiel 1908, S. 240. StA Flensburg. Zur Beleuchtungsanlage vgl. Akte VI/C/495 im StA Flensburg.
5 Akte VI/B/170 im StA Flensburg.

Friedrichsruh

25 km östlich von Hamburg bei Aumühle im Sachsenwald. Ehemaliger Landsitz des Fürsten Otto von Bismarck, noch heute im Privatbesitz der Familie von Bismarck. Ab 1878 Parkanlage im Bachtal der Schwarzen Aue. 1938/41 Anlage von architektonisch-repräsentativen Gartenpartien. Trotz der Zerstörungen im Zweiten Weltkrieg gut erhaltenes Ensemble mit neuem Wohnhaus, klassischem Landschafts- bzw. Naturpark und gebäudenahen Terrassengärten. Nicht öffentlich zugänglich.

Der Park von Friedrichsruh zählt mit zu den landschaftlich reizvollsten historischen Parkanlagen in Schleswig-Holstein. Seine besondere Bedeutung gründet nicht zuletzt auf der Biographie einer der herausragenden Persönlichkeiten der deutschen Geschichte: In Friedrichsruh fand der alte Reichskanzler Fürst Otto von Bismarck (1815–1898) einen abgeschiedenen Landsitz fernab der Hauptstadt Berlin, hier verbrachte er seine letzten Lebensjahre. Gleichzeitig integriert die Anlage charakteristische Gartenstile seit dem Ende des letzten Jahrhunderts und war Gestaltungsaufgabe für zwei namhafte Vertreter der deutschen Gartenarchitektur des frühen 20. Jahrhunderts: für den Gartenarchitekten Hermann Koenig (1883–1961) aus Hamburg und für das Planungsbüro Ludwig Späth aus Berlin.[1]

Der Park liegt inmitten des Sachsenwaldes in dem tief in das Gelände eingeschnittenen Talraum der Schwarzen Aue (Abb. 179). Mit alten Buchen und Ei-

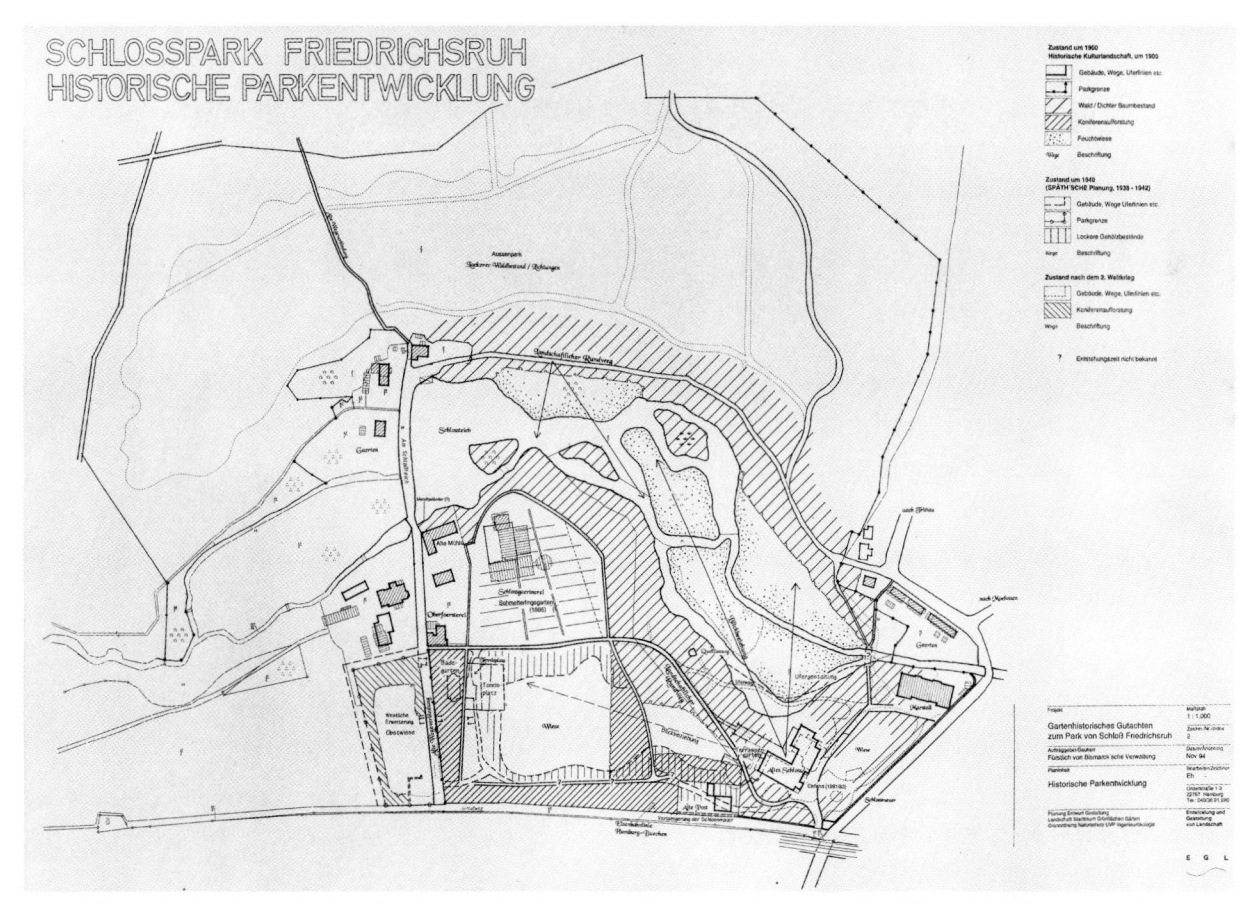

Abb. 179: „Schloßpark Friedrichsruh – Historische Parkentwicklung", Zeichnung von M. Ehlers 1994 (Privatbesitz).

Abb. 180: Friedrichsruh, Blick über den Teich mit Grotte auf das Herrenhaus, Radierung von B. Mannfeld 1894 (SHLB).

chen bewaldete Steilhänge rahmen die Aue ein und bilden einen markanten Landschaftsraum. Das Herrenhaus stand in erhöhter Lage am südlichen Talrand oberhalb des Schloßteichs (Abb. 180).

Der Sachsenwald war seit Heinrich dem Löwen ‚herrschaftlicher Forst' der Sachsenherzöge. Nachdem Lauenburg an Hannover gekommen war, wurden schon zu Beginn des 18. Jahrhunderts erste Aufforstungen mit Nadelhölzern vorgenommen, um die von der Waldweide zerstörten Bestände wieder aufzubauen.[2] Das alte Forsthaus von Friedrichsruh befand sich auf der Straße nach Bergedorf. Auf historischen Karten aus dem 18. Jahrhundert sind im Bereich des heutigen Parks „*Försterkoppeln*" dargestellt, welche entweder parzellenweise aufgeforstet oder als Weiden genutzt wurden.[3]

Die gefälle- und wasserreiche Schwarze Aue wurde schon im Mittelalter für den Mühlenbetrieb aufgestaut. In Friedrichsruh arbeiteten zeitlich aufeinanderfolgend eine Papiermühle, ein Eisenwerk und eine Tuchfabrik sowie – seit 1650 – eine Brauerei.[4]

In den Jahren 1846/47 wurde die Eisenbahnlinie Hamburg–Büchen quer durch den Sachsenwald mit Stationen in Aumühle und Friedrichsruh gebaut. Damals kam es in Mode, Ausflüge auf das Land zu unternehmen. So wurde um die Mitte des letzten Jahrhunderts im idyllischen Wald- und Wiesengrund bei Friedrichsruh das Waldlokal und Hotel „*Frascati*"

eröffnet, welches sich bald zum beliebten Ausflugsziel der Hamburger entwickelte.

1871, im Jahr der Gründung des deutschen Reiches, schenkte Kaiser Wilhelm I. dem Reichskanzler Fürst Otto von Bismarck den Sachsenwald. Mit dieser Dotation begann für Friedrichsruh eine neue Ära. Der alte Reichskanzler, ein großer Naturfreund, kaufte noch im selben Jahr das „*Frascati*" mit dem dazugehörigen, südlich der Aue gelegenen Grund und Boden. 1878 ließ er das Haus für sich und seine Familie umbauen und das Grundstück mit einer Mauer einfrieden.[5] Seiner Frau schrieb Bismarck am 23. Oktober 1878 aus Friedrichsruh nach Berlin: „*Die Luft füllt die Lungen wunderbar, wie guter alter Wein im Vergleich zu schalem Berliner Bier. Der Wald ist vollaubig... Erster Ge-*

Abb. 181: Friedrichsruh, „Der Alte vom Sachsenwalde", Farbdruck nach C. Röhling 1897 (Privatbesitz).

Friedrichsruh 251

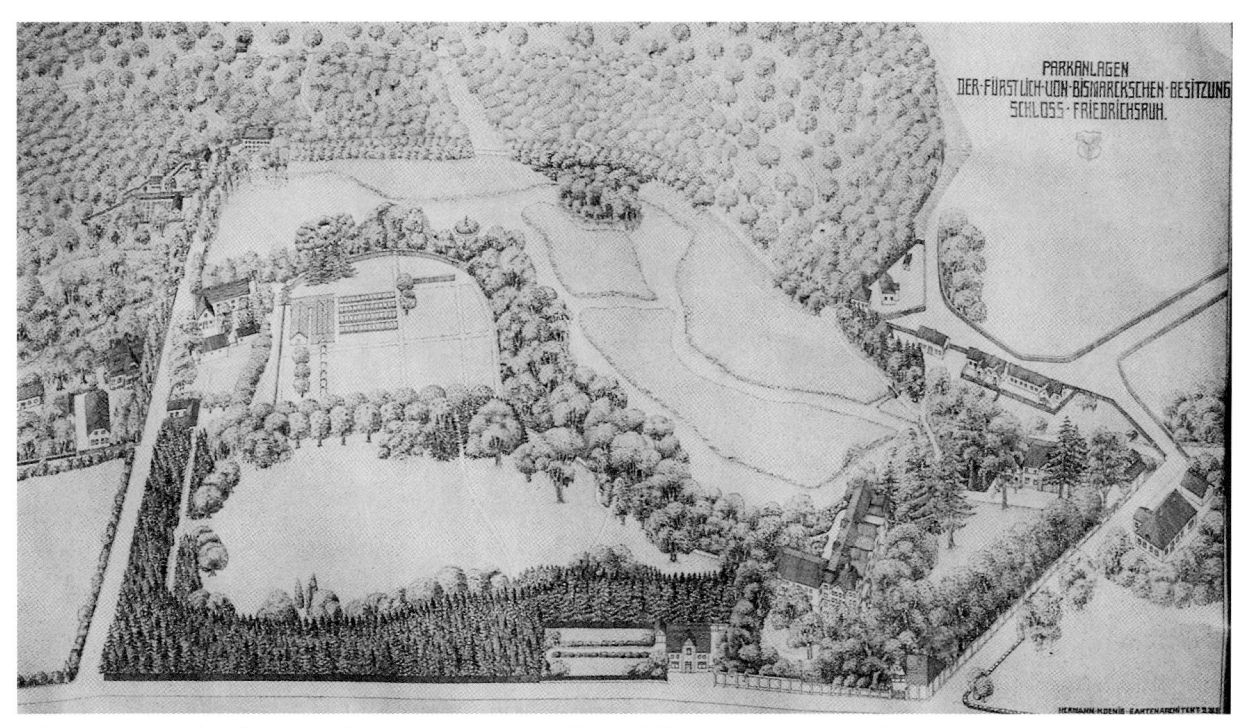

Abb. 182: Friedrichsruh, Gartenplan von H. Koenig, Zeichnung 1923 (Bismarcksches Archiv, Friedrichsruh).

samteindruck befriedigend, und besonders der beruhigende Blick auf die um uns gebaute Mauer."[6]

Bis 1890 lebte Bismarck nur zeitweise in Friedrichsruh. Er führte dann die Regierungsgeschäfte von hier aus weiter, unter anderem über das nahe Post- und Telegraphenamt. Nach seiner Entlassung als Reichskanzler im Jahr 1890 nahm Bismarck seinen ständigen Wohnsitz in Friedrichsruh (Abb. 181). Zunächst gingen in seinem Hause ganze Besucherscharen ein und aus. Von Krankheit und Alter gezeichnet führte er in den letzten Jahren ein zurückgezogenes Leben. Am 30. Juli 1898 starb er und wurde im Sachsenwald beigesetzt. Seine Nachfahren ließen in dem Wald südlich der Bahnlinie das Bismarck-Mausoleum als seine letzte Ruhestätte bauen.

Aufschluß über die Parkentstehung geben, neben Beschreibungen von Zeitgenossen, eine topographische Karte aus den Jahren 1907/1926[7] und ein Luftbild aus dem Jahr 1913.[8] Die Umgebung des Wohngebäudes wurde von Bismarck als ein naturnahes Stück Land mit Wald und Bachtal weitgehend unverändert belassen. In einer historischen Quelle wird das Bild eines wie selbstverständlich in die Landschaft eingefügten Anwesens beschrieben: *„Der Park selber ist nicht von Anfang an als Park angelegt, sondern ist nur ein abgegrenztes Stück des Forstes, der sich ringsumher ausbreitet, und der Fürst hat Sorge getragen, daß der ursprüngliche Waldcharakter auch bei den neuen Anlagen gewahrt werde."*[9]

Gestaltende Eingriffe wurden vornehmlich im Auetal vorgenommen: *„1877 ... floß die Aue als schmales Rinnsal durch sumpfige Wiesen. Nur der Teich mit der hohen Bucheninsel war schon vorhanden. [Oberförster] Lange schuf die Teiche und Inseln, die heute das Tal von Friedrichsruh so anmutig machen. Von den kleineren Inseln wurde eine mit Weiden besteckt, eine andere mit Schwarzerlen angesät."*[10] Die Wasserflächen wurden also vergrößert, sei es durch Erdarbeiten, sei es durch einen höheren Anstau des Schloßteiches, um damit den Eindruck wasserumflossener „Inseln" zu verstärken. Auffällig ist die eindeutige Orientierung des von hohen Bäumen umgebenen Herrenhauses auf diese natürliche Landschaftsachse. Das Luftbild von 1913 zeigt offene Feuchtwiesen, die den Blick vom Herrenhaus und vom südlichen Teichufer auf den von dichten Buchenwäldern gesäumten Talraum freigaben. Mit Gehölzen wurden offensichtlich nur die kleineren, nördlich gelegenen Inseln bepflanzt.

In der Karte von 1907 ist ein zusammenhängender landschaftlicher Rundweg zu erkennen, welcher wohl auch mit Kutschen zu befahren war. Er verband den Schloßgarten mit der Straße „Am Schloßteich" und weiter mit einem Uferweg in dem Waldstück nördlich der Aue, dem sogenannten Außenpark. Von diesem Uferweg öffneten sich immer wieder Ausblicke auf die Wasserflächen. Entlang des Weges standen Hainbuchenreihen, die damals durch Schnitt verjüngt wurden und die heute noch vorhanden sind.

Hermann Koenig war zum Zeitpunkt seiner Arbeit für den Park in Friedrichsruh bereits ein in Norddeutschland bekannter Gartenarchitekt. Die Verbindung der Gartenkunst mit den bildenden Künsten wie auch die Auswertung und Anwendung der sozialreformerischen Ziele im Städtebau der Weimarer Republik waren ihm wichtige Anliegen. Sein Zeitgenosse und prominenter Berufskollege Erwin Barth sagte über ihn: „*Ihm ist es zum größten Teil zu danken, wenn sich heute der Gartenarchitekt der Anerkennung und Wertschätzung im öffentlichen Leben erfreut.*"[11]

Koenigs Planung für die „*Parkanlagen der Fürstlich von Bismarckschen Besitzung Schloß Friedrichsruh*" von 1923[12] zeigt in isometrischer Darstellung den gesamten Park (Abb. 182). Vergleicht man den Plan mit dem oben beschriebenen Zustand um 1900, so wird deutlich, daß Koenigs Entwurf vor allem auf eine klare Raumgliederung und weit in die Tiefe reichende Blickbezüge abzielte. Eine wesentliche Veränderung ist die Öffnung der großen Wiese zum Schloß, die bis dahin durch Koniferen vom Park abgeriegelt und der Gärtnerei angegliedert war. Die randlichen Baumgruppen und Hangwälder sollten nach den Vorstellungen Koenigs, ganz im Sinne des klassischen Landschaftsgartens, als Grünkulisse erhalten und lediglich markante Solitärgehölze freigestellt werden.

Aus den Quellen ist nicht mit Sicherheit festzustellen, ob die Rodungen bereits früher begonnen oder ob sie tatsächlich erst auf Veranlassung des Koenig-Plans durchgeführt wurden. Auf jeden Fall ist der Park seitdem durch die zwei großen Landschaftsachsen gleichermaßen bestimmt: vom Schloßteich mit seinen Inseln einerseits und der oberhalb des Talhangs gelegenen, großen Wiese andererseits. Das dicht mit alten Bäumen bestandene Umfeld des Schlosses steht im Kontrast zu diesen offenen Partien des weiteren Parks. Der Außenpark ist als Waldwiese mit freistehenden Einzelbäumen dargestellt. Tatsächlich stehen in dem heutigen, geschlossenen Jungwaldbestand etliche alte Überhälter mit relativ breiten Kronen und tiefer Beastung. In früheren Jahren dürfte der Außenpark also ein insgesamt lichteres Erscheinungsbild gehabt haben als heute.

Koenigs Planung für den Park von Friedrichsruh zeigt in ihrer landschaftlichen Großzügigkeit und in ihrem naturalistischen Gepräge einen Rückgriff auf den klassischen Landschaftsgarten: Raumbildung durch Relief und kulissenartige Gehölzbestände, weite, buchtenreiche Wasserflächen, Wechselspiel von Licht und Schatten, Öffnung und Verlängerung von landschaftlichen Sichtachsen und Einbindung der Architektur in die Landschaft. Wenn seine Planung auch nicht detailgetreu ausgeführt wurde, so beeinflußte sie doch die weitere Parkentwicklung.

Zur Zeit des Kanzlerenkels Fürst Otto von Bismarck erfuhr der Park eine wesentliche, gartenkünstlerische Bereicherung. Die Maßnahmen wurden von der traditionsreichen Berliner Baumschule und Gartengestaltungsfirma Ludwig Späth[13] im Jahr 1938, also kurz vor Ausbruch des Zweiten Weltkriegs, begonnen und bis 1941 fortgeführt. Von 1885 bis 1945 hatte Dr. Hellmuth Späth die Firmenleitung inne. Er gehörte seit 1931 zu den führenden Mitgliedern des Verbands Deutscher Gartenarchitekten. Der VDG verstand sich im Gegensatz zum BDGA nicht als wirtschaftliche Interessenvertretung, sondern als gartenkünstlerischer Elite-Verband. Späth kam in einem Konzentrationslager um, vermutlich von einem seiner Mitarbeiter denunziert.[14]

Die Arbeiten in Friedrichsruh setzten sich aus einer Fülle von Einzelmaßnahmen zusammen, die in noch erhaltenen Plänen und Kostenvoranschlägen der Firma Späth dokumentiert sind. Die wesentlichen Umgestaltungen betrafen das unmittelbare Umfeld des Schlosses einschließlich des Teichufers sowie den Badegarten im rückwärtigen Teil des Parks.¹⁵ Der nach Nordwesten geöffnete, L-förmige Gebäudekomplex des Herrenhauses wurde durch einen leicht erhöht liegenden, halbkreisförmigen Hecken- und Rosengarten und durch einen mit dem Talhang abgestaffelten Terrassengarten eingerahmt (Abb. 183). Am Gebäude fällte man einzelne Bäume und führte den Rasen bis an die Architektur heran. An der Stirnseite des Westflügels bildete ein in den Boden eingelassenes, rechteckiges Wasserbecken den Mittelpunkt der Rasenfläche. Die drei Hangterrassen wurden mit Trockenmauern aus Kalkstein abgefangen. Der geplante Laubengang auf der oberen Hangkante kam nicht zur Realisierung. Die Terrassen wurden mit einzelnen immergrünen Sträuchern wie Eibe, Buchsbaum und Kriechwacholder bepflanzt und die übrigen Flächen mit Rasen angesät. Auf die Mauerkronen setzte man polsterbildende Stauden. Die Dekorations- und Ausstattungselemente, die Gartenskulpturen, die Steinbank und zwei Steinbecken ließ die Fürstin Annemarie von Bismarck in den Nachkriegsjahren aufstellen.

Das südliche Teichufer wurde so umgestaltet, daß eine gegenüberliegende Halbinsel am Außenpark abgegraben und die Bodenmassen am Südufer wieder angeschüttet wurden. Für diese Arbeiten setzte man russische Kriegsgefangene ein. Der Spazierweg am Teichufer wurde erst in den letzten Jahren angelegt.

In der Nordwestecke der großen Wiese sollten nach der Späth-Planung ein Badegarten mit Schwimmbecken und ein neuer Tennisplatz in einem ebenfalls geometrisch konzipierten Grundriß angelegt werden. Diese Planung wurde in abgewandelter Form – und ohne den ursprünglich in der Mitte vorgesehenen Umkleidepavillon – realisiert. Das Schwimmbecken liegt jetzt in einem in das Gelände eingelassenen, amphitheaterähnlichen und von Rhododendren und geschnittenen Gehölzen umgebenen Grünraum. Eine Besonderheit stellt hier eine kleine neobarocke Marmorstatue eines Jünglings (um 1940) dar. An seinem Westende wurde der Park um eine Fläche mit Obstbäumen erweitert.

Neben der den sozialreformerischen Zielen ver-

Abb. 183: Friedrichsruh, Freitreppe an der Hangterrasse, Photo 1994.

pflichteten Grünplanung im Städtebau der Weimarer Republik wurde die Gestaltung des bürgerlichen Gartens zu einem bedeutenden Aufgabengebiet der Gartenarchitektur. Architektur und Gartenkunst wandten sich dem englischen Vorbild des Landhauses und dem dazugehörigen architektonischen Garten zu. So propagierte Hermann Muthesius, einer der wegweisenden Förderer des Landhausgedankens in Deutschland, die „*innige Anpassung an die Natur mit dem Bestreben, Garten und Haus zu einem einheitlichen, eng verschmolzenen Ganzen zu machen.*"¹⁶ Typisch für die Landhausgärten, wie sie vor allem in den 20er Jahren in Berlin entstanden, war das kunstvolle Terrassieren des Geländes mit Natursteinmauern. Das durch Baulichkeiten und geometrische Beetanordnungen strukturierte Gartenrelief bot hervorragende Möglichkeiten für die von vielen Gartenbesitzern gewünschten, vielfältigen Rosen- und Staudenpflanzungen.¹⁷ Die Späthsche Planung für Friedrichsruh steht noch in dieser Tradition der Landhaus- und Bürgergärten in Deutschland. Durch die klare räumliche Gliederung unter Ausnutzung des natürlichen Reliefs, den engen formalen Bezug zum Gebäude sowie den nahtlosen Übergang in den weiteren Landschaftspark ist sie als ein gelungenes und in Schleswig-Holstein eher seltenes Beispiel für diesen Gartentypus anzusehen.

Noch in den letzten Kriegstagen wurde das alte Herrenhaus im Sachsenwald durch Bombardements völlig zerstört. Der Marstall blieb unversehrt. Es gelang der

Familie von Bismarck noch im Jahr 1945, den Wiederaufbau in die Wege zu leiten. Mit der Planung wurde der Hamburger Architekt Erich Elingius beauftragt, der sich mit seiner repräsentativen Landhausarchitektur einen Namen gemacht hatte und im übrigen mit wichtigen Gartenarchitekten seiner Zeit, unter ihnen auch Hermann Koenig, zusammenarbeitete. Elingius übertrug diese Bauaufgabe seinem Mitarbeiter Harald Peters; für diesen begann damit eine Bautätigkeit für Friedrichsruh, die bis in die 80er Jahre andauerte.[18]

Auf den Grundmauern des ehemaligen Hotels „Frascati" entstand zunächst der Westflügel in einem neoklassizistischen Formenkanon. In späteren Jahren wurde der ehemalige Nordflügel zum Souterrain ausgebaut. Der so entstandene Dachgarten wurde mit einer durch Plattenbänder gegliederten Rasenfläche, in deren Mitte ein Pendant zu dem Wasserbecken am Westflügel lag, als logische Erweiterung des Späthschen Entwurfs gestaltet.[19] Diese Anlage wurde jedoch in der Folgezeit durch den Bau eines Pavillons und durch ein kleines, gärtnerisch gestaltetes Buchsbaumparterre beansprucht. Erhalten blieben jedoch die drei großen Hangterrassen (wenngleich heute vom Wacholder fast vollständig überwachsen) sowie der Hecken– und Rosengarten. Neueren Datums ist auch der Haupteingang zum Anwesen mit den zwei kreisförmigen Umfahrten. Die großen Rhododendron-Massive in der Eingangssituation und in der weiteren Umgebung des Herrenhauses wurden zu verschiedenen Zeitpunkten und teilweise noch vor einigen Jahren gepflanzt.

1985 ließ die Fürstin Elisabeth von Bismarck auf der Fläche der ehemaligen Schloßgärtnerei den „Garten der Schmetterlinge" einrichten. Dieser Garten ist der Öffentlichkeit gegen Eintritt zugänglich.

Mareile Ehlers

1 Der vorliegende Artikel basiert auf einem von der Fürstlich von Bismarckschen Verwaltung beauftragten, gartenhistorischen Gutachten des Planungsbüros EGL, Hamburg 1994, bearbeitet durch die Verfasserin, vgl. Ehlers (1994). Grundlage des Gutachtens war u. a. das unveröffentlichte Manuskript von N. Müller-Wusterwitz (1993).
2 Topographischer Atlas Schleswig-Holstein und Hamburg, Hamburg 1979, S. 124f.
3 *„Plan von der im Sachsen Walde belegenen A.) Herrschaftlichen Brauerey, B.) der Eisenfabrick daselbst mit dazu gehörenden Grundstücken, C.) der Grundstücke des Erbzinsmann Rodde zu Friedrichsruh aufgenommen und cartiret durch G. v. Benoit Lieut. im 7ten Infant. Regimt. im Jahre 1798."* LAS Abt. 402 A 5 Schwarzenbeck Nr. 85 (sowie andere historische Karten im LAS und Bismarckschen Archiv).
4 LAS Abt. 402 A 5 Schwarzenbeck Nr. 85.
5 Das Herrenhaus wird heute allgemein als „Schloß" bezeichnet. Ein stattliches Ansehen erhielt das Gebäude jedoch erst, nachdem Bismarcks Erben verschiedene An- und Umbauten tätigen ließen.
6 Fürstlich von Bismarcksches Archiv A3, zitiert nach Müller-Wusterwitz (1993).
7 *„Special Karte vom Sachsenwald, Sect. IX, Blatt: 47, 49, 50, 51. Angefertigt vom Forst-Entwicklungs-Büro für Privatförsterei unter Zugrundelegung der Katasterkarten und der Specialkarten vom Jahr 1883, Forst-Entwicklungs-Büro für Privatförsterei im Jahre 1907, vervollständigt 1926."* im Fürstlich von Bismarckschen Archiv.
8 Vgl. Nehlsen (1991).
9 Richard Linde: Aus dem Sachsenwalde, zitiert nach Müller-Wusterwitz (1993).
10 Alfred Funke: Das Bismarckbuch des Deutschen Volkes, Berlin/Leipzig/Wien/Zürich 1921, zitiert nach Müller-Wusterwitz (1993).
11 Sorge-Genthe (1973).
12 Standort: Fürstlich von Bismarcksches Archiv.
13 Bereits 1720 als Topfpflanzen- und Gemüsegärtnerei gegründet, zählte die Firma Späth um die Jahrhundertwende zu den größten Baumschulen und Staudengärtnereien in Europa. Ab 1896 verfügte sie auch über eine Planungsabteilung, welche zusammen mit den in Westberlin befindlichen Betriebsteilen auch nach dem Zweiten Weltkrieg weiterbestand. Vgl. Parey's Illustriertes Gartenbaulexikon (1956).
14 Wolschke-Bulmahn/Gröning (1988). In der dort veröffentlichten Mitgliederliste des VDG aus dieser Zeit wird Christian Späth, nicht Dr. Hellmuth Späth aufgeführt, was im Widerspruch zu den Namensangaben bei Parey steht, vgl. Parey's Illustriertes Gartenbaulexikon (1956).
15 Gesamtplan und Detailpläne der Fa. Späth im Fürstlich von Bismarckschen Archiv.
16 Wiegand/Krosigk (1985).
17 Die Gartenzeitschrift „Gartenschönheit", in der auch die Firma Späth regelmäßig für sich warb, zeigte eine Fülle von Gestaltungsbeispielen für aufwendige und farblich abgestimmte Staudenpflanzungen.
18 Leiska/Elingius (1989).
19 Abb. in: Leiska/Elingius (1989), S. 188.

Friedrichstadt

Der „Große Garten" lag nordöstlich des Innenstadtbereiches an der Treene. Nach 1625 Anlage einer Gärtnerei und Baumschule. Seit 1778 durch eine Schenkung im Besitz der Stadt Friedrichstadt. Spätestens 1933 Umgestaltung in eine Parkanlage mit Sportanlagen und Freizeitstätten unter Erhalt älteren Baumbestands, seither mehrfach verändert. Öffentlich zugänglich.

In der 1652 von Caspar Danckwerth herausgegebenen *„Newe Landesbeschreibung der zwey Herzogthümer Schleswich und Holstein..."*[1] zeigt der für die Karten verantwortliche Mathematicus Johannes Mejer im Grundriß von Friedrichstadt eine umfangreiche Gartenanlage (Abb. 184). Sie liegt im Nordosten außerhalb der die Stadt umschließenden Burggräben unweit der Treene. Das im rechten Bereich durch den Rand der Karte angeschnittene Grundstück entspricht in seiner dargestellten Größe etwa einem Drittel der gesamten Fläche von Friedrichstadt. Der von einem Palisadenzaun und hochstämmigen Bäumen umgebene, durch ein radiales Wegesystem und konzentrisch angeordnete Kompartimente gegliederte Garten, wird aus der Vogelperspektive mit Liebe zum Detail gezeigt. Eine derart anspruchsvolle und dekorative Gartendarstellung findet sich in Danckwerths Landesbeschreibungen lediglich für die Schlösser Gottorf und Kiel. Im Gegensatz zu deren Abbildungen enthält der Friedrichstädter Garten jedoch, abgesehen von den zwei torähnlich ausgebildeten Zugängen, keine architektonische und skulpturale Ausstattung.

An der Authentizität der Darstellung bestehen allerdings berechtigte Zweifel. Obwohl der Autor der Karte, Johannes Mejer, und seine beiden Stecher Matthis und Clauß Peters durch die räumliche Nähe ihres Wohnortes Husum zu Friedrichstadt die Situation vor Ort sicher aus eigener Anschauung kannten, beziehen sie sich z. B. bei der Darstellung des Innenstadtbereiches auf einen Kupferstich von 1622 aus der Planungsphase der 1621 gegründeten Stadt. Der tatsächliche Ausbau, wie er sich 1649 darbot, wich im Detail von diesem frühen Plan erheblich ab. Im Außenbereich der Stadt sind jedoch gegenüber der Planskizze von 1622 einzelne Korrekturen vorgenommen worden, so insbesondere die Hinzufügung des Gartens im Nordosten der Stadt.[2]

Auch im Text weist Danckwerth auf den Garten hin: *„An dieser Stadt ist zu sehen Marten Bockholtz Garte / aus welchem seminario, schier die gantze Gegend hieherumb mit jungen Bäumen / Blumen und Früchten versehen wird."* Über die bloße Erwähnung hinaus sagt der Text auch etwas über die Art des Gartens aus: kein *„Lustgarten"*, wie man vielleicht aus Mejers Darstellung vermuten könnte, sondern ein Nutzgarten - eine *„Baumschule"*.[3] Der aus Holland stammende Mennonit Marten van Bocholt[4], der sich 1623 in Friedrichstadt niedergelassen hatte und 1625 das Gelände im Nordosten der Stadt aus herzoglichem Besitz erworben hatte, war nach Paarmann[5] der Hauptlieferant von Gartengewächsen nach Gottorf. Zuvor scheinen

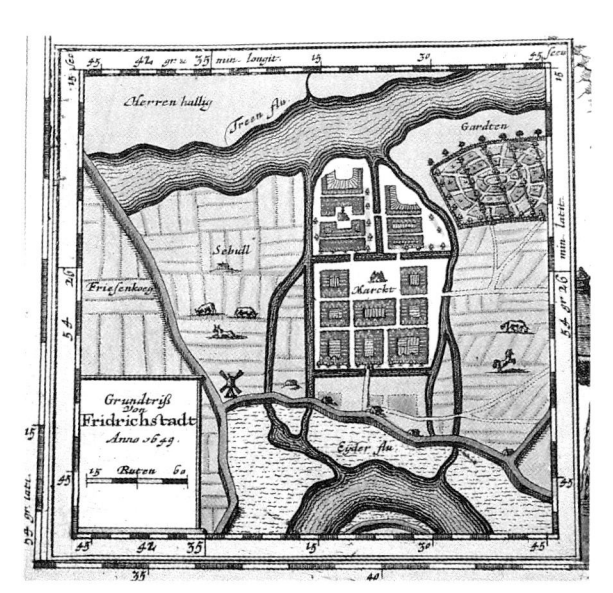

Abb. 184: Friedrichstadt, „Grundtriß von Fridrichstadt", kolorierter Kupferstich aus Danckwerth 1652 (Privatbesitz).

die Pflanzen direkt aus den Niederlanden geliefert worden sein, denn bereits 1624 war van Bocholt der beachtliche Betrag von 333 Rtl. *„wegen allerhandt gelieferten und in dem newangerichteten Gottorfischen Garten gepflantzten Bluhmen"* gezahlt worden, wie aus den Rentekammer-Rechnungen des Gottorfer Hofes hervorgeht.[6] Auch unter den nachfolgenden Besitzern wurde die Nutzung des sogenannten Großen Gartens als Gartenbaubetrieb aufrechterhalten.[7] Die aufwendige, dekorative Gestaltung der konzentrischen Beetanordnung, wie sie Mejer zeigt, ist noch auf einem Plan in Überresten aus der Zeit um 1700 erkennbar, auf späteren Kartendarstellungen des Geländes finden sich jedoch keine Belege mehr dafür.[8] Seit 1778 ist der Große Garten nach einer Schenkung der Margaretha Hedewig von Rantzau, geb. von Reutz *„zum Besten der Friedrichstädter Stadt-Armen"* im Besitz der Stadt Friedrichstadt.[9]

Spätestens mit Beginn des 19. Jahrhunderts wurde neben dem Gartenbau auf dem Großen Garten auch eine Gastwirtschaft betrieben, die Biernatzki in seinem Taschenbuch für Reisende aus dem Jahre 1847 als den *„Hauptvergnügungsort"* der Stadt bezeichnet.[10] Wie aus den häufigen Anzeigen in den Friedrichstädter Zeitungen der ersten Hälfte des 19. Jahrhunderts hervorgeht, wurde bei den vielfältigen Veranstaltungen in dieser Gaststätte auch der Außenbereich einbezogen. Neben Ringreiten, Schießen, Freiluftkonzerten und Feuerwerken bittet der Pächter sein verehrtes Publikum z. B. am ersten Pferdemarkts-Abend 1804 zu einem Vauxhall auf den hiesigen Großen Garten.[11] Man kann daraus schließen, daß ein Teil des Geländes zumindest bei besonderen Veranstaltungen als *„Park"* öffentlich zugänglich war. Spätestens im Jahre 1933 wird das gesamte Grundstück in einen öffentlichen Stadtpark mit Sportanlagen (Sportplatz, Tennisplätze, Ruderhaus, Schießanlage) umgewandelt, wie die im Stadtarchiv erhaltenen Bau- und Bepflanzungspläne zeigen.[12]

In der topographischen Literatur und den vielfachen Reiseberichten, vor allem aus der ersten Hälfte des 19. Jahrhunderts, findet der Große Garten als Sehenswürdigkeit kaum Beachtung. Hingegen wird der Reiz und die Besonderheit der mit Lindenbaumreihen besetzten Burggräben und die Begrünung der Osthälfte des Marktplatzes immer wieder betont. *„Friedrichstadt… ist in einem Viereck, nach holländischer Art, schön und regelmäßig mit gerade laufenden Straßen erbauet, und durch viele Anpflanzungen geziert; alle Häuser und auch die Trottoirs vor denselben sind von Backsteinen. Der in der Mitte der Stadt liegende, von einer Allee umgebene, Marktplatz zeichnet sich aus."*[13] Schon 1813 heißt es: *„Der mit Bäumen umsetzte Stadtgraben trägt nicht wenig zur Verschönerung des Aufenthaltes bey."*[14] Und 1799: *„Ein angenehmer Spaziergang ist der sogenannte grüne Markt in der Stadt, der aber nicht sehr dazu benutzt wird."*[15] Bereits 1639 wird in den Friedrichstädter Polizeiprotokollen berichtet, daß Bäume *„nun durch die gantze Stadt gepflantzt"* seien.[16] Spätestens zu diesem Zeitpunkt dürfte auch die Gestaltung der einen Markthälfte als *„Grünanlage"* abgeschlossen gewesen sein, wie sie die Karte von G. I. E. Coch aus den 30er Jahren des 18. Jahrhunderts zeigt.

Nils Claussen

1 Danckwerth (1652), Tafel XXII.
2 Vgl. Lafrenz (1983), S. 142f.
3 Danckwerth (1652), S. 137.
4 Zu Marten van Bocholt vgl. Michelson (1991), S. 20–33.
5 Vgl. Paarmann (1986), S. 19.
6 LAS 7/2259 fol.77 No.429, zitiert nach Paarmann (1986), S. 149.
7 Vgl. Michelson (1991) und Hammer (1991).
8 *„Grund Riss von Friedrich Stadt und dero werke …"*, 1700, Kriegsarchiv Stockholm, Abb. in Klose/Martius (1962), S. 63. ;"*Ichnographia Friedericopoleos …"*, Kupferstich von G. I. E. Coch, (um 1735). *„Charte von Friedrichstadt"*, Stich von J. Jansen, 1851 (Beide StA Friedrichstadt).
9 Michelson (1991), S. 51.
10 Vgl. Biernatzki (1847), S. 154f.
11 Die Hinweise auf die Anzeigen in den Friedrichstädter Zeitungen von 1799-1842 verdanke ich Herrn Karl Michelson.
12 StA Friedrichstadt Nr. 1-07-89 bis 94.
13 Schröder (1837), S. 285.
14 Hanson (1813), S. 269.
15 Niemann (1799), S. 621.
16 Schmidt (1918–1919), S. 52.

Gelting

Adeliges Gut in Angeln, 13 km nördlich von Kappeln. Seit 1759 im Besitz des Sönke (Seneca) Ingwersen, ersten Barons von Geltingen, und seiner Nachkommen von Hobe-Gelting. Umbau des alten Herrenhauses im holländischen Stil und Neuanlage eines spätbarocken Lustgartens nach dem Plan Johann Caspar Bechstedts ab 1775, im Laufe des 19. Jahrhunderts verlandschaftet. Formale Strukturen sowie Elemente des Landschaftsgartens erhalten, jedoch nicht öffentlich zugänglich.

Als der legendäre Sönke (Seneca) Ingwersen (1715–1786) nach erfolgreichen Jahren im Dienste der holländischen Ost-Indien-Kompanie 1757 von Java nach Den Haag zurückgekehrt war, erwarb er – inzwischen zum Baron von Geltingen erhoben – von der dänischen Krone den standesgemäßen Herrensitz Gelting, der nicht allzu fern seiner nordfriesischen Heimat Langenhorn liegt.[1] Von Den Haag aus gab er die Umbauten des Corps de logis und die Ausstattung mit einem umfassenden allegorischen Stuckbild-Programm bei den Brüdern Tadei in Auftrag. Bezeichnenderweise ist die Gartenkunst in den Emblem-Gehängen des Festsaals gleich zweimal, als Nutzgärtnerei (Feldfrüchte/Kürbis) und als Lustgärtnerei (Spargel/Blumen) vertreten (Abb. 185 und 186).

In dem anläßlich der Gutsübergabe an Ingwersen 1760 erstellten Inventar werden fünf Gärten „*cum pertinentiis*" (mit Zubehör) aufgezählt, die sich auf bzw. nahe der Burg- und Hofinsel befanden: Der ehemalige Lustgarten hinter dem Wohnhause, der Garten hinter der Weizenscheune, der sogenannte Bleicherhof, der Südergarten und der Ostergarten.[2] Sie sind auch auf der 1788 von Landvermesser Thomas Hansen gezeichneten Gutskarte noch auszumachen.[3] Eine genauere Vorstellung vom Aussehen dieser Gärten besitzen wir jedoch nicht. In den Akten finden sich in den ersten Jahren nach dem Kauf nur wenige Hinweise auf das Gartenwesen. Im März 1768 verteidigt Ingwersens Finanzverwalter Zoega aus Schleswig die Ausgaben für die Anlage eines neuen Küchengartens: *„Wenn man die Einnahmen gegen die Ausgaben des neuen Gartenlandes betrachtet; so ist allerdings Schaden dabey gewesen. Es wäre aber weit mehr Schaden dabey gewesen, wenn das Land nach der Bearbeitung wüste gelegen hätte ... Dieses Jahr muß es gleichfalls wieder bearbeitet werden, damit dieses neue Land je eher je lieber vom Unkraut gereiniget und zur Anlegung eines Gartens brauchbar gemacht werde."* Ein Jahr später mahnt er den in Den Haag weilenden Gutsherrn: *„... soll das neue Gartenland dieses Jahr besäet werden und bis zu Ihrer Zuhausekunft mit Früchten stehen; so erbitte ich mir ... eine Nachricht, damit ich bey Zeiten die Samen, ehe die besten vergriffen werden, ankaufen könne."*[4] Es dürfte sich hierbei um den Nordergarten gehandelt haben, der jenseits der Geltinger Landstraße

Abb. 185: Gelting, Stukkatur ‚Die Nutzgärtnerei' der Brüder Tadei im Festsaal, Photo 1995.

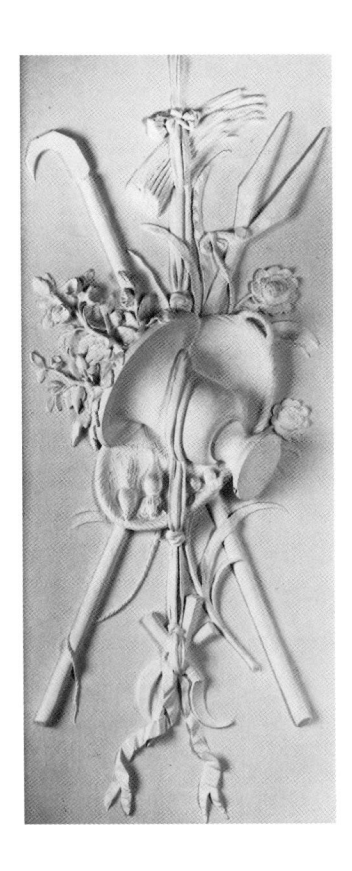

Abb. 186: Gelting, Stukkatur ‚Lustgärtnerei' der Brüder Tadei im Festsaal, Photo 1995.

als Gemüsegarten neu angelegt wurde. Auch die Entschlammung der Burggräben ist belegt.

Offensichtlich hatten jedoch die Instandsetzung und Erweiterung des Herrenhauses und der Gutsbauten sowie deren Ausstattung Priorität vor größeren Investitionen im Außenbereich. Davon zeugt das scharfe „Promemoria" des bekannten Gärtners Johann Caspar Bechstedt (1735–1801), der von Ende September 1775 bis Mai 1780 auf Gelting angestellt war, anläßlich seiner Entlassung.[5] Dieses Promemoria stellt ein herausragendes Dokument der Emanzipation des Gärtnerstandes vom dienstleistenden Gartendomestiken zum selbstbewußten und auch wirtschaftlich selbständig handelnden Gartenfachmann dar. Als solcher mußte sich Bechstedt verstehen, der zu diesem Zeitpunkt bereits mehrere bedeutende Anlagen in Schleswig-Holstein, darunter Saxtorf für Johann Rudolph von Ahlefeldt, den Heeschenberg für Minister Caspar von Saldern und Louisenlund für Landgraf Carl von Hessen betreut und obendrein sein umfangreiches „Niedersächsisches Land-und Gartenbuch" (1772) publiziert hatte.

Bechstedt mußte sich in Gelting in erster Linie um die Gemüse-, Obst- und Blumenversorgung der Tafel kümmern. Zu seinem Verdruß wurde er auch für das Verschwinden von Obst und Gemüse sowie für die mangelnde Bewachung der Gärten verantwortlich gemacht: „Wo Erbsen, Bohnen, Erdbeeren etc. geblieben, müssen die Jungfern welche Küche und Haußhaltung in denen Jahreszeiten zu Gelting besorgt haben am besten beantworten können ... mit den Äpfeln welche der Herr Captain[7] und zwar die besten durch seine Diener außerhalb dem Hofe haben wegnehmen laßen, kann ich nicht sagen wo solche geblieben sind ..." Vor allem verwahrte er sich gegen den Vorwurf des Diebstahls: Da müsse „der Herr Baron mehr erklären, was ihm durch mir entwendet oder gestohlen worden, um solche [Sachen] zwischen den meinigen ausfindig zu machen, und zwar werden wir uns darüber am gehörigen Orte weiter sprechen ...".

Vielmehr habe er selbst „... um Kosten zu sparen und keinen Verdruß zu erregen in all denen Jahren, entweder von mein eigenes Geld oder meiner eigenen Waare, so wohl ihre Garten als auch Haußhaltung in diesen Stücken unterhalten, meubliert und ausgefüllet, und da mir auch vor dieses bis vor jetzo weder etwas vergütet noch gutgethan, so wollen dieselben so wohl an ihren inspecteur als Gärtner ordre geben, von dergleichen Sachen, welche auf mein Conto obwohl zu ihrem Nutzen, Vergnügen und Gebrauch gepflanzet stehen, sich an solchen bis zu fernerem Austrag unserer Sache nicht zu vergreifen." Ferner habe er in dem gesamten Zeitraum die ihm zustehende Vergütung nicht erhalten: „Weil nach gemachtem accort, worauf mir dieselben einen Dänischen Ducat auf die Hand gegeben, der schriftlich versprochene contract aber nicht erfolget ist", lege er eine eigene Umrechnung von Lohn und Kostgeld für vier Jahre und sieben Monate vor. Sie beläuft sich auf die beachtliche Summe von 1800 Reichstalern. Die Formulierungen deuten auf die Absicht zu klagen.

Tatsächlich scheint Bechstedt in der Sache mit Urteil des Landgerichts Schleswig vom 3. März 1782 Recht bekommen zu haben. Das geht aus einem Dokument des Gottorfer Obergerichts vom 22. Juli 1783 hervor,[8] demzufolge der von Baron Gelting benannte Gärtner Hoppe aus Louisenlund und der Hufener Cai Petersen als Land- und Kunstverständige verpflichtet wurden, zusammen mit Vertrauensleuten Bechstedts die diesem *„zu vergütenden Pöste"* zu schätzen, darunter *„den Werth der Pflanzen ... in dem kleinen Küchengarten"* und der *„10 in dem Garten vor dem Thor an der Straße auf dem Gute Gelting angelegten Spargel-Beete"* sowie *„den Werth der in dem angeschlossenen Verzeichnis sub A aufgeführten Stauden-Gewächse und der in der Resignation sub B benannten Nelken-Pflanzen."* Die beiliegende Staudenliste umfaßt 204 Nummern diverser Spezies, und auch die Nelkenkultur im Küchengarten zwischen den Geltinger Wällen, die *„in allen möglichen Couleuren"* blühte, war beachtlich.

Betrachtet man Bechstedts Kostenaufstellung näher, so wird deutlich, daß er die für seine Tätigkeit im Küchen-, Obst- und Blumengarten geforderte Summe von 418 Talern und 16 Kreuzern vier Wochen vor Abfassung des Promemorias schon ausgezahlt bekommen hatte. Das Defizit errechnet sich anders. Bechstedts Empörung richtet sich nämlich vor allem darauf, daß er als Kunst- und Lustgärtner engagiert worden sei, ohne auf diesem Gebiete zum Zuge zu gekommen zu sein: Der Herr Baron habe ihn *„weder zum Haushof- noch zum Serail-, noch weniger zu ihrem Küchenknecht, sondern nur bloß um den neuen Garten instant zu setzen bestimmt ... überhaupt habe ich die Ehre ihnen in unserer Muttersprache kurz und teutsch zu sagen, ich bin gar nicht zufrieden ..."*, denn seine Aufgaben hätten nicht dem verabredeten *„Accort"* entsprochen.

Unter Punkt 9 des Memorandums ist dann etwas ausführlicher von dem geplanten Lustgarten die Rede: *„... den neuen Garten betreffend, habe nach demjenigen Plan welchen dazu verfertiget und hochdieselben acceptiert haben, mir auf das genaueste gerichtet, auch dero Ordre welche mir dieselben zu verfahren gegeben befolgt, nemlich vors [fürs] 1te ihren Beutel zu schonen, ich habe aber noch niemals etwas darinnen gesehen, denn wer Bäume will muß Geld haben, und Berge und Hügel zu versetzen kostet Menschen."* Weil sein Vorschlag aus Kostengründen zurückgestellt worden sei, er aber *„im übrigen nach meinem eigenen Gutbefinden besorgen mögte"*, habe er entsprechend verfahren und seinen Plan durch *„ein paar in der Baukunst und Gärtnerey erfahrene Männer"* prüfen lassen. Tatsächlich muß die vorbereitende Arbeit am Lustgarten in Gang gekommen sein, sonst hätte Bechstedt nicht die nachfolgende Kostenrechnung aufstellen können: *„Vor [für] den neuen Garten nachdem es die Umstände mitgebracht die Arbeit fortzusetzen, vor [für] eines und alles daß eine in daß andere gerechnet setze mir à Tag 1 Rth. beträgt die Sonn- und Feiertage ausgeschlossen in 4 Jahr und sieben Monath der Anlage des neuen Gartens 1372:24 Rth."*

Da die meisten Rechnungsakten aus den ausgabenreichen Jahren ab 1775 fehlen, ist es schwer diese Arbeiten zu verifizieren. Im April 1776 ist das Gärtnerhaus fertiggestellt.[9] Die Hamburger Baumschule Böckmann, mit der Bechstedt bevorzugt zusammenarbeitete, bestätigt am 22. November 1777 die Lieferung von 100 Linden[10] – genug, um beispielsweise die westliche Hauptallee zu bestücken. Da Bechstedt zugleich von *„Instandsetzung"* und von einem *„neuen"* Garten spricht, darf davon ausgegangen werden, daß das auf Hansens Gutsplan (1788) als vertieftes Rechteck mit einer exedraförmigen Ausbuchtung zur Gartenbrücke hin eingezeichnete Areal den 1760 übernommenen, aber desolaten Lustgarten hinter dem Wohnhause darstellt, der in Bechstedts neuen und sehr viel größeren Garten einbezogen wurde. Deutlich zeichnet sich schon dessen zukünftige Form an den Knickgrenzen ab. Andererseits sind die Flächen noch als Koppeln benannt. Wir müssen deshalb annehmen, daß Bechstedt den Geltinger Lustgarten bei seinem Abschied 1780 in einer Rohform hinterlassen hat, die Hansen acht Jahre später noch kaum Anhaltspunkte für seine Karte liefern konnte.

Diese große, mit einem entsprechenden Erdbuch verbundene Gutskarte entstand nach dem Tod Seneca Ingwersens anläßlich der in seinem Testament von 1786 vorgesehenen und 1788 durchgeführten Parzellierung, die mit der Umwandlung des Kernbereiches in ein Fideikommißgut verbunden war. Nach einem Erbvergleich hatte Sönke Ingwersens Sohn aus zweiter

Ehe, Christian Friedrich Rudolph Baron von Geltingen (1764–1820), das Gut zum 1. Mai 1788 übernommen.[11] Die Leibeigenschaft wurde abgeschafft und durch ein Pachtsystem ersetzt. Nun überstürzten sich auch die Baumaßnahmen und kostspieligen Anschaffungen, so daß Finanzverwalter Godbersen aus Schleswig schon ein Jahr später den jungen Gutsherrn warnte: *„Sie haben in diesem Jahr zu viel zu bauen vorgenommen, so daß nach meiner Rechnung die Revenüen … zu den Ausgaben nicht zureichen werden und ein paar Tausend Taler – ein paar Tausend, ja und noch wolmehr, hätte erspart werden können … Ich weiß wohl, daß Sie sich das alles nicht so haben vorstellen können, und darum entschuldige ich Sie gern … Ich wünschte, daß Sie nimmer gesagt hätten, oder keiner Sie hätte sagen hören: Ich bin reich, ich habe Geld, ich brauche Niemanden! … Ich habe nach Geltingen geschrieben, daß alle Arbeit die schlechterdings den Fortgang zu haben nicht nöthig, bis weiter eingestellt werden soll."*[12]

Es bleibt dennoch ein Rätsel, warum gerade in diesem Jahr 1789 der in seiner künstlerischen Qualität herausragende Plan des Geltinger Gartens nach der *„Erfindung"* Johann Caspar Bechstedts[13] entstand (Abb. 187), neun Jahre nach dessen Ausscheiden. Für Bechstedts ideelle Urheberschaft, möglicherweise unter Beratung durch *„ein paar in der Baukunst und Gärtnerey erfahrene Männer"*, spricht außer der Beschriftung die auffällige Übereinstimmung mit den Anweisungen zur Anlage eines Lustgartens in seinem 1772 erschienenen *„Vollständigen niedersächsischen Land- und Gartenbuch"* (S. 74ff): Form eines Oblongums, das um zwei Drittel länger als breit sein sollte, ein *„wohlausgesonnenes Parterre"* oder ein *„offener Grasteppich"* über die ganze *„Fronte des Gebäudes"*, eine zentrale *„Hauptallee"* von der Mitte des Herrenhauses bis zum Ende des Gartens mit *„Banden von feinem Rasen"* belegt und *„am Ende, um die Aussicht zu erhalten, mit einem Haken endigen[d]"*, der *„übrige Theil des Gartens mit verschiedenen Erfindungen ausgezieret."* Im Falle eines morastigen Grundes – und auch dies trifft auf Gelting zu – solle man das Gelände mit *„Gebüschen, Vertiefungen und Wasserwerken"* anfüllen und die Wege auf Dämme legen.

Gezeichnet wurde der Plan von Jean Charles Krafft – und dies bleibt ein zweites Rätsel des Geltinger Gartens: Krafft, über dessen Leben so gut wie nichts bekannt ist,[14] der sich aber Anfang des 19. Jahrhunderts als *„Architecte"* und *„Dessinateur"* bezeichnete, war einer der erfolgreichsten Architekturpublizisten der napoleonischen Zeit. Er gab in Paris zahlreiche Stichwerke über die Architektur des Empire heraus, darunter 1809 den dreisprachigen Band *„Pläne der schönsten und malerischten Gärten, Franckreichs, Englands und Deutschlands"*.[15] Ob Krafft mit der gleichnamigen Altonaer Malerfamilie verwandt war, oder ob er sich schon zu Beginn der Revolution als Emigrant im norddeutschen Raum aufhielt,[16] wissen wir nicht. 1789 muß er jedenfalls mit dem damals fünfundzwanzigjährigen Baron von Gelting in Kontakt gekommen sein, der vermutlich Bechstedts begonnenes Projekt durch eine eindrucksvolle, möglicherweise etwas modernisierte Planzeichnung zu Ehren bringen und endlich auch in die Realität umsetzen wollte. Die verantwortlichen Gärtner hatten nach dessen Fortgang in rascher Folge gewechselt.[17] Für Bechstedts Rückkehr nach Gelting gibt es keine Anhaltspunkte, obwohl er in den neunziger Jahren als Handelsgärtner in Schwensby nachzuweisen ist – er wird in den Gutsakten nicht mehr erwähnt.

Der Plan, der etwa vierzehn Jahre früher konzipiert wurde als bislang aufgrund der Datierung angenommen,[18] ist von auffälliger Strenge: Er teilt das Areal in zwei annähernd gleichgroße Hälften, die westliche geprägt von strikter Symmetrie im Sinne des Barock, die östliche aufgelöst in intime Binnenräume und gekünstelte Schlängelwege. Das westliche Areal ist vollständig von einem leicht erhöhten Damm umgeben, der mit umlaufenden Lindenalleen bepflanzt war (großenteils erhalten) und sich an den Schmalseiten exedraförmig ausbuchtete. Diese Form betonte die Symmetrieachse, die von der holländischen Zugbrücke ausging und über ein ovales Boulingrin als breite Al-

Abb. 187: „Grund-Riss, des Gartens zu Geltingen. Inventirt von J. C. Bechstedt, gezeichnet von J. C. Krafft", lavierte Federzeichnung 1789 (GA Gelting).

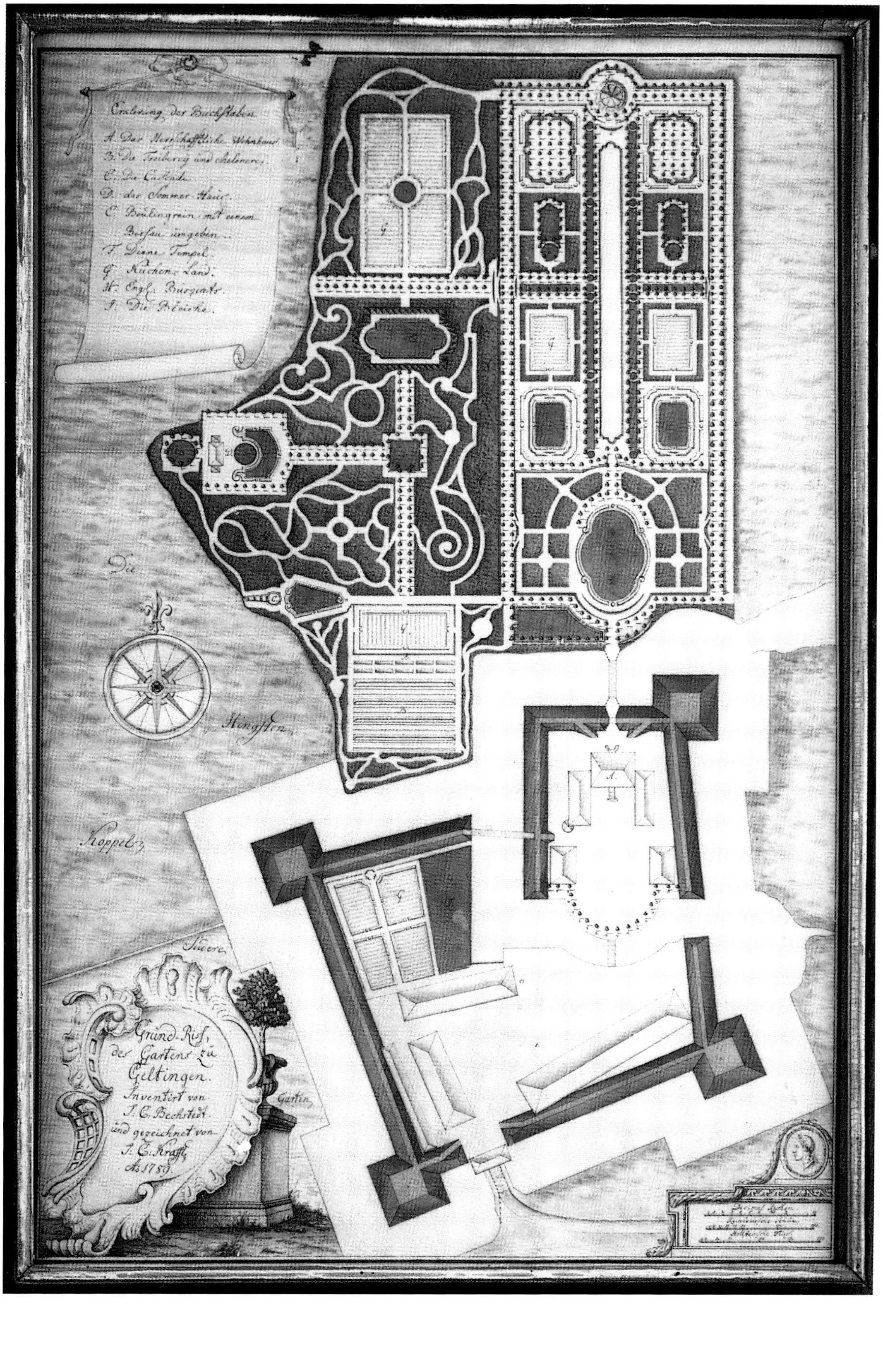
Erklärung der Buchstaben.
A. Das Herrschaftliche Wohnhaus.
B. Die Treiberey und Melonerey.
C. Die Cascade.
D. das Sommer-Haus.
E Boulingrein mit einem Berçau umgeben.
F. Diane Tempel.
G. Küchen-Land.
H. Engl: Burquets.
I. Die Bleiche.
Die
Hingsten
Koppel
Süere
Garten
Grund-Riß, des Gartens zu Geltingen.
Inventirt von J. C. Bechstedt.
und gezeichnet von J: C: Krafft,
Ao 1759.

Abb. 188: Gelting, Blick aus dem Festsaal über die holländische Brücke in den Gutsgarten, Photo 1995.

lee mit mittlerem Tapis vert auf ein Rondell mit einem „*Diana-Tempel*" am Ende des Gartens zulief (vermutlich nicht ausgeführt). Altmodisch wirken nicht nur Umriß und Achsen, sondern auch die fast quadratisch unterteilten Boskette (nach der Legende „*englische Bosketts*"). Die letzten Quartiere waren sicher mit Obstbäumen gefüllt.

Vom Ende des Dammes zweigt ein in natürlichen Kurvierungen verlaufender Beltwalk ab, der dem früheren Knick folgend um den gesamten östlichen Parkteil herumgeführt wurde (erhalten). Dieser tief und feucht gelegene, am Ostrand etwas ansteigende Gartenteil war sehr kleinteilig aufgegliedert. Er schloß am Südende ein rechteckiges Stück „*Küchenland*" ein, im Norden unmittelbar hinter dem Damm am Schloßgraben gelegen die „*Treiberei und Melonerei*" (topographisch noch nachvollziehbar). Rechtwinklig geführte und auf erhöhten Dämmen angelegte Nebenachsen verbinden sie mit dem Platz des „*Sommerhauses*" an der östlichsten Ausbuchtung. Die kleine Kaskade neben dem Melonengarten dürfte realisiert worden sein (einige Felssteine haben sich am Rande des Beltwalks erhalten). Von den zierlich geschlängelten Wegen im Unterholz ist jedoch, falls es sie überhaupt gegeben hat, keine Spur mehr erkennbar. Zwar hatte Bechstedt schon 1772 den englischen Gartenge-

schmack und dessen chinesische Vorbilder gelobt, doch läßt sich hier insgesamt eher eine Rezeption der neueren französischen Gartenliteratur des Louis-Quinze und Louis-Seize vermuten – etwa der Traktate der Architekten Blondel (1771–1777) und Neufforge (1772–1780), die im Rückgriff auf strenge barocke Strukturen bereits eine Reaktion gegen die durch den Landschaftsgarten drohende Formauflösung propagierten.[19] Die kontrastierenden Partien der anderen Gartenhälfte erinnern in ihren anglo-chinoisen Schnörkelformen in Verbindung mit orthogonal geführten Achsen (und auch in ihrem Zeichenstil) an Musterentwürfe des Blondel- und Neufforgeschülers Pierre Panseron (1783–1788), der vor allem den ‚goût mélangé' (gemischten Stil) vertrat.[20] Möglicherweise hat Krafft hier 1789 aus eigenen Stücken den Plan Bechstedts noch im neuesten Pariser Geschmack nachgebessert. Der Geltinger Plan mußte in dieser Form und zu diesem Zeitpunkt dennoch, wenn man ihn etwa mit den zeitgleichen, englischen Landschaftsgartenentwürfen für Eutin vergleicht, als ein eher konservatives Signal verstanden werden.

Inwieweit er realisiert wurde, läßt sich nicht mehr genau ermitteln. Die Arbeit im Lustgarten schritt jedoch nachweislich voran. Im November 1789 liefert Gärtner Vothmann aus Sonderburg Bäume, im De-

Abb. 189: Gelting, Luftbild von Norden 1996.

zember urteilt Sekretär Godbersen: *„Die im neuen Garten geschehene Arbeit zeuget von des Gärtners Fleiß ..."*, im Februar 1791 muß die Zugbrücke repariert werden, *„weil sonst niemand von dieser Seite in den neuen Garten kommen kann"*, im April 1792 werden Lärchen, Birken und 50 Linden geliefert: *„Nach des Lindeners Beschreibung sollen diese Birken etwa schon 8 Fuß hoch, gesund und egal seyn, die größte wie ein Arm dick und die dünnste wie ein guter Stockknopf."* Im Juni werden wieder Bäume aus Sonderburg erworben, im Dezember 1793 bei Christian von Brocken in Lübeck Gartensamen, Steinpflanzen und Blumenzwiebeln. Im April 1794 werden erneut vier Packen Linden aus Hamburg erwartet, die 64 Rtl. kosten sollen, die Frachtkosten sind fast ebenso hoch.[21] Aus den Tagelöhner-Abrechnungen wird ersichtlich, daß im Sommer 1788 8 Männer und 6 Frauen durchschnittlich 15–20 Tage pro Monat an der Anlage des Gartens arbeiteten. Der Arbeitslohn steigt von 118 Rtl. (1788) auf 198 Rtl. (1790) und 317 Rtl. (1791), fällt danach wieder auf 173 Rtl. (1792). Gemessen an den Gesamtausgaben (9577 Rtl. im Jahre 1788/89, 8591 Rtl. 1789/90) machten die Kosten für Tagelohn, Gärtner und Gärtnerbursche sowie für Bäume und anderes Pflanzenmaterial immerhin 5 bis 10 % des gesamten Budgets aus.[22] Die Ausgaben aber blieben generell zu hoch: Um seine Gläubiger, *„deren Forderungen ... sich in mehreren Jahren auf ca. 10.000 Rth. aufgehäuft haben"* zu befriedigen, übergab Rudolph von Geltingen die gesamte Gutsverwaltung im Januar 1802 an zwei Treuhänder und schränkte seine privaten Ausgaben auf 1800 Rtl. jährlich ein.[23] Auch die Gartenausgaben wurden stark reduziert – bemerkenswerteste Ausnahme: Am 21. August 1809 kauft der Generalbevollmächtigte Petersen auf der Auktion auf Schloß Glücksburg einen Teil des dortigen Orangeriebestandes, sieben Orangenbäume, einen Zitronenbaum, einen Apfelsinenbaum und einen Lorbeerbaum für 68 Rtl.[24] 1817 wird die Verpachtung des Gutes eingeleitet, wobei aber *„sämtliche Gärten, namentlich der*

Lustgarten, der von der Grünkoppel separierte Winkel, die Wälle, sowie die außerhalb des Hofes befindlichen Promenaden ... dem Herrn Verpächter ausdrücklich vorbehalten" bleiben sollten.²⁵

Im November 1820 übernahm der Sohn von Sönke Ingwersens Tochter Adriane Sebranda, der zum Katholizismus übergetretene Rittmeister Levin Ludwig Leopold von Hobe-Gelting (1783–1853), das Gut. Unter ihm, seinem Sohn Siegfried (1816–1877) und seinem Enkel Bertram (1849–1916) vollzog sich, ab 1845 betreut von dem Gärtner Thorsen, die allmähliche, aber dokumentarisch noch nicht genauer nachweisbare Umwandlung des französischen Gartens in eine mehr oder minder englische Anlage. Dabei entstand im Bereich des Boulingrins eine neue Wegeführung, und es wurden schöne Solitäre gepflanzt, die noch heute den Blick aus dem Festsaal bestimmen (Abb. 188). Am Ostrand kam ein schmaler Geländestreifen mit einem kleinen Weiher hinzu. Die Substanz des Landschaftsgartens hat durch Reduzierung des Pflegeaufwandes und durch Stürme stark gelitten. An botanischen Besonderheiten haben Kenner die alten Heilpflanzen Aronstab (Arum maculatum) und Haselwurz (Asarum europaeum), an exotischen Bäumen die Kanadische Hemlockstanne (Tsuga canadensis), die Japanische Schirmtanne (Sciadopitys verticillata), die fernöstliche Kletterhortensie (Hydrangea petiolaris) und die den Charakter der Hausgrabenbepflanzung prägenden einheimischen Stieleichen (Quercus robur) registriert.²⁶ Der gegenwärtige Besitzer, Baron Siegfried von Hobe-Gelting, hat die Pflege des Gartens in jüngster Zeit wieder verstärkt und eine Vermessung vorgenommen, die zeigt, daß Bechstedts Gartenplan relativ mühelos mit dem Bestand in Einklang zu bringen ist, daß er jedoch – wie es für einen Schauplan des 18. Jahrhunderts durchaus üblich war – in Hinsicht auf Rechtwinkligkeit und Ebenmäßigkeit des Terrains deutlich geschönt war. Die noch immer beeindruckenden historischen Strukturen der Geltinger Anlage bestätigt auch der Blick aus der Vogelperspektive (Abb. 189).

Adrian von Buttlar

1 Mit Bezug auf den Vorvertrag vom November 1759, Kaufbrief Februar 1762. LAS Abt. 66 Nr. 9336. Zur Gutsgeschichte Schröder (1837); Oldekop (1906); zu Ingwersen u. a. Helmut Tiemer, Eintragung des Barons Christian Friedrich Rudolph von Geltingen in ein Stammbuch von 1785 und Betrachtungen im Zusammenhang damit, in: Jb. des Heimatvereins der Landschaft Angeln 38 (1974), S. 44–50.
2 LAS Abt. 195 Nr. 80.
3 *„Grundriß von den zu dem Hochadelichen Guthe Geltingen gehörigen Ländereien. Aufgenommen im Jahre 1786 / und vertheilt 1788 / von Thomas Hansen"*, GA Gelting.
4 J. H. Zoega an Baron von Geltingen, 19. März 1768 und 10. April 1769. LAS Abt. 195 Nr. 1107.
5 *„P. M. für S. Hochwolgeboren den Baron und Reichsfreyherrn von Geltingen auf diejenigen Fragen welche mir derselbe mündlich zu sagen vorgelegt hat, Gelting 5. März 1780."* LAS Abt. 195 Nr. 897.
6
7 Kapitän Thomas Ingwersen verwaltete das Gut während der Abwesenheit seines Bruders Sönke.
8 LAS Abt. 195 Nr. 897 (Akte Bechstedt).
9 Secretair Godbersen an Baron Gelting, 27. April 1776. LAS Abt. 195 Nr. 860.
10 LAS Abt. 195 Nr. 860.
11 LAS Abt. 195 Nr. 81.
12 Secretair Godbersen an Baron von Geltingen, 1. Okt. 1789. LAS Abt. 195 Nr. 860.
13 Gekennzeichnet durch *„invenit"*, GA Gelting.
14 Thieme/Becker gibt lediglich eine Liste seiner Publikationen.
15 *„Plans des plus beaux Jardins pittoresques de France, d' Angleterre et d'Allemagne et des edifices, fabriques etc."*, Paris 1809. Zuvor hatte er zusammen mit Nicolas Ransonnette publiziert *„Plans, coupes, élévations des plus belles maisons et des hôtels construits à Paris 1771 à 1802, Paris Ans IX/X"*, Paris 1801/1802.
16 Unter den wenigen deutschen Gärten (Mümpelgard / Elsaß, Schwetzingen, Neuer Garten Potsdam) befindet sich der bislang nicht identifizierte eines Herrn Sternberg bei Hamburg (Bd. II, Taf. 51/52) von einem Baumeister Mouillefarine.
17 1788–1790 Gärtner Ramm, 1790–1791 Gärtner Jürgen Wilhelm Conrad Matthiessen, 1791–1792 Gärtner Jakob Dietrich Baljohr, 1793 Gärtner Johann Balzer Pilgrim (aus Hamburg), usw.
18 Auch die kleine Kartusche mit dem bekränzten ‚römischen' Profilkopf spielt noch auf *„Seneca"* Ingwersen an.
19 Blondel und Neufforge waren als Architekten strikte Kritiker des englischen Landschaftsgartens. Vgl. Lauterbach (1987).
20 Vgl. Abbildungen bei Lauterbach (1987), S. 120ff aus Bd. 1.
21 LAS Abt. 195 Nr. 860.
22 LAS Abt. 195 Nr. 905.
23 LAS Abt. 195 Nr. 953.
24 LAS Abt. 195 Nr. 958.
25 Gutsbeschreibung 19. November 1817, Paragraph 2 der Pachtbedingungen. LAS Abt. 195 Nr. 1004.
26 Ein Rundgang durch den Schloßgarten, in: Peter Schwennsen/Johannes Jürgensen, Die Chronik des Kirchspiels Gelting, Gelting 1972, S. 230.

Glücksburg

Öffentlicher Schloßgarten der ehemaligen Residenz Glücksburg, 9 km nordöstlich von Flensburg. Erste barocke Lustgarteneinrichtung 1706–1709, ab 1733 umgewandelt in einen Küchengarten, heute Rosarium. Anlage eines zweiten barocken Gartens seit 1733, ab 1769 erste landschaftliche Gestaltung einzelner Partien unter Herzogin Anna Carolina, gleichzeitig Anlage des englischen Lustgehölzes „Carolinenlund" am jenseitigen Seeufer. Im zweiten Viertel des 19. Jahrhunderts vollständige Umgestaltung im englischen Stil, 1827 Errichtung eines klassizistischen Gartenhauses anstelle der alten Orangerie.

Schloß Glücksburg[1] ist über die Grenzen Schleswig-Holsteins hinaus als eines der bedeutendsten Renaissance-Wasserschlösser Norddeutschlands bekannt. Herzog Johann der Jüngere von Schleswig-Holstein-Sonderburg (1545–1622) ließ es als standesgemäße Nebenresidenz und Jagdschloß inmitten eines ausgedehnten Tiergartens (2050 ha)[2] 1582–1587 von Nikolaus Karies auf dem Terrain eines säkularisierten Zisterzienserklosters (Rudekloster) erbauen.[3] Die Klostergebäude wurden abgerissen, und da auch die Klostergärten durch das Aufstauen des Schloßteiches verlorengingen, konnten die Gartenanlagen in Glücksburg nicht innerhalb vorhandener Strukturen (wie z. B. in Husum) weitergeführt werden, sondern mußten völlig neu entwickelt werden.

Es kann nur vermutet werden, daß bereits Herzog Johann d. J. einen kleinen Renaissancegarten unterhielt, denn für seine beiden späteren Schloßbauten Ahrensbök (1594/1601) und Reinfeld (1600/1604) sind Gärten bezeugt. Spätestens seit 1622 – Glücksburg war Herzog Philipp von Schleswig-Holstein-Sonderburg-Glücksburg (1584–1663) durch Erbteilung zugefallen und permanente Residenz geworden – dürfte zumindest ein Küchengarten zur Versorgung der Hofgesellschaft existiert haben. Ein Hofgärtner namens Schwenno Schwennsen (gest. 1681) ist erstmalig unter Herzog Christian (1627–1698) faßbar. Bei der Gartenarbeit standen diesem ein Lehrling und die herzoglichen Untertanen – im Rahmen ihrer Frondienste – zur Seite. Unter dem Gärtner Jürgen Lorentzen (tätig 1703–vor 1743), Stammvater einer Glücksburger Gärtnerfamilie, wurden zwei neue Gärten in

Abb. 190: Glücksburg, „Rückkehr von der Jagd", Ölgemälde um 1780 (Schloßmuseum Glücksburg).

Abb. 191: Glücksburg, Löwe vor dem Schloßportal, Photo 1994.

Glücksburg gegründet. Auf dem Gelände des heutigen Rosariums entstand 1706–1709 unter Herzog Philipp Ernst (1673–1729) der erste barocke Lustgarten.[4] Eine zweite barocke Gartengründung erfolgte 1733 zur Zeit Herzog Friedrichs (1701–1766). Konzipiert als Orangeriegarten, wurde diese Anlage nördlich der Schloßhofinsel, direkt am Ufer des Schloßsees, geschaffen.[5] Der ältere Lustgarten diente seither als Küchengarten und wurde mit einem Treib- und Gewächshaus ausgestattet.[6] Einige Grundstrukturen der barocken Lustgartengestaltung von 1733 sind noch auf dem Gemälde „*Rückkehr von der Jagd*" (Abb. 190) zu erkennen, obwohl das Bild bereits einen späteren Gartenzustand zeigt. Ferner bieten zwei Garteninventare von 1749 und 1764 Auskünfte über die damalige Gartenausstattung.[7]

Das ca. 3 ha große, rechteckige Gartenareal war ganz in französischer Barockmanier durch ein orthogonales Wegesystem symmetrisch aufgeteilt und axial auf die nördlich gelegene Schloßhofinsel bezogen worden.[8] Drei Längs- und eine Hauptquerachse grenz-

ten die einzelnen Gartenpartien voneinander ab. Die westliche Längsachse, die noch heute erhaltene Lindenallee am Schloßseeufer war ursprünglich mit 125 Linden bepflanzt. Der Garten war einst über eine Steinbrücke mit der Schloßhofinsel verbunden.[9] Den Anfang der Mittelachse flankierten zwei weiß gefaßte Löwenstatuen auf Postamenten. Heute stehen diese qualitätvoll und allansichtig gearbeiteten Sandsteinfiguren, die vermutlich um 1733 geschaffen wurden, vor dem Schloßportal (Abb. 191). 1854 bekamen sie neue Piedestale, die Blumenbukettdekorationen im Louisseize-Stil zeigen und etwa 1760–1780 entstanden sein dürften. In heraldischer Manier halten die Löwen je ein Rocailleschild, das die Initiale „*F*" – für Herzog Friedrich – als Spiegelmonogramm zeigt. Die Löwen dienten als symbolische Wächter und gleichzeitig als Denkmäler für den Gartengründer.

In der südwestlichen und südöstlichen Gartenecke standen zwei oktogonale Lustlauben, umgeben von jeweils acht Linden.[10] Daran schloß sich ein Bereich mit vier Parterres an, der insgesamt mit zwanzig geschnittenen Taxuskegeln und sechs Sandsteinstatuen geschmückt war. Das o. g. Gemälde zeigt noch vier paarig aufgestellte Einzelfiguren beidseitig der Zentralachse. Mars ist erhalten, ein Herkules in den Akten erwähnt. Der Mars weist Stilzüge auf, die darauf hindeuten, daß die Plastiken vermutlich für den Lustgarten von 1706 geschaffen worden waren und im neuen Lustgarten Herzog Friedrichs ihre Zweitaufstellung erfuhren.

Die nördliche Gartenhälfte zeichnete sich durch ein vertieft angelegtes Orangerieparterre vor einem barocken Orangenhaus aus. Das Orangenhaus,[11] welches 1827 durch ein klassizistisches Gartenhaus ersetzt wurde (Abb. 192), war über rechteckigem Grundriß errichtet und zeigte eine repräsentative Gartenfront. In den vier Rundbogennischen der Fassade waren Sandsteinplastiken eingestellt. Im Innern des Gebäudes verbarg sich nur ein einziger, bis in das Mansarddach hinaufreichender Saal. Ausgestattet war dieser mit einem Stuckgewölbe, zwei Öfen und einer „*Grotte*" in Form eines in die Wand eingelassenen Muschelspringbrunnens. Während der kalten Jahreszeit wurden hier sowie

Abb. 192: Glücksburg, Klassizistisches Gartenhaus von 1827, Photo 1995.

in dem Treibhaus des Küchengartens die Glücksburger Orangeriepflanzen untergebracht, die im Sommer das Orangerieparterre schmückten. 1749 umfaßte der Orangeriebestand 410 Gewächse, 1764 wuchs er auf 441 Pflanzen an, wobei Orangen- und Lorbeerbäume, Nelkenbüsche und verschiedene Sorten Aloen das größte Kontingent ausmachten. Hinzu kamen einige Korallenkirsch-, Rosmarin-, Myrten-, Feigen-, Oleander-, Granatapfel- und Olivenstämme sowie einzelne Zitronen-, Dattel-, Jasmin- und Judasbäume, Palmlilien und Passionsblumen. Noch vor 1781 wurde dieser Orangeriebestand durch die Orangeriegewächse aus dem Lindauer Gutsgarten aufgestockt,[12] mit denen man vermutlich die 1776 an das Orangenhaus angebauten Glashausflügel füllte. Im Sommer machten die Orangeriegewächse den Hauptschmuck des abgesenkten Orangerieparterres aus, doch blieb es auch im Frühjahr nicht kahl. Dafür sorgten Hyazinthen, Ranunkeln, Anemonen, Jonquillen, Krokusse, Goldlack, Tazetten, Fritillarien, Tulpen und Tuberosen. Auch 34 Taxuspyramiden und mehrere, zu verspielten Motiven zurechtgestutzte Buchsbäume zierten zusammen mit zwei Lebensbäumen, die das Fontänenbecken auf der Zentralachse flankierten, diesen Gartenbereich zu jeder Jahreszeit. Die äußere Umrandung des abgesenkten Orangerieparterres bestand aus kunstvoll beschnittenen Taxus- und Ipernhecken. Auf den oberen Terrassen nahe dem Orangenhaus befanden sich zusätzlich zwei aus je 24 Linden bestehende Berceaux. Bis heute sind noch einige Linden des östlichen Berceau im Schloßpark erhalten. Zu den weiteren Gestaltungsmitteln des nördlichen Gartenbereichs zählten zwei Lusthäuser, die mit jeweils neun Ipernbäumen umsäumt waren, und direkt hinter der Hauptquerachse standen. Nach 1764 erhob sich ferner über der Kreuzung der Quer- mit der Mittelachse des Gartens ein offener, viereckiger Pavillon in Gestalt eines Baldachins, über den sich Kletterpflanzen rankten. Von vier Sandsteinvasen sind heute noch zwei erhalten und zeigen Dekorationsformen im Louis-Seize-Stil. Wie das Gemälde zeigt, war eine der Vasen ursprünglich im nördlichen Gartenbereich in einer Heckennische plaziert.

Außer dem bereits erwähnten Fontänenbassin gab es einst eine weitere sogenannte „untere Fontäne" im Garten. Zu beiden Fontänenbecken existierten zwei marmoriert angemalte Holzpostamente sowie ein Sor-

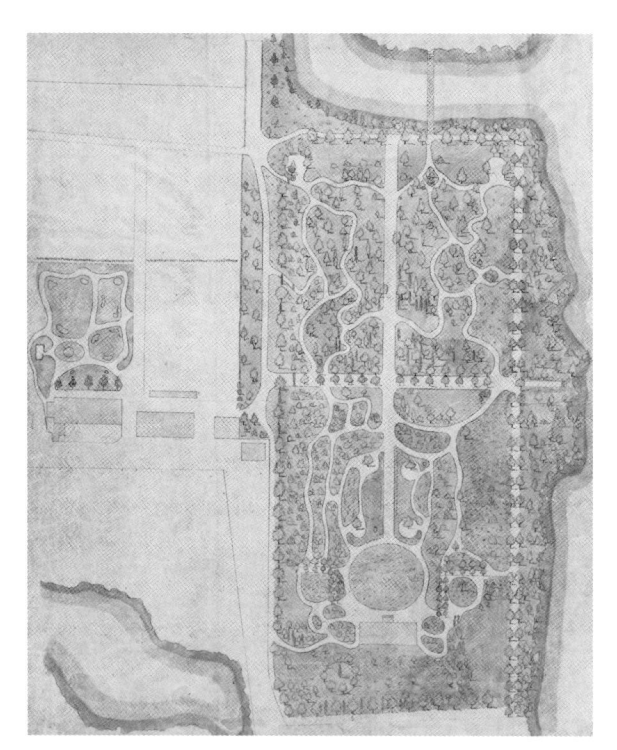

Abb. 193: Glücksburg, Gartenplan des Landschaftsparks, aquarellierte Federzeichnung 1843–54 (RAK).

timent von Zieraten aus Blei-, Kupfer- und Blechskulpturen (u. a. Jäger, Spanier, Windmühle, Frösche). Für die Installation der Wasserkünste im Schloßgarten hatte man den Gottorfer Fontänenmeister Freudenreich kommen lassen.[13] Freudenreich konnte in Glücksburg ein natürliches Gefälle für die Herstellung des nötigen Wasserdrucks zur Betreibung der Springbrunnen ausnutzen, die von dem kleinen Ortsteich *„Schinderdamm"* gespeist wurden. Oft dürften die Springbrunnen im Garten und die Grotte im Orangenhaus aber nicht in Betrieb gewesen sein, denn das geringe Wasservolumen und der Umstand, daß er als Setzteich für die Fischzucht verpachtet wurde und den Ortseinwohnern nach altem Gewohnheitsrecht zur Viehtränke und Waschstelle diente, lassen ihn wenig geeignet erscheinen.

Als Abschluß des Lustgartens lag hinter dem Orangenhaus ein Boskett, das aus einer Lindenpflanzung bestand. Es bot den im vertieften Parterre aufgestellten Orangeriegewächsen Windschutz und täuschte eine beginnende Waldzone am Gartenende vor. Weiterhin setzte der sogenannte *„Philosophengang"* die Lindenallee am nördlichen Gartenausgang um den Schloßsee in freieren Formen fort.

Mit der Herzogin Anna Carolina (1751–1824), geb. Fürstin von Nassau-Saarbrücken-Usingen, die 1769 Herzog Friedrich Heinrich Wilhelm (1747–1779) heiratete, hielt schließlich die englische Gartenkunst in Glücksburg Einzug. In den barocken Schloßgarten ließ die Herzogin im südlichen Bereich zwei Kompartimente im englischen Stil anlegen, die sich durch mäandrierende Gartenwege sowie dichten Baum- und Buschbewuchs auszeichneten. Auch sonst wies die Herzogin ihren Gärtner Moritz Petersen (tätig in Glücksburg 1795–1811) an, verstärkt auf das Anpflanzen von Obstbäumen zu achten und darauf zu sehen, daß der Schloßgarten dem englischen Gartengeschmack gemäßer gestaltet würde.[14] Lediglich einige Hecken wurden noch beschnitten, doch die meisten Bäume blieben seither natürlichem Wuchs überlassen. 1809 ließ die Herzogin die Glashausflügel und restlichen Orangeriegewächse versteigern, deren Sortenvielfalt bereits 1780 – um Brennholz einzusparen – reduziert worden war.

Um 1770 richtete die Herzogin in Glücksburg einen kleinen Waldpark ein, der später (ab 1824) ihr zu Ehren *„Carolinenlund"* genannt wurde.[15] Dieses fast ein Hektar große, nahezu quadratische Gartenareal lag dem Schloß gegenüber auf der anderen Seite des Schloßsees. Bei dessen Konzeption scheint sich Herzogin Anna Carolina an *„Julies Garten"* in Rousseaus Roman *„Julie ou la nouvelle Héloise"* orientiert zu haben. Rousseau (1712–1778) postulierte natürliche, einfache, intime, von der Umwelt abgeschlossene Gartenräume ohne Ordnung, Symmetrie, Geradlinigkeit und Blickachsen.[16] Und diesen Rousseauschen Vorlieben für betonte Kunstlosigkeit folgte die Herzogin, indem sie ihren kleinen Lustort allseitig mit wilden Hecken und auf drei Seiten zusätzlich mit Baumgängen umgab. Die einzigen Ausstattungsstücke Carolinenlunds bildeten ein Brunnen und zwei ungebundene Lauben. Auch in dieser Hinsicht folgte die Herzogin anscheinend Rousseau, der generell Staffagebauten ablehnte und diesbezüglich speziell Kritik an dem Garten Stowe in England übte.

Die Herzogin wußte aber auch entsprechend der englischen Gartenkunst das Angenehme und Schöne mit dem Nützlichen zu verbinden. So wählte sie zur Bepflanzung ihres Waldparks nicht nur Nadel- und Laubbäume wie Tannen, Lärchen, Erlen, Birken, wilde Kastanien und Linden, sondern auch Frucht- und Obstbäume, darunter Walnüsse und Pflaumen; ferner ließ sie auch Johannisbeer-, Stachelbeer-, Haselnußsträucher und auch Rosenstöcke in ihrer Anlage setzen. Fremdländische standen neben einheimischen Holzarten. Auch ‚beseelte' die Herzogin ihren Park, indem sie auf den freien Flächen des Gartens ihre Weidetiere grasen ließ. Mit Carolinenlund hatte sich Herzogin Anna Carolina ihr privates Refugium geschaffen, wohingegen der Schloßgarten vielen Besuchern zu Spaziergängen offen stand. Bald nach ihrem Tod (1824) wurde Carolinenlund aufgelöst und schließlich 1833 der königlich-dänischen Forstverwaltung unterstellt. Der Schloßgarten erlebte stattdessen 1827 eine Instandsetzung und Umgestaltung. Noch im selben Jahr wurde nach Plänen des Bauinspektors W. F. Meyer (1799–1866) ein neues, klassizistisches Gartenhaus über dem Fundament des alten Orangenhauses errichtet, und die bereits sehr in Mitleidenschaft gezogenen Gartenplastiken mitsamt Postamenten schaffte man aus dem Garten.[17] 1824/25 waren bereits der Mittelpavillon, die Lustlauben und -häuser abgebrochen worden. Auch das einstige Fontänenbassin, welches ohnehin seit ca. 1794 als Blumenbeet gedient hatte, gab man endgültig auf. Auf einem Gartenplan, der zwischen 1843 und 1854 entstand, ist dieser Gartenzustand festgehalten (Abb. 193).[18]

Unter König Friedrich VII. von Dänemark (1808 bis 1863) erfolgte die letzte Umformung des Gartens. Durch Reduzierung der Wege und leichte Bodenmodellierungen erhielt er einen großzügigeren, aber gleichzeitig wieder formaleren Charakter. Dabei stach insbesondere die nördliche Terraingestaltung vor dem Gartenhaus durch die Anlage der Gartenwege in Form einer stilisierten Blütenknospe heraus.

Der Glücksburger Schloßgarten wirkt im Vergleich zu den großen und prachtvollen Residenzgärten von Eutin und Gottorf eher bescheiden. Die Anlage blieb stets auf ein recht kleines Gelände am Ufer des Schloßsees beschränkt, das sich bis in unsere Tage erhalten hat und noch deutliche Spuren seiner wechselvollen Vergangenheit aufweist.

Imke Gode

1 Zum Schloß und Garten: Ellger (1952); Müller (1960); Seebach (1979); Rumohr (1987a); Müller (1988); Gode (1995).
2 Zum Glücksburger Tiergarten siehe: Andresen (1939); Stüdtje (1975); Prange (1988), S. 78ff.
3 Zur Erbauung des Schlosses und seiner Nebengebäude: Gude (1778), S. 108ff.
4 Auf Befehl des Herzogs Philipp Ernst vom 20.5.1706 hatten die Untertanen das Gartenterrain zu planieren. Edikt im RAK Glbg. 51; Entwurfsschrift des Edikts (ebenfalls vom 20.05.1706) im LAS Abt. 21 Nr. 9. Aus den Hofjahresrechnungen 1706–10 ließ sich eine Gesamtsumme von 696 Rtl. 20 S errechnen, die für die Gartenanlage aufgewendet wurde.
5 Um seinen Schloßgarten dort einrichten zu können, hatte Herzog Friedrich zunächst das herzogliche Vorwerk „Ladegaard" – einen landwirtschaftlichen Betrieb mit Meierei – 1733 auf die Brusmarker Hochfläche verlegen lassen.
6 Letzteres Gebäude erbaute 1743 der Flensburger Maurermeister Ludwig Henning Schack Neumann (gest. 1771). Abschriftlicher Bauvertrag im RAK Glbg. 47.
7 Beide Inventare im: LAS Abt. 167.7 Nr. 39.
8 Eine axiale Anbindung an das Schloß wurde angestrebt – den Idealzustand verhinderte jedoch die vorgegebene Bausituation.
9 Die ursprüngliche Gartenbrücke ist auf dem Ölbild „*Rückkehr von der Jagd*" (Abb. 190) dargestellt. 1793 wurde sie abgerissen und durch eine Holzbrücke ersetzt, die wiederum 1830 durch eine sogenannte „*fliegende Fähre*" in Gestalt einer venezianischen Gondel ersetzt wurde. 1843 errichtete man erneut eine hölzerne Brücke, die 1905 abgebrochen wurde. Seitdem ist der einzige Zugang zum Garten der Weg, der noch heute vor der Einfahrt zum Schloßhof am Schloßgraben entlangführt.
10 Die Lustlaubenstandorte zeichnen sich noch deutlich als kreisrunde, planierte Erhebungen im Bodenniveau des südlichen Gartenbereichs ab.
11 Das barocke Orangenhaus soll 1743 erbaut worden sein. Gude (1778), S. 110.
12 Jessen (1984), S. 137; LAS Abt. 66 Nr. 7550.
13 Für die Installation der Wasserkunst erhielt Freudenreich 1749/50 offenbar eine Abschlußzahlung: RAK Glbg. 88.V.
14 Gärtnerinstruktion der Herzogin Anna Carolina von 1795 im: LAS Abt. 167.1 Nr. 534.
15 Drei zeitgenössische Reisebeschreibungen erwähnen Carolinenlund: Otte (1791), S. 156; Essen (1800), S. 260; Hanson (1813), S. 282.
16 Rousseau (1761), S. 491ff.
17 Entfernung der Gartenskulpturen: LAS Abt. 66 Nr. 3506.2.
18 SA Glücksburg.

Glückstadt

Die Glückstädter Anlagen wurden mit Niederlegung der ‚Festung Glückstadt' ab 1818 geschaffen, nach 1890 und um 1925 erweitert sowie teilweise umgestaltet. Sie bilden die zentrale öffentliche Grünfläche der Stadt zwischen der nach Festungsbauprinzipien der Renaissance erbauten Altstadt und den um die Jahrhundertwende entstandenen Stadtbezirken im Nordosten.

Glückstadt ist eine der acht planmäßig angelegten Stadt- und Festungsgründungen des dänischen Königs Christian IV. (1577–1648). Macht- und wirtschaftpolitische Gründe führten zum Bau der Stadt. Einerseits sollte sie den Süden des dänischen Reiches sichern und andererseits in Konkurrenz zur mächtigen Hansestadt Hamburg als Hafen- und Handelszentrum fungieren. Als Vorteil erhoffte man sich die günstigere Lage zur Nordsee. In Schleswig-Holstein ist Glückstadt neben Friedrichstadt und der Rendsburger Neustadt die heute noch in ihren Grundstrukturen am besten erkennbare Stadtgründung des 17. Jahrhunderts. Der östliche Teil Glückstadts wurde als polygonale Radialstadt in Form eines halben Sechsecks errichtet. Im Westen legte man die Stadt längs des Binnenhafens an, beide Stadtteile wurden durch ein schiffbares Fleet getrennt.

Zu einer derart privilegierten und reichen Stadt, wie es Glückstadt mit königlicher Protektion die ersten hundert Jahre nach der Gründung war, gehörte auch die der jeweiligen Mode entsprechende Gartenkultur. 1628 wurde Glückstadt zur Nebenresidenz des Königs erhoben, und etwa zehn Jahre später plante man südlich des Rhin auf dem Rethövel eine Stadterweiterung. Der Kupferstich in Danckwerths „*Newe Landesbeschreibung...*" von 1652 (Abb. 194) zeigt neben der geplanten Neustadt auf dem Rethövel einen ungewöhnlich großen königlichen Lustgarten, der durch orthogonale Wege in verschiedene Quartiere unterteilt war. Im Zentrum befand sich ein Bankettthaus, vergleichbar den fürstlichen Lusthäusern der Renaissance in Schleswig-Gottorf oder Lauenburg.

Die barocke Gartenkultur Glückstadts ist ablesbar in einem Plan des Landmessers Wilster aus dem Jahre 1719.[1] Sämtliche direkt am Wall gelegenen Grundstücke rund um die Stadt lassen geometrische Gärten erkennen. Auf dem Rethövel befanden sich hinter repräsentativen Gebäuden größere Anlagen mit aufwendiger Gestaltung, während zu den Bürgerhäusern kleine symmetrische Barockgärten gehörten.

Im Dezember 1813 wurde Glückstadt als letzte Festung Dänemarks, das mit Frankreich verbündet war, durch die alliierten Truppen belagert und nach heftigen Gefechten am 5. Januar 1814 besetzt. Die folgende Demolierung der Festungswerke, die bis 1818 andauerte, schuf die Voraussetzung für die Umgestaltung der Wallanlagen zu einer öffentlichen Grünanlage.

Der Glückstädter Stadtpräsident Johann Ernst Seidel (1765–1832) kann als Initiator und spiritus rector der „*Städtischen Anlagen*" bezeichnet werden. Er wurde in Franken als Sohn eines Kaufmanns geboren und kam als Fünfzehnjähriger nach Altona.[2] Nach dem Besuch der Gelehrtenschule wurde er 1787 zum Studium der Theologie nach Kiel geschickt, doch widmete er sich schon nach kurzer Zeit fast ausschließlich juristischen und historischen Themen. Nach dem Examen begann seine Karriere als Verwaltungsbeamter. 1812 ernannte ihn der dänische König zum Stadtpräsidenten (Bürgermeister) von Glückstadt. Seidel erkannte die einmalige Chance, die sich mit Schleifung der Festung bot. Er beabsichtigte, offenbar mit den Volksgartenideen Hirschfelds[3] vertraut, „*... nahe vor ihren [Stadt] Thoren besondere Oerter für den Spaziergang des Volks ein[zu]richten. Bewegung, Genuß der freyen Luft, Erholung von Geschäften, gesellige Unterhaltung ist die Bestimmung solcher Oerter, und nach dieser Bestimmung muß ihre Einrichtung und Bepflanzung abgemessen seyn. Diese Volksgärten sind ... als ein wichtiges Bedürfniß des Stadtbewohners zu be-*

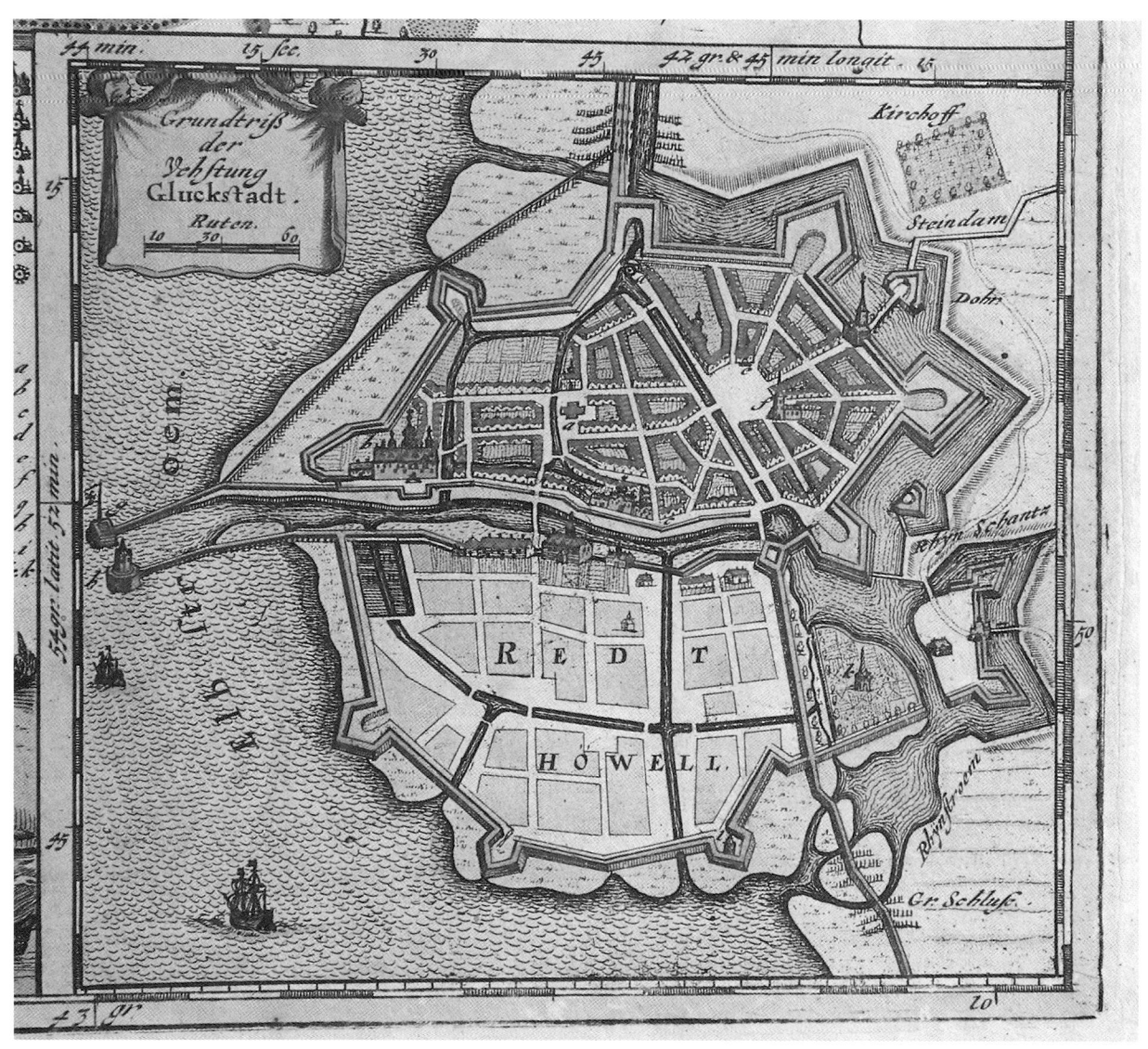

Abb. 194: Glückstadt, „Grundtriß der Vehstung Gluckstadt", kolorierter Kupferstich aus Danckwerth 1652 (Privatbesitz).

trachten. Denn sie erquicken ihn ... nach der Mühe des Tages mit anmuthigen Bildern und Empfindungen; ... Die Lage der Volksgärten muß, so viel als möglich, Freyheit der Luft und Heiterkeit der Aussichten haben. ... Denn diese Oerter müssen zugleich dem Fremden, dem Siechen, ... , dem Mann ohne Geschäfte, dem Geselligen, der einen Freund aufsucht, in jeder Stunde offen stehen."[4] Es gelang Seidel, die Ländereien vom dänischen König Friedrich VI. für die Stadt zur Anlage öffentlicher Spazierwege als Geschenk zu erhalten. Für die Gestaltung der neuen städtischen Grünanlagen ist kein Gartenarchitekt überliefert, und man kann davon ausgehen, daß Seidel selbst der Gründer und auch der Gestalter des Kerns der Anlagen war.[5] Ab 1818 wurden dem Magistrat als Grundstock für die Anpflanzungen in den öffentlichen Anlagen Ulmen, Kastanien, Pappeln und Ahornbäume aus den königlichen Baumschulen kostenlos zur Verfügung gestellt.[6] Bis 1830 setzte man beinahe jedes Jahr weit über hundert neue Bäume. Aus einer Liste der Stauden geht hervor, daß die Anlagen in dieser Zeit überaus reich bepflanzt gewesen sein müssen. 1824 berichtet Seidel, „daß [es] der Wunsch vieler ist die Anlagen nicht nur zu erhalten, sondern auch zu erweitern". Dafür und zur Ausgestaltung des neuen öffentlichen Grüns wurde ein Fonds gebildet, in den Spenden der Bürger und Pacht-

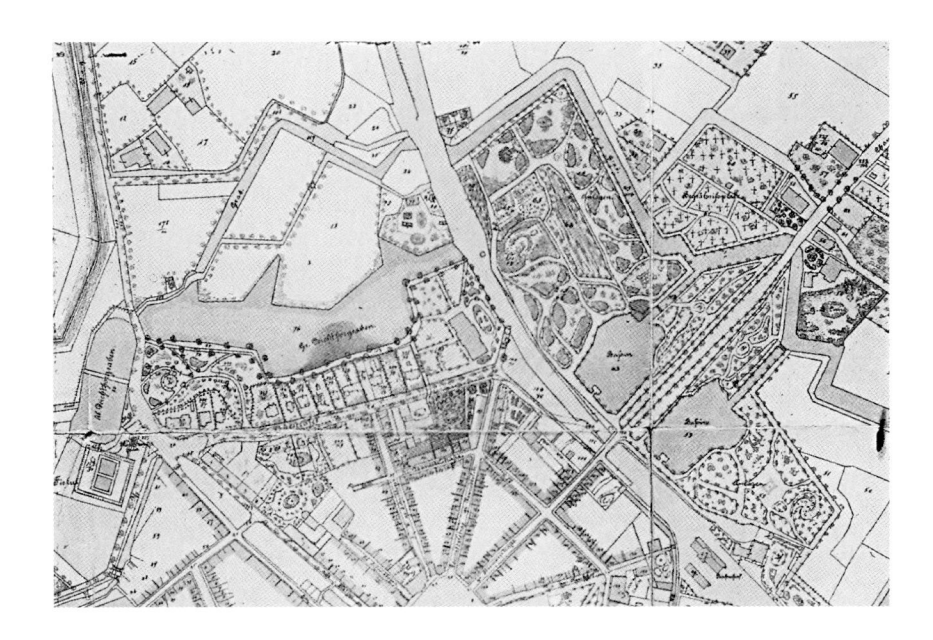

Abb. 195: Stadtplan von Glückstadt (Detail), aquarellierte Zeichnung 1898 (Detlefsen Museum Glückstadt).

gelder für Teile der Festungsländereien flossen. Diese Einnahmen der „*Verschönerungs Casse*" deckten Arbeitslohn sowie die Kosten für Pflanzen und Material. Seidel kümmerte sich persönlich um die Bestellung der Bäume bei der „*Flottbeker Baumschule James Booth & Söhne*". Zuallererst wurde der Eiskellerberg (ehemals Bastion Königin, seit 1891 steht hier der Wasserturm) mit Bäumen und einem kleinen Schlängelweg zu einem Aussichtspunkt versehen.[7] Wenig später gestaltete man die Krempertor Straße, die Gegend südlich der Bassins und einen Spazierweg von der Straße über die Friedrichshöhe (ehemals Bastion Kronprinz) bis zum Eiskellerberg. Überall wurden zahlreiche Bänke aufgestellt und regelmäßig „*zurecht gemacht … gekittet … [und] gehörig gestrichen*". In der zweiten Hälfte der zwanziger Jahre intensivierte man die Arbeiten an der Wilhelminenhöhe (ehemals Bastion Kronprinzessin). Die Initiative Seidels würdigend hieß es später in seiner Leichenpredigt: „*Seidel wußte … durch die Benutzung der Ländereien und Bassins vor dem Kremper Tore zu freundlichen Partien und Spaziergängen, welche, ohne der Stadt Kosten zu verursachen, auf's herrlichste gediehen sind, die Einfahrt in Glückstadt von der Kremper Seite so schön zu machen wie wenige Städte sie haben … und [sie verdienen es] beständig den Namen der Seidelschen Anlagen zu führen.*"

Wie auch in anderen Orten dienen in Glückstadt die öffentlichen Promenaden als Denkmallandschaft. Nach Hirschfelds „*Theorie*" sind Denkmäler „*sehr wirksame Mittel, das Andenken einer Person oder einer Begebenheit für die Nachkommenschaft zu erhalten*". Weiter heißt es: „*In Gärten aber schicken sich mehr Denkmäler, die der Privatmann stiften kann, … Man kann hier die Monumente Philosophen, Dichtern, Künstlern, nützlichen Bürgern oder Freunden … widmen … Ein Trauerdenkmal scheint fast keine Verzierung zu vertragen. Je einfacher ein Monument ist, desto weniger kann es das Auge zerstreuen, …*"[8] Das spätklassizistische Seideldenkmal befindet sich im südlichen Teil der Anlagen nahe dem Bahnhof und besteht aus einer Marmorplatte, die in einen aufrecht stehenden Sandstein eingelassen ist, mit der Inschrift: „*J. E. Seidel. Die dankbaren Einwohner Glückstadts.*" Es wurde bald nach Seidels Tod im Jahre 1832 errichtet. Diese Tatsache bekundet einerseits die besondere Wertschätzung und Achtung der Bürger Glückstadts für ihren wohltätigen Stadtpräsidenten und andererseits seinen Einsatz für die neu zu schaffende öffentliche Grünfläche sowie seinen Einfluß auf die Gestaltung der Anlagen. Personendenkmäler in öffentlichen Anlagen ehren im allgemeinen berühmte Wissenschaftler oder Künstler[9], zu diesem Zeitpunkt war es noch nicht üblich, derartige Gedenksteine für lediglich regional bedeutende Persönlichkeiten aufzustellen.

1842 bemühte man sich bei der königlichen Rentekammer in Kopenhagen wieder darum, Bäume zu erhalten, mit denen die Wege entlang der Bassins bepflanzt werden sollten. In einem Gesuch an die dänische Regierung heißt es: *„Die Natur hat für die Schönheit der hiesigen Gegend so wenig gethan, daß man in Anlagen der Kunst Ersatz suchen muß."*[10] 1845 wurde etwa an der Stelle des heutigen Bahnhofes der sogenannte *„Anlagenpavillon"*, eine Gastwirtschaft in Holzbauweise, errichtet.[11] Von der Anbindung Glückstadts an die Eisenbahn[12] erhoffte man sich zunehmenden Ausflugsverkehr und wollte die Bürger in grüner Umgebung bewirten. Im nördlichen Anlagenbassin wurden bald nach der Mitte des Jahrhunderts Schwäne angesiedelt und ein Entenhaus gebaut. Auch die beiden Brücken über die Kanäle stammen aus dieser Zeit.

Ende der achtziger und in den neunziger Jahren des 19. Jahrhunderts wurden die Anlagen im Norden jenseits des Bassins und der Friedrichshöhe bis zum Festungsvorgraben erweitert (Abb. 195). Nahe der Krempertor Straße errichtete man auf Initiative des Gymnasialdirektors und Heimathistorikers Detlef Detlefsen (1833–1911) das Kugeldenkmal zur Erinnerung an die Belagerung der Festung Glückstadt 1813/14.[13] Auf einem Rundplatz steht ein kleiner ‚Wehrturm' mit quadratischem Grundriß. Seitlich ist eine Eisengußplatte mit der Aufschrift *„Zur Erinnerung 1813/14"* angebracht, während oben, auf der Plattform des Turmes mit Zinnenkranz, zahlreiche Kanonenkugeln aus der Zeit der Belagerung pyramidenförmig aufgeschichtet sind.

Zwei weitere Denkmäler fanden in diesem neu angelegten Bereich ihren Platz: 1898 pflanzte der Glückstädter Kriegerverein eine Doppeleiche zur Erinnerung an das fünfzigjährige Jubiläum der schleswig-holsteinischen Erhebung gegen Dänemark (Abb. 196).[14] Östlich davor liegt – einem Grabstein gleich – auf schrägem Sockel ein Granit mit der Inschrift *„Up ewig ungedeelt"*. Dieser Wahlspruch der Schleswig-Holsteiner wird durch zwei zusammenwachsende Eichen symbolisiert. Findige Baumschulbesitzer hatten

Abb. 196: Glückstadt, Schleswig-Holsteinische Doppeleiche mit Kriegsveteranen, Photo um 1915 (Detlefsen Museum Glückstadt).

sich Ende des Jahrhunderts auf die Anzucht solcher Gedenkbäume spezialisiert und annoncierten diese in Zeitungsanzeigen.[15] 1913 pflanzte der Kriegerverein zur Zentenarsfeier der Völkerschlacht bei Leipzig eine heute noch vis-à-vis des Kugeldenkmals stehende Friedenseiche. Der große, schräg liegende Granitstein mit der lapidaren Inschrift *„1813–1913"* ist auf das Denkmal hin ausgerichtet und nimmt direkten Bezug auf dasselbe.

In der neu angelegten Partie im Norden, die man auch als eine Art Arboretum bezeichnen kann, finden sich die meisten dendrologischen Besonderheiten der Anlagen, wie z. B. Federbuche (Fagus sylvatica 'Asplenifolia'), Trauerbuche (Fagus sylvatica 'Pendula'), Strauchkastanie (Aesculus parviflora), Ginkgo (Ginkgo biloba) und Tulpenbaum (Liriodendron tulipifera).[16] Eine leicht geschwungen geführte Lindenallee verläuft entlang des Grabens vom Kugeldenkmal zur nördlichen Spitze der ehemaligen Bastion.

Ein Glückstädter Reiseführer aus der Zeit um 1906 und die Topographie von Oldekop (1908)[17] bewerten besonders positiv, daß die Anlagen in der windigen baumkargen Marschlandschaft angenehmen Schutz vor Regen, Wind und Sonne bieten und ein idealer Erholungsort sind. Damit ist also exakt Hirschfelds Forderung an die Volksgärten eingelöst.

1902 stiftete der Glückstädter Bürger August Schmedtje 4000 Mark unter der Bedingung, in den Anlagen einen Aussichtsturm zu bauen. Dieser sollte dem

Andenken an seinen Bruder Heinrich (1832–1902), der nach Amerika ausgewandert und dort vermögend geworden war, gewidmet werden. Die Stadt begann Anfang 1903 mit der Planung des Turmes im Stil der Neurenaissance und errichtete ihn im Laufe des folgenden Jahres für die Summe von etwa 18000 Mark auf der Friedrichshöhe. Der Turm erhielt auch ein sich anschließendes Wohnhaus für den Wärter. Auf der Aussichtsebene des insgesamt 30 m hohen Gebäudes konnte man nach drei Seiten auf Balkons mit schmiedeeisernen Geländern treten und über die Stadt zur Elbe mit ihrem lebhaften Schiffsverkehr, über die Marschlandschaft bis nach Wilster und Itzehoe im Norden sowie nach Elmshorn im Süden blicken. Aufgrund ständig wiederkehrender Bauschäden wurde der Turm in den 30er Jahren im oberen Bereich abgenommen. Das Wärterhaus stand noch bis zu seinem Abriß Ende der 60er Jahre. Heute befindet sich auf der ehemaligen Bastion ein Ruheplatz mit einigen Bänken, jeglicher Ausblick ist allerdings durch wild wachsende Bäume und Sträucher versperrt.

Um die Mitte der 20er Jahre dieses Jahrhunderts wurde der letzte noch verpachtete Teil der Festungsländereien östlich der Wilhelminenhöhe in die Grünanlagen mit einbezogen. Die Stadt beauftragte den Harburger Gartenarchitekten Adolf Hoff (1870–1958), einen gebürtigen Glückstädter, der schon 1895 den Lawn-Tennisplatz südlich der Friedrichshöhe sowie die Grünanlagen am Fleth geplant hatte, mit einer Neugestaltung. Ein Plan ist nicht bekannt, doch läßt sich die Struktur seines Entwurfs noch im Gelände erkennen. Der Weg am Ufer zum Festungsvorgraben wurde mit einer dunkellaubigen Kastanienallee bepflanzt und die Partie damit streng und geradlinig vom Wasser abgetrennt. Von der Wilhelminenhöhe führt eine Birkenallee gerade auf den spitzen Winkel des Grabens zu. Die Wiese zwischen den Alleen lädt zum Sonnen- oder Luftbad ein, und zur farblichen Bereicherung tragen einige auffällige, wertvolle Solitäre am Wiesenrand nahe der nördlichen Kastanienallee bei. Auf einem kleinen dreieckigen Platz am Ende dieser Allee legte Hoff ein rundes Rosarium an. Von dessen aufwendiger Bepflanzung ist heute nur noch ein großes Rundbeet mit alten, ungepflegten Rosenstöcken erhalten. Diese Gestaltung folgt neuen Ideen der Gartenkunst in den 20er Jahren: Durch gürtelartige Umpflanzungen werden abgetrennte, geschützte Räume geschaffen. Elemente der architektonischen und der vegetativen Raumbildung werden miteinander verknüpft, so daß eine Mischung aus geometrischen und aus frei gestalteten Formen entsteht. Zu den von dem Gartenarchitekten im gleichen Jahr überformten Partien zählt auch der beim Bahnhof gelegene Bereich rund um das Seidel-Denkmal.

Glückstadt gehört neben den Altstädten von Mölln, Lauenburg und Lübeck zu den bedeutendsten Stadtdenkmalen Schleswig-Holsteins. Da seit dem 18. Jahrhundert kein wirtschaftlicher Veränderungsdruck bestand, ist das gesamte historische Stadtgefüge in seiner Form erhalten geblieben. Die ehemaligen Befestigungsanlagen zählen mit Wall und Grabensystem, Hafenbecken und Bastionen zu den wichtigsten im Lande und sind auch nach ihrer Schleifung in bedeutenden Resten stadtbildprägend erhalten.[18] Die sukzessiv im Laufe von etwas mehr als 100 Jahren geschaffenen Anlagen stellen heute einen ungepflegten Stadtwald dar, der einer dringenden, aber behutsamen Pflege bedarf, um die noch erhaltenen Zeitschichten dem Besucher wieder deutlich zu machen. Während das Gelände zwischen Eiskellerberg und der Friedrichshöhe wegen der Bebauung aus der Zeit der Jahrhundertwende stark beeinträchtigt ist, lassen sich fast alle anderen Gestaltungselemente und Entwicklungsphasen deutlich erkennen.

Jörg Matthies

1 Detlefsen Museum Glückstadt.
2 Sämtliche Angaben stützen sich auf die Leichenpredigt von J. H. B. Lübkert, Diakonus der Stadtkirche in Glückstadt, vom November 1832. Die folgenden Zitate stammen ebenfalls aus der Leichenpredigt. Transkribierte Fassung im StA Glückstadt („*Lebenbeschreibung . . .*").
3 Diplomatisch außerordentlich geschickt und zudem beliebt hatte er während seines Studiums in Kiel „*in den Häusern fast aller Professoren . . . vollkommenen Zutritt*". Somit bot sich dort auch die Gelegenheit, Bekanntschaft mit Christian Cay Lorenz Hirschfeld (1742–1792) zu machen.

4 Hirschfeld (1779–1785), Bd. 5, S. 68–74, insbes. 68–70.
5 Der philanthropisch gesonnene und wirtschaftlich orientierte Seidel machte sich während der zwanzig Jahre seiner Stadtpräsidentschaft außerdem noch um die Anlage und Gestaltung der Elbaussichtspunkte Bellevue und Holstein sowie den Um- und Neubau aller Schulgebäude der Stadt verdient.
6 Zu den Pflanzungen vgl. StA Glückstadt Akte 1059.
7 So wird z. B. 1819 „*für Arbeit den Spatziergang beim Eiskeller mit Steinplatten zu belegen*" quittiert. Für die Wege wurde laut anderer Quittungen auch Sand, Erde und Kies verwendet. StA Glückstadt Akte 1059.
8 Hirschfeld (1779–1785), Bd. 3, S. 126–170, insbes. S. 139, 142 und 146.
9 Das erste bekannte Denkmal für einen Parkschöpfer steht im Englischen Garten München und ist Reichsgraf Rumford (1753–1814) 1795 gewidmet. Gegen Ende des 19. Jahrhunderts wurden des öfteren Gartengestaltern Denkmäler mit Büsten oder Reliefmedaillons gesetzt, wie etwa in Bremen 1877 dem Gartenarchitekten Altmann (1777–1837) oder Hentze (1793–1874) 1881 in Kassel. In Schleswig-Holstein gibt es im Gutspark von Hohenstein bei Eckernförde ein vergleichbares, nur aus einer Inschrift bestehendes Denkmal, das der Auftraggeber des Parks sich selber und seiner Frau 1883 setzte.
10 StA Glückstadt Akte 1059.
11 Detlefsen (1906), S. 28f. Mit zunehmender Mobilität stieg auch die Nachfrage nach idyllisch gelegenen Gaststätten.
12 Der erste Glückstädter Bahnhof befand sich damals weiter südlich.
13 Eindeutige Datierungsbelege konnten nicht gefunden werden. Denkbar wäre auch eine Aufstellung im Jahre 1889 in Erinnerung an die 75. Wiederkehr des Jahrestages der Belagerung.
14 Döhler (1959).
15 In eineinhalb Meter Höhe wurden zwei junge Eichen verletzt und zusammengebunden. Heute sind derartige Doppeleichen nur noch relativ selten im Lande zu finden, so z. B. im Preetzer Klosterpark oder in Ahrensburg.
16 Ein Baumverzeichnis aus dem Jahre 1929 nennt weitere für ein Arboretum des 19. Jahrhunderts typische Kostbarkeiten wie die gelbblühende und die rotblühende Pavie (Pavia rubra und Pavia flava), Lawsons Scheinzypresse (Chamaecyparis lawsoniana) und die Sumpfzypresse (Taxodium distichum). StA Glückstadt Akte 1971 h.
17 Glückstadt [um 1906]; Oldekop (1908) Bd. 2, Kap. XII, S. 54.
18 Die Unterschutzstellung erfolgte im Oktober 1993. Vgl. Ringenberg/Matthies (1996).

Grabau

7 km westlich von Bad Oldesloe, Landschaftsgarten aus der zweiten Hälfte des 19. Jahrhunderts in Resten erhalten, ab 1906 westlich der Anlage Bau eines neuen Herrenhauses mit Park nach Plänen von W. Cordes und C. Roselius. In den Zwanziger Jahren Überplanung durch H. Maasz. Heute in Privatbesitz und in pflegebedürftigem Zustand, nicht zugänglich.

Ursprünglich ein Meierhof des Gutes Borstel, wurde Grabau 1806 zum Adeligen Gut erhoben, doch die Gartengeschichte beginnt erst nach der Mitte des 19. Jahrhunderts.[1] Wahrscheinlich um 1865 ließ der Gutsherr Heinrich Wehber eine ausgedehnte Parkanlage im zeitüblichen, landschaftlichen Stil mit besonderen Gehölzen und Schlängelwegen schaffen, die sich nördlich und westlich des Hauses erstreckte.[2]

1906 erwarb der Bremer Kaufmann und Großgrundbesitzer Gustav Lahusen (1854–1939) das Gut und begann wenig später mit dem Bau eines neuen Herrenhauses westlich des alten Meierhofes.[3] Gleichzeitig entstand auf bisher landwirtschaftlich genutzter Fläche, an die romantische Parkanlage des 19. Jahrhunderts grenzend, ein neuer Garten. Lahusen gab dem Direktor des Ohlsdorfer Friedhofs in Hamburg, Wil-

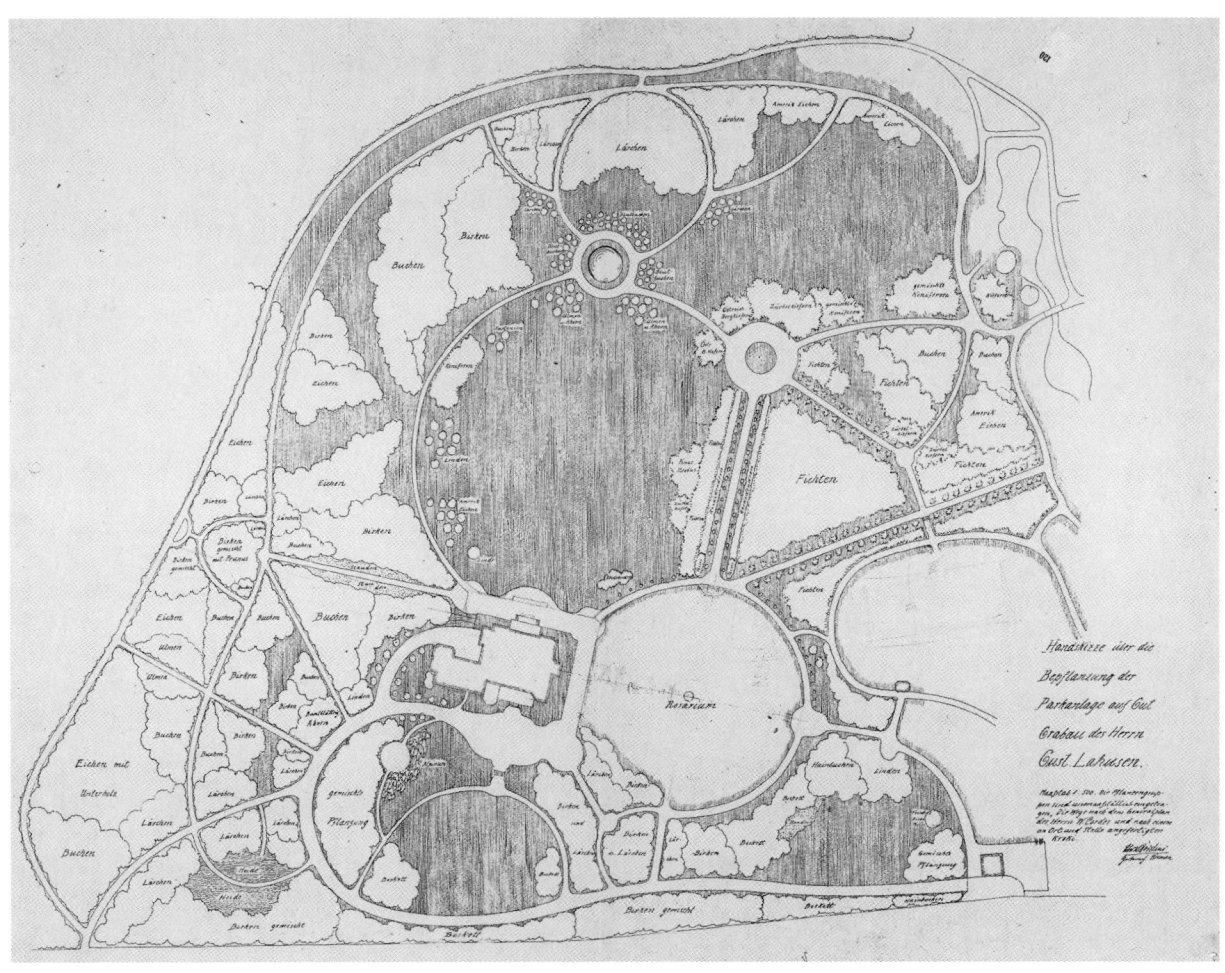

Abb. 197: Grabau, Gartenplan von W. Cordes und C. Roselius, Zeichnung 1914 (LAS).

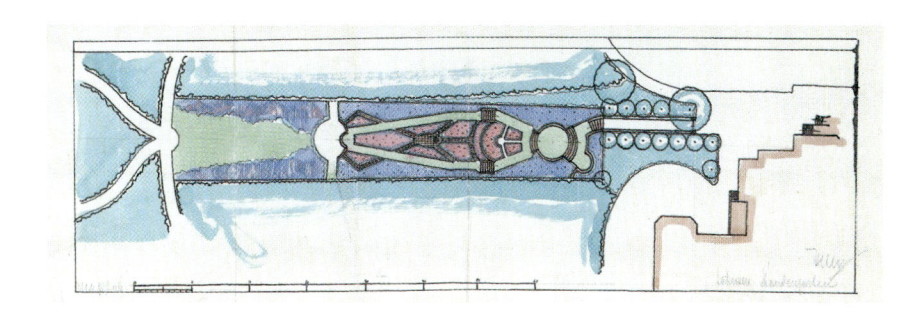

Abb. 198: Grabau, „Staudengarten" von H. Maasz, aquarellierte Zeichnung 1924 (LAS AAI).

helm Cordes (1840–1917), den Auftrag, einen Generalplan zu erstellen. Der Bremer Gartenarchitekt Christian Roselius (1871–1945) führte diesen in den Jahren bis 1914 aus (Abb. 197).[4] In großen Bögen geführte Wege dominieren das Erscheinungsbild des Plans, während die wenigen Alleen im Gesamtgefüge kaum eine Rolle spielen. Die Bepflanzung orientiert sich in erster Linie an der einheimischen Flora: Neben Gehölzen wie Eichen und Buchen pflanzte Roselius, wegen des sandigen Bodens und der Abwechslung im Erscheinungsbild, auch verstärkt Birken und Lärchen. Westlich des Herrenhauses wurde dicht aufgeforstet, und östlich ging die neue Anlage im Bereich einer zum Teich aufgestauten Au unmerklich in die des späten 19. Jahrhunderts über. Von der Terrasse des Hauses über den Pleasureground nach Norden blickend, sah der Bauherr auf ein von Blutbuchen umstandenes rundes Bassin. Andere besondere Bäume wie Amerikanische Eichen, Kastanien, „gemischte Koniferen" und Kiefern setzten weitere optische Akzente. Die gesamte Anlage machte einen außerordentlich in sich abgeschlossenen Eindruck und ließ kaum Blickbeziehungen in die umgebende Landschaft erkennen. Zwei Staudengärten und eine Rhododendronallee brachten im Sommer weitere farbliche Nuancen. Südwestlich des Hauses führten Wege vorbei an einem Alpinum und durch einen Heidegarten. Außerdem war von Cordes und Roselius schon ein Rosarium projektiert[5], das aber erst etwa 15 Jahre später nach Plänen von Harry Maasz verwirklicht wurde.

1919 mußte Lahusen aufgrund finanzieller Schwierigkeiten das Gut veräußern, doch schon drei Jahre später gelang ihm der Rückkauf. Da Cordes' Plan wegen der Kriegsereignisse nicht in vollem Umfang ausgeführt worden war, wurde nun der Lübecker Gartenarchitekt Harry Maasz (1880–1946) mit einer Überarbeitung der Anlage beauftragt.[6] Seine Pläne sind von stark expressiver Farb- und Formgebung gekennzeichnet (Abb. 37).[7] Zunächst entstanden durch Auslichten des inzwischen sehr dichten Baumbestandes neue breite Sichtachsen in die Landschaft, die Maasz folgendermaßen beschreibt: *„Die mit weitkronigen Bäumen und Feldgehölz wirkungsvoll bestandene Landschaft wächst gewissermaßen in das Parkbild hinein, es erweiternd, öffnend, in die Unendlichkeit leitend."* In unmittelbarem Bezug zum Herrenhaus legte der Gartenarchitekt den Steingarten (Abb. 198) und das Rosarium an. Diese neoformalen Sondergärten dienten der Erweiterung des geschlossenen architektonischen Raumes in den offenen Gartenraum. Der Steingarten lag auf nach Westen abfallendem Gelände etwa an der Stelle des ehemaligen Staudengartens und wurde von Maasz in seinen Randbereichen auch mit Stauden bepflanzt. Mauern, Treppen und Wege aus Granitbruchsteinplatten bildeten das geometrische Gerüst, das eine auffallend anthropoide Form aufweist und in dessen Zentrum eine Sonnenuhr stand. Das große kreisrunde Rosarium[8] mit einem Durchmesser von 30 m befindet sich östlich des Herrenhauses einerseits durch Blickbezug in direkter Korrespondenz mit dem Zimmer der Dame des Hauses, andererseits ist der etwas vertieft liegende Rosengarten mit einem üppigen Rhododendronkranz umgeben und dadurch von den übrigen Gartenpartien abgetrennt (Abb. 199). Maasz schrieb schon 1914 programmatisch: *„Wir trennen die Rosengärten streng von ihrer Umgebung, wir fassen sie gewissermaßen, wie man einen kostbaren Stein sorgfältigst faßt, damit er noch prächtiger zu seiner Wirkung*

Abb. 199: Grabau, Luftaufnahme des Gartens 1934 (Landesbildstelle SH).

*kommt."*⁹ Nach einem Kreis von Rosenlauben folgen zur Mitte hin ein breiter sowie ein schmaler Rosenring, Rasenflächen und ein Wasserbassin mit Springstrahlen.

Lahusen ließ 1923 im Übergangsbereich zwischen dem Park des 19. und der Anlage des 20. Jahrhunderts für seine jung verstorbene Tochter ein aufwendiges neogotisches Mausoleum errichten. Schon neun Jahre später mußte der Kaufmann in einer wirtschaftlichen Notlage Grabau endgültig verkaufen. Seitdem wechselten noch mehrfach die Besitzer, was der Erhaltung und Pflege des Gartens nicht förderlich war. Heute befindet sich das Gut in Privatbesitz, und der Garten ist lediglich in einigen wesentlichen Strukturen erkennbar.

Jörg Matthies

1 Zur Geschichte des Gutes Oldekop (1908), Bd. 2 Kap. XIII, S. 36; Neuschäffer (1984), S. 191–203; Moßner (1990); Moßner (1994).
2 Da wegen des häufigen Besitzerwechsels keine Pläne und Akten dieser Anlage bekannt sind, sei hier nur auf die Preußische Landesaufnahme 1878/80 verwiesen (Blatt 2127), die einen Park beachtlicher Größe zeigt.
3 Vgl. ausführlich zur Baugeschichte dieses vom Jugendstil beeinflußten burgartigen Landsitzes: Mascher (1991).
4 LAS AAI H. Maasz Pl. 555 Nr. 2.
5 Cordes hatte auch schon auf dem Ohlsdorfer Friedhof beispielsweise eine Heidelandschaft und ein Rosarium als ‚Sondergärten' angelegt. Vgl. Leisner/Schulze/Thormann (1990), insbes. S. 25–41.
6 Vgl. Maasz (1926), S. 206–225, mit zahlreichen Erläuterungen des Gartenarchitekten und farbigen Abbildungen.
7 LAS AAI H. Maasz Pl. 555 Nr. 3 bis Nr. 8.
8 Vgl. Maasz (1926); zur Funktion der Rose und Anlage von Rosengärten s. Maasz (1914).
9 Maasz (1914), S. 19.

Gudow

Adeliges Gut, 10 km südöstlich von Mölln im Herzogtum Lauenburg direkt am Gudower See gelegen. Landschaftsgarten 1827/28 mit einigen Resten aus dem 17. Jahrhundert (Alleen), Privatbesitz, nicht öffentlich zugänglich.

An der Stelle des heutigen Wirtschaftshofes stand im 14. Jahrhundert eine Burg, die in den folgenden Jahrhunderten immer mehr ausgebaut wurde und im 16. Jahrhundert als einer der am stärksten befestigten Adelssitze im Herzogtum Lauenburg galt. 1665 wurde die Burganlage geschleift und ein zweistöckiges Fachwerkhaus gebaut. In dieser Zeit wurde die Eichenallee gepflanzt, die von dem ebenfalls um 1665 angelegten Tiergarten mit Damwildgehegen zum Zugbrückentor der Gutsanlage führte. Nachweisbar sind Obst- und Gemüsegärten sowie ein Förstereigehöft außerhalb der ehemals befestigten Hofanlage Gudow. Zwischen 1800 und 1821 erhielt der Gutshof mit der Lindenallee eine neue Zuwegung, die geradlinig auf ihn zu führte (Abb. 200).[1]

Ab 1826 ließ Adolph Gottlieb von Bülow (1795–1841) – gleichzeitig mit dem Bau des neuen Wohnhauses – in dem ehemaligen Gemüsegarten außerhalb der Hofanlage auf dem sogenannten „*Jägerberg*" auch einen neuen Lustgarten anlegen. Die alte Eichenallee und die Lindenallee führten nun strahlenförmig auf das quer zum See liegende neue Herrenhaus zu. Die beiden 1828 errichteten Torhäuser wurden vermutlich auch durch den Architekten des Herrenhauses, Joseph Christian Lillie (1760–1827), ausgeführt. Für die Neugestaltung des Gartens ließ von Bülow sich durch den großherzoglich mecklenburgischen Hofgärtner Schweer aus Ludwigslust beraten, wie ein Brief von 1827 aus Bad Doberan an seine Frau ausführt: *„In Ludwigslust hat sich dann ein Kunstgärtner bey mir gemeldet, der vom Hofgärtner in jeder Hinsicht sehr empfohlen wird, der aber auch sehr vornehm scheint. Er verlangt 60 [Reichstaler] Lohn, welches ich nicht übertrieben finde, aber dann verlangt er eine eigne Stube, einen Gartenburschen, freie Station und das Essen allein oder am Kammertisch, der aber bey uns nicht gut zu bilden ist. Wäre der Garten schon angelegt und ein Treibhaus gebauet, so müßte ich natürlich auch um alles in Stand zu halten, größere Ausgaben nicht scheuen – aber jetzt ist es ärgerlich; und auf der anderen Seite muß ich doch irgend jemanden haben der es anlegt, nach der Vorschrift von Hofgärtner Schweer, der zur ersten Ansicht des Terrains am 4. September nach Gudow kommt. So wie es nun kommendes Jahr angeht, muß gepflanzt werden."*[2]

Das Gelände um das Herrenhaus wurde erheblich aufgeschüttet, das Förstereigehöft abgerissen und an dieser Stelle eine Seeterrasse mit vermutlich künstlich angelegter Insel im See errichtet. Es entstand ein Land-

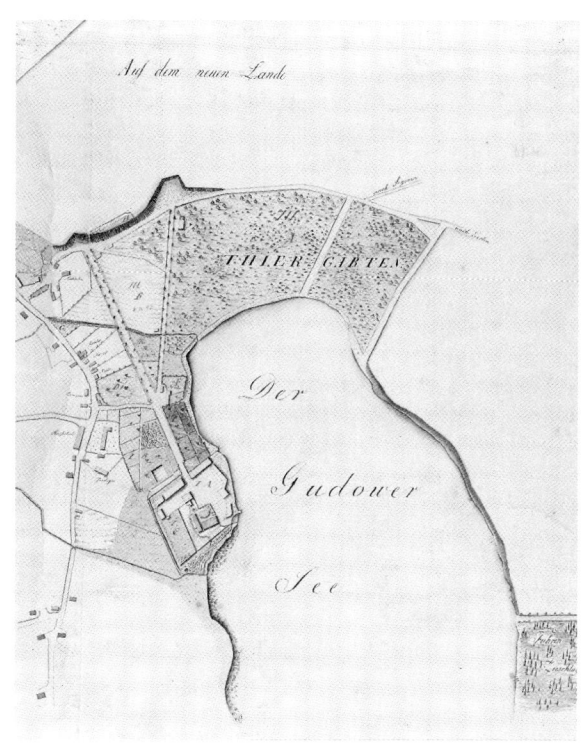

Abb. 200: Gudow, Flurkarte von L. Federspiel (Detail), lavierte Federzeichnung 1821 (GA Gudow).

Abb. 201: Gudow, Blick vom Herrenhaus auf den Gudower See, Photo 1995.

schaftsgarten mit ausgedehnten Rasenflächen, Wegen, Baumgruppen und Solitären aus Linden, Platanen, Kastanien, Ahorn, Blutbuchen, Eichen und einigen Koniferen und Ziersträuchern wie Flieder, Schneeball, Perückenstrauch. Viele der Pflanzen stammten aus dem Ludwigsluster Schloßgarten, von der Firma James Booth aus Nienstedten und aus der Lehsener Plantage.[3] Hinter dem Haus in Richtung Kirche wurden der Gemüse- und Blumengarten angelegt sowie Treibhäuser gebaut.[4] Auch der Tiergarten erfuhr 1827–1831 eine landschaftliche Umgestaltung. Von der barocken Anlage zeugen heute nur noch die Eichenallee, einige Solitäreichen sowie der Regulierungsteich des Burggrabens als Parkgewässer.

Aus der mündlichen Familienüberlieferung ist bekannt, daß Friedrich Gottlieb von Bülow (1831–1898) nach seiner Heirat mit Amelie von Oertzen (1839–1893) im Jahre 1860 zusätzliche Anpflanzungen vornahm. Aus dieser Zeit stammen ein halbrundes Eibengebüsch nordöstlich des Herrenhauses und ein künstlicher Hügel mit Steingarten und Koniferen bei dem Gewächshauskomplex. Vermutlich in den 1870er Jahren ließ er den Gewächshausbereich durch zwei Glashäuser wesentlich erweitern.[5] Es handelte sich um Warmhäuser, die im Winter beheizt werden konnten. Wohl in diesem Zusammenhang wurden Palmen, Myrten und Lorbeerbäume angeschafft, die in Holzkübeln standen. In der warmen Jahreszeit zierten diese Pflanzen das Umfeld des Herrenhauses. Eines der Glashäuser diente der Familie auch als Teehaus. Der

Abb. 202: Gudow, Staudengarten mit Gewächshaus, Photo 1995.

mündlichen Überlieferung nach rankte hier eine besonders prachtvolle ‚Maréchal-Niel-Rose'.

1871 kam es nach dem Sieg über Frankreich zur Anlegung eines Buchsbaumbeets in Form eines ‚Eisernen Kreuzes' vor dem Hause, in das – je nach Jahreszeit – Blumen hineingepflanzt wurden (Abb. 201 u. 35). Eine neue Hauptzufahrt zum Gutsbereich, den sogenannten „Neuen Weg", ließ 1892 F. G. von Bülow von den Torhäusern bis zur Dorfstraße quer zur bestehenden Lindenallee anlegen.[6]

Ende der 1920er Jahre mußte aus Kostengründen die Warmhausbewirtschaftung eingestellt werden. Die noch verwendbaren Kübelpflanzen wurden verkauft, und Mitte der 30er Jahre kam es zum Abbruch der Glashäuser. Erhalten blieb nur das alte Gewächshaus aus Backstein in umgebauter Form (Abb. 202). Auch der Tiergarten wurde nach 1929 als Teil des Landschaftsgartens aufgegeben und aufgeforstet. Zeugen seiner Existenz sind aber immer noch die teilweise erhaltene Feldsteinmauer, einige Ilexsträucher sowie Eichen- und Buchensolitäre aus dem 18. Jahrhundert.

Ilsabe von Bülow

1 Behrends (1970), S. 1–68.
2 GA Gudow.
3 GA Gudow, Rechnungsbücher der Jahre 1828 und 1831. Auf dem Gut Lehsen bei Wittenburg/Mecklenburg hatte der Besitzer Ernst August von Laffert 1822/23 ein neues Herrenhaus ebenfalls durch Lillie errichten lassen. Zugleich ließ er einen Landschaftsgarten und zwei Parkalleen anlegen. Er betrieb dort eine Baumschule, in der seltene Parkbäume, insbesondere auch Koniferen, gezogen wurden. Von hier belieferte von Laffert viele Parkanlagen der Zeit mit Pflanzen.
4 GA Gudow, Rechnungsbuch von 1828.
5 GA Gudow, Gemarkungskarte von 1878.
6 GA Gudow, Planzeichnungen 1892.

Gülzow

Privater Gutspark, gelegen an dem kleinen Flüßchen Linau, in einem waldreichen, leicht hügeligen Gelände ca. 10 km nordwestlich von Lauenburg. Die 1765 von J. F. Laves entworfene spätbarocke Anlage wurde im 19. Jahrhundert überformt. Barocker Jagdpavillon im ehemaligen Tiergarten. Das reduzierte Parkzentrum mit erhaltenen Strukturen wird gepflegt, ist aber nicht öffentlich zugänglich.

Das Herzogtum Sachsen-Lauenburg unterstand dem Kurfürsten Georg-Ludwig von Hannover und englischen König Georg I., als das bedeutende lauenburgische Lehnsgut und Adelige Gericht Gülzow im Jahre 1736 von dem braunschweig-lüneburgischen Major der Garde, Georg Ludwig Graf von Kielmannsegg (1705–1785), erworben wurde.[1] Das Gut blieb für 200 Jahre in dieser Familie, ging dann in den Besitz des Hamburger Großkaufmanns Paul Fischer über und gehört heute dessen Enkel, Gerd Fischer.

Georg Ludwig Graf von Kielmannsegg nutzte Gülzow, ebenso wie das 1752 erworbene Gut Seestermühe im westlichen Holstein,[2] als Jagd- und Sommersitz und blieb mit seiner großen Familie weiterhin in Hannover[3] wohnen, bis er im Jahr 1776 als General in Pension ging. Doch schon lange Jahre zuvor hatte er den Baumeister Johann Friedrich Laves,[4] seinen ehemaligen Leutnant, mit einer vollständigen Neugestaltung des gesamten Gutshofes beauftragt. Der von Laves 1765 vorgelegte „*Plan des Hoch Graefflichen Kielmannseggischen Gartens zu Gülzow aufgenommen von Joh. Fried. Laves 1765*" ist als Entwurf zu werten (Abb. 203), weil viele Gebäude enthalten sind, die erst später ausgeführt wurden. Die Bezeichnung „*aufgenommen*" bezieht sich offenbar auf die dünn unterlegte, damals vorhandene Hofanlage und Teile des Parks. Die Planung sah vor, daß die von einem breiten Graben umflossene mittelalterliche Burginsel erhalten, aber das neue barocke Herrenhaus weiter südwestlich gebaut werden sollte, verbunden durch eine Querachse mit dem großzügig bemessenen Wirtschaftshof. Das wichtigste Thema des Plans aber ist die Strukturierung des Parks nach barocken Vorstellungen mit Bezug zum neuen Herrenhaus, vor dessen Gartenfassade er sich als langes schmales Rechteck erstreckt.

Der sukzessive fertiggestellte Park gliederte sich in drei sehr unterschiedliche Gartenräume, die nur durch die gelegentlich leicht verspringende Umgrenzung und eine unterbrochene Mittelachse aufeinander bezogen und miteinander verbunden waren. In dem sich senkenden Gelände direkt vor dem Herrenhaus war ein dreistufiger Terrassengarten vorgesehen. Zum Prinzip der Terrassen könnte der Gutsherr, der unter Ferdinand von Braunschweig für Friedrich den Großen im Siebenjährigen Krieg (1756–1763) gekämpft hatte, in Sanssouci inspiriert worden sein, wenngleich in Gülzow alles etwas bescheidener ausfallen mußte als in der königlichen Anlage und von Wein-Anbau hier an der Nordseite schon gar nicht die Rede sein konnte.

Am Fuße dieser Partie führte die Mittelachse über eine kleine Brücke auf einen kaum erhöhten, querverlaufenden Damm mit einer doppelten Baumreihe. So bildete er die schützende Umgrenzung des folgenden Abschnitts: eines quadratischen Inselgartens, umgeben von einem exakt der Form folgenden Kanal. Auf der Insel teilte ein schlichtes Wegekreuz das Gelände wiederum in vier Quadrate, während im Zentrum Platz für ein Fontänenbecken ausgespart blieb. Wenngleich zu der Brücke, die den einzigen Zugang bildete, wie auch zu einem Pavillon am nordwestlichen Ende der Querachse jeweils das symmetrische Pendant fehlte, wird hier der Eindruck früher Idealplanungen, die Vorliebe der Renaissance für klar kalkulierte Geometrie beschworen; sogar die Erinnerung an die Ruhe mittelalterlicher Klostervierungen[5] geweckt, während von aktuellen Tendenzen nicht das geringste zu spüren ist.

Dagegen scheint der dem Inselgarten folgende, von

ihm aber wieder durch einen Graben getrennte dritte Abschnitt stilistisch bei dem Terrassenparterre anzuknüpfen, dessen Mittelachse er aufnimmt. Wie der hier nur andeutungsweise ausgeführte Entwurf zu erkennen gibt, war das Gelände zu beiden Seiten der Achse mit Obstbäumen in Quincunx-Manier besetzt und sollte in Heckenboskette umgewandelt werden. Deren Binnenstruktur scheint ein Problem gewesen zu sein, was plausibel ist in einer Zeit, die vom Umbruch zum Landschaftsgarten geprägt war. Das machte sich besonders unter dem englischen Einfluß im Hannoverschen bemerkbar, begann aber auch zögernd in Schleswig-Holstein, z. B. in Heiligenstedten und Salzau. Laves schlägt in Gülzow auf einem westlichen Streifen ein eng geschlängeltes Wegesystem vor, wie es ähnlich schon 1728 von Batty Langley[6] in mehreren Beispielen veröffentlicht wurde und das die Lust am irrenden Spiel zur Zeit des Rokoko ebenso zeigt wie deutsche Vorstellungen von einer „englischen Partie". Als Alternative bietet Laves zwei Beispiele einer Gestaltung mit kleinteiligen Heckenräumen an, phantasievoll, aber in sich symmetrisch. Gesichert für die ausgeführte Binnengestaltung sind aber nur die beiden heute noch bestehenden langgestreckten Bassins, jeweils im Zentrum der beiden Hälften dieses Areals.[7] Über den Plan hinausgehend setzte sich die Mittelachse im Anschluß an die Boskette in dem hier leicht ansteigenden Gelände fort. Sie führte aber nicht zu einer krönenden Architektur, wie man vielleicht erwarten könnte, sondern in Form einer kleinen Schlucht in das Gelände hinein und zu einer „Höhle".[8] Eine Grotte also bildete den Höhepunkt und Abschluß dieses Gartens.[9]

Daß die Anlage – sich erst zur Garteninsel senkend und nach den Boskettten wieder ansteigend – von den Fenstern des Hauses genossen, ein sehr reizvolles Bild abgegeben haben muß, läßt sich heute von der Brücke über der ehemaligen Grotte, also in umgekehrter Sicht, noch gut nachvollziehen. Bei einer kunsthistorischen Einordnung müßte man zudem einräumen, daß Laves sich innerhalb des geradlinigen Barockrahmens bemüht, mit den Terrassen und der kleinteiligen, unübersichtlichen Boskettzone damals aktuelle Rokoko-Motive aufzunehmen. Doch geraten sie ein wenig

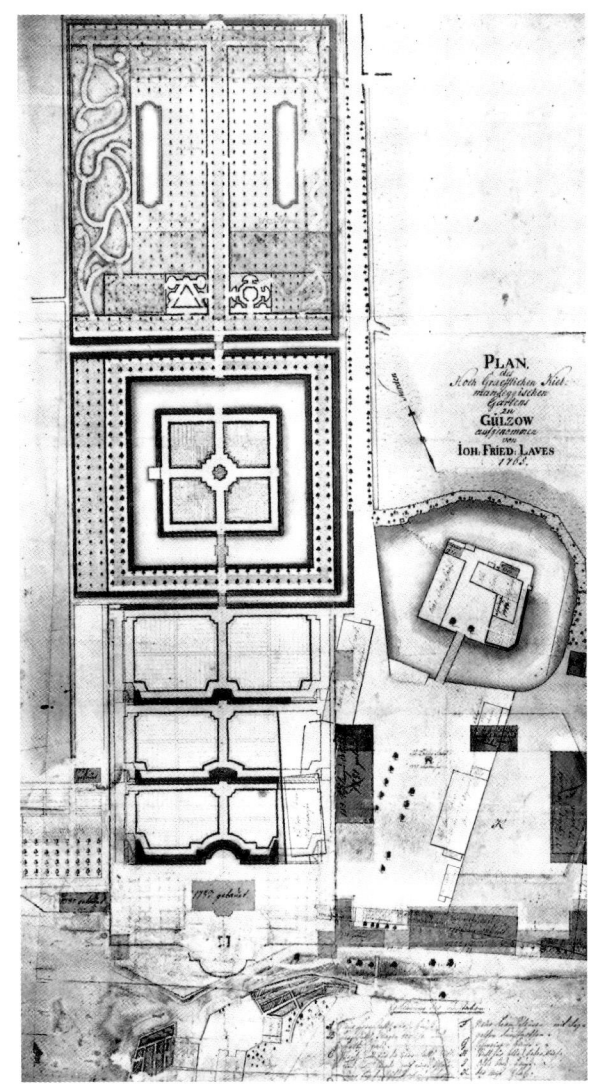

Abb. 203: Gülzow, Gartenplan von J. F. Laves, lavierte Federzeichnung 1765 (GA Gülzow).

trocken und akademisch. Zudem fällt die altertümlich anmutende und dennoch imponierende Mittelpartie stilistisch völlig aus dem Rahmen. Möglich wäre es, hierin den Ausdruck betonter Individualität zu sehen, die einer neuen Freiheit des Geschmacks entspräche. Plausibler aber scheint die Deutung der Garteninsel als Relikt aus Gülzows Vergangenheit zu sein, als Inselgarten des Mittelalters bzw. der Renaissance,[10] der nun in restaurierter Form in den neuen Park integriert werden sollte. Das ließe sich auch in Hinblick auf die Vita des Grafen Georg Ludwig von Kielmannsegg vertreten. Er könnte in den langen Jahren seiner Besitzzeit bei gelegentlichen Aufenthalten zunächst den schon

Abb. 204: Gülzow, Mausoleum
von 1937, Photo 1994.

vorhandenen Inselgarten genutzt haben, um ihn dann als Sechzigjähriger zum Zentrum der Neuplanung zu machen. Nach dieser Hypothese hätte Laves eine interessante Lösung für eine schwierige Aufgabe gefunden.

Als 1779 schließlich mit dem Fundament des Herrenhauses und der Anlage der Terrassenstufen begonnen werden konnte, nachdem die behauenen Steine aus Ricklingen an der Leine geliefert worden waren,[11] hatte der Gutsherr nur noch sechs Jahre zu leben, so daß er den vollendeten Park kaum genießen konnte. Doch die folgenden Generationen sind, wie die vielen noch heute deutlich erkennbaren Strukturen zeigen, schonend mit dem Garten-Erbe umgegangen. Ihm blieb eine radikale Überformung erspart, wenngleich sich die Terrassen im Laufe der vergangenen 200 Jahre wieder in einen Hang zurückverwandelten und die Bepflanzung sicher mehrfach verändert und ergänzt wurde. Ebenso sind die Clumps wieder verschwunden, die Friederike Gräfin von Kielmannsegg, geb. von Wallmoden-Gimborn, Anfang des letzten Jahrhunderts in der westlichen Feldmark anlegen ließ. Der im Jahr 1908 erwähnte „*Park im englischen Stil*"[12] hat inzwischen auch schon viele wertvolle Bäume eingebüßt, die z. T. durch Neupflanzungen ersetzt wurden.

Erhalten aber haben sich einige, im Zusammenhang mit der Gülzower Gartengeschichte nicht uninteressante Gebäude. Etwa gleichzeitig mit dem Park entstand westlich davon im Bereich der Nutzgärten eine Orangerie, deren Pflanzen wohl auf den Terrassen aufgestellt werden sollten. Später wurde sie als „*Palmenhaus*" genutzt und um verschiedene Treibhäuser ergänzt. Umgebaut dient sie inzwischen als Wohnhaus der Besitzer.

Südlich des mehrfach ergänzten, veränderten und inzwischen stark lädierten Herrenhauses, im Grenzbereich zur eng benachbarten Patronatskirche, gibt es gleich zwei Mausoleen. Das ältere, die Ruhestätte der Grafen Kielmannsegg, ist an der steil abfallenden Kante des Friedhofs so in den Hang hineingebaut, daß nur auf der dem Gutshof zugewandten Seite die über dem Abhang liegende Fassade sichtbar ist. Sie erhebt sich, aus gespaltenen Feldsteinen gemauert und mit hellem Rundbogenfries neoromanisch dekoriert über gesägtem Granitsockel, während daneben und darüber verschiedene Kreuze und Gedenksteine an einzelne Mitglieder der Familie Kielmannsegg erinnern. Typologisch ist dies Mausoleum dem der Grafen Waldersee in Stöfs verwandt, das auch in den Hang hineingebaut wurde (vgl. Waterneverstorf). Ganz anders die Ruhestätte der Familie Fischer. Sie wurde ein wenig weiter westlich davon, noch innerhalb des Parks, in Form eines etwas breit gelagerten Monopteros errichtet (Abb. 204), mit außerordentlich flacher, von zwölf

Abb. 205: Gülzow, „Pavillon in dem gräfl. Kielmannseggischen Thiergarten" aus Hirschfeld (1779–1785), Bd. 4 (UB Kiel).

ionischen Säulen aus Gußzement getragener Kuppel. Den pathetischen Anspruch betont ein zusätzlicher Säulenkranz – nur im Norden unterbrochen, um eine Eingangs-Situation anzudeuten. Die karge Inschrift dieses jüngsten der schleswig-holsteinischen Gutsmausoleen lautet: „*Erbaut von Paul Fischer Anno 1937*".

Außergewöhnlich ist auch ein Jagdpavillon, den der erste Kielmannsegg auf Gülzow im Zentrum eines barocken Jagdsternes im ehemaligen „*Thiergarten*", nicht weit von der Fasanerie, errichten ließ. Zwischen seiner Abbildung bei Hirschfeld[13] (Abb. 205) und der heutigen Erscheinung gibt es allerdings einige Divergenzen. Während Hirschfeld als „*Pavillon in dem gräfl. Kielmannseggischen Thiergarten zu Gülzow im Lauenburgischen*" ein zweistöckiges Oktogon mit niedrigeren vorspringenden Altanen zeigt, findet sich heute ein nur einstöckiger oktogonaler Bau von ca. 6 m Durchmesser, der zudem an Stelle von Eckrustizierungen schlichte, flache Eckvorlagen aufweist. Auch sind fünf der ehemals acht Jagdschneisen noch zu erkennen. Man kann wohl von einer verändernden Restaurierung Ende des vorigen Jahrhunderts[14] ausgehen. Doch haben wir es im Gülzower Forst neben dem Sielbecker Jagdpavillon am Uklei-See immerhin mit der letzten noch existenten Parkarchitektur Schleswig-Holsteins zu tun, die einst von Hirschfeld unter den „*Gartenmäßigen Verschönerungen einzelner Theile eines Landsitzes*"[15] als vorbildlich gepriesen wurde.

Das reduzierte Zentrum des spätbarocken Parks mit seinen interessanten Strukturen wird gepflegt erhalten, ist aber nicht öffentlich zugänglich.

Ingrid A. Schubert

1 Zur Gutsgeschichte Oldekop (1908), Bd. 1, S. 51f; Neuschäffer (1987), S. 22–33. Zur Familiengeschichte und vereinzelte Bemerkungen zum Park vgl. Vollrath: Die Grafen von Kielmannsegg auf Gülzow, in: Das Land an der Elbe. Niedersächsische Mitteilungen der allgemeinen Lauenburgischen Landeszeitung, November 1930, S. 41–43.
2 Vgl. Asmussen-Stratmann (1992).
3 Dort gehörte der Familie das Gartenschloß „*Fantasie*".
4 Es handelt sich um den Onkel des späteren Oberhofbaudirektors von Hannover Georg Ludwig Friedrich Laves (1788–1864).
5 Dieses wohl am weitesten verbreitete aller Gartenmotive war vermutlich ursprünglich von dem antiken Peristyl übernommen worden.
6 Langley (1728), wie abgebildet in Kern (1983), S. 370.
7 Sie sind auch schon auf der Karte der Kurhannoverschen Landesaufnahme des 18. Jahrhunderts (1776) zu sehen.
8 Vollrath (1930), S. 43 erwähnt die Berghöhle, als Alexander Graf von Kielmannsegg 1879 hier eine Brücke über die Schlucht bauen ließ. Die heutige Geländeform läßt sie durchaus glaubwürdig erscheinen.
9 Einzelheiten der Form und Ausstattung sind leider nicht überliefert.
10 Gülzow war eines der bedeutendsten Lehnsgüter des Herzogtums und befand sich über 300 Jahre (bis 1654) im Besitz der sehr wohlhabenden ritterschaftlichen Familie Schack. Sicherlich hatte die schon früh einen Garten angelegt, den sie möglicherweise durch einen Graben schützte. Das kam häufiger vor und ist heute z. B. noch in Haselau oder Seestermühe nachvollziehbar. Zu den dänischen Beispielen dieser Art gehört die Schackenburg bei Tondern. Sie war die dänische Stammburg jener Schacks, die so lange in Gülzow saßen.
11 Vollrath (1930), S. 41.
12 Oldekop (1908), Bd. 1, S. 52.
13 Hirschfeld (1779–1785), Bd. 4, S. 23.
14 Datierung der Restaurierung nach den im Schweizer Stil verzierten Dachbalken.
15 Hirschfeld (1779–1785), Bd. 4, S. 23.

Hamfelde

Bürgerlicher Landhauspark, östlich von Hamburg im bewegten Grundmoränengelände bei Trittau gelegen. Ca. 1798 entworfen von Joseph-Jacques Ramée. Das Gelände, in dem sich Strukturen erhalten haben, ist für die Öffentlichkeit nicht zugänglich.

Umgeben von dem königlich-dänischen Forst Hahnheide direkt an der durch die Bille gebildeten Grenze zu dem damals hannöverschen Herzogtum Sachsen-Lauenburg, lag die Kupfermühle,[1] die der Hamburger Kaufmann und preußische Commerzienrath Daniel Poppe in den für Hamburg wirtschaftlich günstigen neunziger Jahren des achtzehnten Jahrhunderts renoviert und erweitert hatte. Dort ließ er auch von dem französischen Architekten und Gartenkünstler Joseph-Jacques Ramée (1764–1842) ein Landhaus bauen und einen Park anlegen. Dieser hatte schon rund um den Mühlenteich Gestalt gewonnen, als Poppe am 12.8.1800 bei dem König Christian VII. um die Erlaubnis nachsuchte, weiteres Gelände erwerben zu dürfen und das u. a. damit begründete, er sei unablässig „... *bemüht gewesen, diesen Ort der ländlichen Freude, dessen Lage die wohltätige Natur so reizend bildete, durch Kunst und Cultur zu verschönern*". In dieser Hinsicht hätte er „... *keine Kosten gescheut, um neue Anlagen zu machen*". Dabei bat er um die Erweiterung des Areals „... *um noch manche Pläne zur Verschönerung meines künftigen Wohnhauses ausführen zu können ...*"[2]. Dem von einer Skizze begleiteten Gesuch wurde stattgegeben.

Ramée hat in dem mit wenigen Eichen, einigen Buchen und allerlei Buschholz bestandenen Moränengelände einen großzügig gegliederten Park geplant (Abb. 206).[3] Unterschiedlich tiefe kompakte Saumbepflanzungen an den ansteigenden Rändern, besonders im Norden und Osten, nahmen den Beltwalk auf, während ein anderer Rundweg den Ufern des aufgestauten buchtenreichen Mühlenteiches folgte. Die zentrale, sich wellig nach Süden senkende, weite Lichtung wurde durch elegante Kurven eines einzelnen Pfades akzentuiert.

Das Landhaus stand auf einem Hügel, der einen weiten Panoramablick über den Park anbot, auch über Teile des Sees und seinen Nebenarm, an dem die Kupfermühle mit verschiedenen Nebengebäuden lag. Der lebhafte Manufakturbetrieb zwischen Schmelzhütte und Schmiede, Kohlenhaus und Mühle[4] wurde also trotz der möglichen Belästigungen durch Lärm und Rauch nicht ausgegrenzt, sondern in den Park einbezogen, um den praktischen Nutzen des Anwesens hervorzuheben. Das erinnert an ästhetische Umwertungen im Sinne der französischen Physiokraten. So wollte etwa der Pariser Gartenbauunternehmer Anpenot Anfang der 90er Jahre in die „... *wahrhaft nützliche[n] und interessante[n] Schönheiten, die die Großzügigkeit der erhabenen Freiheit und Gleichheit bezeugen, ... [auch] ... eine schöne Manufaktur ...*" einbeziehen.[5] Abgesehen von dieser Hinwendung zum gewerblichen Ambiente, wird auf effektvolle Parkarchitekturen weitgehend verzichtet, so daß der Besitz typologisch als ‚klassischer', wenngleich nicht sehr ausgedehnter Landschaftspark anzusprechen ist.[6] Dieser Charakter wird von vielen Säulenpappeln – in Erinnerung an südliche Zypressen – und von einem kleinen Monopteros betont. Erweitert wird das klassische Konzept bei Ramée durch die Verwendung von exotischen Solitären, wobei sich die Frage ergibt, ob der Architekt, der zehn Jahre zuvor mit den Ideen der Französischen Revolution sympathisierte, jetzt noch an das durch diese Bäume ausgedrückte Symbol der Brüderlichkeit dachte.[7]

Der Landsitz „*Kupfermühle*" in Hamfelde wechselte ab 1820 mehrfach den Besitzer, wurde 1906 schließlich von Albert Ballin (1857–1918), einem der bedeutendsten Hamburger Reeder, erworben und mit zwei neuen Wohnhäusern versehen.[8] Inzwischen ist

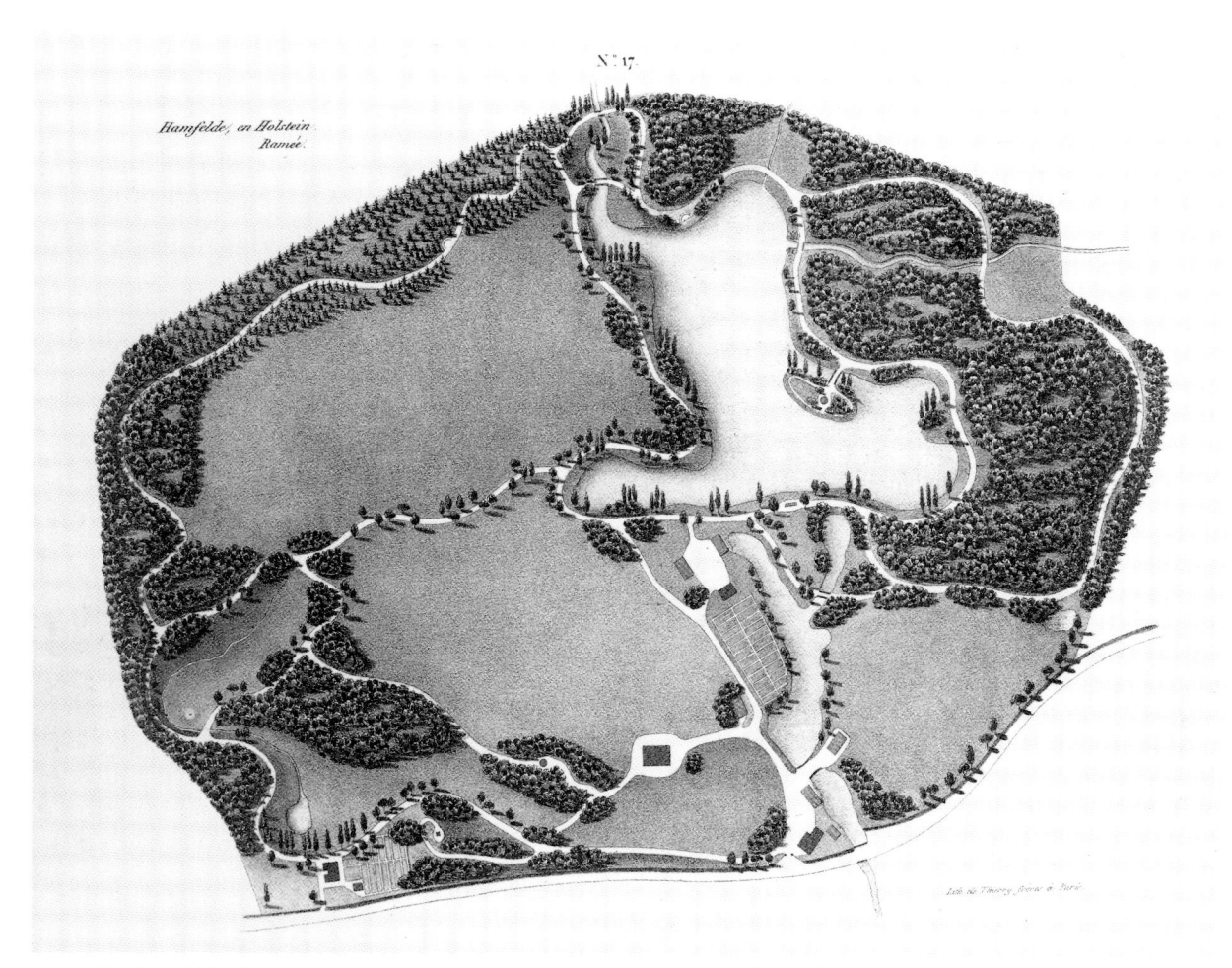

Abb. 206: Hamfelde, Gartenplan von J.-J. Ramée, Lithographie aus Ramée [nach 1835], (Library of Congress Washington).

das Gelände in mehrere Grundstücke aufgeteilt, und an vielen Stellen mehrfach überformt worden. Doch bis heute ist die Grundstruktur mit der großen Lichtung, der vielfach zu hohen Buchenhölzungen ausgewachsenen Saumbepflanzung und Teilen des Beltwalks erkennbar. Ebenso erhalten sind Teile der interessanten, ehemals mit der Mühle in Zusammenhang stehenden, Wasserbauten. Schließlich stellt sich auch die Einfriedung des Parkes weitgehend ursprünglich dar. Sie wurde 1807 genau spezifiziert mit 6 Fuß breitem Wall, auf jeder Seite begleitet von 4 Fuß breiten Gräben.[9]

Es wäre wünschenswert, daß der Hamfelder Park als kulturhistorisch ungewöhnliche Variante eines Landschaftsgartens erhalten bliebe.

Ingrid A. Schubert

1 Vgl. Oldekop (1908), Bd. 2, Kap. XIII, S. 42f; Schröder/Biernatzki (1856), Bd. 1, S. 475 und speziell zum Garten Schubert (1995), S. 54.
2 LAS 31 Forstamt Holstein 427. In dem Gesuch hatte Poppe auch den Wunsch geäußert, in den „.... *glücklichen und gesegneten Staaten, die durch Ew. Königl. Majestät glorreichen Scepter beherrscht werden ...*" später seinen ständigen Wohnsitz nehmen zu wollen.
3 Plan in: Joseph Ramée: „*Parcs & Jardins*", Paris o. J. [nach 1835], Nr. 17 „*Hamfelde, en Holstein*".
4 Brandversicherungsregister von 1810, LAS Abt. 400.5 Nr. 1117.
5 Vgl. Harten (1989), S. 81 insbes. Anpenots Schema der alten und neuen Ästhetik.
6 Nach Hallbaum (1927), S. 78ff.
7 Harten (1989), S. 23.
8 Schuldt (1981), S. 14ff.
9 LAS Abt. 31 Forstamt Holstein Nr. 427.

Hanerau

25 km nördlich von Itzehoe an einem aufgestauten Mühlenteich gelegen; ältester Garten seit Anfang des 17. Jahrhunderts belegt; 1664 Herrenhausbau mit einem barocken Lustgarten; Anfang des 19. Jahrhunderts Anlage eines über 10 ha großen Waldparks und eines Herrnhuter Friedhofs unter der Familie Mannhardt. Öffentlich zugänglich.

Die älteste überlieferte Karte des Gutes Hanerau von 1777 zeigt die Lage der Gärten und Gebäude auf der Insel im Mühlenteich und im Vorwerksbereich der ehemaligen Burg, wie sie zumindest seit hundert Jahren bestanden hatten. Denn 1664 kaufte der finanzkräftige Admiralitätsrat Paul von Klingenberg, der einer Lübecker Patrizierfamilie entstammte, vom dänischen König Friedrich III. das Kanzleigut. Da das alte Herrenhaus und die Hofgebäude 1658–60 abgebrannt waren, errichtete Klingenberg ein neues, vierflügeliges Herrenhaus auf quadratischem Grundriß, ein großes Torhaus und mehrere Hofgebäude.[1] Durch Aufschüttung vergrößerte er die Gutsinsel um mehr als ein Drittel und legte auf dem neu gewonnenen Areal den sogenannten *„Neuen Garten"* an.[2] Den Burggraben um das Herrenhaus ließ er ebenfalls zuschütten. Ein orthogonales Wegesystem untergliederte den fast quadratischen Garten in acht etwa gleich große Quartiere. Er soll prächtig ausgestaltet gewesen sein, was allein schon durch die geschützte Lage auf der Gutsinsel angenommen werden kann.

In einer Urkunde über die Hanerauer Lohmühle vom 12. Okt. 1683 kommt ein *„Hanß Böeckman Gartener auff Hanrow"* vor, dessen gute eigenhändige Un-

Abb. 207: Hanerau, Ansicht des Mannhardtschen Herrenhauses mit Bleiche, Lithographie um 1845 (Privatbesitz).

Abb. 208: Hanerau, Schlittschuhpartie auf dem Mühlenteich, historisches Photo (Privatbesitz).

terschrift und Siegel darauf hinweisen, daß er kein gewöhnlicher Gärtner war.³ Dieser Hans Böckmann muß der Sohn des gleichnamigen Kunst- und Handelsgärtners gewesen sein, der 1666 in Lübeck gestorben war. Die aus Lübeck stammende Gärtnerfamilie Böckmann gründete einen der bedeutendsten Gartenbaubetriebe Hamburgs, der von etwa 1640–1854 in zehn Generationen bestand.⁴ Aus welcher Zeit der „Alte Garten" stammt, der von der Zufahrtsallee des Gutes umrandet wird, kann nur vermutet werden: Er wird zumindest als Küchengarten für die Versorgung der Herrschaft bereits zu der Zeit bestanden haben, als Hanerau Adeliges Lehnsgut der Rantzaus war (1544–1613).⁵ Das Gebiet des alten Gartens hat Klingenberg mit Obstbäumen bepflanzen lassen,⁶ im 19. Jahrhundert wurde es Bleiche (Abb. 207), und heute befindet sich dort wieder ein Obstgarten.

1799 erwirbt der Württemberger Johann Wilhelm Mannhardt⁷ (1760–1831) das Gut, der mit Anna van der Smissen (1771–1843), der Tochter des vermögenden Altonaer Kaufmanns und Reeders Hinrich III. van der Smissen, verheiratet war. In seine Zeit fällt die Anlage des dritten Hanerauer Gartens. Es entsteht ein ausgedehnter, über 10 ha großer Waldpark, der sich westlich der Zufahrtsallee bis zum 1803 gegründeten Hof Lerchenfeld erstreckt und südlich von einem durchgehenden Knick begrenzt wird, an den Wiesen- und Ackerflächen stoßen. Dieser schon immer auch forst- und fischereiwirtschaftlich genutzte Park stellt als Gartentyp ein Unikum dar: denn er stand als Gutsgarten der Bevölkerung offen (Abb. 208) und erfüllte einige der Kriterien, wie sie C. C. L. Hirschfeld bereits dreißig Jahre vorher für einen Volksgarten aufgestellt hatte.⁸

Ein Zeitzeuge schildert 1818 in den „Schleswig-Holstein-Lauenburgschen Provinzialberichten" den Mannhardtschen Waldpark begeistert: *„Die Anlagen aber, theurer Freund, welche in den letzten Jahren in einem kleinen Gehölze, welches früher, da es niedrig liegt, kein menschlicher Fuß betreten konnte, angebracht sind, müßten Sie selbst sehen. Fischteiche, die, umgeben von dem üppigsten Laub- und Nadelholz, terrassenförmig über einander liegen, Obstgärten und Küchengärten, schattende Lauben und liebliche Aussichten wechseln mit einander in schöner Harmonie ab. Ueberall schmückt das Ganze eine sich stets verjüngende Blumenflor. Eine kleine Fontaine ladet, einförmig plätschernd, zum lieblichen Sitze unter Haselgesträuch und hohen Lerchenbäumen ein. Einige sehr geschmackvolle Lusthäuser, besonders ein, erst vorigen Sommer erbaueter, großer Salon stehen für jeden Lustwandelnden offen. Jetzt wurde ein Badehaus in der Mitte des Gehölzes, mit 2 Badezimmern angelegt, wozu der Platz nicht schöner als unter hohen Buchen*

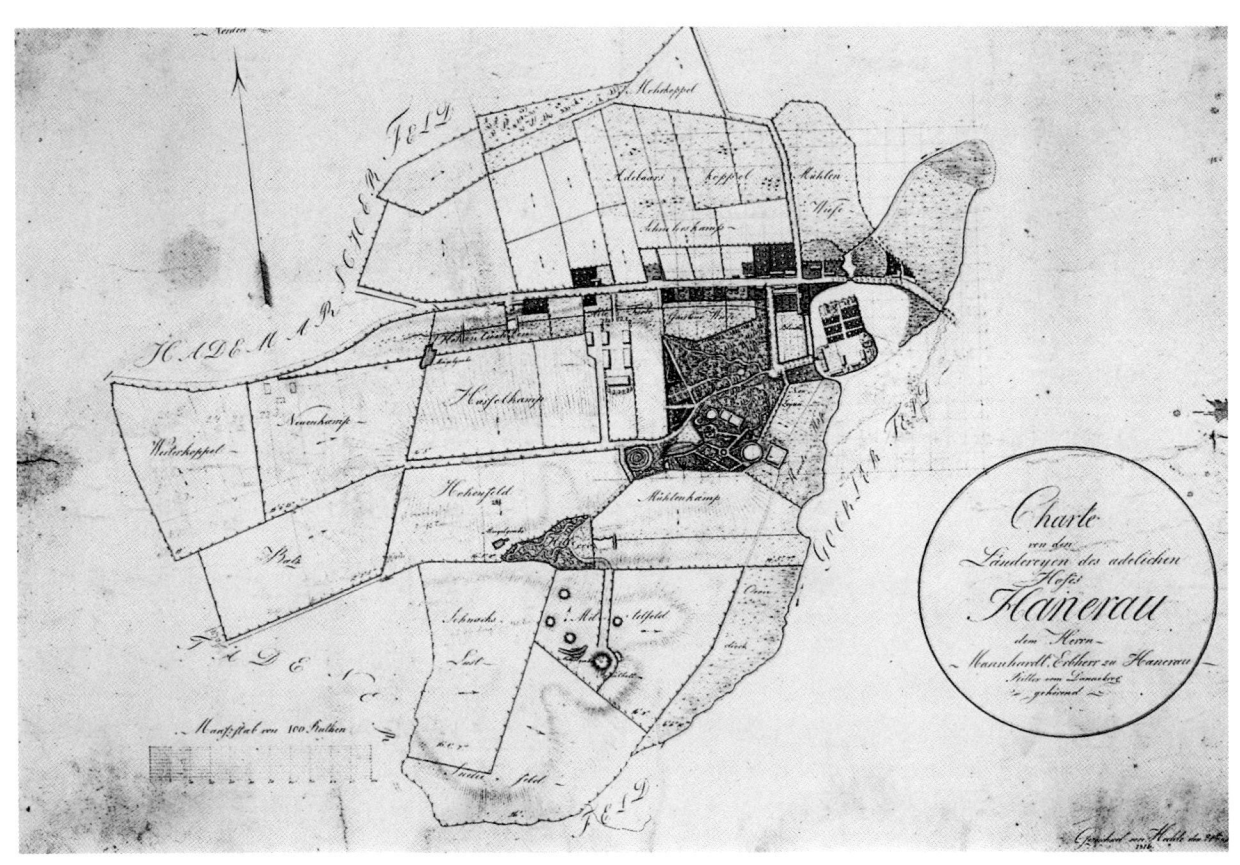

Abb. 209: „Charte von den Ländereyen des adelichen Hofes Hanerau ...", gezeichnet von Hedde, lavierte Federzeichnung 1816 (GA Hanerau).

hätte gewählt werden können. Der botanische Garten schien mir wohlgeordnet." [9]

Diese Anlagen müssen zwischen 1812 und 1816 entstanden sein.[10] Eine Gutskarte im Gutsarchiv (Abb. 209) von 1816 zeigt den vollendeten Zustand. Bis auf die oben genannten Lusthäuser enthält er alle beschriebenen Elemente. Die Formen der Teiche und der Blumenbeete sind erstaunlicherweise nicht landschaftlich gestaltet, sondern weisen geometrische Grundrisse auf: Quadrat, Rechteck und Kreis. Im obersten Teich in der Mitte des Parks liegen eine Insel, die bis heute erhalten ist, südlich davon das Gärtnerhaus mit einem Stallgebäude und noch weiter südlich der Garten des Gärtners. Möglicherweise erstreckte sich hier auch der im obigen Bericht genannte „Botanische Garten". Drei streng mit Wegen gefaßte Quartiere sind deutlich mit einer sehr lockeren Baumsignatur dargestellt, was auf einen Obstgarten oder eine Pflanzensammlung hindeutet. Der übrige Bereich des Parks ist als dichtes Waldgebiet dargestellt, was dem heutigen Zustand entspricht.

Nordwestlich dieser intensiv gestalteten Zone hat Mannhardt 1805 einen Friedhof angelegt, der in der Art der Herrnhuter Gemeinde gestaltet ist (Abb. 210): Er ist von einer Hecke und hohen Lärchenbäumen eingeschlossen und in sechs Quadrate unterteilt, die durch breite Wege erschlossen sind. Männer und Frauen ruhen jeweils getrennt voneinander in je drei Feldern, wobei eins für die Verheirateten, eins für die Ledigen und eins jeweils für die Kinder vorgesehen war. Entgegen der heutigen Bepflanzung mit immergrünen Gehölzen, haben die Herrnhuter ihre Gräber immer nur ganz schlicht angelegt, denn niemand sollte – weder im Leben noch im Tod – sich besonders aus der Gemeinschaft herausheben. Lediglich Rosenbüsche, wie der Bericht von 1818 zu erzählen weiß, durften neben einem schlichten – für alle gleichen – Stein gepflanzt werden. Eine Laube am westlichen Ende trägt noch

Abb. 210: Hanerau, Herrnhuter Friedhof, historisches Photo (Privatbesitz).

heute die Inschrift: „*Selig sind die, die in dem Herrn sterben. Sie ruhen von ihrer Arbeit*". Auf der Rückseite ist zu lesen: „*Trachtet nach dem, was droben ist.*"

Johann Wilhelm Mannhardt hatte 1801 den Ort Hanerau gegründet, in dem er auch württembergische Arbeiter und Handwerker für die von ihm eingerichteten Manufakturbetriebe heranzog. Er baute für diese Arbeiter „*etwa 25 neue, größtenteils mit Ziegeln gedeckte Häuser, die in einer Straße längs dem Wege, in einem niedlichen Gärtchen liegen.*"[11] Es gab in Hanerau eine Weberei, eine Färberei und eine Bleicherei, ein Wirtshaus und eine Mühle. Noch heute ist das Ortsbild teilweise erhalten und die einheitliche Entstehungszeit ablesbar. Während der Kontinantalsperre in der Napoleonischen Zeit erlebte die Siedlung eine kurze Blütezeit.

Daß der Waldpark, der Wilhelmshain, „*nach dem liberalen Sinn des Gutsbesitzers, jedem Fremden und einheimischen offen [steht], und mancher Bewohner der angrenzenden Städte ... hier jeden Sommer einen frohen Tag im Schooße der durch Kunst verschönerten Natur*"[12] erlebt, ist für das erste Jahrzehnt des 19. Jahrhunderts – der dänische König hatte gerade erst die Leibeigenschaft aufgehoben – wahrlich eine bemerkenswerte Besonderheit. Johann Wilhelm Mannhardt baute sich kein neues Herrenhaus. Erst nach seinem Tod errichtete sein Sohn Hinrich Gysbert (1791–1872) 1835 an der alten Stelle ein neues Herrenhaus im spätklassizistischen Villenstil mit offener Loggia.[13] Vor dem Herrenhaus steht eine Sonnenuhr, die der im Park von Potsdam-Sanssouci gleicht.[14]

Der Husumer Dichter Theodor Storm (1817–1888), der nach seiner Pensionierung seine letzten Lebensjahre in Hademarschen verbrachte und oft zu Gast bei den Nachfahren der Mannhardts, der Familie des Dr. med. Heinrich Wachs (1822–1895), war, erwähnt den „*großen schattigen Gutspark*" in seiner umfangreichen Korrespondenz des öfteren. Seine Tochter Gertrud erinnert sich: „*Es gehörte zu den heimlichen Freuden meines Vaters, seine Gäste zu einem kleinen, im Park von Hanerau verborgenen Mennonitenfriedhof zu führen. Durch das anmutige, im Schatten alter Kastanien gelegene Dorf Hanerau ging es über Wiesen und lauschige Waldwege durch ein lebendiges Tor zu diesem friedlichen Fleckchen Erde. Wenn dann unser Gast, ganz vertieft im Gespräch, aufblickend, sich plötzlich auf einem stillen grünen Friedhof erblickte, war meinem Vater die Überraschung wieder einmal gelungen ... Die Gräber sind alle mit grünen Rasen bedeckt ... als winziger Schmuck blüht auf einigen Gräbern ein weißer Rosenstrauch.*"[15]

Aus Anlaß seines 175. Geburtstages (19. 5. 1993) wurde Storm zu Ehren in der Nähe des Waldfriedhofs im nördlichen Parkbereich eine Statue aufgestellt, die ihn auf einer Bank sitzend zeigt. Westlich der Teichanlagen ist nach dem Zweiten Weltkrieg ein neues Wohnhaus gebaut worden, das den Zusammenhang zwischen dem Herrnhuter Friedhof und dem ehemaligen

Gärtneranwesen stört. Wenn auch der Bereich des ehemaligen neuen Gartens heute aufgeforstet ist, das Gärtnerhaus langsam verfällt und der übrige Park seiner Schmuckelemente beraubt ist, so kann man heute noch bei einem Spaziergang viel von der einstigen Schönheit dieses Waldparks erahnen.

Margita Marion Meyer

1 Schwarz (1977), S. 218. Das Klingenbergsche Herrenhaus wurde 1784 in der Zeit des dänischen Gesamtstaates abgetragen.
2 Der Justitiar des Gutes H. C. W. H. Jürgens schreibt 1820: *„Der ungefähr ein Drittel des Hofplatzes ausmachende Garten ist augenscheinlich aufgefahren und an den 3 Seiten, wo er ans Wasser stößt, mit planirten Felsen eingefaßt. Die Unterlage des Gartens ist Schutt von alten Gebäuden und giebt den Beweis, daß Gebäude dagewesen, bevor der Garten angelegt worden"*. Nach Gloy (1895), S. 93f; auch Ramm (1955), S. 141f.
3 Vgl. Schwarz (1977), Anmerkung 1694 nach LAS Abt. 129.1 Nr. 246. Demnach hielt er sich lange auf Hanerau in Klingenbergs Diensten auf.
4 Vgl. ausführlich Sorge-Genthe (1973), S. 15f. Dort ist in der Stammtafel auch ein Hans Böckmann verzeichnet, der 1718 in Lübeck stirbt. Er könnte der Hanerauer Gutsgärtner von Klingenberg gewesen sein.
5 Die bisher früheste Quelle für das Vorhandensein eines Gartens nennt Ramm (1955), S. 160: 1619 wird ein 116 Ruthen langes Plankwerk um den Garten herum gezogen. Erst als der dänische König Christian IV. 1613 Hanerau kauft, sind Amtsrechnungen erhalten (bis 1664). Siehe: LAS Abt. 129 Holsteinische Kanzleigüter und Lübsche Güter Nr. 1: GA Hanerau.
6 So H. C. W. H. Jürgens 1820 nach Gloy (1895), S. 93f.
7 Mannhardt war evangelischer Theologe und Pietist und arbeitete als Hauslehrer bei van der Smissens, die von einer 1589 aus Holland vertriebenen Mennonitenfamilie abstammte. Vgl. Suhr (1994), S. 128ff. Frdl. Auskunft von Herrn Dr. Wachs, Hamburg.
8 Hirschfeld (1779–1785), Bd. 5, S. 68ff.
9 Schleswig-Holstein-Lauenburgsche Provinzialberichte 3 (1818), Kiel, S. 350.
10 Ein Lageplan von Haus und Garten im Gutsarchiv, gezeichnet von J. M. Wagner am 8.11.1811, zeigt den neuen Garten, der nun in sechs Quartiere unterteilt ist, wobei die beiden nördlichen Quartiere als (Obst-)Baumgarten und als Wiese dargestellt sind. Der alte Garten wird von Entwässerungsgräben durchzogen und ist mit einer Wiesensignatur versehen, war also zu diesem Zeitpunkt bereits Bleiche, wie in der Gutskarte von 1816 auch dargestellt.
11 Schleswig-Holstein-Lauenburgsche Provinzialberichte 3 (1818), Kiel, S. 350.
12 Schleswig-Holstein-Lauenburgsche Provinzialberichte 3 (1818), Kiel, S. 350.
13 Von dem Architekten Heinrich Schröder.
14 Hinweis von Dr. Lafrenz aus dem Landesamt für Denkmalpflege Kiel.
15 Gertrud Storm: Vergilbte Blätter. Regensburg, Leipzig 1922, zit. nach Suhr (1994), S. 103f.

Haseldorf

Gutspark in der Elbmarsch, ca. 12 km nordwestlich von Hamburg, formale Ziergärten seit etwa 1700, ab Anfang des 19. Jahrhunderts allmähliche Überformung durch Anlage eines Arboretums im landschaftlichen Stil, im Außenbereich zugänglich.

„Der große Park um das Schloß ist nicht zu gepflegt und wirkt vor allem durch seine Riesenbäume. Es gibt Linden und Kastanien wie Berge; Bäume mit dunkelroten Blättern (ich weiß nicht, wie sie heißen), die wie Träume sind, und Nadelhölzer, irgendwelcher fremdländischer Art, mit langen zottig hängenden Zweigen, die an das Fell urweltlicher Urtiere erinnern. Und das Blühen all dieser großen, alten Azaleenbüsche und ganzer hoher Hänge von Jasmin!"[1]

Vom Reiz des Haseldorfer Parks (Abb. 211), der Rainer Maria Rilke um 1900 mit seinem malerischen Flair in Begeisterung versetzte, ist bis zum heutigen Tage wenig verloren gegangen. Die Besonderheit dieser Anlage besteht zum einen in dem für die waldarme Marschlandschaft sehr ungewöhnlichen Artenreichtum und zum andern im Alter dieses Arboretums, das mit seiner Entstehung ab 1780 zu den ältesten Baumgärten in Norddeutschland zählt. Hans Heinrich von Schilden (1745–1816), der das Gut ab 1770 besaß, scheint mit seinem Interesse an exotischen Pflanzen der Initiator dieses 2 ha großen Kunstwerks gewesen zu sein. Die gartenkünstlerischen Anfänge in Haseldorf waren allerdings sehr viel bescheidener.

Das Kernstück des Gutshofes und Parks, der sich in einer Ausbuchtung des Elbdeiches befindet, ist eine kreisrunde Burginsel aus dem 12. Jahrhundert, umge-

Abb. 211: Haseldorf, landschaftliche Partie im Haseldorfer Garten, Photo 1995.

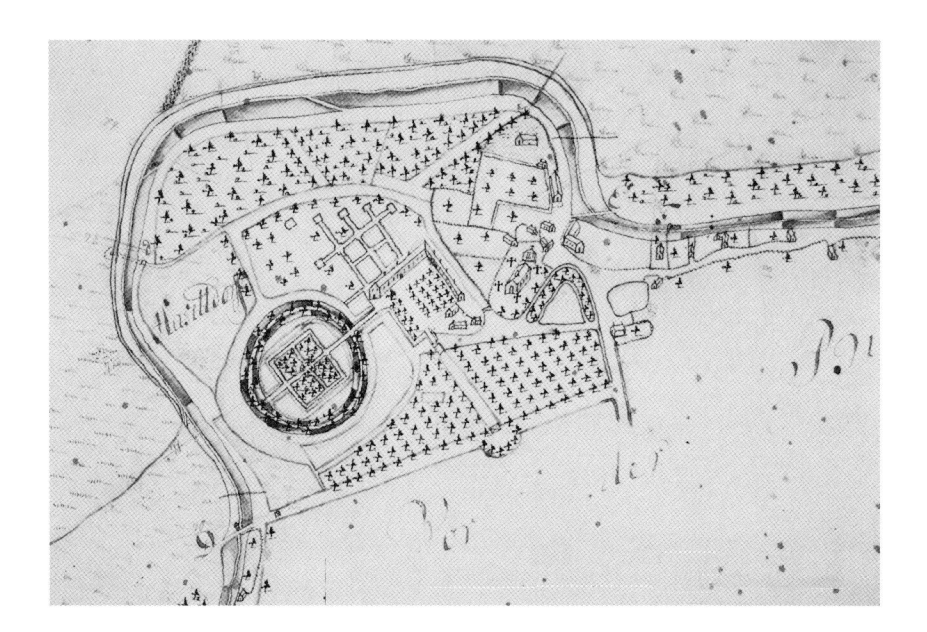

Abb. 212: Haseldorf, Ausschnitt aus einer Deichkarte von Hemsen (gesüdet), lavierte Federzeichnung 1764 (LAS).

ben von einem Wall und doppeltem Ringgraben, die östlich des heutigen Herrenhauses liegt. Seit 1494 gehörte das nunmehr Adelige Gut der Familie von Ahlefeldt. Die schlechten wirtschaftlichen Verhältnisse, verursacht u. a. durch immense Deichbaukosten, zwangen schließlich Detlev von Ahlefeldt 1731 zum Verkauf des Gutes an Heinrich Andreas von Schilden, in dessen Familienbesitz sich das Gut bis heute befindet.

Für das 16. Jahrhundert lassen sich einige für die Versorgung des Hofes notwendige Nutzgärten wie Baumgarten, Hopfengarten und Kohlhof urkundlich nachweisen. Vielleicht schon im Zusammenhang mit einem 1677 errichteten Herrenhausneubau wurde ein erster formaler Garten im Süden hinter dem Herrenhaus angelegt. Der letzte Ahlefeldtbesitzer ließ diesen Garten von dem Landmesser Hinrich Cornelius Hecker 1714 in einer Karte des Gutshofes festhalten. Die Einteilung des Gartens bestand aus orthogonal angeordneten *„Heckenalléen"*, die verschieden große Quartiere bildeten. Der Garten war an der Nordseite durch das damalige Wohnhaus und einen zusätzlichen Staketenzaun, nach Westen von einem Wirtschaftsgebäude begrenzt. Entlang des Burggrabens, der das gesamte Gartengelände in der Form eines unregelmäßigen Rechtecks umfaßte, standen Bäume. Das in der östlichen Ecke des Wegenetzes liegende Lusthaus,

dessen Gestalt auf einer Ansicht des Gutes von 1718 nur sehr schemenhaft überliefert ist, bildete den optischen Abschluß des Gartens. Der Gutshof war zu dieser Zeit nur über einen Weg an der Patronatskirche und eine Brücke, die im Nordwesten auf den Vorwerksplatz führte, zugänglich. Im Norden des Wirtschaftshofes, wo sich heute die Zufahrt befindet, lagen hintereinander zuerst auf einer kleineren Insel der Hopfenhof und dahinter auf zwei großen Inseln der sogenannte Baumhof. Lediglich ein kleiner Steg ermöglichte den Zugang dieser Bereiche. Die damals noch großen Wasser- bzw. Niedriglandflächen wurden zur Gewinnung von Reet genutzt. 1718 trat der Meistergärtner Bendix Mahlus eine Stelle in Haseldorf an, die er bis 1780 innehatte.

Zu den wichtigsten Veränderungen des Gutshofes um die Mitte des 18. Jahrhunderts, die die Deichkarte des Vermessers Hemsen von 1764 (Abb. 212) dokumentiert, gehört die Anlegung eines *„neuen Gartens"*[2] auf der alten Burginsel. Er wurde als Quadrat mit vier Kompartimenten angelegt, umgeben und durchzogen von heckengesäumten Gängen und bepflanzt mit Apfelbäumen. Im alten Garten hinter dem Haus ist für diese Zeit ein Parterre bezeugt. Am Ende der Wege gab es Heckenkabinette, und die zwei wichtigsten Achsen waren optisch über den Burggraben hinweg verlängert worden. 1758 bekam der Gutshof die heutige, reprä-

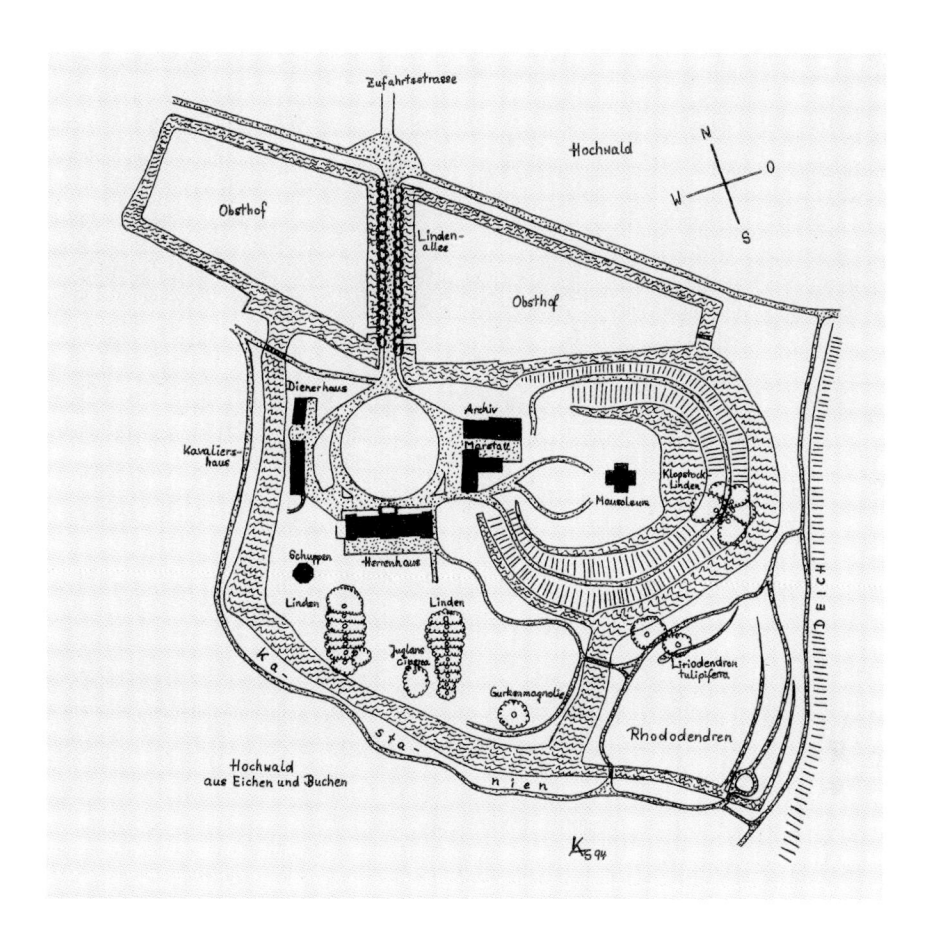

Abb. 213: Haseldorf, Übersichtsplan, Umzeichnung von K. Asmussen-Stratmann 1994.

sentative Zufahrt von Norden. Dazu wurde ein mit Linden bepflanzter Damm in der Mitte der beiden großen Baumhöfe aufgeschüttet und eine neue Zugbrücke über den Burggraben gebaut. Auf dem Land zwischen altem Garten und Deich entstand eine Erlen-Hölzung, die über eine Brücke zugänglich war. Im 18. Jahrhundert gab es neben dem Lusthaus, das noch um 1800 gestanden hat, auch ein Taubenhaus und einen Eiskeller. An der höchsten Stelle des Burginsel-Walls war ein Salon aus sechs beschnittenen Linden plaziert, der herrliche Aussichten in die Landschaft bot. Fünf dieser Linden bilden noch heute in hochgewachsenem Zustand einen Lindendom und werden nach dem berühmten Dichter, der sich zeitweilig in Haseldorf aufhielt, „Klopstocklinden" genannt (Abb. 13). Am Ende des 18. Jahrhunderts wurde der Wall an der Westseite abgetragen und der Burggraben zum Hofplatz hin zugeschüttet. Hier entstanden ein als Bibliothek, Archiv und Museum genutztes Gebäude und der Marstall.[3]

Ab etwa 1780 machte sich auch in Haseldorf der neue, landschaftliche Gartenstil bemerkbar, hier aber weniger im Sinne der von Christian Cay Lorenz Hirschfeld (1742–1792) propagierten englischen Gartenästhetik, sondern eher nach dem Vorbild des Naturgartenideals, das Otto II. von Münchhausen (1716–1774) vertrat. Es existiert kein Entwurf und kein konkretes Datum, das mit der neuen Gartengestaltung in Verbindung zu bringen ist, aber Hans Heinrich von Schildens großes Interesse an Gärten und fremdländischen Pflanzen läßt sich in seinem Tagebuch nachweisen. 1778 berichtet er anläßlich seiner Reise nach Pyrmont von Münchhausens gartentheoretischem Werk „Der Hausvater" (1765–1773) und seinem neuartigen Garten in Schwöbber.[4] Münchhausen legte mehr Wert auf die Akklimatisierung exotischer Pflanzen als auf die architektonische Ausstattung eines Parks. In Haseldorf finden sich diese Prinzipien wieder, denn Hans Heinrich von Schilden ließ keine Gebäude im Park bauen, sondern konzentrierte sich auf

Abb. 214: Haseldorf, Mausoleum 1884, Photo um 1985 (LDSH).

die pflanzliche Bereicherung des Gartens. Im Tagebuch liest man für das Jahr 1780 auch von einer Pflanzenliste, die mit den vielen exotischen Arten wie z. B. Liriodendron tulipifera (Tulpenbaum) und Juglans cinerea (Butternuß aus Nordamerika) gut zu Haseldorf paßt. Die Haseldorfer Juglans cinerea wurde 1925 bei einem Besuch der Deutschen Dendrologischen Gesellschaft als einer der bedeutendsten und seltensten Bäume des Gartens bewundert. 1783 ist erstmalig von einem größeren Einkauf von Koniferen die Rede. Schon 1790 war Gartenliebhabern Haseldorf als Ort bekannt, wo man Saat bekommen konnte. Eine erhaltene Liste nennt auch viele Blumen. Von Schilden bezog in dieser ersten Pflanzperiode Gehölzsamen und Pflanzen aus Holland, aus Eisenach, beim herzoglichen Hofgärtner J. F. Reichert in Weimar und Pfirsichbäume und Eiben bei Wohlers in Altona. Um 1800 wurden „*Pflanzstangen von Italienischen Pappeln eingestochen*" und „*amerikanische Pappelstangen gepflanzt*"[5].

1804/05 ließ von Schilden ein neues, klassizistisches Herrenhaus von Christian Frederik Hansen bauen. Wahrscheinlich war damit auch eine weitere Umgestaltung des Gartens verbunden, indem auf dem Gebiet des alten Gartens ein Rundweg um eine mit Solitären gestaltete Rasenfläche angelegt und die zwei öden Landstücke östlich des Burgwalls nun parkartig bepflanzt wurden (Abb. 213). In der zweiten Hälfte des 19. Jahrhunderts vollendeten seine Erben den Park durch neue Pflanzungen und durch die Verbindung der einzelnen Gartenteile mittels schlichter Holzbrücken und Stege. Das neue Gartenstück südöstlich des Walls wurde nun mit weiteren Koniferen und blühenden Sträuchern ausgeschmückt. Die äußerste Ecke zum Deich und Wald hin zierte ein Rosenrondell. Rosen und Blumenbeete, in Rasenflächen eingelassen, gab es auch im Pleasureground nahe des Herrenhauses. Der hinter dem Garten zum Deich hin liegende Waldstreifen erhielt 1870 eine Mischbepflanzung vorwiegend aus Eichen und Buchen. Durch den von Kastanien gesäumten Weg südlich entlang des Burggrabens und einen Beltwalk am Fuß des Deiches wurde der Wald in den Park miteinbezogen. Das Gebiet nördlich der großen Baumhöfe forstete man ebenfalls auf. 1884 ließ Adolf Wilhelm Rudolf von Oppen-Schilden auf dem Burgplatz ein Mausoleum in klassizistischem Stil durch den Architekten Schütte aus Quedlinburg[6] errichten (Abb. 214) und auch diesen Gartenbereich mit geschlängelten Wegen und Pflanzungen neu gestalten. Aufgrund seiner botanischen Besonderheiten und seiner über Jahrhunderte entwickelten Gartenstrukturen stellen die stimmungsvollen, in den Außenbereichen zugänglichen Anlagen von Haseldorf noch heute eine gartenhistorische Attraktion in der Marschregion dar.

Karen Asmussen-Stratmann

1 Brief von R. M. Rilke am 25.6.1902 aus Haseldorf an Otto Modersohn, in: Puls (1991), S. 92.
2 LAS Abt. 127.7 Nr. 938 (Brief v. 4.4.1759).
3 Vgl. zu Gut und Ort: Haseldorf (1990).
4 Vgl. Köhler (1993).
5 LAS Abt. 127.7 Nr. 1130.
6 LAS Abt. 127.7 Nr. 1219.

Heiligenstedten

Ehemals Adeliges Gut, nordwestlich von Itzehoe gelegen, Ende des 16. Jahrhunderts vermutlich Anlage eines Renaissancegartens, Anfang des 18. Jahrhunderts holländischer Barockgarten, ab 1768/69 repräsentative Neugestaltung mit Blumengarten und ‚Lustwäldchen'. Ende des 18. Jahrhunderts landschaftliche Erweiterungen mit Obelisk, um 1820 Errichtung eines klassizistischen Pflanzenhauses, heute sanierte neobarocke Ehrenhofanlage mit Hotel und Reiterdomizil, ehemaliger Blumengarten jetzt verwildertes Brachland.

Das Gut Heiligenstedten[1] liegt, geschützt von einem hohen Deich, in einer Flußschleife der Stör. Es ist aus einer spätmittelalterlichen Burg im Besitz des Geschlechts der Krummendiek hervorgegangen und fiel Anfang des 16. Jahrhunderts im Erbgang an die Adelsfamilie von Ahlefeldt. Noch heute bestimmt die ehemalige Burganlage den Grundriß des topographischen Gesamtkomplexes, der sich aus einer etwa 100 x 200 m großen, von einem breiten Ringgraben umfaßten Burginsel und einem südlich daran anschließenden dreieckigen, ebenfalls grabenumzogenen Terrain zusammensetzt (Abb. 215), das in den 1960er Jahren durch eine Deicherhöhung stark beschnitten wurde.

Auf der Burginsel ließ Balthasar von Ahlefeldt ab 1583 ein Herrenhaus durch den italienischen Baumeister Franz von Roncha (um 1560–1622) errichten. Aufgrund mangelnder Überlieferungen kann nur spekuliert werden, daß ein Lustgarten beigeordnet war. Traditionsgemäß waren die Gärten jener Epoche vom Hauptgebäude separiert angesiedelt. Für die Disposition des Heiligenstedtener Lustgartens käme daher das südlich an das Herrenhaus angrenzende, vom Burggraben abgetrennte Terrain in Betracht.

Die barocke Gartengeschichte wird einzig durch einen „*Verkaufsanschlag*" aus dem Jahre 1741 faßbar, als das heruntergewirtschaftete Gut mit seinem um 1680 erbauten und 1717 zu einer Dreiflügelanlage erweiterten Herrenhaus in den Besitz des wohlhabenden Christoph Blome (1691–1743) gelangte. An der einen Seite des „*Hof-Platzes*" von „*ziemlicher Etendüe*" lag der „*Küchen-Garten, und an der andern Seite der Lust-Garten, beede gleichfalls von ziemlicher Grösse und umbher mit Frucht-Bäumen besetzet. Hiernechst zur Seiten des Herrschaftl. Wohn-Hauses, ein ganz grosser Baum-Garten mit einer Menge Frucht-Bäume, umher mit einem Graben und einer Dorn-Hecke ...* ".[2]

Die Anlegung von Gartenpartien im Ehrenhof eines Gutsgebäudes, wie es in Heiligenstedten dem „*Verkaufsanschlag*" zufolge der Fall war, mutet auf den ersten Blick ungewöhnlich an, doch sind die Gründe dafür wahrscheinlich in der topographischen Situation der östlich angrenzenden Stör zu suchen, die einen Anschluß einer ausgedehnten Barockanlage an die übliche Gartenseite des Herrenhauses unmöglich machte. In unmittelbarem Bezug zum Gutsgebäude war statt dessen der Bereich an der Hofseite des Hauptgebäudes für die Anlage des Gartens prädestiniert, zumal das Fehlen des traditionell in axialem Bezug zum Herrenhaus liegenden Wirtschaftshofes den nötigen Platz dazu bot. Dagegen mußte der große Baumgarten, aufgrund seiner weiten Ausdehnung, auf dem dreieckigen Terrain rechter Hand des Herrenhauses angelegt werden. Bemerkenswert ist, daß Lust- und Küchengarten gleichberechtigt auf der Burginsel plaziert waren, was an Ordnungsauffassungen holländischer Barockgärten denken läßt. Auch die besondere Wertschätzung von ertragreichen Gartenpartien wie Küchen- und Baumgärten, die in Heiligenstedten scheinbar einen großen Raum einnehmen, ist bezeichnend für holländische Einflüsse, wie sie in Schleswig-Holstein (in Gärten wie Kiel und Eutin) bis zu Beginn des 18. Jahrhunderts wirksam blieben.

Nach dem Tod Christoph Blomes ging Heiligenstedten an dessen zweitgeborenen Sohn Otto Blome (1735–1803), der nach einem Studium in Halle, Göttingen und Leipzig sein väterliches Erbe 1754 antrat.

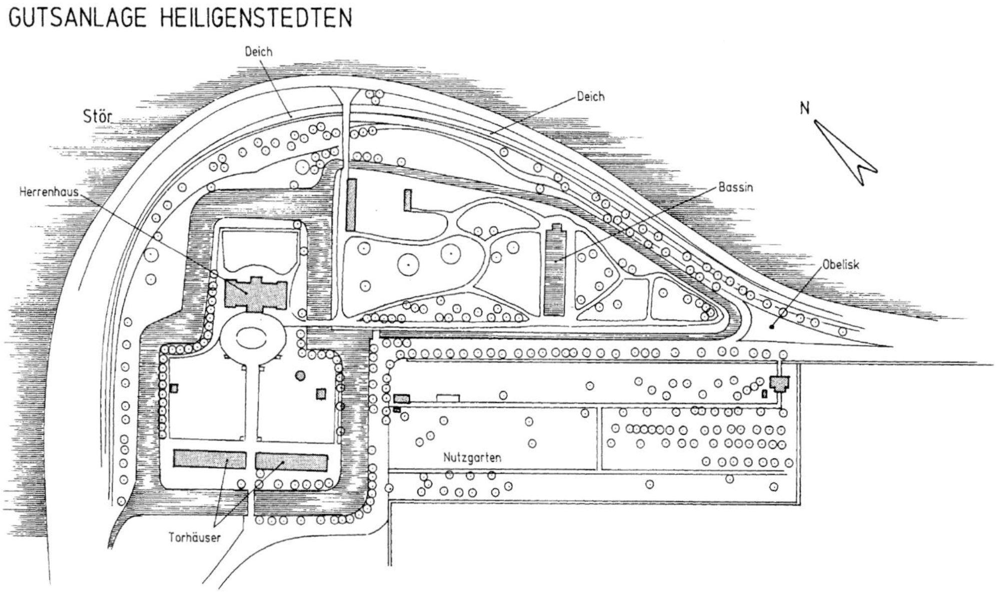

GUTSANLAGE HEILIGENSTEDTEN

Abb. 215: Heiligenstedten, Umzeichnung eines Lageplans von 1932, M. Gillrath 1996 (KHI).

Otto Blome galt als besonders gebildet und kunstinteressiert; so begründete er die mehrere Tausend Bände umfassende Heiligenstedtener Bibliothek, die 1927 aufgelöst und versteigert wurde.[3] Einschlägige Architektur- und Gartenliteratur wie Blondels „*Distribution des Maisons de Plaisance*" (1737/38), Davilers „*Cours d'architecture*" (1691) und Dezallier d'Argenvilles „*La Théorie et la Pratique du Jardinage*" in der Ausgabe von 1713 waren dort zu finden. Ebenso zählten naturphilosophische Schriften Jean-Jacques Rousseaus sowie die Werke des Dichters und Freimaurers Alexander Pope zum Repertoire, die auf eine aufklärerisch-idealistische Geisteshaltung des Hausherrn schließen lassen. Blome war eine glänzende berufliche Karriere beschieden, die ihn nach Frankreich und St. Petersburg führte. Von 1770 bis 1793 lebte er als dänischer Gesandter in Paris am Hofe von Versailles. Aufgrund seines regen Interesses für die Verschönerung seiner Besitzungen ließ er ab 1767/68 das Herrenhaus und die Gartenanlage, die im Jahre 1756 bei einer verheerenden Sturmflut stark beschädigt worden waren, gänzlich neu errichten. Es entstand in Abkehr barocker Prachtentfaltung ein repräsentatives Landgut schlichter Eleganz.

Vier Ölgemälde eines unbekannten Meisters (um 1780) geben einen anschaulichen Eindruck des neuen Herrenhauses und seiner unmittelbaren Umgebung aus verschiedenen Perspektiven, von denen eines besonders aufschlußreich bezüglich des Gartens ist (Abb. 216): Zwischen zwei langgestreckten Wirtschaftsgebäuden, die Pferdeställe, Wagenremise und Kutscherwohnung aufnahmen, führte eine herrschaftliche Auffahrt über einen weiträumigen Ehrenhof auf das Herrenhaus zu – ein schlichter, einstöckiger Backsteinbau im Stil einer Maison de plaisance, hinter dem hohe Bäume eine malerische Peripherie bildeten. Ein Rasenrondell, direkt vor dem leicht vorspringenden Mittelrisaliten der Gebäudefassade plaziert, bildete das zentrale Motiv des Hofplatzes und betonte als Fixpunkt die strenge Axialität der Anlage. Links und rechts der Auffahrt erstreckten sich in Korrespondenz zu den beiden Wirtschaftsgebäuden zwei große Rasenparterres, die jeweils von niedrigen Buchsbaumhecken eingefaßt und von Wegekreuzen durchschnitten wurden. An der Rückseite des Herrenhauses trat in direkter Bezugnahme zur Umgebung ein polygonaler Gartensaal hervor, von dem ein Blick über den Stördeich hinweg in die weite Landschaft möglich war.

Die harmonische Proportionierung des Gesamtensembles mit der klaren Geometrie der Gartenanlage unter der betont nüchternen Verwendung von Rasenparterres weist auf den dänischen Frühklassizismus

Abb. 216: Heiligenstedten, Blick in den Ehrenhof mit Herrenhaus, Ölgemälde um 1780 (Schleswig-Holsteinisches Landesmuseum, Schleswig).

hin, wie er in Schleswig-Holstein durch den französischen, vorwiegend in Dänemark tätigen Architekten Nicolas-Henri Jardin (1720–1799)[4] und seinen Schülerkreis, in erster Linie Georg Erdmann Rosenberg (1739–1788)[5], praktiziert wurde. Jardin, der nach P. Hirschfeld als möglicher Architekt der Heiligenstedtener Gutsanlage in Frage kommt, entwarf auch Gartenanlagen wie Marienlyst (1759) in Dänemark und Wotersen (1771) in Schleswig-Holstein, die in ihrer gestalterischen Klarheit und Harmonie sein Talent als Gartenarchitekt bezeugen. Bei diesen Anlagen ist Jardins bevorzugte Verwendung von großflächigen Rasenparterres als Repräsentationsbereich des Herrenhauses auffällig – in dieser Hinsicht ist eine Analogie zur Gestaltungskonzeption des Heiligenstedtener Ehrenhofes unverkennbar.

Vermutlich ebenfalls im Zuge dieser Verschönerungsmaßnahmen der Hofanlage entstand auf dem südlichen Terrain anstelle des früheren Baumgartens ein großer Nutzgarten, der nach dem Ölgemälde (Abb. 216) hinter einer mannshohen, beschnittenen Hecke verborgen lag und vom Hofplatz aus über eine Brücke zu erreichen war. Ein aus etwa dieser Zeit stammender Küchengartenplan[6] stellt ein eindrucksvolles Beispiel dar, wie im letzten Drittel des 18. Jahrhunderts Nutzflächen mit einer fast ‚biedermeierlich‘ anmutenden Wohnlichkeit kombiniert wurden. So schließt sich dem für Küchengärten üblichen rasterhaften Wege- und Beetsystem in Richtung Stördeich ein schmaler, keilförmiger Blumengarten an, in dem zwischen allerhand Treib- und Glaskästen ein intimer Gartensalon mit Sitzbank und Blumenrabatten zu Sinnesgenuß und Abgeschiedenheit einlädt. Aus diesem Bereich entwickelte sich im Laufe der folgenden Jahrzehnte ein prächtiger Blumengarten. Für die Betreuung seiner Pflanzenzucht engagierte Blome den Gärtner Georg Friedrich Biesoldt (etwa 1735–1792), der seine Lehre zwischen 1753 und 1756 in Traventhal absolvierte und sein Fachwissen im Hofgarten zu Hanau (damals zur Landgrafschaft Hessen-Cassel gehörend) sowie im holländischen Overveen bezüglich der Blumenkultivierung erweiterte.[7] Wichtige Richtlinien und Anleitungen zu artgerechter Haltung einheimischer und exotischer Gewächse mag außerdem Philip Millers „*Gartenlexikon*" (1769/76) geliefert haben, das sich in der Heiligenstedtener Bibliothek befand.

Biesoldt war auch für Gestaltungsaufgaben verantwortlich. Ein besonders interessantes Dokument stellt

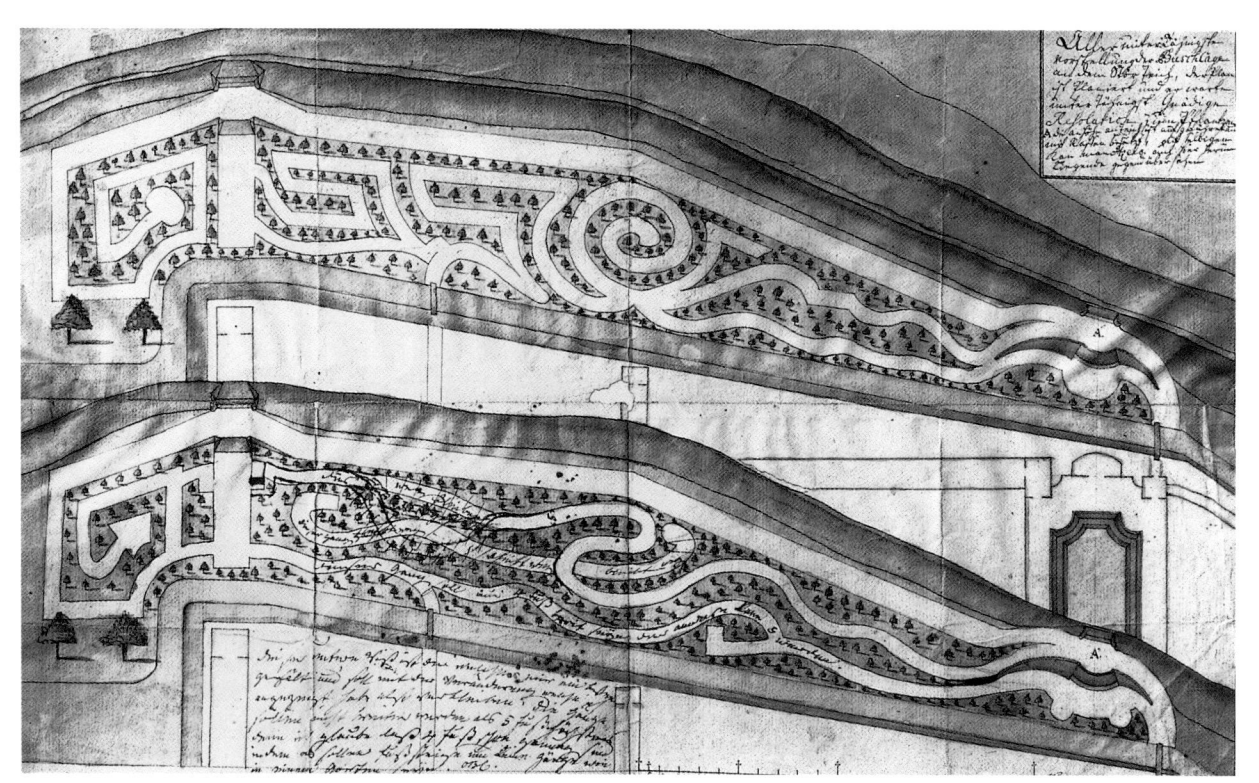

Abb. 217: Heiligenstedten, Entwurf für eine „BuschCage" von G. F. Biesoldt, lavierte Federzeichnung um 1770 (Schleswig-Holsteinisches Landesmuseum, Schleswig, Original verschollen, Photo: Nachlaß P. Hirschfeld).

sein Entwurf (Abb. 217) mit zwei Alternativvorschlägen für das schmale Gelände zwischen Hausgraben und Stördeich vis-à-vis des Küchengartens dar. Der Plan gibt einerseits einen Einblick in das gestalterische Niveau Biesoldts, und andererseits bezeugt er eine künstlerische Diskussion zwischen dem in diesem Falle dilettierenden Bauherrn Blome und seinem Gärtner. Biesoldt schickte seine beiden Offerten der „BuschCage von dem Stör Teich" um 1770 nach Paris. Die eine Variante zeigt ein schmales ‚Lustwäldchen' mit einer geometrisch, labyrinthischen Wegeführung in Rokokomanier, das auf einen am südlichen Ende gelegenen Aussichtspunkt zur Stadt Itzehoe auf der Deichkuppe (mit „A" gekennzeichnet) führte. Anregungen dazu bezog Biesoldt vermutlich von einem irrgartenähnlichen Lustgebüsch in Traventhal. Der zweite Vorschlag dagegen ist von einem ganz anderen Formempfinden geleitet: Sanfte Schlängelwege, die sich wesentlich organischer in die Natur des Terrains einfügen, evozieren hier in erster Linie ‚natürlichen Geschmack'. An dieser Stelle werden stilistische Einflüsse des englischen Landschaftsgartens sowie ein verändertes Gedankengut, nämlich ein auf Privatheit zielendes Lebensideal, deutlich.[8] Blome, der diesen Vorschlag für die Gestaltung des Lustwäldchens wählt, kommentiert seine Entscheidung, nachdem er in der Wegeführung mit sicherer Hand noch eine Verbesserung vorgenommen hat, folgendermaßen: *„Dieser untere Riß ist welcher mir am besten gefält und soll mit der Veränderung welche ich angezeigt habe alß verbleiben. Die Gänge sollen nicht breiter werden als 5 fuß höchstens denn ich glaube daß 4 fuß schon genug sind, indem es sollen Fußsteige und keine Gänge wie in einem Garten seyn."* Blome will demnach keinen auf festliche Ansprüche ausgerichteten Gartenraum, sondern ein intimes Refugium mit schmalen Wegen und einem Aussichtspunkt, von dem aus in kontemplativer Selbstbesinnung die umgebende Landschaft genossen werden konnte.

Mit der Konzeption seines Lustwäldchens unternahm Otto Blome einen ersten Schritt in Richtung Landschaftsgarten. Doch gleichzeitig war ihm als weltmännischem Staatsmann eine entsprechende Präsentation seines Landsitzes ein wichtiges Anliegen. So erklärt sich der sogenannte ‚Übergangsstil' – die Kombination von geometrischen und natürlichen Partien – der Heiligenstedtener Anlage als eine bewußte Schlußfolgerung verschiedener Anspruchshaltungen des Bauherrn. Die repräsentative Ästhetik des Ehrenhofes sowie die natürliche Gestaltung des Lustwäldchens spiegeln dies exemplarisch wider. Erst in späteren Jahren, nachdem Otto Blome seinen Dienst quittiert hatte und sich auf seinem Landsitz zur Ruhe setzte, erfuhren weitere Partien am Stördeich bis zur südlichsten Spitze hinter dem Blumengarten eine dem Landschaftsideal entsprechende Gestaltung. Dort errichtete er im Jahre 1796 eine sentimentale Gedächtnispartie mit einem Obelisken aus Sandstein (Abb. 218), der mit einer schlichten Inschrift („W. B. 1784") an seinen Bruder Wolff Blome auf Salzau erinnert. Er überdauert dort noch heute als ein vergessenes Relikt inmitten wild wucherndem Unterholz und durch die Deicherhöhung eingegraben.

Nach Otto Blomes Tod fiel Heiligenstedten an seinen Neffen Graf Otto Blome (1770–1849), der ebenfalls dänischer Gesandter in St. Petersburg war. In künstlerischen Dingen zeigte sich dieser ähnlich interessiert wie sein Onkel und setzte die Verschönerungsmaßnahmen der Gartenanlagen fort. Der nicht zur Ausführung gekommene Entwurf eines „Freundschaftstempels"[9] bezeugt die Intention des Bauherrn, seine Gesinnung anhand eines emblematischen Staffageprogramms auszudrücken. Dargestellt ist ein schmuckloser Kernbau im kompromißlosen Stil der Revolutionsarchitektur mit einem nackten Quaderturm auf jeder Seite, dessen Aufschrift „A L'Amitié" von der Bestimmung des Gebäudes zeugt. Freundschaftstempel zählen zum üblichen programmatischen Repertoir des englischen Landschaftsgartens, wie er sich bis Ende des 18. Jahrhunderts in Schleswig-Holstein endgültig etabliert hatte.

Eine Vedute von Adolph Hornemann (um 1850) gewährt einen romantischen Blick vom Stördeich auf die nunmehr vollendete landschaftliche Gestaltung an der Gartenseite (Abb. 219). Hohe Bäume, locker ge-

Abb. 218: Heiligenstedten, Obelisk am Ende der südlichen Partie, Photo 1916 (LDSH).

pflanztes Gebüsch und runde Blumenbeete geben dem Ensemble ein malerisches Ambiente. Mit einer hölzernen, kleinen Fähre konnte der Burggraben überquert und das jenseitige Terrain am Stördeich erreicht werden, das nun vollständig als Gartenpartie in die Anlage integriert war.[10] Am Eingang zum Blumengarten erhebt sich ein klassizistisches Pflanzenhaus mit einem giebelbekrönten Säulenportikus am Mittelbau und seitlichen niedrigeren Anbauten mit Satteldach, das sich mit seiner repräsentativen Hoffassade dem Charakter des Ehrenhofes anpaßt. Dieses ungemein imposante Blumenhaus gibt einen Einblick in die besondere Konzentration botanischer Interessen, die Vorliebe seltener Blumenzüchtungen und Exoten in Heiligenstedten. Es ist etwa um 1820 entstanden und 1839 noch erweitert worden, worüber der „Plan einer Vergrößerung des Blumenhauses auf Heiligenstädten" (signiert von Scherneckau 1839)[11] mit Erweiterungsprojektionen der Glasfensterfront und einem Glasdach

Abb. 219: Heiligenstedten, Landschaftliche Partie an der Gartenseite des Herrenhauses, kolorierte Lithographie von A. Hornemann um 1850 (SHLB).

zur Gartenseite hin Auskunft gibt. Auch wird im Blumengarten in dieser Zeit das streng orthogonale Wegesystem aufgelöst und durch ein ästhetisch-utilitaristisch kombiniertes Ambiente landschaftlicher Gestaltung mit geschlängelten Wegen, zeitgemäßen runden Blumenbeeten (‚Kidney beds') und Gewächshäusern ersetzt.[12] In der Presse wurde die Ausstattung des Blumengartens geradezu gerühmt: *„Bekannt sind die großartigen im Park liegenden Kamelienhäuser, man wandert zwischen hohen Bosquett's von Kamelienpflanzen, an Spaliers befestigt, ziehen sie sich auch hoch an den Wänden bis zur Wölbung der Decke hinauf, in ihrem Blütenreichthum einen überraschend schönen Anblick gewährend, ... man glaubt sich in der Heimath der Kamelie, nach dem fernen Japan versetzt."*[13]

Wichtige Anregungen zur Gestaltung des Blumengartens lieferte sicherlich Julius Friedrich Wilhelm Bosses *„Vollständiges Handbuch der Blumengärtnerei"*, das 1829 erstmalig erschien und sich in der zweiten Auflage von 1840 in der Heiligenstedtener Bibliothek befand. In dem Werk wird für eine gartenkünstlerische Pflanzung innerhalb der Blumengärten plädiert. So findet sich darin neben 4055 Pflanzenarten, die der *„Verschönerung englischer Lustanlagen"* dienten, eine detaillierte Beschreibung zur Aufteilung von Blumengärten und demgemäß eine ästhetische Abstimmung der Blumenbeete nach Sorten, Farben und Duft.[14] Ein Detailplan,[15] auf dem der Bereich südlich des Bassins dargestellt ist, zeigt eine für das erste Drittel des 19. Jahrhunderts übliche landschaftliche Gestaltung mit integrierten ‚Kidney beds', wie sie Bosse empfiehlt.

Nach Otto von Blomes Tod (1849) erbte der Neffe Baron Adolf von Blome (1798–1875) Heiligenstedten, der das Herrenhaus 1851 nach Plänen des Baumeisters Joseph Eduard Mose (1825–1898) im neogotischen Stil umbauen ließ. In dieser Zeit und im Verlauf der zweiten Hälfte des 19. Jahrhunderts wurden keine nennenswerten Umgestaltungen der Gartenanlage mehr vorgenommen.¹⁶ 1926 verkaufte der Nachkomme Baron Adolf von Blome (1863–1937) das Gut an die Provinz Schleswig-Holstein. In der Folgezeit diente es als Landschulheim und bis 1989 als Altersheim.

Seit 1990 befindet sich das Gut in Privatbesitz und ist umfassend saniert worden. Die neu errichteten Wirtschaftsgebäude beherbergen einen Hotel- und Restaurantbetrieb, während der Bereich am Gutsgebäude Privatgelände geblieben ist. Der ehemals prächtige Blumengarten gehört längst der Vergangenheit an. Der Bereich des noch 1948 als *„Palmenhaus"* erwähnten Blumenhauses wird gänzlich durch eine Reithalle eingenommen, das weiter südlich folgende Terrain ist als stark verwildertes Brachland mit der früheren Gartenanlage nicht mehr in Einklang zu bringen.

Birgit Alberts

1 Vgl. zu Heiligenstedten: GA Heiligenstedten: LAS Abt. 127.13 Nr. 126; ausführlich Henseler (1990); außerdem Hintze (1929); Hirschfeld (1980), S. 202ff; Rumohr (1988), S. 213–219.
2 LAS Abt. 127.13 Nr. 126.
3 Vgl. den Heiligenstedtener Bibliothekskatalog: *„Catalogus systematicus, Bibliothecae Blomae Heiligenstedteni, Heiligenstedten"* 1843, Bd. 1 u. 2 in der SHLB Ab 611.
4 Aufgrund der verschollenen Bauakten ist es bis heute nicht möglich, eine genaue Aussage zu dem Baumeister des Heiligenstedtener Herrenhauses zu treffen. Peter Hirschfeld nennt erstmals aufgrund stilistischer Untersuchungen Jardin als möglichen Architekten, vgl. Hirschfeld (1935b), S. 118. Jardin war u. a. für die Grafen Bernstorff tätig, zu denen Otto Blome beruflich und privat in enger Beziehung stand.
5 Nach Henselers überzeugender stilistischer Diskussion käme außer Jardin der Architekt Georg Erdmann Rosenberg als Baumeister des Herrenhauses in Betracht. Rosenberg hatte besondere Nähe zu Jardins Werk, da er zwischen 1760–1765 dessen Entwürfe für Marienlyst und Bernstorff Slot stach. Vgl. Henseler (1990), S. 30f.
6 LDSH Plansammlung, Nr. 91–47–0.
7 Vgl. Hirschfeld (1980), S. 204.
8 Vgl. dazu Kehn (1980), S. 276ff.
9 Landesmuseum Schleswig, Graphiksammlung: Mappe Heiligenstedten.
10 Ein Randleistenbild (SHLB Itzehoe 18) *„Heiligenstedten"* von L. Mertens (um 1840) zeigt, daß sich gegenüber der Fähre am Deichufer eine mächtige Eiche mit einer Rundbank erhob.
11 LDSH Plansammlung.
12 Auf der Preußischen Vermessungskarte von 1877 sind neben dem großen Blumenhaus vier kleinere Gebäude (Gewächshäuser) eingezeichnet, deren Überreste noch heute in dem südlichen Geländeteil zu finden sind.
13 Zeitungsausschnitt [1892] in: LAS Abt. 127. 13 Nr. 71.
14 Bosse (1829).Vgl. dazu Pühl (1984), S. 475f.
15 LDSH Plansammlung, Nr. 91–74–N.
16 Auf zwei Veduten, die das Herrenhaus nach dem Umbau zeigen, ist die Hofanlage kaum verändert dargestellt. Vgl. die Lithographie *„Itzehoe und Umgebung"* zwei Randleistenbilder von R. von Dühn, nach 1851, (SHLB).

Hochdorf

Liegt am Westrand der Gemeinde Tating südlich der Bundesstraße 202 zwischen Garding und St. Peter-Ording auf der Halbinsel Eiderstedt. Ende des 18. Jahrhunderts Anlage eines barocken Gartens in holländischer Manier. Ende des 19. Jahrhunderts Erweiterung und Umgestaltung zu einem landschaftlichen Dorfpark. Seit 1908 im Besitz der Richardsen-Bruchwitz-Stiftung, einer gemeinnützigen Stiftung der letzten Eigentümer. Öffentlich zugänglich.

Der Hochdorfer Garten ist neben dem Husumer Schloßgarten und dem Künstlergarten von Emil Nolde in Seebüll eines der wichtigsten Gartendenkmale im Kreis Nordfriesland. Der besondere kulturhistorische Wert dieses Gartens liegt darin begründet, daß er bereits im 18. Jahrhundert von einem Großbauern angelegt wurde. Da uns aus dieser frühen Zeit meist nur fürstliche oder adelige Gärten überliefert sind, ist er ein einzigartiges Dokument für die bäuerliche Gartenkunst und Gartenkultur in Nordfriesland (Abb. 220).

Drei historische Entwicklungsphasen können unterschieden werden (Abb. 63 u. 64): Da ist zuerst der barocke Garten zu nennen, der im Zusammenhang mit dem Bau eines neuen Haubarges ab 1764 angelegt

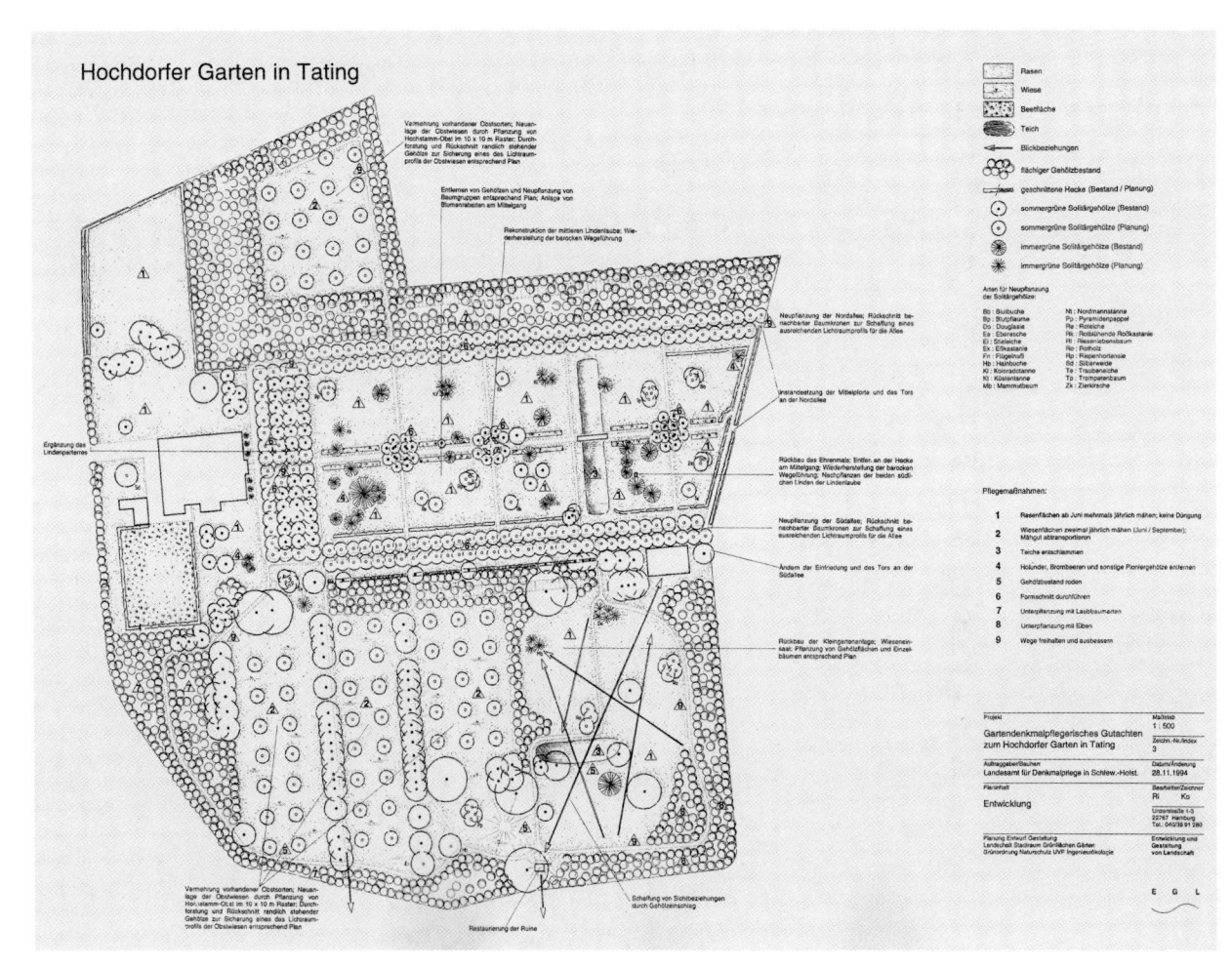

Abb. 220: Hochdorfer Garten in Tating, Entwicklungsplan von J. Ringenberg, Zeichnung 1994 (LDSH).

Abb. 221: Hochdorf, Lindenquartier vor dem Haubarg, Photo 1995.

wurde. Erst Ende des 19. Jahrhunderts erfuhr die Anlage eine grundlegende Erweiterung und Umgestaltung. Durch Hinzufügung eines Schweizerhauses, einer künstlichen Ruine und eines Arboretums verdoppelte sich die Gartenfläche auf die heutige Ausdehnung von rund 5 ha. Nach dem Zweiten Weltkrieg wurden durch das Fällen der seitlichen Lindenalleen und durch den unsensiblen Einbau eines Kriegerdenkmals einige Strukturen des Gartens stark gestört. Die Richardsen-Bruchwitz-Stiftung bemüht sich, den Garten im Sinne der Stifter zu unterhalten.

Leider sind uns Gartenpläne weder aus dem 18. noch aus dem 19. Jahrhundert überliefert. Die historische Analyse erfolgt daher auf der Grundlage einer aktuellen Bestandsaufnahme des gesamten Gartens und der Auswertung der schriftlichen Quellen.[1]

1764 ließ der unverheiratete und vermögende Besitzer Mathias Lorenzen aus Anlaß der Heirat seines Neffen und Erben Hermann Richardi mit Margaretha Viethen einen neuen Haubarg auf einer Warft, einem künstlich aufgeschütteten Wohnhügel in der Marsch, errichten. Der Haubarg, eine landschaftstypische Bauernhausform in Eiderstedt, ist einer der größten noch erhaltenen seiner Art. Von den 81 Haubargen, die heute noch in den Listen des Landesdenkmalamtes geführt werden, sind 48 in das Denkmalbuch eingetragen. Der Hochdorfer Haubarg steht seit 1979 unter Schutz, der barocke Garten mit der künstlichen Ruine seit 1983.

Der ursprüngliche Haubarg war 45 Meter lang und 22,5 m breit, wobei der Wirtschaftsteil mit den Ställen nach Westen und der Wohnteil mit dem Hauptgiebel nach Osten orientiert waren. Von dieser Fassade des Wohnteils geht die Symmetrieachse des barocken Gartens aus. Vor dem Wohnteil liegt zuerst ein vierreihiges Lindenquartier, das heute nur noch aus drei Reihen besteht (Abb. 221). Auch im Mittelgang wurden einige Linden entfernt, um einen besseren Blick auf das Wohnhaus zu ermöglichen. Im Lindenquartier bilden im Frühjahr Märzenbecher (Leucojum vernum) und Krokusse (Crocus neapolitanus) einen blühenden Teppich. Die Hochdorfer Krokusart ist dieselbe wie die berühmten ‚Husumer Krokusse'; allerdings gibt es in Hochdorf mehr weißblühende. Daneben wachsen noch heute weitere Stinzenpflanzen im barocken Teil des Hochdorfer Gartens, so die Wildtulpe (Tulipa sylvestris), das Hasenglöckchen (Scilla non-scripta), der Dolden-Milchstern (Ornithogalum umbellatum) und das Schneeglöckchen (Galanthus nivalis), teilweise sogar gefüllt blühende nördlich der Nordallee.

Der barocke Garten wurde im Norden und Süden durch seitliche Alleen begrenzt. Den östlichen Abschluß (Am Düsternbrook) bildet noch heute eine beeindruckende Lindenhochhecke, die sich offensicht-

Abb. 222: Hochdorf, Familie Richardsen im Garten, historisches Photo (Privatbesitz).

lich aus den Stockausschlägen der ehemals hier vorhandenen Lindenbäume entwickelt hat. Die drei Lindenlauben in der Mittelachse, die die Kreuzungspunkte der Querwege mit der Hauptachse markieren, und der querverlaufende Kanal belegen, daß der gesamte Garten aus zehn Quartieren bestand, je fünf Quartiere zwischen Mittelgang und seitlichen Alleen. Heute sind nur noch zwei Querwege und der Querkanal, eine Gracht, vorhanden. Wie diese Quartiere im 18. Jahrhundert bepflanzt waren, ist nicht überliefert. Man darf aber mit großer Sicherheit davon ausgehen, daß einige mit wertvollen Obstsorten in Baum-, Strauch- und Spalierform bestanden und einige sicher auch mit Blumen- und Gemüsebeeten besetzt waren. Auch wenn sich der Grundriß des Gartens an der adeligen Gartenkunst orientiert und die Besitzer reiche Marschbauern waren, ist es doch sehr unwahrscheinlich, daß im Hochdorfer Garten jemals Broderien gelegen haben.

Die querverlaufende Gracht im östlichen Gartenteil wird noch heute im Mittelgang von einer hölzernen Brücke überspannt, die zwischenzeitlich zwar erneuert wurde, aber dem historischen Vorbild um 1920 entspricht, wie eine alte Postkarte belegt. Leider droht die Gracht zu verlanden. Einige durchgewachsene Hainbuchen an der Südallee könnten die letzten Reste einer ehemals die seitlichen Alleen begleitenden Heckenpflanzung sein, wie es in der Barockzeit durchaus üblich war.

Als 1837 nach mehreren Besitzerwechseln Hans Richardsen aus Klixbüll Hochdorf kaufte, begann für den Garten die zweite Entwicklungsphase. Sein Sohn Jacob, der 1867 Hochdorf übernahm und 1874 Doris Bruchwitz heiratete, veränderte den Hochdorfer Garten entscheidend (Abb. 222). Gemäß dem Geschmack der Zeit und der in der Gründerzeit aufkommenden Mode, exotische Pflanzen zu sammeln, wurden die Quartiere des Gartens mit importierten, ausländischen Gehölzen bepflanzt[2]. Sie kamen auf dem Seeweg nach Hamburg und wurden von der berühmten Baumschule Booth in Flottbek geliefert.[3] Das im Südosten des Gartens gelegene Schweizerhaus muß vor 1873 erbaut worden sein, da es auf dem Preußischen Urkataster bereits abgebildet ist. Die Bezeichnung für dieses als Sommerhaus von Jacob Richardsen gebaute Fachwerkhaus rührt von seiner Bauweise her. Es war zu dieser Zeit eine Modeerscheinung, in Parkanlagen Häuser im ‚Schweizer Stil' zu errichten, wie z. B. das im Bremer Bürgerpark errichtete Schweizerhaus von 1871 belegt.

Ab 1886 muß der gesamte Garten nach Süden erweitert worden sein.[4] Mehrere Obstquartiere nördlich und südlich des barocken Gartenteils und im Südosten eine landschaftliche Partie erweiterten den Garten um mehr als das Doppelte. Diese ausgedehnten Obstflächen und die Anlage einer landschaftlichen Partie, die um 1900 mit einer künstlichen Ruine (Abb. 223) geziert wurde, zeigen den Reichtum der damaligen Besitzer. Für die auf einem künstlich aufgeschütteten Hügel errichtete Ruine soll ein Gemälde von Caspar David Friedrich als Vorlage gedient haben, das die Burgruine Oybin in Sachsen abbildet. Der kleine Teich wird wohl im Zusammenhang mit der Aufschüttung des Hügels entstanden sein.

Als 1905 Jacob Richardsen kinderlos stirbt, geht sein Besitz in eine nach ihm und seiner Frau benannte Stiftung ein. Oberstes Ziel der Stiftung war, den Garten für alle Zeiten der Öffentlichkeit zugänglich zu halten. Die Einkünfte aus dem Garten sollten der Gemeinde zufließen. Bis in die 60er Jahre hinein wurde der Garten verpachtet. Mit der Einfuhr billigen Obstes und der Industrialisierung des Gartenbaus konnten jedoch keine Überschüsse mehr erwirtschaftet werden. Seitdem ist die Pflege des Gartens für die Stiftung und die Gemeinde eine finanzielle Belastung.

Im kalten Nachkriegs-Winter 1945/46 wurden die beiden Seitenalleen des Gartens gefällt – eine Notmaßnahme im holzarmen Nordfriesland, das viele Flüchtlinge zu versorgen hatte. Bereits 1949 kam es zu neuen Lindenpflanzungen, jedoch wurde auf die historische Art, die Lindenallee aufzubauen, wenig Rücksicht genommen. Man veränderte den Pflanzabstand sowie die Pflanzanordnung und wählte Silberlinden, die in Nordfriesland offensichtlich nicht gedeihen. Diese Alleen sind heute weitgehend abgängig. Nur ihr vollständiger Neuaufbau mit Holländischen Linden könnte dem historischen Erscheinungsbild gerecht werden. 1954 wurde der Hauberg zum Abriß freigegeben. Durch den Zimmermeister Christian Kempf konnte der Hauberg jedoch in vierzigjähriger Arbeit gerettet werden.[5] Im Jahre 1967 errichtete die Gemeinde ein Kriegerehrenmal im südöstlichsten Quartier, das durch Waschbetonplatten, Jägerzaun und Hügelbeet mit Eiche die historische Situation des Gartens wesentlich beeinträchtigt.

Abb. 223: Hochdorf, Familie Richardsen vor der Ruine im Landschaftsgarten, historisches Photo (Privatbesitz).

Margita M. Meyer

1 Ringenberg (1994) erstellte ein gartenhistorisches Gutachten.
2 Alle im Hochdorfer Garten belegten Gehölze sind im Gutachten aufgelistet.
3 Hansen (1950), S. 166. Hansen bezieht die Pflanzenlieferungen auf die Entstehungszeit des Gartens. Zu dieser Zeit bestand die Boothsche Baumschule in Klein Flottbek (gegründet 1795) jedoch noch nicht.
4 Vgl. Johannsen (1970).
5 Vgl. Schubert-Riese (1994).

Hörst

Privater Gutsgarten nördlich von Rieseby in Schwansen, Anlage mit großem Wasserparterre und Japanischem Garten aus dem Jahr 1911, nicht öffentlich zugänglich.

Der ehemals zu Saxtorf gehörende Meierhof Hörst besaß am Ende des vergangenen Jahrhunderts noch ein bescheidenes Gutshaus und einen Park mit wenigen seltenen Gehölzen sowie einem kleinen oktogonalen Teepavillon.[1] 1906 erwarb der Hamburger Kaufmann Carl Illies (1840–1910) das Gut und verpachtete es an seinen Sohn Rudolf (1877–1920). Nachdem dieser Hörst 1910 geerbt hatte, vergrößerte er das Haus und schuf eine neue aufwendige Gartenanlage. Der Kieler Gartenarchitekt Clemens Jelinek (1868–1936) wurde mit der Planung beauftragt und legte schon im Januar 1911 einen Entwurf, der im wesentlichen ausgeführt wurde, sowie einen „*Erläuterungsbericht*" vor (Abb. 224).[2]

Hinter dem Haus erstreckt sich ein großes, tiefer liegendes, rechteckiges Wasserparterre seitlich gerahmt von Baumreihen. Am östlichen Ende erhebt sich hinter einer quadratischen Rhododendronpflanzung ein runder Gartenpavillon mit beidseitig anschließender Pergola, die Proportion und Form des Wasserbeckens aufnimmt. Der Pavillon befindet sich in etwas erhöhter Lage und gewährt einen Blick auf das Haus und dessen Spiegelung im Wasser. Nördlich des Wasserparterres trennen hinter einer Wiese verschiedene besondere Gehölze wie eine große Gruppe von Blutbuchen, eine Federbuche, Taxus und Rotdorn, den Garten vom Wirtschaftsweg ab. In der Nähe des Hauses befand sich auch eine Mauer mit Wandbrunnen, und außerhalb des Gartens gab es, der Mode der Zeit entsprechend, einen Tennisplatz. Der hausnahe Bereich und das Bassin werden von geradliniger Wegeführung und Pflanzung bestimmt, während im äußeren Bereich geschwungene Wege und Pfade – einem Beltwalk gleich – um das Zentrum des Gartens herumführen. Die Grenzen des etwa 2,5 ha großen Areals sind mit

Abb. 224: Hörst, Plan der Parkanlage von C. Jelinek, lavierte Zeichnung 1911 (GA Hörst).

Abb. 225: Hörst, „Blick in den Japanischen Garten" von C. Jelinek, Zeichnung 1911 (Privatbesitz).

Abb. 226: Hörst, „Hauptansicht" von C. Jelinek, Zeichnung 1911 (Privatbesitz).

Bäumen und Sträuchern dicht bepflanzt und schirmen somit die landwirtschaftlichen Flächen vom Garten ab. Etwa drei Dutzend Bäume aus dem Altbestand des 19. Jahrhunderts wurden verpflanzt oder in die Umgestaltung mit einbezogen. Aus der im zentralen Gartenbereich vorherrschenden Geradlinigkeit bricht der südöstlich des Hauses gelegene Japanische Garten aus. Vermutlich nach Skizzen des Bauherrn wurde hier eine Partie mit japanischen Motiven versehen: An der schmalsten Stelle führt eine geländerlose, zweifach verspringende Holzbrücke (Yatsuhashi) über einen Teich mit geschwungenem Uferverlauf. Schrittsteine (Tobi Ishi) leiten um das Gewässer herum, einige im Frühjahr rot- und weißblühende Zieräpfel und -birnen, bizarre Moorbirken und eine Gruppe von inzwischen prächtig entwickelten Katsurabäumen stehen in Ufernähe (Abb. 225). Weitere Gartenelemente im fernöstlichen Stil wie eine Steinlaterne und ein japanoider Pavillon waren hier vorgesehen. Die Familie Illies pflegte zu diesem Zeitpunkt schon seit vielen Jahrzehnten mit Japan intensive Handelsbeziehungen, so daß auch Rudolf Illies nach einem längeren Aufenthalt in Japan mit der Kunst und Kultur des fernöstlichen Landes besonders gut vertraut war. Aufgrund dieser Umstände und einer speziellen Vorliebe für die japanischen Gärten war es seine eigene Idee, zumindest einen Teil des Hörster Gutsgartens mit japanischen Motiven zu beleben. Jelinek ging auf die Wünsche des Bauherrn nolens volens ein, lag ihm doch mehr die Gestaltung moderner regelmäßiger Anlagen. Der Gartenarchitekt war sogar der Meinung, daß „der japanische Garten, ... unbeschadet der Gesamtwirkung, fortfallen könnte"[3]. Dennoch hatte Jelinek später mit seinem Entwurf außerordentlichen Erfolg: Im Oktober 1911 schreibt er stolz an seinen Auftraggeber, daß ihm „auf der Gartenbauausstellung auf die Pläne und Zeichnungen die höchste Auszeichnung, die goldene Medaille, zuerkannt" wurde.[4]

Das Besondere des Hörster Gartens ist die Vermischung von konventionellen, landschaftsgärtnerischen Partien und modernen geometrischen Elementen, die in Verbindung mit einem vom Gutsbesitzer persönlich geplanten Kuriosum, dem Japanischen Garten, einen besonderen Akzent erhält.[5] Die effektvolle Inszenierung des Gutshauses durch ein großes Wasserparterre ist für eine Gartenanlage aus dem Beginn des 20. Jahrhunderts außergewöhnlich (Abb. 226).

Nachdem der Hörster Garten seit den sechziger Jahren mehr als zwei Jahrzehnte wegen Verpachtung des Gutes vernachlässigt worden war, befindet er sich heute nach einer Phase der behutsamen Restaurierung wieder in einem guten Pflegezustand (Abb. 227). Der Charakter ist inzwischen jedoch leicht verändert, da die ehemals das Bassin säumenden Alleen vor Jahren

Abb. 227: Hörst, Blick von der Terrasse nach Osten, Photo 1995.

abgegangen sind und auch der Pavillon mit Pergola im Osten schon lange nicht mehr steht.

Jörg Matthies

1 Heute befinden sich im Hörster Park noch bemerkenswerte Blutbuchen (Fagus sylvatica 'Atropunicea'), Eiben (Taxus baccata), Eichen (Quercus robur) und eine Trauerbuche (Fagus sylvatica 'Pendula') aus dem Bestand des 19. Jahrhunderts. Auch der alte Teepavillon steht noch südlich des Hauses.

2 Zwei Pläne, ein *„Erläuterungsbericht über Herstellung der Parkanlagen für Herrn Gutsbesitzer R. Illies Gut Hörst in Rieseby"* sowie der Briefwechsel und Rechnungen befinden sich im GA Hörst.
3 *„Erläuterungsbericht..."* vom 13. 1. 1911, S. 2.
4 Brief Jelineks vom 14. 10. 1911. Historische Photos dieser vom Jugendstil geprägten Zeichnungen befinden sich in Wiener Privatbesitz.
5 Die japanische Kunst und Kultur war zu Beginn unseres Jahrhunderts en vogue, und die Fachzeitschriften berichteten über Gartenkunst in Japan. Auch auf der Gartenbauausstellung 1913 in Breslau wurde ein Japanischer Garten präsentiert, doch spielte in Hörst nicht diese Modeströmung, sondern die persönliche Beziehung des Bauherrn zu Japan die entscheidende Rolle.

Hohenstein

Privater Gutspark, 6 km nördlich von Eckernförde am ansteigenden Nordufer der Eckernförder Bucht gelegen. Eine vorhandene landschaftliche Anlage wurde 1883 überformt und erweitert. Nach Aufforstungen in den Randzonen Mitte dieses Jahrhunderts heute historisch interessierte Pflege des Kernbereichs. Der Park ist nicht öffentlich zugänglich.

Ein „Lindendom", der im Ostteil des Parks von Hohenstein die Szenerie bereichert, läßt vermuten, daß es dort schon im 18. Jahrhundert zumindest eine kleine barocke Anlage gegeben hat. Die mächtigen Stämme der acht Linden zeigen durch deutliche Spuren in knapp 4 m Höhe, daß sie einst beschnitten wurden, vielleicht einen Lindensalon bildeten, bevor sie sich zu dem riesigen Gewölbe auswachsen konnten, in dem heute ein großer Findling liegt. Weitergehende Vermutungen, daß es sich um einen bedeutenden Barockgarten der gartenbegeisterten Familie Ahlefeldt gehandelt haben könnte, die das Gut zwischen 1764 und 1789 besaß, ließen sich nicht bestätigen.[1] Ursprünglich ein Meierhof von Hemmelmark und Standort der zu jenem großen Gut gehörenden spätmittelalterlichen Zehntscheune, die noch erhalten ist, wurde Hohenstein zwar schon 1717 abgetrennt, erhielt aber erst 1802 den begehrten Status eines Adeligen Gutes mit entsprechenden Privilegien.[2]

Der erste Landschaftsgarten dieses Gutes muß etwa gleichzeitig mit dem Bau eines klassizistischen Herrenhauses für Johann Diederich Cordes Anfang des 19. Jahrhunderts angelegt worden sein (Abb. 228).[3] Die dokumentierte Gartengeschichte beginnt hier aber erst in der Mitte des 19. Jahrhunderts, nachdem der Besitz 1854 von Theodor Milberg (1826–1868) und seiner Frau Harriet (1836–1899), die aus der begüterten und wohltätigen Hamburger Familie Schröder stammte, erworben worden war.[4] Seitdem ist das Gut in dieser Familie verblieben und befindet sich heute in dem Besitz von Bogislav Tessen von Gerlach.

Bei dem Kauf von Hohenstein wird die besonders reizvolle Lage direkt an der Eckernförder Bucht, nur ca. 1 km oberhalb eines schmalen weißen Sandstrandes, mitbestimmend gewesen sein. Doch das damals vorhandene Herrenhaus am östlichen Rand der sich um ein Lindenoval gruppierenden Wirtschaftsgebäude war wohl zu klein und entsprach nicht den in der Mitte

Abb. 228: Hohenstein, Auffahrt zum Herrenhaus, Aquarell von A. Burmester 1854 (SHLB).

Abb. 229: Hohenstein, Pleasureground mit Teppichbeeten vor dem Herrenhaus, Aquarell (GA Hohenstein).

des vorigen Jahrhunderts herrschenden ästhetischen Vorstellungen. Es wurde wenige Jahre darauf zu einer größeren Sommerresidenz in historistischer Manier, mit neogotischen Schmuckelementen und Holzschnitzereien im Schweizer Stil, umgebaut. Dabei kehrt das Gebäude dem verpachteten Wirtschaftshof die eher abweisende Westfassade zu, dem Park aber die reich dekorierte Eingangsfassade mit einer Freitreppe, die von zwei imposanten Molosser-Hunden aus Marmor bewacht wird und mit dem schlanken hexagonalen Turm nach Osten gerichtet ist.[5] Durch diese in Schleswig-Holstein eher unübliche Disposition der Auffahrt erhielt das östliche Gartenareal einen halb-öffentlichen Charakter, während sich der private Pleasureground mit Blütensträuchern, Blumenrabatten und tief gelegener Terrasse vor der Südfassade erstreckte, durch einen kleinen umpflanzten Weiher mit einer auffallenden Silberpappel von der Auffahrt getrennt (Abb. 229).[6] Mit dem Umbau Mitte des Jahrhunderts war eine erste Überformung des vorhandenen Parks einhergegangen, dessen Umgrenzung die Preußische Landvermessung von 1877 dokumentiert, wobei die Neupflanzungen dieser Periode kaum vom damals vorhandenen Bestand zu unterscheiden sind. Jedenfalls schützte das Grundstück im ganzen nordwestlichen Bereich eine artenreiche Saumbepflanzung, die wohl aus beiden Pflanzperioden stammte.

Nach der Überformung gehörten zur Ausstattung mindestens zwei Miniatur-Staffagen, die bis heute erhalten wurden. Die eine ist die am Westrand des ehemaligen Pleasuregrounds stehende Schweizer Sennhütte, stilistisch dem Herrenhaus verwandt, mit weit vorkragendem Dach, das einst mit Holzschindeln gedeckt war. Sie wurde zeitweise als Voliere genutzt. Im östlichen Auffahrtsbereich dagegen antwortet eine kleine gotisierende Turmruine (Abb. 230) – mit Fragmenten eines Türgewändes und spitzbogigem Fenster etwas erhöht auf einem heute überwachsenem Geröllhügel postiert[7] – auf den Turm als Würdezeichen des Herrenhauses: Abbild eines verfallenen, weit zurückreichende Tradition idealisierenden Bergfrieds! Bevor der Gehölzsaum bis an die Ruine heranrückte, müssen die spitz aufragenden Reste der Feldsteinmauer vor dem morgendlichen Osthimmel ein romantisches Stimmungsbild, mit einer durch das kleine Format nur angedeuteten Vanitas-Symbolik, geliefert haben. Romantische Elemente sind in Landschaftsgärten immer wieder aufgenommen worden, doch in Schleswig-Holstein sind sie besonders gut im zweiten Drittel des vorigen Jahrhunderts, zur Zeit der schwierigen deutsch-dänischen Auseinandersetzung, als patriotische Reminiszenz zu verstehen. Gleichzeitig wächst generell eine gewisse Turmbegeisterung.[8] Dagegen scheint es wegen des verspielten Maßstabes ziemlich ausgeschlossen, die Turmruine mit der großzügigen, naturnahen Umgestaltung von 1883 in Verbindung zu bringen.[9]

Abb. 230: Hohenstein, Turmruine, Photo 1992.

Schließlich gehörte zu der frühen Anlage noch ein Areal, das sich als breiter Streifen entlang des östlich begrenzenden Knicks entwickelte, über dessen Gestaltung sich aber wenig sagen läßt, weil es 1883 zum Nutzgarten umgeformt und ab 1965 größtenteils aufgeforstet wurde. Erhalten ist nur der östliche Knick, der sich mit imponierenden Überhälter-Eichen als alte Gemarkungsgrenze ausweist. Außerdem gibt es an der Westgrenze dieses ehemaligen Parkteils – das ist die Ostgrenze der heutigen Anlage – eine erstaunliche Lindenreihe. Da ihre Zweige einseitig in weiten Bögen nur nach Osten ausgewachsen sind, kann man vermuten, die östliche Restreihe einer barocken Lindenallee vor sich zu haben. Daß der Umfang der Bäume und die Menge der Schnittstellen ganz entscheidend geringer sind als bei dem Lindendom im Eingangsbereich, spricht für eine Datierung im letzten Drittel des 18. Jahrhunderts. Zudem wurden Spreizhölzer im Geäst gefunden, die dieses Auswachsen nach Osten forcieren sollten, während auf der westlichen Seite ein Knick, der auf der Karte der Preußischen Landesaufnahme noch zu erkennen ist, das Auswachsen weiter behinderte.

Trotz aller Unwägbarkeiten läßt sich der erste Hohensteiner Landschaftspark als nicht sehr große Anlage beschreiben, mit einer artenreichen Bepflanzung, die die botanische Sammellust der Zeit berücksichtigte. Dagegen wirkt der Grundriß wenig überzeugend. Er bestand aus drei additiv zusammengefügten Rechtecken, die meist den Gemarkungslinien folgten und in freier Landschaft unnötig schematisch und beengend wirkten, zumal sie, als hohe Knicks ausgebildet, den Blick in die Umgebung behinderten. Das erinnert an serielle Planvorlagen, auf deren schwierige Übertragung in konkrete *„Natur-Garten-Anlagen"* schon 1853 der in Hamburg viel gelesene Friedrich Loebel hingewiesen hatte.[10]

Jedenfalls genügte der vorhandene Park auf die Dauer nicht den Ansprüchen der Hamburger Besitzer. Nachdem die früh verwitwete Harriet Milberg, geb.

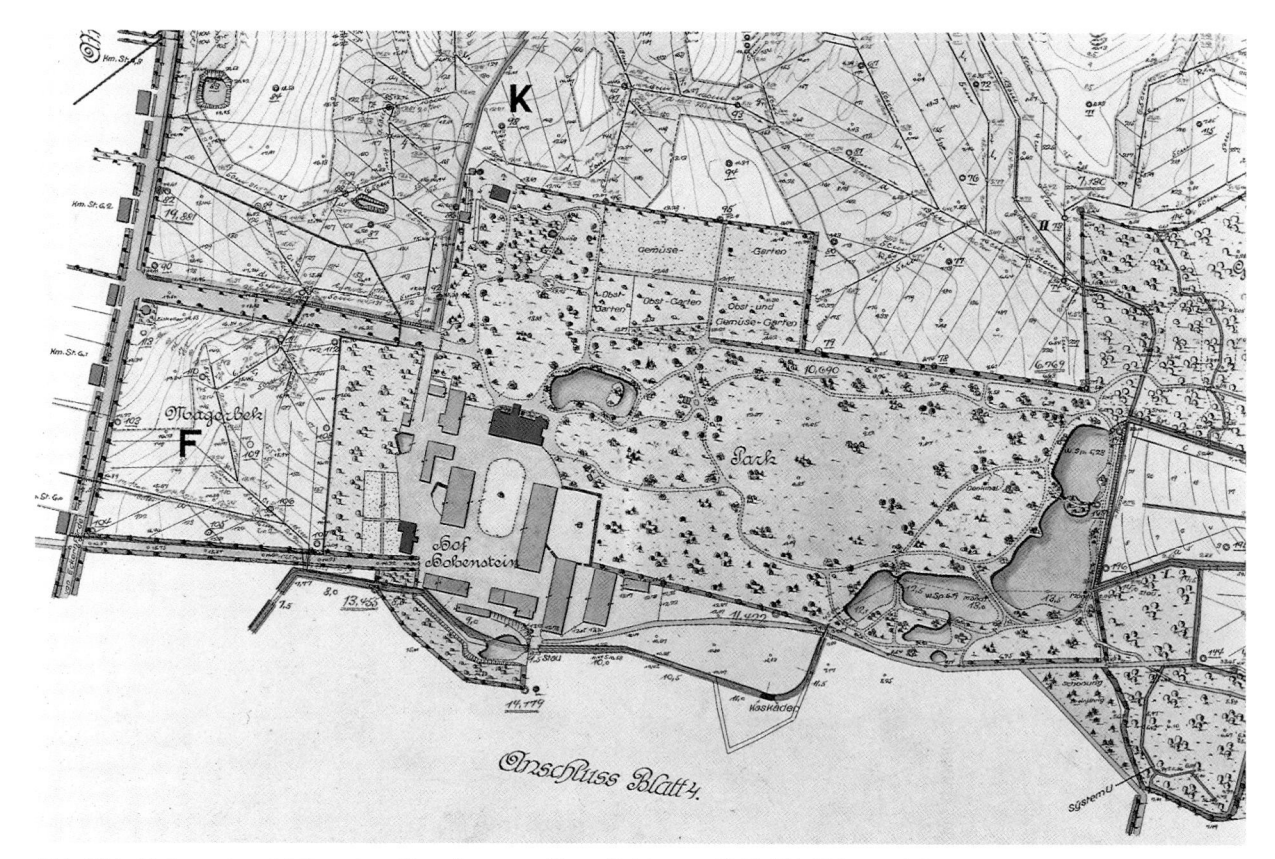

Abb. 231: Hohenstein, „Meliorations Karte", aquarellierte Zeichnung 1913 (GA Hohenstein).

von Schröder, 1879 den ehemaligen Hapag-Direktor Adolph Godeffroy (1814–1893) geheiratet hatte, entschloß man sich daher zu einer aufwendigen Parkerneuerung. Ein kleiner Findling, der heute in der Teichregion unter einer Linde steht, liefert in gotischen Lettern die Datierung: „*Diesen Denkstein setzten zur Erinnerung an die hier im Jahre 1883 geschaffenen neuen Parkanlagen Adolph Godeffroy und seine Gattin Harriet geb. von Schröder*". Damit sind nicht nur Auftraggeber und Gründungsdatum genannt, sondern der Park wird auch als exzeptionelle Anlage gekennzeichnet, denn bei aller Denkmalfreude in Landschaftsgärten findet man solche feierliche Bestätigung der Parkgründung nur in seltenen Ausnahmefällen.[11] Der Name des Gartenarchitekten wird leider nicht erwähnt. Von ihm war bis vor kurzem nur bekannt, daß er in Hamburg einen außergewöhnlich guten Ruf ob seiner geschickt-natürlichen und großzügigen Dispositionen genoß und daß er für die Neugestaltung nur ein Frühjahr brauchte, wobei er mehr als siebzig Arbeiter und viele Bäume in „*Chausseebaum-Größe*" aus Hamburg mitbrachte. Diese Erzählungen, ergänzt um einzelne weitere Informationen und Stilvergleiche, bildeten die Grundlage, auf der die Neugestaltung Hohensteins kürzlich dem Hamburger Gartenarchitekten Friedrich Joachim Christian Jürgens (1825–1903) zugeschrieben werden konnte.[12]

Offenbar hat Jürgens in den östlichen Park mit dem Eingangsbereich kaum eingegriffen (Abb. 231). Doch öffnete er die östliche Grenze: Ein Teil des hohen Knicks wurde niedergelegt und durch einen ‚Aha' mit folgendem niedrigen Wall ersetzt. So ergab sich eine Blickachse, die schon bei der Auffahrt, geleitet von der bewegten, sich mit der Entfernung verengenden Baumkulisse, den Blick weit in die Landschaft zog, über Wiesen und Felder hinweg bis zum Wald am Horizont.[13] Dieser optischen Parkerweiterung entsprach

Abb. 232: Hohenstein, Blick auf den Teepavillon, Photo 1992.

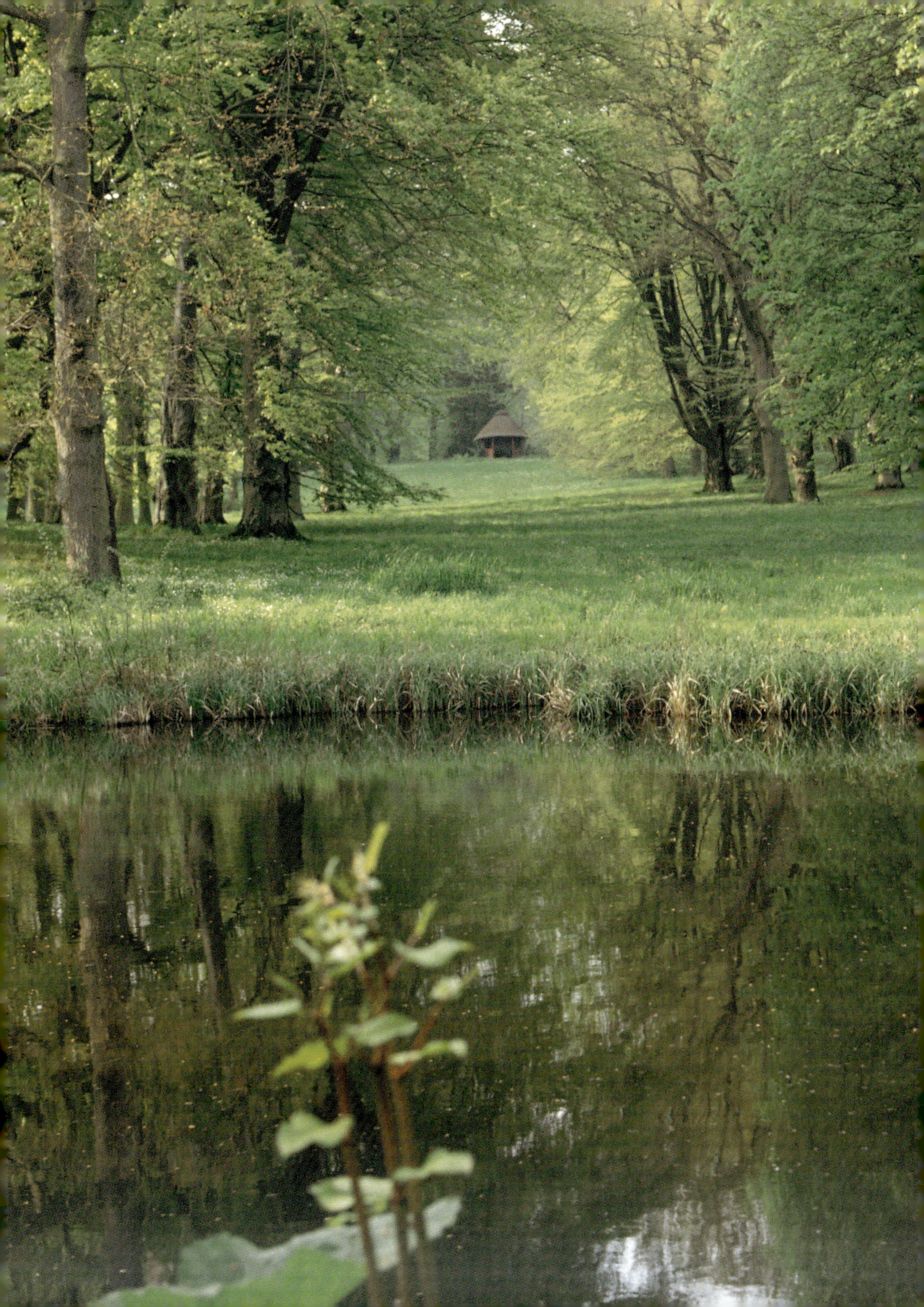

die raffinierte Behandlung der Übergangszone zwischen Auffahrt und Pleasureground. Hier wurde der See zum Gebäude hin vergrößert, so daß er den Turm des Herrenhauses in ganzer Größe spiegelte und damit dessen Bedeutung für den Park subtil hervorhob. Mit seiner oberen, durch ein zierliches Geländer geschmückten Plattform diente er als Belvedere, das den Blick über das ganze Areal und die Eckernförder Bucht erlaubte und andererseits beim Spaziergang einen malerischen Point de vue bildete, der allgegenwärtig zwischen den Kronen der Bäume hindurch die Lage des Zentrums signalisierte. Inzwischen reduzieren hohe Bäume diese Wirkung.

Als eigentliche Neuschöpfung von 1883 aber ist das ausgedehnte südliche Gelände in Fortsetzung des Pleasuregrounds zu betrachten, wobei die schon genannte Lindenreihe die Ostgrenze gegen den nun eingerichteten großen Nutzgarten markierte[14] und – durch die Spreitzhölzer stimuliert – eine ideale Promenade bildete. Von dort konnte die an Gartenbau interessierte Besitzerin,[15] gegen die Sonne geschützt, das Gedeihen von Obst und Gemüse beobachten. Auf der anderen Seite der Linden entstand gleichzeitig aus der ehemals mit einigen Obstbäumen besetzten Hofkoppel eine stimmungsvolle Waldlichtung, während die säumenden Knicks in kaum ansteigende, licht bewaldete Übergangszonen umgewandelt wurden, an denen sich der eingetiefte, großzügig geführte Beltwalk orientierte. Das sanft modellierte Gelände senkt sich heute noch mit der Entfernung vom Haus kaum merklich nach Süden, wobei die sich zögernd verdichtende Bepflanzung durch den vertrauten Habitus vorwiegend heimischer Gehölze einen harmonischen Gesamteindruck vermittelt, wie er gelassener Stimmung förderlich ist. Hier erweist sich Jürgens als souveräner Meister des Spiels mit Licht und den Farbnuancen des Laubes, was an parallele Tendenzen in der Malerei erinnert, die etwa gleichzeitig einen ersten Höhepunkt des Impressionismus erlebte. Dabei wirkt die Gesamtsituation, als könne sie im Idealfall in der freien Natur dieser Gegend vorkommen. Die Hand des Gartenkünstlers aber erkennt man an den immer wieder auftauchenden raffiniert ‚natürlich' komponierten, gelegentlich zu Fächerachsen gebündelten Sichtachsen. Als bevorzugter Aussichtsplatz zum Genuß dieser Lichtung kann ein rustikaler, reetgedeckter Teepavillon gelten, der noch heute über einem alten Eiskeller[16] am oberen Rand der Waldlichtung im Übergangsbereich zum früheren Pleasureground steht (Abb. 232).

In das Achsensystem eingebunden ist auch die südwestlich anschließende Teichregion, die trotz mancher Verluste und Überalterungen immer noch vielseitige Wasserlandschaften mit jeweils spezifischer Vegetation vor Augen führt: ein Feuchtgebiet mit dichtem Schilfbewuchs als idealer Brutplatz für Wasservögel, ein dunkel-stilles Waldgewässer mit steileren Ufern, ein steiniges, sprudelndes Gefälle, ein heller dominierender See, auf dem früher immer ein Ruderboot bereitlag. Von dessen weiträumiger Umpflanzung sind einige ausladende Solitäre, zwei dunkle Koniferen-Gruppen und eine Reihe graziler Moorbirken erhalten. Doch die quergelagerte Insel ist, nach Verlust ihrer beiden Brücken mit Geländern aus unbehauenen Birken-Ästen, zu einem Damm verlandet, der nun den See teilt (Abb. 33).

Ganz am westlichen Rand dieser Region gibt es auch noch eine ‚Rockery',[17] eine Felspartie, die – um möglichst natürlich zu erscheinen – an einer vorhandenen Bruchkante des Moränengeländes angelegt wurde. Mit Findlingen und Bruchsteinen um einen flachen, dunklen Weiher arrangiert, nimmt sie insofern Bezug auf die Grotten-Tradition, als sie im Kontrast zur harmonischen Idylle an die dunklen, nicht zu steuernden Ursprungskräfte der Natur erinnert. Sie mag gleichzeitig motiviert gewesen sein von der seit Haller ständig wachsenden Alpen- und Schweiz-Begeisterung, die auch bei der Ornamentik des Herrenhauses mitklingt. Schon 1869 wurde bei dem Gärtner H. Böckmann in Hamburg eine sehr üppige Anlage dieser Art gezeigt und ausführlich beschrieben.[18] In Hohenstein führt immer noch, wie damals in Hamburg, ein Pfad rund um das Wasser. An seinem Ende steigt man über letzte steinige Stufen auf einen verborgenen, erhöhten Ruheplatz, der ein besonders reizvolles Panorama der Teichregion anbietet. Die ehemals hier aufgestellten gußeisernen Gartenmöbel, die seinerzeit von der Carlshütte in Büdelsdorf hergestellt wurden, sind dem dortigen Museum in den sechziger Jahren wieder zur Verfügung gestellt worden.

Die heutige Südgrenze des Parks markiert jener Damm, mit dem 1883 eine kleine Au gestaut wurde, um alle Teiche zu füllen, bevor sie wieder in ihr angestammtes Bett in einem feuchten Wiesental zurückkehren konnte. Jenseits des Dammes beginnt jetzt eine Schonung, doch ursprünglich setzte sich die Anlage in reduzierter Form weiter nach Süden fort. Auf dem bewegten, von Buchen bestandenen Geestrand, der die Beobachtung des Feuchtgebietes mit seiner vielseitigen Flora und Fauna erlaubte, führte der verlängerte Beltwalk zu Salzwiesen und weiter bis zur Eckernförder Bucht. Wo sich heute im Sommer viele Campingfreunde einfinden, stand damals am stillen Sandstrand ein sechseckiger Badepavillon, sogar mit dem üblichen Kabinenkarren, nicht weit von der Fischerhütte und dem Bootsanleger. Große Segelschiffe, Küstensegler und kleinere Fischerboote belebten die Einfahrt zu dem ehemals einigermaßen bedeutenden Hafen von Eckernförde.

Doch die ganz besondere Raffinesse dieser Parkgestaltung lag darin, daß die Ostsee durch eine sich vom Damm aus über das ganze Auetal hinweg anbietende Sichtachse quasi in das Gartenerlebnis eingebunden wurde. Selbst weiter oben, beim Teepavillon, signalisierten noch im Süden vorüberziehende hohe Segel die Nähe von Meer und Strand und mochten bei den zeitweise an der Elbchaussee aufgewachsenen, nicht mehr ganz jungen Besitzern angenehme Erinnerungen an ihre Jugend geweckt und die Vorstellung evoziert haben, immer noch mit der ganzen Welt in Verbindung zu stehen. Auf den besonderen Reiz solcher Küstenlagen hatte schon der Kieler Gartentheoretiker Christian Cay Lorenz Hirschfeld immer wieder hingewiesen.[19] Und auch sein jüngerer und nüchternerer Namensvetter Wilhelm Hirschfeld war davon überzeugt, daß *„der Küstenbewohner ... sich stets wieder durch die großartige Wasserfläche angezogen ..."* fühlt, die *„... ihm eine Brücke in die fernsten Welttheile ..."* baut.[20] Jürgens hatte also den ‚Genius loci' auf überzeugende Weise eingefangen, und zwar in der verdichteten Form eines idealtypischen Decrescendo: von dem deutlich überformten, mit der Terrasse zum Haus orientierten Pleasureground, über die der Natur nachempfundene Waldlichtung zu dem ursprünglichen Auetal, in dem nur noch zwei Querdämme an die Hand des Menschen erinnerten, und schließlich zum freien Meer.

Insgesamt kann man feststellen, daß die 1883 in Hohenstein geschaffene Anlage, alle generalisierenden Vorbehalte gegen Landschaftsgärten aus dem letzten Drittel des vorigen Jahrhunderts widerlegt. Von *„bloß dekorativer Schau"*[21] kann absolut nicht die Rede sein. Im Gegenteil. Jürgens hatte sich *„von mancherlei niedlichem Beiwerk"*, von *„Effektmacherei"* und *„Teppichbeeten"* losgesagt, um besonders naturnahe, weiträumige Landschaftsbilder zu schaffen.[22] Die Nutz- und Blumengärten wurden dabei so in die Randzonen integriert, daß sie den großzügigen Eindruck nicht störten. Wenn die früher in Landschaftsgärten vielfach vorkommenden klassischen Assoziationen und ethisch-pädagogischen Ambitionen hier keine Rolle mehr spielten, so entspricht das zeittypischen Tendenzen. Denn während das Interesse an den so fernen und illusionären arkadischen Gefilden verblaßte, kristallisierte sich in der zweiten Hälfte des vorigen Jahrhunderts allmählich das Verständnis für unspektakuläre lokale, bisher kaum beachtete Landschaften heraus; wie in der Literatur bei Theodor Fontane (1819–1898) oder Gottfried Keller (1819–1890), so bei manchen anderen Künstlern, besonders Malern, die sich in entlegenen Künstlerkolonien wie Worpswede oder Skagen niederließen. Daß auch Jürgens sich um den manchmal spröden Reiz urtümlicher Natur bemühte, beweist die Parallelität zu geistig-künstlerischen Tendenzen der Zeit und nobilitiert diesen Park zu einem Kunstwerk von Rang.

Während man generell von einem guten Erhaltungszustand der Hohensteiner Anlagen sprechen kann, hat es doch einige Veränderungen gegeben. Am gravierendsten ist die Aufforstung in den Randzonen, wodurch die Pflege jedoch auf den zentralen Kern konzentriert werden konnte. Außer wunderbaren Solitären haben sich in dem Park viele ausgewilderte Frühlingsblüher erhalten, die im Frühjahr wechselnde Farbakzente an den Gehölzrändern setzen, und weitere Stinzenpflanzen wie Prachthimbeere und Pestwurz.[23]

Mehrfache Veränderungen gab es, wie stets, im hausnahen Bereich. Sogar die von Jürgens abgelehnten Teppichbeete hatten sich um die Jahrhundertwende für einige Zeit durchgesetzt, und wo 1883 Efeu gepflanzt worden war, der bis zur Mitte unseres Jahrhunderts die ganze Hauswand erobert hatte,[24] stehen heute Rosen und Lavendel. Schon seit längerer Zeit sind Rhododendren und Azaleen beliebt. Kürzlich wurde sogar auf der ganzen östlichen Seite der Lindenpromenade eine Reihe von Rhododendron gepflanzt, die nun die Grenze zum ehemaligen Nutzgarten markieren und gemeinsam mit den Linden eine außergewöhnliche Allee bilden. Zugleich wollte der Vater des jetzigen Besitzers, Tessen von Gerlach-Parsow, damit eine Tradition seines heimatlichen pommerschen Gutes aufnehmen. Hingewiesen werden sollte auch auf den blockhaften Findling, der am Gehölzrand des östlichen Parks in dem *„Lindendom"* liegt. Er wurde erst vor etwa zehn Jahren im Zusammenhang mit einer frühgeschichtlichen Kultstelle auf einem nahen Feld gefunden und an diese Stelle gebracht, um an die frühe Kultur ebenso zu erinnern wie an die Gottesdienste, die hier Anfang unseres Jahrhunderts stattfanden.[25]

Schließlich hat man vor etwa vierzig Jahren den Gedenkstein für die Parkgründung an seinen heutigen Standort transloziert, als eine Familiengrabstätte in dem *„neuen Lindendom"*[26] im Süden der Waldlichtung angelegt werden sollte. Von hohem Granitkreuz überragt und von immergrünen Sträuchern umgeben, bestätigt sie noch heute die Gültigkeit von Hirschfelds Beobachtungen: *„Wir kennen die Wirkung sanft melancholischer Gegenden, worin die Seele von der Stille und Einsamkeit zu sich selbst gleichsam zurückgeleitet wird, wo sie sich geneigter fühlt zu einem sanften Staunen, zu einem angenehmen Versenken in sich selbst, zu einer mit Wehmut und Behagen vermischten Erinnerung des genossenen Lebens, der Tage, die dahinschwanden und doch wieder gegenwärtig sind, der Begebenheiten, die uns werth waren und uns jetzt rühren..."*[27]

Gemeinsam mit denkmalgeschützten Wirtschaftsgebäuden, in denen teilweise ein Gutsmuseum untergebracht ist, bildet der Park von Hohenstein ein bemerkenswertes Ensemble, das aber nicht öffentlich zugänglich ist.

Ingrid A. Schubert

1 Vgl. Lafrenz (1989). Auch für das Wirken des von den Ahlefeldts auf ihren Gütern Damp und Saxtorf beschäftigten Gärtners J. C. Bechstedt in Hohenstein fand sich keine Bestätigung.
2 Nur die Adeligen Güter verfügten über Leibeigene, und ohne diese günstigen Arbeitskräfte konnten aufwendige Barockgärten kaum angelegt und unterhalten werden.
3 Den Schluß erlaubt ein Aquarell von M. Delfs im GA Hohenstein, undatiert, aber auf jeden Fall vor dem Umbau das Hauses gemalt. Auch auf Abb. 228 erkennt man schon mehrere ältere ausgewachsene Solitäre, u. a. eine Silberpappel, die Anfang 1960 beim Sturm umgebrochen ist und demnächst ersetzt werden soll.
4 Zur Gutsgeschichte Oldekop (1906), Kap. II, S. 62f; Kock (1912), S. 498f. Zur Familiengeschichte Eggers (1978), insbes. S. 45–48. Zur Gartengeschichte König (1976), S. 11f; Schubert (1993b).
5 Schon das Portal des klassizistischen Herrenhauses war in den Park gerichtet. Der Eingang wurde erst in den dreißiger Jahren unseres Jahrhunderts bei einem Ausbau der Gutsanlage nach damals wieder modernem, ‚barockem' Schema an die Hofseite verlegt.
6 Beschreibung nach den Karten Nr. 1425 und Nr. 1525 der Preußischen Landesvermessung von 1877, bei denen der Park im Grenzbereich liegt, einem Aquarell im GA Hohenstein und Erzählungen aus der Familientradition.
7 Der heute überwachsene kleine Berg ist auf einer älteren Photographie in Familienbesitz noch als Geröllhügel erkennbar.
8 Sie wurde in Schleswig-Holstein eingeleitet mit dem Bau des Hessensteins (1839–1841).
9 Der 1862/63 in dem von Jürgens in Hamburg angelegten Zoologischen Garten gebaute *„Eulenturm"* war wesentlich monumentaler und wirkt daher realistischer, was den Vorstellungen von Jürgens eher entsprach.
10 Loebel (1853), S. 246f.
11 Eher kommen Gedenksteine für fachkundige Helfer vor, z. B. in Lehmkuhlen und Salzau.
12 Schubert (1993 b), S. 76f. An zusätzlichen Indizien konnte inzwischen festgestellt werden, daß F. J. C. Jürgens noch für eine weitere der Schröder-Schwestern einen Park in Itzehoe geschaffen hat, und daß Darstellungen aus dem von Jürgens geschaffenen Amsinck-Park in Lokstedt sehr ähnliche Situationen zeigen, wie sie durch frühe Photographien in Hohenstein belegt sind.
13 Da weitere Dokumente fehlen, orientiert sich die Beschreibung an zwei Plänen aus dem Gutsarchiv aus dem Jahre 1913, die für Drainage-Zwecke aufgenommen

wurden und zumindest die wichtigsten Strukturen des Parks 30 Jahre nach der Umgestaltung zeigen, und an Überlieferungen in der Familie des heutigen Besitzers, die durch Erzählungen des seit Anfang des Jahrhunderts auf Hohenstein lebenden Facharbeiters Frahm, dessen Vater als Gärtner auf dem Hof gearbeitet hatte, bestätigt wurden. Ferner sind ältere Photographien, der heutige Bestand und insbesondere die chronologisch fortgeführten Aufzeichnungen der Preußischen Landesvermessung 1877/79 berücksichtigt worden.

14 Als in den zwanziger Jahren unseres Jahrhunderts der Nutzgarten nach Süden erweitert wurde, hat man auch diesen Lindengang noch verlängert und dabei die Bäume wesentlich dichter gesetzt, um das Höhenwachstum zu beschleunigen.

15 Ihr Interesse wird belegt durch einen Preis, den sie 1897 bei der Internationalen Gartenbau-Ausstellung in Hamburg stiftete. (Vgl. Katalog dieser Ausstellung.)

16 Es ist der runde, aus Findlingen gebaute Eiskeller-Typ, den es wahrscheinlich schon seit dem Ende des 16. Jahrhunderts in wachsender Zahl in vielen schleswig-holsteinischen Gütern auf nahegelegenen Anhöhen gab (z. B. Nütschau, Emkendorf, Salzau, Weissenhaus, Waterneverstorf, Wintershagen).

17 Damals in Hamburg aus England übernommene Bezeichnung, z. B. Merck (1960), S. 116. Daneben ist auch öfter von *„Rock-work"* oder *„Felswerk"* die Rede.

18 Koopmann (1849), S. 25–27 spricht die Erwartung aus, daß das Böckmannsche Vorbild *„gewiß in manchem Gartenbesitzer den Wunsch aufkeimen lassen dürfte, eine solche Rockery ins Leben zu rufen"*.

19 Z. B. Hirschfeld (1779–1785), Bd. 1, S. 200ff, Bd. 2, S. 227.

20 Hirschfeld (1847), S. 249.

21 Hennebo/Hoffmann (1962–1965), Bd. 3, S. 276.

22 Möller (1886), S. 246.

23 In der weiblichen Form.

24 Das stetige Wachstum ist auf zwei Aquarellen und mehreren Photos zu verfolgen. In den sechziger Jahren mußte der Efeu einem neuen Anstrich weichen.

25 Anzeige in der Eckernförder Zeitung vom 7. 7. 1902.

26 Er wurde ursprünglich als runder Sitzplatz 1883 unter Verwendung von zwei älteren Linden neu gepflanzt.

27 Hirschfeld (1779–1785), Bd. 2, S. 57.

Husum

Schloßgarten. Renaissancegarten von 1580, im letzten Drittel des 17. Jahrhunderts zum Barockgarten umgestaltet, um 1878 Umwandlung in einen öffentlichen Stadtpark.

1577–1582 ließ Herzog Adolf von Schleswig-Holstein-Gottorf (1526–1586) an der Stelle eines früheren Minoritenklosters das „*Schloß vor Husum*" als dreiflügelige Wasserburg errichten.[1] Nach des Herzogs Tod folgte 1590 sein Sohn Johann Adolf. Er heiratete 1596 die Schwester des dänischen Königs Christian IV., Augusta, der er 1602 das „*Fürstliche Haus*" vermachte. Es wurde 1616 nach Johann Adolfs Tod ihr Witwensitz. Als sie 1639 starb, erhielt Maria Elisabeth (1610–1684), Gemahlin Herzog Friedrichs III., das Schloß. Sie zog 1659 als Witwe dauerhaft nach Husum und starb hier 1684. Besonders die Witwenzeiten der beiden Herzoginnen bedeuteten für die Residenz eine Phase ständiger Hofhaltung mit den personellen und ökonomischen Konsequenzen eines solchen Haushalts sowie den Ansprüchen an einen repräsentativen Lust- und leistungsfähigen Nutzgarten. Der hohe Rang der Gartenanlagen zeigt sich sowohl in der baulichen Ausstattung (Orangerie, Lusthaus) als auch in aufwendig gestalteten vegetativen Elementen (Berceaux) und in Leistung und Besoldung der Gärtner.

Bereits 1580 wurde im „*Narrental*" (2 km nördlich vom Schloß) an einer „*Wasserkunst*", die Lustgarten und Schloßgracht mit Wasser versorgen sollte, gearbeitet. Aus einem aufgestauten „*Strohm*"[2] wurde Wasser durch ein Siel einer Wassermühle zugeführt, die ein Pumpwerk antrieb. Über hölzerne und bleierne Rohre gelangte das Wasser in den Garten. Der Bau dieser Anlagen und der dafür notwendigen Gebäude war Voraussetzung für die Anlage des Schloßgartens.

Eine frühe Darstellung von 1652 aus Danckwerths „*Newe Landesbeschreibung*" (Abb. 233), deren Stecher Johannes Mejer aus Husum stammte, zeigt das Schloß mit Wassergraben, westlich davor den nach Norden durch eine Mauer und ein zum Garten führendes Zierportal (Abb. 236) begrenzten äußeren Schloßhof. Auf der Schloßinsel lagen schmale Gärten östlich hinter dem Hauptflügel und südlich des Seitenflügels, jeweils vom Graben begrenzt. Diese Anlagen wurden „*Kleiner Garten*" genannt. Sie treten auf Mejers Karte wegen des zu kleinen Maßstabs nicht in Erscheinung. Nördlich und nordwestlich der Schloßinsel wurde der „*Große Garten*" angelegt. Er war in der Art eines Renaissancegartens in annähernd quadratische

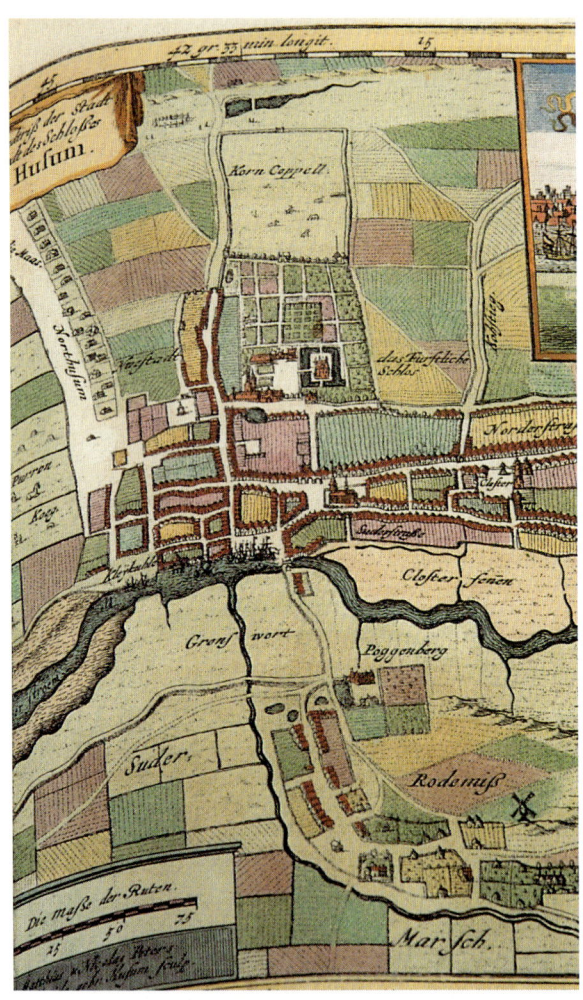

Abb. 233: „Grundtriß der Stadt Husum und des Schloßes Husum", kolorierter Kupferstich von J. Mejer aus Danckwerth 1652 (Privatbesitz).

Flächen unterteilt, dessen Wegachsen jedoch keine Anbindung an die Architektur besaßen. Vom Schloß führten anfangs drei Brücken über den Graben, von denen die nördliche und die westliche Zugang zum Großen Garten boten. Östlich außerhalb der Schloßinsel erstreckte sich ein schmaler langer Baumgarten, der sich nach Norden parallel zum Großen Garten ausdehnte.

Das fast quadratische Areal des Großen Gartens wurde im Norden von einem Wall mit Linden als Windschutz begrenzt. Am westlichen Rand schnitten Bürgergärten in die Fläche hinein. Im Süden führte vom Portal am äußeren Schloßhof eine Hauptachse auf das dekorativ gestaltete Tor am nördlichen Wall. Zwei Seiten- und vier Querachsen gliederten den Raum in unregelmäßige Quadrate bis Trapeze. In der nordwestlichen Ecke befand sich ein aus der Klosterzeit stammender Fischteich. Den Baumgarten teilten fünf Querwege. Die Anlage des Gartens außerhalb der Schloßinsel war bei Renaissance-Wasserschlössern üblich. Dem im 16. Jahrhundert verbreiteten Gartentypus entsprechend lagen Beet- und Baumquartiere in mehreren Reihen nebeneinander. Inmitten des Gartens gab es einen Bezirk, der durch ein eigenes System von Längs- und Querwegen in 20 kleine Beete unterteilt war: vermutlich erhaltene Strukturen des alten Klostergartens. Der Große Garten war ohne Baumgarten 1406,25 Quadratruten (etwa 3,15 ha) groß. Da eine zeitgenössische Beschreibung des Gartens fehlt, ist man für die Rekonstruktion der architektonischen Ausstattung, der Bepflanzung und gärtnerischen Bewirtschaftung im wesentlichen auf Angaben in den Husumer Hof- und Amtsrechnungen angewiesen.[3] Eine der ersten Maßnahmen betraf die Herstellung der *„gewölbten genge"*, aus Latten gezimmerter, mit Hain- oder Weißbuchen begrünter Bogengänge. Ein solcher Laubengang verlief vom Gartenportal zunächst in der Hauptachse, rechts am alten Klostergarten, links in späterer Zeit an der Orangerie vorbei und führte dann rund um den Fischteich in der nordwestlichen Ecke des Gartens, ähnlich wie es Furttenbach in seiner *„Architectura civilis"* vorschlägt: *„damit man vor der Sonnenhitz am schatten darunter spatzieren gehn und der im Teich umbschwimmenden Fischewesen zu zuschawen"*[4]

könne. Im mittleren Abschnitt war der Berceau als *„Fenstergang"* gestaltet, dessen Öffnungen den Blick in die seitlichen Gartenpartien gestatteten. Theodor Storm schildert noch 1861 die verwilderte Anlage mit ihrem prätentiösen Gestaltungsplan als Nachbildung der Schloßfassade mit Tür- und Fensteröffnungen. Die Beete waren von bunt bemalten Zäunen eingefaßt, deren Pfosten Kugelknöpfe trugen. Ein Plankwerk bildete den äußeren Abschluß des mit Bänken und Sitzplätzen ausgestatteten Gartens. Im ganzen darf man sich die Gestaltung etwa so vorstellen, wie sie Ideal-Entwürfe des niederländischen Architekten Hans Vredeman de Vries 1568 zeigen. Pflanzenlisten existieren für Husum nicht, doch enthält das für Herzogin Maria Elisabeth angefertigte Florilegium[5] Bilder der damals beliebtesten Blütenpflanzen, die auch in Husum gezogen worden sein dürften. Sie wuchsen in symmetrischer Ordnung auf den Beeten, so daß jedes Pflanzen-Individuum zur Geltung kommen konnte: Kaiserkrone, Tulpe, Lilie, Nelke, Narzisse, Iris, Hyazinthe, Aurikel, Ranunkel, Anemone und nicht zuletzt der Krokus. Schon in der Anfangszeit bot der Garten Einrichtungen zu Spiel und Zerstreuung: Bossel- und Kegelbahn, die *„Pilckentaffel"*, eine Art von Billardspiel, und eine Schaukel. Fasanen und Tauben wurden gehalten, und für Kaninchen, die wegen ihrer Possierlichkeit beliebt waren, baute man *„Kaninchenberge"*.

Für den Nutzgarten bot sich der östliche und nördliche Bereich des Areals an. Der Obstgarten war mit mehreren hundert Bäumen reich ausgestattet. Neben der Versorgung der Küche konnten Gartenprodukte verkauft werden. Überschüsse an Edelobst und Gemüse wie Artischocken, Melonen, Birnen, Morellen, Pfirsiche, Feigen gingen an die fürstliche Verwandtschaft in Gottorf, Plön, Eutin, Flensburg und Glücksburg.

1594 wurde das Gärtnerhaus beim Hauptportal zum Garten aus zwei an der Langseite in Ost-West-Richtung zusammengefügten Häusern gebaut. Mit der Anzahl seiner Räume (7 Zimmer, Diele, Küche, Arbeitsraum, Leutekammer), mit Keller und Bodenraum für die Unterbringung von nicht winterfesten Pflanzen, Knollen, Wurzeln, Sämereien usw. entsprach es den Erfordernissen einer großen Gartenanlage.

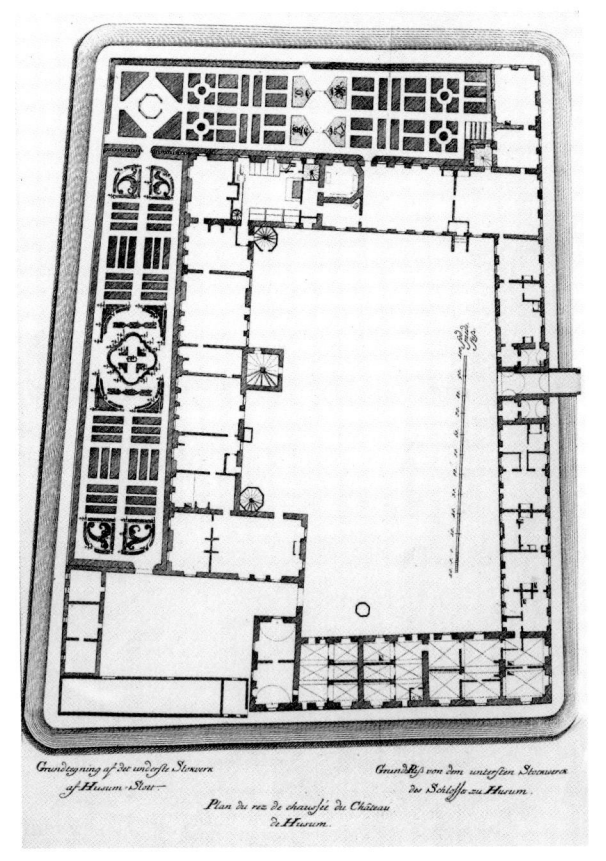

Abb. 234: Husum, Grundriß vom Schloß (gesüdet) mit dem kleinen Lust- und Blumengarten aus L. de Thura (1746–1749), Kupferstich (LDSH).

1642/43 wurde im Westen des Gartens eine Orangerie gebaut. Das Orangen-Haus (22,50 × 5,60 m, ohne die 3,20 m tiefe Abseite) war eine Fachwerkkonstruktion mit gemauerten Giebelseiten, Pfannendach, zwei Schornsteinen und drei eisernen Öfen. Dach und Fenster waren abschlagbar. Die Fenster dienten im Sommer zur Abdeckung der Mistbeete. Das Dach wurde im Frühjahr abgenommen und vor Wintereintritt wieder aufgelegt. Der Boden bestand aus Brettern und wurde im Winter mit Stroh bedeckt. Die Pflanzen wurden nicht, wie bei älteren Gewächshaustypen, in die Erde eingesenkt, sondern konnten in hölzernen Kästen transportiert werden. 1655 wurde eine auf 55 Jahre geschätzte Aloe aus Husum nach Gottorf gebracht und hatte dort 1668 einen Blütenansatz, was als besondere gärtnerische Leistung galt. Eine weitere große Aloe kam 1693 nach Gottorf, und 1710 wurden alte Lorbeer- und Feigenbäume dorthin verfrachtet, weil die Unterhaltung der Orangerie in Husum zu teuer wurde.[6] Wie der Kleine Garten auf der Schloßinsel bis Mitte des 17. Jahrhunderts aussah, ist nicht bekannt. Quellenhinweise lassen auf einen Renaissancegarten schließen. Er war östlich und bis zur Mitte der Südseite, wo die Brücke über den Graben führte, mit einem Zaun eingefriedet. Westlich der Brücke stand eine Mauer bis an den äußeren Schloßhof. Von seiner Situation her war der Kleine Garten eine ausgesprochen intime Anlage, die der täglichen Nutzung durch die Herrschaft diente, durch ihre kunstvolle Gestaltung aber auch auf Gäste Eindruck machen sollte. Der englische Gesandte Graf Robert Sidney berichtet, daß Herzogin Augusta ihn anläßlich eines Besuchs im Oktober 1632 nach dem Essen durch den Garten geführt habe.[7] Anfangs waren auch hier die Beete in der alten Manier mit Staketchen umgeben, die auf den Pfählen gedrechselte Knöpfe trugen. Später bemühte man sich um eine modernere Gestaltung, wie sie de Thuras Plan 1749 zeigt (Abb. 234). Die Vorlagen für die Abbildungen des Husumer Schlosses in de Thuras „*Danske Vitruvius*" stammen nicht von diesem selbst,[8] sondern höchstwahrscheinlich von dem Bauinspektor Otto Johann Müller. Müller hat für die Wiedergabe in dem repräsentativen Architekturwerk aber nicht den desolaten Zustand während des Nordischen Krieges zu Anfang des 18. Jahrhunderts aufgezeichnet, sondern die Anlage aus der Zeit ihrer Blüte wiedergegeben.

Beide Gartenteile weisen eine axialsymmetrische Gliederung auf. Die Mittelachse des Südgartens ist zwischen dem 1635 errichteten Lusthaus-Pavillon und einer achteckigen Laube eingespannt. Spiegelbildlich angelegte Beete seitlich der Achse zeigen von außen nach innen je vier Teilstücke, die äußersten als Quadrat mit Wegekreuz und rundem Mittelbeet, die folgenden drei als Kompartimente mit in der Lage wechselnden Beeten. Die Fläche in der Mitte ist durch vier Beete mit Spiegelmonogrammen[9] betont, deren Form dem Aufriß eines Hauses entspricht. Je zwei Häuser sind miteinander verbunden: eine Darstellung der regierenden Häuser mit den Mitteln der Gartenkunst. An der warmen Mauer des Südflügels wuchs Wein und anderes Edelobst. Im östlichen Teil des Kleinen Gartens führt ein breiter Mittelweg auf ein vierpaßförmiges Beet aus geschwungenen Rabatten, das, unter den Fenstern der Prunkräume im Obergeschoß des Hauptflügels gelegen, einen reizvollen Anblick bot. Seitlich vom Hauptmotiv halten zwei langgestreckte, dreiteilig eingeschnürte Beete den Lauf der Mittelachse auf und führen auf die breitere Querachse. Das ganze Mittelstück ist zur Betonung der Konturen mit Kübelpflanzen dekoriert. Seitlich der Achse folgen spiegelbildlich je drei einfache, in der Beetlage wechselnde Quartiere. Nördlich und südlich bilden mit Rabatten im Halbrund eingefaßte Kompartimente mit geschwungenem Blattmotiv als Binnenzeichnung den Abschluß. Auch hier stehen Kübel zwischen den Rabatten.

Auffallend ist die neue Organisation dieser beiden Gartenteile. Hier dominiert nicht mehr das kleinteilige Neben- und Hintereinander von Quartieren wie im Renaissancegarten, sondern eine deutlich von Axialität und Symmetrie diktierte Ordnung. Es ist anzunehmen, daß Herzogin Maria Elisabeth den Gottorfer Hofgärtner Johannes Clodius als Berater bei der Modernisierung herangezogen hat. Er brachte aus den Capponi-Gärten in Arcetri bei Florenz Erfahrung in der Grundrißgestaltung ähnlich schmaler und langer Flächen mit.[10] Außerdem dürften für Form und Ausgestaltung des Kleinen Gartens die Entwürfe des Niederländers Jan van der Groen, dessen Lehrbuch „*Den Nederlandsen Hovenier*" (1669) in der Gottorfer Bibliothek vorhanden war,[11] bestimmend gewesen sein. Groen kombiniert die einfache Ordnung der quadratischen Beete mit wechselnder Pflanzrichtung und dekorative Parterres nach französischer Art.

Der Husumer Schloßgarten war von Beginn an durch Gärtner versorgt worden. Neben Gesellen und Lehrjungen standen ihnen die zu Gartendiensten verpflichteten Untertanen aus sämtlichen Dörfern des Amtes Husum zur Seite. Während in der Anfangszeit die Kräfte häufig wechselten, wird in der Herzoginnenzeit der Posten zu einer Lebensstellung, die ab 1662 mit dem Titel „*Fürstlicher Gärtner*" ausgewiesen ist. Hermann Ströhe, der von 1627 bis zu seinem Tod 1673 arbeitete, und der ihm nachfolgende Peter Lorentzen (bis 1691) haben den wichtigsten Anteil an der Gestaltung der Gärten. Unter Lorentzen wurden die Anlagen in barocker Manier modernisiert. Die Bedeutung sowohl der Lustgärten als auch des Gärtneramtes zeigt die unter Maria Elisabeth stark angehobene Besoldung. Lorentzen erhielt 200 Rtl. für Unterhaltung des Gartens (u. a. für die Versorgung der Hofküche, in den Husumer Hofrechnungen als Küchenausgabe, später als Anzahl „*Essen*" mit sogar bis zu 500 Mark jährlich als Einnahme verrechnet), 68 Rtl. Besoldung und 195 Rtl. (13 Monatsgelder) Kostgeld für sich, die Gesellen und Jungen. Peter Lorentzen heiratete die Hof- Zuckerbäckerin. Seine drei Söhne wurden mit herrschaftlichen Paten getauft.

Herzogin Maria Elisabeth hatte nachweislich ein reges Interesse an Gartenkunst und Botanik. Sie kaufte Fachliteratur, darunter wohl 1644 ein Florilegium, und ließ den Hamburger Blumenmaler Hans Simon Holtzbecker für sich arbeiten.[12] Der Bau der Orangerie 1642/43, die Lieferung von Buchsbaum 1668 für Broderien und von Ypern 1671/72 für eine Allee lassen auf die Umwandlung vom Renaissance- zum Barockgarten schließen. Auch der Große Garten wurde umgestaltet, wie ein Grundriß des Gärtners Schörl von 1722 zeigt, als die Anlage am Ende der herzoglichen Zeit zu verfallen drohte. Vom Hauptportal zog eine breite Achse (25 Fuß) zum nördlichen Ausgang, auf beiden Seiten von je vier gleich großen quadratischen Beetflächen (93 Fuß Seitenlänge) begleitet. Deren Ecken wiesen eine unterschiedliche Konturierung auf, in der Weise, daß je vier Quadrate an der Achse konturmäßig zu einer größeren Einheit zusammenkamen. Dadurch bildeten sich im Kreuzungsbereich der Achse mit den schmaleren Querwegen (16 Fuß) drei verschieden gestaltete Plätze, deren Umriß in barocker Art eine Abfolge vom komplizierten zum einfachen Muster zeigte. Die acht Quartiere dieses Parterregartens waren als Broderien mit Buchsbaum und Rasenmustern angelegt.

Die Annahme, daß die Neugestaltung des Kleinen Gartens erst nach 1700 stattgefunden habe, steht im Widerspruch dazu, daß Husum nach Maria Elisabeths Tod nicht mehr regelmäßig genutzt wurde und finanzielle Investitionen in die Gartenanlagen, mit Ausnahme

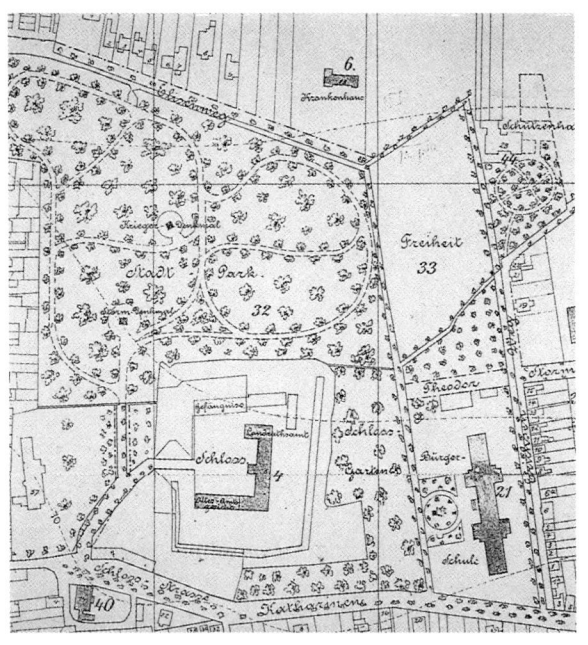

Abb. 235: Husum, Plan des Schloßgartens von Hillbrecht (Detail), Zeichnung 1900 (KA Nordfriesland).

Abb. 236: Husum, Renaissanceportal „Eingang zum Schloßgarten mit Theodor-Storm-Denkmal", Postkarte 1925 (Altonaer Museum in Hamburg – Norddeutsches Landesmuseum).

der Instandhaltung der Orangerie und des Plankwerks, unterblieben. Ferner kann man davon ausgehen, daß Maria Elisabeth den Anspruch an einen Lustgarten daran maß, was auf Gottorf realisiert worden war, und eine Umsetzung auf die bescheideneren Husumer Verhältnisse anstrebte. Dafür spricht besonders der Ausbau des an den Südflügel des Schlosses anschließenden Lusthauses.

Herzogin Augusta ließ ab 1631 den Südflügel des Schlosses durch einen eingeschossigen Anbau bis zur westlichen Einfassungsmauer des Schloßhofs erweitern. Die neuen Räume dienten sowohl der repräsentativen Nutzung, dem Empfang von Gästen als auch dem bequemen Zugang zum Garten. Ende 1635 wurde ein weiteres Haus im rechten Winkel an den Anbau gesetzt, ein zweigeschossiger Pavillon mit je zwei Räumen im Ober- und Untergeschoß, der den Kleinen Garten an der Westseite bis zum Graben hin abschloß. Der nördliche Teil war mit einer Welschen Haube gedeckt, der südliche mit einem von einem Ziergitter umgebenen Flachdach, das (ähnlich wie die Gottorfer Friedrichsburg) als Altan dienen konnte. Maria Elisabeth ließ die Räume komfortabel ausstatten und brachte auch ihre Kunstsammlung hier unter.

Nach Maria Elisabeths Tod stand das Schloß leer. Bereits 1709 wurde die Unterhaltung des Gartens dem Husumer Amtmann übertragen. Christian Klingmann, der Gärtner in dieser letzten Phase des fürstlichen Gartens, hatte seine Bestallung, nachdem Maria Elisabeth gestorben war, durch Herzog Christian Albrecht erhalten. Für ihn bedeutete der Niedergang des Gartens die Bedrohung seiner Existenz, weil die mit der Verwaltung betrauten Amtmänner das Gelände durch Dritte nutzen lassen wollten. Auf Anweisung von höchster Stelle blieb er jedoch in seinem Amt. Er wurde kurz vor seinem Tod 1711 noch mit der ehrenvollen Aufgabe betraut, die Oberaufsicht über die nicht minder vernachlässigten beiden Gärten von Schloß Gottorf, das ‚Neue Werk' und den ‚Alten Garten', zu führen. 1721 fiel mit den gesamten Gottorfer Besitzungen auch Husum an das dänische Königshaus, für das es eine ungeliebte, wegen ihres Instandhaltungsaufwands teure Nebenresidenz darstellte. 1723 war das Gewächshaus baufällig, 1750 führten fällige kostspielige Reparaturmaßnahmen am Schloß dazu, daß man sich zu einem die Substanz sehr reduzierenden Umbau entschloß. 1751 wurden die Lusthäuser demoliert, 1753 das Gärtnerhaus versteigert. Der Gärtner bezog in der Folge eine Wohnung im Nordflügel des Schlosses.

Aus Anlaß des Schloßumbaus lieferte Otto Johann Müller 1749 Pläne, die den Großen Garten zeigen.[13] Die barocke Parterreanlage ist verschwunden. Eine breite Achse durchzieht den Garten, am Haupttor in einer halbkreisförmigen Ausweitung beginnend, bis zum

Husum 325

Abb. 237: Husum, Schloßpark von Nordwesten, Luftbild 1996.

Ausgang am nördlichen Wall. Vier Neben- und fünf Querachsen gliedern das Areal in 16 rechteckige bis trapezförmige Quartiere. In dem zentralen Rondell befand sich ein Blumenbeet mit Sonnenuhr auf einem Postament.[14] Die Form der Kompartimente wird durch das Wegesystem und die Diagonalen bestimmt: eine annähernd achsensymmetrische, streng geordnete Anlage. Fast die Hälfte, der östliche Teil, scheint Nutzgarten zu sein. Hagebuchenhecken und Lindenalleen stammen noch aus der Anfangszeit. Der Grundriß war 1806 noch unverändert. 1850 heißt es: *„Der im französischen Stil und mit geraden Alleen und gleichmäßigen Karees angelegte Garten enthielt Volieren, Treibhäuser, Blumenpartien und vorzüglich eine Menge schöner Obstbäume."*[15] 1854 ist die Anlage stark vereinfacht, die diagonalen Wege und die Rondelle sind verschwunden, die Nebenachsen bis auf eine kurze östliche aufgehoben. Hecken und Alleebäume sind ausgewachsen und überaltert. 1875/76 schildert Theodor Storm den Zustand: *„In unserem ... seit Menschengedenken ganz vernachlässigten Schloßgarten waren schon in meiner Knabenzeit die einst im alt-*

französischen Stile angelegten Hagebuchenhecken zu dünnen, gespenstischen Alleen ausgewachsen."[16]

1878 kaufte die Stadt Husum zunächst den westlichen Teil des Großen Gartens mit der Auflage, ihn als öffentliche Parkanlage zu erhalten. 1901 kam die östliche Hälfte hinzu. Zum Zustand des Gartens wird bemerkt: *„... ganze Reihen der alten Alleebäume sehen in kurzer Zeit ihrem völligen Absterben entgegen".*[17] Mit dem Besitzerwechsel wurde die Neugestaltung aktuell. Die Stadt beauftragte 1878 den Gartenarchitekten Rudolph Jürgens (1850–1930) aus Ottensen mit der Anlage eines Landschaftsparks ‚englischer Art'. Leider konnte der Entwurf nicht mehr aufgefunden werden. Jürgens Wegeführung, wie sie der Plan von Stadtbaumeister Hillbrecht[18] zeigt (Abb. 235 u. 237), läßt mit ihren großzügigen Schwingungen Raum für weite Rasenflächen. Im Sinne englischer Gartenkunst läuft ein Beltwalk um den Schloßgartenteil und ein ebensolcher um den später hinzugepachteten Baumgarten. Die Signaturen des Hillbrecht-Plans für den Baumbestand dürfen dagegen nicht wörtlich genommen werden. Jürgens ließ das ebene Terrain des Schloßgartens

Abb. 238: Husum, Krokusblüte im Schloßpark, Photo 1993.

leicht modellieren. Die spätere Errichtung von Krieger-Ehrenmalen und des Theodor-Storm-Denkmals (Abb. 236) entsprach der sich bereits im 19. Jahrhundert entwickelnden Vorstellung von einer bürgerlichen Gartenkunst nationalen Charakters, die eine Identifizierung mit der vaterländischen Geschichte ermöglichen sollte. Damit begann eine neue, bis zum heutigen Tag dauernde Phase in der Geschichte des Schloßgartens, die gegenüber den bis dahin erfolgten Eingriffen und der durch Vernachlässigung entstandenen Unordnung bei weitem die gravierendsten Veränderungen mit sich brachte.

Einzigartig ist an dem heutigen Park die flächendeckende Krokusblüte im Frühling (Abb. 238), der Legende nach ein Überbleibsel aus der Klostergartenzeit. Möglicherweise hat Crocus neapolitanus MORDANT ET LOISEL als einer der ersten Frühlingsboten bereits Maria Elisabeth erfreut. Seine teppichartige Ausbreitung ist allerdings eine Folge der Umwandlung in einen Park, auf dessen Grünflächen zerstörerische Bodenbearbeitungen seit fast einem Jahrhundert unterblieben sind.

Glanzzeit und Niedergang des Husumer Schloßgartens sind mit den Witwenzeiten von Augusta und Maria Elisabeth wie mit dem Geschick des Hauses Gottorf eng verbunden. Nach der 1989 erfolgten Restaurierung des Schlosses wäre eine Wiederherstellung des Kleinen Gartens im Zustand des 17. Jahrhunderts, durch welche die ästhetische Einheit und geschichtliche Kontinuität der Husumer Schloßanlage bis heute lebendiger vermittelt werden könnte, wünschenswert.

Helga de Cuveland

1 Vgl. zum Schloß: Grunsky (1990); ausführlich zum Garten: de Cuveland (1994a). Zur Entwicklung des Gartens von 1878 bis zur Gegenwart: Dietrich (1994).

2 Strohm = breiter Graben mit fließendem Wasser. Vgl. Mensing (1927–1935), 1933, Sp. 900.
3 Husumer Amtsrechnungen LAS Abt. 163 AR 1578–1753; Husumer Hofrechnungen LAS Abt. 7 Nr. 4757–4792.
4 Furttenbach (1628), S. 31.
5 Der 5. Band des Gottorfer Codex, vgl. de Cuveland (1989), S. 14 und 84f.
6 Vgl. de Cuveland (1994a), S. 52.
7 Vgl. Becker (1843), S. 34.
8 Vgl. dazu Frederik Weilbach: Architekten Lauritz Thura, Kopenhagen 1924, S. 176. Auch Grunsky (1990), S. 78 und 103 kommt zu diesem Schluß.
9 Vgl. dazu Gottorf. Paarmann (1986), Abb. 9; de Cuveland (1989), Abb. 7, 9 und 10.
10 Paarmann (1986), S. 103ff.
11 de Cuveland (1989), S. 110.
12 de Cuveland (1989), S. 14, 84f und 110. Hans Simon Holtzbecker (Geburts- und Sterbedaten nicht bekannt) hatte für Herzog Friedrich III. ein kostbares vierbändiges botanisches Prachtwerk mit Bildern der Pflanzen der Gottorfer Gärten gemalt. Ein 5., früher entstandener Band kann der Herzogin gehört haben. Noch zwischen 1655 und 1659 lieferte der Maler Arbeiten nach Husum.
13 Abgebildet in de Cuveland (1994a), Titelbild.
14 Storm (1861), S. 225: *„Die Luft war erfüllt von dem starken Herbstdufte der Reseda, welcher sich von dem sonnigen Rondell aus über den ganzen Garten verbreitete ... Hundert Schritte etwa von dem Tore wurde [der] Laubengang durch einen weiten sonnigen Platz unterbrochen, in dessen Mitte zwischen wuchernden Astern und Reseda die Trümmer einer Sonnenuhr auf einem Postament sichtbar waren."*
15 Beccau (1854), S. 216.
16 Storm (1875/1876).
17 StA Husum Nr. N 142.
18 KA Nordfriesland D2 Nr. 2122.

Jersbek

25 km nordöstlich vom Zentrum Hamburgs gelegenes Adeliges Gut, Barockgarten (heute zumeist „Jersbeker Park" genannt) ca. 1726 bis 1740 entstanden; um 1840 landschaftliche Umgestaltung der Parterre- und Boskettzone, aber barocke Grundform unverändert erhalten. Seit Anbeginn weit berühmt, zieht der öffentlich zugängliche und rund 8 ha große Park heute alljährlich viele Besucher an.

Die kulturhistorische Bedeutung dieses historischen Gartens, aber auch die Gefahr eines absehbaren Verlustes durch immer größere Windwürfe veranlaßten den Kreis Stormarn, im Jahr 1984 die Trägerschaft für eine umfassende Alleesanierung zu übernehmen. Parallel hierzu wurde die Geschichte dieser Gartenanlage nach den wenigen Quellen aufgearbeitet und veröffentlicht.[1]

Das Gut Jersbek, bis dahin Teil des riesigen Gutes Borstel, entstand aufgrund einer Erbteilung unter vier Brüdern von Bockwold (von Buchwaldt) im Jahre 1588. Nach dem Tode von Jasper von Buchwaldt im Jahre 1726 trat dessen Schwiegersohn Bendix von Ahlefeldt (1679–1757) den Besitz Jersbek mit drei Höfen und einigen Dörfern an. Er ließ sogleich das Herrenhaus umbauen und legte den noch heute in seinen Grundstrukturen erkennbaren Barockgarten an.

Bendix (Benedikt) von Ahlefeldt hatte im Jahr 1704 die nach kurzer Ehe bereits verwitwete einzige Tochter und Erbin Anna Margarethe von Buchwaldt geheiratet. Das Ehepaar lebte die beiden ersten Jahrzehnte überwiegend in Hamburg, dem damaligen ‚Vorort' des Niedersächsischen Reichskreises, wo Bendix' Engagement für die 1678 gegründete Hamburgische Oper heute am bekanntesten ist: von 1723–26 war er deren mäzenatischer Direktor. Darüber hinaus gehörte er zu den frühen Mitgliedern der Hamburger Freimaurerloge. 1711 wurde Bendix von Ahlefeldt zum Landrat im Königlichen Anteil der Herzogtümer Schleswig und Holstein und 1722 zum Konferenzrat ernannt. 1731 zum Mitglied des Schleswig-Holsteinischen Landgerichts berufen, erhielt er im gleichen Jahr den Danebrog-Orden. Er wurde 1734 zum Geheimen Rat ernannt, 1732 war er zum Propst des Adeligen Klosters Uetersen gewählt worden, wo er u. a. 1748/49 die Klosterkirche neu erbauen ließ.

Bendix' Vater Hans Hinrich von Ahlefeldt (1656–1720) war hoher Beamter im Dienst der dänischen Könige, zunächst als Oberkammerherr des Kronprinzen. Als Geheimer Rat war er königlich-dänischer Gesandter unter anderem in Dresden, London und Den Haag. Er besaß die Güter Deutsch-Nienhof und Seestermühe. In Seestermühe ließ Ahlefeldt nicht nur ein großes Herrenhaus erbauen (das jedoch schon 1713 wieder durch einen Brand verloren ging), sondern auch einen bedeutenden Barockgarten anlegen. Dort wie in dem formal reiferen, in seiner Komposition harmonischeren Garten in Jersbek findet sich in der Hauptachse jeweils eine lange vierreihige Lindenallee.

Bis heute ist unbekannt, wer den Gartenentwurf aufgestellt hat. Es ist aber zu vermuten, daß ein erheblicher Anteil durch den Bauherrn selbst geleistet worden ist, der durch seine Aufenthalte an den Dienstorten des Vaters und durch eigene Reisen eine Vielzahl hochrangiger, ‚moderner' Gartenanlagen hatte kennenlernen können. Daneben kommt der 1724 an die Hamburger Oper als Bühnenbildner berufene Jacob Fabris (um 1689–1761) in Frage, dessen Tätigkeit sich dort bis 1730 nachweisen läßt. Der Architekt Jasper Carstens (1705–1759) scheidet mit ziemlicher Sicherheit aus, da sein Name zwar mit dem Neubau des Schlosses in Traventhal, nicht aber mit der Neuanlage des dortigen Barockgartens verbunden ist.

Eine wichtige Quelle für den Beginn der Arbeiten im Garten ist ein undatierter Kupferstich in der Schleswig-Holsteinischen Landesbibliothek Kiel, den der Verfasser als ‚Entwurf' ansprechen möchte und deshalb als Datierung um 1726 (Abb. 239) vorgeschlagen

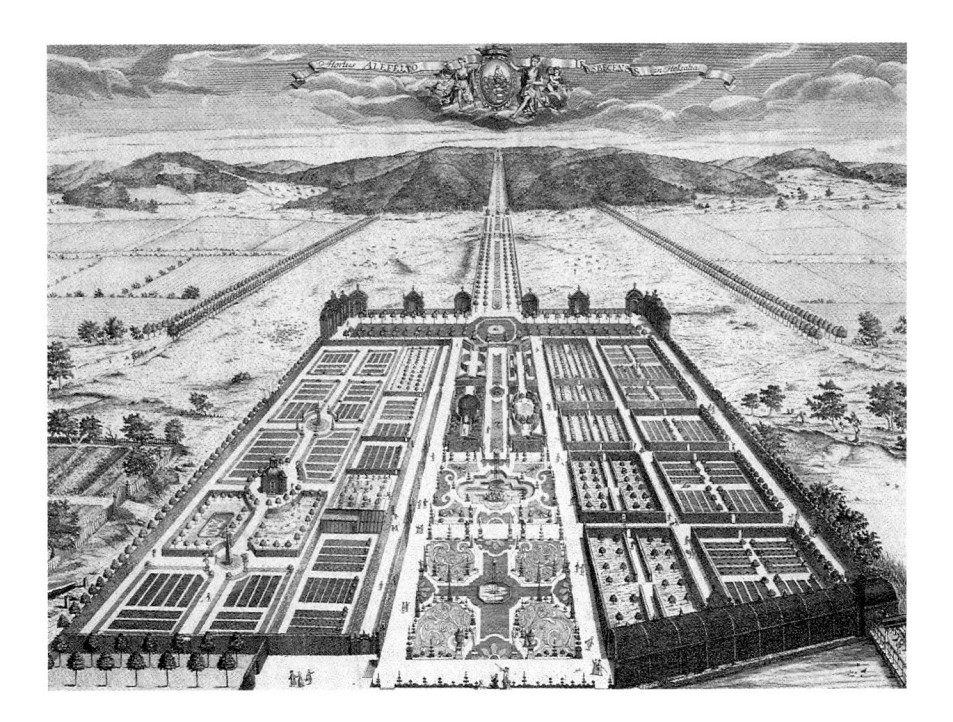

Abb. 239: Jersbek, Entwurf des Barockgartens, Kupferstich von C. Fritzsch nach einer Zeichnung von J. Fabris, um 1726 (SHLB).

hat.[2] Er trägt den gleichen Titel wie der Stich von 1747: „*Hortus Alefelto Jersbecensis in Holsatia*". Der Stecher ist in beiden Fällen Christian Fritzsch (1695–1769). Er stammte aus Sachsen, lebte seit 1718 zumeist in Hamburg, später in Schiffbek und war Herzoglich-Gottorfer Hofkupferstecher. Porträts, aber auch Stiche von Bühnendekorationen waren wohl seine Spezialität; auch etliche Buchillustrationen von ihm sind erhalten. Hinter dem genannten Zeichner „*Fabri*" verbirgt sich der Bühnenmaler Jacob Fabris.

Dieser Stich zeigt den Garten in seinen bekannten Grundzügen mit Parterre, Boskett und Waldquartier. Man erkennt Alleen, wie zum Beispiel die Querallee und die Hauptallee. Die Aufteilung der Boskette an den Seiten erscheint zwar auf den ersten Blick symmetrisch, aber auf der westlichen Seite gibt es eine markante Figur: Für sich genommen, erscheint hier ein Garten, wie er um 1700 in den Städten vielfach üblich war. Er besitzt eine betonte Mittelachse, daran sind symmetrisch die einzelnen Quartiere aufgereiht. Die Kreuzungen mit den unbedeutenderen Querachsen sind jeweils zum Rondell aufgeweitet und mit Figuren und einem Pavillon besetzt. Dieser Teil war wohl ein älterer, jetzt zu integrierender Vorläufergarten.[3] Auf der Ostseite lagen die von Hecken umgebenen Quartiere des Nutzgartens.

Der Entwurf für das vordere Parterre mit seiner kreuzförmigen Rasenanlage und dem zentralen Fontänenbassin zeigt eine große Ähnlichkeit mit dem entsprechenden, von Martin Charbonnier ab 1696 umgestalteten inneren Parterre im Großen Garten zu Herrenhausen, das auf mehreren, im zweiten Jahrzehnt des 18. Jahrhunderts erschienenen Kupferstichen[4] abgebildet ist. Diese Figur lag auch dem zentralen Parterre im fürstbischöflichen Barockgarten zu Eutin zugrunde, das J. C. Lewon dort im Rahmen der Gartenumgestaltung und -erweiterung zwischen 1706/07 und 1726 angelegt hatte; es wurde in Eutin nur gestreckt und durch vier separate, innen eingezogene Rasenstücke ergänzt. Das dann in Jersbek ausgebildete Parterre löst sich aber von diesem Entwurf und wird nach einem fortentwickelten ‚moderneren' Plan ausgeführt. Ganz rechts außen fehlt im übrigen der spätere große Obstgarten, dessen Anlage sich nur durch Bodenüberschuß bei der Planierung des Gartengeländes erklären läßt: das anstehende natürliche Gelände fällt noch heute von Westen nach Osten um gut drei Meter ab.

Abb. 240: Jersbek, „Hortus Alefelto Jersbecensis in Holsatia", Kupferstich von C. Fritzsch nach einer Vorzeichnung von E. G. Sonnin, 1747 (StAHH).

Scala latitudinum

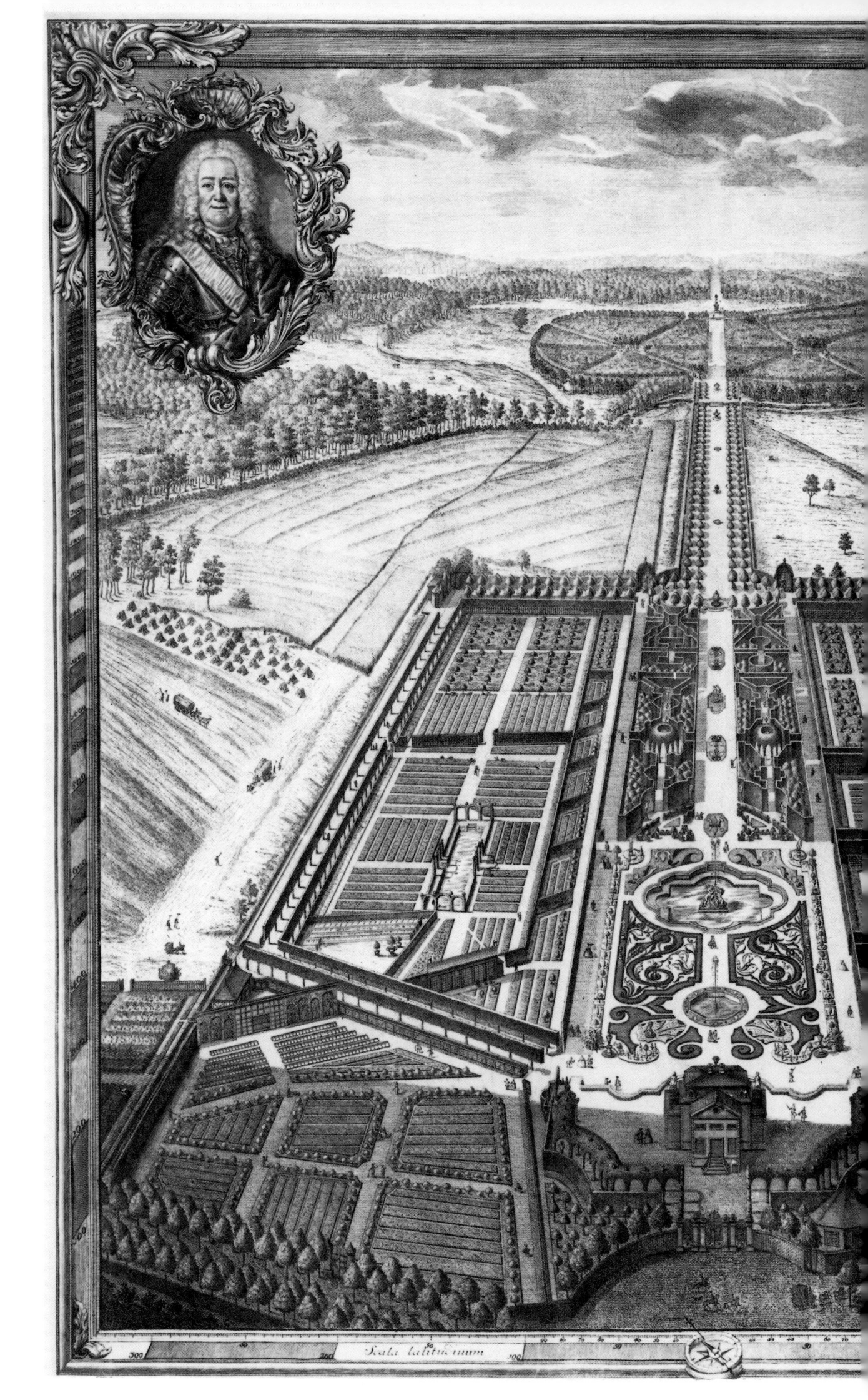

HORTUS JERSBECENSIS IN HOLSATIA

Abb. 241: Jersbek, Gartenhaus, lavierte Federzeichnung von C. G. Horn (LAS).

Der Jersbeker Barockgarten war spätestens 1740 fertiggestellt. Dies belegen unabhängig voneinander die im Gutsarchiv erhaltene Karte des Gutes Jersbek von Wiesel und Nicolay aus dem Jahr 1741[5] und die Zeichnung des Gartens von J. E. Randahl aus dem gleichen Jahr.[6]

Zur Vorstellung des Jersbeker Barockgartens, wie er sich ab 1740 den zahlreichen Besuchern präsentierte, soll der Kupferstich von Christian Fritzsch dienen, den dieser nach einer Vorzeichnung des Hamburger Architekten Ernst Georg Sonnin (1713–1794) im Jahr 1747 geschaffen hat (Abb. 240). Er zeigt eine Vogelschauansicht in bester Qualität und ist als Zentralperspektive auf der Grundlage des Maßes von Hamburger Fuß konstruiert, unten rechts „1747" datiert. Im Mittelpunkt der Darstellung steht nicht das Herrenhaus[7] mit dem Gutshof, sondern der neugeschaffene Barockgarten. Charakteristisch sind die in bester französischer Komposition entlang einer langen Hauptachse aufgereihten drei klassischen Gartenelemente Parterre, Boskett und Waldquartier (französisch „parterre, bosquet, parc"). Besonders lebendig wirkt dieser Stich durch die zahlreiche Staffage: Man sieht lustwandelnde Gäste ebenso wie Gartenarbeiter, Kutschen, Erntewagen, Pferde und Hunde.

Zentraler Bezugs- und Ausgangspunkt des Gartens ist ein zweigeschossiges, beheizbares Gartenhaus mit hohem Walmdach, eine Maison de plaisance, die über eine aufwendige Toranlage direkt vom Vorplatz aus zugänglich war. Von ihr sind außerdem eine Gartenansicht und der Grundriß in einer Zeichnung von C. G. Horn[8] überliefert (Abb. 241); einen Eindruck der früheren reichen Ausstattung mit Gemälden und Stichen vermittelt die vermutlich 1767 verfaßte Reisebeschreibung des Plöner Amtmanns August von Hennings: „... *ein schönes Haus, dessen Mitte einen prächtigen Saal enthielt* ...".[9] Unter den Stichen ist für diese Zeit das Porträt Dürers (vermutlich von Lukas Kilian) und dessen „*Melancholie*" bemerkenswert. Erbaut wurde das Gartenhaus wahrscheinlich erst 1738/39, kurz bevor der Barockgarten fertiggestellt war. Anlaß war vermutlich die Schließung der Hamburger Oper im Jahr 1738; fortan konnte Bendix von Ahlefeldt hier, geschützt vor den Unbilden launischen Wetters, Konzerte und Singspiele aufführen lassen zur Ergötzung seiner vielen Gäste. Der Abbruch erfolgte wohl 1820/21 wegen Baufälligkeit. Den Übergang vom Gartenhaus zum Garten bildete eine breite Terrasse, die nach Norden durch eine vor- und zurückschwingende niedrige Mauer eingefaßt war. Die zentrale Treppe wurde flankiert durch zwei noch erhaltene, ursprünglich weiß gefaßte Sphingen (Abb. 10).

„*Hierauf zeiget sich das Blumenstük des Gartens in der Mitte mit aller Pracht des Frühlings oder des Sommers* ...". Das nördlich anschließende Gartenparterre ist aus verschiedenen, aufeinander folgenden, kunstvoll ineinander komponierten Elementen zusammengesetzt. Hierin zeigt sich deutlich der Stilfortschritt gegenüber dem Altmeister und Vorbild André le Nôtre

Abb. 242: Jersbek, Luftbild 1993.

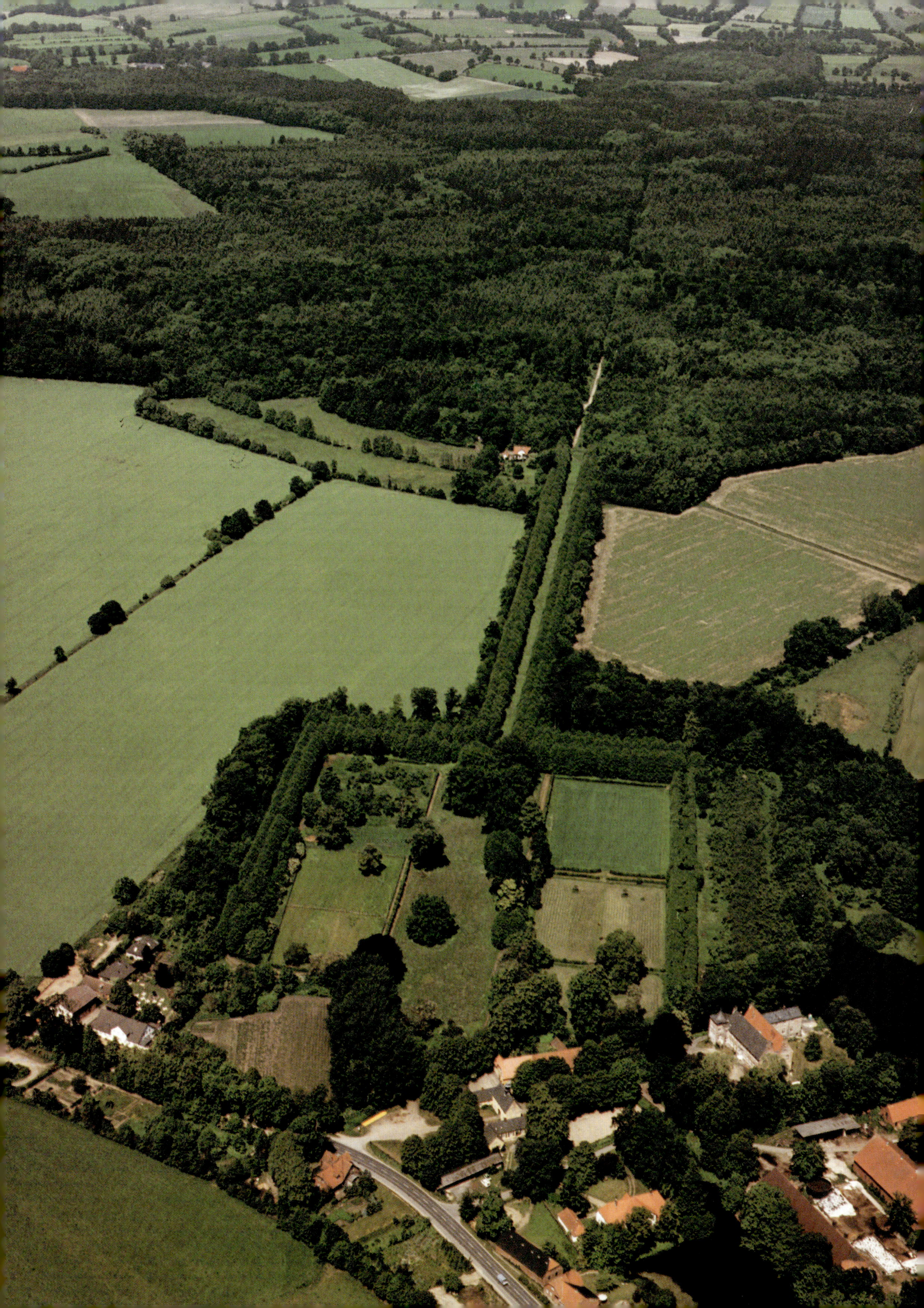

mit seinen Gärten in Versailles oder dem im wesentlichen 1714 fertiggestellten Großen Garten in Herrenhausen bei Hannover. Es zeigt nacheinander ein in einzelne Voluten und Muschelformen aufgelöstes ‚Parterre de pièces coupées'; ein vertieftes achteckiges Bassin mit einer kleineren Fontäne (Jet d'eau); ein durch die Mittelachse getrenntes, zweiteiliges ‚Parterre en broderie' – die Voluten und Ranken bestehen aus Buchs- und Blumenornamenten, während der Grund mit hellem Sand, teilweise vielleicht auch mit rotem Ziegelmehl oder weißem Kies ausgelegt war – alles wirkt wie eine kostbare Stickerei (französisch: „*broderie*") – dann folgt ein vertieft in Vierpaßform angelegtes Bassin, dessen Mitte eine Titanengruppe aus drei Figuren mit hoher Fontäne einnimmt; zum Schluß ein ‚Parterre de compartiment': in die Rasenstücke sind Broderien aus Blumen und Buchs eingelegt.

An den Seiten wird das Parterre von schmalen Platebandes eingefaßt, die mit kugel- oder kegelförmig beschnittenen Büschen besetzt sind. Weiter finden wir im Parterre „*sechs vergoldete Statuen, welche die ersten und vornehmsten Götter vorstellen*", Vasen, teils aus Marmor oder Sandstein, teils bronziert, sowie einzelne kostbare Kübelpflanzen. Der Bereich des Parterres wird auf drei Seiten von Boskettzonen eingefaßt, die jeweils in mehrere, von Hecken und Wegen geteilte Quartiere gegliedert sind. In Verlängerung des Parterres, vermittelt durch ein halbrundes Übergangsstück mit einem flachen Lilienbeet und seitlichen Rasenstücken, folgt das dem Lustwandeln und intimen Gesprächen dienende Lust- oder Zierboskett. Es besteht aus einem breiten Mittelweg und seitlichen, durch aufeinander folgende Gänge und verschieden geformte kleine Kabinette gegliederte Heckenstücke, deren Innenflächen jeweils durch Büsche aufgefüllt sind – ‚Bosquettes de moyenne futaie à haute pallissade'.

Westlich und östlich dieses zentralen Bereiches werden die einzelnen, von Hecken gesäumten und durch Nebenachsen gegliederten Boskett-Quartiere intensiv zum Anbau von vielerlei Arten und Sorten Obst und Gemüse genutzt. „*Das erste [Quadrat] war mit Feigenbäumen besezt; die Rabatten mit Erdbeeren angefüllet …*". Vom eigentlichen Barockgarten durch Hecken und eine ‚Palissade à l'italienne' getrennt liegt im Südwesten (im Vordergrund links) der Küchengarten; hier erkennt man auch Frühbeete und ein Orangerie-Gebäude mit seiner charakteristischen, nach Südosten gerichteten hohen Verglasung.

Östlich an das Boskett schließt sich, von diesem durch den langen, oben offenen Heckengang getrennt, in ganzer Tiefe der zentralen Anlage ein großer Obstgarten an, dessen Flächen weit in den einst durch Stau eines Baches gewonnenen Gutsteich hineinreichen. Nach Norden wird das Boskett durch eine vierreihige Lindenallee abgeschlossen, deren Mitte zu einem ovalen Rondell aufgeweitet ist. Hier schließlich beginnt dann die ebenfalls vierreihige, 500 m lange Lindenallee aus 284 Bäumen, die zum Wald führt. Sie ist leicht perspektivisch angelegt, in der Mittelzone zu Beginn etwa drei Meter schmaler als am Ende. Der Wald ist in seinen anschließenden, die Hauptachse flankierenden Bereichen ebenfalls künstlerisch überformt und durch sternförmig angelegte Schneisen als Tier- oder Jagdpark eingerichtet.

Über das weitere Schicksal des Jersbeker Barockgartens im letzten Viertel des 18. Jahrhunderts gibt eine dritte Version des Kupferstiches von Fritzsch aus dem Jahre 1747 Auskunft. Diese Fassung[10] zeigt nicht nur in der Titelvignette einen neuen Namen „*P. V. K.*" und ein anderes Wappen (Paschen von Cossel, Besitzer von Jersbek ab 1774), sondern auch gezielte Vereinfachungen in den empfindlichsten, nur aufwendig zu unterhaltenden Partien im Parterre und im mittleren (Zier-)Boskett: Der Barockgarten wurde vom neuen Besitzer in seinen Grundzügen zunächst treu bewahrt und weiter gepflegt; nur die in der Unterhaltung sehr aufwendigen Teile wie die Broderien, die Fontänen oder die Zierbeete in der Mittelachse wurden aufgegeben.

Paschen von Cossel (1714–1805), erst 1755 in den Reichsritterstand erhoben, hatte in Greifswald und Halle Jura studiert, bevor er sich 1738 in Hamburg niederließ. Seine naturreligiöse und freimaurerische Haltung manifestiert sich in dem merkwürdigen Freigrab, das er bald nach dem Tod seiner Frau Marie Elisabeth

Abb. 243: Jersbek, Heckengang nach Norden, Photo 1992.

1791 im Forst nordöstlich des Gartens anlegte (1991 restauriert). Innerhalb einer Ringmauer flankieren die beiden Grabsteine einen Widmungsstein mit den freimaurerischen Symbolen Sonne, Mond und flammender Stern, letzterer als Davidstern ausgebildet, ferner A und Z für Anfang und Ende. Die Inschrift lautet:

> *„Dem Unbekannten – Bekanntesten*
> *Unsichtbaren – Sichtbarsten*
> *Dem Worte*
> *Ewige Anbetung"*[11]

Mit den über 500 Linden umfassenden vier- und zweireihigen Lindenalleen, einem mächtigen gewölbten Heckengang und der alten Quartiereinteilung durch Wege und Hecken haben sich in Jersbek noch eindrucksvolle Reste des ehemaligen, einst weitberühmten Barockgartens erhalten (Abb. 66). Kaum fertiggestellt, war er über Jahrzehnte das Ziel vieler illustrer Gäste, die teilweise von weither anreisten, um diesen *„fürstlichen Garten"* (Zedler 1735) und seinen den vielfältigen Künsten aufgeschlossenen Schöpfer Bendix von Ahlefeldt kennenzulernen.

Den überlieferten Bestand des Jersbeker Barockgartens zeigt am besten ein Luftbild (Abb. 242), das im Frühjahr 1993 aus der gleichen Vogelperspektive aufgenommen wurde wie der bekannte Kupferstich von 1747: Deutlich sind hier die erhaltenen Alleen, die 500 m lange vierreihige Hauptallee, die ebenfalls vierreihige Quer- und die zweireihige Seitenallee, zu erkennen. Auch der zwei Jahrhunderte lang zumeist jährlich beschnittene Heckengang (Abb. 243) und das Hauptwegenetz entsprechen noch heute dem ursprünglichen Bestand. Im ehemaligen Zierboskett steht noch eine Gruppe von 11 (ehemals 12) im Kreis gepflanzten Linden, die auf dem Stich von 1747 unschwer als grüner Salon zu identifizieren sind. Auch die von hier quer zum Heckengang führenden, den Weg begleitenden Weißbuchenhecken sind weitgehend original, erkennbar an den dicken Stämmen und der Markierung der ehemaligen Nebenachse.

In der Nähe des Herrenhauses findet man heute die wenigen erhaltenen Statuen, die allerdings zum Teil stark fragmentiert sind: einen Jupiter und eine Juno, eine Puttengruppe, die Sphingen und zwei Marmorvasen sowie an etwas abgelegener Stelle eine Neptun-Herme. Vor dem Herrenhaus wurde 1992 auch die Titanenfigur nach ihrer Restaurierung aufgestellt (Abb. 244); Paschen von Cossel hatte sie 1791 an seine Grabstätte versetzen lassen. Sie stand einst mit zwei weiteren Titanen im großen, vierpaßförmigen Fontänen-Bassin im Parterre. Als Bildhauer der außerordentlich qualitätsvollen Gartenfiguren wird der Permoser-Schüler Ludwig von Lücke (um 1703–1780) angenommen.

Auch im anschließenden Wald sind, wenn auch geringe, Spuren aus dem 18. Jahrhundert zu erkennen: Die Hauptallee endet noch heute vor einem kreisrunden Wasserbecken. Von hier läuft die ehemalige Hauptachse als Waldweg über etwa zwei Kilometer weiter nach Norden, und über dem Wasserbecken kreuzen sich zwei alte, vor wenigen Jahren vom heutigen Besitzer wieder freigeschlagene Diagonalschneisen, Reste der alten Jagdsterne. Weiter muß hier die

Abb. 244: Jersbek, Titan von L. v. Lücke ehemals im Fontänenbassin, Photo 1995.

Abb. 245: Jersbek, Blick in den Park, Photo 1992.

Jersbeker Allee erwähnt werden; sie war zur ‚Einstimmung' der zahlreichen Besucher gedacht, die aus Hamburg mit der Kutsche anreisten: Eine vierreihige, um 1730/40 gepflanzte Lindenallee von rund 800 m Länge führt auf den ebenfalls von Linden umstellten kreisrunden Platz vor dem 1678 erbauten Torhaus zu.

Aber auch das 19. Jahrhundert hat deutliche Reste hinterlassen: in das von den Vorbesitzern völlig abgeräumte Parterre und Boskett ließ wohl Graf Theodor von Reventlow, Besitzer von Jersbek seit 1840, malerisch verteilt etliche Solitäre pflanzen, darunter Buchen, Eichen, Kiefern, Eschen, Linden und eine Marone (Abb. 245). Einige von ihnen haben sich prachtvoll entwickelt, andere sind inzwischen wieder abgängig. Auf diese Zeit geht auch die Gruppe von 4 x 3 Linden am östlichen Hauptweg zurück.

Auf der Basis eines 1981/82 erstellten Gutachtens von Brien und Metzner[12] und des im Januar 1984 unterzeichneten Pachtvertrages versuchen der Besitzer des Restgutes Jersbek und der Kreis Stormarn gemeinsam, dieses Kulturdenkmal von besonderer, landesweiter Bedeutung vor weiterem Verfall und Verlust zu bewahren. Dem dienten vor allem die in den Jahren 1984 bis 1987 durchgeführten Sanierungsarbeiten und die seither vorgenommenen Unterhaltungsmaßnahmen. Die Sanierung der Alleen im Jersbeker Park war auf das Ziel ausgerichtet, den Barockgarten in seinem heutigen, wenn auch fragmentarischen Zustand weiterhin zu erhalten. An sämtlichen Linden wurde ein Kappschnitt vorgenommen, dessen Höhe durch Probeschnitte ermittelt wurde; durch baumchirurgische und statische Maßnahmen wurden etliche der 250jährigen Linden stabilisiert. Die in den vergangenen Jahrzehnten und durch notwendiges Fällen bei der Sanierung entstandenen Lücken wurden durch Nachpflanzen neuer Linden geschlossen. Ausgeschlossen war eine Rekonstruktion vergangener Einzelformen; allenfalls denkbar wären zukünftig vielleicht Andeutungen im Bereich des ehemaligen Gartenhauses und des großen Brunnenbassins. Ein besonderes Problem stellte der Heckengang dar. Mit etwa 220 m Länge bildet er den östlichen Abschluß des zentralen Gartenteils mit Parterre und Boskett. Ursprünglich bestand er wohl vollständig aus Linden; später sind einige Hainbuchen als Ersatz nachgepflanzt worden. Hier wurde der Pflegeschnitt im Frühjahr 1987 durchgeführt und im Winter 1991/92 wiederholt (Abb. 243).

Was ist bei der Sanierung geleistet worden? 511 Linden wurden gekappt und behandelt. Die Kronen wurden auf 9 bis 9,5 m heruntergenommen, bei 162 Linden mußten Frostrisse behandelt werden. 8 Linden, 2 Eschen und 2 Roterlen wurden gefällt, 47 Linden sind dann nachgepflanzt worden. Seit der Sanierung sind einige Vegetationsperioden vergangen. Die Linden haben, dank ihrer großen artbedingten Vitalität, gut ausgeschlagen. Zwei Jahre nach dem Kappschnitt sind die zahlreichen Triebe der zunächst entstandenen ‚Besenkronen' behutsam ausgelichtet worden.[13] Das endgültige Ergebnis der Sanierung wird sich allerdings erst in ein bis zwei Jahrzehnten voll übersehen lassen. Alle Beteiligten sind jedoch zuversichtlich. Sie schöpfen ihre Hoffnung nicht zuletzt aus dem bisherigen Erfolg der Sanierung an der ebenfalls vierreihigen Jersbeker Allee, wo die gleichen Arbeiten schon 1976 durchgeführt wurden.

Noch heute, mehr als 250 Jahre nach seiner Schöpfung, ist der Jersbeker Park ein beliebtes Ausflugsziel. Im April, wenn die Schlüsselblumen die rund 500 m lange Rasenfläche im Mittelstreifen der vierreihigen Hauptallee in einen gelben Teppich verwandeln, zieht es an den Wochenenden Hunderte von Besuchern in den ehemaligen Barockgarten.

Burkhard von Hennigs

1 Vgl. hierzu die vom Verfasser veröffentlichte Monographie, Hennigs (1985), mit entsprechenden Quellen und Literaturangaben.
2 Vgl. Hennigs (1985), S. 74–83, Abb. S. 75.
3 Vgl. Hennigs (1985), Abb. S. 80.
4 Vgl. Alvensleben/Reuther (1966), S. 8 und 36.
5 LAS Abt. 402 A 39 Nr. 1; beschrieben bei Hennigs (1985), S. 90ff, Abb. S. 91.
6 NMS THC 436; beschrieben bei Hennigs (1985), S. 84–89, Abb. S. 85.
7 Erbaut ca. 1617–20, ein typisches Doppelhaus (erhalten) mit einem Anbau von ca. 1715 (nicht erhalten); zur Baugeschichte und neuen Datierung: Heiko K. L. Schulze, Das Herrenhaus Jersbek als Doppelhaus (im Druck).
8 LAS Abt. 402 A 23 Nr. 115; von Horn vermutlich zu Studienzwecken aufgenommen, als er im Auftrag von H. C. Schimmelmann Entwürfe für den neuen Garten in Ahrensburg plante. Vgl. Hirschfeld (1980), S. 156f; Artikel ‚Wandsbek'. Hennigs (1985), S. 35.
9 Die sechs Seiten umfassende Reisebeschreibung (1791) als Faksimile abgedruckt in Hennigs (1985), S. 187–192. Der Besuch A. v. Hennings' in Jersbek fand möglicherweise schon im Sommer 1767 statt, als er in Ahrensburg bei Schimmelmanns zu Besuch weilte (Datum nach H. W. Ritschl, August von Hennings - 1746–1826. Ein Lebensbild ..., Hamburg 1978, S. 16). Alle folgenden Zitate vgl. dort, wenn nicht anders angegeben.
10 Ein Exemplar hat sich, stark beschädigt, in Jersbek erhalten; vgl. Beschreibung bei Hennigs (1985), S. 104–111, Abb. S. 58.
11 Vgl. Chronik Jersbek (1989), S. 94–96 sowie zum Zusammenhang von Freimaurertum und Gartenbegräbnis vgl. Buttlar (1995).
12 Brien/Metzner (1982).
13 Sanierungsbericht: vgl. Hennigs (1991).

Karlsburg

Teilweise öffentlich zugänglicher Gutspark des Herrenhauses 7 km südlich von Kappeln auf der Halbinsel Schwansen gelegen. Barockgarten mit zentraler, ca. 500 m langer Lindenallee 1737 durch M. von Brömbsen angelegt. 1785 vom Landgraf Carl von Hessen-Cassel erworben, aber erst um 1825 neue Planungen.

Bis zur Umbenennung im Jahre 1825 durch den Statthalter des dänischen Königs in Schleswig, den Landgrafen Carl von Hessen, hieß Karlsburg Gereby.[1] Der älteste erhaltene Gartenplan stammt aus den Jahren um 1735.[2] (Abb. 246) Zu dieser Zeit besaß der Lübecker Patrizier Marquard von Brömbsen Gereby, das er 1727 erworben hatte. Der Plan ist streng axialsymmetrisch aufgeteilt. Vom etwas höher liegenden Herrenhaus sind nach Norden entlang der Mittelachse im Parterrebereich zunächst zwei besonders aufwendige Arabesken-Broderien in Manier des Augustin Charles Daviler (1653–1701)[3] angelegt. Es folgen in Richtung der Hauptachse zwei Felder, in eigentümlicher Weise gemischt aus Broderien und Bosketten, die jeweils spiegelsymmetrisch drei Kabinette mit Rasenpartien enthalten. Zahlreiche Sitzbänke sind in die eingeschnittenen Nischen der Heckenquartiere integriert. Eine Querachse trennt von diesem Bereich zwei weitere Boskette mit ovalen Salons ab, die von acht Bäumen umstanden sind. Zwischen beiden Bosketten liegt in der Mittelachse ein trapezförmiges Bassin. Dieses ist wie alle Broderien von beschnittenen Etagenbäumchen (Taxus oder Buchs) gesäumt. Wenige Meter nördlich treffen die Seitenalleen auf ein Rasenrondell, von dem eine etwa 500 m lange Allee aus 73 Linden, gepflanzt mit einem Abstand von etwa 7 m, in die Feldmark führt. Ein Rondell aus sechs Bäumen, in deren Mitte sich wahrscheinlich ein Lusthaus oder ein Treillage-Pavillon befunden hat, schließt die Hauptallee im Norden ab.

Seitlich werden alle Felder des Lustgartens von Küchen- und Obstgartenquartieren begleitet. Die Grenze der Gesamtanlage wird durch doppelreihige Lindenalleen (28 Bäume mit einem Pflanzabstand von ca. 4,5 m) gebildet, die sich auf halber Länge beginnend konkav konvex bis zum Beginn der langen Allee einschwingen. Der linke Teil des Planes zeigt eine dünn eingezeichnete Variante, bei der die Seitenalleen geradlinig weitergeführt und rechtwinklig zum Anfang der Hauptallee geleitet werden. An den vier Ecken des sternförmigen zentralen Rasenplatzes in der Mitte des Parterres waren Postamente für die Statuen der vier Jahreszeiten bestimmt.[4]

Landgraf Carl von Hessen-Cassel (1744–1836)[5] erwarb 1785 das Gut, parzellierte und verkaufte die landwirtschaftlichen Teile in den folgenden Jahren und behielt lediglich das Herrenhaus und den schmalen langgestreckten *„herrschaftlichen Lustgarten"* in seinem Besitz. Erst in hohem Alter von beinahe achtzig Jahren wandte sich Landgraf Carl wieder dem Gut Gereby zu und ließ von unbekannter Hand Gartenpläne erstellen, die sich um 1824 datieren lassen.[6] Plan Nr. 21 zeigt den gesamten Bereich des ehemaligen barocken Lustgartens sowie ein langes Stück der Hauptallee (Abb. 247). In einer für die Zeit sehr merkwürdigen oder gar dilettantischen Weise ist der Parterrebereich mit seltsam anmutenden amorphen Formen gestaltet. Vergleichbare Wegeführungen finden sich in Gülzow, Heiligenstedten oder Gelting, hier jedoch rund ein halbes Jahrhundert früher. Möglicherweise sind die Gartenpläne der zwanziger Jahre des 19. Jahrhunderts unter Federführung des Landgrafen entstanden. Vor dem Herrenhaus befindet sich eine sichelförmige mit Rosen bepflanzte Geländestufe, auf die in nördlicher Richtung ein großes zentrales Längsoval aus *„a, Rasen mit oder ohne Blumen"* folgt. Seitlich davon führen seltsam geschlängelte Wege um Beete

Abb. 246: Karlsburg, Plan des Barockgartens, lavierte Zeichnung um 1735 (LAS).

Karlsburg

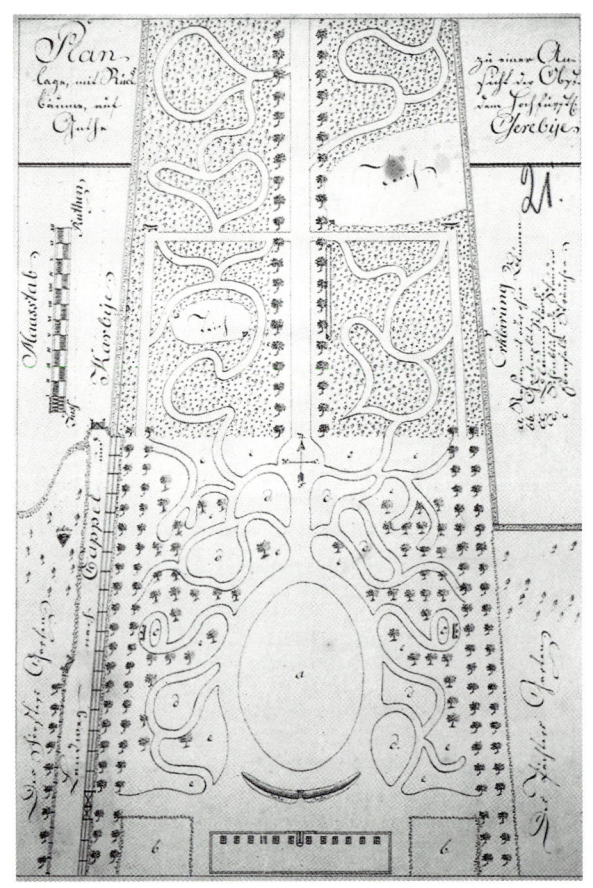

Abb. 247: Karlsburg, Gartenplan, Federzeichnung um 1825 (LAS).

Abb. 248: Karlsburg, Luftaufnahme 1996.

mit „*d, Schönblühenden Stauden*", und tropfenförmig endende Wege in einem Kompartiment bezeichnet mit „*e, Ebenfals Sträucher*". Teilweise stehen in diesen Bereichen noch die Obstbäume, die schon zu Brömbsens Zeiten gepflanzt worden waren, was auch aus der Überschrift hervorgeht: „*Plan zu einer Anlage, mit Rücksicht der Obstbäume, auf dem Hochfürstl. Guthe Gerebye*". Flankierend wird dieser Parterrebereich von den alten barocken Seitenalleen begrenzt. Die große Hauptallee begleiten östlich und westlich eng geschlungene labyrinthisch geführte Wege. Die dargestellten Teiche und ein Entwässerungsgraben lassen sich auch heute noch im Gelände ablesen.

Die Pläne Nr. 22 und 23 sind offensichtlich Entwurfsvarianten der Nr. 21. Auf dem „*Plan zu einer auf dem Hochfürstl. Guthe Gerebye zu genehmigenden Anlage*" folgt diesmal vom Herrenhaus aus nach Norden ein sichelförmiges „*Rosen Geländer*", ein kreisrunder „*grüner Rasen mit Blumenhügel*" sowie ein Längsoval mit „*niedr. Schönblühende Staudengewächse*", in dessen Zentrum sich ein „*Rosenhügel*" befindet. Seitlich schließen sich „*ebenfalls Blumenhügel*" und „*Schönblühende Sträucher u. Stauden*" an. Auch hier sind wiederum ungeschickt wirkende Wege projektiert. Die Obstbaumquartiere entfallen bei diesem Entwurf, statt dessen wird vom Zeichner vorgeschlagen, als Abschluß des Parterres eine querverlaufende „*Linden Allee anzupflanzen*". Die Fortsetzung des Planes zeigt im Bereich der Hauptallee wiederum die beiden Teiche und den „*Ableitungs Graben*", jedoch ist das Wegenetz noch engmaschiger geschnörkelt, wobei eine schneckenförmige Wegeführung zu einem Baum mit Sitzbank besonders auffällt. Dieser Plan nennt „*Einige durchzuhauende Gänge im Lustwäldchen zu Gerebye*". Man vermag nicht zu sagen, ob die Pläne in dieser Form jemals ausgeführt worden sind, zumal Landgraf Carl dieses Gut im Gegensatz zu Louisenlund nur sehr selten nutzte.

Rosen und Stauden dominieren diese biedermeierlich anmutenden Entwürfe, und die geplanten „*Blumenhügel*" können als Frühform der später so beliebten Teppichbeete angesehen werden. Der vielfältige

Blumenschmuck und die vielgestaltige Verbindung von Regelmäßigem mit Unregelmäßigem verweisen auf neue Gestaltungsideen im Sinne der ‚gardenesquen' Entwürfe John Claudius Loudons (1783–1843).

Trotz mangelhafter Pflege, einiger gebrochener und abgängiger Bäume ist die lange Lindenallee in einem guten Zustand und stellt mit ihrer Länge ein für Schleswig-Holstein seltenes Garten- und Naturdenkmal dar (Abb. 248). Von den ehemals den Parterre- und Boskettbereich begleitenden Lindenalleen steht nur noch die östliche mit großen Lücken. Nach dem Zweiten Weltkrieg wurden die Alleen für Brennholzzwecke das letzte Mal gekappt, die westliche ist für Neubauzwecke eines Internates abgeholzt worden

Jörg Matthies

1 Zur Geschichte des Gutes vgl. Kock (1912), S. 561f; Hedemann-Heespen (1917), Bd. 1, S. 97ff; Dallmer (1961); Hirschfeld (1980) S. 153; Rumohr (1987), S. 194ff; Matthies (1996) und als Quellen: LAS Abt. 195 Nr. 205 und Nr. 458.

2 LAS 402 A 26 Nr. 31. Von der Signatur und Datierung sind nur noch die Bruchstücke „... *lassen Invent. 173..*" zu erkennen.
3 Daviler (1699).
4 Ein kaum noch zu lesender Text auf dem Gartenplan rechts unten beschreibt offensichtlich ein barockes Statuenprogramm. Dort heißt es „... *dies Zeichen bedeutet daß ... postement ... 4 Jahr ... Zeiten.*" Tatsächlich lassen sich vier kleine nachträglich mit anderem Stift eingefügte Quadrate zwischen den Etagenbäumchen an vier dem sternförmigen zentralen Rasenplatz zugewandten abgerundeten Ecken der Broderieparterres ausmachen. Außerdem finden sich entlang der Hauptachse 14 weitere Symbole, die wahrscheinlich Standorte barocker Vasen oder Figuren bezeichnen. Denkbar wäre an diesen Stellen auch die Aufstellung von Citrusbäumen im Sommer.
5 Zum Landgrafen Carl vgl. Ausst. Kat. Carl (1996).
6 Aus dem 19. Jahrhundert befinden sich vier Pläne im LAS: LAS 402 A 26 Nr. 21; Nr. 22; Nr. 23 und Nr. 25. Alle Pläne sind mit Gereby bezeichnet und weisen das Wasserzeichen „*J. Whatman 1823*" auf. Sie können somit auf die Jahre zwischen 1823 und 1825, der endgültigen Umbenennung des Gutes in Karlsburg, datiert werden. Plan Nr. 25 ist gesüdet und zeigt die Anlage des Hofplatzes. Weitere Flurkarten (Forst- und Parzellierungspläne): LAS Abt. 402 A 26 Nr. 27 bis Nr. 30 und 402 A 4 Nr. 442.

Kellinghusen

Private Gutsanlage Luisenberg am nördlichen Ortsausgang von Kellinghusen aus dem Anfang des 19. Jahrhunderts. 1858 Errichtung eines neugotischen Aussichtsturms und kurz darauf Erweiterung um eine romantische Waldpartie. Nach erneuter Umgestaltung im 20. Jahrhundert nur noch in Resten erhalten.

Graf Hans Heinrich zu Rantzau (1764–1836) erwarb 1803 die Gebäude und das Land der ehemaligen Geppelschen Fayencefabrik nördlich von Kellinghusen.[1] Im Jahr darauf ließ er eine neue Hofanlage mit kleinem Herrenhaus errichten und benannte das Gut nach seiner Gemahlin Luise, geb. von Scheel (1772–1812). In einer bescheidenen Parkanlage im englischen Stil ließ er um 1812 einen neugotischen Turm aus Holz errichten, um jederzeit nach Breitenburg hinüber blicken zu können. Doch schon 1822 veräußerte Rantzau Luisenberg an den Hamburger Kaufmann Edward Ross (1786–1873), der mit den Gärten entlang der Elbe bestens vertraut war.[2] Dieser baute den Landschaftsgar-

Abb. 250: Kellinghusen, Neugotischer Aussichtsturm von 1858, Photo 1995.

Abb. 249: Ansichten von „Luisenberg bei Kellinghusen", Zeichnung von B. Papst-Ross um 1855 (Museum Kellinghusen, Photo: Städtisches Museum Flensburg).

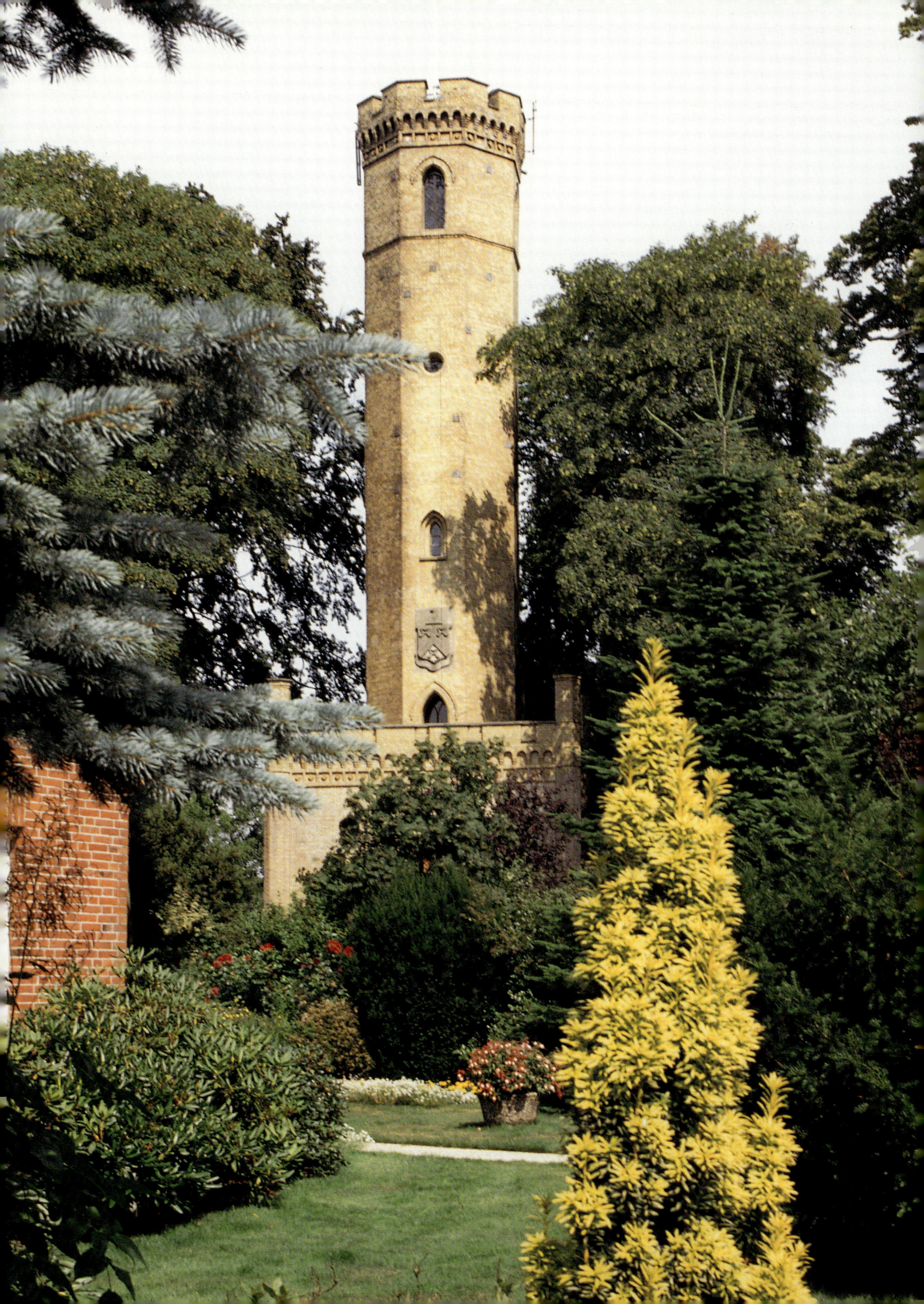

ten rund um das Haus weiter aus und schuf eine beachtliche Anlage. Da bisher kein Plan des Parks bekannt ist, beruhen die Erkenntnisse über Luisenberg auf verschiedenen historischen Ansichten.³ Eine Bleistiftzeichnung (Abb. 249) von Bertha Papst-Ross (1825–1910)⁴, einer Tochter von Edward Ross, aus den fünfziger Jahren des 19. Jahrhunderts zeigt im Zentrum die Hauptansicht des Gutshauses. Links davon wird der Blick in die Landschaft nach Westen durch eine Sichtachse zwischen Fichten auf die Kellinghusener Windmühle gelenkt. Die Randleiste zeigt vier weitere kleine Zeichnungen: Oben ist eine Ansicht Kellinghusens und unten die nördlich gelegene Wirtschaftshofanlage dargestellt. Hier wird nochmals aus einer anderen Perspektive das Gutshaus mit davor liegendem Rasenrondell gezeigt, auf dem, von Sträuchern und Koniferen halb umgeben, eine Venus- oder Nymphenstatue steht. Das linke Randbild zeigt vor Fichten einen aus Holz erbauten Teepavillon im romantischen Stil und das rechte den zuerst erbauten Luisenberger Turm. Ross ließ 1858 den heute noch stehenden, südlich des Gutshauses gelegenen und wesentlich höheren Aussichtsturm aus gelben Ziegeln im Stil der schottischen Tudorgotik aufführen (Abb. 250). Dieser Turm war ursprünglich sogar als seine Grablege vorgesehen, und zur Einweihung entstand folgende sentimentale Hymne:

> *„Mit unaufhaltsam raschem Flügelschlage*
> *Entflieht die nur zu leicht beschwingte Zeit.*
> *Die holde Freude, wie die düstre Klage*
> *Verhallt, und Alles deckt Vergessenheit.*
> *Schau um Dich her: dich grüsst das heitere Leben,*
> *Die schönste Flur entfaltet sich dem Blick; ...".*⁵

Eine nicht uninteressante Erweiterung erfuhr das Gut nach 1872 mit der Einbeziehung des östlich gelegenen Waldes. Durch das „*Herthaholz*" führte der „*Philosophenweg*" unter anderem auch zu einer bescheidenen Wirtschaft, genannt „*Eduards Platz*". Unter einem Parapluie konnte man inmitten des Forstes bei einer Erfrischung rasten und auch einen kleinen Aussichtshügel besteigen.

Weiter nach Süden schlossen sich die städtischen Gehölze an. Sie wurden um die Jahrhundertwende zu Waldparkanlagen mit düsteren, gewundenen Wegen, die von Knüppelholzzäunen begleitet werden, gestaltet.⁶ Von dem malerisch gelegenen „*Kiekut*" auf dem Kamm des Höhenzuges war der Blick über die Störniederung bis nach Neumünster freigegeben. Den Hang „*Klein Tyrol*" hinabsteigend, erreichte man die „*Liethpromenade*", wo der Spaziergänger *„eine entzückende Aussicht über das Störtal [genießt]."*⁷

Nach dem Ersten Weltkrieg wurde der Luisenberger Garten zwischen Gutshaus und Turm nochmals überformt.

Heute sind im Bereich um das Gutshaus nur noch wenige Relikte der historischen Gärten erhalten. Zwei große Pyramideneichen, die schon auf den ältesten Abbildungen belegt sind, stehen auf dem Rondell des Gutshauses, andere Gartenbereiche sind aufgeforstet oder bebaut. Der Luisenberger Turm wurde 1980/81 restauriert und ist seitdem wieder zugänglich.

Jörg Matthies

---

1 Er war der ältere Bruder von Graf Andreas Conrad Peter zu Rantzau (1773–1845) auf Breitenburg. Nach Auseinandersetzungen in der Erbschaftsfolge verließ Hans Heinrich sein Stammgut Breitenburg. Zur Luisenberger Gutsgeschichte vgl. Dammann (1983) und Roll (1985).
2 Die Familie Ross gehörte um 1800 zu den einflußreichen Hamburger Kaufleuten. Sein Vater Colin Ross (1734–1793), in Aberdeen geboren, war Arzt und Sekretär des englischen Hofes in Hamburg. Der Bruder Daniel Ross (1776–1840) erwarb 1817 das Landhaus Blacker (heute: Goßlers Park) auf dem Krähenberg in Blankenese und pflegte dort die englische Gartenkultur.
3 Ausst. Kat. Kellinghusen (1985), S. 30–35, 62f.
4 Ausst. Kat. Kellinghusen (1985), S. 62f, 110f; Ausst. Kat. Künstlerinnen (1993), S. 22f; Wolff-Thomsen (1994), S. 242f.
5 Strophen auf einem Gedenkblatt mit kleinen Zeichnungen des Turmes und seines Vorgängerbaues in Privatbesitz.
6 Die Einwohnerzahl Kellinghusens verdreifachte sich zwischen 1855 und 1905 auf beinahe 5000. Deshalb sah sich die Stadt genötigt, öffentliche Grünflächen zu schaffen. Das Liethgehölz gehörte der Kellinghusener Spar- und Leihkasse und bot sich wegen des *„wundervollen Fernblickes"* für die Anlage von Spazierwegen an. Oldekop (1908), Bd. 2, Kap. XII, S. 82.
7 Kellinghusen [um 1905], S. 14.

Kiel: Schloßgarten

Nördlich des Kieler Schlosses an der Förde gelegen, Renaissancegarten um 1558–68, Barockanlage ab 1695 in holländisch-französischem Stil, 1739–49 Anlage eines Französischen Gartens von Johann Christian Lewon, ab 1839/40 landschaftliche Umgestaltung mit Volksgartencharakter, Ende des 19. Jahrhunderts kaiserlicher Volksgarten, heute öffentliche Grünanlage.

Der Kieler Schloßgarten erstreckt sich heute als öffentliche Grünanlage nördlich des Neubaus des im Zweiten Weltkrieg zerstörten Kieler Schlosses[1], das ursprünglich Witwensitz und Nebenresidenz der Gottorfer Herzöge war. Zur Anlegung eines ersten Lustgartens kam es vermutlich im Zuge des Schloßneubaus von 1558–1568 unter dem kunstsinnigen Herzog Adolf (1526–1586), während dessen Regierungszeit Kiel eine erste wirtschaftliche und kulturelle Blüte erlebte. Aus dieser Zeit ist kein Planmaterial überliefert, das Auskunft über die Gestaltung des Gartens geben könnte. 1595 wird in Zusammenhang mit Schmiedearbeiten ein Lusthaus erwähnt, so daß auf eine repräsentative Ausstattung des Gartens geschlossen werden kann. Lediglich zwei Abbildungen aus dem 17. Jahrhundert können Hinweise bezüglich Disposition und Grundriß der Anlage geben. Der Garten lag demnach unmittelbar nördlich des zwischen Kleinem Kiel und Förde verlaufenden Burggrabens auf dem Gelände eines ehemaligen Pestfriedhofs. Dieses rechteckige, umfriedete Areal, das über eine Zugbrücke am Dänischen Tor zu erreichen war, grenzte im Westen an die Dänische Straße, im Osten an das Fördeufer. Die Darstellung (Abb. 251) aus Caspar Danckwerths „Newe Landesbeschreibung" bestätigt die Existenz des Lusthauses, das, mit Dreiecksgiebeln und Dachreiter ausgestattet, inmitten eines durch einzelne Wege durchschnittenen Blumenrondells plaziert ist. Umgeben wird die Partie von hohen Bäumen, die sich bis in die Eckzonen des Areals fortsetzen. Auf einer Karte von Caeso Gramm aus seinem „Parnassus" von 1665 dagegen erscheint der Garten in nördlicher Richtung stark erweitert.[2] Die hier angedeutete Grundrißsituation läßt auf eine zeittypische Differenzierung des Geländes in Zier-, Baum- und Küchengarten schließen. Das 1652 wegen Baufälligkeit abgerissene Lusthaus wird nicht mehr aufgeführt. Stattdessen ist in der nordwestlichen Eckzone ein Gärtnerwohnhaus eingezeichnet, das 1634 erbaut wurde und bis in das 19. Jahrhundert bestand. Beide Abbildungen sind im Hinblick ihres Aussagewertes auf die innere Ausgestaltung des Gartens mit Vorbehalt zu betrachten, da sie möglicherweise mehr von der schematisierten Handschrift der Zeichner zeugen, als eine realistische Wiedergabe darstellen.[3] Dagegen läßt sich für den Kieler Renaissancegarten eine ähnlich formale Innengestaltung vermuten, wie sie für den Lustgarten Heinrich Rantzaus in Breitenburg durch Abbildungen aus dem 16. Jahrhundert dokumentiert ist. Generell läßt

Abb. 251: Kiel: Schloß und Lustgarten (Detail), kolorierter Kupferstich von J. Mejer aus Danckwerth 1652 (Privatbesitz).

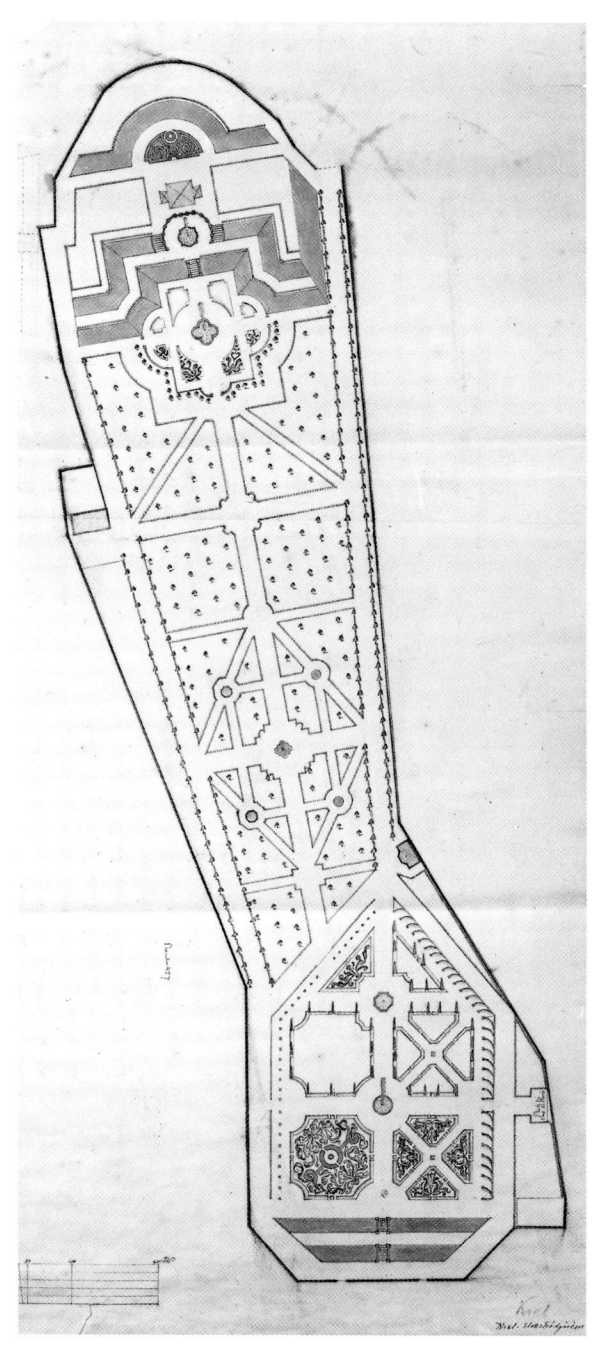

Abb. 252: Kiel: Schloßgarten, Entwurf für den Barockgarten um 1695, aquarellierte Zeichnung (NMS).

sich sagen, daß der Garten Herzog Adolfs in der Tradition deutscher und niederländischer Renaissancegärten des 16. Jahrhunderts stand.

In Anbetracht der Tatsache, daß in Gottorf in den 40er Jahren des 17. Jahrhunderts bereits der prächtige Neuwerk-Garten in Angriff genommen wurde, erscheint der Kieler Garten in jener Zeit eher unmodern.

Möglicherweise resultiert gerade aus dem Status als Garten einer Nebenresidenz seine Funktion als Experimentierfeld humanistischer Ideen. So hatte Herzog Christian Albrecht (reg. 1659–1694) im Zuge der Universitätsgründung im Jahre 1665 den fürstlichen Garten generös für Studenten und andere Bürger zum Spazierengehen geöffnet.[4] Und ebenso kam es noch während seiner Regierungszeit zur Anlage eines Botanischen Gartens unter der Leitung des Universitätsprofessors Daniel Major (1634–1693), der dazu durch einen Erlaß des Herzogs vom 5. Juli 1669 einen abgegrenzten vierten Teil im vorderen Bereich des Schloßgartens erhielt. Jener „hortus botanicus" bestand bis ca. 1684.[5]

Ende des 17. Jahrhunderts vollzog sich eine Erweiterung des Schloßgartens zu einer repräsentativen Barockanlage. Eine erste Umgestaltung erfolgte im Zuge des von dem italienischen Baumeister Domenico Pelli (1657–1729) im Jahre 1695 durchgeführten Schloßneubaus unter der Herzogin Friderica Amalia (1648–1704). Um den Garten großzügig planen zu können, mußten an der Förde liegende Bürgergärten aufgekauft und zusätzlich Land in der Brunswik erworben werden. Die Zuschüttung des Burggrabens brachte die nötigen Voraussetzungen für einen Anschluß des Gartens an die Hofseite der neuen Dreiflügelanlage. Als Schöpfer kommt Hans Hinrich Rodich (gest. 1715) in Frage, der seine Arbeit 1695 aufnahm.[6] Da das Fördeufer damals unmittelbar im Osten an das Schloß angrenzte, war es unmöglich, eine einheitliche, symmetrische Anlage zu realisieren, wie es der Formenkanon barocker Gartenkunst vorschrieb. Rodich gelang es dennoch, dem Garten einen Anschein von Symmetrie zu geben, indem er eine große Parterrezone in Korrespondenz zum Schloß legte, durch die sich eine breite Achse als Allee am Fördeufer entlangzog. Eine zweite Allee verlief im Westen entlang der Dänischen Straße, deren nördlicher Teil heute „Schloßgarten" heißt. Beide zusammen bildeten in ihrem strahlenförmigen Verlauf ein tortenstückartiges Rahmengerüst, das, nach Westen abgewinkelt, auf ein erhöhtes Plateau zulief.

Rodichs eigenwillige Grundrißkonzeption läßt sich

erstmals an einem unvollendeten Entwurf nachvollziehen (Abb. 252). Er ist das einzige Plandokument, das aus dieser Zeit erhalten ist, und gibt einen anschaulichen Einblick von dem gestalterischen Niveau des Gartens zu dieser Zeit: Die beiden nahe dem Schloß liegenden Quartiere weisen in ihrer üppigen, filigranen Kombination von Broderie und Rasenstücken, eingebettet in einen quadratischen Grundriß, auf französisch-holländische Stiltraditionen aus der Mitte des 17. Jahrhunderts hin, wie sie etwa von dem Holländer Jan van der Groen in seinem Traktat „*Den Nederlandtsen Hovenier*" (1667/70) vertreten wurden, in Schleswig-Holstein aber bis ca. 1700 wirksam waren. Die aufwendige Terrassenanlage am Ende des Gartens mit Lusthaus und vorgelegtem Parterre zeugt dagegen vom Einfluß des berühmten Gottorfer Neuwerk-Gartens. Die tatsächliche Ausgestaltung des frühen Barockgartens wird schließlich durch ein detailliertes Inventar des Amtschreibers Peter Koess, das er von Schloß und Garten 1706 anfertigte, dokumentiert.[7]

Nach seiner Beschreibung setzte sich der Garten aus vier unterschiedlichen Abschnitten zusammen. Der erste Teil umfaßte zwei Absätze, deren Böschungen mit Grasstücken ornamentiert waren. Diese leiteten auf das vierteilige in nördlicher Richtung dreipaßartig abschließende Broderieparterre über, welches „*... mit Buchsbaum umbher den Rabatten, und in den Quartieren mit Laubwerk beleget, worin und durch den Buchsbaum, breite Borten von Grasmatten geleget*". Umgeben war das Parterre mit vierzig kleinen Statuen aus gotländischem Stein. Den zweiten Abschnitt bildete eine im vorderen Teil zwischen den beiden Lindenalleen plazierte Boskettzone, „*... bestehend in einer gepflanzten Boscage von Hagebüchen, mit verschiedene große und kleine Cabinetten nebst Kreutz und Quergänge [und mit] allerhand Kern- und Steinobstbäume gepflanzet*". Im Anschluß, von Koess als „*dritter Teil*" bezeichnet, folgte ein großer Nutzgartenbereich mit vier von Buchsbaum umfaßten Küchenquartieren, in deren Mitte ein längliches Wasserbecken mit einer Fontaine lag. Der vierte Abschnitt, das nördliche Ende des Gartens, wird als eine Terrassenanlage mit zwei Absätzen beschrieben. Über Grastreppen ge-

Abb. 253: Kiel: Schloßgarten, Gartenplan, aquarellierte Federzeichnung um 1727 (NMS).

langte man auf ein mit Obstbäumen bepflanztes Plateau, dessen Böschungen ebenfalls mit Grasstücken verziert waren.

Der Beschreibung des Amtsschreibers zufolge waren Nutzbereiche in den parterrefernen Partien ein selbstverständlicher Bestandteil innerhalb des Gestal-

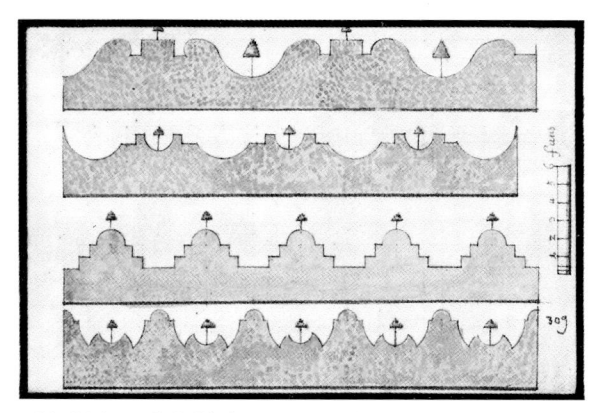

Abb. 254: Kiel: Schloßgarten, Heckenschnitte, aquarellierte Zeichnung um 1739 (NMS).

tungskonzepts des Kieler Gartens: Eine Tradition, die auf holländische Einflüsse weist und im norddeutschen Raum nach dem 30jährigen Krieg weit verbreitet war.[8] Bemerkenswert ist aber, daß nach Koess innerhalb der Boskette Obstbäume gepflanzt waren, was ein eindrucksvolles Zeugnis geschickter Nutzbarmachung lustorientierter Gartenbereiche darstellt. Rund 20 Jahre später ist im Zuge des Verfalls während der dänischen Besatzung der Garten offensichtlich ganz in den Dienst von Ertrag und Nutzen getreten, denn auf einem 1724/25 zu datierenden Bestandsplan[9] sind das von Koess beschriebene Broderieparterre und weite Teile des Gartens zu Küchenbeeten umfunktioniert worden. So wandelte sich offenbar der Barockgarten, sonst Repräsentationsort höfischer Pracht und Lustbarkeit, in Notstandszeiten zum ertragreichen Anbaugebiet. Dieser Funktionswechsel kam besonders den amtierenden Hofgärtnern zugute, die aufgrund mangelnder Lohnzahlungen seitens der Hofadministration um ihren Lebensunterhalt kämpfen mußten. So geht aus einer Vertragsbestätigung von 1709 hervor, daß dem Gärtner Rodich die Gartenanlage von 1709–1717 mit dem Vorschlag überlassen wurde, *„Lustquartiere und Anberge"* zum eigenen Nutzen zu gebrauchen.[10] Aus diesem Grund ist es nicht weiter verwunderlich, daß 1724 nur noch die innerhalb der Wegekreuze befindlichen Tapis verts von der einstigen repräsentativen Ausgestaltung der holländisch-französischen Anlage aus der Zeit Friderica Amalias zeugen.

Eine repräsentative Erneuerung des Gartens erfolg-

te anläßlich des Einzugs Herzog Karl Friedrichs (1700–1739) und seiner russischen Frau Anna Petrovna in das Kieler Schloß im Jahre 1727. Als Architekt kommt Rudolph Matthias Dallin (um 1680–1743) in Frage, der ab 1721 hin und wieder und 1727 ganz mit der Bauaufsicht des Schlosses und des Gartens betraut wurde.[11] In dieser Zeit kam es lediglich zu einer Modernisierung einzelner Elemente unter Beibehaltung aller Grundformen der Anlage von 1695, wie deutlich aus einem Gartenplan von 1727 (Abb. 253) hervorgeht.[12] Die beiden vorderen Quartiere des Broderieparterres erhielten als besondere Verzierung die Initialen des Herzogpaares. Die hinteren Nutzbeete wurden zu Lustquartieren umfunktioniert und leiteten geschickt zur Terrasse über, an deren Ende eine Art Krummhaus als Orangerie diente. Krummhausbauten waren eine Spezialität von Dallin. So entwarf er z. B. ein solches für den Eutiner Schloßgarten als Abschluß eines Menageriehofes.[13]

An einigen Details des Plans läßt sich eine Einwirkung des Traktates *„La Théorie et la Pratique du Jardinage"* des Gartentheoretikers A. J. Dezallier d'Argenville nachvollziehen. Vor allem die beiden mittleren vor der Terrasse liegenden Boskette weisen eine starke Ähnlichkeit mit Entwürfen des Traktates auf. Ebenso folgt die Broderiegestaltung des Parterres mit seiner feinen Buchsornamentik und den schwungvollen Rasenbändern stilistisch den Regeln des Lehrbuches, wogegen ihre Einbettung in den alten, noch an französische Stilmerkmale aus der Mitte des 17. Jahrhunderts erinnernden Parterregrundriß einen formalen Anachronismus darstellt.[14] Daher ergibt sich für diese Zeit eine ungewöhnliche Kombination von alten und neuen gartenkünstlerischen Formgebungen.

In dieser Ausgestaltung hat der Garten nur wenige Monate bestanden, denn Herzog Karl Friedrich ließ auf dem Gartenterrain Exerzierplätze anlegen. Das Broderieparterre und ein großer Teil des hinteren Gartenbereichs wurden dafür beseitigt. Erst nach seinem Tod (1739) erfuhr der Kieler Schloßgarten unter dem Administrator Adolph Friedrich (1710–1771), Fürstbischof von Lübeck, eine konsequente Neugestaltung. Für die neue Anlage wurden lediglich die beiden

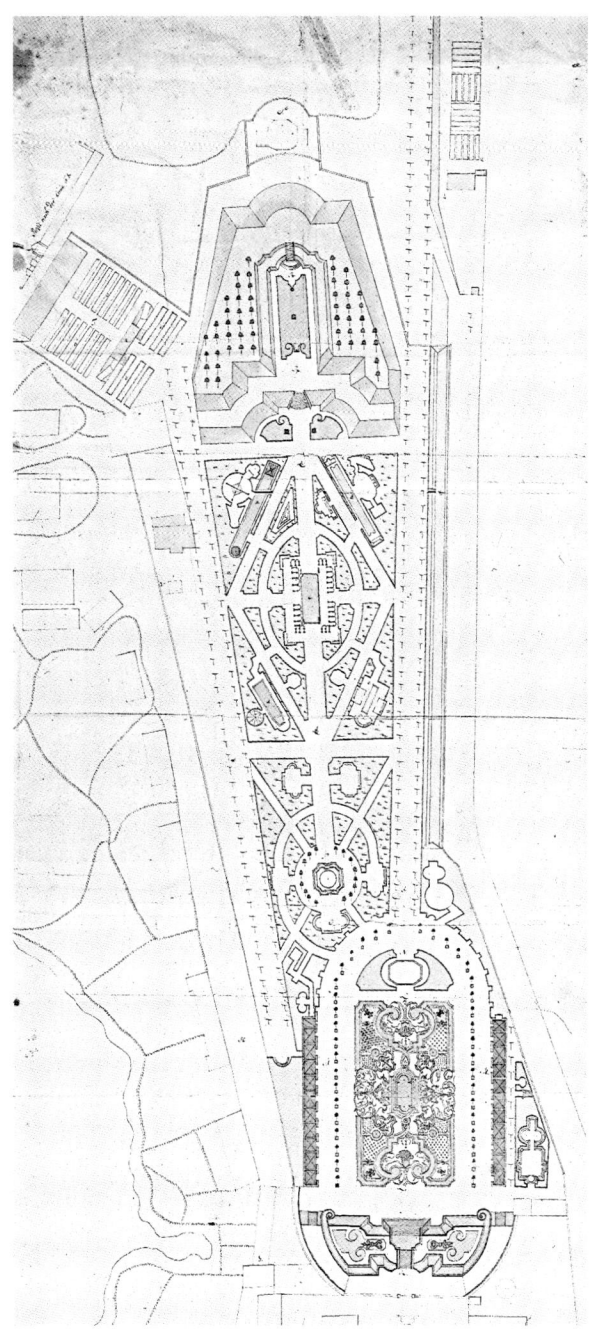

Abb. 255: Schloßgarten, Gartenplan von J. E. Randahl nach 1742, dem Großfürsten Peter gewidmet. (LAS).

rahmenden Alleen übernommen. Die Planung geht im wesentlichen auf Johann Christian Lewon (um 1690–1760) zurück, der im Oktober 1739 bei einem Besuch in Kiel für den Garten einen „*Überschlag*" für benötigte „*Hagebüchen*" und „*Hagedornen*" machte.[15] Ebenso waren in der Entstehungszeit des Gartens von 1739 bis 1749 die Architekten Rudolph Matthias Dallin und nach dessen Tod Johann Christian Förster mit Bauaufsicht und Detailentwürfen (Abb. 254) beteiligt.

Ein Bestandsplan (Abb. 255) des Zeichners Jacob Erhard Randahl nach 1742 dokumentiert eine repräsentative Gartenanlage im zeitgemäßen Stil der Régence, die vor allem durch ihre kompositionelle Ausgewogenheit überzeugt. Besonders mit dem üppig ornamentierten Blumenparterre, das vom Schloß aus über eine aufwendige Treppenanlage (Dallin) erreicht werden konnte, gelang Lewon eine gestalterische Optimierung des schloßnahen Repräsentationsbereiches, der die Asymmetrie der Gesamtanlage in den Hintergrund treten ließ. Die das Kompartiment umschließenden Zierbäumchen sowie die beiderseits flankierenden Berceaux bildeten eine schlüssige Überleitung in die große Allee entlang der Förde. Der Mittelteil des Gartens wurde durch zwei ausgedehnte Boskette, die mit prächtigen Salons und allerlei Vergnügungsmöglichkeiten (u. a. Kegelbahn, Turnier, Scheiben-Schießen mit Pfeilen) ausgestattet waren, zu einem großen Lustbereich zusammengezogen. Ein gewichtiges Pendant zur Parterrezone bildete die von einem rechteckigen Boulingrin eingeschnittene Terrassenanlage am Ende des Gartens mit einem als Point de vue geplanten Lusthaus, das durch eine Treppenanlage und seitliche Fahrwege erreicht werden konnte. In Eutin befand sich auf der obersten Terrassenstufe ein achtseitiger Gartenpavillon mit geschweiftem Dach und Laterne. Eine idealisierte Vogelschau (Abb. 6) von Randahl aus der Zeit um 1740 zeigt, daß Lewon ein ähnliches Lusthaus für Kiel vorsah.

Zweifellos stand die Gesamtkomposition des Gartens in dieser Periode im Dienste einer zeittypischen Formensprache, die darauf abzielte, Repräsentationsbedürfnisse zu befriedigen. Nutzbeete, die während der ersten Gestaltungsphase des Barockgartens noch einen selbstverständlichen Platz innerhalb der Anlage einnahmen, waren nun außerhalb des Lustgartens in einem eigens dafür angelegten Bereich, im Nordwesten der Terrassenanlage, angesiedelt. Für schleswig-holsteinische Verhältnisse ist besonders das große Parterre als eine künstlerische Rarität anzusehen und stellt

Abb. 256: Kiel: Schloß-garten, Broderieparterre von J. C. Lewon „mit eigener Hand gezeichnet", aquarellierte Federzeichnung um 1739 (NMS).

Abb. 257: Kiel: Schloßgarten, Allee nach Düsternbrook an der Förde, Lithographie von W. Heuer um 1845 (SHLB).

eine Glanzleistung im Oeuvre Lewons dar (Abb. 256). Gerade an ihm läßt sich aufzeigen, wie geschickt er eigene und fremde Ideen verarbeitete. So weist Eimer im Zusammenhang mit der Kleinmusterung des Lewonschen Dekorationsstils auf die „*Grotesque mosaique*" einer Parterregestaltung bei J. D. Fülck [1720] hin.[16] Dies ‚Netzwerk' des durch seine äußere Verriegelung noch eher altertümlich wirkenden Parterres findet eine kleinteiligere Entsprechung im Kieler Kernstück. Auch lassen sich aufgrund der Verwendung von Rasenstücken sowie der ausufernden Broderien an den Schmalseiten Einflüsse des ‚Parterre de compartiment' von Dezallier d' Argenville nachweisen.[17] Lewons künstlerische Leistung liegt hier in der Verarbeitung und Kombinierung zeitgenössischer Gestaltungsformen zu einem organischen Ganzen, wobei das besonders ausdrucksstarke florale Zentrum des Parterres als eine persönliche Note Lewons zu verstehen ist.

Nach den Jahren der Hochblüte des französischen Gartens kam es kaum mehr zu bedeutsamen Veränderungen. Schon die Instandhaltung der aufwendigen Anlage, die dazu noch ständig durch Vandalismus bedroht war, bereitete der wirtschaftlich desolaten Hofhaltung große Schwierigkeiten. Trotz andauernden Verfalls blieben die barocken Strukturen, nunmehr als Relikt einer vergangenen Epoche, bis in das erste Drittel des 19. Jahrhunderts erhalten. Im Zuge des neu orientierten Naturgefühls unter der besonderen Wertschätzung ausgedehnter Spaziergänge mit weiten, freien Ausblicken, rückte das unmittelbar an den Schloßgarten angrenzende Düsternbrooker Gehölz als Naherholungsgebiet und Ausflugsziel in den Mittelpunkt des Publikumsinteresses. So entstand im Jahre 1806, als Kronprinz Friedrich von Dänemark mit seiner Familie für drei Jahre das Kieler Schloß bewohnte, eine Erweiterung der großen Schloßallee entlang der Förde bis in das Waldgebiet Düsternbrook (Abb. 257). Der Schloßgarten bildete nun nicht mehr den Mittelpunkt gartenästhetischen Erlebens, sondern war seitdem als Ausgangspunkt beliebter Spaziergänge untrennbar mit dem Düsternbrooker Gehölz verbunden.

Erst als Herzog Karl von Schleswig–Holstein–Sonderburg-Glücksburg (1813–1878) in das Kieler Schloß einzog, erfolgte ab 1839/40 eine konsequente land-

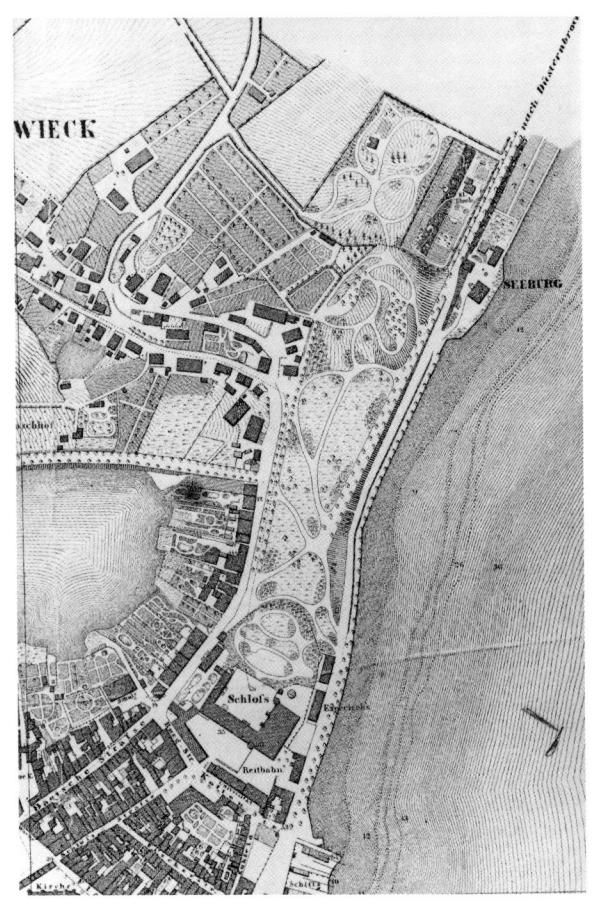

Abb. 258: Kiel: Schloßgarten, „Karte von Kiel mit nächster Umgebung" (Detail) von W. v. Thalbitzer, Lithographie 1853 (SHLB).

schaftsgärtnerische Umgestaltung durch den hannoverschen Gartenarchitekten Christian Schaumburg (1788–1868), der seit 1840 als Garteninspektor in Plön tätig war. Leider sind Originalpläne aus dieser Zeit bis heute unauffindbar. Ein um 1850 entstandener Stadtplan von Thalbitzer zeigt das Ergebnis der Schaumburgschen Gestaltung (Abb. 258):[18] Mit sicherer Hand gelang es Schaumburg, dem beengten Terrain durch ein schwungvolles Wegesystem eine ornamental anmutende Flächenstrukturierung tropfenartiger Rasenflächen einzuverleiben, die die ehemaligen barocken Strukturen auflöste und den gesamten Gartenraum zu einer rhythmischen Einheit zusammenfügte. Schaumburg übernahm die rahmenden Alleen, so daß weiterhin der prägnante Grundriß des Gartens erhalten blieb. Die vormals barocke Axialität wich optisch inszenierten landschaftlichen Sichtbeziehungen, wobei besonders Blickverbindungen zwischen Schloß und ehemaliger Terrassenanlage sowie Ausblicke auf die Fördelandschaft eine wichtige Rolle spielten. Durch Verzicht auf künstliche Bodenmodellierungen und durch eine auffallend sparsame Baumbepflanzung locker gestreuter Solitäre und Buschgruppen suggeriert der mittlere Bereich der Anlage Weiträumigkeit mit bewußt eingesetzter Übersichtlichkeit, die nicht einsames Dahinwandeln, sondern Gelegenheit zu geselligem Flanieren, unter der Prämisse Sehen und Gesehenwerden, sowie wegeübergreifende Versammlungsmöglichkeiten bot. Bemerkenswert ist, daß Schaumburg auf jegliche Staffagen innerhalb der Anlage verzichtete.

In Schaumburgs Planung klingen Stilprinzipien an, die aus zeittypischen volksgartenartigen Bestrebungen resultierten, wie sie im deutschen Raum besonders von Peter Joseph Lenné Anfang des 19. Jahrhunderts vertreten wurden. Schon C. C. L. Hirschfeld postulierte im Rahmen seiner Volksgartenidee weiträumige Plätze und freie Aussichten sowie breite, übersichtliche Alleen.[19] So kommt Schaumburg mit dem Erhalt der großen barocken Alleen bewußt diesen Forderungen nach. Geradezu in symbolisch anmutender Amtshandlung wurde 1840 im Zuge der landschaftsgärtnerischen Umgestaltung die Befriedung des Gartens an der Brunswiker Straße beseitigt, um dem Volk freien Eintritt zu ermöglichen.[20] Damit war der Garten von allen Seiten für das Publikum begehbar und entwickelte sich im Anklang moderner Stadtparkanlagen zu einem festen Bestandteil des öffentlichen Lebens. Einzig eine um 1840 durch Ankauf erfolgte Gebietserweiterung im Nordwesten des Schloßgartens und der unmittelbar am Schloß gelegene *„reservierte Garten"* (später *„Prinzengarten"*) waren der Hofgesellschaft vorbehalten.

Im Hinblick auf die öffentliche Nutzung des Kieler Schloßgartens reichen die Wurzeln, wie oben bereits erwähnt, bis in die Zeit der Universitätsgründung (1665) zurück. Der Kieler Schloßgarten stellt somit innerhalb der Gartenkunstgeschichte ein ausgesprochen frühes Beispiel dar, bei dem die Idee öffentlichen Gemeinwohls, bezogen auf die Nutzung eines Gartens, eine Rolle spielte. Ein konsequenter Funktionswechsel des Gartens, vom Repräsentationsort höfischer Lustbarkeit zum Aufenthaltsort einer breiten Bevölkerungsschicht, vollzog sich aber erst, als die eigens auf die ästhetischen und sozialen Bedürfnisse des Volkes abgestimmten Stilprinzipien in Christian Schaumburgs Gestaltung zum Tragen kamen. Mit seiner zentralen Lage, der Anbindung an das Düsternbrooker Gehölz und den Möglichkeiten weitgefächerter Panoramablicke über die Kieler Bucht, war der Schloßgarten geradezu prädestiniert, in ein Volksgartenprojekt Schloßgarten/Düsternbrook eingebunden zu werden.

Eine schwere Zäsur für die gestalterische Einheit des Gartens bedeutete Anfang der 1870er Jahre die Errichtung des Kollegiengebäudes der Universität unmittelbar vor dem nördlichen Höhenzug, an der Stelle, wo sich ab 1846 die Festhalle zur Versammlung der Land- und Forstwirte befand. Der im Stil der Schinkelschen Schule errichtete Bau der Berliner Architekten Martin Gropius und Heino Schmieden stellt schon durch die Standortwahl eine auffällige Demonstration preußischer Herrschaft dar.[21] Die ehemalige Terrassenanlage, die Schaumburg vermutlich bewußt durch eine üppige Bepflanzung als intimes Pendant zur Weiträumigkeit des übrigen Gartens gestaltete, verschwand hinter dem hochaufragenden Gebäudekomplex. Blickbeziehungen zwischen Schloß und Anhöhe waren nahezu unmöglich geworden. Die Gesamtkomposition büßte damit nicht nur einen wichtigen Gartenraum ein, sondern das landschaftlich, naturhafte Erleben als zentrales Prinzip eines Landschaftsgartens ging damit verloren.

Im Jahre 1879 kam es zur Errichtung eines Kriegerdenkmals zum Gedenken der Gefallenen des Krieges von 1870/71 von Heinrich Moldenschardt mit einem Bronzerelief von Rudolf Siemering, das an der Wegegabelung am Anfang der Lindenallee nach Düsternbrook plaziert wurde. Ab den 80er Jahren entstand durch die Einrichtung einer Pferdeeisenbahn, die den Garten durchquerte und entlang der Förde-Allee zur Badeanstalt nach Düsternbrook führte, eine Anbindung an das städtische Verkehrsnetz. Bis zum Ende des 19. Jahrhunderts folgten ein Reiterdenkmal für Kaiser Wilhelm I. von Adolf Brütt in der Achse des Univer-

Abb. 259: „Promenaden-Konzert im Schloßgarten", Postkarte 1904 (Altonaer Museum in Hamburg – Norddeutsches Landesmuseum).

sitätsgebäudes (1896) und ein laternenbekröntes Barometerhäuschen im westlichen Bereich der Anlage. Das Erscheinungsbild des Gartens hatte sich grundlegend verändert (Abb. 259). Die Integrierung baulicher Staffagen machte eine differenziertere Wegeführung und Bepflanzung erforderlich, so daß sich eine kleinteilige Flächenaufteilung ergab.[22] Eine besondere Betonung lag auf dem Kaiser-Wilhelm-Denkmal, dessen Repräsentationscharakter durch ein aufwendig gestaltetes Teppichbeet unterstrichen wurde. Das längsrechteckige Beet schmückten in den Rasen eingelassene arabeskenhafte Motive mit allerlei exotischen Pflanzen wie Pelargonien, Iresine lindenii, Phoenix sowie verschiedene Alternanthera-Sorten. Kniehohe Yuccapalmen auf den Seitenrabatten und den Zentren der Ornamente gaben der Komposition des Teppichbeetes die nötige vertikale Akzentuierung. Ein weiteres Teppichbeet in Form einer halben Rosette war unmittelbar vor dem Mittelrisalit des Universitätsgebäudes plaziert. In der axialen Korrespondenz zwischen Gebäude, Teppichbeeten und Reiterdenkmal klingen neoformale Stiltendenzen an, die dem Eklektizismus des 19. Jahrhunderts entsprachen. Die von Schaumburg intendierte Volksgartenidee des Kieler Schloßgartens erhielt in jener Zeit eine neue Dimension. In den Vordergrund traten jetzt volkserzieherische Absichten national-patriotischer Prägung, die durch die Denkmäler im Garten vermittelt wurden.

Im Bombenhagel des Zweiten Weltkrieges kam es zu massiven Verwüstungen des Gartens, bei denen das

Abb. 260: Kiel: Schloßgarten, Blick vom Schloßturm in die heutige Grünanlage, Photo 1995.

Universitätsgebäude dem Erdboden gleichgemacht wurde (Abb. 260). An seiner Stelle klafft noch heute ein kahler Schotterplatz, der als Parkplatz dient und eine ärgerliche Zäsur darstellt. Von den beiden großen Alleen, die besonders im 19. Jahrhundert den Charme der Anlage ausmachten, konnten nur wenige Bäume gerettet werden. Seit 1990 wird durch ihre Wiederherstellung versucht, sich der historischen Situation anzunähern. Doch ist es schwierig, angesichts des heute von stark befahrenen Verkehrsadern eingekesselten und nunmehr zum öffentlichen Stadtgrün reduzierten Schloßgartens, die einstige Pracht barocker Gartenkunst oder die Romantik der landschaftlichen Gestaltung nachzuvollziehen.[23] Nur an wenigen Stellen im Garten verstreut, findet sich noch historischer Pflanzenbestand: Zwei Kastanien im nördlichen Bereich stammen aus der Zeit des Landschaftsgartens, eine stattliche Blutbuche, ebenfalls noch von Schaumburg gepflanzt, erhebt sich nahe des Kaiser-Wilhelm-Denkmals, und eine ca. 300 Jahre alte Eiche auf dem Schloßwall in Richtung Oslo-Kai geht vermutlich, ähnlich wie die Lindenbäume auf dem nördlichen Plateau der ehemaligen Terrassenanlage, auf die barocke Zeit zurück. Auch findet sich unzählige Male auf den Rasenflächen der Nickende Milchstern, eine Stinzenpflanze, die in den Gärten des Barock und sogar der Renaissance eine wichtige Rolle spielte. Um das naturräumliche Erlebnis der jetzigen Grünanlage zu bereichern, wäre ein Schaukasten wünschenswert, der die gartenkünstlerische Vielfalt des Schloßgartens im Laufe seiner Geschichte dem heutigen Besucher veranschaulicht.

Birgit Alberts

---

1 Vgl. zur Geschichte von Schloß und Garten unter Einbeziehung des hauptsächlich im LAS befindlichen, reichhaltigen Archivmaterials Seebach (1965). Außerdem zum Garten: Eimer (1961); Lafrenz (1987); Buttlar (1992). Eine große Anzahl der Pläne und Zeichnungen, vorwiegend des 18. Jahrhunderts, liegen im NMS.

2 Vgl. Gramm (1665).
3 In Danckwerths Stichwerk weisen die Gärten von Friedrichstadt und Gottorf ebenfalls eine konzentrische Beetanordnung auf, möglicherweise ein Schema für besonders aufwendig gestaltete Anlagen.
4 Bereits 1667 mußte der Herzog durch ein energisches Edikt den Garten vor Vandalismus und Plünderungen in Schutz nehmen. Vgl. Anlage 59 bei Seebach (1965).
5 Vgl. zum botanischen Garten ausführlich Reinke (1912).
6 Vgl. Seebach (1965), S. 184.
7 Peter Koess, LAS Abt. 7 Nr. 5809, auch die folgenden Zitate.
8 Vgl. Hennebo/Hoffmann (1962–1965), Bd. 2, S. 144.
9 NMS THC 345.
10 Vgl. LAS Abt. 8.2 Nr. 165.
11 Vgl. LAS Abt. 8.1 Nr. 335.
12 NMS THC 351.
13 Vgl. dazu Thietje (1994), S. 117f.
14 Vgl. die Boskette bei: Dezallier d'Argenville (1760), Tafel 20 und zu den Broderien Tafel 7. Vgl. als prägnantes Beispiel eines ähnlichen Parterregrundrisses Mollet (1651), S. 5.
15 Vgl. ein „*Pro Memoria*" des Oberkammerherrn v. Bergholtz vom 15.10.1739. Aus einem weiteren „*Pro Memoria*" von v. Bergholtz geht hervor, daß Lewon zur Aufstellung der Berceaux und Arkaden im Garten Vorschläge gemacht hat, vgl. LAS Abt. 8.2 Nr. 166 I, S. 10. An dieser Stelle sei G. Thietje für die freundliche Bereitstellung ihrer Kopien gedankt.
16 Vgl. Eimer (1961), S. 125 u. Fülck [1720], Blatt 12.
17 Vgl. Dezallier d'Argenville (1760), Tafel 8.
18 Dieser Plan ist bisher das früheste Zeugnis der Schaumburg-Planung. Vgl. zu den Gestaltungsprinzipien Schaumburgs: Clark/Hennebo (1988), S. 82ff.
19 Vgl. Hirschfeld (1779–1785), Bd. 5, S. 68ff.
20 LAS Abt. 66 Nr. 4880.
21 Vgl. dazu ausführlich Nägelke (1991).
22 Vgl. zur Kleinteiligkeit des Gartens in dieser Zeit einen Stadtplan von etwa 1930 im Stadtarchiv Kiel. Zur Bepflanzung des Teppichbeetes vgl. Die öffentlichen Garten-Anlagen in Kiel, in: Möller's Deutsche Gärtner-Zeitung 20 (1905), insbes. S. 329ff.
23 Seit 1990 gehen Planungen dahin, historische Strukturen wiederherzustellen, doch konnten angestrebte Ziele bisher nicht erreicht werden. So ist z. B. vorgesehen, Parkplatz und Abhang mit in die öffentliche Grünanlage zu integrieren und darunter eine Tiefgarage zu bauen. Vgl. Kieler Nachrichten vom 24.10.1990, Nr. 249.

Kiel: Brümmerscher Garten

Barockgarten des Oberhofmarschalls O. F. von Brümmer aus dem ersten Viertel des 18. Jahrhunderts, ehemals am Kleinen Kiel auf heute überbautem Gelände gelegen.

Nur wenige anschauliche Zeugnisse blieben erhalten, die auf Kiels Vergangenheit als Residenz des dem Gottorfer Herzog 1720 im Friedensvertrag von Frederiksborg zugestandenen holsteinischen Teilstaates hindeuten. Die geringe Größe der Stadt und die knappen finanziellen Verhältnisse bei Hofe schienen eine aufwendigere repräsentative Lebensform seiner Beamten nicht recht zuzulassen. Dennoch berichtet Katharina II., die 1745 mit dem auf dem Kieler Schloß geborenen Karl Peter Ulrich von Schleswig-Holstein-Gottorf, dem späteren Zaren Peter III., verehelicht worden war, in ihren Memoiren, daß der Hof, an dem der junge Herzog erzogen wurde, *„viel zu groß für das Land war, in dem er sich befand."*[1]

In diesem Zusammenhang verdient die im Nationalmuseum in Stockholm aufgefundene Zeichnung mit der Darstellung eines barocken Adelsgartens in Kiel besondere Aufmerksamkeit (Abb. 261).[2] Die von dem an der Kieler Kanzlei beschäftigten schwedischen Hofbeamten Carl Maximilian Emanuel Johan von Adlerfelt (1706–1747) angefertigte Tuschzeichnung ist unten wie folgt bezeichnet: *„Veue du jardin de Mr. de Brummer, Chevalr de l'ordre d'Anne, Grand Marech. & Grand Ecuyer de F. A. R. tiree a Kiel du second etage de la Maison."* Ferner ist sie unten rechts signiert und datiert: *„Adlerfelt ad vivum d. 1735".*

Otto Friedrich (Frederik) von Brümmer entstammte einem baltischen Adelsgeschlecht. Er wurde 1690 in Waiküll/Estland geboren, ging in schwedische Dienste und folgte von dort dem Gottorfer Herzog Karl Friedrich nach Holstein. Als dieser 1727 mit seiner Gemahlin Anna Petrovna, einer Tochter des Zaren Peter I., festlich in Kiel einzog, eskortierte sie Brümmer in seinem Amt als Oberschenk zu Pferde. Nach dem frühen Ableben des Herzogpaares, Anna Petrovna starb bereits 1728, Karl Friedrich gut zehn Jahre darauf im Jahre 1739, übernahm er, inzwischen zum Oberhofmarschall ernannt, im Auftrag des Fürstbischofs Adolph Friedrich von Lübeck die Erziehung des Thronfolgers Karl Peter Ulrich. Katharina II. bezichtigt den 1744 schließlich in den Reichsgrafenstand erhobenen Brümmer, einen nicht unerheblichen Anteil an der unglücklichen seelischen und geistigen Entwicklung ihres späteren Ehemanns zu tragen. Sie schreibt: *„Der junge Fürst haßte Brümmer aus tiefster Seele; fürchtete ihn und warf ihm übermäßige Strenge vor."*[3] Brümmer starb 1752 in Wismar, wohin er sich mit dem ihm befreundeten Oberkammerherrn Friedrich Wilhelm von Bergholtz zurückgezogen hatte.

Der Garten befand sich am Ufer des Kleinen Kiels zwischen der an der Faulstraße entlangführenden Stadtmauer und dem Kütertor. An dieser Stelle weist nämlich der auf eine vor 1727 entstandene Zeichnung des Kartographen C. G. Holmer zurückgehende, bei Homann in Augsburg um 1730 erschienene Stadtplan *„Die Herzogl. Holstein Gottorp: Residenz-See- und Handelsstadt Kiel …"* ein von Bäumen umstandenes Grundstück auf, mit dem der Garten gemeint sein muß, wohingegen sich auf keinem der aus dieser Zeit erhaltenen historischen Stadtgrundrisse ein am Fördeufer gelegenes Grundstück ausfindig machen ließe, das für die Lage des Gartens in Frage käme. Seebach zufolge ist nachgewiesen, daß Brümmer in der Küterstraße Nummer 17 gewohnt hat.[4] Das Anwesen wurde 1806 von dem Stadtsyndikus Jakob Jahn erworben, wie u. a. Adolf Michaelis in der Einleitung zu den Familienerinnerungen der Julie Michaelis, einer Tochter des Advokaten Jahn, erwähnt. Es heißt dort: *„In demselben Jahre, wo Julie geboren ward, hatte der Vater ein stattliches, zwei Morgen großes Grundstück am Küterthor erworben, das einst ein adeliches Besitzthum gewesen war, aber bald unter der Bezeichnung ‚Jahns*

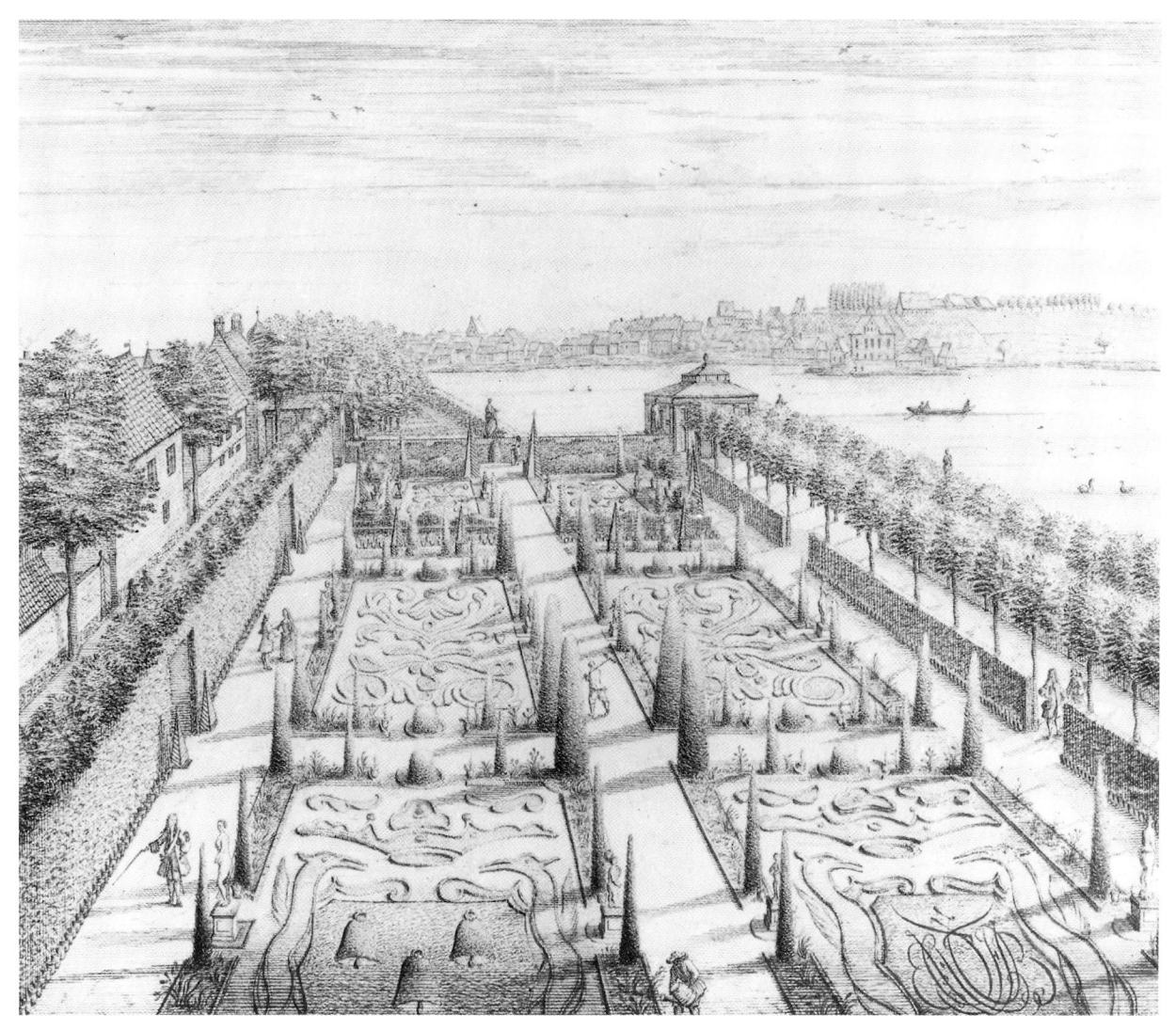

Abb. 261: Kiel: Brümmerscher Garten, „Veue du jardin de Mr. de Brummer ..." Zeichnung von M. Adlerfelt, 1735 (NMS).

Hof' bekannt ward ... Im übrigen wurde der ursprünglich nach französischem Geschmack angelegte Garten im freieren Stil umgewandelt ..."[5] Damit dürfte zweifelsfrei die Lage des Brümmerschen Gartens auf dem Gelände der heutigen Landesbank zwischen Küter-, Faulstraße und dem erst später durch Aufschüttung entstandenen Martensdamm als gesichert gelten.

Das Gartenterrain erstreckte sich auf einem längsrechteckigen Grundriß zwischen einer hohen Palisadenhecke mit rechteckig eingeschnittenen Eingängen, die parallel zu den Häusern an der alten Stadtmauer links in der Darstellung verlief, und einer geraden, den Uferrand begleitenden Allee. Diese führte im Hintergrund auf einen rechteckigen Pavillonbau zu. Drei breite, parallel in die Tiefe verlaufende Wege wurden von drei Querwegen gekreuzt, so daß sechs längsoblonge Felder entstanden. Diese waren von mit Blumen besetzten Platebandes eingefaßt, welche mit schlanken pyramidal geschnittenen Bäumen besetzt waren, und zwar so, daß die Ecken durch höhere und kräftigere Exemplare besonders betont wurden und zwei kleinere auf der Mitte der Längsseite jeweils eine Skulptur auf einem Sockel rahmten. Auf den Schmalseiten saß zwischen zwei kleineren Bäumen jeweils ein kugelig geschnittener Buchsbaum. Der Schnittpunkt zwischen dem mittleren Hauptweg und dem ersten Querweg hinter dem vorderen Broderieparterre erhielt durch die stattliche Vierergruppe der großen, auf den Ecken stehenden Baumpyramiden einen besonderen optischen Akzent. Auf der Krone der zum Nachbargrundstück im Hintergrund hochgezogenen Grenzmauer sind drei große plastische Figuren zu erkennen. Die Begrenzung des rechten äußeren Weges zur Wasserallee hin bildete eine niedrige Hecke mit Durchgängen.

Die Felder des Broderieparterres zeigten links das Brümmersche Wappen mit den drei Glocken und rechts ein Spiegelmonogramm mit Brümmers Initialen. Die beiden mittleren Felder waren offensichtlich völlig symmetrisch gestaltet. Schwungvolles Linienspiel bestimmte das Muster der floralen Ornamentik. An den Kanten der beiden hinteren Felder sind statt der geschnittenen Bäume bzw. Büsche nach oben spitz zulaufende Treillagen zu erkennen. Wasserspiele, wie Fontänen, Kaskaden oder einfache Bassins, sonst durchaus wichtige Bestandteile eines repräsentativen Gartens, fehlten – vielleicht wegen der Nähe des natürlichen Gewässers.

Eimer vertritt die Ansicht, daß der Barockgarten des Oberhofmarschalls Brümmer etwa gleichzeitig mit dem um 1727 unter Herzog Karl Friedrich angelegten Kieler Schloßgarten entstanden sei. Möglicherweise wurde die Idee der Wasserallee, die schon ein Bestandteil des unter der Herzogin Friderica Amalia 1695 angelegten Barockgartens war, von dorther übernommen. Mit der 1735 datierten Zeichnung von Adlerfelt haben wir einen Terminus ante quem für die Entstehung des Gartens. Da er aber bereits auf dem um 1730 erschienenen Stadtplan, einer aus dem Jahre 1725 stammenden Zeichnung von Simon Hagen[6] und auf dem Plan der Stadt Kiel von J. J. de Feignet, der auch um 1725 datiert wird,[7] belegt ist, darf ein früheres Entstehungsdatum in den 1720er Jahren angenommen werden. Eimer hält es für denkbar, daß der Entwurf von dem Brümmer aus Tönning und Stralsund gut bekannten Rudolph Matthias Dallin (um 1680–1743) stammt. Er hält den Garten im Hinblick auf seine Entstehungszeit im 1. Viertel des 18. Jahrhunderts für *„schon etwas altmodisch"*. Vergleicht man Brümmers Garten mit dem von dem Eutiner Garteninspektor Johann Christian Lewon angelegten Garten am Palais Dernath in Schleswig so fällt auf, daß dieser trotz ähnlich begrenzter Situation großzügiger wirkt und weniger streng geometrisch angelegt war.

Renate Paczkowski

1 Fleischhacker (1972), S. 65.
2 NMS THC 4874; nach Eimer THC 4871, Maße 26 x 30 cm. Vgl. Eimer (1961), S. 125f und Klose/Martius (1962), Bd. 2, S. 267. Eimer läßt sich von der Breite des Gewässers täuschen und lokalisiert die Lage des Grundstücks irrtümlich an der Förde.
3 Fleischhacker (1972), S. 65.
4 Seebach (1965), S. 86.
5 Michaelis (1988), S. 3.
6 LAS Abt. 402 A 618 Nr. A 148.
7 Seebach (1965), Abb. 19a.

Kiel: Düsternbrooker Gehölz

Knapp 22 ha großer Waldpark an der Kieler Förde, nördlich des Stadtkerns, zwischen Lindenallee, Düsternbrooker Weg, Karolinenweg und Niemannsweg. Seit Anfang des 19. Jahrhunderts öffentliches Ausflugsziel mit verschiedenen, heute nicht mehr erhaltenen Gastwirtschaften und Vergnügungseinrichtungen.

Das Düsternbrooker Gehölz hat sich als Rest eines Waldgebietes, das die Kieler Förde in den vergangenen Jahrhunderten umgab, seit der Mitte des 18. Jahrhunderts bis heute in seinen Außengrenzen erhalten. Der Wald, in dem 1791 schon mindestens achtzig Jahre alte Buchen standen, diente den Brunswiker Bauern als Weideplatz für ihre Schweine. Nach 1773 wurde das Gehölz königliches Gehege im Amt Kiel (Abb. 262). Ausgehend von der östlichen Lindenallee, die bis zum Ende des barocken Kieler Schloßgartens auf Höhe der heutigen Seeburg führte, erreichte man das Düsternbrooker Gehölz über einen Knickweg, auf dem die Bauern ihr Deputatholz transportierten. Dieser Feldweg gabelte sich auf Höhe des heutigen Karolinenweges in zwei Wege auf, von denen der eine westlich des Düsternbrooker Gehölzes über verschiedene Koppeln und über Krusenkamp zum Strand verlief. Er entspricht in etwa dem Verlauf des heutigen Niemannsweges. Der andere schmale Feldweg führte am östlichen Rand des Düsternbrooker Gehölzes zum „*Krusenhaus*", dem heutigen Bellevue, von wo aus er in westlicher Richtung wieder auf den erstgenannten Feldweg stieß.

Der Gartentheoretiker Christian Cay Lorenz Hirschfeld hatte schon 1780 den landschaftlichen Reiz des

Abb. 262: Kiel: Düsternbrooker Gehölz, Karte der Landesvermessung (Detail) von G. A. v. Varendorf 1789–96, aquarellierte Federzeichnung (© Kort – og Matrikelstyrelsen).

Abb. 263: Kiel: „Am Eingang des Düsternbrook bey Kiel", Lithographie von S. Bendixen um 1823 (SHLB).

Düsternbrooker Gehölzes erkannt und den natürlich gewachsenen Buchenwald mit seinen malerischen Ausblicken auf die Förde als Spaziergebiet für die Kieler Bürger entdeckt (Abb. 27). Er schlug der Rentekammer vor, ihm die Aufsicht über das Gehölz zu übertragen, um es zum Vergnügen der Bürger einrichten zu können.[1] Dabei schwebte ihm besonders die Anlage einer repräsentativen Allee vom Schloßgarten nach Düsternbrook vor. Die Umsetzung dieses frühzeitig formulierten Konzepts blieb ihm jedoch versagt.

Dreizehn Jahre nach Hirschfelds Tod wurde der Gedanke von Kronprinz Friedrich aufgenommen und verwirklicht, als dieser 1806 veranlaßte, die Düsternbrooker Allee bis zur heutigen Krusenkoppel zu führen (Abb. 263). Der ursprüngliche Knickweg wurde in gleicher Breite wie die Schloßallee zu einem Fahrweg ausgebaut und auf beiden Seiten mit Kastanien bepflanzt. Die Anlage dieser Allee war der erste Schritt für die Er-

schließung des damals noch nicht zur Stadt gehörenden Düsternbrooker Gehölzes für die Kieler Bürger.[2]

Zu Ehren des in Kiel residierenden dänischen Kronprinzen und seiner Gemahlin Marie ließ die Stadt 1807 den Marienpavillon errichten (Abb. 264). Dazu kaufte sie den direkt an das Düsternbrooker Gehölz angrenzenden nordöstlichen Teil der Krusenkoppel und gab Axel Bundsen den Auftrag für einen Teepavillon. Das anliegende Gelände war als Garten gestaltet, der von allen Seiten eingegrenzt und dessen Zugang vom Gehölz aus durch ein Tor verschlossen war. Es handelte sich dabei um ein klassizistisches weißes Tempelchen mit Dreiecksgiebel und einer Säulenvorhalle, in der sich Sitzbänke befanden. Vor dem Pavillon erstreckte sich ein Aussichtsplateau mit einem weiten Rundblick auf Förde, Schloß und Stadt, der im 19. Jahrhundert viele Künstler inspirierte. Als kleiner griechischer Tempel stand der Marienpavillon in der

Abb. 264: Kiel: Düsternbrooker Gehölz, Marienpavillon, Kupferstich von C. D. Voigts 1810 (SHLB).

Abb. 265: Kiel: Düsternbrooker Gehölz, Sanssouci, Aquarell von J. M. Wagner 1836 (Photo LDSH).

Tradition der vielen Gartenstaffagen, die in den englischen Landschaftsgärten im 18. Jahrhundert beliebt waren.[3] In Hirschfelds *„Theorie der Gartenkunst"* sind mehrere Varianten für Gartengebäude abgebildet, die erkennen lassen, daß sich Bundsen sechzehn Jahre nach Hirschfelds Tod beim Entwurf des Pavillons an dessen Vorstellungen orientierte. Nach dem Tod von Königin Marie 1852 ging der Hain mit dem Pavillon an ihre Tochter Wilhelmine über. Als die Stadt Kiel 1873 das Düsternbrooker Gehölz kaufte, schenkte Herzogin Wilhelmine den Besitz der Stadt zurück. Im Laufe der Jahre führte die Nutzung des Gebäudes als Waldwärterhaus zu baulichen Veränderungen. Unter den Nationalsozialisten wurden Pavillon und Hain 1934 nach den Plänen des Magistratsbaurats R. Schroeder zu einem Ehrenmal für die Gefallenen des Ersten Weltkriegs umfunktioniert. Nachdem der Pavillon im Zweiten Weltkrieg beschädigt wurde, erinnert heute nur noch die Plattform an die Stelle, an der das Tempelchen gestanden hat.

Mit dem zunehmenden Angebot an Gastwirtschaften und Vergnügungseinrichtungen entwickelte sich das Düsternbrooker Gehölz seit dem Anfang des 19. Jahrhunderts zu einem beliebten Ausflugsziel. Ab 1808 wurde auf der Krusenkoppel unterhalb des Marienpavillons eine Gastwirtschaft betrieben, aus der später das Hotel Düsternbrook hervorging. Zwölf um 1824 kreisförmig gepflanzte Linden, die heute noch erhaltenen *„12 Apostel"*, wurden wohl von den Besuchern als grüner Salon genutzt.

Innerhalb des Düsternbrooker Gehölzes ließ die Rentekammer 1811 ein ‚herrschaftliches Wirtshaus' bauen, das ab 1845 den Namen *„Sanssouci"* trug (Abb. 265). Diese Gastwirtschaft findet in Theodor Storms Novelle *„Auf der Universität"* (1862) Erwähnung. Dabei schilderte Storm auch die schlechte wirtschaftliche Lage, in der sich das überwiegend von Studenten besuchte Lokal tatsächlich befand, als die in unmittelbarer Nähe gelegene Seebadeanstalt 1822 ihren Betrieb aufnahm. Nachdem das Gebäude 1865 abgebrannt war, wurde der Platz aufgeforstet.[4] Heute erinnert ein Granitfindling in der Nähe des ehemaligen Standorts von *„Sanssouci"* an den literarischen Schauplatz.

Ein besonderer Anziehungspunkt des gesellschaftlichen Lebens wurde die 1822 von Axel Bundsen errichtete Seebadeanstalt (Abb. 266). Schon um 1803 hatten drei Kieler Professoren die Gründung einer Badeanstalt in Düsternbrook angeregt. Das milde Seeklima, das das schützende Gehölz gewährleistete, und das klare, stark salzhaltige Fördewasser zur Therapie von Haut- und Nervenkrankheiten bildeten die Grundlage einer auch für den Bädertourismus vielversprechenden Einrichtung. Zur Finanzierung der Seebadeanstalt war eine Aktiengesellschaft gegründet worden, die das Monopol auf den Bau einer Badeanstalt und die Lizenz für die Durchführung von Vergnügungsveranstaltungen erhielt. 1820 schenkte König Friedrich VI. der Aktiengesellschaft das Bauland. Auf einem 5 ha großen Ufergelände unterhalb der Krusenkoppel, an

Abb. 266: Kiel: Düsternbrooker Gehölz, Seebadeanstalt, kolorierte Lithographie nach J. L. Hansen um 1828 (SHLB).

der Stelle des heutigen Landeshauses, wurde nach den Plänen Bundsens ein großzügiger klassizistischer Gebäudekomplex errichtet. Die zur Förde ausgerichtete Hauptfassade gliederte sich in einen hohen Mittelbau mit Dreiecksgiebel und tiefer Säulenvorhalle, an den sich nach beiden Seiten eine Kolonnade als Wandelhalle anschloß. Den Abschluß bildete auf jeder Seite ein kleiner Pavillon. Die Landseite zeigte eine ähnliche Gliederung, aber die dem Mitteltrakt zu beiden Seiten angelagerten Verbindungsbauten führten in einem Bogen zu den Eckpavillons und bildeten so eine halbkreisförmige, repräsentative Auffahrt. Im großen Mittelbau befanden sich die Logierzimmer und der 144 Quadratmeter große Badesaal mit umlaufender Galerie.[5] In diesem Saal fanden vielfältige Veranstaltungen statt. 1845 geriet die Aktiengesellschaft in finanzielle Schwierigkeiten und verkaufte die Seebadeanstalt an einen Stadtphysikus, unter dessen Leitung sie wieder florierte und noch vergrößert wurde. 1865 kaufte die preußische Regierung das Gelände und ließ dort ein Marinedepot errichten. Mit der Aufgabe des Badebetriebes war die Monopolstellung der Seebadeanstalt erloschen, so daß in den nächsten Jahren andere Einrichtungen entstehen konnten.

Als Bereicherung des kulturellen Lebens in der Badesaison entstand 1843 das Sommertheater Tivoli. Es lag am Düsternbrooker Weg in einem idyllischen Garten am Hohenberg südlich der Reventlouallee. Das dort ansteigende Gelände nutzte man zur Einrichtung eines Amphitheaters. Als das Tivoli 1870 abbrannte, wurde das Gelände als Bauland ausgewiesen, parzelliert und später mit Villen bebaut.[6]

Im Forstwerk von 1845 war bestimmt worden, das Düsternbrooker Gehölz als Park zu konservieren und deshalb von einer streng wirtschaftlichen Behandlung auszuschließen. Zu dieser Zeit muß das Waldgebiet ein vielbesuchtes Ausflugsziel gewesen sein. 1855 hieß es, das Gehölz sei *„großem Menschengewühl und dem stetigen mutwilligen Tun und Treiben der Jugend"* ausgesetzt.[7] 1856 sollte der Wald während der Wirt-

Abb. 267: Kiel: Spaziergänger in Düsternbrook, Zeichnung von A. Lohse 1860 (SHLB).

schaftskrise zur Sanierung der Staatsfinanzen liquidiert werden, doch eine Abordnung der Stadt Kiel konnte in Kopenhagen den Abholzungsbefehl verhindern, so daß das Gehölz den damals rund 16 000 Einwohnern als Naherholungsgebiet erhalten blieb (Abb. 267). Ab 1865/66 trug ein „*Behandlungsplan*" mit Vorschlägen zur „*Verschönerung des Geheges*" dazu bei, das Gehölz durch waldpflegerische Maßnahmen und den Ausbau des Wegenetzes weiter zu erschließen.[8] Als die Stadt Kiel 1873 Düsternbrooker und Düvelsbeker Gehege von der preußischen Regierung kaufte, mußte sie sich verpflichten, beide Gehölze als Wald oder Park zu erhalten und zu pflegen. Ende des 19. Jahrhunderts wurden neue Wege geplant und zwei in einer natürlichen Senke liegende Wasserflächen als Teiche gestaltet, der „*Mondspiegel*" und der „*Dianenspiegel*". Während im ersten Drittel des 19. Jahrhunderts in Düsternbrook nur vereinzelt Gebäude lagen, entstanden nach der Errichtung der Seebadeanstalt die ersten Sommerhäuser in großen Gärten. Die sprunghafte Bevölkerungsentwicklung nach 1871 führte zu einem steigenden Bedarf an Bauland und damit auch zu einer Bebauung weiter Teile der Uferlandschaft.

Die 1780 von Hirschfeld geplante landschaftsgärtnerische Gestaltung des Ufergeländes zwischen Schloßgarten und Düsternbrooker Gehölz kann als erster Schritt zu seiner schriftlich fixierten Theorie über Volksgärten angesehen werden.[9] Darunter verstand er öffentliche Spaziergänge im Umkreis der Städte oder vor den Stadttoren, wo sich die Bürger in Gesellschaft anderer in gestalteter Natur aufhalten konnten, wie z. B. im Wiener Prater oder im Berliner Tiergarten. Der zukunftsweisende Gesichtspunkt in Hirschfelds Forderung nach der Einrichtung von Volksgärten liegt darin, daß er den Naturgenuß zu einem allgemeinmenschlichen Anspruch erhob, dessen Erfüllung er als Aufgabe des öffentlichen Gemeinwesens ansah. Hirschfeld hatte erkannt, daß Düsternbrook mit seiner besonderen Lage an Wald und Förde, eingebettet in die schleswig-holsteinische Kulturlandschaft, über ein Potential an Naturschönheiten verfügte, die unter seiner Aufsicht im Sinne des Volksgartens ausgestaltet werden könnten. Die Einbindung der von ihm 1784 gegründeten Düsternbrooker Fruchtbaumschule sowie der nahegelegenen Düvelsbeker Forstbaumschule in ein öffentliches Spaziergebiet – und damit die Verbindung des Nützlichen mit dem Schönen – entsprach der aufklärerischen Auffassung von moralischer und patriotischer Erziehung durch Gartenkunst. So war die Fruchtbaumschule dazu geeignet, der Bevölkerung nützliche Eindrücke zu vermitteln. Auch können die damaligen Baumpflanzungen im weitesten Sinne als nationale Denkmäler interpretiert werden, da sie die wohltätige und vorausschauende Fürsorge eines aufgeklärten Landesherrn demonstrierten.[10]

Wenn auch das Projekt für die landschaftsgärtnerische Gestaltung des Düsternbrooker Gehölzes im 18. Jahrhundert nicht zur Ausführung kam, wurden in der ersten Hälfte des 19. Jahrhunderts immerhin einzelne Elemente aus Hirschfelds Volksgarten-Theorie realisiert. Am wichtigsten für die Erschließung des damals nicht zur Stadt gehörenden Gebietes war die Anlage der Düsternbrooker Allee. Der Marienpavillon und die Seebadeanstalt erfüllten in ihrer klassizistischen Gestalt die ästhetischen Forderungen des Gartentheoretikers.[11] Ab ca. 1820 entwickelte sich das Düsternbrooker Gehölz mit seinem vorgelagerten Fördeufer durch die Ausflugswirtschaften und Vergnügungseinrichtungen zu einem vielbesuchten Spaziergebiet. Von einem durchgängigen planerischen Konzept für die Erschließung dieses Geländes im Sinne der Volksgarten-Theorie kann man jedoch nicht sprechen, da in der kleinen Stadt Kiel ein öffentlicher Träger für ein derartiges Projekt fehlte.

Der sprunghafte Bevölkerungsanstieg nach 1871 führte im landschaftlich bevorzugten Düsternbrook zur Parzellierung und Bebauung weiter Teile der Uferlandschaft. So schwand der Raum öffentlicher Naherholungsgebiete im Gegenzug zur steigenden Bevölkerungsentwicklung weitgehend dahin. Aus diesem Mangel entwickelte sich in Kiel wie in vielen Städten im 19. Jahrhundert die Planung und Anlage öffentlicher Stadtparks.

Barbara Martins

1 Kehn (1992a), S. 89.
2 Kehn (1984), S. 35.
3 Wehser (1989), S. 74.
4 Sievert (1953), S. 21ff.
5 Wehser (1989), S. 91ff.
6 Eckardt (1899), S. 495f; Kaufmann (1975), S. 103.
7 Hase (1985), S. 264.
8 Martins (1994), S. 255.
9 Kehn (1992 b), S. 89.
10 Martins (1994), S. 261.
11 Kehn (1984), S. 35.

Kiel: Fruchtbaumschule

Gelände der ehemaligen, 1784 gegründeten Fruchtbaumschule und Wohnsitz des Gartentheoretikers C. C. L. Hirschfeld (nicht erhalten), am nördlichen Rand des Düsternbrooker Gehölzes, direkt am steil ansteigenden westlichen Fördeufer bei Bellevue gelegen. Nach Übergang zur Handelsbaumschule in der Preußenzeit parzelliert. Heute Villengebiet an der Bismarckallee.

Die Gründung der Fruchtbaumschule geht zurück auf den Gartentheoretiker Christian Cay Lorenz Hirschfeld (1742–1792), der als Professor der Philosophie und Schönen Wissenschaften in Kiel lebte und lehrte. Sein Vorschlag zur Anlage einer öffentlichen Baumschule in den Herzogtümern fand 1780 die Unterstützung des dänischen Schatzmeisters Heinrich Carl Schimmelmann, der ihm die Ausführung des Projekts zusagte.[1]

Hirschfeld betrachtete die Einrichtung und Leitung einer auf königliche Kosten finanzierten Fruchtbaumschule als wirkungsvolle Möglichkeit, zur hortikulturellen Verbesserung und allgemeinen Landesverschönerung beizutragen.[2] Wie in Herrenhausen sollten die in der Baumschule angezogenen Obstbäume kostenlos an Bauern, Geistliche und Lehrer in den königlichen Ämtern abgegeben werden. Für eine weite Verbreitung der Obstbaumkultur im Lande hatte Hirschfeld geplant, den Lehrerseminaristen durch Unterricht in der Baumschule theoretische und praktische Kenntnisse zu vermitteln, die diese dann später an ihre Schüler weitergeben sollten. Da die Bauerngärten bisher nur wenig genießbares Wildobst enthielten, erwartete Hirschfeld von der heimischen Produktion guter Obstsorten eine Verbesserung des Nahrungsangebots und der Lebensumstände der Landbevölkerung. Daneben versprach der Export der Früchte eine Förderung der wirtschaftlichen Wohlfahrt des Landes. Für den Gartentheoretiker hatten Fruchtbaumpflanzungen auch eine ästhetische Komponente. Als Träger eines auf die menschlichen Sinne wirkenden starken Reizes seien sie auch unter gartengestalterischen Aspekten zur Verschönerung der Landschaft einzusetzen.

1781 stimmte die Rentekammer der Einrichtung einer Fruchtbaumschule und der Unterweisung der angehenden Lehrer zu. Hirschfelds ambitionierte Pläne, in der Baumschule auch nordamerikanische Zierbäume für den Verkauf anzuziehen sowie dort eine Ausbildungsstätte für Gärtnerlehrlinge einzurichten, wurden jedoch abgelehnt. 1783 kaufte die Rentekammer auf Hirschfelds Vorschlag die an der nordöstlichen Ecke des Düsternbrooker Gehölzes gelegene Bauernstelle „*Krusenhaus*" mit drei dazugehörigen Koppeln von 3 ha Größe, die von C. H. B. Klessel ausgemessen und kartiert wurden.[3] Nach einer Grund- und Aufrißzeichnung von J. Friedrich Neumann war das „*Krusenhaus*" ein einfaches Fachwerkhaus mit vier Dachgauben.[4]

Im Frühjahr 1784 begann Hirschfeld mit der ersten

Abb. 268: Kiel: Fruchtbaumschule, Hirschfelds Wohnhaus, Kupferstich von H. A. Grosch um 1790 (SHLB).

Abb. 269: Kiel: Fruchtbaumschule, Bellevue von der Kieler Förde aus gesehen, Lithographie um 1860 (SHLB).

Aussaat von Kirschen und Pflaumen, im Herbst kamen Walnüsse dazu. Das Gelände hatte er den praktischen Erfordernissen nach aufgeteilt, eine Koppel wurde als Samenschule, das übrige Land als Baum- und Pflanzschule genutzt. Ab 1785 finden sich in Hirschfelds „*Gartenkalender*" Mitteilungen über den Fortschritt der Baumschule, die 1786 durch Ankauf einer angrenzenden Koppel auf 4 ha vergrößert wurde. 1789 standen über 80 000 junge Obstbäume aller Gattungen und Sorten zur Auspflanzung bereit. Anfangs stieß die kostenlose Abgabe der Bäume bei den Bauern auf Vorbehalte. Sie mißtrauten der Widerstandsfähigkeit der ohne Dünger angezogenen Bäume im rauhen holsteinischen Klima und befürchteten Steuererhöhungen. Doch bis 1792 hatte sich das wohltätige Vorhaben als nutzbringende Einrichtung etabliert. Hirschfelds Wohnsitz in der Fruchtbaumschule entwickelte sich zum Anziehungspunkt für jeden Gartenliebhaber, der Kiel besuchte. Die Rentekammer hatte ihm das „*Krusenhaus*" zur Verfügung gestellt, das jedoch in keinem guten baulichen Zustand war. Der Grundriß des einfachen Fachwerkgebäudes war für seine Wohnzwecke leicht verändert worden. Dort befanden sich die umfangreiche Bibliothek und Kupferstichsammlung des Gartentheoretikers.[5] Am Haus legte Hirschfeld einen Blumengarten an, dessen malerische Kulisse der Buchenwald des Düsternbrooker Gehölzes bildete (Abb. 268).

Nach Hirschfelds Tod im Jahre 1792 übernahm der Professor der Botanik und Obstbaumzucht Johann Jacob Moldenhawer (1766–1827) die Leitung der Fruchtbaumschule. Der von der Rentekammer beauftragte Landbaumeister Johann Adam Richter legte mehrere Entwürfe für Neubauten sowie Kostenvoranschläge für Reparaturen am Wohnhaus vor. 1793 bewilligte die Rentekammer die Instandsetzung des alten Hauses.[6] In der Fruchtbaumschule waren zu dieser Zeit zehn Arbeiter angestellt, die die kostenlose Abgabe der Obstbäume weiterhin gewährleisteten. Aber im Gegensatz zu den fünf- bis sechstausend Stämmen, die unter Hirschfelds Leitung jeweils im Frühjahr und im Herbst bereitstanden, waren es 1798 nur noch zwei- bis dreitausend Stück, die von einem Gärtner aus der Fruchtbaumschule am Bestimmungsort eingepflanzt wurden. Moldenhawer leitete die Baumschule nicht mit dem aufklärerischen und sozialen Engagement Hirschfelds. Er klagte über die viele Arbeit und sein niedriges Einkommen. 1810 sollte die Fruchtbaumschule verkauft und damit als gemeinnützige königliche Einrichtung aufgelöst werden, da sich jedoch kein Käufer fand, führte Moldenhawer sie bis zu seinem Tod im Jahre 1827 weiter fort.

1829 verkaufte die Rentekammer die inzwischen verfallene Fruchtbaumschule an den Gärtner Christian Eckardt aus Stellingen. Unter seiner Leitung entwickelte sie sich zu einer florierenden Handelsbaumschule, die sich bis 1855 auf knapp 10 ha vergrößerte und sich immer weiter nach Nordwesten ausdehnte. Da sich das Düsternbrooker Gehölz inzwischen zu einem beliebten Ausflugsziel entwickelt hatte, eröffnete Eckardt in der Scheune neben dem Wohnhaus die Gastwirtschaft „Bellevue". 1846 wurden in Bellevue, wie diese Stelle wegen ihrer schönen Aussicht über die Kieler Förde genannt wurde, mehrere Aussichtspunkte, u. a. ein Aussichtspavillon, errichtet (Abb. 269). Heute noch finden sich Reste des Fundaments einer solchen Aussichtsplattform am Hang nördlich der Terrasse des Hotels Maritim, das 1972 an der Stelle des im Zweiten Weltkrieg stark beschädigten großen Logierhauses „Bellevue" entstand.

Mit Kiels Ausbau zum Reichskriegshafen 1871 kam es zu einem sprunghaften Bevölkerungsanstieg. Das landschaftlich schöne Gebiet mit seiner Lage am Wald und an der Förde wurde zum begehrten Bauland. 1865 kaufte der Hamburger Kaufmann Heinrich A. Meyer ein Teilstück der Handelsbaumschule und ließ dort sein „Haus Forsteck" errichten. Nachdem das Gebäude 1944 zerstört wurde, legte die Stadt Kiel 1956 auf diesem Gelände den Diederichsenpark an. Bellevue ist heute ein Wohngebiet mit Villenbebauung. Zur Erinnerung an den Gartentheoretiker erhielt die Grünanlage, die vom Rondell der Bismarckallee zum Hindenburgufer hinunterführt, 1993 den Namen „Hirschfeld-Blick".

Barbara Martins

---

1 Hoffmann (1954), S. 66.
2 Buttlar (1989), S. 168.
3 Eckardt (1899), S. 147; Martins (1994), S. 216f.
4 Martins (1994), S. 216.
5 Kehn (1992b), S. 108.
6 Martins (1994), S. 221. An dieser Stelle kann nicht verifiziert werden, ob 1796 ein Neubau des Wohnhauses ausgeführt wurde.

Kiel: Forstbaumschule

Park zwischen Niemannsweg, Feldstraße, Koester- und Schlieffenallee. 1788 zur Aufforstung der königlichen Gehege vom Leiter des staatlichen Forstlehrinstituts, August Christian Heinrich Niemann, angelegt, mit etlichen, heute noch erhaltenen dendrologischen Besonderheiten. 1874 Übergang in städtischen Besitz. Seit 1899 Volkspark mit der 1904/05 errichteten Gastwirtschaft „Forstbaumschule".

Die königlich-dänische Forstbaumschule entstand nordwestlich der Fruchtbaumschule und des Düsternbrooker Gehölzes auf dem Gelände des Düvelsbeker Geheges. Sie lag auf einer 1 ha großen Grundfläche, die im Südwesten vom Forstweg begrenzt wurde. Heute ist die Forstbaumschule in die wesentlich größere gleichnamige Stadtparkanlage integriert und ihren gestalterischen Prinzipien so angepaßt, daß der Spaziergänger die ehemaligen Grenzen nicht mehr erkennen kann.

Der Grundstein zu einer forstlichen Ausbildung in Kiel wurde 1785 gelegt, als das Forstlehrinstitut gegründet wurde, in dem Soldaten des Jägercorps zu Forstleuten ausgebildet wurden. Damit die Forsteleven neben der theoretischen Ausbildung auch praktische Kenntnisse erwerben konnten, legte der Leiter des Forstlehrinstituts, August Christian Heinrich Niemann (1761–1832), 1788 nach dem Vorbild in Berlin-Tegel die Forstbaumschule an. Er war als Professor der Polizeiwissenschaften in Kiel einer der bedeutendsten Kameralisten in Schleswig-Holstein. Seine forstwissenschaftlichen, landeskundlichen und karitativen Verdienste spiegeln sich in zahlreichen Ämtern und Veröffentlichungen wider.[1] An seinen Namen erinnern in Kiel heute der Niemannsweg und ein 1965 dort errichteter Gedenkstein.

Die Gründung der Forstbaumschule geht zurück auf landesherrliche Bestrebungen zur Verbesserung des Waldbestandes, der seit dem 16. Jahrhundert in ganz Deutschland stark zurückgegangen war. Im dänischen Gesamtstaat kam es gegen Ende des 18. Jahrhunderts zur Anlage von königlichen Baumschulen. Damit trat zum ersten Mal der Staat als Träger der Pflanzenanzucht auf.

Neben dem forstfachlichen Unterricht, der den Eleven Kenntnisse über die Forstgewächse (Abb. 270) und den Forstbetrieb vermitteln sollte, diente die Düvelsbeker Baumschule zur Anzucht von Waldbäumen für die Aufforstung der königlichen Gehege in den Herzogtümern. Das für die Baumschule vorgesehene, fast rechteckige Gelände war zum großen Teil durch eine angrenzende Buchenhölzung geschützt, die nach Nordwesten hin offene Seite wurde mit Pappeln, Birken und Hainbuchenhecken bepflanzt. Ein handge-

Abb. 270: Kiel: Forstbaumschule, Botanisch entomologische Studie eines Eleven, aquarellierte Federzeichnung von D. A. Michaelis 1812 (LAS).

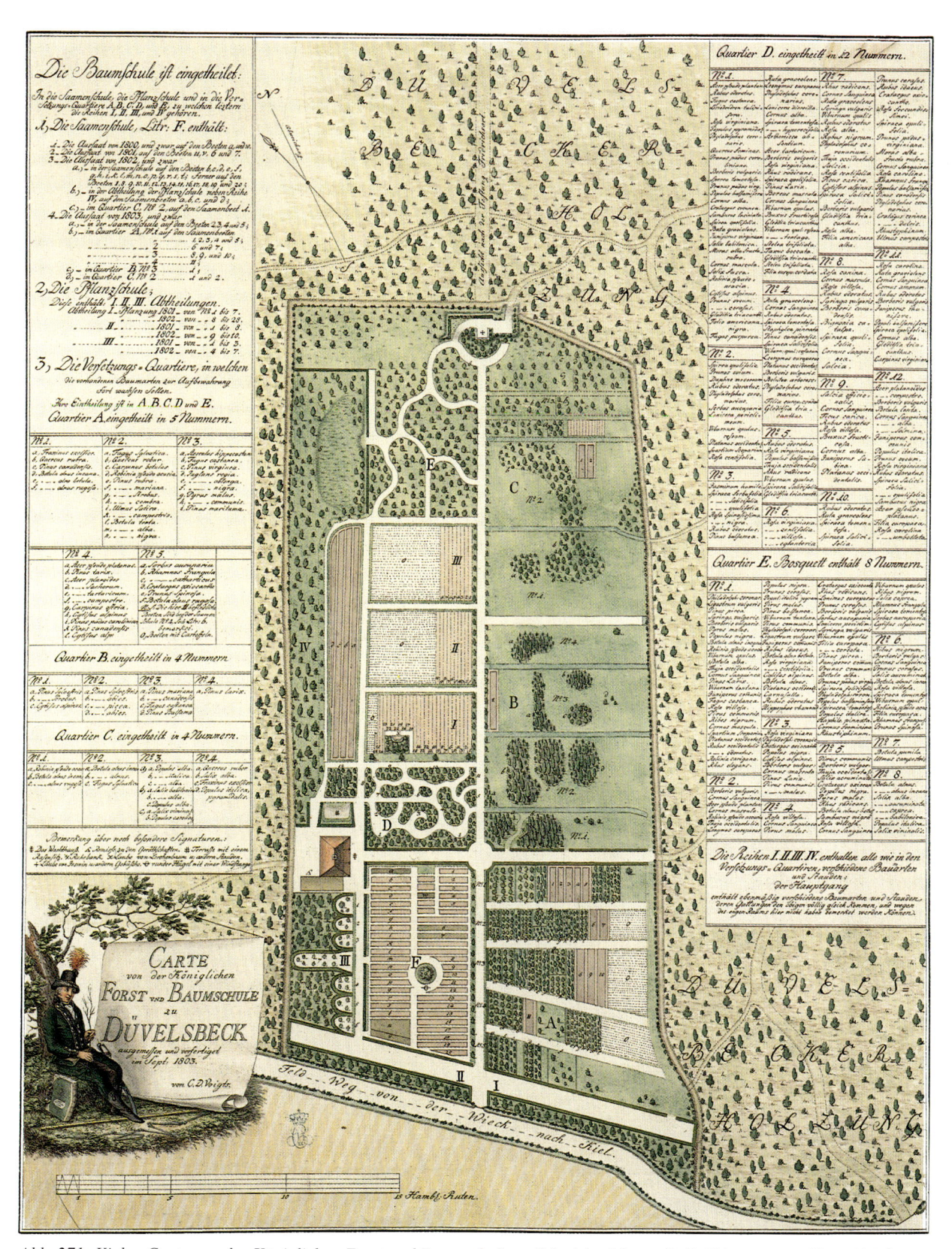

Abb. 271: Kiel: „Carte von der Königlichen Forst und Baumschule zu Düvelsbeck" von C. D. Voigts, aquarellierte Zeichnung von 1803 (Königliche Handbibliothek Kopenhagen).

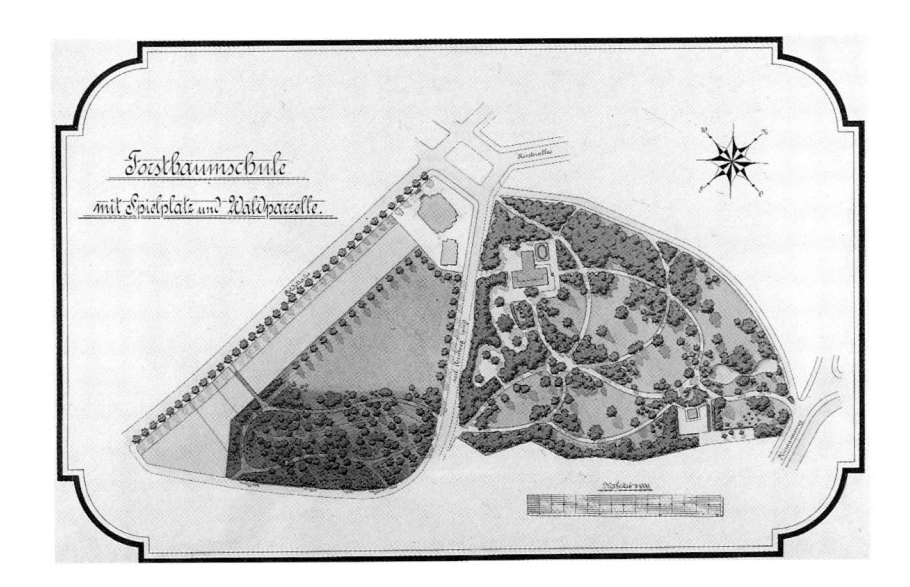

Abb. 272: Kiel: „Forstbaumschule mit Spielplatz und Waldparzelle", aquarellierte Zeichnung um 1910 (Grünflächenamt Kiel).

zeichneter Entwurf von 1788 vermittelt neben der Beschreibung Niemanns einen Eindruck von der ersten Einrichtung der Forstbaumschule: Nachdem das Gelände vermessen, abgesteckt und umgegraben worden war, konnte im Frühjahr 1788 mit der ersten Aussaat begonnen werden. Im Juni wurde der Grundstein für das Wachhaus gelegt. Die schöne, 1803 von Carl Daniel Voigts angefertigte Karte (Abb. 271) vermittelt einen detaillierten Eindruck von der Anlage. Das Baumschulgelände wurde durch eine Mittel- und eine Querachse in Quartiere unterteilt. Der Hauptgang war wie eine Allee mit verschiedenen Baumarten bepflanzt und endete in einer Laube aus Jasmin und anderen Gehölzen. Am westlichen Ende des Quergangs lag das Wachhaus mit einer Remise für die Gerätschaften. Nördlich davon war eine Terrasse mit Rasensitz angelegt. Auf dem Gelände der Samenschule befand sich ein Hügel mit einer Windstange. Die Baumschulquartiere waren eingeteilt in die Samenschule, die Pflanzschule und die Versetzungsquartiere. Die Samen- und die Pflanzschule dienten der Anzucht junger Pflanzen bis zu ihrer Versetzung. Die Bäume aus den Versetzungsquartieren nutzten die Eleven zur Samengewinnung.[2]

Bis 1802 hatte sich herausgestellt, daß die Forstbaumschule für die Vielzahl der dort angezogenen Bäume zu klein war, so daß die Rentekammer 1805 genehmigte, die Baumschule durch Ankauf der nach Osten und Westen angrenzenden Holzgründe auf 2,5 ha zu erweitern. 1810 konnten die Eleven mit der Bodenbearbeitung des neuen Geländes beginnen. Für die forstwissenschaftliche Ausbildung in der Baumschule setzte Niemann die empirische Methode ein, indem er die Forsteleven vielfältige Beobachtungen durchführen und diese in einem Tagebuch verzeichnen ließ. Vom ersten Gesang der Lerche im Januar, den ersten Knospen der Ulme im März, über die Feststellung, daß ausgelegte Ahornsamen von Mäusen aufgefressen worden waren, bis zum Laubfall im Herbst spiegelt dieser Kalender ein Bild vom Naturgeschehen im Jahreslauf wider. Daneben wurde die genaue Beobachtung von Pflanzen und Insekten auch zeichnerisch festgehalten.

1822 gab Niemann ein Verzeichnis von 350 in der Forstbaumschule vorhandenen Gewächsen heraus, unter denen sich auch eine große Anzahl von Exoten aus Nordamerika befanden.[3] Ihr schnelles Wachstum begünstigte ihre Anpflanzung zur Aufforstung kahler Flächen. Parallel dazu stieg die Nachfrage an exotischen Zierbäumen für Landschaftsgärten, auf die die Forstbaumschule mit dem Verkauf von Bäumen an Privatleute reagierte.

Nach dem Tod Niemanns im Jahre 1832 sollte die Forstbaumschule aufgegeben werden. Der damalige Baumschulverwalter hatte jedoch ihre Bedeutung für die Forst- und Gartenbauwissenschaft, Botanik und

Kiel 371

Abb. 273: Kiel: Forstbaumschule, Altes Forsthaus, Photo um 1880 (SHLB).

Landeskultur erkannt und konnte erreichen, den Bestand der wertvollen Sammlung einheimischer und exotischer Bäume zu erhalten. Mit der Auflage, die Kosten des Unterhalts selbst zu tragen, fungierte die Forstbaumschule bis 1867 als öffentliche Handelsbaumschule und entfaltete einen weitverzweigten Pflanzenhandel, der sich von Hamburg über Husum nach Kopenhagen erstreckte. In dieser Zeit hatte sich die Forstbaumschule schon zu einem vielbesuchten Ausflugsziel entwickelt, das angenehme Ruheplätze und herrliche Ausblicke über die Förde bot. Im Forsthaus hatte sich ein kleiner gastronomischer Betrieb etabliert.

Mit Übernahme der Preußischen Forstverwaltungsorganisation nach 1867 sollte die Forstbaumschule privaten Betreibern überlassen werden. In den folgenden Jahren wurde ein großer Teil der vorhandenen Pflanzen verkauft.[4] 1874 ging die Anlage in städtischen Besitz über und wurde an einen privaten Handelsgärtner verpachtet, wobei 350 ausgewählte Pflanzen zur weiteren Erhaltung bestimmt worden waren.[5] 1898 wurde der Baumschulbetrieb schließlich ganz aufgegeben und das Gelände von der Stadt als Parkanlage bewirtschaftet (Abb. 272).

1904/05 ließ das Stadtbauamt an der Stelle des alten Forsthauses (Abb. 273) das heute noch bestehende Gastwirtschaftsgebäude errichten. Die den Eingang flankierenden beiden Linden sind ungefähr zweihundert Jahre alt und damit noch zu Niemanns Zeiten gepflanzt worden. Nachdem der Park 1928 und Mitte der 1950er Jahre auf seine jetzige Größe erweitert wurde, ist die Forstbaumschule heute ein zusammenhängendes Stadtparkgelände, das in seiner Ausdehnung weit über den Bereich der ehemaligen Baumschule hinausgeht und durch die gestalterischen Prinzipien geprägt ist, die Anfang des 20. Jahrhunderts für die Anlage eines Volksparks vorherrschten. Typisch dafür sind die ‚brezelförmige' Gestaltung des Wegenetzes, große Rasenflächen, die als Sport- und Liegewiesen genutzt werden können, Gastwirtschaft, Spielplatz und Teiche.[6] Zwar kann der heutige Spaziergänger die ursprünglichen Grenzen der Niemannschen Forstbaumschule nicht mehr ausmachen, doch lebt dieses vor 200 Jahren hortikulturell genutzte Gebiet durch seine vielen dendrologischen Besonderheiten und Naturdenkmale in dem heutigen Stadtpark „*Forstbaumschule*" weiter fort.

Barbara Martins

1 Hoffmann (1950), S. 73ff; SHBL, Bd. 1, S. 208ff.
2 Martins (1994), S. 232ff.
3 Niemann (1822).
4 Lüdemann (1962), S. 37f.
5 Hase (1985), S. 263.
6 Martins (1994), S. 238.

Kiel: Alter Botanischer Garten

Nördlich des Stadtkerns am Düsternbrooker Weg/Schwanenweg, nahe der Förde. 1825 als privater Landschaftspark im englischen Stil angelegt, ab 1873 unter Bewahrung des landschaftlichen Charakters zum Botanischen Garten umgestaltet; seit Aufgabe dieser universitären Funktion 1978 öffentlicher Park. Aussichtspavillon mit Blick auf die Förde.

Der Alte Botanische Garten diente der Kieler Universität von 1873 bis 1978 als vierter Botanischer Garten. Er liegt am Westufer der Kieler Förde, auf dem südlichen Nachbargrundstück befindet sich die Kunsthalle, im Westen erstreckt sich das dichtbebaute Gebiet des Universitätsklinikums. Die Geländeformation des ‚gebirgigsten' Botanischen Gartens in Deutschland[1] wird geprägt durch sehr tiefe Bereiche, die nur wenige Meter über Normalnull liegen, bis zu einem zwanzig Meter hohen Hügelplateau (Abb. 274).

Den gut 2 ha großen Privatpark übernahm die Universität aus dem Nachlaß des 1868 verstorbenen Tabakfabrikanten Abraham Christian Brauer. Dieser hatte das Gelände 1825 erworben und mit großzügigen Mitteln für den Sommeraufenthalt herrichten lassen. Es wurden dort geschwungene Wege, weite Rasenflächen, schöne Baumgruppen und ein Schwanenteich angelegt. Die beiden für den Aufenthalt von Brauers Familie errichteten Gebäude, ein hölzernes Gartenhaus mit klassizistischem Eingangsportal und ein mit zierlichem Spaliergitterwerk verkleideter Pavillon, sind heute nicht mehr erhalten.[2]

Nach Kiels Ausbau zum Reichskriegshafen 1871 veränderte sich die vielgerühmte liebliche Gegend Düsternbrooks völlig. Alle größeren Gartenanlagen, die den wohlhabenden Kieler Bürgern als Sommersitz während der Badesaison dienten, wurden parzelliert und mit Marinegebäuden oder privaten Wohnhäusern bebaut. Nur der Brauersche Sommergarten blieb durch die Umwandlung zum Botanischen Garten in seinem Charakter als Landschaftsgarten erhalten.

Botanische Gärten entstanden erstmals in der Renaissance aus Interesse an den unbekannten Pflanzen, die auf den Reisen in die Neue Welt entdeckt wurden. Die akademischen Gärten des 16. und 17. Jahrhunderts waren, wie auch der älteste Kieler „*hortus medicus*", in erster Linie Heilpflanzengärten, da die Botanik als Hilfswissenschaft der Medizin fungierte.[3] 1669 hatte Herzog Christian Albrecht der Universität für die Anzucht der wichtigen Arzneipflanzen ein Viertel des Kieler Schloßgartens zur Verfügung gestellt. Nachdem der Garten 1684 wegen mangelnder Pflege aufgegeben wurde, entstand 1727 in der Nähe des Kleinen Kiels bei der Klosterkirche durch den Ratsapotheker die zweite Einrichtung, bis 1803 ein neuer und größerer Botanischer Garten an der Prüne angelegt wurde.[4] Heute erinnern eine Gedenktafel im neuen Botanischen Garten und deren steinerne Kopie am Pavillon des Alten Botanischen Gartens an diese dritte akademische Institution. In der zweiten Hälfte des 19. Jahrhunderts führte die Notwendigkeit zur Errichtung eines Botanischen Instituts zur Verlegung des Botanischen Gartens in die Nähe der neuentstandenen Universitätsgebäude im unteren Schloßgarten.[5] Nach dem Ankauf des in unmittelbarer Nähe gelegenen Brauerschen Sommergartens vergingen noch etliche Jahre mit langwierigen Verhandlungen, bis die Universität das Gelände als Botanischen Garten nutzen konnte. Ab 1873 richtete der Botaniker A. W. Eichler das ehemalige Sommerhaus der Brauers als provisorisches Institutsgebäude ein und wandelte den Festsaal in ein 24 Sitzplätze bietendes „*Hörsälchen*" um.[6]

Bei der Gestaltung des Botanischen Gartens berücksichtigten die Planer neben den wissenschaftlichen Anforderungen auch seine ästhetische Funktion als Gartenkunstwerk. Sie bewahrten den Charakter des Landschaftsgartens, indem sie z. B. die unregelmäßige Wegeführung beibehielten und die Teiche und beson-

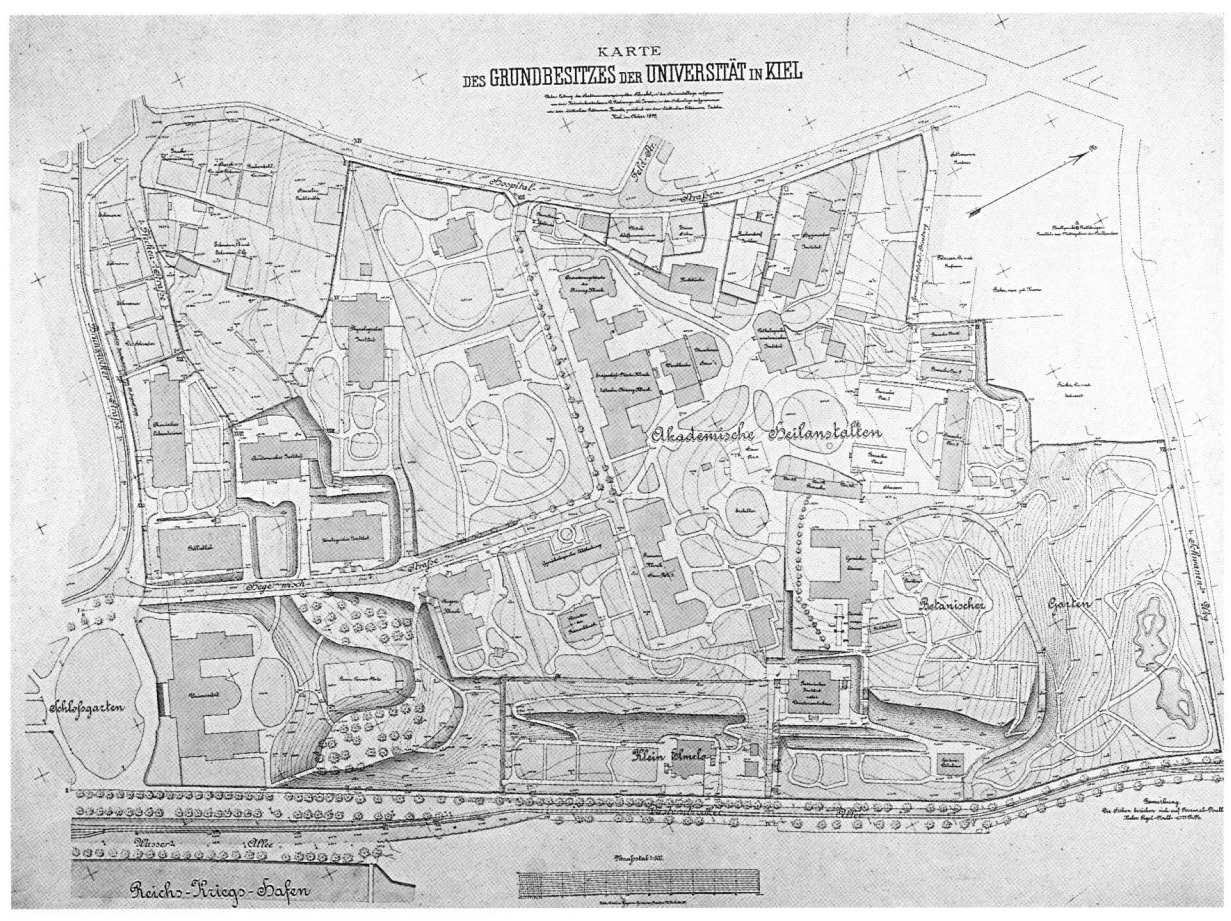

Abb. 274: Kiel: Alter Botanischer Garten, Lageplan von 1899 (Grünflächenamt Kiel).

ders schöne Gehölzgruppen in ihr Konzept integrierten.[7] Die Gewächse in dem hügeligen Gelände mit seiner Vielfalt von Lagen, Gehölzarten und Lichtverhältnissen wurden in vollständigen Familien und morphologisch oder biologisch interessanten Gattungen zusammengefaßt und nach pflanzengeographischen Abteilungen gegliedert.

Die Aufgabe, wissenschaftliche und ästhetische Ansprüche in diesem Park zu verbinden, wurde dadurch erleichtert, daß der englische Landschaftsgarten von sich aus einen engen Bezug zur botanischen und besonders zur dendrologischen Sammlung hat. Im 18. Jahrhundert führte die Sammelleidenschaft vieler Gartenbesitzer zu einem großen Artenreichtum an Bäumen fremder Kontinente, die aufgrund ihres exotischen Kolorits als Kontrast zu einheimischen Bäumen gepflanzt wurden. Wie in Kiel sind etliche Botanische Gärten des 19. Jahrhunderts aus Landschaftsgärten des 18. Jahrhunderts hervorgegangen, als berühmtester Kew Gardens in London. Mit einer neuen, wissenschaftlichen Funktion ausgestattet, blieben die Botanischen Gärten weiterhin als Gartenkunstwerke erhalten.[8]

Bei seiner attraktiven Lage an der Kieler Förde war die akademische Einrichtung auch für die Bevölkerung öffentlich zugänglich. Als nach 1869 immer mehr zentrale Erholungsgebiete der großstädtischen Entwicklung zum Opfer fielen, übernahm der Botanische Garten die sozialpolitische Aufgabe eines öffentlichen Parks und entsprach damit dem von Christian Cay Lorenz Hirschfeld formulierten Anspruch des Stadtbürgers auf den Aufenthalt in schön gestalteter Natur.[9]

Nach der provisorischen Unterbringung des Botanischen Instituts im Brauerschen Sommerhaus zogen die Botaniker 1885 in ein neues Institutsgebäude, das nach den im Berliner Kultusministerium überarbeiteten Plä-

Abb. 275: Kiel: Alter Botanischer Garten, Partie im Nordosten, Photo 1995.

nen der Berliner Architekten Martin Gropius und Heino Schmieden errichtet wurde.[10] Das für öffentliche Bauten dieser Zeit typische Gelbsteingebäude mit Gliederungen aus roten Ziegelformsteinen fügte sich in das Ensemble der im Stil der alten Berliner Schinkel-Schule geplanten Universitätsgebäude ein. 1910 wurde das Gebäude um einen nördlichen Hörsaal-Anbau erweitert. Nach der Zerstörung des Instituts im Zweiten Weltkrieg entstand 1951 auf dem Fundament ein völlig veränderter Neubau, nur der nördliche Anbau zeigt heute noch die alte Ziegelsteingestaltung.[11] Die ursprünglich von Gropius und Schmieden geplanten Gewächshäuser entstanden 1887 aus Kostengründen durch örtliche Baubeamte.[12] Zum Schutz vor Kälte waren die großen Glashäuser im Norden an ein massives Ziegelgebäude angelehnt, in dem sich u. a. die Kohlenheizung und die Wohnung des Heizers befanden. Während die Gewächshäuser 1984 abgebrochen wurden, ist der Gelbsteinbau mit Rotstein-Zierverbänden eines der wenigen, heute noch unverändert erhaltenen Universitätsgebäude der ersten Ausbauphase.[13]

1891 wurde der spätromantische Aussichtspavillon auf dem Hügelplateau errichtet (Abb. 277). Grundlage für die – nicht überlieferten – Baupläne waren Entwürfe eines leitenden Schleswiger Baubeamten aus den Jahren 1888/89. Er hatte an der Stelle des inzwischen baufälligen Brauerschen Holzpavillons ein neues Gartengebäude in Ziegelbauweise geplant, dessen Innenraum den Studenten als Unterstand bei schlechtem Wetter dienen sollte.[14] An der Südseite führt eine Außentreppe auf die Aussichtsplattform, von der sich dem Besucher ein weiter Blick über den Garten und die Förde bietet. Die Kuppel aus filigranem Eisengeflecht nimmt die Grundrißform des unregelmäßigen Oktogons auf und findet ihren oberen Abschluß in einer schmiedeeisernen Krone mit Lotosblüten.

Im unteren Gartenbereich an der nördlichen Grenze zum Schwanenweg befinden sich das kleine Pumpenhäuschen am Teich (Abb. 275) und das 1906 für den Garteninspektor errichtete Wohnhaus, das heute das Literaturhaus des Landes beherbergt. Beide sind in dem für die Zeit um die Jahrhundertwende typischen Fachwerkstil errichtet.

Nach dem Umzug der Botaniker 1978 in die Olshausenstraße ist der Alte Botanische Garten heute ein öffentlicher Park, der wegen seiner wertvollen Gehölzsammlung und der schönen Lage an der Förde ein grünes Kleinod am Rande der Altstadt darstellt. Besonders bemerkenswert ist eine Gewächsgruppe, die bereits im Pliozän in deutschen Regionen heimisch war; zu ihr gehören z. B. Zaubernuß- und Magnoliengewächse. An der Ecke von Düsternbrooker Weg und Schwanenweg findet sich mit einem ebenfalls aus diesem Zeitalter stammenden Ginkgo eines der größten Exemplare dieser Art im Lande.[15] Im Pavillon erinnert eine Ausstellung an die Geschichte der Düsternbrooker Fördelandschaft und der Botanischen Gärten in Kiel.

Barbara Martins

1 Andresen (1984), S. 37.
2 Klemm (1963), S. 21ff.
3 Bülck (1950), S. 25.
4 Overbeck (1968), S. 128ff.
5 Pax (1885), S. 40ff.
6 Overbeck (1968), S. 136.
7 Kehn (1992a), S. 132.
8 Kehn (1984), S. 30f.
9 Kehn (1984), S. 35.
10 Nägelke (1991), S. 99.
11 Andresen (1984), S. 40.
12 Schreiben des Geheimen-Ober-Regierungsrats Spieker vom 17.4.1883 in: LAS Abt. 309 Nr. 21924.
13 Andresen (1984), S. 40.
14 Schreiben des Regierungs-Baurats Heidelberg vom 8.12.1888 in: LAS Abt. 309 Nr. 23823.
15 Fuhrmann (1984), S. 154.

Rettung und Erhaltung des Alten Botanischen Gartens in Kiel nach 1978

Die Verlegung des Botanischen Gartens der Christian-Albrechts-Universität vom Düsternbrooker Weg auf das am Stadtrand gelegene Campusgelände der Universität im Jahre 1978 hätte dem Alten Botanischen Garten (Abb. 276) an der Kieler Innenförde fast das gleiche Schicksal beschieden wie seinen drei Vorgängern. Glücklicherweise wurde der untere Teil des Geländes noch 1978 unter Landschaftsschutz gestellt. Somit konnten Pläne des Landes Schleswig-Holstein und der Stadt Kiel zur Bebauung des Geländes, die es schon seit den sechziger Jahren gab, dort nicht realisiert werden.

Auch wenn die Stadt Kiel die Pflege des Geländes, das nun nicht mehr der Universität unterstand, übernommen hatte, war von pflegenden Maßnahmen anfangs nicht viel zu merken. Daher wurde 1980 – der Garten drohte immer mehr zu verwahrlosen – der *„Verein zur Erhaltung und Förderung des Alten Botanischen Gartens"* gegründet. Einige seiner Mitglieder leisten seither tätige Mithilfe bei der Pflege des Gartens. Mitgliedsbeiträge und Spenden tragen zum Unterhalt der Gartenanlage bei. Dendrologische Führungen werden regelmäßig angeboten.

Als das Land 1982/83 im oberen Teil des Gartens einen Hubschrauberlandeplatz für das Klinikum errichten wollte, hat sich der Verein mit Flugblättern, Infoständen und Unterschriftensammlungen erfolgreich gegen diese Planungen durchsetzen und das Land zum Umdenken bewegen können. Auch der Aussichtspavillon – eine der wenigen erhaltenen Eisenkonstruktionen des 19. Jahrhunderts in Schleswig-Holstein – konnte gerettet werden und wurde am 23. Oktober 1984 nach einer ersten provisorischen Instandsetzung durch das Landesbauamt für die Öffentlichkeit zugänglich gemacht.

Abb. 276: Kiel: Alter Botanischer Garten, Impression im Botanischen Garten, Photo 1995.

Abb. 277: Kiel: Alter Botanischer Garten, Spätromantischer Aussichtspavillon mit Gedenktafel, Photo 1995.

Für eine umfassende Sanierung des Gartens stellte das Land 100 000 DM zur Verfügung, doch reichte dieses Geld nur für die Restaurierung des stark verfallenen Zaunes am Schwanenweg. Durch eine größere Spende war es dem Verein 1985 möglich, die schmiedeeiserne Krone des Pavillons restaurieren zu lassen (Abb. 277). Sein Innenraum wurde vom Land so hergerichtet, daß hier im September 1985 eine kleine von der Verfasserin erarbeitete Ausstellung zur Geschichte Düsternbrooks und des Alten Botanischen Gartens gezeigt werden konnte. Die Recherchen zu dieser Ausstellung waren gleichzeitig Grundlage für mehrere Artikel anderer Autoren in der Zeitschrift „*Die Heimat*".[1] Seither hat es zahlreiche öffentliche Veranstaltungen rund um den Pavillon gegeben. So wurden u. a. eine Gedenktafel für den langjährigen Garteninspektor Dr. h. c. Hermann Jacobsen und eine Kopie der steinernen Gründungstafel des dritten botanischen Gartens von 1803 in einer Nische des Pavillons angebracht.

Im März 1991 ist der Bestand des gesamten Gartens und aller zu ihm gehörenden Gebäude durch die Eintragung in das Denkmalbuch gesichert worden. Doch geht es dem Garten wie vielen landeseigenen Denkmälern – aus Geldmangel sterben sie langsam vor sich hin. Alle Mühe, die das Grünflächenamt der Stadt und der Verein zur Pflege des Gartens aufwenden, sind auf Dauer gesehen unzulänglich. Die Gewächshäuser mußten Parkplätzen weichen. Das unter Denkmalschutz gestellte Langhaus ist durch Sondermüllcontainer des angrenzenden Klinikums verunstaltet. Dabei könnte der Garten besonders für die Patienten der Kliniken – ganz im Sinne des Kieler Gartentheoretikers C. C. L. Hirschfeld – ein Naherholungsbereich von besonderer Bedeutung sein. Im fünften Band seiner „Theorie der Gartenkunst" schreibt Hirschfeld 1785: „*Ein Hospitalgarten soll dem Schwachen einen bequemen Spaziergang, liebliche Erwärmung der Sonne, Erfrischung durch freye Luft, und durch Wohlgerüche der Pflanzen geben; giebt er zugleich lebhafte und erfreuende Aussichten, so hat er einen Verdienst mehr ... Viele Pflanzen mit stärkenden Wohlgerüchen können sich hier in große Gruppen vereinigen. Viele singende Vögel sind durch Schatten, durch Ruhe und Freyheit ihrer Wohnungen in diese Gebüsche zu locken; mit ihrem Gesang tönt Freude in das matte Herz. Zur Verzierung können einige wohlgebaute Sitze mit einem Vordach, oder ein heiterer Pavillon dienen, der über eine schöne Aussicht herrscht.*"[2] Von einer Verwirklichung dieser Vision Hirschfelds sind wir noch weit entfernt.

Für Kiel ist der Alte Botanische Garten ein Gartendenkmal von besonderer Bedeutung – eine der wenigen Erinnerungen an die ehemals so gepriesene Fördelandschaft. Ein wichtiger Schritt seiner Erhaltung ist mit der Restaurierung des Pavillons, der 1994 mit einer Summe von 200 000 DM abschließend wiederhergestellt werden konnte, gemacht. Leider ist in diesem Zusammenhang die historische Treppe, die zur Nische an der Nordseite des Pavillons führte, entfernt worden.

Christa Trube

1 Andresen (1984); Fuhrmann (1984); Kehn (1984).
2 Hirschfeld (1779–1785), Bd 5, S. 116.

Kiel: Schrevenpark

Westlich der Innenstadt gelegene ca. 9 ha große öffentliche Grünanlage, 1900–1902 nach Plänen des Stadtgärtners F. Hurtzig angelegt. Durch Kriegsverluste und Überformungen seit den 50er Jahren beeinträchtigt.

Mit der Bestimmung Kiels zum Hafen des Norddeutschen Bundes 1867 und der vier Jahre später erfolgten Ernennung zum Reichskriegshafen verband sich für die Stadt in der Folgezeit ein beispielloses Bevölkerungswachstum. Zwischen 1867 und 1900 stieg die Zahl der Einwohner Kiels um weit mehr als das Vierfache.[1] Im Jahre 1897 hatte man deshalb auf einem neuen Bebauungsplan im Bereich um den wenige hundert Meter westlich der Altstadt gelegenen Schreventeich einen neuen Stadtpark ausgewiesen, für den der Stadtgärtner Max Schwedler einen Entwurf anfertigte.

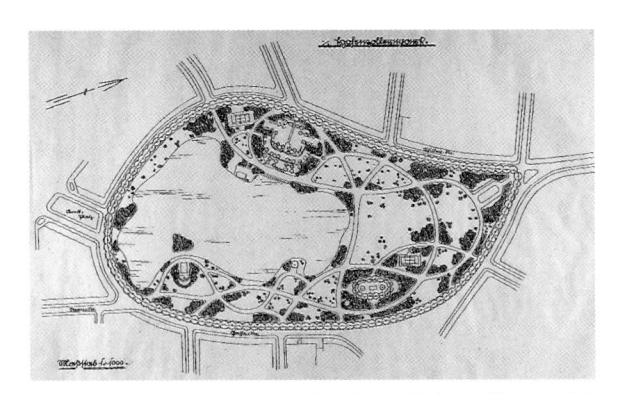

Abb. 278: Kiel: Schrevenpark, Plan „Hohenzollernpark", Tuschzeichnung um 1935 (Grünflächenamt Kiel).

Rund um den Teich sollte ein neues großbürgerliches Mietwohnungsquartier für Beamte, Marineangehörige und Kaufleute entstehen. Da Schwedler nach gut dreijähriger Dienstzeit 1899 unehrenhaft entlassen worden war, konnte sein Plan nicht ausgeführt werden, und die Stadtverordneten suchten dringend einen neuen Leiter der Stadtgärtnerei, der sich des Projektes einer Parkanlage am Schreventeich annehmen sollte. Der im Mai 1900 zum Stadtgärtner berufene Ferdinand Hurtzig (1872–1939)[2] legte schon fünf Monate nach seiner Amtsübernahme einen neuen Plan für den „Schreventeichpark" vor.[3] Die Kosten für Entwurf und Ausführung beliefen sich auf etwa 160 000 Mark. In den allgemeinen Jubel der Kaiserzeit einstimmend, beschloß man, „*den neu anzulegenden Stadtpark aus Anlaß der bevorstehenden zweihundert jährigen Jubelfeier der Erhebung Preußens zum Königreich und in dankbarer Würdigung der Verdienste des Herrscherhauses um die Größe und Wohlfahrt des Vaterlandes den Namen ‚Hohenzollern-Park' beizulegen.*"[4]

Nachdem im Februar 1901 mit der Anlage begonnen wurde, beschäftigte man in den ersten Monaten bis zu 350 Arbeiter mit den Gestaltungsmaßnahmen. Das ge-

Abb. 279: Kiel: Schrevenpark, Entwurf für einen Pavillon auf der Insel mit Verbindungsbrücke (Detail), Zeichnung von M. Kruse 1904 (Grünflächenamt Kiel).

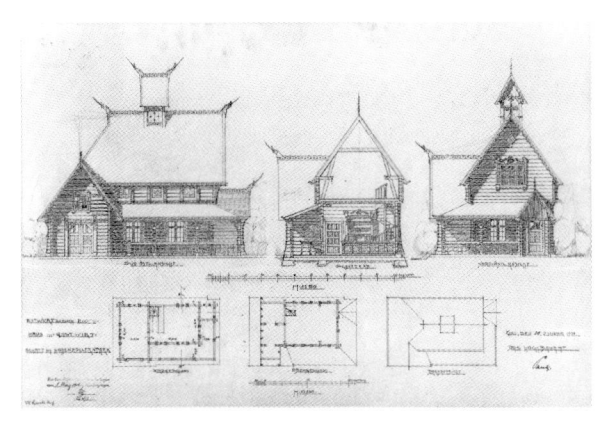

Abb. 280: Kiel: Schrevenpark, „Bootshaus mit Gastwirtschaft im Hohenzollernpark", Zeichnung von G. Pauly 1904 (StA Kiel).

samte Areal umgab ein Gürtel aus Silber-Ahorn (Acer saccharinum), der die Goethe- und die Schillerstraße vom Park abtrennt. Hurtzigs Plan in der Grundform eines Ovals sah auf nur leicht modelliertem Terrain eine bogige und praktische Wegeführung im Stile eines Landschaftsgartens vor[5]: Von jeder der einmündenden Straßen sollten Wege „*in den Park führen und auch durch ihn; der Park soll nicht Stadttheile trennen, sondern verbinden.*"[6] Die Bäume und Sträucher wurden locker in Clumps gruppiert, und drei aufwendig gestaltete, neoformale Schmuckplätze akzentuierten einen Haupteingang im Norden sowie zwei Bereiche im Osten des Parks (Abb. 278).[7] Der etwa ein Drittel der Parkfläche einnehmende Schreventeich war ursprünglich von einem zwei Meter hohen Wall umgeben,[8] der abgetragen werden mußte, so daß eine kurvig geführte Uferlinie entstehen konnte, die an vielen Stellen mit Rhododendron bepflanzt wurde. Um dem Park gleich von Anbeginn ein fertiges Aussehen zu geben und möglichst kostengünstig Bäume zu beziehen, richtete die Stadtgärtnerei an Besitzer von Privatgärten den Appell, Bäume, die in naher Zukunft gefällt werden sollen, zu spenden. Mehr als 100 Gehölze mit einem Stammdurchmesser von bis zu 25 cm wurden verpflanzt und kamen so der Allgemeinheit zugute.[9] Schon im Juni 1901 wird berichtet, daß „*die Arbeiten im Hohenzollernpark zu einem gewissen Abschluß gelangt*" sind.[10] Die größten Granitsteine, die bei der Gestaltung des Geländes gefunden worden waren,

brachte man im Oktober desselben Jahres auf die kleine, im Südosten des Teiches gelegene Insel, um ihr einen felsigen Charakter zu geben. Am gegenüberliegenden Ufer wurde im Frühjahr 1902 eine große Terrassenanlage fertiggestellt, bevor am 26. Juli der Park feierlich der Öffentlichkeit übergeben werden konnte.[11]

Zwei Lawn-Tennis-Plätze sowie ein Reitweg um die Anlage dienten der exklusiven sportlichen Betätigung. 1904 errichtete man auf der Insel einen oktogonalen Pavillon, zu dem eine eichene Knüppelholzbrücke hinüberführte (Abb. 279). Nahe der Terrasse wurde ein Bootshaus mit Gastwirtschaft, im Stile eines nordischen Blockhauses mit kuriosen Schnitzereien versehen, gebaut (Abb. 280). Die Kieler Bevölkerung nutzte besonders an Wochenenden ausgiebig die Möglichkeit einer Ruderpartie. Während des Zweiten Weltkrieges wurde das Bootshaus zerstört, der Pavillon auf der Insel stand schon in den 30er Jahren nicht mehr.

1953 fand eine Umgestaltung der inzwischen in Schrevenpark umbenannten Grünfläche im Rahmen der Kriegsschädenbeseitigung statt.[12] Dabei wurden die Wegeführungen ihrer Raffinesse beraubt und vereinfacht. An der Stelle der Terrassenanlage entstand ein Kinderspielplatz und in unmittelbarer Nähe ein Jugendheim. Im nördlichen Teil des Parks wurde ein Planschbecken eingerichtet sowie eine Liegewiese ausgewiesen. Ein Problem ganz anderer Art trat seit den sechziger Jahren auf: Wegen des nahegelegenen Kraftwerkes, das dem Teich Abwärme zuführt, friert er nie zu und ist das wärmste Gewässer Kiels. Deshalb hält sich dort gerne seltenes exotisches Ziergeflügel auf,[13] was Probleme für die Wasserqualität mit sich bringt, da der Teich eine maximale Tiefe von zwei Metern hat. Zum Zwecke der Zuführung von Sauerstoff legte man in den 80er Jahren auf der Insel, die durch eine Brücke wieder begehbar gemacht wurde, eine Wassertreppe an. Der Schrevenpark wird besonders im Sommer von allen Bevölkerungsschichten intensiv genutzt und befindet sich in einem guten Pflegezustand – insbesondere der Altbaumbestand ist sehenswert. Der Park kann als der einzige noch in wesentlichen Zügen erhaltene großbürgerliche Stadtpark der wilhelmini-

Abb. 281: Kiel, Blick über den Schreventeich nach Norden, Photo 1995.

schen Ära in Kiel bezeichnet werden (Abb. 281), doch leider ist seine historische Bedeutung wegen der zahlreichen Veränderungen und Beschädigungen seit den 50er Jahren heute kaum bekannt.

Jörg Matthies

1 Zur Entwicklung Kiels zwischen 1867 und 1918 vgl. Jensen/Wulf (1991), S. 207–286.
2 Zu Hurtzig s. StA Kiel Akte 45709 (Personalakte Stadtgartenbaudirektor Hurtzig 1900–1937) und seine Memoiren im StA Kiel Manuskript o. Nr. bzw. Hurtzig [1938].
3 Da bei Schwedlers Projekt die „*Wegeführung jedoch zu verworren war*", wurde von der Baukommission im Oktober 1900 ein neuer Entwurf von Hurtzig angenommen. Kieler Zeitung vom 11.1.1901.
4 Antrag in der Sitzung der Stadtkollegien am 11. 1. 1901, genau eine Woche vor dem Jahrestag der „*Jubelfeier*", vgl. auch Kieler Zeitung vom 12.1.1901. Die Euphorie der wilhelminischen Ära dokumentiert sich auch in den nicht weniger als sechs zwischen 1889 und 1900 im heutigen Stadtbereich Kiels aufgestellten öffentlichen Denkmälern, die Mitglieder des Kaiserhauses ehren.
5 Ein Plan des Parks wurde auf der Titelseite der Kieler Zeitung vom 4.4.1901 publiziert. Zur Anlage des typischen deutschen Stadtparks in der zweiten Hälfte des 19. Jahrhunderts vgl. Schmidt (1988), insbes. S. 19–52.
6 Hurtzig hielt vor dem „*Zentralverein für Obst- und Gartenbau in Schleswig-Holstein*" einen Vortrag über die Anlage des Hohenzollernparks, vgl. Kieler Zeitung vom 14. 5. 1901.
7 Vgl. Die öffentlichen Garten-Anlagen in Kiel, in: Möller's Deutsche Gärtner- Zeitung 20 (1905), S. 329–335. Anonym erschienen, wahrscheinlich von Hurtzig geschrieben.
8 Der Teich diente ursprünglich als Reservoir zur Unterhaltung der Wasserspiele des Kieler Schloßgartens.
9 Vgl. Kieler Zeitung vom 14.5.1901 und Hurtzig [1938], S. 23f.
10 Kieler Zeitung vom 10. 6. 1901.
11 Kieler Zeitung vom 31. 7., 20. 8. und 25. 9. 1902.
12 Pläne im Grünflächenamt der Stadt Kiel.
13 In den sechziger Jahren galt der Schrevenpark als größtes Reservat für freilebendes Ziergeflügel in Europa, und die Stadt Kiel beschäftigte zur Betreuung eigens drei (heute noch einen) Tierpfleger.

Kiel: Werftpark

Volkspark Gaarden, ehemals Werftpark genannt nach der Kaiserlichen Werft auf dem Kieler Ostufer aus dem letzten Jahrzehnt des 19. Jahrhunderts. Gehörte zum Typus des im ‚gemischten' Stil gestalteten öffentlichen Volksparks. Von der Stadt im Jahre 1921 erworben und unter der Leitung von Stadtbaurat Willy Hahn zu einem Reformpark im Sinne der 20er Jahre umgestaltet. Heute noch in Grundzügen erhalten.

Im Februar 1890 ordnete Kaiser Wilhelm II. für alle Staatsbetriebe die Bildung von Arbeiterausschüssen an, welche – jedoch ohne die finanzielle Unterstützung des Staates – Wohlfahrtseinrichtungen für die Betriebsangehörigen zu schaffen hätten. In Kiel wurden daraufhin auf der am Ostufer der Förde gelegenen *„Kaiserlichen Werft"* u. a. eine Werftkantine und drei Verkaufsstellen für Grundnahrungsmittel und Kleidung eröffnet. Diese erwirtschafteten den finanziellen Grundstock für den Erwerb eines ca. 14 ha umfassenden hügeligen Geländes am Fördeufer, das sich in dem südlich an die Werft anschließenden Grenzgebiet der Gemeinden Ellerbek und Gaarden direkt entlang der Werftmauer erstreckte. Entscheidend für den Ankauf dieses Geländes war neben der landschaftlich reizvollen Lage und dem dennoch günstigen Kaufpreis vor allem die unmittelbare Nachbarschaft zur Werft sowie zu der östlich des Parks im Entstehen begriffenen Wohnkolonie des Arbeiterbauvereins.[1]

In den Jahren 1893–1899 wurden die Ländereien nach und nach in eine Parkanlage im sogenannten *„gemischten"* Stil umgestaltet, die sich an den damals gängigen Typus des öffentlichen Volksparks anschloß (Abb. 282). Der öffentliche Volkspark des 19. Jahrhunderts orientierte sich an den feudalen landschaftlich gestalteten Guts- und Schloßgärten, deren

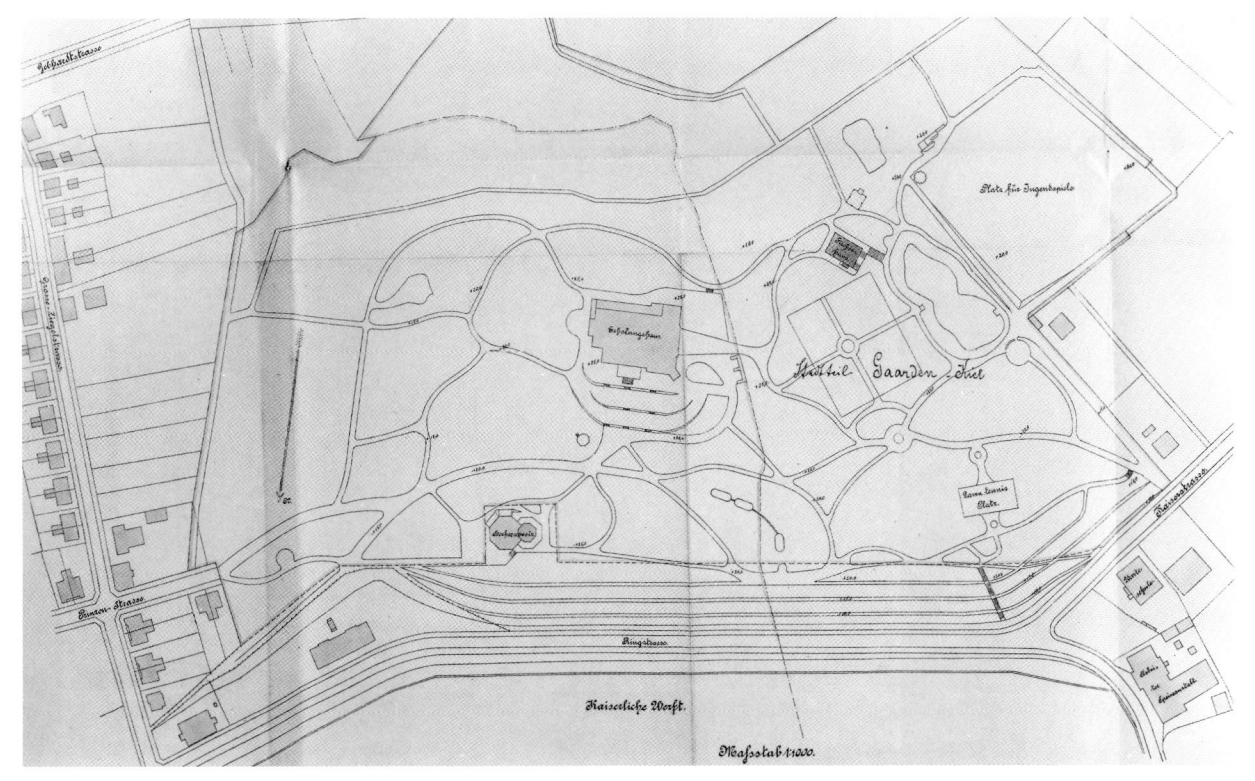

Abb. 282: Kiel: Werftpark, Bebauungsplan (Detail), Federzeichnung 1904 (StA Kiel).

Der Arbeiterpark der kaiserl. Werft zu Kiel: Das Hauptgebäude „Unser Erholungshaus". Originalzeichnung von Fritz Stoltenberg.

Abb. 283: Kiel: Werftpark, Fest- und Versammlungsgebäude, Zeichnung von F. Stoltenberg um 1900 (StA Kiel).

idealer Gehalt freilich durch die sozialen Funktionen des Parks modifiziert wurde.[2]

Leider läßt sich nicht mehr nachweisen, wer für den Entwurf des Werftparks definitiv verantwortlich war, weil das gesamte Archiv der damaligen Werft im Zweiten Weltkrieg zerstört wurde. Der Hauptzugang in den Park erfolgte von der westlich der Anlage gelegenen Kaiserstraße her. Hier befand sich ein großer, hölzerner Torbogen mit der Aufschrift „*Werftpark*" (Abb. 283). Darüber war als Sinnbild des Arbeiterfleißes ein von Bienen umschwärmter Bienenkorb dargestellt. Zwischen den zellenartig angelegten Rasenflächen der gesamten Anlage zog sich ein verschlungenes Netz gleichförmiger Spazierwege hindurch. Ein am westlichen Parkrand entlanglaufender Weg führte zu dem 1 ha großen, von Bäumen umsäumten Jugendspielplatz[3], der am Rand des landschaftlich durchgebildeten Parkareals wie ein hinzugefügtes, jedoch nicht vollständig integriertes Element wirkte. In einer Ecke des Spielplatzes befand sich eine kleine Umkleidehalle, in einer anderen – umgeben von einem Knick – ein Gedenkstein mit dem bronzenen Bildnis Kaiser Wilhelms I. Ganz im Sinne der sittlichen und patriotischen Erziehungsfunktion des Volksparks gab es darüber hinaus in dem Werftpark noch zwei weitere Gedenksteine: Der Kaiser Friedrich gewidmete befand sich auf einer kleinen Insel in einem nordöstlich des Spielplatzes gelegenen buchtenreichen künstlichen Teich; der zu Ehren Bismarcks aufgestellte unter einer Linde, die die Werftarbeiter am 80. Geburtstag des Fürsten gepflanzt hatten. Am Ufer des im Winter zum Schlittschuhlaufen genutzten Teiches wurde eine Menagerie von Kleintieren und Geflügel – u. a. Störche, Graureiher, Pfauen, Truthähne und Kaninchen – in einem Drahtgehege gehalten. Außerdem gab es im Park noch einen Fuchsbau und zeitweise wohl auch weitere

Wildtiergehege. Die Hauptattraktion bildete jedoch zweifelsohne der auf der nördlichsten Ecke des Steilrandes an den Wasserturm der Werft angegliederte Bärenzwinger, der zeitweise drei aus verschiedenen Ländern stammende Bären beherbergte, die die Kaiserliche Marine von ihren Auslandsfahrten mitgebracht hatte.

Im Zentrum des Parks lag auf einer Anhöhe, dem sogenannten „Heidberg", ein repräsentatives Fest- und Versammlungsgebäude im „deutschen Landhausstil" (Abb. 283). Über dessen nach Westen zum Parktor ausgerichteten Portal war in großen, goldenen Buchstaben der bezeichnende Name „Unser Erholungs-Haus" angebracht. Insgesamt bestand das Gebäude aus einem der Hanglage angepaßten Keller-, einem Erd- und einem Obergeschoß sowie einem an der südlichen Seite errichteten Aussichtsturm. Es bildete als „Krone" des Parks nicht nur den optischen, sondern gleichermaßen als ein Wahrzeichen des Zusammenwirkens von Werftarbeitern und Beamten den symbolischen Mittelpunkt des aus der Werft, den dazugehörigen Wohlfahrtseinrichtungen, der Arbeiterkolonie und dem Park gebildeten Ensembles. Als Hauptraum besaß es einen nach Osten gerichteten, in seiner Ausstattung und Größe sehr imposanten (30 m langen, 20 m breiten, 15 m hohen) Festsaal.[4] Diesem waren an seinen von begehbaren Galerien umsäumten Längsseiten eine eingeschossige Kegelbahn und zwei Club- und Gesellschaftsräume vorgelagert. Nordöstlich lag eine Terrasse mit windgeschützter Holzveranda, die im Sommer als Freiluftbühne bei Gartenkonzerten und als Gartenrestaurant genutzt wurde. Zwei weitere terrassierte Geländestücke führten von dieser Terrasse aus den Hang hinunter. Neben einem westlich des Hauses gelegenen, von Linden umsäumten Platz bildeten diese Terrassen als funktionale und gestalterische Übergangszone vom Haus zum Park die einzigen architektonisch aufgefaßten Gartengestaltungselemente. Die in der zweiten Hälfte des 19. Jahrhunderts obligatorischen, artenreichen Blumen- und Rosengärten des Volksparks fehlten im Werftpark gänzlich, was auf das begrenzte finanzielle Budget des Wohlfahrtsvereins zurückzuführen war: Dieses reichte nicht gleichzeitig für die Anlage aufwendiger Blumenrabatten und die Unterhaltung kostspieliger Tiergehege.

Infolge der Flottengesetze von 1898 und 1900 der Ära Tirpitz, die in der von der Marine und der Rüstungsindustrie abhängigen Stadt Kiel zu einem starken wirtschaftlichen Aufschwung des Kriegsschiffbaus führten, kam es zu einer beträchtlichen Erweiterung des Werftareals der Kaiserlichen Werft, dem die Alt-Ellerbeker Fischersiedlung im Jahre 1903/04 zum Opfer fiel. Auf Initiative von Hafenbaudirektor Georg Franzius wurde ein damals etwa 200 Jahre altes, reetgedecktes Fischerhaus[5] – ergänzt durch Teile aus anderen Fischerhäusern – auf dem ansteigenden Ufergelände östlich des Werftparkteiches wieder aufgebaut und mit einer aus roh behauenen Findlingen errichteten Treppe versehen. Diese wurde den originalen Aufgängen in Alt-Ellerbek nachempfunden und führte im leichten Bogen seitlich vom Teich zum Haus hinauf. Mit dem später auch als Heimatmuseum genutzten Gebäude, das an die ehemaligen Fischer Alt-Ellerbeks erinnerte, sollte „den späteren Geschlechtern ein Denkmal der väterlichen Bauweise"[6] erhalten bleiben.

1911 hielt mit dem Umbau eines in der Nähe des Erholungshauses gelegenen, über Jahre ungenutzten Eiskellers zu einer Aussichtswarte in Gestalt einer Turmruine kurioserweise auch dieses romantische Relikt längst vergangener Gartenkunstepochen Einzug in den Kieler Werftpark. Diese Ruine demonstriert aufgrund ihres malerischen Wertes und ihres ikonographischen Anspruchs einen bürgerlichen Bildungsanspruch, der bis in die proletarischen Schichten des Kaiserreiches hineingetragen wird. Als letzter großer gestalterischer Eingriff vor der Übernahme des Parks durch die Stadt kann der Bau der katholischen St.-Josefs-Kirche an der Südostecke der Parkanlage im Jahre 1914/15, vom Wohlfahrtsverein als eine gestalterische Bereicherung des Geländebildes hervorgehoben, angesehen werden.

War der öffentliche Volkspark insgesamt betrachtet „zugleich ein Mittel kommunaler und eine Bühne bürgerlicher Repräsentation", so diente der Werftpark auch der Selbstdarstellung der Kaiserlichen Werft. Zu der stereotypen Auffassung der vordringlichen sozialen und volkserzieherischen Funktionen des öffentlichen Volksparks „*als Ort der Erholung, der Entspannung oder der ‚Umspannung' in andere Erlebnisbereiche*"[7], kam somit in diesem besonderen Fall das Moment der sozialen Abhängigkeit hinzu, welche den Arbeiter stärker an den Staatsbetrieb binden sollte. In diesem Zusammenhang sind die anläßlich der Einweihung des Erholungshauses von dem damaligen Oberwerftdirektor von Ahlefeldt an die Belegschaft der Werft gerichteten Worte zu verstehen: „*Sie haben sich zusammengeschlossen, um ohne Staatshülfe, aber dadurch, daß Sie die Führung vertrauensvoll in die Hände eines hohen Beamten gelegt haben, ein Werk zu schaffen, das nothwendig für die Sicherung des sozialen Friedens förderlich wirken muß. Sie erfahren, daß wir, Ihre Vorgesetzten, ernstlich und mit großem Aufwande von Mühe und Zeit die Verbesserung Ihrer Lage wollen nicht nur durch Liebesgaben, sondern dadurch, daß wir Sie organisieren und Ihnen helfen, aus eigener Kraft vorwärts zu kommen. Dieses Vorwärtskommen beruht nicht zum wenigsten darin, daß wir Ihnen eine schöne reine Umgebung schaffen, dazu bestimmt, daß auch reine und schöne Tugenden, wie Liebe zu Thron und Vaterland, Glauben und gute Sitte, Zucht und Ehre bei Ihnen gedeihen ... .*"[8]

Daß die Arbeiter den Park sehr gerne besuchten, wohingegen sie das Veranstaltungsangebot im Erholungshaus kaum nutzten, kann im Zusammenhang mit dem besonders nach Aufhebung des Sozialistengesetzes im Jahre 1890 spürbaren Bestreben der Arbeiterschaft nach Herausbildung einer eigenen Arbeiterkultur gesehen werden, die sie als eine Art Gegenkultur zur bürgerlichen Welt verstanden.

Am 1. Juli 1921 kaufte die Stadt Kiel den Werftpark von dem in Auflösung begriffenen Wohlfahrtsverein, um so auf Dauer für die Erhaltung der Parkanlage auf dem ansonsten mit Grünflächen nur sehr spärlich ausgestatteten Ostufer zu sorgen. Auch dachte der Magistrat zu diesem Zeitpunkt noch daran, das Gelände und die Gebäude als Veranstaltungsort für Kongresse bzw. vor allem für die Zwecke der neu gegründeten „*Nordischen Messe*" zu nutzen.[9] Nach dem verlorenen Krieg stand die bisher einseitig auf die Rüstungsproduktion ausgerichtete Stadt Kiel vor der schweren Aufgabe der Entwicklung eines wirtschaftlichen Wiederaufbauprogramms auf einem zivilen Fundament, das auch neue städtebauliche Perspektiven erforderte. Kiel sollte durch das Wirken eines Städtebauers der neuen Generation, nämlich Willy Hahns (1887–1930), der nun als Magistratsmitglied und Leiter des ebenfalls im Umbruch befindlichen Hochbau- und Siedlungsamtes mit weitreichenden Kompetenzen ausgestattet war, eine gesunde und schöne Wohnstadt im Sinne der neuen Zeit werden.

Gemeinsam mit dem bekannten Gartenarchitekten Leberecht Migge (1881–1935) entwickelte Hahn einen „*Grünflächen- und Siedlungsplan*", der auf der gesetzlichen Basis der am 1. Oktober 1924 eingeführten Zonenbauordnung die klare Abgrenzung der Industriegebiete von den Wohngebieten, die planmäßige Abstufung der Bau- und Wohndichte von den Hochbau- zu den Flachbaugebieten sowie die Sicherstellung der Grünflächen verbindlich festlegte. Der aufzuforstende ältere Wald- und Wiesenbestand des Kieler Außengebietes sollte sich in Verbindung mit den radial an die hochgeschossige Bebauung herangeführten Sport- und Spielplätzen, Parkanlagen, Friedhöfen und vor allem Kleingartenkolonien wie ein breiter Gürtel[10] um den Kieler Großstadtkern herumlegen. Hahn plante enthusiastisch „*einen großen Volkspark, gepflanzt vom Volke für das Volk*"[11] und wies auf die im Laufe der Zeit gewandelte Einstellung der Bevölkerung zur Grünflächenfrage hin: Aus dem passiven Grünflächenbenutzer der früheren Zeit, welcher sich mit dem sonntäglichen Flanieren in den repräsentativen Parkanlagen zufriedengegeben habe, sei der aktive Grünflächenbenutzer der modernen Zeit geworden, welcher sich in den praktischen Nutzparkanlagen vor allem sportlich betätigen wolle. Diese Gedanken waren damals nicht neu, sondern lagen durchaus im Trend der Zeit. Seit etwa 1905 wurde in den Fachzeitschriften über die Zweckbestimmung der öffentlichen Parkanlagen und die damit verbundene gartenkünstlerische ‚Stilwende' diskutiert. Bei dem allmählichen Wandel der Funktionsvorstellungen spielten u. a. die veränderten politischen und sozialen Verhältnisse (z. B. allmähliche Verkürzung der Arbeitszeit bei etwa gleich-

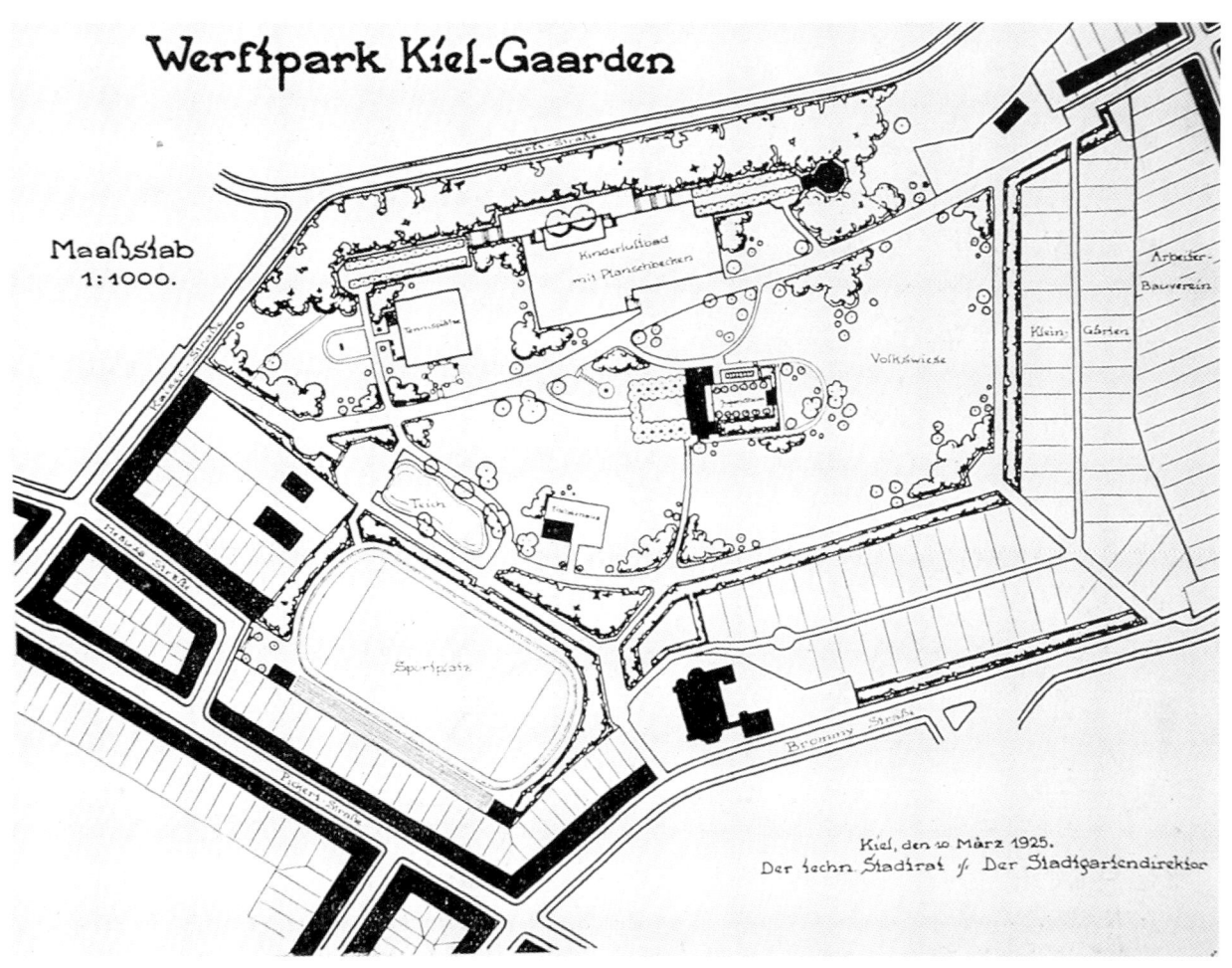

Abb. 284: Kiel: Werftpark, Umgestaltungsplan des Werftparks zum Volkspark von W. Hahn und F. Hurtzig 1925 (SHLB).

zeitiger Erhöhung des Reallohn-Niveaus), die Gesundheitspflege, die aufkommende Heimat- und Naturschutzbewegung sowie vor allem das Vorbild englischer und amerikanischer Sport- und Parkanlagen eine große Rolle.[12]

Unter dem Einfluß von Migge, dem die gewollte Künstlichkeit architektonisch geprägter und geometrisch-räumlicher Gefüge auch für die öffentlichen Parkanlagen die einzig zweckmäßige Form zu sein schien – ganz im Gegensatz zur künstlichen Natürlichkeit des seiner Meinung nach inzwischen überholten englischen Landschaftsgartens, wurde der alte Werftpark von Hahn bis in die Mitte der 20er Jahre so radikal umgestaltet, daß es in einem in der damaligen Kieler Zeitung erschienenen Artikel zu Recht hieß: *„Man kennt den alten Park der Kaiserlichen Werft nicht wieder."*[13]

Das verschlungene Netz gleichförmiger Spaziergänge, das den Rasen in zellenartige Flächen zergliedert hatte, reduzierte Hahn zugunsten der Anlage deutlich begradigter und in der Breite differenzierter Wege (Abb. 284). Der von der Kaiserstraße quer durch das als *„Volkswiese"* angelegte Rasengelände bis zur Prinzenstraße reichende Hauptweg teilte den Park in zwei unterschiedlich große Areale. Diese wurden vor allem durch einen an dem Fischerhaus (im Zweiten Weltkrieg zerstört) und dem nordöstlichen Ufer des Teiches entlanglaufenden Verbindungsweg geschickt miteinander verbunden. Um das südlich des Hauptweges gelegene Areal führte ein parallel zur Pickertstraße verlaufender Weg direkt auf die Kirche zu, wurde an Kleingärten entlang bis zu der Südostecke des Parks fortgeführt, um dann fast rechtwinklig zum Hauptweg zurückgeleitet zu werden. Die den gesamten Rand die-

Abb. 285: Kiel: Werftpark, Brunnen mit Kaskade, Photo um 1935 (StA Kiel).

ses Areals einnehmenden Kleingärten gaben der Parklandschaft einen festen Rahmen und integrierten nun auch den zu einer hippodromförmigen Anlage umgestalteten Sportplatz.[14]

An dem Ende 1925 fertiggestellten Umbau des ehemaligen Erholungshauses der Kaiserlichen Werft zu einem Jugendheim „*in moderner Baugesinnung*" wird der Wille zur bewußten „*Demontage*" des Kaiserreiches besonders deutlich. Hahn ließ im Grunde genommen nur die Erdgeschoßmauern des querrechteckigen Hauptbaukörpers, die Umfassungsmauern des Saales und Bühnenausbaus sowie die massiven Teile des Turmes stehen.[15] Das nun verputzte Gebäude erhielt statt des vordem leuchtend roten Walmdaches ein schlichtes Satteldach – und der Turm ein gedrungenes Pyramidendach. Von der Eingangshalle im Erdgeschoß führte eine direkt gegenüber dem Haupteingang liegende Tür zu einer Terrasse. Von hier ging eine Treppe zu einem schlichten, von Mauern eingefaßten Spielplatz hinab, dessen Längsseiten von Bäumen gesäumt waren und an dessen Schmalseite eine offene, von Pfeilern gestützte „*Schutzhalle*" stand. Spielplatz und Terrasse nahmen die Stelle des früheren Festsaals des Erholungshauses ein und wirkten in ihrer zimmerartigen architektonischen Raumbildung wie begehbare Räume unter freiem Himmel.

Von der Kieler Kunstkeramik AG wurde nach einem Entwurf des aus Frankfurt a. M. stammenden Bildhauers Georg Mahr[16] im Jahre 1926 ein Brunnen errichtet (Abb. 285). In einem polygonalen Bassin, dessen Wasser über eine Kaskade zu einem tiefer gelegenen Becken hinunterfloß, thronte ein Phantasiefisch, der auf seinem Kopf stand und den Schwanz schraubenförmig in die Höhe wand. Er diente, wie Seelöwe und Seehund, die auf der Brüstung des Beckens saßen und einander mit rückwärts gedrehtem Kopf anblickten, als Wasserspeier.

Entlang des steilen Fördeufers ließ Hahn eine Allee anlegen, die in einem kleinen sechseckigen Aussichtspavillon mündete. Der mittlere Alleeabschnitt, der tiefer lag als die mit Treppen verbundenen Seitenpartien, war zu einem von einer Feldsteinmauer befestigten Plateau[17] ausgebaut. Von diesem führten Treppen zu einem „*Kinderluftbad mit Planschbecken*" hinab, das auf Anregung des Leiters des städtischen Gesundheitsamtes aus volksgesundheitlichen Gründen in den Nutzpark einbezogen wurde (Abb. 286). Das Planschbecken mit dem heute mit Spielgeräten ausgestatteten Kinderluftbad gehört zu den Elementen des Parks der 20er Jahre, die den Krieg weitgehend unbeschadet überstanden haben. Der Aussichtspavillon besteht allerdings nicht mehr.[18]

Kiel 387

Abb. 286: Kiel: Werftpark, Planschbecken, Postkarte um 1935 (StA Kiel).

Abb. 287: Kiel: Werftpark, Staudenbeetpartie, Photo 1995.

Gut ein Jahr nach dem Kauf des Werftparkgeländes erwarb die Stadt aus Privathand auch das östlich an die alte und westlich an die projektierte neue Siedlung des Ellerbeker Bauvereins[19] anschließende „*Schwanenseegelände*". Zu jeder neuen Vorstadtsiedlung sollten nämlich umfangreiche Grünanlagen hinzukommen. Dieses Gelände wurde bis zum südlich gelegenen „*Tröndelsee*" aufgeforstet und u. a. durch Anlage mehrerer Sportplätze und Spielwiesen, einer Rodelbahn, zweier Planschbecken und eines „*Dauergartengebietes*" der Öffentlichkeit als abwechslungsreiches Erholungsgebiet nutzbar gemacht. Also bildete in dieser Zeit nicht mehr die Werft selbst, sondern der Schwanenseepark gemeinsam mit dem Werftpark und den inzwischen erweiterten Siedlungen des Ellerbeker Bauvereins ein einheitliches Ganzes.

Während der Zeit der Nationalsozialisten hieß der Werftpark „*Horst-Wessel-Park*", seit dem 17. Dezember 1947 „*Volkspark*". Heute ist der Park ein beliebter Erholungsort für die Bevölkerung der umliegenden Stadtteile, wobei die prächtige Staudenbeetpartie im Westen der Anlage vom Grünflächenamt mit besonderer Liebe, anläßlich der 750-Jahr-Feier Kiels bepflanzt wurde (Abb. 287).

Dörte Beier

1 Der „*Arbeiterbauverein für Gaarden, Kiel und Umgebung*" (ab 1901: „*Arbeiterbauverein in Ellerbek*"), dessen Mitbegründer und 1. Vorsitzender Georg Franzius war, hatte 1892 das zusammenhängende Baugelände in Ellerbek erworben. Vgl. Hansen (1902), S. 235.
2 C. C. L. Hirschfeld forderte im 5. Band seiner „*Theorie der Gartenkunst*" für die von ihm als „*Volksgärten*" bezeichneten öffentlichen Anlagen nicht nur Einrichtungen, die der Erholung dienten, sondern auch solche, die allgemeine Bildung und sittliche Erziehung fördern sollten. Noch ganz im Sinne Hirschfelds war das Kaiserzimmer des „*Erholungshauses*" mit Szenen aus den Nordlandreisen des Kaisers ausgestattet. Hirschfeld (1779–1785), Bd. 5, S. 68ff. Vgl. Hennebo (1974), S. 77ff.
3 Die Anlage von meist recht primitiven Sport- und Spielplätzen blieb bis zur Jahrhundertwende weitgehend den Sportvereinen überlassen. Die wenigen, vom Gesamtareal deutlich abgegrenzten Sportplätze in den öffentlichen Volksparks nutzten zunächst ausschließlich Kinder und Jugendliche. Ansonsten war es auch im Werftpark nicht einmal erlaubt, die zumeist eingezäunten Rasenflächen der Parkanlage zu betreten.
4 Neben den patriotischen Versammlungen, Theatervorstellungen, Konzerten, „*allgemein verständlichen, wissenschaftlichen Vorträgen*" und Hochschulkursen wurde seitens des Ausschusses vor allem den gemeinsamen Festen, die beispielsweise zu Ehren des Geburtstages Sr. Majestät des Kaisers für alle Angehörigen der Werft ohne Unterschied des Standes mit großem Aufwand veranstaltet wurden, ein hoher Stellenwert beigemessen. Geschichte (1900), S. 4f; Sievers (1984), Vorwort.
5 Bauakten von kriegszerstörten und abgebrochenen Gebäuden im StA Kiel, Werftstraße/Fischerhaus (1904–1931), Nr. 43117.
6 Akten des Magistrats Nr. 29930.
7 Hennebo (1974), S. 81.
8 Kieler Zeitung vom 14. 5. 1899.
9 Drucksachen der Stadtkollegien vom 9.3.1921. Auf den Zusammenhang zwischen Gartenkunst und Ausstellungen haben Hennebo und Schmidt hingewiesen. Hennebo/Schmidt [o. J.], S. 63ff.
10 Der Grüngürtelbegriff wurde nicht erst von Hahn geprägt, sondern gehörte zur gängigen Terminologie der damaligen Städtebauer. Bereits 1874 taucht bei Adelheid Gräfin Dohna-Poninska, die sich unter dem Pseudonym „*Arminius*" mit der Wohnungsnot in den Großstädten auseinandersetzte, die Forderung nach einem Grüngürtel um die Großstädte auf.
11 Hahn/Migge (1922), S. 7.
12 Die bedeutendsten Anlagen dieser Art waren damals der Schillerpark in Berlin (F. Bauer, 1908), der neue Hamburger Stadtpark (Wettbewerb 1908, Anlage ab 1910) sowie der Ostpark in Frankfurt a. M. (C. Heicke, 1906 bis 1910). Hennebo (1975), S. 41ff.
13 Kieler Zeitung vom 11.11.1928.
14 In seinem Buch „*Der deutsche Volkspark der Zukunft. Laubenkolonie und Grünfläche*" weist Harry Maasz bereits 1913 auf die große Bedeutung der sogenannten „*Laubengärten*" für die Volksparkanlage hin. Mit Sicherheit kann davon ausgegangen werden, daß Hahn Harry Maasz' Pläne und Skizzen für seinen „*Volkspark der Zukunft*" gekannt und sich an ihnen orientiert hat.
15 Hahn benutzte für die Mauern des Spielplatzes die ehemaligen Grundmauern des kaiserlichen Festsaales. Bauakten von kriegszerstörten und abgebrochenen Gebäuden im Stadtarchiv Kiel, Werftstraße/Jugendheim (1924–1932), Nr. 42625.
16 Die Kieler Kunstkeramik AG, die aus der Firma F. Kadow Skulpturenwerke AG hervorging, wurde auf Initiative Willy Hahns am 29.2.1924 gegründet, vgl. Habeck (1981). Mahr bekam den Auftrag nach veranstaltetem Wettbewerb. Vgl. Protokoll der Stadtkollegien vom 16.5.1927, Nr. 29. Laut Kieler Zeitung vom 11.11.1928 haben Willy Hahn und die Kunstkommission Anregungen zu dem Brunnenmotiv gegeben. Wie das Jugendheim wurde leider auch der Brunnen im Krieg gänzlich zerstört.
17 Ursprünglich war an dieser Stelle ein tempelartiger Aufbau vorgesehen, der jedoch nicht ausgeführt wurde. Vgl. Plan „*Kinderspielplatz*" vom 3.3.1925. Bauakten von kriegszerstörten und abgebrochenen Gebäuden, Nr. 42625.
18 Vgl. Protokoll der Stadtkollegien vom 24. 9. 1925, Drucksache 246.
19 Die bis 1927 ausgeführte Erweiterung des Baugebietes des Ellerbeker Bauvereins erstreckte sich bis zum Klausdorfer Weg. Die anschließend vom städt. Hochbauamt projektierte Siedlung gelangte vorrangig aus politischen Streitigkeiten nicht mehr zur Ausführung.

Knoop

Am nördlichen Ufer des Nord-Ostsee-Kanals bei Kiel gelegen. Von Carl Gottlob Horn nach 1785 angelegter Garten, Gutshaus im klassizistischen Stil 1792–1800 von Axel Bundsen. Der landschaftlich gestaltete Teil des Gartens wurde durch den Bau des Nord-Ostsee-Kanals beeinträchtigt. Heute nur noch in Relikten erhalten. Privatbesitz.

Der bereits für die Familie Schimmelmann in Ahrensburg, Wandsbek und Emkendorf tätige Carl Gottlob Horn (1734–1807) wirkte auch bei der Umgestaltung des Hofes in Knoop mit. Knoop gehörte der zweiten Tochter von Heinrich Carl Schimmelmann, Caroline (1760–1826), die mit Heinrich Friedrich Baudissin (1753–1818) verheiratet war. Horn lieferte hier Pläne für ein noch auf der alten Burginsel vorgesehenes Herrenhaus, die Ähnlichkeiten zu seinen Wandsbeker Entwürfen aufweisen. Den Auftrag zur Ausführung erhielt jedoch ein anderer, sehr junger Architekt, Axel Bundsen (1768–1832),[1] der die Familie Baudissin mit seinem streng klassizistischen Entwürfen zu begeistern vermochte. Bundsen hatte 1789 sein vierjähriges Studium der Architektur als 21jähriger in Kopenhagen abgeschlossen, bevor er von den Baudissins zusammen mit seinem Bruder Jes, der Zeichenlehrer war, ein zweijähriges Reisestipendium nach Frankreich und in die Schweiz erhielt. Nach ihrer Rückkehr 1791 begannen die Pläne für den Neubau des Herrenhauses auf Knoop. Bundsen gelang hier ein Bau im strengen Klassizismus der Kopenhagener Akademie, der sich von Horns Emkendorf-Umbau deutlich abhob.[2] Die bewußte Ausrichtung des Neubaus auf Kanal und Landschaft zeigt sich besonders im ebenerdigen Festsaal, wo der reale Ausblick durch drei französische Fenstertüren mit den gemalten Idealveduten Ludwig Philipp Stracks konkurrierte.

Ein früher Plan von 1778 zeigt die Lage des Knooper Gartens direkt am alten Eiderkanal, der den Garten zur Hälfte in südlicher und westlicher Richtung begrenzte (Abb. 288). Sehr deutlich ist noch der alte Herrenhausbau auf der Burginsel zu erkennen; das schützende Wasser umschließt durch Grabenziehung den

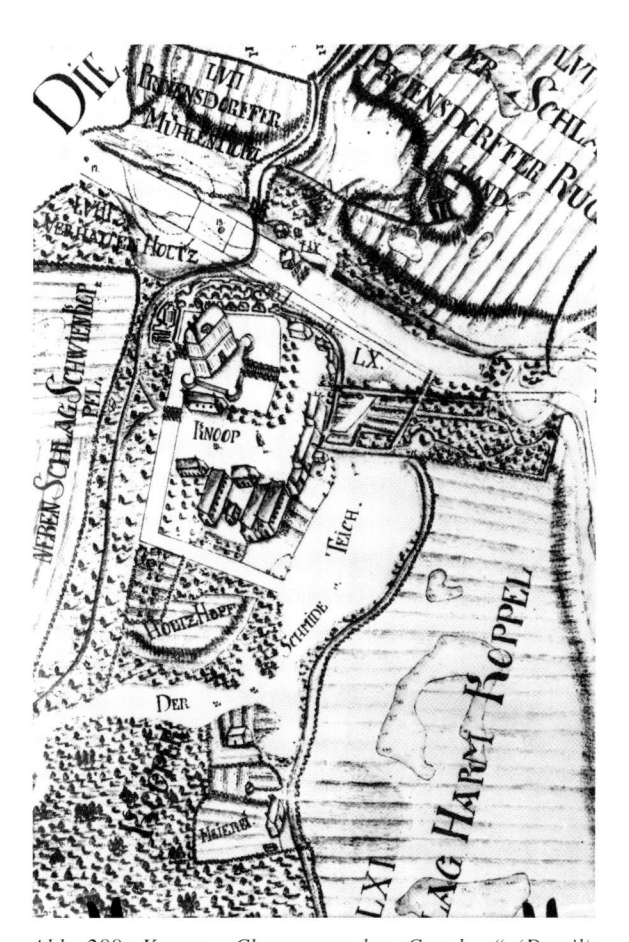

Abb. 288: Knoop, „Charte von dem Canal ..." (Detail), aquarellierte Federzeichnung von J. A. Thiessen 1778 (Photo LDSH).

nördlich liegenden Wirtschaftshof und mündete in den sogenannten „Schmideteich", der den Gutshof mit Herrenhaus, Wirtschaftsgebäuden und Garten von der Meierei trennte. Zaghaft eingezeichnet ist noch der alte Verlauf des Eiderflusses, der früher eine natürliche Grenze des Gartens bildete. Eine weitere Karte von J. A. Thiessen[3] von 1780 gibt Aufschluß über die Anlage östlich der Gutsanlage. Neue Alleen wurden an-

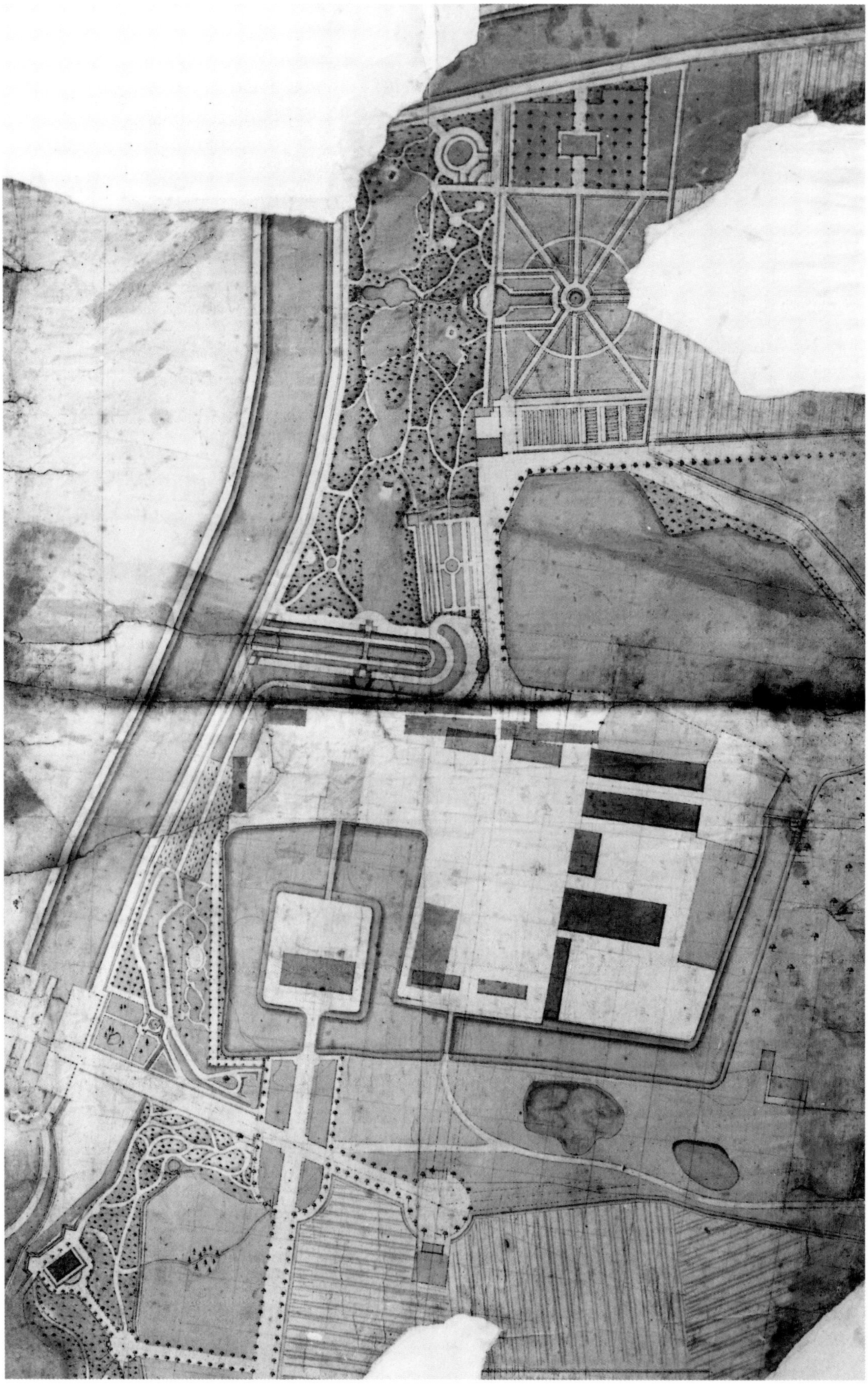

gelegt, eine parallel zum Gutshof in Nordsüd- und eine parallel zum Verlauf des Kanals in Ostwest-Richtung, die noch heute erhalten sind. Verbunden waren diese Alleen über ein Rondell, von dem leicht abgeknickt die Zufahrt zur neuen Schleuse führte. In östlicher Richtung lag kanalseits eine geometrische Gartenanlage, die durch orthogonale Wege in sechszehn Quartiere unterteilt war. Die mittlere Längshauptachse wurde durch zwei Rondelle und ein querliegendes Wasserbassin betont. Von der Nordsüd-Allee führten zwei Zufahrten zur Knooper Anlage, eine direkt zum Wirtschaftshof, eine auf die noch bestehende Burginsel.

Horns Aufgabe konzentrierte sich auf den Bau der beiden, westlich des neuen Herrenhauses gelegenen Kavaliershäuser und auf die Gestaltung des Parks. Ein früher, leider stark beschädigter Plan (um 1785) zeigt seinen Entwurf der Gesamtanlage (Abb. 289). Auf der Burginsel war noch der alte Herrenhausbau eingetragen, der Burggraben ist bereits teilweise zugeschüttet und die Hofeinfahrt verlegt. Der spätere Bundsen-Bau ist im Plan fast parallel zum Eiderkanal und zur Hälfte in den Burggraben hineinreichend lediglich angedeutet. Nördlich des Herrenhauses befand sich der Wirtschaftshof, im Westen das Gärtnereigebiet, dessen Pflanzflächen in geometrischen Formen angelegt waren. Im Süden erstreckte sich am Kanal entlang ein landschaftlich gestalteter Teil, der im Westen von der engen Kanalkurve über die Schleuse und Ausweichstelle sich noch weiter in Richtung Kieler Förde entwickelte. Dieser landschaftliche Teil war geprägt durch Schlängelwege, Baumgruppen, offene Rasenflächen, Sichtbezüge und Ruheplätze (Abb. 290). Westlich des Herrenhauses zerschnitt ein kleiner, in einer terrassierten Senke gelegener Kanal, der in den Eider-Kanal mündete, das Gartengelände. Zwei Brücken überspannten ihn, von denen eine in der Herrenhaus-Achse lag und die andere den ungehinderten Spazierweg am Kanal ermöglichte. Mit der Gestaltung dieses Stichkanals beschäftigte sich Horn intensiv, wie mehrere Planzeichnungen bezeugen.[4] Direkt hinter den

Abb. 289: Knoop, Gartenplan von C. G. Horn (gewestet), aquarellierte Federzeichnung 1785 (GA Knoop).

Abb. 290: „Aus dem Gräfl. Baudisinschen Park zu Knoop bey Kiel", Kupferstich von L. P. Strack 1802 (SHLB).

beiden Kavaliershäusern am Ende des Kanals sah Horn einen Pavillon vor, von dem man Zugang auf die obere der drei Terrassen hatte. Dieser Pavillon wurde kanalseits durch Treillagen eingefaßt, die auf einer Skizze[5] genauer beschrieben werden. Obwohl in einem weiteren Plan[6] schon leicht landschaftliche Entwürfe skizziert wurden, orientiert sich dieser Kanal noch an barocken Vorbildern.

Östlich des Herrenhauses zerschnitt der breite Zufahrtsweg zur Eider-Kanal-Schleuse die landschaftlichen Anlagen. Mehrere Gebäude boten dem Spaziergänger optische Genüsse und Plätze zum Verweilen. Direkt in Höhe der Schleuse stand, etwas zurückgesetzt und auf einer leichten Anhöhe, ein kleiner Aussichtspavillon, von dem man das Ein- und Ausschleusen der Schiffe betrachten konnte (Abb. 291). Der offene Bau, der 1816 in einer Zeichnung der Sophie Reventlow[7] dargestellt ist, kam von Rixdorf hierher, nachdem Baudissin dieses Gut 1789 verkauft hatte.

Im Jahr 1815 schreibt der Hamburger Domherr Lorenz Meyer: *„Der Garten oder Park, in dessen erhöhetem Vorraum das zierliche Herrenhaus nach des Architekt Bundsen, wenn gleich nicht tadellosen, doch gefälligen Risse erbauet ist, und von allen Seiten frei im blendenden Sonnelicht daliegt, ... bietet ... durch die Kunst der Anlage, von der Natur glücklich unterstützt, fast auf jedem Schritt und Standpunkt eine Gallerie der lieblichsten und abwechselndsten Gemälde dar."*[8]

Vom ursprünglich angelegten Park ist heute nicht mehr viel erhalten. Im Gegensatz zu den renovierten Gebäuden läßt sich der Landschaftsgarten nur noch fragmentarisch nachvollziehen. Veränderte Nutzungs-

Abb. 291: "Die Schleuse Von dem Canal zu Knoop in der Nähe von Kiel", kolorierte Radierung von C. D. Voigts 1805 (SHLB).

Abb. 292: Knoop, Blick in den Park mit Herrenhaus während des Kanalbaus, Photo um 1890 (SHLB).

konzepte (Reiterhof) und vor allem der Bau des neuen Nord-Ostsee-Kanals (Abb. 292) haben die Strukturen stark verändert. Die Breite des Kanals hat den landschaftlich gestalteten Teil des Gartens vor dem Herrenhaus beschnitten. Die Grundwasserabsenkung um mehrere Meter als Folge des Kanalbaus machte die Anbindung des Kunstkanals an den großen Kanal unmöglich, so daß er aufgefüllt werden mußte. Dieses Areal dient heute als Pferdekoppel. Der landschaftlich gestaltete Teil westlich des Herrenhauses ist verwildert und nicht zugänglich. Das hier befindliche Gärtnereigebiet läßt Grundstrukturen noch erkennen.

Interessant ist ein heute noch bestehender Gartentempel, der 1912 von dem Bremer Architekten und Dichter Rudolf Alexander Schröder (1878–1962), einem Freund des damaligen Besitzers von Knoop, des Fabrikanten Gerhard Friedrich Hirschfeld, entworfen wurde. Er steht an der Stelle des ehemaligen hölzernen Rixdorfer Pavillons in einem kleinen Hain.

Kai Pörksen

1 Wehser (1991/1992),T. 1, S. 89ff.
2 Hirschfeld (1928), S. 316.
3 *„Charte von dem Prospect der Allee über die Schwien Koppel und der Allee im Redder vor Knoop"*, gez. von J. A. Thiessen am 8. 12. 1780. GA Knoop.
4 GA Knoop: Negativ im LDSH PK I 11900, LDSH 6x6 7899, LDSH 6x6 7905.
5 GA Knoop: Negativ im LDSH 6x6 7898.
6 GA Knoop: Negativ im LDSH PK I 11900.
7 *„Die Knooper Schleuse des alten Eiderkanals"*, Federzeichnung 1816 von Sophie Reventlow. In: Lafrenz/Ostwald (1989), S. 37, Abb. 3.
8 Meyer (1816), S. 203.

Krummendiek

Adeliges Gut 8 km nordwestlich von Itzehoe in Privatbesitz. Barockgarten hinter dem Herrenhaus aus der Mitte des 18. Jahrhunderts im holländischen Stil von rechteckigem Grabensystem umgeben. Umgestaltung in der ersten Hälfte des 19. Jahrhunderts zu einer landschaftlichen Anlage. Das Gelände ist heute aufgeforstet und nur noch in Umrissen erkennbar. Nicht öffentlich zugänglich.

Das Gut Krummendiek wurde 1744 vom Hamburger Domherrn und braunschweigisch-lüneburgischen Legationsrat Heinrich von Meurer (1713–1777) erworben. Er ließ sich unverzüglich ein neues Herrenhaus mit repräsentativem Garten errichten. Im Gutsarchiv befinden sich neben zahlreichen Entwurfszeichnungen für Brücke, Tor- und Herrenhaus sowie für Stuckdekorationen des Hamburger Stadtbaumeisters Cornelius Gottfried Treu (1684–1759) auch zwei barocke Gartenpläne.[1]

Der erste Plan zeigt die gesamte Hof- und Gartenanlage und ist signiert „A. F. Bauer Invent. Friedrichsruhe 1746" (Abb. 293). Der Gartenarchitekt August Friedrich Bauer stand in Diensten des dänischen Statthalters in Schleswig-Holstein, Markgraf Friedrich Ernst von Brandenburg-Kulmbach (1703–1762) auf Gut Drage, damals Friedrichsruhe genannt.[2] Vielleicht legte er dort in den Jahren 1740–45 den Schloßpark an.

Abb. 293: Krummendiek, Lageplan des Gutes mit Garten von A. F. Bauer, aquarellierte Federzeichnung 1746 (GA Krummendiek).

Abb. 294: Krummendiek, Gartenplan von F. Kramer, aquarellierte Federzeichnung um 1750 (GA Krummendiek).

Abb. 295: Krummendiek, Ansicht des Herrenhauses von der Gartenseite, Lithographie von A. Hornemann um 1850 (SHLB).

1750 signiert er als Hofgärtner des Herzogs zu Mecklenburg-Schwerin einen Entwurfsplan für den Garten in Neustadt-Glewe.³ Die langgestreckte Hof- und Gartenanlage ist von einem geradlinigen kanalartigen Wasserlauf umgeben und streng axialsymmetrisch gegliedert. Durch das Torhaus betrat man den Wirtschaftshof, der von Scheune und Remise sowie zwei Viehtränken flankiert wird. Hinter der Scheune befindet sich ein „Küchen Garten", hinter der Remise des „Inspektors Garten". Der „Burg-Hoff" wird seitlich von zwei baumumstandenen geometrischen Bassins umrahmt. Das Herrenhaus bildet eine Dreiflügelanlage. Eine Terrasse – wenig breiter als das Gebäude – mit symmetrisch angeordneten Broderieparterres liegt südlich des Hauses. Daran schließen sich im Osten und Westen zwei große rechtwinklige Boskettbereiche spiegelsymmetrisch an. Im Zentrum liegt jeweils ein größerer Salon mit Tapis vert, rundherum sind sechs kleine Kabinette gleichmäßig angelegt. Ein querverlaufender Weg trennt dieses erste Drittel des Gartens vom anschließenden Bereich des Lust- und Nutzgartens ab. Entlang der Mittelachse wird durch vier rechtwinklig-dreieckige Broderieparterres – umstanden von spitz geschnittenem Taxus – im Grundriß die ungewöhnliche Form einer Raute entwickelt. Kunstvoll beschnittene Hecken grenzen den Bereich zum Nutzgarten ab, und eine Treillage bildet den Abschluß zum Kanal. Über eine Brücke erreichte man den ungleichmäßig fünfeckig geschnittenen und vom Wassergraben komplett umgebenen Bereich, auf dem sich drei Heckensalons befanden. Im zentralen runden Kabinett am Ende der Hauptachse war eine Gartenskulptur vorgesehen.

Der zweite Plan ist geringfügig aufwendiger und nach heutigem Geländebefund vermutlich ein nicht ausgeführter Alternativentwurf (Abb. 294). Von dem bisher unbekannten Gartenarchitekten „F. Kramer" signiert, muß er auch um 1746 entstanden sein und bezieht sich nur auf den Garten, ohne die Hofanlage zu zeigen. Hier ist die Terrasse des Herrenhauses wesentlich länger und breiter. Die Broderien sind nach Musterbüchern in der Art des Charles Daviler angelegt. Sie werden gesäumt von zwei sehr schmalen Boskettbereichen mit je fünf aneinandergereihten Cabinets. Auch dieser Plan ist absolut axialsymmetrisch projektiert. Die Hauptachse wird mit zwei viertelkreisförmigen Broderien, von langgestreckten Boskettzonen mit variabel gestalteten Cabinets begleitet. Seitlich befindet sich der Nutzgartenbereich, der Länge nach durch Obstbaumreihen unterteilt. Im Vergleich zu Bauers Plan erstreckt sich der Garten etwas weiter nach Süden. Der gänzlich von Wasser umgebene Abschluß stellt sich hier als segmentbogenförmige Insel dar. Wiederum befindet sich eine Gartenskulptur im Zentrum.

In Krummendiek haben sich somit zwei bemerkenswerte, im wesentlichen gleichartige, barocke Gartenpläne aus der Zeit um 1750 erhalten. Sie liefern den Beweis dafür, daß schon zu dieser Zeit ehemals bürgerliche Personen in Schleswig-Holstein Güter erwarben und mit einer standesgemäßen Herrenhaus- und Gartenanlage ausstaffierten.

1812–17 wurde das baufällige barocke Haus abgetragen und durch einen Bau Friedrich Christian Heylmanns (1771–1837) im spätklassizistischen Stil ersetzt.[4] In dieser Zeit erfuhr auch der Park eine landschaftliche Neugestaltung. Eine Zeichnung aus dem Jahr 1853 und die Lithographie Hornemanns (Abb. 295) zeigen die Ansicht des Herrenhauses von der Gartenseite und den Park als landschaftliche Anlage mit geschlängelten Wegen, seltenen Gehölzen, Blumenbeeten mit Hochstammrosen sowie einem Teepavillon.[5] Heute ist der gesamte Bereich des ehemaligen barocken Gutsgartens ein mit Fichten aufgeforstetes Gebiet.

Jörg Matthies

1 GA Krummendiek.
2 LAS GA Drage Abt. 127 Nr. 2; Saur.
3 Schlie (1896–1902), Bd. 3 (1900), S. 290–295, insbes. S. 294.
4 Seebach (1966), S. 92ff.
5 Vgl. Neumann (1974), S. 50. Von dieser romantischen Umgestaltung konnten bisher außer der Zeichnung und einer ähnlichen Darstellung Adolph Hornemanns keine weiteren Pläne und Quellen gefunden werden.

Lauenburg

Am hohen Steilhang des Elbtals gelegener Renaissancegarten der Herzöge von Sachsen-Lauenburg, begonnen um 1585 unter Franz II. und von seinem Sohn Julius Heinrich Mitte des 17. Jahrhunderts vollendet. Ab 1689 einsetzender Verfall, heute öffentliche Grünanlage, in der sich Teile der Terrassenstruktur und eine restaurierte Grotte erhalten haben.

Der Lauenburger Fürstengarten, der in der Forschung wegen einer sehr mageren Quellenlage bisher kaum Beachtung fand,[1] ist unter Berücksichtigung aller familienhistorischen Umstände und in Anlehnung an die Eintragung im Lexikon von Ersch-Gruber in die achtziger Jahre des 16. Jahrhunderts zu datieren. Der damals regierende Herzog Franz II. von Sachsen-Lauenburg (1547–1619)[2] aus dem Hause der Askanier war unter Aufsicht des Kurfürsten August von Sachsen (1526–1586) erzogen worden, unterhielt gute Beziehungen zu wichtigen Fürstenhäusern seiner Zeit und hatte 1582 Maria von Braunschweig-Lüneburg (1566–1626), die Tochter des garteninteressierten Herzogs Julius von Braunschweig-Lüneburg (1528–1589),[3] geheiratet. Von seinem künstlerischen Anspruch und seiner Verbundenheit mit Lauenburg[4] zeugen die beachtlichen Fragmente einer stilistisch fortschrittlichen Sepulkralskulptur in der Lauenburger Maria Magdalenen Kirche.[5] Neben Schloß Lauenburg unterhielt der Fürst vier weitere Besitzungen, von denen Franzhagen nördlich Lauenburg[6] und Neuhaus an der Elbe[7] über nicht unbedeutende Gartenanlagen verfügten.

Die Gestaltung des Lauenburger Fürstengartens ist überliefert durch Kopien eines Gemäldes aus dem Jahre 1657 von dem Hamburger Maler Heinrich Martens (Abb. 296).[8] Es zeigt westlich eines Terrassengartens die große Schloßanlage mit zwei Höfen, dem alten Wehrturm und Brunnen.[9] Ein Arkadengang verbindet die beiden Hauptflügel und schließt den nach Süden zur Elbe geöffneten Ehrenhof nördlich ab. Offenbar gab es unterhalb der Terrasse eine in den Hang hineingebaute ‚Sala terrena' und einen ‚Giardino segreto', hier angedeutet durch Renaissancebeete.

Über zwei Brücken, die einen tiefen Geländeeinschnitt östlich des Schlosses querten, gelangte man vorbei an einer keulentragenden, wachenden Herkulesskulptur auf eine Allee. An deren nördlicher Seite erstreckten sich ausgedehnte Nutzgartenquartiere mit verschiedenen Gebäuden, unter denen sich auch eine kleine Menagerie befand. Dagegen senkte sich der große Lustgarten in mehreren Terrassen, unterstützt von Mauern, Rampen und Bastionen nach Süden, zum Tal der Elbe, und zeigt in seiner Struktur geometrische Klarheit und symmetrische Bezüge, wie sie sinnfällig dem Bemühen um ein rationales Weltbild gegen Ende des 16. Jahrhunderts entsprachen. So gliederte sich der Garten in drei von Westen nach Osten kleiner werdende Bereiche, die jeweils von einer aufwendigen Architektur beherrscht wurden. Auf dem östlichen Areal, einem kleinen spitz zulaufenden Geländezwickel, stand ein oktogonales Gebäude mit vier Annexbauten. Dachterrassen in jede Himmelsrichtung lassen hier ein astronomisch-alchemistisches ‚Laboratorium' vermuten, wie es um diese Zeit von naturwissenschaftlich interessierten Fürsten gern am Rande des Gartens plaziert wurde.

Der westlich gelegene Bereich des Gartens erstreckt sich am weitesten nach Süden, wo zwei hölzerne Aussichtspavillons die Ecken des Geländes bastionsartig akzentuieren. Die hier in additiver Reihung auf zwei Stufen angedeuteten Beete werden überragt von einem auf größerer quadratischer Terrasse liegenden, oktogonalen und sich turmartig verjüngenden Lusthaus. Das offenbar als Idealbau konzipierte Gebäude verfügte über einen Terrassenumgang im Obergeschoß und wurde von einer Laterne gekrönt. Es weist frappante Ähnlichkeit mit einem Gartenpavillon in der Villa d'Este in Tivoli auf.[10] Den Hauptzugang zu dieser

Abb. 296: Lauenburg, Schloß und Fürstengarten, Ölgemälde nach H. Martens, Kopie 19. Jahrhundert (Elbschiffahrtsmuseum Lauenburg).

Terrasse mit Lusthaus bildete ein skulpturengeschmücktes Portal.

Von den beiden äußeren Arealen gelangte man auf langen absteigenden Rampen, die wiederum an italienische Vorbilder denken lassen, zu dem das Zentrum der Gesamtanlage betonenden Fontainenbassin mit dreipaßförmigem Grundriß. Das umgebende Parterre ist als vierteiliges Wappen der Sachsen-Lauenburger Herzöge in farbigen Steinchen gestaltet. Oberhalb des Bassins findet sich der Bau, von dem man der Lage nach annehmen muß, daß er von jeher als der wichtigste des ganzen Gartens betrachtet wurde: die Grotte mit der sich darüber erhebenden ‚Schnecke', einem aus Holz erbauten Aussichtsplafond, den man über einen schneckenförmig geführten Gang erreichte. Der in den Hang hineinführende Eingang war als Tempelfront gestaltet, hinter der sich ein quadratisches Vestibül mit zwei seitlichen halbkreisförmigen Erweiterungen öffnete. Dann erst betrat man den kreisrunden Grottenraum, in dessen Mauer sechs kleinere Nischen für Skulpturen eingelassen waren, während sich dem Eingang gegenüber eine große Nische mit einem muschelförmigen Quellwasserbecken befand. Dieser gewölbte Zentralraum präsentiert sich mit einem Opaion

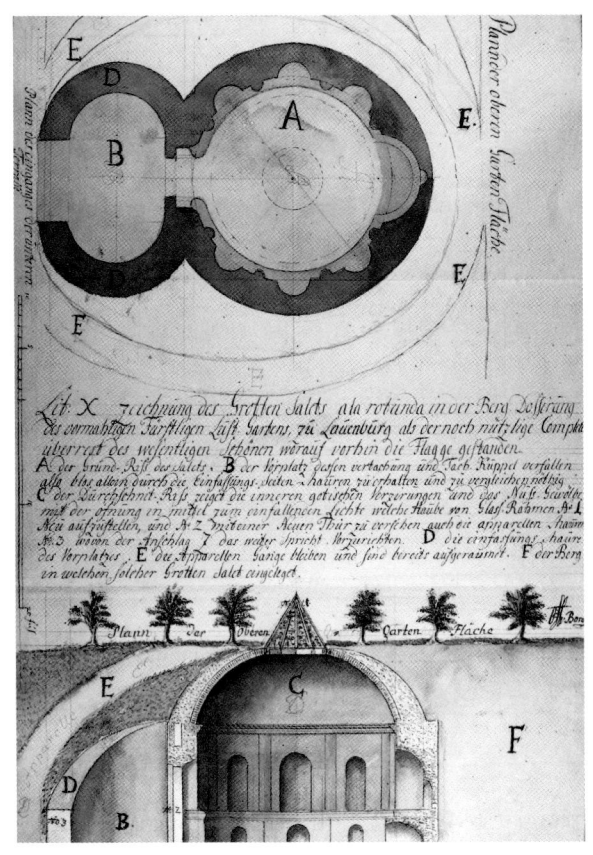

Abb. 297: Lauenburg, Grotte im Fürstengarten, Zeichnung von O. H. von Bonn 1779 (Kreismuseum Ratzeburg).

Abb. 298: Lauenburg, „Die Fürstengrotte" (Randleistenbild), Lithographie um 1850 (SHLB).

als ein gleichsam in den Berg hineingebautes Pantheon. Wenngleich die Dekoration mit Stakalith, Kristallen, Halbedelsteinen, Muscheln und Skulpturen in dem stark restaurierten Gebäude nur noch erahnt werden kann, hat sich mit ihm ein für den Norden außerordentlich anspruchsvoller Grottenraum in Lauenburg erhalten. Stilistisch fügt sich diese Architektur in den Kontext der Gesamtanlage ein, die italienische Vorbilder den hiesigen Bedingungen anpaßt und auf die Kenntnis der zeitgenössischen italienischen Gärten schließen läßt.[11]

Bei vergleichender Betrachtung ist eine auffällige Ähnlichkeit einiger Motive des Lauenburger Fürstengartens mit Teilen der sehr ausgedehnten Anlage im böhmischen Schlackenwerth festzustellen, die unter Julius Heinrich, einem Sohn Franz II., angelegt wurde. So zeigt Matthäus Merians Kupferstich von Schlackenwerth aus dem Jahre 1650[12] in vielen Details ebenfalls in der zentralen Partie das fürstliche Wappen, und auch eines der Lusthäuser gleicht dem in Lauenburg. Bisher war man daher meist von einem Einfluß der böhmischen Anlagen auf den norddeutschen Fürstengarten an der Elbe ausgegangen.[13] Inzwischen scheint allerdings umgekehrt der Einfluß von Lauenburg auf Schlackenwerth wahrscheinlicher. Doch kann nach dem 30jährigen Krieg, während der zehnjährigen Regentschaft (1656–1665) des Herzogs Julius Heinrich, für den Lauenburger Fürstengarten eine neuerliche Blüte angenommen werden.[14]

In der zweiten Hälfte des 17. Jahrhunderts wird die aufwendige Gartenanlage am Elbhang in einer Beschreibung der Stadt Ratzeburg 1667 erwähnt: *„Das Slos Lauenburg hat Herzog Bernhard zu Saksen erbauet: woselbst ein sehr schöner lustiger Garte wegen der artlichen Aussicht über der Elbe Lünaburg zu fein angeläget."*[15] Und Lairitz erwähnt 1686 *„Beym Schloß gegen Osten auf dem Freudenberg ist ein sehr kostbarer Lustgarten mit einem Pomeranzen-Haus von itzo regierenden Herzogen angerichtet, ist wol zu sehen und kostet des Jahres viel zu unterhalten."*[16] Nach dem Aussterben der Herzöge von Sachsen-Lauenburg 1689 begann allmählich der Niedergang des Fürstengartens. Noch 1735 zeigt ein Stadtplan dieselbe Aufteilung der Gartenkompartimente wie die Kopie nach Martens. 1779 fällt dem mit Vermessungen im lauenburgischen beauftragten hannoverschen Oberlandbaumeister Otto Heinrich von Bonn (1703–1785) auf, daß die Hausbesitzer unterhalb des Schloßberges an der Elbstraße in den vergangenen Jahrzehnten ihre Grundstücke durch das Eingraben von Terrassen in die Böschung des Berges in unerlaubter Weise vergrößert und Nutzgärten sowie Gartenlauben angelegt haben.[17] Bonn erkannte offenbar als erster den Wert der Grotte, für die er nach einer sorgfältigen Vermessung eine Restaurierung vorschlug (Abb. 297).[18]

Der im 18. und 19. Jahrhundert häufig an Gärtner oder den jeweiligen Amtmann verpachtete Garten muß wegen seiner außergewöhnlichen Lage und seines romantischen Verfalls für die Zeitgenossen von besonderem Reiz gewesen sein. So wird von Friedrich Gottlieb Klopstock (1724–1803) berichtet, er hätte erwogen „*mit Voß zusammen den fürstlichen Schloßgarten zu Lauenburg zu pachten und als Gärtner, Schäfer und Bauer ein arkadisches Leben zu führen*".[19] Mitte des 19. Jahrhunderts zeigt das Randleistenbild einer Lithographie von Lauenburg eine etwas verfallene und malerisch überwucherte Fürstengrotte (Abb. 298).

1973 erwarb die Stadt Lauenburg das Gelände und legte an der Stelle des ehemaligen Fürstengartens Kinderspielplatz, Rollschuhbahn und ein Schützenhaus mit unterirdischem Schießstand an.[20] Trotz mächtiger Solitäre wie einer Blutbuche (Fagus sylvatica 'Atropunicea') und eines zweistämmigen Ginkgos (Ginkgo biloba), beide stammen aus der zweiten Hälfte des vergangenen Jahrhunderts, hat man heute große Schwierigkeiten, die Raffinesse des Renaissancegartens nachzuempfinden. Lediglich die Grotte, bröckelnde Ziegelmauern, zahlreiche Stinzenpflanzen[21] und der herrliche Blick gen Süden bis nach Lüneburg vermitteln noch den vagen Eindruck dieser frühen fürstlichen prunkvollen Anlage.

Jörg Matthies / Ingrid A. Schubert

1 Im Rahmen dieser Arbeit konnten die Archivalien nicht in extenso gesichtet werden.
2 Zu Herzog Franz II. vgl. Scharnweber (1960) und Kaack (1989).
3 Herzog Julius war der Begründer des Gartens zu Hessen östlich von Wolfenbüttel, und sein Sohn Heinrich Julius – der Schwager Franz' II. – baute diese Anlage bis 1613 als Sommersitz weiter aus. Vgl. Royer (1651), Vorrede und Nachwort von Wolfgang Kelsch im Reprint (1990). Maria brachte eine erhebliche Mitgift in die Ehe ein.

4 Um 1600 beschäftigte sich Franz II. intensiv mit der Ausgestaltung seiner Grablege. Er ließ sich als erster der Lauenburger Herzöge nicht im Ratzeburger Dom beisetzen.
5 Vgl. Götze (1926) und Eimer (1951).
6 Einen Garten von beachtlicher Größe, allerdings nur in Umrissen, zeigt die Kopie einer Flurkarte des Vorwerks Franzhagen gezeichnet von D. Michaelsen 1723 (StA Mölln).
7 Die auf mehreren, durch Brücken verbundenen Inseln gelegene Gartenanlage bei Schloß Neuhaus ist auf einer Kopie des Laienmalers Heinrich Murjahn aus dem Jahre 1886 (im Lauenburger Elbschiffahrtsmuseum) zu erkennen.
8 Vgl. Thieme/Becker. Das Werk ist heute in zwei Kopien von unbekannten Künstlern des 19. Jahrhunderts in Lauenburg (Elbschiffahrtsmuseum) und Ratzeburg (Kreismuseum) erhalten.
9 Mit Hinweis auf die in dieser Form nicht verwirklichte Schloßanlage, hatte man bisher auch die Anlage des Gartens in dieser Form in Frage gestellt. Doch zeigt der Lauenburger Stadtplan von 1735 die Aufteilung der Gartenkompartimente in exakt derselben Weise wie das Ölgemälde.
10 Möglicherweise kannte Herzog Franz II. die Gartenanlagen in Tivoli oder zumindest die entsprechenden Kupferstiche. Vgl. Lamb (1966), S. 16 und Abb. 86, 87.
11 Vgl. die Grotten Ammanatis in Castello und Buontalentis im Boboli-Garten/Florenz für die Medici.
12 Zu Schlackenwerth vgl. Hennebo/Hoffmann (1962–1965), Bd. 2, S. 90–92, Kaack (1975) und Kaack (1989), S. 49–56.
13 Vgl. Kaack (1985) und Kaack (1989).
14 Julius Heinrich widmete sich um 1660 auch noch der Ausschmückung seines Jagdschlosses und Lustgartens Juliusburg nordwestlich von Lauenburg, vgl. Scheele (1940).
15 Hövelen (1667), S. 18. Er schreibt, daß auch in Grönau, dem Leibgedinge der Herzoginwitwe, sich „*ein kleiner Lust Garte Grottenwerke Wasserkünste Fürstlich Haus drin sonderbare schöne Zimmer gar fein zu sähen*" befand, und in Neuhaus an der Elbe gab es ein „*nicht minder fein ausgerichtetes Wärk und [es] läst sich wegen des Garten und Lustgebaues samt den Früchten noch wol sähen.*"
16 Zitiert nach Heering (1906), S. 139f.
17 KA Ratzeburg Abt. 3 Nr. 120. Von Bonn schreibt, daß die Bewohner Terrassen „*Perpendiculatiter eingegraben und zu Garten-Räume cultiviert [und] ... volupteraria mit Gartenlauben angelegt [haben] ... Es ist zu bewundern, daß diese anomaligen Eingriffe bislang geduldet wurden.*" Dieser Zustand wird auch durch zwei von F. C. de Benoit im Juni 1783 aufgenommene Pläne bestätigt. LDSH 6x6 7255 und 6x6 7258.
18 KA Ratzeburg Abt. 3 Nr. 120 „*Herstellung des Schneckenberges [und des] gewölbten Salets a la Rotundo im Garten des Amtmannes von Bachmeister*".
19 Das berichtet Matthias Claudius' Biograph Roedl (1950), S. 158.
20 Akten und Zeitungsartikel zu den Neugestaltungsmaßnahmen seit 1973 befinden sich im Lauenburger Bauamt.
21 Vgl. G. Thiering in: Poppendieck (1991), S. 160f.

Lehmkuhlen

Privater Gutspark in dem fruchtbaren Hügelland südöstlich von Preetz gelegen. Ein Landschaftspark aus der Mitte des 19. Jahrhunderts, wurde ab 1911 zu einem ästhetisch betonten Arboretum mit verschiedenen Sondergärten erweitert. Die 1949 unter Landschaftsschutz gestellte, ausgedehnte Anlage wird nur notdürftig gepflegt und ist für wissenschaftliche Zwecke auf Anfrage zugänglich.

Das sehr große Adelige Gut Lehmkuhlen, zu dem ursprünglich auch Rethwisch, Bredeneek, Freudenholm und Sophienhof gehörten, befand sich dreihundert Jahre in Hand der zu den ‚Originarii' zählenden Familie Ahlefeldt, bevor es 1704 an den Grafen Heinrich Reventlow überging[1]. Nach mehreren Abtrennungen und Verkäufen in rascher Folge wurde das Gut 1842 von der Hamburger Familie Godeffroy und schließlich 1905 von dem Bankier Conrad Hinrich von Donner II. (1844–1911) erworben und ist heute noch in Familienbesitz.

Die Gartengeschichte Lehmkuhlens reicht bis ins 18. Jahrhundert zurück (Abb. 299). So erscheint auf der Varendorfschen Landesvermessung 1789/96 neben einem Küchengarten im Norden ein Gehölz im Osten, das nach seiner Lage und orthogonalen Wegeführung als ehemaliger kombinierter Lust- und Nutzgarten angesehen werden kann, wie er seit Ende des 16. Jahrhunderts gelegentlich bei schleswig-holsteinischen Adeligen Gütern jenseits des Hofgrabens angelegt wurde. Im Laufe des 18. Jahrhunderts war dieses Gebiet zu einem kleinen Lustwald erweitert worden und

Abb. 299: Lehmkuhlen, Blick auf Bootshaus mit See, Photo 1994.

erhielt – den Gepflogenheiten der Zeit entsprechend – eine Eremitage. Sie lag am Ende der nördlichen Querachse, während die Hauptachse als Zufahrtsallee durch das ganze eingefriedete Areal führte, über den Graben und an den Wirtschaftsgebäuden vorbei zu einem Ehrenhof. Dem hatte Christine Magdalene von Hahn, geb. von Brockdorff, die das Gut ab 1772 für zwanzig Jahre als Witwensitz besaß, mit einem eindrucksvollen spätbarocken Herrenhaus und zwei Kavalierhäusern 1774/79 eine repräsentative Gestalt gegeben.

Eine Verkaufsbeschreibung von 1842² schildert die verschiedenen Anlagen, die den Hof umgaben. Außer den im Norden und Süden liegenden Küchen- und Baumgärten, gab es im Osten das bereits erwähnte „zum Park eingerichtete Gehölz", im Westen hinter dem Herrenhaus einen Garten mit einem Springbrunnen und schließlich von dort ausgehend einen gestalteten Spazierweg zu dem 68 m hohen Bakers-Berg, der „eine meilenweite Aussicht über Seen und Felder nach Preetz und Plön" bot. Eine derartige Promenade galt als besondere Attraktion in einer Zeit, die die Reize heimischer Landschaft entdeckte. Ein Teil der genannten Anlagen mochte von dem in Flensburg als Gartenschöpfer hervorgetretenen Kaufmann Andreas Christiansen (1780–1831) stammen, der das Gut seit 1826 besaß.³ Ein Teil könnte auch schon in der Besitzzeit des hannoverschen Hofrats Gerhard Friedrich Otto von Hinüber (geb. 1752) geschaffen worden sein, dessen Vater den Landschaftsgarten in Marienwerder bei Hannover angelegt hatte.⁴ 1797/98 vermietete er das Herrenhaus in Lehmkuhlen an den nach Schleswig-Holstein geflohenen Marquis de Lafayette (1757–1834). Dieser an den amerikanischen Freiheitskriegen und der Französischen Revolution beteiligte General war sehr gut bekannt mit dem Gartenarchitekten Joseph-Jacques Ramée, der zur gleichen Zeit mit der Anlage eines Parks auf dem nahegelegenen Gut Perdöl beschäftigt war.

Erst nach dem Kauf des Gutes 1842 durch den weitgereisten Diplomaten und ehemaligen Hamburger Ministerresidenten in St. Petersburg, Charles Godeffroy (1787–1848), wurde der Hofgraben zugeschüttet, so daß ein direkter Zugang vom Herrenhaus zum Garten geschaffen werden konnte. Die kleine Spolsau und ihr Nebenarm, die vorher den Hofgraben genährt hatten, wurden nun an ihrem Zusammenfluß zu einem See aufgestaut und bildeten das Zentrum eines in dem sanft bewegten Gelände von Knicks umgebenen Landschaftsparks. Einige sehr alte Bäume im heutigen Bestand und die Interpretation der Preußischen Landesaufnahme von 1877/79 lassen auf eine abwechslungsreiche Bepflanzung in dem für die Mitte des vorigen Jahrhunderts üblichen Stil schließen. Vor dem Herrenhaus senkte sich ein schmaler Pleasureground nach Westen zum See hinab und erweiterte sich nach Süden, umgeben von einem lichten Baumbestand mit verschiedenen dendrologisch interessanten Solitären und einigen Clumps. An der langen Südwestgrenze und im Kernbereich westlich des Sees verdichteten sich die durch Nadelgehölze angereicherten Pflanzungen. Es gab einen Rundweg um das zentrale Gewässer, den üblichen Beltwalk im Grenzbereich und einige Querverbindungen, wobei sich durch die beiden Zuflüsse zum See viele Möglichkeiten zur Plazierung von Brücken ergaben. Man kann also von einer nicht unbedeutenden landschaftlichen Anlage ausgehen, zumal sie eine Größe von gut 10 ha erreichte und im Norden mit dem Weg zum Bakers-Berg verbunden war.

Conrad Hinrich von Donner II. (1844–1911), ältester Sohn von Etatsrat Bernhard Donner (1808–1865), dem Begründer des Donnersparks in Altona, war als außergewöhnlich erfolgreicher und wohltätiger Unternehmer 1873 geadelt worden. Als er im Jahre 1905 Lehmkuhlen erwarb, gehörten ihm schon die Adeligen Güter Rethwisch und Bredeneek, so daß der Grundbesitz insgesamt etwa wieder die Ausdehnung erreichte, die er vierhundert Jahre zuvor unter den Ahlefeldts schon gehabt hatte. Mit diesem Zukauf wollte der damals über Sechzigjährige Vorsorge für eine angemessene Ausstattung seines Sohnes treffen, der keine Neigung und Eignung zur Übernahme des riesigen Finanzimperiums der Familie erkennen ließ. Da der Vater ihn zudem in seinem Testament außerordentlich großzügig mit finanziellen Mitteln bedacht hatte, brauchte sich Conrad Hinrich von Donner III. (1876–1937), nachdem er 1911 das Erbe angetreten hatte, bei der Erfüllung seiner Lebensträume keinerlei Beschränkung

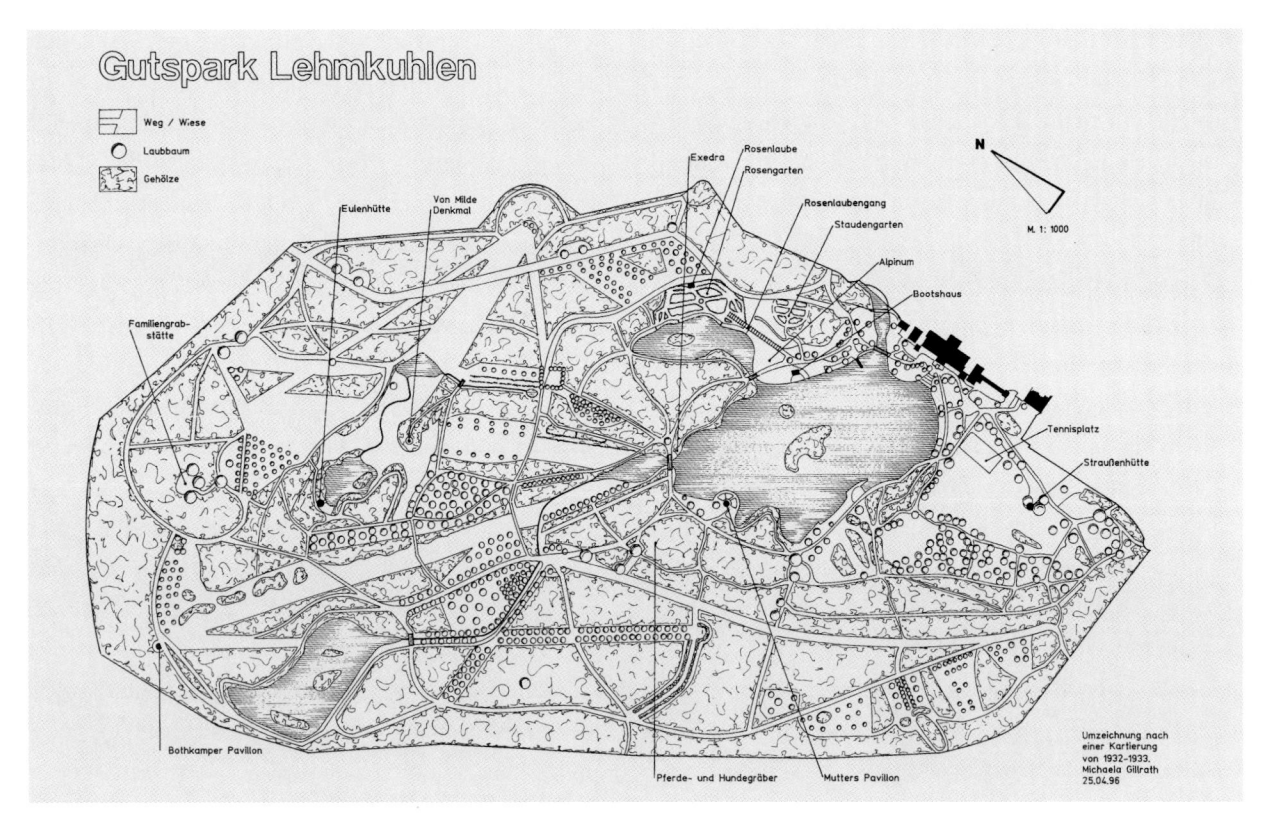

Abb. 300: Lehmkuhlen, Bestandsplan des Gutsparks von W. Kupfer 1933, Umzeichnung M. Gillrath 1996 (KHI).

aufzuerlegen.[5] Und seine Träume galten einem außergewöhnlichen Park, in dem er seiner botanischen Sammelleidenschaft frönen und dendrologische Kostbarkeiten aus aller Herren Länder pflanzen konnte (Abb. 300). Zugleich wünschte er einen angemessenen Rahmen für ein großbürgerliches Familienleben mit üppigen Festlichkeiten.

Bei der Planung wurden gelegentlich Gartenarchitekten zugezogen, wie Adolf Hoff (1870–1958) aus Hamburg-Harburg oder Clemens Jelinek (1868–1936) aus Kiel. Prinzipiell übernahm der als Jurist ausgebildete Freiherr von Donner die Gestaltung selbst und könnte als später Nachfahr der ‚Gardening Lords' betrachtet werden. Doch stand ihm ein fachkundiger, erfahrener Berater zur Seite, der langjährige Obergärtner und Freund Cosmos von Milde (1841–1929). Dieser hatte schon für seinen Vater den Park in Bredeneek angelegt, und ihm zu Ehren wurde ein besonderer Denkstein auf dem ‚Mildeberg' im Herzen des Parks in Lehmkuhlen gesetzt (Abb. 301). Obgleich versteckt auf einer Halbinsel gelegen und von dichtem Unterholz überwachsen, kann man seine Inschrift noch heute entziffern: *„Meinem ältesten Freunde Herrn Obergärtner Cosmos v. Milde, geb. 3. 6. 1841 der mit mir zusammen von 1911 an den Lehmkuhlener Park schuf zu seinem fünfzigjährigen Dienstjubiläum den 1. 7. 1928 in Treue und Dankbarkeit Conrad Hinrich Donner"*.

So wenig von Cosmos von Milde bekannt ist, so rar sind auch die den Park selbst betreffenden Dokumente. Doch kann die beabsichtigte Gestalt anhand einer Aufmessung von 1933 einigermaßen sicher rekonstruiert werden. Verschiedene forstliche Berichte[6], frühe Photographien, eine Baumliste von 1964 und der heutige Bestand geben weitere Aufschlüsse, zumal nie eine umfassende Überformung stattgefunden hat.[7] Die nachfolgende Beschreibung konnte durch persönliche Erinnerungen der Familie von Donner zusätzlich präzisiert werden.

Das eingefriedete, zum Arboretum bestimmte Gelände erstreckt sich in Form eines leicht verzogenen breiten Ovals von Südosten, dem hausnahen Bereich, nach Nordwesten, wo ein Moränenrücken mit von Buchen bestandenen Hünengräbern bis auf 50 m ansteigt. Dort befindet sich seit den Zwanziger Jahren die Familiengrabstätte derer von Donner. Ein breiter schützender Buchengürtel – teilweise außerhalb des Zaunes angelegt – folgt der Grenzlinie. Immense Erdarbeiten waren notwendig, um in diesem großen Areal, das einschließlich der Randbepflanzung ca. 42 ha umfaßt, möglichst viele unterschiedlich akzentuierte Landschaftsräume zu schaffen, wie es die Standortwünsche von Gehölzen verschiedenster Provenienz verlangen. Unter Nutzung des Quellgebietes der Spolsau wurde ein neues Gewässersystem geschaffen. Ein stattlicher See mit zwei Inseln und flachen Ufern, die heute im dichten Schilfbestand kaum noch nachzuvollziehen sind, liegt im äußersten Südwesten. Nördlich davon, direkt unterhalb des ansteigenden Moränenrandes, gibt es einen dunkleren Teich, und von dort in östlicher Richtung einen weiteren mit teilweise steilen, steinigen Ufern, vielfach von Nadelhölzern umgeben. In der Nähe des ehemaligen Rosengartens findet sich außerdem ein schmaler lichter Weiher. Alle diese Gewässer sind miteinander verbunden, münden in den „*Großen See*" im Osten und sorgen mit Hilfe eines nordöstlich gelegenen Abflusses für dessen gute Wasserqualität und ständige Erneuerung.

Direkt am ehemaligen Herrenhaus, das 1975 abgebrochen wurde, erstreckte sich etwa in einem Halbkreis jenes Parkfünftel, dessen Gestaltung sehr stark auf familiäre Bedürfnisse, gesellschaftliche Repräsentation und ästhetisches Vergnügen abgestimmt war. Sein Zentrum bildet der Große See. Er entstand in den Kriegsjahren 1914/18 durch gut dreifache Vergrößerung des schon im Godeffroyschen Park vorhandenen Weihers. Die lebhaft geschwungenen Uferränder sind durch Steine befestigt und so geschickt bepflanzt, daß sie heute noch farblich abgestimmte, im Jahresrhythmus alternierende Bilder bieten. Riesige Baumgestalten zeichnen farbige Kompositionen, dominiert vom Grün in vielfachen Variationen und gelegentlich kontrastiert mit silbernen (z. B. Acer saccharinum) und dunklen Tönen (z. B. Fagus sylvatica 'Atropunicea'). Auf der noch vorhandenen Freitreppe zur Anlegestelle

Abb. 301: Lehmkuhlen, Obergärtner und Gutsbesitzer am Milde-Gedenkstein, Photo 1928 (Privatbesitz).

vor dem abgebrochenen Herrenhaus (Abb. 304) wird der Blick über den See durch eine sehr große südliche Insel und eine kleinere nördlich daneben aufgefächert. Aber die raffinierte Wirkung der Komposition kommt erst bei einem Rundgang durch interessante Verschiebungen der Perspektive voll zur Geltung, wobei in wechselndem Rhythmus Brücken und Reste von Parkbauten im Bild auftauchen und verschwinden. Von dem ehemals auf kleiner Anhöhe thronenden Teepavillon ist nur noch die vorkragende Halbinsel mit Fundamenten erhalten. Eine elegante Exedra mit einer Anlegestelle wurde kürzlich durch Astbruch stark beschädigt. Erhalten ist das ehemalige Bootshaus, das mit seinem niedrigen Strohdach einer Fischerhütte ähnelt. Wo heute Enten in großer Zahl das Bild beleben, wurde es früher durch unterschiedliche Arten seltener Vögel, bis hin zu schwarzen Schwänen, sehr viel subtiler akzentuiert. Einen Höhepunkt bildeten festliche Inszenierungen des Teiches, wenn Pechfeuer in großen bronzenen Muschelschalen an der Uferrundung aufflammte und von der Wasserfläche in hundertfacher Brechung widergespiegelt wurde.

Südlich des schmalen, zum See abrupt abfallenden Geländes, das heute noch die Situation zur Zeit des Hofgrabens erahnen läßt, erstreckt sich in Erweiterung des Pleasuregrounds eine Lichtung, die wohl auch weitgehend aus dem Godeffroyschen Park übernommen wurde, mit alten Solitären, wie einer Pyramiden-Eiche (Quercus robur 'Fastigiata') oder einer Mehl-

Abb. 302: Lehmkuhlen, Stein- und Rosengarten, Photo um 1930 (Privatbesitz).

beere (Sorbus intermedia) und Clumps, wie einer Gruppe von Goldeschen (Fraxinus excelsior 'Aurea'). Hier gab es auch einen Spielpavillon für die Kinder, einen Tennisplatz und schließlich eine Hütte für Straußenvögel.[8] Im Anschluß daran zieht sich heute noch eine riesige, teilweise in Azaleen-Gruppen übergehende Rhododendron-Pflanzung am südlichen Ufer entlang. Auf der anderen, nördlichen Seite der Freitreppe zeugen von dem Godeffroy-Park uralte Linden und eine mächtige Kastanien-Allee, unter der im Frühjahr tausende von Scilla einen blauen Teppich bilden. Eine große Brücke führt hier über den letzten Rest des alten Hofgrabens (Abb. 299). Der wandelt sich, aus dem See genährt, zur Spolsau und stellt die Verbindung her zu den anderen ehemals Donnerschen Gütern, Rethwisch und Bredeneek.

Nordöstlich des Sees gab es drei Sondergärten. Von dem als Halbkreis geformten und streng symmetrisch unterteilten Staudengarten ist nichts erhalten. Dagegen kann man von dem nur wenig weiter westlich gelegenen Rosengarten (Abb. 302) zumindest noch die Größe und Lage – vor einem nach Südwesten ge-

richteten, sanft ansteigenden Hang am Rande des kleinen Weihers – im Gelände ablesen. Ein vorhandener Plan „*Rosengarten 1935*" mit einer beigefügten Liste von 74 Sorten und genauer Lokalisierung der einzelnen Pflanzen stellt offenbar den Bestand jener Zeit dar. Dieser Garten ist ab 1914 bis um 1930 sukzessive erweitert worden.[9] Er weist geometrische und amorphe Elemente auf: Die Beete in verschieden gekurvten Formen werden durch ein klares Achsenkreuz zusammengehalten. Am nördlichen Endpunkt der kürzeren Achse stand ein offener Pavillon, der zwischenzeitlich zur Freitreppe beim ehemaligen Herrenhaus transloziert worden ist. Das geschwungene Ufer des idyllischen Weihers war ebenfalls mit Rosen besetzt, die von Stufen zu Bootsanlegern unterbrochen wurden. Ein langer aus Metallgittern gewölbter Laubengang, mit hunderten von Rosenranken überzogen, bildete die Verbindung zwischen Rosengarten und See-Rundweg. Ganz in der Nähe findet man noch heute den Steingarten. Doch die einst als besonders langsam wachsend ausgesuchten Koniferen haben sich teilweise zu hohen, breit ausladenden Exemplaren entwickelt, die sich gegenseitig bedrängen, haben Steinwälle gesprengt, große Findlinge und eingelassene Bänke überwuchert und schon lange alle seltenen Alpenkräuter verdrängt. Kaum noch kann das Auge das Gemenge von einzelnen Findlingen und verschiedenstem immergrünen Geäst entwirren, und doch ist dies der einzige noch in Spuren erkennbare der Lehmkuhlener Sondergärten.

Das Arboretum nimmt die beiden westlichen Drittel des Geländes ein und umgreift zusätzlich mit einem schmaleren Streifen im Norden und einem breiten im Süden den Park. Eine lebhaft wechselvolle Kulisse im Hintergrund bildend, reicht es gelegentlich auch mit einzelnen Solitären und Clumps in das familiär genutzte Areal hinein. Besonders auffallend ist heute in diesem Zusammenhang eine große Gruppe verschiedenster Koniferen nahe des südlichen See-Rundwegs. Es handelt sich um jene Gehölze, die Freiherr von Donner im Jahre 1914 bei der Altonaer Gartenbauausstellung auf dem Gelände des *„Donnerschlosses"* als komplette Partie erworben hatte. Dazu gehören verschiedene – jetzt zu riesigen Exemplaren ausgewachsene – Gartenformen der Scheinzypresse (Chamaecyparis) und als besondere Rarität eine Japanische Douglasie (Pseudotsuga japonica), die als erste ihrer Art außerhalb Japans hier gepflanzt wurde.

Da den Koniferen die besondere Vorliebe des Parkschöpfers galt, wurde das große Pinetum im nordwestlichen Bereich zum Schwerpunkt des Arboretums ausgebildet. Noch 1964, als schon mancher empfindliche, schwachwüchsige Baum von seinen Nachbarn verdrängt worden war, zählte man 305 verschiedene Nadelhölzer. Auch das Quercetum ist bedeutend. Doch generell wurde bei den Ankäufen nicht mit wissenschaftlicher Systematik vorgegangen, sondern nach persönlichen Vorlieben und Intuitionen des Conrad Hinrich von Donner III. Bei der Plazierung auf dem Gelände spielten dann ästhetische und dendrologische Kriterien offenbar gleichwertige Rollen. Häufig setzte man verschiedene Arten einer Gattung direkt nebeneinander, um vergleichend beobachten zu können. So fällt heute noch eine Kreuzung auf, um die herum diverse Buchen ihre unterschiedliche Belaubung ausbreiten (z. B. Fagus sylvatica 'Cristata', 'Laciniata', 'Pendula' und 'Atropunicea'), und nicht weit davon gibt es den sogenannten ‚Nußkreis' mit mehreren Juglans-Arten. Auf dem Plan gelegentlich auftauchende kleine geometrische Einheiten: Quadrate, Dreiecke und Streifen, waren wohl alle für solche Vergleichspflanzungen vorgesehen, was aber durch Ausfälle und Wildwuchs nur noch selten vor Ort erkannt werden kann. Dagegen bilden die häufiger vorkommenden Reihenpflanzungen und Alleen immer noch erstaunliche optische Akzente, weil gerne ungewöhnliche Bäume dafür genutzt wurden, wie z. B. Blut-Trauerbuchen (Fagus sylvatica 'Pendula Atropunicea'). Die in manchen Arboreten verfolgte Ordnung nach Kontinenten oder Ländern taucht in Lehmkuhlen nur bei dem sogenannten ‚Chinesenstück' auf, wo die meisten Bäume fernöstlicher Herkunft stehen.

Am weitaus häufigsten aber kamen gleichartige Gruppenpflanzungen vor: Zehn bis zwanzig Bäume einer Art wurden so eng zusammen gepflanzt, daß sie gemeinsam eine verstärkte räumliche Wirkung ihres Charakters zeigten. Die Formationen richteten sich dabei nach dem Bild der Geländestruktur: eine Kuppe wurde besetzt, eine Mulde ausgefüllt, ein Streifen neben einen Weg gelegt, eine Lichtung oder ein Teich umgrenzt. Diese großen, für Arboreten unüblichen Gruppen werden von den Nachfahren damit erklärt, daß der von einem wahren ‚furor aborescens' beseelte Conrad Hinrich von Donner III., wenn er bei seinen Entdeckungsreisen durch die Baumschulen eine besonders interessante Art fand, oft den gesamten Bestand aufkaufte und dann auch als geschlossene Gruppe in sein Arboretum integrierte. Heute sind von den Gruppen oft nur ein oder zwei Exemplare übriggeblieben, z. B. so bizarre Gestalten wie zwei Trauer-Nordmannstannen (Abies nordmanniana 'Pendula') und Mähnen-Fichten (Picea breweriana).

Neben der zur Schau gestellten Sammelleidenschaft, ging es dem Besitzer aber immer auch um Landschaftsveduten, gerne akzentuiert durch unterschiedliche Gewässer, erweitert durch eingestreute Lichtungen und hervorgehoben durch ungewöhnlich breite Sichtachsen. Diese waren häufig durch Wege,

Abb. 303: Lehmkuhlen, Neugotische Borkenhütte („Bothkamper Pavillon"), Photo 1993.

Alleen und Wasserläufe im Gelände vorgezeichnet und mehrfach zu Fächerachsen gebündelt. Der wichtigste Aussichtspunkt dieser Art ist eine Höhe im äußersten Südwesten, auf der noch immer eine Borkenhütte (Abb. 303) an die Gattin des Parkschöpfers erinnert. Agnes von Donner, geb. von Bülow (1888–1962), hatte das gotisierende Gartenhäuschen aus dem Bothkamper Park ihrer Eltern nach Lehmkuhlen mitgebracht und an der Stelle plaziert, die dem heimatlichen Gut am nächsten war. Drei Achsen zielten in die neue Anlage: eine nach Norden zum Hünengrab, eine nach Osten über eine Allee und eine ganz besonders breite über Lichtungen und den See hinweg zum Herrenhaus. Sie soll in frühen Jahren mit Lupinen besät eine ganz ungewöhnliche Wirkung gehabt haben.

Wenn man in Lehmkuhlen nach zeittypischen gartenkünstlerischen Tendenzen sucht, wird man zunächst enttäuscht. Weder die im zweiten Jahrzehnt unseres Jahrhunderts aktuellen geometrischen Parkstrukturen spielen eine wichtige Rolle, noch wird irgendwo der Heimatschutzgedanke deutlich, der so oft mit strenger Begrenzung auf die heimatliche Flora und merkwürdiger Intoleranz gegen exotische Pflanzen verbunden war. Nirgendwo erkennt man auch die Öffnung der Anlage in die Umgebung. Im Gegenteil, alle Sichtachsen sind in den Park hineingerichtet, und selbst der Weg zum Bakers-Berg blieb unberücksichtigt. Doch im hausnahen östlichen Teil trifft man auf ältere Stilmerkmale, die schon seit der Mitte des vergangenen Jahrhunderts ausgebildet und seitdem immer neu variiert wurden, z. B. die flimmernden, getupften Farbnuancierungen – insbesondere rund um den See, in denen die Formen zu verschwimmen scheinen, vergleichbar der Wirkung impressionistischer Malerei. Insgesamt handelt es sich also bei dieser Partie um eine großzügige, aber konventionelle Gestaltung.

Ganz anders stellt sich die Gestaltungsanalyse des Arboretums dar. Hier wird eine kreative Grundhaltung deutlich, die auch die bildende Kunst und die Literatur der Zeit entscheidend geprägt hat: Mit der Heftigkeit des Expressionismus stellt der Gartenschöpfer aus Passion große Mengen ungewöhnlicher Arten hart gegeneinander, schlägt formal-ästhetische Überlegungen sowie allgemein übliche dendrologische Regeln in den Wind, um leidenschaftlich seinen persönlichen Neigungen Ausdruck zu verleihen; gemildert nur durch botanischen Wissensdurst, der immer wieder die Möglichkeit zum Vergleich fordert. Das Bild im Park bleibt wichtig, aber die Achsen, die es hervorheben, werden direkter. Sie ergeben sich nicht durch versteckt geschickte Anordnung, sondern werden klar, breit, deutlich im Terrain markiert. Wie in der Malerei finden sich landläufige Harmonievorstellungen und Schönheitsideale zur Seite geschoben; rundkronige, sanft gefällige Laubhölzer sind weniger interessant als spitzzackige Nadelbäume, die in der Menge an kristalline Visionen expressionistischer Künstler erinnern.

Nachdem der Parkschöpfer 1937 verstorben war und sein Sohn und Erbe ihn nur um sieben Jahre überlebt hatte, zeigte der Park Ende der 40er Jahre deutliche Verfallserscheinungen. Als seine überregionale Bedeutung erkannt worden war, wurde er, um drohender Parzellierung vorzubeugen, 1949 unter Landschaftsschutz gestellt. Gleichzeitig begann die systematische Erfassung des Bestandes. Die Bäume wurden gekennzeichnet, der Park gegen Eintritt öffentlich zugänglich gemacht, die Baumschulen zur Nutzung der Samen ermuntert. Damit war auch eine erste Befreiung durch Unterholz verdichteter Partien verbunden. Doch diese Maßnahmen brachten letztlich nur einen kurzen Aufschub. Als eine kontinuierliche Pflege nicht mehr

Abb. 304: Lehmkuhlen, Blick über den Großen See, Photo 1995.

zu finanzieren war, ließ Conrad Hinrich von Donner V. den Park wieder schließen und konzentrierte sich auf die Sicherung wichtiger Wege und Plätze insbesondere rund um den großen See (Abb. 304) und zu dem Hünengrab, wo auch die Parkschöpfer Conrad Hinrich von Donner III. und Cosmos von Milde ihre letzte Ruhe gefunden haben.

Bis auf den nördlichen Küchengarten sind die 1842 erwähnten Anlagen rings um Lehmkuhlen noch zu erkennen. Es gibt noch das östliche Gehölz mit ehemaliger Zufahrtsachse und noch verwilderte Baum- und Nutzgärten im Norden. Aus Teilen davon entstand vor dem Kavaliershaus, das 1975 zum Wohnhaus der Gutsbesitzer umgewandelt wurde, ein moderner Hausgarten. Das Arboretum hat in den letzten zwanzig Jahren durch Windbruch und Verwilderung stark gelitten. Doch die Tatsache, daß die allerwichtigsten Strukturen noch zu erkennen sind, die Hauptwege mit dazugehörigen Brücken erhalten werden, und daß allgemein das Verständnis für Werke der Gartenkunst eine Renaissance erlebt, erlaubt die vage Hoffnung, daß der Park von Lehmkuhlen noch gerettet werden kann.

Jörg Matthies / Ingrid A. Schubert

1 Zur Gutsgeschichte: Oldekop (1908), Bd. 1, Kap. IX, S. 21f; Rumohr (1982); Bubert/Walter (1989), S. 139–149.
2 Vgl. „*Beschreibung des im Herzogthum Holstein ... belegenen adelichen Gutes Lehmkuhlen ...*", Kiel 1842, S. 7. SHLB.
3 Zur Besitzzeit von Andreas Christiansen vgl. Messerschmidt (1994a), S. 77–83.
4 Vgl. zu Marienwerder und J. A. v. Hinüber: Köhler (1992), S. 107–133.
5 Zur Familie v. Donner vgl. SHBL, Bd. 9, S. 86–98.
6 Zum Arboretum Lehmkuhlen vgl. Emeis (1923); Glasau (1951/1952), S. 128–134; Glasau/Jacobsen (1952).
7 Die Berichte verschiedener Familienmitglieder wurden im Sinne verantwortungsbewußter oral-history sorgfältig hinterfragt und verglichen. Das Gutsarchiv konnte nicht eingesehen werden.
8 Die intensiven botanischen Aktivitäten des Gutsherrn wurden begleitet von zoologischen Interessen.
9 Diese Datierung beruht auf einer Überprüfung der genannten Sorten, wobei festgestellt wurde, daß die größere Zahl der Rosen erst zwischen 1919 und 1930 gezüchtet wurde. Vgl. Jäger (1960).

Louisenlund

Ehemals Adeliges Gut, etwa 10 km südlich von Schleswig am Ufer der Schlei gelegen. Spätbarockes Herrenhaus mit klassizistischen und modernen Ergänzungen. Heute großenteils verwilderter Naturpark, 1770 unter Prinz Carl von Hessen mit barocken Strukturen und Elementen begonnen, seit den achtziger Jahren des 18. Jahrhunderts allmähliche Umwandlung in einen Landschaftsgarten mit freimaurerischen Staffagebauten (bis auf wenige Überreste im Laufe des 20. Jahrhunderts zerstört). Seit 1949 Stiftung Louisenlund – Landerziehungsheim in der Tradition deutscher und angelsächsischer Reforminternate. Besichtigung nur auf Anfrage möglich.

Louisenlund – ursprünglich „*Tegelhove*" (Ziegelhof) – wurde 1282 erstmalig urkundlich erwähnt. Das Gut gelangte 1563 an Herzog Adolf von Gottorf, 1713 ging es als Vorwerk in den Besitz des dänischen Königs über. 1770 kam es durch Schenkung an die Erbprinzessin Louise von Dänemark und Norwegen (1750–1831), die seit 1766 mit dem Landgrafen Carl von Hessen (1744–1836)[1] verheiratet war; nach ihr erhielt es den Namen Louisenlund.[2] König Christian VII. ernannte 1769 seinen Schwager Carl zu seinem Statthalter mit Residenz auf Schloß Gottorf. Louisenlund wurde neben Karlsburg und Panker bevorzugter Som-

Abb. 305: Louisenlund von der Schlei aus gesehen, Gouache von V. Wassner 1876 (SHLB).

Abb. 306: „Charte von dem hochfürstlichen Guthe Louisenlund" (Detail, vgl. Abb. 309), Federzeichnung von P. Lund 1796 (LAS).

mersitz. 1828 in ein Fideikommißgut umgewandelt, fiel es 1848 an Carls und Louises Enkel, Herzog Karl zu Schleswig-Holstein-Sonderburg-Glücksburg und dessen Erben. Schloß und Park verblieben außerhalb der „Stiftung Louisenlund" in herzöglichem Besitz.

Vom ehemaligen Gut Ziegelhof sind heute nur noch der von Linden umstandene ovale Platz bei den Wirtschaftsbauten (ehemals Pächterhof) und die um 1641 als barocke Hofanlage errichtete Meierei auf dem Hügel oberhalb des Parkes, dem sogenannten „Woy Camp", sowie das alte Wirtshaus erhalten (Abb. 306). Das ursprünglich 300 ha große Gut wurde durch Ankauf umliegender Ländereien bis 1798 auf ca. 682 ha vergrößert. Die Meierei ging 1770 in den Besitzstand des Gutes ein. Sie wurde um einige Häuser erweitert,

von denen das Fachwerkhaus mit Glockenturm als Point de vue („Capelle") für die Gestaltung des Gartens Bedeutung erlangte.[3] Mehrere „*mit schönen Gemälden und Kupferstichen*" ausgestattete Räume im Hauptgebäude waren der Herrschaft „*zum Theetrinken*" überlassen, die hier gern auf ihren Spaziergängen verweilte, um den freien Blick zu genießen: „*Man sieht gerade vor sich über die Abhänge des mit Getraide bewachsenen Berges hinab, auf die Pflanzungen des Gartens, das Wohngebäude, die Schley, und über sie hinaus in weite Gefilde, mit Korn, Wald und Kirchen unterbrochen*",[4] schreibt Hirschfeld 1782 (Abb. 24).

1778 konnte die landgräfliche Familie das im barocken Landhausstil fertiggestellte Palais beziehen, dessen ursprüngliches Aussehen durch Ansichten von

Abb. 307: Louisenlund, Allee, Photo 1991.

Carl Daniel Voigts (1747–1813) aus dem Jahre 1790[5] dokumentiert ist. Der Hofstaat mußte sich in den älteren Gebäuden einrichten. Das ehemalige Pächterhaus diente „*zur Bewohnung der Cavalliere im Sommer*", die Kornscheune wurde als Wohnung der Bediensteten eingerichtet, das Pforthaus als Gärtnerwohnung – hier schrieb der gelehrte Gärtner Johann Caspar Bechstedt (1735–1801) sein „*Vollständiges niedersächsisches Land- und Gartenbuch*" (1772).[6] 1802 kamen ein Gasthaus, ein neues Gärtnerhaus und ein Jägerhaus hinzu. Um- und Ausbau des Herrenhauses zu seiner heutigen Form waren 1804 abgeschlossen. Der eingeschossige Bau wurde aufgestockt und beidseitig um je einen Risaliten auf fünfzehn Achsen erweitert, das zu einem Vollgeschoß ausgebaute Walmdach mit Giebeln geschmückt. Als Baumeister wird der aus Kassel gebürtige Oberinspektor der landgräflichen Güter und Schleswigsche Landbaumeister Johann Hermann von Motz (1743–1829) genannt. Der einstöckige Flügelbau der Orangerie auf der Westseite ist nach 1831 noch zu Lebzeiten des Landgrafen entstanden.[7] Die ursprüngliche Planung einer zweiflügeligen Kolonnade mit zentralem, überkuppeltem Oktogon, die in einigen frühen Ansichten zu sehen ist, wurde wohl nie verwirklicht.

Die isolierte Lage des Herrenhauses am Ufer der Schlei, umgeben von gepflegten Gärten, gerahmt von Wasser, Wiesen und dunklen Wäldern (Abb. 305), die den Anblick pittoresker Landschaftsgemälde boten, entsprach dem Wunsch des Statthalters, sich hier in den Sommermonaten im Familienkreise von den Repräsentationspflichten zu erholen und in der Zurückgezogenheit des Landlebens meditativen Gedanken hinzugeben oder naturwissenschaftliche Studien zu betreiben. Nicht zuletzt dienten Carls Anlagen als Schauplatz und symbolischer Rahmen seiner freimaurerischen Aktivitäten. Landwirtschaft war zwar den Pächtern (bis 1797 Leibeigene, jedoch schon mit eigenem Besitzstand) überlassen, wurde aber als malerische Szenerie im Sinne der Ornamented farm in das Naturerlebnis einbezogen, wie schon Hirschfelds älteste Beschreibung (1782)[8] und mehrere Ansichten aus der ersten Hälfte des 19. Jahrhunderts belegen. Schriftliche Quellen zur Entwicklung des Gartens fehlen bislang weitgehend.[9] Die genaueste Vorstellung der Gestaltung am Ende des 18. und der Veränderungen zu Beginn des 19. Jahrhunderts geben zwei fast identische Pläne von Lund (1796)[10] und zwei weitere von Friedrich v. Kaup, die etwas später datiert werden müssen,[11] letztere jeweils mit Randleistenbildern einzelner Gartenszenen versehen. Die Karte von Lund zeigt noch die dem Barock verpflichteten Formen (Abb. 306), insbesondere im Bereich des „*Inneren Gartens*" auf der Rückseite und auf der Eingangs- bzw. Seeseite des Herrenhauses. Aber auch die landschaftlichen Partien wie das Wildgehege im Osten, die große Wiese und der Teich mit Kaskade und Nordischem Haus im Südosten erfahren nach 1796 deutliche Weiterentwicklungen.

Auffällig ist die heute noch erkennbare Anordnung der Hauptalleen, die an eine in freie Formen sich auf-

Abb. 308: Louisenlund, Blick auf die Schlei vom Herrenhaus, Photo 1995.

lösende Patte d'oie erinnert. Ausgangspunkt ist nicht – wie im Barock üblich – das Schloß, sondern ein Rondell im Westen, aus dem die zentrale Hauptallee entspringt, während die beiden abgewinkelten Seitenalleen in ihrer Ausrichtung nur noch annähernd auf diesen Punkt bezogen sind, ohne ihn tatsächlich zu berühren. Die Alleen, die eine Brückenfunktion zwischen einzelnen Knotenpunkten und Partien des Parks erfüllen, entsprechen in ihrer Anlage den Vorstellungen Bechstedts, wie er sie in seinem Gartenbuch schildert: „... *je länger sie sind, desto schöner fallen sie ins Auge*" (Abb. 307).[12]

Heute wie damals gelangt man von Ahrensberg kommend auf einem breiten, gewundenen Weg zu jenem Rondell, das von zwölf hohen Linden (im Volksmund die „*Zwölf Apostel*" genannt) umstanden ist und aus dem sich die Hauptallee entwickelt. Sie läuft in nordwestlicher Richtung seitlich am Orangerieflügel vorbei zum Schleiufer und mündet im rechten Winkel auf eine zweite Allee, die sich auf der der Schlei zugewandten Seite parallel zum Herrenhaus entwickelte. Einen reizvollen Ausblick auf die Schlei freigebend, führte diese am ehemaligen Melonengarten vorbei in den nordwestlichen Teil des Parkes. Dieser muß schon zu Zeiten der landgräflichen Nutzung wegen seiner üppigen und seltenen Blumenpracht berühmt gewesen sein. Photographien nach 1865[13] zeigen hier eine großzügig angelegte Gärtnerei mit dem noch bis heute erhaltenen Gärtnerhaus sowie zwei großen Treibhäusern und einem Palmenhaus. Südländische Pflanzen wurden in der Orangerie gehalten.

Vor dem Schloß, mit freiem Blick zur Schlei, befindet sich ein von Linden umstandenes Rasenparterre (Abb. 308). Nach Kaup war es lediglich von einer Längsachse geteilt, die sich im Mittelpunkt zu einem Rondell erweiterte. Vor einigen Jahren wurde dieses Parterre jedoch dem älteren Plan Lunds folgend in barocker Manier rekonstruiert und weist nun wieder ein von Buchskugeln und Buchspyramiden eingefaßtes Achsenkreuz auf. In der Mitte steht auf einer abgebro-

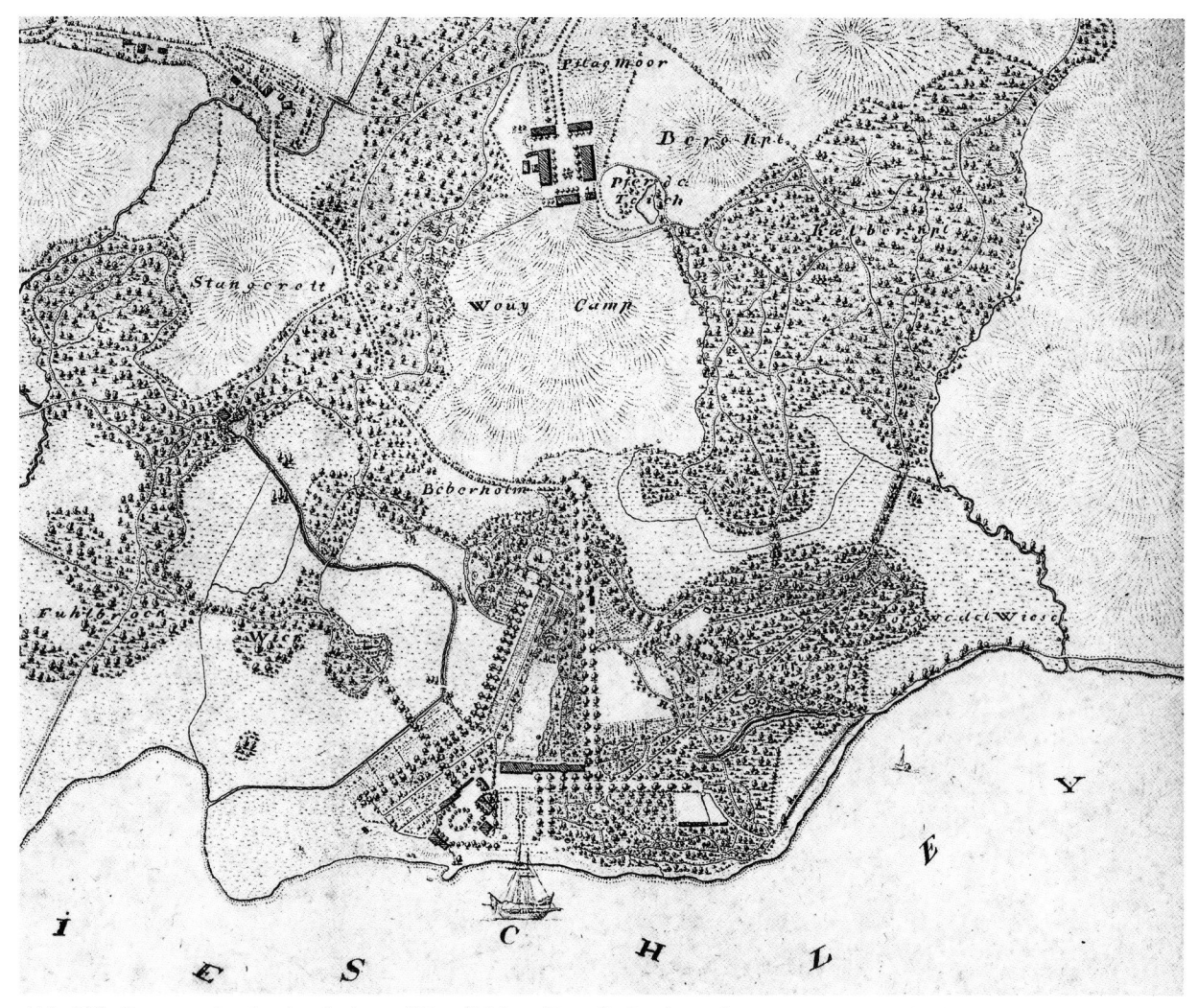

Abb. 309: Karte von Louisenlund mit zwölf Randbildern (Detail), Kupferstich von F. v. Kaup nach 1804 (SHLB).

Abb. 310: Louisenlund, Nordisches Haus, Photo 1992.

chenen ionischen Säule eine moderne Kopie der 1794 von Joh. Chr. Jürgensen gebauten Armillarsphäre – ein Geschenk an Prinz Carl zu seinem 50. Geburtstag.[14]

Rechterhand gelangt man zu dem bereits erwähnten ovalen, von Linden umstandenen Platz, der damals als Reitplatz diente und von dem Kavaliershaus (1834), dem Marstall (1853) und dem Glockenhaus (1854) sowie Internatsneubauten (nach 1945) gerahmt wird.

Der „Innere Garten" auf der Südseite rückwärtig des Hauses war bei Lund (1796) noch in rechtwinklig gestaltete Kompartimente gegliedert. Hirschfeld (1782) bemerkte, daß dieser Teil „gartenmäßig mit einer reichen Mannigfaltigkeit bepflanzt" sei: er erwähnt eine „Sammlung von Rasen mit stets blühenden Blumen", nordamerikanische und andere seltene Bäume und Sträucher, Terrassen nach Südosten mit Obstbäumen, Küchenland, Gruppen von Kirschbäumen, eine Laube unter Linden, Kastanien und virgini-

Abb. 311: Louisenlund, Wasserfall mit Treppe und Nordischem Haus, Photo 1993.

sche Schotendornbäume (Robinia pseudo acacia). Bei Kaup (nach 1804) ist die strenge Ordnung einem englischen Pleasureground gewichen: geschlängelte Wege, gesäumt von kunstvoll gepflanzten Blumenrabatten, Sträuchern und Bäumen, umfaßten eine weite, durch Bodenwellen belebte Rasenfläche, der edle, nun freistehende Solitärgehölze räumliche Dimensionen verliehen (Abb. 309). Heute wird das Bild des Pleasuregrounds wesentlich durch die vor einigen Jahrzehnten durch Herzog Peter gepflanzten Taxus-Bäume bestimmt. Zu den belebenden Staffagebauten zählten in diesem Bereich ursprünglich ein Pavillon in Form eines Monopteros und eine mit einer roten Kuppel überdeckte Voliere[15] (Abb. 317). Etwas weiter in westlicher Richtung, dicht neben der Hauptallee, führte ein Weg zum sogenannten „*Felsenberg*", einer aus rohen Feldsteinen aufgeschichteten, etwa acht Meter hohen Erhebung, auf deren Spitze sich ein kleiner Pavillon erhob. Im westlichen Teil des Inneren Gartens ließ Prinz Carl zwei, von Bauern am Kreuzberg bei Wedel-

spang und im Selker Moor gefundene Runensteine aufstellen. Diese in der Romantik überaus geschätzten Zeugen altgermanischer Kultur aus dem 10. Jahrhundert fanden ihren Platz auf einer von Findlingen hinterfangenen und von hohen Eichen beschatteten Exedra. Nach Hirschfeld waren Eichen in diesem Zusammenhang Anspielungen auf einen germanisch-keltischen Totenkult.[16] Die Steine kamen später ins Landesmuseum für Vor- und Frühgeschichte Schloß Gottorf. Noch tiefer in dem verwilderten, noch immer von vielen Eichen durchsetzten Waldstück ist der Platz der „*Wilhelmsminde*", des Gedenksteines für den 1831 verstorbenen Schwiegersohn des Landgrafen, Herzog Friedrich Wilhelm Paul Leopold von Schleswig-Holstein-Sonderburg-Glücksburg.

Die zweite zur Patte d'oie gehörende Allee begrenzte in spitzem Winkel zur Hauptallee den „*Inneren Garten*" auf der südöstlichen Seite. Der Kreuzungspunkt mit einem nach Osten verlaufenden Alleestück markiert den Zugang zum Schloß Louisenlund

Abb. 312: Louisenlund, Eremit, Postkarte 1920 (Privatbesitz).

aus Richtung Fleckeby (der heutige Betonplattenweg stammt aus der Besatzungszeit nach 1945). Die von Westen nach Osten verlaufende Allee, die vielfach bildlich dokumentiert ist (Kaup, nach 1804) wurde zu einem späteren Zeitpunkt abgeholzt und durch eine Hecke oder Berceau über einer Mauer ersetzt,[17] die im Sinne eines ‚HaHa' den Blick auf die äußere Parklandschaft freigab. Überreste der Mauerfundamente haben sich nach Mitteilung des Grafen Knyphausen unter den Rasenflächen erhalten. Heute ist der Innere Garten lediglich durch einen Wassergraben und einen breiten Schilf- und Gebüschsaum von der ländlichen Szene der Großen Wiese getrennt, die inzwischen stark versumpft ist, während der Waldsaum über seine Grenzen vordrang. Die älteren Entwässerungsgräben der Wiese waren vor 1796 einem Kanal bzw. später einem künstlichen Flußlauf gewichen, der aus einer Quelle im südlichsten Zipfel des Parks gespeist wurde und sich über eine Kaskade aus dem See beim Nordischen Haus ergoß (Abb. 310, 311, 313 u. 317). Er schlängelte sich dann in natürlichen Serpentinen-Windungen an der Einsiedelei vorbei durch die Wiese – eine heute noch besonders reizvolle Szene, auch wenn das Hauptmotiv, die Brücke und die Einsiedelei mit dem kleinen Irrgarten, verschwunden ist.

Die Einsiedelei, die am Ufer des bereits erwähnten idyllischen Flüßchens lag und vom dunklen Waldrand hinterfangen wurde, ist erst nach dem Kriege zerstört worden. Sie war – ganz im Sinne der Muster aus Hirschfelds „*Theorie*" oder Grohmanns „*Ideenmagazin*" – ein einfacher mit Eichenborke benagelter und innen mit Moos ausgekleideter Holzbau. Das Reetdach war vorne vorgezogen und ruhte auf zwei Pfählen, ein Kreuz schmückte das Firstende (Abb. 317). Im Inneren gab es zwei kleine Räume, von denen der vordere von einem bärtigen Einsiedler ‚bewohnt' wurde, der sich aufrichtete, wenn man einen Mechanismus am Boden berührte (als funktionsfähig bezeugt noch in den Dreißiger Jahren). Der Louisenlunder Eremit stellt eine der wenigen bildlich überlieferten Automatenfiguren dar, die Ende des 18. Jahrhunderts die Gemüter erregten (Abb. 21 u. 312). Er ist wohl erst 1801 in die Eremitage gekommen, denn am 7. 8. 1801 äußert sich Carl begeistert über einen Automaten des Herrn Mechanicus Lichey, den er nach Louisenlund eingeladen hatte, um in die „*innere Construction, die sehr geheim ist*" dieses Automaten eingewiesen zu werden.[18] Die Vermutung liegt nahe, daß diese Vorführung im Zusammenhang mit der Konstruktion des künstlichen Eremiten stand. In der Wilhelmsbader Eremitage seines Bruders Wilhelm gab es eine ähnliche Automatenfigur (um 1785), und der „*Gefangene Tempelritter*" im Verlies der Franzensburg im kaiserlichen Garten von Laxenburg bei Wien[19] ist sogar bis heute funktionstüchtig geblieben. Hinter der Einsiedelei befand sich ein kleiner, allegorisch zu verstehender Irrgarten, der bald zum bevorzugten Ausflugsziel und Spielplatz der Enkelkinder Carls werden sollte.[20]

Abb. 313: Louisenlund, Wasserfall mit Nordischem Haus im Hintergrund, Randleistenbild auf der Karte von F. v. Kaup (KBK).

Der Spaziergänger hatte hier die Wahl, auf einer Brücke das Flüßchen zu überqueren, um zum Wildgarten und Försterhaus zu gelangen, oder sich längs des Baches zum „Nordischen Haus" zu begeben. Dort bot sich dem Ankömmling ein beeindruckendes Bild, das seine Wirkung besonders aus dem Kontrast zu der vorher durchwanderten, lieblichen Wiesenlandschaft bezog: Hohe Bäume umgaben einen kleinen See, dessen stille Wasserfläche einem Spiegel gleich Himmel, Wolken und Baumwipfel zu verdoppeln schien. Das am gegenüberliegenden Ufer im Blockhausstil errichtete Nordische Haus (ein Geschenk der Norweger an C. v. H.), das an Carls Zeit als dänischer Feldmarschall in Norwegen erinnern mochte, fehlt auf dem Lundplan noch. Auch die Wasserfläche hatte anfänglich noch eine rechteckige Bassinform.

Die Hauptattraktion dieser Szene bildete der Ende der neunziger Jahre entstandene Wasserfall: Aus etwa vier bis fünf Meter Höhe ergossen sich die Wassermengen des Sees nun über künstliche Kaskaden in das Flüßchen – wie die Vedute des sich in Kopenhagen befindenden Plans von Kaup belegt (Abb. 313).[21] Photographien des 19. Jahrhunderts dokumentieren die inzwischen noch romantischer wirkende Situation, die auch im heutigen ruinösen Zustand noch nachvollziehbar ist (Abb. 311). Die Wasser konnten mittels einer mechanischen Vorrichtung, eines sogenannten „Widders", umgeleitet werden, so daß eine hinter dem Wasserfall geplante, möglicherweise aber nicht vollständig realisierte geheime Grotte mit unterirdischen Gängen und einer Pyramide, begehbar geworden wäre.[22]

Im Gegensatz zum südöstlichen Teil der Parklandschaft blieb die bei Lund veranschaulichte Gestaltung der nordwestlichen Partien nach 1800 nahezu unverändert. Jenseits der Hauptallee und der sie einst begleitenden Rasenfläche (heute Fußballplatz und Sportanlagen) mit den „Kleinen" und „Amerikanischen" Bosketten zieht an der bewaldeten Hangkante noch immer ein Obelisk die Aufmerksamkeit des Spaziergängers auf sich, der 1790 anläßlich der Hochzeit der Tochter Marie mit dem dänischen Kronprinzen Friedrich vor der schon bei Hirschfeld (1782) erwähnten „Marienlaube" aufgestellt wurde und die Inschrift trägt „Friedrich und Maria vereinte die Liebe D: XXXI JULII MDCCLXXXX". Sein Vorbild könnte in dem von Johannes Wiedewelt geschaffenen Obelisken Friedrich V. im Schloßpark von Fredensborg zu sehen sein.[23] Nicht weit davon ließ Prinz Carl 1804 einen Altar in Gestalt eines Kubus errichten (Abb. 314), der vor einem mächtigen abgestorbenen Baum stand und an ähnliche Szenen im Seifersdorfer Tal bei Dresden oder in Jægerspris bei Kopenhagen erinnert (1964 versetzt). Eine Inschrift bezieht sich auf Marie, Friedrich und die Marienlaube.[24]

Diese Szenen liegen nahe der in Höhe der Gastwirtschaft von der Hauptallee spitzwinklig nach Norden abzweigenden Westallee, die zu einem von Bäumen umstandenen Aussichtsplatz führt und schließlich am

Abb. 314: Louisenlund, „Altar", Randleistenbild auf der Karte von F. v. Kaup nach 1804 (SHLB).

Schleiufer endet. Linkerhand kann man einen schmalen Weg am Fuße einer bewaldeten Endmoränenlandschaft einschlagen, der am Rande eines sumpfigen, von einem Wasserlauf durchzogenen Gebietes entlangführt, das bei Lund noch als ausgedehnte Wasserfläche, bei Kaup als feuchte Niederung wiedergegeben ist. Möglicherweise waren die Entwürfe für Chinesische Brücken von Motz[25] für diesen Teil des Parks bestimmt.

Am Ende des Spazierweges liegt der „Louisenplatz", eine ursprünglich streng rechteckig ausgeschnittene Waldlichtung mit einem angeböschten Rasenparterre, auf dem sich, ursprünglich von Tannen hinterfangen, die Louisensäule erhebt (Abb. 315). Die sechs Meter hohe Sandsteinsäule steht auf einem Sockel, der die Aufschrift „LOVISEN" trägt. Die Säulenbasis und das besonders ins Auge fallende korinthische Kapitell sind aus Marmor gefertigt. Ebenso wie auf dem Kopenhagener Plan von Kaup zeigt auch eine Photographie der Herzogin Wilhelmine[26] die Louisensäule mit einem fünfzackigen Stern auf einem Strahlengrund über einem kegelförmigen Aufsatz.[27] Die Säule ähnelt in auffallender Weise der Pompejus-

Abb. 315: Louisenlund, Louisensäule, Photo 1992.

säule von Alexandrien. Eine Rezeption dieser Säule im Park von Louisenlund liegt, bei dem großen Interesse des Landgrafen für die ägyptische Kultur, nahe, zumal im Jahr 1755 das Werk über die Ägyptenreise des Offiziers Frederick Ludwig Norden „Voyage d'Egypte et de Nubie" im Auftrag des dänischen Königs in Kopenhagen publiziert wurde.[28] Wahrscheinlich stand ursprünglich der Obelisk auf dem Louisenplatz. Aus einem Brief Carls an den dänischen Kronprinzen Friedrich vom Mai 1790 könnte man folgern, daß der Obelisk anläßlich der bevorstehenden Hochzeit zu Ehren des Schwiegersohns mit einer neuen Inschrift versehen auf der Exedra vor der Marienlaube aufgestellt wurde.[29]

Vom Louisenplatz führt uns ein gerader Weg in Richtung Herrenhaus zurück an dem Terrain vorbei, wo auf der Haberkoppel das spektakulärste Bauwerk, der sogenannte Freimaurerturm, stand (Abb. 316, 317).

Abb. 316: Louisenlund, Turm, historisches Photo (Archiv Schloß Glücksburg).

Das Gebiet ist heute eingezäunt und unbegehbar. Einige aus Feldsteinen errichtete Mauerreste sind noch als Relikte der geschwungenen Doppelrampe zu identifizieren, die zum Haupteingang des Turmes führte. Die Erdaufschüttung bot Platz für unterirdische Räume. Unter dem Haupteingang des Turmes befand sich der Experimentierkeller des Landgrafen in einem Raum, dessen Kreuzgewölbe von einer Mittelsäule abgestützt wurde. Hier stand auch der ‚Athanor', das ist der gemauerte Ofen des Alchemisten, durch den eine stetige und gelinde Hitze über lange Zeit gehalten werden kann. Hier experimentierte der Prinz mit dem ominösen Alchemisten Graf von Saint-Germain (bis 1784), den er noch rückblickend als einen der „*größten Weltweisen*" bezeichnete.[30] Hier wurden u. a. Farben erfunden und verbessert, die in der ehemals Otteschen Spinnerei und Färberei in Eckernförde zum Färben von Seidenstoffen benutzt wurden.[31] Wie in all diesen Experimentierkellern des späten 18. Jahrhunderts wurde über die gewonnenen Erkenntnisse ein Mantel des Geheimnisvollen gebreitet, der hier durch das Logengeheimnis besonders dicht war. Diese Geheimhaltung – besonders streng bei der Sicherung des Nachlasses Saint-Germains – trug Carl später den Vorwurf des Okkultismus ein.

Die Gestaltung des dreistöckigen Turmes ist durch ältere Ansichten und Photographien sowie durch eine Bauzeichnung von Motz und diverse Augenzeugenberichte recht genau überliefert. Verwunderlich ist, daß Hirschfeld in seinem Buch (1782) den Turm nicht erwähnt, entsteht er doch etwa zeitgleich mit dem in Wilhelmsbad 1779–1782 errichteten Turm seines Bruders Wilhelm. „*Fremdenbuch und Chronik Louisenlund*"[32] von 1881 der Herzogin Adelheid von Schleswig-Holstein-Glücksburg nennt als Baubeginn das Jahr 1780. Der Turm von Louisenlund war oberhalb des Fundamentes ein hölzernes Bauwerk aus Zimmerwerk mit Bretterverkleidung und einem äußeren Anwurf aus gefärbtem Kalkmörtel. Die Konstruktion war achteckig, der Bewurf täuschte aber einen runden Feldsteinturm vor, wie alle Ansichten und selbst die Photographien um 1900 suggerieren. Eine Entwurfszeichnung von Motz[33] zeigt deutlich die später vorgenommene Kaschierung der Ecken. Der äußere Anlaß für diese Veränderung war wahrscheinlich der Zusammenbruch der unterirdischen Gewölbe in den 90er Jahren des 18. Jahrhunderts.[34] Daß das ehemals achteckige, hölzerne Gebäude im Innern seine Gestalt behielt, beweist der Bericht des Kriminaldirektors Röttger, der 1827 von Major von Krohn durch den Turm geführt wurde. Er beschrieb ihn als „*hölzernes, irre ich nicht, achteckiges Gebäude*" und erinnerte sich auch vieler Details, die Zeitzeugen noch 1917 dem Freimaurerforscher Friedrich Kneisner bestätigen konnten.[35]

Der Eingang lag an der südwestlichen Seite und war über drei Stufen erreichbar. Seitlich des Portals befand sich ein großes Bogenfenster. Drei Rundfenster, deren mittleres aus der Achse versetzt war, sind darüber angeordnet. Den oberen Abschluß bildete eine Aussichtsplattform mit Konsolenfries und Zinnen im Stile eines mittelalterlichen Burgturmes. Im Inneren befanden sich drei Stockwerke, die durch eine Wendeltreppe miteinander verbunden waren. Jede Etage bestand aus einem Raum mit gewölbter Decke. Im Erdgeschoß soll ein großes Panoramagemälde die Illusion eines unendlichen Raumes erzeugt haben. Auch ist das sogenannte *„musivische Pflaster"* aus schwarzen und weißen, schachbrettartig verlegten Fliesen, Zeichen für den sakralen Bereich im Tempel, bezeugt, desgleichen die Existenz sogenannter *„Flüsterecken"* und die Darstellung verschiedener maurerischer Symbole.

Das Souterraingeschoß war von der Rückseite aus zugänglich. Hier befand sich das aus Sandstein errichtete Ägyptische Tor, das als einziges Relikt des Turmes gerettet und an den Marstall (Physikgebäude) versetzt wurde. Prinz Carl hat es 1824 in einem Brief an Jean François Champollion (1791–1832), den berühmten Hieroglyphenforscher und Begründer der Ägyptologie, beschrieben: *„Der Eingang ruht auf zwei ägyptischen Säulen, die Hieroglyphen, der Skarabäus, die Kugel mit ausgebreiteten Flügeln [d. h. ein stilisierter Adler], der Lotus, die Schlangen etc. schmücken ihn."* Carl hat sich selbst als Ägyptenforscher betätigt und diese Schilderung des Tores in seinem Werk über das Tierkreisrelief im Tempel von Denderah abgedruckt.[36] Doch ist die These, das Portal sei original und von dort importiert, eine Fehlspekulation – es handelt sich vielmehr um eine moderne Kompilation von Motiven. Bis auf die gekrönten Tierköpfe, die an den hessischen Wappenlöwen erinnern, stammen die Symbole aus der ägyptisch-ptolemäischen Formenwelt. In der französischen Freimaurerei deutet der stilisierte Adler auf den hohen Rang der Loge, die Lotusblumen auf ihr Urbild im biblischen Tempel Salomos (als der der Versammlungsort der Logenbrüder aufgefaßt wurde), und die Schlange auf die Alchemie als Symbol höherer Erkenntnis jenseits aller Rationalität. Gemalte Embleme, eine Sphinx, eine aufrecht stehende Schlange, Pyramiden, ein Obelisk schmückten nach Carls Worten den unterirdischen Saal, der von hier aus betreten wurde. Ebenso sollen freimaurerische Symbole, die den Weg des Prinzen innerhalb der Freimaurerei beschreiben, die Wände des Versammlungsraumes bedeckt haben.

Die Konzeption des Ägyptischen als Fundament und des Gotisch-Mittelalterlichen als Abschluß des Turmbaus entsprach nicht nur der damals sich herausbildenden Theorie der aufeinander aufbauenden Kulturstufen, sondern auch der freimaurerischen Auffassung von den Geheimnissen der Natur und dem Streben des Menschen nach göttlicher Vervollkommnung im Sinne eines Aufstiegs über drei Ebenen von der Finsternis zum Licht. Diesen hohen Anspruch signalisierte auch die Insellage des Turmes, der – wie sein Wilhelmsbader Gegenstück – auf der Rückseite durch einen tiefen Graben von der übrigen Parklandschaft getrennt und an dieser Stelle nur über eine schmale Brücke, vielleicht der von Motz entworfenen gotischen Brücke,[37] erreichbar war. Die Form des Turmes erfüllt die Vorschriften des Lyoner Ritus (s. u.). Die drei Stufen zum Eingang entsprechen den unteren sogenannten Johannisgraden des rektifizierten Systems der *„Strikten Observanz"*, dem Prinz Carl angehörte. Die merkwürdige Anordnung der Fenster mit dem fast bis zum Boden reichenden großen Fenster im Erdgeschoß folgt – wie der Vergleich mit zeitgenössischen Logenabrissen zeigt – der symbolischen Ausrichtung des Logenraumes: Öffnung zum Osten, Süden und Westen, während der Norden, wo die Sonne nie steht, geschlossen bleibt. Das große Fenster vertritt den symbolischen Eingang zur Loge im Westen. Die letzte Logenversammlung im Turm soll 1878 unter Herzog Carl stattgefunden haben. Die Keller wurden 1881 zugeschüttet, der Turm ist 1928 bis auf Mannshöhe abgetragen und 1948 von den englischen Besatzungssoldaten ganz eingeebnet worden. Die restlichen Kellergewölbe stürzten ein, nachdem Mitglieder der Provinzialloge 1974 die Ruine freigelegt hatten.

Die Anlagen von Louisenlund konnten sicher auf verschiedenen Ebenen wahrgenommen und verstanden werden: So spielte etwa das Familiäre und Dynastische in den Setzungen der Louisensäule, des Obelisken in der Marienlaube und des Denksteins Wilhelmsminde, neben ihrer freimaurerischen Bedeutung, eine wichtige Rolle. Zum Teil wurden beide Sphären, wie es die Abbildung eines sogenannten Rosenschurzes mit der Unterschrift „Amour Maçon"[38] zeigt, miteinander verknüpft: die Liebe zu Höherem, zu Gott, zum humanistischen Ideal mit der irdischen Liebe zu einer geliebten Frau. Die Runensteine erinnern einerseits an die vaterländische Geschichte, andererseits sah man in den Runen damals eine Parallele zu den geheimnisvollen ägyptischen Hieroglyphen, in denen uralte Weisheiten verschlüsselt schienen. Tatsächlich thematisieren neben dem Freimaurerturm auch einige der anderen Gartenszenen Stationen eines freimaurerischen Erkenntnisweges. Trotz der diesbezüglichen Deutungsversuche bei Schwartz (1975), Gerckens (1985) und Olausson (1985)[39] blieben viele Fragen offen oder konnten nur im Rahmen einer verallgemeinernden freimaurerischen Interpretation angesprochen werden. Eine sich enger an die Person des Landgrafen und an seine komplizierte geistige, theosophisch bestimmte Ausrichtung anlehnende Interpretation könnte zu stärker pointierten Deutungen führen.[40]

Hier ist nur eine kurze Darstellung der geistigen Ausrichtung des Prinzen möglich: Prinz Carl war 1775 in die Schleswiger Loge „Joshua zum Korallenbaum" aufgenommen worden (an der Aufnahmezeremonie war auch der Landbaumeister Motz beteiligt[41]). Schon im Juli dieses Jahres schlossen sich die schleswig-holsteinischen Logen unter seiner Leitung zusammen, und zwar innerhalb des Systems der Strikten Observanz. Er avancierte zum Großmeister der Provinzen Eydendorp und Binin (d. h. Schleswig-Holstein und Dänemark einschließlich Norwegen) und schließlich 1792 zum Generalgroßmeister der Strikten Observanz als Nachfolger des Herzogs Ferdinand von Braunschweig (1721–1792), mit dem er zusammen auf dem Wilhelmsbader Konvent 1782 die Reform dieser Lehrart betrieben hatte (‚rektifiziertes System'). In der Person des Statthalters verbanden sich noch die Lebensformen eines Souveräns der Barockzeit mit den zeittypischen Bestrebungen eines in Schleswig-Holstein besonders bürgernahen aufgeklärten Absolutismus. Er zeigte sich beispielsweise hinsichtlich der sozialen Erneuerungen, u. a. der Leibeigenenbefreiung und der Agrarreform als aufgeschlossener und durchsetzungsfähiger Vertreter und Berater Christians VII. Aufklärerische Absichten waren sicher auch in seinem Wirken als Generalgroßmeister der Strikten Observanz zu sehen, ebenso wie in seinem Eintreten für die Juden, denen er eine Aufnahme in den Orden der „Asiatischen Brüder" zu verschaffen suchte. Diese scheiterte jedoch u. a. an der konservativen Haltung von Herzog Ferdinand von Braunschweig.[42] Doch war für ihn die Freimaurerei auch Ausgangspunkt für den Idealentwurf eines verbesserten Lebens in dieser Welt durch den praktizierten Glauben an eine schon im Diesseits mögliche Verbindung mit übersinnlichen Erscheinungen.[43] Diese Ausrichtung führte schließlich auf dem Wilhelmsbader Freimaurerkonvent von 1782 zur Vereinigung der Strikten Observanz mit dem System der Lyoner Loge der „Chevaliers de Bienfaisance de la Sainte Cité" (Ritter der Wohltätigkeit) mit ihrer theosophisch ausgeprägten Lehre, die den konkreten Anlaß für diverse Veränderungen des Parks vor und nach 1800 gegeben haben könnte. Anhaltspunkte für Interpretationen liefern daher neben der Symbolik der Strikten Observanz und der der Rosenkreuzer, denen Prinz Carl aufgrund seiner Verbindung zum preußischen Hof (Friedrich Wilhelm II.) nahestand, besonders das von dem Lyoner Logenmeister Villermoz entwickelte System der „Chevaliers".

Zu den freimaurerisch genutzten bzw. zu deutenden Einrichtungen und Szenen gehörten außer dem Turm die Einsiedelei mit Irrgarten, der See mit Grotte und Kaskade, der Felsenberg, der Altar, die Louisensäule, die Armillarsphäre und der oktogonale Pavillon der Orangerie.

Die Einsiedelei, die selbstverständlich kein ausschließlich freimaurerisches Element darstellt, verkörpert nach allen Irrwegen des Lebens (Irrgarten/Labyrinth) den Rückzug des Gottsuchers von der Gesellschaft und vom falschen Glanz des Hofes in die Einsamkeit und Wahrheit der Natur. Die Vanitassymbole Totenschädel und Kruzifix verweisen auf einen eschatologischen Hintergrund. Die unheimliche Begegnung mit dem ‚lebendigen' Eremiten stellt aber auch Mut, Standhaftigkeit und Zuversicht auf die Probe im Sinne freimaurerischer Prüfungen, die der inneren Einkehr des wahrheitssuchenden Lehrlings in der sogenannten „*dunklen Kammer*" (möglicherweise die Funktion des zweiten Zimmers) folgten.

Die hinter dem Wasserfall vorgesehene Grotte läßt sich als geheimer Ort der Initiation deuten. Die geplanten unterirdischen Gänge sowie eine hier vorgesehene Pyramide[44] sind mit dem Isis-Kult in Verbindung zu bringen. Ähnlich wie in den Wiener Gärten dieser Jahre dürfte Mozarts Freimaureroper „*Die Zauberflöte*" (1791) und deren literarische Quellen, Ignaz von Borns „*Die Mysterien der Ägypter*" (1784)[45] und Abbé Térassons Initiationsroman „*Séthos*" (1731, übersetzt 1777 von Matthias Claudius) – beide Werke befanden sich in der Bibliothek Carls – Anregungen zu dieser Szene gegeben haben. Zwischen Dezember 1794 und Mai 1795 wurde die „*Zauberflöte*" sieben Mal im Schleswiger Ballhaus aufgeführt.[46] Obwohl die betreffenden Bühnenbilder verloren sind, darf man annehmen, daß sie sich eng an Mozarts Anweisungen zur 28. Szene des 2. Aktes hielten bzw. an die auf diesen gründenden Bühnenbilder der Wiener Uraufführung der Brüder Schaffer[47] und der Mannheimer Erstaufführung von Joseph Quaglio.[48] Der schwedische Freimaurer Baron Gustav Adolf Reuterholm (1756–1813) – er lebte nach seinem politischen Sturz seit 1800 in Schleswig unter dem Namen Baron Tempelcreutz und besuchte auch Louisenlund[49] – bestätigte die freimaurerische Bedeutung des Turmes und der Grotte mit dem Nordischen Haus. Zusammen mit Irrgarten, Einsiedelei und dem künstlichen See – Sinnbild eines Spiegels der Seele – läßt sich die südwestliche Partie des Louisenlunder Gartens als Prüfungs- und Initiationsweg deuten, wobei das ‚Nordische Haus' als Versammlungsraum oder zur Rast dienen konnte (erst 1868 wurde es Kapelle).

Der Felsenberg an der Hauptallee gehört zur christlich-freimaurerischen Symbolik der ‚Strikten Observanz'. Auf einer Vedute von Kaup wird deutlich herausgestellt, daß der Pavillon auf der Spitze des Felsenbergs in bezug zu der fernen „*Capelle*" auf dem Woy Camp steht. Die Deutung als „*Steinberg*" des antiken Hermeskults, die Gerckens dieser Szene gibt, ist von daher umstritten.[50]

Auch die scheinbar privaten Monumente des Obelisken in der Marienlaube und der Louisensäule sind durch den „*flammenden Stern*" auf der Spitze als freimaurerische Symbole standhafter Suche und Hinwendung zu Gott – übertragbar auf die Basis der Lebensbünde Carls mit Louise und seiner Tochter Marie mit Friedrich – deutbar. Der kubische Altar steht – ähnlich wie der „*Altar der Wahrheit*" im Freimaurergarten des Grafen Brühl von Seifersdorf bei Dresden – für den „*behauenen Stein*" als Sinnbild des tugendhaften Menschen. Gleichzeitig stellt sich in ihm die Verehrung der Natur als Manifestation des göttlichen Schöpfers dar.

Auf die Verbindung zur metaphysischen Welt verweist auch die als Sonnenuhr dienende Armillarsphäre – ein freimaurerisches Symbol, das ebenfalls auf Logenrissen wiederzufinden ist und mit der wissenschaftlichen Gotteslehre (Deismus) des großen Physikers Isaac Newton (1642–1727) in Verbindung gebracht werden kann, mit dessen Werk sich Carl auseinandersetzte, worauf nicht nur Literatur in Carls Bibliothek, sondern auch die zahlreichen astronomischen Instrumente hinweisen, die in seinem Testament aufgelistet sind. Die Armillarsphäre steht auf der abgebrochenen Säule – Symbol des wiederaufzubauenden Salomonischen Tempels, das auch als Sinnbild des ersten Grades der ‚Strikten Observanz' diente (Motto: „*adhuc stat*": bis hierher, bis jetzt, steht sie). In diesem Sinne verwendet Ferdinand von Braunschweig die abgebrochene Säule als Metapher für den verzweifelten Zustand des Ordens. Er schreibt: „*Groß ist das Übel, aber nicht unheilbar ... Die von oben her abgebrochene Säule stehet noch fest auf einem Grund, der dem Verderben und der Zeit getrotzt hat.*"[51] Wissenschaftlichen Zwecken – Carl besaß eine bedeutende naturwissenschaftliche, philosophische und freimaurerische Bibliothek – mag schließlich das Oktogon der Orangerie gedient haben, an dessen Wänden bei der

Abb. 317: Louisenlund, „Souvenir", sechs Veduten des Landschaftsgartens, Aquarelle der Prinzessin Friederike von Holstein-Sonderburg-Beck um 1830 (Archiv Schloß Glücksburg). Von links oben nach rechts unten: Freimaurerturm, Türkisches Zelt, Nordisches Haus mit Wasserfall, Marien Laube, Einsiedelei und Voliere.

Restaurierung Embleme, die auf Freimaurerei hindeuten könnten, entdeckt wurden.[52]

Louisenlund stellte zur Zeit des Prinzen Carl zweifellos eine der aufwendigsten und programmatisch anspruchsvollsten Gartenanlagen in Schleswig-Holstein dar, die sich nicht nur an England, sondern auch direkt an den damals entstehenden kontinentalen Landschaftsgärten orientierte, die Carl aufgrund seiner politischen und freimaurerischen Tätigkeiten kennenzulernen Gelegenheit hatte: jenen seines Bruders Wilhelm in Wilhelmsbad bei Hanau, Wilhelmshöhe und Wilhelmstal bei Kassel, aber auch an den Bayreuther Gärten der Markgrafen Friedrich und Alexander, dem Seifersdorfer Tal der Grafen Brühl, dem Neuen Garten

Friedrich Wilhelms II. zu Potsdam, den Parkanlagen der josephinischen Spätaufklärung im Umkreis Wiens und nicht zuletzt den dänischen Gärten seiner königlichen Verwandtschaft wie Frederiksberg, Fredensborg und Jægerspris sowie seines Freundes und Logenbruders Johan von Bülow in Sanderumgaard-Haven auf Fünen.

Stilistisch könnte der Garten aufgrund der Relikte formaler Gliederungen auf den Übergang vom barocken Stil zum freien englischen Landschaftsgarten einzuordnen sein. Andererseits handelt es sich in Louisenlund jedoch um eine Gartenanlage, deren verschiedene Entwicklungsstadien bis in das 19. Jahrhundert hineinreichen, in eine Zeit also, als in England Sir William Chambers wieder auf die Schönheit *„gerader Linien"* und künstlicher Formen in den Gärten der Chinesen verwiesen hatte[53] und die von Lancelot Brown entwickelten, natürlichen Landschaftsgärten bereits kontrovers diskutiert wurden. In Deutschland schlug sich diese Diskussion u. a. in dem gartentheoretischen Werk C. C. L. Hirschfelds und in dem *„Niedersächsischen Land- und Gartenbuch"* des sogenannten *„gelehrten"* Gärtners Johann Caspar Bechstedt nieder, der bis 1774 in Louisenlund arbeitete und sich in seinem Vorwort über den Einfluß der Chinesen auf die Gestaltung der Landschaftsgärten in England ausläßt. In Louisenlund kommt dieser anglo-chinoise Charakter durch die kleinteilige Mischung formaler und tektonischer Relikte mit freien Landschaftspartien zum Ausdruck. Die im ersten Drittel des 19. Jahrhunderts entstandenen Veduten (Abb. 317) zeigen zudem deutlich, daß im Detail die Gestaltung relativ rasch den neuesten Trends angepaßt wurde, etwa den neoformalen Blumenpflanzungen und Wegführungen im Stile Humphry Reptons. Spätbarock und Biedermeier berühren sich hier nahtlos, während der *„klassische Landschaftsstil"* im Sinne Browns und Sckells gleichsam übersprungen wurde. Er wird kompensiert durch die Einbeziehung der realen ländlich-bäuerlichen Szenen und die Schönheit der natürlichen und malerischen Landschaftsausblicke. Die religiöse Durchdringung der Gartenschöpfung macht sie zum geeigneten rituellen Raum für die ideelle Arbeit der Freimaurer, zu einem Ort der Kontemplation der göttlichen Natur. Auf Reuterholms Frage *„Gibt es noch einen Garten Eden?"* – und damit war die gesellschaftliche Utopie ursprünglicher Glückseligkeit und Brüderlichkeit aller Menschen auf Erden gemeint – konnte Carl mit voller Überzeugung positiv antworten: *„Je crois, qu'il existe"* (14. 12. 1806).[54]

Christa Fiedler

1 Jüngerer Bruder des ab 1785 regierenden Landgrafen Wilhelm IX., ab 1803 Kurfürst Wilhelm I. von Hessen. Vgl. Ausst. Kat. Carl (1996).
2 Zur Gutsgeschichte: Pranz (1954); Rumohr (1987).
3 LAS Abt. 168 Nr. 1576.
4 Hirschfeld (1779–1785), Bd. 4, S. 178.
5 *„Das Herrschaftliche Gebäude nebst Graßparterre zu Louisenlund"* (August 1790). Gouache GA Louisenlund und Ansicht von der Meierei, I. Zustand, SHLB, H 281.
6 Einleitung unterschrieben: Louisenlund, d. 1. May 1772.
7 Die Brandgilde-Akte (LAS Abt. 195 Nr. 575.I u. II) weist 1831 noch keine Orangerie aus. Die nächste erhaltene Versicherungspolice stammt aus dem Jahr 1847 und berücksichtigt die Orangerie. Die Gouache von Valentin Wassner von 1833 (Schloß Glücksburg) mit dem Landgrafen zeigt im Hintergrund die Orangeriekolonnade mit Oktogon.
8 Hirschfeld (1779–1785), Bd. 4, S. 175–181.
9 Bislang ausführlichste Auseinandersetzung vor allem mit der Ausstattung des Gartens und ihrer freimaurerischen Bedeutung bei Schwartz (1975) und Gerckens (1985). Vgl. Ausst. Kat. Carl (1996).
10 LAS Abt. 402 A 26, Nr. 61 und Louisenlund Kavaliershaus.
11 Kupferstich SHLB und Aquarell KBK Bildarchiv o. Nr.
12 Bechstedt (1772), S. 23.
13 Photoalbum der Herzogin Wilhelmine, SA Glücksburg, Akte 11/16 etwa 1865.
14 Vgl. Lues (1972).
15 Gouache von C. D. Voigts 1790, GA Louisenlund; Lithographie von H. Collenburg von 1853 (SHLB); *„Souvenir"* der Prinzessin Friederike (1811–1902) von Holstein-Sonderburg-Beck, verm. v. Anhalt-Bernburg, SA Glücksburg.
16 Hirschfeld (1779–1785), Bd. 2, S. 63.
17 Zeichnung der Mauer von Motz, LAS Abt. 195 Nr. 574.
18 LAS Abt. 10 Nr. 370.
19 Vgl. Hartmann (1981), S. 123, 367 und Hajós (1989), S. 56f.
20 Brief der Herzogin Louise von Schleswig-Holstein-Sonderburg-Glücksburg-Beck an ihren Gemahl vom 5. 6. 1812, SA Glücksburg, Akte 11/16.
21 KBK Bildarchiv, o. Nr.
22 Vgl. Brief von Rune Kjellander von 1962, SA Schloß Glücksburg.
23 Vgl. Lund (1977), Abb. 139 u. 159.

24 *„Marienlaube errichtet 31sten Julii 1804"* und die Initialen FM.
25 LAS Abt. 195 Nr. 574. Sie folgen z. T. älteren Vorlagen aus Th. Chippendales *„The Gentleman and Cabinet Maker's Director"* (1754).
26 Photoalbum der Herzogin Wilhelmine, SA Glücksburg Akte 11/16.
27 Vgl. Pranz (1974), sie erwähnt einen bronzenen Kreis mit den Initialen CL und einen Stern. Gerckens (1985) folgt ihrer Auffassung.
28 Brief Prinz Carls an Champollion vom 18. 5. 1824, in: Carl von Hessen, *„La pierre zodiacale du Temple Dendérah expliquée par S. A. S. le Landgrave Charles de Hesse"*, Kopenhagen 1824, S. 61f. Darin schreibt er, daß er aufgrund seines starken Interesses für die ägyptische Kultur alle älteren und modernen Reiseberichte über dieses Land studiert habe.
29 Hirschfeld spricht 1782 von Louisens *„Obelisken"*; RAK, Kongehus Arkivet Frederik VI. Nr. 8.
30 Graf von Saint-Germain, beigesetzt in der Nikolaikirche in Eckernförde. Todestag 27. 2. 1784. Vgl. Willers Jessen, in: Kleine Nachrichten, Bd. 56, S. 449.
31 von Hessen (1866), S. 145.
32 SA Glücksburg.
33 LAS Abt. 195 Nr. 574.
34 Reventlow (1796), S. 92f.
35 Zitiert nach Kneisner (1917), S. 123ff.
36 Brief Prinz Carls an Champollion vom 18. 5. 1824, in: von Hessen (1824), S. 61f.
37 LAS Abt. 195 Nr. 574.
38 Lindner (1976) Nr. 32, Schurz aus Rosen, aus: Sendschreiben eines Freymaurers an Mylord Robert Truell, 1741.
39 Limpricht (1994), S. 131–145 fügt dem keine eigenen Erkenntnisse hinzu.
40 Eine Dissertation zu Louisenlund bereitet die Verfasserin vor.
41 Schilderung von der Aufnahme Kneisner (1917), S. 9 u. 15; von Hessen (1866), S. 82ff; Schwartz (1975), S. 17.
42 Vgl. Jakob Katz, Der Orden der Asiatischen Brüder, in: Helmut Reinalter (Hrsg.), Freimaurer und Geheimbünde im 18. Jahrhundert in Mitteleuropa, Frankfurt/M. 1983, S. 240–283.
43 Vgl. Joh. Kaspar Lavaters Rejse til Danmark i Sommeren 1793, Kjöbenhavn, 1898, S. 6–13, 85–88. Darin im Anhang Briefdokumente von Carl von Hessen.
44 Vgl. Rune Kjellander. Er zitiert Passagen eines Briefes von Bohemann, in dem das Prozedere der Geheimhaltung der Grotte behandelt wird. Fundort: SA Glücksburg. Vgl. auch Olausson (1985), Anm. 47 und Gerckens (1985), Anm. 48.
45 Vgl. Journal für Freimaurer, Wien 1784, S. 4–34.
46 Vgl. Eike Pies: Das Theater in Schleswig 1618–1836, Kiel 1970, S. 256.
47 Publiziert im *„Allgemeinen Europäischen Journal"*, Brünn 1795, vgl. auch Peter Branscombe: W. A. Mozart. Die Zauberflöte, Cambridge 1991.
48 Unveröffentlichte Bühnenbildentwürfe im Theatermuseum München.
49 Olausson (1985), S. 430, Anm. 47.
50 Gerckens (1985), S. 158f.
51 Vgl. Friedrich Kneisner: Das Einladungsschreiben des Herzogs von Braunschweig, Quellen zur Geschichte der Freimaurerei, Bd. 1, Leipzig 1918, S. 89–99.
52 Befund des Landesamtes für Denkmalpflege Kiel 1964.
53 Vgl. Chambers: (1757); (1772).
54 Danska frimuraordens arkiv Kopenhagen, zit. nach Olausson (1993), S. 543 Anm. 12 und ders. (1985), S. 432, Anm. 67.

Ludwigsburg

Privater, rund 1 ha großer Herrenhausgarten 8 km nordöstlich von Eckernförde; kleiner Renaissancegarten vor 1673, in den 40er Jahren des 18. Jahrhunderts Neuanlage eines barocken Gutsensembles mit Herrenhaus, Krummhof und Inselgarten unter Baron Friedrich Ludwig von Dehn, landschaftliche Umgestaltung in der Mitte des 19. Jahrhunderts, heute weitgehend verwildert, nicht öffentlich zugänglich.

Die Geschichte der ehemaligen Wasserburg Kohöved, die an dem namensgebenden Bach Kobeck gelegen war, reicht bis ins frühe 15. Jahrhundert zurück. Als ehemalige Curia des Bischofs von Schleswig wurde sie erstmals erwähnt und bis zu ihrer Zerstörung im Dreißigjährigen Krieg sind keine Gartenanlagen belegt.

Erst als der Freiherr Friedrich Christian von Kielmannsegg, ein Sohn des bekannten herzoglichen Kanzlers Johann Adolf Kielmann von Kielmannseck, 1672 das in der wald- und fischreichen Gegend Schwansen gelegene Gut erwirbt, wird uns in Form eines Gemäldes wohl die einzige Darstellung eines schleswig-holsteinischen Adelsgartens aus dem 17. Jahrhundert überliefert (Abb. 318). Das auf Holz gemalte Bild ist eines von 170 erhaltenen Emblemtafeln aus der sogenannten „Bunten Kammer" in Ludwigsburg, die eine der herausragenden Leistungen der europäischen Barockkultur im Bereich der weltlichen Emblematik darstellt.[1] Kielmannsegg hatte dieses Emblemwerk 1673 in Auftrag gegeben[2].

Die Tafel[3] zeigt einen rechteckigen Lustgarten, der durch orthogonale Wege in verschiedene Beete untergliedert ist und in dessen Mitte ein Brunnen liegt. Statuen auf Postamenten betonen die Ecken der südlichen Lustquartiere, die dem Blick des Betrachters im vorderen Bildabschnitt dargeboten werden. Die Gartenfassade des um die Mitte des 17. Jahrhunderts entstandenen zweiten Herrenhauses auf Ludwigsburg, dessen Aussehen auf zwei weiteren Gemälden der Bunten Kammer überliefert ist[4], wird im Süden durch einen mächtigen Turm mit umlaufenden offenen Galerien[5] hervorgehoben. Von hier aus muß man einen idealen Blick auf den Renaissancegarten genossen haben. *„Während ein Emblem innerhalb der zahlreichen Emblembücher jener Zeit in der Regel dreigeteilt ist (oben das Motto, in der Mitte das Bild und unten die beides miteinander verbindende Ausdeutung), wird in der ‚Bunten Kammer' – wie auch sonst oft, wenn Embleme Bestandteil von Innen- und Außenarchitekturen geworden sind – der dritte Teil, die Ausdeutung, fortgelassen."*[6] Das Motto des Gartenbildes „Posteritati" (Für die Nachwelt) unterstreicht die sinnbildlich gemeinte Aussage: Der im Vordergrund des Bildes dargestellte Gärtner, der einen Baum pflanzt, verweist mit seiner Tätigkeit auf die Zukunft.

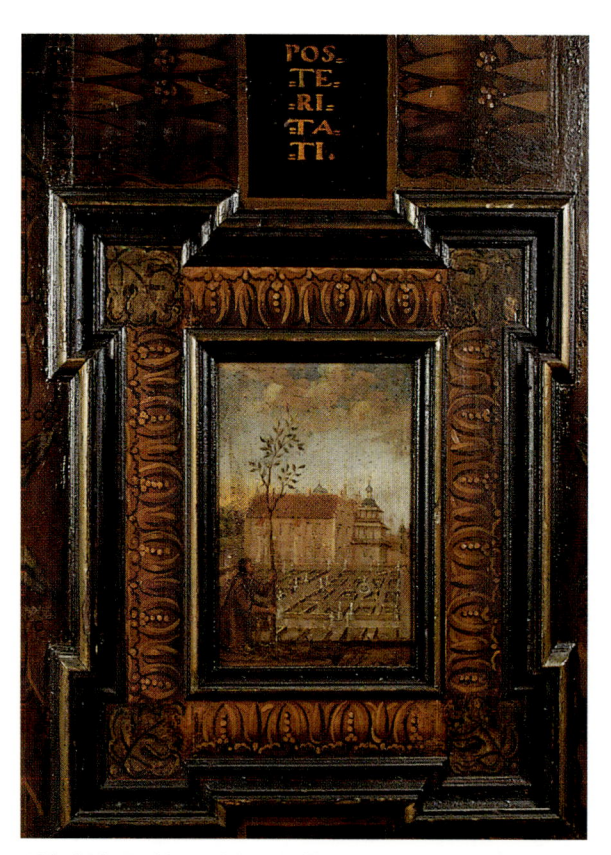

Abb. 318: Emblemtafel von 1673 aus der „Bunten Kammer" in Ludwigsburg.

Ludwigsburg

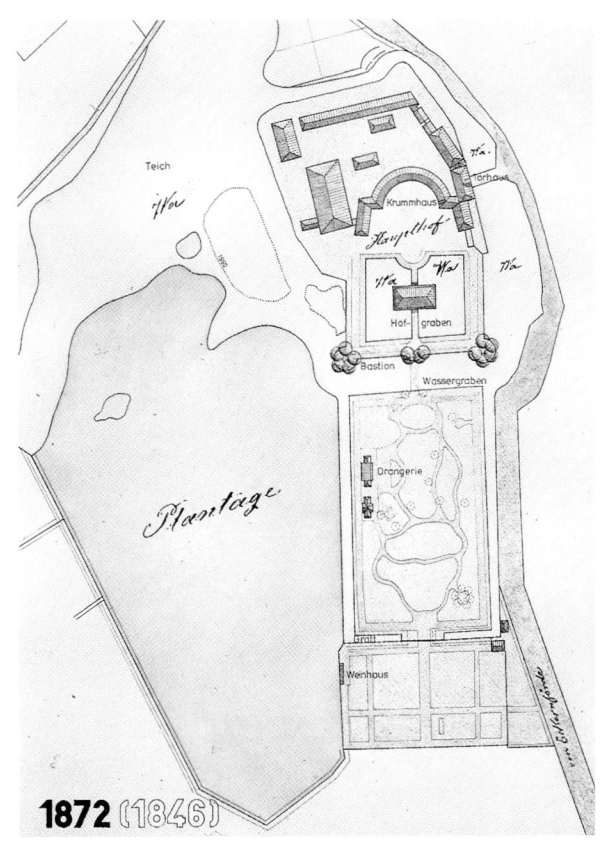

Abb. 319: Ludwigsburg, Umzeichnung einer Katasterkarte von 1872 von R. v. d. Haar 1990 (LDSH).

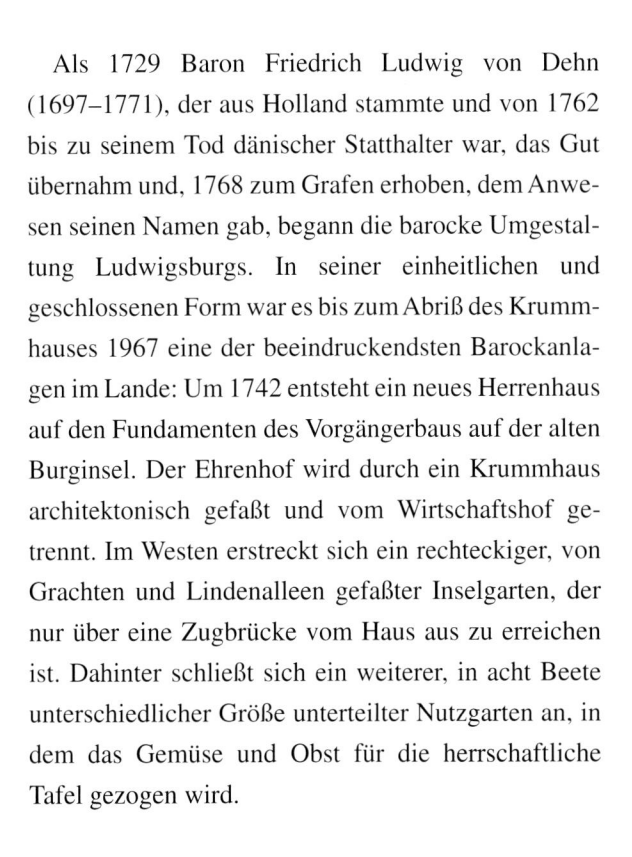

Abb. 320: Ludwigsburg, Luftbild um 1980.

Als 1729 Baron Friedrich Ludwig von Dehn (1697–1771), der aus Holland stammte und von 1762 bis zu seinem Tod dänischer Statthalter war, das Gut übernahm und, 1768 zum Grafen erhoben, dem Anwesen seinen Namen gab, begann die barocke Umgestaltung Ludwigsburgs. In seiner einheitlichen und geschlossenen Form war es bis zum Abriß des Krummhauses 1967 eine der beeindruckendsten Barockanlagen im Lande: Um 1742 entsteht ein neues Herrenhaus auf den Fundamenten des Vorgängerbaus auf der alten Burginsel. Der Ehrenhof wird durch ein Krummhaus architektonisch gefaßt und vom Wirtschaftshof getrennt. Im Westen erstreckt sich ein rechteckiger, von Grachten und Lindenalleen gefaßter Inselgarten, der nur über eine Zugbrücke vom Haus aus zu erreichen ist. Dahinter schließt sich ein weiterer, in acht Beete unterschiedlicher Größe unterteilter Nutzgarten an, in dem das Gemüse und Obst für die herrschaftliche Tafel gezogen wird.

Die Baugeschichte bleibt wie die Gartengeschichte des 18. Jahrhunderts weitgehend im Dunkeln, da Quellen und Abbildungen aus dieser Zeit kaum vorhanden sind. Der Architekt des Herrenhauses und der Entwerfer des kleinen Barockgartens auf der Insel sind daher bis heute unbekannt. Dehn muß die Anlage direkt nach dem Kauf begonnen und spätestens 1740 abgeschlossen haben, bevor er eine Gesandtschaft in Spanien antrat[7].

Erst im 19. Jahrhundert verraten zwei Abbildungen im privaten Besitz[8], Inventare von 1822[9] und 1855[10] und die Preußische Katasterkarte von 1872, die auf einer Vermessung des Geländes von 1846 basiert (Abb. 319), weitere Details des Gartens. Zu dieser Zeit ist er jedoch bereits landschaftlich überformt. Die landschaftliche Umgestaltung, die 1844/45 stattgefunden haben muß, als Hermann von Ahlefeldt (1806–1855) das Gut besaß, hat jedoch den strengen Umriß des Barockgartens kaum verändert. Eine Orangerie, ein weiteres Gartenhaus auf der Insel, sowie ein Weinhaus und ein als ‚Theater' bezeichnetes Gebäude im westlichen Nutzgarten verweisen auf einen überaus anspruchsvollen Lustgarten. Die Orangerie bestand aus einem bis zum Boden verglasten Mittelbau und zwei flacheren Anbauten. Obwohl sie erst 1967 unter den heutigen Besitzern abgerissen wurde, konnten bisher keine Abbildungen von ihr gefunden werden. Das im südwestlichen Bereich gelegene sogenannte Theater, das seinen Namen wohl dadurch erhielt, daß Ahlefeldts Frau Josefine von Block (1827–1891) hier Theatervorstellungen gab, wurde als Gärtnerwohnung genutzt und muß im Winter ebenfalls kälteempfindliche Pflanzen beherbergt haben. Die Bauweise des bis heute als Wohnhaus genutzten Gebäudes belegt dies.

Leider befindet sich der Garten derzeit in einem desolaten Zustand (Abb. 320). Das Herrenhaus konnte in den letzten Jahren durch umfangreiche Sanierungsarbeiten gerettet werden.[11] Daß die in einer Arbeit von Regine von der Haar[12] erarbeiteten Sanierungsmaßnahmen in Zukunft zumindest teilweise verwirklicht werden, bleibt für die Zukunft zu hoffen.

Margita Marion Meyer

1 Freytag/Harms/Schulze (1994).
2 Ludewig (1975), S. 103–117.
3 Die auf Holz gemalten Emblemtafeln hängen heute in einem kleinen Seitenraum im Erdgeschoß des Herrenhauses. Tafel mit dem Renaissancegarten an der Ostwand, Tür L 135.
4 Beide Tafeln in der Ostwand, Abbildungen in Freytag/Harms/Schulze (1994), S. 6 und 12.
5 Der mächtige Turm wurde um 1800 abgerissen und wird in einem Inventar als chinesischer Turm bezeichnet, vgl. Hirschfeld (1980), S. 74f.
6 Freytag/Harms/Schulze (1994), S. 8.
7 Dendrochronologische Untersuchungen von H. K. L. Schulze zeigten, daß das Bauholz bereits 1729 eingeschlagen wurde. Daß der Plöner Hofbaumeister Johann Gottfried Rosenberg, der Dehns Palais 1752–55 in Kopenhagen baute, Ludwigsburg 1742–44 entworfen habe, wie Hirschfeld (1980), S. 164 vermutet, ist daher höchst unwahrscheinlich.
8 Stich aus dem frühen 19. Jahrhundert und ein Ölgemälde von ca. 1845 in Privatbesitz.
9 Beschreibung des in dem Herzogtum Schleswig, im Schwansener District, belegenen, zu der Concursmasse des Herrn Geheimen – Conferenzrathes von Ahlefeldt, Baron von Dehn, Großkreuz vom Dannebrog-Orden, gehörigen adelichen Guts Ludwigsburg, 1822; SHLB, SHc 1169.
10 LAS Abt. 195, Nr. 2097.
11 Ludwigsburg – zum Untergang verurteilt? Hrsg. vom Landesamt für Denkmalpflege (= Reihe Baudenkmale in Gefahr Nr. 9), Kiel 1985.
12 Regine von der Haar (1990): Sicherung und Wiederherstellung des Gartens Ludwigsburg. Häusliche Prüfungsarbeit, Kiel 1990.

Lübeck: Wallanlagen

Zur öffentlichen Grünanlage umgestaltete Befestigungswerke am Rande der Lübecker Altstadt. Umgestaltung zu Promenaden und Grünflächen seit dem 18. Jahrhundert. Schleifung einzelner Wallabschnitte seit dem frühen 19. Jahrhundert. Grünflächengestaltung nach Plänen P. J. Lennés ab 1850. Ergänzungen im Geist der Reformzeit: Sportanlage (1911, E. Barth), Freilichtbühne (1926) und Kinderspielplatz (1927). Wesentliche Teile zwischen Puppenbrücke und Hüxtertorbrücke bis heute erhalten.

Die Wallanlagen liegen am Rande von Lübecks Altstadt[1] und sind die bedeutendste Grünfläche der Hansestadt.[2] Die ehemaligen Befestigungswerke, deren Ursprünge bis in das 12. Jahrhundert zurückgehen, umschlossen bis ins frühe 19. Jahrhundert den alten Stadtkern. Im 18. Jahrhundert verloren die Wälle zunehmend ihre ursprüngliche Bestimmung: Teile wurden seit dem frühen 19. Jahrhundert geschleift, andere zu Grünflächen umgestaltet.[3] Auch in Städten wie Hamburg oder Bremen fand eine Umwandlung der alten Befestigungswerke zu Promenaden statt. In Lübeck sind in dem Bereich zwischen der Puppen- und der Hüxtertorbrücke wesentliche Teile der Wehranlage bis heute vorhanden. Hingegen sind die Wälle und Grünanlagen nördlich des Holstentores mit den Gestaltungen Lennés vollständig verloren. Die erhaltenen Bastionen sind bis heute wesentlicher Bestandteil dieses Grüngürtels – vom Holstentor aus gesehen sind es die Bastionen Holstentor, Katze, Kommiss, Buniamshof, die durch den Trave-Kanal durchschnittene Bastion Kaiserturm (Pulverturm) und die Reste der Bastion Schwansort. Sie sind deutlich im Stadtbild abzulesen und markante Relikte der historischen Stadtentwicklung. Die Bastionen sind auf verschiedenste Weise gestaltet und werden auf unterschiedlichste Art genutzt: so befindet sich auf der Bastion Katze ein Schneckenberg aus der Zeit um 1800,[4] auf der Bastion Buniamshof wurde 1926 eine Freilichtbühne erbaut, und auf der Bastion Kaiserturm steht die ehemalige Seefahrts- und Navigationsschule.

Auf den Befestigungswerken wurden spätestens im 17. Jahrhundert erste Baumpflanzungen als Böschungsbefestigung und zur Nutzholzgewinnung vorgenommen.[5] Im 18. Jahrhundert erfolgte eine intensivere Bepflanzung. So legte man seit der Mitte des Jahrhunderts auf dem Wall verstärkt Alleen an (Promenaden) und bepflanzte ihn ab 1779 mit diversen ausländischen Gehölzen.[6] In einer Lübecker Chronik von 1748 heißt es: *„Rings umher hat sie [die Stadt] nicht allein starke Mauren, hohe Thürme, und dicke Zwinger, sondern sie ist auch mit ansehnlichen und wegen der darauf gepflanzten Bäume sehr anmuthigen Wällen ... grossentheils umgeben und befestigt."*[7] Die erste städtische Baumschule wurde bereits 1778 an der Bastion Kommiss eingerichtet. Zum Schutz von Neuanpflanzungen wurde für Lübeck schon 1766 eine Baumschutzordnung erlassen, die wohl eine der frühesten deutschen Verordnungen dieser Art sein dürfte.[8] Wie drastisch man bei mutwilliger Zerstörung mit den Übeltätern umzugehen pflegte, zeigt eine Reisebeschreibung von 1795: *„So steht in Lübeck auf dem Walle, einem sonst angenehmen Spaziergange, an der Ecke jeder Bastion ein Pfal, mit einem angenagelten Brett, auf welchen man einen Block, ein Beil und eine abgehauene blutige Hand findet, mit der Ueberschrift: Wer beschädigt Wall und Weiden, Der soll diese Strafe leiden ..."*[9]

Trotz der beginnenden Bepflanzung und dem Ausbau zu Promenaden im 18. Jahrhundert (Abb. 321) verloren die Wallanlagen ihren ursprünglichen Verteidigungscharakter erst mit dem Abriß der inneren Stadtmauer ab 1794, wodurch erstmals eine direkte Sichtverbindung zwischen Wall und Stadtkern hergestellt wurde, sowie durch die Schleifung der Wälle in der ersten Hälfte des 19. Jahrhunderts. Im Rahmen dieser Maßnahmen wurde auch das Wegenetz erweitert. Eindrucksvoll schildert eine Beschreibung von 1822

Abb. 321: Blick auf die Wallanlagen, kolorierter Stich von J. M. David 1796 (SHLB).

„herrliche Spaziergänge in den hohen und schattigen Alleen ..., schöne Baumgruppen und wechselnde Durchsichten..., die reizendste Aussicht auf die nahen und fernen Umgebungen ... [und der] Anblick der Stadt mit ihren Häusermassen und Thürmen".[10]

Während der Belagerung durch die Franzosen 1806–1813 entstanden große Schäden – so fällte man Bäume und Alleen auf den Wällen und verkaufte das Holz. 1820 wurde zu Ehren des Lübecker Knochenhauermeisters Jürgen Paul Prahl, der am 7. Juli 1813 von den Franzosen auf dem Wall beim Mühlentor erschossen wurde, ein Gedenkstein errichtet – ein schlichter Obelisk aus Sandstein. Das Prahl-Denkmal steht noch heute auf der Bastion Schwansort unweit der ehemaligen Stadthalle. Durch eine zusätzliche üppige gärtnerische Gestaltung wurde diese Bastion zu einem zentralen Punkt der Wallanlagen in dieser Zeit.[11]

Mit dem Bau der Eisenbahn von Lübeck nach Büchen ab 1850 und der Anlage eines Bahnhofes inmitten der Stadt ging ein großer Teil der Wälle nördlich des heute noch bestehenden Holstentores verloren, andere Teile wurden umgestaltet. Auch das äußere Renaissance-Holstentor wurde ein Opfer dieser Baumaßnahmen. Kritischen Stimmen, die einen Bahnhof in der Stadt und den damit verbundenen Verlust eines Groß-

teils der Wallanlagen anprangerten, konnte nur mit der Einrichtung einer „Wall-Anlagen-Commission" entgegengewirkt werden – diese Kommission hatte die Aufgabe, eine entsprechende Grünflächengestaltung, zu der sich die Eisenbahngesellschaft verpflichtet hatte, zu überwachen.[12] Kein geringerer als der preußische Gartenbaudirektor Peter Joseph Lenné (1789–1866) konnte für diese Aufgabe gewonnen werden. Lenné hatte schon in Leipzig und in Frankfurt/Oder die Umgestaltung der Wälle in Grünanlagen geleitet.[13] In Lübeck hatte er das mit Bahnhof und Gleisen überbaute, größtenteils abgetragene Wallgelände zu gestalten, geschickt in das Stadtbild einzupassen und an die noch bestehenden Wälle anzugliedern. Eine schwierige städtebauliche Aufgabe, die Lenné – der sich mehrfach vor Ort über den Fortgang der Arbeiten überzeugte – geschickt löste, wie ein in der Zeitschrift für Bauwesen veröffentlichter Plan von 1852 zeigt (Abb. 322). Ein Vergleich mit dem Stadtplan von H. G. Rathgens aus dem Jahr 1854 beweist, daß Lennés Gestaltungsvorschläge zum großen Teil umgesetzt wurden – wertvolles Aktenmaterial, das weitere Aufschlüsse bringen könnte, ging im Zweiten Weltkrieg verloren.[14] Doch auch die zeitgenössischen Quellen lassen an der Urheberschaft Lennés keinen

Lübeck 431

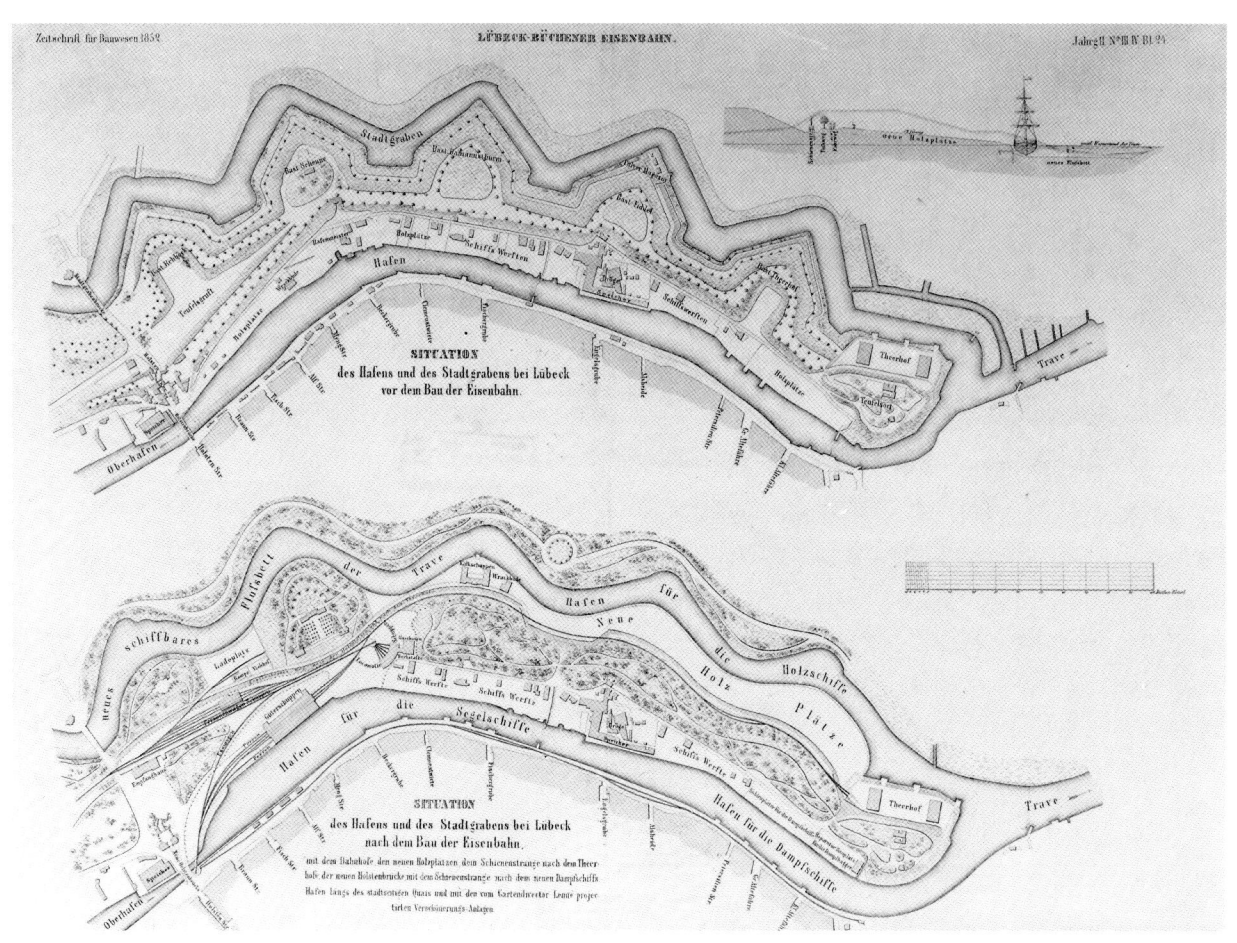

Abb. 322: Lübeck: Wallanlagen, Situationsplan vor und nach dem Bau der Eisenbahn von Lübeck nach Büchen mit den Umgestaltungen P. J. Lennés, Lithographie aus Zeitschrift für Bauwesen (1852), Blatt 24 (UB Kiel).

Zweifel.[15] Zudem ist an dem Lorbeerkranz, den Lenné zum 50jährigen Dienstjubiläum 1866 erhalten sollte, eines der Blätter mit der Aufschrift Lübeck versehen.[16] Ein besonderes Verdienst Lennés gegenüber vorherigen Planungsideen war die Erhaltung der Bastionen, sofern die Eisenbahnbauten und Trassen dieses zuließen: *„Nicht ohne Einwirkung des bekannten königl. Preußischen Gartenbau-Directors Lenné ist es nämlich geschehn, daß ... die Bastionen Rehbock und Scheune stehen geblieben sind, wodurch die ... große und kahle Bahnhofsfläche vermieden und der Stadt hier die grüne Einfassung erhalten geblieben ist."*[17] Die Bastion Dannemannsturm (Damannsthurm) wurde sogar durch Aufschüttungen erhöht und mit einem Aussichtsturm, dem *„Chimborasso"*, versehen. Von hier aus hatte man einen herrlichen Blick über Stadt und Hafen bis nach Bad Schwartau und Parin. Auf der Bastion Scheune wurde in einem alten Wachgebäude eine Gartenwirtschaft eingerichtet.[18] So erhielt der Bahnhofsbereich den Charakter einer natürlichen *„Gebirgslandschaft"*, in die die Bahnhofsgebäude harmonisch eingebunden waren.[19] Die notwendigen Erdarbeiten waren 1852 abgeschlossen, nun konnte unter der Leitung des Lenné-Schülers Sennholz mit den gärtnerischen Anlagen begonnen werden – die notwendigen Pflanzen bezog man bei verschiedenen Baumschulen, u. a. in der *„Königl. Preuß. Landesbaumschule bei Potsdam"*.[20] Als bereits ein Großteil der Lennéschen Planungen umgesetzt war, verstarb Sennholz, und in seiner Nachfolge wurde der Kunstgärtner Wendt 1855 erster Gartendirektor Lübecks. Wie schon Sennholz war auch er Schüler der Lennéschen Gärtnerlehranstalt in Wildpark bei Potsdam.[21] Mit dem Ausbau des Hafens in der zweiten Hälfte des

Abb. 323: Lübeck: Wallanlagen, Spielplatz „Nizza" mit Planschbecken, Photo 1995.

19. Jahrhunderts gingen die von Lenné gestalteten Grünflächen mit den Wallresten nördlich des Holstentores gänzlich verloren. Andere Wallbereiche wurden durch den Bau des Elbe-Trave-Kanals grundlegend umgestaltet – entscheidenden Anteil hatte der Stadtgärtner Metaphius Langenbuch (1842–1907), der auch den Lübecker Stadtpark anlegte.

Im 20. Jahrhundert ist die flächenmäßige Ausdehnung der noch erhaltenen Wälle fast unverändert geblieben. Doch entstanden im Wallbereich in den ersten Jahrzehnten im Rahmen einer neuen sozialorientierten Reformbewegung zur Nutzung öffentlicher Grünanlagen der Sportplatz Buniamshof (1911 nach Plänen Erwin Barths), eine Freilichtbühne auf der Bastion Buniamshof (1926 nach Plänen des Garteninspektors Rudolph Engehausen) und der Spielplatz „Nizza" (Abb. 40 u. 323) an der Bastion Kaiserturm (1927),[22] zu dem auch Harry Maasz Entwürfe fertigte, die jedoch nicht umgesetzt wurden. Die Fertigstellung des Kinderspielplatzes war die letzte größere Baumaßnahme innerhalb des Wallgeländes.

Bis heute wird dieser weitläufige Grüngürtel als Promenade und Naherholungsgebiet intensiv von der Bevölkerung genutzt. Auch seine zahlreichen Anlagen wie Sportplatz, Freilichtbühne und Spielplatz finden regen Zuspruch bei den Bürgern und Besuchern der Hansestadt. Doch sind dringend Sanierungs- und Pflegemaßnahmen notwendig. Daher wurde in den letzten Jahren als Grundlage eines Pflegekonzeptes ein ausführliches Parkpflegewerk erarbeitet.[23] Nur durch eine naturnahe Wiederherstellung und intensive Pflege kann der historische Wert der Wallanlagen als städtebauliches Kulturdenkmal hervorgehoben und seine Funktion als Naherholungsgebiet und innerstädtische Parkfläche vollends wiedergewonnen werden.

Thomas Messerschmidt

1 Seit 1987 in der Liste des Weltkulturerbes der UNESCO.
2 Müller-Glaßl (1995), Einleitung. Ich danke dem Grünflächenamtsleiter Herrn Heinz Hahne für die Zurverfügungstellung dieses Parkpflegewerks.
3 Vgl. Markowitz (1995), S. 127.
4 Zu erkennen auf einer Darstellung von J. M. David, 1797, *„Prospect von der Kaiserlich Freien Reichs Stadt Lübeck"*.
5 Friedrich (1890), S. 8.
6 Nach Friedrich (1890), S. 9: Tulpenbaum, Trompetenbaum, wilder Ölbaum, Platane, italienische Pappel, Silberpappel, babylonische Weide, verschiedene Ahorne, Blutbuche, sibirische Erbse, Cedernbaum u. a.
7 Willebrandt (1748), S. 40.
8 Hennebo (1979), S. 101.
9 Hess (1795), S. 67. Vgl. auch Hennebo (1979), S. 102.
10 Zietz (1822), S. 49.
11 Müller-Glaßl (1995), S. 11.
12 Vgl. Die Wirksamkeit der Wall-Anlagen-Commission, in: Neue Lübeckische Blätter 22 (1856), S. 225–227.
13 Zu den Leipziger Wallanlagen vgl. Wacker (1993).
14 Hinz (1989), S. 328.
15 Vgl. Die Bahnhofsanlagen bei Lübeck, in: Neue Lübeckische Blätter (1851), S. 137–139.
16 Günther (1985), S. 24.
17 Neue Lübeckische Blätter (1851), S. 138.
18 Friedrich (1890), S. 7.
19 Neue Lübeckische Blätter (1851), S. 138.
20 Neue Lübeckische Blätter (1856), S. 226. Lieferlisten z. T. abgedruckt bei Müller-Glaßl (1995).
21 Vgl. auch Hinz (1989), S. 330.
22 Die Bronzefigur *„Knabe mit Reifen"* am Wasserspiel wurde 1930 von Hans Schwegerle gefertigt.
23 Müller-Glaßl (1995).

Lübeck: Stadtpark

Öffentliche Grünanlage im zeittypischen landschaftlichen Stil, 1897–1902 nach Entwürfen des Stadtgärtners M. Langenbuch ausgeführt. Nordöstlich der Innenstadt in einem gründerzeitlichen Villenviertel gelegen, guter Erhaltungszustand.

Schon 1882 beabsichtigte der Senat der Hansestadt im Stadtteil St. Gertrud auf den „*Galgenbrookswiesen*", einer verlandeten Bucht der Wakenitz, einen öffentlichen Park anzulegen.[1] Wie der Bremer Bürgerpark sollte er ursprünglich mit regelmäßigem Wasserbecken, großem Konzertplatz und einem Restaurant ausgestattet, dem Repräsentationsbedürfnis der wohlhabenden Lübecker Bürger dienen. Nach längeren Diskussionen innerhalb der Bürgerschaft[2] entschied man sich jedoch 1897 für einen Entwurf des Lübecker Stadtgärtners Metaphius Theodor August Langenbuch (1842–1907) im landschaftlichen Stil (Abb. 324). Der 12 ha große Stadtpark wurde ab 1898 in zwei Bauabschnitten angelegt und am 21. September 1902 der Öffentlichkeit übergeben.

Der Park hat die Form eines abgeknickten Rechtecks und wird an den Längsseiten durch die Krüger- und Curtiusstraße und die Parkstraße begrenzt. Die Eingangssituation an der Rathenaustraße wird am Hindenburgplatz durch eine formale Gestaltung aus kastenförmig geschnittenen Linden und einem halbrunden, heute mit Rosen bepflanzten Beet betont (Abb. 325). Auch der ehemals formal gestaltete Adolfplatz – heute Spiel- und Bolzplatz – wurde als Vermittlungsstück zwischen öffentlichem Park und Wohnbebauung in die Planung mit einbezogen. Die gesamte Grünanlage wird von Alleen eingefaßt, die teilweise in die umliegende Wohnbebauung hineinreichen, so daß der Park trotz seiner geschlossenen Form keine grüne Insel bildet, sondern mit der durchgrünten

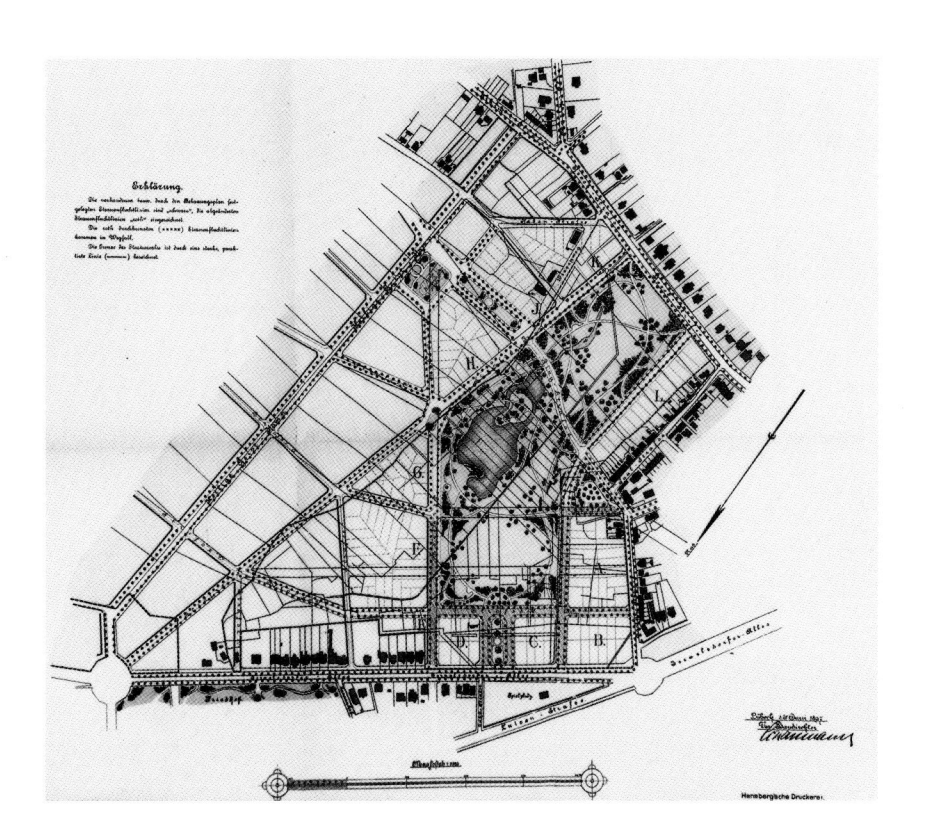

Abb. 324: Lübeck: Stadtpark, Entwurf von M. Langenbuch, Lithographie 1897 (AHL).

Abb. 325: Lübeck: Stadtpark, Hindenburgplatz mit geschnittenen Linden und Rosenbeet, Photo 1995.

Umgebung vernetzt ist. Schlängelwege, seltene Gehölze, als Solitäre und Clumps gepflanzt, sowie ein großer landschaftlicher Teich mit Insel kennzeichnen ihn als späten Vertreter der klassischen Landschaftsgartenkunst in der Nachfolge der Berliner Lenné-Meyer-Schule. Besonderen Wert legte Langenbuch auf die sensible Modellierung des Bodenprofils, auf das Wirken und Erleben des Wassers und auf geschwungene Wege, die wie ‚stumme Führer' den Spaziergänger durch den Park leiten sollten. Die Bedeutung des Wassers wurde durch die kunstvoll aus Holz gestalteten weißen Brücken hervorgehoben. Darüber hinaus war dem Stadtgärtner die Auswahl und Gruppierung einheimischer und fremder Gehölze besonders wichtig, was sich bis heute dem Besucher in den unterschiedlichen Wuchsformen und dem Farbenspiel des Laubes zeigt. Raumbildend wirkten Harthölzer wie Buche, Ahorn, Esche und Eiche sowie Weichholzarten wie Weiden, Pappeln und Erlen. Dem Schöpfer der Grünanlage wurde nach seinem Tod ein Gedenkstein im Stadtpark gesetzt.

In den folgenden Jahren wurden auf Anordnung der zuständigen Stadtgärtner Erwin Barth (1908–1911 in Lübeck tätig) und Harry Maasz, der von 1912 bis 1922 Gartenamtsleiter war, Bäume aus den zu dicht aufgewachsenen Gehölzbeständen entnommen – auch um den Anwohnern den Durchblick in den Park zu gewähren. Sie fanden zum Teil in anderen Lübecker Anlagen eine neue Verwendung. Im übrigen scheinen außer allgemein üblichen gärtnerischen Pflegearbeiten nur einige Holzbrücken erneuert und geringfügige Änderungen am Wegesystem durchgeführt worden zu sein, die das Parkbild vereinfachten. Die Veränderungen des Stadtparks seit den 30er Jahren sind nicht planerisch begründet, sondern haben sich aus der Praxis der Pflege und Nutzung ergeben. So wurden zum Beispiel streckenweise anstelle der vorhandenen beschnittenen Linden Japanische Zierkirschen gepflanzt. Der im Vergleich zu früher hohe Exotenanteil bei den Bäumen geht nicht zuletzt auf einen botanisch interessierten Gartenmeister zurück, der 30 Jahre lang für die Unterhaltung des Stadtparks zuständig war.

Von der ursprünglichen Einfassung der Teichufer mit Natursteinen ist inzwischen – abgesehen von der bogenförmigen Mauer am Aussichtsplatz auf der Insel – nur noch wenig zu erkennen (Abb. 326). Der heutigen Mode folgend, wurden in den letzten Jahren große Mengen an Krokussen, Scilla, Schneeglanz und insbesondere Narzissen im Park angesiedelt. Gartendenkmalpflegerisch ist dieser aufgesetzte Schmuck eher kritisch zu bewerten. Doch locken insbesondere die in Form eines ‚gelben Flusses' gepflanzten Narzissen in der Blütezeit viele Besucher an. Während des Sommers veranstaltet der Round-Table-Club einmal mo-

Abb. 326: Lübeck: Stadtpark, Blick über den See, Photo 1995.

natlich sonntags ein Promenadenkonzert. Mit den Erlösen aus solchen Veranstaltungen konnte beispielsweise kürzlich die Restaurierung des zugeschütteten Quellteiches – heute Froschkönigteich genannt – erreicht werden. Es ist vorgesehen, im Nord-Osten des Parks einen Kinderspielplatz einzurichten. Für gartendenkmalpflegerische Arbeiten hat eine Studentengruppe der TU Hannover ein Parkpflegewerk erarbeitet, das die Grundlage für ein mehrjähriges Pflegeprogramm für den Lübecker Stadtpark bilden soll.

Heinz Hahne

1 Allgemeine Literatur zum Lübecker Stadtpark: Baltzer (1907); St. Gertrud (1939) und Müller (1986).
2 Als Quellen für die Entstehungsgeschichte wurden folgende Akten des AHL verwendet: Baubehörde: Die Brücken im Stadtpark, Lübeck ab 1916; Die Parkanlagen auf dem Galgenbrook, Lübeck 1892–1902; Baudeputation: Personalakte des Stadtgärtners Langenbuch, Lübeck 1897–1907; Senat: Anlage des Stadtparkes / Anbau in den angrenzenden Straßenzügen / Unterhaltung und Ausstattung des Parkes. Akten der Hansestadt Lübeck: Stadtparkakten der Gartenbauabteilung ab 1964; Stadtparkakten des Grünflächenamtes ab 1991; Senatsakten der Hansestadt Lübeck: Garten und Friedhofsamt Lübeck Stadtparkteichsanierung 1988.

Lübeck: Garten Dr. Linde

Garten des Augenarztes und Kunstsammlers Dr. Max Linde, an der Ratzeburger Allee am Stadtrand von Lübeck gelegen, heute Standesamt. Wohnhaus mit weitläufigem Garten 1804 von Joseph Christian Lillie erbaut, 1897 von Linde erworben und mit Skulpturen u. a. von Auguste Rodin ausgestattet. Kunstsammlung und große Teile des Grundbesitzes in den 1920er Jahren verkauft, Garten nur noch in Rudimenten erhalten.

Der Lübecker Augenarzt Dr. Max Linde (1862–1940) gehörte in der Zeit um 1900 zu den führenden europäischen Sammlern zeitgenössischer Kunst.[1] Er besaß eine der umfangreichsten Sammlungen von Werken des französischen Bildhauers Auguste Rodin (1840–1917), die jemals ein Privatmann zusammengetragen hat – 10 Skulpturen aus Bronze und Marmor sowie sechs Zeichnungen, die er zwischen 1898 und 1905 meist direkt vom Künstler erwarb.[2] In Lindes Gemäldesammlung befanden sich Bilder von deutschen Künstlern wie Liebermann, Rohlfs, Böcklin, Thoma oder Leibl, französischen Malern wie Bonnard, Manet, Monet, Degas und Signac, von Engländern wie Whistler oder Stevens und Gemälde und Graphiken des norwegischen Expressionisten Edvard Munch (1863–1944), mit dem ihn eine enge Freundschaft verband – Linde zählte zu den Mäzenen Munchs in Deutschland.[3] Zwischen 1902 und 1909 hielt sich Munch mehrfach in Lübeck im Hause Linde auf, oft über mehrere Monate, und schuf hier einige seiner wichtigen Werke, so auch im Jahre 1903 ein großformatiges Bild mit den vier Söhnen Dr. Lindes, das zu den bedeutendsten Gruppenportraits des zwanzigsten Jahrhunderts zählt.[4] 1902 entstand die Graphikmappe „Aus dem Hause Max Linde", eine Serie von Radierungen und Lithographien mit Portraits und verschiedenen Haus- und Gartenansichten, die nur für den privaten Gebrauch Lindes geschaffen und in einer Kleinstauflage von 15 Exemplaren bei Felsing in Berlin gedruckt wurde (ein Nachdruck folgte 1923/24).[5] Ein besonders stimmungsvolles Blatt hieraus ist die Radierung „Der Garten bei Nacht" (Abb. 327), das die heute stark veränderte Rückseite des Hauses und die weitläufige Gartenanlage mit einer Kopie der Venus von Milo zeigt.[6]

1897 hatte sich Linde in Lübeck als Augenarzt niedergelassen und an der Ratzeburger Allee eine klassizistische Villa erworben, die 1804 von Joseph Christian Lillie (1760–1827) erbaut worden war. Schon zu dieser Zeit muß ein Landschaftsgarten angelegt worden sein, wie eine Gouache von 1830 zeigt.[7] Auch eine Beschreibung des Sohnes Lothar läßt die Weitläufigkeit des Gartens erahnen: *„Wenn man [aus dem Hause] hinaustrat, lag eine große Wiese vor einem, links sich zu einem von Wald umstandenen Teiche hin erstreckend. Rechts lagen hinter hohen Gebüschen Wirtschaftsgebäude, Treibhäuser und Stallungen, und ausgedehntes Obst- und Gemüseland. Der Garten war zwölf Morgen groß und wurde für uns Kinder zu einem Paradiese."*[8]

In diesem landschaftlich reizvollen Umfeld seines Hauses stellte Linde neben anderen Bildhauerarbeiten auch drei Bronzeplastiken Rodins auf – die „kniende Faunin"[9], den „Mann aus dem Bronzezeitalter" sowie

Abb. 327: Lübeck: Garten Dr. Linde, „Der Garten bei Nacht", Radierung von E. Munch 1902 (Hamburger Kunsthalle).

Lübeck 437

Abb. 328: Lübeck: Garten Dr. Linde, Der Denker von Rodin, Ölgemälde von E. Munch 1902 (Paris, Musée Rodin).

den „*Denker*" (Abb. 328); sind es doch gerade die Werke Rodins, die nicht nur wegen ihrer oft mächtigen Größe einer Aufstellung im Freien bedürfen, sondern auch wegen der lebendigen Oberflächenmodellierung, die auf die optische Wirkung von Licht und Schatten ausgelegt ist und erst bei natürlicher Beleuchtung im Wechsel der Jahres- und Tageszeiten in ihren Nuancen voll erlebbar wird. Wichtig ist ferner die Patinierung der Bronzegüsse, die von Rodin zwar vorgegeben war, doch durch das Aufstellen im Freien und die wechselnden Wettereinflüsse erst zu ihrer vollen Entfaltung gelangte. Auch für Linde war die Patina der Bronze von besonderem Reiz. Er äußerte sich darüber in einem Brief an Rodin nach der Lieferung des „*Mannes aus dem Bronzezeitalter*" wie folgt: „*... the effect of its beautifull seagreen-patina is wonderfull. I am sending you some amateur snapshots I have made to show you the effect it creates.*"[10]

Durch die Aufstellung eines Teils seiner Sammlung von Bildhauerwerken gab Linde seiner Gartenanlage den Charakter eines Skulpturen-Parks. Der Landschaftsgarten fungierte als naturgegebene Ausstellungsfläche, in die die Plastiken harmonisch eingebunden wurden. In Folge der Inflation mußte Linde große Teile seines Grundbesitzes und seine Kunstsammlung in den 1920er Jahren verkaufen. Von der Gartenfläche hat sich nur ein Achtel der ehemals knapp 33.000 Quadratmeter hinter der heute als Standesamt genutzten Villa, die 1964 an die Stadt Lübeck verkauft wurde, erhalten. Die Kunstwerke wurden in alle Himmelsrichtungen zerstreut.[11] „*Eine Straße wird durch den Park gelegt, in dem so schöne Werke von Ihnen entstanden*", schrieb Linde 1925 an Munch.[12] Diese Straße erhielt auf Betreiben Lindes den Namen „*Edvard-Munch-Straße*". Betrübt antwortete der Künstler in einem Brief an Linde: „*Ja nun ist alles passiert Ihr wundervolles Haus und Kunstgarten ist nicht mehr – wie traurig!*"[13]

Thomas Messerschmidt

1 Vgl. Emil Heilbut: Die Sammlung Linde in Lübeck, in: Kunst und Künstler 2 (1904), S. 6–20 und S. 302–325.
2 Zum Briefwechsel Rodin – Linde siehe J. Patrice Marandel: Rodins Thinker: Notes on the Early History of the Detroit Cast, in: Bulletin of the Detroit Institute of Arts, Vol. 62, No. 4, S. 32–52; Vol. 63, No. 3/4 (1988), S. 32–55.
3 Vgl. Ausst. Kat. „Munch und Deutschland", hrsg. von der Hamburger Kunsthalle 1994. Linde verfaßte eigens eine Schrift über die Kunst Munchs: Max Linde: Edvard Munch und die Kunst der Zukunft, Berlin 1902.
4 Es befindet sich im Behnhaus in Lübeck.
5 Vgl. Lindtke (1963).
6 Heilbut (1904), S. 319.
7 Im Museum für Kunst- und Kulturgeschichte Lübeck.
8 Linde (1961), S. 103.
9 Die „kniende Faunin" ist auf zwei Blättern der Mappe „Aus dem Hause Max Linde" dargestellt.
10 Zitiert nach Marandel (1988), S. 35.
11 Rodins „Denker" befindet sich heute in Detroit, andere Werke in der Carlsberg Glyptothek in Kopenhagen.
12 Zum Briefwechsel Munch-Linde vgl. Gustav Lindtke: Edvard Munch–Dr. Max Linde Briefwechsel 1902–1908 (= Veröffentlichung VII, Senat der Hansestadt Lübeck, Amt für Kultur), Lübeck [1974], hier S. 57f.
13 Ebd.

Lübeck: Marly-Park

Öffentliche Grünanlage an der Wakenitz mit Panoramablick auf Lübeck. 1908 angelegt von Erwin Barth; 1977 durch Mittel der Dräger-Stiftung erweitert und seitdem „Dräger-Park" genannt.

Schon im 19. Jahrhundert hatte man von der Vorstadt Marly aus einen malerischen Blick auf die Altstadt von Lübeck, wie verschiedene historische Ansichten beweisen. Auch der Lübecker Gartenarchitekt und Stadtgärtner Erwin Barth (1880–1933) erkannte den Reiz dieser Situation und legte im Jahre 1907 einen Plan für die öffentliche Grünanlage „Platz auf Marly" vor, der ein Jahr später zur Ausführung kam (Abb. 330). Von dieser nur 1,3 ha großen Grünfläche boten sich über die seeartig erweiterte Wakenitz verschiedene Ausblicke auf das Panorama der Lübecker Altstadt mit seinen zahlreichen Türmen dar. Barth selbst äußerte sich wie folgt: *„Der Hauptwert des Grundstücks besteht in seiner schönen Lage zu Lübeck. Es galt von den Bildern, welche der Platz von den verschiedenen Teilen der Stadt gibt, die besten auszusuchen und diese durch einen geeigneten Rahmen, sei es durch Mittel der Pflanzenwelt oder durch Architektur, dem Beschauer wirkungsvoll zu zeigen."*[1]

Um eine gewisse Großzügigkeit zu erreichen und den Blick auf die Stadt möglichst offenzuhalten, ist das Zentrum des Parks als weite Rasenfläche ausge-

Abb. 329: Lübeck: Marly-Park, Ansicht „Gesamt Bild der Stadt", Aquarell von E. Barth 1907 (TU Berlin).

bildet, nur von einem kleinen „*Wiesen Graben*" durchflossen. Das geschwungene Wegenetz beschränkt sich auf die Randbereiche, wo sich auch ein „*Kinder Spielplatz*", mehrere Aussichtsplätze, davon einer mit Pergola und die „*Bedürfnis Anstalt*" befinden.

Zur Erläuterung des Planes fertigte Barth eine Folge von außergewöhnlich qualitätsvollen Jugendstil-Aquarellen (Abb. 329) an.[2] Durch die unterschiedliche Rahmung der Ausblicke – mal durch Bäume, mal durch Hecken – erhält jeder Aussichtsplatz seinen eigenen Charakter und jede Blickrichtung ihre eigene Note (Abb. 39). Der Besucher kann noch heute die Altstadtkulisse morgens im vollen Sonnenlicht und abends bei Sonnenuntergang wie einen Scherenschnitt betrachten.

1977 wurde der Marly-Park um 2,5 ha vergrößert. Seither trägt er den Namen ‚Dräger-Park', weil die Drägerstiftung der Hansestadt Lübeck nicht nur das Gelände, sondern auch die Mittel für eine Neugestaltung zur Verfügung stellte. Der Park fügt sich heute in eine reizvolle Umgebung ein. Ihm vorgelagert ist die Marly-Freibadeanstalt, südlich schließen sich Kleingärten an, und nur wenige Schritte entfernt befindet sich die Grünanlage „*Tor zur Hoffnung*". Ergänzt durch eine Vielzahl von Spieleinrichtungen, besitzt dieses Gelände einen hohen Freizeitwert für die Bürger der Hansestadt Lübeck.

Heinz Hahne

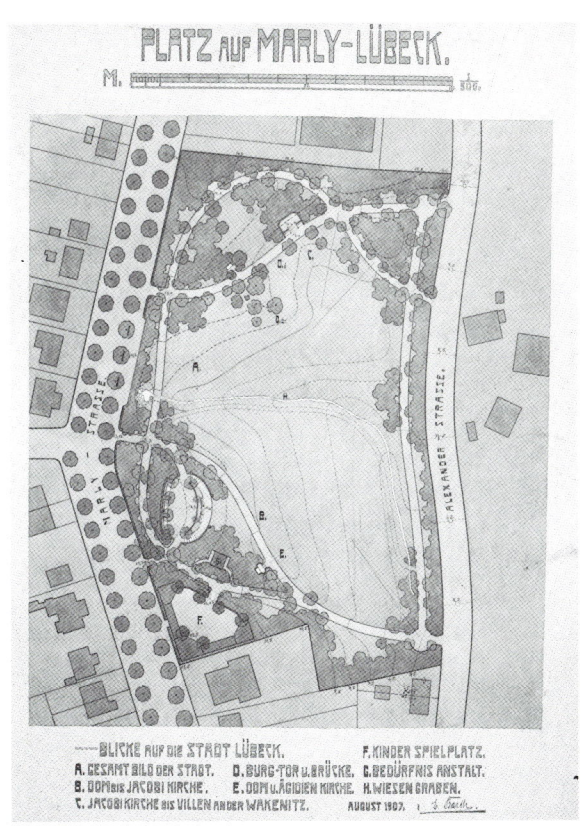

Abb. 330: „Platz auf Marly-Lübeck", aquarellierte Zeichnung von E. Barth 1907 (TU Berlin).

---

1 Barth (1908).
2 Plansammlung Technische Universität Berlin. Vgl. Ausst. Kat. Barth (1980), S. 77f, Abb. 46–48.

Meischenstorf

Privater Gutspark, gelegen im ostholsteinischen Hügelland südwestlich von Oldenburg, 1866 in landschaftlichem Stil gestaltet von Friedrich Joachim Christian Jürgens. Nicht öffentlich zugänglich.

Der 1806 zum Adeligen Gut erhobene ehemalige Meierhof Meischenstorf war schon mit einer kleinen landschaftlichen Anlage umgeben,[1] als das Gut 1861 von Carl von Abercron (1833–1913) und seiner Frau Olga (1838–1922) erworben wurde. Seitdem ist dieser Besitz stets in der Familie weitergegeben worden.[2] Daß die bisherige Anlage schon bald als unzureichend empfunden wurde, mag damit zusammenhängen, daß Olga von Abercron aus der sehr vermögenden Hamburger Familie von Schröder stammte. So wurde nach der Renovierung des Herrenhauses 1866 der in Hamburg renommierte Gartenarchitekt Friedrich Joachim Christian Jürgens (1825–1903) mit der Neuplanung des Parks beauftragt.

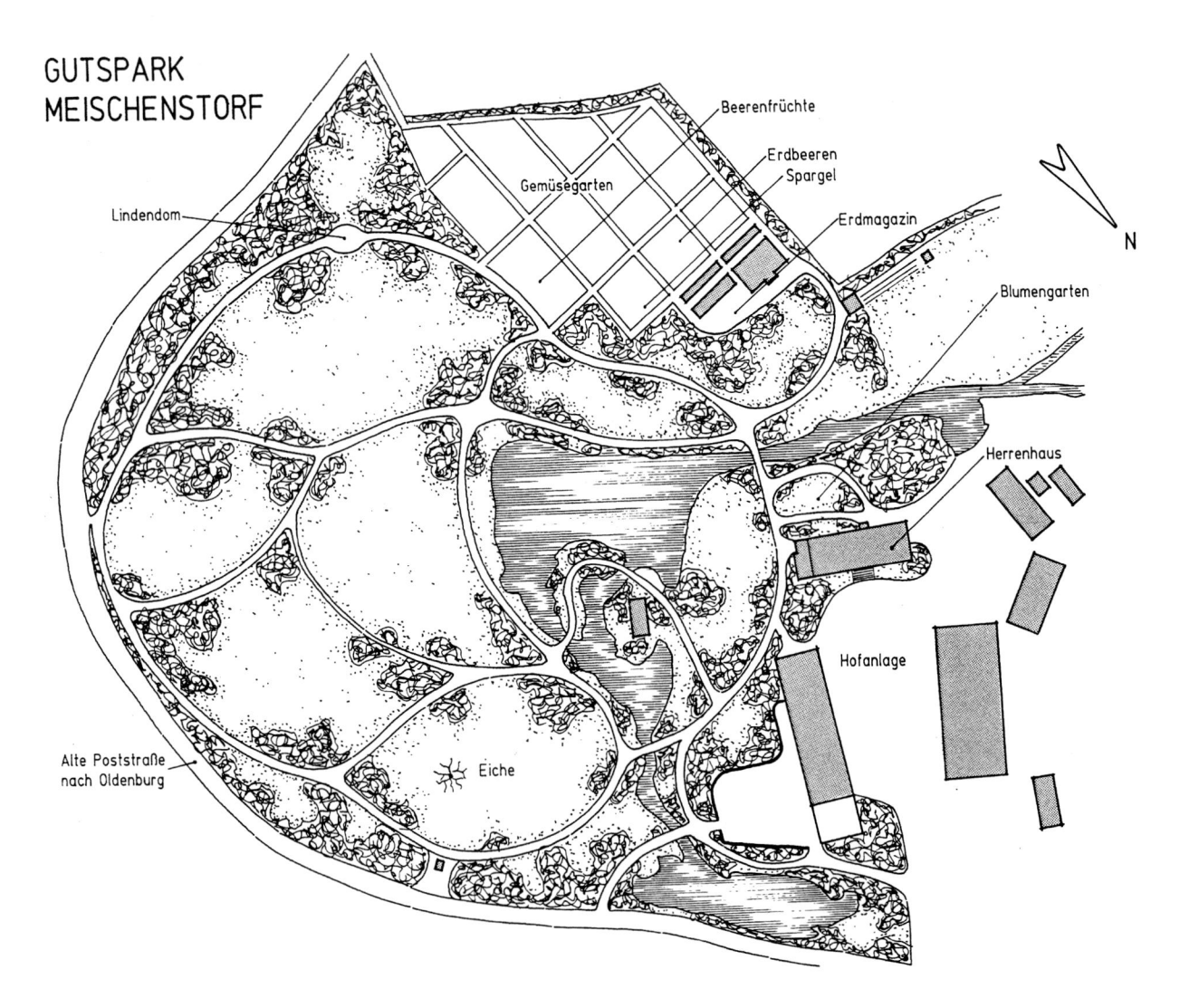

Abb. 331: Meischenstorf, Gartenplan von F. J. C. Jürgens 1866, Umzeichnung von M. Gillrath 1996 (KHI).

Meischenstorf

Abb. 332: Meischenstorf, Luftbild 1996.

Jürgens reichte zwei Entwürfe ein, von denen der aufwendigere, etwa eine Größe von ca. 5 ha umfassend, verwirklicht wurde (Abb. 331).[3] Der heute noch erkennbare Grundriß des Parks hat in etwa die Gestalt eines überdehnten Halbkreises, der das Herrenhaus und den nördlich dahinter liegenden Wirtschaftshof von Ost nach West weiträumig umschreibt, wobei die bogenförmige Grenze teilweise vorgegeben wird durch die von Eichen, Eschen und Kastanien gesäumte Poststraße zwischen Eutin und Oldenburg. Die strenge Begrenzung, verstärkt durch einen Wall, wird weitgehend von einer abwechslungsreichen, unterschiedlich tiefen Saumbepflanzung verborgen.

Wie es für Jürgens typisch ist, der gern an den *„neptunischen Ursprung"*[4] der Landschaft erinnerte, spielt das Wasser bei der Gestaltung eine wichtige Rolle. So nährt ein gemächlicher, bei der Entwässerung umliegender Felder gewonnener Zufluß von Nordwesten den im Zentrum angelegten See mit einer Insel, während der Abfluß daraus im Osten über ein steiniges Gefälle lebhaft in einen schattigen Weiher sprudelt. Von dem erhöht liegenden Herrenhaus senken sich großzügige Rasenflächen sacht hinab und gewähren weite Durchblicke auf den See mit seiner Insel und die ursprünglich sehr zerklüfteten, abwechslungsreich bepflanzten Ufer, die unterschiedlich steil ansteigen. Eine offenbar früher vorhandene Bündelung der Blicke zu Fächerachsen ist heute nur noch zu ahnen. Das ehemals auf einer Halbinsel gelegene Backhaus, das einen reizvollen Point de vue bildete, ist leider ebenso verschwunden wie der aus dem Anfang unseres Jahrhunderts stammende Teepavillon am erhöhten Parkrand im Osten mit Blick zum Meer. Aber zwei der ehemals fünf Brücken sind zum Glück erhalten. Sie locken schon von weitem den Besucher des Herrenhauses auf den Beltwalk am jenseitigen Ufer und führen ihn in östlicher Richtung auch zur ehemaligen Försterei und in westlicher zum Nutzgarten.

Die lockere Umpflanzung des Sees entspricht in ihrer Artenvielfalt dem damals verbreiteten botanischen

Interesse, aber auch der ästhetischen Wertschätzung heterogener Formenfülle, wie sie sich zeitgleich in historistischer Ornamentik manifestiert. Obgleich viele Gehölze des kleinen Arboretums, insbesondere Koniferen, in den letzten Jahrzehnten verlorengingen, finden wir noch dendrologische Kostbarkeiten, beispielsweise zwei besonders mächtige Mammutbäume (Sequoiadendron giganteum), einen Tulpenbaum (Liriodendron tulipifera), eine Pyramideneiche (Quercus robur 'Fastigiata') und besondere Formen der Buche (z. B. Fagus sylvatica 'Asplenifolia'). Im südlich ansteigenden Bereich des Parks – als schattiger Hain konzipiert und insofern die Funktion von Bosketten übernehmend – herrschen heimische Gehölze vor, etwa Buchen, Eschen und Ahorn. Die starkwüchsigen unter ihnen haben schon Besitz ergriffen von den meisten Lichtungen und bilden einen Mischwald. Er ist inzwischen so hoch aufgeschossen, daß er den Blick von dem Lindendom verstellt, der auf der Höhe eines Hünengrabes angelegt wurde und früher zwischen den Stämmen der Bäume hindurch wechselnde Ausschnitte eines breiten Panoramas der abwechslungsreichen holsteinischen Landschaft anbot.

Abgesehen von dem am oberen Westrand eingegrenzten großen Nutzgarten, einer dort in der Nähe gelegenen Kegelbahn und einem kleinen rechteckigen Blumengarten, der die Neigung der Auftraggeberin spiegelt, zeigte die Anlage eine rein landschaftliche Gestaltung, mit der sich Jürgens von dem damals vorherrschenden gemischten Stil der Lenné-Meyerschen Schule absetzte. Er bevorzugte als Vordergrund *„... eine grüne Rasenfläche, auf der kein Knalleffekt durch Teppichbeete etc. und keine Unruhe durch einzelstehende Pflanzen das Auge behelligt ..."* und richtete sein Bemühen bei der Gruppierung der Pflanzen darauf, *„... dass sie sowol für sich die effektvollen Endpunkte reizvoller Durchblicke oder die Einrahmung schöner Fernsichten sind, dann aber auch durch die sanft geschwungenen Rasenflächen zu einem harmonischen Gesammtbilde vereinigt werden."*

Außer vielen Bäumen haben sich im Meischenstorfer Park (Abb. 332) auch Sträucher, z. B. Prachthimbeere und Schneebeere, erhalten und Frühlingsblüher wie Schneeglöckchen, Anemonen, Milchstern, Hasenglöckchen und Schlüsselblumen. Große Schwierigkeiten bei der Pflege bereitet neben dem frohwüchsigen Stangenholz die am See aggressiv wuchernde Pestwurz. Darum konzentrieren die Besitzer ihre Bemühungen um die Anlage auf einzelne bestandserhaltende Maßnahmen. Der Erfolg läßt sich besonders gut im nordöstlichen Randbereich beobachten. Dort werden die Linden an der Auffahrt alle paar Jahre wieder so weit zurückgeschnitten, daß sie weiterhin eine vom Portal des Herrenhauses ausgehende, jeden Besucher bezaubernde Sichtachse freilassen: über die in der Tiefe ausgebreitete, lebhaft strukturierte Oldenburger Landschaft mit Feldern, Wiesen und Gehölzen, mit Dörfern und Gehöften, mit Straßen und Bächen hinweg gleitet der gelenkte Blick auf die fern am Horizont aufblinkende Ostsee. Jürgens hat es also verstanden, mit den Mitteln eines Gartenarchitekten die schon damals hoch eingeschätzte Lage am Meer als spezifischen Akzent dieses Parks herauszuarbeiten und dadurch seine Bedeutung zu unterstreichen.

Ingrid A. Schubert

1 Zur Gutsgeschichte Oldekop (1908), Bd. 1, Kap. VI, S. 105. Siehe Lithographie A. Hornemann um 1850.
2 Zur Familiengeschichte: Eggers (1978), S. 48f (zum Garten nicht zuverlässig).
3 Beide Entwürfe, Blei auf Karton, im GA Meischenstorf.
4 Möller (1886), S. 246, auch folgende Zitate.

Nehmten

Adeliges Gut auf einer Halbinsel am südwestlichen Ufer des Großen Plöner Sees. Herrenhaus und Hofanlage aus dem ersten Drittel des 18. Jahrhunderts, im 19. Jahrhundert mehrfach erweitert. Ab 1818 Umwandlung des spätbarocken Lustgartens (1768) in einen englischen Landschaftsgarten unter Einbeziehung der spektakulären Blickachse auf das Plöner Schloß. Gutslandschaft annähernd im Erscheinungsbild des 19. Jahrhunderts erhalten. Privatbesitz, nicht öffentlich zugänglich.

Unpublizierte Aufzeichnungen des Gutsbesitzers Gabriel Schreiber von Cronstern (1783–1869) und vor allem seines jüngeren Bruders Ludewig (1785–1823)[1] geben einen recht genauen Einblick nicht nur in die älteren Überlieferungen,[2] sondern auch in die jüngere Baugeschichte Nehmtens. Der Tatsache, daß der frühverstorbene Ludewig nicht nur ein liebevoller Berichterstatter, sondern auch ein künstlerisch hochbegabter Aquarellist und Zeichner war, verdanken wir eine Serie wunderschöner, vom Geist der Romantik durchdrungener Ansichten des Nehmtener Gartens und der Gutslandschaft.[3] Mit Gabriel, der 1807 das Gut übernahm, verband ihn eine enge Beziehung, wie die Korrespondenz von der gemeinsamen Bildungsreise bezeugt, die die Brüder über Dresden, Prag, Wien und München nach Italien führte.

Das Herrenhaus der Renaissance lag ursprünglich „*... auf der vordersten Wiese dicht am See an der Stelle..., die noch jetzt [1820] mit dem Namen des Alten Hofes bezeichnet wird...*". Ende des 16. Jahrhunderts entstand ein Neubau landeinwärts auf der „*vordersten Eiskellerkoppel*" mit Torhaus und Wirtschaftsgebäuden, zu dem als Garten der linkerhand des heutigen Herrenhauses ansteigende Hügel gehörte: „*Der Popen- oder Poppenberg soll damals ein Lustgarten, mit kleinen Statuen oder Pupen verziert, gewesen seyn, und daher seinen jetzigen Namen erhalten haben (dies vielleicht auch später).*" Dieser Zustand ist auf der für Heinrich Rantzau 1593 angefertigten Ansicht der Güter am Plöner See dargestellt (Abb. 2). 1668 kam der Besitz an den Grafen Conrad Christopher von Königsmarck, dessen Töchter Aurora, die

Abb. 333: Nehmten, Blickachse zum Plöner Schloß, Photo 1995.

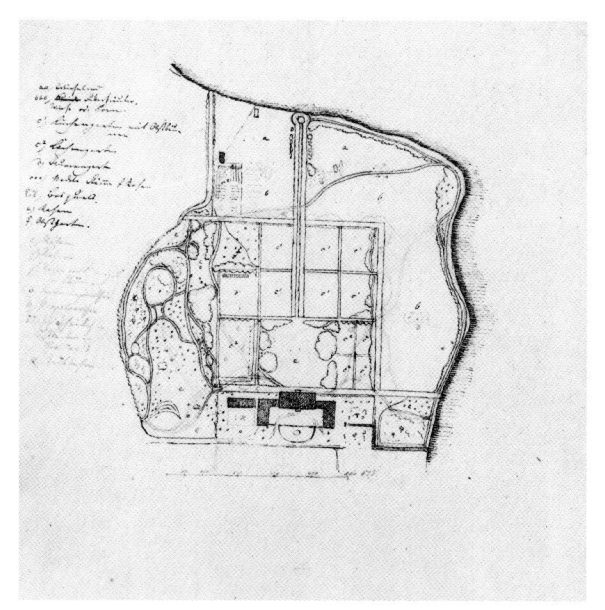

Abb. 334: Nehmten, Gartenplan von L. v. Cronstern um 1810 (GA Nehmten).

Abb. 335: Nehmten, Blick zum Poppenberg, aquarellierte Zeichnung von L. v. Cronstern 1810 (GA Nehmten).

berühmte Mätresse des sächsischen Kurfürsten August des Starken, und Amalie, verehelichte Gräfin Loewenhaupt, es 1710 an den Fürstlich Eutinischen Amtsverwalter Johann Adolph Vogeler veräußerten. Ein Zeitzeuge berichtete vom Hörensagen noch 1820 aus den Zeiten der Königsmarcks, *„… daß zuweilen Festlichkeiten angestellt worden seyen, wo sie die Bäume voll Lampen gehängt, Musik gemacht, und das dann eine Oper genannt hätten."*

Vogeler und seine Gattin Anna Magdalena verlegten den Hof auf seine heutige Stelle und errichteten in symmetrischer Entsprechung Scheune und Kuhhaus (1712) sowie als Abschluß des Wirtschaftshofes ein Torhaus (1714), das 1826 abgerissen wurde.[4] Das Herrenhaus, das den Kern des heutigen Schlosses bildet, wurde nach 1722 begonnen. Nach mehreren Besitzwechseln wurde Nehmten 1768 von Gabriel Friedrich Schreiber von Cronstern (1740–1807), dem Vater der Chronisten, erworben. Dieser stammte aus einer bürgerlichen Familie, die erst kürzlich geadelt worden war. Gabriel Friedrich war es, der mit aufklärerischem Elan im letzten Drittel des 18. Jahrhunderts den gesamten Gutsbetrieb modernisierte, die Ländereien verbesserte, zahlreiche Nebenbauten errichtete, das Herrenhaus umbaute und nicht zuletzt den Nutzgarten hinter dem Herrenhaus zu einer repräsentativen spätbarocken Anlage erweiterte. Unter ihm erreichte das Gut auch seine größte Ausdehnung.[5]

Zu den Verbesserungsmaßnahmen gehörte die Be- und Entwässerung der Wiesen, die sich 1768 in sehr schlechtem Zustand befunden hatten: Die Scheidau, die in vielen Schlingungen floß, bekam ein *„geradliniges Bett"*, und die moorigen und sumpfigen Wiesen wurden durch Gräben trockengelegt und eingeebnet. Das Wasser des Stocksees wurde durch einen 1778 auf Anordnung der Rentekammer angelegten Abzugsgraben in einem Reservoir gesammelt und zur *„Berieselung des größten Theils der Wiesen benutzt."* Umfangreich war auch das Aufforstungsprogramm, das Schreiber von Cronstern vor allem in den siebziger bis neunziger Jahren durchführte und von dem viele über zweihundertjährige Baumveteranen zeugen, die noch heute den Nehmtener Landschaftscharakter prägen. Der Bericht erwähnt das Gaasländer Holz (Buchen) und die vor 1772 mit Eichen eingesäte Himmelskoppel, das Sandlitzgehege (Buchen), das Neue Gehege und das Bauernholz (Eichen und Buchen): *„Alles Holz hat er zuerst ordentlich eingehegt, und so viel es sich thun ließ, in forstmäßigen Zustand gebracht. Mehrere jetzt gut bestandene Ellernbrüche rühren von ihm her."* Eine Besonderheit stellten der Sandlitzberg mit der um 1772 eingesäten Tannenkoppel (Abb. 25) und die angrenzenden Föhrenpflanzungen aus dem Jahr 1788 dar, die zu den ältesten Koniferenpflanzungen der Region gehörten (vgl. Salzau).

Abb. 336: Nehmten, Blick vom Poppenberg durch die Kastanienallee, aquarellierte Zeichnung von L. v. Cronstern 1810 (GA Nehmten).

Schreiber von Cronstern errichtete die Ziegelei, Katen und Wohnungen für Tagelöhner sowie das Schulhaus bei Godau, *„... bey dessen Erbauung er auch einen neuen Schullehrer mit einem bedeutenden Gehalte anstellte und die künftige Einrichtung der Schule ermöglichte"*. Über den Umbau des Herrenhauses heißt es: *„Als unser Vater das Gut bekam, existierte nur das Corps de logis des Wohnhauses ... Unser Vater hat dieses Corps de logis innwendig anders eingerichtet und decorirt, steinerne Treppen und Balcons, und endlich die beiden Flügel daran gebaut."* Das damals noch zweistöckige Gebäude mit einstöckigen Flügeln bezeichnet Sohn Ludewig als *„eines der hübschesten im Lande"*.

Besondere Aufmerksamkeit widmete Schreiber von Cronstern der gärtnerischen Verschönerung seines neuerworbenen Besitzes. Er ebnete den Hofplatz und pflanzte die zwei heute noch bestehenden Lindenreihen. Einen kleinen Ziergarten im *„altfranzösischen Stil"* aus der Erbauungszeit des Hauses, der seitlich zum Poppenberg hin gelegen war, gab er auf, um hier den neuen, gleichfalls noch heute bestehenden Speicher zu errichten. Statt dessen wurde der alte Obst- und Küchengarten hinter dem Hause in einen Lust- und Ziergarten umgewandelt. Zu diesem Zweck mußte dessen strenge rechteckige Begrenzung aus hohen Ulmen- und Buchenhecken an mehreren Stellen aufgebrochen werden (Abb. 334).

Auf der Westseite wurde die Buchenhecke, die den Garten zusammen mit einem kleinen Bach vom Poppenberg abtrennte, ausgerodet – bis auf drei Buchen, die sich frei auswachsen durften. Eine Treppe schuf den Übergang zur landschaftlich reizvollen Szenerie des Poppenberges (Abb. 335). Auf der gegenüberliegenden Ostseite pflanzte Schreiber von Cronstern eine parallel der Rückfassade des Hauses zum Seeufer verlaufende Kastanienallee, die bis auf die Kopfbäume am Wasser heute verschwunden ist (Abb. 336). Beide

Abb. 337: Nehmten, Entwurfsskizze für den Pleasureground von L. v. Cronstern um 1820 (GA Nehmten).

Situationen sind jedoch in Veduten Ludewig von Cronsterns aus der Zeit um 1810 anschaulich dokumentiert, die zusammen mit nachfolgenden Skizzen und Gestaltungsvorschlägen (Abb. 337) bereits die ersten Ansätze zu einer landschaftsgärtnerischen Umgestaltung nach dem Tod des Vaters zeigen. Damals führte Axel Bundsen auch einen ersten klassizistischen Umbau des Herrenhauses durch.

Seinen Hauptakzent hatte der spätbarocke, ab 1768 entstandene Lustgarten durch die Anlage einer über zwei Kilometer langen Sichtachse zum Plöner Schloß erhalten, deren Entstehung sowohl Ludewig als auch Gabriel in ergänzenden Aufzeichnungen[6] ausführlich würdigen (Abb. 333): *„Unstreitig ist die vor allem in die Augen fallende Anlage, die Aussicht vom Wohnhause nach dem Ploener Schloß. Man sollte glauben, daß diese Ansicht immer da gewesen, ja daß sie die Veranlaßung gegeben habe, das Wohnhaus gerade auf diesen Fleck zu bauen, um so mehr, weil, wenn das Haus einige Schritte weiter nach der einen oder anderen Seite hin erbaut worden wäre, die Aussicht nach dem Plößer Schloße auf diese Weise nicht würde haben herstellig gemacht werden können. Dem ist aber nicht so, es ist bloßer Zufall. Es ist Thatsache, daß als mein Vater im Jahre 1768 Nehmten kaufte, keine Aussicht vom Hause nach dem Ploener Schloße vorhanden war. Dies hinderte theils das mit Bäumen ganz bewachsene Ufer der Erdzunge, theils ein in der Mitte des jetzigen Grasplatzes queer durchgezogener mit Ulmen bepflanzter Wall. Dieser Wall oder diese Baumhecke umschloß den ganzen Gemüse-Garten, indem sie sich zu beiden Seiten ... bis zum Hof erstreckte."* Aus Gabriels Aufzeichnungen geht hervor, daß der Vater in den siebziger Jahren Wall und Hecke aus der Zeit Vogelers abtragen ließ und statt dessen einen in Blickrichtung verlaufenden Damm aufschüttete und mit einer breiten und über vierhundert Meter langen, genau auf das Plöner Schloß zulaufenden Lindenallee bepflanzte, *„um die Aussicht recht frappant zu machen"*. Mit Recht hoben beide Brüder die perspektivische Wirkung dieses Kunstgriffes hervor, der noch dadurch gesteigert wurde, daß die Allee von einem mit Bosketten umstandenen *„Grasplatze"* hinter dem Wohnhaus ausging. Neue Anpflanzungen kunstvoll komponierter Baumgruppen rahmten die Perspektive, die am Seeufer zunächst von einem mit Linden umpflanzten Rondell aufgehalten wurde, dann aber über die vordere Bucht und durch die in breiter Schneise ausgehauene Landzunge auf den See zulief und schließlich auf den Schloßberg mündete. Diese Blickachse wurde schnell

Abb. 338: Nehmten, Panoramaansicht mit Blickachse (Allee) zum Plöner Schloß, aquarellierte Zeichnung von L. v. Cronstern 1818 (GA Nehmten).

Abb. 339: Nehmten, „Aussicht nach Ploen nach Wegnahme der Allee", aquarellierte Zeichnung von L. v. Cronstern 1818 (GA Nehmten).

berühmt. Friedrich von Buchwald berichtet von seinem Besuch im August 1783: *„Die Meisten, welche bauen, scheinen es mehr vor [für] andre als vor [für] sich selbst zu thun; auf Neemt aber ist das schönste Zimmer die Schlafkammer des Besitzers. Aus seinem Bette sieht er durch eine Allee, welche durch den Wald gehauen, über den See das gerade gegen über liegende prächtige Schloß in Plön ... Der Garten ist in gutem Geschmack angelegt, und mit vielen schönen blumentragenden amerikanischen Bäumen gezieret."*[7]

Eine authentische Wiedergabe dieser Aussicht schuf Ludewig von Cronstern mittels einer phototechnischen Projektion im Sommer 1818 (Abb. 338).[8] Ga-

briel berichtet rückblickend: *„Eine von meinem Bruder im Jahre 1818 mit Hülfe der Camera obscura von der Gartentreppe aus aufgenommene Zeichnung von der Aussicht nach dem Ploener Schloß (und von der von meinem Vater dahin gerichteten perspektivischen Anlage) giebt ein überaus treues Bild von dem Eindruck, den diese ... damals machte. Jeder Baum in den Boskets des Grasplatzes ist ein Porträt. Rechts eine Akazie, neben ihr ein kleiner Tulpenbaum, dann eine Carolinische Pappel, vor derselben eine Büschelkirsche, dann wieder ein Tulpenbaum und dahinter ein rothblühender Ahorn ... und auf der linken Seite des Grasplatzes eine Silberpappel, dann eine Linde, eine*

Abb. 340: Nehmten, Blick aus dem Park auf das Herrenhaus, Photo 1995.

Büschelkirsche, in einer näheren Gruppe eine Akazie und wiederum eine Büschelkirsche..." Tatsächlich bezeugen Baumstudien in Ludewigs Skizzenbuch – darunter auch des rot blühenden Ahorns mit dem Tulpenbaum (27. August 1813) – mit welchem ästhetischen Gespür er die Natur nicht nur als malerisches Motiv sah, sondern im Sinne der Romantik selbst als „Kunstwerk" des Schöpfers verstand (Abb. 36).

Weiter erinnert sich Gabriel: *„In ihrer Art war die Aussicht sehr hübsch und ... entsprach dem damaligen Geschmack. Allein, die Linden-Allee wurde nach und nach zu groß und drohte allmählig die Aussicht nach dem Ploener Schloß und der Erdzunge zu überwachsen. Um dies zu verhindern, mußte sie alljährlich mit viel Mühe ausgehauen werden, ... wodurch die Aussicht etwas Steifes erhielt. Dieser Übelstand brachte mich auf den Gedanken, die Allee wegzunehmen und stattdessen eine freie Aussicht zu machen ... Mein Bruder theilte meine Ansicht und entwarf eine Zeichnung von der Aussicht nach Wegnahme der Allee* (Abb. 339). *Sie ist das Vorbild geworden, wonach ich gestrebt. Daß das Original nicht erreicht ist, ist nicht allein meine Schuld..."*

Bemerkenswert ist, daß Ludewig mit seiner imaginativen Darstellung als entwerfender Landschaftsgärtner greifbar wird, der sich offensichtlich an Humphry Reptons Technik der vergleichenden Gegenüberstellung von Ist- und Sollzustand orientierte.[9] Mehr als irgend eine andere in Schleswig-Holstein könne die Nehmtener Gartenanlage als *„gelungene Schöpfung der Landschaftsgärtnerei betrachtet werden"*, weil sie *„dem Zusammenwirken von Kunst und Natur ihr Entstehen verdankt"*, resümiert Gabriel. Für Spekulationen über ein Zusammenwirken mit dem Hannoveraner Architekten Georg Friedrich Laves und dem dort ansässigen Garteninspektor Schaumburg,[10] der in den

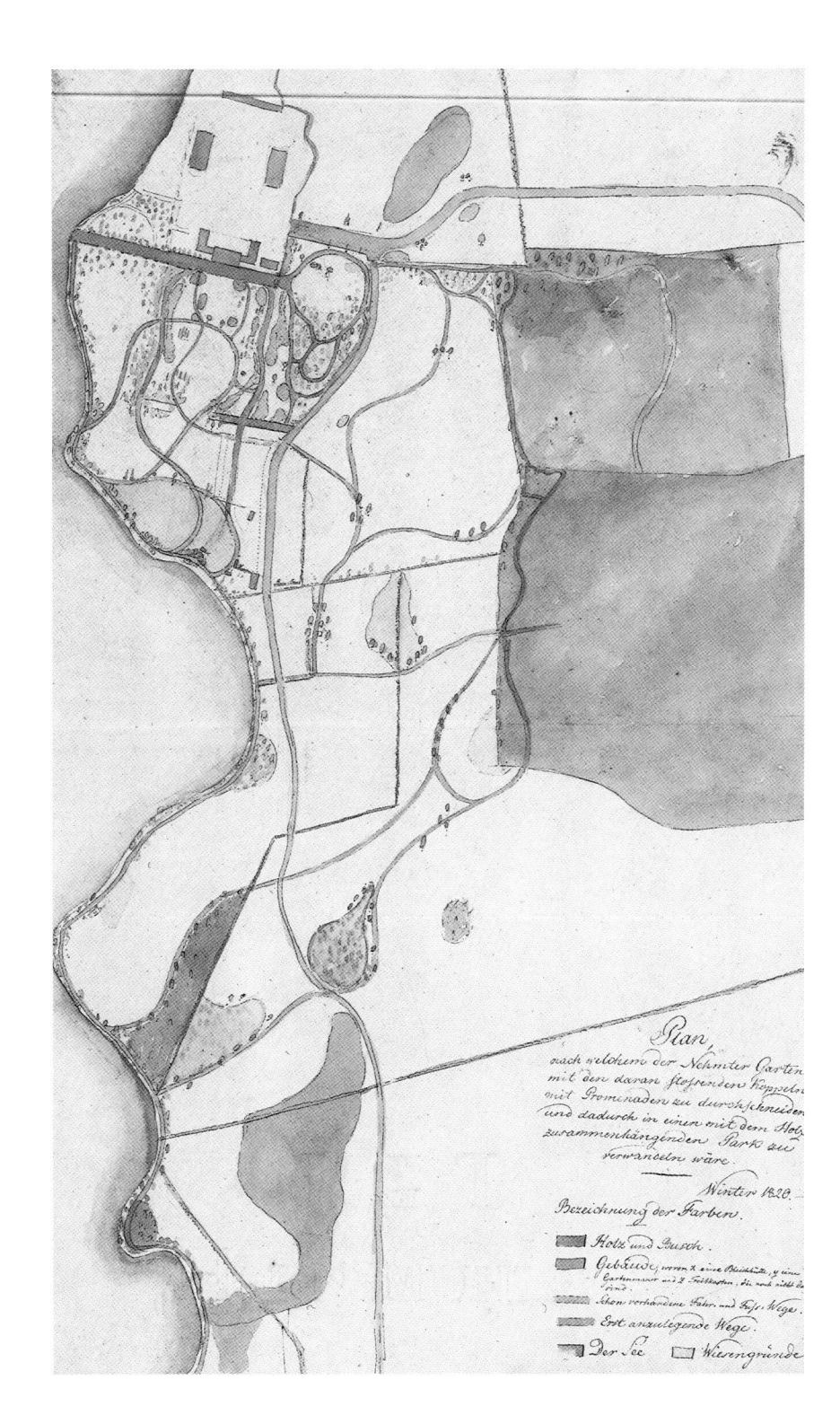

Abb. 341: Nehmten, Plan der Gutslandschaft von L. v. Cronstern 1820 (GA Nehmten).

1840er Jahren den Plöner und den Kieler Schloßgarten umgestaltete, lassen die Nehmtener Dokumente keinen Raum.

Im Winter 1818/19 wurde mit der Beseitigung der Allee und der Abtragung des Dammes begonnen. Als Ludewig 1823 verstarb, war die Verwandlung in einen Landschaftsgarten noch keineswegs abgeschlossen. Die umfangreichen Erdarbeiten, *„die vorgenommen wurden, um den jetzigen Effect hervorzubringen, namentlich das hohle, schalenförmige"* zogen sich bis

Abb. 342: Nehmten, Blick vom Poppenberg auf den Plöner See, aquarellierte Zeichnung von L. v. Cronstern 1814 (GA Nehmten).

weit in die dreißiger Jahre hin, wobei Capability Browns Ideal des „*undulating ground*" oder Lennés subtile Terrainmodulationen Cronstern durchaus bewußt gewesen sein mögen: „*Zuerst hat der vordere Platz die Höhlung erhalten, die angemessen schien, um auch der Erdlinie angenehmen Reiz zu verleihen – dann ist jenseits der Durchsicht der ganze Platz … durch Auf- und Abfahren theils erhöht und niedriger gemacht worden … Jetzt mußte da, wo früher der Wall stand, gerade die niedrigste Stelle seyn und das terrain auf beiden Seiten steigen, was viel Arbeit machte.*" Von den Bäumen, die der Vater in den Bosketten beim Hause gepflanzt hatte, waren viele durch Sturm abgängig. Auch erforderte der neuerliche Umbau des Herrenhauses einen größeren Freiraum auf der Parkseite: 1840–56 erhielt das Corps de logis seine dritte Etage und ein neues Dach. Der linke Flügel wurde gleichfalls aufgestockt, die Fassaden und Fensterverkleidungen bekamen ihren hellen Verputz mit Mecklenburger Kalk und Portlandzement, die Wirtschaftsräume wurden den neuesten Standards angepaßt.[11] Fast alle die freie Perspektive zum Plöner Schloß rahmenden Bäume – mit Ausnahme einiger älterer Buchen, Ulmen und Eichen – sind von Gabriel von Cronstern etwa zwischen 1820 und 1830 neu gepflanzt worden: Laubbäume aller Art, darunter Blutbuchen, aber auch „*Edeltannen und Weymouthfichten*". Die „*die perspectivische Durchsicht leitenden Gruppen von Tulpenbäumen, Amerikanischen Eichen etc. sind dagegen [noch] späteren Ursprungs und gepflanzt, um mehr Veränderung, mehr Licht und Schatten in die Anlage zu bringen*", berichtet Cronstern in den 1860er Jahren. Obwohl sich auch von diesen heute etwa 150jährigen Exemplaren nur noch einzelne erhalten haben und mit Eingriffen in den Park unter Gabriel Cronsterns Schwiegersohn, dem Kammerpräsidenten Carl Theodor August Graf von Scheel-Plessen (1811–1892), mit Sicherheit zu rechnen ist, hat die zentrale Parkachse doch im wesentlichen das Erscheinungsbild des 19. Jahrhunderts bewahren können (Abb. 333 u. 340).

Das gilt auch für die ausgedehnte Gutslandschaft als ganze, die Ludewig von Cronstern in den ersten Jahrzehnten des 19. Jahrhunderts liebevoll konzipiert, beschrieben und dargestellt hat (Abb. 341 u. 342): *„Die Gegend sowohl des ganzen Guts, als die Lage des Hofes ist schön. Von allen Punkten des Feldes hat man schöne Aussichten, belebt durch die beyden Seen, den Ploener und den Stocksee. Vom Wohnhause aus sieht man über den Ploener See ... Hinter dem Hause liegt ein sehr hübscher englischer Garten, der durch Wege mit den von Promenaden durchschnittenen Gehölzen, dem Gaasländer Holze und der Tannenkoppel, die unter sich wieder durch das Deependahlsredder verbunden sind, zusammenhängt."* Von den Höhen der Tannenkoppel öffnete sich ein malerisches, dem damals erst entstehenden Image einer *„Holsteinischen Schweiz"* entsprechendes Panorama auf das Plöner Schloß, das Ludewig 1810 – sich selbst und den Bruder Gabriel einbeziehend – aufgenommen hat (Abb. 25). Den gleichen Blick malte Jahrzehnte später der Landschaftsmaler Louis Gurlitt (1812–1897).[12] Ludewig von Cronstern skizzierte auch die Fischerhütte, die alte Schmiede, den Hofplatz und den Blick über den See auf die Kirche von Bosau. Weitere Skizzen aus der Sächsischen Schweiz, aus Böhmen und Italien, seine Kontakte zu den Architekten Axel Bundsen und Johann August Arens[13] sowie zu Herzog Peter Friedrich Ludwig – möglicherweise Fragen des Eutiner Landschaftsgartens betreffend[14] – zeigen, daß der jüngere der beiden Cronstern-Brüder zu den bemerkenswertesten künstlerischen Begabungen der Romantik in Schleswig-Holstein gerechnet werden muß. Seine schriftlichen und malerischen Äußerungen gehören darüber hinaus zu den wenigen Dokumenten, die belegen, daß Hirschfelds aufklärerische Forderung nach einer Verschwisterung ökonomischer und sozialer Reformen mit ästhetischen Verschönerungen der Gutslandschaft keine graue Theorie geblieben war.

Adrian von Buttlar

1 Alle Zitate, soweit nicht anders vermerkt, aus: Ludewig von Cronstern, Manuskript *„Nehmten"* (1820 datiert), GA Nehmten. Besonderer Dank gilt Herrn und Frau von Fürstenberg für die freundliche Unterstützung meiner Forschungen.
2 Zur Gutsgeschichte: Schröder/Biernatzki (1856); Oldekop (1908); Rumohr (1982).
3 Skizzenbuch *„Handzeichnungen von L. v. Cronstern 1804–17"* sowie weitere Zeichnungen und Ansichten im GA Nehmten.
4 An seiner Stelle entstanden zwei parallele Neubauten, die *„eine freye Durchfahrt in der Mitte lassen"*. Das östliche, die ehemalige Meierei, ist erhalten und dient den gegenwärtigen Besitzern als Wohnhaus. Auch die übrigen Hofgebäude wurden z. T. im Laufe des 19. Jahrhunderts erneuert.
5 Erdbuch und Aufmaß des Gutes durch den Landmesser Cirsovius 1772 in dem Bericht Cronsterns erwähnt.
6 Gabriel von Cronstern, *„Beschreibung u. Notizen das Gut Nehmten betreffend – Die Nehmtener Garten-Anlagen; Notiz der hauptsächlichsten seit dem Jahr 1807, wo ich in den Besitz des Gutes Nehmten gelangte, auf demselben vorgenommenen Veränderungen"*. Unveröffentlichte Manuskripte (nach 1823), GA Nehmten.
7 Buchwald (1786), S.197ff.
8 GA Nehmten. Eine wesentlich kleinere Darstellung dieser Ansicht ist signiert von einem Zeichenlehrer aus Halle, der vermutlich Ludewig in die technische Anwendung der Camera obscura einwies.
9 Darauf verweist auch eine Klappskizze Cronsterns nach Art der *„Red Books"* Reptons.
10 Lafrenz (1995).
11 Finanziert wurde der Umbau aus dem Verkauf des Gutes Birkenmoor. Als Baumeister wird ein gewisser Scherneckau genannt.
12 GA Nehmten.
13 Belegt durch zwei Zeichnungen von Arens (Eutiner Tuffsteinhaus? und rustikaler Rundtempel), die den Cronsternschen Skizzen beiliegen.
14 Nach Thietje (1994), S. 186.

Neudorf

Etwa 3 km nördlich von Lütjenburg gelegenes Adeliges Gut mit einer in den 1820er Jahren parkartig aufgeschmückten Gutslandschaft im Stil der Ornamented farm. Der landschaftliche Charakter, Reste des ursprünglichen Baumbestandes und die Hauptblickachse über die Kossauniederung auf den Großen Binnensee und die Ostsee sind erhalten. Der private Park ist nicht öffentlich zugänglich.

Der später mehrfach erweiterte Kernbau des heutigen Herrenhauses wurde 1703 durch Friedrich von Reventlow errichtet. Von 1738–48 war das Gut im Besitz der Herzogin Elisabeth Sophie Marie von Braunschweig-Wolfenbüttel und anschließend der Fürstin Johanna Elisabeth von Anhalt-Zerbst (Mutter der Zarin Katharina II.), die als geborene Prinzessin von Holstein-Gottorf am Eutiner Hof aufgewachsen war.[1] Von einem in dieser Epoche in Verbindung mit der Erweiterung zur Dreiflügelanlage angelegten Barockgarten östlich des Herrenhauses sind keine Pläne überliefert.[2] Seit 1761 ist Neudorf im Besitz der Familie von Buchwaldt. Auch über die Jahrzehnte unter Friedrich Christian (–1763), Caspar (–1765), Detlev (–1797) und Wolf von Buchwaldt (gestorben 1830) wissen wir wenig. Weil Wolf hochverschuldet war und Neudorf nicht halten konnte, verkaufte er es 1821 an seinen wohlhabenden Vetter Detlev von Buchwaldt (–1836).[3] Die anläßlich des Verkaufs publizierte Gutsbeschreibung erwähnt unmittelbar hinter dem Hause einen *„Lustgarten und zwei Gehölze, worin Spaziergänge sind, so wie zwei Küchengärten, und neben dem Wohnhause ein Thiergarten mit 14 Stück Damwild"*.[4] Zu 120 Reichstalern Jahresgehalt war ein Gärtner eingestellt, 83 Reichstaler kostete die Unterhaltung des *„herrschaftlichen Gartens"*.[5]

Detlev von Buchwaldt – Amtmann in Cismar, dann Bordesholm, Kiel und Kronshagen, später Plön und Ahrensbök – gilt als Schöpfer der landschaftlichen Gestaltung. Durch gezielte gärtnerische Eingriffe wurde zwischen 1821 und 1830, als die fertige Anlage bereits in den *„Schleswig-Holsteinischen Provinzialberichten"* beschrieben wurde, die Gutslandschaft durch Staffagen, Ausblicke, Wegeführungen und Pflanzungen in eine Abfolge idyllischer Bilder des ländlichen Lebens verwandelt, wie sie Hirschfeld 1785 in seiner *„Theorie der Gartenkunst"* unter dem Kapitel *„Gartenmäßige Verschönerung einzelner Theile eines Landsitzes"* gefordert und beschrieben hatte.[6] In der Gutsbibliothek fanden sich neben Hirschfelds Werk auch Christian Ludwig Stieglitz' *„Beitrag zu Gemählden von Gärten"* (1792) und Christian Reichardts *„Land- und Gartenschatz"* (1753ff).[7] Sie deuten auf lebhaftes Garteninteresse schon des älteren Detlev von Buchwaldt, der Ende des 18. Jahrhunderts bereits mit den landschaftlichen Verschönerungen begonnen haben dürfte. Aus dieser, oder gar noch früherer Zeit stammt wohl die eindrucksvolle, von Lütjenburg heraufführenden Eichenallee, die in sanften Schwüngen der Hügelformation folgt und sich um ein ungeöffnetes Hünengrab – den *„Pangenberg"* – zum Gut hinaufzieht. Schröder/Biernatzki (1856) erwähnen die *„vom jetzigen Besitzer erbaute chaussierte größtentheils mit prachtvollen Eichen besetzte Straße"*, die jedoch mit Sicherheit zuvor als Eichenfeldweg existierte. Die Einbeziehung solcher *„vaterländischen"* Denkmale wie das Hünengrab aus vorgeschichtlicher Epoche und seine an die Zeit der *„Druiden"* erinnernde Kombination mit *„altdeutschen"* Eichen hatte Hirschfeld unter dem Einfluß der Klopstockbegeisterung der 1770er Jahre in seiner *„Theorie der Gartenkunst"* empfohlen.[8] Der reiche Bestand an alten Buchen und Eichen wird auch in der amtlichen Gutsbeschreibung (1821) hervorgehoben.

In der Würdigung der neuen Anlage in den *„Provinzialberichten"* heißt es 1830: *„Wenn gleich unserem Vaterlande keine erhabene Rhein- oder Schweizergegenden zu Theil geworden sind, es weder kühne*

Abb. 343: Neudorf, Blick aus der neugotischen Kapelle nach Lütjenburg, Gouache um 1830 (GA Neudorf).

Felsengruppen noch tobende Sturzbächer kennt: so hat es solch eine Fülle der lieblichsten und anmuthigsten Landschaften, die durch den freundlichen Charakter, der über das Ganze ausgebreitet ist, das Auge des Wanderers erfreuen und ergötzen. In die Reihe dieser Plätze ist auch seit einigen Jahren Neudorf getreten, das, reichlich ausgestattet von der Natur jetzt durch die verschönernde Hand seines Besitzers sehr hervorgehoben ist, und keiner der mehr genannten Gegenden Holsteins nachsteht."[9]

Eines der wichtigsten Mittel der Gestaltung war die Lenkung des Blickes durch Aussichtsplätze und Gebäude. An der südwärts gelegenen Hangkante des Waldsaumes liegt linkerhand die in den 1820er Jahren errichtete neugotische „Kapelle", die zunächst als Lusthaus und Aussichtspavillon diente und erst um 1870 zu einem Mausoleum umgebaut wurde (in der ursprünglichen Außenform 1994 restauriert). Eine Ve-

dute unbekannter Hand, wohl aus den 1830er Jahren (Abb. 343)[10], zeigt den biedermeierlich eingerichteten Innenraum dieses Gartensalons und den Blick aus den geöffneten Flügeltüren hinab auf das südlich gelegene Dorf Lütjenburg und den markanten Turm der mittelalterlichen Michaelis-Kirche, deren Patronat mitsamt Erbbegräbnis (1612) unter anderen die Buchwaldts innehatten.[11] Auch diese Inszenierung folgte Hirschfelds Anweisungen zur ästhetischen und sinnfälligen Belebung der „ländlichen Bilder", wurde doch dem Gutsherrn hier nicht nur das Dorf als Objekt patriarchalischer Herrschaft, sondern zugleich auch die Kirche mit der eigenen Grablege als Gegenstand heiterer und melancholischer Gefühle über Leben, Tod und Erlösung vor Augen gestellt. Tatsächlich war dieser Raum naturreligiösen Betrachtungen gewidmet: *„Das Innere der Capelle, ein modernes Gemach, enthält eine gewählte Inschrift zum Lobe dessen, der aus dem Füll-*

Abb. 344: Neudorf, Blick aus der „Loge" über Kossautal, Binnensee und Ostsee, Gouache um 1830 (GA Neudorf).

horn der Natur so viele Reize über diesen Fleck ausschüttete" – leider ist die Inschrift nicht erhalten.

Den besonderen Reiz des uralten Herrensitzes aber machte seine erhöhte Lage über der Ostseeküste aus, die erst jetzt in ihrem ästhetischen Potential voll genutzt wurde: Genau in die entgegengesetzte nördliche Richtung fiel der in einer zeitgleichen Vedute (Abb. 344)[12] festgehaltene Blick aus der sogenannten Neudorfer „Loge" auf das von parkartigen Baumpflanzungen gerahmte, malerische Kossautal und über den hellen Spiegel des Großen Binnensees, um sich dann in der Unendlichkeit des Ostseehorizontes zu verlieren – ein in der romantischen Landschaftsmalerei vorgeprägtes, naturreligiös besetztes Symbol der Transzendenz und Unendlichkeit: „... *der Binnensee, der den Bach aufnimmt, drängt die Ufer noch weiter auseinander, und hinter dem schmalen flachen Vorlande dehnt sich die Ostsee in unabsehbarer Fläche aus, bis in weiter Ferne der Azur der Luft und das Blau des Meeres sich vereint"*, heißt es in der Beschreibung. Die „Loge" war eine dem östlichen Seitenflügel vorgelagerte und nach Norden geöffnete Sitzterrasse mit hölzerner Pergola und Markise, die allseitig von Blumengirlanden umkränzt wurde und die Hauptvedute vom Herrenhaus wie aus einer Theaterloge präsentierte. Noch einmal bestätigt sich hier die Befolgung der mittlerweile vierzig Jahre zurückliegenden Anweisungen Hirschfelds: „*Ein plötzlicher Anblick weiter Massen von Wasser, als des Meeres, wirket eine starke Ueberraschung; und bey der allmähligen Ueberraschung dieser ungeheurn Scene verliert sich die Einbildungskraft in die Vorstellung der Unendlichkeit. Allein so stark auch die Bewegungen sind, die durch das Anschauen des Meeres entspringen, so ermatten sie doch bald wieder durch das Einförmige, wenn die Einbildungskraft nicht durch Schiffe und Fahrzeuge, deren Umhersegeln die Scene belebt, erfrischt wird.*" Daran war in Neudorf ebenso wenig Mangel wie am

Abb. 345: Neudorf, Blick von Norden auf Park und Herrenhaus, Lithographie von W. Heuer um 1845 (SHLB).

Spiel des Abendlichtes, das Hirschfeld an anderer Stelle als Hauptreiz eines Ostsee-Gartens hervorhebt, nämlich „... *wenn in den stillen Sommerabenden die über das Meer hin untergehende Sonne ihre Pracht verbreitet, wenn ihre mildern Strahlen in den umherschwebenden Gewölken am Himmel immer abändernde Gemälde bilden, deren Wiederscheine auf den klaren Flächen aufglimmen, entzücken, und verlöschen, wenn sie ... in Holsteins glücklichen Gefilden niederzusinken scheint, ...*"[13]

Detlev von Buchwaldt setzte all diese Regieanweisungen kunstvoll um: Die sanft abfallende Auenlandschaft mit der sich am linken „*Bildrand*" schlängelnden Kossau, die die Grenze zum benachbarten Waterneverstorf bildet, die anschließenden Salzwiesen und die begrenzenden Horizontlinien der Wasserflächen wirken wie ein sorgsam kalkuliertes Bühnentableau, wobei die vor- und rückschwingenden Baumgruppen auf den seitlichen Hängen und die der Ostsee vorgelagerte Landzunge mit dem Haßberg sich als malerische Repoussoirs in die Blickachse schieben. Dieses in mehrere Bildgründe gestaffelte Gartenbild war mit einigen Bauwerken akzentuiert, darunter der (wiederhergestellten) weißen Holzbrücke an der Flußmündung, einem (nur in den Fundamenten erhaltenen) Aussichtstempel auf einem Hügel am hinabführenden Weg zur Rechten und einem Sommer-Pavillon auf der vorgelagerten Halbinsel des Haßbergs.[14] Die Beschreibung erwähnt auch einen nicht mehr lokalisierbaren Tempel, in dem „*mehrere Spiegelgläser die Gegend recht artig [reflectiren], und jeder Besucher findet sie an heitern Tagen seiner Stimmung nach beleuchtet, indem ein Spiegel sie in ihrem natürlichen Glanze, ein zweiter sie als sentimentale Mondscheinlandschaft und der dritte sie schwarz und düster wiedergibt.*" Eine dritte wirkungsvolle Vedute bildete die Ansicht von der Flußmündung aus zurück auf das Tal und das hochgelegene Herrenhaus (Abb. 345).

Als Caspar von Buchwaldt 1836 das Gut übernahm, wandte er sich wohl verstärkt den praktischen Verbesserungen zu. Unter seiner Ägide wurden die Pächterhäuser am Haßberg, deren schlechter Zustand in den Provinzialberichten beklagt worden war, renoviert und die Eichenallee gepflastert. Schon 1835 war der Haßberg und der darauf errichtete Sommerpavillon – mit „*einem köstlichen Panorama, das dem ganzen Werke die Krone aufsetzt*" – zur land- und gastwirtschaftlichen Nutzung an die Lehrersgattin Catharina Margaretha Matthiessen verpachtet worden, die mit ihrem Mann auch das 1838 errichtete Logierhaus bewirtschaftete.[15] Im Zuge des nun entstehenden Bädertourismus entwickelte sich der Weiler zu einem beliebten kleinen Ostseebad. 1856 ließ Caspar von Buchwaldt das Herrenhaus im neugotischen Stil umbauen, während der Landschaftspark allmählich in den Naturzustand zurückfiel. Eine nach 1863 gemalte Ansicht Neudorfs von der Wasserseite aus stammt von Louis Gurlitt (1812–1897),[16] der damals auf seinen Wanderungen über ostholsteinische Güter mehrere Bilder und Zeichnungen, insbesondere von den prächtigen Eichen aus dem Bereich der Hohwachter Bucht schuf. Sie zeigt erstmals den neuen, an der Nordostecke errichteten Aussichtsturm, der mit seinen Zinnen dem Herrenhaus einen pittoresk-mittelalterlichen Charakter verleihen sollte. Schon nicht mehr der „*hohe und schöne Styl*" des gepflegten Neudorfer Parks von 1830, sondern eher der urwüchsige Landschaftscharakter, wie er sich im wesentlichen noch heute darbietet, wurde von Gurlitt in seiner Darstellung hervorgehoben.

Trotz einiger Substanzverluste und Beeinträchtigungen, etwa durch den in die Hauptsichtachse gerückten Tennisplatz und störende Aufforstungen am westli-

Abb. 346: Neudorf, Ausblick vom Turm über den Binnensee auf die Hohwachter Bucht, Photo 1995.

chen Kossauufer, sind einige Strukturen des 19. Jahrhunderts noch annähernd erhalten (Abb. 346). Die derzeitigen Besitzer haben bauliche Restaurierungsmaßnahmen durchgeführt. Nach dem kürzlich erklärten Willen der zuständigen Natur- und Denkmalschützer soll das umkämpfte Projekt der Renaturierung der Kossau im Falle der Neudorfer Parklandschaft zu einer beispielhaften Sanierung führen, die nicht zuletzt den ursprünglichen künstlerischen und kulturlandschaftlichen Charakter der Anlage wieder stärker herausarbeitet.

Adrian von Buttlar

1 Zur Gutsgeschichte Schröder/Biernatzki (1856); Oldekop (1908); Rumohr (1982).
2 Die Plansammlung auf Gut Neudorf gilt seit dem Kriege als verschollen; auch die noch im GA befindlichen Rechnungsbücher geben keine Aufschlüsse. Ich danke Herrn und Frau von Buchwaldt für freundliche Unterstützung.
3 Kaufverträge im GA Neudorf, verfilmt LAS Abt. 420.
4 SHLB: SHC 77 Nr. 10.
5 Der Gutsbeschreibung von 1821 handschriftlich beiliegende Ertragsberechnung.
6 Hirschfeld (1779–1785), Bd. 5, S. 120–194.
7 Bibliothekskatalog im GA Neudorf aus der Mitte des 19. Jahrhunderts.
8 Hirschfeld (1779–1785), Bd. 2, S. 61f; vgl. Buttlar (1994a), S. 332ff.
9 Schleswig-Holstein-Lauenburgische Provinzialberichte, 3. Heft (1830), S. 407–409.
10 GA Neudorf.
11 Zusammen mit den Besitzern der Güter Panker, Todendorf und Waterneverstorf (Gutsbeschreibung 1821).
12 GA Neudorf.
13 Hirschfeld (1779–1785), Bd. 1, S. 200–202; Bd. 3, S. 227f.
14 Ein strohgedecktes Gartenhaus „*Zum Stelldichein am Vogelsang*" wurde restauriert und an die Ostseite des Herrenhauses versetzt, die anderen Pavillons sind inzwischen verschwunden.
15 GA Neudorf, auch verfilmt LAS Abt. 420, Nr. 50–78.
16 GA Neudorf. Gurlitt war im August 1863 bei seinen ersten Besuchen in Neudorf und Waterneverstorf zu seinem großen Ärger nicht empfangen worden, vgl. Ludwig Gurlitt (1912), S. 422ff. Zu Gurlitts ostholsteinischen Bildern vgl. generell Jürgen Ostwald, in: Ausst. Kat. Natur und Naturzerstörung (1985), S. 64f; Schulte-Wülwer, in: Ausst. Kat. Holstein (1988), S. 37–51.

Neumünster

Garten der Villa Wachholtz 1924–26 von Harry Maasz gestaltet. Umsetzung der in der Gartenkunstreform zu Beginn des 20. Jahrhunderts geforderten Inhalte für Hausgärten, expressionistisch beeinflußt.

Neben Leberecht Migge, Alfred Lichtwark und Fritz Schumacher gehörte Harry Maasz (1880–1946) zu den führenden norddeutschen Vertretern der Gartenkunstreform am Beginn des 20. Jahrhunderts. In seinem Buch „*Kleine und große Gärten. Aus der Werkstatt eines Gartengestalters*" (1926) hat Harry Maasz insbesondere seine Gestaltungen von Haus-, Villen- und Gutsgärten in Bildern, Plänen und Texten vorgestellt. So auch die Umgestaltung des Gartens der Wachholtzschen Villa in Neumünster.[1]

Das Grundstück liegt östlich vom Stadtkern, in einem Bereich, der im „*Plan der Stadt Neumünster mit Bebauungsplan*" von 1900 als Villenbezirk ausgewiesen ist.[2] Das weitläufige, gestreckte Grundstück wird im Süden von der Brachenfelder Straße und im Norden von der Schwale begrenzt. Die landschaftliche Situation ist sehr reizvoll. Während der südliche Teil des Grundstücks auf einem Sandrücken auf gleichem Niveau wie die Straße liegt, fällt der nördliche Teil des Geländes zum Schwaletal hin relativ steil ab.

Der Buntpapierfabrikant Paul Ströhmer hatte sich auf dem höherliegenden, südlichen Teil des Grundstücks 1903 eine Villa bauen lassen. Als Architekten gewann er den bekannten Kirchenbaumeister Hans Schnittger. Schnittger entwarf ein zweigeschossiges verputztes Haus mit typischem Villengrundriß und sich durchdringenden, biberschwanzgedeckten Satteldächern. Bemerkenswert sind die differenzierten Erkerausbildungen und die Feinputzdetails in der Fassadengestaltung. 1924 erwarb der Zeitungsverleger Karl Wachholtz das Haus von seinem Onkel Paul Ströhmer.

Nach Aussage von Maasz scheint die ursprüngliche, im spätlandschaftlichen Stil gestaltete Gartenanlage künstlerisch wenig durchdacht gewesen zu sein. Geschwungene Wege durchzogen das Gelände ohne Rücksicht auf die landschaftlichen Gegebenheiten, und so entstanden kaum differenzierte, fast gleichförmige, mit einigen Bäumen und Gebüschgruppen bestandene Rasenflächen. Nördlich des Hauses befand sich, an die Geländekante angelehnt, eine Grotte. Sie wurde seitlich von Gehölzpflanzungen gerahmt, davor stand eine mächtige Trauerweide. Dieses Bild entsprach den naturidealisierenden Vorstellungen des späten 19. Jahrhunderts und damit dem Geschmack der Zeit.

Nach dem Kauf des Hauses ließen die neuen Eigentümer Karl und Else Wachholtz einige Umbaumaßnahmen am Haus vornehmen, um die Villa ihren Vorstellungen vom zeitgemäßen Wohnen anzupassen. Mit der Umgestaltung des Gartens wurde Harry Maasz beauftragt. Die Entscheidung, die Umgestaltung des Gartens einem modernen und namhaften Gartenarchitekten zu übertragen, ist sicher auch in der Person Karl Wachholtz begründet. Wachholtz wollte ursprünglich Zoologie studieren, fügte sich aber dann der Familientradition und „*lernte Papier*". Sein Interesse für die Natur und seine Gartenliebe erhielt er sich.

Im Spätherbst 1924 legte Harry Maasz einen kolorierten Vorentwurf für die Umgestaltung der Gartenanlagen der Villa Wachholtz vor (Abb. 347). Der Entwurf ist für diese Schaffensperiode von Maasz typisch. Maasz scheint auch in diesem Entwurf die Ergebnisse der Gartenkunstreform, der Diskussion von Künstlern, Architekten und Gartenarchitekten um die Inhalte und die Gestaltung des Hausgartens, zusammengefaßt und seiner Interpretation Form gegeben zu haben.

Die Bereiche am Haus sind räumlich klar gegliedert und durch Mauern, Hecken oder die Wegeführung begrenzt. Die einzelnen Gartenbereiche, die zum Teil den Charakter von Sondergärten haben, sind auf das Haus bezogen und setzen die innere Gliederung im Außenraum fort. Die von Harry Maasz immer wieder gefor-

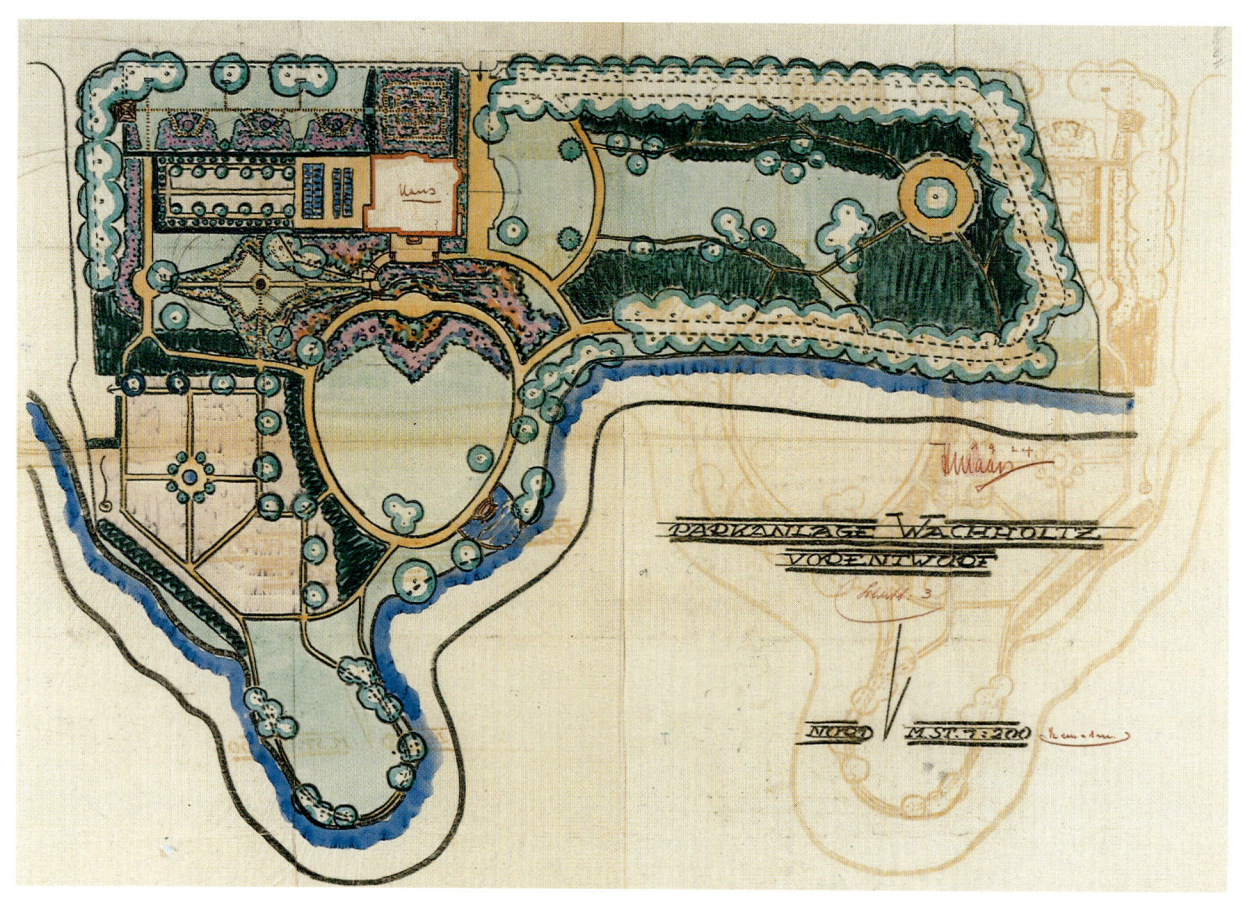

Abb. 347: Neumünster, Vorentwurf von H. Maasz für die Umgestaltung der Gartenanlagen der Villa Wachholtz, aquarellierte Zeichnung 1924 (LAS AAI).

derte Verschmelzung von Haus und Garten ist hier umgesetzt. Die zum Teil fast bizarren Formen der Beete und eigenwilligen Strukturen der Pflanzungen wie auch die kraftvolle Plandarstellung vermitteln den Eindruck expressionistisch beeinflußter Gartenarchitektur.[3]

Der Vorentwurf für die Umgestaltung des Gartens fand offensichtlich nicht in allen Teilen die Zustimmung seines Auftraggebers. Karl Wachholtz war ein kunstliebender, aber auch ein sachlicher, kühler Mensch. Es ist denkbar, daß ihm die Üppigkeit und der Überschwang der von Maasz geplanten Gartenräume zu viel waren und er einen schlichteren Entwurf verlangte. In dem Werk „Kleine und große Gärten" hat Maasz den überarbeiteten Plan der Gartenanlagen der Villa Wachholtz veröffentlicht. Insbesondere im südöstlichen Teil der Anlage sind Änderungen vorgenommen worden. Bei der Umsetzung der Planungen im Winter 1924 und Frühling 1925 wurde nicht exakt dem Entwurf gefolgt. Wahrscheinlich haben die zu erwartenden Kosten zu einigen Abstrichen geführt.

Vor der Südfassade des Hauses wurde eine Rasenfläche angelegt. Am Haus wurden Rosenbeete in eigenwillig gezackter Form gestaltet, die mit niedrigen Buchsbaumpflanzungen eingefaßt wurden. Der sich nach Osten erstreckende Spielplatz ist nur in dem am Haus liegenden Teil als solcher genutzt worden. Der sich über die gesamte Ostseite des Hauses erstreckende Wirtschaftshof war durch Hecken umschlossen und nicht weiter gestaltet oder gegliedert.

An der Nordfassade plante Maasz eine großzügige Terrasse. Dieser Freisitz ist wie ein Zimmer von der zentralen Halle des Hauses aus zu erreichen. Das im Anschluß an diesen Wohnraum im Freien abfallende Gelände gliederte Maasz durch eine dreigestufte Feld-

Abb. 348: Neumünster, Die Feldstein-Terrassenanlage vor der Villa Wachholtz, Photo aus Maasz (1926).

stein-Terrassenanlage (Abb. 348). Zu dieser Gestaltung schreibt er: *„Die aus Feldsteinen in trockener Vermauerung aufgerichtete dreiteilige Mauer gibt heute dem Wohnhaus nicht nur den unbedingt notwendigen Halt, der die Architektur fest im Gelände verankert, sie nimmt auch den Fluß der Linien und Flächen des parkartigen Gartens auf und ist so Vermittlerin beider. Haus und Garten waren schon mit Fertigstellung der kahlen Mauern wie aus einem Guß. Mit den Jahren werden die der Mauer noch anhaftenden Härten durch Begrünung lebhaft blühender Polster gemildert, ohne deren Festigkeit und Tektonik zu beeinträchtigen. Es werden auch die Alpenrosen, Azaleen, die kriechenden Zwergkoniferen und immergrünen Zwergbüsche wesentlich zur Einleitung in das grüne Reich des Gartens beitragen. Und die Treppen, welche in breiten, gefälligen Stufen abwärts führen, werden ganz im Schmuck blühender Polster liegen."*[4] Der Freisitz wurde, obwohl nach Norden ausgerichtet, zu einem sehr beliebten Platz der Familie.

Die Beete, die die zentrale Rasenfläche an ihrem südlichen Rand wie Hüllblätter säumen, sollten wie die Feldsteinterrassen mit Rhododendren bepflanzt werden. So gelang ein nahtloser Übergang von den gebauten Teilen der Anlage in die freier und zurückhaltender gestalteten Bereiche des Gartens. Die in den Randbereichen des zentralen Rasens stehenden Bäume stammen aus der Vorgängeranlage. Bei der nördlichsten Dreiergruppe handelt es sich um heute zu grandiosen Baumgestalten ausgewachsene Hängebuchen. Die Erhaltung alter Baumbestände war ein Anliegen von Maasz.

Von dem Absatz der Treppenanlage gelangte man in den Staudengarten. Dieser Gartenraum erstreckt sich in Richtung Osten und paßt sich in die Gegebenheiten des Geländes ein. Die Bepflanzung im Staudengarten war ausgesprochen farbenfroh und üppig. Es gab keine größeren flächigen Bereiche, sondern eher kleinteilige, abwechslungsreiche Pflanzungen, die das ganze Jahr über blühten. Die Anlage eines Gemüsegartens zur Selbstversorgung hat Maasz zumindest in den größeren Gärten immer vorgesehen. Für ihn stellte auch der Gemüsegarten eine gestalterische Aufgabe dar. Im vorliegenden Fall befand er sich nördlich des Staudengartens.

Der nördlichste Teil des Gartens, die sogenannte Halbinsel, sollte als Teil der anschließenden Auenlandschaft erhalten bleiben. Einige behutsam an die Gegebenheiten angelehnte Wege sollten diesen Teil der Anlage erschließen. Diese Gestaltung ist ein Beispiel für die von Maasz vehement geforderte Berücksichtigung der umgebenden Landschaft. Die Verschmelzung von Garten und Landschaft war ihm ebenso wichtig wie der nahtlose Übergang von Haus und Garten. Auf die Anlage von Wegen wurde hier dann aber gänzlich verzichtet. Am Ufer der Schwale gab es keinerlei Einfriedigungen oder Begrenzungen, um den direkten Bezug zu dem Flüßchen nicht zu stören. Das Bad an der Schwale wurde nicht ausgeführt, da es eine geeignete natürliche Badestelle gab.

Westlich des Hauses erstreckt sich, auf dem gleichen Geländeniveau wie das Haus, der Waldteil des Gartens. Dieser Waldteil wird von einer zweireihigen Baumpflanzung eingerahmt. Der zentrale Teil des älteren Bestandes wurde ausgelichtet. Eine Lichtung mit einzelnen, am Gehölzrand in die Fläche ragenden Bäumen gibt der Westfassade des Hauses mit dem Eingang den notwendigen Raum, um die Architektur zur Geltung kommen zu lassen. Am westlichen Ende sah Maasz die Erhaltung eines runden Sitzplatzes vor. Abgesehen von dem baumbestandenen Rundweg, der um den Waldbereich führt, war geplant, diesen Teil des Gartens durch schmale Wege zu erschließen, wobei die zentrale Lichtung freigehalten werden sollte. Die dem Haus direkt vorgelagerte Vorfahrt wurde im Entwurf deutlich klarer ausgebildet als in der überkommenen Anlage. Durch das Zurückweichen der Rasenfläche im Bereich des Haupteinganges sollte dieser angemessen betont werden.

Nach dem Ende des Zweiten Weltkrieges beschlagnahmten die Engländer das Anwesen. Von 1957 bis 1963 war in der Villa ein Heim für jugendliche Spätaussiedler untergebracht. 1963 mietete die evangelische Arbeitsgemeinschaft für Soldatenbetreuung das Haus. Seit 1975 ist in der Wachholtzschen Villa das Beratungszentrum Mittelholstein untergebracht.

Im Rahmen der Schwaleregulierung von 1958 wurde das Flüßchen nach Süden verlegt. Aus diesem Grund wurde die nördliche Reihe der ehemals zweireihigen Kastanienpflanzung entlang des Ufers beseitigt. Zur Zeit werden Pläne zu einer naturnahen Umgestaltung der Schwale aufgestellt. In diesem Zusammenhang sollte der Versuch unternommen werden, sich den alten Grenzen wieder möglichst weit zu nähern. In den 70er Jahren ist im südöstlichen Teil des Gartens, im Bereich des Spielplatzes und des Staudengartens, ein Einfamilienhaus errichtet worden, so daß diese Teile des Gartens verloren gingen. Anfang der 80er Jahre kaufte die Stadt Neumünster das mittlerweile unter Denkmalschutz stehende Gebäude mit den verbliebenen Teilen des Gartens, doch wurden der Gemüsegarten, die Halbinsel und ein schmaler Teil der zentralen Rasenfläche verkauft. Der Käufer nutzte diese mittlerweile verwilderten Flächen, um seinen Garten auszuweiten. Der auwaldähnliche, auch aus Sicht des Naturschutzes interessante Bestand wurde beseitigt, um ein Biotop – einen Teich – anlegen zu können. Die dreistufige Feldstein-Terrassenanlage vor der Nordfassade ist heute noch erhalten. Teilweise ist sie jedoch in einem beklagenswerten Zustand. Die Rhododendren sind mittlerweile so hoch gewachsen, daß der Blick auf das Haus verstellt ist. Der Waldteil ist erhalten geblieben. Die Baumreihen sind entlang der Straße und der westlichen Grundstücksgrenze noch als zweireihige Pflanzungen vorhanden. Die zentrale Lichtung ist in Teilbereichen wieder zugewachsen, und in den übrigen Teilen parken Autos. Der vor der Südfassade liegende Vorgarten ist heute eine schlichte Rasenfläche.

Bei dem unter Denkmalschutz stehenden Garten an der Villa Wachholtz handelt es sich nach heutigem Kenntnisstand um einen der wenigen, zumindest noch in Teilen erhaltenen und für die Reformbewegung der Zwanziger Jahre charakteristischen Hausgärten in Schleswig-Holstein und um die einzige Gartenanlage von Harry Maasz in Neumünster. Es sollten Anstrengungen unternommen werden, um dieses Beispiel kreativer Gartenkunst zu erhalten und wieder erlebbar zu machen.

Kirsten Eickhoff-Weber

---

1 Maasz (1926), insbes. S. 234ff. Vgl. zum Wachholtz Garten Eickhoff-Weber (1994), S. 173–177.
2 Dose (1988).
3 Wollweber (1990).
4 Maasz (1926), S. 240.

Niendorf an der Stecknitz

Zwischen den Städten Mölln und Schwarzenbek im Kreis Herzogtum Lauenburg gelegen; ein barocker Gutsgarten ist im 18. Jahrhundert belegt; in den 20er Jahren des 19. Jahrhunderts im Zusammenhang mit einem klassizistischen Gärtnerhaus entstandener Landschaftspark, noch heute in gut gepflegtem Zustand. Privatbesitz, nicht öffentlich zugänglich.

Die frühesten Gartenanlagen der ehemaligen Wasserburg Niendorf sind auf einer Flurkarte aus der Mitte des 18. Jahrhunderts dargestellt (Abb. 349). Zu dieser Zeit gehörte das Gut dem aus Livland stammenden Kommandanten von Hamburg, Heinrich Otto Freiherr von Albedyll, der auf schwedischer Seite mit dem Ende des Nordischen Krieges (1721) seine Heimat verließ.[1] Die in der kolorierten Flurkarte dargestellten Gärten sind um 1742 sicher nicht neu entworfen worden, sondern haben sich aus vorhergehenden, wohl schon aus der Renaissance stammenden Gartenformen entwickelt. Denn Lage, Form und Struktur der drei verschiedenen Gartenbereiche und der Burginsel werden nicht von künstlerischen Vorstellungen, sondern von topographischen und fortifikatorischen Notwendigkeiten bestimmt. Die Burg ist als fünfflügeliges Wohnhaus dargestellt, das noch auf allen Seiten von Gräben umgeben ist.

Auf einer weiteren, im Westen liegenden fünfeckigen Insel befindet sich ein Garten, der durch ein Wegekreuz in vier annähernd quadratische Parzellen unterteilt ist. Wenn es Zierbeete und Schmuckbepflanzungen zu Albedylls Zeit gegeben hat, dann müssen sie hier gelegen haben. Die Anlage erinnert an die Garteninsel von Hans Rantzau auf Rantzau, allerdings fehlt hier der axiale Bezug zwischen Herrenhaus- und Garteninsel. Dieser Gartenteil ist vielmehr über einen rondellartig ausgeweiteten Damm mit einem etwa 120 x 120 m breiten, weiter südlich liegenden, größeren Garten verbunden. Die zwölf Quartiere dieses Gartens dienten wohl als Nutzgarten für die Versorgung der Herrschaft auf dem Gut. Eine Mittelachse teilt ihn in zwei gleiche Hälften und zielt auf die Garteninsel, wodurch eine barocke Hierarchisierung erreicht wird.

Die Länge der Beete entlang der Symmetrieachse wird immer kürzer und verstärkt so die perspektivische Wirkung. Weiter östlich folgt ein nahezu quadratischer Garten, der wohl den (Obst-)Baumgarten des Gutes darstellt. Eine Inventarliste des *„Großadeligen Lehn-Guthes 1753 bis 1756"*[2] weist einen kostbaren Fruchtbaumbestand aus: 85 Pflaumen- und Kirschbäume, 67 Äpfel- und Birnbäume und 8 Wilde Kastanien (= Roßkastanien). Eine weitere Flurkarte von 1753[3] bestätigt die Großstruktur und Anordnung der Gärten, die für einen nördlichen Gutsgarten im 18. Jahrhundert typisch ist. Erst als 1769 Graf Jacob Johann von Taube[4], der die Enkelin des Generals von Albedyll heiratete, die Besitzfolge antritt, sind Entwürfe für ein neues Herrenhaus auf Niendorf überliefert. Die Entwürfe des Oberlandbaumeisters Otto von Bonn für ein *„Kleines*

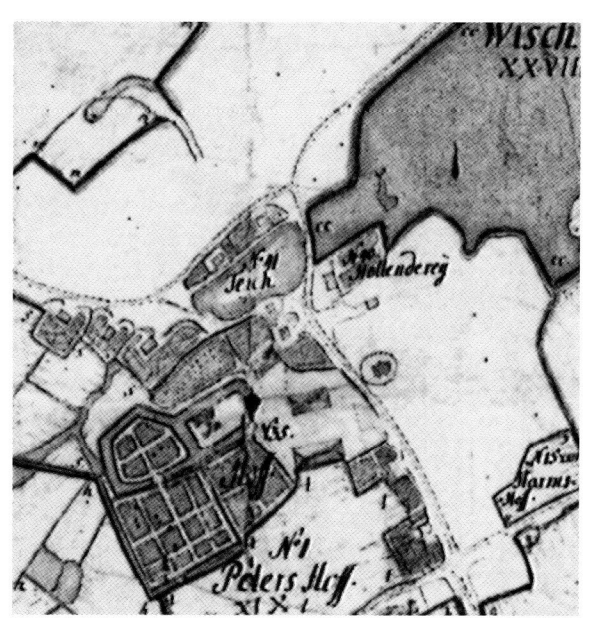

Abb. 349: Niendorf, Ausschnitt aus einer Flurkarte, um 1750 (KA Ratzeburg).

Abb. 350: Niendorf, Blick über den Pleasureground auf das Herrenhaus, Photo 1996.

Adeliges Landhaus" und ein *„neues Wohnhaus auf dem Freiherrlichen Guthe Niendorff"*[5] kommen jedoch nicht zur Ausführung. Es ist bisher nicht bekannt, wer den noch stehenden zweigeschossigen Backsteinbau mit rustizierenden Kanten, Walmdach und Freitreppe entworfen hat. Wie eine Karte von 1805[6] zeigt, liegt er nun gemäß der barocken Forderung in einer Achse zum Torhaus (Pferdestall). Der Hof wird von Packhaus und Scheune gerahmt. Große Teile des Burggrabensystems sind zu dieser Zeit bereits zugeschüttet, und nur ein nördlicher Grabenrest ist erhalten. Ein Garteninventar von 1812 enthält neben den für die Gartenbearbeitung üblichen Gerätschaften den einzigen Hinweis auf eine Kegelbahn, deren Standort noch heute im Park in Form einer Lindenallee ablesbar ist.[7]

1820 kommt das Gut in den Besitz der Familie Metzener, die das Herrenhaus aus der Taubeschen Zeit mit einem klassizistisch gestalteten Dachgiebel als Frontispiz erweitern und einen Verandabau an der Parkseite anfügen läßt, der von vier dorischen Säulen getragen wird (Abb. 350).

In Zusammenhang mit diesem Umbau und dem Bau eines klassizistischen Gartenhauses (1824)[8] muß auch der heute noch erhaltene 7 ha große, reizvolle Landschaftspark entstanden sein.[9] Herrenhaus und Garten werden nun als ästhetische Einheit begriffen, und die Schaffung einer neuen Zufahrt durch den Park zum Wohnhaus verdeutlicht die Aufwertung des Gartens gegenüber dem Wirtschaftshof.

Waldartige Bereiche aus großen Buchen, Eichen und Ahornbäumen, Baumgruppen, sogenannte Clumps, und besondere, für den Landschaftsgarten typische Solitäre wie Platane, Weymouths-Kiefer, Tulpenbaum, Scheinakazie, Lärche und Roßkastanie bilden das Pflanzeninventar des historischen Gartens.[10] Offene Wiesenflächen, die von Schafen beweidet werden, geschwungene Wege und ein Beltwalk,[11] ein Burggrabenrest und ein landschaftlich gestalteter Teich, der auf das alte Wassersystem zurückgeht und an der tiefsten Stelle liegt, prägen den gut gepflegten Park bis heute. Staffagebauten fehlen; ein strohgedecktes Teehaus, das wie die Kegelbahn noch nach dem Zweiten Weltkrieg halb verfallen stand,[12] ist inzwischen verschwunden.

Daß der Garten von dem berühmten Gartenkünstler Peter Joseph Lenné angelegt wurde, wie Nachfahren der Familie Metzener berichteten, konnte leider nicht belegt werden.[13] Der Park kann in seiner klassischen Schlichtheit[14] aber durchaus mit Lennéschen Entwürfen für kleinere Anlagen verglichen werden. In den 20er Jahren dieses Jahrhunderts wird das Gut aufgesiedelt und der landwirtschaftliche Betrieb Domäne des Kreises Herzogtum Lauenburg. Herrenhaus und Garten werden 1939 von Walter von Hollander in einem heruntergekommenen Zustand übernommen. Die großen Rhododendronpflanzungen, die das Wohnhaus einrahmen, müssen zu dieser Zeit bereits vorhanden gewesen sein. Bis heute besitzt die Familie Hollander-Hermann das Anwesen und pflegt das Haus, Nebengebäude und den Park des Gutes vorbildlich.

Leider ist der im Besitz der Gemeinde befindliche ehemalige Wirtschaftshof abgerissen; ein Feuerwehrgerätehaus und ein öffentlicher Spielplatz sind unter Mißachtung der historischen Bezüge und der Ensemblewirkung auf der nun „*Dorfplatz*" genannten Fläche errichtet worden. Eine Korrektur dieser unglücklichen Planung wäre in Zukunft wünschenswert, um auch das historische Umfeld wieder verständlich zu machen.

Margita Marion Meyer

1 Neuschäffer (1987), S. 107f.
2 KA Ratzeburg, Gutsakten Niendorf a. d. Stecknitz.
3 KA Ratzeburg, Planarchiv Nr. 495.
4 Neuschäffer (1987), S. 108ff.
5 KA Ratzeburg, Planarchiv die Nummern 812, 813 und 814.
6 KA Ratzeburg, Planarchiv Nr. 00372.
7 Vgl. Schlüter (1993), S. 33f.
8 Entwurf im KA Ratzeburg, Planarchiv Nr. 815.
9 Eine Flurkarte von 1826 im KA Ratzeburg bestätigt das Vorhandensein des Landschaftsparks, leider ohne Darstellung der Binnenstrukturen (Planarchiv Nr. 00490).
10 Eine genaue Kartierung und Bewertung des Pflanzenbestandes siehe Schlüter (1993), S. 52ff und mehrere Karten.
11 Die Wege sind heute weitgehend zugewachsen: Auf der Preußischen Topographischen Landesaufnahme von 1879 ist die ehemalige Wegeführung abzulesen. Hinter dem Gartenhaus ist hier der Nutzgarten dargestellt.
12 Schlüter (1993), S. 40f.
13 Siehe dazu Schlüter (1993), S. 15, die Boitzenburg in Mecklenburg mit der gleichnamigen Schöpfung Lennés in Brandenburg verwechselt.
14 Vgl. zum klassischen Stil Hallbaum (1927), S. 78ff.

Panker und Hessenstein

Gut in der Nähe von Lütjenburg mit barocken Lindenalleen und Landschaftsgarten aus der Zeit um 1800; Umgestaltungen bis in unsere Tage. Neugotischer Aussichtsturm „Hessenstein" von 1841. Landgut der Landgrafen von Hessen, nicht öffentlich zugänglich.

Nur wenige Landschaftsgärten in Schleswig-Holstein befinden sich in so einem hervorragenden Pflegezustand wie der des Gutes Panker (Abb. 351 u. 353). Noch heute wird er nach den Vorstellungen seiner Besitzer von hauseigenen Gärtnern gestaltet: So wurde in den 1930er und 1960er Jahren die Parterrezone hinter dem Haus überformt[1] – dieser Bereich in Anlehnung an italienische Renaissancegärten mit Springbrunnen, Holzlauben und Statuenschmuck[2] bildet einen harmonischen Übergang zu dem großen heute mit Rasen bewachsenen Parterre mit den barocken Randalleen.[3] Zu Beginn der 1980er Jahre wurde im Landschaftsgarten vor dem Haus am Ufer des Teiches ein kleiner japanischer Inselgarten eingerichtet, auf den zwei Brücken führen, eine davon ist mit Grassoden belegt. Auf dieser Insel wurde im 19. Jahrhundert Damwild gehalten, um 1800 stand hier eine Eremitage.[4]

Die Ursprünge des Herrenhauses gehen auf die Zeit um 1650 zurück. 1705 erfolgte die Erweiterung zu einer Dreiflügelanlage.[4] Es liegt nahe, in dieser Zeit die Anlage des großen Rasenparterres, das an das Herrenhaus anschließt und noch heute mit zwei Randalleen aus Linden eingefaßt ist, zu vermuten.[5] 1739 gelangte das Gut aus dem Besitz der Rantzaus an den schwedischen König Friedrich I. (reg. 1720–1751), seit 1730 auch Landgraf von Hessen-Kassel. Seine Ehe mit Ulrike Eleonore blieb kinderlos, doch hatte er mit der Hofdame und späteren Gräfin Hedwig Ulrike Taube vier Kinder, die aber nicht erbberechtigt waren. Um ihre Zukunft zu sichern, erwarb er in Holstein vier Güter: Panker, Klamp, Schmoel und Hohenfelde. Gräfin Taube und drei ihrer Kinder verstarben früh, so daß der älteste Sohn Friedrich Wilhelm Fürst von Hessenstein (1735–1808) alleiniger Besitzer der holsteinischen Güter wurde.[6] 1791 legte dieser seine Geschäfte nieder und zog sich auf seinen Altersruhesitz Panker zurück. In seinen letzten Lebensjahren baute Friedrich Wilhelm das Haus und den Gutsbetrieb beträchtlich aus und ließ eine Vielzahl von Wirtschafts- und Wohngebäuden errichten, darunter ein mächtiges Torhaus mit 17 Fensterachsen, einen Marstall, eine Wagenremise und das *„Stift Hessenstein"*. Auch den Landschaftsgarten wird er in dieser Zeit angelegt haben (Abb. 353). Die erhaltenen historischen Ansichten von Panker zeigen eine reiche Gutswirtschaft (Abb. 352), eingebettet in einen englischen Garten mit großem Gutsteich, Bächen und zahlreichen Brücken, die bis in unsere Tage zu den wesentlichsten Gestaltungselementen des Gartens gehören. Eine große Fontäne in der Mitte des Teiches, die eine Höhe von 25 m erreicht haben soll, existierte von 1875 bis weit in unser Jahrhundert.[7] Ein kleiner klassizistischer Seetempel steht noch heute am jenseitigen Ufer des Teiches, er wird wohl in der ersten Hälfte des 19. Jahrhunderts erbaut worden sein (Abb. 354).

Nach seinem Tode 1808 ließ sich Friedrich Wilhelm mitten in seinem Garten auf der größten Erhebung unweit des Herrenhauses, von wo man noch heute einen herrlichen Blick über den gesamten Gutsbezirk bis zur Ostsee hat, beisetzen – *„... das Angesicht gegen das Morgenlicht und den Spiegel des unendlichen Meeres gekehrt..."*, und da er *„... nicht lieben werde, daß man ihn lebendig verscharre..."*, wolle er *„... mit Drachenfisch und anderer Materie bedeckt werden..."*, daß er *„... nicht etwa wieder erwache, sondern unweigerlich sterbe..."*, hieß es in seinem Testament.[8] Bis zu seiner Beerdigung wurde sein Leichnam in der kleinen Eremitage auf der Insel aufgebahrt, denn er verfügte desweiteren, *„... ihn gleich nach dem Hinscheiden der Natur zu weihen..."*, um zu vermeiden,

Abb. 351: Panker, Luftbild 1996.

Abb. 352: Gut Panker, Gouache von J. L. v. Motz um 1822 (Altonaer Museum in Hamburg – Norddeutsches Landesmuseum).

Abb. 353: Panker, Blick in den Landschaftsgarten, Photo 1995.

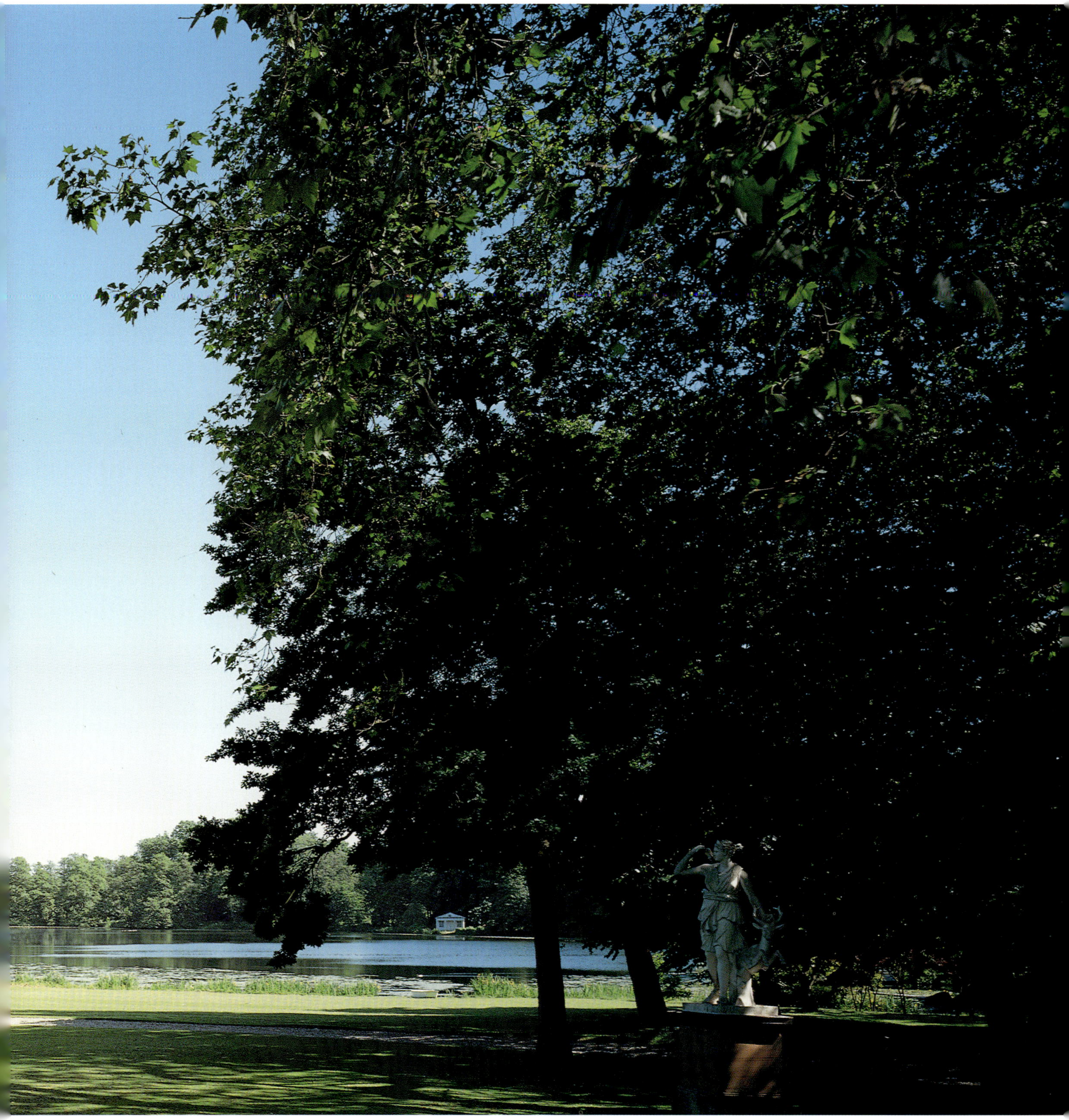

Abb. 354: Panker, Seetempel, Photo 1995.

Abb. 355: Panker, Obelisk zu Ehren von Friedrich Wilhelm Fürst von Hessenstein, Photo 1995.

daß sein „... entseelter Körper länger in der lärmenden Behausung der Lebenden verweile...". Einige Jahre später ließ sein Erbe, Landgraf Carl von Hessen (1744–1836), zu Ehren Friedrich Wilhelms über dessen Grab einen Sandsteinobelisken auf Granitsockel errichten (Abb. 355).

Unweit des Gutshauses befindet sich bis heute die Gaststätte „Die Ole Liese". Benannt ist dieses Gasthaus nach einem Pferd Friedrich Wilhelms, das hier nach dem Tod des Fürsten sein Gnadenbrot fand. 1801 erweiterte er sein Testament um einen Passus zur Pflege seiner Tiere, die „... nicht verkauft werden dürfen, sondern ihre volle Nahrung bekommen müssen, bis daß sie eines natürlichen Todes Sterben...". Seine Tierliebe rechtfertigte der Fürst mit folgenden Worten: „Wer Gefühl hat und den Thieren Gefühl zugestehet, ihre Liebe, Treue und Erkenntlichkeit für ihren Herrn kennt, wird weder wunderlich noch riducul finden, daß ich der meinigen eingedenk bin."[9]

Ganz in der Nähe des Gutshofes auf dem Pielsberg errichtete Landgraf Friedrich von Hessen 1839–1841 einen neugotischen Aussichtsturm aus Ziegelmauerwerk von 17 m Höhe mit Maßwerkfenstern, Stützpfeilern, Fialen und einem Zinnenkranz – er erhielt nach dem Fürsten Friedrich Wilhelm den Namen „Hessenstein" (Abb. 356). Es handelte sich um einen der ersten Türme dieser Art in Schleswig-Holstein, der es dem Besucher ermöglichte, die landschaftlichen Reize nun auch von oben in einem weiten Panoramablick zu erfassen. Vom Hessenstein bietet sich noch heute ein herrlicher Blick über die schleswig-holsteinische Gutslandschaft und die Ostsee bis zu den dänischen Inseln und Fehmarn.[10]

Thomas Messerschmidt

Abb. 356: „Hessenstein", Lithographie von A. Nay um 1859 (SHLB).

1 Dieses Parterre muß in seinen Ursprüngen schon länger bestanden haben, da bereits in einer Beschreibung von 1913 *„gärtnerische Anlagen mit Teppichbeeten und Springbrunnen"* an dieser Stelle genannt werden. Vgl. Schröder (1913), S. 251.
2 Für Auskünfte zur jüngeren Gartengeschichte danke ich Landgraf Moritz von Hessen.
3 Vgl. Schröder (1913), S. 252.
4 Zur Baugeschichte Pankers vgl. Bubert/Walter (1989), S. 211–217; Dehio (1994), S. 680f.
5 Lafrenz (1995), S. 211.
6 Vgl. Rumohr (1982), S. 198ff.
7 Schröder (1913), S. 252.
8 Zitiert nach Schröder (1913), S. 253.
9 Schröder (1913), S. 249.
10 Vornehmlich in der zweiten Hälfte des 19. Jahrhunderts gab es eine regelrechte *„Turmbaueuphorie"*. Verwiesen sei z. B. auf den Elisabeth-Turm auf dem Bungsberg von 1863/64, den Parnaß-Turm bei Plön von 1888 oder auf die zahlreichen Kaiser-Wilhelm- und Bismarck-Türme. Vgl. Paulsen (1992), S. 46–53.

Perdöl

Privater Gutspark, zwischen Neumünster und Plön am Stolper See gelegen. Der kaum dokumentierte Barockgarten wurde von Joseph-Jacques Ramée ab 1798 landschaftlich überformt. Spuren der Struktur erkennbar. Nicht öffentlich zugänglich.

Wie viele andere Adelige Güter in Schleswig Holstein besaß Perdöl einen Barockgarten, für den bisher keine ausführlichere Dokumentation als die Abbildung auf der Karte der Varendorfschen Landesvermessung (1789–1796) gefunden wurde.[1] Die Lage des Herrenhauses auf einer Höhe am östlichen Ufer des Stolper Sees, etwas oberhalb des in der Niederung gelegenen Wirtschaftshofes, bot die reizvolle Möglichkeit, einen sich nach Süden senkenden Garten anzulegen, dessen zentrale Achse von der Mitte des Herrenhauses zum Hof hinunterführte. Die querrechteckige Form und die schlichte Binnenstruktur mit zwei Querachsen lassen auf einen traditionellen, holländisch beeinflußten, kombinierten Lust- und Nutzgarten schließen. Nördlich dieses Areals auf der Höhe des Steilufers setzte sich der Park in einer Boskettpartie fort. Sie wurde durch ein Alleen-System vom Herrenhaus ausgehend durch eine Patte d'oie gegliedert und endete in einem

Abb. 357: Gut Perdöl, Ölgemälde von C. Ross 1841 (Altonaer Museum in Hamburg – Norddeutsches Landesmuseum).

keilförmig auf das Seeufer zulaufenden Gehölzstreifen.

Dieses Gelände fand der Hamburger Licentiat und Domherr Georg Ludwig Bokelmann vor, als er das Gut 1795 erwarb. Drei Jahre später ließ er sich von Christian Frederik Hansen (1756–1845) ein neues klassizistisches Herrenhaus errichten und von Joseph-Jacques Ramée (1764–1842) einen Landschaftspark entwerfen. Die für diesen französischen Künstler um die Jahrhundertwende typische großzügige Gestaltung, bei der weitläufige Lichtungen durch kompakte Gehölzpartien umgeben und Möglichkeiten für weite Panoramablicke geschaffen wurden, ließen sich auf diesem Gelände vorzüglich verwirklichen. Der das lichte Zentrum umschreibende Beltwalk teilte sich beim See: Ein Weg führte am Fuß, ein anderer auf der Höhe des Steilufers entlang, mit weitem Rundblick nach Westen über den Wasserspiegel und das hügelige zentralholsteinische Land. Der garteninteressierte Plöner Amtmann August Hennings beurteilte die Besitzung im Sommer 1800: *„Der Eigner baut ein großes Haus, daß ich Ihnen eben so schön beschreiben könnte, als Plinius Laurentium, und daß gewiß weit reizender in seinen von Ramä sehr schön gezeichneten Garten-Umgebungen werden wird, als die Buxbaumschnörkeleien der Römer".*[2] Die Zufahrt durch eine alte Eichenallee wurde mit blühenden Schlinggewächsen, wohl Clematis- und Lonicera-Sorten, bereichert.[3] Gut hundert Jahre später erinnert sich ein Besucher noch begeistert an *„... die fein geschwungenen Linien der Buchenhölzungen, die die Seite säumten, den Hintergrund abschlossen und deren Bäume gleichsam durstend zum blinkenden See hinabstiegen und dort die schweren Zweige vom steilen Uferrand bis ins Wasser hinabhängen ließen"*, wobei der Autor Geert Seelig überzeugt war, *„... die gärtnerische Anlage ... [sei] aus dem eigensten Geiste der holsteinischen Landschaft heraus ... geschaffen."*[4] Die Gesamtsituation gibt ein Gemälde von Charles Ross (1816–1858) aus dem Jahre 1841 wieder (Abb. 357).

Obgleich bisher Ausführlicheres über den Park nicht in Erfahrung zu bringen war, und nur noch sparsame Spuren davon zu erkennen sind, kommt ihm eine gewisse Bedeutung zu, weil er zu jenen Schöpfungen gehört, mit denen der international renommierte Gartenarchitekt Ramée dem klassisch-natürlichen Landschaftsgarten in Norddeutschland zum Durchbruch verhalf.

Ingrid A. Schubert

1 Zur Gutsgeschichte vgl. Oldekop (1908); Varendorf (1789–1796), Blatt Nr. 33; zum Garten: Schubert (1995), S. 51 u. 53.
2 Staatsbibliothek Hamburg, Nachlaß August von Hennings Bd. 2, handschriftliches Tagebuch und Briefe, S. 296.
3 Meier (1816), S. 155.
4 Seelig (1920), S. 217.

Plön

Schloßgarten der Residenz Plön, in erhöhter Lage über dem Nordufer des Großen Plöner Sees. Ab 1730 als aufwendiger Régencegarten mit Rokoko-Gartenhaus (einzig erhaltenes Beispiel im Lande) angelegt, ab 1784 Einrichtung einer königlich-dänischen Fruchtbaumschule. Um 1840 Umgestaltung zum Landschaftsgarten durch den hannoverschen Gartenarchitekten Christian Schaumburg. Trotz der Einfügung einer Sportanlage (1937) und eines Rosariums (1976), historische Struktur gut erkennbar, gartendenkmalpflegerische Maßnahmen sind jedoch dringend geboten. Öffentlich zugängliche Grünanlage in Landesbesitz.

Das Plöner Schloßgebiet[1] liegt am Nordufer des gleichnamigen Sees auf einem Endmoränenrücken, der sich von Ascheberg zur nördlichen Seenplatte hinzieht (Abb. 358). Der Wasserstand des Großen Plöner Sees war bereits seit der zweiten Hälfte des 12. Jahrhunderts durch den Bau von Stauwehren angestaut und liegt seit den beiden Wasserstandssenkungen von 1844 und 1881/82 rund 2 m tiefer als zur Herzogszeit. Die dadurch hervorgerufene Verschiebung der Uferlinien veränderte auch die Gestalt und Ausdehnung des Schloßgebiets.

An dessen östlichem Ende steht das 1633–36 erbaute Schloß. Davon ausgehend setzt sich das Ensemble über den Unteren Schloßplatz („*Reitbahn*") in südwestlicher Richtung zum Großen Gartenhaus fort. Da dieses Gebäude nach dem Anfügen neubarocker Seitenflügel (1896) für die Söhne Kaiser Wilhelms II. (reg. 1888–1918) als Prinzenschule diente, trägt es seither den Namen „*Prinzenhaus*". Der dahintergelegene Schloßgarten besteht aus einem Plateau zwischen dem nördlichen Hügelzug eines Waldes, der „*Nübel*" genannt, und dem südlich abfallenden Ufer-

Abb. 358: Plön, Luftbild 1996.

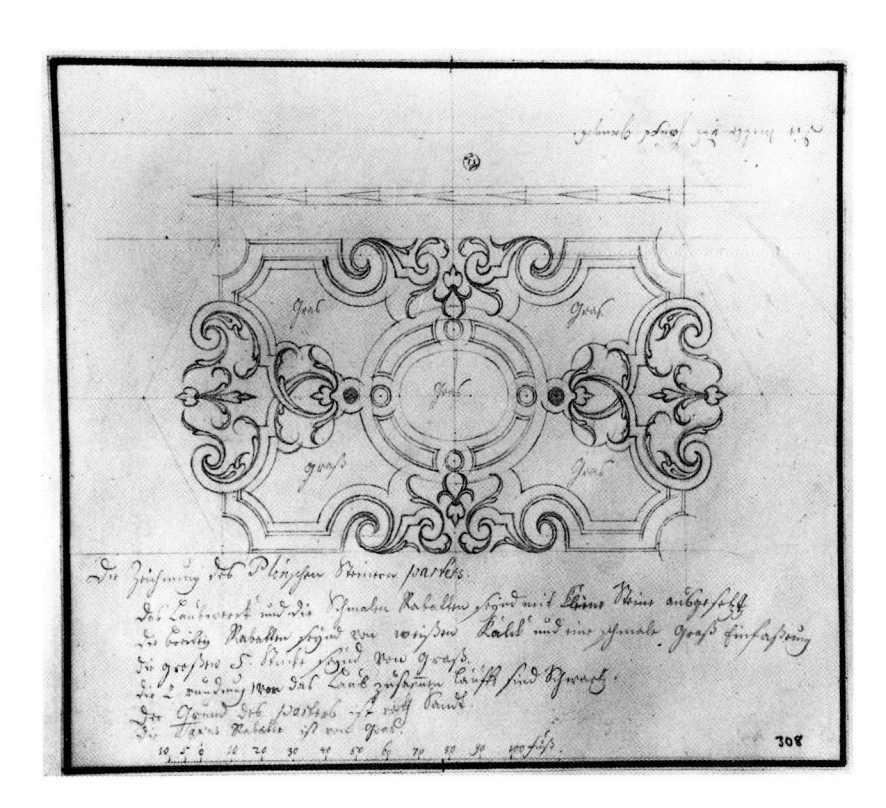

Abb. 359: Plön, Parterre im oberen Schloßgarten, Zeichnung von N. Tessin d. J. 1714 (NMS).

hang des angrenzenden Plöner Sees. Nach Südwesten erstreckt sich der Nübel bis auf eine Halbinsel rund um den „*Siebenstern*", den Alten Obstgarten und den Kadettenfriedhof (nach 1868). Von dort schwingt sich heute das Riff als schmale Landbrücke in den See hinaus. Es ist erst seit der Absenkung des Wasserstands im 19. Jahrhundert begehbar. An seiner Spitze befindet sich die „*Prinzeninsel*", die von den Kaisersöhnen Ende des vorigen Jahrhunderts für landwirtschaftliche Tätigkeiten genutzt wurde.

Die Geschichte und bauliche Entwicklung des Plöner Schloßgebiets ist eng mit dem Wirken der Herzöge von Schleswig-Holstein-Sonderburg-Plön verbunden, die zwischen 1636 und 1761 auf dem Schloß residierten. Als Herzog Joachim Ernst (reg. 1622–1671) diesen Landesteil von seinem Vater Johann d. J. (reg. 1564–1622) erbte, wandelte sich die Bedeutung der seit 1173 auf dem Schloßberg gelegenen Burg: Der Bau wurde von einer Nebenresidenz im Süden des Herzogtums Sonderburg zur Hauptresidenz inmitten eines neuen Fürstentums erhoben. Schon damals ist ein Garten angelegt worden, der nur auf der Halbinsel hinter dem Siebenstern gelegen haben kann, denn dort befand sich unter allen folgenden Plöner Herzögen der Küchengarten des Schlosses, bepflanzt mit Gemüse, Kräutern und Blumen.[2]

Nachdem ein unbekannter Baumeister zwischen 1633 und 1636 das Plöner Schloß anstelle der zuvor abgerissenen Burg errichtet hatte, wurde der Südhang des Schloßbergs zur Anpflanzung von Weinstöcken genutzt und die umlaufende Schloßterrasse gärtnerisch gestaltet. Unter Herzog Johann Adolf (reg. 1671–1704) ist ein Pomeranzengarten auf der Großen Insel im See belegt.[3] 1692 wurde der Nübelwald eingezäunt und als herzogliches Wildgehege ausgewiesen. Dabei entstand der heutige „*Siebenstern*", der als barocker Jagdstern in den Buchenwald gehauen wurde.

Die erste Bildquelle eines Lustgartens im Schloßgebiet entstand 1714 unter Herzog Joachim Friedrich (reg. 1706–1722). Nicodemus Tessin d. J. (1654–1728) fertigte auf einer Reise nach Hamburg die Zeichnung und Beschreibung eines Parterres im Plöner Schloßgarten an (Abb. 359): „*Das Laubwerck und die Schmalen Rabatten seynd mit kleine Steine ausgesetzt. / Die breiten Rabatten seynd von weißem Kalck und eine Schmale Graß Einfaßung. / Die Großen 5. Stücke seynd von Graß. / Die 2 rundung wo das Laub zusammen läuft sind Schwartz. / Der Grund des parters ist von roth Sandt. / Die Taxus Rabatte ist von Graß."*[4]

Die Gestaltung des Parterres ist mit einem Kupferstich aus „*La Théorie et la Pratique du Jardinage*" (1709) von Antoine Joseph Dezallier d'Argenville identisch, die sich in der herzoglichen Bibliothek zu Plön befand. Wo dieses Parterre gelegen hat, konnte bislang nicht eindeutig geklärt werden, da keine Pläne des Schloßgebiets aus der Regierungszeit Herzog Joachim Friedrichs überliefert sind.

Nach dem plötzlichen Tod dieses dritten Plöner Herzogs dauerte es sieben Jahre, bis ein neuer Herrscher in die Residenz einzog. In dieser Zeit der Erbstreitigkeiten stand das Herzogtum unter der Verwaltung des dänischen Königs. Joachim Friedrich hatte sein Land völlig überschuldet hinterlassen. In den Jahren erzwungener Sparsamkeit ging der Weinberg ein, der Orangeriegarten auf der Insel wurde in einen Küchengarten umgewandelt. Die Menagerie war sogar schon 1722 aufgelöst worden.[5]

Als der Neffe des Verstorbenen, Herzog Friedrich Carl (reg. 1729–61) 1729 in Plön die Regierung übernahm, fand er also keineswegs eine moderne Residenz vor. Vielmehr erwartete ihn ein seit Jahren leerstehendes Schloß, das von den Gläubigern seines Onkels ausgeräumt worden war. Die dazugehörigen Gärten waren entweder aufgelöst oder praktischen Zwecken zugeführt worden. So ist es nicht verwunderlich, daß der 23jährige Friedrich Carl noch im Jahr seiner Ankunft Pläne zur Verschönerung seiner Residenz schmiedete. Zu einer standesgemäßen Hofhaltung gehörten repräsentative Lustgärten, wie sie der Herzog auf seiner Kavalierstour in Berlin, Hannover, Mannheim, Kassel und Paris gesehen hatte. Friedrich Carl brachte nicht nur Möbel, Bücher und Orangeriebäume aus seiner bisherigen Residenz Norburg mit nach Plön, sondern auch seinen Hofgärtner George Tschierske (1699–1753). Während George Tschierske die Erd- und Planierungsarbeiten zum neuen Lustgarten leitete, kümmerte sich Gärtner Feldtmann um den Küchengarten und die neue Orangerie. Der Gärtner Goldt arbeitete auf der Insel.[6] Die Planierungsarbeiten im vorderen Teil des Tiergartens zwischen Nübel und Großem Plöner See gingen allerdings nicht recht voran, so daß der Herzog im März 1731 einen Vertrag zur Ausführung der Erdarbeiten mit dem Preetzer Unternehmer Hans Jacob Blome schloß. Der Entwurf des Lustgartens stammt laut dieser Quelle von George Tschierske.[7] 1732 lieferte die Hamburger Baumschule Klefeker die ersten Pflanzen für den Garten.[8] Die Bäume, die im Lustgarten angepflanzt wurden, entsprachen dem üblichen Bestand eines zeitgenössischen französischen Gartens: Linden, Ulmen und Kastanien. So wurden die heute noch vorhandenen Lindenalleen bei den Pflanzarbeiten des Jahres 1732 angelegt. Für Berceaux und pflanzliche Architekturen verwendete Tschierske Ulmen, die Boskette bestanden aus beschnittenen Linden im Salon und Kastanien im Füllwerk, die Hecken aus Hainbuchen. Neben Büschen und Bäumen dienten Tschierske vor allem Ornamente aus Rasenstücken zur Gestaltung des Gartenraumes. Die Zierwege zwischen den Kompartimenten waren mit hellem Sand bestreut, um das Grün des Grases hervorzuheben. Damit folgte der Hofgärtner dem Vorbild französischer Gärten, in denen sich in der ersten Hälfte des 18. Jahrhunderts die Forderung nach mehr ‚Natürlichkeit' durchsetzte. Zunehmend verzichteten die Gartenarchitekten auf komplizierte und teure Blumenornamente – dem schlichten Rasenparterre wurde der Vorzug gegeben. So nennen die erhaltenen Lieferlisten der Firma Klefeker nur für den Insel- und den Küchengarten zahlreiche Blumenlieferungen, während im Lustgarten keine einzige Blüte zu finden war. Allerdings gab es variabel aufstellbare Zierbäumchen in Töpfen: Südöstlich vom Gartenhaus befand sich ein Orangenhain. Dort wurden im Sommer die Orangeriebäume in Kübeln aufgestellt. Den Winter verbrachten die kälteempfindlichen Pflanzen in einer beheizbaren Orangerie am Melonengarten beim Gärtnerhaus. Nach dem Abschluß der Pflanzarbeiten fertigte der Lübecker Bildhauer Hieronymus Jacob Hassenberg die Sandsteintreppen und das Fontänenbassin an den Enden der Hauptachse an. In den Jahren 1740 bis 1742 wurden Treillagen und Bogengänge aufgestellt.[9]

Plön 475

Abb. 360: Plön, Schloßgarten, Kupferstich von C. F. Fritzsch nach einer Vorlage von G. D. Tschierske 1749 (KA Plön).

Den Höhepunkt der Ausstattung des Lustgartens bildete das zwischen 1744 und 1751 nach Plänen des Baumeisters Johann Gottfried Rosenberg (1709–1776) errichtete Große Gartenhaus am östlichen Ende der Hauptachse, bislang fälschlicherweise dem später in Dänemark tätigen Architekten Georg Dietrich Tschierske, Sohn des Hofgärtners, zugeschrieben. Am Bau beteiligt waren der Stuckateur Bartholomeo Bossi und der Hofmaler Johann Philipp Bleiel. Das repräsentative Gebäude machte eine Neugestaltung des Bereichs zwischen der Reitbahn und dem Gartenhaus erforderlich. Zu diesem Zweck gestaltete George Tschierske 1748 die erste und zweite Entrée des Lustgartens.[10]

Das Aussehen des vollendeten Plöner Lustgartens zeigt der Kupferstich „*Veue du jardin ducal à Ploen*", den Christian Friedrich Fritzsch 1749, nach einer Vorlage von Georg Dietrich Tschierske, für den Herzog anfertigte (Abb. 360). Der Eingangsbereich befindet sich östlich des Gartenhauses, während der Hauptgarten westlich gelegen ist. Südlich der mit ‚Palissades à l'italienne' gestalteten ersten Entrée schließt sich der Lusthain aus eingetopften Orangeriebäumen an. Die zweite Entrée ist ein ausschwingender Ehrenhof, gebildet von ‚Palissades executées'. Sie stoßen direkt an die Schmalseiten des Gartenhauses an, so daß sich die Grenzen zwischen Architektur und Natur verwischen.

Abb. 361: Plön, Großes Gartenhaus, Photo 1995.

Abb. 362: Plön, Großes Gartenhaus vor dem Umbau von 1896, historisches Photo (StA Plön).

Der Umbau von 1896 hat den Charakter des Gartenhauses entscheidend verändert: Aus dem bewußt im Gegensatz zum repräsentativen Residenzschloß intim gestalteten Lusthaus wurde durch den Anbau der Flügel, die stilistisch Vaux-le-Vicomte (1656–1660 von L. Le Vau) zitieren, ein historischer Repräsentationsbau (Abb. 361). Derzeit dient er als Mädchenheim des im Schloßgebiet beheimateten Internats. Zwei Photographien aus dem späten 19. Jahrhundert zeigen das Gebäude in seiner ursprünglichen Form (Abb. 362). Die Struktur von Außen- und Innenbau ist fast vollständig erhalten geblieben. Der Grundriß des Gartenhauses besteht nach wie vor aus jeweils sechs Räumen im Erdgeschoß und in der oberen Etage. Der Große Saal erstreckt sich durch beide Etagen und ist mit einem Musikantenbalkon versehen. Das Gartenhaus weist nicht nur baulich, sondern auch in seiner ehemaligen Nutzung alle Merkmale einer ‚Maison de plaisance' im Sinne des Pariser Stararchitekten Jacques-François Blondel auf, dessen architekturtheoretisches Werk über die Anlage von Landhäusern und Lustschlössern 1737 erschien. Die geringe Größe des Gebäudes schafft eine intime Atmosphäre, in die sich Herzog Friedrich Carl mit wenigen Freunden zurückziehen konnte, wenn er sich vom offiziellen Hofleben in seinem Residenzschloß erholen wollte. Inmitten seines Lustgartens besaß er eine zweite Wohnstatt, die ihm ein ‚privates Dasein auf Zeit' erlaubte. Im Gegensatz zu den Lustschlössern in Süddeutschland und Frankreich ist das Plöner Gartenhaus nicht verputzt sondern backsteinsichtig. Dieser Umstand ist auf die Bautradition Schleswig-Holsteins zurückzuführen (auch das Schloß war bis 1840 backsteinsichtig).

Der anschließende Hauptgarten war von beschnittenen Hecken umgeben, die die Zäune zum umliegenden Tiergarten verdeckten. Die südliche Hecke zum See hin wurde im Wechsel mit Formbäumchen niedriger geschnitten, um beim Spazierengehen den Blick auf das Wasser freizuhalten. Im Norden und Süden verlaufen die heute noch vorhandenen Alleen auf Dämmen. Ihnen dienten im Osten Treillageportiken, im Westen Heckenarchitekturen mit Illusionsmalerei als Fluchtpunkte. Vor dem Gartenhaus breitete sich ein abgesenktes Parterre à l'angloise mit freien Ornamenten aus. Es umgab ein Fontänenbecken mit Statuengruppe. Nördlich der Mittelachse ist ein Bogengang nach dem Vorbild der „*Galeries et Berceaux de Verdure*" im Garten Ludwig XIV. in Marly zu sehen. Gegenüber liegt eine halbhohe Buscage mit kugeligen Formbäumchen. Parterre, Berceaux und Buscage werden von einem geschwungenen Rasenband umschlossen.

Zwei eingeschwungene Bogengänge grenzten diesen Bereich gegen die anschließende Boskettzone ab. Die beiden gefüllten Boskette hatten dieselbe Form: Ein äußeres Rechteck verwandelt sich im Innern zu einem ovalen Salon. In fast identischer Form finden sich solche Salons in den von Salomon Kleiner gestochenen Illustrationen (1731–1738) des Wiener Belvedere-Gartens des Prinzen Eugen. Am Hang unterhalb des südlichen Boskett lag der von einem Bretterzaun umgebene Fruchtbaumgarten des Herzogs. In ihm standen Kirsch-, Pfirsich-, Apfel-, Aprikosen- und Birnbäume.[11] Im Westen erweiterte sich die Hauptachse zu einem quergelegten Oval, das mit dem Saal im Gartenhaus am gegenüberliegenden Ende korrespondierte. In seiner Mitte war ein Boulingrin eingesenkt. Die rahmende Hecke wurde im Bereich der Mittelachse ausgeschnitten, um den Blick auf den dahinter liegenden Kanal freizugeben. So wird die auffällig breite Mittelachse über die Grenze des eigentlichen Gartens hinaus in die freie Landschaft verlängert.

Zwei Pläne des Plöner Garteninspektors August Wilhelm Mensch aus den Jahren 1772 (Abb. 363) und 1783 belegen, daß der auf dem Kupferstich gezeigte Lustgarten in genau dieser Form bestanden hat. Mensch fertigte die Zeichnung an, um eine geeignete Fläche für die von König Christian VII. von Dänemark gewünschte Fruchtbaumschule auszuweisen.[12] Ergänzt wird das Bild durch einen Plan vom westlichen Teil des Schloßgartens (1772).[13] Die ausgehauenen Al-

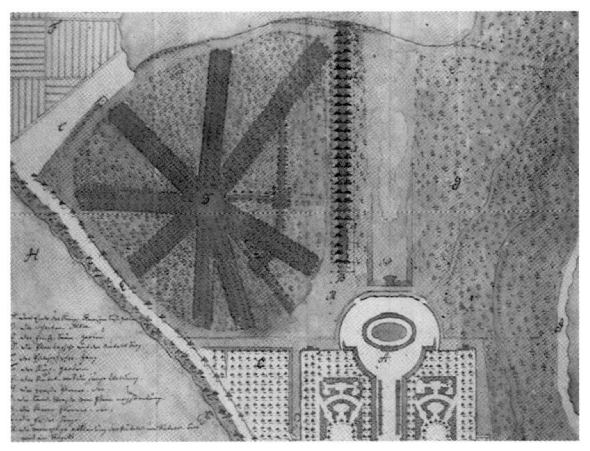

Abb. 363: Plön, Plan vom westlichen Ende des Gartens mit Jagdstern, aquarellierte Zeichnung von A. W. Mensch 1772 (LAS).

leen des Jagdsterns im Nübel sind deutlich zu erkennen, ebenso der anschließende Bereich des Küchengartens sowie die „*Scheibenallee*", die der Herzog zum Sportschießen benutzte. Der auf dem Stich nur angedeutete Kanal ist in seiner ganzen Erstreckung zu sehen, auch wenn er inzwischen teilweise verlandet ist.

Gesamtkomposition und Einzelformen haben französische Vorbilder: Die Gartenkunst der Régence wurde von einem Streben nach Vereinfachung geprägt. Die Entwürfe Claude Desgots (gest. 1732) kamen dem Ideal einer natürlicheren Gestaltung im Sinne der ersten Hälfte des 18. Jahrhunderts besonders nahe. Ein Plan des Gartens von Périgny, der 1727 von Jean Mariette veröffentlicht wurde, zeigt beispielhaft dieselbe Neigung zu achsensymmetrischer Anordnung der Gestaltungselemente, – das Ideal der einfachen klaren Form findet sich in der Gesamtkomposition wieder. Neben der großzügigen Verteilung von freier und gestalteter Fläche fällt der weitgehende Verzicht auf steinerne Ausstattungsstücke auf. In Plön sind sogar die in Périgny vorhandenen Pavillons an den Endpunkten der Alleen durch Heckenarchitekturen ersetzt worden. Dazu kommen die Bevorzugung von schlichtem Rasenparterres und Platebands sowie die optische Öffnung der Anlage zur Landschaft. Der Garten der Régence sollte kein künstlicher Fremdkörper in der Natur sein, sondern deren Reize in seine Wirkung einbeziehen. Die Landschaftskulisse diente zur Steige-

Abb. 364: Plön, Ansicht vom „Philosophengange", gezeichnet von J. J. Hörup, Lithographie von S. Bendixen 1825 (SHLB).

rung des Naturerlebnisses im Garten. Als Herzog Friedrich Carl 1726 Frankreich besuchte, waren die Régencegärten auf dem Höhepunkt ihrer Entwicklung angelangt. Sie hinterließen prägende Eindrücke, die sich – neben den erwähnten Einflüssen aus den Stichwerken Kleiners etwa im Boskettbereich – in der Gestaltung des Plöner Lustgartens widerspiegeln.

So kommt dem Plöner Schloßgarten unter den historischen Gärten Schleswig-Holsteins eine besondere Rolle zu: Er wirkt als Wegbereiter für die neuen Strömungen der europäischen Gartenkunst, die sich ab 1738 im Rokoko des Traventhaler Schloßgartens, der zweiten und größeren Gartenschöpfung Friedrich Carls und George Tschierskes, durchsetzten.

Im Jahre 1750 wirkte sich der in Traventhal vollzogene Übergang zum Rokoko auf die ältere Plöner Anlage aus. Sie wurde ‚modernisiert': Eine Eremitage entstand am Nübelhang neben der nördlichen Lindenallee. Menschs Plan von 1783 zeigt diese Klause auf einer Höhe mit dem mittleren Durchgang der Boskettzone, die in einem zeitgenössischen Inventar beschrieben wurde: Das „*so genandte Borck Haus*" besaß „*eine niedrige Thür mit zwei Flügeln von Sprossen Holtz, oben mit eisern Laubwerck und eisernen Stacheln ... Die Seiten wie auch der Oberboden und der Sitz mit Quadratstücken eichenen Borcks beschlagen.*"[14]

Im südlichen Teil des Nübels, der vom Jagdstern Herzog Johann Adolfs geprägt war, schuf Friedrich Carl das räumliche und geistige Gegenstück zur Eremitage. Während diese sich der religiösen Naturbetrachtung verschrieben hatte, entsprach der sogenannte „*Philosophische Gang*" (Abb. 364) dem Naturverständnis der Aufklärung. Der Weg direkt am Ufer des

Plön 479

Großen Plöner Sees unterschied sich in seiner natürlichen Linienführung von den übrigen Spazierwegen und Alleen des Schloßgebiets. Außerdem war er in seinen vorderen Teilen für die Öffentlichkeit zugänglich. Vielleicht regte der nach 1744 entstandene „*Philosophische Gang*" im Eutiner Schloßgarten den Plöner Herzog zur Nachahmung an. Sowohl in Plön als auch in Eutin blieben diese Wege nach der Auflösung der französischen Gärten erhalten und wurden in die landschaftsgärtnerische Gestaltung einbezogen. Eine derartig inszenierte Versenkung in die Natur nahm das sentimentale Naturverständnis der Folgezeit vorweg.

Der Große Plöner See diente dem herzoglichen Lustgarten nicht nur als malerische Kulisse. Schon unter Herzog Johann Adolf unternahm die Hofgesellschaft Bootspartien. Ziel dieser Fahrten war der Garten auf der Insel, wo sich im 17. Jahrhundert die erste Orangerie des Schlosses befunden hatte,[15] jetzt unterhielt der Herzog dort eine Fasanerie.[16] Da in der Eutiner Schloßbucht ebenfalls eine Insel mit Fasanerie lag, ist die Herkunft des Motivs von dort zu vermuten. Das auf der Plöner Insel stehende Bauernhaus mit seinen Wirtschaftsgebäuden, dem Gemüsegarten des Inselpächters und der Fasanerie gaben ihr den Charakter einer ländlichen Idylle inmitten einer arkadischen Landschaft – geeignet für höfische Schäferspiele. Darüber hinaus bestand ab 1752 ein inhaltlicher Zusammenhang zwischen dem Lustgarten und der Insel: Die Hamburger Firma Schultz & Witte lieferte am 26. Mai des genannten Jahres eine Venusstatue[17], die einzig namentlich bekannte Plöner Gartenplastik (Abb. 365). Es besteht die Möglichkeit, daß das frühere Programm des Gartens im Zuge der Umgestaltung 1752 aufgegeben wurde und sich der Lustgarten vom Repräsentationsraum zum intimen ‚Venusgarten' wandelte. In Frankreich hatte die Konzentration des Statuenprogramms auf Venus und Amor gut zehn Jahre früher eingesetzt.

Nachdem der letzte Plöner Herzog 1761 ohne männlichen Erben gestorben war, fiel Plön entsprechend dem Plöner Successionstraktat von 1756 an den dänischen König Friedrich V. (reg. 1746–1766). Die verwitwete Herzogin durfte zwar weiterhin im Schloß

Abb. 365: Sandsteinerne Venus aus dem Plöner Lustgarten, Photo 1996 (Schleswig-Holsteinisches Landesmuseum, Schleswig).

wohnen, doch der König gestand ihr nur eine geringe Rente zu, nachdem er einen Großteil des herzoglichen Erbes zur Tilgung der Schulden Friedrich Carls verwendet hatte. August Wilhelm Mensch wurde ein Jahr nach dem Tod des Herzogs zum Königlichen Gartensinspektor für den Lust- und Küchengarten in Plön ernannt.[18] Der aus diesem Anlaß geschlossene Vertrag setzte ihn gerade eben in die Lage, das Vorhandene zu erhalten und den Küchengarten für die Bedürfnisse des auf dem Schloß wohnenden Amtmanns und der Herzogin zu betreiben. Der Lustgarten hatte seine Bedeutung mit dem Tod des Herzogs verloren. So war der Verfall nicht aufzuhalten. Bald nach dem Ableben der Herzogin stimmte der König dem Vorschlag zu, eine Fruchtbaumschule nach dem Vorbild der Friedrichs-

Abb. 366: Plön, Lindenallee im Schloßgarten, Photo 1990.

berger Baumschule (Kopenhagen) auf dem Plöner Gartenplateau anlegen zu lassen.[19] So wurde im Frühjahr 1783 mit der Zerstörung des spätbarocken Lustgartens begonnen. Erhalten blieben lediglich die beiden seitlichen Lindenalleen (Abb. 366). Anfang Dezember erreichten die ersten 80 Obstbäume aus Friedrichsberg die neue Baumschule. Zuvor waren in Plön umfangreiche Maßnahmen zur Bodenverbesserung durchgeführt worden. Die Plöner Baumschule bestand bis 1839, dann mußte sie einem Landschaftsgarten weichen.

Als Christian VIII. (1786–1848) im Jahre 1839 den dänischen Königsthron bestieg, faßte er den Plan, sich im holsteinischen Plön eine Sommerresidenz einzurichten. Bereits 1806/07 hatte sich Christian als Kronprinz in Plön aufgehalten. Die politischen Spannungen zwischen Dänemark und den Herzogtümern im frühen 19. Jahrhundert werden zur Wahl Plöns als Sommerresidenz beigetragen haben. Immerhin war es so möglich, nach langer Zeit wieder königlichen Glanz in diese Provinz des Reiches zu tragen. Nach ersten Aufräumarbeiten im Gelände, stellte sich die Frage nach einem qualifizierten Kunstgärtner als Leiter der Neugestaltung des Schloßgebiets und seiner Gärten. Die Wahl fiel auf Christian Schaumburg (1788–1868), den Hofgärtner des Königs von Hannover. Schaumburg war nicht nur in Hannover, sondern im gesamten norddeutschen Raum tätig. 1839 übernahm er im Auftrag des Herzogs Karl von Sonderburg-Glücksburg die landschaftliche Planung des Kieler Schloßgartens.[20] Zwischen dem 28. Mai und dem 12. Juli 1839 zogen die zuständigen Plöner Beamten ihn als *„einen Mann, der bei Anlagen der fraglichen Art besondere Geschicklichkeit besitzt, und der in hiesiger Gegend anwesend war, ..."*[21] hinzu. Grund für Schaumburgs bereitwillige Übersiedlung von Hannover in das Gärtnerhaus nach Plön dürfte die damit verbundene Beförderung zum Garteninspektor gewesen sein, die in Hannover noch auf sich warten ließ.

Kurze Zeit später sandte Schaumburg seinen Entwurf an das Plöner Amtshaus: Er schlug die Umlegung des Küchengartens von der Halbinsel zum Tannenhof hinter dem Reithaus, die Auflösung der Baumschule im Lustgarten und schließlich eine landschaftliche Ausgestaltung des gesamten Schloßgebietes vor. Vor allem die Wald- und Uferbereiche des Nübel sollten intensiv für Spaziergänge erschlossen werden. Leider konnte Schaumburgs Plan bisher nicht aufgefunden werden. Lediglich ein Umgebungsplan der Stadt Plön von 1877 (Abb. 367) gibt einen Eindruck von der künstlerischen Verlandschaftung.

Noch im Juli begannen die Arbeiten mit dem Fällen der Tannen, dem Roden des Buschholzes und dem Fällen von gut 900 *„im Weg stehenden"* Bäumen. Neben Obstbäumen werden Linden, Ulmen, Eichen, Eschen, Erlen, Pappeln und Weiden genannt. Der Verkauf des Holzes an Plöner Bürger brachte dank der hohen Holzpreise der Wintersaison einen Erlös von 4600 Talern. Auch die inzwischen verfallene Eremitage des letzten Plöner Herzogs verschwand in der zweiten Jahreshälfte 1839.[22] Im Zuge der Rodungsarbeiten wurde das Schloßgebiet 1840 vom Königlichen Landmesser C. Thaulow vermessen. Unglücklicherweise sind auch

Plön

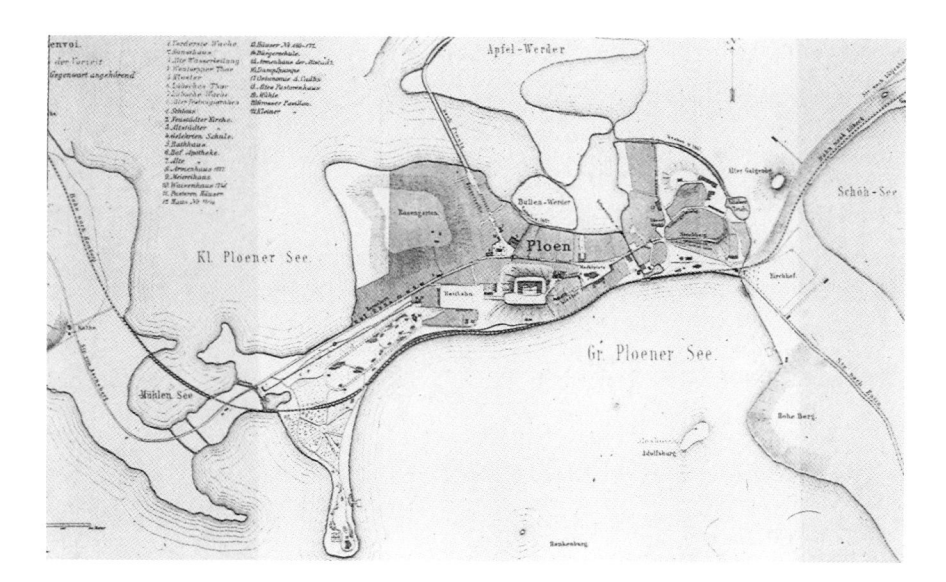

Abb. 367: „Ploen und Umgebung", Plan von Schloßgebiet und Halbinsel mit Pavillon und Friedhof aus Eggers (1877).

diese Karten verschollen. Ihnen käme ein hoher dokumentarischer Wert zu, da zwischen den Zeichnungen des Garteninspektors Mensch von 1783 und dem 1877 gedruckten Umgebungsplan eine Lücke von fast 100 Jahren klafft.[23]

Nach dem Roden der Baumschule wurden die erforderlichen Planierungsarbeiten zwischen Dezember 1839 und Mai 1840 durchgeführt. Parallel zu den Erdarbeiten sind ab November bereits Pflanzen aus der Kieler Forstbaumschule geliefert worden, insgesamt über 3000 Stück für fast 800 Taler. Weitere 850 Ziersträucher, 300 Stauden und die nötigen Grassamen kamen von der Baumschule von Brocken aus Lübeck. Im September 1840 traf sich Schaumburg mit dem König in Plön, um ihm die fertige Umgestaltung des Plateaus zwischen Großem Plöner See und Nübel zu zeigen. Die Halbinsel war zu diesem Zeitpunkt noch nicht bearbeitet worden, da der Küchengarten bis zum Herbst des Jahres voll in Betrieb war. Dafür war der frühere Weinberg am Südhang des Schloßbergs mit einem Terrassengarten aus exotischen Gehölzen versehen worden. Die Gesamtausgaben betrugen 6350 Taler, von denen etwa 1200 Taler auf Pflanzenlieferungen entfielen.[24]

Die Verwandlung der Freiräume des Plöner Schloßgebiets in einen Landschaftsgarten fand zu einer Zeit statt, in der die Reste barocker Gärten nicht wie in den Jahrzehnten zuvor als Relikte des Ancien Régime verdammt wurden, sondern als Dokumente einer vergangenen Epoche neue Wertschätzung erfuhren. So ist der behutsame Umgang Schaumburgs mit den Spuren des vormaligen Plöner Lustgartens zu erklären. Wie Peter Joseph Lenné in Potsdam behielt er den alten Baumbestand des 18. Jahrhunderts bei und komponierte seine landschaftlichen Partien in das vorhandene barocke Raumgerüst hinein. Die Alleen und die Sichtachse zwischen Gartenhaus und Großem Plöner See im Westen blieben erhalten. In der Umgebung des Gartenhauses entstanden kleine Rasenplätze mit Zierstücken und Schmuckbeeten, die sich in unregelmäßigen Formen rund um das Gebäude herumgruppierten. Diese höchst artifiziellen Schmuckbeete sind typische Elemente des Pleasureground-Bereichs, der stets zwischen wichtigen Gartenarchitekturen und Park vermittelte. Einzelne Solitäre, von denen heute noch eine Nordamerikanische Eiche, eine Robinie, eine Schwarznuß und eine Appalachen-Kastanie zeugen, unterstreichen den landschaftlichen Charakter des Gartens.[25] Um dem von den Alleen bestimmten Gartenraum eine natürlichere Durchformung zu geben, wurden Baumgruppen (Clumps) aus bis zu neun Stämmen gepflanzt und in der Freifläche verteilt. Erhalten sind zwei Platanenclumps, die den Blick auf den Großen Plöner See am Ende der Mittelachse rahmen. Auch eine Eichengruppe, die sich durch die für Schaumburg typische Pflanztechnik auszeichnet, befindet sich heute noch im Garten. Auffällig ist, daß Schaumburg bei der Gruppenpflanzung einheimische Gehölze bevorzugte, während er die modernsten Exoten der damaligen Zeit als Einzelbäume verwendete. Bei Letztgenannten handelt es sich überwiegend um nordamerikanische Gewächse. Ein Jahr nach der Fertigstellung der Anlagen schrieb Kammerherr von Warnstedt: *„Übrigens ist der Ploener Schloßgarten nicht allein als die schönste Zierde Ploens sondern der ganzen Umgebung zu betrachten."*[26]

Christian Schaumburg, der am 21. September 1841 zum Plöner Hofgarteninspektor und Schloßverwalter ernannt wurde, betrieb in seinen Gartenschöpfungen die *„Nachahmung der freundlichen Natur in ihren feinsten Nuancen"*.[27] Ihm galten große Rasenpartien, harmonisch gruppierte Lustgebüsche und sanft geschwungene Wege in geringer Anzahl als Ideal.[28] Weitläufigkeit und Bezug zur umliegenden Landschaft waren für ihn unabdingbares Prinzip bei der Gestaltung. Für eine derartige Anlage war das Plöner Schloßgebiet mit seiner einzigartigen Lage am Großen Plöner See geradezu prädestiniert. Bei jedem Schritt und jeder Körperwendung konnte der Spaziergänger nahe und ferne Aussichten auf den See und andere Blickpunkte erleben – mangels fachkundiger Pflege sind diese fundamentalen Gestaltungselemente in den letzten Jahrzehnten weitgehend zugewachsen, ja, sogar bewußt aufgeforstet worden. Dadurch ging der einzigartige Charakter des Gartens verloren. Von der südlichen Wasserallee aus ist der Plöner See kaum noch zu sehen und die ehemalige Kanalachse im Westen des Gartens hat ihren Fernblick völlig eingebüßt.

Gleichzeitig mit den laufenden Arbeiten im ehemaligen Lustgarten begann Schaumburg mit der Umgestaltung der Halbinsel im Februar 1841. Der Küchengarten wurde wie geplant zum Tannenhof hinter dem Reithaus verlegt, um auf seinem ursprünglichen Gelände eine *„abgeschlossene Gartenanlage"*[29] einzurichten. Hierbei handelte es sich um einen abgezäunten Privatgarten des Königs, der im Gegensatz zum weiteren Schloßgarten nicht öffentlich zugänglich war. Um eine Verbindung zwischen dem Weinbergsgarten und dem Privatgarten auf der Halbinsel zu schaffen, wurde der *„Philosophische Gang"* am Seeufer zu einem repräsentativen Spazierweg verbreitet. So entstand ein Rundweg von der Schloßterrasse am Seeufer entlang um die Halbinsel herum bis zum Kanal und von dort durch den nördlichen Nübelwald zurück zum Gartenhaus. Beim Spaziergang auf diesem Beltwalk konnte der Besucher die künstlerisch überhöhten Landschaftsbilder in sich aufnehmen. Sie waren in drei Ebenen gestaffelt: im Vordergrund bestand die Möglichkeit, den Blick durch ein Schmuckbett zu senken oder durch eine Hecke zu heben. Der Mittelgrund mit malerischer Szenerie wie Bootsstege oder Inseln leitete dann auf die ferne Horizontebene hin. In der Tiefe entfaltete sich die gesamte Seenlandschaft als großartiges Panorama. Hierin zeigt sich, daß die Landschaftsgartenkunst ihre Wurzeln in der Landschaftsmalerei hatte: Wenige Jahre zuvor war die *„Holsteinische Schweiz"* für die Malerei entdeckt worden.

Die Gebäude und Ausstattungselemente wie Bänke und Brücken verstanden sich als Point de vues, waren also wesentliche Bestandteile der Gesamtkomposition. Hauptausstattungsstück der neuen Anlagen war ein als Teehäuschen genutzter anglo-chinoiser Pavillon im königlichen Privatgarten von Landbaumeister Koch (1842) (Abb. 368). Die Kuppel wurde außen von einem breitkegeligen Reetdach kaschiert, das zum Teil von freistehenden Säulen getragen wurde. An zwei Seiten befanden sich die Kabinette des Königs und der Königin. Der runde Kuppelraum stellte den eigentlichen Teesalon dar, der sich durch fünf verglaste Türen nach außen öffnete.

Die Pläne Schaumburgs reichten noch weit über das engere Schloßgebiet hinaus: Er pachtete die Radebrockswiese und die seit 1840 in königlichem Besitz befindliche Insel, um auch sie in die Gartengestaltung einzubeziehen. Rund um den Plöner Schloßgarten sollte sich also allmählich eine ‚Gartenlandschaft' nach dem Vorbild des Dessauer und des Potsdamer Gartenreichs entwickeln. Aus Geldmangel wurden diese umfangreichen Maßnahmen zunächst zurückgestellt. Später behinderten auch die Eigentümer der angrenzenden Flächen, die einem Verkauf an den König nicht zustimmen wollten, die weitere Entwicklung.

1846 wurden die Pläne dann endgültig fallengelassen, auch wenn sich der König Umgestaltungen auf den Flächen vorbehielt.

Nach der Fertigstellung der Neuanlagen kam es Jahr für Jahr zu Auseinandersetzungen zwischen Schaumburg und den zuständigen Verwaltungsbeamten: Monierte Amtmann von Rantzau die schlechte Situation im Küchengarten, so beklagte der Oberhofmarschall nach einem Besuch in Plön den Zustand von Rasen und Blumen: *„Ein ... tüchtiger Haupt-Gärtner muß nicht allein neu schaffen und gut anlegen, aber auch das Bestehende conserviren und in guter Ordnung halten können ... Ich unterlasse daselbst nicht die Erwartung auszusprechen, daß der Ploener Schloßgarten von nun an, nicht nur alleine durch seine natürliche Lage, sondern auch durch Ordnung und Reinlichkeit überhaupt, sowie durch schöne und gleichmäßige Rasen, blühende Gesträuche und Blumenpartien sich auszeichnen und daß Sie in jeder Beziehung angewandt sein werden, dem Ruhm zu entsprechen, der sie unter so vorteilhaften Bedingungen auf jetztigen Posten gerufen hat."*[30] Vor diesem Hintergrund begann Schaumburg sich mit Beginn des Jahres 1846 langsam aus seinen Plöner Verpflichtungen zu lösen und die Rückkehr nach Hannover vorzubereiten, die Anfang 1847 mit der Wiederaufnahme in den hannoverschen Dienst König Ernst-Augusts erfolgte.

Zunächst aber brachte das Jahr 1846 mit der Planung einer Eisenbahnstrecke zwischen Neumünster und Neustadt, die durch den Schloßgarten führen sollte, Gefahr für die gerade fertiggestellte Anlage mit sich. Die verantwortlichen Unternehmer plädierten aus Kostengründen für eine Trasse *„schräg durch die ganze Länge des Gartens gehend, ausmündend zwischen dem Königlichen Pavillon und dem vordersten Ende der Wasserallee und von hier aus durch den Melonengarten, das Gefangenenhaus links lassend und unterhalb des Schloßbergs durch die Klostergärten sich ziehend."*[31] Mit welchem Enthusiasmus die Industrialisierung in der ersten Hälfte des 19. Jahrhunderts betrieben wurde, zeigt die Stellungnahme des für den Schloßgarten zuständigen Beamten, die sich lediglich gegen die Anlage des Bahnhofs im Garten ausspricht:

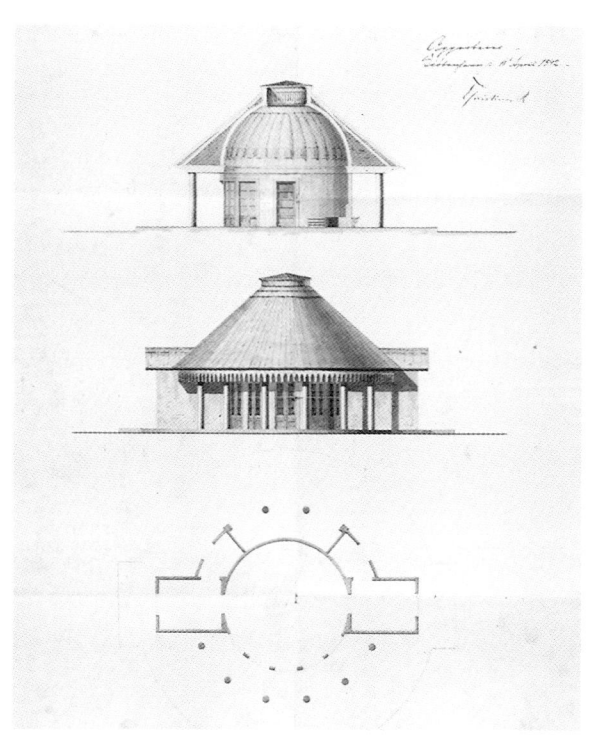

Abb. 368: Plön, Anglo-chinoiser Pavillon von Landbaumeister Koch, Zeichnung 1842 (RAK).

„Die Durchlegung der Bahnlinie selbst in der bezeichneten Richtung würde nach meiner Ansicht und der des Garteninspektors Schaumburg vielleicht und möglicherweise noch zur Verschönerung des Schloßgartens beitragen, vorausgesetzt, daß die Eisenbahn Gesellschaft ... angehalten würde, nach den Zeichnungen und Inventionen des Garteninspektors, schöne Brücke-Übergänge zu machen ..."[32] Bürgerproteste verhinderten zwar die oben genannte Streckenführung direkt durch den Garten, doch die Bedeutung der Anlage war durch die politischen Umwälzungen so gesunken, daß dessen seit 1866 bestehende Zerteilung durch die Bahnlinie hingenommen wurde.

Das Plöner Schloß diente von 1868 an als preußische Kadettenanstalt. Damit wurde auch der Pflegeaufwand für die dazugehörigen Parkanlagen auf ein Minimum reduziert. Die Plätze, Frei- und Grünflächen nutzte man jetzt zur sportlichen Ertüchtigung. Die Nutz- und Ziergärten der Hofgesellschaft wurden Bauerwartungsland. So entstanden in rascher Folge um 1900 das Lazarettgebäude südwestlich der Reitbahn, die Kommandeursvilla mit dem gut erhaltenen Terrassengarten am Fuße des Schloßbergs, ein Inspektorenhaus, das Maschinenhaus, die Schwimmhalle und ein Pförtnerhaus auf der Schloßterrasse selbst. Auch die Einrichtung der Prinzenschule im ausgebauten Gartenhaus für die Söhne Kaiser Wilhelms II., dessen erste Gemahlin eine Nachfahrin des letzten Plöner Herzogs war, hatte ähnliche Folgen. Auf den Rasenflächen hinter dem Prinzenhaus wurde ein Tennisplatz angelegt und ein Fahnenmast zur Marineausbildung des Prinzen Adalbert errichtet.

Trotz dieser Eingriffe blieb die barocke Großstruktur des Schloßgebietes erhalten. 1920 wurde die kaiserliche Kadettenanstalt aufgelöst und durch eine Staatliche Bildungsanstalt ersetzt, die 1930 ein Sportstadion im westlichen Teil des Gartenplateaus anlegte und damit den bestehenden Landschaftsgarten erheblich beeinträchtigte. 1933 wandelten die Nationalsozialisten die pädagogische Einrichtung in eine Nationalpolitische Erziehungsanstalt um. Seit dem Zweiten Weltkrieg wird das Schloßgebiet einschließlich des Gartenhauses durch ein renommiertes Internat genutzt.

Trotz des Verfalls des Gartens zwischen 1761 und 1783, der Umnutzung als Baumschule 1784–1839, der anschließenden Umgestaltung zum Landschaftsgarten, der Einfügung von Eisenbahn, Sportplatz und Rosarium im Pleasureground sind seine Grundzüge bis heute spätbarocken Ursprungs: Das Gartenplateau ist in seinem ganzen Ausmaß unbeeinträchtigt erhalten. Das abgesenkte Parterre ist zwar durch Bodenverbesserung im Rahmen des Baumschulprojekts und bei der Anlage des Landschaftsgartens aufgefüllt worden, doch das Niveau fällt von den Alleen nach innen nach wie vor deutlich ab. Das Kanalbett, das sich im 18. Jahrhundert zwischen dem Nübel und dem Stern befand, ist noch als langgestreckte Vertiefung zwischen beiden Erhebungen wahrnehmbar. Südlich des Lustgartens hat sich die Uferlinie nach den beiden Absenkungen des Seespiegels im vorigen Jahrhundert zwar verschoben, doch der „*Philosophische Gang*" besteht bis heute zu Füßen des Jagdsterns. Er führt zum Küchengarten, auf dessen Gelände sich der Alte Obstgarten und der Kadettenfriedhof befinden. Außer den naturräumlichen Hinweisen zeugt das im Prinzenhaus verborgene Gartenhaus Herzog Friedrich Carls mit seinen prachtvoll stuckierten Räumen vom Glanz der spätbarocken Plöner Fürstenresidenz.

Eine Wiederherstellung der wichtigsten Blickbezüge und eine angemessene Nutzung der Nebengebäude könnte den außerordentlichen Reiz dieser heute in Landesbesitz befindlichen Anlage wieder bewußt und den Plöner Garten nicht nur regional, sondern auch über Schleswig-Holstein hinaus zu einer landschaftskünstlerischen Attraktion machen.

Silke Kuhnigk
(Ronald Clark, Landschaftsgarten)

1 Vgl. grundlegend: Kuhnigk (1993a); dies. (1993b); dies. (1994).
2 LAS Abt. 20 Nr. 1102.4.
3 LAS Abt. 20 Nr. 1101.1; Kinder (1890), Nr. 207, S. 330.
4 Nicodemus Tessin d. J.: Aufnahme eines Parterres im Plöner Schloßgarten (1714), NMS THC 308; erstmals veröffentlicht von Eimer (1961), S. 106.
5 LAS Abt. 20 Nr. 1135.1, 1136, 1137 und 1142.1.
6 LAS Abt. 20 Nr. 1146.1.
7 LAS Abt. 20 Nr. 1315.
8 LAS Abt. 20 Nr. 1153.
9 LAS Abt. 20 Nr. 1158.1–1160 und 1164.1.
10 LAS Abt. 20 Nr. 1149 und 1180.
11 LAS Abt. 20 Nr. 1175, 1181, 1182.1ff.
12 LAS Abt. 66 Nr. 3962.
13 LAS Abt. 66 Nr. 10674.
14 LAS Abt. 20 Nr. 1312.
15 LAS Abt. 20 Nr. 1101.1 und 1102.1.
16 LAS Abt. 20 Nr. 1190.
17 LAS Abt. 20 Nr. 1189.1.
18 LAS Abt. 66 Nr. 4889.
19 LAS Abt. 66 Nr. 3962.
20 Seebach (1965), S. 209.
21 LAS Abt. 66 Nr. 4897.
22 LAS Abt. 66 Nr. 4897, vgl. Clark (1994), S. 3.
23 Lediglich ein ziemlich dilettantisch gezeichneter Plan von 1840 zeigt die Strukturen des Geländes zwischen der oberen Schloßterrasse und dem Gartenhaus vor den Verschönerungsmaßnahmen Schaumburgs.
24 Vgl. LAS Abt. 66 Nr. 4897 u. RAK II H. 37, 1840–43; vgl. Clark (1994), S. 4.
25 Vgl. die Kartierung in: Kuhnigk/Meyer (1995).
26 RAK, II. H. 29.
27 Schaumburg (1833), S. 131–137, S. 165–169.
28 Vgl. zu den Gestaltungsprinzipien Schaumburgs auch: Clark/Hennebo (1988), S. 82ff.
29 RAK, II.H 29.
30 RAK, II.H 30.
31 RAK, II.H 30.
32 LAS Abt. 66 Nr. 10674.

Rantzau

Adeliges Gut zwischen Plön und Lütjenburg in einer Schleife der Kossau gelegen. Renaissancegarten im 16. Jahrhundert, Barockgarten um 1750, Landschaftspark um 1800, heute teilweise noch erhalten, jedoch nicht öffentlich zugänglich.

Gut Rantzau bei Plön gilt als der Stammsitz des gleichnamigen und wohl berühmtesten Adelsgeschlechtes des Nordens. Eine frühe bildliche Quelle der ehemaligen Wasserburg, der „*Arx Ranzovia*", findet sich auf der Rantzautafel aus dem Jahre 1587. Hier wird ein Doppelhaus aus rotem Ziegel, das von einem breiten Burggraben umgeben war, abgebildet. Über eine Gartenanlage macht die Darstellung keine Angaben.

Im Jahre 1591 übernahm der Statthalter Heinrich Rantzau (1526–1599) den Stammsitz der Familie. Nach Anweisung dieses so vielseitig gebildeten und durch humanistischen Geist gekennzeichneten Mannes sollte nun eine Renaissanceanlage entstehen, die für den Norden einzigartig blieb.

Die reizvolle Lage im Tal der Kossauschleife bot hierfür die idealen Voraussetzungen. Durch das Anstauen des Flusses schuf man einen großen See mit einer Halbinsel und zwei hintereinander gelegenen Inseln. An Stelle der alten Wasserburg wurde 1592–94 ein Renaissanceschloß „*nach Weise der Italier*" errichtet. Das besondere Verhältnis Rantzaus zu seinem Landsitz brachte dieser in einer Inschrift zum Ausdruck: „*Deshalb halte ich still. Alles Irdische Lebe wohl. / Ich muß mir ein Haus am hohen Himmelsgewölbe bauen.*"[1] Entsprechend des für die Renaissance so typischen Verewigungsgedankens wollte sich Heinrich Rantzau mit seinem letzten Bau ein großes Denkmal setzen. Aus diesem Grund beauftragte er auch Al-

Abb. 369: Rantzau, Renaissanceschloß mit Inselgarten, Holzschnitt aus Lomeier (1595), (SHLB).

bert Lomeier eine literarische Beschreibung zu verfassen, die 1595 in Eisleben erschien. Die Schrift ist als Dialog zwischen einer Muse und einem Dichter verfaßt, wodurch der Leser Einzelheiten über das Schloß und die italienische Lebensweise des Statthalters erfährt. Ferner ist dem Band eine Abbildung des Schlosses und seiner Umgebung beigefügt (Abb. 369), auf der man deutlich die inselartige Situation erkennt. Das Schloß bestand aus zwei Flügelbauten mit jeweils zwei Geschossen, die durch einen niedrigen Querbau miteinander verbunden wurden. Durch die reiche Verzierung und vor allem durch die Öffnung der Schloßanlage zur Garteninsel, sollte bewußt jeder Form von Wehrhaftigkeit entgegengewirkt werden. Man suchte hier ausschließlich Wohnkultur und war bemüht, das Haus mit der Umgebung in Verbindung zu bringen. Dies bestätigt eine Bauinschrift, die besagte, daß das Herrenhaus nicht gegen *„anstürmende Feinde, sondern für gute Freunde und als Heim der heiligen Musen"* erbaut worden sei.[2] Beeinflußt wurde der Bau von den italienischen Villen und den französischen Schloßbauten der Renaissance, die Heinrich Rantzau aufgrund seiner vielfältigen Kontakte zu Fürsten und Gelehrten in ganz Europa bekannt waren. Französische Einflüsse wurden ferner durch das Stichwerk von Jacques Androuet Du Cerceau, *„Les plus excellents bastiments de france"* (1576), das sich in der umfangreichen Breitenburger Bibliothek Heinrich Rantzaus befand, vermittelt. Dort sind Anlagen wie Fontainebleau oder Verneuil dargestellt, die ebenfalls Garteninseln aufweisen.

In Rantzau führte eine Brücke von der Schloßinsel zur Garteninsel, vor der eine pavillonartige Laube mit einer steinernen Bank lag. Von hier konnte der Statthalter den Innenhof seines Schlosses und den Garten betrachten, der von einigen Bäumen und einem Palisadenzaun umgeben war. Auf der Abbildung erkennt man auch das in Mitte der Insel liegende Gartenhaus, das aus Tannenbalken auf einem steinernen Fundament errichtet worden war.[3] Das dem Haus vorgelagerte, verzierte Portal führte zu den dort untergebrachten Badeeinrichtungen. Heinrich Rantzau hielt sich oft hier auf, um die schöne Umgebung und seinen Garten zu genießen, der nach Angaben Lomeiers kunstvoll mit Blumen und Kräutern bepflanzt war. Besucher durften nur die vorgesehenen Wege benutzen und keine Blumen beschädigen oder Samen entfernen.[4] Von der großen Naturliebe und der Zuneigung, die Heinrich Rantzau für seinen Garten empfand, zeugt sein kleines Gedicht:

> *„Willst du in meinem Garten dich ergehn*
> *so sollst du mir die Blumen lassen stehn.*
> *Was hier sich bietet, mag wohl für die Augen*
> *doch nicht zum Pflücken und verwüsten taugen.*
> *Der Blumenduft darf für die Nase sein,*
> *all Übriges gehört dem Herrn allein."*[5]

Leider geben weder die schriftlichen noch die bildlichen Quellen genauere Angaben über die Anordnung der Beete oder die Ausstattung des Rantzauer Gartens. Zwar werden bei Lomeier Wasserspiele und Figuren genannt, wie diese aber im einzelnen beschaffen waren, läßt sich nicht ermitteln. Eine wichtige Orientierungshilfe können daher die anderen von Heinrich Rantzau angelegten Gärten bieten, wobei sich besonders der Breitenburger Garten hervorhebt, der auf das Prächtigste mit Wasserkünsten, antiken Götterstatuen, Lusthäusern und geometrischen Beeten im Renaissancestil ausgestattet war.[6] Das Neue und Fortschrittliche an Rantzau war die Einbindung des Schlosses in die Umgebung, seine Öffnung zur Landschaft und zum Garten sowie die achsensymmetrische Anordnung der gesamten Anlage auf den künstlich geschaffenen Inseln.

Nach dem Tod Heinrich Rantzaus blieb das Anwesen noch bis ins 18. Jahrhundert im Besitz seiner Nachkommen, jedoch verlor es mit der Zeit als Nebengut viel von seinem Glanz und wurde schließlich 1728 verkauft. Als 1740 der Eutiner Fürstbischof Adolph Friedrich (1710–1771) das Gut erwarb, wurde zu diesem Zweck eine Beschreibung angefertigt, aus der hervorgeht, daß das alte Schloß sowie mehrere Scheunen, Stallungen und eine Papiermühle zum Hof gehörten.[7] Das Gartenhaus aus der Zeit Heinrich Rantzaus und die von ihm geschaffene Gartenanlage waren offensichtlich nicht mehr vorhanden. Dies bestätigt auch ein Lageplan des Gutes aus dem Jahre 1745.[8] Deutlich ist zu erkennen, daß man die Stauung der Kossau aufge-

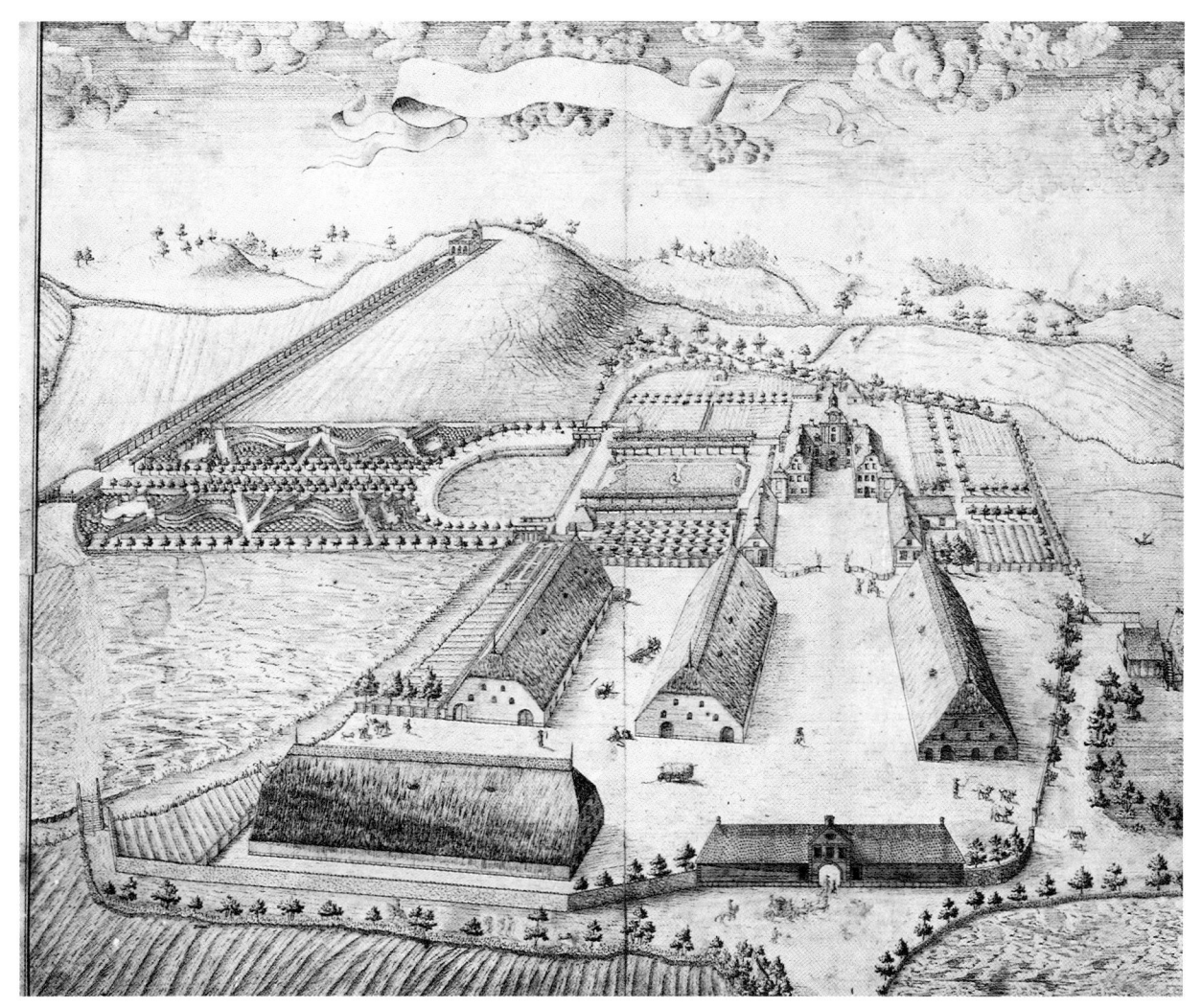

Abb. 370: Rantzau, Perspektivische Ansicht von Hof und Garten von C. G. Albutius, Kupferstich vor 1761 (Privatbesitz).

hoben und einige neue Wirtschaftsgebäude errichtet hatte. Neben dem noch weitgehend unveränderten Wohngebäude ist ein neuer Garten, vermutlich ein Küchengarten, eingezeichnet, der einige Bäume und ein paar geradlinige Wegachsen aufweist, die ihn in 12 rechteckige Quartiere unterteilen.

Da Adolph Friedrich 1751 schwedischer König wurde, verkaufte er das Gut seinem Oberhofmarschall und Präsidenten der Rentekammer, Jacob Levin von Plessen (1701–1761). Dieser entschloß sich wohl noch im selben Jahr zu aufwendigen Umbauarbeiten am Herrenhaus und zu einer Neugestaltung des Gartens. Damit beauftragte er den ebenfalls in Eutin tätigen Baumeister und Garteninspektor Johann Christian Lewon (um 1690–1760), der bereits den aufwendigen Garten seines Gutes Blumendorf entworfen hatte. Es entstand eine Dreiflügelanlage, die sich nach Osten zum Torhaus hin öffnete. Die neue Hauptachse, die von dem beherrschenden, neuen turmbekrönten Mittelrisaliten des Westflügels ausging und sich über die Wirtschaftshöfe zum Torhaus fortsetzte, betonte die rechteckige Hofanlage. Neben dieser Hauptachse wurde eine zweite Achse nach Süden angelegt, die als Gartenhauptachse des Barockgartens diente. Ein Lageplan der Hofanlage, der vermutlich nach 1751 entstand, zeigt die von Lewon initiierten Veränderungen deutlich.[9] Demnach hatte man im Bereich des 1745 vorhandenen Gartens südlich des Herrenhauses mehrere parallel verlaufende Alleen angepflanzt, die auf ein hufeisenförmiges Bassin zu führten. Hinter dem

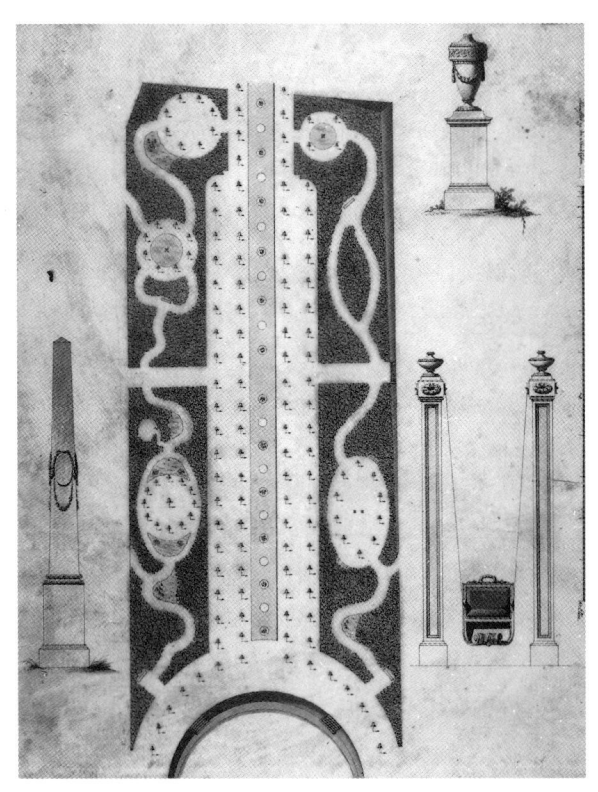

Abb. 371: Rantzau, Entwurf für ein Boskett im Garten mit Denkmalentwürfen, Zeichnung von C. F. Schuricht 1795 (Privatbesitz).

Wasserbassin setzte sich eine Allee in Richtung Süden fort, die parallel zur Hofanlage jedoch in Richtung Westen abknickte. An ihrem Ende befand sich ein von Bäumen gesäumtes Rondell, von dem sternförmig zehn Alleen ausstrahlten. Daß diese Alleen tatsächlich zur Ausführung kamen, ist unwahrscheinlich, da alle späteren Pläne an dieser Stelle ein Lusthaus zeigen, das mit Gewißheit errichtet wurde. Auf der Zeichnung erkennt man ferner ein vom Hauptgebäude ausgehendes Broderieparterre, das zu beiden Seiten von geschnittenen Alleen gesäumt wird. Das Parterre endet an der quer verlaufenden Kossau, mit deren Wasser man das in halbrunder Form angestaute und mit einer Fontäne versehene Bassin speiste. Die rechts und links zu Seiten des Parterres verlaufenden Alleen führten über Brücken auf die andere Seite der Kossau und setzten sich dann in zwei im Halbrund verlaufenden Wegen um das Wasserbecken fort. Hinter dem von Bäumen umstandenen Bassin erstreckte sich die gerade Achse nach Süden, die ebenfalls rechts und links von je einer Allee, begleitet von kunstvoll geschnittenen Heckenarchitekturen, gesäumt wurde.

Eine perspektivische Ansicht des Hofes[10] (Abb. 370), die unmittelbar nach dem Tod Plessens angefertigt wurde, zeigt den unter ihm vollendeten Barockgarten. Auf der Zeichnung erkennt man deutlich das vertiefte Parterre, das an seinen vier Ecken von Figuren gerahmt wird und in der Mitte von einem Pflanzkübel geziert wird. Die Gestaltung des aus Rasenflächen gebildeten Boulingrins ist deutlich schlichter als auf dem zuvor beschriebenen Detailentwurf. Das Alleen- und Achsensystem ist unverändert erhalten. Das Lusthaus bestand aus einem eingeschossigen Gartensaal mit drei nach Osten gelegenen, bis zum Boden reichenden Rundbogenfenstern. Die mit einer Balustrade versehene Dachterrasse war über einen rückseitigen Treppenturm zu betreten. Da das Lusthaus und die zu ihm führende Allee auf einem erhöhten Erdrücken gelegen waren, konnte man von der Dachterrasse die umliegende schöne ostholsteinische Landschaft und den Barockgarten betrachten.

Neu und sehr aufwendig sind die nach Süden verlaufenden Boskette, die kunstvoll zu geometrischen Heckenarchitekturen geschnitten wurden. Derartige Gestaltungsmaßnahmen erforderten eine aufwendige Pflege, und so verwundert es nicht, daß man im Jahre 1757 ein neues Gärtnerhaus neben der Wohnung des Müllers errichtete, um das erforderliche Personal unterbringen zu können.[11] Dieses war auch für die Bestellung der Nutzgärten zuständig, die sich im Südwesten und im Nordwesten der Anlage befanden.

Als Jacob Levin von Plessen im Jahre 1761 starb, vermachte er das Gut dem befreundeten Grafen Heinrich Christoph von Baudissin. Dieser war sächsischer General der Infanterie und Gouverneur von Dresden, Neustadt und Königstein, weshalb er sich meist in Dresden aufhielt. Im Alter nutzte er das Rantzauer Anwesen als Sommersitz. Über die Veränderungen, die der Graf am Rantzauer Garten vornahm, gibt erneut ein „*Plan von dem Hofe Rantzau*", aus dem Jahre 1784 Auskunft. Hier erkennt man eine neue Allee, die von den zwei Torhäusern zum Herrenhaus führte, jedoch ist kein Parterre mehr auf dem Plan eingezeichnet. Die

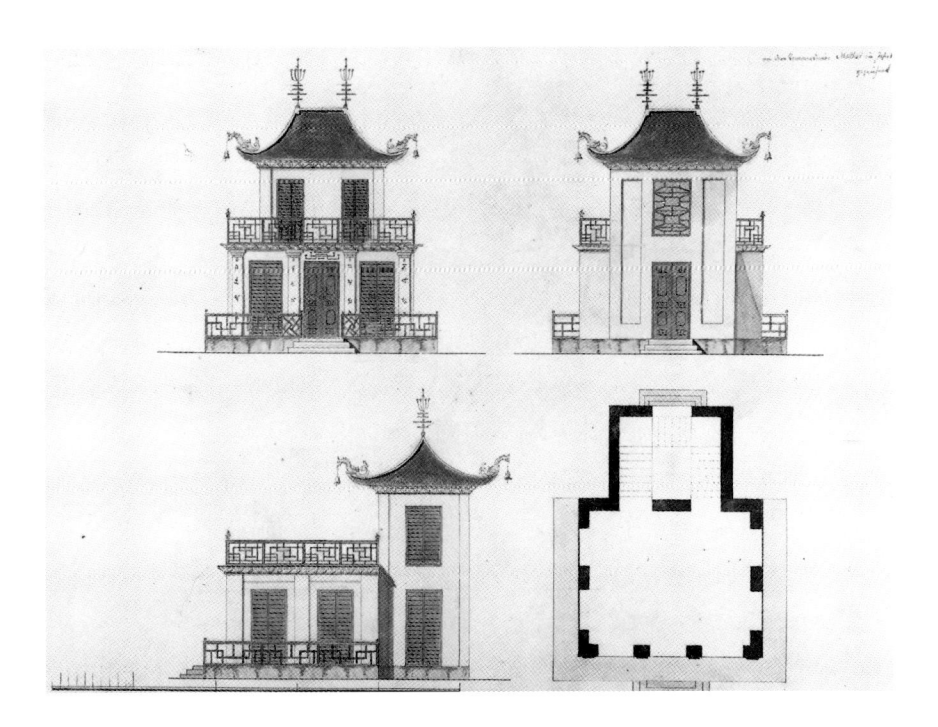

Abb. 372: Rantzau, Entwürfe für den anglo-chinoisen Pavillon, Zeichnung von dem Kammerdiener Mattäi 1795 (Privatbesitz).

Formen der Heckenarchitekturen sind teilweise etwas verändert worden, und auch die kreisförmig angepflanzten Bäume im äußertsen Süden sind neu. Dieses Rondell ist noch heute im Garten vorhanden, was für die Zuverlässigkeit des Planes von 1784 spricht. Die eigentliche Neuerung des Gartens bestand in seiner Erweiterung, durch die Hinzunahme des südwestlichen Gebietes. Hier hatte man einen Teil des natürlichen Erdrückens planieren müssen, um geometrisch gestaltete Boskettzonen anlegen zu können. Im Südwesten des Gartens fällt ein Weg auf, der durch ein bewaldetes Gebiet führt. Dieser ist zwar nicht geschwungen, jedoch läßt sich sein aufgelockerter Verlauf ausmachen. An dieser Stelle kündigt sich ein Schritt hin zur geschwungenen und natürlichen Linie des englischen Landschaftsideals an, das in den folgenden fünfzehn Jahren unter der Anleitung des Grafen Carl Ludwig Baudissin verwirklicht werden sollte.

Baudissin hatte zunächst im sächsischen Heer gedient, das er aufgrund einer Duellaffäre verlassen mußte. Er ging daraufhin nach Dänemark. Seine Tätigkeit im dänischen Staatsdienst brachte dem Grafen das väterliche Gut in Ostholstein anscheinend näher und so begann er ab 1795 mit der Umgestaltung des Rantzauer Gartens. Bereits wenige Jahre zuvor hatte er den Plan gefaßt, das Herrenhaus umzubauen, welches in seiner barocken Gestaltung nicht mehr dem Zeitgeschmack des ausgehenden 18. Jahrhunderts entsprach. Zahlreiche, noch heute erhaltene Umbaupläne zeugen von diesem Vorhaben. Dabei sind neben den Entwürfen einheimischer und Kopenhagener Architekten auch mehrere Pläne des bekannten Landbaumeisters Christian Frederik Hansen (1756–1845) aus dem Jahre 1792 vorhanden, die die gehobenen Ansprüche Baudissins verdeutlichen. Realisiert wurden jedoch weder die Entwürfe Hansens noch die der anderen Architekten. Anders verhält es sich hingegen bei der Gartenanlage, die schrittweise immer stärker an das englische Landschaftsideal herangeführt wurde. So zeigt ein Entwurf von dem Dresdener Architekten Christian Friedrich Schuricht (1753–1832) aus dem Jahre 1795 (Abb. 371), daß man zunächst die geometrischen Heckenarchitekturen, die sich dem Wasserbassin in Richtung Süden anschlossen, durch geschlängelte Wege auflockern wollte. Die beiden parallel verlaufenden Alleen sollten dabei erhalten bleiben. Sehr interessant sind die auf dem Entwurf abgebildeten Ausstattungsstücke in Form von Vasen und Zierobelisken, die an den noch aus dem Barockgarten stammenden Heckenkabinetten aufgestellt werden sollten. Diese

Abb. 373: Rantzau, Entwurf für ein Lusthaus von A. Bundsen, Zeichnung 1795 (Privatbesitz).

Zierstücke, aber auch Brücken und Bänke scheinen dem Grafen Baudissin sehr am Herzen gelegen zu haben, denn es ließen sich noch weitere Entwürfe hierfür auffinden, die an Muster aus „*Grohmanns Ideenmagazin für Gartenliebhaber*"[12] erinnern, das für den damaligen Gartenfreund eine wichtige Vorlage bei der Ausstattung von Gartenanlagen darstellte.

Als weitere Maßnahme plante man den Umbau des vorhandenen Lusthauses. In diesen Zusammenhang gehören die chinoisen Umbauentwürfe, die 1795 von dem Architekten von Koeppen und dem Kammerdiener Mattäi angefertigt worden sind (Abb. 372), von denen wohl einer ausgeführt wurde. Christian Detlef Friedrich Reventlow (1748–1827) notierte auf seiner Reise durch die Herzogtümer am 7. 10. 1796: „*Die Aussicht vom Chinesischen Hause ist sehr schön, auch ist der Wasserfall hübsch.*"[13] Das chinesische Lusthaus und der Gartenentwurf Schurichts deuten auf den anglo–chinoisen Gartenstil hin, der sich vor allem in Frankreich großer Begeisterung erfreute. Eine gänzlich andere Lösung schlug der in Knoop unter dem Bruder des Grafen Baudissin tätige Architekt Axel Bundsen vor. Bundsen fertigte ebenfalls 1795 einen Entwurf für das Lusthaus im Rantzauer Garten an, der eine schlichte frühklassizistische Gestaltung vorsah (Abb. 373).[14]

Die weiteren, gegen Ende des 18. Jahrhunderts vorgenommenen Umgestaltungen der Gartenanlage zeigt ein zu dieser Zeit entstandener Lageplan des „*Herrschaftlichen Gartens zu Rantzau*".[15] Der gesamte Garten wurde unter Beibehaltung der im Süden gelegenen Alleen, des halbrunden Bassins und zweier Salons landschaftlich umgestaltet. Vom Lusthaus auf dem Hügel führte nun ein geschwungener Weg in den neu hin-

Abb. 374: Rantzau, Entwurf für eine künstliche Ruine, Zeichnung um 1790 (Privatbesitz).

zugewonnenen Parkteil im Südosten und Nordwesten. Der vorhandene Baumbestand wurde in die Planung einbezogen, wie man sehr genau an der Wegeführung erkennt, die um und zwischen die vorhandenen Bäume gelegt wurde. Vermutlich kam es gegen Ende des 18. Jahrhunderts zur Anlage der noch heute erhaltenen Kaskade aus erratischem Gestein im westlichen Bereich des Gartens.

Im Rantzauer Gutsarchiv befinden sich zwei Sepiazeichnungen, die mit großer Wahrscheinlichkeit ebenfalls während dieser Umgestaltungsphase entstanden sind. Da der Graf einige Umbauentwürfe für das Herrenhaus selbst gezeichnet hatte, ist anzunehmen, daß auch diese Zeichnungen von ihm angefertigt wurden. Die künstliche Ruine (Abb. 374) verweist dabei auf romantische Gartenstaffagen, und ein bizarrer Felsenentwurf erinnert an Felsendarstellungen aus dem Werk von Georges–Louis Le Rouge „*Details des nouveaux jardins à la mode*". Entsprechend dem von Le Rouge propagierten anglo–chinoisen Gartentypus sollte auch der Rantzauer Park mit Zierstücken, chinesischen Häuschen, Ruinentürmen und künstlichen Felsen ausgestattet werden und damit dem Zeitgeschmack entsprechen. Leider läßt sich heute nicht mehr ermitteln, ob die künstliche Ruine oder der Felsenentwurf jemals ausgeführt wurden.

Der Landschaftspark war bereits weitgehend vollendet, als 1814 Wolf Baudissin das väterliche Gut übernahm. Der hochbegabte Graf widmete sich besonders der Literatur, wobei er durch seine Übersetzungen von Shakespeare und Molière berühmt wurde. Wolf Baudissin hatte engen Kontakt zu zahlreichen Persönlichkeiten des kulturellen Lebens und nahm mit großer Sensibilität die geistigen Strömungen seiner Zeit wahr. Es entstand daher in Rantzau ein Ort des kulturellen Austausches und der literarischen Begegnung, wie er sonst in Schleswig–Holstein wohl nur in Eckhof und in Emkendorf zu finden war. 1827 verlegte der Graf seinen Wohnsitz nach Dresden, hielt sich jedoch im Sommer stets mehrere Monate in Rantzau auf. In den Jahren 1845–47 veranlaßte er einen erneuten Umbau des Herrenhauses. Für eine Umgestaltung der Gartenanlage ließen sich keine Quellen auffinden. Daß sich der Garten aber dennoch in einem sehr gepflegten Zustand befand, bestätigt eine um 1850 entstandene Lithographie von A. Hornemann. Die barocken Elemente, die sich in Form des halbrunden Wasserbassins und der Alleen und Rondelle im Süden an das Herrenhaus anschlossen, blieben unter Wolf Baudissin bestehen, dem folglich mehr am Erhalt, als an der Umgestaltung des Gartens gelegen war. In diesem Zustand befand sich die Rantzauer Anlage bis 1878, als der Graf im Alter von fast 90 Jahren starb.

Erst 1929 ließ sein Nachfahre Wolf–Caspar von Baudissin einen Plan für die Neubepflanzung des vermutlich durch den Krieg stark vernachlässigten Gartens erstellen.[16] Demnach war die Anlage einer neuen Lindenallee, die entlang der Wirtschaftsgebäude zum Schloßhof führen sollte, vorgesehen und vor dem Herrenhaus ein *„großes Schmuckstück"* geplant, das von einem *„Band aus Rhododendron eingefasst ist in dem abwechselnd hochstämmige Syringen und Schneeball in 5 m Abstand voneinander stehen"*. Ein aufwendiges Parterre sollte im Süden des Gartens angelegt werden.

Dieser formale Gartenbereich wurde vom eigentlichen Park abgetrennt, der ebenfalls mit neuen Bäumen und Sträuchern ausgestattet werden sollte, wobei man jedoch bemüht war, vorhandene alte Bäume zu erhalten. Oberstes Ziel war die Schaffung einer abwechslungsreichen Gesamtanlage, die man durch das Einstreuen von Stauden und blühenden Sträuchern beleben wollte. Heute läßt sich nicht mehr ermitteln, ob alle in der Planbeschreibung vorgeschlagenen Veränderungsmaßnahmen ausgeführt worden sind, aber man kann doch mit Sicherheit davon ausgehen, daß der Garten um 1929 erneut instand gesetzt wurde.

Heute befindet sich das Herrenhaus in einem renovierungsbedürftigen Zustand und auch der Rantzauer Garten bedürfte dringend gartenpflegerischer Maßnahmen. Erhalten sind noch immer die alte Lindenallee, die seitlich des Herrenhauses in Richtung Süden verläuft, ein altes Baumrondell sowie die Kaskade im Nordwesten der Gartenanlage. Äußerst beeindruckend ist noch immer die idyllische Lage des Herrenhauses in der Kossauschleife und die Einbettung der gesamten Anlage in die reizvolle landschaftliche Umgebung.

Hjördis Jahnecke

1 Heinrich Rantzau in: Bertheau (1888), S. 150.
2 Hirschfeld (1980), S. 35.
3 Zur Beschaffenheit des Lusthauses vgl. Lorenzen (1913), S. 55.
4 Lomeier (1595), S. 26.
5 Haupt (1926), S. 21.
6 Vgl. hierzu den Beitrag über Breitenburg.
7 Gutsbeschreibung vom 23. April 1740 im LAS Abt. 415, Film Nr. 5674.
8 *„Grundriss des Hofes Rantzau im Jahr 1745"*, heute im Archiv der Familie Baudissin sowie im LDSH 6x6 4087 vorhanden.
9 Der Plan befindet sich vermutlich im Archiv der Familie Baudissin. Photo: LDSH 6x6 4122.
10 Der Vergleich dieser Ansicht mit einem Perspektivplan Blumendorfs (LAS Abt. 402 A 41 Nr. 16) zeigt, daß beide von C. G. Albutius gezeichnet wurden.
11 Vgl. Stender (1974), S. 112.
12 Vgl. Grohmann (1779–1806).
13 Reventlow (1796), S. 215.
14 Vgl. Wehser (1989), S. 39.
15 Der Plan befindet sich vermutlich im Archiv der Familie Baudissin. Photo: LDSH 6x6 4097 vorhanden.
16 LAS Abt. 415, Film Nr. 5702.

Rastorf

Adeliges Gut der Grafen Rantzau etwa 12 km südöstlich Kiels. Anspruchsvolle barocke Hofanlage R. M. Dallins 1723–1729, zu der auch ein formaler Lustgarten gehörte. Ausgestaltung eines Weges im Schwentinetal zu einer frühen sentimentalen Szene mit Grotte und Gedenkstein 1778 (erhalten und als öffentlicher Wanderweg zugänglich). Herrenhausneubau 1803–1806 von C. F. Hansen.

Die perspektivisch konzipierte Hofanlage des Eutiner Hofbaumeisters Dallin gehört zu den künstlerisch bedeutendsten Leistungen barocker Gutsarchitektur im Lande.[1] Bauherr war Graf Christian Rantzau (1683–1729), der ältere Bruder des Hans Rantzau auf Ascheberg. Wenig später dürfte der barocke Garten entstanden sein, dessen Grundriß sich auf einer Gutskarte aus dem Jahre 1757 erhalten hat (Abb. 375).[2] Peter Hirschfeld schreibt ihn dem Gärtner Martin Friedrich Bie-

Abb. 376: Rastorf, Denkmal Christian Emil Rantzaus von J. Wiedewelt um 1778, Photo 1995.

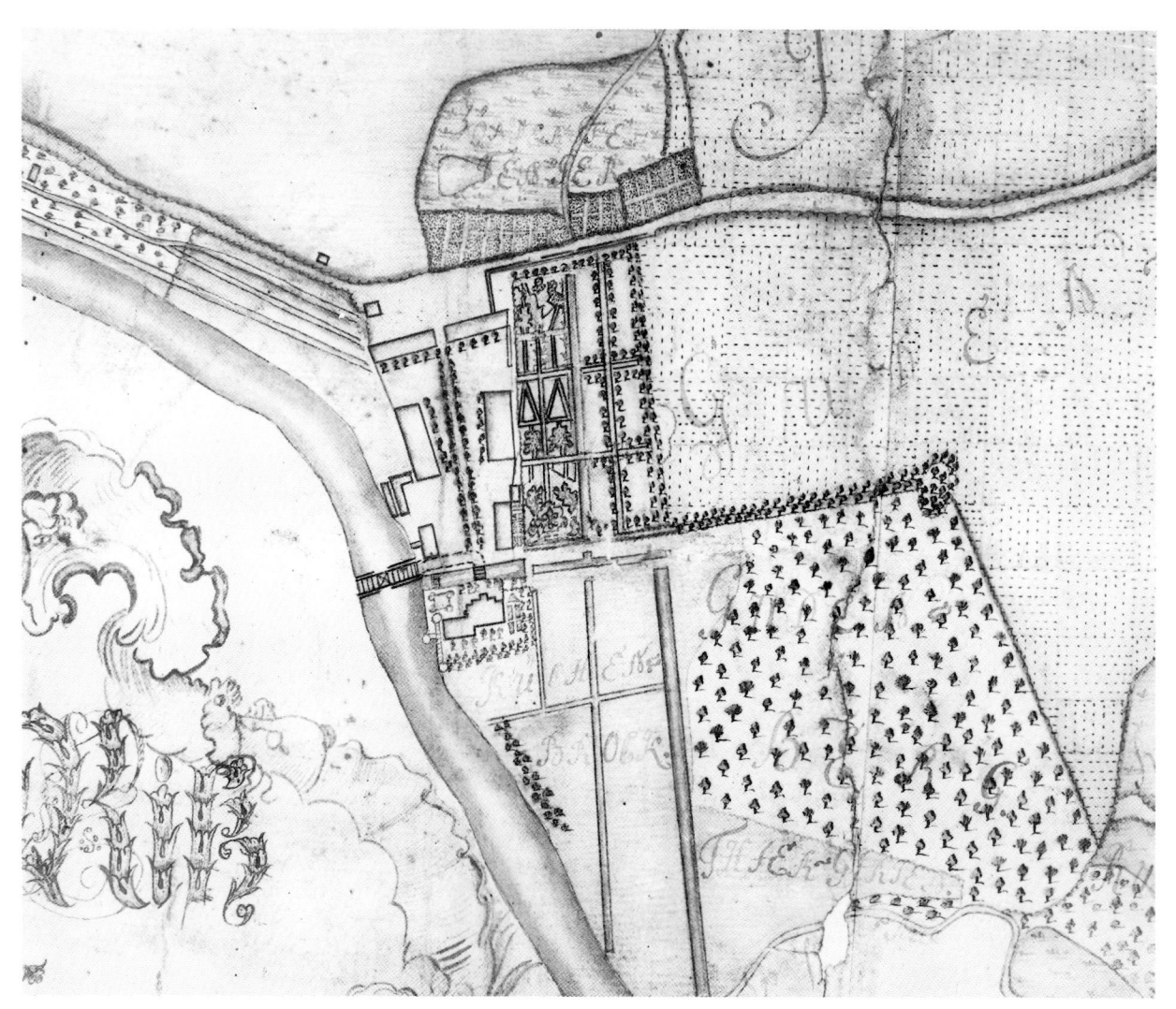

Abb. 375: Karte des Gutes Rastorf (Detail), Zeichnung 1757 (Privatbesitz).

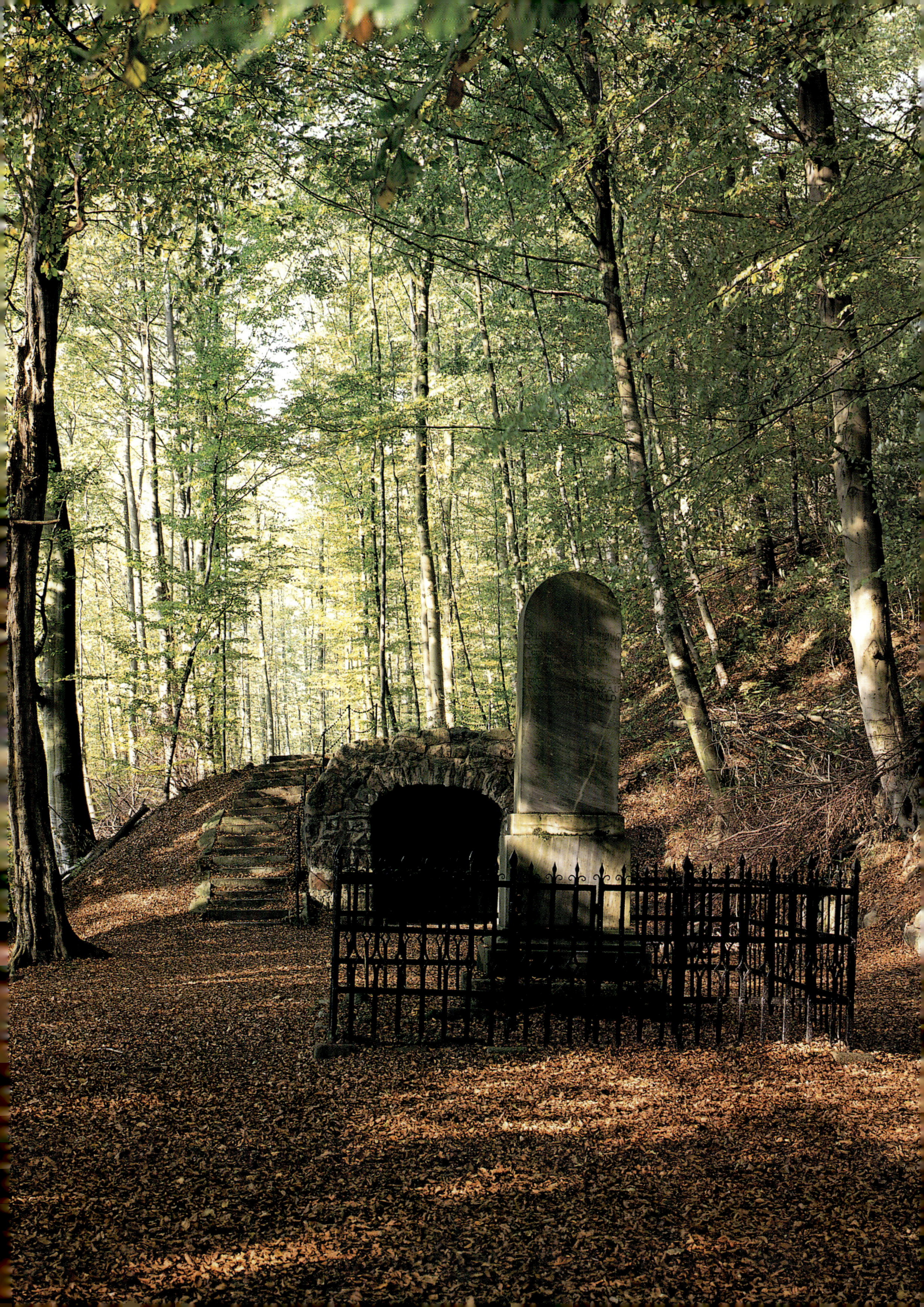

soldt zu, dessen Sohn 1735 in Rastorf geboren wurde. Die Karte zeigt einen kleinen, von doppelten Baumreihen umgebenen Gartenbereich rings um das alte Herrenhaus, vorn begrenzt vom Hofgraben, seitlich von der Schwentine und einem der Entwässerungsgräben des rückseitig anschließenden „Küchenbrocks". Östlich schließt sich ein umfriedetes, bewaldetes und leicht ansteigendes Gelände mit einem „Thiergarten" an. Der von der Schloßinsel separierte Lustgarten erstreckte sich parallel zum Wirtschaftshof und war durch einen Mittelgraben und ein Wegeraster in mehrere längsrechteckige Quartiere unterteilt. Die Westhälfte bestand aus mehr oder minder formalisierten Boskett- und Parterrebereichen, während die Osthälfte als Baumgarten ausgewiesen war. Die Umrisse mitsamt der umgebenden Lindenreihen und Gräben sind noch heute erkennbar.

Dieser Garten muß bis zum Ende des 18. Jahrhunderts Bestand gehabt haben, wie aus kritischen Anmerkungen Reisender hervorgeht. So heißt es etwa in Heinrich August Groschs „*Beschreibung der Holsteinischen Gegenden*" (1790): „*Viele Vorzüge des Reitzes würde dieser Garten hierdurch erlangen, wäre sein Umfang nicht zu klein, und der ganze Gartenplatz nicht geteilt, wovon die eine Hälfte einen würklich steifen französischen mit Hecken versehenen Garten begreift, dem es um vollkommen in seyner Art zu seyn, nicht an unnatürlichen Grotten, an Wasserspielereien und Bogen-Gängen fehlt, dem man es vollkommen ansieht, daß er zu einer Zeit angelegt ward, wo ... man den Franzosen und Holländern nachahmen musste, weil die englischen Parks noch nicht entstanden, oder doch wenigstens nicht so bekannt waren, um zum Muster zu dienen ...*" Er beschreibt dann das in der Schwentine-Schleife gelegene alte Herrenhaus im „*verdorbenen Gothischen Geschmack*", das sich aber in dieser Umgebung recht gut ausnehme. Über eine Brücke gelange man ans jenseitige Preetzer Ufer, „*wo man in eine mit Saatfeldern und Gebüsch versehene heitere Gegend sieht ...*"[3] Der hier beschriebene Zustand ist auf einem Kupferstich von Voigts um 1795 wiedergegeben.[4]

Bemerkenswert ist, daß auf dem Gutsplan von 1757 bereits der parallel zum Fluß verlaufende Uferweg eingezeichnet ist, der später zum Denkmal Christian Emil Rantzaus und weiter flußabwärts zur Rastorfer Papiermühle führte. Christians Sohn Christian Emil (1716–1777) durchlief wie sein Vater eine Militärkarriere in dänischen Diensten. 1770 trat er die Verwaltung seiner Güter an, vermählte sich in fortgeschrittenem Alter mit der damals zwanzigjährigen Anna Sabine von Buchwaldt und nahm seinen Wohnsitz auf Rastorf. Christian Emil Rantzau wurde für seine „*gelehrten Kenntnisse und Liebe zu den Wissenschaften*" ebenso gerühmt wie für „*edle Religionsempfindungen*" und „*Wohlthätigkeit gegen Nothleidende*". Wie sein Schwager Friedrich von Buchwald galt er als Freund der Bauern. Nicht zuletzt brachte er auf Rastorf eine bedeutende Bibliothek zusammen.[5]

Nach seinem Tod setzte ihm die junge Witwe einen Gedenkstein[6] an jener von hohen Linden gesäumten Allee, die vom Torhaus rechter Hand auf halber Höhe dem Lauf der Schwentine folgt (Abb. 376). Es war der mittlere von drei Wegen, die noch heute erkennbar sind, flankiert von einem auf der Höhe und einem zweiten nahe am Fluß: Für das Monument „*ward ein Platz erfordert, der mit Vermeidung alles Pomps der Würde des Gegenstandes entspräche, der, ohne gleichwohl zu versteckt zu seyn, die Idee der Stille und Einsamkeit – denn der Schmerz liebt die Einsamkeit – gleichsam an der Stirne trüge, und dem Monument eine solche Stellung gäbe, daß der Wanderer in der Ferne etwas erblicke, das seine Neugier reitze, ihn an sich locke, und beim näheren Hingehen mit Regungen der Ehrerbietigkeit, mit einem gewissen Schauer, erfülle*", schreibt Johann Bartram Mielck, Prediger zu Preetz, schon 1779 und fährt fort: „*Schon bei Eintritt in die Allee ... sieht man in dunkler Ferne die obere Rundung des Monuments, und stößt am Ende derselben auf einen länglicht runden Platz ..., der vorne von einer Buchenhecke, zur Linken von hohen Linden, die eine Durchsicht nach der nächstfließenden Schwentine öffnen, zur Rechten von Gebüsch und Hölzung, und hinten von einer steilen Anhöhe, einem romantischen Berg, eingeschlossen ist, auf dessen Anhöhe sich eine Tannenallee erhebt.*"

Abb. 377: Rastorf, Luftbild 1996.

Das Monument selbst ist in seiner noblen Einfachheit ein Meisterwerk frühklassizistischer Bildhauerkunst: Eine etwa dreieinhalb Meter hohe Stele aus grauweißem Marmor mit halbrundem Abschluß, durch feine Profile vom Sockel abgesetzt und von Anbeginn von einem Eisengitter umgeben. Einziger Schmuck ist die – ursprünglich vergoldete, heute leicht verwitterte – Inschrift, die, ganz im Geiste der Empfindsamkeit, völlig auf die Wirkungsmacht des Wortes und die poetische Stimmung des Ortes vertraut. Thematisiert wird in eher altmodischen Alexandrinern[7] der Schmerz der Trauernden und die menschliche Größe des Verstorbenen:

„Dem edelsten Gemahl,
dem schon so manche Zaehre,
So manch in Einsamkeit geweinte Zaehre floss,
Sey dieses Monument. Zwar brauchts zu seiner Ehre
Nicht, dass der Marmor sag,
wie gut Er war, wie gross;
Ein Zeuge sey er nur der waermsten treusten Liebe,
Die, tief im Schmerz versenkt,
kein irdisch Glück mehr kennt.

*Ihm bleibt in meiner Brust, voll heissem
Sehnsuchtstriebe,
Ein bessres Monument."*

Vermutlich stammen die Verse, die auf der Gegenseite durch die biographischen Daten ergänzt werden, von Mielck selbst. Jedenfalls folgen die Zeilen der neuen, auch von Hirschfeld 1780 vertretenen Forderung nach deutschsprachigen Inschriften. Hirschfeld lobt in diesem Zusammenhang das Rastorfer Monument als eines der wenigen *„in einem ächten Geschmack".*[8] Doch fanden die Verse nicht den Beifall des berühmten Friedrich von Matthisson (1761–1831), der 1794 Rastorf besuchte und nörgelte: „... *die matten Gottschedischen Reime beleidigen den ästhetischen Sinn."*[9]

Entwurf und Ausführung des Denkmals stammen von dem damals führenden dänischen Bildhauer Johannes Wiedewelt (1731–1802) – einem Künstler, der in Paris und Rom ausgebildet worden war, aber auch die englischen Landschaftsgärten und ihre Monumente von einer gemeinsamen Englandreise im Jahre 1768 mit dem dänischen König und dem Minister von Bernstorff kannte.[10] In Jægerspris hatte Wiedewelt 1777 auf Wunsch des jungen Kronprinzen Frederik (Friedrich VI.) mit der Arbeit an den puristischen Denkmalstelen („*Mindesten*") für berühmte Männer der nordischen Geschichte begonnen, womit er – wie Hirschfeld 1780 bemerkte – das Vorbild dieser patriotischen Anlage, den „*Tempel der Edlen Briten*" in Stowe/Buckinghamshire (1734), übertreffe.[11] Das Rastorfer Monument ist gleichsam ein direkter Ableger dieser dänischen Anlage. Allerdings kannte Wiedewelt vermutlich den Aufstellungsort Rastorf nicht persönlich und lieferte insgesamt drei Entwürfe, aus denen Anna Sabine von Rantzau denjenigen auswählte, der am meisten auf „*bescheidene Traurigkeit deutet*" (Mielck). Das Rastorfer Monument ist das älteste klassizistische Denkmal dieser Art in Schleswig-Holstein. Bemerkenswert ist die sentimentale Umdeutung des barocken Grottenmotivs mit zweiläufiger Treppe (vgl. Rixdorf), „*um der ganzen Vorstellung mehr Melancholisches zu geben*" (Mielck). Darauf stimmte bereits das nahe „*Borkhaus*" an dem sich „*nachlässig*" herabwindenden oberen Parallelweg ein, ferner die Bepflanzung mit Tannen, die – wie schon die Lärchen an der Gruft Friedrichs des Großen in Sanssouci – den Charakter des Trauerhains beschworen, und schließlich das Murmeln einer Kaskade, die über „*einige Absätze in das tiefliegende Bassin*" im Inneren der Grotte stürzte und von dort unterirdisch in die Schwentine abgeleitet wurde. Bis auf die Bepflanzung und das Wasserspiel hat sich die Situation bis heute im wesentlichen erhalten (Abb. 376, 377).

Adrian von Buttlar

1 Zur Gutsgeschichte Schröder/Biernatzki (1856); Oldekop (1908); zu Dallin: Hirschfeld (1980), S. 144ff und Hirschfeld (1985); Andresen (1993); zu Hansens Neubau zuletzt Lund/Thygesen (1995).
2 GA Rastorf, LAS Abt. 402 A 56 Nr. 1. Photo aus dem Nachlaß Peter Hirschfeld.
3 Grosch (1790), S. 34ff; vgl. Matthisson (1810), S. 50, der 1794 „*ohne besonderes Interesse den künstlichen Theil des Gartens*" durcheilte.
4 „*Vue de Rastorff sur la Schwentine ... deßiné, gravé et peint d'aprés la Nature*", GA Rastorf; SHLB.
5 Mielck (1779).
6 Vgl. Bülck (1952); Deuter (1994), ich danke Herrn Deuter für freundliche Hinweise aus seiner Dissertation. Die Fundamentsteine der Grotte sind 1779 datiert und mit den Initialen Anna Sabines signiert.
7 Kehn (1980), S. 274.
8 Hirschfeld (1779–1785), Bd. 3, S. 147ff zum Briefwechsel mit Wiedewelt vgl. Kehn (1992b).
9 Matthisson (1810), S. 51.
10 Deuter (1994), insbes. Kap. 9.2.3; vgl. den Beitrag von Klara Frantz zu Eckhof.
11 Hirschfeld (1779–1785), Bd. 3, S. 197–209; zu Jægerspris Lund (1976).

Reinbek

Anlage eines Renaissancegartens ab 1578, im 18. Jahrhundert barocke Umformungen, ab 1919 Park eines privaten Erholungsheims nach einem Entwurf des Gartenarchitekten W. Luserke, ab 1939 Institutspark. Neugestaltung als öffentlicher Park 1985 durch H. Wehberg.

In den Jahren von 1572 bis 1576 errichtete Herzog Adolf von Schleswig-Holstein-Gottorf (1526–1586) an der südlichen Grenze seines Herrschaftsbereichs als Nebenresidenz Schloß Reinbek – einen Bau im Stil der niederländischen Renaissance.[1] Die wichtigsten Quellen für den gleichzeitig entstehenden Garten sind die ab 1577 erhaltenen Reinbeker Amtsrechnungen[2], ein Inventar des Schlosses, das auch die Gärten berücksichtigt von 1707[3] und eine Karte von 1748[4], die den Renaissancegarten erstmals abbildet. Das Gartengelände erstreckte sich auf drei Seiten des U-förmig gebauten Schlosses. Der größte Teil lag im Osten hinter dem Hauptflügel, ein schmaler Streifen zog sich südlich des südlichen Seitenflügels entlang dem Ufer der hier zum Mühlenteich aufgestauten Bille hin, und ein drittes, trapezförmig gestaltetes Stück vermittelte zwischen dem Nordflügel des Hauses und der sich weit nach Norden ausdehnenden Wildkoppel (Tiergarten) mit ihren Fischteichen. Der Lustgarten nahm den Osten und Süden des Geländes ein, der Nutzgarten lag im Norden. Der Gebäudekomplex des Schlosses öffnete sich nach Westen zum Wirtschaftshof. Daran schloß sich das Gelände des Vorwerks Hinschendorf an, das auf dem Grund eines nach der Reformation in landesherrlichen Besitz übergegangenen, 1534 jedoch verwüsteten Zisterzienserinnen-Klosters errichtet worden war. Der Garten war eine vom Schloß unabhängige, selbständige Anlage, zu der es ursprünglich keinen unmittelbaren Zugang aus dem Haus gab. Erst als der Südflügel an der Gartenseite Treppentürme erhielt, konnte man vom Schloß aus direkt in den Garten gelangen. Dieser „*Abgeschiedenheit*" entsprach die nur auf sich bezogene, nach innen gerichtete Ordnung des Lustgartens. Der Große Garten, das viereckige Areal hinter dem Hauptflügel, war dem gängigen Renaissancetypus entsprechend in neun quadratische Flächen von je achtzig Fuß Seitenlänge aufgeteilt, die sich drei zu drei in das orthogonale Raster gleichmäßig breiter Wege einfügten. Der Kleine Garten vor dem Südflügel war zunächst offenbar ungegliedert (Karte von 1748), später aber in zwei quadratische Quartiere aufgeteilt (Karte von 1765).

Die Gestaltung des Lustgartens begann 1586 mit dem Bau eines Gartenhauses und eines Laubengangs, dessen rot angestrichenes Treillagewerk mit vergoldeten Kugelknöpfen geschmückt war.[5] Der Bogengang wurde mit Weißdorn bepflanzt. Gartenhaus und Bogengang müssen etwa so gestaltet gewesen sein, wie es die Patrizier- und Adelsgärten des 16. Jahrhunderts, die literarischen und architektonischen Gartenentwürfe des Erasmus von Rotterdam, von Joseph Furttenbach und Hans Vredeman de Vries zeigen.[6] Im selben Jahr wurde im Garten eine Sonnenuhr aufgestellt. Diese Maßnahmen sprechen dafür, daß die Grundstruktur des Gartens um 1586, als Herzog Adolf starb, fertiggestellt war.

Sein Nachfolger, Herzog Johann Adolf, heiratete 1596 die Schwester König Christians IV. von Dänemark, Augusta. Er vermachte ihr neben Husum auch das Amt Reinbek als Leibgedinge. Für Reinbeks Garten begann jetzt eine sehr kreative Phase. Nach dem Inventar von 1707 waren die neun Quartiere des Großen Gartens mit Bogengängen von Haselstauden umgeben. Der geschlossene Charakter der Anlage wurde nach außen durch weitere Bogengänge, einen zwanzig Ruten langen Ligustergang im Norden und einem dreißig Ruten langen Weißdorngang im Süden, noch verstärkt. Die östliche Grenze bildete ein Hainbuchengang, der sich nördlich über den Lustgartenbereich ausdehnte und hier als aus Rosen gezogener Bogengang den

Nutzgarten abschloß. Im Westen war der Gang unter dem Corps de Logis des Schlosses mit Johannisbeersträuchern bepflanzt.[7] Anfänglich waren die Beete der Lustgartenquartiere mit den immergrünen, duftenden mediterranen Halbsträuchern Lavendel, Thymian, Salbei, Rosmarin, Ysop und Weinraute ornamental gestaltet. Sie wurden, wie in italienischen und französischen Gärten der Zeit, zur Randeinfassung der Zierbeete wie auch zur Ausführung der geometrischen Muster der Parterres verwendet.[8] Die äußere Umfriedung bestand aus Plankwerk, auch gab es Einrichtungen zum Spiel, etwa eine Pilckentaffel (Billard) und eine Kegelbahn. 1608 wurde im Garten nahe der Bille ein zweistöckiges Waschhaus, das im Obergeschoß eine Badestube und ein Gemach enthielt, gebaut.[9] Als nächstes folgte ein Brunnenhaus,[10] dessen Dach die vergoldete Statue einer Fortuna schmückte.[11] Um 1616 zeigt sich in der Pflanzenverwendung eine Modernisierung; denn nun werden die Parterres mit den beliebten Zwiebelblumen geschmückt. Bemerkenswert ist der Amtsrechnungs-Eintrag vom 2.7.1617, wonach F.(ürstliche) G.(naden) selbst Blumen von Jobst Gilting aus Amsterdam einkauft. Auch später wurden große Mengen Zwiebelpflanzen zum Schmuck des Lustgartens aus Holland bezogen.[12] Augusta ließ in den folgenden Jahren in mehreren Quartieren fürstliche Wappen in Buchsbaum pflanzen, wozu der Kieler Maler Hans Gosch die Zeichnungen lieferte. Die Karte von 1748 zeigt mit Wappen vergleichbare Spiegelmonogramme im mittleren Quartier der Westreihe des Großen Gartens sowie unterhalb der Fenster des Südflügels. Für die Dekoration des Gartens mit Kübelpflanzen, die man an den Innenseiten der Quartiere vor den schützenden Hecken aufstellte, wurden in Reinbek in zeittypischer Weise Rosmarinbüsche und Nelken verwendet.[13] Die neuen Zierstücke waren, wie in Renaissancegärten üblich, von bunt gestrichenen Staketchen mit kleinen Türen eingefriedigt. Außer der Sonnenuhr schmückten zwei hölzerne Löwenskulpturen und vier weiße hölzerne Pyramiden mit roten und gelben Knöpfen den Lustgarten. Die Herzogin ließ 1617 ein weiteres zweistöckiges Lusthaus mit Treppenturm im Garten errichten. Aber dieses Lusthaus und auch die Badestube im alten Waschhaus genügten Augusta offenbar nicht, denn sie ließ 1633 erneut ein zweistöckiges Lusthaus mit Badestube südwestlich des Schlosses nahe am Wasser bauen. Der mit Zinn ausgeschlagene Baderaum und eine mit Fliesen und Paneelen geschmückte Vorstube befanden sich im Erdgeschoß, während der obere Raum als Festsaal diente. Dieses Lusthaus trug deutlich Züge jener repräsentativen Gartenbauten, die Augusta aus ihrer Heimatstadt Kopenhagen kannte.[14] 1707 wurde es abgerissen, nachdem es zuvor noch als Gewächshaus gedient hatte.

Der ab 1607 zu Hessen bei Wolfenbüttel errichtete Lustgarten des Herzogs Heinrich Julius von Braunschweig, dessen Frau Elisabeth eine Schwester Augustas war, diente offenbar als Vorbild für den Reinbeker Schloßgarten. Das belegt die detaillierte Beschreibung des Hofgärtnermeisters Johann Royer, die verblüffende Parallelen zu Reinbek aufweist.[15]

Zur Anlage des Reinbeker Nutzgartens wurde 1583 ein Hamburger Gärtner geholt. Johannisbeer- und Stachelbeersträucher, Kirsch- und Pflaumenbäume wurden dort gepflanzt. Am östlichen Rand lag ein neuer Baumgarten mit jungen, an Stützpfählen gezogenen Apfel- und Birnbäumen. Ein anderer Obstbaumgarten lag westlich des Nutzgartens. Die Amtsrechnungen des 17. Jahrhunderts enthalten fast durchgängig genaue Angaben über den Einkauf von Saatgut und Pflanzen, so daß sich Aufgaben, Entwicklung und Ertragssituation des Nutzgartens ablesen lassen. Außer einem reichen Sortiment von Gemüsen (auch bereits in Sorten) finden sich viele Gewürzkräuter, ferner Artischocken, Melonen und Augurken (Schlangengurken) sowie Arzneipflanzen. Färberpflanzen wurden nicht nur für Zwecke der Tuchfärbung angebaut, sie dienten auch zum Färben der Speisen und waren vor allem in der damals sehr beliebten Zuckerbäckerei unentbehrlich.[16] Ferner wurden in Reinbek als Edelobst Weinreben, Pfirsich-, Aprikosen- und Maulbeerbäume gezogen, die aus Holland kamen. Im ‚Hopfenhof' wuchsen aus Mölln bezogene Hopfenpflanzen.

Abb. 378: Reinbek, Karte von F. H. Hanssen, aquarellierte Federzeichnung 1793 (LAS).

Reinbek

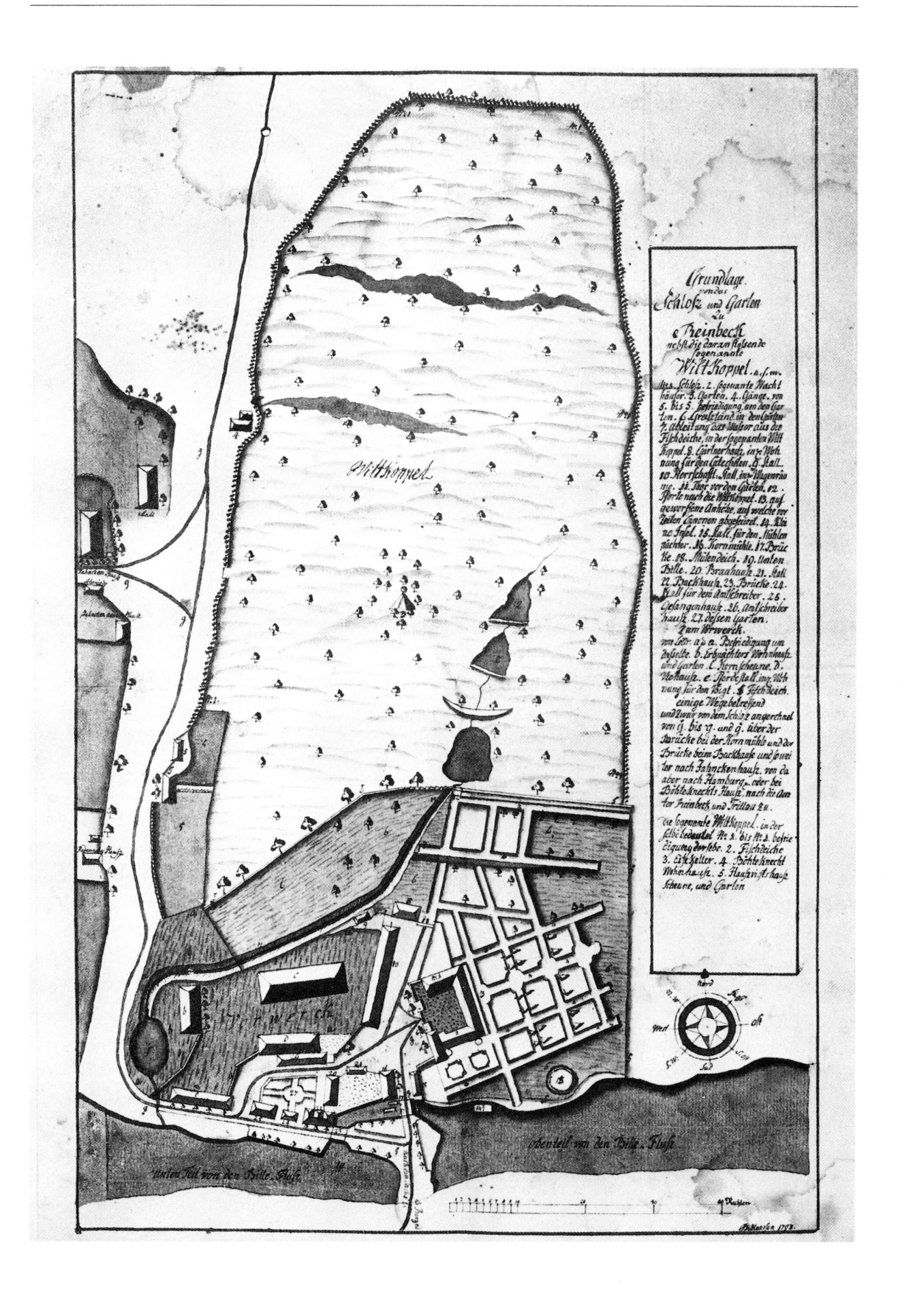

Nachdem Herzoginwitwe Augusta 1639 verstorben war, kam der Hof – Herzog Friedrich III. und Herzogin Maria Elisabeth – nicht mehr regelmäßig nach Reinbek. Mehrfach unterbanden Kriegsereignisse alle Aktivitäten im Garten. Obwohl unter Herzog Friedrichs Nachfolger, Christian Albrecht, die Hoflager wieder zahlreicher wurden,[17] spiegelte sich das nicht in der wirtschaftlichen Effizienz des Gartens. 1682 kam Peter Wulf, der spätere Gottorfer Hofgärtner, um den wüst liegenden Garten in Ordnung zu bringen. Da Christian Albrecht erst mit dem Frieden von Altona 1689 seine vollen Rechte vom Dänenkönig zurück erhielt und damit die Besetzung Gottorfer Gebietes durch dänische Truppen endete, sind lediglich Reparaturen und Ersatzmaßnahmen zu dieser Zeit im Garten verzeichnet.

Mit Beginn des Nordischen Krieges 1700 lag der Garten brach. Das Lustboot auf der Bille, die ‚Kleine Jacht', wurde nach Tönning in Sicherheit gebracht. Trotz der unruhigen Zeit wurde 1706 ein Orangeriegebäude (Abb. 379) errichtet. Der Neubau, nördlich des Schlosses am Eingang zum Nutzgarten plaziert, war 65 Fuß Lang und 30 Fuß breit und nach Süden mit neun großen, vom Feldsteinfundament bis unter das pfannengedeckte Walmdach reichenden Fenstern ausgestattet. Fünf Fach im östlichen Teil des Hauses waren für die Wohnung des Gärtners abgeteilt. Die Wände zeigten auf der Südseite eine illusionistische schmückende Laubwerk-Malerei in roter und weißer Ölfarbe.

Herzog Karl Friedrich, seit Ende des Nordischen Krieges 1721 nur noch im Besitz des holsteinischen Anteils von Gottorf, war noch seltener in Reinbek als seine Vorgänger. In dieser Zeit war die Rentekammer dem in Rußland lebenden Großfürsten und russischen Thronfolger für die Erhaltung des Gebäudes verantwortlich, und es verwundert nicht, daß Haus und Inventar bald vernachlässigt wurden.[18] Von 1721 bis 1773, dem Zeitpunkt, als Reinbek mit Holstein an Dänemark abgetreten wurde, bestand die einschneidendste Veränderung, die den Schloßgarten betraf, in der Ausräumung der Orangerie 1748. Im Gewächshaus überwinterte im ersten Jahr (1707) ein Fundus von 177

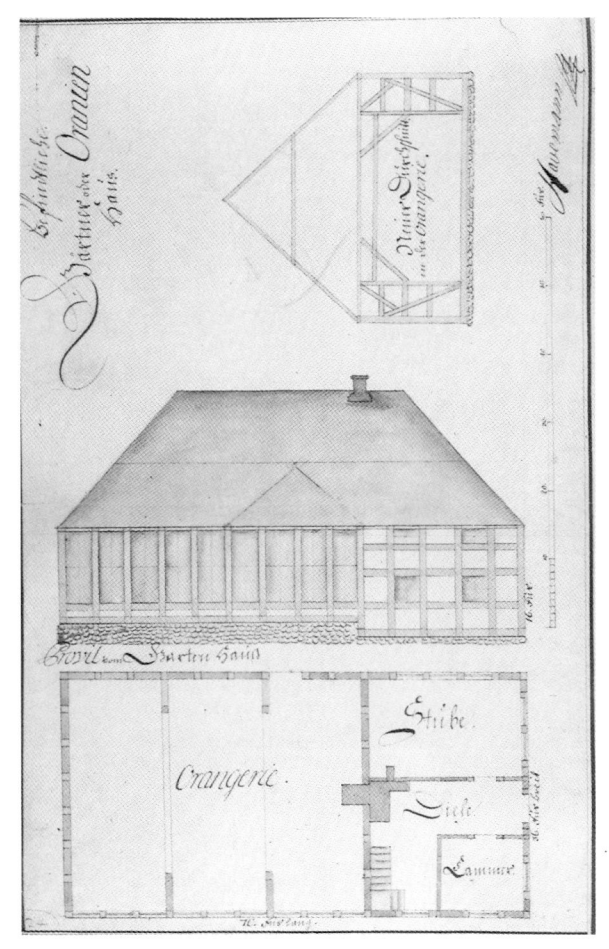

Abb. 379: Reinbek, Aufriß und Schnitt der Orangerie mit Gärtnerwohnung, lavierte Zeichnung von Havemann 1706 (LAS).

Pflanzen, der 1723 auf 203 Exemplare angewachsen war, während es 1748 nur noch einen Rest von 89 der ehemaligen Orangeriepflanzen gab. Zu der unabdingbaren Grundausstattung mit Citrusgewächsen, wie Orange, Zitrone, Pampelmuse, gesellten sich die immergrünen Lorbeer-, Laurustinus- und Kirschlorbeerbäumchen, Zypressen und Myrten, die, in Form geschnitten, zur sommerlichen Zierde des Lustgartens gehörten. Schön blühende Mediterrane wie Oleander, Granatapfel, Jasmin, Perückenstrauch, Mönchspfeffer, spanischer Ginster, Tamariske gehörten ebenfalls zum festen Bestand, wie die beiden erhaltenen Inventare von 1707 und 1723 belegen. Nux indica, Ketmia arabica, Aloe, die amerikanische Agave, und Yucca galten noch als ausgesprochene Exoten, waren aber im Gottorfer Garten schon wesentlich früher vorhanden.[19]

Leider wissen wir nicht, woher die Erstausstattung mit Pflanzen für Reinbek gekommen ist, da es keinen Beleg über besondere Ankäufe gibt.

Die beabsichtigte Reduzierung des gärtnerischen Pflegeaufwandes, die mit dem Umzug der Orangerie nach Kiel eingeleitet wurde, führte nun auch zu Veränderungen an der Gesamtanlage. Die Bogengänge wurden durch Hecken aus Weißdorn und Hainbuche ersetzt, in die man in Abständen Linden, wie man sie „*fast allenthalben in den jetzigen Gärten*" findet,[20] pflanzte. 1761 berichtete der Gärtner, daß die Lustparterres im Unkraut erstickten und der Küchengarten nur mehr Grasland für Kühe bilde. Die Situation war schwierig, weil die Gärten dem jeweiligen Amtmann überlassen waren, seit die herzoglichen Häuser nicht mehr von der Herrschaft genutzt wurden. Nach einer Karte von 1765 zeigt der Schloßgarten noch das ursprüngliche Wegenetz. An die Stelle der mit Wappen beziehungsweise Spiegelmonogrammen geschmückten Quartiere sind drei Broderieparterres – Neuanlagen aus den 1730er Jahren – getreten, die im Vergleich mit den komplizierten und stark bewegten Barockdessins, welche um diese Zeit längst üblich waren, relativ einfache geometrische Muster der älteren Art aufweisen.

1773 war der Zustand des Schlosses so schlecht, daß an Abriß gedacht wurde. Es ist dem bedeutenden dänischen Baumeister und Oberbauinspektor des Landes Christian Frederik Hansen zu verdanken, daß es nicht dazu kam.[21] Das Interesse der Krone ging jedoch über notwendigste Erhaltungsmaßnahmen der Bausubstanz nicht hinaus. Dem Amtmann wurde gegen freie Wohnung im Schloß die Instandhaltung der Nebengebäude übertragen, und nach Abschaffung der Garten-Dienstpflicht für die Untertanen 1778 war er als Pächter des Lustgartens für dessen Unterhaltung allein verantwortlich. Die Amtskasse war von allen Verpflichtungen entlastet. Nutz- und Baumgartenflächen sowie die Wildkoppel wurden ebenfalls verpachtet. Eine Karte von 1793 zeigt den Zustand des Gartens in dieser Periode (Abb. 378). Nordwestlich vom Schloß steht am Eingang zum Nutzgarten das Orangerie-Gärtnerhaus, dabei der am Hausgraben gelegene Stall. Die Gliederung des Lustgartens ist noch unverändert, aber der un-

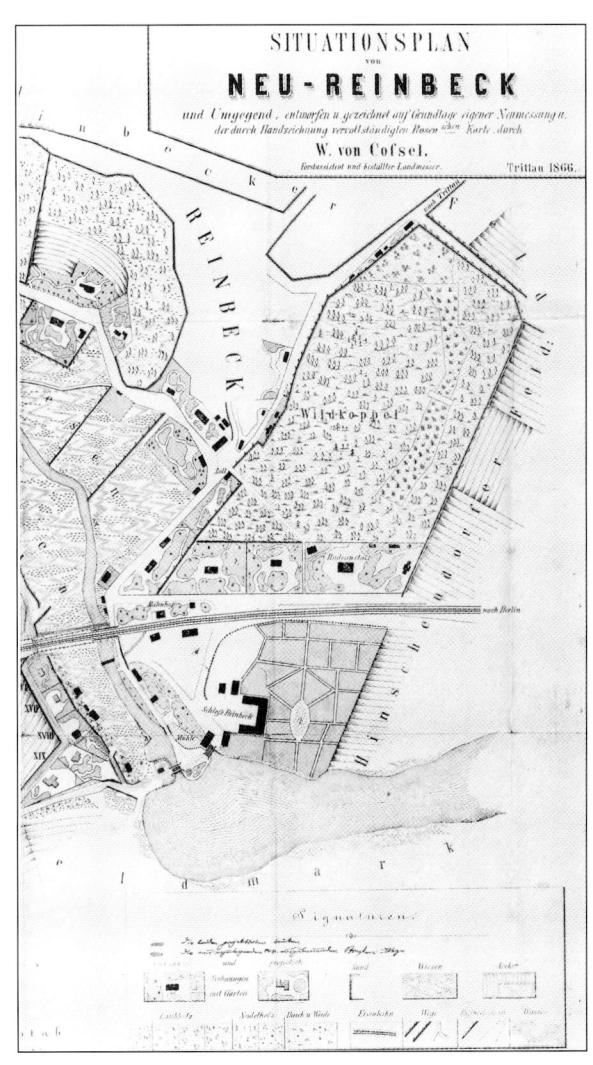

Abb. 380: „Situationsplan von Neu-Reinbeck" (Detail) von W. v. Cossel 1866 (LAS).

ter der Mitte des Hauptflügels beginnende West-Ost-Gang ist durch rondellartige Erweiterungen an den Kreuzungen deutlich als auf das Schloß bezogene Achse hervorgehoben. Alle Quartiere des Lust- und Nutzgartens sind mit Hecken eingefaßt. Signaturen von Bäumen entlang der beiden Mittelwege in Nord-Süd-Richtung sind als Bezeichnung der 1749 angelegten Alleen mit Heckenunterzug zu verstehen. Die Änderung des Grundrisses bezweckte offensichtlich, dem Großen Garten in demjenigen Abschnitt, der direkt unter dem Corps de Logis lag, eine barocke Prägung zu geben, indem eine auf die Mitte des Hauptflügels zustrebende Achse gelegt wurde. Diese bemerkenswerte Änderung in der Struktur des ehemaligen Renais-

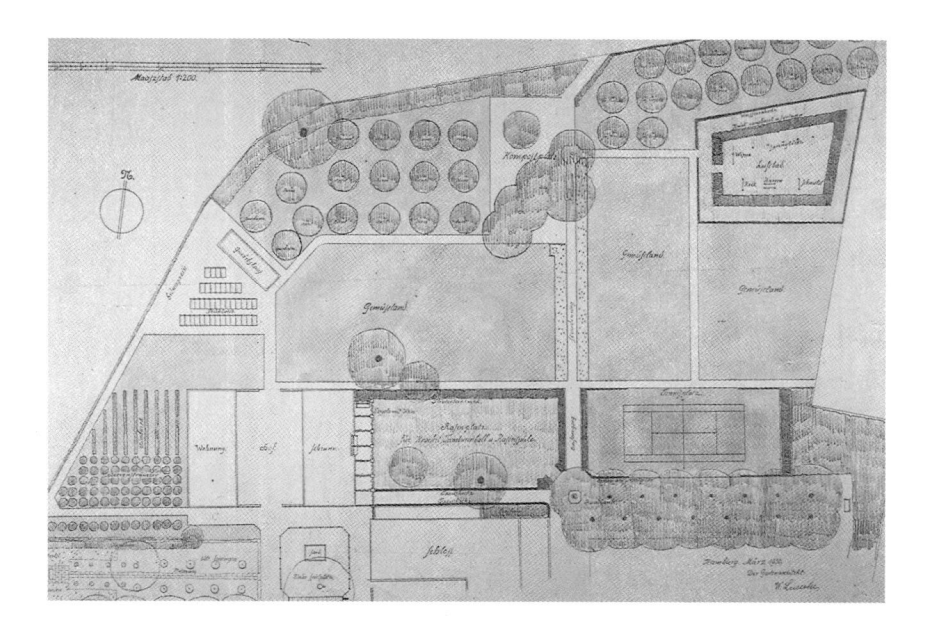

Abb. 381: Reinbek, Plan von W. Luserke, lavierte Zeichnung 1930 (StA Reinbek).

sancegartens stammt aus der Zeit des ersten königlich dänischen Amtmanns, Andreas August von Hobe, der von 1773 bis 1802 in Reinbek tätig war.

Mitte des 19. Jahrhunderts wurde der ehemalige Lust- und Nutzgartenbereich durch den Bau der Hamburg-Berliner Bahnstrecke vom seinem landschaftlichen Umfeld, der Wildkoppel, abgeschnitten. Jetzt erst wurde die noch vorhandene Renaissance-Struktur durch eine neue Flächenaufteilung zerstört (Abb. 380). Abholzung inzwischen hoch gewachsenen Baumbestands auf den Nutzflächen und Pflanzung neuer, auch fremdländischer Gehölze im ehemaligen Lustgarten kennzeichnen die Phase bis zum Ende des 19. Jahrhunderts. Für eine konsequente Umwandlung der Anlage in einen englischen Park finden sich keine Anzeichen.

1866 wurde Reinbek wie das übrige Holstein preußisch. Das Schloß wurde 1874 verkauft. Der Besitz gelangte zunächst an einen Hotelier, 1919 dann an eine Freiin v. Patow, die im Haus ein Erholungsheim einrichtete. Mit dem Hamburger Gartenarchitekten Wilhelm Luserke plante sie zwischen 1928 und 1930 die Neugestaltung eines *„funktionalen"* Gartens, der sich vom Typus her als eine Anlage zwischen bürgerlichem Hausgarten und öffentlichem Volkspark definierte.[22] Luserke erstellte zwei Pläne, die den ehemaligen Nutzgartenteil und den südlich am Mühlenteich gelegenen Gartenteil betrafen.[23] Im nördlichen Gartenteil (Abb. 381) waren zwei heckenumzäunte Felder als Platz *„für Krocket [nicht ausgeführt], Tamburinball u. Rasenspiele"* sowie Tennis (nicht realisiert) geplant. Die nördliche Grenze des Geländes verdeckten Obstbäume, nordwestlich breiteten sich vor einem Gewächshaus vier Reihen Frühbeete aus. Im nordöstlichen Teil lag, von einer äußeren Weißdornhecke abgeschirmt, ein trapezförmiger Gartenraum, der innerhalb eines Knicks von Haselsträuchern und Flieder das *„Luftbad"* (nicht realisiert) mit Spiel- und Turngeräten enthielt. Innerhalb der streng geometrischen Struktur dieses Nordgartens sollten die drei Funktionsräume – Rasenspiele, Tennis und Luftbad – jeweils durch Hecken ganz in sich abgeschlossen werden.

Einen ganz anderen Charakter erhielt der Südteil. In der Breite des Schloßflügels erstreckte sich bis zum Wasser der privat genutzte *„Gesellschafts-Rasen"* unter einer noch heute stehenden mächtigen Eiche, eingefaßt von einer Terrasse nördlich am Haus und einem gegenüberliegenden Sitzplatz. Die westliche Begrenzung bildeten Staudenbeete vor einer Kulisse dunkler Koniferen. Nach Osten schirmte eine hohe Deckpflanzung die offene Rasenfäche gegen den Bereich des ehemaligen Großen Gartens ab. Auch von der Wasserseite wurde, eine kurze Uferpartie ausgenommen, der Blick auf die Anlage durch hohe Gehölze verwehrt. Im

Abb. 382: Reinbek, Gartenplan von H. Wehberg, Zeichnung 1985 (SA Reinbek).

Südteil des früheren Großen Gartens gab es auf freien Flächen zwischen Bäumen einen *„Platz für Versammlungen"*. Gruppen und Reihen von Linden zeigten hier noch Reste von alten Alleezügen an. Zum Mühlenteich hin führten Rasenflächen auf eine halbrunde, abgestufte Wasserterrasse (nicht ausgeführt) zu. Den Südostwinkel beschatteten vier Kastanien.[24] Die geplanten Nutzungsmöglichkeiten entsprachen zeitgemäßen Gartentheorien, die Vorstellungen der Freiluftkulturbewegung einschlossen. Gesundheit durch Bewegung im Freien zu fördern und zu stärken, war sicher auch Aufgabe des Gartens eines Erholungsheims, darüber hinaus aber politisch-nationale Gedankenrichtung dieser Jahre, die dem Garten auch die Funktion eines *„Forums für Versammlungen"* zuweisen konnte.[25]

Frau v. Patow verkaufte den Besitz 1939/40 an die Hansestadt Hamburg. 1939 zog das Reichsinstitut für ausländische und koloniale Forstwissenschaft ein, das 1948 in die Bundesforschungsanstalt für Forst- und Holzwirtschaft umbenannt wurde. Diese Periode ist gekennzeichnet durch erhebliche, vor allem durch zahlreiche Barackenbauten verursachte, den Baumbestand, das Wegenetz und die Bodenmodulation verändernde Maßnahmen. 1972 wurden Schloß und Park von der Stadt Reinbek und dem Kreis Stormarn erworben.[26] Die Restaurierung des Schlosses begann 1976 und dauerte bis 1980. Die Neugestaltung des Parks folgte ab 1985.

Während das Schloß in voller Schönheit eines Renaissance-Fürstenhauses erstand, war die Wiederherstellung oder Neuanlage des Parks problematisch. Historische Substanz war kaum noch vorhanden. Dafür, daß der Garten im Laufe des 19. Jahrhunderts bewußt, also nach einem Konzept, in einen englischen Landschaftsgarten umgewandelt worden wäre, gab es keine Hinweise. Lediglich die noch heute stehende Lindenallee von 1840,[27] die möglicherweise eine ältere ersetzte, konnte als Verweis auf den ursprünglichen Gartengrundriß dienen. Aus der Mitte des 19. Jahrhunderts stammen die stattlichen Exemplare der großen Buche,

Abb. 383: Reinbek, Blick in den Schloßgarten, Photo 1996.

der Douglasie und der Thuja plicata an der Ostseite des Hauptflügels. Diese sowie eine alte Ulme in der Nordwestecke des Geländes, die Eiche auf dem Rasen vor dem Südflügel, die Sommerlinde, die erst 1954 aus Kew in England geholten Metasequoien beim Nordflügel und die Gruppe aus Kastanie/Linden/Bergahorn in der Südostecke waren schützenswert und sollten in die Planung einbezogen werden. Die an der Eingangsseite auf das Schloß zuführende Lindenallee war zu erhalten und zu ergänzen.

Der mit der Planung beauftragte Landschaftsarchitekt Prof. Hinnerk Wehberg kam trotz differierender Ansichten zu folgender Lösung (Abb. 382)[28]: Der Schloßpark wurde in drei Teile gegliedert: Das sanft gewellte Gelände im Süden wird von geschwungenen Wegen unter Berücksichtigung der Standorte der alten Bäume durchzogen und bildet den sogenannten *„englischen Garten"*. Der ehemalige Renaissance-Lustgarten hinter dem Schloß, dessen nördliche Grenze sich authentisch durch die noch stehende Lindenallee definieren ließ, wurde sehr zurückhaltend angedeutet. Die Ostgrenze wurde durch einen mit Glyzinie und Goldregen berankten Bogengang markiert. Ein Wegekreuz in Buchsbaumfassung ist nicht mehr als eine Anspielung auf das ursprüngliche Renaissance-Quartierraster. Das in der Mitte eingefügte architektonisch gefaßte, runde Wasserbecken unter den verbliebenen drei großen Bäumen akzentuiert zwar diesen Teil, hat aber aus der Renaissance-Zeit keinen Vorläufer.

Der dritte Teil, der sogenannte *„naturhafte Garten"*, entspricht topographisch dem alten Nutzgartenteil. Das vom nordöstlichsten Punkt in Richtung auf das Schloß allmählich abfallende Gelände wird von einer großen Wiese eingenommen. Ein dünner Wasserlauf durchquert die Wiese und mündet in einen fächerförmigen Teich kurz vor der nordöstlichen Ecke des Schlosses, wo das Wasser über eine Staumauer abläuft und im Boden versickert. Historisch sind hier im alten Nutzgarten ein solcher Wasserlauf und Teich nicht belegt. Beabsichtigt war wohl eine Allusion auf die frühe Situation der Fischteiche in der weiter nördlich gelegenen Wildkoppel.

Die großen Bäume, wie Blutbuche, Douglasie, Thuja fallen als überleitende Motive vom Renaissancegarten zum englischen Teil ins Auge. Sie verbinden den mittleren mit dem südlichen Abschnitt. An der Forderung, diese alten Bäume zu erhalten, scheiterte die Möglichkeit einer Rekonstruktion des Renaissancegartens, die in Verbindung mit dem niederländisch anmutendem Bauwerk sicher von großem Reiz gewesen wäre. Daß das Gelände heute durch drei eigenständig konzipierte Gärten geteilt wird und auch optisch nicht als Ganzes in Erscheinung tritt, verhindert ein Verständnis als historisches Gesamtkunstwerk. Gelungen ist der südliche Gartenteil in seiner landschaftlichen Art mit reizvollen Blickachsen von der Terrasse auf Baumgruppen an Mühlenteichufer und aus dem Park auf Teilansichten der Hausfassade (Abb. 383).

Es bleibt zu wünschen, daß die Kenntnis der historischen Entwicklung des Gartens vielleicht wegbereitend für Entscheidungen über Maßnahmen in der weiteren Zukunft wirken kann.

Helga de Cuveland

1 Für diesen Beitrag wurden die Akten zu Reinbek im LAS Abt. 7 Nr. 8.1–8.3, 65.1, 66, 111, 309 und 400.5 ausgewertet sowie Akten aus dem SA Reinbek und StAHH. Literatur zum Schloß: Davids (1975); Konerding/Kahle/Habich (1983); Spallek (1987); Wendt (1994).
2 AR Reinbek des 16.–19. Jahrhunderts, in: LAS Abt. 111.
3 LAS Abt. 20 Nr. 1313 *„Inventarium des Hochfürstl. Schloßes zum Reinbeck und Vorwerck daselbß samt allen dazugehörigen Gebäuden, welche durch Herrschaftl. Bedienten oder auch von Pensionarien bewohnet werden, verferttiget Anno 1707"*.
4 *„Geometrische Delineation von dem Gross-Fürstl.-Holst.-Gottorp. Ampt Reinbeckischen Vorwerck Hinschendorf. Kiel 1748 del. Carl Albrecht Drenckhan Lieutenant d'Artillerie Corps"*. Lavierte Zeichnung über gerastertem Grund. 100:122 cm. Original im StA Reinbek Sign. 1/15. Maßstab *„Ruthen Rendsburger Maß"*.
5 Zur Dekoration des Holzwerks vgl. die herzoglichen Gärten in Husum, de Cuveland (1994a) sowie Gottorf, Paarmann (1986), S. 64.
6 Hennebo/Hoffmann (1962–1965), Bd. 2, S. 30ff; Vredeman de Vries (1587); Furttenbach (1640), S. 18.
7 Vgl. dazu auch Hennebo/Hoffmann (1962–1965), Bd. 2, S. 39.
8 Hobhouse (1994), S. 105, 144, 151 u. 157; Hansmann (1983), S. 50.
9 Zu den Badstuben in den Lusthäusern dänischer Schlösser vgl. Liisberg (1914).
10 Zur Baugeschichte des Brunnenhauses und des Waschhauses mit der Badestube Wendt (1994), S. 82f u. 85f.
11 Dieses Motiv kommt in den Entwürfen von Hans Vredeman de Vries auf dem Kuppeldach eines Gartenpavillons vor. Dazu Gothein (1926), Bd. 2, S. 98.
12 Zu den engen Handelsverbindungen nach Holland vgl. auch de Cuveland (1989).
13 Wimmer (1989), S. 96.
14 Friedrich II. und Christian IV. hatten in den königlichen Gärten mehrere solcher Lusthausbauten errichten lassen.
15 Royer (1651). Vgl. auch Hennebo/Hoffmann (1962–1965), Bd. 2, S. 65f.
16 Vgl. de Cuveland (1994a), S. 57f.
17 Wendt (1994), S. 142.
18 Dazu Wendt (1994), S. 143 u. 150.
19 Zum Vergleich: Inventare des Gottorfer Neuwerk-Gartens von 1655 und 1681 sowie die Pflanzen des Gottorfer Codex. Vgl. de Cuveland (1989).
20 In der Tat empfiehlt eines der damals erfolgreichsten Bücher über Gartenkunst des Barock unter den verschiedenen Formen von Alleen solche, die zwischen den Bäumen 80 bis 130 cm hohe Heckenunterzüge, sog. Banquette, aufweisen, vgl. Dezallier d'Argenville (1709), S. 60
21 Spallek (1987) und Wendt (1994), S. 152ff.
22 Wimmer (1989), S. 451: *„Allgemein läßt das 20 Jh. die Bezeichnung Stil als formalistisches Gedankengut der Vergangenheit hinter sich, und wenn es einen modernen Gartenstil anerkennt, so versteht es darunter Funktionsgerechtigkeit."* Dazu auch Muthesius (1907).
23 Weil aus Quellen oder Literatur keine Anhaltspunkte für das, was davon realisiert worden ist, gewonnen werden konnten, wurden alte Reinbeker Bürger und Angehörige der Freiin v. Patow befragt, die mit den Verhältnissen vertraut waren.
24 Heute steht an dieser Stelle etwas erhöht eine Gruppe aus Roßkastanie, Bergahorn und Linden.
25 Wimmer (1989), S. 417f, 451, 471.
26 Zur Nutzung des Schloßgebäudes und den erheblichen baulichen Veränderungen von 1874 bis zum Beginn der Restaurierungsmaßnahmen sowie über die erfolgte Restaurierung vgl. Wendt (1994) und Konerding/Kahle/Habich/Bassewitz (1983). Über Aufgaben, Probleme und Verlauf der Restaurierung vgl. Wendt (1994) und Teuchert (1988).
27 Davids (1975), S. 79 gibt dieses Alter anhand einer holzbiologischen Untersuchung an.
28 Vgl. dazu Wehberg (1989).

Rixdorf

Privater Gutspark, in einer Senke der hügeligen holsteinischen Landschaft etwa 10 km nördlich von Plön gelegen. Die spätbarocke Anlage, geschaffen nach 1745 von George Tschierske, wurde Anfang des 19. Jahrhunderts landschaftlich umgestaltet. Die Lindenallee, barocke Geländeformationen und spärliche Spuren der landschaftlichen Überformung sind auf dem nicht öffentlich zugänglichen Gelände noch erkennbar.

Das ehemals mit 4.500 ha besonders ausgedehnte Adelige Gut Rixdorf, zwischen Fischteichen und sanften Hügelkuppen im Tal des hier noch äußerst schmalen Flüßchens Kossau gelegen, verblieb seit dem Aussterben der Herren von Riclikesdorp im späten Mittelalter kaum einmal länger als achtzig Jahre im Besitz einer Familie, bis es 1725 von Wulff Hinnerich von Baudissin (1671–1748) erworben wurde.[1] Der 1741 in den Reichsgrafenstand erhobene kursächsische General interessierte sich wie sein Feldherr Prinz Eugen für Kunst und Architektur und hat dem Rixdorfer Wirtschaftshof zwischen 1726 und 1730 durch Rudolph Matthias Dallin (um 1680–1743) seine heute noch beeindruckende, repräsentative Barockgestalt geben lassen. Danach hätte man eine idealtypische Fortsetzung der Hofachse zum Portal des Herrenhauses erwartet. Doch wie ein im Gutsarchiv aufbewahrter Plan zeigt (Abb. 384),[2] verzichtete der Bauherr offenbar darauf, um das betagte dreiflügelige Herrenhaus mit dem traditionellen Burggraben zu erhalten. So änderte die in der Mitte zwischen schräggestellten Wirtschaftsgebäuden von Obstbaumpflanzungen begleitete Zufahrt etwas unvermittelt auf halbem Wege ihre Richtung, um nach Süden über den Burggraben zum Ehrenhof einzuschwenken.[3]

Obgleich das Gelände hinter dem Herrenhaus ungewöhnlich steil anstieg und auch nur über eine Brücke zu erreichen war, wurde es für den Lustgarten vorgesehen. Die Gestaltung übernahm George Tschierske,[4] der Schöpfer des Lustgartens im nahen Plön, nachdem er die Residenzstadt 1745 verlassen hatte.[5] Mit Beendigung der Arbeiten muß 1748 gerechnet werden, als der Plöner Herzog den Gartenarchitekten für wichtige Veränderungen wieder in seine Residenz zurückrief. Eingedenk der in Plön bewiesenen gestalterischen Fähigkeiten des George Tschierske, ist es besonders bedauerlich, daß die magere Quellenlage für Rixdorf nur eine unvollkommene Beschreibung der Anlage zuläßt.[6] Zu den gesicherten Fakten gehört, daß nach barockem Grundprinzip die Mittelachse des Herren-

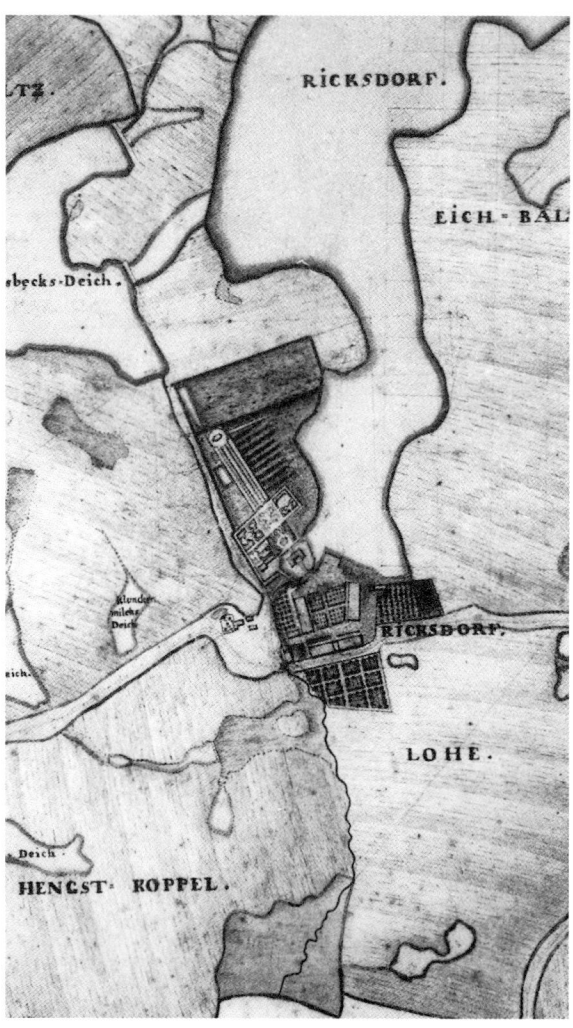

Abb. 384: „Carte Speciale de Ricksdorf", Gutskarte (Detail), Zeichnung um 1740 (Privatbesitz).

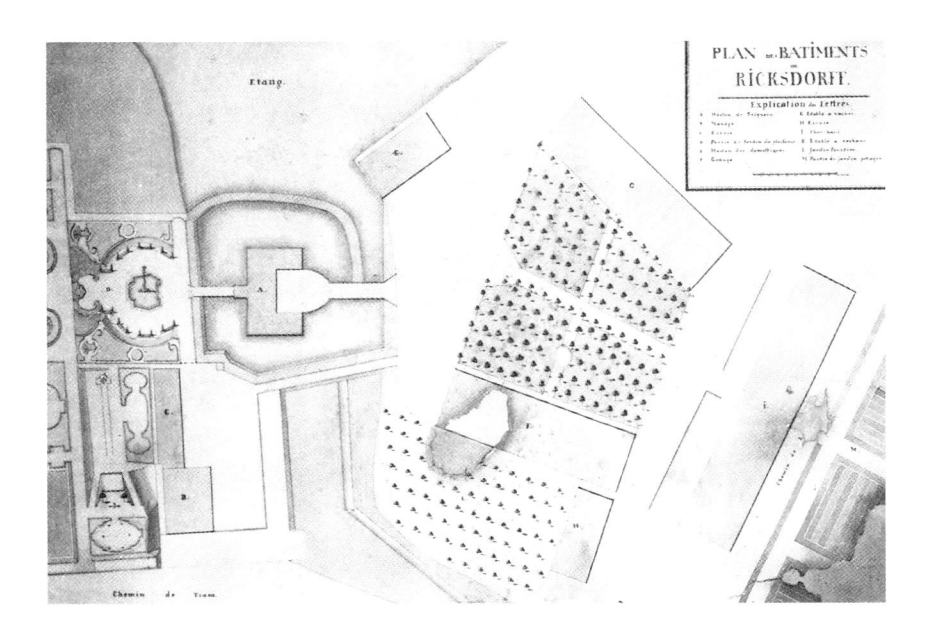

Abb. 385: Rixdorf, Hofkarte mit einem Teil des Gartens, lavierte Federzeichnung um 1740 (Privatbesitz).

hauses aufgenommen werden sollte (Abb. 385). Sie führte von dem Treppenturm über eine Brücke und erschien nach Unterbrechung durch zwei etwa quadratische Parkquartiere als markante vierreihige Lindenallee, um aber schon nach etwa 150 m bei einem Teepavillon zu enden. Sie war sorgfältig in einen mittleren, beschatteten Gang und zwei seitliche, nach oben offene Gänge geschnitten, wurde aber nur von nicht näher definierten, wohl durch eine geschorene Hecke abgetrennte Gehölzpartien begleitet. Dagegen erstreckte sich am Beginn der Allee wie ein Querriegel ein weiteres Gartenareal von Nordost nach Südwest, das einfallsreich gestaltet war.

Als zentrales Verbindungsgelenk dieser beiden Partien nahm den wichtigen Platz vor den Fenstern des Herrenhauses in diesem Fall nicht ein Parterre ein, sondern ein aufwendiges Entrée. Über die Brücke vom Herrenhaus kommend, betrat man also stets als erstes ein von Hecken gebildetes, mit Treillagen-Nischen und Formbäumchen geschmücktes Rondell, dessen Mitte ein polygonales Bassin mit hohem Springstrahl betonte (Abb. 386). Während an der ansteigenden Rückwand eine doppelarmige, elegant geschwungene Treppe zur nächsten Geländestufe führte, faßte sie eine mit Grottengestein und Maske dekorierte Brunnen-Nische ein, die von einer Vase auf flachem Bogen bekrönt wurde. Auf der Höhe hinter dem Brunnen leitete ein quadratisches, in geschwungenen Formen gegliedertes und mit Eiben-Obelisken verziertes Rasenparterre zum Beginn der Allee über, das seitlich von Bosketten begleitet wurde. Sie bildeten offenbar phantasievolle Nischen, um dem Zeitgeschmack entsprechend Figuren, Vasen, Pflanzenkübel oder Bänke aufzunehmen. An Stelle einer Balustrade wurde die Kante dieser Geländeterrasse von einer wellenartig geschnittenen Hecke, mit rhythmisch darüber hinausragenden Formbäumchen betont.[7]

Auf der untersten Stufe, südwestlich des Entrées, gab es zudem noch ein Sport- und Spielquartier. Hier lagen neben Pferdestall und Reitplatz mehrere durch Heckenwände deutlich voneinander getrennte Salons, von denen zwei offenbar für Ballspiele gedacht waren. In dem dritten gab es eine Kegelbahn in der üblichen langen Form, wie sie in vielen Gärten Schleswig-Holsteins vorkam, z. B. Waterneverstorf, Kiel und Wotersen. Etwas ausgefallener war ein weiteres, rund angeordnetes Kegelspiel (Abb. 387). Es bestand aus sechs Pfeilern und einer aus geschwungenen Rippen angedeuteten Kuppel. Die von deren Mitte herabhängende Kugel mußte man so in Schwingungen versetzen, daß sie möglichst viele der weit auseinander aufgestellten Kegel traf. Da Matthias Diesel eine genau gleiche Konstruktion 1722 in seiner *„Erlustierenden Augenweide in Vorstellung herrlicher Garten und Lustge-*

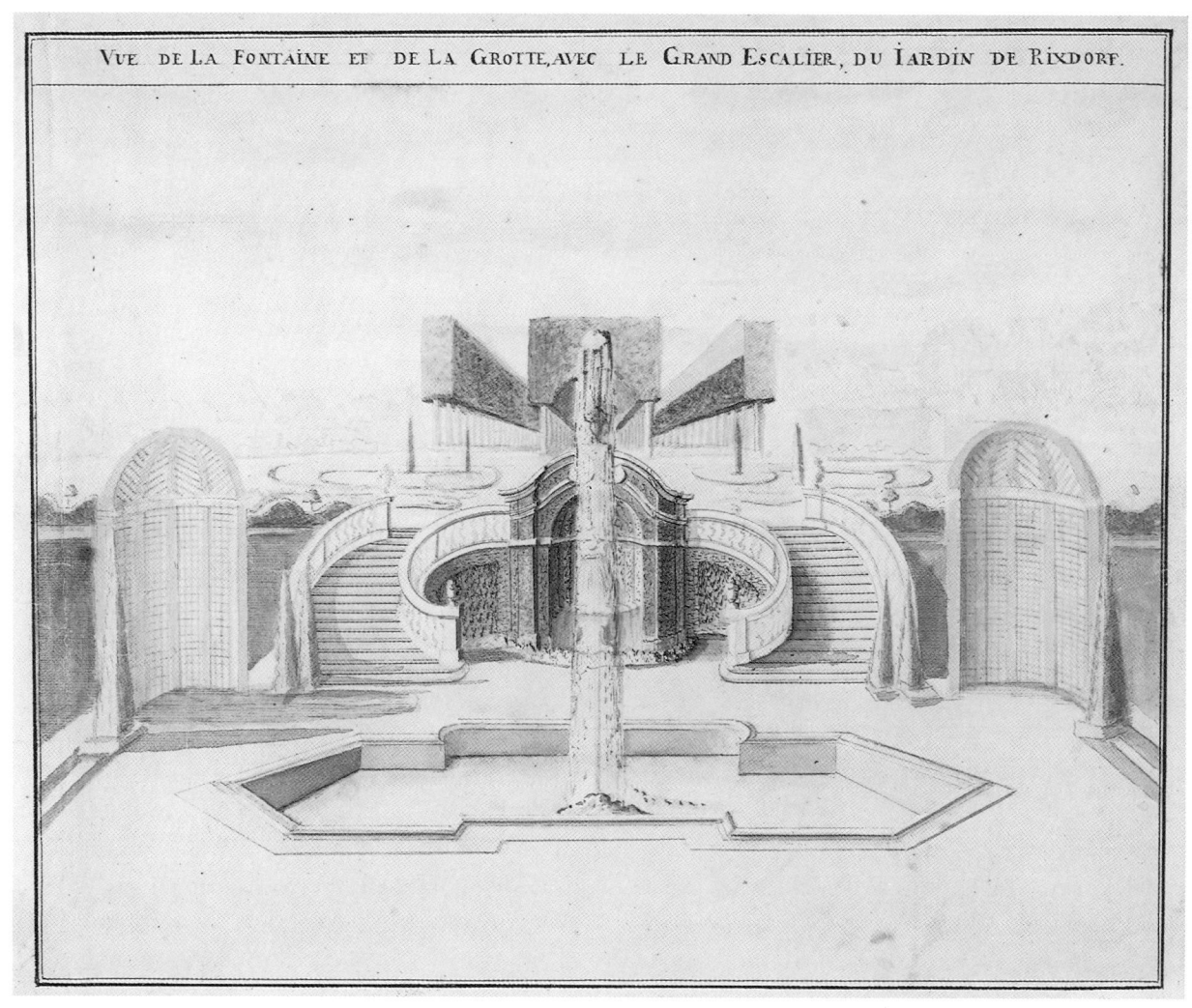

Abb. 386: Rixdorf, Fontäne und Grotte mit großer Treppe, aquarellierte Zeichnung um 1740 (Privatbesitz).

bäude"[8] abgebildet hatte, kann man die Kenntnis dieser Literatur bei Tschierske voraussetzen. Irgendwo in der Futtermauer zu der höher gelegenen Terrasse muß die Tuffsteingrotte gelegen haben, für die Tschierske einen Entwurf zeichnete.[9] Sie wirkte im Charakter ähnlich, aber bescheidener als die in Traventhal. Außen gab es neben dem Eingang je eine Nische und im Innern eine in die Rückwand eingelassene Bank, dazu zwei Brunnen an den Seitenwänden.

Zur kunsthistorischen Einordnung ließe sich sagen, daß George Tschierske bei dem Entwurf dieser recht kleinen, aber doch nicht anspruchslosen Anlage sehr geschickt die schwierige Geländesituation für eine effektvolle, zeitgemäße Gestaltung zu nutzen verstand. Dabei sind Tendenzen der Régence ebenso zu spüren wie solche des Rokoko. Bei der gesamten Achse, vom Entrée bis zur Allee, wird in Régence-Manier die klar symmetrische Disposition eingehalten. Doch am Ende ist die Aussicht in die Natur verstellt, und der Pavillon auf dem Rondell wendete den Blick zurück in den Garten und zum Herrenhaus – Betonung der Intimität. Weitere Rokoko-Tendenzen, wie Vorrang für vielseitige Vergnügungen und Vernachlässigung klarer Komposition, werden auf der unteren Stufe im Spielquartier deutlich. Nur an einer Stelle gibt der Park seinen nach innen gerichteten Charakter auf: Bei einer Promenade auf der erhöhten Terrasse konnte man hier über die Hecke hinweg das Treiben auf dem Hof beobachten und das Panorama der Landschaft genießen. Erklären läßt sich das Schwanken zwischen Régence und

Rokoko am ehesten durch Lust am Experiment des offenbar theoretisch interessierten und mit diversen Traktaten bekannten Gartenschöpfers.

Als das Gut im Jahr 1790 an die Grafen von Westfalen verkauft wurde, sorgte der Pavillon für einiges Aufsehen: Gräfin Caroline von Baudissin (geb. Schimmelmann) ließ ihn demontieren und in den Park von Gut Knoop schaffen. Anschließend setzte ein schleichender Verfall der Anlage ein, denn die Grafen von Westfalen nutzten das Gut fast nur für Sommer- und Jagdaufenthalte und residierten weiterhin auf ihrem Stammschloß in Westfalen. Von den partiellen landschaftlichen Überformungen, die sie in Rixdorf veranlaßten, ist die erste um 1800 zu datieren,[10] weitere sind mit dem Abriß des Herrenhauses 1836/37 und dann wieder mit dem Neubau im Cottage-Stil 1902/03 in Zusammenhang zu bringen. Irgendwann wurde ein malerischer, noch in Spuren erkennbarer Weg entlang des von der Kossau gebildeten und inzwischen zum großen Teil wieder verlandeten Sees angelegt.

Der jetzige Garten der Grafen von Westfalen, geschaffen 1953 von H. Wiepking-Jürgensmann, liegt abseits der Hofanlage, fern von den Spuren des historischen Parks. Die spätbarocken Strukturen sind nur noch für kundige Augen erkennbar, und vereinzelte Solitäre des Landschaftsgartens werden ständig weiter bedroht durch Krankheit, Windbruch und rasch wachsendes robustes Stangenholz. Auch die allerälteste Anlage von Rixdorf, der ausgedehnte Nutzgarten, der jenseits der Hofanlage lag, und in dem schon Anfang des 18. Jahrhunderts Buchsbaum zum Verkauf gezüchtet wurde,[11] mußte vor einigen Jahren aufgegeben werden. Die private Anlage ist nicht öffentlich zugänglich.

Ingrid A. Schubert

Abb. 387: Rixdorf, Kegelspiel (Detail), aquarellierte Zeichnung um 1740 (Privatbesitz).

1 Zur Gutsgeschichte Oldekop (1908), Bd. 1, Kap. IX, S. 111; Bubert/Walter (1989), S. 271–282. Keine Literatur und kaum Quellen zur Gartengeschichte.
2 Der „*Plan des Batiments de Ricksdorff*" ist undatiert und unsigniert, zeigt aber auch Teile des Gartens.
3 Daß die Achse auf das Inspektorenhaus zuführt, trifft insofern die tatsächliche Situation, als die Besitzer häufig abwesend waren und die Inspektoren oder Pächter als Bevollmächtigte die Leitung übernahmen.
4 Authentische Schreibweise ist „*Tschierschcke*" nach Signatur auf eigenhändiger Zeichnung und Quittung LAS Abt. 20 Nr. 1144.2, nach Kuhnigk (1993a), S. 47, Anm. 12. Heute übliche Form ist „*Tschierske*".
5 Vgl. Kuhnigk (1993a), insbes. S. 53.
6 Die Beschreibung stützt sich auf den genannten Hofplan und eine weitere Gutskarte im Gutsarchiv, „*CARTE SPECIALE de RICKSDORF*", undatiert und unsigniert. Einbezogen wurden auch die Varendorfsche Landesaufnahme 1789–1796 und die Preussische Landesaufnahme 1879–1881 sowie mehrere lavierte Entwurfszeichnungen eine „*George Tschierschcke*" signiert (Slg. Schubert).
7 Sehr ähnliches Vorbild bei Fülck [1720].
8 Diesel (1717–1723), Bd. 3, Tafel 5.
9 Signierte, lavierte Federzeichnung, undatiert (Slg. Schubert).
10 Datiert nach einer Zeichnung von Gräfin Sophie von Reventlow aus dem Jahr 1819, auf der ca. 20jährige Tannen, insbesondere im Hintergrund, nahe dem ehemaligen Spielquartier, zu erkennen sind. Lafrenz/Ostwald (1989), S. 48f.
11 Frdl. Mitteilung von G. Thietje.

Rundhof

Adeliges Gut in Angeln, Ende des 17. Jahrhunderts Barockgarten, ab 1783 Anlage eines sentimentalen Landschaftsgartens, Privatbesitz, nicht öffentlich zugänglich.

Wie bei den meisten Adeligen Gütern in Schleswig-Holstein reichen die Ursprünge Rundhofs[1] bis in das Mittelalter zurück. Seit etwa 400 Jahren ist das Gut Hauptsitz der Familie von Rumohr, deren agrarökonomische Zielstrebigkeit und kulturelles Engagement das Erscheinungsbild der Gutsanlage im Laufe der Geschichte prägen. Die rechteckige Grundform der Hofanlage, die von einem breiten, sich stellenweise teichartig verbreiternden Wassergraben umflossen wird, stammt aus der Zeit um 1600, als das erste Herrenhaus mit traditionellen Hof- und Wirtschaftsgebäuden entstand und das Gut zu einem landwirtschaftlichen Großbetrieb expandierte.

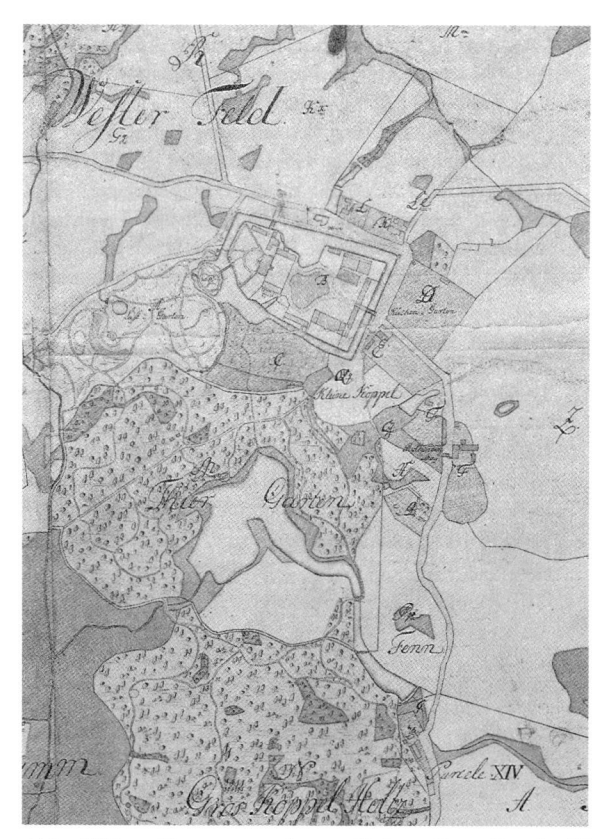

Abb. 388: „Charte von dem adlichen Gute Rundhoff" (Detail) von H. Lund, Zeichnung 1798 (LAS).

Die Gartengeschichte Rundhofs wird erstmals durch eine Vermessungskarte[2] aus den Jahren um 1764 von I. E. Pezold greifbar, die einen Barockgarten östlich des Wirtschaftshofes außerhalb der Hofanlage dokumentiert. Der rechteckige Grundriß des Gartens mit seinem einfach gerasterten Beet- und Achsensystem läßt auf das bis 1700 in Schleswig-Holstein übliche Schema eines holländischen Barockgartens mit einer Kombination von Lust- und Nutzgarten schließen. Auf der Karte ist bereits das prächtige spätbarocke Herrenhaus eingezeichnet, das unter Christian August II. von Rumohr (1721–1775) zwischen 1748 und 1754 nach Plänen von Georg Greggenhofer (1718/19–1779) entstand und den damaligen Wohlstand Rundhofs vor Augen führt.[3] Zwischen dem Haupthaus mit seinen beiden Flügeln, dem Kavaliershaus (1761) und dem später erbauten Kutscherhaus (1789), entstand im Laufe der Zeit ein repräsentativer Cours d'honneur, zu erreichen von der östlichen Hauptbrücke über den Wirtschaftshof hinweg. Eine Gutskarte des Landvermessers Lund aus dem Jahre 1798 (Abb. 388) zeigt die Hofanlage schon in aufgelockerter landschaftlicher Gestaltung, während der einstige Barockgarten, als veraltetes Relikt längst aufgegeben, nur noch als „Küchen Garten" bezeichnet wird.

Im Jahre 1775 übernahm Christian August III. von Rumohr (1759–1798) das väterliche Gut, und mit ihm hielt ein aufklärerisch-philanthropisches Gedankengut Einzug, das in Rundhof, ähnlich wie auf anderen schleswig-holsteinischen Landgütern dieser Zeit (z. B. Salzau), eine Umstrukturierung des Gutsbetriebes (Einrichtung von Schulen, Aufhebung der Leibeigenschaft) mit sich brachte und im Zuge eines neu empfundenen Naturideals zur Anlage eines weiträumigen Landschaftsgartens führte. Christian August, der in Kiel studiert hatte, wird seinen Sinn für die schönen

Abb. 389: Rundhof, Der Künstler F. Westphal mit den Kindern des Grafen von Rumohr im Park vor dem „Tempelberg", Zeichnung 1831 (Städtisches Museum Schleswig).

Künste und insbesondere die neue Gartenkunst möglicherweise bei C. C. L. Hirschfeld ausgebildet haben. Auch hatte er auf Reisen durch England die Gelegenheit, seine Kenntnisse bezüglich des naturnachahmenden Stils in direkter Anschauung zu vervollkommnen.

Das zentrale Thema Hirschfelds, daß die den Menschen umgebende schöne Natur „... *die Voraussetzungen für die Erlangung irdischer Glückseligkeit bietet und daß der Mensch seine Lebensweise dementsprechend einrichten und in die Natur gestaltend eingreifen kann*"[4] wird für Christian August bei der Anlegung des Rundhofer Landschaftsgartens zum Programm: Im Jahr 1783 begann er mit einer Umgestaltung des noch von seinem Vater angelegten Ziergartens an der Gartenseite des Hauptgebäudes. Dann nahm er ein ungleich größeres Projekt in Angriff. Er ließ den südwestlichen Teil des alten „*Thier-Gartens*" komplett roden und dort eine Gartenlandschaft mit künstlichen Hügeln, Teichen und Insel entstehen, die er mit Staffagen bereicherte. Ein leicht geschwungenes Wegesystem mit kleinen ineinandergreifenden Beltwalks fügte sich organisch in die leicht gewellte Landschaft ein und führte den versunkenen Wanderer zwischen romantischen Hainen und Buschgruppen zu einzelnen sentimentalen Gartenszenen. Entlang der sich zur Feldflur hin und wieder öffnenden Peripherie an der westlichen Grenze des Gartens ergaben sich die reizvollsten Ausblicke in die weite Gutslandschaft. In südöstlicher Richtung ging der Garten in das dichte Gehölz des Tiergartens über. Eine Insel, die durch eine Abzweigung des Hausgrabens geschaffen wurde, bildete von der Hofanlage aus das Entrée in den Garten. Die Mitte der Insel zierte damals ein Altar, für den 1796 „*acht Blumentöpfe*" vorgesehen waren.[5] Weiter südlich erhob sich der sanft ansteigende „*Tempelberg*", ein Hügel, dessen Erde aus dem nördlich davon liegenden „*Tempelteich*" stammte. Der Überlieferung nach liegt hier das Grab von Benedict von Sehestedt und seiner Frau Hese von Brockdorff, einem vormaligen Besitzer von Rundhof (1506) und Stammvater der Rumohrs. In sentimentaler Ahnenverehrung wurde ihre Grabplatte aus der Kirche in Esgrus auf den Hügel im Rundhofer Park gebracht und darüber ein achtsäuliger hölzerner Monopteros errichtet, der 1870 einstürzte und dabei die Steinplatte zertrümmerte.[6] Eine Zeichnung von Fritz Westphal (1803–1844) vermittelt einen Eindruck von der romantischen Szenerie des Tempelbergbezirks (Abb. 389).[7] Im Vordergrund ist in intimer Eintracht der Künstler mit den Kindern der Familie von Rumohr dargestellt, und dahinter, jenseits des kleinen Teiches, zwischen malerischen Buschgruppen und verwehtem Schilfgras ragt der erhöhte Tempel als Ursprungssymbol des Geschlechtes hervor.

Südlich des Tempelberges folgten weitere stimmungsvolle Szenerien mit Opferstein (heute verschollen) und Taufbecken, die an rituelle Zeremonien grauer Vorzeit erinnern sollten. Der weihevollste Schauplatz ist zweifellos die „*Thingstätte*" am Ende des Gartens, die aus einer Steinplatte auf drei behauenen Findlingen, einem Richtertisch, inmitten eines Kreises aus mit Runen markierten, kleineren Steinen besteht. Diese von Christian August inszenierten heidnischen Kultstätten[8] finden eine wahrhaftige Entsprechung im angrenzenden Tiergarten, wo die Überreste zweier Hünengräber liegen. Auf halbem Weg zurück zum Herrenhaus ermuntert die „*Ulrichshöhe*" (um 1850 errichtet), ein neogotisches Tor mit Aussichtsplattform, zu einem weiten Ausblick in die Landschaft. Nach der Mitte des 19. Jahrhunderts wurde der Garten in östlicher Richtung bis an die Landstraße nach Stoltebüll erweitert.

Künstliche Berge, Inseln, Tempel und heidnische Kultstätten gehören zur Ikonographie des vorromantisch-sentimentalen Landschaftsgartens, wie er besonders von Hirschfeld in seiner „*Theorie der Gartenkunst*" (1779–1785) propagiert wurde. Christian August III. schuf eine ‚natürliche' Landschaft, deren gesteigerte Ästhetik das empfindsame Herz des Menschen anrühren sollte. Bezeichnenderweise tritt der Besucher über eine Insel in den Garten – ein symbolischer Übergang in ein glückseliges Elysium, wie das Inselmotiv im Landschaftsgarten zumeist in Verbindung mit einer Begräbnisstätte (z. B. die Rousseauinsel in Ermenonville) oder einem Gedächtnismal gedeutet wird. Die Rundhofer Insel mit ihrem Altar evoziert religiöse Andacht, die den Ankömmling in feierlicher Stimmung in den übrigen Garten hinüberleitet. Eine besondere Betonung liegt hier auf einem ‚heimisch-nationalen' Moment, das sich anhand eines ursprungsbezogenen Geschichtsbewußtseins in Form des Tempelberges und der Thingstätte ausdrückt. Die Besinnung auf die eigenen Wurzeln, etwa die Verklärung eines heroischen Germanentums, spielte seit den 1770er Jahren im sentimentalen Landschaftsgarten eine Rolle.[9] Ein frühes Beispiel ist der Garten zu Harbke in Niedersachsen mit seinen prähistorischen Grabhügeln, die von Hirschfeld ehrfurchtsvoll beschrieben wurden.[10] Das Rundhofer Staffageprogramm ist in seiner empfindsamen ‚Geschichtsträchtigkeit' als einzigartig in Schleswig-Holstein hervorzuheben.

Birgit Alberts

1 Vgl. zu Rundhof: Rumohr (1984), außerdem Hanssen (1875); Ellger (1952), S. 294–299; Rumohr (1988), S. 36–53; SHLB Gutsbeschreibungen Rundhof: SHC 70, 71; GA Rundhof, verfilmt im LAS.
2 GA Rundhof.
3 Damals hatte Rundhof über 3000 ha, heute 500 ha. In den Gutsrechnungen werden um 1690 fünfundvierzig bis 1766 zweiundfünfzig Angestellte, darunter auch einige Gärtner, aufgeführt. Bei Hanssen (1875), S. 57 heißt es: „*Der Luxus dieser Zeit kommt nun auch auf Rundhof in den Guts-Rechnungen zum Vorschein: Zahlreiche Dienerschaft, wie Kutsch- und Reitpferde, ... häufige Gastereien, Kleider-Pracht der Damen ...*".
4 Kehn (1992 b), S. 51.
5 Vgl. Rumohr (1984), S. 344. Eine Vedute des französischen Emigranten Joseph-Louis de Serène d'Acqueria (1796), abgebildet bei Rumohr (1984), S. 23, zeigt den noch frisch aufgeforsteten Garten mit der im Hintergrund liegenden Insel. Deutlich ist dort ein kleiner Rundaltar zu sehen.
6 Bereits 1799 war der Tempel reparaturbedürftig: „*Rundung der Kubpel in Ordnung gebracht. 2 x mit Öhlfarbe gestrichen. Segeltuch zusammen genäht und mit Kitt verstrichen.*" Rumohr (1984), S. 56.
7 1831 hielt sich Westphal in Rundhof auf und schrieb ein Gedicht zu der Szenerie im Garten. Vgl. Schulte-Wülwer (1993), S. 89ff.
8 Vgl. Rumohr (1984), S. 355.
9 Vgl. zum ‚Nationalen' im Landschaftsgarten Buttlar (1994a), S. 327–350.
10 Vgl. Hirschfeld (1779–1785), Bd. 4, S. 242: „*Wir empfinden alsdenn in heiliger Stille Gefühl der Druiden; um uns her liegen die Ueberbleibsel alter deutscher jetzt unbekannter Helden und Heerführer, guter Väter ihrer Stämme ... in ihren Versammlungen herrschte Ernst und Offenherzigkeit; treu gegen einander und fest mit einander verbunden ...*".

Salzau

Ehemaliger Gutspark etwa 20 km östlich von Kiel am Selenter See gelegen. Nach Umgestaltung des Barockgartens um 1740 Anlage eines Parks mit Merkmalen sowohl eines Jardin anglo-chinois als auch einer Ornamented farm ab Ende der 1760er Jahre. Im 19. Jahrhundert erweiternde landschaftliche Überformungen. Das inzwischen stark reduzierte Gelände wird zum Teil als öffentlicher Skulpturen-Park des landeseigenen Kulturzentrums Salzau genutzt und genießt eine karge Pflege, die historische Belange kaum berücksichtigt.

Salzau (Abb. 390) gehört zu jenen schleswig-holsteinischen Adeligen Gütern, die auf eine heute noch erkennbare frühmittelalterliche Burg zurückgehen. Deren direkt am Selenter See gelegene massive Wallreste waren im 19. Jahrhundert in die Gartengestaltung eingebunden. Damals lag das Zentrum des Gutsbezirks schon lange weiter landeinwärts, an einer Beuge des kleinen Flusses Salzau, wo sich noch heute das historistische Herrenhaus an der südwestlichen Schmalseite der barock ausgerichteten Hofanlage erhebt (Abb. 391).[1] Im ausgehenden Mittelalter stand an dieser Stelle eine Wasserburg[2] der Familie Rantzau.

Die Gartengeschichte des Gutes wird zum ersten Mal faßbar durch einen leider undatierten Plan, der nicht nur aus stilistischen Gründen aus der Mitte des 18. Jahrhunderts stammen muß (Abb. 392).[3] Es handelt sich offenbar um eine Aufnahme der Anlage, die Wolff[4] von Blome (1728–1784) vorfand, als er Salzau

Abb. 390: Salzau, Blick über den Teich auf das Herrenhaus, Ölgemälde Mitte des 19. Jahrhunderts (Privatbesitz).

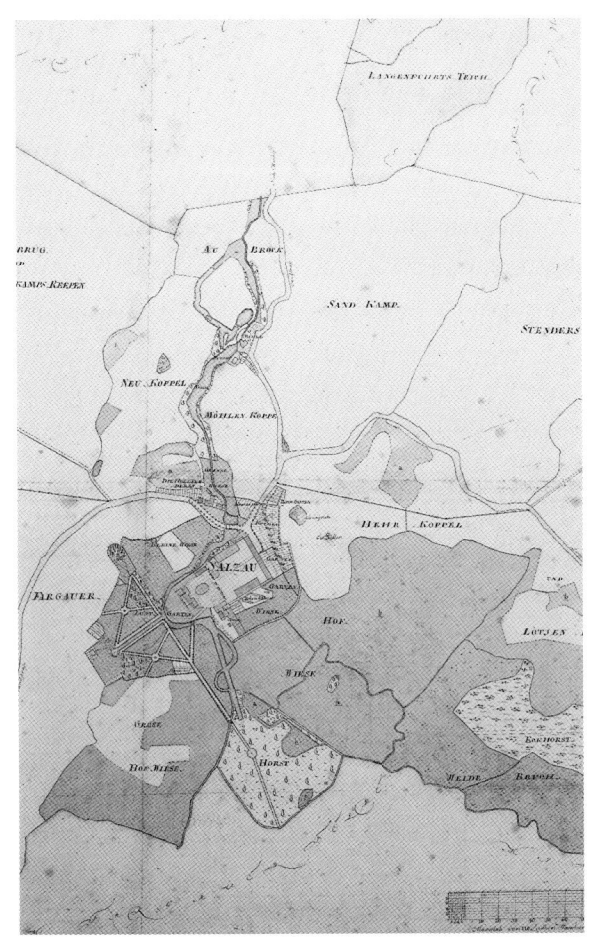

Abb. 391: „Brouillion über die Hoffelder des Hochadelichen Guths Salzau ..." aquarellierte Zeichnung (Detail) von N. Wögens 1805 (Privatbesitz).

1758 erwarb. Mit großer Wahrscheinlichkeit entstand dieser Barockgarten um 1740 im Auftrag des damaligen Besitzers, Generalmajor Christian Ludwig von Plessen (gest. 1752), der gleichzeitig ein aufwendiges dreiflügeliges Herrenhaus von dem Eutiner Hofbaumeister Johann Christian Lewon entwerfen ließ.[5] Die naheliegende Vermutung, daß Lewon an der Parkgestaltung beteiligt war, wird durch einen Stilvergleich mit seinen anderen Werken widerlegt.

Die auf dem Plan dargestellte Anlage erstreckte sich von dem Herrenhaus ausgehend und die Achse des Gutshofes fortsetzend nach Südwesten. Ihr auffälligstes Merkmal war eine labyrinthisch durchgemusterte Boskettzone, eingespannt in eine symmetrische Grundstruktur aus zwei gegenläufigen Pattes d'oie. Die sich dabei überschneidenden Diagonalen bildeten zwei Andreaskreuze seitlich einer mittleren doppelten Lindenallee. Das so entstandene Wegesystem setzte sich Richtung Südwesten als in die Landschaft führende Alleen fort, während es im Nordosten von einer durchlaufenden Querachse geschnitten wurde. Der bevorzugte Gebrauch von Diagonalen und die Binnengestaltung mit konzentrischen Kreissystemen und unterteilten Dreiecken spiegeln den Umbruch von der kühlkalkulierten symmetrischen Régence zum irisierenden Spiel des Rokoko, wie auch J.-F. Blondel es 1737 zeigte.[6] Das in vier Streifen unterteilte Parterre mit schweifenden Rokoko-Broderien lag auf der durch die Salzau gebildeten Halbinsel direkt vor dem Herrenhaus und zeigte einen trapezförmigen Umriß, der sich um ein mehrfaches vergrößert in den Außenlinien der Boskett-Region wiederholte. Die im Hof angestrebte und durch das Herrenhaus gehende Symmetrie-Achse war im Parterre als kleiner Kanal ausgebildet, um dann als vierreihige Lindenallee die Boskette zu durchschneiden. Nach Unterbrechung durch ein Rondell und fünfstufig ansteigenden Wasserspielen führte sie schließlich als einfache Allee weiter in die Landschaft bis zu einer bewaldeten Hügelkuppe, vor der sich ein Obelisk erhob.[7] Während diese weit ausgreifende Mittelallee als ein in Schleswig-Holstein traditionelles Barock-Motiv gelten kann (z. B. Seestermühe, Jersbek) fanden sich östlich des Herrenhauses, im Gehölz verborgen, ganz aktuelle Rokoko-Erweiterungen: zwei Eremitagen, die „Kleine-" und die „Große Freyheit" genannt.

So interessant die oben beschriebene Anlage auch erscheinen mag – sie entsprach nicht den Vorstellungen des Kammerherrn Wolff von Blome.[8] Der gerade erst 30jährige hatte das Gut kurz nach seiner Eheschließung auch deswegen erworben, damit seine sehr junge Ehefrau Catharina Margaretha, geb. von Hahn, ihren auf Neuhaus residierenden Eltern nahe sein konnte, während er sich vielfach im Auftrag des dänischen Königs auf Reisen befand. Der Sohn des Klosterpropstes von Preetz verdankte seine progressive Bildung dem Franckeschen Pädagogium in Halle, der Leipziger Universität und einer ausgiebigen Grand Tour, von der Aufenthalte in Paris und Rom belegt

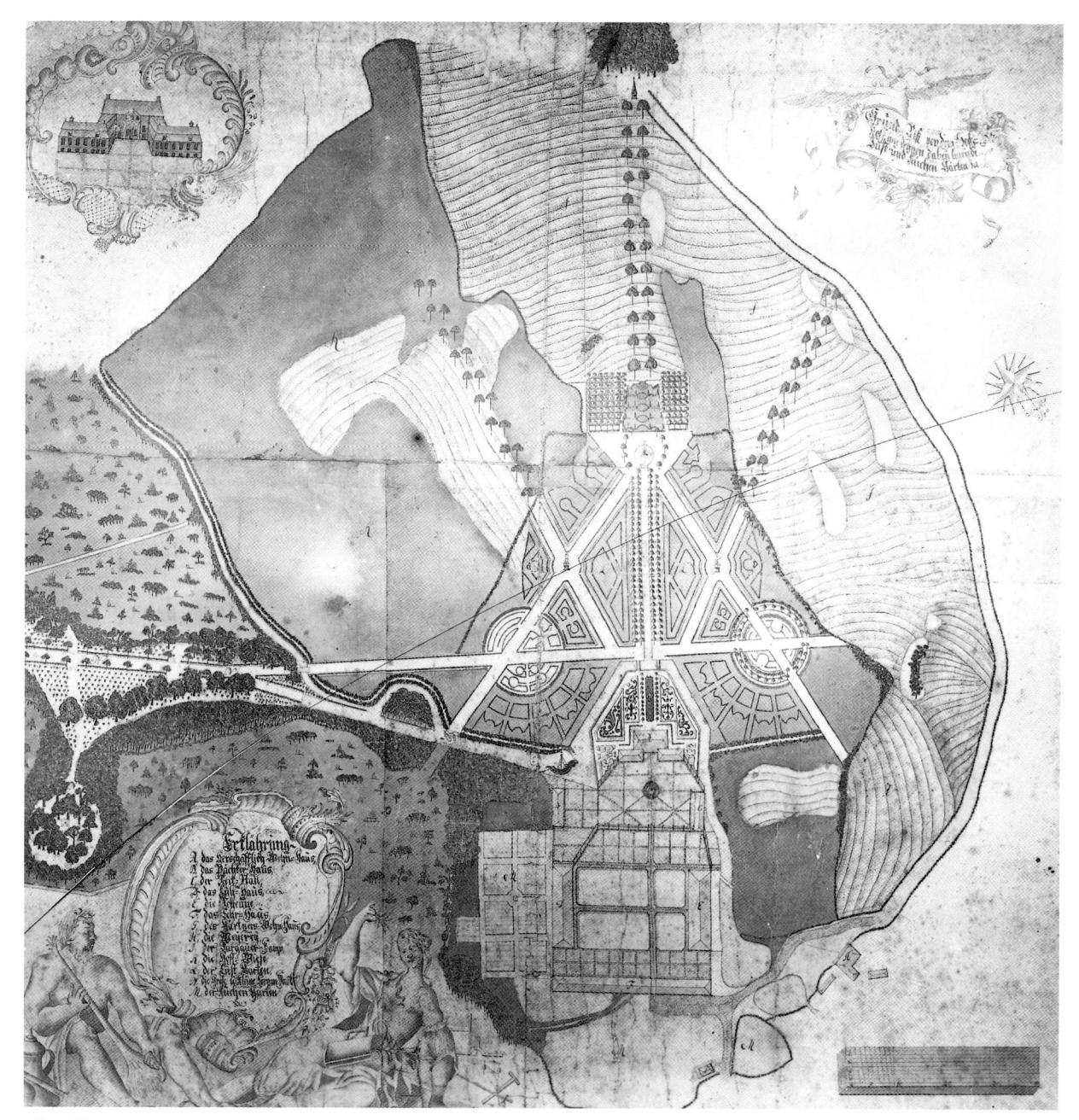

Abb. 392: Salzau, „Grund-Riß von dem Hochadelichen Hoff und denen dabey ligenden Lust und Küchen Gärten ...", Zeichnung um 1750 (Photo LDSH, Original verschollen).

sind. Zu den Spuren seiner weitgespannten geistigen Interessen gehört der Katalog einer beachtlichen Bibliothek, die auch Herder gerne nutzte.[9] Sie enthielt u. a. die verschiedensten naturphilosophischen und naturwissenschaftlichen Darstellungen wie die „Historiae naturalis libri XXXVII" von Plinius oder „La physique des arbres", 1758, von H. L. Duhamel, aber auch die Werke von u. a. Milton, Addison, Pope, Rousseau und Gessner, und an spezieller Gartenliteratur, z. B. Millers vierbändiges Gärtner-Lexikon von 1769–76 oder die schon 1758 anonym herausgekommenen *„Anmutigkeiten des Landlebens oder Anmerkungen, wie man Landhäuser und Gärten anlegen kann".*[10] Wolff von Blome war also hinreichend interessiert und vorgebildet, um die während seiner Besitzzeit entstehende große englische Anlage in Salzau im Sinne ei-

Abb. 393: Salzau, Prachtvase, Photo 1995.

nes „*gardening lord*" selbst zu planen. Bei der Parkgestaltung und bei gleichzeitigen Bemühungen um Aufforstungen und Obstbaumzucht wurde er von seinem langjährigen Freund Johann Wilhelm von Stolle (1740–1825) unterstützt, der sich als königlich dänischer Hofjägermeister auch beruflich mit dem Forstwesen beschäftigte.

Die gerne vorausgesetzte philanthropische Gesinnung aufgeklärter Gartenfreunde fand im Falle des Wolff von Blome Ausdruck in dem Bau von jährlich zwei modernen Bauernhäusern aus Ziegeln für die „*fleißigen*", „*munteren*" und „*wohlgekleideten*" Untertanen, denen er die Leibeigenschaft „*unmerklich gemacht*" hatte.[11] Noch wichtiger aber war, daß in den zum Gut gehörenden Dörfern Schulen errichtet wurden, mit einer Uhr und einem Glockenturm, der auch dem Parkbesucher über Blickachsen die Priorität pädagogischer Bemühungen signalisierte. Gleichzeitig wird an dem persönlichen Lebensstil und an Blomes neuartigen landwirtschaftlichen Methoden eine aufgeklärte Grundhaltung des Gutsherrn deutlich, die, gepaart mit innovativer Phantasie und Energie, nicht ohne Einfluß auf die Parkgestaltung geblieben ist.

Offenbar hatte Wolff von Blome gleich nach Erwerb des Gutes eine Umgestaltung der Gartenanlagen ins Auge gefaßt. Schon 1760 legte H. G. Kladde einen Entwurf vor, nach dem das Parterre und die oberen Wasserspiele verändernd restauriert und – mit Ausnahme eines östlich gelegenen Labyrinthes – auf die Boskette vollkommen verzichtet werden sollte.[12] Doch diese Vereinfachung reichte dem Gutsherrn nicht aus: Er ließ das ehemalige Parterre in einen schlichten Rasenplatz umwandeln, hier und da mit Blumen oder Vasen[13] geschmückt (Abb. 393), und auf der Schloßhalbinsel einen Halbkreis von Liguster pflanzen, der auf der gegenüberliegenden Seite von einem weiteren von Erlen – an Stelle bisher vorhandener umschließender Berceaux – begleitet wurde. Dabei verschwand der kleine Kanal am Beginn der Mittelachse, während ein sehr viel längerer neuer Kanal in der Mitte der ehemaligen Lindenallee angelegt und durch alternierende Rosenpflanzungen bereichert wurde. Am Ende der Achse fanden sich „*Rasenerhöhungen, mit Statuen besetzt, die Italien verfertigen sah*"[14]: Erinnerung an Rom, Reverenz vor der Antike. Es zeigte sich also in diesem, wegen der Nähe zum Herrenhaus offenbar zuerst angelegten Teil des neuen Parks, eine nur zaghafte Lockerung formaler Strukturen.

Doch die Gesamtplanung (Abb. 394) war viel weiträumiger gedacht, mit einem größeren, weiter östlich gelegenen Zentrum, bei dem Wolff von Blome zu freier landschaftlicher Gestaltung überging und sowohl emblematische als auch sensualistische und botanische Tendenzen berücksichtigte. Diese Partie muß schon – für Schleswig-Holstein ungewöhnlich früh – Ende der sechziger Jahren begonnen worden sein, denn das ursprünglich sumpfige Gelände erforderte mühsame Erdarbeiten, bevor gepflanzt werden konnte. Zudem entschloß man sich bei dem Bau der Parkarchitekturen, nach mehreren mißglückten Versuchen, sie jeweils mit sechsunddreißig Fuß langen Pfählen in dem labilen Grund zu verankern. Bei dem Besuch C. C. L. Hirschfelds 1780/81 waren die Gebäude schon

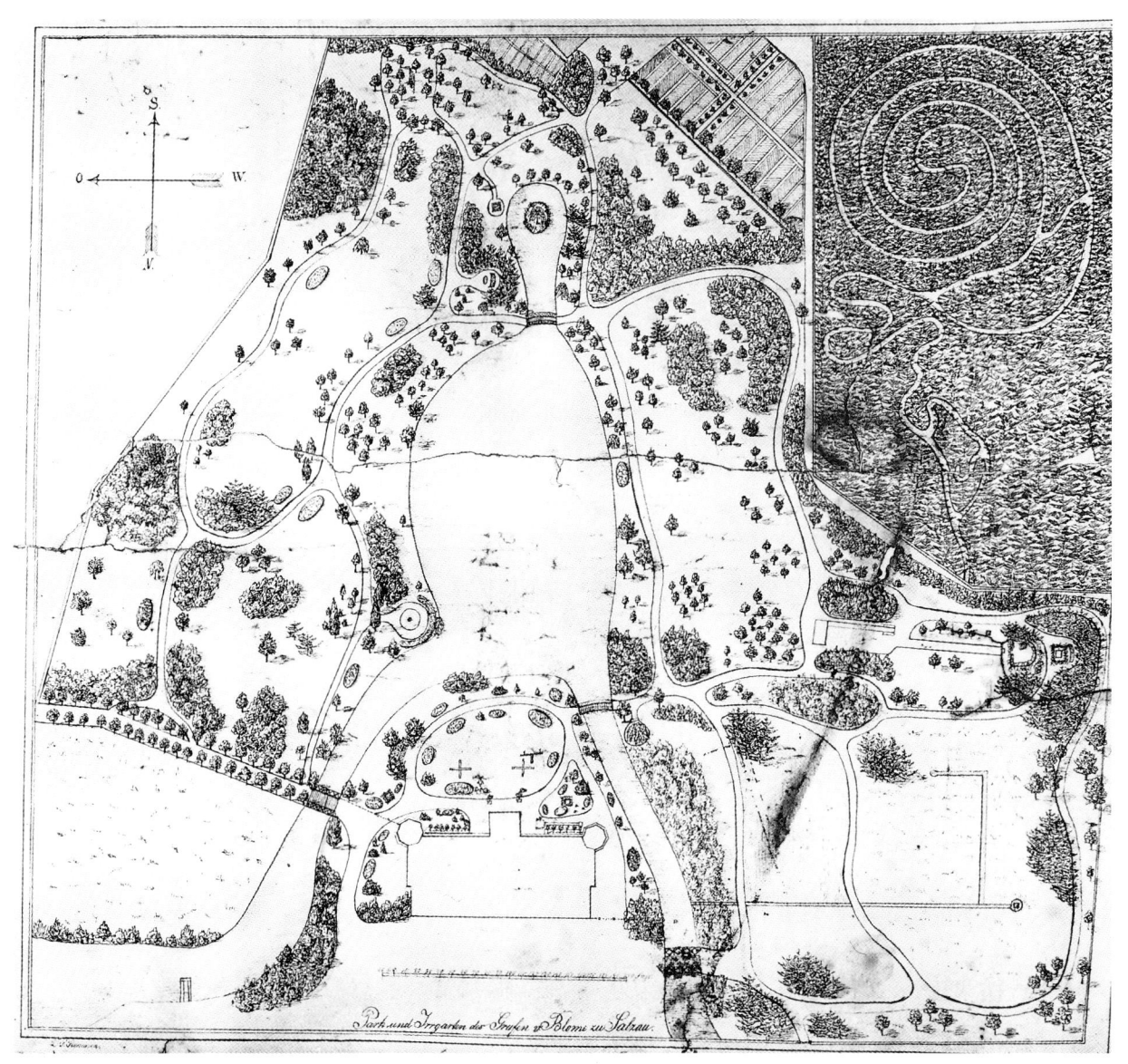

Abb. 394: „Park und Irrgarten des Grafen v. Blome zu Salzau", Zeichnung 1867 (Photo LDSH, Original verschollen).

seit längerem fertiggestellt, *„die Anmuth [hatte] überall ihre Blumen ausgestreut ..."* und unter den Waldbäumen des Parks überraschte der *„Anblick edler Fruchtbäume".*

Als wichtigste Voraussetzung für die Sanierung des Gebietes ist der Bau einer Schleuse zu bewerten, die noch heute neben dem inzwischen leicht veränderten Schleusenwärterhaus am Rande des Selenter Sees nicht weit von Fargau zu sehen ist. Die dadurch regulierbare, mit ihren Nebenarmen den Park umschließende und von Erlen und Weiden überschattete Salzau wurde mehrfach von *„artigen"* oder *„ländlichen"* Brücken überspannt und bot die Möglichkeit, das Gelände auf dem Wasserwege zu erkunden. Am Beginn des Parkbesuches stand also eine Kahnfahrt, die seit jeher die Assoziation an das Übersetzen in eine neue Welt provoziert, den Beginn ungeahnter Erfahrungen, das Zurücklassen beengender Alltagsrealität: *„Liberty"* hieß daher auch das erste der Parkgebäude, das aus der barocken Eremitage *„Große Freiheit"* entstanden war. Der reetgedeckte Ziegelbau, der einen Eindruck *„... von dem verborgenen Glücke des Landlebens ..."* gewähren sollte, lag am Saum eines Gehölzes mit Blick nach Osten über die anmutig gewellte

Landschaft und weidende Herden. Im Innern war das ländliche Refugium komfortabel mit zwei Bädern ausgestattet. Ein Spiegel über dem Kamin holte „... *den sanften Widerschein der vorliegenden Gegend ...*" in den stuckverzierten mittleren Saal und lud ein zu Reflexionen über Schein und Sein. Moralisch-esoterische Überlegungen dieser Art paßten zu dem Persönlichkeitsprofil des Wolff von Blome, denn er war – wie viele seiner Verwandten und Freunde und auch sein botanischer Berater von Stolle – Freimaurer, und zwar so engagiert, daß er gemeinsam mit Gesinnungsfreunden die Kieler Loge „*Louise zur gekrönten Freundschaft*" gründete.[15] Wohl aufgrund des Diskretionsgebots der Freimaurer sind die entsprechenden Hinweise im Salzauer Park aber nur spärlich. Dazu gehört, daß es neben einem „*der Freundschaft gewidmeten Denkmal*" auch noch einen jener klassisch inspirierten „*offenen Tempel der Freundschaft*" gab. Nicht fern davon lag eine gotisierende Einsiedelei mit Fenstern, die „*einer alten gothischen Domkirche entlehnt zu seyn ...*" schienen. Dagegen lud zum Vergnügen ein Kegelspiel ein, im Rund angeordnet, wie es schon in Rokoko-Gärten (z. B. Rixdorf) üblich war. Die Verbindung zwischen diesen stilistisch vielfältigen Zierbauten stellten schlängelnde Pfade her, die „*im Gebüsch umheririten*". Sie berührten dabei viele kleine Sitzplätze mit unterschiedlichen Ausblicken, einfallsreich dekoriert mit sorgfältig gewählten, teilweise seltenen Pflanzen und immer anders akzentuiert, vielleicht mit einer Vase, mit einer Laube oder einem „*Parasol*".

Man konnte sich den neuen Park auch mit Hilfe einer langen Allee erschließen. Alternierend von spitzwipfligen Tannen und rundkronigen Kirschen begleitet, teilte sie den Park in einen westlichen und einen östlichen Bereich und führte zu einem Sitzplatz am Selenter See. Dafür ließ der Gutsherr eine Hügelkette durchschneiden und mit dem anfallenden Erdreich einen Damm durch das moorige Gelände aufschütten. Die Kombination von großem See und langer Allee nutzte der Theaterliebhaber Blome zu einer raffinierten Inszenierung: Während die Wasserfläche zunächst nur als glitzernder, kaum wachsender Punkt am Ende

der Sichtachse erschien, öffnete sich beim Durchschreiten des Hohlweges überraschend ein breiter Panoramablick über den See und die ihn umgebende hügelige Landschaft. Zur „*Erweiterung dieser Aussicht*" wurde noch eine Schneise durch den Wald am jenseitigen Ufer geschlagen, so daß „*sich der Blick tief in den Duft der Ferne*" verlieren konnte. Diese reizvolle Kulissen-Situation erhielt einen dramatisierenden Akzent durch zwei hölzerne „*türkische Zelte*", die grünweiß gestrichen mit vergoldetem Mond an der Spitze rechts und links über dem Hohlweg standen und „*in der Ferne einen lebhaften Prospect*" abgaben. In dieser Situation kann man sich eigentlich nur kleine runde Wächterzelte vorstellen, wie in Mortefontaine bei Ermenonville.[16] Türkische Zelte gab es damals auch in Eckhof und Louisenlund, deren Besitzer gleichfalls Freimaurer waren.

Neben Sinn für bühnenwirksame Effekte[17] werden an dieser Stelle gleichzeitig ökonomisch-botanische Interessen des Parkschöpfers deutlich, denn er ließ auf dem Hügelrücken rings um die Zelte einen Forst anlegen aus „*verschiedenen Arten von Fichten und Tannen*", aus deren unterschiedlichem Gedeihen man zu erkennen hoffte, „*welche vor [für] diese Gegend die vorteilhaftesten sind*",[18] während zugleich auf der Höhe ein Spazierweg in dem Forst entstand. Weil Nadelbäume zu der Zeit in Schleswig-Holstein noch nicht eingebürgert waren, galt das als risikoreiches Unternehmen. Andererseits genoß das Thema Aktualität. Im gleichen Jahr (1771) war in dem vielgelesenen „*Hausvater*" Münchhausens ein Artikel über Tannenanzucht erschienen,[19] und in Südhessen beispielsweise – wo Tannen allerdings keine so große Rarität bedeuteten – plante Landgraf Friedrich V. von Hessen-Homburg gleichzeitig einen ausgedehnten Tannen-Lustwald.[20] Als sich in Salzau nach neun Jahren erwiesen hatte, daß das Experiment geglückt war, wurde zu Ehren des verantwortlichen Fachmanns ein Obelisk aus rotem Granit aufgerichtet. Er steht heute – nach einer Translozierung und Verlust der ehemals auf der Spitze balancierenden Kugel – am Rande der Straße von Fargau nach Pratjau und verkündet: „*Diese Tannen sind gesäet 1771, 72, 73 von J. W. von Stolle, Königl. Dän.*

Kammerherr und Hofjägermeister. Denckmaal unserer Danckbarkeit W. von Blome, C. M. von Blome, 1780."

Während zum Schmuck der Parkszenen die Pflanzen im allgemeinen nach ihrer ästhetischen Erscheinung, ihrem Stimmungswert oder emblematischen Bezügen ausgewählt wurden, gab es zwei „*Distrikte*", die als wissenschaftliche Versuchsflächen mit ästhetischer Komponente bezeichnet werden können, als Vorläufer der Arboreten, denn sie waren „*... mit allen möglichen Arten von wilden Bäumen auf eine dem Auge gefällige Art besetzt*"[21]. Es handelte sich vorwiegend um amerikanische Gehölze, von denen Hirschfeld begeistert feststellte, daß sie „*... unter der sorgfältigen Pflege des Kenners in ihrem Wuchse schwelgten*". Auf einer „*... Borkbank, unter Buchen ...*" genoß man „*... die zauberischen Eindrücke von der Schönheit des Laubes und der Blüthen, den süßen aus ihnen aufwallenden Düften, den Gesängen und Spielen der Vögel, die in dieser dichten Pflanzung voll Verwunderung über die neue Erscheinung*" umherflatterten.

Das ohne Zweifel auffälligste Bauwerk dieses Parkes aber war „*ein chinesischer Turm*". Er stand etwa 1 km außerhalb des Zentrums auf der exponierten Höhe „*Hohenhorst*" und erlaubte eine wunderbare Fernsicht über den ganzen Gutsbezirk bis hin zur Ostsee,[22] während er andererseits dem Parkbesucher einen ungewöhnlichen Point de vue bot, dessen exotischer Anblick noch durch die Umpflanzung mit Lärchen, Kiefern und Tannen betont wurde, und Rosen gemeinsam mit blühenden Sträuchern den Fuß des Hügels schmückten. Dieser Bau stellt einen extravaganten Sonderfall in der schleswig-holsteinischen Gartengeschichte dar, denn wenngleich die siebziger Jahre des achtzehnten Jahrhunderts als erster Höhepunkt der Chinamode in den Gärten gelten, so handelte es sich doch meist um kleine Pavillons, Schirme und Brücken, mit denen die Tradition des Rokoko oder die Anregungen von William Chambers (1723–1796) aufgenommen wurden. Dagegen gab es bis dahin lediglich drei mehrgeschossige Pagoden, und die standen in üppigen fürstlichen Anlagen in Salzdahlum, Kew und Potsdam.

Andererseits kamen Pagoden schon viel früher in der Reiseliteratur vor. Für Schleswig-Holsteiner dürfte in dieser Hinsicht der Bericht ihres Landsmannes Jürgen Andersen, der als Sklave nach China gelangte, besonders interessant gewesen sein.[23] Auch darin kommt eine Pagode vor, klein, kompakt, dreistöckig. In ähnlicher Größe kann man sich gut den „*chinesischen Turm*" auf dem Hohenhorst in Salzau vorstellen, der über eine Sandsteintreppe zu erreichen war und nach den kürzlich gefundenen, wenngleich sehr spärlichen Fundamentresten einen Durchmesser von ca. zehn Metern gehabt haben muß. Das Dach war, wie Grabungen ergaben, mit speziell geformten Ziegeln gedeckt. Nach vielen Reparaturen im vorigen Jahrhundert, wurden die Reste des Bauwerks in den dreißiger Jahren unseres Jahrhunderts zur Befestigung von Wegen mißbraucht.[24]

Exotismus der Staffagen, überraschende Effekte und eng geschlängelte Wege rücken den Park von Salzau in die Nähe des Jardin anglo-chinois, wobei weniger an eine Übernahme dieses gerade erst in den siebziger Jahren in Frankreich entwickelten Stilprinzips zu denken ist als an eine parallel verlaufende Ausformung ähnlicher Einflüsse. Als wichtigste wären die Nachwirkungen des Rokoko bei sich gleichzeitig wandelndem Naturverständnis zu nennen, ferner Literatur über englische und chinesische Gärten[25] und eine gewisse freimaurerische Esoterik. Dagegen wird die in mondänen Pariser Zirkeln so wichtige amüsant-exzentrische Unterhaltung kaum eine Rolle für den philanthropischen Gutsherrn gespielt haben, der neben seinen beruflichen Verpflichtungen im fernen Salzau mit sozialen und intensiven landwirtschaftlichen Reformen beschäftigt war. Dazu paßt als causa movens der unterschwellig vorhandene Schöpfertraum von der Darstellung der Welt im Mikrokosmos des eigenen Gartens, hier komprimiert auf paradiesische Versöhnung der großen Kulturkreise: der Antike, dargestellt im „*Tempel der Freundschaft*", dem Christentum, symbolisiert durch die Einsiedelei, dem in den türkischen Zelten angedeuteten Islam und schließlich dem vom Nimbus geheimnisvoller Weisheit umgebenen ostasiatischen Kulturkreis, vertreten durch die Pagode.

Abb. 395: Salzau, Obelisk über Bruchsteingrotte am Rande des Parks, Photo 1995.

In diesem System könnten die Versuchsflächen mit exotischen Bäumen die Natur-Religionen Amerikas vertreten. Den deistischen Vorstellungen vieler Freimaurer würde der Gedanke entsprechen, daß es ihr Ziel sein sollte, Gottes Schöpfung in seinem Sinne zum Wohle der Allgemeinheit weiter zu entwickeln. Doch wird dem Gartenplaner in Salzau die utopische Komponente solcher Visionen nicht verborgen geblieben sein: Unter den gelegentlich auftauchenden Inschrift-Tafeln verkündete die erste gleich am Eingang des Parks programmatisch: *„Si la vie est un songe, quel bonheur de rever ici!"*[26] Zu diesem Traum von Erkenntnis paßt die Überfahrt über den Fluß als Hinweis auf den Wechsel der Erlebnisebene.

1784 konstatierte ein Reisender, daß in Salzau *„das Angenehme mit dem Nützlichen in einer richtigen Verbindung"*[27] stand, so wie Münchhausen es 1771 den „deutsche Edelleuten" – im Vergleich zu den reicheren Engländern – vorgeschlagen hatte: *„Wir müssen bey unsern eingeschränkten Einnahmen mehr auf die Sparsamkeit sehen, und daß wir den Nutzen mit dem Angenehmen verbinden."*[28] Blome hatte sumpfige Gebiete in fruchtbare Felder verwandelt, Knicks und Forsten neu angelegt, manche Wege zu den Dörfern ausgebaut, neue Wege in der Viehzucht beschritten. Hirschfeld war besonders von den vielen Obstbäumen beeindruckt, die, in eigenen Baumschulen gezüchtet, den Bauern kostenlos überlassen wurden.[29] Dazu kamen die als Point de vue inszenierten – durch Sichtachsen integrierten – Szenen außerhalb des eigentlichen Parkzentrums, wie die Pagode, ein als Schneckenberg ausgeführtes Labyrinth,[30] das Schleusenwärterhaus, die Schulen, der Platz am Selenter See. Schließlich gab es einen schattigen Pfad, der am Rande des Mühlenkanals nach Norden führte und so angelegt war, daß Spaziergänger den „angenehmen Anblick" der Wassermühle zuerst im Spiegel des Teiches wahrnahmen, während gleich daneben ein kunstvoller Wasserfall akustisch die Szene untermalte. Die Merkmale einer Ornamented farm sind nicht zu übersehen, wenngleich in Salzau ein etwas anderer Ansatz zu beobachten ist, als bei der häufig zum Vorbild genommenen englischen Anlage „The Leasowes" des Dichters William Shenstone (1714–1763). Wolff von Blome zielte weniger auf den gebildeten Parkbesucher und dessen Reflexionen und Empfindungen. Darum fehlt vielleicht auch der programmatische Beltwalk. Dagegen hat der Salzauer Gutsherr als typischer Vertreter der Aufklärung deutlicher als Shenstone das Wohlergehen seiner Untertanen im Auge. Daß auch Hirschfeld soziale Bezüge und die läuternde Wirkung ästhetisierter Landschaftsbilder hoch einschätzte,[31] könnte die Ursache dafür sein, daß er seine sonst häufig geäußerte vehemente Ablehnung „chinesischer Spielereien"[32] in seiner ausführlichen Beschreibung des Salzauer Parks vergißt.[33]

Zu Unrecht geriet Wolff von Blome nach seinem frühen Tod in Vergessenheit. Seine innovative Leistung ist kaum zu überschätzen, da er lange vor dem Baron Voght wirkte, der das Gelände für seine Ornamented farm erst im Todesjahr des Wolff von Blome erwarb. Leider werden Blomes philanthropische, kameralistische und schöpferische Verdienste auch nicht auf dem 3 m hohen, weißen Marmor-Obelisk erwähnt, der zu seinen Ehren gesetzt, sich noch heute über einer Bruchsteingrotte am Rande des Parks von Salzau erhebt (Abb. 395). Nichts ist mehr zu erkennen von der emblematischen Gestaltung um das Denkmal, von der Quelle, die den nie versiegenden Strom der Tränen symbolisierte,[34] einer Trauerweide und der Tannenpflanzung. Doch die berührende Inschrift ist noch lesbar: „Der feurigsten Dankbarkeit / Des unauslöschlichen Andenkens / Des Ewigen Bedauerns /Dem Besten / Edelsten Manne / von / Seiner Gattin."

Lange sind die Nachkommen des Wolff von Blome pfleglich mit dessen Gartenerbe umgegangen. Sein Sohn Friedrich von Blome (1769–1818) gab ergänzend dem hausnahen Bereich, bei dem der Vater die formale Struktur des Barockparks noch in Teilen bestehen ließ, zwischen 1809 und 1811 nun auch eine konsequent landschaftliche Gestalt. Deren prägendes Element ist bis heute der See, der durch Erweiterung des Kanals und Verbindung mit der Salzau entstand (Abb. 394).[35] Die umgebenden ausgedehnten Wiesenflächen wurden locker bepflanzt mit abwechslungsreichen Baumgruppen und seltenen Solitären. Abgesehen von dem Denkmal für den Vater gibt es in diesem Bereich auch keine emblematisch auszudeutende Szenen mehr. Die vereinzelten Pavillons, Sitzplätze und Brücken dienten der Bequemlichkeit und der Akzentuierung des harmonischen Bildes. Vielleicht am besten war es von dem erhöht liegenden Herrenhaus aus zu überblicken (Abb. 397): Die große spiegelnde Wasserfläche, von großzügig geschwungenen Ufern begrenzt, wurde dort, wo sie sich im Süden bei ansteigendem Gelände verengte, von einer weißen Brücke überspannt, die einen reizvollen Kontrast zu dem bewegten grünen Hintergrund bildete. Die Ausführung der Neugestaltung lag in Händen des Obergärtners Fr. Graumann, einem jener zahlreichen Gärtner auf schleswig-holsteinischen Gütern, die ihre Kenntnisse durch Literaturstudium und Reisen so erweitert hatten, daß ihnen gestalterische Aufgaben übertragen werden konnten. Einen extravaganten Akzent behielt die Anlage durch die fortdauernde Verbindung mit dem weiterhin gepflegten großen frühen Landschaftspark (Abb. 396).

Diesen Aspekt hat auch Friedrich von Blomes Nachfolger, sein ehrgeiziger ältester Sohn Otto von Blome (1795–1884), zu schätzen gewußt und sich um den Erhalt des gesamten Ensembles bemüht, nachdem er 1818 das Erbe nach seinem früh verstorbenen Vater angetreten hatte. Der 1819 wegen der Verdienste seines Onkels in den Grafenstand erhobene junge Gutsherr hat die Bautradition in den Dörfern und die Gehölzanzucht in Baumschulen fortgesetzt, viele Wege und Plätze mit selbstgezogenen Pappeln bepflanzt und den Wirtschafts- von dem Ehrenhof durch Lindenreihen getrennt.[36] Im Lustgarten mußte sein Gärtner Hamann

Abb. 396: Salzau, Luftbild 1996.

die „*Klamps*" kräftig ausdünnen, Solitäre nachpflanzen und weitere Blumenbeete anlegen. Die Pagode ließ er neu decken, die zu ihr hinaufführende Treppe wieder instandsetzen und Aussichten „*frei hauen*".

Zudem wurde die am ältesten Burgplatz beim See gelegene Grotte ausgebaut. Sie gehört zu den Hinweisen, nach denen man auch Graf Otto von Blome zu den Freimaurern rechnen kann.[37] Das entscheidende war

Salzau 523

dabei nicht, daß sie in den frühmittelalterlichen Wallanlagen lag, sondern die Tatsache, daß sie ins feuchte Innere der Erde führte, während man daneben im Stamm einer riesigen Eiche weit in luftige Höhen der Sonne entgegen steigen, also die vier Elemente intensiv erleben konnte. Gleichzeitig konnten Vorstellungen von der Geborgenheit im dunklen Schoße der Erde und vom Reiz des Aufstiegs durch eigene Bemühungen assoziiert werden.

Doch läßt das Gärtnertagebuch auch die ersten Alterungsprobleme der Anlage erkennen, z. B. mußte der nun über fünzigjährige Tannenwald durchgeforstet werden, und die dort postierten türkischen Zelte waren offenbar schon verfallen. Graf Otto von Blome hat sie nicht erneuert, sondern an ihrer Stelle 1828 die Fundamente einer Eisenbrücke installiert (Abb. 398). Die schwang sich leicht und elegant in kühnem Bogen über den Hohlweg hinweg, stellte eine Verbindung für den Höhenweg her, ermöglichte wieder den Ausblick auf den Selenter See und gab der ganzen Situation einen neuen Akzent, indem das Bild der langen Sichtachse nun auch einen oberen Rahmen erhielt. Darin stellte sich etwas später eine besonders romantische Ansicht dar: Fern am anderen Ufer des weiten Sees erhob sich über einem bewaldeten Hügel die weiße, neogotische Blomenburg, die der Graf ab 1842 errichten ließ, nachdem er dreizehn Jahre zuvor seinen Besitz um das Gut Lammershagen erweitert hatte. Als 1881 ein Feuer das barocke Herrenhaus vernichtete, gab der Sechsundachtzigjährige noch einen riesigen Neubau, das jetzige Schloß Salzau, bei dem Architekten Joseph Eduard Mose (1825–1898) in Auftrag.

In den letzten hundert Jahren sind nach und nach die weiter entfernten Parkgebäude verfallen, ihre Umgebung ist verwildert oder umgenutzt worden. Doch Fundamentreste und Stinzenpflanzen bezeichnen noch die Stellen, wo einst die außergewöhnlichen Architekturen dieses frühen schleswig-holsteinischen Gartens der Aufklärung standen. Mit der Zeit konzentrierte sich das Interesse immer mehr auf die lange Allee und das Zentrum: den See, eingebettet in Rasenflächen, deren Bepflanzung mit botanischen Raritäten zwar durch einen sehr dicht gewordenen Gehölzgürtel geschützt wird, aber durch zeitweise unsachgemäße Pflege viele Verluste erleiden mußte. Nach sehr unterschiedlicher Nutzung seit den dreißiger Jahren unseres Jahrhunderts, befinden sich Herrenhaus und Park nun im Be-

Abb. 397: Salzau, Blick aus dem Herrenhaus über den Teich, Photo 1993.

Abb. 398: Salzau, Bogenbrücke über den Hohlweg mit Ausblick zur Blomenburg jenseits des Selenter Sees, Aquarell von A. Burmester 1854 (SHLB).

sitz des Landes Schleswig-Holstein und bieten den Rahmen für vielfältige kulturelle Aktivitäten. Dafür hat man das historische Gebäude mit großem Aufwand restauriert, während der Park eher als Nutzfläche denn als Gartenkunstwerk Beachtung findet. Warum nutzt man nicht die Chance, auf seinen Schöpfer hinzuweisen, Wolff von Blome, der etwa parallel zu dem berühmten Fürst Leopold Friedrich Franz von Anhalt-Dessau (1740–1817) damit begann, seinen – allerdings kleineren – Besitz und dessen Bewohner zu fördern?

Von mangelnder Kenntnis und Sensibilität gegenüber dem historischen Gartenkunstwerk zeugt auch das mit immensem Kostenaufwand 1996 in den See gesetzte Kunstobjekt, das eine ständige Geräuschkulisse hervorbringt und damit den Charakter des Parks auch akustisch verletzt. Selbstverständlich ist die Initiative zu begrüßen, Teile der Anlage als Skulpturenpark zu nutzen. Doch dafür ist immer noch viel Raum in den Randzonen des historischen Parks von Salzau.

Ingrid A. Schubert

1 Zur Gutsgeschichte: Oldekop (1908), Bd. 1, Kap. IX, S. 111–116; Bubert/Walter (1989), S. 283–298.
2 Abbildung bei Lorenzen (1913).
3 Beschreibung nach einer stark geschwärzten Photokopie aus dem Jahre 1951, LDSH PK III 2987.
4 Hier wird die Form „*Wolff*" des Vornamens benutzt, wie Blome ihn selbst handschriftlich in seine Bücher geschrieben hat und wie er im „*Stammbaum des Geschlechts Blome*" steht, obwohl er in der Literatur meistens „*Wulf*" genannt wird.
5 LAS Abt. 126.15, GA Salzau, Nr. 143a.
6 Blondel (1737/38), 2. Teil, Tafel 16. Im übrigen wird der Definition Régence/Rokoko nach Dennerlein (1981) gefolgt.
7 Für die nach der Zeichnung naheliegende Vermutung, daß der Aufstellungsort dieses ersten von den drei Salzauer Obelisken ein Hünengrab gewesen sei, ließen sich im Gelände keine Spuren mehr finden.
8 Zur Familiengeschichte der Blomes: Hintze (1929), S. 335–471.
9 Brief von Herder an Blomes Schwager Friedrich von Hahn vom 5.8.1774.
10 Hier werden einzelne von vielen interessanten Titeln des vorhandenen Versteigerungskataloges genannt, der aber auch nur einen Teil des ehemaligen Bestandes aufführt: *„Die Bibliothek der Grafen von Blome auf Schloss Salzau in Holstein. Versteigerung am 12. und 13. April 1929 in Hamburg, 1929."*
11 Buchwald (1786), S. 202–213, insbes. S. 209.
12 Lavierte Federzeichnung im Gutsarchiv sign. „*Fecit H. G. Kladde 1760*".
13 Die Vasen stammten sicher aus dem spätbarocken Park.
14 Hirschfeld (1779–1785), Bd. 4, S. 206–211, (hier S. 206), daselbst auch alle weiteren Zitate und Bezeichnungen der Gartenausstattungen, soweit nicht anders angegeben.
15 Neuschäffer (1983), S. 113.
16 Abgebildet bei Le Rouge (1775–1787), 1779.
17 Blome war sehr theaterinteressiert, besuchte dafür oft Hamburg und hatte ein Opernabonnement in Kopenhagen.
18 Buchwald (1786), S. 211.
19 Münchhausen (1765–1773), 1771 beigebundener Spezialartikel.
20 Vgl. Christoph Mohr: Naturdenkmal – Kulturdenkmale. Der große Tannenwald in Bad Homburg, in: Denk – mal. Zeitung zum Tag des offenen Denkmals in Hessen 12. September 1993, hrsg. vom Landesamt für Denkmalpflege Hessen, Wiesbaden, 2 (1993).
21 Münchhausen (1765–1773), Bd. 5, S. 8 beschreibt solche Anlagen.
22 Noch Mitte des 19. Jahrhunderts wird die wunderbare Aussicht vom „*Altan*" des „*Pavillons*" gerühmt. Biernatzki (1847), S. 44.
23 Jürgen Andersen, in: Olearius (1669), S. 126.
24 Auskunft des ehemaligen Gärtners Gerhard Stötera, Salzau.
25 Insbes. Whately (1770) und Chambers (1757).
26 „*Wenn das Leben ein Traum ist, welches Glück hier zu träumen.*"
27 Buchwald (1786), S. 202.
28 Münchhausen (1765–1773), 1771, Vorbericht des „*Ersten Theils, Zweytes Stück*", 1. Seite (o. Nr.).
29 Hirschfeld (1786), S. 140.
30 Genannt wird dieses Labyrinth zuerst im Tagebuch des Gärtners Graumann – LAS Abt. 126.15, GA Salzau, Nr. 151 – der häufiger zwischen 1809 und 1811 schreibt: „*am Adelinenthal geschneckt*", wobei nicht sicher ist, ob es um eine Restaurierung oder eine neue Anlage ging. Frühere Gartenabrechnungen fehlen. Insofern muß das Entstehungsdatum mit einem Fragezeichen versehen werden. Als Anregung könnte ein ähnliches bei Blondel abgebildetes Labyrinth in Frage kommen. Blondel (1737/38), Bd. IV, Taf. 18.
31 Vgl. z. B. Hirschfeld (1779–1785), Bd. 5, S. 159.
32 Vgl. Hirschfeld (1779–1785), Bd. 3, S. 83.
33 Die Vermutungen, daß Hirschfeld durch soziales Engagement des Gutsherrn in seinem Urteil beeinflußt sein könnte, äußert auch Schepers (1980), S. 197 in bezug auf Ascheberg.
34 Möglicherweise hatte die Witwe sich durch ein Denkmal anregen lassen, das in Rastorf mit ähnlichen Attributen (Grotte, Tränenquell) dem Grafen Christian Emil von Rantzau (1716–1777) gewidmet worden war.
35 Dieser Teil nach LAS Abt. 126.15, GA Salzau, Nr. 151, Tage- u. Kontobuch des Gärtners Graumann.
36 Diese Periode beschrieben nach LAS Abt. 126.15, GA Salzau, Nr. 151 Tagebuch des Gärtners Jürgen Hinrich Hamann. Dazu Plan LDSH PK I–5780.
37 Auf die Freimaurerzugehörigkeit deuten auch die Symbole an dem von Graf Otto von Blome neu errichteten Herrenhaus, dem heutigen ‚Schloß Salzau'.

Schierensee

20 km südwestlich von Kiel liegt das Adelige Gut Schierensee; unter dem russisch-großfürstlichen Staatsminister Caspar von Saldern entstand von 1767– 1779 auf dem nahen Heeschenberg ein Waldpark im Sinne der Eremitagegärten des Rokoko; langsamer Verfall der Lustanlagen im 19. Jahrhundert; seit 1968 in Besitz Axel Springers umfangreiche Sanierung der Hofanlage und Neugestaltung der Gärten beim Herrenhaus durch die Gartenarchitektin A. Gräfin Schönborn. Spuren des Eremitagegartens erhalten.

Mit dem Waldpark des Gutes Schierensee,[1] der in zwölfjähriger Arbeit auf dem nahen Heeschenberg entstand, wird auch in Schleswig-Holstein das Ende der Epoche der französischen Gartenkunst eingeleitet. Die durch axiale Strukturen aufeinander bezogenen Elemente der Gutsanlage – Herrenhaus, Wirtschaftshof, Garten und umgebende Landschaft (Tiergarten, Wald und Felder), die nach barocker Auffassung zu einem Gesamtkunstwerk vereint waren – werden in dieser Zeit neu geordnet. Bevor im Ausklang des 18. Jahrhunderts die ersten klassizistischen Herrenhäuser als Landvillen von weitläufigen landschaftlichen Parks umgeben werden, entstehen, vom barocken Haus- und Hofensemble räumlich getrennt, eigenständige Eremitagegärten. In der Kleinteiligkeit der Anlagen auf dem Heeschenberg, in dem Gewirr der Wege und Gänge, in der Vielzahl an Pavillons und Hütten und in einem Mosaik verschiedenster pflanzlicher Motive, drückt sich noch die Naturauffassung des Rokoko aus: Die Natur wird zwar nicht mehr dem Diktat einer geometrischen Ordnung unterworfen, doch verläßt sie ihr exakt vermessenes Korsett noch nicht, um die Freiheit in großzügigen Landschaftsbildern zu symbolisieren. Freie Natur wird zuerst durch Ausblicke auf die umgebende Landschaft in den Garten hineingeholt. Emilie von Berlepsch bemängelte bei ihrem Besuch 1783 die noch zu dichten Mauern geschnittenen Hecken, die die schönen Stämme der Bäume verbargen.[2]

Neben Graf Schimmelmann auf Ahrensburg und Seneca Ingwersen, Baron von Gelting, ist Caspar von Saldern (1711–1786) einer der wenigen, denen es im letzten Drittel des 18. Jahrhunderts gelang, aus bürgerlichem Stande kommend zu hohem Ansehen emporzusteigen. Bereits 1761 ging er im Dienste des Großfürsten Karl Peter Ulrich[3], des späteren Zaren Peter III., nach Rußland. Nach dessen Ermordung beauftragte die Zarin Katharina II. Saldern mit der Leitung der Regierung im holsteinischen Anteil und ernannte ihn 1762 zum Staatsminister. Sein Hauptverdienst war neben der Leitung der Landesvermessung in den großfürstlichen Gebieten des Herzogtums Holstein (1763–1787)[4] sein Eintreten für die Aufrechterhaltung des deutschen Charakters der Verwaltung der Kielschen Lande. Sein Name ist untrennbar verbunden mit dem 1773 abgeschlossenen Tauschvertrag von Zarskoje Selo, in dem Dänemark und Rußland ihre Ansprüche auf Holstein-Gottorf friedlich regelten.[5]

Nach dem Tauschvertrag verlor Saldern seine Gunst am Hofe in Rußland und zog sich auf sein bereits 1752 erworbenes Gut Schierensee zurück. Hier nun schuf er mit dem Eutiner Hofbaumeister Georg Greggenhofer[6] (1718/19–1779), dem Lust- und Kunstgärtner Johann Caspar Bechstedt (1735–1801), dem Eutiner Hofbildhauer Johann Georg Moser (1713–1780) und dem Architekten Johann Adam Richter (1733–1813) eine neue Gutsanlage, die zu den einheitlichsten in Schleswig-Holstein gehört.

Bemerkenswert ist, daß Saldern nicht mit dem Bau eines neuen Herrenhauses beginnt, das erst zwischen 1774–1782 von Richter ausgeführt wird,[7] sondern zuerst neue Wirtschaftsgebäude errichtet und auf dem südlich des Hofes gelegenen Heeschenberg einen Eremitagegarten anlegen läßt. Dieser bewaldete Hügel war noch bei der großfürstlichen Landesvermessung im Rahmen der Verkoppelung 1765 als gemeine Waldweide der Dorfschaft Schierensee ausgewiesen.[8]

Schierensee 527

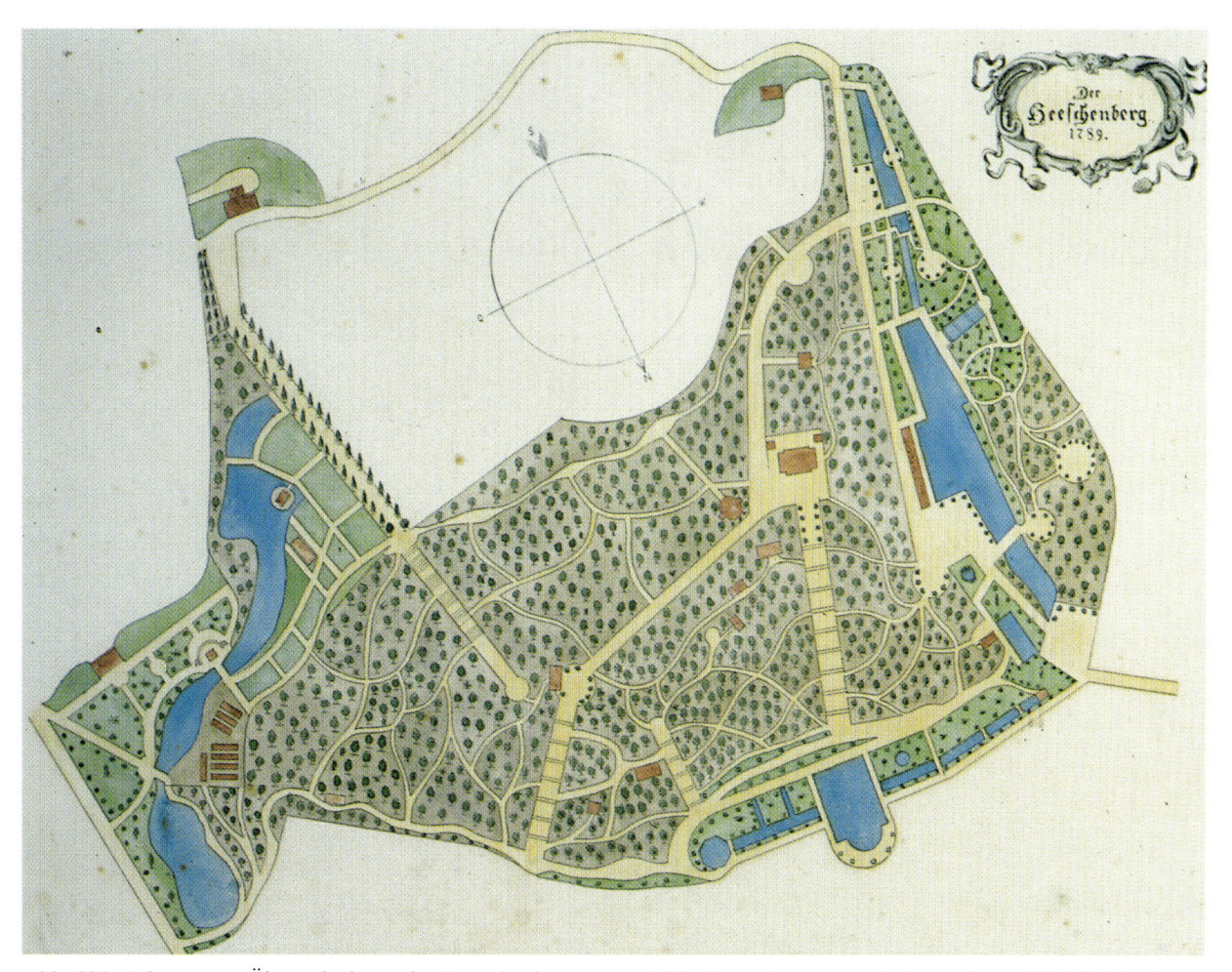

Abb. 399: Schierensee, Übersichtskarte des Heeschenberges von 1789, Umzeichnung von R. Langenbuch 1910 (GA Schierensee).

Anlaß der ersten Bautätigkeiten im Heeschenberg war offensichtlich der Besuch des dänischen Königs Christian VII. im Mai 1768 auf Schierensee, wie die ab 1767 erhaltenen Gutsrechnungen belegen. Wenn auch die zeitgenössischen Beschreibungen Saldern selbst als Schöpfer der Anlage auf dem Heeschenberg preisen, hat er doch den gelehrten Gärtner Johann Caspar Bechstedt zu Rate gezogen.[9] Bechstedt war offensichtlich für alle gärtnerischen Zier- und Lustplätze und für die Pflanzarbeiten im Heeschenberg zuständig. Wenn sich anhand der Lieferlisten auch nicht immer exakt unterscheiden läßt, wo die eingekauften Bäume und Sträucher gepflanzt und die Samen ausgesät wurden – am Herrenhaus befand sich ja auch eine kleine Nutzgartenanlage[10] –, so ist doch die Anzahl der gelieferten Pflanzen im ersten Jahr enorm: 600 Stück Heck-Ulmen, 80 große Ulmen, 85 junge Fruchtbäume, 9 kleine Pfirsichbäume, 80 Kastanienbäume aus Bossee, 30 Rosenbüsche, 12 Pflaumenbäume, insgesamt 6950 Hegebüchen-Paten und 200 Rotbuchen. Die Gartensamen lieferte die Hamburger Firma Hinrich & J. H. Böckmann, die Fruchtbäume wurden von Peter Buek aus Hamburg und Kammerrat Hübner aus Kiel bezogen.

Als im Mai der König kam, wurde der Heeschenberg illuminiert – ein Schaupiel, das ihn beeindruckt haben muß, denn er erhebt Saldern noch in demselben Jahr in den dänischen Lehnsgrafenstand. Weitere überlieferte Einrichtungen zur Zerstreuung und Unterhaltung der Herrschaft und seiner Gäste waren ein Schießhaus und eine Kegelbahn.

Eine Kartenkopie von 1910, gezeichnet von R. Langenbuch[11] aus Lübeck nach einer Flurkarte des Gutes

Abb. 400: Schierensee, Treppe zum ehemaligen Lusthaus Tranquilitati, Photo 1993.

Abb. 401: Schierensee, Tranquilitati, Ölgemälde Anfang des 19. Jahrhunderts (GA Schierensee).

Schierensee von 1789, zeigt den vollendeten Zustand der Anlagen auf dem Heeschenberg (Abb. 399). Der zentrale Waldbereich ist mit vierzehn verschiedenen Pavillons und Hütten geschmückt, die durch ein wahres Labyrinth von Wegen und Treppen erschlossen werden. Die Gebäude dienten nicht nur zur Bezeichnung der Prospekte und zur Belebung der Szenen, sie waren nicht nur Points de vue oder Staffagen, sondern als Tempel der Gastfreundschaft zugleich Wohnung und Schlafstätte für die Gäste des Besitzers.

Das komplizierte Wegesystem ist das tragende Gerüst des Gartens (Abb. 400): *„Einige Wege sind so breit, daß sie befahren werden; andre Gänge laufen zuweilen in schmale Fußpfade über. Bey Auffahrten und Zugängen zum Hauptgebäude sind sie, wie sie seyn sollen, in gerader Linie; in andern Gegenden, wo das Umherirren ergötzt, oder der Gehende auf eine Ueberraschung geleitet werden soll, schlängeln sie sich in abwechselnden und ungekünstelten Wendungen. Die Gänge scheinen hier gleichsam in einer beständigen Bewegung zu seyn, so sehr auch Unbeweglichkeit ihr Eigenthum ist; bald steigen sie, bald senken sie sich wieder, nach den Abhängen und Ungleichheiten des Bodens, die so viel zur Veränderung der Scenen und der Prospecte beytragen."*[12]

In den nördlichen Abhang sind drei Rasentreppen hineingebaut, die nicht begangen werden sollten, sondern als Blickschneisen in die umgebende Landschaft das Dunkel des Waldes durchbrachen. Sie waren mit Rosenstöcken und Lorbeerbäumen geziert, wie Deneken 1797[13] berichtet. Die westliche Terrassenanlage, die noch durch einen Lindengang auf dem Berg verlängert wurde, führte zum zentralen Lusthaus, „Tranquilitati" genannt, d. h. der Ruhe gewidmet. Es ist, wie die Abbildung in Hirschfelds „Theorie" zeigt, noch in barocken Formen und im Stil des Ukleier Jagdpavillons gebaut – ein Werk Georg Greggenhofers, der die Leitung der Bauarbeiten auf dem Heeschenberg innehatte. Heute ist davon nur noch die Steintafel mit der Inschrift ‚Tranquilitati' im Keller des Herrenhauses erhalten. Im Turm befand sich eine Glocke, die den Gästen zum Essen läutete. Das Lusthaus wurde wie das neue Herrenhaus nach einer neuen russischen Erfindung mit Eisenplatten gedeckt, die per Schiff von St. Petersburg gebracht wurden.[14] Ein Gemälde auf Schierensee (Abb. 401) zeigt das Lusthaus Mitte des 19. Jahrhunderts mit neuem Ziegeldach. Wie die Haushaltsrechnungen belegen, wohnte Saldern jeden Sommer auf Tranquilitati. Südlich und nordöstlich des Haupthauses lagen im Wald verborgen die Gebäude, die für die Versorgung der Herrschaft und der Gäste notwendig waren: ein Küchengebäude, ein Backhaus, ein Eiskeller und ein blau angestrichenes Lusthaus über einem Weinkeller. Das Personal selbst war in Zelten untergebracht.

Ging man nun in östlicher Richtung den Berg hinunter, so traf man auf das „Ovale Lusthaus" (1774), das blau angestrichen und mit Schiefer gedeckt war (Abb. 402). Es beherbergte einen Saal, der von oben belichtet wurde, und zwei Schlafkabinette. Oberhalb der östlichen Rasenterrassen traf man auf das Lusthaus „Bellevue", vor dem sich ein runder Platz mit freiwachsenden Linden erstreckte, „*in deren Rinde eine weibliche zarte Hand der Freundschaft und des innigen Andenkens an den Freund und Stifter, ihm ein einfaches und rührendes Denkmal errichtet hat. Mit schön geformten römischen Buchstaben sind in der glatten Rinde dieser Linden, die auf alle acht Bäume in der Runde vertheilten Worte eingegraben: ‚Dein Geist Kaspar von Saldern sei Zeuge unsers Genusses Deiner Schöpfung'.*"[15] Von hier aus hatte man die schönsten Ausblicke auf die fruchtbaren Felder und die weiter entfernt liegenden Wiesen und Wälder der Schierenseer Feldmark: „*Diese Aussicht ist die weiteste, freyeste und heiterste, die man von dem Berge genießt, ... Sie bringt eine liebliche Erfrischung in das Gemälde, ohne den Charakter des Ganzen, Ruhe und ländliche Einsamkeit, zu verändern, indem kein Getöse in der Nähe, keine starke Bewegung umher vorhanden ist, sondern vielmehr über diesen in die Ferne hin sich verbreitenden Scenen die Stille der friedeathmenden Natur schwebt.*"[16]

Unterhalb des großen Pavillons, am Fuße des Nordhangs, erstreckte sich eine Reihe von Bassins und Kanälen, die im Vergleich zur Wegeführung geradezu steif wirken. Man wird den Eindruck nicht los, daß

Abb. 402: Schierensee, Ovales Lusthaus, Kupferstich von 1780 aus Hirschfeld (1779–1785), (UB Kiel).

hier der Entwerfer in geometrischen Formen gefangen blieb. Auch die gleichzeitig entstandenen Heller (= Fischteiche) im westlichen Talbereich sind eckig und kantig geformt und mit Steinmauern gefaßt. Erst im östlichen Bereich, in den „Neuen Anlagen", wo dann auch die Obstgärten, die Treibereien und große Nutzgartenflächen entstanden, gelang die Gestaltung einer landschaftlichen Teichanlage.

In diesem westlichen Tal, an dessen gegenüberliegender Seite der Berg wiederum anhob, lagen zahlreiche Lustplätze, ein Wasserfall und ein Lustgebüsch aus Erlen, Hagebuchen und Ebereschen. Um den Teich und an den Lustplätzen, wo Sitzgelegenheiten aufgestellt waren, zierten Blumenbeete und Rosenstöcke die Szenen.

Eine von Greggenhofer signierte undatierte Zeichnung im Gutsarchiv zeigt eine aufwendige Kaskadenanlage mit einer Grotte (Abb. 403). Seine handschrift-

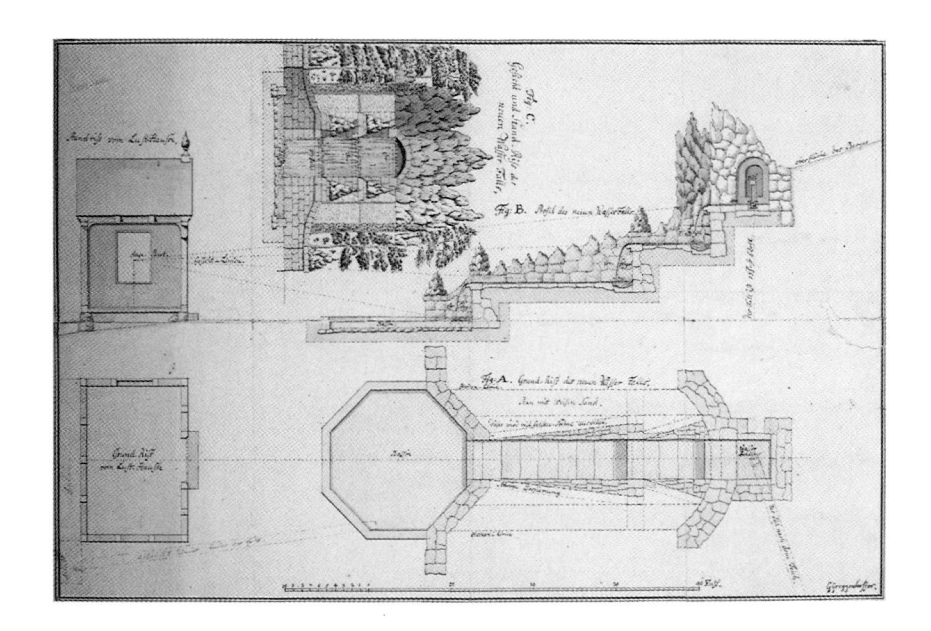

Abb. 403: Schierensee, Kaskadenanlage, aquarellierte Federzeichnung von G. Greggenhofer (GA Schierensee).

lichen Erklärungen bezeichnen sie als den *„neuen Wasser-Fall"*. In der exaktesten zeitgenössischen Beschreibung von Meyer wird sie als *„kolossale Grotte ... mit drei hochgewölbten Eingängen, vor einem steinernen Becken, das von drei Absenkungen herab sein in Kaskaden niederströmendes Wasser aus unerschöpflichen Bergquellen empfängt"*[17] dargestellt. Tatsache ist, daß bereits vor dem Besuch des Königs intensiv an einer Kaskade gearbeitet wurde, die im Oktober 1774 jedoch wieder abgerissen wird, um deren Rohre in einer neuen Kaskade zu verwenden. Umfangreiche Entwässerungsarbeiten wurden im Sommer 1774 durchgeführt, bei denen die Teiche und Kanäle vertieft und erneuert wurden und das Bassin unterhalb der Terrassen von Tranquilitati mit Fliesen ausgelegt worden ist. Diesen Zustand zeigt die Karte von Langenbuch (Abb. 399).

Bis auf das *„Steinerne Haus"*, das östlich unterhalb von Bellevue in Richtung auf den Damm liegt, der die große Teichanlage im Osten anstaut, können die anderen in den Reisebeschreibungen[18] und den Gutsrechnungen angeführten Bauwerke nicht immer eindeutig zugeordnet werden. Weitere Bezeichnungen für diese Häuser und Hütten, in denen Saldern seine Gäste übernachten ließ, waren *„Solitude"*, *„Aux invalides"* und *„Bon-bon"*. Letzteres befand sich oberhalb der Kaskade und der Grotte.

Südlich von Bellevue kann man noch heute eine große lange Treppe hinuntersteigen, die auf eine, wie Hirschfeld 1780 berichtet, mit *„Quitschern und Tannen"* besetzte Allee führte, an deren Ende das ebenfalls von Greggenhofer 1774 gebaute Gasthaus *„Zur Lustigen Schwester"* stand. Für unseren heutigen Geschmack ist die Vorstellung, daß man Ebereschen und Tannen[19] im Wechsel in Reihe pflanzte, äußerst befremdlich. Dieses sonderbare Element erinnert an einen anderen bekannten Garten, der Vorbild für den Heeschenberg gewesen sein kann: Es ist der Garten zu Rheinsberg, der ab 1740 unter Friedrich II. von Preußen noch als Kronprinz begonnen und dann von seinem Bruder Heinrich nach 1755 überformt und erweitert wurde. Eine nach historischen Quellen rekonstruierte Allee im Garten von Rheinsberg zeigt eine Roßkastanien-Fichten-Allee. Die 1778 von Friedrich Nicolai herausgegebene Beschreibung von Rheinsberg[20] nennt eine Einsiedeley auf dem Sandberge am westlichen Ende der großen Queralle. Der beigelegte Kupferstich von 1777 zeigt den Wald der Einsiedelei, der in der Tat Vorbild für Saldern gewesen sein kann.[21]

Der von der Markgräfin Sophie Wilhelmine von Bayreuth (1709–1758), einer Schwester Friedrichs des Großen, um 1744 bis 1748 angelegte Wald- und Felsenpark *Sanspareil* bei Bayreuth[22] könnte Caspar von Saldern ebenfalls in seinen Ideen für die Gestaltung des Heeschenbergs angeregt haben. Die Schwester Wilhelmines, Louise Ulrike, war mit dem Eutiner Administrator Adolph Friedrich verheiratet, der 1751 den schwedischen Thron bestiegen hatte. Ein Plan von dem Lustschloß Sanspareil, gezeichnet 1796 von „*J. C. Bechstatt, Fürstl. Hess. Oberjäger*" bestätigt Parallelen, wenn die Anlagen in Bayreuth auch wesentlich weitläufiger und in ihrer Ausstattung kostspieliger waren.

Als letzte Ausbauphase werden ab 1772[23] die sogenannten „*Neuen Anlagen*" im östlichen Bereich geschaffen. Ein Bach, der die südlich und östlich des Heeschenbergs gelegenen Feuchtgebiete entwässert, grub ein recht steiles Tal in den Berg. Durch den Bau eines großen Damms am nördlichen Ende des Tals wurde das Wasser angestaut, so daß eine natürlich anmutende Teichlandschaft entstand. In den östlich des Tals gelegenen Bereichen, die über Dämme erreichbar waren, wurden Obstplantagen angelegt und ein neues Gärtnerhaus gebaut. Nordöstlich davon befand sich eine kleine Kate, die bis in unser Jahrhundert hinein erhalten blieb. Zwei halbrunde Plätze am Ende der mittleren Dämme und eine Insel mit Hütte im oberen Teich schmückten diese Anlagen. Auf den südöstlichen, wesentlich flacheren Abhängen des Heeschenberges wurden Treibereien und Glashäuser gebaut, in denen Trauben und Pfirsiche gezogen wurden. Sie waren 1780, als Hirschfeld Schierensee besuchte, noch nicht fertig. Der Saldernsche Gärtner Henning Scheel[24], der 1819 also 33 Jahre nach seinem Herrn starb, schloß 1815 mit der Enkelin Salderns, Maria Sophia Charlotte von Brockdorff (1772–1833), einen Vertrag ab, in dem ihm diese Gartenanlagen unter Beibehaltung der Versorgung des Hofs zur eigenen Bewirtschaftung überlassen wurden. Der Verfall der Lustanlagen begann zu diesem Zeitpunkt bereits.[25] Rechnungen im Gutsarchiv aus dem 19. Jahrhundert enthalten immer wieder verschiedene Reparaturen auf dem Heeschenberg. Erst 1860, mit dem Tod der Urenkelin Friederike Marie Sophie von Mesmer-Saldern, geb. Brockdorff, hören sie gänzlich auf.[26]

Wenn man heute durch den hohen Buchenforst spaziert und die Reste des einstigen Parks nach Hirsch-

Abb. 404: Schierensee, oktogonales Bassin unterhalb des Heeschenbergs, Photo 1993.

felds Beschreibung erwandert (Abb. 404), so fallen einem wieder die Worte Meyers ein, die dieser schon 1815 beim Anblick des Heeschenbergs aufschrieb: „*Einst berühmt wegen seiner romantischen und mit fürstlichem Aufwand geschaffenen Anlagen ..., die einer prächtigen Kolonieansiedlung ähnlich waren ... bietet jenes Hauptstück des schönen Guts ..., jetzt nur noch das traurige Bild der Hinfälligkeit aller menschlichen Dinge, und predigt die ernste Lehre: ,... daß nichts bestehet, und alles Irdische verhallt.'*"[27]

Margita Marion Meyer

1 Wichtige Akten im GA Schierensee: Akten Nr. 33–35, 49, 60, 78, 82, 97, 110, 111, 176, 198, 199, 200–207, 215–221, 227, 233, 238, 240, 259, 262–265, 274, 325–330, 335, 339–347, 363–374, 386, 390, 511, 764.
2 Berlepsch (1786), S. 327f.
3 Der Gottorfer Herzog Karl Peter Ulrich wurde 1742 von der Zarin Elisabeth zum Großfürsten und zum russischen Thronfolger ernannt. Von 1745–1773 wurde das Herzogtum Holstein-Gottorf, auch großfürstlicher Teil Holsteins genannt, von Rußland aus regiert.
4 Kahlfuß (1969), S. 27–59.
5 Vgl. ausführlich zum Leben und Wirken Caspar von Salderns: Brandt (1932), S. 280ff; genealogische Daten Gundlach (1926), S. 63–91.
6 Vgl. zu Greggenhofers Bautätigkeit auf Schierensee: Pietsch (1977), S. 62–69.
7 Vgl. ausführlich zur Baugeschichte von Schierensee: Hirschfeld (1980), S. 190–195; Seebach (1981), S. 31ff.
8 Die „*Carte von der Dorffschaft Schierensee im Amte Bordisholm vermessen, Protocolliret und cartiret im Monath Junü Anno 1765 von J. A. Thiessen*" (LAS Abt. 402 A3 Nr. 51b) zeigt das Gebiet des Heeschenberges noch zum Dorf Schierensee gehörig. In dem erhaltenen

Erdbuch wird das Flurstück des Heeschenberges als erst 1773 von Saldern gekauft ausgewiesen. Eine später, mit anderer Handschrift hinzugefügte Eintragung lautet: „Wofür à T[onne] mithin *13 T[haler] 16 [Schilling] bezahlet wird ..., da dieses Land der Schirenseer Gutsherrschaft im A° 1773 ohne alle ... Abgaben käuflich überlassen worden."* Für diesen Widerspruch, daß Saldern in einem Gebiet gebaut hat, das ihm nicht gehörte, gibt es bisher keine Lösung.

9 Ab August 1767 erhält Bechstedt mit seiner Frau freie Wohnung und 100 Rthl. Lohn. Insgesamt bekommt er von Michaelis 1767 bis Michaelis 1768 die äußerst hohe Geldsumme von 290 Rthl. Auf Pflanzenlieferlisten von 1766 wird bereits sein Name erwähnt.

10 Der Lageplan des Gutes Schierensee von J. A. Creutzfeld v. 1810 im Gutsarchiv Nr. 335 zeigt sämtliche Gebäude der Gutsanlage und die bescheidenen Nutzgärten am Herrenhaus. Vgl. dazu auch die *„Karte des adl. Guts Schierensee. Copiert nach einer Karte von 1789 von J. H. A. Speck Königl. bestallter Landmesser"* (GA Schierensee).

11 In dem Tafelband zu Hedemann-Heespen (1906) ist dieser Plan schon einmal publiziert worden. Es muß sich jedoch um eine weitere Kopie im Gutsarchiv Deutsch-Nienhof handeln, da kleinere Abweichungen zum Schirenseer Plan vorkommen. Vgl. auch dazu *„Topographisch Militairische Charte des Herzogthums Holstein. Nebst dem Hochstifte Lübeck; dem Gebiethe der Reichstaedte Hamburg und Lübeck und einem Theil des Herzogthums Lauenburg. Aufgenommen in den Jahren 1789 bis 1796, unter Direction des Majors von Varendorff durch die Lieutenants von Justi, von Wimpfen u. Kaup."* Farbige Handzeichnung im RAK.

12 Hirschfeld (1779–1785), Bd. 2, S. 147.

13 Deneken (1797), S. 164–166.

14 Auch Matthisson, der 1794 auf seiner Reise nach Kopenhagen Schierensee besuchte, berichtet von den Eisenplatten. Den Heeschenberg hat er selber aber wohl nicht besichtigt, da er ihn nur sehr kurz und allgemein beschreibt. Vgl. Matthisson (1825), S. 47f.

15 Meyer (1816), S. 263f.

16 Hirschfeld (1779–1785), Bd. 2, S. 144.

17 Meyer (1816), S. 265f; auch Hirschfeld (1779–1785), Bd. 2 beschreibt die Grotte mit drei Öffnungen, während Greggenhofers Entwurf nur eine Öffnung nach vorne zeigt.

18 Vgl. dazu auch Wilse (1792), Bd. 3, S. 350–357.

19 Gemeint sind wohl gemeine Fichten, auch Rothtannen genannt. 1793 werden Forstsamen bezogen, die auf dem Heidberge in entsprechenden Gehege angezogen wurden. So werden genannt *„Pinus Larix"* (Europäische Lärche), *„Pinus Abies"* (Edeltanne, Weißtanne) als deutsche und *„Pinus Strobus"* (Weymouthskiefer) und *„Pinus Canadensis"* (Weiße Fichte) als nordamerikanische Arten (GA Schierensee, Nr. 342).

20 *„Beschreibung des Lustschlosses und Gartens Sr. Königl. Hoheit des Prinzen Heinrichs Bruders des Königs, zu Reinsberg, wie auch der Stadt und der Gegend um dieselbe"*, hrsg. 1778 von Friedrich Nicolai, Berlin. Photomechanischer Nachdruck der Originalausgabe aus der Berliner Stadtbibliothek von den Staatlichen Schlössern und Gärten Potsdam-Sanssouci 1985.

21 Saldern und Friedrich II. trafen sich einmal persönlich, wovon Friedrich in seinen Memoiren berichtet, vgl. dazu Meyer (1816), S. 268ff.

22 Eimer vermutet, daß Greggenhofer in Bayreuth bei der Markgräfin gearbeitet hat. Eimer (1957), S. 15ff. Zu den Eremitage- und Felsengärten vgl. Buttlar (1989), S. 132ff.

23 Eine Lieferliste von Böckmann aus Hamburg, diesmal direkt an Saldern gerichtet und nicht mehr an Bechstedt, vom 4. April 1772 zählt 16 hochstämmige Birnen-, Äpfel- und Kirschbäume und drei verschiedene Birnenpyramiden auf, sowie 100 Heckulmen und 100 Rosenstöcke.

24 Im 18. Jahrhundert sind auf Schierensee weiter die Gärtner Hoppe (1768/1771), Joachim Rehpennig (1786) und Franz Baade (1789) erwähnt.

25 Vgl. auch Marston (1833), S. 230–234.

26 Vgl. dazu Sarnow [o. J.], S. 148–156.

27 Meyer (1816), S. 261.

Schleswig: Gärten der Gottorfer Residenz

Residenzgärten der Herzöge von Schleswig-Holstein-Gottorf. „Westergarten" im 16. Jahrhundert unter Herzog Adolf I. angelegt. Unter Herzog Friedrich III. entstanden von 1623–1637 der „Alte Garten" und ab 1637 das „Neuwerk". Im 17. Jahrhundert existierten diese drei Gärten nebeneinander, Westergarten und Alter Garten gingen im Laufe des 18. Jahrhunderts verloren. Das Neuwerk war als Terrassengarten italienischer Prägung der bedeutendste Garten seiner Zeit in Norddeutschland, angelegt auf dem Hanggelände nördlich der Schloßinsel. Grundzüge des 17. Jahrhunderts noch heute im Gelände ablesbar bzw. durch denkmalpflegerische Maßnahmen wiedergewonnen. Öffentlich zugänglich.

Das Schloß Gottorf bei Schleswig (Abb. 406), heute Sitz des Schleswig-Holsteinischen Landesmuseums, war von 1544–1713 Hauptresidenz der Herzöge von Schleswig-Holstein-Gottorf und eines der kulturellen Zentren Nordeuropas.[1] Auch der Gartenkultur wurde besondere Bedeutung beigemessen (Abb. 405 u. 407). Unter Herzog Adolf I. (reg. 1544–1586) wurde in der zweiten Hälfte des 16. Jahrhunderts der erste Garten, der sogenannte Westergarten, am Südufer des Schloßgrabens angelegt. Ihm gegenüber am Schleiufer entstand in der Zeit von 1623–1637 unter Herzog Friedrich III. (reg. 1616–1659) eine zweite Gartenanlage, später Alter Garten genannt. Im unmittelbaren Anschluß begann Friedrich III. ab 1637 mit der Errichtung des Neuwerks auf dem bewaldeten Hanggelände hinter dem Schloß im Tiergartenbereich.[2] Die Bauzeit dieses prächtigen Terrassengartens betrug fast sechzig Jahre und erstreckte sich über zwei Bauphasen. In der ersten Phase unter Friedrich III. wurden von 1637–1659 der östliche Bereich mit dem Blauen Teich und weiter westlich der Globusgarten mit Herkulesteich und Globushaus über zwei Terrassenstufen angelegt (Abb. 407). Die folgenden Terrassen enstanden in der zweiten Ausbauphase ab 1659 unter Herzog Christian Albrecht (reg. 1659–1694) – doch konnte der Garten erst 1695, kurz nach dessen Tod, vollendet werden. Das Neuwerk gehörte zu den meistbewundertsten Gärten seiner Zeit und trug beträchtlich zum Ruhm des Hofes bei. Doch auch die zuvor entstandenen Anlagen, der Westergarten und der Alte Garten, zeugen schon von einem regen Interesse der Gottorfer Herzöge an der Gartenkunst.

Der Westergarten, ein noch bescheidener Renaissancegarten, lag vor dem südlichen Ufer des Schloßsees, dort, wo heute das Oberlandesgericht von 1878 steht. Der Garten entstand unter Herzog Adolf I., der das Schloß nach Brandschäden 1564/65 von einer mittelalterlichen Burg zum Renaissanceschloß umgestaltete. Seine Lage ist deutlich auf einer Karte Schleswigs in Danckwerths „*Newe Landesbeschreibung*" aus dem Jahre 1652 zu erkennen (Abb. 407). 1582 ließ der Herzog den Gottorfer Damm aufschütten, wodurch die Hauptzufahrt von Osten nach Süden verlegt wurde. Spätestens zu dieser Zeit muß auch der Garten entstanden sein.[3] Er war in mittelalterlicher Manier des ‚hortus conclusus' von Plankwerk eingefaßt und über ein Rundbogentor zugänglich. Wie der Breitenburger Garten der Grafen Rantzau lag auch der Westergarten außerhalb der Schloßinsel vor dem Schloßsee und bildete in seinem Grundriß ein Rechteck mit symmetrisch angelegten Beeten, die additiv aneinandergereiht waren, denen jedoch eine übergreifende Gesamtordnung noch fehlte.

Der Austausch von Pflanzen belegt die engen Beziehungen zwischen Breitenburg und der Schleswiger Residenz – so gelangte 1621 ein Pfefferbaum von Breitenburg nach Gottorf.[4] Am Ostrand lag ein Gärt-

Abb. 405: Vogelschau der Schleswiger Gärten (hinter dem Schloß der Neuwerk-Garten, im Vordergrund rechts der Alte Garten und links der Barockgarten des Palais Dernath an der Stelle des vormaligen Westergartens), aquarellierte Zeichnung von H. C. Lönborg 1732 (LAS).

Duc et Populo

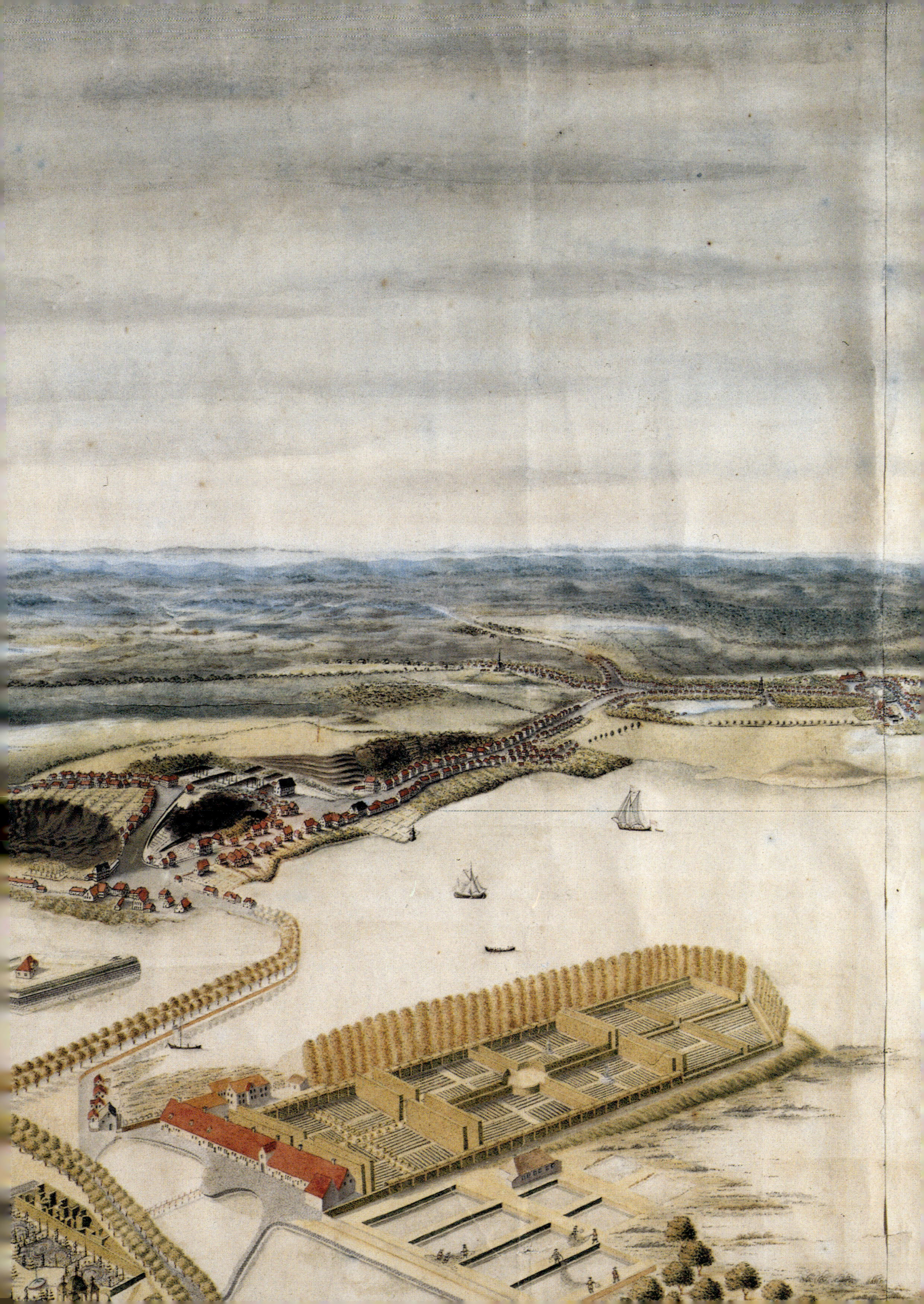

Abb. 406: Schleswig, Schloß Gottorf aus der Luft, im Hintergrund das Terrain des Neuwerk-Gartens mit dem wiederhergestellten Herkulesteich, Photo 1996.

nerhaus und nordwestlich davon das Lusthaus, ein Zentralbau mit kleinen Anbauten.[5] Schon seit den 1620er Jahren – mit dem Baubeginn des Alten Gartens – wurde der Westergarten vorwiegend als Küchengarten genutzt. Die südliche Ecke wurde 1644 zur Errichtung eines Hauses für den Hofwissenschaftler Adam Olearius (1603–1671) abgetrennt. 1707 ging das Gelände in den Besitz des Gottorfer Generalleutnants Gerhard Graf von Dernath (1668–1740) über, der hier ein prächtiges Palais mit Barockgarten errichten ließ.

Die zweite Gartenanlage des Schlosses, später Alter Garten genannt, ließ Friedrich III. ab 1623 auf einer an der Schlei gelegenen Halbinsel südöstlich des Schloßsees erbauen (Abb. 408).[6] Kann man den Westergarten noch als eher bescheidene Ausstattung einer Residenz jener Zeit bezeichnen, zeugt der sehr viel aufwendiger gestaltete Alte Garten von einer intensiven Auseinandersetzung und einem großen Interesse seines Erbauers an der Gartenkunst, die Friedrich III. am Hofe seiner Frau in Dresden, wo eine hohe Gartenkultur gepflegt wurde, schätzen gelernt haben mag. Zudem fand der Schleswiger Herzog in dem Gartenkünstler Johannes Clodius (1584–1660), der schon 1625 den niederländischen Gärtner Peter Mulier ablöste, einen Mann, der die Gartenkunst am Gottorfer Hof im besonderen Maße prägen sollte – durch Clodius erhielt der Alte Garten seine als „*vollkommen*" bezeichnete Gestalt[7] – doch war er „*... mit dem so genannten neuen Werk nicht zu vergleichen*".[8]

Die längsrechteckige Gartenanlage war von Plankwerk eingezäunt und in zwölf quadratische Beete unterteilt, die jedoch nicht wahllos aneinander gereiht wurden, sondern eine genaue Ordnung aufwiesen. Die Quadrate waren durch einfache Achsenkreuze gegliedert, die wiederum durch Alleen zu Vierergruppen zusammengefaßt waren. Ein axialer Mittelweg durchlief den Garten auf ganzer Länge von ca. 350 m. Zwei Bogengänge an den Längsseiten der Anlage, „*... in welchen 2 Wagen neben einander fahren können ...*"[9],

Schleswig 537

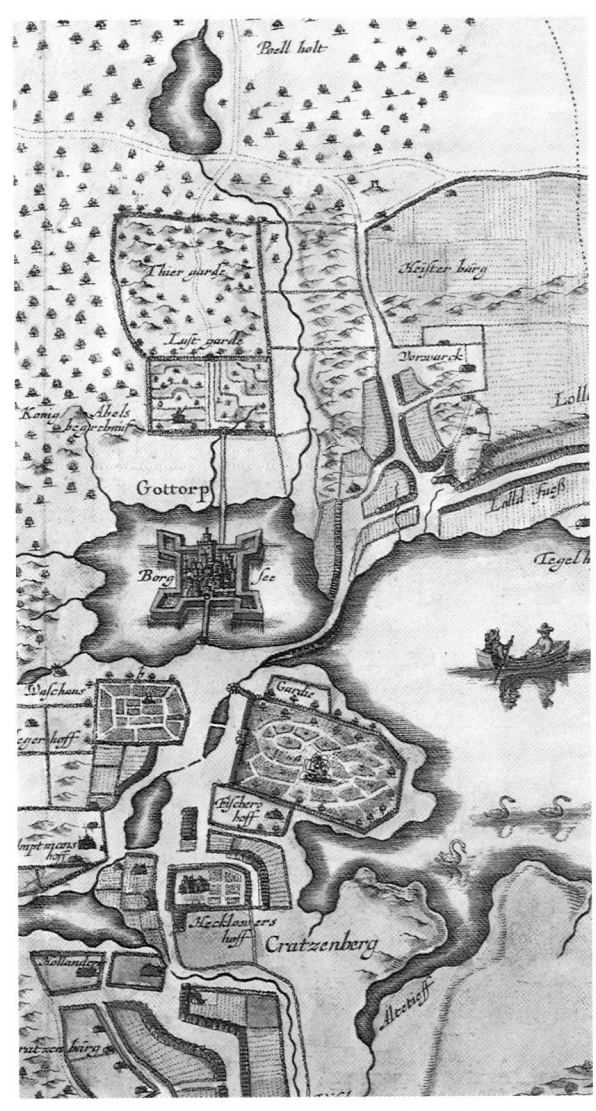

Abb. 407: Schleswig: Gärten der Gottorfer Residenz, „Grundriß der Stadt Sleßwig" (Detail), kolorierter Kupferstich von J. Mejer aus Danckwerth 1652 (Privatbesitz).

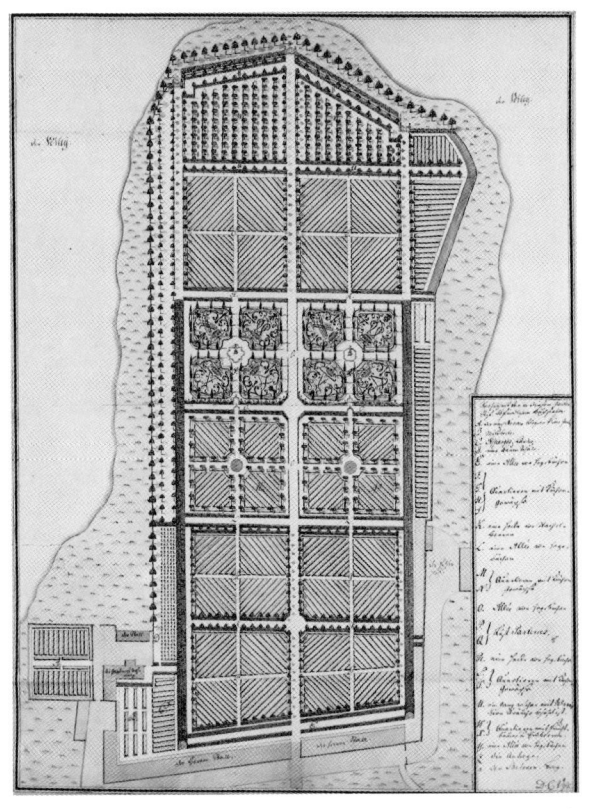

Abb. 408: Schleswig, Grundriß des Alten Gartens, aquarellierte Federzeichnung von D. C. Voss (RAK).

korrespondierten mit der Mittelachse und betonten zusätzlich seine Längsausrichtung. Länge und Breite standen im Verhältnis 3:1. Als westliche Begrenzung diente ein Torgebäude, der Herrenstall, in dessen erstem Geschoß ein großer Festsaal lag, von dem aus ein schöner Blick über den Garten auf die Schlei genossen werden konnte. Um von diesem Standpunkt alle Beete quadratisch erscheinen zu lassen, bediente man sich folgenden Tricks: Eine perspektivische Verzerrung wurde dadurch verhindert, daß die Beete im Westen (vorne) querrechteckig, im Osten (hinten) längsrechteckig geformt waren. Somit waren nur die mittleren

Kompartimente geometrisch gesehen tatsächlich Quadrate. Auf der Ostseite gelangte man durch ein kleines Tor zum Anleger für die fürstlichen Lustschiffe. Zur Ausstattung des Gartens gehörten Hermenpfeiler des Bildhauers Maximilian Steffens (geb. um 1587), die z. T. mit Schwibbögen verbunden waren, Löwenskulpturen mit Tischplatten, eine Sonnenuhr, verschiedene Statuen und Meßinstrumente sowie zwei Brunnen des Bildhauers Zacharias Hübener (gest. um 1650), der erste mit einer Statue des Jägers Aktäon, der andere mit einer Herkulesstatue. Auch drei rot und weiß gestrichene Pavillons standen im Garten. Das 1632 erbaute beheizbare Gewächshaus zur Überwinterung empfindlicher Pflanzen war wohl das erste seiner Art in Deutschland. In früherer Zeit wurden die Gewächse nur durch Holzverkleidungen, sogenannte abschlagbare Pomeranzenhäuser, vor Frost geschützt. 1637 war der Alte Garten vollendet. Noch lange diente auch er neben dem Neuwerk als Lustgarten, erst ab 1689 vorwiegend als Küchengarten. Schließlich wurde der Alte

ad Tom. III. pag. 326.

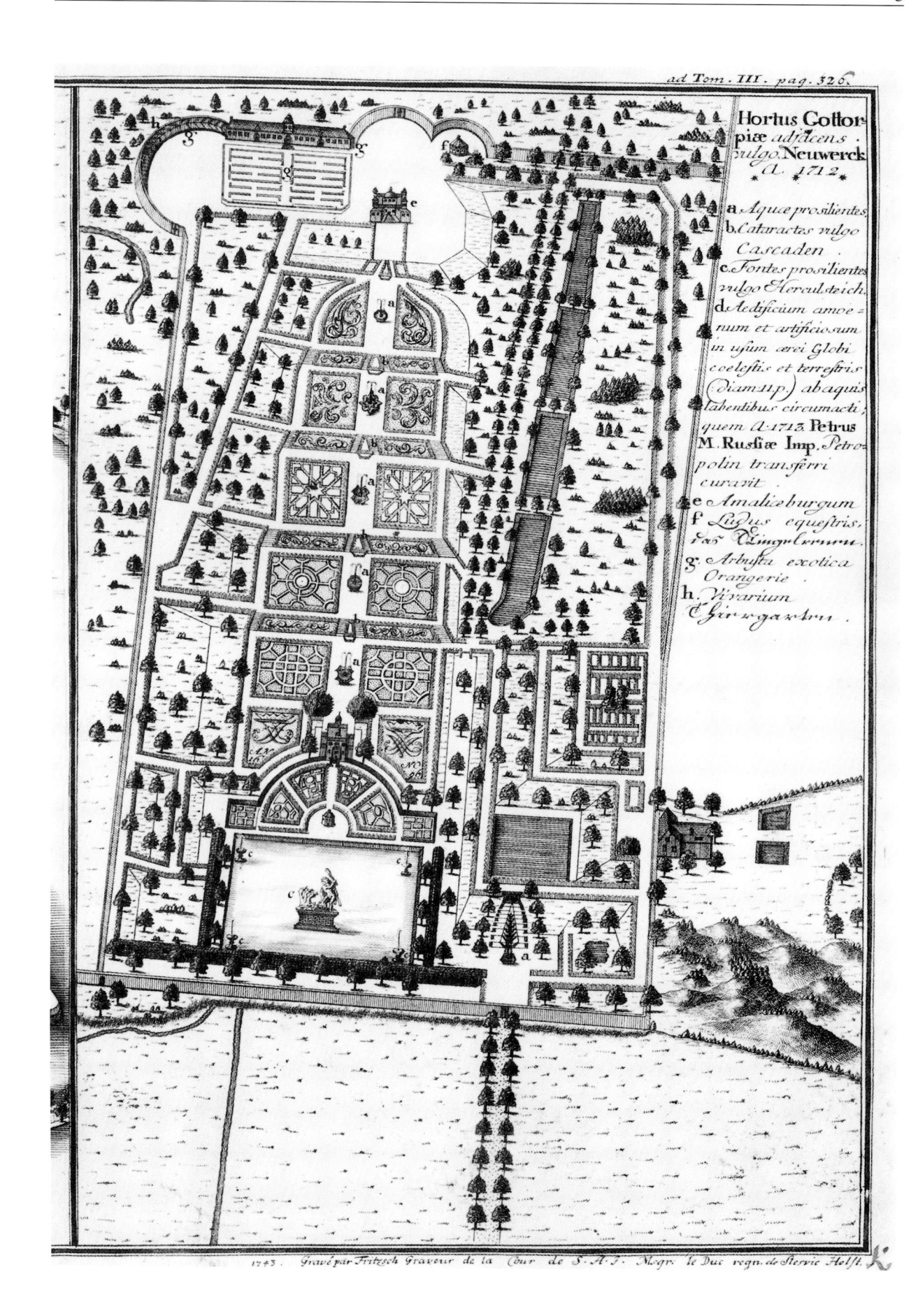

Hortus Gottorpiæ adjacens vulgo **Neuwerck** A. 1712.

a Aquæ prosilientes.
b Cataractes vulgo Cascaden.
c Fontes prosilientes vulgo Herculsteich.
d Aedificium amoenum et artificiosum in usum æroi Globi coelestis et terrestris (Diam 11 p.) ab aquis labentibus circumacti; quem A. 1713 Petrus M. Russiæ Imp. Petropolin transferri curavit.
e Amalieburgum.
f Lusus equestris das Tzinguleriren.
g Arbusta exotica Orangerie.
h Vivarium Thiergarten.

1743. Gravé par Fritzsch Graveur de la Cour de S.A.I. Mgr. le Duc regn. de Slervic Holst.

Garten 1748 verkauft. Heute ist das ehemalige Gartengelände bebaut und läßt von seiner ursprünglichen Nutzung als Residenzgarten nichts mehr erahnen – doch lassen sich auf Luftbildern noch deutlich die ehemaligen Gartenstrukturen ablesen.

Ab 1637 ließ Friedrich III. den letzten und prächtigsten Garten, das Neuwerk, nördlich des Schloßsees inmitten des fürstlichen Tierparks nach Plänen des Garteninspektors Clodius, der gerade den Alten Garten vollendet hatte, errichten (Abb. 3 u. 409).[10] Das Gartengelände war vom Schloß aus über eine Brücke und einen anschließenden Damm mit Ulmenallee zu erreichen.[11] Ein Bogengang teilte den Garten in Nord-Süd-Richtung – seine Verlängerung, die Königsallee, führte durch den Tiergarten zu den Hühnerhäusern.

Am Eingang zum Neuwerk – östlich des Bogengangs – wurden terrassenartige Absätze in den Hang gegraben. Auf der ersten Stufe lag der Blaue Teich, von dem ein Bach über eine kleine Wassertreppe in den Schloßsee floß. Auf dem terrassierten Hügel oberhalb dieses Teiches wurde in den folgenden Jahren ein Labyrinth erbaut.

Westlich des Bogengangs entstand der Globusgarten – benannt nach dem im Lusthaus stehenden großen Globus, der Hauptattraktion des Gartens und der fürstlichen Kunst- und Wunderkammer.[12] Im Süden dieses Gartenbereichs lag ein großes rechteckiges Bassin mit einer Einfassung aus Steinquadern und einer ca. 6 Meter hohen Kolossalstatue des Herkules, die wahrscheinlich von dem Bildhauer Cornelis van Mander (gest. vor 1657) ausgeführt wurde.[13] Herkules, das Sinnbild der herzöglichen Macht und Tugenden, war hier im Kampf „... *mit dem siebenköpfigten Drachen, dessen abgehauene Hälse das Wasser hoch herausgetrieben ...*",[14] dargestellt. Vier kleine kunstvolle Springbrunnen zierten die Ecken des Herkulesteiches.

Im Norden schloß sich ein halbkreisförmiges Parterre mit einem oktogonalen Pavillon an. Vier Blumenquartiere waren von Hainbuchenhecken einge-

Abb. 409: Schleswig, Plan des Neuwerk-Gartens, Kupferstich von C. Fritzsch 1743 aus Westphalen (1739–1745), (Privatbesitz).

faßt und liefen radial auf den Pavillon zu. Verziert waren diese jeweils mit einem Brunnen, von denen ein jeder mit einer Allegorie der vier Lebensalter von Zacharias Hübener geschmückt war. Dieses Parterre lag noch auf der unteren Stufe und wurde im Norden von einer im Halbkreis angelegten Mauer begrenzt, die den Übergang zur zweiten Stufe bildete und noch heute zum Teil erhalten ist. In halbrunden Nischen dieser Mauer standen vergoldete Büsten römischer Kaiser.

Oberhalb der Mauer befand sich in der Flucht mit dem Pavillon und dem Herkules das Globushaus.[15] Der Vorbau dieses auf dem oberen Absatz stehenden Lusthauses und Observatoriums reichte – sich in Arkaden öffnend – bis auf die untere Stufe herab und verband so in reizvoller Weise die beiden Ebenen. Errichtet wurde das Lusthaus eigens für den bereits erwähnten begehbaren Globus, ein technisches Wunderwerk, das durch seine Bewegung den Weltenlauf verständlich zu machen suchte. Am Globushaus standen ein Vogelhaus, eine kleine Orangerie zum Überwintern kälteempfindlicher Gewächse und ein sechzehneckiges Brunnenbecken. Den hohen Stellenwert, den der Herzog seinem Neuwerk-Garten beimaß, belegt ein Gemälde des Rembrandt-Schülers und Hofmalers Jürgen Ovens (1623–1678) aus den 1650er Jahren,[16] das Friedrich III. vor seinen neu geschaffenen Anlagen zeigt (Abb. 416).

Christian Albrecht baute den Neuwerk-Garten trotz der kriegerischen Auseinandersetzungen mit Dänemark und einem zweimaligen Exil in Hamburg zu einem prächtigen Terrassengarten mit großer Mittelkaskade aus, die sich über knapp 600 Meter erstreckte. Für die Ausführung war der Garteninspektor Michael Gabriel Tatter, der schon seit 1655 am Hof tätig war, zuständig[17] – doch ist das Konzept noch auf seinen Vorgänger Clodius zurückzuführen. Streng symmetrisch durchzog die Kaskade Stufe für Stufe, halb unterirdisch und halb sichtbar, die gesamte Anlage. Dabei trat das Wasser jeweils in der grottenartig ausgebildeten Böschung hervor, ergoß sich über Delphinwasserspeier in ein Bassin und verschwand wieder in einem unterirdischen Röhrensystem zur tiefer gelegenen Ter-

Abb. 410: *Schleswig, Amalienburg im Neuwerk-Garten, Gouache von C. F. Stelzner 1818 (Museum für Kunst- und Gewerbe Hamburg).*

rasse, wo sich das Schauspiel wiederholte. Auf einer der oberen Terrassen fand sich statt eines Delphinwasserspeiers ein großer Hund. Am Fuße der Anlage floß das Wasser durch den Keller des Globushauses, wo es den Mechanismus zur Bewegung des Globusses antreiben sollte.[18] Schließlich endete der Wasserlauf im Herkulesteich. Diese Art von Terrassengärten mit Kaskadenanlagen studierte Clodius in Italien. Die Gärten Farnese, die Anlagen der Villa d'Este in Tivoli, der Villa Lante in Bagnaia und der Villa Aldobrandini in Frascati waren vorbildhaft für das Neuwerk. Besonders beeindruckt muß Clodius von den Gärten in Frascati gewesen sein. Im Garten der Villa Aldobrandini befindet sich am Fuße der Kaskade eine halbrunde Mauer mit Nischen, das sogenannte Amphitheater, das sicherlich das Vorbild für die Stützmauer im Globusgarten war.[19]

Die Höhe und Breite der Terrassen im Neuwerk nahm nach oben hin ab. Ein perspektivischer Kunstgriff zur Steigerung der Tiefenwirkung, den der schwedische Architekt Nicodemus Tessin d. J. (1654–1728) bei einem Besuch des Gartens besonders lobend hervorhob.[20] Tessin machte auf dem Weg zu Studienreisen nach Italien und Frankreich 1687 und 1690 auch in Gottorf halt. Die Eindrücke seiner Reisen hielt er in Tagebüchern fest, die heute im Reichsarchiv von Stock-

holm verwahrt werden.[21] Ein Skizzenblatt mit verschiedenen italienischen Kaskadenanlagen zeigt Tessins großes Interesse an dieser Art von Wasserkünsten, so daß seine intensive Auseinandersetzung mit dem Neuwerk nicht verwundert.[22] Nach dem Besuch der Gottorfer Gartenanlage erstellte Tessin einen davon inspirierten Idealplan eines Gartens (Abb. 4), in dem Schloß, Allee und Garten in einer Flucht lagen. In seinen Reisetagebüchern bemängelte er zwar diesen fehlenden symmetrischen Bezug, war ansonsten jedoch von der Gottorfer Gartenanlage begeistert.

Die Amalienburg auf der obersten Terrasse bildete den architektonischen Abschluß der Mittelachse (Abb. 410). Mit ihrer Errichtung 1672 war das Neuwerk im wesentlichen vollendet. Dieses Lusthaus, benannt nach der Herzogin Friderica Amalia, war aus roten Ziegeln erbaut und mit einem Pyramidendach aus Schiefer gedeckt. In den zweigeschossigen quadratischen Mittelbau waren Eckpavillons eingestellt, die durch eine umlaufende Galerie im Obergeschoß verbunden waren – als Vorbild käme z. B. das Schloß von Tönning in Frage, der Ursprung des Motivs liegt bei Sebastiano Serlio (1475–1554). Im Kernbau der Amalienburg befand sich nur ein Raum, ein großer Festsaal mit Kuppel, ausgeschmückt mit einem Gemäldezyklus des Hofmalers Jürgen Ovens, der eine allegorische Verherrlichung der Fürstenfamilie darstellte.[23] Von dem Lusthaus aus hatte man einen schönen Blick auf das Schloß, wodurch dieses mit dem Garten in eine engere Beziehung gebracht wurde. Die recht große Entfernung zwischen Neuwerk und Residenzgebäude, durch die Insellage des Schlosses noch verstärkt, wurde so geschickt überwunden – ein Bezug von Schloß und Garten, wie ihn das Barockzeitalter forderte, war damit zumindest hergestellt.

Westlich der Amalienburg wurde ein Orangeriegarten eingerichtet (Abb. 9). Ein breitgelagertes beheizbares Orangeriehaus mit Turmaufsatz entstand ab 1692. Es maß stattliche 86 m in der Länge und hatte eine Innenhöhe von sieben Metern, so daß auch sehr hohe Gewächse in ihm aufgestellt werden konnten. Für eines der bemerkenswertesten Gewächse des Gartens, die amerikanische Aloe (Abb. 411), die 1705 über 12 000 Blüten getragen haben soll,[24] wurde eigens ein kleines Gewächshaus auf quadratischem Grundriß mit einer Höhe von acht Metern angelegt. Dieses Aloehaus war in seiner Zeit als Bau für ein Solitärgewächs einzigartig.[25] Ein halbrundes Gewächshaus schloß das obere Gelände nach Westen hin ab.

Ganz am Rande der oberen Terrasse im Nordosten lag zum Vergnügen der Gartengäste das oktogonale Ringelhaus, ein mechanisches Karussell mit hölzernen Pferden. Auf der fünften Terrasse gab es eine Windharfe mit vierzig gläsernen Glocken. Ein Bienenhaus – ein kleines, gläsernes, turmartiges Bauwerk mit einem Bienenvolk, das nicht einmal einen Winter überstand – stand auf der dritten Terrasse. Es stellte den Staat im kleinen dar, symbolisierte die rechte Staatsordnung des absolutistischen Herrschers: das emsig schaffende Volk, von der Königin geleitet. Treffend war die den Bienenstock bekrönende Devise des Fleißes: „*Finis coronat opus*" – Die Vollendung krönt das Werk.[26]

Dem Zeitgeschmack entsprechend waren die Parterres, z. B. mit dem fürstlichen Monogramm, bepflanzt. In der Mitte jeder Terrasse, in der Achse Globushaus-Amalienburg, stand je ein Brunnen mit einem bemalten Bleifrosch, aus dem eine Wasserfontäne sprudelte. Brunnen- und Froschgröße sowie Fontänenhöhe nahmen von Terrasse zu Terrasse nach oben hin ab. Der unterste und somit größte Frosch soll eine Fontänenhöhe von 15 m erreicht haben. Von der Amalienburg aus gesehen endeten alle Fontänen in einem Fluchtpunkt.

Zahlreiche Statuen und Büsten aus verschiedenen Materialien schmückten neben Vogelhäusern und Ruhebänken den Garten. Es waren vornehmlich Porträtbüsten und Darstellungen aus der griechischen Mythologie sowie verschiedene Allegorien, die den universellen Charakter des Neuwerks unterstrichen.[27] Dabei bildete der siegreiche kolossale Herkules als Repräsentant der herzoglichen Macht die symbolische Mitte.

Die Kleine Kaskade am Eingang zum Neuwerk unterhalb des Blauen Teiches war die letzte größere Baumaßnahme im Garten (Abb. 412). Ernst Schlee bezeichnet sie als „*Neuwerk im kleinen Maßstab*".[28] Sie

Abb. 411: Schleswig, Blühende Agaven im Neuwerk-Garten, im Hintergrund die Terrassenanlage mit der Skulpturenallee sowie die Amalienburg und die Orangerie, Kupferstich von J. D. Königshewen aus Siricius (1705), (Herzog August Bibliothek Wolfenbüttel).

liegt noch heute am Ende der Schloßallee und bildete die Überleitung zur großen Terrassenanlage, deren Achse nicht mit der Schloßallee übereinstimmte. Der 1687 von Tessin kritisierte fehlende axiale Bezug von Schloß, Schloßallee und Garten wurde durch die Anlage der Kleinen Kaskade raffiniert berichtigt.[29] Erbaut wurde sie wohl nach einem Entwurf Tessins von dem Bildhauer Theodor Allers (gest. 1704) in den 1690er Jahren nach dem Vorbild der Kaskade in St. Cloud in Frankreich. Der heutige Antentempel stammt aus dem 19. Jahrhundert. Ursprünglich stand an seiner Stelle ein Nymphäum, das von einer Treppe in sieben flachen Stufen erschlossen wurde; „*... an den beyden äußeren Seiten der Treppe sind wechselweise Fontainen, Vasen und Knabenfiguren auf Postamenten angebracht. Die obersten Figuren stellen Pluto und Neptun vor, dann folgen die 4 Jahreszeiten, und unten 2 Wappenträger.*"[30] Vor der sich perspektivisch verjüngenden Wassertreppe stand ein Springbrunnen mit sechzehn was-

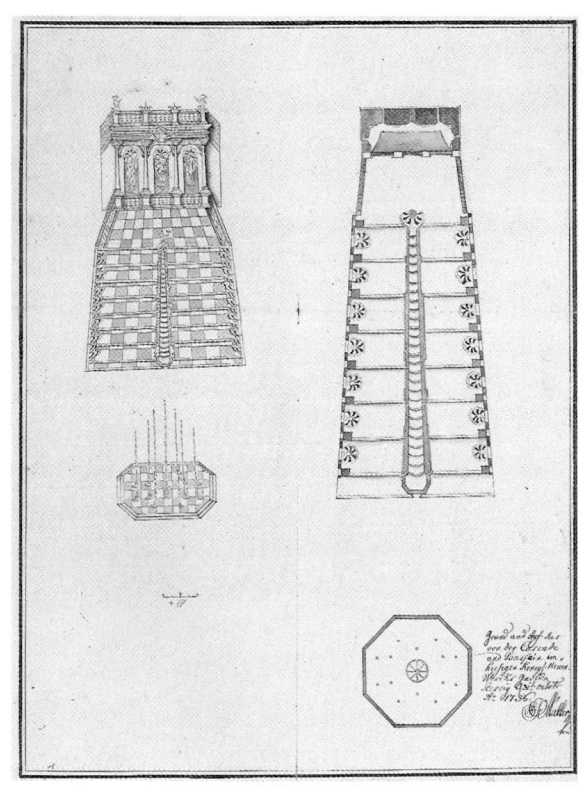

Abb. 412: Schleswig, Grund- und Aufriß der ursprünglichen Kleinen Kaskade mit Nymphäum im Neuwerk-Garten, aquarellierte Zeichnung von O. J. Müller 1736 (LAS).

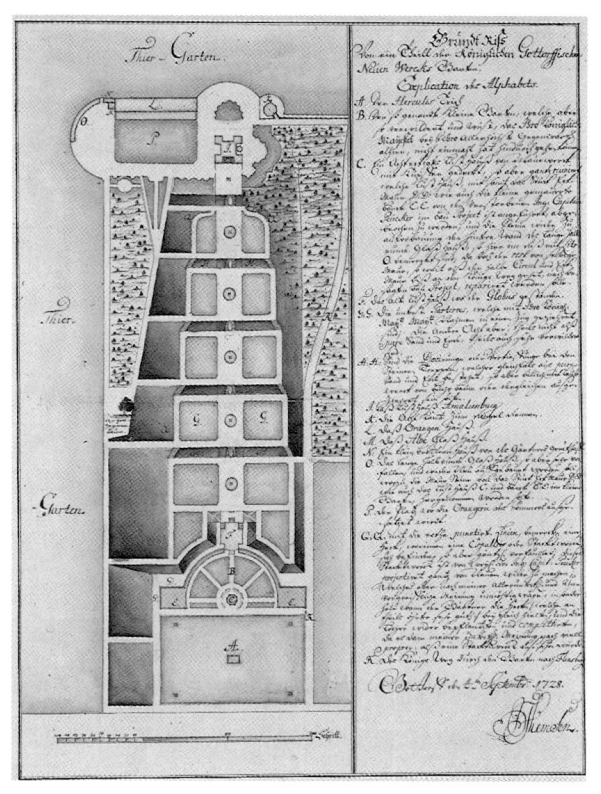

Abb. 413: Schleswig, "Grundt Riss von ein Theill der königlichen Gottorffischen Neuen Wercks Garten", aquarellierte Zeichnung von J. Themsen 1728 (LAS).

serspeienden Bleifröschen und einer mächtigen Hauptfontäne in Form einer vergoldeten Krone mit einem kupfernen Aufsatz und einem abschließenden vergoldeten Kreuz. In der Mitte der Treppe lag der Wasserlauf, der am oberen Ende von einem Delphin mit trompetenblasendem Triton abgeschlossen wurde und von paarweise angeordneten Delphinen und Muschelfestons eingefaßt war. Das Nymphäum war vertikal durch vier Säulen auf Postamenten gegliedert und öffnete sich zum Betrachter in 3 Arkaden. Die Rückseite und die beiden Seitenwände waren geschlossen. Über dem Gebälk lag als horizontaler Abschluß eine Balustrade. In der mittleren Arkade stand die Skulptur einer griechischen Gottheit, wohl Apoll, der rechts und links von einem Flötenspieler begleitet wurde. Die Mitte war zusätzlich durch eine Kartusche mit dem Monogramm Christian Albrechts betont. 1695 war die Kleine Kaskade und mit ihr das Neuwerk vollendet.

Mit dem Tode Christian Albrechts 1694 war die Glanzzeit des Neuwerk-Gartens jedoch schon vorbei. Unter seinen Nachfolgern wurde die Anlage weder erweitert noch wesentlich umgebaut – ganz im Gegensatz zum Schloß, das durch den Umbau des Südflügels mit seiner noch heute existierenden Barockfassade (1698–1703) ein ganz neues Gesicht erhielt. Das Neuwerk verlor unter den dänischen Königen – Gottorf fiel 1713 an Dänemark – als Garten einer Nebenresidenz seine herausragende Bedeutung.[31] Die dänische Krone war aber durchaus bemüht, die Gartenanlagen zumindest in einem bescheideneren Rahmen zu erhalten. Hierfür sprechen neben der ständigen Berufung von Garteninspektoren auch Umbaupläne der Gewächshäuser aus den späten 1720er Jahren.[32] Besonders deutlich werden die Sparmaßnahmen auf einem Gartenplan des *„Ingenieur-Captains"* Themsen von 1728 (Abb. 413), der eine Zurücknahme der Parterregestaltung zu einfachen Rasenflächen zeigt. 1768 besuchte der dänische König Christian VII. die Gartenanlagen des Gutes Schierensee und des Schlosses Traventhal, woraufhin er eine teilweise Restaurierung des Neuwerks beschloß: *„Ihr: Königl: Maytt: haben sub dato Traventhal den: 3ten Junii 1768. allergnädigst zu resolviren geruhet, daß die alten und bereits verfallenen Gebäude in dem Garten zu Gottorf verkauft und niedergerißen, hingegen das so genannte Amalienburger Gartenhaus nebst der Cascade ungesäumt in gutem Baulichen Stande gesetzt und unterhalten werden solte."*[33] Anschließend wurde in den 1770er Jahren die Kleine Kaskade von dem Eutiner Hofbildhauer Johann Georg Moser (1713–1780) instandgesetzt.[34] 1763 riß man das baufällige Ringelhaus ab, an dessen Stelle 1797 ein Eiskeller erbaut wurde. Auch das Orangeriegebäude, die Gewächshäuser und die Friedrichsburg wurden in den Jahren bis 1769 abgetragen und als Baumaterial verkauft. Der Abriß der Amalienburg folgte in den 1820er Jahren. Pläne für einen nicht ausgeführten Pavillon von C. F. Hansen (1756–1845) als Nachfolgebau der Amalienburg haben sich im Reichsarchiv von Kopenhagen erhalten.[35]

Als öffentliche Anlage lebte das Neuwerk ab 1832 unter den Garteninspektoren E. F. Hansen, der Lehrer für Botanik in Kiel war, und seinem Nachfolger M. F. Jess noch einmal auf (Abb. 414). Wieder galt das Hauptinteresse der Restaurierung der Kleinen Kaskade, wobei das Nymphäum durch den noch heute bestehenden klassizistischen Antentempel ersetzt wurde (Abb. 74). Im Rahmen dieser Arbeiten wurde auch die große gußeiserne Brunnenschale, eine Arbeit der Carlshütte in Büdelsdorf, aufgestellt. Sogar die Terrassen wurden für die Öffentlichkeit zugänglich gemacht und das Gelände von wildem Bewuchs freigeschlagen.

Während der deutsch-dänischen Kriege ab 1848 und unter der preußischen Regierung ab 1864 wurde das Schloß als Kaserne genutzt und der Garten zunehmend zerstört (Abb. 415). Garteninspektoren wurden nicht mehr eingesetzt, die Terrassen nutzte man als Reitbahn für militärische Zwecke.[36]

Nach einem Memorandum von Michael Paarmann und Holger Behling (1981) kam es zu ersten Maßnahmen der Wiederherstellung einzelner Elemente des Gartens.[37] Am Beginn stand die Restaurierung der

Abb. 414: Schleswig, Ansicht der Kleinen Kaskade mit Spaziergängern, Randleistenbild von C. L. Mertens um 1850 (Städtisches Museum Schleswig).

Kleinen Kaskade und des Blauen Teiches. 1994 legte man im Zuge eines Sonderprojektes den Herkulesteich wieder vollständig frei und begann mit der Rekonstruktion der dabei geborgenen Kolossalstatue des Herkules (Abb. 61, 62, 422, 423). Auch wenn sich das Neuwerk in der Geländestruktur des 17. Jahrhunderts erhalten hat, ist an eine vollständige Wiederherstellung nicht zu denken, doch strebt man auf der Grundlage eines Parkpflegewerks die Freistellung der Terrassen, die Wiederherstellung wesentlicher Wegestrukturen und Sichtachsen sowie die Wiederaufstellung des Herkules an (Abb. 70).[38]

Der Neuwerk-Garten war eine Glanzleistung der Gottorfer Kultur des 17. Jahrhunderts und eine Anlage von internationalem Rang.[39] Neben der Bibliothek, der Gemäldesammlung, dem Laboratorium und der Kunstkammer mit ihren völkerkundlichen, naturhistorischen und mechanischen Lehrsammlungen, waren es besonders die Gartenanlagen, denen das Interesse der Herzöge galt und die ihre absolutistische Macht symbolisierten. Bedeutende Maler wie Jürgen Ovens, Wissenschaftler wie Adam Olearius und Gartenkünstler wie Johannes Clodius wurden von Friedrich III. in das abgelegene Gottorf geholt, um seiner Residenz einen entsprechenden kulturellen Rahmen zu geben. Das Neuwerk diente nicht nur als Lustgarten dem Vergnügen der Hofgesellschaft, sondern war darüber hinaus Hort für eine wissenschaftlich-botanische Sammlung. In den Gartenanlagen wurde die Natur in der Vielfalt ihrer Pflanzen und Gewächse veranschaulicht, geordnet und kultiviert. Der Herzog war der Natur *„behüllf-*

Abb. 415: Schleswig, Trümmer des Herkules, Ölgemälde von H. P. Feddersen 1869 (Städtisches Museum Flensburg).

flich"[40], wie es Danckwerth schon 1652 treffend beschrieb. Er bändigte die rohe Natur durch das Eingraben von Terrassen in ein unebenes, unwegsames Gelände. Er wies den Gewalten des Wassers ihren Weg durch die Anlage von Kaskaden und machte sich die Wasserkraft zum Antrieb des Globus zunutze. Durch den Bau von Orangerien und Gewächshäusern ermöglichte der Herzog exotischen Pflanzen ein Überleben in unseren Breiten.[41] Die Kontinente wurden überbrückt, die Jahreszeiten überwunden. Eindrucksvoll ist eine Schilderung des Orangeriegartens, wie ihn Jürgensen noch 1822 gekannt haben will: „*Im Frühjahre, jedesmal am 21ten May, wurden alle fremde Gewächse, welche die hiesige Winterluft nicht ertragen können, aus dem Gewächshause in die freye Luft auf den Orangenplatz gesetzt, wo man dann in einen andern Welttheil versetzt zu seyn glauben konnte.*"[42] Der außerordentliche Wert, der gerade den exotischen Pflanzen beigemessen wurde, zeigt sich auch in den zahlreichen bildlichen Darstellungen, die von ihnen angefertigt wurden. Neben den Zeichnungen von Hans Simon Holtzbecker im sogenannten „*Gottorfer Codex*"[43] gab es auch in der herzoglichen Gemäldesammlung „*1 gemahlte Melon so im Neuen Werck gewachsen*" oder „*1 große Aloe*".[44]

Die hohe Bedeutung und Entwicklung der Gartenkunst am Schloß Gottorf des 17. Jahrhunderts zeigte sich in der Abfolge dreier Gartenanlagen, die lange Zeit nebeneinander existierten. Am Anfang stand der Westergarten, der noch dem mittelalterlichen ‚hortus conclusus' verbunden war. Es folgte der Alte Garten, der in der Einführung von übergeordneten Haupt- und Nebenachsen schon eine deutliche Weiterentwicklung repräsentativer Funktionen darstellte. Den krönenden Abschluß bildete jedoch das Neuwerk, ein prächtiger Terrassengarten, in dem sich Elemente italienischer Renaissancegärten mit den Prinzipien barocker Gartenkunst verbanden und der schon damals mit den berühmtesten Anlagen seiner Zeit wie Pratolino oder Versailles verglichen wurde.[45]

Thomas Messerschmidt

1 Vgl. Schlee (1965); ders. (1978).
2 Zur Zeit arbeitet Karen Asmussen-Stratmann am Kunsthistorischen Instiut der Christian-Albrechts-Universität an einer Dissertation über den Neuwerk-Garten. Ich danke ihr für manch wertvollen Hinweis.
3 Vgl. Paarmann (1986), S. 9ff und Schlee (1978), S. 54.
4 Paarmann (1986), S. 11.
5 Paarmann (1986), S. 12f.
6 Ausführlich beschäftigte sich Michael Paarmann in seiner Dissertation mit dem Alten Garten. Vgl. Paarmann (1986). Die Bezeichnung Alter Garten stammt schon aus der Zeit Herzogs Friedrich III., um diesen vom Neuwerk abzugrenzen.
7 Hennebo/Hoffmann (1962–1965), Bd. 2, S. 93.
8 Thura (1746–1749), S. 250.
9 Olearius (1663), S. 366.
10 Vgl. Prange (1988), S. 75–91.
11 Vgl. Wolfgang Prange: Schloß Gottorfs Brücken und Dämme, in: Beiträge zur Schleswiger Stadtgeschichte 1974, S. 25–35.
12 Zum Globus siehe Schlee (1991).
13 Vgl. Beitrag Gottorfer Herkules.
14 Thura (1746–1749), S. 251.
15 Vgl. Beitrag Globushaus.
16 Zu Ovens vgl. Gertrud Schlüter-Götsche: Jürgen Ovens – Ein schleswig-holsteinischer Barockmaler, Heide 1978; Harry Schmidt: Jürgen Ovens – Sein Leben und seine Werke, Kiel [1922].
17 Vgl. auch Paarmann (1986), S. 110.
18 Es bleibt fraglich, ob diese Konstruktion jemals funktionierte.
19 Vgl. Hansmann (1983), S. 38.
20 Zu Tessin vgl. Eimer (1961).
21 Ericsbergsarchiv 72/13 im Reichsarchiv Stockholm.
22 NMS THC 5087.
23 Ein Inventar von 1695 gibt genaue Auskünfte über die Ausstattung des Lusthauses. Vgl. LAS Abt. 7 Nr. 196.
24 Jürgensen (1822), S. 162. Vgl. Beitrag Gottorfer Codex.
25 Paarmann (1986), S. 85–87.
26 Behling/Paarmann (1981), o. S. übersetzen nach Ovid: Ende gut – alles gut.
27 Vgl. Beitrag Skulpturenausstattung.
28 Schlee (1978), S. 53.
29 Es gab schon vor Anlage der Kleinen Kaskade eine Wassertreppe, die jedoch von sehr viel bescheideneren Ausmaßen gewesen sein wird.
30 Jürgensen (1822), S. 152.
31 Diesem Bedeutungsverlust ist es wohl auch zu verdanken, daß das Neuwerk im Laufe des 18. bzw. 19. Jahrhunderts nicht, wie z. B. die Gärten Plöns oder Eutins, in einen englischen Landschaftsgarten umgestaltet wurde. Somit gehen die erhaltenen Strukturen auf den ursprünglichen Zustand des 17. Jahrhunderts zurück.
32 LAS Abt. 66 Nr. 9265.
33 LAS Abt. 66 Nr. 9349. Zitiert nach Thietje (1988/1989), S. 75.
34 Paarmann (1988); Thietje (1986b).
35 Paarmann (1984).
36 Näheres zum Verfall siehe Behling/Paarmann (1981).
37 Vgl. Behling/Paarmann (1981).
38 Wörner (1994), S. 212.
39 Vgl. Schlee (1965). Die Gartenanlagen werden hier nicht berücksichtigt.
40 Danckwerth (1652), S. 110.
41 Paarmann (1986), S. 82–90 geht eingehend auf die Gewächshausbauten des Alten Gartens und des Neuwerks ein.
42 Jürgensen (1822), S. 163.
43 Vgl. Beitrag Gottorfer Codex.
44 LAS Abt. 7 Nr. 196, Inventar von 1695. Diese beiden Bilder gehörten zur Ausstattung des Globushauses.
45 Vgl. Paarmann (1986), S. 143 und 380.

Schleswig: Das Globushaus im Neuwerk-Garten

Das Globushaus beherbergte den eigentlichen Zentralpunkt der Anlage, den berühmten Gottorfer Riesenglobus. Das Gebäude stand im Scheitelpunkt einer Mauer, die den halbkreisförmigen Garten nördlich des Herkulesteiches einfriedete. Während der Globus selbst die Zeitläufte (mit manchen Veränderungen) bis heute überstanden hat, ist von seinem ursprünglichen Aufstellungsort so gut wie nichts mehr vorhanden. Die Vorstellungen über das Globushaus waren bisher recht ungenau, denn die vier bekannten historischen Abbildungen des Gebäudes sind alle mehr oder weniger unzuverlässig. Ebenso müssen viele Fragen bezüglich der Urheberschaft dieser denkwürdigen Anlage ohne Antwort bleiben. Man weiß, daß der Globus einer Idee des kunstsinnigen und gelehrten Herzogs Friedrich III. entsprang (Abb. 416), daß dessen Hofgelehrter und Bibliothekar Adam Olearius die „*wissenschaftliche Leitung*" des Projektes innehatte und daß ein gewisser Andreas Bösch aus Limburg die Idee schließlich in die Tat umsetzte. Wer von diesen drei Persönlichkeiten welche maßgeblichen Anteile an der Konstruktion des Globus oder des Hauses, in dem er stand, hatte, bleibt offen, da Pläne oder Zeichnungen aus der Erbauungszeit bisher nicht bekannt geworden sind.[1] Nachforschungen im Schleswig-Holsteinischen Landesarchiv förderten aber eine derartige Menge schriftlicher Quellen über das Globushaus zutage, daß das Bauwerk fast bis zum letzten Nagel greifbar wurde.[2] Hinzu kamen eingehende Untersuchungen des Riesenglobus selbst (er befindet sich heute in St. Petersburg) sowie eine Suchgrabung im Neuwerk-Garten, welche die Quellen bestätigte und weitere Unklarheiten aufhellte. Der Umfang und die Ausführlichkeit des Quellenmaterials rechtfertigten eine maßstäbliche zeichnerische Rekonstruktion des Gebäudes. Die zahlreichen Einzelhinweise mußten lediglich wie Mosaiksteinchen geordnet und dann – unter handwerklich-konstruktiven Gesichtspunkten und unter möglichst weitgehender Anlehnung an zeitgenössische Vorbilder – zu einem sinnvollen und in sich schlüssigen Ganzen wieder zusammengesetzt werden.[3]

Das Globushaus war ein symmetrisch aufgebautes, quaderförmiges Gebäude mit einem flachen Dach (Abb. 417). An allen vier Seiten besaß es zum Teil mächtige Anbauten, die auf Pfeilerarkaden standen und bis zum zweiten Obergeschoß reichten; der nördliche Anbau ragte als Turm über das übrige Gebäude hinaus.

Das Bauwerk war nord-südlich ausgerichtet. Die ersten Fundamentpfähle für das Globushaus wurden im Sommer 1650 eingerammt. 1657 waren die Bauarbeiten abgeschlossen. Die Arbeiten am Globus dauerten wesentlich länger, sie wurden durch kriegerische Ereignisse und den Tod Herzog Friedrichs III. 1659 unterbrochen und fanden erst 1664 ihr Ende. Aus den Abbildungen ist leicht zu ersehen, daß es sich bei dem Globushaus um ein für damalige Verhältnisse durchaus stattliches Gebäude handelte. Vielleicht wurde ihm deshalb der Name „*Friedrichsburg*" beigelegt. In den Gottorfer Akten ist das Gebäude allerdings stets nur als „*Lusthaus*" bezeichnet worden.

Das auffälligste Merkmal des Globushauses war der kubushafte Baukörper mit dem flachen Dach. Ein zeitgenössischer Bericht aus der 1. Hälfte des 18. Jahrhunderts beschreibt das Globushaus als „*nach orientalischer Facon erbauet*" – offenbar, weil es für das damalige Auge exotisch wirkte.[4] Ob tatsächlich exotische Architekturen für das Globushaus Pate gestanden haben, ist indes unsicher. Man hat oft vermutet, daß die aufsehenerregende Gesandtschaft, die Herzog Friedrich 1635 nach Isfahan geschickt hatte, um Beziehungen für einen Handel mit persischen Seidenstoffen zu knüpfen, derartige Anregungen mitgebracht haben könnte. In der berühmten „*muskowitischen und persianischen*" Reisebeschreibung, die der Sekretär der Gesandtschaft, Magister Adam Olearius, verfaßte, finden sich an einigen Stellen Beschreibungen persischer Gebäude, die durchaus Parallelen zum Globushaus aufweisen.[5] Dies darf aber nicht darüber hinwegtäu-

Abb. 416: Schleswig, Friedrich III. vor dem Globusgarten, Ölgemälde von J. Ovens um 1650 (Schleswig-Holsteinisches Landesmuseum, Schleswig).

schen, daß ‚orientalische' Elemente wie begehbare Flachdächer bereits bei Lusthäusern in italienischen Renaissancegärten vorkamen. Auch die kurios anmutende Idee, einen Bach durch den Keller des Gebäudes zu leiten (wie das in Persien zuweilen u. a. zum Kühlen von Speisen geschah), hatte hier ganz andere ‚Beweg'-gründe. Was die baulichen Details anbetrifft, so folgte das Globushaus den Formen des frühen niederländischen Barock, wie sie damals in Schleswig-Holstein allgemein üblich wurden.

Da das Bauwerk in den terrassenförmig abgetreppten Hang hinein geschoben war, lag das Niveau des Kellergeschosses auf Höhe des südlich davor gelegenen Globusgartens. Das Niveau des Hauptgeschosses

Abb. 417: Schleswig: Neuwerk-Garten Globushaus, Ansicht von Südost, Federzeichnung von F. Lühning 1993 (Privatbesitz).

mit dem Globussaal und dem Haupteingang im Norden befand sich dagegen auf Höhe der ersten Terrasse. Hinter der halbkreisförmigen Mauer verlief eine verdeckte, gepflasterte Rinne, die das Wasser, das aus den Hängen sickerte, nach links und rechts abführte. Der Hang war durch eine Stützmauer aus Feldsteinen befestigt. An der östlichen Längsseite floß der bereits erwähnte Bach in den Keller des Globushauses. Ein richtiger Bach war er allerdings nicht, da das Wasser durch lange Holz- und Bleiröhren aus über 500 m Entfernung herangeführt wurde. Dieser Bach diente zum Antrieb eines Wasserkraftmechanismus, der den Globus in 24 Stunden einmal um seine eigene Achse drehen konnte.

Die kleine Wassermühle, welche den Globus bewegte, befand sich im unteren Keller. In diesen Keller gelangte man von Süden durch eine hohe Tür, die mit einer perspektivischen Illusionsmalerei, und zwar einer Gartendarstellung, verziert war. Der Kellerraum war durch eine Fachwerkwand unterteilt; zwei kleine Durchgänge führten nach draußen hinter die Ringmauer des Globusgartens. Rechts und links des Kellereingangs befanden sich Türen, hinter denen je eine Treppe auf das Niveau der Ringmauer führte. Von dort konnte man unter den seitlichen Anbauten hindurch über Feldsteintreppen auf die erste Terrasse mit dem Haupteingang gelangen. Unter dem östlichen und westlichen Anbau lagen niedrige Zwischengeschosse,

Abb. 418: Schleswig: Neuwerk-Garten Globushaus, Globussaal, Federzeichnung von F. Lühning 1993 (Privatbesitz).

in denen sich eine Stützkonstruktion für den Globus in dem darüberliegenden Saal und außerdem ein Teil des Getriebes für den Globusmechanismus befunden haben müssen. An der Nordwand eines Raumes befand sich eine offene Herdstelle. Dies weist darauf hin, daß hier u. a. eine Küche war. Immerhin war das Globushaus als ein Lusthaus gedacht, in dem man sicherlich auch Tafelfreuden genießen wollte.

Wenn man von der ersten Terrasse in das Globushaus eintreten wollte, so hatte man die Wahl zwischen zwei Türen: links eine Art Dienstboteneingang, und in der Mitte unter dem Turm der Haupteingang in Form eines reichgeschmückten Portals. Durch diesen Haupteingang und einen kurzen Flur gelangte man in den großen Globussaal, der fast die gesamte Grundfläche dieses Geschosses einnahm (Abb. 418). Der Saal hatte 17 große Fenster, Wände und Decken waren weiß getüncht, so daß der Globus in vollem Licht erschien. Unter den Fenstern waren bemalte Bleitafeln angebracht, die niederländische Wandfliesen imitieren sollten – dargestellt waren Balusterdekorationen und Putten, die mit astronomischen Instrumenten hantierten.

Als Fußbodenbelag dienten die damals vielverwendeten gotländischen Kalksteinplatten.

Die beiden seitlichen Anbauten sind das Ergebnis einer Änderung des Baukonzeptes, um dem großen Globus mehr Raum zu schaffen. Dieser entstand gleichzeitig mit dem Lusthaus, und vermutlich mußte man recht bald feststellen, daß er erheblich mehr Raum beanspruchte, als ursprünglich vorgesehen war. So entschloß man sich im Frühjahr 1654, die Längswände des halbfertigen Baus wieder aufzubrechen und die beiden seitlichen „Auslufften" anzufügen. Die großen Maueröffnungen können dabei nur durch weitgespannte Korbbögen – so wie sie auch im Schloß existieren – überwölbt worden sein. Zur gleichen Zeit wurde auch ein Teil der Nordostecke wieder eingerissen und nach außen verschoben. Offenbar war man bei dem Bau des Lusthauses anfänglich mehr mit Begeisterung als mit konkreter Planung zu Werke gegangen.

Der südliche Anbau gehörte ‚als Pendant zum Turm' zum ursprünglichen Baukonzept. Die Nordwand im Globussaal besaß drei reichverzierte Türen, von denen zwei die Porträts berühmter Astronomen – Nikolaus

Kopernikus und Tycho Brahe – trugen. Insgesamt 37 Gemälde schmückten die Saalwände.

Den alles beherrschenden Mittelpunkt des Saales bildete jedoch der Globus. Er war von einem hölzernen, zwölfeckigen galerieartigen Horizontring umgeben, der so breit war, daß man bequem auf ihm umhergehen konnte. In die Gehfläche dieser „Horizontgalerie" war eine eiserne, gravierte Gradskala eingelassen. Die zweite Skala, der große, vertikal stehende Meridianring, ist heute noch vorhanden. Die Galerie wurde von 12 Stützen getragen, die als schlichte korinthische Säulen und als reichverzierte Hermenpfeiler ausgebildet waren.

Die Kugelschale des Globus rotierte um eine starre, dicke eiserne Achse, die unten auf einem zwölfseitig eingefaßten Mühlstein ruhte. An der Decke endete die Achse in einer vergoldeten Kugel, die ein Drache aus Stuck in seinem Rachen hielt. Die ursprüngliche Außen- und Innenbemalung des Globus fiel 1747 einem Brand zum Opfer.[6] Sie zeigte außen die Länder der Erde nach Farben unterschieden und mit den jeweils landestypischen Tieren bevölkert. Auf den Ozeanen waren Schiffsflotten und Meeresungeheuer zu sehen. Die Längen- und Breitenlinien sollen so fein wie auf gedruckten Karten gewesen sein. Die innere Kugelschale des Globus stellte den Sternenhimmel dar – und der eigentliche Reiz bestand darin, daß man in den Globus hineinklettern, dort Platz nehmen und den gestirnten Himmel um sich herumkreisen lassen konnte, ohne selbst dabei bewegt zu werden. Außerdem ging die Sonne auf und unter und verschob dabei im Jahreslauf ihre Position am Himmel. Es handelte sich hier mithin um das erste begehbare Planetarium der Welt.[7]

Die über 1000 vermutlich silbervergoldeten Sterne bestanden aus kantig gefeilten Nagelköpfen verschiedener Größen. Wenn man im Globus zwei Kerzen anzündete, so reflektierten die Nägel das Licht und gaben die Illusion eines richtigen Sternenhimmels. Zudem waren alle Sternbilder und Himmelskreise eingezeichnet, so daß der Globus auch in seinem Inneren einen farbenprächtigen Anblick bot.

Der kleine heizbare Raum in der Nordwestecke des Lusthauses war dem eigentlichen Schöpfer des Gottorfer Globus, dem Limburger Büchsenschmied und Mechaniker Andreas Bösch zugeteilt. Über die anschließende Spindeltreppe im Turm oberhalb des Portals gelangte man im Obergeschoß in ein langgestrecktes „Vorgemach". Es besaß an seiner Innenseite eine getäfelte Schrankwand mit zwei Wandbetten. Ringsum im Raume verliefen in Höhe der Türrahmen Regale an den Wänden entlang. Türen und Bettwand waren grün und mit Laubwerkdekor bemalt, auch die Fenster waren grün gestrichen und mit vergoldeten Beschlägen versehen. In der Nordwestecke befand sich ein „heimliches Gemach", ein abgeteilter Raum mit Holzwänden, in dem ein Klosett stand. Durch eine Türe links in der Täfelung gelangte man in ein kleines Kabinett, dessen Fußboden mit schwarzen und weißen Marmorfliesen belegt war. Das Kabinett bildete eine Art Vorzimmer zu dem sich daran anschließenden Schlafzimmer, in dem ein großes Himmelbett stand. Dieses Möbel und auch die weitere Ausstattung des Raumes – vergoldete Fensterbeschläge und Türprofile, sechs Stühle und ein Tisch, Gemälde und reiches Stuckwerk an der Decke – deuten darauf hin, daß dies das Schlafzimmer des Herzogs gewesen sein muß, wenn er sich über Nacht in seinem Lusthaus aufhielt.

Der große Lustsaal, der sich nach Süden anschloß, besaß einen einfachen Kieferndielenboden. Die Möblierung entsprach seiner Bestimmung, sie bestand neben zahlreichen Gemälden aus einem langen grünen Tisch und 16 dazugehörigen Stühlen. Die Decke war nicht nur stuckiert, sondern auch bemalt und vergoldet. Drei der neun Fenster in diesem Saal ließen sich wie Flügeltüren öffnen, so daß man auf die Anbauten hinaustreten und den Blick in den Garten genießen konnte. Über die Spindeltreppe im Turm gelangte man auf das obere Dach, das gleichfalls begehbar war. Dieses Flachdach erwies sich im Laufe der Zeit als der wunde Punkt des Lusthauses. Zahlreiche Reparaturrechnungen belegen, daß es ständig undicht gewesen sein muß, und dies hat sicher wesentlich zum schnellen Verfall des Gebäudes beigetragen. Ob das Flachdach auch zur Aufstellung astronomischer Instrumente gedient hat, wissen wir nicht. Immerhin war in der Gottorfer Hofbibliothek die gesamte astronomische

Standardliteratur jener Zeit vorhanden, was auf einiges Interesse an der Himmelskunde am Hofe hindeutet.

Die Balustrade des Daches wie auch der Anbauten bestand ursprünglich aus Stein. Da sich der hierfür verwendete gotländische Kalkstein aber mit der Zeit als frostanfällig erwies, wurde die Balustrade schließlich 1706 abgebrochen und durch eine hölzerne ersetzt. Als Turmbekrönung diente eine bauchige, kupferne Zwiebel, die von vier großen, vergoldeten Kugeln flankiert war. Auf der Zwiebel stand eine gemauerte Laterne, die ihrerseits einen spitzen Kupferhelm trug.

So ungewöhnlich wie die architektonische Konstruktion des Lust- und Globushauses war auch die Mechanik des großen Globus. Daß er durch eine Wassermühle angetrieben wurde, ist bereits weiter oben erwähnt worden. Wie dieser Antrieb genau konstruiert war, ist nicht überliefert. Immerhin ließ sich aus den archivalischen Quellen eine funktionsfähige Globusmaschine rekonstruieren, da alle ihre wesentlichen Einzelteile und teilweise auch deren Anordnung belegt sind. Freilich kann die Rekonstruktion nur den Anspruch erheben, daß die Maschine so ausgesehen haben könnte. Ob dieser Wasserkraftmechanismus eine eigenständige Gottorfer Entwicklung war oder ob es Vorbilder gab, muß offen bleiben. Es liegt nahe, an die mechanischen Grottentheater zu denken, die der kurpfälzische Ingenieur Salomon de Caus im Heidelberger Schloßgarten eingerichtet hatte. Hier bewegten sich Figuren, während verborgene Orgelautomaten dazu Musik erklingen ließen. Dies alles wurde sinnreich von kleinen Wasserrädern in Gang gesetzt.[8]

Die weitere Geschichte des großen Globus und des Lusthauses ist rasch erzählt. Die Besetzung des Herzogtums Holstein-Gottorf durch Dänemark 1712 beendete Gottorfs Bedeutung als Residenz und besiegelte das Schicksal seiner Gärten. Im Zuge jener Kriegsereignisse begegneten sich der dänische König Friedrich IV. und Zar Peter der Große am 6. Februar 1713 auf Schloß Gottorf. Bei dieser Gelegenheit besichtigten die beiden Majestäten auch den damals schon berühmten Riesenglobus. Zar Peter war so fasziniert von diesem astronomisch-mechanischen Wunderwerk, daß König Friedrich wohl gar keine andere Wahl blieb, als ihn dem Zaren zum Geschenk anzubieten – als eine Art Kriegsbeute aus dem von dänischen und russischen Truppen besetzten Herzogtum. Noch im Oktober desselben Jahres ging der Globus auf seine lange Reise nach St. Petersburg, wo er im Frühjahr 1717 eintraf.[9] Zu seinem Abtransport mußte die westliche Seite des Globushauses aufgebrochen werden. Seitdem war es seines eigentlichen Zweckes beraubt. Es diente noch eine Weile als Voliere und verfiel dabei immer mehr; fällige Reparaturen wurden stets zugunsten wichtigerer Baumaßnahmen zurückgestellt. Schließlich kam es 1769 zum Abbruch des „*alten Lusthauses alwo der Globus gestanden*". Solcherart ging ein Bauwerk verloren, dessen Entwurf, Konzeption und Programmatik in der Architektur- und Technikgeschichte wohl einzigartig dasteht.

Felix Lühning

1 Olearius (1663), S. 137f.
2 LAS Abt. 7 u. 66.
3 Die Rekonstruktion umfaßt 19 großformatige Zeichnungen. Ihre Beschreibung kann hier bei weitem nicht so ausführlich erfolgen, wie die Archivalien es zuließen, und muß einer späteren, umfangreichen Veröffentlichung vorbehalten bleiben.
4 Schlee (1991), S. 53ff.
5 Olearius (1656), S. 453, 481, 494 u. 499.
6 Schlee (1991), S. 90.
7 Meier (1992), S. 32ff.
8 Caus (1615) Problema XXII – XXXIII. De Caus hatte 1615 seine Erfindungen veröffentlicht, aber das Buch ist in der Gottorfer Hofbibliothek nicht nachweisbar.
9 Schlee (1991), S. 85ff.

Schleswig: Die Skulpturenausstattung des Neuwerk-Gartens

Der Gottorfer Neuwerk-Garten der Herzöge Friedrich III. und Christian Albrecht darf auch hinsichtlich seiner Ausstattung mit Werken der Bildhauerkunst eine Sonderstellung innerhalb der Gartenkunst Schleswig-Holsteins beanspruchen. Wohl kein anderer barocker Lustgarten wies einen derart engen Besatz mit Gartenskulpturen auf wie das Neue Werk. In regelmäßiger Anordnung über die Parterreflächen der Terrassenanlage verteilt, kam der Gartenplastik neben ihrem ikonographisch-inhaltlichen auch ein wichtiger struktureller Wert innerhalb des in strenger Geometrie um eine breite Mittelachse gestalteten Gartengrundrisses zu.

Durch den bereits ab 1713 mit der Einverleibung des schleswigschen Anteils der Herzogtümer in den Dänischen Gesamtstaat einsetzenden Niedergang der Gottorfer Gartenkunst sind nur geringe, meist zufällig entdeckte Reste von Steinskulpturen auf uns gekommen, die sich unzweifelhaft der Ausstattung des Neuwerks bzw. des Alten Gartens zuordnen lassen. Sie werden heute im Lapidarium des Landesmuseums auf Schloß Gottorf aufbewahrt, wie die Hermenpfeiler Maximilian Steffens',[1] oder finden sich als Folge der Gottorfer Inventarversteigerungen noch verstreut im Privatbesitz, wie die Skulptur des *„Winters"* in Tolk (Abb. 419) oder die als Giebelschmuck zweitverwendeten Jahreszeitenputti in Flensburg.[2] Anderes, wie die Figurengruppe aus Flora, Bacchus (Abb. 420), Apoll und Putto, bis 1986 vor Haus Beeck in Bollingstedt, konnte vom Landesmuseum für Gottorf zurückerworben werden.[3] Die über Jahrzehnte abgestellten Sandsteinvasen des Eutiner Hofbildhauers Johann Georg Moser (1713–1780) von 1772 wurden im Zuge der Restaurierung des Kaskadenensembles 1987 wieder in ihrem historischen Kontext im Neuwerk-Garten aufgestellt (Abb. 421).

Dank des reichen Quellenmaterials zum Gottorfer Gartenwesen läßt sich die Entwicklungsgeschichte der Skulpturenausstattung nachzeichnen und der Gesamtbestand nach Abschluß der herzoglichen Bautätigkeit rekonstruieren. Zum ältesten Bestand der ab 1637 unter Herzog Friedrich III. und seinem mit der italienischen Gartenkunst vertrauten Kunstgärtner Johannes Clodius (1584–1660) verwirklichten ersten Ausbaustufe des Neuwerks gehörte wohl eine heute nicht mehr faßbare, frühe Wasserkaskade unterhalb des Blauen Teiches. Weiterhin die Ausstattung von Herkulesteich und Globusgarten – dem durch Mauern und Laubengänge ausgegrenzten Gartenbereich, der im Norden von einer halbrunden, in der Art römischer Wassertheater architektonisch gegliederten Futtermauer kulissenartig hinterfangen wurde.

Das herausragende Stück dieser ersten Ausbauphase und als beliebtes Sinnbild fürstlicher Macht und Tugend gleichermaßen inhaltlicher Schwerpunkt des iko-

Abb. 419: Neuwerk-Garten, Allegorie des Winters (Privatbesitz), Photo 1980.

nographischen Programms war der inmitten einer weiten Wasserfläche in einer Größe von nahezu sechs Metern aufragende Herkules – in bewegter Körperdrehung im Kampf mit der neunköpfigen lernäischen Schlange dargestellt (Abb. 423). Bei der großen Bewunderung früherer Gartenbesucher für die monumentale Steinplastik muß überraschen, daß die Hintergründe ihrer Entstehung um etwa 1640 und ihres Untergangs um die Mitte des 19. Jahrhunderts im Dunkeln liegen, ja selbst eine detaillierte bildliche Wiedergabe bislang nicht ermittelt werden konnte.[4]

Präziser informiert uns ein Garteninventar von 1708 über die vier Brunnenanlagen des Globusgartens. In den Abteilungen des halbrunden Blumenparterres befanden sich demnach Skulpturen, die die vier Lebensalter des Menschen symbolisierten: Kindheit, Jugend, Erwachsenen- und Greisenalter. Von dem hohen gestalterischen Aufwand, mit dem auch die halbrunden und ovalen Wasserbecken ausgestattet waren, gibt die in diesem Abschnitt außergewöhnlich beredte Beschreibung eine bildhafte Vorstellung: *„… das Lust und BlumenStück hieselbst vor der gebogenen Mauer hat 4 abtheilungen mit Buschbaum besetzet worinn die 4 Alter des Menschen in Stein gehauen … stehen, daß erste feld hat 3 Spielende Kinder eins mit trauben, eins mit ein Hund und das ander mit ein Delphin in ein becken auff 3 ineinander gewundene ‚Delphin‘ stehen, der Hund und Delphin haben Öffnungen zum Waßer Springen, welches wohl in den LangRunden ‚Reservoir‘ wird gefallen sein, auff deßen Rand Aale Quappen fisch ottern etc. liegen, auff die runden Komme ihr Rand liegen allerhand Meerwunder alß Meerpferde u. Kälber, Seehunde, ‚Remota‘ geflügelte Lachsen und dergleichen, in der Mitten steht ein postement mit ein Rohr … In das ander Feldt stehet ein Jüngling mit einer Lauten und hinter ihm ein Hund …, das ‚postement‘ hat allerhand musicalische und Martialische Instrumenta, vor ihm auch solche 2 ‚Reservoir‘ wie im vorigen mit See fischen und Meerwundern gezieret … In das dritte feldt steht ein Mann seine Hand auff eines Löwen Kopff haltend, sein Postement hat allerhand Krieges waffen und Rüstung, die oval und Runde Comen sind denen vorher gehenden gleich. In das vierdte*

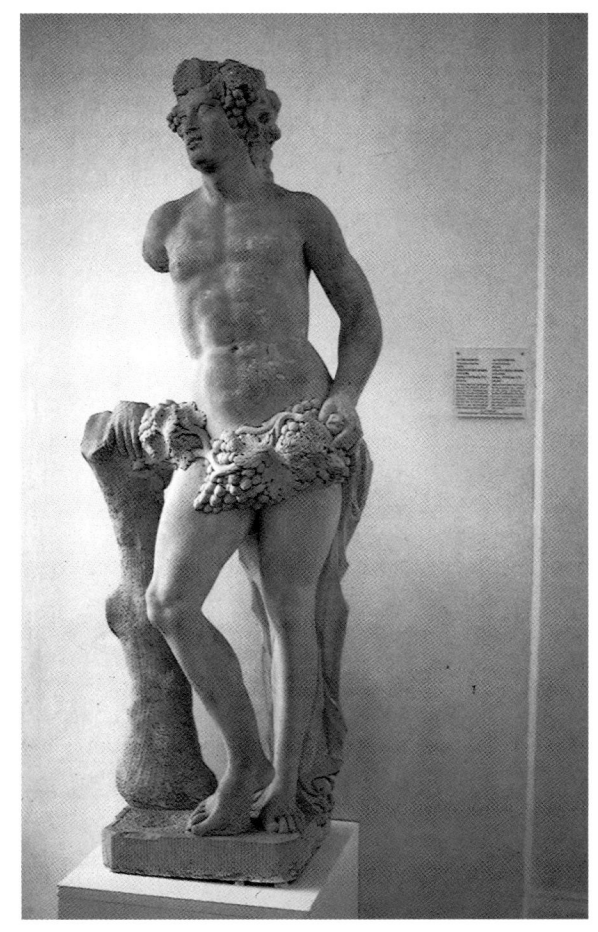

Abb. 420: Neuwerk-Garten, Bacchus (Landesmuseum Schloß Gottorf), Photo 1992.

Feldt stehet ein alter ‚Philosophe‘ gebildet, hat in der Hand ein Buch und darauff ein Todten Kopff, den er mit den fingern berühret und fleißig regadiret, Er tritt auf einen ‚Globum‘ und hat einen Schwan bey sich stehen, … auff das postament stehen allerhand Bücher ‚globos‘ und ‚instrumenta Mathematica‘, die oval und runde Komen, sind auff den rändern gleich den andern gezieret aber sehr verfallen, es ist schade, daß diese Comen so verfallen, sintemahl alles ziemlich scharff darauff angedeutet, daß auch ein Kind die Fischen kennen solte.“[5]

Die 1653/54 vom Gottorfer Hofbildhauer Cornelis van Mander gefertigten Brunnenanlagen wurden 1737 mit der Neugestaltung des Globusgartens aufgegeben, die noch verwendbaren Stücke im Neuwerk verteilt. 1987 konnten bei gartenarchäologischen Grabungen zwei dem Lebensalterzyklus zuzuordnende Skulptu-

Abb. 421: Schleswig: Die Skulpturenausstattung des Neuwerk-Gartens, Sandsteinvase von J. G. Moser, historisches Photo (LDSH).

ren geborgen werden. Neben einem Herkulestorso (= Erwachsenenalter) vermittelt vor allem die Steinplastik des ‚Philosophen' (Greisenalter) nunmehr eine gute Vorstellung von der hohen Qualität Gottorfer Gartenplastik im Neuen Werk Friedrich III.[6]

Nach seinem Regierungsantritt 1659 ließ Herzog Christian Albrecht den Garten um fünf weitere Terrassenabsätze zu einer raumgreifenden Barockanlage ausbauen. Italienischen und französischen Anregungen folgend, wurden die Parterreflächen symmetrisch um eine breite Mittelachse gruppiert, die in dem alten Achsenbezug von Herkules, kleinem Achteckpavillon und Friedrichsburg ihren Anfang nahm und in der 1672 auf dem höchsten Parterre neu errichteten Amalienburg ihren Schlußpunkt fand. Wie der bescheidene Kupferstich in einem Traktat über die in Gottorf blühenden Aloen deutlich macht (Abb. 411),[7] bilden die an den Vorderkanten paarweise aufgestellten „Kindlein" eine Art Spalier, das die aus Wasserkaska-

den und Treppenläufen instrumentierten Terrassenübergänge, die sich in der perspektivischen Verkürzung zu einer großen Mittelkaskade vereinigten, in ihrer tiefenräumlichen Wirkung noch verstärkten. Unterstrichen wurde dieser Effekt durch mittig auf den Terrassen angeordnete Brunnenbecken, die Statuenfolge im Zentrum der westlich und östlich angeordneten Parterrefelder und eine Vielzahl weiß angestrichener Kaiserbüsten, die vor den grünen Heckenwänden die Terrassen seitlich einfaßten.

Um den beschriebenen Effekt der ‚Skulpturenallee' zu erreichen, muß für die Gartenerweiterung unter Christian Albrecht eine komplette Neuausstattung mit Gartenskulpturen erfolgt sein. Die Abrechnungen belegen zahlreiche Ankäufe für die Jahre 1667 bis 1670, wobei auch namhafte Künstler wie Joachim Henne in Hamburg Gartenskulpturen nach Gottorf lieferten.[8] Wohl aus Kostengründen waren die meisten Figuren aus Holz gefertigt, die Postamente dagegen bestanden durchweg aus witterungsbeständigem Sandstein. Die Folge war, daß bei den in dieser Region häufigen Stürmen die hölzernen Gottheiten von ihren Sockeln geweht und nicht selten beschädigt wurden. Die gesamte Gottorfer Gartenplastik war zur Vortäuschung echten Marmors und aus konservatorischen Gründen weiß gestrichen.

Ein Reparaturanschlag von 1739 gibt Auskunft über den damals vorhandenen Skulpturenbestand, der sich ikonographisch im Rahmen der üblichen Gartenplastik hält.[9] An mythologischen Einzelfiguren werden aufgeführt: erste Terrasse (beim Globushaus) mit „Sommer" (Stein) und „Herbst" (Stein), zweite Terrasse mit Apoll (Holz) und Mars (Holz), dritte Terrasse mit Juno (Holz) und Herkules (Holz), vierte Terrasse mit Amphitrite (Holz) und Neptun (Holz), fünfte Terrasse mit Minerva (Holz) und Ganymed (Holz) sowie die sechste Terrasse mit „Eintracht" (Holz) und Merkur (Holz). Bei der Amalienburg standen: Flora (Stein) und Venus (Stein), bei der Orangerie: Apoll (Stein), 4 Putten (Jahreszeiten, Holz) und bei den Glashäusern: Ceres (Blei) sowie eine weitere bleierne Statue.

Gleichermaßen ein gestalterisches wie ikonographisches Leitmotiv stellten die 150 „*bleyernen Brustbil-*

der der alten Romanischen Stamme und Osterreichischen Keyser"[10] dar, die das stets ums politische Überleben ringende Herzogshaus über seine kaiserliche Abstammung legitimieren sollte. Im weiten Oval der Futtermauer des Globusgartens waren die Büsten nach dem Vorbild des Wassertheaters im Garten der Villa Aldobrandini in Frascati auf Konsolsteinen in Wandnischen untergebracht und vergoldet. Auf den Terrassen wurden sie – auf hohe Pfeiler gesetzt und mit weißem Anstrich vor die äußeren Heckenwände gestellt – in enger Abfolge als Rahmenmotiv eingesetzt. Selbst auf die ca. zwei Meter hohe Brettereinfriedung (Plankwerk) im Norden des Neuwerks waren Kaiserbüsten innerhalb einer perspektivisch angelegten Architekturfassung gemalt worden.[11] Sämtliche Büsten trugen zur Identifikation Namensschilder aus Messing.

Die Delphinkaskade am Eingang zum Neuen Werk ist das einzig in situ erhaltene Stück Gottorfer Gartenplastik (Abb. 74). Unterhalb des Blauen Teiches, der die Kaskade mit Wasser versorgt, 1693 vom Kieler Bildhauer Theodor Allers anstelle einer Vorgängeranlage errichtet, tritt die von mächtigen, in sich verschlungenen Delphinpaaren begleitete Wassertreppe uns heute allerdings in einer Kopie Mosers entgegen, der die stark verfallene Anlage 1770/71 im Auftrag der dänischen Krone umfassend restauriert und durch Statuen und Vasen erweitert hat. Der Ursprungsentwurf von Allers orientierte sich eng an einer der mächtigsten Wassertreppen des Barock, der großen Kaskade im Park von St. Cloud bei Paris. Von ihr übernahm er die heute fehlenden, seitlichen Einfassungswände mit den mehrfach übereinander gestaffelten Muschelbecken, über die das Wasser herabstürzen konnte, sowie die Vorliebe für wasserspritzende Frösche. Schließlich ist der am Beginn der berühmten, 1665 vollendeten ‚grande cascade' Antoine Le Pautres auf einem Delphin reitende und in ein Muschelhorn blasende Triton als wörtliches Zitat an der Gottorfer Kaskade wiederzufinden.

Die heutige Eingangssituation des Neuwerk-Gartens mit dem klassizistischen Antentempel, dem achteckigen Wasserbecken und der großen, in der Büdelsdorfer Carlshütte gegossenen Brunnenschale geht auf einen Umgestaltungsentwurf des Schleswiger Bauinspektors W. F. Meyer von 1834 zurück, an dem sich auch die 1987 vorgenommene gartendenkmalpflegerische Wiederherstellung des Kaskadenensembles orientiert hat.[12]

Michael Paarmann

1 Über die in einigen Kellerräumen unter dem Nordflügel von Schloß Gottorf mangelhaft untergebrachten Spolien vgl. Schlee (1965), S. 48–52 und Paarmann (1986), S. 122–131.
2 Vgl. Dehio (1994), S. 264 (am Haus Norderstr. 8). Der dem Jahreszeitenzyklus zugehörige 4. Putto vor Haus Beeck in Bollingstedt. Nach Thietje (1986b) stehen die Figuren im Zusammenhang mit der Restaurierung und Neuausstattung der Neuwerk-Kaskade unter J. G. Moser von 1772.
3 Zu den Neuerwerbungen vgl. Drees (1988), S. 110f. Die Gartenfiguren wurden um die Mitte des 19. Jahrhunderts von dem wohlhabenden Müllermeister Beeck für sein neues Haus in Bollingstedt erworben.
4 Zur typengeschichtlichen Einordnung des Gottorfer Herkules und aktuellen denkmalfachlichen Problematik seiner Rekonstruktion vgl. Schulze (1995a). Als Bildhauer kommen insbesondere der ab 1637 für Friedrich III. tätige Cornelis van Mander (vgl. Paarmann (1986), S. 181, Qu. 305), aber auch der gleichzeitig im Alten Garten beschäftigte Zacharias Hübener (ebd. S. 180, Qu. 301) in Frage.
5 LAS Abt. 66 Nr. 2682 *„Inventarium von Allen und Jeden auf der Hochfürstl: Residence und zwar innerhalb der Fortification sich befindenden Gebäuden und der darinnen sich befindlichen Gemächer, item die davor belegene brücken, und dem sogenandten langen Stall, Alten Garten, Neuenwerck und Thiergarten"*, fol. 582ff.
6 Vgl. Paarmann (1988). Im Zuge der Sondierungsgrabungen wurden u. a. der Standort der Friedrichsburg untersucht, die Hauptachse ermittelt und die den Globusgarten nach Osten abschließenden Mauerzüge freigelegt.
7 Bei Siricius (1705) beigeheftet. Kupferstich, unsigniert, Größe: 35,5 x 45 cm.
8 Paarmann (1986), S. 257ff, Qu 1150, 1171, 1188, 1195, 1200, 1207, 1211, 1231, 1232, 1235. Zu Joachim Henne vgl. Rasmussen (1977), S. 373ff.
9 LAS Abt. 66 Res. 1740 Sept. 9–1 S1 82 (Bauprojekt 1739).
10 Paarmann (1986), S. 265ff, Qu. 1232. Die Holzpostamente für die Kaiserbüsten lieferte Caspar Eyb (Qu. 1240), die Namensschilder Andreas Rothgießer aus Husum (Qu. 1227).
11 Zum Plankwerk des Neuwerk-Gartens, insbesondere zur aufwendigen Bemalung der exedrenartig ausschwingenden Bogenwand hinter der Amalienburg vgl. Paarmann (1986), S. 95ff.
12 Zur älteren und jüngeren Restaurierungsgeschichte der Kaskade vgl. Thietje (1986b), und Paarmann (1988).

Schleswig: Der Gottorfer Herkules im Neuwerk-Garten

Eine der Hauptattraktionen des Gottorfer Neuwerk-Gartens in Schleswig war die fast sechs Meter hohe, sandsteinerne Figurengruppe eines Herkules im Kampf mit der Lernäischen Hydra, aufgestellt inmitten eines riesigen Spiegelteiches am unteren Ende des Terrassengartens in der Mitte des 17. Jahrhunderts (Abb. 422).

Im Rahmen einer partiellen Wiederherstellung des Spiegelteiches wurden im Frühjahr und Sommer 1994 etwa 84 größere Bruchstücke und unendlich viele Splitter und Kleinteile der Figurengruppe mit archäologischen Methoden freigelegt und geborgen. Es stellte sich heraus, daß die ursprünglich nach Norden, zum Garten blickende Gruppe umgestürzt oder abgerutscht war und die Bruchstücke in Sturzlage fächerförmig um den noch erhaltenen Sockel lagen. Trotz intensiver Suche fehlen immer noch einige wichtige Teile wie die untere Gesichtshälfte des Herkules, eine Hand und einer der neun Hydraköpfe.[1]

Abb. 422: Schleswig: Der Gottorfer Herkules im Neuwerk-Garten, Detail aus dem Kupferstich von C. Fritzsch 1743 aus Westphalen (1739–1749), (Privatbesitz).

Von den Hauptbruchstücken wurden durch den Steinmetzmeister Christian Lindemann 1995/96 Abgüsse hergestellt und in mühevoller Kleinarbeit zusammengesetzt, so daß wir heute eine Vorstellung vom Aussehen der Gruppe besitzen, denn die bildliche Überlieferung ist zu spärlich für eine genauere Aussage (Abb. 423).[2] Der bärtige Herkules steht hoch aufgerichtet, mit beiden Händen eine mächtige, ursprünglich hölzerne Keule über seiner rechten Schulter schwingend. Sein linker Fuß, mitten zwischen die Flügel der Hydra in Schulterhöhe gesetzt, drückt den schweren, sich windenden Körper des Untiers zu Boden, das ihm seinen schweren Hals mit den neun Köpfen entgegenstreckt, während sich der lange, geschuppte Schwanz um das rechte Standbein des Herkules ringelt. Reste von Kupferleitungen und blecherne, gespaltene Zungen mit aufgelöteten Röhrchen beweisen, daß die Köpfe Wasser sprühten; rote und weiße Farbreste belegen eine frühe Farbfassung der Figurengruppe.

Die früheste Schilderung des Herkules findet sich 1663 bei Adam Olearius in seiner Beschreibung von Schleswig. Olearius hatte als Gottorfer Hofarchivar und -chronist die Entstehung des Bildwerkes verfolgen können. Er schildert den fischreichen Teich, „… *in dessen Mitten der Hercules weit über Lebens Grösse auß Stein gehawen mit den 7. Köpffichten Drachen dessen enthauptete Hälse das Wasser hoch auswerffen* …" steht.[3] Die früheste Erwähnung in den Quellen des Hofes selbst datiert von 1680 in den Abrechnungen des Hofmalers Christian Müller, der die Figur anzustreichen hatte.[4] Zu Beginn des 18. Jahrhunderts werden die Schilderungen sowohl in den Inventaren und Beschreibungen des Gottorfer Schlosses[5] als auch in der zeitgenössischen Reiseliteratur[6] zahlreicher und präziser. Nach der Aufhebung des selbständigen Herzogtums Schleswig 1713 verfiel die gesamte Gartenkunst und mit ihr der Herkules. Die letzten Beschreibungen, die die Gruppe bereits im Verfall schildern, stammen

Abb. 423: Schleswig, Restaurierung der Herkulesgruppe, Photo 1995 (LDSH).

aus den 1820er Jahren,[7] bevor der Garten 1832 öffentlicher Park wurde.

Wesentlich dürftiger sieht die Lage bei den bildlichen Quellen aus. Der früheste Hinweis auf den Herkulesteich findet sich auf Johann Mejers Karte von Schleswig von 1641 (Abb. 407).[8] Die zahlreich überlieferten Gartenpläne des 18. Jahrhunderts zeigen den Herkules mehr oder weniger zuverlässig nur in Millimetergröße,[9] allein ein Kopenhagener Plan um 1770 wird präziser,[10] ohne jedoch in Einzelheiten als Vorlage für eine Rekonstruktion dienen zu können.

Die Anlage des rechteckigen Wasserbassins mit der monumentalen, wasserspeienden Herkulesgruppe in der Mitte gehörte von Anfang an zu der ab 1637 unter Herzog Friedrich III. geschaffenen Terrassenanlage des neuen Gartens. Der Künstler ist nicht bekannt, so daß die Gruppe dem damaligen Hofbildhauer Cornelis van Mander lediglich zugeschrieben werden kann. Das Motiv des mit der Hydra kämpfenden Herkules fand spätestens mit einem Kupferstich des Augsburger Herkulesbrunnens von Adrian de Vries (1602) Verbreitung. Ob verschiedene Arbeiten des Malers Otto Jageteuffel von 1639 („*ezlich Kupfferblath ... zu verfertigung des großen bildts auff dem newen wercke ...*") sich schon auf den Herkules beziehen, muß offenbleiben.[11] Da bereits in den 1660er Jahren die Reparaturen und Unterhaltungsarbeiten einsetzen, muß der Herkules tatsächlich um 1640 entstanden sein.

Herkules im Kampf mit der Lernäischen Hydra ist nicht eine beliebige Gartenskulptur, sondern Herrschaftsprogramm: der Herrscher siegt in der Überwindung von Laster und politischen Widrigkeiten, er ist der Hersteller und Wahrer von Ordnung, Beschützer seiner Untertanen. Die Stärke des Herkules symbolisiert zugleich die Macht und den Machtanspruch des Fürsten. Mit dem Untergang des Gottorfer Kleinstaats 1713 verfiel sinnigerweise auch dessen Symbol. 1997 wurde eine Replik der Statue im wiederhergestellten Herkulesteich aufgestellt.

Heiko K. L. Schulze

1 Zum Herkules bereits ausführlich: Schulze (1995a), ders. (1995b); ders. (1995c).
2 Die Vorgänge in den Akten des Landesamtes für Denkmalpflege Schleswig-Holstein, Akte Schleswig, Schloß Gottorf (Garten/Herkules).
3 Olearius (1663), S. 135f.
4 LAS Abt. 7 Nr. 2363 (Beilagen 2363–2366), Rentekammerrechnung für 1680, Beilage 833; bei Paarmann (1986), Nr. 1369.
5 Inventar von 1708: LAS Abt. 7 Nr. 6826; Beschreibung des Ulrich Petersen um 1730: LAS Abt. 400.1 Nr. 512 VI, fol. 852, Cap CXII, § 9; Inventar von 1738: LAS Abt. 32 Nr. 19, fol. 7r (Nr. VIII); erweitertes Inventar von 1766 und 1780: LAS Abt. 32 Nr. 19, fol. 79r und 79v (Nr. 8).
6 Zum Beispiel Lacombe-Vrigny (1706), S. 573f.
7 Jürgensen (1822), S. 153; Schröder (1827), S. 321f.
8 *„Geometrische Beschreibung der Stadt Schleswig, Gottorp, Lolfues & Cratzenbarg ... anno 1641"*, abgebildet bei Klose/Martius (1962), Bd. 2, S. 111.
9 Gartenpläne von Rudolph Matthias Dallin im RAK, Heeresarchiv, Kortsamling B. E. 2.f.2, in der KBK, Kort- und Billedafdelingen, Ing.-Korpset XVI, 5, 10 und im SA Eutin. – Ernst Joachim von Westphalen, Monumenta inedita Rerum germanicarum ..., Tom. III, Leipzig 1743, Taf. 326 (Abb. 409, 422). – Laurids de Thura, Den danske Vitruvius, Kopenhagen 1949. – Plan von Themsen, LAS Abt. 66 Nr. 9265, Nr. 38 Lit B. – Plan von Otto Johann Müller, RAK, Krigsministeriet Aflv. Mappe 22, Nr. 7. – Vogelschau des Hans Christoph Lemberg (Lönborg), LAS (Abb. 405).
10 Königl. Handbibliothek Kopenhagen, Mappe 9, Nr. 23 mit Spiegelmonogramm von Christian VII. und Caroline Mathilde.
11 Zu Jageteuffel: Zubek (1990), S. 27–50, zum *„großen bildt"* S. 29.

Abbildungsergänzung: Der Herkulesteich nach der Sanierung 1997 (Foto: Sylvia Borgmann)

Schleswig: Der Gottorfer Codex und die Pflanzen der Gottorfer Gärten

Der hohe Anspruch Herzog Friedrichs III. an die Gartenkunst zeigt sich augenfällig in der Anlage des Gottorfer Neuwerk-Gartens. Die botanisch-wissenschaftlichen Interessen des vielseitig gebildeten Herzogs fanden ihren Niederschlag in einem in Gottorf zwischen 1649 und 1659 entstandenen großen botanischen Prachtwerk, dem „*Gottorfer Codex*".[1] Das heute in der Kupferstichsammlung des Statens Museum for Kunst in Kopenhagen aufbewahrte Werk ist nicht allein Zeugnis für den Rang der Gottorfer Gartenkunst des 17. Jahrhunderts, sondern überhaupt eine Rarität in der botanischen Buchillustration in Deutschland während dieser für die Gartenkultur unfruchtbaren Periode nach dem 30jährigen Krieg. Es ist darüber hinaus eine bemerkenswerte künstlerische und botanisch-fachliche Leistung seines Malers, des Hamburgers Hans Simon Holtzbecker. Die Verbindung zu dem Künstler war über den Hamburger Bürgermeister Barthold Moller zustande gekommen, der bereits ein fünfbändiges Werk mit Blumenbildern von Holtzbecker besaß. Herzog Friedrich beauftragte ihn, die Pflanzen der Gottorfer Gärten in Gouache auf Pergament im Imperialformat zu malen. Die einzelnen Tafeln wurden zunächst in der Bibliothek gesammelt. Als Herzog Friedrich 1659 starb, wurde das Unternehmen abgebrochen. Die bis dahin entstandenen Bilder wurden später, unter Herzog Christian Albrecht, in vier Lederbände eingebunden und der Gottorfer Bibliothek einverleibt, mit welcher sie 1721 an das dänische Königshaus fielen.

Zweifellos dachte Friedrich an ein umfassendes Werk nach Art eines „*Hortus*", einer botanischen Buchgattung, die ausführlich über Gartenzier- und Nutzpflanzen sowie über Wildpflanzen in Bild und Text unterrichtet. Vorbild war der in Deutschland vor Ausbruch des 30jährigen Krieges veröffentlichte „*Hortus Eystettensis*" von Basilius Besler (1613). Die vier Bände des Gottorfer Codex enthalten auf 363 Tafeln 1180 Abbildungen, jedoch keinen Text. Der Inhalt stellt eine reiche Sammlung von in Prachtgärten Mitte des 17. Jahrhunderts üblichen Zierpflanzen dar, nämlich europäische, mediterrane und Orient-Arten sowie Vertreter der mittel- und südamerikanischen Flora. Auch nordamerikanische Pflanzen, die seit etwa 1620 nach Europa kamen, sind relativ stark vertreten, was beweist, daß das Tafelwerk dem neuesten Stand der Pflanzenimporte gerecht werden sollte.[2] Darüber hinaus sind Nutz- und Wildpflanzen abgebildet.

Band I enthält Zwiebel- und Knollenpflanzen, die im 17. Jahrhundert zur Grundausstattung gehörten: Allein 53 Narzissen-, 19 Hyazinthen-, 79 Tulpen- und 65 Irissorten werden abgebildet. Es folgen Bilder einheimischer Orchideen. Band II zeigt niedrige Schmuckpflanzen für Beeteinfassung, Sumpf- und Wasserpflanzen sowie hohe Stauden. Hier finden sich auch einheimische und ausländische Ziersträucher und -bäume und die für Barockanlagen notwendigen dekorativen Kübel- und Kletterpflanzen. Vereint sind ferner wertvolle Fruchtbäume, Citrusarten und Weinreben. Offensichtlich war auch eine pomologische Sammlung geplant, für die der Gottorfer Garten reiches Material bot, wie aus den Inventaren hervorgeht. Der dritte Band setzt das Repertoire der Gartenblumen, die zeitlich an den Frühlingsflor anschließen, fort. Der vierte Band enthält weitere Zierpflanzen, darunter auch viele Wildkräuter. Gewürzpflanzen, Arzneipflanzen und Giftpflanzen sind verstreut in den Bänden enthalten.

Der Vergleich des Materials aus dem Gottorfer Codex mit demjenigen der beiden erhaltenen Inventare des Gottorfer Neuwerk-Gartens von 1655 und 1681[3] zeigt, daß die Inventare die damals übliche („*ordinaire*") Ausstattung eines Gartens z. B. an Zwiebelpflanzen nicht berücksichtigen, sondern nur das wertvolle ‚rarere' Material, die Kübelpflanzen, die Exoten, die Gewächse des Pomeranzenhauses enthalten. Das im Codex abgebildete Pflanzenmaterial geht also weit über die beiden Inventare hinaus. Das Werk stellt sei-

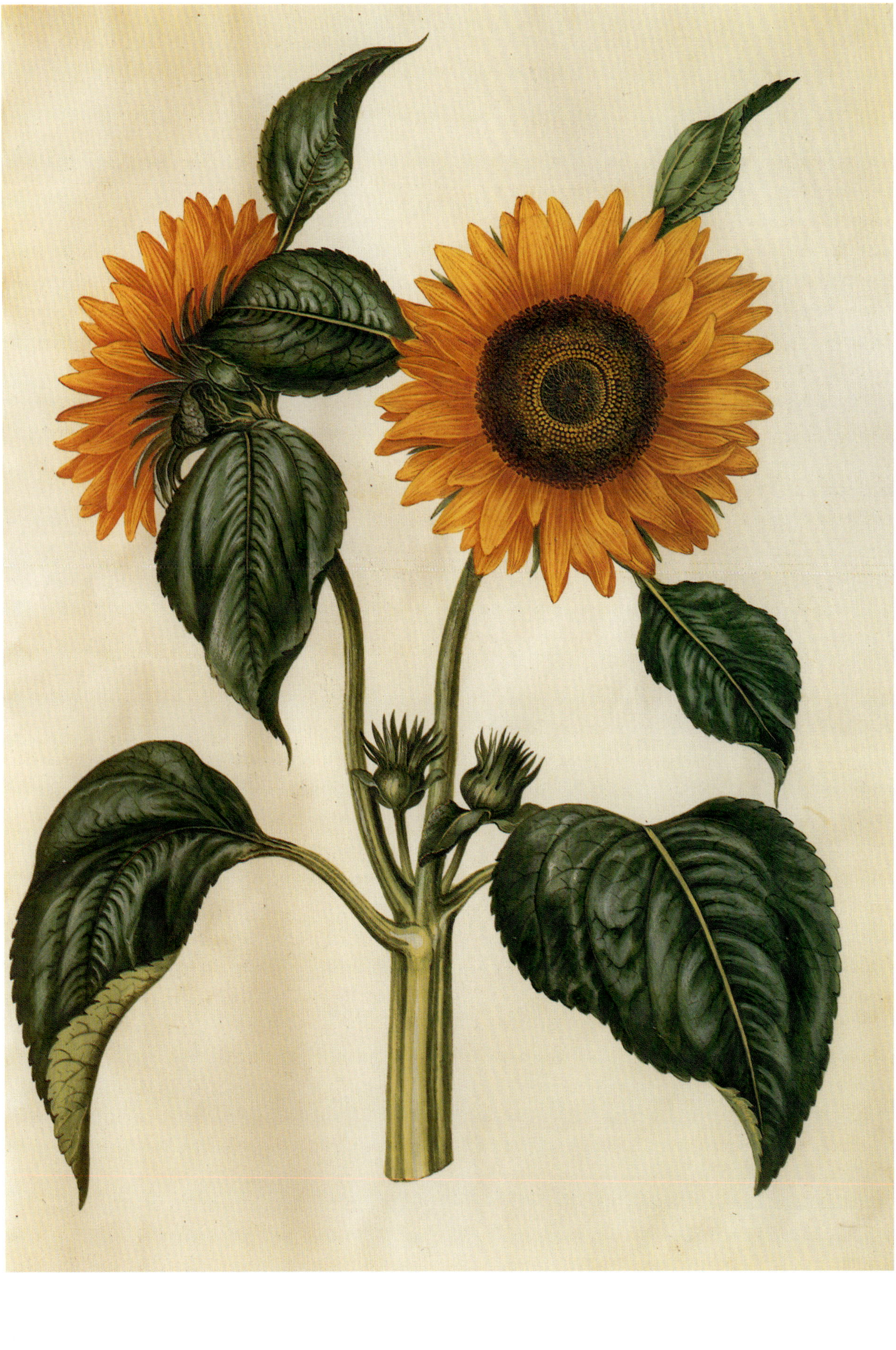

nem Inhalt nach eine zwar in der Hauptsache auf das gärtnerische Interesse zielende Sammlung von Bildern einheimischer und exotischer Schmuckpflanzen und insoweit wohl eine Dokumentation der Gottorfer Gärten um 1650 bis 1660 dar, doch lag ihm offensichtlich eine noch darüber hinausreichende Konzeption zugrunde. Da die Sammlung vom Umfang wie von der Ausstattung her sehr aufwendig ist, kann man davon ausgehen, daß die Vervollständigung durch einen Text vorgesehen war. Für diesen wäre die von Herzog Friedrich geplante Kieler Universität mit ihrem Botanik-Lehrstuhl zuständig gewesen.

Dem inhaltlichen Entwurf des Codex entspricht die Art der Darstellung. Der sachliche, präzise, Naturtreue anstrebende Charakter der Bilder paßt eher zu einem wissenschaftlichen Werk als zu einem anmutigen Florilegium. Die künstlerische Qualität von Holtzbeckers Arbeit, seine Akkuratesse, Eleganz und Farbenpracht fanden bewundernde Anerkennung (Abb. 424 u. 425).

Gottorf verdankte die hohe Gartenkultur, für die der Gottorfer Codex Zeugnis ablegt, nicht allein dem Interesse des Herzogs, sondern zugleich seinen tüchtigen Gärtnern sowie den wirtschaftlichen Verbindungen des Hauses, durch welche die Einfuhr entsprechender botanischer Raritäten möglich wurde. Hier ist besonders Holland als Hauptimportland für Exoten zu nennen. Verbindungen zu den botanischen Gärten, Pflanzenaustausch mit Gärten europäischer Fürstenhäuser sowie die gezielte Reisetätigkeit Gottorfer Gärtner und, nicht zuletzt, die vorhandene, gut ausgestattete botanische Abteilung der Bibliothek des Fürstenhauses waren weitere Voraussetzungen.

Die direkte Verbindung zu holländischen Botanikern wird durch die Geschichte einer Gottorfer Aloe, bei der es sich um die spät zur Blüte gelangende Agave gehandelt hat (botanisch wurden beide damals nicht immer streng unterschieden), belegt. Herzog Friedrich III. hatte 1646 Abraham Munting für den von seinem

Abb. 424: Sonnenblume, Gouache im „Gottorfer Codex" Bd. IV von H. S. Holtzbecker (Statens Museum for Kunst, Kopenhagen).

Abb. 425: Citrus vulgaris (bestimmt nach Schow [1849]), Gouache im „Gottorfer Codex" Bd. II von H. S. Holtzbecker (Statens Museum for Kunst, Kopenhagen).

Vater Henricus Munting (1583–1650) geleiteten Botanischen Garten in Groningen eine junge Pflanze geschenkt. 1674 war sie dort erstmalig zur Blüte gekommen. Dieses Ereignis wurde in Gottorf mit Stolz vermerkt: Eine Aloe, *„welche vor ihren Gebuhrts Orth den Hochfürstl. Gottorpischen Garten erkennet"*, habe in Groningen *„wunderwürdig"* geblüht, schreibt der Arzt Johann Siricius[4], als er 1705 über die nun auch in Gottorf florierenden Aloen – deren schönste aus dem Husumer Schloßgarten stammte – berichtet (Abb. 411). Der Kieler Botanikprofessor Johannes Daniel Major[5] nahm die Gottorfer Aloenzucht zum Anlaß für eine Monographie über die Pflanze, die *„zwar nun in vielen hundert Gärten Deutsch-Lands zu finden"* sei, aber selten nur zum Blühen gebracht werden könne. Zur Pflege der Aloen wurde ihnen in Gottorf ein eigenes turmähnliches Gewächshaus erbaut. Parallel zur wissenschaftlichen Bearbeitung wurde die Wunderpflanze vom Hofmaler Ludwig Weyandt porträtiert und eines der Bilder dem schwedischen Königshaus verehrt.

Eine weitere, noch kaum ausgewertete Quelle stellt der Pflanzplan für einen Obstgarten des Gärtnermeisters Michael Gabriel Tatter[6] dar. Er war für das Gelände westlich des Neuwerks über alle Terrassenstufen hinweg sowie östlich bis an die Königsallee vorgesehen. Für dessen Anlage wurden 1680 aus Hamburg 877 Obstbäume angekauft. Weitere 400 Stück hatte der Gärtner selbst gezogen. Der Obstgartenplan nennt 244 verschiedene Sorten, eine Liste, die für die Kenntnis des zeittypischen Bestands interessant ist.

Der Gottorfer Codex und die Inventare mit ihrem reichen und wertvollen Pflanzenmaterial bestätigen den bereits durch topographische Struktur, architektonische und skulpturale Ausstattung der Lustgärten vermittelten Eindruck, daß die florierende Gottorfer Gartenkultur sich mit derjenigen anderer bedeutender Fürstenhöfe der Zeit messen konnte.

Helga de Cuveland

1 Quellen und Literatur zu diesem Beitrag in: de Cuveland (1989).
2 Z. B. Tradescantia virginiana, Rudbeckia triloba, Tecoma radicans, Physostegia virginiana, Oenothera biennis, Lobelia cardinalis und weitere. Amaryllis atamasco (Zephyranthes atamasco), die um 1625 in Pflanzenplänen des Italieners Alessandro Caetani vorkommt, sowie weitere Exoten und frische Importe könnte Hofgärtner Clodius in Italien kennengelernt haben.
3 Inventar von 1655, LAS Abt. 7, 187 Nr. 17, 18. Inventar von 1681, LAS Abt. 7, 187 Nr. 27. Beide für den Neuwerk-Garten, vgl. de Cuveland (1989).
4 Siricius (1705), S. 34f.
5 Major (1668), S. 18ff.
6 LAS Abt. 7, 187 Nr. 24–26 und 31–40.

Schleswig: Palais Dernath

Ehemals an der Stelle des heutigen Oberlandesgerichts gelegener barocker Palaisgarten, der ab 1707 auf dem Terrain des zuvor herzoglich-gottorfischen Westergartens und zwei südlich anschließenden Hausgrundstücken entstand; erste Umgestaltungen mit Landschaftsgartenelementen ab 1823, weitere zwischen 1865 und 1868. Zerstörung des Palais durch Brand 1868, Abbruch um 1870. Aufgabe des Gartens wegen Bebauungsplanänderung. Es sind keine Spuren erhalten.

1707 bekam Gerhard Graf von Dernath (1668–1740), Herr auf Hasselburg, Oevelgönne und Kniphagen, von der herzoglich-gottorfischen Verwaltung ein Grundstück geschenkt: den ehemaligen Westergarten. Es handelt sich um das Gelände des ältesten Gottorfer Renaissancegartens südlich der Schloßanlage Gottorf. Nach dem Erwerb zweier benachbarter Bürgergrundstücke errichtete der Graf, der auch Mitglied des Geheimen Regierungsconseils in Gottorf war, auf dem neuen Besitz ein repräsentatives Stadtpalais, dessen reicher Skulpturenschmuck von dem aus Berlin stammenden Bildhauer Theodorus Schlichting (um 1680–1746) geschaffen wurde, der auch einige Zeit später im Eutiner Barockgarten die skulpturalen Arbeiten ausführte.[1]

Das ca. 250 m lange und 130 m tiefe, also relativ kleine Grundstück reichte mit der nördlichen Schmalseite an die Uferallee des Burgsees (heute Gleiskörper), im Osten an den Kleinen Damm (heute Gottorfstraße), der die Südhälfte des Grundstücks schräg beschnitt. Im Westen war es von einem neu angelegten schnurgeraden Kanal und dessen Begleitallee begrenzt. Der um 1708–1712 errichtete Gebäudekomplex, eine Dreiflügelanlage mit Haupthaus und zwei seitlichen Wirtschaftsgebäuden, wurde auf dem Nordteil des Grundstücks erbaut. Dort blieb auf einem Geländezwickel noch Platz für einen Küchengarten. Der schlichte Vorgarten vor dem Palais war mit einer halbkreisförmig angelegten Auffahrtallee und mit Rasenstücken gestaltet. Gegen die belebte Straße wurde das Grundstück mit einer Mauer und mit Hecken abgeschirmt.

Auf dem südlichen Geländeabschnitt entstand ein prachtvoller Garten, der 1712 in wesentlichen Teilen fertig angelegt war, wie ein Grundriß von Gottorf aus diesem Jahr zeigt.[2] Aus diesem Plan geht hervor, daß bereits ein sechsteiliges Broderieparterre, ein Kanalsystem mit einem Kreisringmotiv, ein Boskett nahe der Straße und ein Küchengarten vorhanden sind. Dagegen erscheinen die westlichen Gartenabschnitte noch unausgeformt; sie dienten vorläufig als Nutzquartiere. Das mit einer Orangerie kombinierte Gärtnerhaus und das Waschhaus im Zwickel zwischen Hofanlage und Kanal sind als vorhanden angegeben. Zu dieser Zeit wird bekundet, daß der Gärtner Johann Christian Löwen (um 1690–1760), genannt Lewon, 1712 im Garten Dernaths tätig ist.[3] Man darf daher in ihm den Schöpfer der Gartengestaltung erblicken, zumal er ausdrücklich als des „*Graffen von Dernathen Gärtner Löwen*" bezeichnet ist. Bis 1734 blieben das Palais und das zugehörige Grundstück im Besitz des Grafen Dernath.

Die 1732 von H. C. Lemberg (Lönborg) in Vogelperspektive angefertigte aquarellierte Zeichnung von Schleswig, die auch das Dernathsche Grundstück aus südwestlicher Richtung erfaßt, enthält Informationen über den damaligen Stand der Entwicklung (Abb. 405). Diese Zeichnung zeigt, wie der Graf die Gartenanlage mit ihren Broderien, Bosketten und dem Kanalsystem hatte vollenden und unterhalten lassen.

Der Verkauf des Anwesens hängt mit der politischen Entwicklung im Herzogtum Schleswig-Holstein-Gottorf zusammen: Als das Herzogtum und die Residenz Gottorf im Zuge des Nordischen Krieges (1700–1721) von dem dänischen König Friedrich IV. eingenommen wurden, mußten die gottorfischen Re-

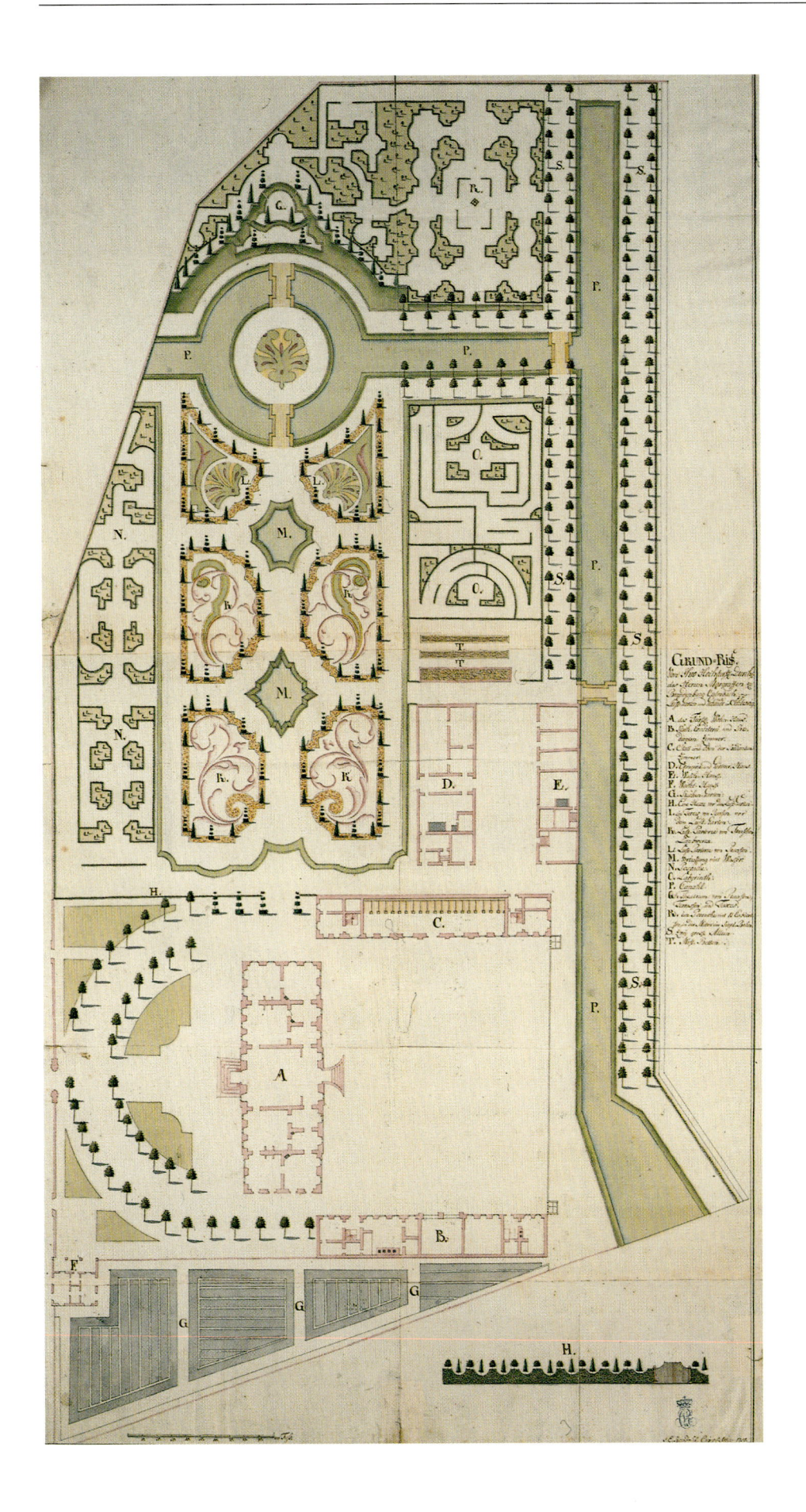

Abb. 426: Schleswig: Palais Dernath, Gartenplan von J. E. Randahl, aquarellierte Zeichnung 1742 (Königliche Handbibliothek Kopenhagen).

gierungsmitglieder – darunter Graf Dernath – Residenz und Land verlassen. Für die Verwaltung wurden nun Statthalter berufen. Kurz nach dem Regierungsantritt des dänischen Königs Christian VI. im Jahr 1730 wurde 1731 Markgraf Friedrich Ernst von Brandenburg-Kulmbach (1703–1762) in dieses Amt eingesetzt. Der König, der das Palais und das Grundstück Dernaths 1734 käuflich erworben hatte,[4] verkaufte es an den Markgrafen.

Die einzigen bisher auffindbaren Pläne des Palaisgartens stammen aus der Zeit nach 1740: eine lavierte Zeichnung von Jacob Erhard Randahl von 1742 (Abb. 426) in Kopenhagen und eine lavierte Zeichnung wohl aus derselben Zeit in Stockholm.[5] Zudem gibt es einen Kupferstich von L. de Thura (1749), der die Angaben der Zeichnungen weitgehend bestätigt.[6]

Der Garten schloß sich dem Palais seitlich an. Die Hauptachse des Broderieparterres mündete also auf dessen Schmalseite. Das klar vom übrigen Garten abgesetzte Broderieparterre, dessen Umrandung die leichte Böschung des nördlichen Teils abfing, war mit einem sprossenartigen Wegesystem gegliedert und wies sechs Kompartimente auf. Die Schnittbereiche boten zwei unterschiedlich umrissenen Wasserbassins Platz, in denen jedoch keine Fontänen aufstiegen, da das Gefälle zu gering war. Die Broderien gehören zur ersten Ausführungsphase vor 1712/13. Die elegante, aus einer Volute entwickelte Arabeske der beiden nördlichen Tableaus ist in roter Farbe ausgeführt. Die mittleren Tafeln sind vom Grün der Tapis verts bestimmt, die von feinen roten Linien umspielt werden. Die beiden südlichsten Tableaus, vom Kanalring angeschnitten, boten einer Broderie wenig Platz und erhielten daher ein Fächermuschelmotiv. Die Muster sind in Grün ausgeführt und mit roten Binnenzeichnungen versehen. Diese eleganten und ausdrucksvollen Broderien stellen die angemessene Ergänzung zum prächtigen Palais dar. Sie erscheinen direkt von französischer Gartenkunst beeinflußt, während die Rhythmisierung der Kompartimente mit ihren von den Bassins gebildeten Zwischenbetonungen an holländische Vorbilder denken läßt.

Das Kanalsystem bestand aus einem Querkanal und einem Kanal, der das Grundstück auf voller Länge im Westen begrenzte. Der Querkanal schnitt die Gartenhauptachse rechtwinklig im südlichen Gartenteil. Im Kreuzungsbereich umschloß er eine kreisrunde Garteninsel, auf der nach der Lemberg-Zeichnung um 1732 ein Gartenpavillon stand. In den Grundrissen ist jedoch an dieser Stelle nur ein dekoratives Ziermuster dargestellt. In der Kanalanlage, vielleicht auch in den Alleen, die den Westkanal begleiteten und den Garten gegen die Westwinde schützten, zeigen sich holländische Einflüsse. Das Ringmotiv, das den Garten beherrscht, ist von Lewon später auch im Eutiner und im Stendorfer Garten verwendet worden.[7]

Die in den Randzonen des Gartens angelegten Boskette kaschierten einerseits seinen unregelmäßigen Geländezuschnitt, andererseits statteten sie ihn mit attraktiven Grünräumen aus. Der östliche Boskettstreifen bot zudem Sichtschutz gegen die Straße. Im äußersten Süden ließen unregelmäßig strukturierte Boskette den Besucher über den Verlauf des ungünstig geschnittenen Gartenrandes geschickt im Unklaren. Auch der westliche Gartenstreifen, der 1712 noch als Gemüsegarten genutzt worden war, erhielt zwei interessante Gartenräume: einen Irrgarten und ein großes Vergnügungsquartier. Das Labyrinth war von der östlich des langen Kanals gelegenen Gartenallee aus zugänglich und bot ein Motiv der Überraschung, weil es von dort nicht einsehbar war und erst plötzlich vom Besucher entdeckt werden konnte. Das große Boskett in der Südwestecke des Gartens ist als Hauptboskett anzusehen. Es dürfte im geselligen Gartenleben die wichtigste Rolle gespielt haben. In der Mitte befand sich ein Heckensalon, der eine größere Gästeschar aufnehmen konnte. Hier war eine Kegelbahn eingerichtet. Kleinere Kabinette in den Randzonen boten Bewirtungseinrichtungen Platz.

Südlich des Kanalrings fing eine Böschung das Gelände ab, ein sogenanntes Amphitheater. Eine solche stufige Anlage, die im Zusammenhang mit Heckentheatern entwickelt worden war, pflegte dort den Zuschauerraum zu bilden. In der Régence schätzte man es auch als isoliertes Gartenmotiv. Im Garten Dernath war es in die Dynamik der Hauptgartenachse eingebunden. Diese dekorative, mit Taxuszierbäumchen besetzte Doppelterrasse diente nicht nur als Blickfang, sondern erlaubte auch einen guten Überblick über das Broderieparterre. Zweifellos stellte der Dernathsche Garten eines der elegantesten Beispiele französisch-holländischer Gartenkunst im Lande dar.

Um 1820 bahnte sich eine erste Veränderung im Sinne der Landschaftsgartenkunst an.[8] In einem von F. W. Henning entworfenen Änderungsplan von 1865 ist die Teilumwandlung in einen englischen Garten vorgesehen.[9] Danach sollten zwar die Kanalanlagen mit den Alleen und zugehörigen Brücken bestehen bleiben, das übrige westlich erweiterte Gelände jedoch als Landschaftsgarten gestaltet werden, wobei ein Schlängelweg als Beltwalk vorgesehen war. Die zwischen 1865 und 1868 vorgenommene Umgestaltung soll von dem Lenné-Schüler Carl Beus ausgeführt worden sein.[10]

In der Nacht vom 6. zum 7. Januar 1868 brannte das Palais Dernath bis auf die Grundmauern nieder und wurde Anfang der 1870er Jahre abgebrochen, um einem neuen Regierungsgebäude Platz zu machen. Dessen Lage und Ausdehnung decken sich nicht mit dem Grundriß des Palais,[11] so daß das Gartengelände umgestaltet werden mußte. Im Plan von 1871 erinnert nur noch das Inselmotiv an den Barockgarten.[12]

Das viergeschossige Gebäude des Oberlandesgerichts, 1872–1874 als Regierungspräsidium und Dienstsitz des Oberpräsidenten erbaut, beherrscht seit über einem Jahrhundert mit seiner über 90 Meter langen Straßenfassade den Platz. Nahe seinem südlichen Nebenbau schneidet der Damm einer Straßenüberführung ins ehemalige Gartengelände ein, von dem sich keine authentischen Spuren erhalten haben.

Gisela Thietje

1 Zum Grundstück und zum Palais: Wietek (1953); Eimer (1961), S. 110f; Hirschfeld (1980), S. 134ff; Klatt (1965), S. 64 und 82; Konerding (1979), S. 71ff. Zur skulpturalen Ausstattung: Thietje (1986a), S. 84–93. Zur Person des Grafen Dernath: Pries (1955), S. 14; SHBL, Bd. 1, S. 122.
2 Plan von 1712, *„Grund-Riß Von den Schloße Gottorf Sammt umliegende Situation ..."*, Städtisches Museum Schleswig, Abb. 8 bei Paarmann (1986); vgl. Hirschfeld (1980), S. 137.
3 Paarmann (1986), S. 15f.
4 LAS Abt. 168, Nr. 334; vgl. Klatt (1965), S. 70.
5 NMS THC 346, abgebildet bei Habermann (1982), S. 89. Die Annahme, daß die undatierte Zeichnung als Entwurf für die Anlage des Schlosses Kaiserhammer des Markgrafen von Brandenburg-Kulmbach anzusehen sei, beruht auf einem Irrtum, vgl. Eimer (1961), S. 113 und Paarmann (1986), S. 16.
6 Thura (1746–1749): Teil II, Tab. 148.
7 Der Kanalring erinnert an das *„Rund"* im Garten der Kurfürstin Luise Henriette (von Oranien) in Bötzow bzw. Oranienburg von um 1655, vgl. Abb. 29 bei Hennebo/Hoffmann (1962–1965), Bd. 2.
8 Plan von 1823 von J. v. Schröder von der Stadt Schleswig, Stich von Jäck, siehe Schlee (1979), S. 124, Abb. 186.
9 LAS Abt. 333 Nr. 19.
10 Maschinengeschriebene Notiz im LDSH Kiel mit Quellenangabe: LAS Abt. 59 Nr. 2/3.
11 Siehe Prange (1969/1970), Teil 2, als Abb. 17 bei Paarmann (1986). Zum Regierungsgebäude vgl. Bührke (1988), darin zwei Pläne für die Parkanlagen um das Gebäude aus dem späten 19. Jahrhundert (Originale im LDSH). Kurzfassung vgl. dies. (1989), S. 133–137.
12 Siehe Lithographie von 1871 von Lorenzen, abgebildet bei Klatt (1965), S. 65.

Seebüll

Etwa 15 km nördlich von Niebüll nahe der dänischen Grenze gelegen, Künstlergarten des expressionistischen Malers Nolde und seiner Frau, ab 1926/27 als Ambiente seines Alterssitzes entstanden. Seit 1956 „Stiftung Seebüll Ada und Emil Nolde", von März bis Oktober öffentlich zugänglich.

Zu Beginn des Ersten Weltkrieges kehrte Emil Nolde (1867–1956) mit seiner Frau Ada im August 1914 von einer einjährigen Südseereise nach Europa zurück. Bei der Fahrt durch die neutrale Schweiz freute er sich über die blühenden und saftigen Wiesen: *„Solches Grün gibt es in den Tropen nicht! Es war die nordische Landschaft hier so leuchtend frisch wie ganz oben in meinem Land, Schleswig-Holstein."*[1] Im Dorf Nolde, gut zehn Kilometer östlich von Tondern, wurde der Maler am 7. August 1867 als Emil Hansen geboren. Der Sohn eines Bauern gewann früh eine enge Beziehung zur Natur. Nach einer Lehre als Holzbildhauer in Flensburg reiste er fast drei Lebensjahrzehnte umher, hielt sich unter anderem länger in München, Berlin, Paris, in der Schweiz und in Dänemark auf. Jener flachen, weiten Heimatlandschaft aber, *„wo keine Einzelbäume die Bildfläche zerreißen, und wo ein Pfahl, in einfacher Fläche stehend, ein Monument wird"*[2], fühlte Nolde sich zeit seines Lebens verbunden.

Nachdem Nolde seine Frau kennengelernt hatte,

Abb. 427: Mohn, Aquarell von Emil Nolde 1923/24 (© Nolde-Stiftung, Seebüll).

Abb. 428: Seebüll, Blick aus dem Garten auf das Wohnhaus von Emil und Ada Nolde, Photo 1995.

lebten beide die meisten Sommer zwischen 1903 und 1916 auf Alsen. Zum Haus gehörte ein kleiner Garten, in dem neben vielen einjährigen Sommerblumen wie Levkojen, Zinnien und Calendula auch Gemüse wuchs. Hier hatte Nolde 1906 ein neues Sujet für sich entdeckt: „*Es war auf Alsen mitten im Sommer. Die Farben der Blumen zogen mich unwiderstehlich an, und fast plötzlich war ich beim Malen. Es entstanden meine ersten kleinen Gartenbilder.*"³ Mehr als zwei Jahre lang wählte er als Motive die Bauerngärten der Nachbarschaft. Ihre Farbigkeit fasziniert ihn. Mohn, Iris, Stiefmütterchen und Tulpen tauchen als leuchtende Farbflecken in den flächig gestalteten Gemälden und Aquarellen auf (Abb. 427). Titel wie „*Burchards Garten*", „*Anna Wieds Garten*", „*Trollhois Garten*" und „*Jägers Garten*" hinterlassen eine deutliche Spur dieser malerischen Ausflüge, während andere Bilder allgemeiner „*Großer Mohn*", „*Blumengarten. Zwei Frauen*" oder „*Blumenpflanzen*" heißen. Allein 1908 entstehen mehr als 25 Gemälde, in denen Blumen und blühende Gärten dargestellt sind.⁴

In dieser Lebensphase fand der Maler zu seinen charakteristisch expressiven Stilmitteln. Martin Urban schreibt: Die frühen Blumenbilder „*nehmen einen besonderen Platz in der Entwicklung seines Werkes ein; mit ihnen hat Nolde zur Farbe, dem wichtigsten Ausdrucksmittel seiner Kunst gefunden, nach langen Jahren des Suchens und der Vorbereitung. Die Blumen gaben ihm den Mut, die reinen, leuchtenden Farben frei ins Bild zu bringen.*"⁵

Die Natur des Gartens führte Nolde nicht nur zu stilistischer Reife, an ihr formulierte er ebenso sein künstlerisches Credo: „*Ich wollte im Malen auch immer gern, daß die Farben durch mich als Maler auf der Leinwand sich so folgerichtig auswirken, wie die Natur selbst ihre Gebilde schafft, wie Erz und Kristallisierungen sich bilden, wie Moos und Algen wachsen, wie unter den Strahlen der Sonne die Blume sich entfaltet und blühen mußte.*"⁶ Nolde setzte dabei, wie er es selbst nennt, auf den „*Instinkt*", der ihm mehr bedeutete als Verstand und Wissen. In ihm sah er die Quelle zu einer künstlerisch freien Gestaltung.

Auf seinem Alterssitz Seebüll (Abb. 428) gehörte der Gang durch den Garten für den Maler zum täglichen Ritual. Gerne ließ er sich bei dieser Gelegenheit zu Bildern anregen oder entnahm die Motive direkt seinen blühenden Staudenrabatten. Noldes letzter Gärtner, Thomas Börnsen, der den Garten von 1936 bis 1976 betreute, erinnert sich: „*Wenn Nolde suchend im Garten von Staude zu Staude ging, die Blumen eingehend betrachtend, wußten wir von Frau Nolde, daß wir ihn dann nicht ansprechen durften. Es dauerte dann meistens nicht lange, dann kam er zu mir und bat, ich möchte doch die Staffelei aus der Werkstatt holen und bei der jeweiligen Blume aufstellen.*"⁷ Das Malen vor der Natur ist jedoch weniger ein Abzeichnen dessen, was er gesehen hat. Vielmehr bringt er in den Gartenbildern ein subjektives Erleben zum Ausdruck, das ihn im Moment der Betrachtung und darüber hinaus erfüllte. So vollendete er diese Bilder häufig erst im Atelier, in dem er sich ungestört der Inspiration und den damit verbundenen Gefühlen überlassen konnte.

Nach Seebüll zogen die Noldes 1926. Bis zur Fertigstellung ihres Hauses ein Jahr später wohnten sie auf dem zum Anwesen gehörenden Bauernhof. Im gleichen Jahr jedoch wurde auf der noch leeren Warft das Atelier gebaut. Unterhalb der Warft lag der Feting, ein ovaler Teich, aus dem die Menschen sich und ihr Vieh früher mit Trinkwasser versorgt hatten. Sonst machte sich dort nur grünes Weideland breit. „*Ein Stück solches Grasfeld sollte unser Garten werden, ein hartes Beginnen*", schreibt Nolde in seinen Lebenserinnerungen. „*Wir machten Risse, die nichts wurden. Dann*

Abb. 429: Seebüll, Grundriß des Gartens um 1929, Zeichnung von E. Nolde (© Nolde-Stiftung, Seebüll).

aber zeichnete ich zwei Buchstaben hin, A und E, mit einem kleinen Wasser wie ein Schmuck dazwischen, die Buchstaben verbindend."[8] Der Grundriß des Gartens entsprang also der spontanen Idee, die Initialen von Ada und Emil zum Ausgangspunkt zu wählen. Das *„kleine Wasser"* geht auf Ada Nolde zurück, die sich für die Vögel eine Tränke gewünscht hatte.[9] Noch heute kann man vom Haus aus, links das A und rechts daneben das E im Wegenetz des Gartens erkennen (Abb. 429).

Insgesamt sind in der Sammlung der Nolde-Stiftung fünf Gartenskizzen erhalten, die alle das gleiche Formprinzip zeigen. Demnach liegt das etwa 2000 Quadratmeter große Zentrum des Gartens, der Blumengarten, südlich des Wohnhauses, dessen Fenster auf diesen Teil ausgerichtet sind. Auf einer Skizze gibt Nolde Hinweise zur Bepflanzung mit Ulmen, Obstbäumen, Goldregen, Hochstamm-Rosen und kleinen Schlehen. Wichtiger als die Pflanzenart war für Nolde jedoch der Gedanke des Windschutzes, den er für den Blumen-

garten schaffen mußte. So wurden anstelle von Schlehen – vielleicht aus Gründen der Verfügbarkeit – Kirschpflaumen (Prunus cerasifera) gepflanzt, die heute noch in Streifen das Grundstück rahmen. Wie die Schlehen sind auch sie als Vogel- und Windschutzgehölz weit verbreitet. Zusätzlich errichtete er gegen die stetig blasenden Westwinde Reetwände und pflanzte eine Reihe Pappeln. Erst in diesem Schutz konnte sich der Blumengarten entwickeln, von dem es schon 1927 in einem Brief heißt: *„Grüße will ich Dir senden von unserem jungen Garten mit seiner schwellenden Blumenfülle, so schön, wie niemals zuvor wir es hatten."*[10]

Es gibt keinen Hinweis darauf, daß Nolde die Bepflanzung der Rabatten nach bestimmten ästhetischen oder farblichen Schemata gestaltete, wie andere Künstler seiner Zeit.[11] Auch hier ließ er sich mehr von seinem Empfinden leiten und räumte neben fremdem Rat und Hilfe auch dem Zufall ein Recht ein: *„Ueber Zufälligkeiten kann ich wohl folgendes sagen: wenn*

Abb. 430: Seebüll, Staudenpartie mit reetgedecktem Gartenhaus, Photo 1995.

ich im Garten Samen streue, diese aber nicht genau so hervorwachsen, wie ich glaubte es geschehen müsse, wenn aber sie ebensoschön und vielleicht noch reizvoller hervorblühen als ich es voraussah, dann bin ich dankbar und vernichte keinesfalls die Blumen, weil sie nicht ganz genau so stehen, wie ich es anordnete."[12] Erhalten hat sich bis heute ein Ordnungsschema für die sogenannten Buchstabenbeete, das Noldes Gärtner Thomas Börnsen überliefert hat. Die Beete sind mit Teppichprimeln (Primula juliae) eingefaßt. Innerhalb derselben stehen die Pflanzen in Reihen: Jeweils eine Reihe Stauden wechselt mit einer Reihe Sommerblumen ab, die im Gesamtarrangement des Beetes nach Höhe gestaffelt sind.[13] Ebenso hat Thomas Börnsen für diesen Teil des Gartens einen Bepflanzungsplan hinterlassen, der heute noch weitestgehend eingehalten wird. Allerdings sind in ihm nur die Stauden als festes Gerüst angegeben, in das die Sommerblumen variabel eingesät werden.

Für den Garten in Seebüll wurde von Anfang an ein Gärtner beschäftigt. Obgleich Nolde gerne selbst Hand anlegte, war ihm jedes botanische Interesse fremd. Nach mehr als 20 Jahren in Seebüll, gesteht er einem Museumsdirektor: *"... wie die kleinen orangefarbenen Blüten links heißen, weiß ich selber nicht. Die Namen waren mir immer weniger bedeutend als die Blumen selbst."*[14] So brauchte er allein für die jährliche Order des Saatgutes schon die Hilfe von einem Fachmann, der sich in den damals schlecht bebilderten Katalogen auskannte.

Zum Garten gehören außerdem zwei Gebäude. Schon auf einer der Skizzen ist die Lage des erst 1935/36 erbauten reetgedeckten Gartenhauses, des sogenannten „Seebüllchen" verzeichnet (Abb. 430). Es markiert gleich unterhalb des Fetings die östliche Begrenzung des Blumengartens. Zu Beginn des Zweiten Weltkrieges ließ Nolde südlich des Blumengartens einen Erdhügel mit einem kleinen kellerartigen Innenraum errichten. Angeblich wollte er dort seine Gemälde vor Bomben in Sicherheit bringen.[15] Nach dem Tod seiner Frau 1946 wurde dieser Bau in eine Gruft verwandelt. In ihr sind Ada Nolde und später auch Emil Nolde beigesetzt. Den Sarkophag aus Granit schuf der Bildhauer Paul Dierkes 1958/1962, also erst nach Noldes Tod 1956. Das an der Stirnwand hängende Mosaik *„Madonna mit Kind"* stammt von Nolde selbst.

Auf den ersten Blick erinnert der Garten in Seebüll an einen Bauerngarten. Vieles spricht dafür, daß Nolde sich bei der Gestaltung von den ländlichen Gärten seiner nördlichen Heimat hat inspirieren lassen. Dort schien sich ein relativ einheitliches Bild der Gartenkultur erhalten zu haben, das sich zumindest stark von dem der Städte unterschied, in denen die Mode stärker den Ton angab. Zusätzlich legt Noldes, für seine Kunst geradezu existentielle Verbundenheit zur heimatlichen Landschaft[16] den Schluß nahe, daß auch sein Garten den dort typischen Anlagen nachempfunden ist.

Formal jedoch erfüllt Noldes Garten diese Kriterien nicht. Der typische Bauerngarten im Schleswig-Holstein der Jahrhundertwende „*pflegt durch einen breiten Steig in der Mitte in zwei Hälften geteilt zu sein; dieser Steig begleitet auf jeder Seite ein langes schmales Beet, Rabatte, mit Buchsbaum, Buschboom, an den Enden auch wohl mit Lavendel eingefaßt. Die Rabatten tragen Stachelbeer- und Johannesbeersträucher und daneben allerlei Blumen, oder sie sind ausschließlich für Blumenzucht reserviert; ... An geschützter Stelle befindet sich eine Laube oder ein Gartenhäuschen*".[17] Das bestimmende Element aber, eine meist auf die Hausarchitektur bezogene Mittelachse, weist der Noldegarten nicht auf. Auch ist – ein zweites Charakteristikum – das Haus nicht direkt vom Garten umgeben. Vielmehr sind bei Nolde Haus und Garten zwei voneinander getrennte Einheiten. Bepflanzung und Ausstattung hingegen sind damaligen Bauerngärten verwandt. Mit dem „Seebüllchen" besitzt der Noldegarten ein Gartenhaus, und auf den Beeten findet sich eine Mischung von Stauden und Sommerblumen, die auch von der Artenzusammensetzung typisch ist.[18]

In der Gartenkunst wurde seit der Jahrhundertwende eine Diskussion um eine neue, zeitgemäße Ästhetik geführt, in der vor allem Künstler und Architekten den Ton angaben. Stilisierte Landschaftsparks mit Brezelwegen und kunstvollen Teppichbeeten, deren Pflanzen man ausschließlich im Gewächshaus anzog, wurden abgelehnt. Vielmehr legte man einerseits erneut Wert auf formale Gestaltung und wandte sich andererseits „*wieder den lange aus dem Garten verbannten Gruppen von Pflanzen zu, die ... als mehrjährige Staudengewächse wiederkehren, Pflanzen, wie sie sich die Bauerngärten immer erhalten hatten.*"[19] In Deutschland lenkte Alfred Lichtwark, von 1886 bis 1914 Direktor der Hamburger Kunsthalle, in seiner 1892 erschienen Schrift „*Makartbouquet und Blumenstrauß*" als einer der ersten den Blick auf die Ästhetik der Bauerngärten und leitete damit eine Renaissance dieser formalen Blumengärten in Deutschland ein.[20] Parallel erlebte die Staudenzüchtung einen enormen Aufschwung. Die Auslesen und Sorten von Delphinium, Phlox, Iris, Paeonien, Herbstastern, Helenium, Chrysanthemum und Campanula, alles Staudenarten, die im Noldegarten heute durch ihre farbschönen Blüten bestechen, sind überwiegend im ersten Drittel dieses Jahrhunderts entstanden. Zu den bekanntesten Züchtern gehörte damals neben Goos & Koenemann, Arends, Nonne & Höpker und Foerster auch die Stuttgarter Firma Pfitzer, bei der Emil Nolde sein Saatgut bestellte.[21] Die Planungen der Gartenarchitekten ebneten nach dem Ersten Weltkrieg den Weg der Prachtstauden in die Privatgärten. Ein gutes Beispiel dafür ist die Bürogemeinschaft, die der Potsdamer Züchter Karl Foerster 1928 mit den Berliner Gartenarchitekten Hermann Mattern und Herta Hammerbacher gründete. Über die Gärten Matterns aus jener Zeit heißt es: „*In jedem dieser Gärten ist jedoch eine größere Staudenbepflanzung eingeplant, in der die von Foerster gezüchteten hohen Leitstauden wie Rittersporn, Phlox, Margeriten, Helenium und Astern ihre volle Farbenpracht entfalten konnten.*"[22]

Noldes Berliner Gegenspieler, der Maler Max Liebermann, hatte sich schon 1909 in seiner Villa am Wannsee einen Staudengarten anlegen lassen. Intensiv beraten wurde er dabei von seinem Hamburger Freund Alfred Lichtwark. Wenngleich der Garten, ganz auf der Höhe der Zeit, den Vorstellungen eines erweiterten Wohnraumes entsprach, erkannte man ebenso in den Heckengärten mit den geschorenen Hecken, die als Hintergrund für Stauden und Sommerblumen dienten, „*die Anklänge an die Form des Bauerngartens*"[23]. Nolde hat sich bis 1940 regelmäßig meistens in den Wintermonaten in Berlin aufgehalten. Sein am Bauhaus-Stil orientiertes Haus Seebüll, das er sich nach eigenen Entwürfen ab 1927 hat bauen lassen, zeigt, daß er aktuellen Kunstströmungen der Architektur gegenüber sehr aufgeschlossen war. 1929 ließ er sich von Mies van der Rohe, den er über die Tänzerin Mary

Wigman kannte, ein Haus in Berlin-Zehlendorf entwerfen[24], das jedoch nicht realisiert wurde.

Leider fehlt bislang eine umfassende Studie über Noldes Kontakte in Berlin und den Einfluß der deutschen Kunstmetropole auf sein Werk. Für die Beurteilung des Gartens in Seebüll bleibt festzuhalten, daß der Blick nicht nur auf den naheliegenden Einfluß norddeutscher Bauerngärten gerichtet werden darf. Elemente des Bauerngartens waren um die Jahrhundertwende selbst schon zur Mode geworden und die ausgiebige Verwendung von Blütenstauden bildete ein weit verbreitetes Stilmittel zeitgemäßer Gartenästhetik. Nolde hat diese Strömungen in Seebüll zu einem eigenen Gartenkunstwerk zusammengeführt, einem Stück gestalteter Natur, das selbst wie ein großes Gemälde wirkt.

Michael Breckwoldt

1 Nolde (1976), S. 304.
2 Nolde (1976), S. 70.
3 Nolde (1976), S. 148.
4 Fluck/Reuther (1994), S. 222.
5 Urban (1980), S. 7.
6 Nolde (1976), S. 148.
7 Börnsen (1981), S. 20.
8 Nolde (1976), S. 374.
9 Pedain (1994), S. 34.
10 Fehr (1957), S. 124.
11 Z. B. Gertrude Jekyll, teilweise auch Claude Monet.
12 Nolde (1967), S. 55.
13 Pedain (1994), S. 64 .
14 Zitiert nach Urban (1980), S. 36.
15 Börnsen (1981), S. 32f.
16 Reuther (1985), S. 11.
17 Eschenburg/Fischer-Benzon (1893), S. 37.
18 Eigner (1993), S. 175ff.
19 Gothein (1926), S. 451.
20 Poppendieck (1992a).
21 Pedain (1994), S. 33.
22 Holzlöhner (1982), S. 23
23 Klausch (1971), S. 73.
24 Tegethoff (1981), S. 99ff.

Seestermühe

Gutspark 30 km nordwestlich von Hamburg zwischen Elmshorn und Uetersen. Barockgarten des Adeligen Gutes zwischen 1700 und 1710 angelegt. Grundstrukturen und Hauptgartenachse mit Kanal und Lusthaus bis heute erhalten, teilweise öffentlich zugänglich.

Schon unter den Zeitgenossen des 18. Jahrhunderts wurde der Seestermüher Barockgarten zu den wichtigsten Schöpfungen der Gartenkunst im Lande gerechnet, wie eine Randbemerkung in dem Bericht über die Sturmflut von 1751 zeigt: „*Wenn man den hochfürstl. Plönischen Garten zu Traventhal, und den berühmten Jersbeckschen Garten ausnimmt, wird dieser Sestermühische, besonders wegen seiner bei 1000 Schritt langen dreifachen Allee von Lindenbäumen, vor andern Gärten in Holstein mit Recht den Vorzug verdienen.*"[1] Noch heute ist die große Doppelallee (Abb. 11) mit Kanal und dem sogenannten „*Teehaus*" am Ende dieser Hauptgartenachse durch ihren relativ guten Erhaltungszustand und die repräsentative Wirkung eine in Schleswig-Holstein einmalige Attraktion.

Während viele Barockgärten zu Landschaftsparks umgestaltet wurden, blieb der Seestermüher Garten, wenn auch in vereinfachter Form, im 19. und 20. Jahrhundert weiterhin bestehen. Eine besondere Bedeutung hat Seestermühe als erster Adelsgarten Schleswig-Holsteins, der die Prinzipien des klassisch französischen Gartens im Stil Le Nôtres (1613–1700) in konsequenter und eindrucksvoller Weise verwirklichte.

In der recht baumarmen holsteinischen Elbmarsch, gegenüber der Elbinsel Pagensand, erstreckt sich der Garten mit dem Gutshof in die Ausbuchtung einer Deichbiegung. Die aus zwei etwa quadratischen, hintereinander liegenden Inseln bestehende Gutsanlage scheint schon im Mittelalter vorhanden gewesen zu sein, denn aus dieser Zeit ist eine wasserumgebene Großwarft nachgewiesen. Wie allgemein üblich bei dieser Art Wehranlagen, war wohl die erste Insel für Wirtschaftsbauten und die zweite, nur über die erste zu erreichende,[2] für die Burg gedacht. Das heutige Herrenhaus, das als Bezugspunkt für die nach Nordwesten[3] ausgerichtete, ca. 700 m lange Hauptgartenachse fungiert, befindet sich mit zwei Wirtschaftsgebäuden in der für das 18. Jahrhundert typischen Anordnung auf der ersten Insel, während die zweite heute unbebaut ist (Abb. 431).

Von 1494 bis 1752 befand sich das Gut im Besitz der Familie von Ahlefeldt. Auf den letzten Ahlefeldtschen Besitzer, Hans Hinrich (1656–1720), ist ab 1695 sowohl die Anlage des Barockgartens als auch der herrschaftliche Ausbau des Gutshofes zurückzuführen. Nach seinem Tode 1720 wurde die wirtschaftliche

Abb. 431: Seestermühe, Luftbild 1991.

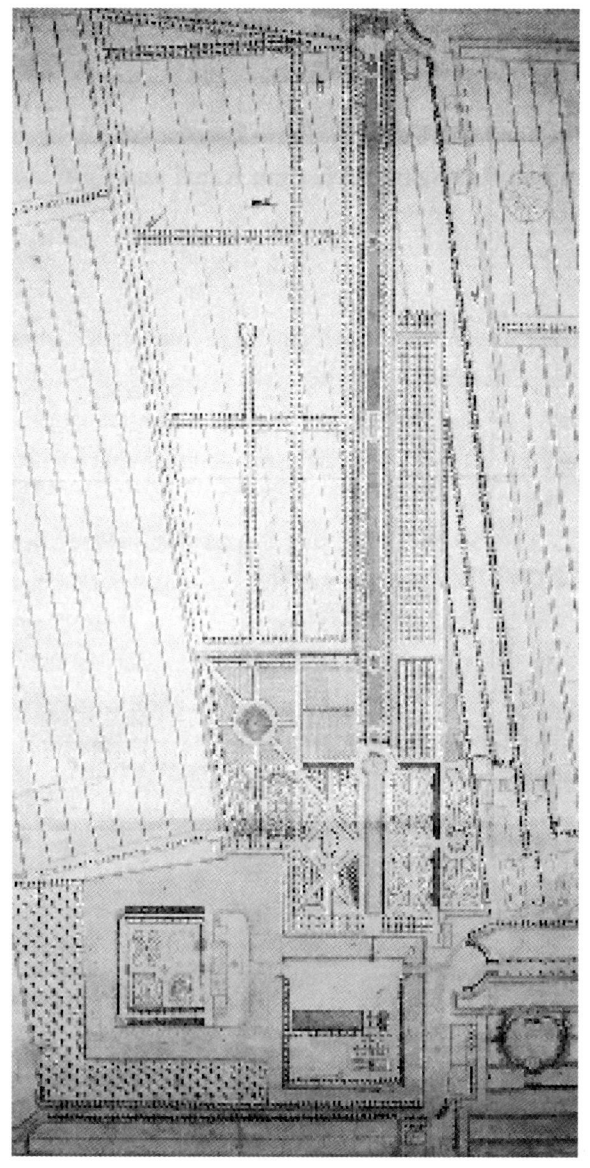

Abb. 432: Seestermühe, Gartenplan von T. Samaschikoff, lavierte Federzeichnung 1750 (GA Seestermühe).

Lage des Gutes immer schlechter, so daß es 1752 zu einem Verkauf an den Grafen Georg Ludwig von Kielmansegg (1705–1785) kam, dessen Nachkommen es noch heute gehört. Erst seit den 1920er Jahren dient es den Besitzern als ständiger Wohnsitz. Der Verkauf des Gutes in der Mitte des 18. Jahrhunderts gab Anlaß zur Bestandsaufnahme: Eine 1748 entstandene Verkaufsbeschreibung mit einem Gartenplan (Abb. 432), den der in Braunschweig ausgebildete Gartenmeister Trophim Samaschikoff im Jahre 1750 zeichnete, stellt den Garten in folgender Weise dar: Die beiden Inseln waren von einem unterschiedlich breiten Burggraben umgeben. Vor einer hölzernen Zugbrücke, die auf die erste Insel führte, endete die von Osten auf den Gutshof führende Allee in einem repräsentativen Halbkreis aus beschnittenen Bäumen (Palissade à l'italienne). Auf der ersten Insel standen 1748 ein herrschaftliches Wohnhaus und baufällige Wirtschaftsgebäude, die vermutlich noch vor 1750 abgerissen wurden, denn der Gartenplan zeigt nur das Wohnhaus und einen Stall. Der große Wirtschaftshof mit Meiereibetrieb, der auf Hans Hinrich von Ahlefeldt zurückzuführen ist, befand sich außerhalb der Inseln nördlich des Gartens. Die gärtnerische Gestaltung der ersten Insel bestand aus einem „*sich von Norden ins Süden längst den gantzen Hof-Platze erstreckenden doppelten Bogen-Gang von Ipern-Bäumen und darinn einen Pavillon..., von welchem und vom gantzen Platze, es die schönste Vüe sowohl nach dem über dem Burggraben ins Westen belegenen Garten, als freyen Felde*"[4] gab. Die Ypern (Ulmen) waren auch hier als Palissade à l'italienne geschnitten. Der Pavillon zeigt sich als offener hölzerner Ständerbau mit einem durch eine Wetterfahne gezierten Zeltdach, der genau in der Hauptgartenachse zwischen dem Wohnhaus und dem Kanal lag.

Als Übergang von der ersten zur zweiten Insel diente eine dreibogige, steinerne Brücke, die auf eine mit Klinkermauern eingefaßte Cour d'honneur und auf das große, von Samaschikoff im Grundriß gezeichnete Schloß zuführte. Dieses Bauwerk, das Hans Hinrich von Ahlefeldt ab 1710 hatte errichten lassen, war schon vor der Fertigstellung im Jahre 1713 abgebrannt. Der dahinter angelegte kleine ‚Giardino segreto' war 1748 schon zu einem „*wüsten Stücke Landes, so ins Osten und Westen mit einem Bogen-Gange von Ipern, ins Süden aber bloß mit einer Hecke von Ipern eingefast*" ist, geworden. Samaschikoff, der von 1749 bis 1756 in Seestermühe nachweisbar ist, zeichnete den Inselgarten mit vier Boskett- und Broderiequartieren unvollständig, wohl in der Absicht, das ursprüngliche Aussehen dieses Bereiches rekonstruktiv anzudeuten. Um die östliche und südliche Seite der zweiten Insel erstreckte sich der schmale „*Alte Baumgarten*" mit einem Eiskeller in der südwestlichen Ecke.

Von der ersten Insel betrat man über eine kleine hölzerne Brücke die Hauptachse des Gartens, deren ersten Teil ein in einem runden Bassin endender Kanal einnahm. Das Wasserstück war von Wegen begleitet, die hinter dem Kanalkopf als doppelte Lindenallee mit mittlerem Tapis vert bis an das Ende des Gartens führten, wo als tiefenwirksamer Point de vue das Lusthaus steht. Der Tapis vert war mit ausgeschnittenen Mustern, Taxus- und Orangenbäumchen geschmückt. In dieser Hauptachse gab es außerdem, wie 1761 Johann Friedrich Camerer (1720–1792) als Besucher des Seestermüher Gartens berichtete, zwei Plastiken im Kanal, eine Najade (Nymphe) aus Muscheln und einen Triton (Meergott) aus Blei. Ferner standen am Kanal vier Vasen und auf dem Tapis vert eine Merkurstatue und eine als „*Fechter mit dem Cestus*" bezeichnete Skulptur, beide aus Blei.[5] Wer der Architekt des heute noch erhaltenen Gartenhauses am Ende der Allee ist, wissen wir nicht. Ebenso geht aus den Quellen nicht eindeutig hervor, wie es ursprünglich ausgesehen hat. Samaschikoff zeichnete es mit zwei Etagen, während der noch stehende Bau nur eineinhalb Geschosse hat. Fest steht aber, daß dieses später „*Teehaus*" genannte Gartengebäude aus Ziegelsteinen gebaut war und ursprünglich aus zwei Räumen bestand. Der vordere, ausgemalte Raum war ein Oktogon, an dessen Rückseite sich ein weiterer, rechteckiger Raum anschloß. Pilaster gliederten die nach Osten gerichtete Fassade in fünf Achsen, in denen sich jeweils große Fenster und Blendfelder befanden. Die mittlere Achse nahm das mit dem Ahlefeldtschen Wappen gezierte Portal ein, und ein geschweiftes Dach bildete den oberen Abschluß des Gartenhauses. Ganz in der Nähe, vom Wald verdeckt, lag ein Küchengebäude, das zusammen mit der Ausmalung des Lusthauses auf dessen Nutzung als sommerlicher Fest- und Speiseraum schließen läßt. Die Form des Seestermüher Gartenhauses entsprach dem um 1700 in Norddeutschland und Dänemark üblichen Typus des Gartenpavillons. Sehr ähnliche Bauten, ebenfalls oktogonal und mit geschweiftem Dach, sind z. B. noch erhalten in Dargun/Mecklenburg und in Egeskov auf Fünen.

Links und rechts des Kanals waren längsrechteckige Boskette mit Wegen in Form von Andreaskreuzen und Rhomben plaziert, die mit Kabinetten und Bänken zum Erkunden und Ausruhen einluden. Diese Heckenquartiere waren im Norden und Westen durch gedeckte Berceaux, im Süden durch eine Allee abgeschlossen. An wirkungsvoller Stelle gegenüber der ersten Insel waren die Boskette mit der aufwendigsten Dekoration begrenzt, einer Spalierarkade nach den Vorbildern aus Marly und Versailles, wie sie im Gartentraktat des Joseph Dezallier d'Argenville (1680–1765) abgebildet waren. Südlich der Boskettzone zeichnete Samaschikoff ein großes, von dem Herrenhaus auf der zweiten Insel gut sichtbares Broderieparterre. Die anderen Quellen erwähnen kein Parterre, aber es ist anzunehmen, daß es tatsächlich an dieser Stelle existiert hat, denn ein Barockgarten dieses Ausmaßes war ohne repräsentatives Broderieparterre nicht denkbar. Sehr wahrscheinlich ist es schon in der Anfangszeit des Gartens von den verheerenden Sturmfluten, die z. B. 1717, 1720 und 1728 das Marschgebiet verwüsteten, zerstört worden. Nach Westen schloß sich ein großer Küchengarten an. Die von Hecken eingefaßten Kompartimente des südlichen Bereichs gruppierten sich um ein tiefer gelegtes Rasenstück (Boulingrin). Dieser Nutzgarten war nach Westen durch eine Palissade à l'italienne begrenzt. Nördlich der Hauptachse befanden sich zwei langgestreckte Gartenstücke mit zwerg- und hochstämmigen französischen Obstbäumen. Im Winkel zwischen Boskettzone und Obstgarten gab es ein „*Treib-Hauß, worinn die vorhandene wenige Orange Laurier- und Mirten-Bäume … und ander Sorten Bluhmen, den Winter über, aufbehalten*"[6] wurden. Südlich der großen Allee vom Küchengarten bis zum Lusthaus im Westen erstreckte sich ein Hochwaldstreifen aus Erlen, ebenso nördlich der Hauptachse vom Boskettbereich, entlang des Obstgartens, bis zum Lusthaus. Der südliche Teil dieser „*Ellern Buscage*"[7] war mit Alleen und Spazierwegen durchhauen.

Es ist weder bekannt, wer den Garten entworfen hat noch wann genau er angelegt worden ist. So konzentriert sich der Blick auf den von Camerer bezeugten Bauherrn Hans Hinrich von Ahlefeldt, der als Hofmann und Diplomat des dänischen Königs Karriere ge-

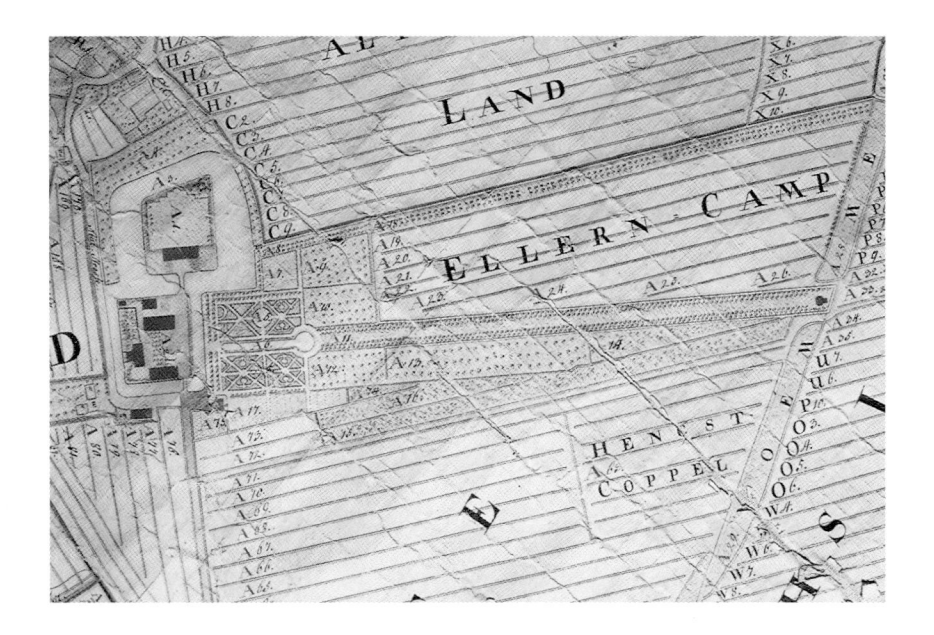

Abb. 433: Seestermühe, Plan der Binnenfeldsländereien von J. F. Laves (Detail), lavierte Federzeichnung 1764 (GA Seestermühe).

macht hatte, für sein musisches Interesse bekannt war und durch seine ausgedehnten In- und Auslandsreisen nachweislich die berühmtesten europäischen Gärten kannte. In Frankreich hatte er u. a. die von Le Nôtre angelegten Gärten Versailles, Marly und Chantilly gesehen. Vielleicht ist er sogar bei seinem Aufenthalt 1692 in Montpellier mit dem Verfasser des Gartentraktats „*Cours d'Architecture*" (Paris 1691), Augustin Charles Daviler (1653–1701), bekannt geworden. Bevor Ahlefeldt 1710 seine letzte Position als Minister in Den Haag antrat, hielt er sich wohl ab 1706 in Seestermühe und Hamburg auf. Erst ab 1710 ließ er das neue Herrenhaus auf der zweiten Insel bauen, dessen Wiederaufbau nach dem Brand 1713 aufgrund seiner erschöpften Finanzen nicht möglich war. So läßt sich folgern, daß eine derart kostspielige Gartenanlage nur vor 1713, wahrscheinlich nach den Vorstellungen des Bauherrn und unter Mithilfe der jeweiligen Gärtner, angelegt worden sein kann. Von 1704 bis 1706 ist der aus Venlo in Holland stammende Gärtner Johann Driessen in Seestermühe nachweisbar. Von 1706 bis 1712 ist kein Gärtner bekannt. Eine Verbindung zum gartenkünstlerisch berühmten Gottorfer Hof läßt sich durch den Seestermüher Verwalter Johann Volckmar Schüler (in Seestermühe von 1701 bis 1714) nachweisen, der mit einer Tochter des Gottorfer Gärtners Hans Georg Tatter verheiratet war. Ob diese Verbindung theoretischen oder praktischen Nutzen für die Anlegung des Seestermüher Gartens brachte, läßt sich nicht sagen, von einem direkten formalen Einfluß der inzwischen stilistisch veralteten Gottorfer Gärten kann jedenfalls keine Rede sein.

Stilistisch lehnt sich der Seestermüher Garten an die großen französischen Vorbilder Le Nôtres an und nicht, wie oft vermutet wurde, an die holländische Gartenkunst. Bestimmte, typische Komponenten der niederländischen Gärten wie umlaufender Umfassungskanal, ein starrer, schematischer Rechteckgrundriß und die Plazierung der Architektur in der Mitte des Gartens fehlen in Seestermühe völlig. Stattdessen sind die Forderungen des klassisch französischen Gartens konsequent durchgeführt mit der monumentalen, alles beherrschenden Mittelachse in ihrer perspektivischen Wirkung, der axialen Ausrichtung auf die an den Enden gelegenen Architekturen des Herren- und Lusthauses, der Höhenstaffelung und Abfolge der Gartenabschnitte vom Boskett zum hohen Wald. Speziell das in seiner Mittellage typisch französische Kanalmotiv, das in einem runden Bassin endet, und die anschließende Doppelallee mit Tapis vert lassen an Versailles und Chantilly als konkrete Vorbilder denken. Das große Parterre und die Spalierarten zeigen ebenfalls den Stil von Le Nôtre und Daviler. Der einzige Punkt, der an holländische Gärten erinnert, ist die topogra-

Seestermühe 577

Abb. 434: Seestermühe, Vase mit Gartenmotiv um 1820 (Privatbesitz).

phische Situation des Marschlandes mit dem System der Entwässerungsgräben.

Die Geschichte des Gartens in der zweiten Hälfte des 18. Jahrhunderts ist vor allem durch zwei schwere Sturmfluten (1751 und 1756) geprägt, die die Anlagen zum Teil stark zerstörten. So wurde über die Flut von 1751 berichtet: *„Besonders ist der schöne Sestermühische Garten zu beklagen, maßen derselbe ganz unter Wasser gestanden, und daher an Hecken und Bäumen viel gelitten hat."*[8] Genauere Kenntnis von den Veränderungen im Garten haben wir durch den Besuch Camerers 1761 und einen Plan (Abb. 433), der von dem Architekten Johann Friedrich Laves 1764 gezeichnet wurde.

Der Gebäudebestand des großen Wirtschaftshofes, den Hans Hinrich von Ahlefeldt nördlich des Gartens hatte anlegen lassen, war durch die Sturmfluten wohl so schwer beschädigt, daß man ihn komplett abriß und stattdessen auf der ersten Insel zwei neue Wirtschaftsbauten rechts und links des Wohnhauses in der heute noch sichtbaren Anordnung errichtete. Die repräsentativen Schmuckelemente des Halbkreises aus beschnittenen Bäumen und den anschließenden Alleen an der nördlichen Zufahrtsstraße zum Gutshof wurden damals entfernt. Von den Gartengebäuden blieb nur noch das Lusthaus am Ende der Allee stehen (Abb. 434). Camerer berichtet über das Lusthaus, daß es sehr verwüstet, die Fensterscheiben zerbrochen und der hintere Teil völlig zerfallen sei. Das Gebäude präsentiert sich heute mit verputztem Außenbau. Innen ist aus dem 18. Jahrhundert nichts mehr erhalten. Die Ruine des abgebrannten Herrenhauses wurde erst am Ende des 18. Jahrhunderts abgerissen und der dahinterliegende Giardino segreto nie wieder so eingerichtet, wie ihn Samaschikoff andeutete. Die Grundrißformen dieses alten Inselgartens sind aber bis heute erkennbar. Das Gelände wurde vermutlich als Obstgarten genutzt.

Durch die vielen nach den Sturmfluten unumgänglichen Baumaßnahmen, vor allem an den Wirtschaftsgebäuden und am Wohnhaus, war sicherlich kein Geld mehr vorhanden, das große Parterre und das Boulingrin im Küchengarten wiederherzustellen. Diese Bereiche und auch das nördlichste Boskett funktionierte man schon vor 1764 zu Küchen- und Obstgärten um.

Abb. 435: Seestermühe, Ansicht des Gutshauses mit Garten, Lithographie von A. Hornemann um 1850 (SHLB).

Der entscheidendste Eingriff in die Gartensubstanz war die Abholzung des südlichen Ellernwaldes zwischen 1750 und 1761. Der Gartengrundriß wurde dadurch stark reduziert und eines wichtigen Elementes beraubt.

1836 konstatiert Peter Friedrich Christian Matthiessen (1800–1865), daß der Garten *„bis auf eine lange doppelte Lindenallee jetzt verschwunden"* ist.[9] Es läßt sich daraus folgern, daß auch die große Boskettzone mit den Berceaux und Spalierarkaden beidseitig des Kanals inzwischen entfernt worden war. Den nordwestlichen Teil des Burggrabens zwischen der Brücke zum Garten und der Zufahrt zur ersten Insel schüttete man zu, und auch die große, steinerne Brücke zwischen den Inseln wurde durch einen Damm ersetzt.

Das Fest des Seestermüher *„Gartentages"*, an dem seit der Zeit Hans Hinrichs von Ahlefeldt der Garten an einem Tag im Juni der Öffentlichkeit zugänglich war, das sich aber im Laufe des 19. Jahrhunderts zu einem Tanzfest mit Jahrmarktscharakter entwickelt hatte, bot in den Augen des damaligen Inspektors Friedrich Hüllmann (1817–1908) die Gelegenheit, in den 1880er Jahren einen hölzernen Tanzsaal am Rande der ehemaligen nördlichen Boskettzone zu bauen. Die heute an dieser Stelle stehenden Bauten beeinträchtigen die Wirkung des alten Barockgartens erheblich.

Wohl lediglich aus Sparsamkeitsgründen wurde ein um die Mitte des 19. Jahrhunderts geplanter Herrenhausneubau im Stil eines neugotischen, englischen Landhauses nicht ausgeführt. Dadurch blieb auch der Barockgarten vor einer Umgestaltung zum Landschaftsgarten bewahrt. Um dem Garten wenigstens einen Hauch von Modernität zu verleihen, verlagerten sich die gartengestalterischen Aktivitäten – wie es in der Lithographie von Hornemann um 1850 dokumentiert ist (Abb. 435) – auf die erste Insel südlich des heutigen Herrenhauses, wo ein Ziergarten mit Blumenbeeten, Ziersträuchern und einer Sitzecke mit Blick über den Burggraben entstand, die noch erhalten ist.

Unter William Graf von Kielmansegg (1854–1920), der Gutsbesitzer von 1899 bis 1920 war, wurde 1904 ein Familienmausoleum in neoromanischen Formen im nördlichen Erlenwald gebaut und ein geschlängelter Weg dahin durch den Wald angelegt.

Vom Barockgarten ist heute noch die Hauptachse mit Kanal, Allee und Teepavillon (Abb. 436) sowie der alte Baumhof um die zweite Insel erhalten. Dadurch, daß der Garten nie überformt wurde, ist er das besterhaltene Beispiel des Le Nôtre-Stils in Schleswig-Holstein und vermittelt dem Besucher noch immer einen Eindruck von der großzügigen Schönheit und dem Glanz der Barockzeit in Seestermühe.

Karen Asmussen-Stratmann

---

1 Falck (1820), S. 253; vgl. Asmussen-Stratmann (1992) und (1994).
2 Im folgenden werden die beiden Inseln der einfacheren Orientierung halber weiterhin mit *„erster"* und *„zweiter"* Insel bezeichnet, nach der Reihenfolge, wie sie begehbar sind.
3 Der Einfachheit halber werden im folgenden die Himmelsrichtungen wie im Gartenplan von 1750 angegeben, wo in Abweichung von der tatsächlichen Ausrichtung die Alleeachse genau nach Westen orientiert ist.
4 GA Seestermühe, Acta II, Nr. 144: Verkaufsbeschreibung von 1748. Ebenfalls folgendes Zitat.
5 Camerer (1762), Bd. 2, S. 800f.
6 Vgl. GA Seestermühe, Acta II, Nr. 144: Verkaufsbeschreibung von 1748. Wahrscheinlich hatte dieses Haus keine Heizmöglichkeit, so daß wir heute die Bezeichnung *„Kalthaus"* anwenden würden.
7 GA Seestermühe, Acta II, Nr. 144: Verkaufsbeschreibung von 1748.
8 Falck (1820), S. 253.
9 Matthiessen (1836), S. 192.

Abb. 436: Seestermühe, Achse vom Herrenhaus zum Teepavillon, Photo 1995.

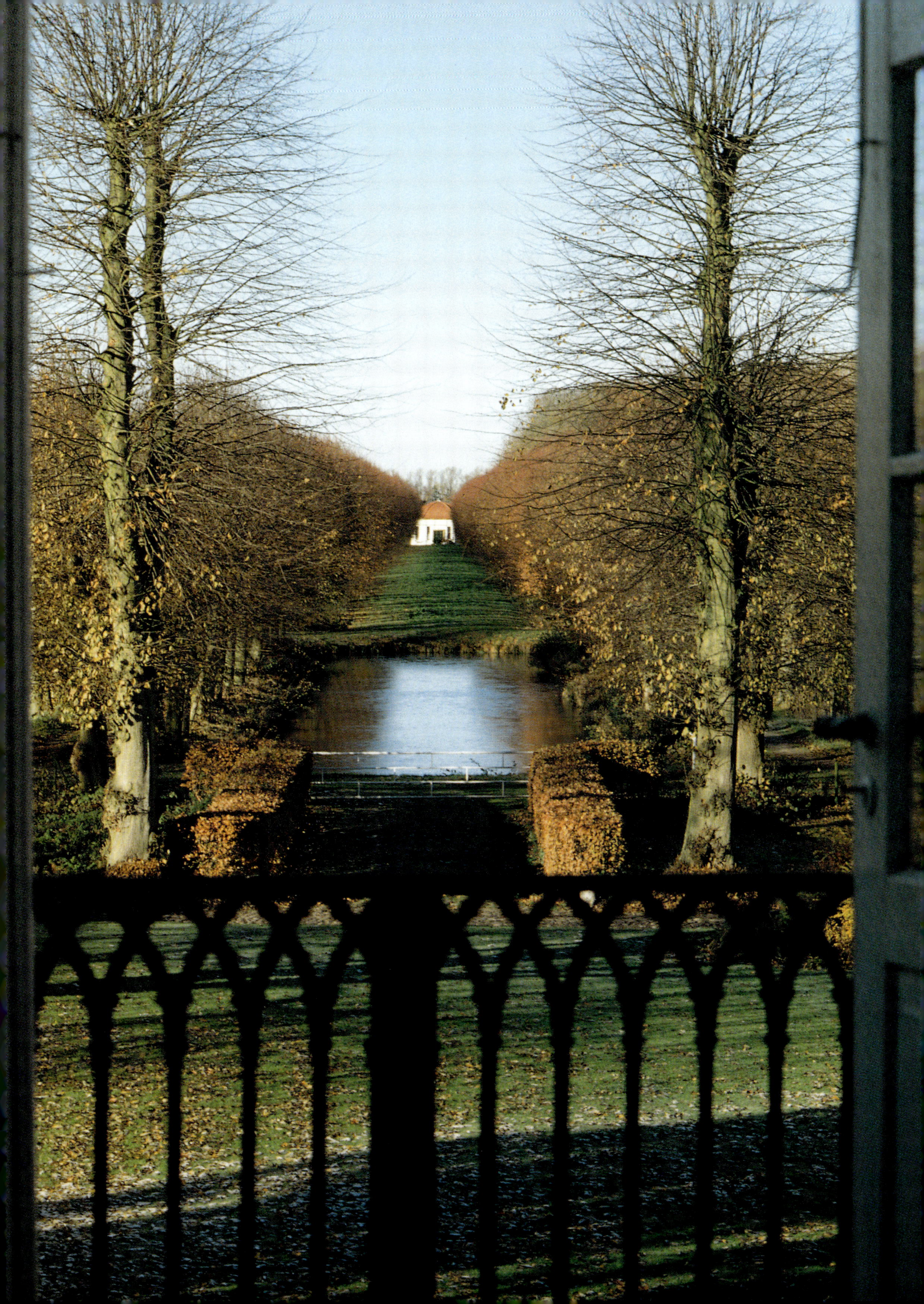

Sielbeck

Idyllische Partie in den Wäldern von Sielbeck am Ukleisee in der Holsteinischen Schweiz. 1776 für den Eutiner Fürstbischof Friedrich August als „Lust-Gehölz" angelegt. Lusthaus von Georg Greggenhofer, Angelbrücke und Wegestruktur bis heute erhalten. Öffentlicher Spazierweg um den See.

„Nicht weit von der Stadt [Eutin], nahe bey einem Dorfe, Namens Sielbek, liegt ein weites Holz, das ganz zur Belustigung eingerichtet ist, hier ist es über alle Beschreibung schön ...; Wildnisse, Ordnung, Abwechslung, Neuheit, Seeen, Wiesen, Wasserfälle, Fluren, Kornfelder, ehrwürdige Eichen, Buchen, niedrige fruchttragende Gesträuche, einsame, dunkle, erhabene Sitze, die dem Auge wiederum die weiteste Aussicht mitten durch die Hölzung, über Fluren und verschiedene Seeen gewähren, formen diese große Hölzung zum Paradies ...".[1]

Diese eindrucksvolle Beschreibung von 1790 gilt dem *„Lust-Gehölz zu Zielbeck"*[2], das ab 1776 unter dem Eutiner Fürstbischof Friedrich August (reg. 1750–1785) am Ukleisee inmitten der Wälder und Jagdreviere des Hofes, etwa 7 km von seiner Residenz Eutin entfernt, angelegt wurde.[3] Es diente der Zerstreuung der Hofgesellschaft und als Rückzugsort vom höfischen Leben. Hier verbanden sich Ideen der barocken und englischen Gartenkunst mit unberührter Waldnatur in der Zeit des Überganges vom formalen Garten zum Landschaftsgarten. Am ehesten zu ver-

Abb. 437: Sielbeck, Jagdpavillon von G. Greggenhofer, Photo 1964.

Abb. 438: Sielbeck, Ansicht des Lusthauses vom Kellersee, Tuschzeichnung von J. J. Hörup um 1825 (SHLB).

Abb. 439: „Sielbecker Pavillon vom Ugley See mit Angelbrücke", Tuschzeichnung von J. J. Hörup um 1825 (SHLB).

Abb. 440: Sielbeck, Ansicht des ‚Gasthauses zum Uglei' mit der Rieseneiche, Bleistiftzeichnung von T. Kuchel (SHLB).

gleichen ist es mit den Eremitagen und Felsengärten der ersten Hälfte des 18. Jahrhunderts wie Kukus im Riesengebirge/Böhmen oder Sanspareil bei Zwernitz/Franken.[4] Schon unter der Regentschaft von Friedrich August angelegt, zeigt das Lust-Gehölz am Ukleisee eine frühe und intensive Auseinandersetzung mit dem neuen Naturgefühl und der Landschaft am Eutiner Hof, bereits 10 Jahre vor der Umwandlung des barocken Schloßgartens in einen Landschaftsgarten. Es kann nicht treffender charakterisiert werden als mit den Worten C. C. L. Hirschfelds (1742–1792), die er 1780 für Sielbeck fand und die noch heute Gültigkeit haben: *„Dieser Lustort ist nach seiner Anlage und nach der Beschaffenheit der Landschaft umher ungemein geschickt, den Genuß der Empfindungen zu geben, die man hier sucht. Er ist kein Park, sondern, was er seyn soll, ein Lustort, ein Aufenthalt der ländlichen Ruhe und Ergötzung."*[5]

Der zentrale Bezugspunkt ist noch heute das – meist zu einseitig als *„Jagdpavillon"* bezeichnete – Lusthaus, das in barocker Bautradition nach Plänen des Eutiner Hofbaumeisters Georg Greggenhofer (1718/19– 1779) errichtet wurde.[6] Von hier aus führt ein Weg hangabwärts zur Angelbrücke und rund um den Ukleisee. Über verschiedene Bachläufe und Brücken geht es vorbei an zwei alten Wehranlagen, einem Opferstein, den Resten eines im Wald versteckten kleinen Wasserfalles und zurück zum Lusthaus. Dieser historische Spazierweg des 18. Jahrhunderts macht den Ukleisee bis heute zu einem der beliebtesten Touristenziele in Holstein.

Das Lusthaus (Abb. 437) mit mächtigem Walmdach, Pilastergliederung und zwei eingezogenen Seitenflügeln von halber Höhe birgt im Mittelbau einen durchgängigen lichtdurchfluteten Saal.[7] Es diente dem vorübergehenden Aufenthalt und für kleinere Festlichkeiten – hier pausierte die Jagdgesellschaft, hier traf man sich nach einer Bootsfahrt auf dem Ukleisee. Durch die exponierte Stellung auf dem höchsten Punkt zwischen dem kleinen Ukleisee und dem weitläufigen Kellersee ergaben sich zwei Aussichten ganz unterschiedlicher Art. Nach Westen öffnete sich der weite Panoramablick auf den Kellersee und die Holsteinische Schweiz (Abb. 438). Richtung Osten schaut man noch heute über die Angelbrücke hinweg zum sagenumwobenen Ukleisee, der versteckt in einem von Wald umkränzten Tal liegt (Abb. 439). Wegen der Bebauung

Abb. 441: Sielbeck, Ukleisee von L. P. Strack, Ölgemälde 1799 (Stiftung Pommern, Kiel).

des Westhanges mit Einfamilienhäusern kann heute nur noch der Blick nach Osten auf den Ukleisee nachvollzogen werden.

Eine Lindenreihe seitlich des Lusthauses säumt den Gehölzrand. Ehemals handelte es sich um eine Allee, deren südlicher Teil den Zufahrtsweg von der Straße zum Lusthaus bezeichnete, während der nördliche vom Lusthaus den Hang herab zum Wasserfall am Ukleibach führte.[8] Durch das Motiv der Allee, ein Element der Gartenkunst des Barock, wird die Einbindung des Lusthauses in die natürliche Waldlandschaft erreicht.

In der Blickachse vom Lusthaus auf den Ukleisee liegt die bereits genannte Angelbrücke, die in fast jeder Beschreibung Sielbecks als besonders reizvoller Aussichtspunkt gelobt wird und auf vielen Bildern und Stichen dargestellt ist. Auch sie wurde bereits in den 1770er Jahren erbaut, doch war sie ehemals grün gestrichen und diente *„zum Vergnügen des Fischfangs sowohl, als zum bequemen Einsteigen in die hiezu bestimmten Böte"*.[9]

Unweit der Angelbrücke an der Nordseite des Ukleisees steht ein schlichter altarähnlicher Block, auf den eine überstehende Platte aufgelegt ist.[10] In einem Reiseführer von 1904 wird er als *„Opferstein aus uralter Zeit"* bezeichnet.[11] Er wird zum Auslegen der Beute der höfischen Jagdgesellschaft gedient haben.

Am Südostufer, am Bachlauf der Lebebenau, befinden sich die Überreste zweier alter Wehranlagen, die noch heute als deutliche Anhöhen im Gelände ablesbar sind. Die eine bezeichnet eine Turmhügelburg aus dem Spätmittelalter, die andere, *„Ukleiwall"* genannt, eine frühslawische Burg aus dem 8./9. Jahrhundert. Von der

Anhöhe der Turmhügelburg hat man einen wunderbaren Blick über den Ukleisee. Alte Fotos beweisen, daß die Burg um die Jahrhundertwende zu einer Art Aussichtsterrasse mit umlaufendem Geländer ausgebaut war.

Schon Ende des 18. Jahrhunderts war der Fremdenverkehr in dieser Region ein willkommenes Zusatzgeschäft, und bereits 1834 wurde in der alten Ziegelei die erste Gaststätte, das „Gasthaus zum Uglei", eingerichtet, das bis in die 1950er Jahre bestand (Abb. 440). Berühmtheit erlangte dieses Ausflugslokal unter August Holzbach, der es 1891 übernahm und ein selten geschäftstüchtiger Gastronom war. Er verkaufte „Uglei-Schleie", „Uglei-Schaumwein" und Postkarten. Er unterhielt eine eigene „Posthilfestelle zum Uglei" und organisierte Bootsfahrten. Sogar die Blätter der „600jährigen Rieseneiche", die 1964 gefällt wurde, verkaufte der pfiffige Gastwirt mit einem Stempel versehen für 10 Pfennige als Souvenir.[12]

Seit der Entdeckung seiner landschaftlichen Reize im letzten Viertel des 18. Jahrhunderts wird der Ukleisee in zahlreichen Reisebeschreibungen und Touristenführern immer wieder in höchsten Tönen gelobt und als Ausflugsziel empfohlen. Der Eutiner Hofmaler Ludwig Philipp Strack (1761–1836) entdeckte diese arkadische Idylle um 1800 als Bildmotiv und tauchte sie noch in das weiche Licht einer italienischen Ideallandschaft (Abb. 441).[13] Zahlreiche Gelehrte, Dichter, Maler und Komponisten waren hier zu Besuch. Zu ihnen zählte auch Wilhelm von Humboldt (1767–1835), der sich 1796 mit dem Lusthaus zwar nicht mehr recht anfreunden konnte, doch die Aussichten auf die Seen als „göttlich" empfand.[14] Weitere Gäste waren der Komponist Carl Maria von Weber (1786–1826) und Dichter wie Friedrich Leopold Graf zu Stolberg (1750–1819) oder Emanuel Geibel (1815–1884). Kein anderer See der Holsteinischen Schweiz gelangte zu solch einer Berühmtheit. Der Ukleisee wurde zum Inbegriff holsteinischer Kulturlandschaft, über die sich Johann Heinrich Voß (1751–1826) begeistert äußerte: *„Es gibt ohne Zweifel Landschaften von auffallender Schönheit, von großartiger Wirkung, von reicher Fruchtbarkeit des Bodens, sicherlich aber keine, die lieblicher zum Auge und gewinnender zum Herzen guter sinniger Menschen spricht, wie die unsrige!"*[15]

Thomas Messerschmidt

1 Geographische und staatistische Beschreibung (1790), S. 63f.
2 LAS Abt. 260 Nr. 1487.
3 Ausführlich behandelt wird das ‚Lust-Gehölz zu Sielbeck' in einem Gutachten des Verfassers aus dem Jahre 1995, erstellt im Auftrag des Landesamtes für Denkmalpflege Schleswig-Holstein.
4 Vgl. Buttlar (1989), S. 133.
5 Hirschfeld (1779–1785), Bd. 2, S. 155.
6 Derzeit wird es mit Mitteln der Stiftung „Jagdschlößchen am Ukleisee – Stiftung der Sparkasse Ostholstein" aufwendig restauriert.
7 Die Bildhauer- und Stukkaturarbeiten am Lusthaus wurden von dem Eutiner Hofbildhauer Johann Georg Moser (1713–1780) ausgeführt.
8 Auch der Wasserfall, eher eine einstufige niedrige Wassertreppe, wurde bereits 1776 angelegt. Vgl. LAS Abt. 260 Nr. 1487, Beilage 160, 1776.
9 Hirschfeld (1779–1785), Bd. 2, S. 155.
10 Der heutige Stein wird im 19. Jahrhundert entstanden sein. Doch ist bereits im 18. Jahrhundert ein Vorgängerstein zu vermuten, denn in den Kammerrechnungen des Jahres 1781 wird ein „Tisch von Feldsteinen aufgesetzt" erwähnt (LAS Abt. 260 Nr. 1503, Beilage 141, 1781).
11 Richter (1904), S. 80.
12 Zu Holzbach vgl. E. Klerch: Das vergessene ‚Gasthaus zum Uklei', in: Jahrbuch für Heimatkunde Eutin 14 (1980), S. 157–160.
13 Zur Bedeutung für die schleswig-holsteinische Malerei vgl. Ausst. Kat. „Lieblich zum Auge" (1986) und Paczkowski (1977). Gemälde und Graphiken des Ukleisees zählen zu den frühesten Darstellungen holsteinischer Landschaft.
14 Humboldt (1796), S. 311.
15 Zitiert nach Petzold [um 1910], S. 31.

Steinhorst

Garten des Adeligen Gutes ca. 20 km westlich von Ratzeburg im Kreis Herzogtum Lauenburg; Barockgarten um 1720. Grundstrukturen nach Rekonstruktion 1976–78 wieder erkennbar. Privatbesitz.

Die ehemals repräsentative Barockanlage in Steinhorst verdankt ihre Entstehung der außergewöhnlichen Tatsache, daß das Amt Steinhorst nach dem Erwerb 1691 durch den gottorfischen Staatsminister Magnus von Wedderkop (1637–1721) ein reichsfreies Adeliges Gut wurde. Diesem hohen Rang entsprechend ließ Gottfried von Wedderkop (1693–1741), der 1717 das Gut von seinem Vater geerbt hatte, durch den Hamburger Architekten Johann Nikolaus Kuhn (um 1680–1743) im Jahr 1721/22 ein neues Herrenhaus errichten. In diesem Zusammenhang wurde auch der Garten angelegt. 1739 mußte Wedderkop wegen finanziellen Ruins den Besitz an das Königreich Hannover verkaufen. Seit dieser Zeit war das Herrenhaus Steinhorst Sitz eines hannoverschen Amtmanns und wurde als landesherrliche Domäne verwaltet, ab 1816 unter dänischer und ab 1864 unter preußischer Oberhoheit.

Nicht nur geschichtlich, sondern auch hinsichtlich der Lage des Wirtschaftshofes weicht Steinhorst vom typischen Schema des schleswig-holsteinischen Gutshofes mit seiner barocken Einheit von Herrenhaus und Wirtschaftsbauten ab. Hier dient das Herrenhaus allein der Repräsentation, während das Vorwerk separat im Nordwesten liegt. Die historischen Pläne[1] und Inventare dokumentieren den Zustand des Gartens am Ende der Wedderkopschen Ära recht genau (Abb. 442):

Von Südwesten gelangte man durch eine von Wassergräben flankierte Lindenallee über eine Brücke auf die von einem Staket begrenzte Cour d'honneur, wo sich der Blick auf das Herrenhaus öffnete, das in seiner exponierten Insellage nur über zwei Zugbrücken zu erreichen war. Der Ausblick aus dem Herrenhaus auf die rechteckige, ebenfalls von einem Graben umflossene Gartenanlage war wirkungsvoll auf die Hauptachse nach Nordosten gerichtet. An den Schmalseiten des Hauses, jenseits des Hausgrabens, rahmten im Südosten drei Lindenreihen und auf der gegenüberliegenden Seite eine Reihe von Linden das Herrenhaus ein. Hinter der Lindenreihe verbarg sich ein großer, etwa quadratischer, kunstvoll mit Wegekreuzen, Salons und Kabinetten aus hohen Hainbuchenhecken ausgestatteter Boskett-Garten („C"). Der Weg am Hausgraben führte über eine kleine Holzbrücke auf ein Lusthaus im Norden zu, das zwischen Parterrebereich und Boskett-Garten lag. Das quadratische Fachwerkhäuschen war mit schwarzen Ziegeln gedeckt, die Holzteile der Wände blau angestrichen. Der Innenraum besaß ein Gewölbe aus bemalten Holzbrettern,

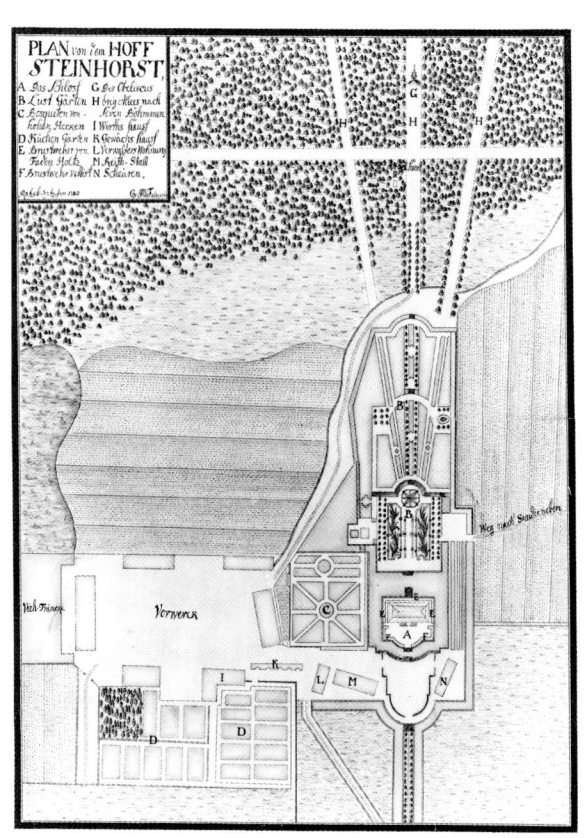

Abb. 442: „Plan von dem Hoff Steinhorst", lavierte Zeichnung von H. v. Falckenberg von 1740 (KBK).

Abb. 443: Steinhorst, Blick von Osten auf das Herrenhaus während der Restaurierungsarbeiten, Photo 1976/77 (LDSH).

einen mit Mauersteinen belegten Fußboden und mit weiß-blauen Fliesen ausgestattete Wände.

In der Hauptgartenachse erstreckten sich zunächst die von Platebandes verzierten Parterres in Form zweier Längsrechtecke.[2] Ein Rondell bildete den Übergang zur etwas höher liegenden Boskettzone. Zu beiden Seiten wurde das Parterre durch drei Lindenreihen, zum Boskett hingegen durch eine mit Treppen versehene halbrunde Böschung abgeschlossen. Vom Rondell aus durchzogen drei große Alleen fächerartig den gesamten Garten. Tapis verts, die in der Mittelachse besonders kunstvoll geschnitten und mit Kübelpflanzen geschmückt waren, begleiteten sie. Die durch Querwege entstandenen, sehr unterschiedlich geformten, aber achsensymmetrisch ausgerichteten Heckenquartiere waren ebenfalls aus Hainbuchen gebildet, teilweise mit Salons versehen und mit Obstbäumen bepflanzt. 1741 werden als Ausstattungselemente des Lustgartens noch vier Holz- und eine Bleistatue, zwei Eichenholzbänke und sechs hölzerne Vasen genannt.

Das Halbrund der Böschung wiederholt sich am mittleren Querweg und an der äußeren Grenze des Gartens, wo sich in der Mitte ein Tor im Staketzaun und eine Brücke befanden. Hinter dem Gartentor und der hier verlaufenden Querstraße wurde die dreistrahlige Allee in einem Hochwaldgebiet über eine Distanz von etwa 3,5 km in Richtung des Dorfes Siebenbäumen fortgesetzt. Die Mittelachse krönte als entfernter Point de vue ein Obelisk. Südlich des Wirtschaftshofes befand sich der von einer Hainbuchenhecke eingefaßte Küchengarten („D") mit Quartieren, in denen Gemüse gezogen wurde und eine große Anzahl von Obstbäumen wuchs, z. B. Pfirsiche, Aprikosen, Weinstöcke, Mandel- und Nußbäume. Ganz im Norden war noch eine „Kleine Baum=Schule". Die Inventare nennen bis in die 1760er Jahre auch Spalierobst an verschiedenen Gebäuden des Amtshofes. Ein Gewächshaus („K") lag zwischen Küchengarten und nordwestlichem Boskett.

Es ist nicht nachweisbar, wer den Steinhorster Barockgarten entworfen hat, aber fest steht, daß die praktische Umsetzung des Entwurfes und die spätere Pflege dem Gärtner Johann Andreas Haupt oblagen, der ab etwa 1713 bis zu seinem Tod 1763 in Steinhorst tätig war. Sein Sohn Gottfried (geb. 1730) setzte die Arbeit bis 1787 fort. Als die Königliche Kammer in Hannover 1739 die Verwaltung des Amtes übernahm, begann der langsame Verfall des Gartens. Das Gehalt und die Hilfskräfte des Gärtners wurden drastisch reduziert und Haupt mußte den Dorfkrug gegen Pacht bewirtschaften, zu welchem Zweck 1745 ein neues Krug- und Gärtnerhaus an der Südseite des Küchengartens errichtet wurde. Schon vor 1755 war der Hausgraben an der Hofseite zugeschüttet und die Zugbrücke entfernt worden, das Lusthaus in schlechtem Zustand und das Gewächshaus durch ein Gefangenenhaus ersetzt. Die niederländischen Fliesen im Innern des Lusthauses wurden vor 1761 abgenommen und vermutlich zur Ausstattung des neuen „*Fliesen-Kabinets*" im Herrenhaus verwendet.[3] 1779 genehmigte die Königliche Kammer die ersten Maßnahmen, um den Barockgarten in nutzbares Land umzuwandeln: Das seitliche große Boskett wurde gerodet, während die Grundstruktur der Boskettzone in der Hauptachse zwar erhalten blieb, die Kompartimente aber nun als Gartenland dienten. 1787 wurde Gottfried Haupt als Holzvogt nach Duvensee versetzt, und die Königliche Verwaltung in Hannover bürdete dem Amtmann die Unterhaltungskosten auf. Die Konsequenz war, daß der Amtmann Mackeprang 1791 den hinteren Bereich des Boskets der Hauptachse völlig ausroden ließ und dadurch die Wegestruktur zerstörte. 1819 wurde die zwischen Vorwerk und früherem nordwestlichen Boskett verlaufende „*Heerstraße*" auf Kosten des Küchengartens begradigt. Um 1900 schüttete man die meisten Gräben zu, und in der Hauptachse, am Ende des ehemaligen Gartens, entstand eine Einfamilienhaus-Bebauung. Bei der Restaurierung 1976-78 konnte die Grundrißform der bis dahin vollständig verwilderten Barockanlage teilweise wieder freigelegt werden (Abb. 443). Nur wenige Elemente der ehemals prachtvollen Barockanlage haben Verfall und Zerstörung überdauern können. So sind heute noch die Zufahrtssituation, die seitlich am Herrenhaus stehenden Lindenreihen, die mittlere der drei langen Waldschneisen und ein Teil des Grabensystems erhalten. Südlich des Herrenhauses steht heute ein barockes Postament mit einer Sonnenuhr.[4]

Der Steinhorster Garten verwirklichte mit der strengen Staffelung von Parterre- über Boskettzone zum Hochwald in noch konsequenterer Weise als der ältere Seestermüher Garten die Prinzipien des klassischen französischen Gartens des 17. Jahrhunderts. Holländischen Einfluß hingegen verrät der den Garten umgebende Graben mit dem beidseitigen apsidialen Abschluß in der Mittelachse. Das Motiv der fächerartig ausstrahlenden Alleen findet sich z. B. auch in Karlsruhe und beim Belvedere in Weimar. Die durchdachten Proportionen und die frühere monumentale Wirkung zeugen vom künstlerisch hohen Anspruch des Steinhorster Gartens.

Karen Asmussen-Stratmann

---

1 Als Illustration ist hier der Plan von Falckenberg (1740), der den ursprünglichen Zustand des Gartens zeigt, ausgewählt worden.
2 Ob es Broderieparterres oder Parterres à l'anglaise waren, läßt sich auf Grund der Quellenlage nicht entscheiden. Broderien sind in stilisierter Form nur auf dem Plan Falckenbergs von 1740 eingezeichnet. Der älteste Plan von Duplat (1739) zeigt keine Binnenzeichnung dieser Parterrezone.
3 Inventar von 1783 im LAS Abt. 234 Nr. 106; Konerding (1979), S. 67.
4 Ein „*massiver Sonnenzeiger*" wird 1839 zum erstenmal in

Stendorf

Ehemals bischöflicher Gutsgarten, wenige Kilometer nordöstlich von Eutin an der Schwentine und am Stendorfer See gelegen. Begonnen Mitte des 17. Jahrhunderts, Umwandlung in einen Französischen Garten ab 1723. Gestaltung der Kleinen Wildkoppel mit Jagdstern ab 1751, Einbeziehung von Elementen des Landschaftsgartens in mehreren Phasen ab 1782, um 1875 insbesondere im Bereich des sogenannten Schafberges. Privatbesitz, nicht öffentlich zugänglich.

Das aus einer mittelalterlichen Anlage hervorgegangene Gut Stendorf wurde 1639 von dem Fürstbischof von Lübeck, Herzog Hans von Schleswig-Holstein-Gottorf, käuflich erworben.[1] Es blieb fast 300 Jahre als Fideikommißgut in der Hand der Fürstbischöfe von Lübeck und späteren Herzöge/Großherzöge von Oldenburg. Der Haupthof, der den Wirtschaftshof, das ehemalige Herrenhaus (heute Inspektorhaus), den Garten, die Kleine Wildkoppel, den See und den Schafberg mit einem erst um 1876 entstandenen Jagdschloß umfaßte, wurde 1932 an Marius Böger sen. verkauft.[2] Er ließ das Jagdschloß abreißen und am selben Ort das noch heute bestehende Gutshaus errichten.

Seit 1723 war der Eutiner Hofgärtner Johann Christian Lewon (um 1690–1760) für den Stendorfer Garten zuständig, unterstützt von Gärtnern am Ort.[3] In diesem Jahr begann er mit der Umgestaltung und dem Ausbau vorhandener Gartenanlagen in einen Französischen Garten.[4] Eine formale Bezugnahme auf das damalige Herrenhaus, bzw. die am Seeufer liegende Burginsel, war nicht möglich. Der neue Lustgarten wurde nördlich der Gutsauffahrt an einer Hauptachse angeordnet, die etwa rechtwinklig zur Hofachse verlief. Lewon fand dort einen von Plankwerk umgebenen Vorgängergarten vor. Dieser lag nahe beim Gärtnerhof, einem beheizbaren Treibhaus aus der Zeit um 1700, von dem ein fester Wirtschaftsweg durch ein offenbar mit Buschwerk bewachsenes ‚wildes' Gelände zur Wiese „*Sammelbeek*" führte. Lewon entschloß sich, den Garten nur bis zu dieser Wiese, einem tief gelegenen Feuchtgebiet am Stendorfer See, auszudehnen. Unter Berücksichtigung all dieser Gegebenheiten schuf er einen schlichten Boskettgarten.[5] Indem Lewon den Garten seitlich bis an die Landstraße nach Kasseedorf und an den späteren Schafberg erweiterte, erhielt er etwa eine ‚Drachenform'. Er durchzog ihn der Länge nach mit einer breiten Lindenallee, belegte sie und den mittleren Querweg mit Tapis de gazon und betonte den Kreuzungsbereich durch ein Boulingrin, mit 8 Taxuszierbäumchen besetzt. Der Kreuzungsbereich weiterer Querwege wurde schlicht, aber dekorativ durch Einziehen der Heckenränder akzentuiert. Am

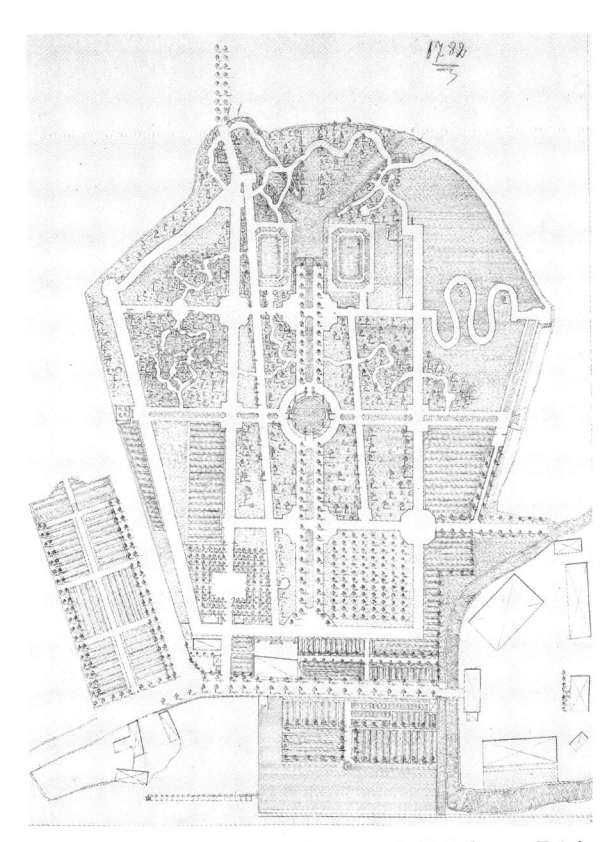

Abb. 444: Stendorf, Gartenplan von G. F. Behrens, Zeichnung von 1782 (LAS).

Abb. 445: „Stendorfer Schäferei", Aquarell von A. Burmester 1843/44 (SHLB).

Ende der Allee war ein Graben zu einem rechteckig gefaßten Kanalstück erweitert, dem sich zu beiden Seiten je ein streng in zweireihiger Baumbepflanzung gerahmter Gartenraum (cloître) anschloß. Obwohl sich der alte Wirtschaftsweg formal nicht orthogonal einfügte, ließ man ihn – nicht zuletzt zur Schonung der übrigen Gartenwege – bestehen.

Aus der gewässerreichen Umgebung des Gartens ließ sich Wasser für eine Wasserkunst abzweigen. 1723 bestellte Lewon 3 Rotbuchenstämme zur Herstellung von Röhrbäumen. Im Dorfmuseum von Schönwalde ist noch heute ein Stendorfer Röhrbaum zu besichtigen. Ob die auf einem Podest in der Allee des Stendorfer Gartens erhaltene Brunnenschale ursprünglich zur barocken Wasserkunst gehörte, ist nicht bekannt. Sie scheint ein Werk des Hofbildhauers Theodorus Schlichting gewesen zu sein, der von 1722 bis 1746 am Eutiner Hof wirkte. Zwei Ziervasen, heute an den Gräbern der Familie Böger aufgestellt, befanden sich ehemals an den Enden des Hauptquerweges.

Einige Randquartiere des Boskettgartens waren mit Obstbäumen besetzt. Das in der Südwestecke gelegene, im Grundriß an das Mühlespiel erinnernde Quartier wurde 1724 mit Feigenbäumen bepflanzt und mit Maulbeerbäumchen umrandet. Von 1758 hat sich eine Rechnung der Lübecker Firma Steltzner über die Lieferung von Pfirsich- und Kirschbäumen mit Sortenangaben erhalten; auch über das Samensortiment für den westlich außerhalb des Boskettgartens gelegenen Küchengarten sind wir informiert.[6]

In der Ära Adolph Friedrich (reg. 1727–1750) wurde ein neues Herrenhaus errichtet, das noch heute bestehende *„Inspektorhaus".*[7] Seit 1727 war Lewon in der Nachfolge Rudolph Matthias Dallins (um 1680–1743) Leiter des Eutiner Hofbauamts und als solcher nicht nur für alle fürstbischöflichen Gartenanlagen, sondern auch für die Konzeption von Neubauten und die Unterhaltung des Baubestandes zuständig.[8] Der Bauentwurf für das Stendorfer Haus ist in Lewons Handschrift kommentiert und wurde am 3. 2. 1747 von den Eutiner Kammerbeamten genehmigt. Das schlichte, bisher irrtümlich 1760[9] datierte Gebäude ist eines der wenigen erhaltenen, die Lewon konzipiert hat. Die Begradigung der Gutsauffahrt und ihre Besetzung mit Kastanienbäumen wurde 1756 ebenfalls noch von ihm veranlaßt.

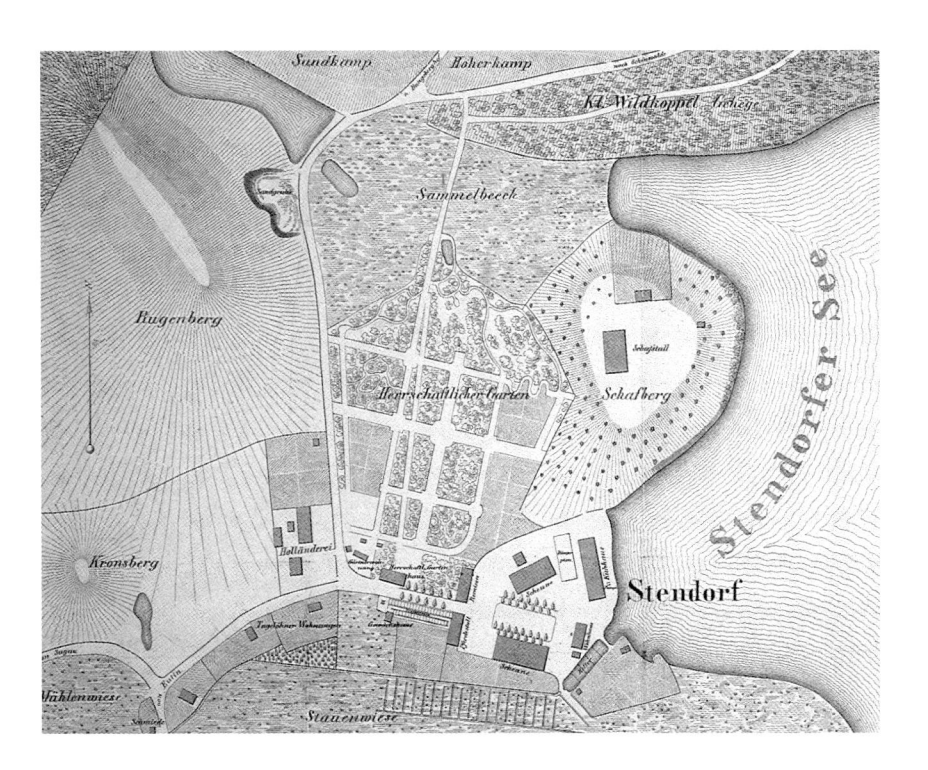

Abb. 446: Karte von Stendorf, Lithographie aus Berg (1847).

In der von 1750 bis 1785 dauernden Amtszeit des Fürstbischofs Friedrich August begann in Stendorf eine neue Phase der Gartenentwicklung, an der Lewon noch bis zu seinem Tod im Jahr 1760 maßgeblich beteiligt war. Es wurde nun die „Kleine Wildkoppel" am nördlichen Ufer des Stendorfer Sees in die Planung einbezogen.[10] 1751 lieferte die Firma Steltzner Bäume, die sicherlich für die neue Allee auf nunmehr befestigtem Weg durch die Wiese Sammelbeek bestimmt waren. Für das Abstecken der Allee wurde der Vermessungsfachmann und spätere Eutiner Hofbaumeister Georg Greggenhofer (1718/19–1779) herangezogen. Am Ende der Allee sollte ein Pavillon errichtet werden, auf den „... einige Allées in Form eines Sterns zulaufen". Lewon wurde bei der Ausführung der Arbeiten von dem damaligen Stendorfer Gärtner Andreas Hermann Steen unterstützt. Dessen Nachfolger, der Stendorfer Gärtner G. F. Behrens, hat von dem barocken Boskettgarten 1782 einen Änderungsplan hinterlassen (Abb. 444).

Weitgehend von der Gartengestaltung unberücksichtigt geblieben war der „Schafberg" auf der Halbinsel des Stendorfer Sees, auf dem sich die Schäferei des Gutes befand. Die Situation wird auf einer Pinselzeichnung von A. Burmester (Abb. 445) und einer Karte von A. v. Berg (Abb. 446) gezeigt. Die nördlichen Teile des Lustgartens sind bereits in landschaftsgärtnerischer Form gestaltet, die Abhänge des Schafbergs jedoch noch in strengen Reihen mit Obstbäumen besetzt. An einem der Querwege des „Herrschaftlichen Gartens" fällt schon in der barocken Fassung ein mäandrierender Weg (Abb. 444) auf, der von der Hauptachse in Richtung Schafberg verläuft. Dieser kurvige Heckengang, der in seiner Achse Durchsichtsöffnungen enthielt,[11] hat noch bis in die 1970er Jahre bestanden.

Im Jahre 1856 entwarf der auch in Muskau tätig gewesene Eutiner Hofgärtner Hermann Carl Bernhard Roese (1830–1900) für den Schafberg und seine Umgebung einen Landschaftsgarten, der einen Neubau – das „Belvedere" einschließlich Küche und Gewächshaus – enthalten sollte. Der Plan (Abb. 447) ist nicht ausgeführt worden. Tatsächlich wurde die Idee eines hoch auf dem Schafberg gelegenen Gebäudes erst um 1876 in Form eines Jagdschlosses verwirklicht. Die Strukturen des Barockgartens blieben zwar annähernd erhalten, doch die Boskette wurden damals mit Wegen durchzogen und das Bassin zu einem Gartenteich in-

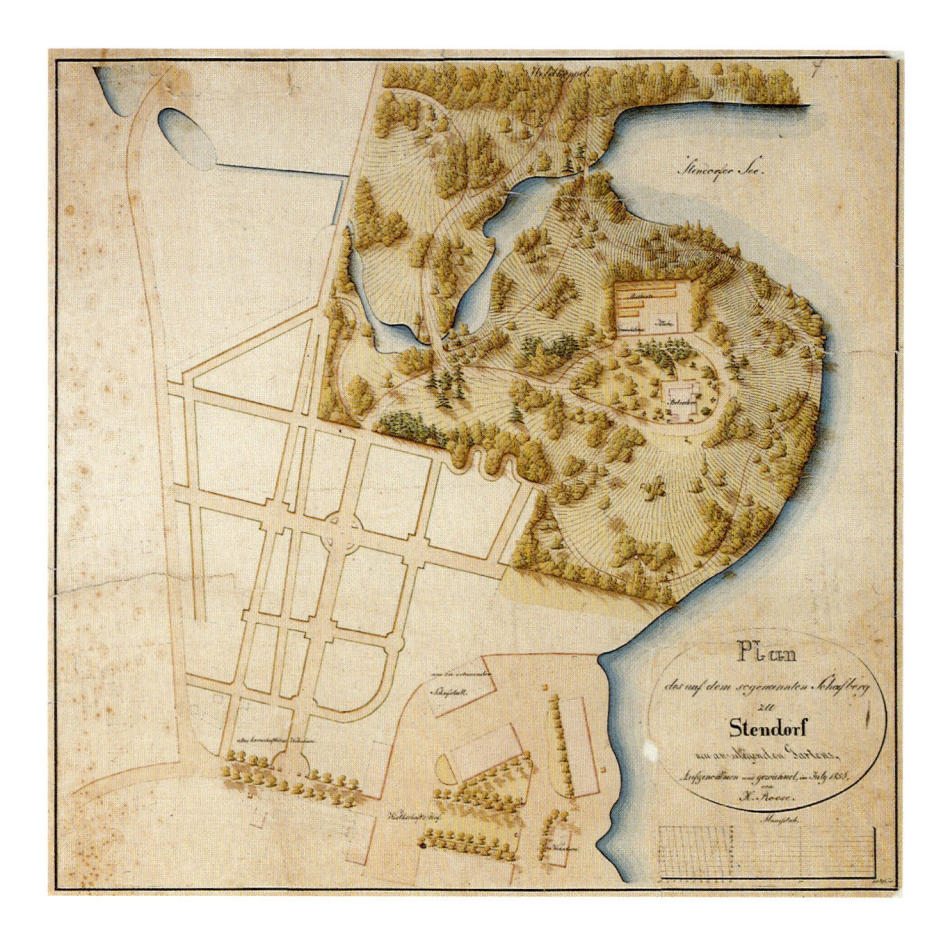

Abb. 447: Stendorf, Gartenplan von H. Roese, aquarellierte Zeichnung 1856 (LAS).

nerhalb des Landschaftsgartens umgeformt. Erst der landschaftlich gestaltete Gartenteil hatte die schöne Seenlandschaft als Ausblick einbezogen.

Lange noch bestanden beide Gartenformen nebeneinander. Roese selbst bekundet dies 1884: „*Eine ähnliche aber viel kleinere Anlage [als in Eutin] befindet sich noch in dem jetzt sehr vergrösserten und verschönerten Garten des Jagdschlosses und grossherzogl. Fideikomissgutes Stendorf ... und ist immer sehenswert, wenn die französische Anlage auch nur der Kuriosität wegen noch erhalten ist.*"[12] Als Richard Haupt 1925 das Anwesen besuchte, berichtete er: „*Von derselben Art [wie der Französische Garten in Eutin] war der Garten auf dem gleichfalls fürstlichen Gute Stendorf; dort ist Einiges noch heute erhalten und erlaubt eine Rückversetzung in die für den Gartenbau so bedeutungsvolle Zeit.*"[13] Bekannt wurde Stendorf als Drehort des Films „*Immensee*" (1943).[14]

Gisela Thietje

1 Berg (1847), S. 2; SHBL, Bd. 8; Böttcher (1988), S. 43ff. Nach Laur (1992) Erwähnung „*Steendörp*" schon 1408. Schönfeldt (1959): Im 30jährigen Krieg soll der 1627 zur Genesung auf Stendorf weilende Feldherr Tilly dort eine Eiche gepflanzt haben („*Tilly-Eiche*"), die erst 1946/47 einem Sturm zum Opfer fiel.
2 Böger (1975), S. 18.
3 Über die Gärtner: Thietje (1994), S. 26.
4 LAS Abt. 260 Nr. 16817, S. 131 und 190.
5 Einzelne Vorgänge belegt in: LAS Abt. 260 Nr. 16817, S. 131, 203, 218f.
6 LAS Abt. 260 Nr. 1435, Re. Nr. 9; 1448, Re. Nr. 7; 1513, Re. Nr. 5.
7 Abgebildet bei Böger (1975), S. 20; dort auch Abb. des Jagdschlosses von etwa 1876 und des Gutshauses von 1932 (S. 19).
8 SHBL, Bd. 5, S. 157f.
9 Irrtum bei Böger (1975), S. 20.
10 Einzelne Vorgänge belegt in: LAS Abt. 260 Nr. 16817, S. 203b; 16828, S. 5; 1435, Nr. 13, 17, 21; 1440, Nr. 21; 1424, S. 121; 1428, S. 54; 1520, Ausg. IV. 1.
11 Böger (1975), S. 22f.
12 Roese (1884), S. 181f, hier S. 181 als Fußnote (frdl. Hinweis von M. M. Meyer, Kiel).
13 Haupt (1887–1925), Bd. IV, S. 739.
14 Böger (1975), S. 17. Herstellung des Films laut Fa. Polyband München 1943.

Testorf

Privater Gutspark 10 km südwestlich von Oldenburg. Barocke Gartenanlage im holländischen Stil aus der Zeit um 1740 südlich des Hofplatzes in Rudimenten erhalten. Der romantische Park aus der zweiten Hälfte des 19. Jahrhunderts westlich des Herrenhauses ist in gepflegtem Zustand, aber nicht öffentlich zugänglich.

Landgraf Carl von Hessen-Philippsthal (1682–1770)[1] erwarb das Adelige Gut Testorf 1734 und beauftragte offensichtlich bald darauf Johann Gottfried Rosenberg (1709–1776)[2] mit der Planung für ein neu zu erbauendes Herrenhaus mit einem barocken Garten südlich des Hofes[3] (Abb. 448). Vermutlich gab es bis zu diesem Zeitpunkt – von einem Küchengarten abgesehen – keine nennenswerte Gartenanlage, da das Gut nur eine unwesentliche Rolle in der holsteinischen Geschichte gespielt und häufig den Besitzer gewechselt hatte.[4] Carl von Hessen-Philippsthal stammt aus dem Haus Hessen-Cassel und wetteiferte mit seinen Verwandten in bezug auf die Anlage prächtiger Barockgärten.[5] Seit 1700 in dänischen, später in französischen Diensten, hatte er bereits in den zwanziger Jahren des 18. Jahrhunderts sein in Hessen an der Werra gelegenes Schloß Philippsthal mit einer barocken Gartenanlage ausgestattet. Dort führte, ähnlich wie in Testorf, eine Hauptallee auf leicht abfallendem Gelände auf ein großes Lusthaus zu, das auch als Orangerie genutzt wurde. Jenseits des Gebäudes befindet sich eine große Teichanlage.

Das Gutsarchiv Bregentved (Dänemark) bewahrt zwei mit „G. Rosenberg" signierte Gartenpläne für

Abb. 448: Testorf, Gartenentwurf von J. G. Rosenberg, lavierte Zeichnung um 1740 (GA Bregentved).

Abb. 449: Testorf, Lusthaus im Garten, Zeichnung von J. G. Rosenberg um 1740 (GA Bregentved).

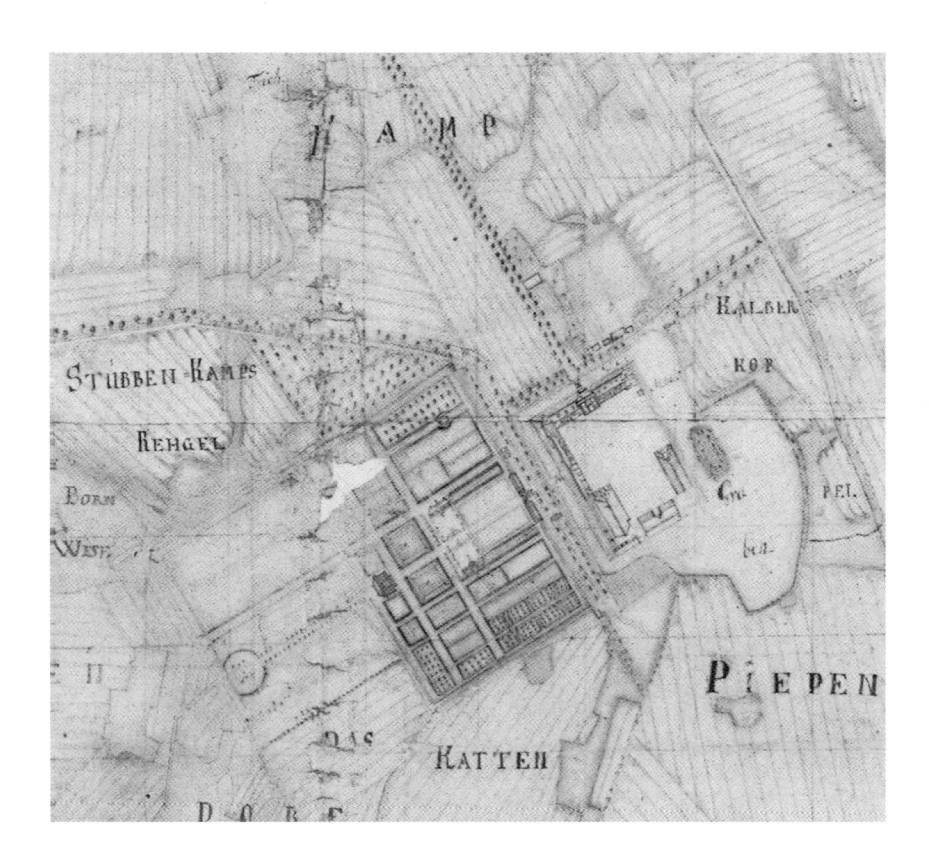

Abb. 450: Testorf, Flurkarte der Gutsanlage (Detail), aquarellierte Zeichnung um 1750 (LAS).

Testorf.⁶ Die beiden Pläne unterscheiden sich nur geringfügig und sind streng geometrisch angelegt. Es werden lediglich rektanguläre Flächeneinteilungen vorgenommen ohne konkrete Vorschläge für die Gestaltung der Parterres und Boskette. Der projektierte Garten ist etwa dreimal so groß wie die gesamte Hofanlage und in seinen Proportionen eher ungewöhnlich, nämlich doppelt so breit wie lang. Das zentrale Drittel bildet den Bereich des Lustgartens, die beiden seitlichen, durch Lindenalleen flankierten Drittel, sind als Nutzgarten zu denken, was die spätere Gutskarte sowie der heutige Zustand bestätigen. Der von Rosenberg geplante, anspruchsvolle Landsitz konnte jedoch wegen der häufigen Abwesenheit des Landgrafen Carl und seiner pekuniären Schwierigkeiten nicht voll verwirklicht werden.⁷

Südlich der Hofanlage wurde ein Teil des Wassergrabens zugeschüttet und zu einem großen Platz, beziehungsweise im Alternativentwurf zu einem Cour d'honneur umgestaltet. Von Osten und von Westen führt je eine breite Allee auf diesen Platz. Während er sich mit dem vorhandenen Herrenhaus vorerst zufrieden gab, wurde Rosenbergs barocke Lustgartenplanung in Lage und Proportion im wesentlichen ausgeführt. Das Gelände steigt nach Süden hin an und wird im zentralen Gartenbereich durch zwei Terrassen ausgeglichen. Zwei kleine Gebäude, eine Orangerie und ein Gewächshaus, flankieren die erste sehr schmale Terrasse auf der zwei Orangerieparterres für das Aufstellen der Orangen- und Zitronenbäume im Sommer dienen sollten und zwei weitere Gewächshäuser waren vor den seitlich des Lustgartens gelegenen Küchen- und Obstgärten geplant. Mit der zweiten Terrasse, die durch einen in ost-westlicher Richtung verlaufenden Weg abgetrennt ist, beginnt das letzte Drittel der Gartenanlage. Am Ende der Hauptachse stand, einem Belvedere vergleichbar, ein großes Lusthaus von fünf Fensterachsen (Abb. 449). In seinen Ausmaßen war es etwa halb so groß wie das geplante neue Herrenhaus. Zweiarmig führten einige Stufen auf ein Podest, von dem man den querovalen Saal erreichte. Dieser Saal, beinahe die gesamte Grundrißfläche ausfüllend, war mit zwei Wasserbassins an den Schmalseiten sowie halbrunden Nischen, wahrscheinlich für plastische

Abb. 451: Testorf, Blick über den Pleasureground auf das Herrenhaus, Photo 1994.

Bildwerke, geschmückt und hatte etwa die doppelte Größe des Gartensaals im Herrenhaus. Eine Grundrißvariante läßt das Lusthaus zu einem komfortablen, sich auf zwei Etagen erstreckenden Gästewohnhaus mit zentralem „*Sallon*" und fünf „*chambre-cabinet*"-Apartments werden.

Eine detaillierte „*Special Charte von dem Hochfürst. Hessen Philipsthal. Guthe Tesdorf...*"[8] um 1750 zeigt den tatsächlich angelegten Garten (Abb. 450). Abweichend von Rosenbergs Plan wurde die oberste Terrasse direkt vor dem Lusthaus rechts und links der Hauptallee durch zwei große quadratische Teiche mit Felsenhügeln und einer Fontäne im Zentrum geschmückt.[9] Hinter dem Lusthaus wurde eine Allee bis zu einem Rondell in die freie Landschaft geführt. Dies ist ein charakteristisches Merkmal des holländischen Gartens, wie auch das Nebeneinander von Lust- und Nutzgarten, die strenge Umgrenzung und die rechtwinklige Gestaltung. Mit dieser Karte deckt sich ein weiterer unsignierter, undatierter Plan mit Garten- und Hofanlage[10], bei dem die Parterres, Boskette und Nutzgartenpartien detailliert dargestellt sind.

Entgegen der bisherigen Annahme, Testorf habe sich nur vier Jahre im Besitz von Carl von Hessen-Philippsthal befunden, läßt sich nachweisen, daß der Landgraf erst am 10. Dezember 1761 dem Oberhofmarschall Adam Gottlob von Moltke (1710–1792) das Gut mit dem Meierhof Karlshof für 120 000 Rtl. verkaufte.[11] In diesem Zusammenhang wurden von G. C. Faber Grundrisse und Ansichten des Rosenbergschen Torhauses sowie eine „*Verzeichnung des Gartens zu Testorff de Ao 1761*" angefertigt.[12] Von Moltke besaß Testorf nur kurze Zeit, verkaufte es mit Gewinn 1765 weiter und behielt lediglich Teile des Inventars. Der neue Besitzer Diederich Wittmack ließ das Torhaus Rosenbergs durch Georg Greggenhofer (1718/19–1779) zum Herrenhaus umbauen und ein neues Torhaus auf den Grundmauern des alten Herrenhauses aus dem 16. Jahrhundert errichten. Er erhielt den geometrischen Garten in seinem Zustand, wie die Varendorfsche „*Topographisch Militärische Charte des Herzogtums Holstein*" von 1789/96 zeigt.

Die barocke Parkanlage wird in den folgenden Jahrzehnten vernachlässigt und verwildert mit der Zeit. Eine Karte aus dem Jahre 1857 des Landmessers H. N. Andresen zeigt keine gartenkünstlerischen Einzelheiten mehr.[13] 1872 erwirbt der Berliner Großgrundbesitzer Johann Wilhelm Anton von Carstenn-Lichterfelde (1822–1896) das Gut als Kapitalanlage. Es beginnt eine rege Bautätigkeit: Verschiedene Wirschafts- und Wohngebäude werden errichtet und wahrscheinlich

Abb. 452: Testorf, Gutspark mit Sichtschneise auf die Patronatskirche in Hansühn, Photo 1995.

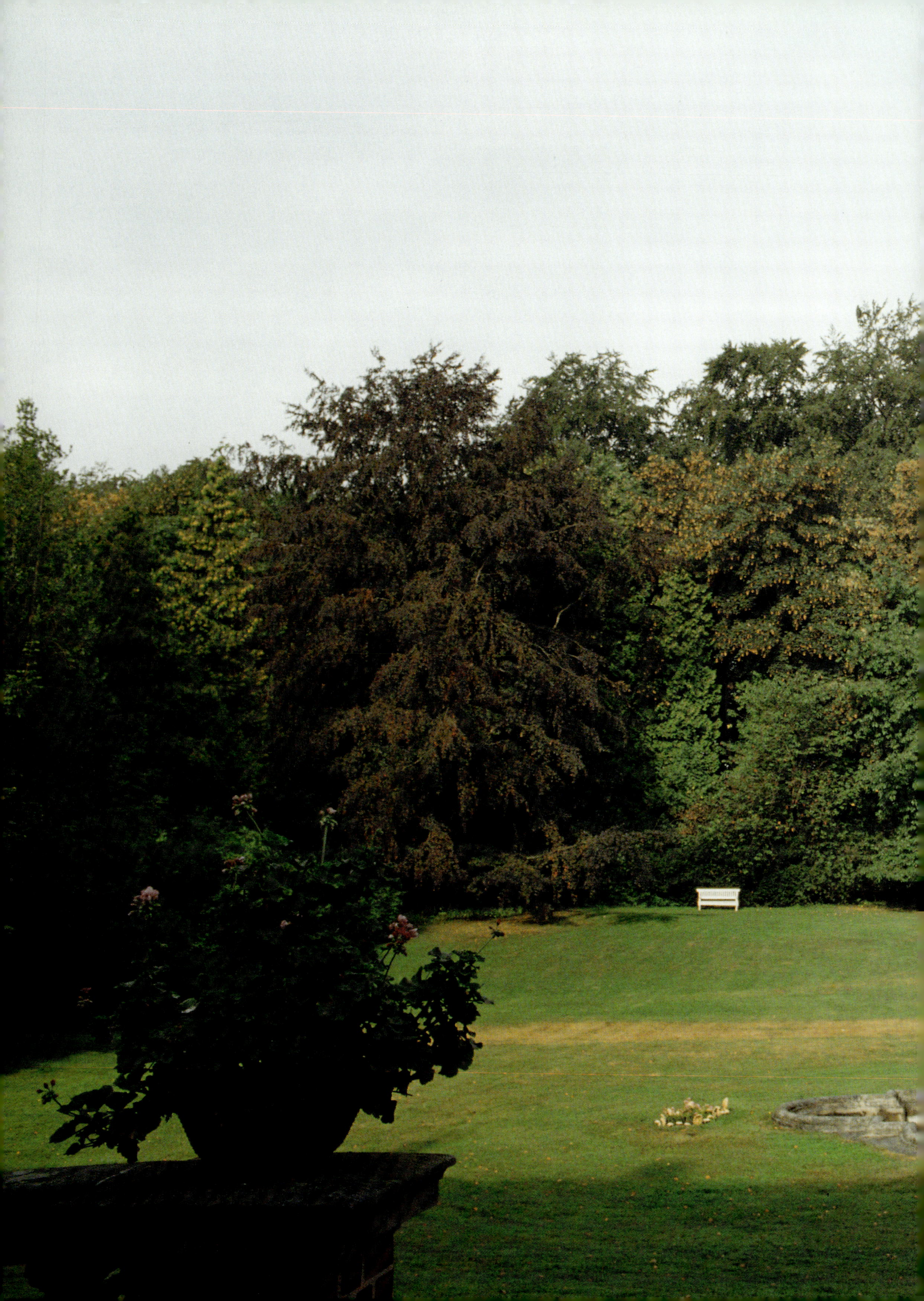

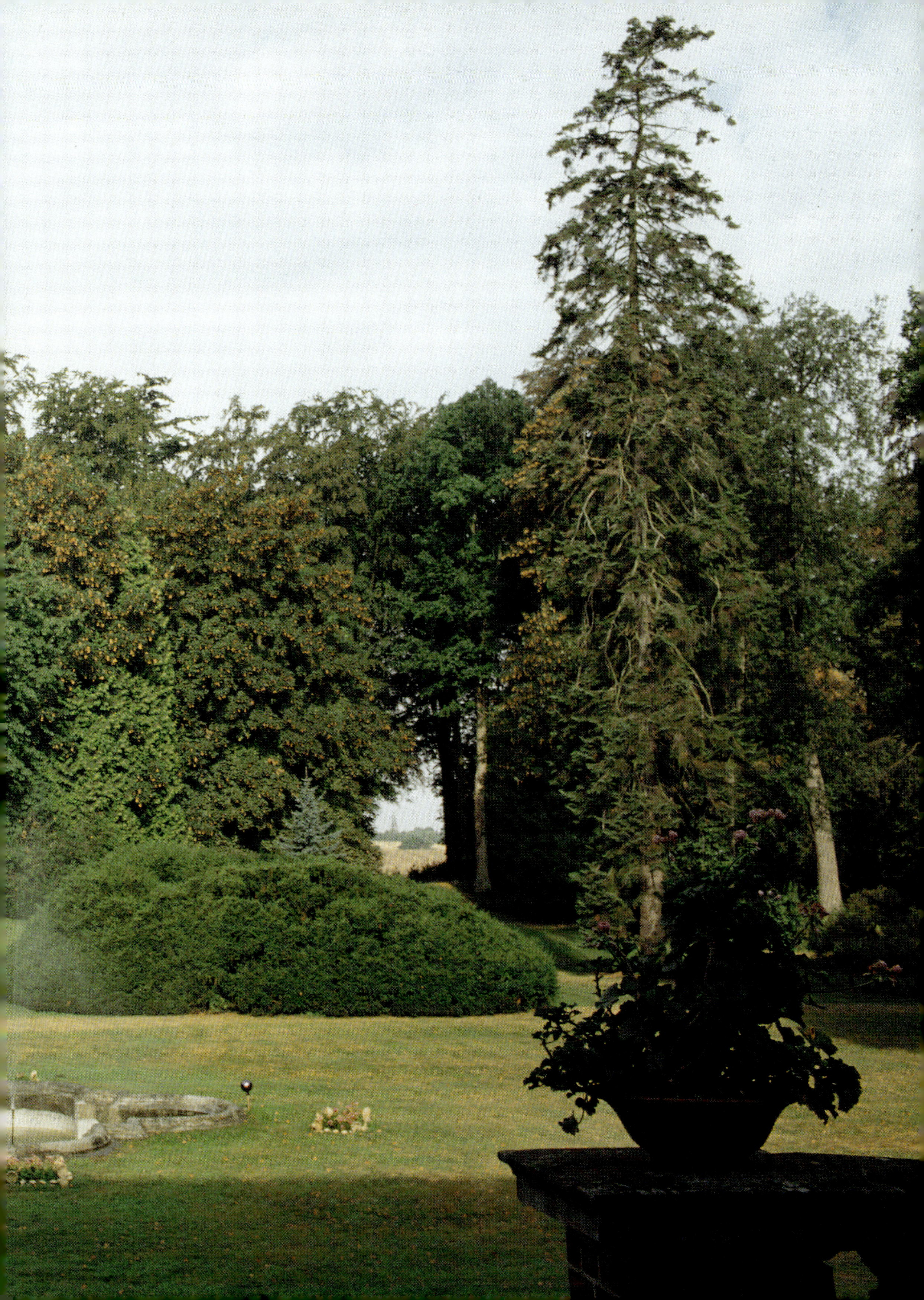

Abb. 453: Testorf, Neuromanisches Mausoleum, Photo 1994.

wohlhabenden Gattin Olga, geb. von Schröder (1838–1922)[15], nach Testorf. Leider ließen sich bisher keine Archivalien zu Umgestaltungsmaßnahmen im Park finden.[16] Lediglich einige Photos[17] aus der Zeit um 1900 geben Hinweise auf den Zustand der bemerkenswerten Anlage. Im Pleasureground vor dem Herrenhaus gab es einige mit Tonkacheln eingefaßte Blumenbeete und Hochstammrosen. Von der Terrasse leitet eine Sichtschneise (Abb. 452) im Gehölz Richtung Westen den Blick direkt auf den Kirchturm der zum Gut gehörigen Patronatskirche in Hansühn. Etwas abseits des ehemaligen barocken Gartens wurde um 1896 ein neuromanisches Mausoleum (Abb. 453) für die Familie von Abercron durch den Hamburger Architekten Hugo Groothoff errichtet, der in dieser Zeit auch den Umbau des Herrenhauses plante.

Der Landschaftspark Testorfs befindet sich heute in einem sehr gepflegten Zustand, während von dem barocken Garten lediglich die Struktur sowie einige Rudimente erhalten sind.

Jörg Matthies

ein Park im Stil des englischen Landschaftsgartens angelegt. Das Meßtischblatt der preußischen Landesaufnahme 1877/79[14] zeigt den ehemaligen barocken Garten schraffiert, die Signatur für einen Nutzgarten. Die Struktur der breitgelagerten Anlage mit zwei Alleen, die den ehemaligen Lustgartenbereich flankieren, dem Orangerieparterre, aus dem inzwischen ein Rondell geworden ist, und den Teichen auf der oberen Terrasse ist jedoch noch deutlich zu erkennen. Nordwestlich des Herrenhauses ist nun ein etwa ebenso großer Bereich als romantischer Landschaftspark im Stil des späten 19. Jahrhunderts ausgewiesen (Abb. 451). Ein dammartig aufgeschütteter Weg begleitet an der Nordseite den großen Hofteich, dessen drei Überläufe als kleine Wasserfälle ausgebildet waren. Bogenförmig geschwungene Wege führen über Rasenpartien, vorbei an seltenen Gehölzen zu einem Teich mit Rockery und zu einem Teehaus. 1879 kaufte der Rittmeister Carl von Abercron (1833–1913) das Gut und zog mit seiner

1 Zum Haus Hessen-Kassel vgl. Rommel (1858), Bd. 10, S. 72–144; Hoffmeister (1874), S. 123–141; Knetsch (1917), S. 207–212; zu Hessen-Philippsthal insbes. Bein/Fischer/Landeck (1985–1988), S. 53–55. Gute Beziehungen zum dänischen Hof – Landgraf Carl von Hessen-Philippsthal diente bis 1714 in Kopenhagen als Offizier, seine Tante war die dänische Königin Charlotte Amalie (1650–1714) – veranlaßten ihn in Holstein ein Herrenhaus zu erwerben.
2 Dansk biografisk leksikon; Thietje (1989a), S. 151f.
3 In der Plöner Porträtsammlung des Herzogs Friedrich Carl von Holstein-Sonderburg-Plön, die sich heute im Schleswig-Holsteinischen Landesmuseum Schleswig befindet, hat sich auch ein Porträt des Landgrafen Carl von Hessen-Philippsthal erhalten. Inv. Nr. 1969/1262. Vgl. Schleswig-Holsteinische Porträts (1971), S. 16; Zubeck (1972), insbes. S. 130 (Verwechslung der Bildunterschriften). Diese Tatsache legt die Vermutung nahe, daß sich beide Fürsten gut gekannt haben und J. G. Rosenberg, der Ende der 1740er Jahre auch am Plöner Hof tätig war, vom Landgrafen dem Herzog empfohlen worden ist, oder umgekehrt.
4 Schröder/Biernatzki (1856), Bd. 2, S. 521–523; Oldekop (1908), Bd. 1, Kap. VII, S. 162–166; Rumohr (1982); Pietsch (1977), S. 57f.; Bubert/Walter (1989), S. 374.

5 Vier Vettern Carls schufen Parkanlagen in und um Kassel, und sein Onkel Landgraf Carl von Hessen-Cassel (1654–1730) plante in Kassel-Wilhelmshöhe die gigantische Anlage des Carlsberges, er legte die Kasseler Karlsaue sowie verschiedene barocke Gärten bei Lust- und Jagdschlössern seines Herrschaftsbereiches (z. B. Wabern, Veckerhagen, Morschen) an. Carl von Hessen-Philippsthal lebte zeitweise in Holland (Ryswyck) und kannte sicher die dortigen Gärten.

6 GA Bregentved Sign. D. 64 und D. 65. Von Rosenberg, der in erster Linie als Architekt wirkte, sind neben Breitenburg und Testorf bisher keine weiteren Entwürfe für Gartenanlagen bekannt.

7 Im GA Bregentved befinden sich weitere Pläne Rosenbergs für das Herrenhaus und das Lusthaus (Sign. D. 73 bis D. 76). In Schleswig-Holstein läßt sich das geplante Gebäude mit Rundhof oder Borstel vergleichen.

8 Flurkarte (ca. 3 x 3 m): LAS Abt. 402 A 23 Nr. 45.

9 Vergleichbare Anlagen mit zwei Teichen vor einem Lusthaus am Ende einer Gartenanlage tauchen beim Hofgarten der Münchner Residenz und dem Schloß Pommersfelden des Fürstbischofs Lothar Franz v. Schönborn auf.

10 GA Bregentved Sign. D. 76.

11 LAS: Film Abt. 415 Nr. 5744; insbes. Faszikel 1, Nr. 10 und 11.

12 GA Bregentved Sign. D. 66 bis D. 70.

13 GA Testorf.

14 Preußische Landesaufnahme Blatt 1730.

15 Zur Familie von Schröder vgl. Eggers (1978).

16 Vermutungen der im benachbarten Meischenstorf und Güldenstein tätige Hamburger Gartenarchitekt F. J. C. Jürgens (1825–1903) habe den Park angelegt oder in den 1870er Jahren überformt, konnten bisher keine Bestätigung finden.

17 GA Testorf.

Travenort

Gelegen in der Traveniederung nordöstlich von Bad Segeberg. Landschaftlich gestalteter privater Gutspark aus der Mitte des 19. Jahrhunderts mit zahlreichen seltenen Gehölzen sowie einigen Gedenksteinen. Formaler Separatgarten um 1910, allgemein in gepflegtem Zustand, nicht öffentlich zugänglich.

Die Rekonstruktion der Geschichte der Parkanlagen des Gutes Travenort orientiert sich im wesentlichen am heutigen Bestand,[1] an einzelnen Photos aus den 1870er Jahren sowie an den Berichten der Besitzer. Gartenpläne und andere Dokumente sind nicht erhalten. Das in seiner Geschichte eng mit Wensin verflochtene Gut Travenort befand sich 1845 im Besitz von August Schwerdtfeger, der ein neues Herrenhaus hatte errichten lassen[2] und um die Mitte des Jahrhunderts auch den Park anlegen ließ.

Heute erstreckt sich der Landschaftspark mit einer Größe von etwa 3 ha hauptsächlich südöstlich der Hofanlage (Abb. 454). Eine hinter dem Herrenhaus liegende weiträumige zentrale Rasenfläche wird seitlich begleitet von lockeren Baumpflanzungen, die im Sinne eines Arboretums viele außergewöhnliche Arten enthalten. So finden sich z. B. ein äußerst seltener Spitzahorn (Acer platanoides 'Dissectum'), ein Riesenlebensbaum (Thuja plicata) mit vielen Schleppästen, eine schlitzblättrige Linde (Tilia platyphyllos 'Laciniata') sowie eine schlitzblättrige Eiche (Quercus robur 'Filicifolia'). Die Gehölze, die nicht alle aus der ersten Pflanzperiode stammen, verdichten sich mit der Entfernung vom Haus, ohne eine Sichtachse zu verstellen, die als Sinnachse den Blick über den begrenzenden Graben hinweg auf die ehemalige Patronatskirche des Gutes in Gnissau lenkt, und durch diese geschickte Betonung des Parks auf einen versierten Gartenarchitekten schließen läßt.

Dieser südöstliche Parkbereich wurde früher von einem Beltwalk erschlossen, der auf halber Strecke durch einen Querweg abgekürzt werden konnte. Wo an der Kreuzung von Beltwalk und Querweg ein oktogonaler Teepavillon plaziert war, mündete auch eine

Abb. 454: Travenort, Blickachse vom Herrenhaus in den Park, Photo 1995.

Abb. 455: Travenort, Blick von der Terrasse auf die Süntelbuche, Photo 1995.

Abb. 456: Travenort, Neoformaler Separatgarten nordwestlich des Gutshauses, Photo 1995.

Eichenallee, die früher als Zufahrt durch das nördlich an den Park grenzende Gehölz diente.

Die ehemals in den Garten einbezogene Trave wirkt heute wie seine südliche Grenze, denn das etwas tiefer liegende Gebiet auf dem anderen Ufer, das ursprünglich auch dazu gehörte, wurde immer wieder von starken Überschwemmungen heimgesucht und deshalb aus der intensiven Pflege entlassen. Diese Parkregion, in der noch die Formen zweier inzwischen verlandeter Teiche sowie Reste einer Rockery zu erkennen sind, erreicht man über eine Holzbrücke südlich des Hauses. Dort findet man auch den außergewöhnlichsten Baum der ganzen Anlage: Die riesige „*verrückte Buche*", eine merkwürdige Hängeform der Süntelbuche (Fagus sylvatica var. suentelensis) (Abb. 455), die in ihrer Größe und mit ihrem bizarren Wuchs eine Rarität in Norddeutschland darstellt.

Zu dem Park gehören außerordentlich viele Ge-

denksteine. Noch außerhalb – an der westlichen Zufahrt – steht ein Findling mit der Inschrift „*1933 Dem Begründer und Vollender der Trave Regulierung Carl Isenberg-Travenort zum ehrenden Andenken*". Ursprünglich befand sich dieser Stein etwa 500 m Trave aufwärts am Fuße einer zu diesem Zweck gepflanzten und eingefriedeten Blutbuche. Ein weiterer Denkstein mit der Aufschrift „*Zum Andenken an Paul Isenberg Gutsbesitzer auf Travenort *1837 †1903*" ehrte einst im unweit gelegenen Forst Travenhorst den Schöpfer der Pflanzung. Heute steht er in der Nähe der Familiengrabstätte, die 1944 im südlichsten Zipfel des Gutsparks angelegt wurde. Zwei andere Findlinge nahe der Rockery erinnern mit entsprechenden Inschriften an insgesamt sieben Familienmitglieder, die in beiden Weltkriegen gefallen sind.

Der Erinnerung und Trauer geweiht ist auch ein anrührender Separatgarten nordwestlich des Herrenhauses in einem Bereich, der um 1900 bei der Traveregulierung gewonnen wurde (Abb. 456). Diese raffinierte kleine Anlage besteht aus einer etwa 100 m langen schmalen Achse. Sie beginnt mit acht abwärts führenden Stufen, weitet sich dann zu einem Rondell mit einer antikisierenden Vase im Zentrum und führt langsam steigend, von Buchsbaum begleitet, zu einem Absatz mit zwei torartig rahmenden Fichten (Picea abies 'Ohlendorffii'). Schließlich erreicht sie einen von Azaleen und Rhododendren umgebenen Rundplatz hinter dem sich über extrem hohem Sockel ein Tempel erhebt. Überwachsene Stufen führen zu der am Eingang von zwei dorischen Säulenpaaren flankierten Cella. Sie ist nach Osten geöffnet, so daß schon von Ferne die weiße Marmorfigur im Innern sichtbar wird. Es ist eine vom Berliner Bildhauer Hans Dammann (1867–1942) geschaffene, fast lebensgroße kniende Trauernde, die – als Metapher für den ewigen Schlaf – Mohnkapseln niederlegt.[3] Eine Inschriftentafel neben der Skulptur nennt den Anlaß für dieses aufwendige Denkmal: *„Carl und Martha Isenbergs Sohn geb. und gest. 3. März 1910 in Bremen"*. Die Datierung des Sondergartens in die Zeit kurz vor dem Ersten Weltkrieg stützt sich auf die Jugendstilelemente des Gedenktempels, die denen des 1912 erbauten Torhauses ähneln.

Die derzeitigen Besitzer des Gutes bemühen sich sehr um den Erhalt des Parkes, haben beispielsweise just das neogotische Gartentor sowie einige alte Parkbänke restaurieren lassen. Um Zeit und Kosten auf die Partie hinter dem Herrenhaus zu konzentrieren, wird allerdings in Kauf genommen, daß sich das Gelände auf der anderen Seite der Trave langsam in ein Biotop verwandelt. Der Zustand des formalen Sondergartens wird leider durch partielle Aufforstung im Bereich der Rhododendren vor dem Tempel beeinträchtigt. Würde diese Pflanzung rückgängig gemacht, könnte man der gesamten Anlage von Travenort einen guten Erhaltungszustand bescheinigen.

Jörg Matthies / Ingrid A. Schubert

1 Der heutige Gehölzbestand wurde in jüngster Zeit unter der Leitung von Dr. Günther Seehann (Bundesforschungsanstalt für Forst- und Holzwirtschaft, Hamburg) aufgenommen.
2 Zur Gutsgeschichte vgl. Oldekop (1908), Bd. 2, Kap. XI, S. 93 und Kirchenchronik Schlamersdorf 1925, S. 32.
3 Identische Bildwerke aus Galvanoplastik befinden sich heute u. a. auf Friedhöfen in Heidelberg und Berlin. Vgl.: Bloch/Einholz/Simson (1990), Bd. 2, S. 331f, 435f.

Traventhal

7 km südlich von Bad Segeberg an der Trave. Ab 1730 Rokokogarten der Sommerresidenz der Herzöge von Schleswig-Holstein-Sonderburg-Plön. Schloß und Nebengebäude 1888 durch schlichte Neubauten ersetzt. Landgestüt 1874–1960. Seit 1968 Altenwohnheim, nicht öffentlich zugänglich.

Das Dorf Traventhal liegt in einem Bogen der Trave zwischen der fruchtbaren Moränenlandschaft des östlichen Hügellandes und den kargen Böden der Geest. Die Ortschaft wurde 1671 als Verwaltungszentrum des neuen Amtes Traventhal, das Herzog Johann Adolf (reg. 1671–1704) im Oldenburger Successionsvergleich von König Christian V. von Dänemark (reg. 1670–1699) erhalten hatte, gegründet. In den ersten Jahren seiner Geschichte diente Traventhal dem herzoglichen Amtmann und seinen Beamten als Wohnsitz und Arbeitsplatz. Erst 1684 baute Johann Adolf anstelle der Amtswohnung ein kleines Holzschloß als Jagdsitz. Von diesem ersten landesherrlichen Schloßbau sind keine Abbildungen erhalten. Nur die Beschreibungen der Plöner Hofchronisten des 18. Jahrhunderts machen eine Vorstellung von dem Gebäude möglich. So schrieb Petrus Hanssen 1759: *„Der hochsel. Herzog Hans Adolf aber ließ daselbst ein Lusthaus von Holzwerk von einem geschoß hoch hinsetzen. Man will vorgeben, als wenn der Herzog es nach der Gestalt des Gebäudes, worauf der Friede zu Ryswick geschlossen, habe errichten lassen. So viel ist gewiß, daß es in der Mitten einen geräumigen Saal und an demselben vier Türen nach vier Zimmern gehabt habe."*[1]

Im Jahre 1700 gelang es dem diplomatisch und militärisch in ganz Europa angesehenen Plöner Herzog, die Abgesandten der Kriegsgegner Friedrichs IV. von Dänemark (reg. 1699–1730) und Karls XII. von Schweden (reg. 1697–1718) zum Frieden von Traventhal auf seiner Nebenresidenz zusammenzuführen. Nach diesem glanzvollen Ereignis führte Traventhal viele Jahre ein Schattendasein unter den Plöner Herzogsschlössern. Der Chronist Heinrich Scholtz berichtete 1754: *„Dieses Haus blieb in seiner Gestalt bis ins 1738. Jahr, da der jetzt regierende Herzog solches abbrechen und, da ein feiner Garten nebst feinen Wasser Künsten angeleget, auch dazu einen kostbaren Pallast von Steinen ... aufführen lassen."*[2]

Das in der Quelle erwähnte Schloß Traventhal des letzten Plöner Herzogs Friedrich Carl (reg. 1729–1761) lag auf einem von der Trave umflossenen Hügel, die Gartenfront zum Fluß gewandt (Abb. 457). Während der zugehörige Lustgarten bereits ab 1730 nach Plänen des Plöner Hofgärtners George Tschierske (1699–1753) angelegt worden war, kam es erst acht Jahre später zum Bau eines Schlosses.[3] Daß ein neues Lustschloß jedoch von Anfang an geplant war, beweist ein 1731 datierter Vertrag zwischen dem Herzog und dem Baumeister Melchior Datz.[4] Im Vertragstext ist von bereits fertiggestellten Plänen und Grundrissen die Rede, die jedoch durch den unerwarteten Tod des Baumeisters im Jahre 1735 nicht zur Ausführung kamen.[5]

Erst 1738 gewann das Traventhaler Schloß mit der Einstellung des Jersbeker Baumeisters Jasper Carstens (1705–1759) Gestalt (Abb. 8). Laut Briefaussagen von Carstens, der die Entwicklung der Bauarbeiten regelmäßig an den Plöner Hofmarschall Ernst Bogislaus von Holstein berichtete, war der Rohbau inklusive Dach bereits 1740 fertiggestellt.[6] Das Jahr 1741 stand unter dem Zeichen der Innenausstattung: Hoftischler Christoph Biss aus Plön schuf die Paneelwände und Türen. Johann Philipp Bleiel führte die feinen Malerarbeiten aus. Italienische Stukkateure aus Lübeck gestalteten die Decken. Außerdem wurden dem in Kopenhagen ansässigen Stuckateur Fossati in diesem Jahr 120 Reichstaler *„für verfertigte Risse und Gips-Arbeit zu Traventhal"* bezahlt.[7]

Das Schloß war ein eingeschossiger und verputzter Breitbau mit Mansardengeschoß und gewalmter Dachfläche (vgl. Herrenhaus Muggesfelde und Jagdpavillon am Ukleisee). Neben dem Schloß fanden sich Gästewohnungen, eine Menagerie mit zahlreichen Vogelhäusern und die Orangerie (Abb. 457). Besonderen Raum nahm die Reitbahn des pferdebegeisterten Herzogs ein. Außerhalb des eigentlichen Schloßbereichs lagen Jägerhaus, Schmiede, Stellmacherei und Schenke an der Straße nach Segeberg. Die der Amtmannswohnung benachbarte Toranlage verbarg hinter sich die Auffahrt zum von Linden umstandenen Ehrenhof zwischen Kavaliershaus und Küchengebäude.[8] Die dem Ehrenhof abgewandte Seite ist auf einem Gemälde von Johann Heinrich Tischbein d. Ä. zu sehen (Abb. 458). Es zeigt Herzog Friedrich Carl und seine Familie im Jahre 1759 beim Tee vor einem Pavillon auf der dem Schloß gegenüberliegenden Höhe jenseits der Trave. Die Darstellung des Schlosses im Hintergrund bestätigt die im Grundriß abzulesende Übereinstimmung in der axialen Gestaltung beider Hauptfassaden. Deutlich ist darüber hinaus der gelbe Anstrich der verputzten Fassade zu sehen.[9] Die Gartenanlage zieht sich seitlich des Schlosses im Hintergrund zum rechten Bildrand hin (Abb. 459).

Sie entstand ab 1730 gleichzeitig mit dem Plöner Lustgarten unter Leitung von George Tschierske. Der gute, lehmige Boden Traventhals begünstigt bis heute eine reiche Flora. Zwei Pläne des Traventhaler Gärtners Heinrich Ludwig Sidon aus den Jahren 1761 und 1765 (Abb. 5) zeigen bis ins Detail übereinstimmend eine zweischenklige Anlage, bestehend aus einer kurzen Querachse in O/W-Richtung und einer Hauptachse in S/N-Richtung, die sehr lang ist (ca. 1,5 km). Bemerkenswert ist, daß die Hauptachse vom Broderieparterre vor dem Kavaliershaus und nicht von dem auf der Querachse gelegenen Schloß ausging.

Das Broderieparterre bestand aus einer asymmetrischen Rocaille-Form. Es schlossen sich symmetrische Buscagen mit je einer Figur des Lübecker Bildhauers Hieronymus Jacob Hassenberg in der Mitte an. Beiderseits des Mittelwegs standen damals vier weiß an-

Abb. 457: „Vue du Jardin et de la Maison Ducale de Traventhal", Kupferstich von G. D. Heumann nach G. D. Tschierske um 1760 (SHLB).

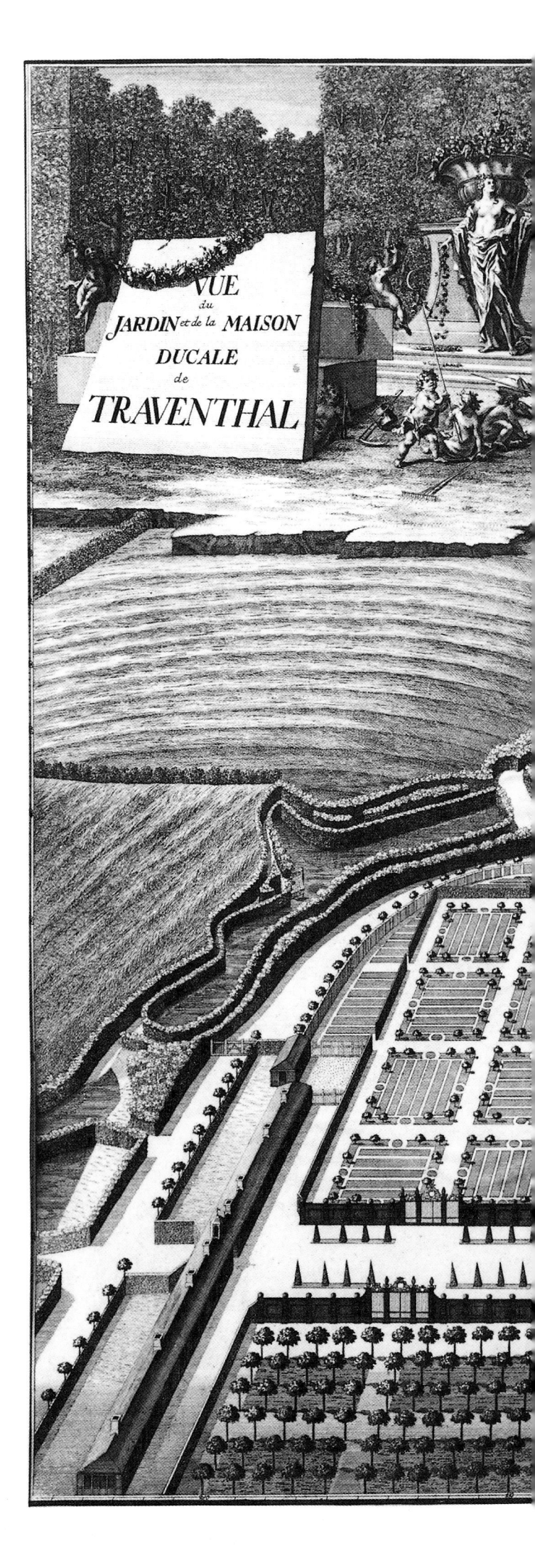

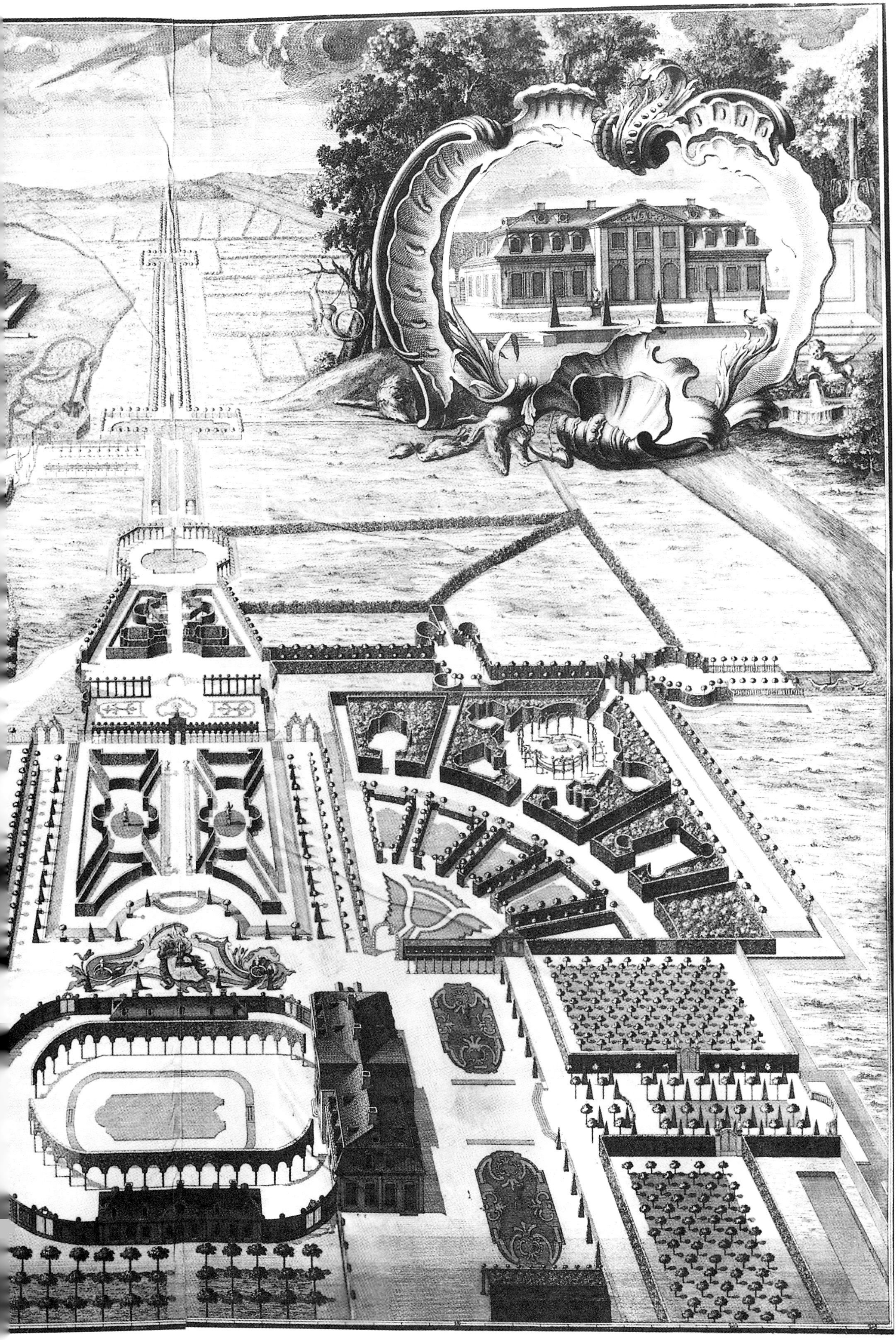

Abb. 458: Traventhal, Herzog Friedrich Carl von Schleswig-Holstein-Sonderburg-Plön mit seiner Familie, Ölgemälde von J. H. W. Tischbein 1759 (Nationalhistorisches Museum Frederiksborg, Hillerød).

gestrichene Vasen mit Postament. Als Rahmung des Parterres fungieren bis heute seitliche Lindenalleen auf Dämmen. Ein freistehendes Tor führte zu drei Beeten, dahinter schloß sich eine Kolonnade aus Baumstämmen auf einem schmalen Querbeet an.

In den starken Geländeabfall wurde eine Grotte hineingebaut (Abb. 460), die eine nach Süden gewandte Eremitage aus Tuffstein mit drei Achsen und Sitzbänken war. In den Nischen standen ehemals zwei hölzerne Figuren, auf der oberen Balustrade waren Vasenschmuck und eine kupferne Inschrifttafel angebracht. Auf der Tafel stand in lateinischer Sprache: *„Dem vielbeschäftigten Geiste und den von der Mittagshitze müden Gliedern gewährt diese Grotte angenehme Ruhe und Einsamkeit und der Schatten spendet Linderung."*

Von der Grotte ging der Blick über die gesamte Anlage: Weiter nördlich lag ein Fontänenbecken in Vierpaßform mit einer hölzernen Figurengruppe, in deren Mittelpunkt der Meeresgott Neptun stand. Die Neptun-Fontäne war Ausgangspunkt der schmalen Achsenanlage, die über eine Diana-Kaskade mit hölzerner Hirschgruppe und einer Herkules-Fontäne in den Längskanal überging. An seinem Ende lag der Irrgarten mit einem Vogelherd in der Mitte. Vor dem Irrgarten befand sich das Heckentheater.

An der Diana-Kaskade stand links von der Hauptachse ein Amphitheater mit hölzernem „Salon". Die Inventare nennen Freskomalerei an der Decke. Wie bei der Grotte hing ein lateinischer Sinnspruch auf einer Kupferplatte über der Tür: *„Sieh! Glücklich und reizend ist die Verbindung von Kunst und Natur, gestaltet in emsiger Betätigung. Es erfreuen sich die Sinne und der Geist erholt sich."* Das gesamte Gebäude war von Blumenbeeten eingefaßt und mit Skulpturen umstellt. Ein kleines Tor führte vom Theater zur *„wilden prominade"*, die sich in Form von Schlängelwegen parallel zur Mittelachse erstreckte.

Um das Schloß herum lagen verschiedene Baumquartiere, in denen u. a. Aprikosen und Wein angepflanzt wurden. Östlich des Parterres gab es einen zur

Abb. 459: Traventhal, Blick auf den Traventhaler Garten, Detail aus dem Ölgemälde von von J. H. W. Tischbein 1759 (Nationalhistorisches Museum Frederiksborg, Hillerød).

Trave abfallenden Bereich, den fünf Wege strahlenförmig durchschnitten und so das Motiv eines Gänsefußes (Patte d'oie) formten. Hinter dem umschließenden bogenförmigen Weg lag ein Schießstand zum Scheibenschießen in einer Boskettzone.

Der Traventhaler Lustgarten entstand in mehreren Phasen: Die erste Gestaltung zwischen 1730 und 1744 reichte nur bis zur Diana-Kaskade. Dabei ist der Umstand bemerkenswert, daß die Arbeitsschritte in Plön und Traventhal parallel verliefen. Die beiden ersten Regierungsjahre des jungen Herzogs nahmen Planierungsarbeiten in Anspruch.[10] In beiden Gärten wurden 1732 die Alleen gepflanzt und die Küchengärten bestückt.[11] Hier wie dort lieferten die Gebrüder Klefeker aus Hamburg das erforderliche Pflanzenmaterial. In den Jahren von 1733 bis 1743 erfolgte in Traventhal das Setzen von Taxuspyramiden, Buchsbaumhecken und Kastanienboskets. Besonders auffällig ist hier die starke Verwendung von Ulmen und sogenannten *„Heck-Ypern"*[12], während in der Plöner Pflanzung die Linden deutlich dominierten, was sich wohl durch unterschiedliche Bodenverhältnisse erklären läßt.

1744 wurde schließlich das Gebiet hinter dem Schloß gestaltet. Gleichzeitig wurde die Scheibenbahn angelegt und der dazugehörige Salon gepflanzt.[13] Dieser Stand der Entwicklung ist auf einem undatierten Kupferstich von J. A. Pfeffel nach einer Vorlage von Georg Dietrich Tschierske, dem Sohn des Plöner Hofgärtners, abzulesen. In den folgenden Jahren beschränkten sich die Lieferungen auf die Ergänzung des Bestandes und den Ausbau der Obstpflanzungen im sogenannten *„Frantzgarten"*. 1754 wurden gleichzeitig mit einer entsprechenden Pflanzung in Plön auch zehn schwarze Maulbeerbäume für Traventhal angeschafft.[14]

In den Jahren 1744–49 wurde die Gartenanlage in einer weiteren Gestaltungsphase um den Kanal, das Heckentheater und den Irrgarten mit einem Vogelherd erweitert. Eine Darstellung des fertigen Zustands aus dem Jahre 1749 entstand gleichzeitig mit dem Plöner Kupferstich. Wiederum lieferte G. D. Tschierske die Vorlage, die diesmal von G. D. Heumann gestochen wurde (Abb. 457). Sie wurde 1751 nicht nur auf Papier, sondern auch auf weißem Satin gedruckt.[15] Petrus Hanssen beschrieb die fertiggestellte Anlage mit folgenden Worten: *„Selbiger hat nicht allein eine sehr gute Lage; sondern ist auch mit Fontainen, Cascaden, Trilliagen, Cabinetten und Allem, was einen Garten auszieren kan, versehen ... Den Schluß des Gartens macht ein Canal, der etwa eine Viertelstunde lang. Solcher führet zu einem Gebüsche, welches, als ein Labyrinth, ausgehauen. Ueberhaupt ist dieser Garten nicht*

Abb. 460: Traventhal, Innenraum der Grotte, Photo 1992.

nach einem ordentlichen Plan auf ein mal, sondern nach und nach, angelegt. Inmittelst geben die von Zeit zu Zeit gesammleten Ideen und die daher entstandene oftmalige Veränderungen, da der Platz uneben und demselben durch verschiedene Absätze geholfen werden müssen, demselben eine ganz gute Gestalt."[16]

Der Traventhaler Lustgarten war eine gewollt unregelmäßige Anlage aus verschiedenen Einzelteilen. Die Gestaltung nahm auf die landschaftliche Grundstruktur Rücksicht und bezog die Niveauunterschiede in Form von Grottenhang und Kaskade sichtbar ein. So geht auch die Hauptachse auf Grund der topographischen Situation von einem Nebengebäude („Cavallier-Haus") und nicht vom Schloß aus (z. B. Jersbeker Gartenhaus). Der Blickbezug zur Landschaft rund um die Trave und nicht die axiale Bindung an den Garten war für die Plazierung des Schlosses ausschlaggebend. Das T-förmige, kurze Parterre vor der Gartenfassade des Schlosses ermöglichte einen weiten Ausblick in die Umgebung.

Das Broderieparterre aus freischwebenden Rocaillen war im Gegensatz zu der ornamentalen Symmetrie des Plöner Parterres ein Gestaltungselement des Rokoko. Die Einzelformen der Beet- und Baumgestaltung zeigten sich von Dezallier d'Argenville (1709) und Le Blond (1731) inspiriert. Die Fontänenbecken in Vierpaßform fanden sich zu dieser Zeit auch in Versailles und Sanssouci. Wie in Jersbek führte die Doppelallee bis zum zweiten Wasserspiel, dann folgte ein schmaler Kanal wie in Seestermühe. Das Heckentheater am Ende des Kanals erinnert an Gestaltungen in Herrenhausen und Eutin (1730/35). Das Labyrinth zitiert Anlagen im dänischen Egeskov, Versailles (1673) und Langley's Buch „New Principles of Gardening" (1728). Der Traventhaler Irrgarten diente Georg Friedrich Biesoldt vermutlich als Anregung für die Anlage eines ‚Lustwäldchens' in Heiligenstedten.

Da der Traventhaler Lustgarten eine barocke Gesamtkonzeption mit gleichzeitiger Aufgabe der totalen Symmetrie und stärkerer Einbeziehung der Topographie (Hügellage und Geländeabfall/Trave) verband, ist er stilistisch der Gartenkunst des französischen Rokoko zuzuordnen. Dazu gehört die ausdrückliche Privatisierung des Naturerlebnisses (Grotte mit Inschrift, Schlängelwege, Aussichtspunkte), die die Anlage auch inhaltlich dem Naturgefühl des Rokoko entsprechen ließ. Im Gegensatz zum Plöner Garten, der in betont schlichter Symmetrie eine klare Absage an das Zeitalter Ludwigs XIV. erteilte und somit noch den Geist der Régence atmete, gelang George Tschierske in Traventhal der Schritt zum Rokokogarten mit ersten Ansätzen einer landschaftsbezogenen Gestaltung.[17] Andererseits erneuerte die Kanalachse à la Versailles einen Repräsentationsanspruch, der den Plöner Lustgarten noch übertraf.

Deutlich ist die Entspannung der finanziellen Situation des Herzogs in Folge seines Erbfolgevertrages mit dem dänischen König[18] in der Entwicklungsgeschichte Traventhals zu spüren: Ab 1756 wurden 250 Reichstaler im Jahr für die Unterhaltung des Gartens ausgegeben, wovon im Quartal 95 Reichstaler aus der Traventhaler Amtskasse zu bezahlen waren. Die Besoldung des Gärtners betrug neben Naturalleistungen, freier Wohnung im Gärtnerhaus und Weiderechten für vier Kühe 100 Reichstaler jährlich. Ihm standen 30 Reichstaler zum Ankauf von Samen und zur Unterhaltung des notwendigen Gerätes zur Verfügung. Zur Hand gingen ihm zwei Lehrjungen und ein Geselle.[19] Ab 1759 vergrößerten sich die Pflanzenlieferungen auf Grund des bevorstehenden Königsbesuches rapide. Im Mittelpunkt standen diesmal Blumenlieferungen zur Ausschmückung des Gartens.[20]

Mit dem lange erwarteten Besuch Friedrichs V. von Dänemark, der sich mit seinem Gefolge vom 20. bis 30. Juli 1760 in Traventhal aufhielt, erlebte die Plöner Sommerresidenz ihren glanzvollen Höhepunkt.[21] Der baldige Tod des erst 55 Jahre alten Herzogs Friedrich Carl setzte dem höfischen Leben schon im darauffolgenden Jahr ein jähes Ende. Mit dem gesamten Plöner Herzogtum fiel Traventhal 1761 an Dänemark. Zwar war es das einzige unter den ererbten Schlössern, das die dänischen Könige ab und zu besuchten,[22] doch die Zeit, in der es als „schönste Perle in der herzoglichen Krone Plöns" gegolten hatte, war mit dem Tod seines Schöpfers vorbei.

Nachdem die Erbstreitigkeiten zwischen den Plöner Prinzessinnen und dem dänischen König beigelegt waren, folgten Jahrzehnte des Verfalls. Die Ländereien wurden parzelliert und verpachtet. 1772 wurde die Orangerie, die damals 42 Zitronen-, Myrten-, Orangen- und Lorbeerbäumchen enthielt, versteigert[23] – ein untrügliches Zeichen für die endgültige Auflösung der Hofhaltung. Ob die negativen Erinnerungen des dänischen Königshauses an den skandalösen Sommeraufenthalt der „ménage à trois" aus Christian VII., Caroline Mathilde und Struensee im Jahre 1770 für den schnellen Rückzug aus Traventhal verantwortlich waren, läßt sich nicht feststellen. Sie sind jedenfalls nie wieder dorthin zurückgekommen. Das Traventhaler

Abb. 461: Traventhal, Chinoiser Sandsteinlöwe, Photo 1991.

Schloß und seine Nebengebäude waren von nun an bis 1874 nur noch Amtssitz der zuständigen Verwaltungsbeamten.

Schon 1789 befahl die Kopenhagener Rentekammer, den Lustgarten endgültig aufzulösen.[24] Der durch diese Maßnahmen arbeitslos gewordene Schloßverwalter und Hofgärtner Sidon erbat vom König in Anbetracht seines Alters eine Rente[25] und siedelte später nach Plön über. Dort starb er achtzehn Jahre nach seiner Frau im Jahre 1810 als Bürger der Neustadt.[26]

Die noch verbliebene Ausstattung in Schloß und Garten wurde 1790 öffentlich versteigert.[27] 1874 wurde auf Traventhal ein preußisches Landgestüt eingerichtet. Der Landstallmeister zog ins Schloß und die alten Hofbauten wurden durch neue Gebäude ersetzt. Die Baufälligkeit des Schlosses führte schließlich 1888 zu seinem Abriß. Eine Bürgerinitiative, die sich um den Erhalt des Gebäudes bemühte, fand in Berlin kein Gehör.[28] Anstelle des herzoglichen Schlosses entstand ein schlichtes Herrenhaus im Stil wilhelminischer Verwaltungsgebäude. Seine Ausmaße entsprechen denen des Vorgängerbaus. Zusammen mit den barocken Linden, die einst den Ehrenhof rahmten, läßt die Hofanlage somit die ursprünglichen Proportionen der herzoglichen Sommerresidenz immer noch erkennen. Von der einst prachtvollen Gartenausstattung zeugen heute nur noch vier chinoise Löwenfiguren (Abb. 461), eine Sonnenuhr aus Sandstein, die im Hof aufgestellt sind, und die spätbarocke Grotte, die nach einer Restaurierung wieder verfällt. Die zwei monumentalen Herzogswappen, die damals die Giebel des Schlosses zierten, sind als Spolien an einem Stall und dem Hauptgebäude des Hofes angebracht.

Silke Kuhnigk

1 Hanssen (1759), S. 197.
2 Scholz (1756), S. 309.
3 LAS Abt. 20 Nr. 1147.
4 Brandt (1957), S. 10f.
5 LAS Abt. 20 Nr. 1156.1. Die dazugehörigen Zeichnungen sind nicht erhalten.
6 LAS Abt. 20 Nr. 1056.
7 LAS Abt. 20 Nr. 1166.1.
8 LAS Abt. 402 A 23 Nr. 13.
9 Das Schloß war bis in die 1780er Jahre gelb angestrichen; Brandt (1957), S. 14.
10 Schulze/Stolz (1983), S. 103.
11 LAS Abt. 20 Nr. 1153.
12 LAS Abt. 20 Nr. 1153, 1155, 1157, 1169.1, 1175.
13 LAS Abt. 20 Nr. 1175.
14 LAS Abt. 20 Nr. 1195.
15 LAS Abt. 20 Nr. 1187.1.
16 Hanssen (1759), S. 198–199.
17 Um 1750 wird in einer zweiten Gestaltungsphase auch in Plön die nähere Umgebung des Lustgartens durch die Anlage von Schlängelwegen und *„Philosophischem Gang"* in die Gestaltung einbezogen.
18 Herzog Friedrich Carl setzte den dänischen König im Plönischen Successionstraktat von 1756 zu seinem Erben ein, da er keine legitim geborenen Söhne besaß. Der König sicherte ihm dafür die Übernahme aller herzoglichen Schulden zu. Von einer Finanznot des letzten Plöner Herzogs kann also keine Rede sein. Mit dem dänischen Königshaus als Erben hatte er vielmehr überall unbegrenzten Kredit.
19 LAS Abt. 20 Nr. 1315.
20 LAS Abt. 20 Nr. 1205.2.
21 Schulze/Stolz (1983), S. 126–127.
22 Brandt (1957), S. 25f; so hielt sich Christian VII. im Jahre 1770 mit seiner Gattin Caroline Mathilde und dem Konferenzrat Struensee für mehrere Wochen in Traventhal auf. Es geht auch die Legende, daß die bereits erwähnte Königin auf dem Weg in ihr Celler Exil in Traventhal Station gemacht und dort eine Lindenallee am Irrgarten gepflanzt haben soll.
23 LAS Abt. 109 Nr. 955.
24 LAS Abt. 66 Nr. 3732.
25 Brandt (1957), S. 33.
26 Totenbuch der Neustädter Kirche in Plön, 1810.
27 LAS Abt. 66 Nr. 4234: Inventar der Möbel im Schloß von 1791.
28 Brandt (1957), S. 35.

Tremsbüttel

Etwa 4 ha großer Landschaftsgarten 10 km südwestlich von Bad Oldesloe nahe Bargteheide, im 18. Jahrhundert von Christian und Louise zu Stolberg angelegt, einige Veränderungen seit dem Ende des 19. Jahrhunderts. Privatbesitz, nicht öffentlich zugänglich.

Der Tremsbütteler Park ist in den 1780er Jahren unter dem Grafen Christian zu Stolberg (1748–1821) entstanden. 1777 ließ sich dieser auf einem unbebauten Gelände im Kern des heutigen Orts Tremsbüttel ein Herrenhaus im klassizistischen Stil errichten und umgab es mit einem englischen Landschaftspark. Graf Christian zu Stolberg stammte aus einem humanistisch gesinnten Elternhaus, seine Kindheit war durch den engen Kontakt zu Friedrich Gottlieb Klopstock (1724–1803) geprägt.[1] Während seines Jurastudiums in Göttingen wurde er Mitglied des Göttinger Dichterbundes „Der Hain" und reiste im Jahre 1775 gemeinsam mit J. W. Goethe durch Deutschland und die Schweiz. Als Stolberg 1777 die Stelle eines Amtmanns in Tremsbüttel übernahm und sich mit seiner Ehefrau Louise, geb. von Reventlow, dort niederließ[2], wurde dieser Ort zu einem Zentrum des geistigen Lebens in Schleswig-Holstein, das in enger Verbindung zu dem Emkendorfer Kreis um Louises Bruder Friedrich von Reventlow stand. Christian zu Stolberg selbst verfaßte Dichtungen und übersetzte homerische Hymnen sowie die Tragödien des Sophokles.[3] In Tremsbüttel versammelte er seine Dichterfreunde Matthias Claudius (1740–1815), Klopstock, Friedrich Heinrich Jacobi (1743–1819), Heinrich Christian Boie (1744–1806), Jens Baggesen (1764–1826), Johann Kaspar Lavater (1741–1801) und seinen Bruder Friedrich Leopold zu Stolberg (1750–1819) um sich.[4] Tremsbüttel war auch einer der Treffpunkte der französischen Emigranten in Schleswig-Holstein.[5]

Der an die Rückfront des Herrenhauses anschließende Park wird durch einen Beltwalk erschlossen. Der große Teich in der Mitte bildet das zentrale Motiv der Gartengestaltung, um dieses gruppieren sich einzelne Teilräume, die unterschiedliche Aspekte der Natur veranschaulichen (Abb. 462). Das gesamte Terrain

Abb. 462: Tremsbüttel, Partie am Teich, historisches Photo um 1890 (Privatbesitz).

Abb. 463: Tremsbüttel, Gesellschaft im Park, historisches Photo um 1890 (Privatbesitz).

weist sanfte Niveauunterschiede auf, die teilweise künstlich angelegt worden sind. Die große Wiese hinter dem Haus wird durch Solitärbäume belebt und leitet zu dem großen Teichbecken über. Die Wege darum werden in größerem Abstand geführt, wodurch sich ein weitläufiger Eindruck ergibt. Demgegenüber folgen die Wege um das kleine Teichbecken eng der Uferbegrenzung und ergeben so eine intime, in sich geschlossene Einheit. An der östlichen Grenze des Parks fließt der Groot Beek, dessen jüngere Bepflanzung einen dunklen, waldartigen Charakter erzeugt. Obwohl der Landschaftsgarten einen geschlossenen Raumeindruck vermittelt, belegen Textstellen aus dem Briefwechsel des Ehepaares Stolberg auch Ausblicke in die umgebende Landschaft. Inseln, Mausoleen oder Staffagen mystischen oder melancholischen Inhalts fehlten in Tremsbüttel, vielmehr zeugt der kleine Park von einer Verehrung der heimischen, nordischen Natur. Dies wurde auch in der ursprünglich fast ausschließlichen Verwendung von einheimischen Gehölzen wie Feldahorn, Rotbuche, Stieleiche, Schwarzerle, Esche, Bergahorn und Hainbuche deutlich. Der Garten sollte ein Gefühl der Harmonie vermitteln und das Leben der Menschen im Einklang mit der Natur versinnbildlichen (Abb. 463).

In den Briefen Louises wird immer wieder ihre Naturbegeisterung deutlich, die sich besonders in bezug auf ihren Garten in Tremsbüttel zu pantheistischen Stimmungen steigerte. Am 12. Oktober 1793 schreibt sie: *„Komm, liebe Schwester, und setze Dich neben mich auf meine Treppe, ich werde Dein Cicerone, wenn Dein Auge die begränzte aber freundliche Landschaft durchspäht. Die äußerste Gränze zur Linken, der schöne Wald heißt Helldahl, in seinem Thal fließt ein mäandrischer Bach. Unsere Felder gränzen an seine Spitze ... Das Strohdach in unserem Garten rechter Hand an die doppelte Reihe hundertjähriger Eichen gelehnt, ist die Wohnung unseres Gärtners, ein breiter Gang von Pappeln, Accatia etc. beschattet, führt kühl von dem Hause bis an die vier Reihen Linden, die an unser Haus stoßen, und willst Du weitergehen, so horche! Dich leitet der murmelnde Bach, und seine schattigen Ufer schützen Dich gegen Wind und Sonne. Die Wiese, die vor des Gärtners Hause liegt, hat Stolberg so schön gemacht. Hörst Du das Geklingel der zu Milche gehenden Kühe? Der Wagen dort unten mit Ochsen bespannt bringt die Fischtonne zum Teiche. Morgen werfen wir das Netz und üben Rache an den gierigen Hechten. Doch wende Dich und sehe, wie die Sonne im Hofe durch die hohen Kastanien blinkt, wie sinkend sie rötet Blätter und Stamm. O, wärest Du hier, liebe Schwester, Dir würde wohl werden in dieser freundlichen Ruhe."*[6]

Abb. 464: Tremsbüttel, Blick über den Teich auf das Herrenhaus, Photo 1995.

Die Datierung des Tremsbütteler Gutsparks in die 1780er Jahre ergibt sich aus dem Alter der Bäume und dem Briefwechsel des Ehepaares Stolberg.[7] Entwurfsskizzen oder Pläne sind nicht erhalten. So kann auch die Frage nach dem Schöpfer des Tremsbütteler Landschaftsparks nicht endgültig geklärt werden. Textstellen wie die folgende weisen darauf hin, daß Stolberg den Garten selber entworfen und mit Hilfe eines Gärtners angelegt hat. Er schreibt: *„Ich pflanze vom Morgen bis zum Abend, alles manu propria. Gehe selbst in den Wald und hole mir alle Stauden und Bäumlein, die blühen und Beeren tragen."*[8] Dem Ehepaar zu Stolberg waren die Gärten in Wörlitz und Weimar von ihren Reisen bekannt, so daß es an Anregungen für die Gestaltung eines englischen Landschaftsparks nicht fehlte.

Der ursprüngliche Zustand des Tremsbütteler Parks ist lediglich in der näheren Umgebung des Herrenhauses und in den Randbereichen bewußt umgestaltet worden. Ein Teil des Gartens ging durch den Herrenhausneubau aus den Jahren 1893–95 verloren, der unter dem damaligen Besitzer, Alfred Hasenclever (1859–1908), errichtet wurde (Abb. 464). Durch die Plazierung des neuen Hauses und eine aus diesem Jahrhundert im Süden angefügte Terrasse ist der Standpunkt des Betrachters weiter in den Garten gerückt, so daß die Sichtachse zwischen Herrenhaus und großem Teichbecken an Weitläufigkeit verloren hat. Weitere Eingriffe in das ursprüngliche Konzept waren die Begradigung des Baches Groot Beek und die Anlage eines Tennisplatzes im 20. Jahrhundert.

Um den Landschaftsgarten zu erhalten, wäre eine Entschlammung der Teichbecken ebenso notwendig wie Nachpflanzungen von altersschwachen Solitärbäumen. Die Verlegung des Baches in sein ursprüngliches Bett, das Entfernen des Tennisplatzes sowie das Ersetzen zahlreicher Gehölze aus späteren Pflanzphasen wären wünschenswert, um den historischen Zustand des Stolbergschen Gartens wiederherzustellen.

Dagmar Rösner

1 Stolberg (1966), S. 15.
2 Dansk biografisk leksikon.
3 Paatsch (1989/1990), Teil II, S. 68.
4 Bock von Wülfingen/Frahm (1938), S. 467.
5 Vgl. Schumann (1953) und ders. (1954).
6 Artelt (1989), S. 163.
7 L. Bobé: Efterladte Papirer fra den Reventlowske Familiekreds i Tidsrumet 1770–1827, Bd. III. Kopenhagen 1896 und Nachlaß der Familie Stolberg im LAS, Handschriftensammlung, Nachlaß Cb 68 und 358 S.
8 Paatsch (1989/1990), Teil II, S. 62.

Uetersen

Schlichte bürgerliche Gartenanlage des 19. Jahrhunderts „Langes Tannen" im Westen der Stadt Uetersen in Richtung Heidgraben gelegen; aus vor- und frühindustriellem Gewerbebetrieb hervorgegangen, heute öffentlicher Park.

Das unter Denkmalschutz stehende Ensemble „Neue Mühle" mit dem umgebenden Waldbereich „Langes Tannen" spiegelt die Entwicklung vom vor- und frühindustriellen Gewerbebetrieb über einen großbürgerlichen Landsitz bis zum städtischen Grün wider (Abb. 465). Es liegt im Übergangsbereich zwischen der Flußmarsch und einem früher waldfreien, heute mit Nadelholz-Aufforstungen bestandenem Dünenzug. Von der Stadt Uetersen aus war die „Neue Mühle" durch einen aufgeschütteten, die feuchten Wiesen querenden Damm verbunden, der im vorigen Jahrhundert baumfrei war und heute von einer Kastanienallee gesäumt wird. Der Damm teilt die Wiesenbereiche in die Hauswiese im Osten und die Feuchtwiese im Westen. Am Dünenrand treten in Quellteiche gefaßte Quellen hervor.

Die „Neue Mühle" war seit 1739 im Besitz der Familie Lange und wurde bis 1903 als Gewerbe- und Industrieanlage bewirtschaftet. Neben dem Sockel der 1889 abgebrannten Windmühle und der Schornstein-Ruine der ehemaligen Dampfmühle weist auch der heute noch vorhandene Braukeller auf die einstige gewerbliche Nutzung hin. Die „Neue Mühle" wurde gegen Ende des 19. Jahrhunderts zunehmend landwirtschaftlich genutzt, und nachdem der Hauptbetrieb der Familie 1872 nach Altona verlagert worden war, diente das zu Beginn des 19. Jahrhunderts im klassizistischen Stil erbaute Herrenhaus der Familie als Sommerwohnsitz. Es beherbergt heute das Museum Langes Tannen, eine Schausammlung zur Geschichte der großbürgerlichen Wohnkultur, dessen Programm durch Ausstellungen zeitgenössischer Kunst in der Museumsscheune, Lesungen, Konzerte und andere kulturelle Veranstaltungen sowie durch ein Café im historischen Mühlensockel ergänzt wird.

Während die hausfernen Bereiche ursprünglich von landwirtschaftlicher Nutzung geprägt waren, bietet das Umfeld des Herrenhauses auch heute noch das Bild einer schlichten und funktionell gegliederten Hofanlage mit größeren ehemals intensiv gärtnerisch betreuten Bereichen – eine Anlage, wie sie mit ihren Elementen aus Alleen, Hausbäumen (Linde, Eiche und Taxus), kleineren Gehölzsammlungen, Weißdornhecken und Lindenspalieren damals üblich war.

Im Norden des Herrenhauses wurde zwischen 1826 und 1846 ein Gemüsegarten angelegt: *„Großvater hatte für die [Großmutter] einen großen Garten aus den Sanddünen ausheben lassen, so daß er tiefer lag*

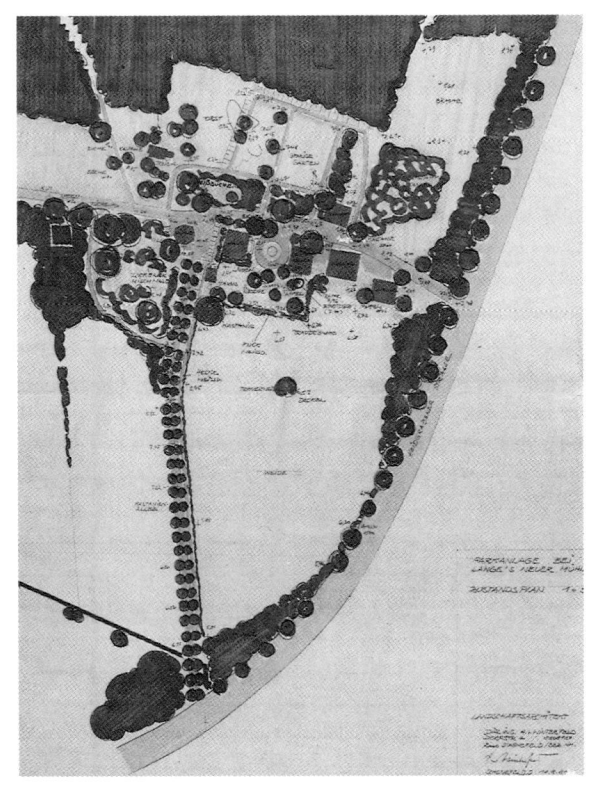

Abb. 465: Uetersen, Bestandsplan von 1980, aquarellierte Zeichnung (Privatbesitz).

als seine Umgebung, rings von Wällen umgeben. Eine Rasenfläche in der Form eines C (Catharina) lag in der Mitte des Gartens, dahinter leuchteten und dufteten die Blumenbeete, mit Immergrün eingefaßt. Rechts und links erstreckten sich die langen Erdbeer-, Spargel- und sonstigen Gemüsebeete...".[1] Es gab zwei Lindenlauben und zwei weitere aus Syringen. Der Gemüsegarten wurde bis in die 60er Jahre bewirtschaftet, seine Lage ist heute noch zu erkennen. Er wird im Norden von einer Nadelbaumpflanzung begrenzt, im Westen und Osten lagen Obstbaumplantagen.

Auf dem Gelände westlich des Herrenhauses und dem hausnahen Gartenland wurden im Laufe dieses Jahrhunderts, vor allem aber nach 1950, zahlreiche Gehölze gepflanzt, die inzwischen in bezug auf die Gebäude viel zu hoch aufgewachsen sind und die Proportionen der Gesamtanlage sprengen. Die sinnfällige Abgrenzung dieses Gartenlandes durch eine Weißdornhecke, die zwischenzeitlich entfernt wurde, ist wiederhergestellt worden.

Im Jahre 1948 ließ sich der Besitzer des Geländes von dem Hamburger Gartenarchitekten Karl Plomin Entwürfe[2] zu einer Umgestaltung machen. Für das hausnahe Gartenland war eine streng rechtwinklige Struktur vorgesehen, bei der die vorgesehenen Elemente Rosengarten, Rasenplatz, Staudengarten und Seerosenteich durch Plattenwege und Kleinpflaster gegeneinander abgegrenzt werden sollten. Im Gemüsegarten, der von einer Kanzel mit Brüstungsmauer überschen werden sollte, lagen Flächen für Intensivanbau und ausgedehnte Frühbeetquartiere. Die Ausführung dieser Pläne unterblieb aus Kostengründen.

Landwirtschaftliche Nutzung und gärtnerische Pflege des Geländes wurden mit der Zeit immer extensiver. Im Jahre 1979 übereignete der letzte Besitzer, Werner Lange, das Gelände der Stadt Uetersen. Der Erbvertrag macht die Auflage, das Herrenhaus in ein öffentlich zugängliches Heimatmuseum umzuwandeln und das nähere Umland „*parkähnlich*" auszubauen. Die weitere Entwicklung der „*Neuen Mühle*" vollzieht sich in einem Spannungsfeld, das von diesen Auflagen des Erbvertrages und den Anforderungen von Denkmalschutz einerseits und Naturschutz und Landschaftspflege andererseits geprägt wird.[3]

Die schlichte und funktionelle Anlage bietet ein schönes und geschlossenes Beispiel für Hof- und Gartenanlage des ländlichen Holsteins und die Leistungen ihrer meist anonym gebliebenen Gestalter.

Hans-Helmut Poppendieck

1 Stender (1915), S. 26f.
2 Archiv Heimatmuseum Uetersen.
3 Poppendieck/Zumholz (1992).

Wandsbek: Schloßpark

Ehemals etwa 8 km nordöstlich Hamburgs auf dänischem Territorium gelegenes Adeliges Gut. Renaissance-Herrenhaus 1772-1778 durch einen Neubau C. G. Horns für den dänischen Schatzmeister Graf Heinrich Carl Schimmelmann ersetzt („Schloß Wandsbek"). Die zugehörige spätbarocke Gartenanlage seit Ende des 18. Jahrhunderts landschaftlich überformt. Abriß des Herrenhauses und Parzellierung des Schloßparks ab 1861. Nur wenige Relikte in die öffentlichen Grünanlagen (Wandsbeker Gehölz) eingegangen.

Wandsbek war als Dreiflügelanlage mit Treppenturm Ende des 16. Jahrhunderts einer der aufwendigsten Herrensitze Heinrich Rantzaus, zu dem jenseits des Burggrabens auch ein Lust- und Nutzgarten gehörte (Abb. 466).[1] Berühmt wurde es nicht zuletzt als Zufluchtsort des dänischen Astronomen Tycho Brahe, dem Rantzau im Turm 1597/98 ein kleines Observatorium einrichtete. Zweihundert Jahre später (1762) erwarb der eben zum Reichsfreiherrn erhobene dänische Schatzmeister Graf Schimmelmann (1724–1782) das nahezu unveränderte Herrenhaus[2] und beauftragte 1768 seinen Hausarchitekten Carl Gottlob Horn (1734-1807), unter Einbeziehung der Fundamente und des Turms einen Neubau zu planen, der 1772-1778 ausgeführt wurde und als eines der ersten Beispiele des dänischen Frühklassizismus in Schleswig-Holstein gilt.[3] Wandsbek wurde damals zum Treffpunkt des Kreises um Klopstock, die Grafen Stolberg und Matthias Claudius, der hier den *„Wandsbecker Boten"* herausgab (Abb.17).

Die aufwendigen spätbarocken Gartenpläne Horns datieren ab 1767.[4] Sie lassen noch die strenge Schu-

Abb. 466: Wandsbek, Herrenhaus und Renaissancegarten, Holzschnitt aus Lindeberg (1591), (SHLB).

lung an den hochbarocken Anlagen des Prinzen Eugen in Wien oder den Brühlschen Gärten in Dresden erkennen, die Horn in diesem Zusammenhang aufgenommen hatte. Doch blieben auch seine Studienreisen nach Paris 1763 und 1769, die Schimmelmann im Hinblick auf die Ahrensburger und Wandsbeker Planungen angeordnet hatte, nicht ohne Folgen: Die starren geometrischen Grundformen werden durch irreguläre Rokokostrukturen, Diagonalsysteme und labyrinthische Bosketträume aufgelockert. Der Hauptplan, der zumindest in seinen Grundzügen ausgeführt wurde (Abb. 467), zeigt eine eigentümliche Dreiachsigkeit, die das nach Süden gestreckte Gelände in drei, durch Diagonalwege und zahlreiche kreisförmige und ovale Kabinette vernetzte Zonen aufteilt. Der gesamte südliche Gartenbereich war im wesentlichen als eine einzige Boskettzone bzw. als Waldpark aufgefaßt, der relativ dicht an das Herrenhaus heranrückte, wie wir auch aus der 1780 verfaßten Beschreibung C. C. L. Hirschfelds[5] wissen. Die Dreiachsigkeit, die Speichenrad-Motive der Étoiles, die Diagonalvernetzung, die Kleinteiligkeit der Kabinette, der T-förmige Kanal, die Auffüllung des gesamten Rahmenwerkes mit Baummasse und selbst der Zeichenstil sind von J.-F. Blondel übernommen.[6]

Von der Wandsbeker Chaussee herkommend öffnete sich eine aus Linden-Alleen und einer Rasenfläche gebildete Cour d'honneur auf die nördliche Seitenfassade, an der sich der Haupteingang befand - eine Situation, die Mitte des 19. Jahrhunderts noch annähernd erhalten war (Abb. 468). Niedrige Mauern, auf denen die witzigen Löwenstatuen Ludwig von Lückes lagerten, begrenzten den Zugangsbereich, heute stehen sie am Wandsbeker Marktplatz (Abb. 469).[7] Da die Ost-West-Orientierung des Rantzauschen Herrenhauses mit Turm, Burginsel und Schloßhof beibehalten wurde, mußte dem seitlichen Eingangsflügel im Norden eine – der Eingangsfront entsprechende – repräsentative Gartenfassade im Süden gegeben werden. Horn hat sich hinsichtlich der Zweiachsigkeit der Anlage intensiv mit Traventhal beschäftigt.[8] Die alte, in west-östlicher Richtung verlaufende Hauptachse des Schlosses wurde geschickt als Querachse in der Gartengestaltung aufgenommen: Im Westen war sie durch die Schloßbrücke betont und mit der westlichen Längsachse des Parks über ein heckengesäumtes Rasenrondell verklammert. In diesem Bereich erwähnt Hirschfeld 1780 Berceaux mit den Statuen von Pomona und Bacchus, einen ionischen Pavillon und dahinter die Gewächshäuser und Obstgärten. Im Osten entstand eine weitere Gartenfassade, vor der sich ein englisches Parterre erstreckte: *„Gleich zur Rechten des Gebäudes verbreitet sich ein anmuthiger Rasenplatz, und an ihn stößt ein mit Gras eingefaßtes Wasserstück; zwischen beyden ist ein Weg nach Ham und Horn, nach Bergedorf u. s. f. ..., der durch die häufigen Lustfahrten, die nach diesen Oertern geschehen, sehr belebt ist"*, berichtet Hirschfeld in Übereinstimmung mit dem Plan Horns und hebt außerdem eine vor dem Bassin gelegene hölzerne Kolonnade in der dorischen Ordnung hervor, die mit einer Figur des Mars geschmückt war (nach seiner Vorstellung jedoch bald in Stein übersetzt und mit einer Flora bekrönt werden sollte). Hirschfeld war 1780 von Schimmelmann eingeladen worden, um Horns Konzept zu modernisieren. Der Tod des Schatzmeisters verhinderte die Ausführung der Umgestaltung, *„die besonders auf die Milderung der noch zu sichtbaren Symmetrie der ersten Anlage"* zielte, von Hirschfeld aber so in seine Beschreibung einbezogen wurde, *„als wenn [sie] wirklich schon vorhanden wäre."* [9]

Den Boskettgarten schildert er als *„Wald"* aus hochgewachsenen einheimischen Bäumen (Hagebuchen, Ellern, Tannen, Eichen, Buchen, Eschen, Birken, Ahorn, Ypern [Ulmen]), die *„vor funfzehn Jahren angepflanzt"* worden seien – durchzogenen von geraden Wegen und zukünftig auch von *„schlängelnden Pfaden"*. Die mittlere der drei Hauptachsen führe zu einem *„kleinen offenen Tempel"* hinauf (Hirschfelds Idee) und gebe auf halbem Wege einen Blick auf die *„stolzen Thürme von Hamburg [frei], die gleichsam das Wappen der Stadt vorstellen, dicht an einander wie Pfeiler aufsteigen und den Himmel zu stützen scheinen"*. Diesen berühmten Blick auf die Silhouette Hamburgs hat auch Matthias Claudius in *„Wandsbek. Eine Art von Romanze"* (1773) erwähnt. Er wurde noch 1835 in einer Lithographie von C. Fuchs festgehalten.[10]

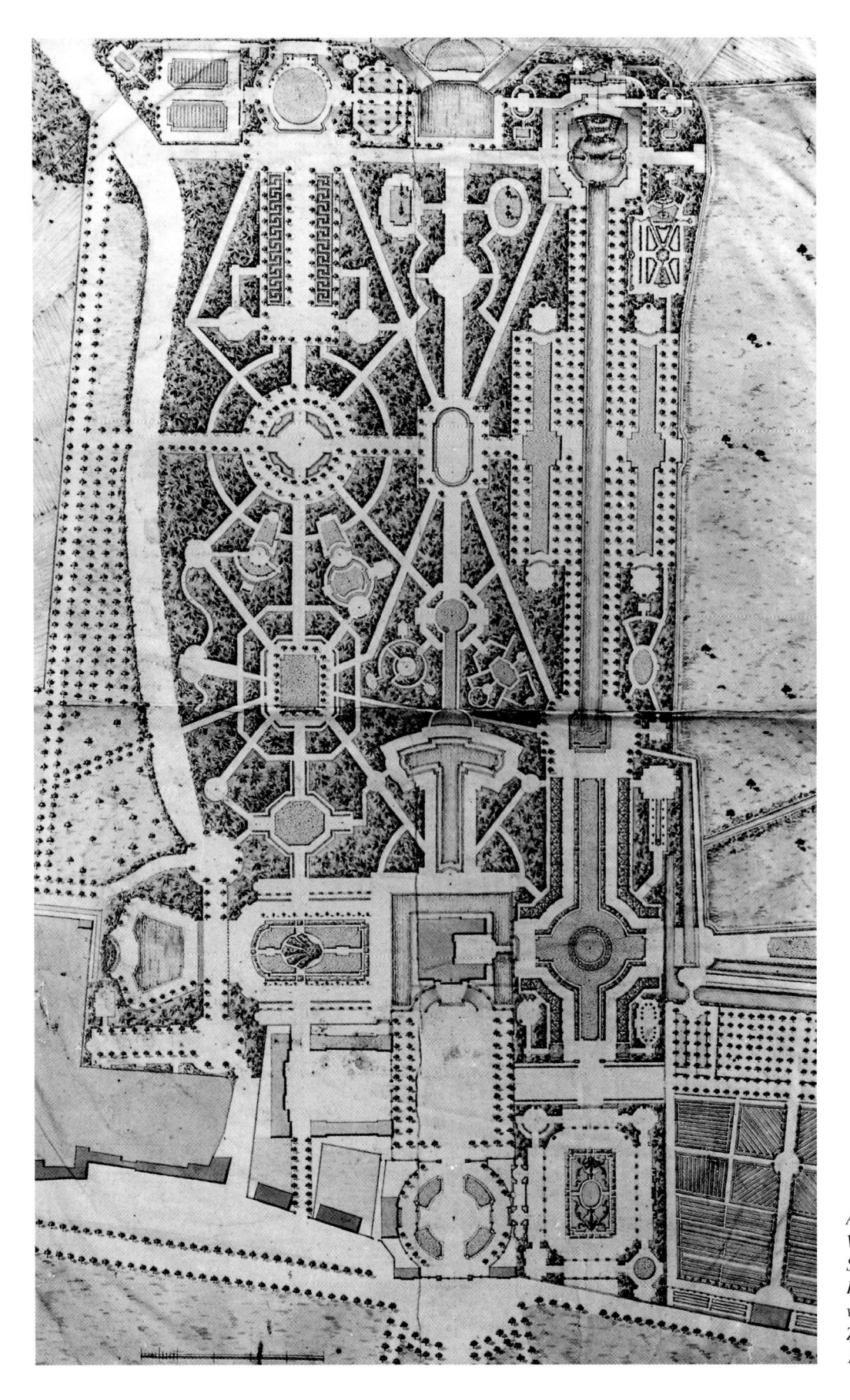

*Abb. 467:
Wandsbeker
Schloßpark,
Plan (gesüdet)
von C. G. Horn,
Zeichnung um
1767 (StAHH).*

Abb. 468: „Das Schloss zu Wandsbek", Ansicht von Norden, Lithographie um 1840 (SHLB).

Abb. 469: Wandsbek, ehemals Schloßpark, Löwen von L. v. Lücke um 1765, Photo 1996.

Am Ende der westlichen Achse lag ein *„schöner mit Vergoldung verzierter Pavillon, der auf beyden Seiten mit zwey Kabinetten durch fortlaufendes Gitterwerk ... verbunden ist. Der Pavillon hat einen heitern, sehr anmuthig verzierten Saal, mit der freyen herrlichen Aussicht auf die Städte Hamburg und Altona."* Für dieses, 1772 errichtete Lusthaus hat sich Horns Entwurf erhalten (Abb. 470).[11] Er erinnert noch an Carstens' Jersbeker Gartenpavillon (Abb. 241), den Horn damals zu Studienzwecken aufgenommen hatte. Wendete man sich nun zum Schloß zurück, so hatte *„das Auge ... eine weite Aussicht über das helle Wasser eines langen Kanals, der von Rasenstücken beufert ist, und auf beyden Seiten Alleen von Linden hat..."* Am anderen Ende erblickte man den bereits erwähnten *„obern Pavillon"* und den *„Kunstgarten"* an der Grenze zur Ortschaft Wandsbek. Daß der auch von Matthias Claudius 1773 beschriebene Kanal, die mittlere und auch die östliche der drei Achsen mit dem großen Speichenradmotiv ausgeführt worden sind, ist auf einem Lageplan aus dem Jahre 1859, kurz vor Abriß des Schlosses, noch deutlich erkennbar (Abb. 471).[12] Nach 1772 wurde auf dem Hügel am Kanalende ein Badehaus mit einem kalten und warmen Bad errichtet (Abb. 472). Hirschfeld erwähnt es 1782 als das *„englische Haus",*[13] dessen Hauptfassade ver-

Abb. 470: Lusthaus aus dem Jahr 1772 von C. G. Horn, lavierte Federzeichnung (StAHH).

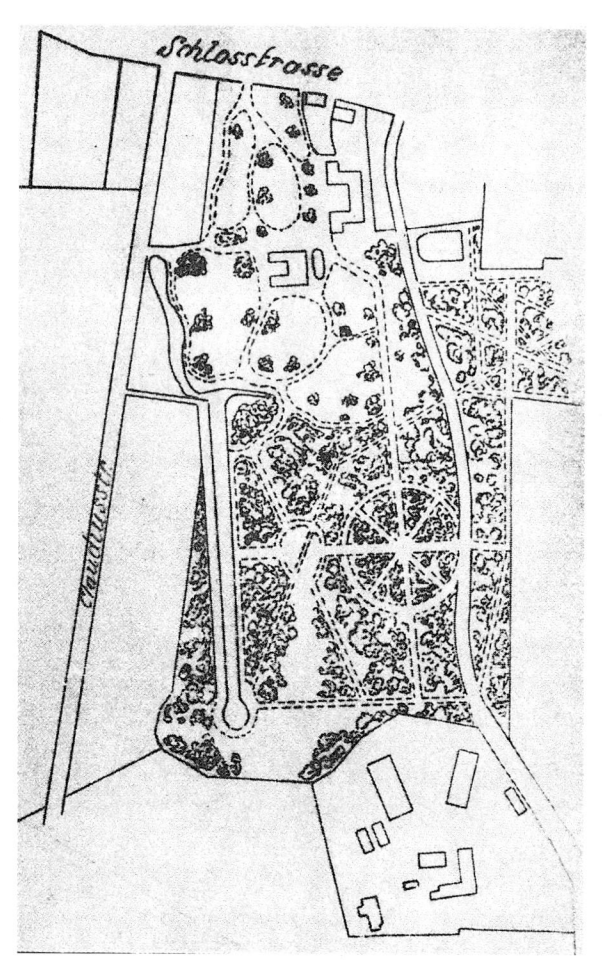

Abb. 471: Wandsbek: Schloßpark, Lageplan 1859, aus Hirschfeld (1934), (KHI).

mutlich ein Aufriß Horns wiedergibt, der sich eng an William Chambers' Orangerie in Kew Gardens (um 1759) orientiert (Abb. 473). Dazu paßt nicht nur Hirschfelds Bezeichnung „*englisches Haus*", sondern auch der Hinweis, es sei „*nach gegebenem Riß*" unter Leitung von Zimmermeister Joachim Friedrich Behn, dem Schwiegervater von Claudius, aufgeführt worden.[14] Anfang des 19. Jahrhunderts dürfte das Badehaus ebenso wie die anderen Gartenbauten abgerissen worden sein, wie sich aus den nachfolgenden Pachtverträgen ergibt.

Schimmelmanns Festhalten am französischen Modell wirkt Anfang der 1770er Jahre schon etwas konservativ, doch darf man nicht vergessen, daß sein Landsitz noch eher ein Ort der standesgemäßen Repräsentation als ein sentimentaler Landschaftsgarten sein sollte, zu dem Hirschfeld ihn in seinen Umgestaltungsphantasien machte: er dachte sich einen außerhalb der Gartengrenzen zu errichtetenden „*Sonnentempel*" auf einem künstlichen Hügel, weite „*Spaziergänge*", die den Schloßgarten und die angrenzenden beiden Waldstücke des „*Wandsbeker Gehölzes*" durch ländliche Szenen, Monumente mit sentimentalen Inschriften und diverse Tempel verbinden sollten.[15] Von der repräsentativen Funktion des Gartens kündet etwa

Abb. 472: Wandsbek, Landschaftsgarten mit englischem Badehaus, Gouache um 1795 (verschollen, Photo Nachlaß P. Hirschfeld).

das glanzvolle Fest, das 1772 anläßlich des Besuches des Prinzen Carl von Hessen mit einer nächtlichen Illumination gefeiert wurde und das Claudius damals im sarkastischen Ton seiner „*Briefe an Andres*" beschrieb: „*Wir haben hier heint Nacht Illumination gehabt, mein lieber Andres. Sieh Er, da hängen denn Lampen in allen Hecken und Bäumen, und sind solche Bogen und Säulen mit Lampen und so'n Michael, der nach dem Lindwurm stößt, und die Gartenhäuser sind voll Lampen, über und über, und dicht am Wasser sind Lampen... und gehn so viel Leut' aus Hamburg im Garten hin und her... das heißt dann Illumination und ist recht kuriös anzusehen und kostet viel Öl. Ja, Andres, wir beide hätten unser Lebelang daran zu brennen gehabt ... Dergleichen Illuminationen sind nur für große Herren und Potentaten ...*"[16] Andererseits stand der Park schon zu Lebzeiten Schimmelmanns und in den nachfolgenden Jahrzehnten der Bevölkerung im Sinne eines Volksgartens offen, wie aus Claudius' und Hirschfelds Angaben hervorgeht: „*Sonntags wimmelt alles von Menschen und Wagen aus Hamburg und der umliegenden Gegend*", berichtet auch Wilhelm von Humboldt 1796.[17] Dies war Teil der philanthropischen Maßnahmen des Schatzmeisters, die sich auch auf die Förderung des Gewerbes (u. a. Ansiedelung der Kattun-Fabrik) bezogen.[18]

Inwieweit die Anregungen Hirschfelds bei der landschaftlichen Umgestaltung im frühen 19. Jahrhundert aufgegriffen wurden und wer sie durchgeführt hat, konnte in diesem Rahmen noch nicht eruiert werden. Graf Christian Schimmelmann verpachtete den Garten ab 1822 sukzessive an die Gärtner Hans Hinrich Timm, Jacob Wilhelm Blohm und den Pflanzenzüchter Dr. Rudolph Mettler, der 1847 erstmals Genehmigung zu Umgestaltungen erhielt und sogar neue Gewächshäuser errichten durfte.[19] Bald nach dessen Konkurs 1852 kaufte der Unternehmer und Spekulant Johann Wilhelm Anton von Carstenn-Lichterfelde

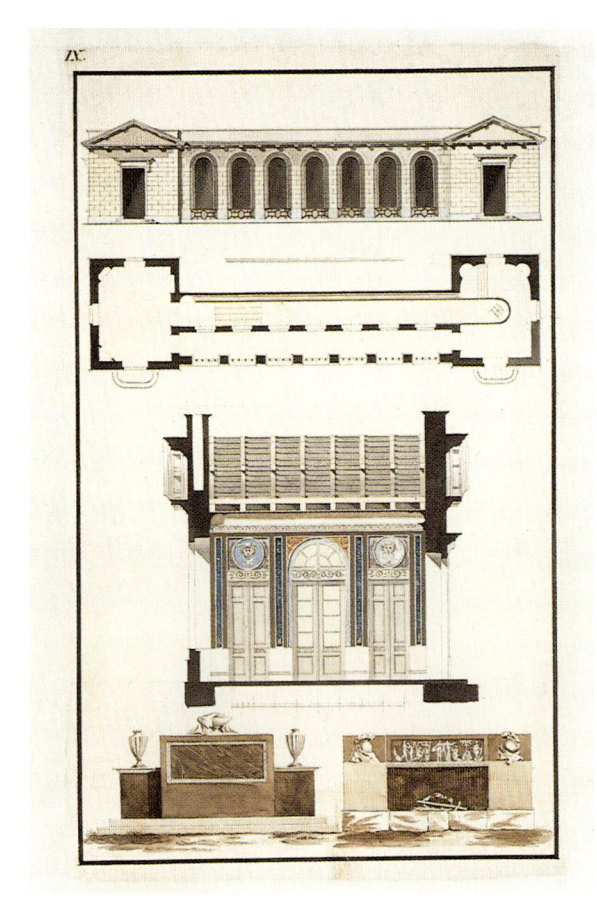

Abb. 473: Wandsbek, „Englisches Haus" nach W. Chambers, aquarellierte Zeichnung von C. G. Horn (LAS).

(1822–1896), Pächter auf Tralau und Gründer der Villenkolonien in Wandsbek, Lichterfelde und Wilmersdorf in Berlin, im Jahre 1857 das Gut von den Schimmelmanns. Es kam 1861 zum Abriß des Schlosses, zur Parzellierung und Bebauung des Schloßgartens. Die Gemeinde erwarb 1860 das angrenzende „*Wandsbeker Gehölz*" für 96000 Mark zurück und bewahrte es somit vor der Vernichtung.[20]

Adrian von Buttlar

1 Vgl. Hirschfeld (1934); Hirschfeld (1980); Steinmetz (1991), S. 191ff.
2 Hirschfeld (1980), S. 49ff, S. 204ff. Silberstiftzeichnung der Rückansicht von 1770 (verbrannt 1943), Abb. Nr. 15.
3 Vgl. Deuter (1994). Ich danke Herrn Deuter für die Genehmigung zur Einsichtnahme in sein Manuskript (Publikation in Vorbereitung).
4 StAHH; Reproduktionen im LDSH. Vgl. Hirschfeld (1934); de Cuveland (1994 b); Deuter (1994) geht auf die einzelnen Entwurfsstadien näher ein.
5 Hirschfeld (1779-1785), Bd. 4, S. 212-223.
6 Vgl. de Cuveland (1994 b).
7 Lücke, der für Bendix von Ahlefeldt die Jersbeker Gartenskulpturen geschaffen hatte, werden auch die für Schimmelmann angefertigten Ahrensburger Löwen zugeschrieben. Zu Wandsbek gehörten außerdem zwei hervorragende Erdteil-Büsten (Privatbesitz/Bargteheide). Vgl. Ausst. Kat. Barockplastik (1977), Nr. 265, 266, S. 592ff. Ich danke Herrn von Rauch für Auskunft und die Überlassung der Photographien.
8 Eine Kopie des Sidon-Planes befand sich in Schimmelmanns Besitz.
9 Hirschfeld (1779-1785), Bd. 4, S. 212 Anmerkung.
10 In „*Wandsbecker Bote*" (1773), Vgl. Ausst. Kat. Matthias Claudius (1990), Nr. 9/10, Abb. 49, S. 92ff.
11 StAHH; Photo im LDSH. Vgl. de Cuveland (1994 b).
12 Ehemals Hochbauamt Wandsbek, vgl. Hirschfeld (1934), Abb.17.
13 Hirschfeld (1779-1785), Bd. 4, S. 216,
14 Hirschfeld (1934), S.341 aus den Bauakten.
15 Hirschfeld (1779-1785), Bd. 4, S. 216ff. Zwei Drittel der Wandsbek-Beschreibung sind diesen Zukunftsvisionen Hirschfelds gewidmet.
16 Wandsbecker Bote Nr. 98, 19. Juni 1772.
17 Humboldt (1796), S. 110.
18 Vgl. Pohlmann (1975), S. 128ff.
19 LAS Abt. 127.3 Nr. 876.
20 Pohlmann (1975), S. 204ff. Zu Carstenn-Lichterfelde vgl. SHBL, Bd. 1 (1970), S. 98-101.

Wandsbek: Garten Lengercke

Biedermeiergarten am Wandsbeker Mühlenteich, im industriell durchsetzten Wohngebiet des östlichen Hamburg, 1834 entworfen von J.-J. Ramée. Heute reduziert zu „öffentlichem Grün".

Johann Cornelius Peter von Lengercke (1788–1848) hatte von seinem Vater eine moderne Kattunfabrik in dem aufstrebenden Industrieort Wandsbek vor den Toren Hamburgs geerbt. Das damit erwirtschaftete beträchtliche Vermögen setzte er primär für soziale Zwecke ein und stiftete u. a. 1833 das erste Wandsbeker Krankenhaus[1]. Daß er dennoch in seinem privaten Auftreten eine gewisse Zurückhaltung übte, zeigt der nicht übermäßig aufwendige Garten, den er sich 1834 von seinem Schwager Joseph-Jacques Ramée[2] (1764–1842) auf dem Gelände zwischen Wohnhaus und Kattunfabrik am Wandsbeker Mühlenteich anlegen ließ (Abb. 474).

Der französische Gartenarchitekt, der bei seinem ersten Hamburger Aufenthalt zwischen 1796 und 1810 großzügige, idealisierte Landschaften entworfen hatte, schuf 25 Jahre darauf einen Biedermeier-Garten, der – wie ein Plan aus dem Stichwerk *„Parcs et Jardins..."*[3] zeigt – in seiner Grundstruktur insofern natürlich blieb, als geschwungene Linien und vegetabil-ungleichmäßig geformte Flächen darin vorherrschten, auf geometrische Strukturen weitgehend verzichtet wurde und die Ausstattung sich ganz auf Pflanzen stützte. In ruhigen Kurven teilten die Wege das fast ebene, nur leicht zum Mühlenteich abfallende Gelände in verschiedene Rasenflächen. Die darauf verteilten Blumenrabatten zeigten ganz im Sinne des biedermeierlichen Geschmacks überschaubare Kreise und Ovale, wie sie etwa gleichzeitig bei Lenné in Glienicke vorkamen.[4] Häufig verfolgte die Bepflanzung dieser Beete ein botanisches Konzept, indem verschiedene Varietäten ausschließlich einer Art zusammengestellt wurden, etwa diverse Sorten von Phlox, oder Stauden *„... bei denen das Colorit derselben besonders berücksichtigt worden"*[5] war.

Abb. 474: Wandsbek, Biedermeiergarten des J. C. P. von Lengercke, Lithographie von 1840 (Museum für Hamburgische Geschichte).

Die nicht sehr zahlreichen aber sorgfältig ausgewählten Bäume waren in großen Abständen so auf dem Rasen verteilt, daß sie sich als Individuen in ihrer spezifischen Gestalt voll entwickeln konnten, darunter eine Trauereiche (Fraxinus excelsior 'Pendula'), eine Gurkenmagnolie (Magnolia acuminata) und eine rotblühende Pavie (Aesculus pavia). Gerade in so einer kleinen Anlage wird deutlich, daß mit dem intensiv wachsenden Naturverständnis im 19. Jahrhundert besonderen Bäumen gelegentlich eine so umfassende Rolle zugewiesen wurde, wie sie in Barockgärten häufig der plastischen Ausstattung vorbehalten war: Solitäre vermochten den Charakter mancher Szenen zu bestimmen, Stimmungen zu erzeugen, die Phantasie zu stimulieren; sie forderten zum Vergleich heraus und konnten Bildung demonstrieren.

Die intensiven botanischen Interessen des Johann Cornelius Peter von Lengercke wurden zudem deutlich in einer Fülle unterschiedlicher Gewächshäuser im nördlichen und östlichen Grenzbereich. Neben Wein und Ananashaus gab es eine große Orangerie und ein dreiteiliges Treibhaus, 1835 wohl auch von Ramée gebaut, dessen erhöhter Mitteltrakt nur Camelien vorbehalten war. Vor diesem Treibhaus lag ein Sondergarten, von dem der zeitgenössische Berichterstatter schreibt, daß er *"in neuerm englischen Styl angelegt, auf einer Menge kleiner, zierlich geordneter Beete, über 200 Arten perennirender und annueller Sommergewächse enthält"*. Nach dem Plan handelte es sich um ein Blumen-Areal mit vielen amorph geformten Beetteilen, die zur besseren Betrachtung durch schmale Pfade voneinander getrennt waren. Einen ebensolchen Sondergarten in dem von ihm kreierten ‚gardenesquen' Stil hatte Loudon in Bagshot Park, Hampshire, angelegt und 1828 im *„Gardener's Magazine"* abgebildet[6]. Ramée hat sich also bis ins hohe Alter, er war damals siebzig Jahre alt, mit der aktuellen Fachliteratur auseinandergesetzt.

Wo keine Gebäude die Grenzen des Grundstücks markierten, wurde es von schmalen aber kompakten Saumpflanzungen umschlossen, in denen Nischen zur Aufstellung von Bänken ausgespart waren. Diese Nischen zeigten die anspruchsvolle Form von Exedren an den Stellen, wo man jenseits des Gartens auch das Fabrikgelände überschauen konnte. Dieser optische Bezug zur Produktionsstätte mochte dem Besitzerstolz schmeicheln, oder auch die Genugtuung evozieren, daß hier für viele Wandsbeker Familien die Existenzgrundlage geschaffen wurde; ähnliche Überlegungen finden sich schon 1810 bei Humphry Repton (1752–1818) im Zusammenhang mit der Armley Mill.[7] Am Wandsbeker Mühlenteich im Norden des Grundstücks und an der *„Avenue de la Fabrique"* im Osten wurden Baumreihen gepflanzt, die zusammen mit einer Hecke oder Mauer den Abschluß des privaten Bereichs vervollständigten. Außerdem sollten anliegende Straßen zu Alleen ausgebildet und auf dem südlich des Wohnhauses liegenden Grundstück eine kleine, schlichter gestaltete öffentliche Anlage eingerichtet werden.

Leider ist von dem ehemaligen Wandsbeker Ramée-Garten kaum noch etwas zu erkennen, obgleich große Teile des Geländes als *„öffentliches Grün"* erhalten blieben. Dabei wäre hier Gelegenheit, in Ansätzen den Typ eines Biedermeiergartens zu demonstrieren und gleichzeitig die Erinnerung an einen philanthropisch gesonnenen Unternehmer und an einen namhaften Gartenschöpfer zu pflegen.

Ingrid A. Schubert

---

1 Röpke (1973), S. 23.
2 Durch Geschwister seiner Frau war Ramée mit den Lengerckes verwandt. Vgl. Staatsarchiv Hamburg, Genealogie von H. Hansen, *„Hans Andreas Dreyer und seine große Familie"*, unveröffentlichtes Manuskript 1941.
3 Ramée [nach 1835], Plan Nr. 11; Lithographie von Speckter, 1840, Museum für Hamburgische Geschichte o. Nr.
4 Vgl. v. Krosigk (1989), S. 163f.
5 Steetz (1840), S. 24.
6 Harris (1980), Tafel 3.
7 Daniels (1993), S. 86.

Wassersleben

Um 1780 in landschaftlicher Gestaltung angelegter Bürgergarten, nordwestlich von Flensburg direkt an der Förde gelegen. Das durch Aufteilung stark verkleinerte private Gelände befindet sich in gepflegtem Zustand.

Sehr sorgfältig hatte der königlich dänische Konferenzrat Joachim Wasserschlebe (1709–1787) den Ort ausgesucht, auf dem er sich einen Ruhesitz anlegen wollte. Dieser sollte ‚en miniature' in wichtigen ästhetischen Aspekten Schloß Bernstorff in Kopenhagen gleichen, wo Wasserschlebe viele Jahre als einflußreicher Sekretär und Berater des Grafen Andreas Peter von Bernstorff (1735–1797) gelebt hatte.[1] Dazu gehörte die Möglichkeit des Blickes auf das Meer und die Umgebung eines Gehölzes, wobei der Kaufpreis seinem schmalen Vermögen und der geringen Pension entsprechen mußte.[2] Wasserschlebe fand ihn 1780 im „*Clueser Holz Grunde, am See Strande belegen*"[3] und benannte den Ort – wie es auch sein gräflicher Freund in Kopenhagen getan hatte – nach seinem Namen (Abb. 475).

Obgleich der Bauherr zur Blütezeit des Französischen Gartens 22 Jahre in Paris gelebt hatte, und später durch seine zahlreichen Kontakte viele Franzosen wie z. B. den Architekten von Schloß Bernstorff, Nicolas-Henri Jardin (1720–1799), nach Kopenhagen geholt hatte, neigte Joachim Wasserschlebe mehr zur englischen Gartengestaltung. Sie kam seinen intensiven botanischen Interessen entgegen. Neben seinen erfolgreichen Versuchen in der Blumenzucht in Kopenhagen war er auch ein ausgewiesener Kenner seltener Gehölze.[4]

Wasserschlebe hatte das zum Teil mit Buchen und

Abb. 475: „Der Strandweg unweit Wassersleben bei Flensburg", kolorierte Lithographie von J. F. Fritz 1833 (Städtisches Museum Flensburg).

Erlen bestandene Gelände ausdrücklich „... *zur Erbauung eines Wohnhauses, auch Anlegung eines Gartens*" erworben, und obgleich es „*theils erhöhet, theils vertieft, quelligt und morastig*" war, wurde schon 1781 von einem „*neu angelegten Garten am Seestrande*"[5] berichtet. Später erstreckte sich dieser rund um das kleine Herrenhaus in einer Größe von etwa 1,5 ha, im Westen bis zu einem Wall, der laut Vertrag zur Abgrenzung angelegt werden mußte, im Osten bis ans Fördeufer. Im nördlichen Bereich befand sich die Auffahrt, während die schönste und interessanteste Partie vor dem nach Süden ausgerichteten Gartensaal lag. Dort führt eine Freitreppe in den Park direkt auf eine „*artificielle Wiese*"[6], wo man im Frühling noch heute Stinzenpflanzen in größeren Horsten finden kann.

Auffallend sind einige ausgewählte Solitäre, denen Wasserschlebe, als Gartenarchitekt und Botaniker dilettierend, offenbar eine wichtige Bedeutung bei der Gestaltung beimaß. Friedrich Leopold Graf zu Stolberg schrieb 1785 eine Ode „*An meinen Freund Wasserschlebe*" in der es heißt, daß er gerne bei ihm einkehrt „*... im Schattengewölbe der Bäume/ Die du selber pflanztest ...*"[7] Auf dem inzwischen stark reduzierten Grundstück gibt es heute nur noch wenige davon, darunter ein großes Exemplar der Gurkenmagnolie (Magnolia acuminata), eine Eßkastanie (Castanea sativa) sowie eine sehenswerte Platane (Platanus orientalis).

Durch die Lage am Strand war das Meer in diesem kleinen Garten omnipräsent. Dennoch legte der Konferenzrat zusätzlich einen kreisrunden zwei Meter tiefen Weiher an, der heute noch von einer klaren Quelle gespeist wird. Das Quellgebiet wird betont durch einen senkrecht aufgestellten, einem Menhir ähnlichen rötlichen Findling mit glatt abgearbeiteter Stirnseite. Dahinter türmt sich ein Steinhügel auf, so daß sich Assoziationen an ein Quellheiligtum oder ein Hünengrab einstellen. Nördlich des Hauses lag der Nutzgarten mit dem Gärtnerhaus und einem Fischteich.

Heute wird das verbliebene Areal rund um das sorgfältig restaurierte Herrenhaus verständnisvoll von den Besitzern gepflegt. Sie haben sich so weitgehend hier und im nahegelegenen Ort Kupfermühle für den Denkmalschutz eingesetzt, daß Bodo Daetz deshalb zum Ritter des Danebrog-Ordens erwählt und mit dem Bundesverdienstkreuz ausgezeichnet wurde.

Jörg Matthies / Ingrid A. Schubert

1 Zu Wasserschlebe und Bernstorff vgl. Dansk biografisk leksikon und Birkelund (1968).
2 Wasserschlebe verkaufte seine große Kupferstichsammlung an den dänischen König, um das Grundstück erwerben zu können, vgl. Birkelund (1968) und Ausst. Kat. Lyst og Længsel (1995).
3 LAS Abt. 167.1 Nr. 500.
4 Im Versteigerungskatalog des Büchernachlasses 1789 finden sich etwa drei Dutzend botanische, gartenbautechnische und -historische Werke. Vgl. „*Verzeichnis von den Büchern des wohlseligen Herrn Conferenzrath Wassersleben, größtenteils in französischer Sprache, welche am 24sten August und den folgenden Tagen d. J. zu Flensburg öffentlich an den Meistbietenden gegen baare Bezahlung verkauft werden sollen.*" Flensburg 1789.
5 LAS Abt. 167.1 Nr. 500.
6 Vgl. Birkelund (1968), S. 158.
7 Stolberg (1827). Vgl. die Verse von Friedrich Leopold Graf zu Stolberg in Bd. 1, S. 431–435, insbes. S. 433: „*Eh' die baltische Woge mich wieget / Wall' ich mit sanfter Rührung noch oft in den blühenden Hainen / Die du pflanztest am Sund. Die Paradiese von Bernstorf / Duften Erinnerung von dir mit allen Hauchen der Flora.*" Christian Graf zu Stolberg schrieb 1787 die Elegie „*Wasserschlebens Tod*", vgl. dies., Bd. 2, S. 21–24.

Waterneverstorf

Privater Gutspark, nördlich von Lütjenburg an dem mit der Ostsee in Verbindung stehenden Großen Binnensee gelegen. Auf einen Burggarten des späten 17. Jahrhunderts folgte ein Barockgarten, angelegt 1731–1740 von N. Jönsen Randerup. Landschaftliche Gestaltung Ende des 18. Jahrhunderts, als Ornamented farm ausgreifend in den Gutsbezirk. Staudengarten von K. Foerster um 1924. Die reduzierte Anlage weist Spuren aller Gestaltungsphasen auf, sie genießt historisch engagierte Pflege, ist aber nicht öffentlich zugänglich.

Wenn man auf dem Wege nach Waterneverstorf die Höhe bei Stöfs erreicht hat, trifft man auf einen erstaunlichen Findling. Er steht, von zwei Linden gerahmt, am Rande der Landstraße und trägt die Inschrift: *„Hier hielt König Wilhelm. 14.9.1868"*. Obgleich ein Gerücht besagt, daß der spätere Kaiser nur hielt, weil er nach einem Kriegshafen Ausschau halten wollte, kann man annehmen, daß der alte Herr zudem überwältigt war von der malerischen Aussicht, die sich ihm bot, als er durch das von zwei Blutbuchen gebildete Tor zu der Höhe gelangt war. Sie hat sich bis heute kaum geändert: hinter einem sacht sich senkenden Küstenstreifen und dem in der Niederung gelegenen Gutshof an dem Großen Binnensee, erglänzt die Weite der Ostsee, während am Horizont schemenhaft die Küsten ferner Inseln aufschimmern. Diese Blick-

Abb. 476: Waterneverstorf, Blick auf die Hohwachter Bucht, Ölgemälde von L. Gurlitt, um 1861 (Altonaer Museum in Hamburg – Norddeutsches Landesmuseum).

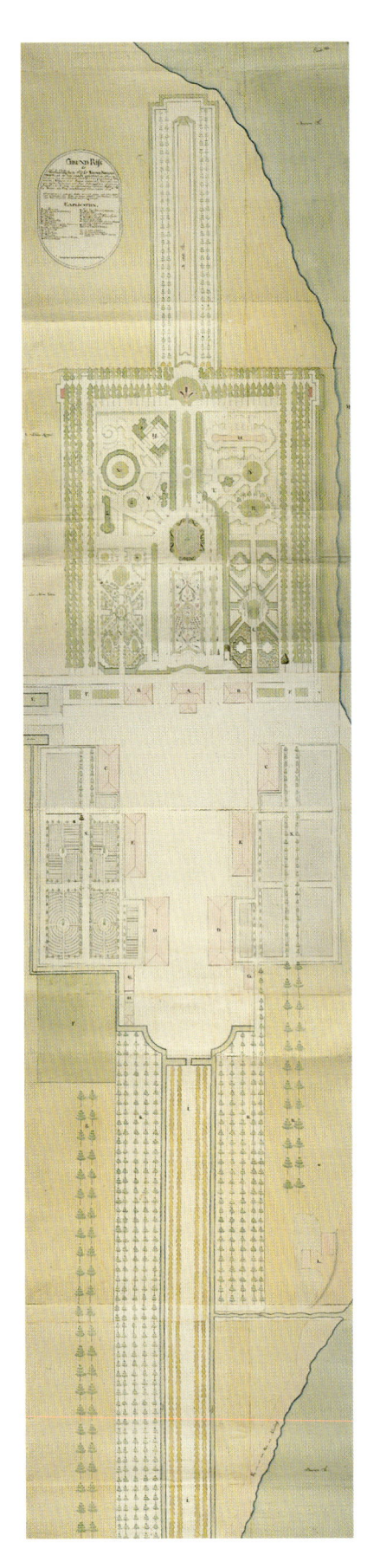

Abb. 477: Waterneverstorf, Gartenplan von N. Jönsen Randerup, aquarellierte Zeichnung 1741 (NMS).

beziehung ist bezeichnend für die Gartengeschichte des traditionsreichen Adeligen Guts Waterneverstorf, dessen Bezirk direkt von der Ostsee begrenzt wird (Abb. 476). Es befand sich lange in Besitz der Rantzaus, bevor es 1592 von den Reventlows und schließlich 1663 von dem Königlichen Amtmann und Geheimen Rath Hinrich Blome (1616–1676) erworben wurde.[1] Seitdem ist das Gut stets in dieser Familie weitergegeben worden, so daß sich der heutige Besitzer, Franz Graf Waldersee, einer Familientradition von mehr als dreihundert Jahren verpflichtet fühlt.

Obgleich Hinrich Blome, der in Hagen ein aufwendiges neues Herrenhaus errichtete, Waterneverstorf zunächst nur als Jagdresidenz nutzte, möchte man annehmen, daß er, der in Italien studiert hatte, Auftraggeber des ersten Lustgartens in Waterneverstorf war. Die nicht sehr ausgedehnte Anlage ist überliefert durch einen 1730 aufgenommenen Bestandsplan.[2] Danach lag sie in leicht ansteigendem Gelände am nordwestlichen Rand des Gutshofes. Die rechtwinklige Umgrenzung des Gartenareals wurde teils von einem Graben übernommen, teils von einer Mauer und zusätzlich von doppelten Baumreihen, die vielleicht zu Laubengängen geschnitten waren. Das so umschlossene, leicht überlängte Quadrat wurde in der Breite geteilt in eine östliche, als Baumgarten gestaltete Hälfte und eine westliche, bei der die sanfte Steigung des Terrains zum Bau einer kleinen Wassertreppe genutzt wurde, die eine in Schleswig-Holstein selten so deutlich vorkommende Orientierung an italienischen Renaissance-Vorbildern zu erkennen gab. Sie bildete die Mittelachse eines Parterres mit geometrischer und früher Laubwerk-Ornamentik.[3] Die hügelaufwärts folgende Boskettszone bestand wiederum aus zwei Quadraten mit zentrierter Binnenstruktur. Das hier heute noch reichlich vorkommende Quellwasser wurde damals zu vier in das Parterre eingebundenen Wasserspiegeln und zwei großen rechteckigen Bassins genutzt. Diese reizvolle Anlage läßt sich typologisch, nach dem Ornament des Parterres und nach Analyse der Gutsgeschichte, in das letzte Drittel des 17. Jahrhunderts datieren und mit den italienischen Erfahrungen des Hinrich Blome, vielleicht auch dem Einfluß von Gottorf in Verbindung bringen. Als symptomatisch für ein immer wiederkehrendes Motiv in Waterneverstorf kann dabei das Lusthaus gelten: Es thronte auf der Höhe der nördlichen Ecke, wo die Aussicht bis hin zur Ostsee möglich war.

Erst der Enkel dieses Blome, der nach seinem Großvater wiederum Hinrich hieß (1685–1736), ließ den besprochenen Plan im Jahre 1730 aufmessen, als er gerade die Erbschaft nach seinem Vater Christoph Blome (1657–1729) angetreten hatte. Der geheime Rat, Amtmann und Verbitter des Klosters in Itzehoe, wollte die Hauptresidenz der Familie nach Waterneverstorf verlegen und gewann offenbar für die großzügige Neugestaltung der gesamten Hofanlage Rudolph Matthias Dallin (um 1680–1743).[4] Der Eutiner Hofbaumeister, der in Schleswig-Holstein verschiedene barocke Hofanlagen gebaut hatte, legte hier einen Idealplan von absoluter Konsequenz vor, der der Zeichnung von 1730 unterlegt und 1741 in einem neuen Plan bestätigt wurde. Dessen zeitgenössische Kopie wird im Stockholmer Nationalmuseum aufbewahrt (Abb. 477). Ein auffälliges Merkmal des Entwurfes ist die sehr lange, den ganzen Plan beherrschende Achse. Sie beginnt im Süden symbolträchtig mit Blickbezug zu der „Alten Burg", einer steil abfallenden Höhe am Südufer des Großen Binnensees mit Resten frühmittelalterlicher Burganlagen, die als Vorgängerbauten von Waterneverstorf betrachtet werden könnten, und setzt sich fort als vierreihige „Große Avenue aus Linden, Castanien, Equina-Eichen und Ypern", um begleitet von Obstbäumen[5] durch den ehemaligen Tiergarten und nun symmetrisch durchgeplanten Gutshof direkt auf das Portal des neuen barocken Herrenhauses zuzuführen. Nach dem Durchschreiten von Eingangshalle und Gartensaal entwickelt sich die Hauptachse zur Mittelachse des Parks, der den Idealplan insofern abrundet, als er in seinem Umriß den Wirtschaftshof spiegelt und so die hervorgehobene Stellung des Hauses als Verwaltungs- und Repräsentationszentrum unterstreicht. Das sich dabei ergebende Rechteck erhielt seinen zeittypischen Tiefenzug dadurch, daß die genannte Mittelachse sich verjüngend von langen Laubengängen begleitet wurde und sich jenseits des eigentlichen Gartenareals über einer von doppelten Lindenreihen gesäumten „Maille-Bahn" als Blickachse fortsetzte. So stellte sie die Verbindung mit der Gutslandschaft her und wies auf die räumlich-funktionale Einheit hin, während sie auf der Hofseite durch die Verbindung zur „Alten Burg" die zeitliche Kontinuität betonte.

Dallin wird auch die Grundstruktur des Gartens entworfen und einige Ornament-Details bestimmt haben, die den Gedanken des Gesamtkunstwerks unterstützen und sowohl im Garten als auch an dem Herrenhaus vorkommen.[6] Viele Einzelheiten der Gartengestaltung aber gehen, wie die Kartusche des Stockholmer Plans besagt, auf den dänischen Garten-Ingenieur Nicolaus Jönsen Randerup zurück. Bei der inneren Parkstruktur werden zwei unterschiedliche spätbarocke Stilstufen deutlich – harmonisierend zusammengefaßt durch einen breiten Rahmen vierreihiger Lindenalleen. Die südliche, direkt vor dem Herrenhaus liegende Hälfte entsprach durch Zurückhaltung in Dimension und architektonischer Ausstattung der in Frankreich knapp zehn Jahre zuvor entwickelten Régence, mit deren Formenrepertoire der Gutsherr durch eine heute noch in der Gutsbibliothek befindliche Veröffentlichung von „Alexandro Blond" vertraut war.[7] Ähnlich wie bei einem darin veröffentlichten Vorschlag begleiteten in Waterneverstorf zwei niedrige „Bousquets Ouverts" das mittlere, von Platebandes mit Formbäumchen gefaßte, einteilig zentrierte Broderieparterre. Es nahm die Breite des Herrenhauses auf und bestand aus zartgefiederten vegetabilen Strukturen, wie sie ähnlich wieder bei Le Blond[8] vorkommen, ergänzt um ein Mosaiknetz nach J. D. Fülck.[9] Von den als Sternen-Boskette mit mittleren Tapis verts gestalteten ‚Bousquets Ouverts' wurde das westliche am hausfernen Ende überraschenderweise aus der sonst strengen Symmetrie entlassen, um Platz zu machen für den unerwarteten Auftritt von sechs Kalksteinskulpturen (Abb. 478). Hellgrau vor grünen Nischen gruppierten sich die Gestalten der griechischen Mythologie in bewegter Eleganz[10] um eine Rasenfläche in der Nähe einer merkwürdig oszillierenden Querachse. Deren Schnittpunkt mit der Längsachse in einem ovalen Bassin wurde von

Abb. 478: Waterneverstorf, Jason, Photo 1994.

einer Fontäne betont.¹¹ Diese Querachse markiert den Einschnitt während der zehnjährigen Arbeiten an dem Garten, als – auf die aktuelle internationale Entwicklung rasch reagierend – der entscheidende Schritt getan wurde von nobel-kühler Régence zum fröhlich vagabundierenden Rokoko. Dabei bilden die genannten sechs Figuren zusammen mit drei weiteren Skulpturen in der Nähe der Fontäne einen raffinierten Übergang zu der nördlichen Gartenhälfte, einer sehr eigenwilligen Boskettzone. Sie bestand aus einer Anzahl kleinerer Kabinette und größerer Säle, aus Laubengängen und Spielplätzen, die in phantasievoller Formenfülle primär aus Heckenwänden, aber auch aus Formbäumen und Tapis verts gestaltet und geschickt aufeinander bezogen waren: „*Coffee-Sahl*" und „*Fortun-Spiehl*", „*Cabinet für die Muzique*" und „*großer Sahl des Bals mit einem Berceau und drey durchgehenden prospecten*",¹² eine labyrinthische Raumfolge, ganz im Sinne des Rokoko geschaffen für heitere Geselligkeit und geheime Genüsse, angelegt ohne Symmetrie, doch eingebunden in das Gerüst aus fester Umgrenzung und deutlicher Mittelachse. Die Verbindung des Gartenrechtecks mit der langen, den Landschaftsblick vorbereitenden „*Maille-Bahn*" kennzeichnet ein palmettenförmiger, mit Broderie akzentuierter Tapis vert. Daß es auch eine Orangerie gab, lassen zwei Plätze seitlich des Herrenhauses vermuten, die für die Aufstellung der Orangen- und Feigenbäume vorgesehen waren. Die beiden seitlichen Gebäude am nördlichen Ende des Parks aber scheinen als Pflanzenhäuser zu klein. Sie könnten eher als Wirtschaftsräume bei Bewirtungen in den Lindensälen gedient haben oder als Volieren für die sorgsam umhegten Papageien und Kanarienvögel.

Im Vergleich mit etwa parallel entstandenen, doch üppigeren Anlagen Schleswig-Holsteins, z. B. in Jersbeck oder Plön, fällt in Waterneverstorf die deutlicher an der aktuellen französischen Entwicklung orientierte, insofern fortschrittlichere Gestaltung auf. Der geschickt aufgefangene Stilwechsel von der Régence zum Rokoko wird kaum als Bruch empfunden. Zudem zeigt der dänische Gartenin genieur Randerup in einfallsreicher Unabhängigkeit eine überzeugende Raumgestaltung im Boskettbereich, während bei dem Entwurf des Parterres eine etwas klarere Disposition nicht geschadet hätte. Von der auffallend unregelmäßigen Linienführung der langen mittleren Berceaux distanziert sich der verantwortliche Gartenin genieur durch die Bemerkung: „*die große Berceaux des inventoirs Mojen wie es auf hohen Befehl angelegt worden*".

Der Wechsel zu einem neuen Formenkanon im Bereich der Querachse wird sicher damit zusammenhängen, daß der Initiator des Barockgartens, Hinrich Blome schon im Jahr 1736 starb, als die Anlage erst etwa zur Hälfte fertig war und seine Witwe, Elisabeth Blome, geb. Rantzau (1687–1776), erst nach einer Unterbrechung die Arbeiten wieder aufnehmen und neue Akzente setzen ließ. Sie hat nicht nur den Park und große Teile der Hofanlage vollenden lassen, sondern auch weitergehende gartenkünstlerische Aktivität entwickelt, indem sie auf der Anhöhe des nur 2 km entfernten Meierhofes Stöfs in dem Gehölz „*Dohl*" eine Eremitage in

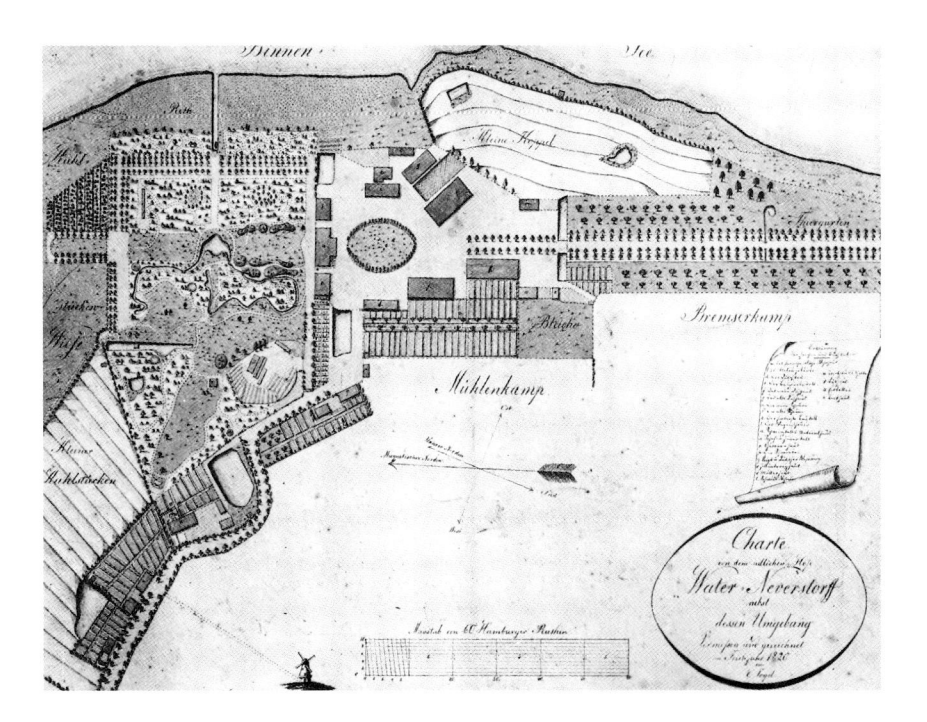

Abb. 479: „Charte von dem adlichen Hofe Water Neverstorff nebst dessen Umgebung" von C. Vogel, aquarellierte Zeichnung 1820 (GA Waterneverstorf).

Auftrag gab, für die der Eutiner Hofbildhauer Theodorus Schlichting (um 1680–1746) den plastischen Schmuck schuf. Die im Jahr 1739 gelieferten „*30 Castanien Bäume mit Emballagen*"[13] lassen auf eine gestalterische Überformung des Gehölzes schließen. Bei dem Wunsch nach einer Eremitage im Trauerjahr mag es der Gutsherrin um den Rückzug vom Getriebe des Gutshofes, um religiöse Besinnung gegangen sein, hier in der als tröstlich empfundenen, Gottes freigebige Liebe spiegelnden Natur. Gleichzeitig könnte sich die alleinstehende Witwe, die enge Familienbeziehungen nach Dänemark hatte, einen Aussichtsplatz mit Blick über das Meer gewünscht haben, den sie in dem barocken Gutsgarten nicht verwirklichen konnte. Dessen ursprünglich welliges und mooriges Gelände war in mühevoller Arbeit absolut flach eingeebnet und durch ein partielles Eichenfundament[14] gesichert worden. Doch hat sich seit jener Zeit bis in unser Jahrhundert hinein bei den jeweiligen Gutsherren eine besondere Wertschätzung des Gehölzes Dohl erhalten, bei dessen Besuch man heute noch versteht, daß der erhabene Weitblick manchen Freund der Familie, wie Friedrich Gottlieb Klopstock (1724–1803) und Matthias Claudius (1740–1815),[15] im „*Dohlenhaus*" (spätere Benennung) zu lyrischen Werken inspiriert haben soll.

Der Eremitage bei Stöfs hat auch die katastrophale Sturmflut nicht schaden können, die im Jahre 1777 den Barockgarten in der Niederung verwüstete. Doch dem Lebensgefühl des damaligen Besitzers, Lehnsgraf Heinrich von Holstein-Holsteinborg (1748–1796), Enkel und Nachfolger von Elisabeth Blome, entsprach sowieso ein ganz anderes Gartenideal. Der aufgeklärte Gutsherr, der an der Universität Leipzig zeitgleich mit Goethe studiert hatte, als Freund der Schönen Künste galt und in dem nochmals erweiterten Herrenhaus ein eigenes Orchester aus Gutsangehörigen unterhielt, bemühte sich als Freimaurer[16] um den „*Bau des Tempels der Humanität*" und brachte der Natur ein neues Verständnis entgegen, das seinen Ausdruck in einem von der Geometrie befreiten Landschaftspark fand. Aufgenommen wurde diese Anlage aber erst im Frühjahr 1820 von dem Dresdener Hofmaler Carl Christian Vogel von Vogelstein (1788–1868) (Abb. 479).[17] Der aquarellierte Plan läßt erkennen, daß der neue Park, über die barocken Grenzen hinausgehend, im Osten den Uferstreifen am Großen Binnensee und im Westen das ansteigende Gelände mit einbezog. Das ehemalige Parterre stellt sich darauf als Pleasureground dar, der, von Blütensträuchern begleitet, die Blickbeziehung zu der langen barocken Achse nach Norden aufnahm, während sich das zentrale Fontänen-Bassin in einen malerischen Weiher verwandelte, verbunden mit einem vielfach gewundenen Wasserlauf. Zahlreiche Wege kurvten durch die seitlichen Gehölze, kreuzten das Gewässer über mehrere Brückchen und führten den Spaziergänger zum „*Borkhaus*" oder Fischbassin, zum Lustpavillon oder zum Bootsanleger am Binnensee. Dabei wurden wertvolle Teile der Barocksubstanz in die Gestaltung einbezogen, die bis heute erhalten sind, insbesondere zwei große Lindensalons und weite Teile der umfassenden Randalleen. Schließlich fand man nun auch hier, in der Nähe des Herrenhauses, die Möglichkeit für einen Aussichtsplatz: Von dem im äußersten Nordwesten erhöht gelegenen „*Kiekbarg*" (Plattdeutsch für „*Aussichtsberg*") konnte man im Sommer, über Binnensee und schmalen Strand hinweg, meditierend den Sonnenaufgang über der Ostsee beobachten.

Dieser für eine landschaftliche Anlage nicht sehr ausgedehnte Park, in dessen Schlängelwegen noch Rokoko-Tendenzen nachklingen, gewann seine Bedeutung dadurch, daß er als Zentrum einer weitreichenden, sich im Verlauf eines längeren Zeitraumes entwickelnden landschaftlichen Überformung anzusehen ist, die den Gutsbezirk zu einer Ornamented farm erhob, wie sie etwa gleichzeitig der Baron Voght in Flottbek bei Hamburg schuf. Die dafür bezeichnenden philanthropischen und ästhetischen Bemühungen werden heute noch augenfällig angesichts der vielen sorgfältig errichteten und mit einem Garten umgebenen Ziegelhäuser im Gutsbezirk. Aus verschiedenen Bauperioden stammen, stützen sie doch alle eine der Thesen des Kieler Gartentheoretikers C. C. L. Hirschfeld, der nicht müde wurde, über den Zusammenhang von Ästhetik, sittlichem Empfinden und sozialer Verantwortung nachzudenken.

Gleichzeitig führten dendrologische Interessen – durch entsprechende Fachliteratur des 18. Jahrhunderts[18] in der Gutsbibliothek belegt – zu manchen Aufforstungen, in denen Spazierwege und Ruheplätze zum nachdenklichen Genuß der Szenerie herausforderten. Gerne wurden dafür Stellen gewählt, an denen archäologische Funde die lokale Frühgeschichte dokumentieren und weitergehende Überlegungen stimulieren konnten. So entstanden beispielsweise an der „*Alten Burg*" terrassenartige Anpflanzungen von Buchen und Eichen, untermischt mit Solitären, z. B. Kirschen, und vorhandenen Resten des ursprünglichen Bestandes wie der legendären „*Adler-Buche*". Bei einem Rundweg auf der Höhe konnte man an Wällen und Steinsetzungen der Vergangenheit nachspüren oder die verschiedenen Bilder aller vier Himmelsrichtungen miteinander vergleichen: über den Großen Binnensee nach Waterneverstorf oder über das Kossau-Tal zum Nachbargut, nach Westen zur Patronatskirche in Lütjenburg, und nach Osten zum Meer mit dem damals noch regen Schiffsverkehr vor dem Hafen Hohwacht, ein nach Hirschfeld Schleswig-Holstein besonders auszeichnendes Panorama, das „*... mit seinen schwimmenden Palästen, deren weiße Segel zwischen den Wolken umher flattern,*" zu den Hintergründen zählte, die „*... an das Erhabene ...*" reichten.[19]

Zu den sozial und wirtschaftlich motivierten landespflegerischen Maßnahmen gehörte die 1795 in Stöfs gepflanzte Obstbaumallee und der Bau einer Windmühle auf einem Hünengrab, die schnell zum weitbekannten Ausflugsziel avancierte, das selbst dem Engländer Marston ein Begriff war: „*In Waterneversdorf angekommen, war unsere erste Sorge, nach der Windmühle zu gehen, von dessen Geländer man mit Muße und besonderer Behaglichkeit eines majestätischen Anblickes über die Ostsee, die Insel Langeland und Fehmarn in lichter Ferne genießen kann.*"[20] Zusätzliche pädagogische Intentionen führten zur Anlage einer Baumschule und des „*Altenteichsholzes*" um die kleine Schlucht einer Au direkt bei der neuen Schule am Deichkamp. Weil sich in dieser parkartigen Pflanzung die Schneeglöckchen hundert Jahre später so sehr vermehrt hatten, daß sie zu Tausenden jedes Jahr wieder an sich stetig erneuerndes Leben erinnerten, bestimmte der Gutsherr nach dem Ersten Weltkrieg diesen Platz zum Ehrenhain und ließ für jeden Gefallenen des Bezirks einen Stein setzen und eine Eiche pflanzen, eine künstlerische Idee, mit der sich sechzig Jahre später auch Joseph Beuys auseinandersetzte. Außerdem entstand hier – wie übrigens an vielen weiteren Stellen

– ein neuer Weg. Der begann beim Gutspark, führte in sanften Mäandern durch Wiesen und Felder, und bekam den Namen „*Ellernstieg*", weil in dem feuchten Gelände Erlen zu seiner Begleitung gepflanzt wurden.

Zu alledem entstand im Dohl bei Stöfs Anfang der dreißiger Jahre des 19. Jahrhunderts ein bemerkenswertes Sepulkralmonument. Daß Graf Heinrich Christoph von Holstein (1786–1842) eine am östlichen Rand des Gehölzes gelegene Motte, einen mittelalterlichen Burghügel, der wie eine kegelförmige Insel aus einem damals noch intakten breiten Graben herausragte, zur Grabstätte für sich und seine Familie wählte, läßt auf eine Neigung des Grafen zu freimaurerischem Gedankengut schließen, ja vermuten, daß er, wie sein Vater, selber Freimaurer war, denn wenn zu der Zeit auch Denkmäler für verstorbene Familienangehörige in schleswig-holsteinischen Landschaftsgärten als durchaus üblich gelten konnten, so kamen doch wirkliche Beerdigungen außerhalb von Friedhöfen ausgesprochen selten vor, und schon gar nicht mit einem so vielschichtigen Bedeutungshorizont wie hier in Stöfs, wo mythische Bezüge zu den Inseln der Seligen, den „*Elysischen Gefilden*" und dem „*Styx*" assoziiert werden konnten. Als eine weitere Sinnschicht dieses Kulturdenkmals kann die Verbindung mit romantisch-nordischen Reminiszenzen gelten, dem schon früh in hiesigen Gärten beschworenen Gegenbild zur klassischen Dominanz. Alle diese Tendenzen berührten sicher nicht das christliche Grundverständnis, denn schließlich ließ sich gerade hier, am fruchtbaren Hang mit dem Blick auf das Meer, vor freiem östlichen Himmel, Gott als Schöpfer umfassender kosmischer Naturvorgänge besonders dankbar begreifen. Und doch wurde bewußt auf ein architektonisches Mausoleum verzichtet, zu Gunsten einer unterirdischen Grabkapelle, die den Weg von der Finsternis zum Licht besonders überzeugend verdeutlicht. Heute ist der ehemalige Eingang des Hügels nicht mehr zu erkennen, der Graben weitgehend ausgetrocknet, der schmale umfangende Parkstreifen überwachsen. Nur ein Kreuz auf der Höhe des Kegels erinnert an die Gruft. In ihrer unmittelbaren Nachbarschaft wurde Anfang unseres Jahrhunderts der Familienfriedhof der Grafen von Waldersee eingerichtet, in der der Architekt Wiese, Elmshorn, mit Hilfe italienischer Kunsthandwerker 1904 ein Mausoleum mit repräsentativer, gotisierender Fassade für den Generalfeldmarschall Alfred Graf von Waldersee (1832–1904) in den zur Ostsee gerichteten Hang hineinbaute.[21]

Der letzte Holstein auf Neverstorf, Graf Conrad von Holstein (1825–1897), hat in der Mitte des vorigen Jahrhunderts den Park beim Herrenhaus von dem hannoverschen Hofgärtner Christian Schaumburg (1788–1868) nochmals überformen und nach Westen erweitern lassen.[22] Der damals in Schleswig-Holstein viel beschäftigte Gartenarchitekt gab der bis dahin eher kleinteiligen Landschaftsanlage nun einen großzügigeren Charakter.[23] Während der Weiher erhalten blieb, mußten Wasserlauf, Brückchen und Schlängelpfade weiten Wiesenflächen und in sanften, langen Kurven geführten Wegen weichen. Der Sachverstand des routinierten Gartenkünstlers zeigt sich heute noch darin, daß viele der kontrastierenden Clumps und wertvollen Solitäre damals so weiträumig plaziert wurden, daß ihnen Spielraum zur vollen Entfaltung blieb. Trotz mancher Verluste bildet diese Baumkulisse immer noch einen mit den Jahreszeiten wechselnden, beeindruckenden Rahmen für das nun, nach vielen Um- und Ausbauten, als repräsentatives Schloß erscheinende Herrenhaus; dazu gehören Pyramiden-Eichen (Quercus robur 'Fastigiata'), deren gemeinsam gebildete, riesige Blätterpyramide die Einfahrt zum Ehrenhof akzentuiert, oder im Hintergrund als farblicher Kontrast zwei Blutbuchen (Fagus sylvatica 'Atropunicea') mit tiefansetzenden Ästen. Als dendrologische von Schaumburg gerne verwendete Rarität, fällt eine gelbblühende Kastanie (Aesculus octandra) auf, deren Gesundheitszustand allerdings Sorge bereitet.

1897 ging das Gut an den Schwiegersohn des letzten Grafen Holstein über. Graf Franz von Waldersee (1862–1927), ein Nachkomme des Fürsten Franz von Anhalt-Dessau, setzte mit chinesischen Beutestücken seines berühmten Onkels, des Siegers im Boxer-Aufstand, darunter mehrere Kanonen und eine kaiserliche Tempelglocke, im Park einen exotischen Akzent. Er zeigte sich aber auch landschaftsgestalterisch interes-

Abb. 480: Waterneverstorf, Blick in den Park, Photo 1994.

siert und schloß in seine diesbezüglichen Bemühungen Anfang dieses Jahrhunderts strandnahe Gebiete ein, die nach der verheerenden Sturmflut von 1872 und anschließendem Deich- und Schleusenbau zunehmend an Bedeutung durch den wachsenden Fremdenverkehr gewannen. Für ihre Gestaltung und Sicherung wurde der in den Dreißiger Jahren populäre Gartenarchitekt Harry Maasz herangezogen.

Distanzierter als Maasz stand der andere Gartenarchitekt, der im 20. Jahrhundert in Waterneverstorf gewirkt hat, dem nationalsozialistischen Regime gegenüber: Karl Foerster (1874–1970). Er plante dort, wo der erste kleine Lustgarten gelegen hatte und in der Zwischenzeit die günstige Süd-Ostlage zur Anzucht empfindlicher Blumen, Früchte und Gemüse genutzt worden war, einen jener *„Blütengärten"*, denen er selbst das optimistische Attribut *„der Zukunft"* gab. Dabei nahm er auf besonderen Wunsch der zweiten Gemahlin des ersten Grafen Waldersee auf Neverstorf, Elsa Gräfin von Waldersee, geb. Haniel, seinen eigenen Garten in Bornim bei Potsdam zum Vorbild. Es war ein *„Senkgarten"*, d. h. er war im Verhältnis zur Umgebung in seinem Zentrum vertieft angelegt, um ein günstiges Kleinklima für empfindliche Pflanzen zu schaffen und dem Besucher ein durch die Höhenstaffelung besonders mannigfaltiges Bild vorführen zu können. An drei Seiten des im Mittelpunkt gelegenen Bassins, umpflanzt von Gräsern und vielen Iris-Sorten, stieg das Gelände rhythmisch, in flachen Stufen bergan. Dabei waren dem an symbolischen Bezügen interessierten Gartenschöpfer Granitsteine äußerst willkommen, die von der ältesten Scheune des Hofes stammten. Er hatte auf die Frage: *„Welche Rolle kommt nun aber dem Stein im Garten zu?"* von *„der Vergeistigung des Steins"* gesprochen und zugefügt: *„Halbversunkene Gartengeheimnisse fernster Zeiten und Räume raunen oft nur noch durchs Sprachrohr des Steins mit kommenden Jahrhunderten."*[24] Auf den Stufen verteilte man Polsterpflanzen und Gräser, aus aller Herren Länder importierte Blumenzwiebeln und Sträucher, vor allem aber von Foerster gezüchtete Stauden derart, daß unter Berücksichtigung von Höhe, Blütezeit und Standortansprüchen, an expressionistische Heftigkeit erinnernde intensive Farb- und Duft- Kompositionen entstanden: Lerchensporn und Sonnenröschen, Krokus und Tulpen, Lilien, Nelken und Margeriten, Rosen, Phlox, Rittersporn, Chrysanthemen und dazwischen das Grün unterschiedlichster Gräser. Rosenpergolen unterstützten die einfassende Jasminhecke, während üppig über alle Beeteinfassungen wuchernde Stauden, sich in Treppenfugen ausbreitende Polster und weit überhängende Kletterrosen und Schlinger die geometrische Strenge der Grundstruktur überspielten. Als schönster Sitzplatz stand eine weiße Bank am Ende der ansteigenden Mittelachse geschützt unter einer dreiarmigen riesigen Ulme, und direkt davor, aber schon ein

Abb. 481: Waterneverstorf, Luftbild 1996.

wenig tiefer, fand als Krönung eine der erhaltenen Skulpturen des Barockgartens, die Venus, ihren Platz.[25]

Foerster gestaltete auch die Partie am Binnensee mit Erlen- und Weidenpflanzungen und den *„Muschelstieg"* neu, der mit einem Belag aus Strandsand und Muschelgries einen hellen Akzent setzte. Einen weiteren kleinen Garten plante Foerster für eine Dependance des Gutes, ein Ziegelhaus direkt an der Küste. Darin kommen stärker seine Ideale vom ganzheitlichen Leben des Menschen in der auch kosmisch begriffenen Natur dadurch zum Ausdruck, daß er einen vertieften Rasenplatz anlegte, auf dem in Harmonie mit Meer und Strand, Himmel und Sonne Körperübungen gemacht werden sollten. An drei Seiten gab es etwas erhöht eine den kargen Boden und die harten klimatischen Bedingungen berücksichtigende Bepflanzung und eine nach Süden geöffnete Lese-Laube.

Von Karl Foersters hoffnungsfrohem Senkgarten haben nur Reste der Jasminhecke, ganz vereinzelte Stauden, einige Frühlingsblüher, Teile des Mittelbassins und der Terrassenstufen die Zeiten überdauert. Sie bilden mit den dort inzwischen aufgestellten, weiteren drei ein wenig ruinösen Barockskulpturen ein Bild stimmungsvoller Melancholie innerhalb des heutigen, in seinem Zentrum gepflegten Parks, in dem Spuren von vier Stilstufen der Gartengeschichte anzutreffen

sind. Der jetzige Besitzer versucht den Zeichen des Verfalls entgegenzuwirken und mit vorsichtigen Neupflanzungen unvermeidliche Verluste auszugleichen, um den heutigen Charakter in die Zukunft hinüberzuretten (Abb. 480). Besondere Sorgen bereitet die zu einer hohen Wand ausgewachsene barocke Wasser-Allee, die seit mehr als zweihundert Jahren dem Park einen wirksamen Schutz vor den harten Ostwinden bietet.

Die aktuellen landespflegerischen Bemühungen gelten insbesondere dem Dohl. Wo vor zweihundertsechzig Jahren Elisabeth Blome eine Eremitage anlegte, von der keine Spuren mehr zu finden sind, und wo achtzig Jahre später eine Motte zu einer Grablege wurde, beginnen viele Eichen zu kränkeln. Ganz in der Nähe findet sich jene Stelle, an der König Wilhelm damals anhalten ließ, und darüber ein Hang, wo zahlreiche Maler das Bild landschaftlicher Harmonie, wie es sich hier darbietet, festzuhalten suchten.[26] Doch wer heute dort die Aussicht genießt, sollte wissen, daß er eine gefährdete Schönheit vor sich hat. Paradoxerweise sind es rigorose Naturschützer, von denen die Bedrohung ausgeht: als Konsequenz des *„Kossau-Projektes"* soll diese über tausendjährige Kulturlandschaft aufs Spiel gesetzt werden für einen von fernen Theoretikern erdachten Versuch, der u. a. beinhaltet, daß der Küstenschutz in diesem Bereich entscheidend eingeschränkt wird (Abb. 481). Schon sind von dem kleinen Foerster-Garten an der Küste mehrere Quadratmeter ins Meer gerissen worden, ohne daß eine Genehmigung für Sicherungsmaßnahmen in Aussicht stände. Das Projekt wird die Bemühungen vieler Generationen um einen verantwortungsvollen Umgang mit der Natur in dieser Gegend zunichte machen und viele Millionen verschlingen, mit denen Bäume saniert, Teiche entschlammt und so bedeutende historische Gärten erhalten werden könnten wie der Park von Waterneverstorf.

Ingrid A. Schubert

1 Zur Gutsgeschichte: Oldekop (1908), Bd. 1, Kap. IX, S. 135–138; Walderseee (1963), S. 62–64; Bubert/Walter (1989) S. 387–421. Zur Familiengeschichte Blome vgl. Hintze (1929), insbes. S. 323–333.
2 „Accurater Plan von dem Hoff- und Garten des Hochadelichen Guhtes Neverstorff wie selbiges Ano 1730 situirt gewesen ist", signiert G. J. E. Cart. Photographien davon im Gutsarchiv und LDSH (Z. V. 10766). Dieser Plan, dessen Original verschollen ist, bildet die Grundlage der Interpretation.
3 Die nicht sehr deutliche Wiedergabe deutet auf eine typologische Ähnlichkeit mit der Abbildung bei Elßholtz (1684), Pag. 46 hin.
4 Vgl. Eimer (1961), S. 126–128. Diese Zuschreibung wird hier übernommen, wenngleich auf gewisse Zweifel hingewiesen werden muß, die sich aus einer sonst bei Dallin nicht vorkommenden Bau-Ornamentik ergeben.
5 Von diesen, lt. Kartusche des Plans genannten Bäumen, sind noch eine Reihe erhalten. Die Obstbäume werden in dem sehr niedrig gelegenen Gebiet, schon bei der großen Sturmflut von 1777 stark dezimiert worden sein. Wenn Oldekop (1908), S. 138 von der ersten Obstbaum-Allee Schleswig-Holsteins in Stöfs spricht, wird eine Verwechslung mit diesen schon 1730 im Tiergarten geplanten Alleen vorliegen.
6 Es handelt sich um Régence-Dekoration im Gartensaal und um Motive des Balkongitters. Sie tauchen alle im Bereich der Hauptachse wieder auf.
7 Le Blond (1731). Das Werk gehört zu jenem Bestand der Gutsbibliothek, der nach dem Einband als ehemaliger Besitz des Hinrich Blome erkennbar ist, und die Garteninteressen des Gutsherrn bezeugt.
8 Le Blond (1731), Pag. 190 und 194, Tab: K.
9 Fülck [1720], z. B. Plan 7.
10 Beurteilt nach vier erhaltenen mythologischen Figuren, Venus, Daphne, Diana und Jason. Da aus dem Konkurs (1730) des Grafen von Dernath, der enge Beziehungen zu den Schönborns unterhielt, 8 Plastiken erworben wurden, könnten diese Figuren aus dem Würzburger Raum stammen. Als Künstler käme aber auch der Eutiner Hofbildhauer Schlichting in Frage. Nähere Untersuchungen dazu in einer in Vorbereitung befindlichen ausführlicheren Arbeit der Autorin über Waterneverstorf.
11 Das Bassin wurde wohl im Juni 1738 fertig, als der Schmied Hinrich Voß u. a. für *„einen Schlüssel für die Fontäne"* bezahlt wurde. Gutsarchiv, Korn-, Geld- und Vieh-Register 1738.
12 Zitat aus der Kartusche des Plans.
13 Gutsarchiv, Korn-, Geld und Vieh-Register 1737 und 1739. Schlichting fertigte ein Jahr zuvor auch den Sarkophag für Hinrich Blome.
14 Entsprechende Bohlen wurden kürzlich bei Drainagearbeiten gefunden.
15 Beide waren, wie der damalige Gutsherr, Freimaurer, für die der hier vorherrschende Ostblick programmatische Bedeutung hatte.
16 Er gehörte der Kieler Loge *„Louise zur gekrönten Freundschaft"* an. Neuschäffer (1983), S. 115.
17 *„Charte von dem adlichen Hofe Water=Neverstorff nebst dessen Umgebung Vermeßen und gezeichnet im Frühjahr 1820 von C. Vogel."* Diese Signatur wurde von dem sächsischen Hauptstaatsarchiv, Dresden, als von dem Hofmaler stammend bestätigt mit Schreiben an Frau Olguita Mahn, Eckernförde, vom 19.5.1995. Der Maler wurde erst später mit dem Zusatz „von Vogelstein" geadelt. Er hatte das gräfliche Ehepaar wahrscheinlich auf einer Italienreise kennengelernt.
18 Du Roi (1771/1772), Bd. 1; Burgsdorf (1787); Wangenheim (1787).
19 Hirschfeld (1779–1785), Bd. 5, S. 125.
20 Marston (1833), S. 246.
21 Kieler Zeitung vom 12.7.1904.
22 Oldekop (1908), Bd. 1, S. 137 vermutet, daß C. Schaumburg schon 1820 hier tätig war. Dessen Vita und die tradierte Gutsgeschichte sprechen dagegen, jedoch lassen sich in den Akten des GA Waterneverstorf Beweise für seine Tätigkeit finden.
23 Rede von Gustav Thaulow (1817–1883) 1863 in der Kieler Börse.
24 Foerster (1936), S. 11.
25 Beschrieben nach Photos im Gutsarchiv und Erläuterungen Foersters zu seinen diesbezüglichen Prinzipien in Foerster (1917), insbes. S. 30, 32, 36, 44, 57, 122, 124.
26 Vgl. Paczkowski (1989), S. 171–188.

Weissenhaus

Gutspark, ca. 10 Kilometer westlich von Oldenburg direkt an der Ostsee gelegen. Die ab 1735 geschaffene spätbarocke Anlage wurde um 1800 landschaftlich umgestaltet. Der Kernbereich mit noch erkennbaren barocken Strukturen ist als gepflegter Park einer Tagungsstätte öffentlich zugänglich.

Weissenhaus befand sich als Dorf des Gutes Farve schon 200 Jahre in Händen der zu den ‚Originarii' gehörenden Familie Pogwisch, als es 1607 abgetrennt und zum Adeligen Gut erhoben wurde. Es folgten rasche Eigentumswechsel, bis im Jahr 1735 Georg Ludwig Reichsgraf von Platen Hallermund (1704–1772) den Besitz erwarb. Seitdem ist er stets in dieser Familie weitergegeben worden und befindet sich heute in der Hand von Erik Graf von Platen Hallermund.[1] Dem Vater des damaligen Käufers war von dem Kurfürsten von Hannover und späteren König Georg I. von Großbritannien – für seine diplomatischen Verdienste bei den Verhandlungen im Zusammenhang mit der Thronfolge in England – das General-Erbpostmeisteramt verliehen worden. Da seine Nachkommen weiterhin hohe Ämter in Hannover bekleideten, nutzten sie Weissenhaus primär als Jagd- und Sommerresidenz. Dafür schien das erst vier Jahre alte barocke Herrenhaus bestens geeignet. Allerdings genügte der nördlich des Hofteiches liegende bescheiden-konventionelle Lustgarten aus dem 17. Jahrhundert nicht den Ansprüchen der neuen Besitzer. Daß deren Familiensitz, Schloß Linden bei Hannover und das dortige Lustschloß Montbrillant, mit aufwendigen Barockanlagen umgeben waren,[2] mag zu dem Entschluß beigetragen haben, in Weissenhaus eine moderne Gartenanlage mit direktem Zugang vom Herrenhaus in Auftrag zu geben. Die nordwestlich des Gebäudes vorbeiführende Straße mußte dafür allerdings nach Südosten, quer durch den Hof, verlegt werden. Dort schüttete man gleichzeitig den Hausgraben zu, um Platz für eine repräsentative Auffahrt zu gewinnen.

Im Jahr 1742, als sich die Struktur dieses Areals total verändert hatte, wurde es von dem Vermesser Johann Heinrich Schroeder aufgenommen (Abb. 482).[3]

Danach erstreckte sich die rechteckige, axialsymmetrisch auf das Herrenhaus bezogene Gartenanlage hinter dem barocken Gebäude nach Nordwesten. Sie wurde seitlich begrenzt durch beschnittene Lindenreihen, die aber keine Allee bildeten, sondern eine breite Promenade nur am Außenrand begleiteten, während parallel dazu innen eine lange Reihe von Orangen- oder Lorbeerbäumen in Kübeln aufgestellt war. Um das Herrenhaus harmonisch in die Anlage zu integrieren, setzten sich die Promenaden, den quadratischen Ehrenhof begleitend, weiter nach Südosten fort. Mochte das derart entstandene langgezogene Rechteck mit betonter Begrenzung noch an holländische Gartenvorbilder erinnern, so war doch die Binnengestaltung von der dabei üblichen rasterartigen Unterteilung weit entfernt. Es dominierte ein zentrales Motiv: das aufwendige, einteilige, axialsymmetrische Parterre in Form eines Rechtecks. Die Breite des Herrenhauses aufnehmend, lag es in einem ausgedehnten, um mehrere Stufen eingetieften Boulingrin. Von Platebandes gefaßt, gruppierten sich vegetabile, an Vorschläge von Dezallier d'Argenville angelehnte Broderien um ein zentrales Bassin in gestreckt-oktogonaler Form. Da hier zuvor ein Bach entlangführte, der zwei Teiche miteinander verband und damals verrohrt wurde, ist anzunehmen, daß eine Fontäne in dem Bassin einen vertikalen Akzent setzen sollte. Die lebhafte Zeichnung dieses Parterres, in lockerer Régencemanier eingebettet in den Rasen des Boulingrin, konnte von den erhöhten Promenaden und von den Fenstern des Hauses als Ganzes genossen, aber auch – nachdem man vier Stufen hinuntergestiegen war – aus der Nähe betrachtet werden. An der nordwestlichen Grenze formten doppelte Heckenreihen andeutungsweise einen apsidialen Abschluß. Doch änderten die konvex ansetzen-

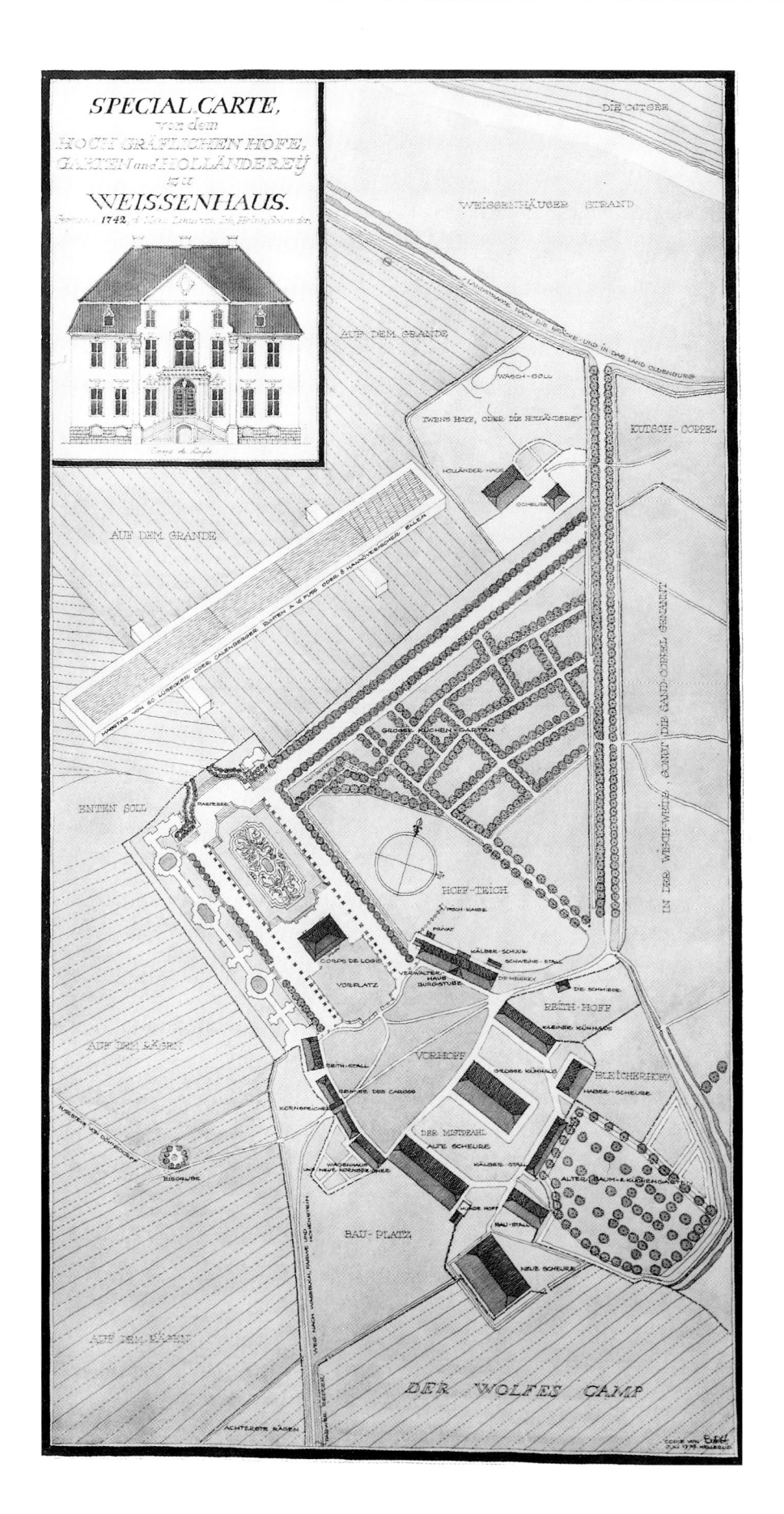

Abb. 482: „Special-Carte, von dem Hoch Gräflichen Hofe, Garten und Holländerey zu Weissenhaus" von J. H. Schroeder aus dem Jahre 1742, Kopie von 1979 (GA Weissenhaus).

den Bögen auf halbem Wege ihre Richtung und führten auf ansteigendem Terrain zu einem Aussichtsplatz, der den End- und Höhepunkt der Mittelachse bildete. Als Attraktion des sich hier öffnenden Panoramas konnte man das nahe Meer erblicken, damals noch belebt von verschiedensten Schiffen, Lastenseglern und Fischerbooten.

Im Gegensatz zu dem üppigen Parterre war das Boskett eher bescheiden ausgebaut. Es zog sich als ein schmaler Streifen auf leicht erhöhtem Gelände hinter den Linden der Südwestgrenze entlang und enthielt neben vier kleinen Kabinetten drei größere Linden-Salons. Deren innerer Tapis vert zeichnete in leicht vereinfachter Form jeweils den äußeren Grundriß nach. An der langen Nordost-Seite wurde die symmetrische Wiederholung dieses Boskettstreifens durch den großen Fischteich verhindert. Der konnte auf einem Spazierweg umrundet und dabei auch ein Küchengarten inspiziert werden, der an Stelle der alten kleinen Barockanlage entstanden war.[4] Schließlich bog am Ende des Parterres eine Linden-Allee rechtwinklig nach Nordosten ab, um bei dem Dünenstreifen an der Ostsee zu münden. In dieser bis heute gut erhaltenen, ungewöhnlich breiten Allee ist der Rest jener Straße zu sehen, die für die Anlage des Gartens umgeleitet wurde.

Insgesamt werden in dem Weissenhäuser Spätbarockgarten über die Ornamentik des Parterres hinausgehende Stilelemente der Régence deutlich, wie sie in den zwanziger Jahren in Paris entwickelt wurden und seit Mitte der dreißiger Jahre auch in Schleswig-Holstein aufkamen (vgl. Plön, Waterneverstorf): Kühl-elegante, symmetrische Gliederung, Verzicht auf üppige Größe und Zurückhaltung bei skulpturaler und architektonischer Ausstattung. Gleichzeitig kommt dem Blick in die Umgebung eine neue Bedeutung zu. Dabei lassen harmonische Proportionen und geschickte Abwandlung der Vorschläge von Dezallier d'Argenville bzw. Le Blond,[5] auf einen geschulten Gartenarchitekten schließen. Leider ist sein Name nicht überliefert, doch scheint es gut möglich, daß es sich um Ernst August Charbonnier handelt, der zwischen 1717 und 1721 für die Grafen von Platen Hallermund den

Abb. 483: Weissenhaus, Neugotisches Denkmal von G. L. F. Laves, Photo 1995.

bedeutenden Park um Schloß Montbrillant in Hannover angelegt hatte.[6]

Spätestens mit der großen Sturmflut von 1777 muß diese Anlage ihres schönsten Schmuckes, des Parterres, beraubt worden sein. Es ist also eine erste Überformung noch Ende des 18. Jahrhunderts anzunehmen, der weitere folgten. Die größere landschaftliche Anlage, die auf der Karte der Preussischen Landesaufnahme 1877/79 zu erkennen ist, wird erst nach 1818 unter Georg Wilhelm Friedrich Graf von Platen Hallermund (1785–1873) geschaffen worden sein. Obgleich auch er noch ein wichtiges Amt in Hannover wahrnahm, hat er doch so intensive Beziehungen zu Weissenhaus entwickelt, daß er seiner im Sommer des Jahres 1833 verstorbenen Gemahlin Julia, geb. Gräfin von Hardenberg, hier ein Denkmal errichten ließ. Es wurde von dem hannoverschen Hofbaurat Georg Ludwig Friedrich Laves (1788–1864)[7] aus Gußeisen – als

Abb. 484: Weissenhaus, Gußeiserne Parkbank, Photo 1995.

Kreuz in neogotischem Tabernakel über einem Werksteinblock gestaltet[8] – am nordwestlichen Ende des großen Weihers aufgestellt und als Ausdruck der Trauer mit dunklen Eiben (Taxus baccata) umgeben (Abb. 483). Damit erhielt der Park in seinem Zentrum ein verhalten-melancholisches Stimmungsbild, wie es romantischen Vorstellungen entsprach.

Die große landschaftliche Anlage reichte im Südwesten über die ehemaligen Boskette hinaus bis zu einem heute noch bestehenden, besonders artenreich bepflanzten Knick.[9] In diesem Areal haben sich die Strukturen eines der barocken Lindensalons erhalten. Von der Überformung im 19. Jahrhundert mit zeittypisch mannigfaltiger Bepflanzung in diesem Bereich zeugen noch einige ausgefallene Bäume wie eine rotblühende Pavie (Aesculus pavia), eine Trauer-Esche (Fraxinus excelsior 'Pendula') oder ein Mammutbaum (Sequoiadendron giganteum), in dessen Rinde sich Baumläufer mit langen Schnäbeln unzählige Nisthöhlen geschaffen haben. Wichtiger Bestandteil der Anlage war ein ausgedehntes Gelände nördlich des Teiches, etwa in Form eines Dreiecks, dessen Spitze sich bis an die Dünen vorschob. Ein besonderer Reiz muß an der Westgrenze dieses Areals von wechselnden Ausblicken ausgegangen sein: auf den am Strand entlangführenden Postweg von Kiel nach Oldenburg, auf den malerischen Meierhof, auf die im Hintergrund ansteigende Steilküste und die Hohwachter Bucht. Den ästhetischen Genuß von Meereslagen hat auch Hirschfeld mehrfach hervorgehoben und speziell auf das „höhere Schauspiel" hingewiesen, daß sich bei nach Westen geöffneten Anlagen bot, *„... wenn in den stillen Sommerabenden die über das Meer hin untergehende Sonne ihre Pracht verbreitet, wenn ihre mildern Strahlen in den umherschwebenden Gewölken am Himmel immer abändernde Gemälde bilden, deren Wiederscheine auf den klaren Flächen aufglimmen, entzücken, und verlöschen ..."*.[10]

Nach einer letzten Erweiterung im Jahr 1893 folgten Reduzierungen in unserem Jahrhundert. Bei der Aufforstung des ganzen nördlichen Areals in den dreißiger Jahren wurden jedoch wichtige Elemente geschont: Außer der breiten barocken Allee die Region um das Denkmal und den Weiher sowie der hinter einer Mauer im östlichsten Dreieck angelegte Staudengarten. Von ihm künden noch ausgewilderte Bestände u. a. von Schneeglöckchen, Milchstern, Iris und Herbstzeitlosen. Doch früher hielt hier ein kundiger Gärtner auch so exotische Planzen wie Yucca, während es für noch empfindlichere Fremdlinge ein Palmenhaus in dem damaligen Küchengarten jenseits der Straße gab.

Das ehemalige Parterre präsentierte sich im Landschaftspark als Pleasureground, wobei sich die florale Dekoration natürlich im Laufe der Zeit vielfach änderte. Heute findet sich hier eine großzügig-schlichte Rasenfläche, eingefaßt von den historischen breiten Kieswegen. Die am Nordostrand zu riesigen Bäumen ausgewachsene 250 Jahre alte Lindenreihe, von der nur ganz wenige der mit etwa 5 m Abstand gepflanzten Exemplare ausgefallen sind, und das hohe Gehölz an Stelle der ehemaligen Boskette auf der gegenüberliegenden Seite, wo die Lindenreihe der landschaftlichen Gestaltung weichen mußte, rufen eine beeindruckende Raumwirkung hervor. Weit ausladende Solitäre am Ende des Rasens verstärken den Eindruck, doch zwischen ihnen hindurch wird der Blick immer noch zum dem beliebten Aussichtsplatz gelenkt, der die Szene abschließt und gleichzeitig erweitert (Abb. 484). An Stelle des ehemaligen Herrenhauses ist nach einem Brand im Jahre 1895 ein repräsentativer neobarocker Schloßbau errichtet worden. Dessen Auffahrt wird immer noch vom Wirtschaftshof abgegrenzt durch einen Semi-Zirkel hoher Pyramiden-Eichen, die seit fast zweihundert Jahren den Besucher beeindrucken (Abb. 485), lange bevor er die zwei Löwen aus Sandstein entdeckt hat, die vor dem südlichen Nebengebäude noch an das einstige General-Erbpostmeister-Privileg erinnern sollen.

Graf von Platen Hallermund hat den Weissenhäuser Park dankenswerterweise der Öffentlichkeit zugänglich gemacht und ist intensiv um die Erhaltung der Zeugen aus zweihundertfünfzig Jahren Gartengeschichte bemüht. So soll z. B. demnächst die Umge-

Abb. 485: Weissenhaus, Herrenhaus mit Pyramideneichen, Ölgemälde um 1850 (Privatbesitz).

bung des romantischen Denkmals restauriert werden. Ein kaum lösbares Problem stellen die zunehmenden Alterungsspuren bei dem wertvollen historischen Baumbestand, insbesondere bei den Pyramideneichen dar.

Ingrid A. Schubert

1 Zur Gutsgeschichte Oldekop (1908) Bd. 1, Kap. VII, S. 169–172. Außerdem vgl. Rumohr (1982), S. 278–288; Bubert/Walter (1989), S. 223–232.
2 Das Terrain des Lustgartens von Schloß Montbrillant ist heute Universitätsgelände. Originaler Zustandsplan aus dem Jahr 1834 im GA Weissenhaus.
3 Kopie eines Bestandsplanes von 1742 im Gutsarchiv: „*Specialcarte von dem Hoch Gräflichen Hofe Garten und Holländerey zu Weisenhaus*". Original verschollen.
4 Ein weiterer Küchengarten lag auf der anderen Seite des Hofes.
5 Zum Verhältnis Le Blond/Dezallier d'Argenville vgl. Dennerlein (1981), S. 4–6.
6 Er war der Sohn von Martin Charbonnier, der von 1682–1717 in Hannover tätig war und den großen Garten in Herrenhausen umgestaltet hatte. Hennebo/Hoffmann (1962–1965), Bd. 2, S. 163/166.
7 Obgleich Laves primär als klassizistischer Architekt hervorgetreten ist, hat er seit 1826 gelegentlich auch auf gotisches Formengut zurückgegriffen. Vgl. Hammer-Schenk/Kokkelink (1988), S. 411–417.
8 Die Inschrift lautet: „*Julia Gräfin von Platen-Hallermund geb. Gräfin von Hardenberg, geb. den 22. Oct. 1788, gest. den 18. Aug. 1833*".
9 Beschreibung nach Preußischer Landesaufnahme 1877/79, Hinweisen aus dem Gutsarchiv und heutigem Bestand.
10 Hirschfeld (1779–1785), Bd. 3, S. 227.

Wilster

Ehemaliger Stadthausgarten der Familie Doos aus dem Jahre 1785; seit 1829 durch Schenkung in Besitz der Stadt Wilster, die das Anwesen seitdem als Bürgermeisterhaus nutzt. 1894 gotisierende Umgestaltung des Hauses; 1938 Rückbau der Straßenfront des Hauses in barocker Form; öffentlich zugänglich.

1785 ließ sich der Kanzleirat Johann Hinrich Doos nach seiner Heirat mit Luise, einer Tochter des dänischen Oberleutnants von Wolters, an der heutigen Rathausstraße ein stattliches Wohnhaus errichten. Der zweigeschossige, siebenachsige Backsteinbau mit einem Mansarddach und übergiebeltem Frontispiz über Straßen- und Gartenseite gilt als eines der bedeutendsten erhaltenen spätbarocken Bürgerhäuser Schleswig-Holsteins.[1] Die 1914 von Carl Zetzsche publizierte Beschreibung des Hauses mit seiner reichen Innenausstattung und seinem für die Landschaft der Elbmarschen prächtig ausgestatteten Garten blieb bis heute die einzige Forschungsarbeit zu diesem Denkmalensemble. Dies mag nicht zuletzt daran liegen, daß sämtliche Baurechnungen, aber auch andere bildliche und textliche Quellen, die nähere Auskunft über das Anwesen geben könnten, verloren gegangen sind.

Lediglich ein Stadtplan von Wilster, der in der Mitte des 19. Jahrhunderts entstand, entwirft ein Bild vom Aussehen der Anlage zu dieser Zeit (Abb. 486). Demnach kann der an der Wilsterau gelegene Garten in drei verschiedene Grünräume unterteilt werden, die sich

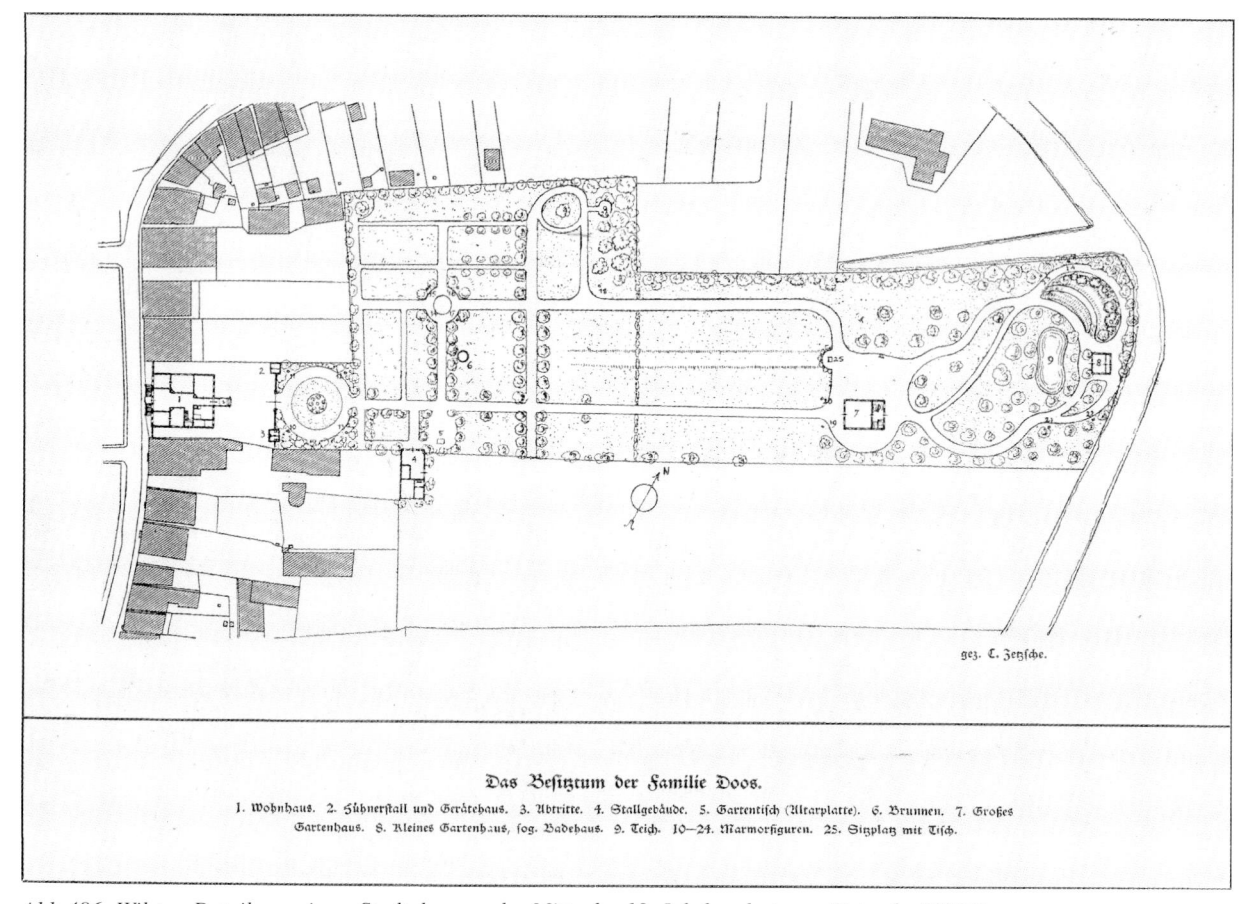

Abb 486: Wilster, Detail aus einem Stadtplan aus der Mitte des 19. Jahrhunderts aus Zetzsche (1914).

entlang einer 250 m langen, annähernd von Westen nach Osten verlaufenden Achse aneinanderreihen.

Von der Freitreppe an der Gartenseite des Hauses gelangt man auf einen gepflasterten Hof mit zwei Durchfahrten zur Straße, deren einstige schön geschmiedete Gittertore leider verschwunden sind. Die vom Haus ausgehende mittlere Achse führte um ein Rondell herum durch einen kleinen quadratischen Garten und endete in dem großen Doosschen Gartenhaus. Bei einem Luftangriff am 15.6.1944 wurde dieser Fachwerkbau zerstört. Eine historische Photographie des Gebäudes zeigt den schlichten klassizistischen Bau, auf dessem schmiedeeisernen Dachgitter 1914 noch die Jahreszahl 1796[2] zu entziffern war (Abb. 487). Das Gartenhaus konnte nicht beheizt werden und enthielt im Ober- und im Untergeschoß zwei große Gartensäle, die mit einem Treppenhaus verbunden waren. Heute befindet sich an diesem Standort ein Denkmal für die Stifterin Frau Etatsrätin Doos.

Der mittlere Gartenbereich, dessen Hauptachse von Norden nach Süden verlief und durch drei querverlaufende Alleen in sechs Quartiere unterteilt wurde, hatte offensichtlich einen älteren barocken Vorgängergarten, den ein Stadtplan von 1775 im Stadtarchiv in Umrissen darstellt.[3] Im Süden zielte die Mittelachse dieses Gartenteils auf ein Haus, das im Plan in der Ansicht gezeichnet ist, aber bislang keine Identifizierung zuläßt. Zur Zeit der Familie Doos stand an dieser Stelle ein Stallgebäude. Vor diesem Wohnhaus und späteren Stallgebäude lag ein ovaler Platz von Bäumen umstanden, auf dem Doos eine Altarplatte aus der kurz zuvor abgerissenen alten Kirche von Wilster aufstellen ließ. Eine alte Photographie zeigt in der Hauptallee beschnittene Bäume, vom Wuchs her wohl Linden, die zwei seitlichen Alleen könnten auch mit Obstbäumen bepflanzt gewesen sein. Der 1914 gezeichnete Plan zeigt Umgestaltungen in diesem Bereich, die die Struktur dieses Gartens jedoch kaum veränderten, wie es die Etatsrätin auch in ihrem Testament[4] verfügt hatte. Es wurden lediglich weitere Unterteilungen durch Wege vorgenommen, was darauf schließen läßt, daß der Garten als Bürgermeistergarten (ab 1829) mehr dem Nutzen als der Repräsentation diente.

Abb. 487: Wilster, Doossches Gartenhaus, Photo vor 1944 (LDSH).

Der daran anschließende östliche langgestreckte Gartenteil wurde ursprünglich nur durch einen spangenförmigen Weg erschlossen, der zwischen Badehaus und dem ovalen Teich herumgeführt wurde und den nördlichen Bereich des Gartens querend wieder in den ältesten Gartenraum zurückführte. Die Mittelachse dieses langgestreckten Gartens bildete möglicherweise ein Kanal, der den Badeteich mit dem Brunnen verband und wohl auch wegen des hohen Grundwasserstandes in der Marsch angelegt werden mußte. Das Badehaus war ebenfalls ein rechteckiger Fachwerkbau, der 1914 baufällig war.[5]

Zahlreiche Statuen aus carrarischem Marmor, die aus Schloß Friedrichsruh in Drage stammen,[6] das 1787–90 abgerissen wurde, und die Kanzleirat Doos ersteigert hatte, schmückten den Garten.[7] Heute sind noch zehn von ihnen, teilweise stark beschädigt, erhalten (Abb. 488).[8] Die Bedeutung dieses vergleichsweise umfangreich erhaltenen Figurenprogramms war

Abb 488: Wilster, Skulptur im Garten, Photo 1995.

schon 1914 nicht mehr exakt festzustellen. Es sind jedoch antike Götter, Jahreszeiten und Weltteile identifizierbar. Sicher bestimmen ließen sich nach Zetzsche (Abb. 486) Juno (10), Saturn (15), Apoll (14), Herkules (23), ein Türke (19), der Asien vorstellen dürfte, zwei weibliche Gestalten, die eine mit Weintraube und Reh (21, Herbst), die anderen mit einem Füllhorn voll Blumen und Früchten (22, Sommer), eine Figur mit Flammen (24, Winter). Eine Figur (18) ist durch eine Inschrift am Postament als Amphitrite bezeichnet. Eine weitere mit Bogen und Köcher, aber ohne Kopf, lag im Großen Gartenhaus (Amerika oder Diana?).[9]

Der östliche Teil um den Badesee muß zeitlich in der 2. Hälfte des 19. Jahrhunderts landschaftlich umgestaltet worden sein.[10] Ein 1989 von der Stadt Wilster in Auftrag gegebenes kleines Gutachten zeichnet ein trauriges Bild dieser ehemals romantischen Partie: ein versumpfter Weiher, der von einer Unzahl von Enten bevölkert wird und von einigen halbtoten Bäumen umstanden ist. Daß dieser traurige Zustand nicht nur auf mangelhafte Pflege zurückzuführen ist, sondern auch auf das Zuschütten der Wilsterau nach dem Zweiten Weltkrieg, läßt sich nur vermuten. Leider wurden die in dem Gutachten vorgeschlagenen Maßnahmen kaum in die Tat umgesetzt.

Der westliche, formale Gartenbereich befindet sich erfreulicherweise in einem ansehnlicheren Zustand, und auch für die Erhaltung der barocken Gartenplastik wurden in den letzten Jahren Schutzmaßnahmen durchgeführt, so daß dieser Garten bei einem Besuch heute doch noch etwas von seiner ehemaligen Pracht erahnen läßt.

Margita Marion Meyer

1 Zum Haus siehe Heckmann (1977), S. 133f; Kunst-Topographie Schleswig-Holstein (1969), S. 833f; Zetzsche (1914), S. 23ff. Sonnins Urheberschaft, der zu dieser Zeit beim Neubau der Kirche in Wilster tätig war, konnte bis heute nicht belegt werden.
2 Dieses ungewöhnliche Dachgitter gehört jedoch nicht zum ursprünglichen Bestand.
3 Der älteste erhaltene Stadtplan der Stadt Wilster von 1775 im StA Wilster, in: Brien (1989), Anhang.
4 Zu den Testamentsverfügungen der Frau Doos, siehe Brien (1989), S. 7f.
5 Photos vom alten Badehaus in Zetzsche (1914), S. 75.
6 Schloß Friedrichsruh lag nördlich von Itzehoe und wurde 1740–44 für den dänischen Statthalter, Markgraf Friedrich Ernst von Brandenburg-Kulmbach, gebaut. Im Zuge der Bestrebungen des dänischen Gesamtstaates waren mehrere Schlösser und Burgen in den dänischen Provinzen zum Abriß vorgesehen, um der Zentrale in Kopenhagen keine Konkurrenz zu bieten.
7 Doos ersteigerte bei dieser Gelegenheit offensichtlich auch die prächtige Rokoko-Ausstattung des Wohnhauses, nach Zetzsche (1914), S. 30.
8 Die heute noch erhaltenen Figuren sind bei Brien (1989), Anhang 11, aufgezählt.
9 Zetzsche (1914), S. 32.
10 Zetzsches Vermutung, daß die englische Partie bereits im Zusammenhang mit dem Bau des großen Gartenhauses entstanden sei, ist nicht haltbar, da der von ihm abgebildete Stadtplan von um 1840 das Gartenhaus noch mit einem baumumstandenen runden Platz und formaler Gartenstruktur zeigt.

Wotersen

Privater Gutspark, im relativ dicht bewaldeten Gebiet des Herzogtums Lauenburg ca. 10 km südwestlich von Mölln gelegen. Ein 1771 von N.-H. Jardin entworfener spätbarocker Park wurde Mitte des 19. Jahrhunderts im englischen Stil umgestaltet. Der gepflegte Landschaftsgarten ist nicht öffentlich zugänglich.

Erst am Anfang des 15. Jahrhunderts als selbständiges Gut mit Adeligem Gericht gegründet, wurde Wotersen 1717 von Andreas Gottlieb Freiherr von Bernstorff (1649–1726) erworben, dem Premierminister des Kurfürstentums Hannover, zu dem damals auch das Herzogtum Lauenburg gehörte. Nachdem das Gut fast 300 Jahre im Besitz der Grafen Bernstorff verblieben war, ist es kürzlich in andere Hände übergegangen.[1]

Obgleich der damals schon betagte Premierminister seine niedersächsische Regierungstätigkeit von London aus betrieb, wo sein Dienstherr König Georg I. residierte, sorgte er doch dafür, daß sein neuer Besitz möglichst bald vermessen und die Erneuerung in Angriff genommen wurde. Auf dem noch im gleichen Jahr 1717 von G. D. Michaelsen vorgelegten Plan[2] erscheint der erste Garten von Wotersen als nicht sehr großes gerastertes Rechteck im Süden der Hofanlage.

Relativ rasch muß die Entscheidung getroffen worden sein, die ganze vorhandene marode Substanz abzureißen und durch eine moderne Barockanlage zu ersetzen. Dem Herrenhaus konnte dabei der vorgesehene Platz am Ende einer dem Prestige dienlichen, langen Achse nur dadurch gesichert werden, daß man einen Damm durch das sumpfige nordwestliche Gelände baute, auf dem sich noch heute die beeindruckende Wirkung absolutistischer Gestaltungsmethoden erfahren läßt.

Andreas Gottlieb von Bernstorff haben zwei alternative Entwürfe für die Neugestaltung vorgelegen, wobei derjenige die besseren Chancen hatte, der für das Herrenhaus einen vielgliedrigen Bau vorsah, wie er ihn zehn Jahre zuvor auf dem Gut Gartow von dem Baumeister Johann Caspar Borchmann hatte errichten lassen. Bei dieser Planung in Wotersen, die ebenfalls

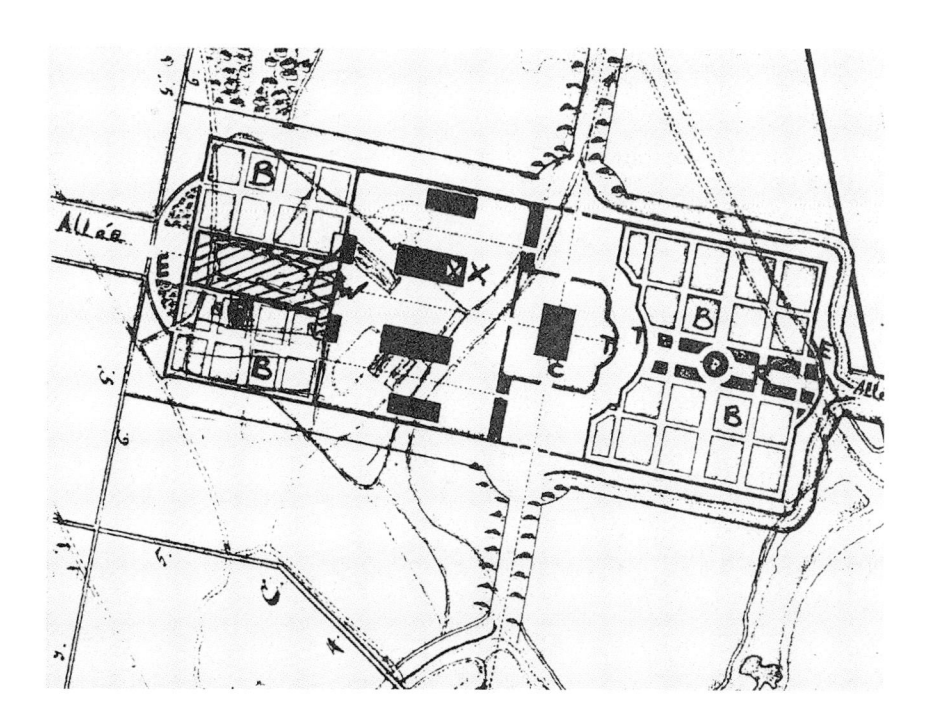

Abb 489: Wotersen, Plan (Detail) von G. D. Michaelsen, Zeichnung nach 1717 (GA Gartow).

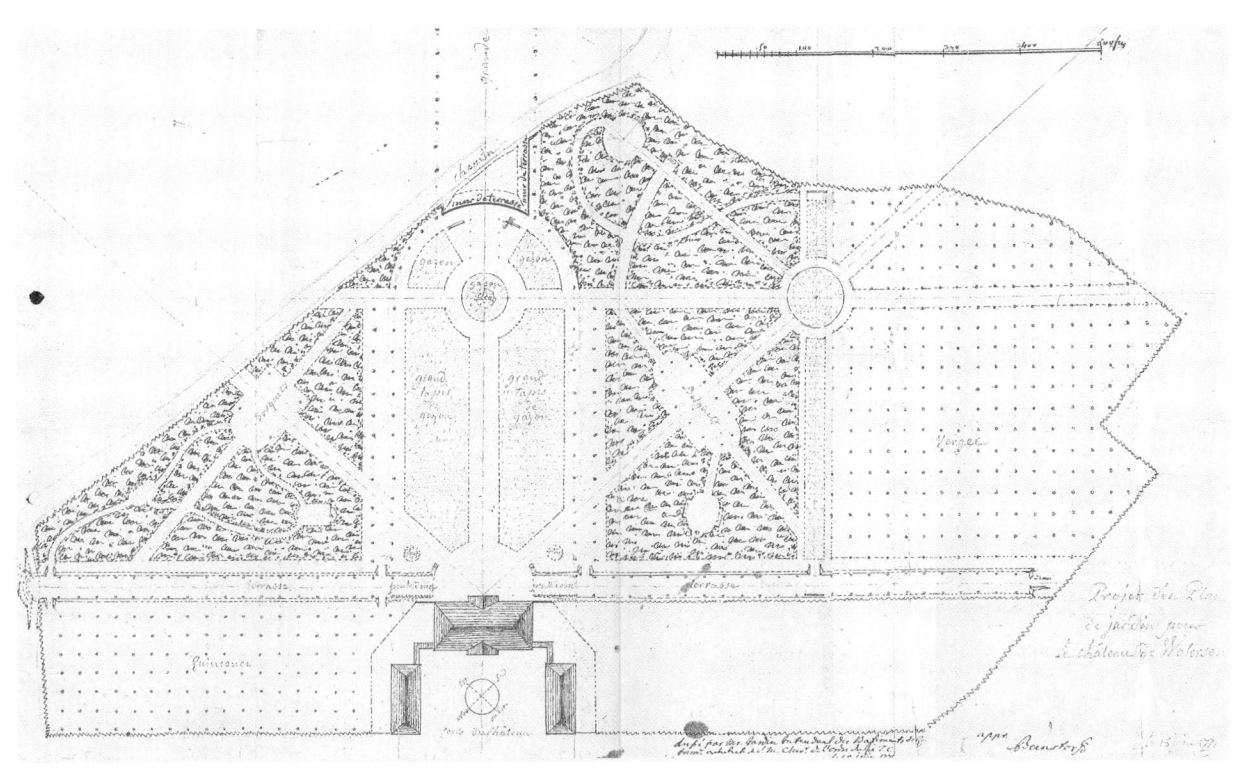

Abb. 490: Wotersen, Gartenplan von N.-H. Jardin, Zeichnung 1771 (GA Wotersen).

Borchmann zuzuschreiben ist,[3] war die ganze Hofkoppel hinter dem Herrenhaus „*für den herrschaftlichen Garten reserviret*"[4] und ein beachtliches Gelände im Nordwesten „*zum Baumgarten*" bestimmt. Zudem sollte dort, wo die Allee in den Hof mündete, der Spiegel eines rechteckigen Bassins – entstanden aus dem ehemaligen Hofteich und begleitet von Gartenquartieren – den ästhetischen Anspruch unterstreichen.

Während der erste Entwurf zwar einen rechteckigen, symmetrischen Wirtschaftshof vorsah, sich aber ansonsten an die traditionellen Gemarkungsgrenzen hielt, ging der zweite Vorschlag einen Schritt weiter in Richtung Stilisierung des Besitzes mit Einfahrt, Wirtschaftshof, Ehrenhof und Garten als klar gegliederte barocke Einheit. Sämtliche spiegelsymmetrisch angeordneten Anlagen und Gebäude sollten in einem langen schmalen Rechteck zusammengefaßt werden, dominiert von dem hier als massiver Block erscheinenden Herrenhaus. Die Gestaltung der Zufahrt wirkt auf dem von G. D. Michaelsen gezeichneten (Abb. 489)[5] ähnlich aber gestreckter als bei dem Borchmann-Entwurf und sollte durch eine Exedra dynamisiert werden. Im eigentlichen Lustgarten hinter dem Herrenhaus erhält die nahezu am Quadrat orientierte Rasterung durch die Mittelachse einen gewissen Tiefenzug, der nur bei einer Fontäne im Schnittpunkt mit einer schwachen Querachse kurz zur Ruhe kommt, um schließlich wieder von einer Exedra in die Landschaft geleitet zu werden. Betonte Grenzen und die Struktur weisen bei diesem zweiten Entwurf auf holländische Vorbilder hin.[6] Doch obgleich er im Grundriß die bestechende Brillanz kühl kalkulierter Idealpläne zeigt, ist er nicht verwirklicht worden. Hofanlage und Herrenhaus wurden nach den Plänen von Borchmann ausgeführt,[7] die Gartengestaltung aber über fünfzig Jahre aufgeschoben.[8]

Dieser Zustand wurde erst durch ein für den Grafen Johann Hartwig Ernst von Bernstorff (1712–1772), Enkel des Andreas Gottlieb, tragisches Ereignis beendet. Der bedeutende dänische Außenminister und ‚Chef der Deutschen Kanzlei' verlor im Jahr 1770 das Vertrauen des dänischen Königs und beschloß, sich in Wotersen zur Ruhe zu setzen. Für die Anlage des Parks zog er seinen Freund zu Rate, den er fast zwanzig Jahre zuvor aus Paris nach Kopenhagen geholt und dem er zu einer blendenden Karriere verholfen hatte: Nicolas-Henri Jardin (1720–1799).

Der Plan (Abb. 490), den dieser kurz nach einer Geländebesichtigung 1771 vorlegte und der von dem Grafen approbiert wurde, hielt sich, wie bereits bei dem Borchmann-Entwurf vorgesehen, genau an die unregelmäßige Gemarkungsgrenze, die wohl damals schon mit dem heute noch vorhandenen charaktervollen Feldsteinwall markiert war. Dem Gelände angepaßt und souverän variiert, füllten Barockelemente so geschickt die nicht sehr weitläufige, etwa dreieckige Fläche, daß ein großzügiger Eindruck entstand. Der den Geländeanstieg an der Gartenseite des Herrenhauses auffangende Damm, mit Eichen und Kastanien als Allee ausgebildet, kann dabei als Grundlinie verstanden werden. Gleichzeitig gehörte er zur ‚Patte de d'oie', die als bewährtes Gliederungselement von dem Portal des Gartensaales in den Park strahlte, ohne die einzelnen Gartenpartien in ein festes System zu zwingen. Die Mittelallee nahm dabei die mit der Zufahrt beginnende Symmetrieachse auf, durchschnitt das von Alleen begleitete Rasenparterre mit abschließender Exedra und führte nach einem abermaligen terrassierten Geländeanstieg über die Gartengrenze und eine Straße hinweg als „grande Allée" weiter nach Südosten in die freie Landschaft. Offenbar sollte der „grand tapis de gazon" mit zwei Statuen auf kleinen Rasenrondells vor dem Herrenhaus und einer weiteren im Zentrum eines größeren Rondells, das die Richtung der Mittelachse bei der Exedra auffing, geschmückt werden. Das zentrale Rasenparterre umgaben großflächige „Bosquets" mit variabler Binnengestaltung, darunter zwei größere Säle am Kreuzpunkt von Diagonalen und mehrere kleine Kabinette an etwas unbeholfen geführten Schlängelwegen. Dazu gab es ein sehr sparsames orthogonales Wegesystem mit einem großen Rondell im Südosten. Dort und im Nordwesten schlossen sich ausgedehnte Fruchtbaumquartiere an.

Insgesamt gesehen wirkt dieser Plan – trotz der geschickten Kombination von Régence- und Rokoko-Merkmalen – in den siebziger Jahren des 18. Jahrhunderts ein wenig antiquiert, denn im Grunde sah ein schon 1733 von Noël Antoine Pluche veröffentlichter

Abb. 491: Wotersen, Blick in den Park, Photo 1992.

Vorschlag „Emploi d'un Terrain irregulier"[9] nicht grundsätzlich anders aus. Dieser eher konservative Charakter scheint deswegen erstaunlich, weil das von Jardin gebaute Schloß Bernstorff bei Kopenhagen als Zentrum fortschrittlicher Gesinnnung, geistiger Erbauung und botanischer Interessen[10] galt, der dortige Park sogar ein großzügiges Arboretum enthielt.[11] Da ja Gärten auch immer etwas von dem Seelenzustand ihrer Gestalter verraten, so kann man hier darauf schließen, daß der Schock der Kopenhagener Ereignisse zu einem Rückschritt, zur erneuerten Wertschätzung erprobter Strukturen bei dem Auftraggeber und seinem Schützling geführt hatte.[12]

Daß der Garten je ganz in dieser Form fertiggestellt wurde, scheint zweifelhaft. Zwar hatte sich Johann Hartwig Ernst von Bernstorff noch intensiv um die Beschaffung und sachgerechte Behandlung besonderer Obstbäume bemüht,[13] doch starb er, noch bevor ein Jahr vergangen war. Der folgende Dornröschenschlaf in Wotersen wurde erst Mitte des vorigen Jahrhunderts unterbrochen, als sich Graf Johann Hartwig Ernst von Bernstorff (1815–1898), ein Urgroßneffe gleichen Namens, endgültig auf dem Gut niederließ. Um dem Park nun die zeittypische landschaftliche Gestalt zu geben, wurde eine kleine, im Südosten in den Park eintretende Au zu einem See gestaut und mit dem Aushub das Gelände überformt (Abb. 491). In dem jenseits des Sees ansteigenden Grenzbereich entstand ein grottenähnlicher, aus Feldsteinen im Halbrund aufgerichteter Sitzplatz mit weitem Blick über Park, Hof und Feldmark, während unterhalb diese Hanges eine weiße Brücke zum inneren Rundweg überleitete. Neben der üblichen großen Rasenfläche vor dem Herrenhaus mit großzügig darauf verteilten besonders schönen Solitären gab es dichtere Gehölzpartien, in denen einheimische und exotische Arten interessante Gruppen bildeten, ferner mehrere Gewächshäuser im nördlichen Bereich, verschiedene Sitzplätze, einer davon in einem *„Lindendom"*, aber auch Sport- und Spielmöglichkeiten wie eine Kegelbahn und einen Tennisplatz, der hier auf Grund der engen Beziehungen zu England relativ früh entstand. Besondere Reitwege führten jenseits des Parks nach Süden, während Spazierwege in dem östlich gelegenen ehemaligen Tiergarten angelegt wurden. Hier, wo im 18. Jahrhundert schon Damwild, Schwarzwild und Fasanen gehalten wurden, kann man heute noch die parkartige Überformung an vereinzelten Gehölzen, überwachsenen Wegen und den Resten einer Grotte erkennen.

In den letzten hundert Jahren hat sich der Park nicht grundsätzlich verändert, wenngleich durch Windbruch, Krankheit, Wildwuchs und Nachpflanzungen der normale schleichende Wandel stattgefunden hat. Zudem wurde eine Familiengrabstätte eingerichtet und die Nutzung der Treibhäuser aufgegeben.

Für hier stattfindende Film- und Fernsehaufnahmen gibt es auch einige neue Staffagen: Kopien mythologischer Skulpturen, moderne Plastiken und einen Teepavillon. Eine besondere Rolle spielte stets der schmale Streifen vor dem Damm im Südosten, den schon Jardin nicht näher spezifiziert und offenbar als Giardino segreto vorgesehen hatte. Tatsächlich wurde er je nach Geschmack der jeweiligen Besitzer sehr unterschiedlich genutzt: mal war er aufwendig geometrisch im Sinne der Zwanziger Jahre gestaltet, mal mit Obst und Gemüse bestellt. Zur Zeit findet sich hier ein immerblühendes Staudenbeet. Seine wechselnden Farbharmonien und der gepflegte Park können bei besonderen Anlässen genossen werden, sind normalerweise aber nicht öffentlich zugänglich.

Ingrid A. Schubert

1 Zur Gutsgeschichte: Oldekop (1908), Bd. 1, Kap. IV, S. 135f; Neuschäffer (1987), S. 40–55; Schulze (1989), S. 243–249. Zur Familiengeschichte: Friis (1905); Bernstorff (1982); zur Gartengeschichte: GA Wotersen; GA Gartow; Schubert (1992).
2 *„Karte von der zum hochadeligen Hofe Wotersen gehörigen Wiesen, Campen und Holzungen"*, sign. G. D. Michaelsen, datiert 1717, GA Gartow.
3 Überliefert ist diese Planung durch eine Gutskarte (lavierte Federzeichnung) datiert 27.9.1724, signiert J. H. Overheide (GA Gartow).
4 Laut Kartusche von Michaelsens Plan.
5 Die Reihenfolge der Pläne ergibt sich durch das Verwalterhaus, das 1721 so fertiggestellt wurde, wie auf dem Borchmann/Overheide-Plan angegeben. Bei Michaelsen wird es als bestehend vorausgesetzt.
6 Der Gutsherr kannte vermutlich den gerade zu der Zeit enstehenden Garten des Grafen Platen beim Schloß Monbrillant in Hannover.
7 Zur Baugeschichte: C. Borchmann wurde noch von von A. G. Bernstorff beauftragt und arbeitete nach dessen Tod 1726 unter der Ägide des Neffen und Schwiegersohns Joachim Engelke von Bernstorff weiter bis zu seinem eignen Tod 1736. Das Herrenhaus wurde nach geänderten Plänen erst 1759–1762 von dem hannoverschen Hofbaumeister Johann Paul Heumann (ca. 1702–1759) vollendet.
8 Nutzgärten hat es aber sicher gegeben. Außerdem wurden 1735 ein Gewächs- und ein Treibhaus gebaut.
9 Pluche (1733), Entretien IV, S. 98.
10 Z. B. waren Wasserschlebe, Voß und Klopstock Stammgäste auf Schloß Bernstorff.
11 Hirschfeld (1779–1785), Bd. 3, S. 223–226.
12 Auch Jardin war in Kopenhagen seiner Ämter enthoben worden. Zur radikalen Wendung in der dänischen Hauptstadt kam es, als der idealistisch gesonnene Arzt Struensee von dem labilen König bevollmächtigt wurde und eine neue Führungsmannschaft zusammenstellte, um seine sozialrevolutionären Ideen zügig durchzusetzen. Als er zwei Jahre später selber gestürzt wurde, blieben nur wenige seiner Neuerungen erhalten. Dazu gehörte die Pressefreiheit.
13 Sorten kamen aus Holland, Frankreich und Dänemark, außerdem Kastanien aus Lübeck (GA Wotersen).

Wyk auf Föhr

Ab 1900 in landschaftlichem Stil angelegter Kurpark eines privaten Nordsee-Sanatoriums, heute als öffentliche Grünanlage im Besitz der Gemeinde Wyk, in Randbereichen bebaut und pflegebedürftig.

Wyk auf Föhr ist mit der Gründung im Jahre 1819 das älteste der nordfriesischen Seebäder.[1] An der geschützten Südwestecke der Insel gelegen herrscht hier das mildeste Klima aller Nordseeinseln der Westküste Schleswig-Holsteins. Damit war das Fischerstädtchen Wyk prädestiniert für die Anlage eines Kurortes. Das Seebad erreichte nach 1840 seine erste Blüte, als der dänische König Christian VIII. hier häufig logierte und deshalb auch westlich des Hafens den ‚Königsgarten mit Königshaus' errichten ließ. Für die Anlage der Promenade „Sandwall" mit einer dreireihigen Allee stellte er 1000 Ulmen aus seinen Baumschulen zur Verfügung. Damit war der Anfang für die im Laufe der nächsten 100 Jahre langsam fortschreitende Bepflanzung der öden kargen Gegend gemacht. So ließ beispielsweise der Heide-Kultur-Verein nach Schenkung des Geländes durch die Wyker Sparkasse ab 1888 südlich des Sandwalls den „*Lembkehain*" anlegen und ihn „*mit zahlreichen schönen Spaziergängen und Ruheplätzen versehen.*"[2] Diese „*ganz eigenartige Anlage, die stets das Erstaunen und die Bewunderung der Fremden erregt*", war wegen der Bodenqualität vorzugsweise mit Kiefern und anderen Nadelhölzern bepflanzt, die unter den gegebenen Bedingungen verhältnismäßig gut gediehen.

Den aus Tübingen stammenden Karl Gmelin (1863–1941) zog es nach einigen Jahren als praktischer Arzt in Stuttgart, Dresden und Hamburg aus ge-

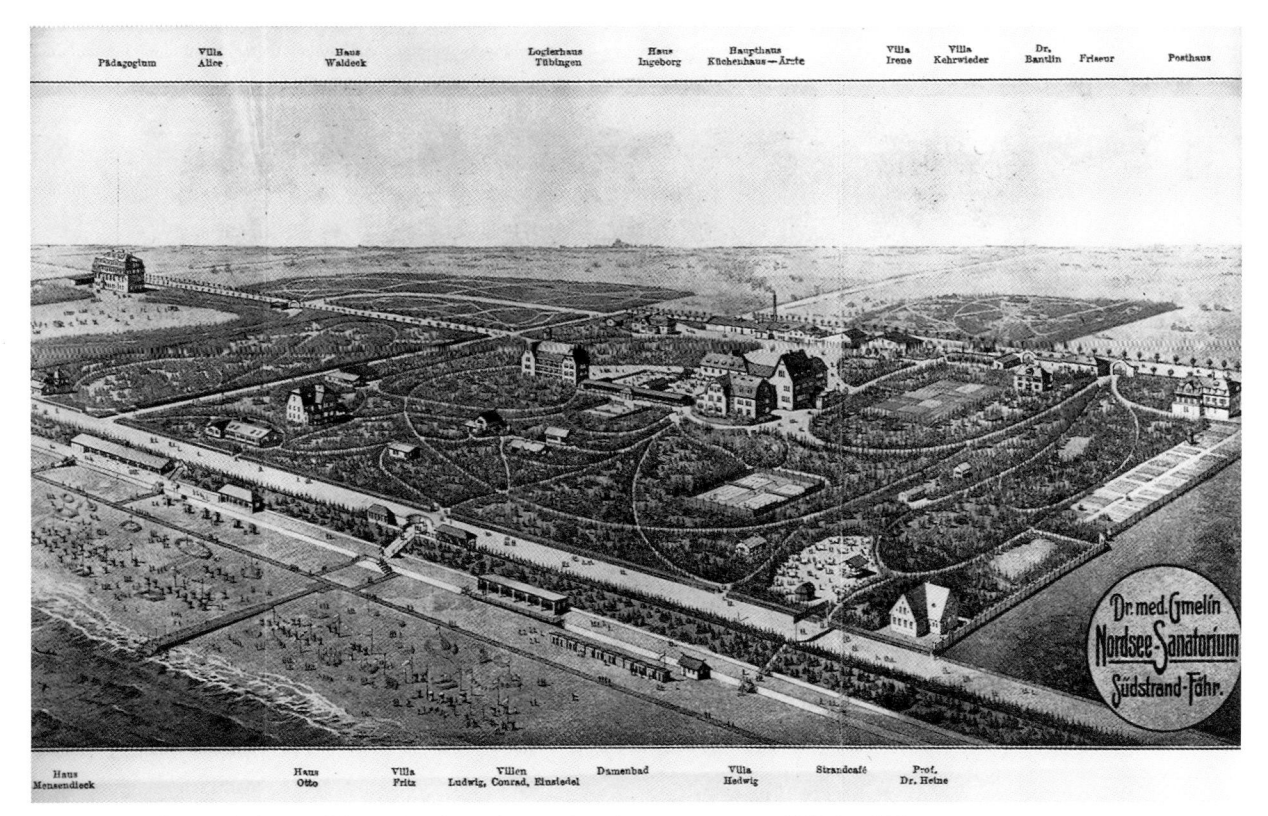

Abb. 492: Wyk, Vogelschau auf die Parkanlage des Nordsee-Sanatoriums, um 1910 (LDSH).

*Abb. 493: Wyk, „Villa Ludwig",
Nordisches Blockhaus im Park,
Photo um 1910 (LDSH).*

sundheitlichen Gründen an die Nordsee nach Amrum. Er heiratete kurz darauf die wohlhabende Hamburger Kaufmannstochter Alice Mensendieck. Von den neuen reformerischen Ideen der Meeresheilkunde überzeugt, erwarb er im Jahre 1897 mit seinem Schwager, dem Pädagogen Otto Mensendieck, einige Hektar Land am Wyker Südstrand, dort wo sich schon nach 1819 mit dem „Wilhelminenbad" die erste Seebadeanstalt der Insel befunden hatte, für den Bau eines Sanatoriums mit Pädagogium.[3] Der karge Sandboden hatte bisher eine landwirtschaftliche Nutzung ausgeschlossen, und so gelang es den beiden sehr günstig, unfruchtbares Heideland zu erwerben. Das Konzept sah eine Erholungsstätte in erster Linie für Kinder und Familien vor, die möglichst aus den begüterten Hamburger Kreisen kommen sollten. Das Hauptgebäude des Sanatoriums wurde ab 1899 nach Entwürfen des bekannten Münchner Jugendstil-Architekten August Endell (1871–1925) errichtet. Endells Einflußnahme auf die Gestaltung der Gartenanlage läßt sich nicht nachweisen, obgleich er in seinen Schriften auch ästhetische Beobachtungen zur Erlebniswirksamkeit von Bäumen anstellte.[4] Der ab 1900 entstandene Park ist das Werk des Obergärtners Wilhelm Bülow aus Mecklenburg, der die Anlage bis 1930 gestaltete und pflegte. Verblüffend wirkt heute das Ergebnis dieser ‚Aufforstung': Auf dem sandigen Boden entstand eine erstaunliche Gehölzvielfalt. Im Stile eines öffentlichen Stadtparks aus dem späten 19. Jahrhundert ist der Park des Sanatoriums mit geschwungenen Wegen angelegt (Abb. 492). Um Schutz vor den Winden zu bieten, wurden entlang der kurvig geführten Spazierwege halbhohe Erdwälle aufgehäuft und meist mit Eiben und Kiefern bepflanzt. Neben diesen immergrünen Nadelhölzern setzte Bülow kleinwüchsige Eichen, Buchen und Eßkastanien als Laubgehölze, die vor intensiver Sonneneinstrahlung schützen sollten. Heute zeichnen sich die meisten Laubbäume durch merkwürdige Wuchsformen aus. Bülow pflanzte offenbar gleich mehrere Stämme einer Sorte dicht zusammen, vielleicht wegen der Befürchtung, daß nicht alle anwüchsen. Die meisten Eichen wurden, möglicherweise wegen der Windbruchgefahr, in die Breite getrieben. Als besonders seltene Gehölze pflanzte Bülow Pech-Kiefern (Pinus rigida), Himalaya-Zedern (Cedrus deodara) und Libanon-Zedern (Cedrus libani). Östlich des Küchenhauses lagen die Nutzgartenbereiche zur unabhängigen Selbstversorgung der Gäste mit frischem Gemüse.

Die Vogelschau des Sanatoriumgeländes aus der Zeit um 1912 zeigt ausschließlich Nadelgehölze und täuscht eine erstaunliche Ausdehnung der Anlage vor.

Mitten im Park lagen acht als ‚Villen' bezeichnete Blockhäuser im nordischen Stil (Abb. 493). Für Familien vorgesehen erhielten sie die Vornamen der Kinder sowie verdienter Mitarbeiter Gmelins. Im Jahre 1905 besuchte der ehemalige Eigentümer der Ländereien die Sanatoriumsanlage und schrieb: *„Es ist ja alles ganz anders geworden; wie hat sich das alles hier in der kurzen Zeit verändert … Wo heute am Südstrand sich gegen zwanzig Häuser erheben und Gärten mit Blumen und Bäumen in lauschigen, windgeschützten Ecken das Auge erfreuen, da fand sich vor sieben Jahren nicht mehr als ein halbkreisförmiger Wall, in dessen Schutz einige Sträucher ihr windbedrohtes Dasein führten und einige Kurgäste Milch und Erdbeeren verzehren konnten. … Was hier hervorzuheben ist, ist die Schönheit der ganzen Anlage. Endlich einmal ein Haus, das nicht auch die Stimmung der Umgebung verletzt, dessen Linien und Farben hineinpassen in die großzügige, weichgetönte Landschaft. Um die in kräftigem Rot erstrahlenden, hochragenden Hauptgebäude scharen sich, über einen weiten aufgeforsteten Park zerstreut, dunkelbraune, nordische Blockhäuser, schon im Äußeren die Behaglichkeit der Innenräume verratend."* [5]

Die hauptsächlich aus Hamburg anreisenden Kurgäste übten sich in spartanischer Lebensweise, mußten dabei aber nicht auf den gewohnten Blick aufs Wasser mit vorbeiziehenden Schiffen verzichten. Strandturnen und Tennisspielen waren die bevorzugten sportlichen Betätigungen der Besucher. Ein *„Strandcafé"* mit zahlreichen Sitzplätzen im Freien und ein oktogonaler Musikpavillon dienten der Rekreation im Sinne der neuen ganzheitlichen lebensreformerischen Ideen.

Im August 1932 – noch zu Lebzeiten des Arztes – wurde im Park vis-à-vis der sich an *„Haus Tübingen"* anschließenden Wandelhalle Gmelin ein Gedenkstein gesetzt. Auf dem von Birken umgebenen Platz steht ein großer Findling, den man im Jahr zuvor aus dem Watt des Südstrandes geborgen hatte, mit der Inschrift *„Sanitätsrat Dr. med. Karl Gmelin"* und mit einem Bronzeportraitmedaillon[6] des Arztes geschmückt.

Das Gelände des ehemaligen Nordseesanatoriums ist heute in seinen Randbereichen durch Neubebauung mit ‚Original Friesen Häusern' im alten Stil stark beeinträchtigt. Einige der Blockhäuser stehen noch im Kurpark, während Endells Hauptgebäude 1985 abgerissen wurde.[7] Der Kern des ehemaligen Sanatoriumparks – heute im Besitz der Gemeinde Wyk – ist zwar wenig gepflegt, aber dennoch gut erhalten und führt Sinn und Zweck der Anlage sowie seine Gestaltungsprinzipien dem Besucher noch immer deutlich vor Augen. Die erhaltenen Bäume des *„Nordsee Kurparks"* sind in einem verhältnismäßig guten Zustand und dokumentieren den erfolgreichen Versuch, an der windigen Westküste ein botanisches Kleinod zu gestalten.

Jörg Matthies

1 Zur Geschichte des Seebades Wyk vgl. Häberlin (1919); Kürtz (1994).
2 Das Nordseebad Wyk 1908; vgl. auch verschiedene andere Auflagen dieses Badeführers aus den Jahren zwischen 1900 und 1912.
3 Vgl. Gmelin [um 1912]; Lüden (1985); Schafft (1981); KA Nordfriesland A3, 1896 u. 1897.
4 Vgl. z. B. Endell (1928).
5 Rambach-Peters (1906), S. 84–87.
6 Das Portraitrelief wurde von dem Flensburger Bildhauer Heinrich Weddig (1870–1946) geschaffen.
7 Ein großes vegetabiles Relief befindet sich seither an der Westfassade der Kieler Kunsthalle.

Biographien

Theodor Allers
(gest. 1704)

Die Herkunft und das Geburtsdatum des Bildhauers Allers sind bislang unbekannt. Seine ersten Nachweise in Schleswig-Holstein sind 1685 der Flemhuder Altar, eine Auftragsarbeit des Hans Hinrich von Kielmannsegg, und im selben Jahr ein Epitaph sowie eine Kanzel in der Kirche zu Hohenstein bei Oldenburg/Holstein für die Familie von Ahlefeldt. Er schuf Bildhauerarbeiten aus Stein und Holz in zahlreichen Kirchen und Kapellen des Landes (Bordesholm, Eutin, Flemhude, Kiel, Kropp, Lebrade, Probsteierhagen, Schleswig, Tellingstedt und Hohenstein). Allers arbeitete nach italienischen und französischen Vorlageblättern – durch ihn fand der römische Barockstil (Bernini) Eingang in das schleswig-holsteinische Bildhauerwerk. Ab 1689 ist er als Bildhauer am Gottorfer Hof des Herzogs Christian Albrecht in den Rentekammerrechnungen nachweisbar. Allers fertigte auch Arbeiten für die Nebenresidenzen Kiel und Eutin, daneben war er weiterhin für den Adel tätig. Auf Gottorf schuf er neben Bildhauerarbeiten für die barocke Umgestaltung der Südfassade des Schlosses (ab 1698) und im Schleswiger Dom auch zahlreiche Arbeiten für den Neuwerk-Garten hinter dem Schloß. Am Eingang zum Neuwerk errichtete er, wohl über einem Vorgängerbau, die sogenannte Kleine Kaskade – eine sich nach oben verjüngende Treppenanlage mit sieben Stufen, einem von Delphinen und Muschelwerk eingefaßten Wasserlauf und reichem Skulpturenschmuck. Den oberen Abschluß bildete ein Nymphäum, am Fuß der Treppe befand sich ein achteckiges Becken mit Mittelfontäne und sechzehn wasserspeienden Fröschen. Ein Plan des ursprünglichen Nymphäums, an dessen Stelle in den 1830er Jahren ein klassizistischer Antentempel erbaut wurde, hat sich im Landesarchiv Schleswig erhalten. Weitere Bildhauerarbeiten im Neuwerk-Garten dürften aus Allers' Werkstatt stammen. 1704 verstarb er in Kiel.

Literatur: Saur; Schillmeier (1989).

Thomas Messerschmidt

Johann August Arens
(1757–1806)

J. A. Arens wurde 1757 als Sohn eines Tischlers in Hamburg geboren und begann 1778 ein Architekturstudium an der Königlichen Kunstakademie zu Kopenhagen. Sein Talent war früh von der *„Patriotischen Gesellschaft Hamburg"* gefördert worden, die ihm Zeichenunterricht und ein Studiensemester an der Universität Göttingen gewährt hatte. In Kopenhagen wurde er an der Königlichen Kunstakademie von seinem Lehrer C. F. Harsdorff (1735–1799) in die Formensprache des Klassizismus und der französischen Revolutionsarchitektur eingeführt. 1783 verließ er die Akademie mit höchsten Auszeichnungen und begab sich für vier Jahre auf Reisen. In Paris arbeitete er bei Charles de Wailly (1729–1798), der gerade vom hessischen Landgrafen Friedrich II. für diverse Projekte in Kassel herangezogen wurde. Im Jahre 1786 bereiste Arens England *„zweifelsohne wegen der Gartenkunst"*, wo er nach dem Urteil des Domherrn J. F. L. Meyer *„seinen Geschmack durch die Ansicht der herrlichen Anlagen englischer Gutsbesitzer bildete und ihn mit eigenem Gefühl für die schöne Natur, mit Talent für Landschaftsmalerei, mit zartem Takt und Erfindungsgeist verbindet."* Im Herbst 1786 kam er nach Italien, in Rom wurde er von Goethe ‚entdeckt'. Mit dem Dichter Karl Philipp Moritz (1757–1793) und anderen deutschen Künstlern, die sich in Rom im Kreise Goethes trafen, ergründete er die Stätten des Altertums bis nach Neapel. Am Ende seines Romaufenthaltes ist Arens 1787 bereits mit Vorentwürfen für das Römische Haus in Weimar beschäftigt, wovon Goethe eine Skizze mit nach Hause trägt. Anfang 1789 kehrt Arens nach Hamburg zurück. Er beginnt dort eine glänzende Karriere als frühklassizistischer Architekt und Gartenkünstler. Während sein Studiengenosse Christian Frederik Hansen als Landbaumeister in Altona wirkt, prägt er den *„neuen, guten Geschmack"* in Hamburg. Es ist überliefert, Arens habe den Klein Flottbeker Park für Baron Voght und einen Garten für Senator J. A. Günther in Hamm gestaltet. Typisch für seine englischen Anlagen sind seine ländlichen Parkstaffagen, meist Strohhütten mit einfachen Holzsäulen, die aus ausgehöhlten Baumstämmen gefertigt wurden. Auch gab es scheinbare Putzbauten, die jedoch gänzlich aus Holz bestanden. *„Das Holz wird geteert, und dann ganz dicht mit grobem Sand bedeckt. Der Effekt ist ganz täuschend ...,"* beschreibt Deneken nach einem Besuch im Garten des Senators Günther dessen kleinen Tempel, *„der ganz von Sandsteinen zu seyn schien"*. In den Elbvororten entwarf Arens die Landhäuser Voght, Vogel und Vidal. Von Goethe wurde Arens für Arbeiten am Weimarer Schloß gewonnen. Er weilte 1789/90 zweimal in Weimar und lieferte 1792 zwölf Zeichnungen zum Römischen Haus. Auch soll Arens Entwürfe zum Park an der Ilm und zu Goethes Gartenhaus gezeichnet haben. Arens wurde der Titel *„Fürstlicher Baurat"* verliehen, er schlug jedoch das Angebot aus, das Weimarer Bauwesen zu übernehmen. Zu sehr fühlte er sich Hamburg und der Patriotischen Gesellschaft verbunden. Arens wirkte in Nachfolge von Sonnin in der Zeichenschule der Patriotischen Gesellschaft und förderte den künstlerischen Entwurf bis hin zum kleinsten Gebrauchsgegenstand. Bedauerlicherweise ist der Nachlaß seiner Zeichnungen und Entwürfe, unter denen sich 36 Gartenpläne befunden haben sollen, weitgehend zerstört, ebenso die meisten seiner Bauten. In Hamburg sind nur noch das Haus des Baron Voght, die Begräbniskapelle Jungiusstraße und

das Büschdenkmal erhalten. 1806 starb Arens auf einer Italienreise in Pisa.
Literatur: Deneken (1797), S. 183; Wietek (1972).

Sylvia Borgmann

Erwin Albert Barth (1880–1933)

Erwin Barth wurde am 28. November 1880 in Lübeck geboren. Nach dem Besuch des Katharineums absolvierte er eine Gärtnerlehre bei der Lübecker Kunstgärtnerei Philipp Seelig und war dann bis 1900 als Gehilfe in der Elmshorner Baumschule Timm & Co. tätig. In den folgenden Jahren besuchte Barth die Höhere Königliche Gärtner Lehranstalt in Wildpark-Potsdam, die er im Frühjahr 1902 mit besonders guten Noten in den Lehrfächern *„Plan- und Landschaftszeichnen"* abschloß. Nach kurzen Tätigkeiten bei den Städtischen Gartendirektionen in Hannover (auch im privaten Büro von Julius Trip) und Bremen leistete er seinen Militärdienst (1903–04) in Ratzeburg ab und entwarf für die dortige Kaserne einen Schießstand sowie den Garten des Offizierskasinos. In den folgenden Jahren arbeitete Barth als Gartentechniker in verschiedenen Büros vor allem im westdeutschen Raum und bestand mit Erfolg das Obergärtner-Examen in Berlin-Dahlem. Der Düsseldorfer Gartenarchitekt Hoemann hob in einem Zeugnis hervor, daß *„Barth ... gewandt und tüchtig in der Aufstellung von Perspektiven (Federzeichnung wie Aquarell)"* ist. Tatsächlich zeichnen sich Barths Entwürfe dieser Zeit nicht nur durch die Grundrißdarstellungen, sondern durch die zusätzlich angefertigten perspektivischen Ansichten von hohem künstlerischen Wert besonders aus. Am 1.4.1908 wurde Erwin Barth zum Stadtgärtner der Hansestadt Lübeck bestellt. Hier entstanden nach seinen Entwürfen innerhalb der nächsten drei Jahre der Vorwerker und der Kücknitzer Friedhof, die Parkanlage Marly sowie der Sportplatz Buniamshof. Für private Auftraggeber schuf er auch einige Hausgärten in der Hansestadt. Nachdem 1911 seine Bewerbung um die Stelle als Gartendirektor der Stadt Charlottenburg erfolgreich verlaufen war, verließ Barth Lübeck und ließ zahlreiche Platzanlagen, den Volkspark Jungfernheide und auch Kleingartenkolonien anlegen. Immer öfter werden nun auch seine Pläne auf Ausstellungen preisgekrönt, und seine Berliner Karriere erreichte 1926 ihren Höhepunkt, als man Barth zum Stadtgartendirektor von Groß-Berlin wählte. Seit Beginn der Zwanziger Jahre wirkte Barth auch als Hochschullehrer: Ab 1921 war er Dozent für Gartenkunst an der Technischen Hochschule Charlottenburg, wurde sechs Jahre später zum Honorarprofessor ernannt und erhielt 1929 die Berufung zum Professor für Gartengestaltung an der Landwirtschaftlichen Hochschule Berlin. Vermutlich aufgrund der politischen Ereignisse wählte Erwin Barth am 10. Juli 1933 den Freitod.

Quellen und Literatur: AHL: Bauverwaltung Personalakte Erwin Barth und NSA VII B 9 Nr. 7 Erwin Barth 1908–11; Ausst. Kat. Erwin Barth (1980); Jessen (1981); SHBL, Bd. 8.

Jörg Matthies

August Friedrich Bauer (lebte im 18. Jahrhundert)

Der Gartenarchitekt August Friedrich Bauer ist bisher kaum bekannt, und seine Biographie orientiert sich daher nur an wenigen Fakten. Kurz nach 1700 geboren, muß er recht talentiert gewesen sein und eine gute Ausbildung erfahren haben, denn in den folgenden Jahrzehnten war er für mindestens zwei Fürstenhöfe tätig. Um 1740 stand Bauer in Diensten des dänischen Statthalters in Schleswig-Holstein, Markgraf Friedrich Ernst von Brandenburg-Kulmbach, auf Gut Drage (damals Friedrichsruhe). 1746 entwarf er einen Gartenplan für das Nachbargut Krummendiek, der in wesentlichen Teilen ausgeführt wurde. Bald darauf kam Bauer als herzoglicher Hofgärtner nach Mecklenburg-Schwerin; aus dem Jahre 1750 ist eine Vogelschau für den neu anzulegenden Garten der Residenz in Neustadt-Glewe von Bauer überliefert. Alle drei Anlagen sind im barocken Stil unter Zuhilfenahme der üblichen Gartenarchitekturtraktate gestaltet und orientieren sich in Aufwand und Ausdehnung an den Vorgaben der Örtlichkeiten sowie der Auftraggeber.

Quellen und Literatur: LAS: GA Drage Abt. 127 Nr. 2; GA Krummendiek; Schlie (1896–1902), Bd. 3, S. 290–295; Saur.

Jörg Matthies

Johann Caspar Bechstedt (1735–1801)

Bechstedt darf wohl als der bedeutendste und aufgrund seiner hortikulturellen Publikationen auch gelehrteste Gutsgärtner des 18. Jahrhunderts in Schleswig-Holstein angesehen werden. Er wurde 1735 in Kahlwinkel bei Bad Bibra im heutigen Sachsen-Anhalt als Sohn eines Steuereinnehmers geboren. Da sein Vater früh verstarb, kam er, wie wenig später C. C. L. Hirschfeld, in die Waisenanstalt der Franckeschen Stiftung in Halle, eine der berühmtesten pietistisch geprägten Lehranstalten, in denen auch die humanistischen Fächer vermittelt wurden. Wo Bechstedt seine gärtnerische Lehrzeit absolvierte, ist nicht bekannt. Aus seinem in Louisenlund verfaßten *„Vollständigen Niedersächsischen Land- und Gartenbuch"* (2 Bde., Leipzig 1772), das sich vor allem mit Fruchtbaumzucht und Blumengärtnerei befaßt, geht jedoch hervor, daß er sich in Sachsen, Thüringen und im Hannoverschen, namentlich im Garten zu Herrenhausen, des weiteren in Preußen, insbesondere Potsdam, auskannte. Als seinen *„geehrten Freund und Gönner"* bezeichnet er *„Herrn Fintelmann, Gärtner in dem Königlichen Küchengarten zu Charlottenburg bey Berlin"*, von dem er u. a. zwei Auricolazüchtungen namens *„von Buttlahr"* und *„Purpur von Preußen"* nach Schleswig-Holstein importierte. Es handelte sich um den hochangesehenen Carl Friedrich Fintelmann (1735–1811), Hofgärtner Friedrichs des Großen, Friedrich Wilhelms II. und Friedrich Wilhelms III. Herausgehoben wird auch die Hamburger Baumschule Johann und Hinrich Böckmann, von der er immer wieder Bäume für seine Gärten bezog. Man könnte vermuten, Bechstedt sei aus Sachsen-Anhalt über Berlin-Potsdam, Hannover und Hamburg nach Schleswig-Holstein gekommen. Hier stand er 1761–1770 im Dienste Johann Rudolph von Ahlefeldts, des Erbherren von Saxtorf, Damp und Hohenstein. Im Saxtorfer Garten kultivierte er wertvolle Pflanzen, die 1764 aus der holländischen Gartenstadt Haarlem von der Firma Voorhelm et Zombel geliefert worden waren. Seit 1766 arbeitete Bechstedt auch für Caspar von Saldern, dem er die o. g. Publikation widmete, auf Gut Schierensee. Dort erhielt er 1767 für sich und seine Familie freie Wohnung und bezog die beachtliche Summe von 290 Rtl. Jahresgehalt. Man kann daraus schließen, daß er nicht nur für sein Spezialgebiet – Küchen- und Obstgärten – zuständig war, sondern die gesamte Anlage des Heeschenberges gärtnerisch betreute, während der Eutiner Hofbaumeister Greggenhofer für die Baulichkeiten Entwürfe lieferte. Etwa von 1770–1774 hielt sich Bechstedt in Louisenlund auf und bearbeitete die neuen Anlagen für Landgraf Carl, die in ihrem ersten, ursprünglich recht strengen Zustand wohl auch seinen Formvorstellungen folgten. 1775–1780 stand Bechstedt im Dienste des ersten Barons von Geltingen auf Gut Gelting in Angeln. Hier richtete er nicht nur – auf eigene Auslage – jahrelang eine reiche Küchen-, Obst- und Blumengärtnerei ein, sondern bereitete auch die Instandsetzung bzw. Neuanlage des ausgedehnten Lustgartens vor. Schwerwiegende Differenzen mit dem Baron und der Gutsverwaltung führten 1780 zur Kündigung. Im November 1794 bezeichnet er sich im Vorwort seines Buches *„Der Küchengartenbau für den Gärtner und Gartenliebhaber beschrieben"* (Schleswig/Leipzig 1795) als Handelsgärtner zu Schwensby unweit Flensburg, wo er kurz vor seinem Tod auch sein *„Oeconomisches Handbuch für den Landmann und Gartenliebhaber, mit besonderer Rücksicht auf die Herzogthümer Schleswig und Holstein"* (Altona 1802) fertigstellte. Diese Abhandlung, die der dänischen Land-Haushaltungs-Gesellschaft in Kopenhagen gewidmet ist, stellt eine Antwort auf 1793 von dieser ausgeschriebene Preisfragen zur Verbesserung des Landbaues und der Gartenkultur im dänischen Gesamtstaat dar. Der Schwerpunkt in Theorie und Praxis Bechstedts liegt eindeutig im hortikulturellen Bereich, wobei er auch die botanische Lehre, u. a. nach Tournefort, Linné und Miller, einbrachte. Schwierig ist die Frage zu beantworten, inwieweit sich Bechstedt auch als entwerfender Gartenkünstler verstand. Hierauf scheint zwar der neun Jahre nach seinem Ausscheiden von Jean Charles Krafft gezeichnete Geltinger Gartenplan mit dem Hinweis auf Bechstedts ideelle Urheberschaft („invenit") hinzudeuten, er selbst weist jedoch in seinem Promemoria vom Mai 1780 auch darauf hin, daß es ihm freigestellt wurde, *„... ein paar in der Baukunst und Gärtnerey erfahrene Männer zu committieren."* Die Gestalt des Geltinger Gartens entsprach im wesentlichen den eher konservativen Anweisungen aus seinem soeben erschienenen *„Land- und Gartenbuch"* zur Anlage eines Lustgartens. Zwar verwahrt sich Bechstedt dagegen, daß *„die vornehmsten Gärten"* nicht von Gartenbaufachleuten, sondern *„von Baumeistern und Ingenieurs angelegt werden, welche alle möglichen geometrischen Figuren anzubringen... und eine so genaue Symmetrie, als in den Zimmern eines Hauses zu beobachten suchen..."*, doch war diese, gegen den Le-Nôtre-Stil gerichtete Kritik nach 1770 keineswegs originell. Insofern ist auch seine Reverenz vor dem neuesten Trend der Englischen Gärten in seiner Vorrede mit Vorsicht zu betrachten, wo es heißt: *„Vorzüglich haben es die Engländer hierinn zu einer Vollkommenheit zu bringen gesucht, und sich daher blos die Gärten der Chineser ... zum Muster gewählt ... Und da sie durch ihre Bemühungen schon verschiedene Gartenfreunde in Deutschland zur Nachahmung gereizt haben; so ist zu hoffen, daß ihre Methode mit der Zeit allgemeiner werde ..."* Am Ende nämlich stellt er unmißverständlich klar: *„So sehr es aber unsere Pflicht ist, uns durch ihren unermüdeten Fleiß in Ansehung des Pflanzens zur Nacheiferung anfeuern zu laßen, so wenig können wir dagegen ihren übrigen Regeln in dieser Kunst unseren Beyfall geben, weil die Früchte sowohl für die Küche als auch für die Tafel der Hauptgegenstand unserer Gärten seyn müssen."* Ästhetik und Idee des Landschaftsgartens spielen also weder hier noch in seinen späteren Publikationen eine besondere Rolle. Vielmehr war Bechstedt mit seiner selbstbewußten patriotischen Ausrichtung ein Vertreter jener niedersächsischen Hausvater-Richtung, wie sie der sicher aus gutem Grund von ihm unterschlagene Münchhausen (1716–1774) etabliert hatte. Dennoch verwundert es, daß Hirschfeld Bechstedt nicht erwähnt und daß umgekehrt in dessen späten Schriften Hirschfeld und die Kieler Fruchtbaumschule nicht genannt werden.

Quellen und Literatur: GA Schierensee 371; LAS Abt. 195 Nr. 897; Bechstedt (1772); ders. (1795); ders. (1802); Hirschfeld (1935b); Kock (1949).

Adrian von Buttlar / Margita Marion Meyer

Otto Heinrich von Bonn (1703–1785)

Der hannoversche Oberlandbaumeister Otto Heinrich v. Bonn wurde am 6. April 1703 in Jühnde bei Göttingen geboren, studierte mit einem Stipendium 1718/19 an „Academien" mathematische Wissenschaften und arbeitete dann bis 1724 *„unter der information berühmter Architecten und Ingenieurs"*. In den folgenden fünf Jahren war er mit Landvermessungen in Mecklenburg beschäftigt, arbeitete später in Holstein für den Generalfeldmarschall v. Bülow, bevor er 1735 Leutnant für Vermessungswesen im Ingenieurcorps der hannoverschen Armee wurde. Zuerst als Landbaumeister, später als Oberlandbaumeister stieg v. Bonn in den folgenden vier Jahrzehnten zu einem der führenden Baubeamten im Kurfürstentum auf. Ansässig in der Nähe von Uelzen war er vor allem für Vermessungen, Bauaufnahmen und Kostenvoranschläge im nördlichen Teil Niedersachsens und in Lauenburg zuständig. Außer in Lübeck, Niendorf/Stecknitz und Ratzeburg war v. Bonn in Steinhorst tätig, wo er 1755 den Garten aufnahm. 1779 zeichnete er ein Aufmaß der Grotte des Lauenburger Fürstengartens. Als Oberlandbaumeister wurde er mit der Bestandsaufnahme bestehender sowie dem Entwurf von neuen landesherrlichen Gebäuden im niedersächsischen Raum beauftragt. Planungen für Parkanlagen von seiner Hand sind nicht bekannt. Am 17. 10. 1785 verstarb v. Bonn in Oldenstadt bei Uelzen.

Quellen und Literatur: KA Ratzeburg; Amt (1994).

Jörg Matthies

Axel Bundsen
(1768–1832)

Bundsen wurde am 28. 1. 1768 in Assens auf Fünen in Dänemark geboren. Er studierte von 1785–1789 Architektur an der Akademie in Kopenhagen bei Caspar Frederik Harsdorff (1735–1799). Neben Christian Frederik Hansen (1756–1845) und Joseph Christian Lillie (1760–1827) zählt er zu den Hauptvertretern des strengen Klassizismus in Schleswig-Holstein, der in der Kopenhagener Akademie vertreten wurde. Studienreisen führten ihn nach Frankreich und in die Schweiz. Wohl über seinen Bruder, den Maler Jes Bundsen (1766–1829), der als Zeichenlehrer beim Grafen Heinrich Friedrich Baudissin auf dem Gut Knoop tätig war, knüpfte er erste Kontakte zum schleswig-holsteinischen Adel. Von 1791–1795 leitete Bundsen auf Knoop den Neubau des Herrenhauses. Das klassizistische, fast spartanische Herrenhaus mit Säulenportikus gilt als sein Hauptwerk. Entsprechend ist es im Hintergrund auf einem Portrait Bundsens im Museum von Frederiksborg dargestellt. 1797 wird Bundsen das Landhaus des Kaufmannes Peter Clausen Stuhr an der Stadtgrenze von Flensburg umgebaut haben – hier fanden nicht ausgeführte Pläne für den Neubau von Knoop ihre Umsetzung. Daß er auch an der Gestaltung des weitläufigen Landschaftsgartens Stuhrs mitgewirkt hat, darf nur vermutet werden. Darüber hinaus wird ihm neben zwei repräsentativen Flensburger Stadthäusern auch ein kleiner klassizistischer Gartenpavillon mit Reetdach aus der Zeit um 1800 im Garten des Kaufmannes Andreas Christiansen sen. zugeschrieben. Sein größtes Flensburger Projekt war in der Zeit von 1810–1813 die Ausführung eines neuen Begräbnisplatzes mit Kapelle außerhalb der Stadt – heute „*Alter Friedhof*" genannt. Er lag zwischen den Gärten der Kaufleute Stuhr und Christiansen und bildet bis heute mit der umgebenden Gartenlandschaft ein gestalterisches Ganzes. In der Umrißgestaltung greift der Friedhof die Form eines antiken anthropoiden Sarkophages auf. Weitere Bauprojekte Bundsens in Schleswig-Holstein waren der Neubau des Herrenhauses Drült für Luise Marianne von Rumohr (1804–1808) und der klassizistische Umbau des Nehmtener Herrenhauses um 1810. 1805 ist er für Cay Friedrich von Reventlow auf Glasau tätig, 1806 auf Altenhof. In Kiel erbaute er 1808 den Marientempel im Düsternbrooker Gehölz und 1821/1822 die Seebadeanstalt. Darüber hinaus haben sich Pavillon- und Brückenentwürfe für die Gartenanlagen der Güter Rantzau und Emkendorf erhalten. Neben seinen zahlreichen Herrenhaus- und Landhausbauten sind verschiedene Kleinarchitekturen Bundsens in schleswig-holsteinischen Gartenanlagen und Entwürfe für Staffagebauten nachweisbar, andere werden ihm zugeschrieben. Kurz vor 1800 begab sich Bundsen nach Hamburg, wo er der Freimaurer-Loge „*Absalom zu den drei Nesseln*" beitrat. 1801 heiratete er Sophie Catharina Voß, die Tochter des Gärtners David Voß, der ehemals auf Rixdorf tätig war und zu Bundsens Zeit auf Knoop in Pension lebte. 1806 zog Bundsen nach Fleckeby bei Schleswig – unweit von Louisenlund –, in späteren Jahren wieder nach Hamburg. Für die Freimaurer erbaute er in Hamburg 1795 das Krankenhaus vor dem Dammtor und das Logenhaus an der Großen Drehbahn (1799/1800). Desweiteren errichtete er 1800 die Kapelle auf dem Hamburger St.-Katharinen-Friedhof und 1820 das Landhaus des Kaufmannes Wilhelm Brandt (*„Säulenhaus"*) an der Elbchaussee. Über Hamburg und Schleswig-Holstein hinaus war er auch in Niedersachsen tätig. So erbaute er in Cuxhaven 1803 einen Leuchtturm; 1817 erhielt er Aufträge für den Erweiterungsbau der Seebadeanstalt, die nach einem Brand 1822 nach seinen Plänen neu errichtet wurde. Der „*Alte Friedhof*" in Flensburg ist bisher die einzige Grünflächengestaltung, die mit Sicherheit auf Bundsen zurückzuführen ist, doch darf durchaus vermutet werden, daß er auch bei der Anlage der Gärten seiner Landhaus- und Herrenhausprojekte (Flensburg, Drült) mitgewirkt hat. Bundsen starb 1832 in Hamburg.

Literatur: Wehser (1991/1992); Messerschmidt (1994a); SHBL, Bd. 2.

Thomas Messerschmidt

Jasper Carstens
(1705-1759)

Sein Lebenswerk ist nicht sehr umfangreich, und doch gebührt ihm ein guter Platz in der Geschichte der holsteinischen Baukunst im 2. Quartal des 18. Jahrhunderts. Der frühere Landeskonservator Peter Hirschfeld widmet Jasper Carstens in seinem Standardwerk „*Herrenhäuser und Schlösser in Schleswig-Holstein*" einen eigenen Abschnitt und charakterisiert seine Baukunst folgendermaßen: „*Sein Entwurf für die Kirche in Uetersen zeigt ihn als Anhänger der vor-sonninschen Richtung, jener einfachen handwerklich guten Bauweise, wie sie durch Prey in Hamburg und Dose in Altona vertreten und erst durch Sonnin selbst zu allgemeiner Geltung erhoben wurde.*" Noch Mitte dieses Jahrhunderts waren weder Herkunft noch Geburts- und Sterbedatum bekannt. Erst eine geduldige Sucharbeit brachte diese Daten wieder in das allgemeine Bewußtsein: Jasper Carstens war der ältere Sohn des Hufners und Bauernvogts Jasper Carstens und seiner Frau Trincke in Bargfeld, damals ein Dorf im „*adligen Gute Jersbeck*", also Sohn von Leibeigenen und zumindest in seiner ersten Lebenshälfte selbst ein Leibeigener. Er wurde am 3. März 1705 in der Kirche zu Sülfeld getauft, wo der Gutsbesitzer von Jersbek neben dem Borsteler Patron war, und am 2. März 1759 auf dem Friedhof zu Bergstedt (heute Stadtteil von Hamburg) begraben, nachdem er bei seinem jüngeren Bruder Bendix gestorben war, der damals in Rethfurt die dortige Krugstelle besaß. Über die Ausbildung von

Jasper Carstens ist nichts bekannt, vermutlich hat er eine Lehre bei einem guten Baumeister in Hamburg gemacht, wo sein Gutsherr Bendix von Ahlefeldt bis zur Übernahme des Gutes Jersbek im Jahre 1726 mehr als zwei Jahrzehnte gelebt hatte. Durch Archivalien sind bisher nur vier Bauwerke von J. Carstens gesichert: das wohl 1738 errichtete „Gartenhaus" im Jersbeker Barockgarten, dann der 1740–1745 errichtete Neubau des Schlosses Traventhal, der Neubau des Kirchturms zu Bergstedt 1745–1747, verbunden mit einer Erweiterung des Kirchenschiffs, und schließlich der Neubau der großen Klosterkirche zu Uetersen. Nur die beiden letztgenannten Gebäude stehen noch, während das Jersbeker Gartenhaus im Februar 1821 in der Versicherungsliste gelöscht wurde, also kurz zuvor abgebrochen worden war; das Schloß in Traventhal mußte einem heute noch bestehenden Neubau (1874) weichen. Von beiden Gebäuden sind aber Ansichten erhalten. So ist, einschließlich des vermutlich durch Empfehlung erhaltenen Auftrags für Traventhal, das ganze Lebenswerk von Carstens mit seinem ‚Herrn' Bendix von Ahlefeldt direkt oder indirekt verbunden: dieser war 1732 zum Propsten des adligen Damenstiftes von Uetersen gewählt worden und hatte dieses Amt bis zu seinem Tode 1757 mit großem persönlichen und finanziellen Einsatz ausgeübt; er hatte sicherlich auch als Besitzer des Jersbeker Meierhofs Wulksfelde, der kirchlich zu Bergstedt gehörte, dort entsprechenden Einfluß auf die Architektenwahl genommen. Jasper Carstens wird deshalb auch der Neubau des Propstenhauses in Uetersen zugeschrieben, dessen Bau gleich im Jahre der Wahl Bendix von Ahlefeldts zum Propsten begonnen wurde, ursprünglich mit einem Mansarddach versehen und 1734 fertiggestellt, sowie der Neubau des Wohnhauses auf Wulksfelde, in der Titelvignette des Jersbeker Stichs von 1747 abgebildet, das um 1850 dem jetzigen Herrenhaus weichen mußte. Offen bleibt nach wie vor seine mögliche Mitwirkung an der Erweiterung des Jersbeker Herrenhauses um drei Fensterachsen, von der uns der genannte, berühmte Stich des Gartens ein Abbild liefert; denkbar wäre auch, daß Carstens den Dachreiter für das 1678 errichtete Torhaus schuf, und bei der Neuanlage des Jersbeker Barockgartens (etwa ab 1726) mitwirkte. Dagegen dürfte seine gelegentlich zu lesende Autorschaft für den Entwurf dieses großartigen, wohl 1740 weitgehend fertiggestellten Jersbeker Barockgartens zu bezweifeln sein: denn dann hätte er sicher weitere Gärten geschaffen, z. B. den in Traventhal, wo er ab 1738 als Baumeister angestellt war.

Quellen und Literatur: GA Jersbek: LAS Abt. 127.29 Nr. 595 u. 578 I; Hirschfeld (1980), S. 154-163; Schreyer (1984), S. 59.

Burkhard von Hennigs

Johannes Clodius (1584–1660)

Johannes Clodius, der die Gartenkunst am Hofe Herzog Friedrichs III. von Schleswig-Holstein-Gottorf begründete, hat den Gärten von Schloß Gottorf von 1625 bis 1660 als herzoglicher Hofgärtner vorgestanden. Clodius, der wohl in vielen Bereichen dem Idealbild des weitgereisten Kunstgärtners und gelehrten Botanikers entsprach, gehört zu den überragenden Gärtnerpersönlichkeiten des 17. Jahrhunderts, dessen Kunst und Wissenschaft über eine große Schülerschaft Verbreitung gefunden hat. Der Alte Garten zu Gottorf und das Neue Werk in seiner ersten Ausbaustufe sind Schöpfungen von Clodius. Besondere Beachtung verdienen seine Erfolge in der Aufzucht und Haltung exotischer Gewächse, deren Sammlung als Teil der aus einem humanistischen Lebensideal heraus entstandenen wissenschaftlichen Institutionen am Gottorfer Hof verstanden werden müssen. Die Errichtung mehrerer Orangerien, darunter das 1632 vollendete, massive Gewächshaus im Alten Garten, wohl das erste seiner Art in Deutschland, dokumentieren das botanische Interesse der Gottorfer Herzöge und das Bemühen des Hofgärtners, die Pflanzensammlung stetig auszubauen. Clodius entstammte einer weitverzweigten Gärtnerfamilie niederländischen Ursprungs. Der Vater Peter Clodius war Hofgärtner unter dem kunstsinnigen Fürsten Ernst von Holstein-Schaumburg und Schöpfer des Großen Gartens der Residenz Bückeburg. Als Stipendiat des Fürsten besuchte Johannes Clodius zwei Jahre die Universität Helmstedt. Es folgte eine mehrjährige Ausbildungszeit in deutschen, niederländischen, französischen, englischen und spanischen Gärten. Insgesamt 14 Jahre verbrachte Clodius in Italien, wo in den Orti Farnesiani in Rom und in den Gärten der Familie Capponi in Florenz die Grundlagen für seine herausragende gartenkünstlerische Begabung gelegt wurden. Als Nachfolger seines Vaters blieb Clodius für eine kurze Amtszeit als Obergartenmeister in Bückeburg. Aufgrund des Niedergangs der ernestinischen Residenz wechselte er 1625 als 41jähriger an den Gottorfer Hof, wo die ehrgeizigen Gartenbaupläne und das Botanikinteresse Herzog Friedrich III. einen idealen Nährboden für die hohe gärtnerische Qualifikation Johannes Clodius' boten. Während seiner 35jährigen Tätigkeit erlangten die Gottorfer Gärten als Zentrum von Gartenkunst und Wissenschaft weitreichende Berühmtheit, die noch lange über Clodius' Tod hinaus nachwirkte. Als einer der Hauptanlaufpunkte für wandernde Gärtnergesellen fand die Gottorfer Gartenkunst weite Verbreitung, wie die Schriften des bekanntesten Clodius-Schülers, des Gartentheoretikers Heinrich Hesse, eindrucksvoll belegen. Der Sohn Friedrich Clodius, der 1653 auf Kosten Herzog Friedrich III. nach England reiste, wurde der Schwiegersohn des berühmten englischen Universalgelehrten und Reformers Samuel Hartlib und machte als Naturwissenschaftler und Verfasser staatswissenschaftlicher Schriften Karriere. Johannes Clodius starb am 14. September 1660 auf Gottorf und wurde im Schleswiger Dom beigesetzt.

Literatur: Paarmann (1986).

Michael Paarmann

Johann Wilhelm Cordes (1840–1917)

Wilhelm Cordes, am 11. 3. 1840 in Wilhelmsburg (heute Hamburg) geboren, absolvierte zuerst eine Zimmermannslehre und dann eine Ausbildung (Baukunst, Formenlehre, Ornamentik und Technologie) am Polytechnikum in Hannover. Nach seiner Prüfung im Jahre 1861 begann er als Assistent bei Conrad Wilhelm Hase an der Technischen Hochschule in Hannover. 1874 nach Hamburg berufen, war er unter Franz Andreas Meyer maßgeblich an der Schaffung der Anlagen rund um die Außenalster beteiligt. Als man 1877 für den neu anzulegenden Friedhof Ohlsdorf einen Bauleiter suchte, übernahm Cordes zuerst diese Aufgabe und wurde zwei Jahre später als Friedhofsverwalter angestellt. In Ohlsdorf schuf er über mehr als drei Jahrzehnte sein Lebenswerk mit der vorbildhaften Verwirklichung eines großen modernen Parkfriedhofes im landschaftlichen Stil am Rande der Stadt. Gelegentlich arbeitete er für private Auftraggeber, so wurde beispielsweise um 1910 nach seinen Plänen der Park des Gutes Grabau angelegt. Seine Entwürfe zeichnen sich durch eine eigenartige Mischung von geradliniger und gekrümmter, malerischer Wegeführung unter Berücksichtigung der Besonderheiten des vorgefundenen Terrains aus. 1914 nahm Cordes noch als Berater beim Wettbewerb um den Hamburger Stadtpark teil und legte erneut einen Erweiterungsplan für den Ohlsdorfer Friedhof vor. Drei Jahre später verstarb er am 31.8. in Hamburg.

Quellen und Literatur: StAHH: Akten des Senats und Pläne zum Friedhof Ohlsdorf; Leisner/Schulze/Thormann (1990).

Jörg Matthies

Rudolph Matthias Dallin (um 1680–1743)

Der wohl in Schwedisch-Vorpommern geborene Dallin wurde in Tönning von Herzog Friedrich IV. von Holstein-Gottorf in Dienst genommen, wo er ab 1700 unter dem Ingenieur, Generalmajor und Baumeister Zacharias Wolff bei dem Aufbau der großen Festungsstadt in untergeordneter Position tätig war. Aufgrund seines zeichnerischen Talents, das die erhaltenen Festungspläne, Zeichnungen und Lagekarten, so z. B. 1707 von Schloß Gottorf belegen, gelang es ihm, über den Weg der militärischen Laufbahn, sich als einer der bedeutendsten barocken Baumeister Schleswig-Holsteins zu qualifizieren. Nach dem Fall Tönnings im Jahr 1713 wurde er 1715 vom schwedischen König Karl XII. zum „*Capitain des Mineurs*" bestellt, gerät jedoch noch im selben Jahr in Stralsund in Gefangenschaft. Es gelingt ihm aufgrund guter Beziehungen, an den Eutiner Hof zu kommen, wo er ab 1716 unter Fürstbischof Christian August den Wiederaufbau des Schlosses leitete. 1720 heiratete er die Tochter des fürstbischöflichen Kammersekretärs Röhling. Zwischenzeitlich in Quedlinburg tätig, wird er 1727 zum Bauinspektor im Gottorfer Anteil von Holstein benannt. In dieser Funktion leitete er den Umbau des Kieler Schlosses. Bei der Anlage des Eutiner und des Kieler Barockgartens kam es zu einer engen Zusammenarbeit mit Johann Christian Lewon, der sein Nachfolger als Hofbaumeister in Eutin wurde. Wie Gisela Thietje für Eutin, so konnte auch Birgit Alberts für Kiel nachweisen, daß jedoch die Entwürfe der Gärten von Lewon stammen. Dallins bedeutendste Herrenhausanlage war der Wirtschaftshof von Rastorf (1724–29). Es folgten neben einigen kirchlichen Projekten Gutsbauten in Rixdorf, Seedorf, Lammershagen, Perdöl, Seegalendorf, Dobersdorf, Schädtbek, Ascheberg, Hohenlieth und Waterneverstorf sowie die Herrenhäuser von Güldenstein und Johannstorf/Mecklenburg, das sein letztes Werk war.

Literatur: Eimer (1961), S. 103–134; SHBL, B. 5; Hirschfeld (1985), darin Werkverzeichnis S. 67–89; Thietje (1994), S. 65ff.

Kai Pörksen

Karl Foerster (1874–1970)

Daß der Sohn des Astronomen Wilhelm Foerster (1832–1921) eine harmonische Jugend in der Berliner Sternwarte und dem dazugehörenden Park genießen konnte, hat ihn entscheidend geprägt. Doch mußte Karl Foerster nach Beginn der Gärtnerlehre in Schwerin 1889 zunächst vierzehn oft harte Lehr- und Gehilfenjahre und schmerzhafte Krankheiten durchmachen, bevor er 1903 mit der ersten eigenen Gärtnerei und 1910 mit der Anlage seines später berühmten Versuchs- und Schaugartens in Bornim bei Potsdam beginnen konnte. Zu einer Zeit, als die englischen Staudengärten hier noch nicht allgemein bekannt waren, konzentrierte er sich auf die Züchtung von Blütenstauden, die dem europäischen Festlandklima gewachsen und gegen häufige Schädlinge unempfindlich sein sollten. Lange Blühperioden und breitgefächerte Farbskalen sollten den Staudenliebhabern einen reichhaltigen Blütengarten mit wechselnden Farbharmonien garantieren und Laiengärtnern Entmutigungen ersparen. Er stützte sich dabei auf Pflanzen aus allen Erdteilen und bezog sukzessive Blumenzwiebeln, Blütensträucher, Gräser, Farne und Wildstauden in seine Bemühungen ein. Den Neuzüchtungen gab er so eingängige Namen wie „*Gletscherwasser*" oder „*Tropennacht*", damit sie eine optische Vorstellung vermitteln und sich auch Nicht-Botanikern leicht einprägen konnten. In bezug auf übergeordnete Gartengestaltung vertrat Foerster die Überzeugung, daß formale und naturgemäße Partien nebeneinander bestehen sollten, weil jede allein „*ein Gefängnis für die Seele*" sei, daß sich der „*wilde Vegetationszauber*" der Stauden aber erst dort in seinen Farbsymphonien voll entfalte, wo man dem Garten nicht „*den Stempel der tyrannischen Naturbemeisterung*" aufdrücken würde. Zugleich sieht er den Unterschied zwischen positiv „*malerischer*" und „*destruktiver*", die Gärten gefährdender, Unordnung. Die „*Harmonie der Proportionen*" ist ihm wichtig und die Rücksicht auf die menschliche Sehnsucht nach Geborgenheit. Wie diese Geborgenheit auf nicht sehr großem, konkav eingetieften Gelände zum Ausdruck kommen kann, zeigte er in seinem eigenen „*Senkgarten*" in Bornim, der häufig als Vorbild für ähnliche Anlagen diente, z. B. auch für die in Waterneverstorf. Daneben engagierte sich Foerster für Steingärten und spezifische Naturanlagen verschiedener Landschaftsformationen wie „*Waldrand*", „*Heide*" oder „*Ufer*". Die fruchtbare Zusammenarbeit mit

Architekten wie Peter Behrens oder Hans Poelzig mündete 1927 in die Gründung des Planungsbüros *„Foerster & Co."*. Darin gab der nun schon über Fünfzigjährige die gestalterischen Grundideen vor, überließ aber Planzeichnungen und Detailausführungen den Gartenarchitekten Hermann Mattern und Herta Hammerbacher. Auf diese Weise entstanden viele Anlagen, besonders im Berliner Raum, aber auch weit davon entfernt, z. B. in Österreich, Ungarn und der Schweiz. Beginnend mit dem Essay *„Pan und Psyche"* im Jahre 1906 hatte Karl Foerster seine Gartenideen gelegentlich in Aufsätzen und Büchern publiziert, doch nahm die journalistische Tätigkeit erst einen der praktischen Arbeit ähnlichen breiten Raum ein, nachdem 1920 auf seine Initiative hin die Zeitschrift *„Gartenschönheit"* gegründet worden war, als deren Mitherausgeber er bis zum Jahre 1941 wirkte. Getragen von der Zuversicht, daß die ihn beglückende Arbeit zur Harmonisierung der Welt beitragen könne, verbreitete er sein von praktischen Erfahrungen ebenso wie von religiös-ethischen Überzeugungen und kosmisch-mystischen Vorstellungen durchwirktes Gedankengebäude in unzähligen Veröffentlichungen und Vorträgen. Eines seiner Ziele war dabei, die Sinne der Menschen für die Schönheit der Schöpfung auch in kleinsten Teilen zu öffnen und ihnen gleichzeitig die Weite des Kosmos und den Einfluß der Elemente näherzubringen. Unter den diversen Themen, zu denen er das Wort ergriff, gehören *„Uralte Bäume"* oder *„Die Zukunft des deutschen Waldes"*. Daß darin *„ausländische Holzarten immer stärker mitwirken"*, findet er begrüßenswert, bedauert aber, wenn man *„kultisch verehrte Bäume für einen kläglichen Nutzen"* opfert. Viele bedeutende Freunde des Hausherrn sind in Bornim ein- und ausgegangen, darunter Maler und Musiker, Schriftsteller wie Rudolf Borchardt und Theologen wie Helmut Gollwitzer. Sie mögen Karl Foerster in seiner kritischen Haltung dem nationalsozialistischen Regime gegenüber gefestigt haben, so daß man in seinen Veröffentlichungen u. a. auf die Mahnung stößt, sich nicht gutmütig als *„Werkzeuge schlimmer Gewalten"* mißbrauchen zu lassen. Lange glaubte der optimistische Idealist, das Gute würde siegen, bis er 1943 eingestehen mußte: *„Wir Stillen im Lande hätten glühend wach in die Radspeichen greifen müssen."* Nach dem Ende des Krieges nahm der über Siebzigjährige in Bornim seine gärtnerischen und schriftstellerischen Arbeiten in reduziertem Maße wieder auf und erhielt Ehrungen aus Ost und West. Seine Bücher stehen heute noch hoch im Kurs, doch von seinen Gärten ist kaum einer erhalten.

Literatur: Foerster (1917); ders. (1936); ders. (1937); ders. (1954); ders. (1968); Foerster/Rostin (1982); Hottenträger (1992); Juckel/Thiele (1993).

Ingrid A. Schubert

Georg Greggenhofer (1718/19–1779)

Der Baumeister Georg Greggenhofer wurde 1718/19 in Augsburg geboren. Über seine Eltern, seine Ausbildung und sein Frühwerk ist bislang nichts bekannt. Seit ca. 1752 arbeitete er als Bauleiter am Eutiner Hof, wo er 1779 als Hofbaumeister verstarb. Daneben war er u. a. als Landvermesser, im Kirchenbau und für den Adel tätig, hielt sich um 1754 kurze Zeit in Schweden auf, wo er wahrscheinlich an einem Theaterprojekt mitgewirkt hat, schuf ein Armenhaus in Preetz (1755) und fertigte Pläne für den Neubau der Kieler Universität (1762). Greggenhofer war neben Rudolph Matthias Dallin einer der führenden Architekten der zweiten Hälfte des 18. Jahrhunderts in Norddeutschland, der Zeit seines Lebens einer traditionell barocken Bauweise verbunden blieb und zu den Hauptvertretern des schleswig-holsteinischen Backsteinbarock zu zählen ist. Seine Herrenhausbauten (Rundhof, Dobersdorf), Wirtschaftsgebäude (Kavaliershäuser und Stallgebäude für Bossee, Testorf) und Torhäuser (Wellingbüttel, Hasselburg, Testorf) prägen noch heute das Gesicht der Gutslandschaft Schleswig-Holsteins. Darüber hinaus errichtete er zahlreiche Gartenarchitekturen. Für den Eutiner Schloßgarten entwarf er 1768 ein Gewächshaus, baute 1772 die noch heute erhaltene Orangerie und 1776 ein Komödienhaus. Nach seinen Plänen entstanden für das Gut Schierensee 1768 das Lusthaus *„Tranquilitati"* auf dem Heeschenberg, 1769 zwei Torpavillons, die den Ehrenhof abschließen, und 1774 das nahegelegene Gasthaus *„Die Lustige Schwester"*. 1776 erbaute er für den Eutiner Hof im *„Lust-Gehölz zu Zielbeck"* am Ukleisee ein Lusthaus, das heute als Jagdpavillon bezeichnet wird. Ein nicht verwirklichter Gartenplan für Ahrensburg von etwa 1759 kann Greggenhofer nur zugeschrieben werden. Zwar bezeugen die Lusthausbauten auf dem Heeschenberg und am Ukleisee bei Sielbeck eine rege Auseinandersetzung des Architekten mit der neuen Landschaftsgartenkunst, doch gibt es bislang keine Belege, die eine Zuschreibung der Gesamtanlage weder des Heeschenberges oder des Sielbecker Lustgehölzes noch eines anderen Gartens an Greggenhofer rechtfertigen könnten.

Literatur: Pietsch (1977); SHBL, Bd. 6.

Thomas Messerschmidt

Willy Hahn (1887–1930)

Joachim Karl Heinrich Willy Hahn wurde am 1. November 1887 in Krieschow/Kreis Cottbus geboren. Nach Besuch des Realgymnasiums in Stralsund studierte Hahn ab 1907 Architektur an den Technischen Hochschulen Berlin-Charlottenburg und Dresden und beendete im Sommer 1911 sein Studium in Dresden als Diplomingenieur. Im Februar 1919 wurde er aufgrund seiner Arbeit über die *„Organisation des Siedelungswesens in den deutschen Städten"* promoviert. Schon während seines Studiums und im direkten Anschluß an sein Examen ergänzte Hahn zielstrebig seine Kenntnisse in praktischen Bereichen des Städtebaus und Wohnungswesens, indem er jeweils 3 bis 12 Monate in den privaten Ateliers von Albert Gessner, Hans Bernoulli und Heinrich Tessenow, die zu den bekanntesten Architekten der damaligen Zeit gehörten, sowie in den kommunalen Stadtbauämtern von Berlin-Schöneberg (bei Paul

Wolf), Hamburg (bei Fritz Schumacher) und Duisburg (bei Karl Pregizer) arbeitete. Am 15. April 1914 übernahm Hahn als Nachfolger Martin Wagners die Leitung des Hochbauamtes in Rüstringen bei Wilhelmshaven. Infolge des Krieges blieb die Zahl der vom dortigen Hochbauamt ausgeführten Hoch- und Erweiterungsarbeiten verhältnismäßig gering. In Rüstringen realisierte Hahn – wie später auch in Kiel – unter Mitwirkung von Leberecht Migge ein modernes Grünflächensystem mit Spiel- und Erholungsflächen, Sportplätzen, Parks, Friedhöfen und Schrebergartenanlagen – untereinander verbunden durch begrünte Park- und Promenadenstraßen. Am 9. April 1921 wurde Hahn zum ersten besoldeten technischen Stadtrat der Stadt Kiel gewählt und erwirkte gleich zu Beginn seiner Tätigkeit eine grundlegende Neuorganisation der Bauverwaltung. Hahn griff als autarke und einflußreiche Persönlichkeit an der Spitze des Hochbau- und Siedlungsamtes stark in die städtebauliche und architektonische Entwicklung der Stadt ein. Seine Spuren sind auch heute noch im gesamten Stadtgebiet deutlich sichtbar. Der Grüngürtel schloß auch Migges Selbstversorgersiedlung „*Hof Hammer*" ein. Unter Hahns Leitung wurden in den Zwanziger Jahren zahlreiche Siedlungshäuser sowie öffentliche Gebäude (Pumpstation am Kleinen Kiel, Arbeitsamt am Wilhelmplatz – gemeinsam mit Rudolf Schroeder) errichtet. Hahn strebte in seiner Amtszeit mit dem Ausbau des Kieler Grüngürtels eine formale und ästhetische Abrundung der Kieler Innenstadt an. Willy Hahn starb am 12. Juli 1930 während eines Kuraufenthaltes in Freiburg.

Quellen und Literatur: StA Kiel: Personal-Akte Nr. 45276; Hahn/Migge (1922); Hahn (1926); ders. (1928); ders. (1929); Behnke (1987).

Dörte Beier

Christian Cay Lorenz Hirschfeld (1742–1792)

Theoretiker der Gartenkunst, Professor der Philosophie und Schönen Wissenschaften, Leiter der Kieler Fruchtbaumschule. Geboren als Sohn des Pastors in Kirchnüchel/Ostholstein, kam Hirschfeld bald nach dessen Tod auf die Lateinschule der Franckeschen Stiftung in Halle und studierte 1760–1763 an der dortigen Universität Theologie, Philosophie und Schöne Wissenschaften. Nach seiner Rückkehr stellte ihn der Lübecker Fürstbischof Friedrich August als Hauslehrer der Gottorfer Prinzen Wilhelm August und Peter Friedrich Ludwig, des nachmaligen Herzogs und Großherzogs von Oldenburg, ein. Während eines zweijährigen Bildungsaufenthaltes in Bern, der 1767 auf Betreiben des Prinzenerziehers v. Staal mit Hirschfelds Entlassung endete, erschien in der Schweiz sein erstes Buch über „*Das Landleben*". 1770 wurde Hirschfeld rehabilitiert und zum außerplanmäßigen, 1773 zum ordentlichen Professor der Philosophie und der Schönen Wissenschaften (etwa: Ästhetik und Kunstgeschichte) an der Christian-Albrechts-Universität Kiel berufen, wo er auch über Gartenkunst las. Wirkungsvoller als seine akademische Lehre war seine literarisch-publizistische Tätigkeit als Mitarbeiter und Rezensent verschiedener gelehrter Journale und als Autor diverser Bücher und Abhandlungen. Sein über Deutschlands Grenzen hinausreichender Ruf gründet sich auf seine theoretischen Werke zur Gartenkunst: die „*Anmerkungen über die Landhäuser und die Gartenkunst*" (Leipzig 1773), die sogenannte kleine (Leipzig 1775) und vor allem die große „*Theorie der Gartenkunst*" (Leipzig 1779–1785), die in fünf Bänden zugleich in deutscher und französischer Sprache erschien und – wie noch im Urteil Goethes deutlich wird – seine Autorität in diesem Fach begründete. Dieses vom Geist der Aufklärung geprägte Werk, das bei der Durchsetzung des englischen Landschaftsgartens in Deutschland eine zentrale Rolle spielte, ist nicht nur das umfangreichste gartentheoretische Kompendium des 18. Jahrhunderts überhaupt, sondern vereint in seiner Systematik in origineller Weise historische, philosophisch-ästhetische und poetisch-beschreibende Passagen. Hirschfeld dankt in der Vorrede dem Schweizer Ästhetiker Johann Georg Sulzer, dessen „*Allgemeine Theorie der schönen Künste*" (1771–74) Anregung gab, für persönliche Förderung. Die englische und französische Gartenliteratur seiner Zeit, nicht zuletzt Horace Walpoles erste Gartenkunstgeschichte (1771) kritisch verarbeitend, versteht Hirschfeld die Gartenkunst als eine in ihrer Entwicklung Geist und Verfassung der Nationen spiegelnde Kunstgattung, die mit der Idee des Landschaftsgartens erstmals gleichberechtigt in den Kreis der bildenden Künste tritt. Die philosophisch-ästhetische Begründung ihrer Wirkungsästhetik basiert auf den Prämissen des englischen Sensualismus im Sinne Edmund Burkes, Henry Homes oder Thomas Whatelys, doch bleibt die Erregung bestimmter Empfindungen durch inszenierte Natur niemals Selbstzweck, sondern im Sinne des deutschen Idealismus an die Idee ihrer moralisch-sittlichen Wirkung gebunden. Seinem kritisch-sozialen Anspruch entspricht die Forderung nach einem Grundrecht auf Naturerlebnis für jedermann, aus dem Gartenkunst als öffentlich-staatliche Aufgabe im Sinne des Volksparkgedankens abgeleitet wird. Eigene Gartenreisen in Deutschland (1782/1783), der Schweiz (1783) und Dänemark (1780) sowie ein Netz von Korrespondenzen und eine Sammlung von Kupferstichen und Publikationen erlaubten es ihm, in der „*Theorie*" die aktuellen Fortschritte der Gartenkunst in den wichtigsten Ländern Europas zu dokumentieren; Beiträge Hirschfelds erschienen auch in dem von ihm herausgegebenen „*Gartenkalender*", dem „*Taschenbuch für Gartenfreunde*" und der „*Kleinen Gartenbibliothek*". Im Bereich der Pomologie machte er sich mit dem 1790 ins Dänische übersetzten „*Handbuch der Fruchtbaumzucht*" (Braunschweig 1788) einen Namen. Hirschfeld, der nicht ohne Berechnung seine „*Theorie*" dem dänischen Erbprinzen Friedrich widmete, stand politisch und geistig dem aufgeklärt-fortschrittlichen Kreise um den älteren Bernstorff und, trotz einer frühen Kritik an dessen Oden (1772), dem empfindsamen nordischen Patriotismus Klopstocks nahe. Zu den Förderern, die seine Berufung an die Kieler Universität betrieben und seine Anregung zur Einrichtung der

Düsterbrooker Fruchtbaumschule unterstützten, deren Leiter er 1784 wurde, gehörten Caspar von Saldern und Schatzmeister Graf Schimmelmann. Zunehmend weniger Sympathien genoß er aufgrund seines schöngeistigen Gehabes und eitlen Taktierens bei seinem Vorgesetzten in der Kopenhagener Kanzlei, Graf Andreas Peter Bernstorff. Aufgeschlossene Gutsbesitzer wie Graf Holck auf Eckhof, Graf Rantzau auf Ascheberg, Wolff von Blome auf Salzau und Prinz Carl von Hessen auf Louisenlund – dieser empfahl ihn an seinen Bruder, Landgraf Wilhelm IX., der Hirschfeld 1786 die Stelle des Gartendirektors in Kassel anbot – dürfte er persönlich näher gekannt haben. Ihre neuen Anlagen, die er ebenso wie Salderns Heeschenberg und die Gärten des dänischen Königshauses aus eigener Anschauung beschrieb, waren jedoch offensichtlich ohne seine Beratung entstanden. Das gilt auch für den Eutiner Landschaftsgarten seines ehemaligen Schützlings, Herzog Peter Friedrich Ludwig, und die Emkendorfer Planungen der Reventlows. Eine Ausnahme bildet die später wohl nur teilweise ausgeführte landschaftliche Konzeption für Schimmelmanns Wandsbeker Barockgarten (1782). Die klassischen Landschaftsgärten Schleswig-Holsteins wurden erst nach Hirschfelds Tod vollendet, entstanden jedoch nachweislich unter dem Einfluß seiner weithin verbreiteten „*Theorie*" – auch die Realisierung des Volksparkgedankens und die Verschönerung der Gutslandschaften im Sinne der Ornamented farm geht großenteils auf seine Anregungen zurück. Hirschfeld lebte die letzten Jahre in seinem Haus nahe Bellevue an der Kieler Förde, das zu einem Treffpunkt reisender Garten- und Naturfreunde wurde. Noch zu seinen Lebzeiten setzte ihm die Gräfin Brühl im Seifersdorfer Tal bei Dresden ein Denkmal. Anläßlich seines zweihundertsten Todestages benannte die Stadt Kiel die vom Bismarck-Rondell auf die Förde herabführende Gartenanlage mit „*Hirschfeld-Blick*" und setzte ihm dort 1997 einen Denkstein.

Literatur: SHBL (1979), Bd. 5; Schepers (1980); Breckwoldt (1991); Kehn (1992b); ders. (1995).

Adrian von Buttlar

Carl Adolf Hoff
(1870–1958)

Adolf Hoff wurde am 1. Juli 1870 in Glückstadt geboren und absolvierte seine Gartenbaulehre Mitte der achtziger Jahre in Altona bei Eduard Hinrichs (Obergärtner in Baurs Park) und Cosmos von Milde (Obergärtner in Donnerspark), während er nebenbei auch die Kunstgewerbeschule besuchte. Lehr- und Wanderjahre führten ihn dann nach Köstritz, Wien und Triest. In den Norden zurückgekehrt, ließ er sich in Harburg nieder und war ab 1891 für 16 Jahre nebenamtlich als Lehrer für Garten- und Tiefbau, Feldmessen und Planzeichnen zuständig. Als ersten großen öffentlichen Auftrag führte Hoff 1892 die Gestaltung der Grünanlagen um das Harburger Rathaus aus. Im September des folgenden Jahres wurde er zum Friedhofsinspektor bestellt und legte zwischen 1893 und 1928 den Neuen Harburger Friedhof in mehreren Planungs- und Erweiterungsphasen an. Nach der Gründung einer Baumschule mit Landschaftsgärtnerei im Jahre 1895 war Hoff zusammen mit Georg Hölscher in den folgenden Jahren als Gartenbauingenieur für Privatpersonen in Harburg und Hamburg tätig und schuf zahlreiche Villengärten. In Glückstadt gestaltete er 1896 die Anlagen am Fleth. Sein größter Auftrag war die Planung und Ausführung des Geestemünder (heute Bremerhaven) Bürgerparks zwischen 1905 und 1912. Um 1920 arbeitete Hoff für den Hamburger Kaufmann Conrad Hinrich Freiherr von Donner III. auf dessen Gut Lehmkuhlen. Von seiner Heimatstadt bekam Hoff im Jahre 1927 abermals einen Auftrag: Die Städtischen Anlagen wurden nach seinen Plänen teilweise neu bepflanzt, beträchtlich erweitert und mit einem schmückenden Rosarium versehen. Ab 1933 beteiligte sich Hoff an einer Arbeitsgemeinschaft aus Architekten und Ingenieuren, die rund um Hamburg für die Straßenplanung des Dritten Reichs tätig war. Erst 1948 ging er als Friedhofsinspektor offiziell in den Ruhestand und verstarb 10 Jahre später am 9. Oktober in Hamburg-Harburg. Bei der Anlage des Friedhofs in Harburg und des Bürgerparks in Geestemünde noch ganz dem landschaftlichen Stil des späten 19. Jahrhunderts verpflichtet, wandelten sich Hoffs gestalterische Auffassungen nach dem Ersten Weltkrieg zur strengen geradlinigen Strukturierung der Grünflächen.

Quellen und Literatur: Nachlaß Hoff in Privatbesitz; StA Glückstadt; StA Bremerhaven: 718/39; Wolff (1990); Roscher [1992].

Jörg Matthies

Carl Gottlob Horn
(1734–1807)

Horn wurde am 8. Juni 1734 in Pirna (Sachsen) als Sohn des Postmeisters und Handelsmanns Johann Gottlob (1698–1745) und der Sophie Maria Nerger, Tochter eines kursächsischen Oberstleutnants, geboren. Nach Abschluß seiner Schulzeit in Staritz und Meißen dürfte er das Maurerhandwerk erlernt haben. Als der spätere Graf und dänische Schatzmeister Heinrich Schimmelmann (1724–1782) am Anfang des Siebenjährigen Krieges nach Meißen kam, um 1755 die Generalakzise in Sachsen zu pachten, nahm er Horn in seine Dienste. Schimmelmann förderte den jungen Maurerpolier, indem er ihm zwei Reisen nach Paris (1763 und 1769) ermöglichte, auf denen er ausgiebige Architekturstudien betreiben konnte. Bis zu Schimmelmanns Tod arbeitet er nun als Architekt mit festem Gehalt ausschließlich auf seinen schleswig-holsteinischen Besitztümern in Ahrensburg, Hamburg und Wandsbek. Danach hat Horn fast 30 Jahre lang als Architekt, Bauberater und Gartenplaner für die Schimmelmannschen Kinder und Schwiegersöhne Julia, Caroline, Fritz Reventlow, dessen Bruder Heinrich und Heinrich Friedrich Baudissin gewirkt. Er starb 1807 in Emkendorf.

Sein Werk, das Peter Hirschfeld 1934 erstmals und bis heute am umfangreichsten darstellte, erstreckte sich auf den Außenbau, die Innendekoration und die Gartenanlagen der Schlösser und Herrenhäuser Ahrensburg (ab 1760), Wandsbek (ab 1765), Knoop (ab 1783), Emkendorf (ab 1791) und Falkenberg (1803). Dank des in Emkendorf erhaltenen Nachlaßinventars und des Verzeichnisses seiner 1808 versteigerten Bibliothek ergibt sich ein anschauliches Bild seines Werdegangs, seiner sozialen Stellung und seiner beruflichen Fähigkeiten. Zeichnungen, Baurisse, Innenraumgestaltungen, Übungsblätter von Dresdner und Wiener Bauten der 50er und 60er Jahre, Briefe und Bücher belegen, daß er mit den neuesten europäischen Architekturentwicklungen vertraut war und diese mit der heimatlichen Bautradition zu verbinden wußte. Horn war ein norddeutscher Baumeister, der vom französischen Klassizismus beeinflußt war, der ab Mitte des 18. Jahrhunderts von Nicolas-Henri Jardin in Kopenhagen propagiert wurde und auch in Holstein Einzug hielt. In fortgeschrittenem Alter vollzieht Horn in den 1790er Jahren die Wende zum englischen Landschaftsgarten. Sein Baustil und seine Gesamtentwürfe für Gutsanlagen behalten jedoch bis zu seinem Tod noch spätbarocke Elemente bei. Daß er ausschließlich als privater Gutsarchitekt für die Familie Schimmelmann tätig war, wurde 1972 von Ralf relativiert, der nachweisen konnte, daß der klassizistische Umbau des Herrenhauses auf Deutsch-Nienhof nach Horns Entwürfen ausgeführt wurde.

Literatur: Hirschfeld (1934), S. 329ff; Ralf (1972); Deuter (1994).

Kai Pörksen

Ferdinand August Wilhelm Hurtzig (1872–1939)

Ferdinand Hurtzig wurde am 23. März 1872 in Kieth/Mecklenburg geboren und besuchte, nach einer Lehre in der großherzoglichen Hofgärtnerei in Ludwigslust von 1890–92, die *„Königliche Gärtner Lehranstalt am Wildpark bei Potsdam"* in den Jahren 1892–94. Sein Abgangszeugnis als Gartenkünstler weist besonders gute Noten in den Fächern Gehölzkunde sowie Plan- und Landschaftszeichnen auf. Bevor Hurtzig seinen Militärdienst antrat, arbeitete er einige Monate in einem Berliner Gartenbaubetrieb. 1895–96 war er unter Gartendirektor Adolf Kowallek bei der Gestaltung des Kölner Stadtwaldes gartenkünstlerisch tätig und führte dort auch den Südfriedhof nach eigenen Entwürfen aus. 1897 wechselte Hurtzig nach Bremen, wo er im Zusammenhang mit den Wallanlagen beschäftigt war. Zwei Jahre später nahm er an dem Dortmunder Wettbewerb für die Umgestaltung des Westerholzes zu einem Volkspark teil und gewann den 4. Preis unter 53 Einsendern. Im Mai 1900 übernahm Hurtzig die Stelle des Stadtgärtners in Kiel und begann sofort mit Entwurf und Ausführung des Hohenzollernparks (heute Schrevenpark). 1904 erhielt er den Titel eines Städtischen Garteninspektors und war dann mit sämtlichen Neuplanungen und Überformungen der öffentlichen Anlagen Kiels beschäftigt. In erster Linie handelte es sich dabei um Platzgestaltungen (Geibelplatz 1901, Platz am tiefen Posten 1902, Joachimsplatz 1904), die Anlagen um öffentliche Denkmäler (Herzog-Friedrich-Denkmal 1901, Klaus-Groth-Denkmal 1911) sowie die Ufergestaltungen rund um den Kleinen Kiel (1909) – dazu gehörten auch zahlreiche Entwürfe für Teppichbeete. Außerdem wurden von ihm beispielsweise der Schützenpark in drei Bauabschnitten zwischen 1903 und 1909 sowie der Moorteichpark (1906–07) geschaffen. Ein anderes wichtiges Arbeitsfeld Hurtzigs in der stark expandierenden Großstadt war die Planung von Sportplätzen, von denen viele Tennisplätze und das Nordmarksportfeld (1906–07) sich bis heute erhalten haben, sowie die Pflanzung von Straßenbäumen und Begrünung der Umgebung von Schulgebäuden. Nebenamtlich war Hurtzig für verschiedene öffentliche und private Auftraggeber im Kieler Raum tätig, so wurden z. B. nach seinen Entwürfen die Grünflächen um die Kieler Lutherkirche ausgeführt (1912) und auch das Kaiserliche Kanalamt erbat seinen Rat. Außerdem erhielt er einige Aufträge in Schleswig-Holstein, beispielsweise als Gutachter und Berater in Neustadt und Heide. Nach seiner Beförderung zum Gartendirektor im Jahre 1920 wurde Hurtzig unter der Ägide des Stadtbaurats Willy Hahn, der eng mit Leberecht Migge zusammen arbeitete, in Kiel mehr mit der Planung von sozialen Grünflächen wie Kleingartenanlagen, Sportstätten und Spielplätzen und der Pflege der bestehenden Grünflächen beauftragt. In dieser Zeit unterlag ihm auch die Ausführung der Siedlung *„Hof Hammer"*, im wesentlichen nach Migges Plänen, und er war mit Umgestaltungsmaßnahmen im Werftpark betraut. Malerische Strandpartien wie die Terrasse bei Falkenstein und die Promenade bei Mönkeberg entstanden nach Hurtzigs Entwürfen ebenfalls in den 20er Jahren. Zwei große Projekte verwirklichte er noch 1928 zusammen mit Hahn, um den Grüngürtel der Stadt zu erweitern: Bei den Aufforstungen in Viehburg und Projensdorf handelt es sich um kostengünstig geschaffene Waldparks mit Rad- und Reitwegen, Spielstätten sowie Wiesenflächen für Licht- und Luftbad. Kurz vor seiner Pensionierung plante Hurtzig den Schlageterpark (heute östlicher Teil des Stadtrat-Hahn-Parks), der im Rahmen der Notstandsarbeiten von Arbeitslosen geschaffen wurde und eine streng lineare Wegeführung aufweist. Nach Eintritt in den Ruhestand 1937 verstarb der Stadtgartendirektor zwei Jahre später am 23. Juli in Kiel. Aufgrund seiner Ausbildung in Potsdam zunächst eng der Lenné-Meyerschen-Schule verpflichtet, was bei den Plänen für Dortmund und Kiel besonders deutlich wird, wandelt sich in Laufe der Jahre sein planerischer Stil zu einem mehr geradlinig und architektonisch geprägten in der dritten Dekade unseres Jahrhunderts. Hurtzig schuf für die Stadt Kiel in den mehr als 37 Jahren seiner Tätigkeit zahlreiche Anlagen, die zum größten Teil heute noch das Stadtbild prägen. Einige gartenkünstlerische Raritäten wie die *„Weserfahrt"* und der Serpentinenweg am Bismarck-Rondell (heute *„Hirschfeld-Blick"*) sind zwar erhalten, andere werden nur mäßig gepflegt oder sind teilweise überbaut (Terrasse Seeblick, Platz vor der Sparkasse), doch die aufwendig geschmückten Platzanlagen der Kaiserzeit (z. B. an der ehemaligen Technischen Lehranstalt) existieren nicht mehr.

Quellen und Literatur: StA Kiel: Akte 45709 Personalakte Hurtzig; Archiv Grünflächenamt der Stadt Kiel; Hurtzig [1938].

Jörg Matthies

Hermann Jacobsen
(1898–1978)

An „*Dr. h. c. Hermann Jacobsen*" erinnert eine Gedenktafel am Pavillon des Alten Botanischen Gartens in Kiel. Damit wird ein Mann geehrt, der es mit viel Eigeninitiative zu einigem Erfolg gebracht hat. Er begann 1912 als Lehrling auf Gut Bredeneek bei Preetz, wo sich der Obergärtner Hannig auch um die theoretische Ausbildung der Lehrlinge bemühte. Seine hier gewonnenen ersten Kenntnisse im Planzeichnen vervollständigte Jacobsen durch den Besuch von Kursen an der Hamburger Kunstgewerbeschule. Nachdem der Gehilfe einige Jahre in den Botanischen Gärten von Köln und Bonn gearbeitet und die Obergärtnerprüfung 1924 mit einer Arbeit über „*Die Bedeutung der Botanischen Gärten im allgemeinen*" bestanden hatte, wurde er 1929 zum Garteninspektor des Botanischen Gartens in Kiel ernannt. Hier hat er in den Dreißiger Jahren neue systematische Pflanzungen nach eigenen Plänen für die Kieler Universität angelegt. Neben der Darstellung heimischer Pflanzenformationen wie Salzwiesen, Strand, Dünen und Heide, entstand auch ein Alpinum, wobei es seiner Ansicht nach lehrreicher war, lieber einen kleinen Ausschnitt im realistischen Maßstab der Landschaftsform zu zeigen, als in verkleinertem Maßstab möglichst viele Pflanzen unterzubringen. Außerdem richtet er eine medizinisch-botanische Abteilung ein und entwickelte sich zu einem Fachmann für Sukkulenten. Nach dem Zweiten Weltkrieg widmete er sich bis zu seiner Pensionierung 1963 dem Wiederaufbau der zerstörten Anlagen und der Lehrtätigkeit an der Kieler Berufsschule. Schließlich hat Jacobsen in Zusammenarbeit mit Friedrich Glasau wichtige schleswig-holsteinische Arboreten aufgenommen. Dazu gehörte auch das Arboretum von Lehmkuhlen bei Preetz, in dem er 1914 beim Pflanzen geholfen hatte, als er Lehrling auf dem Nachbargut Bredeneek war.

Literatur: Glasau/Jacobsen (1950); dies. (1952); Jacobsen (1954).

Ingrid A. Schubert

Nicolas-Henri Jardin
(1720–1799)

Der am 23. 3. 1720 in Saint-Germain-des-Noyers geborene Nicolas-Henri Jardin gewann nach dem Studium 1735–1740 den begehrten großen Preis der Pariser Akademie, trat aber erst 1744 das damit verbundene Rom-Stipendium an. Während seines vierjährigen Aufenthaltes an dem dortigen französischen Institut zeigte der junge Architekt sein künstlerisches Gespür u. a. dadurch, daß er 1747 eine „*Chapelle sépulcrale*" in Form einer Pyramide entwarf. 1754 folgte der inzwischen in Frankreich wirkende Architekt zusammen mit seinem jüngeren Bruder Louis-Henri Jardin (1730–1759) einem Ruf nach Kopenhagen, um dort den riesigen Kuppelbau der Marmorkirche zu vollenden. Daß er die vorhandenen barocken Fundamente beibehielt, um in kühleren, klassizistischeren Formen weiterzubauen, kann insofern als beispielhaft für das Werk des reifen Jardins gelten, als er gerne konservative Grundsysteme nutzte, denen er dann einen neu-klassizistischen Ausdruck verlieh. So entwarf er anderthalb Jahrzehnte Landsitze, Inneneinrichtungen, Fassaden- und Festdekorationen für den dänischen Hof und hohe Beamte, während er gleichzeitig als Professor an der Kopenhagener Akademie seine Ideen weitergab. Mit Gärten befaßte sich der Architekt selten und meist im Zusammenhang mit einem größeren Bauprojekt, wie z. B. bei dem Lustschloß Marienlyst. Soweit man nach den bisherigen mageren Untersuchungen zu diesem Aspekt seiner Tätigkeit überhaupt generalisierende Feststellungen treffen kann, behielt er geometrische Strukturen, wie sie dem Architekten als Koordinaten rationaler Naturbeherrschung geläufig waren, bei. Doch an Stelle barocker Fülle und kapriziöser Effekte findet man schlichte, klare Gliederungen. Auch zeigt er neue ‚englische' Tendenzen in großzügigen Rasenparterres und arbeitete gelegentlich mit dem klassizistischen Bildhauer Wiedewelt zusammen. In dem 1760 begonnenen Park für den ihm befreundeten, schöngeistig interessierten Minister Johann Hartwig Ernst Graf von Bernstorff (1712–1772), wurde das früheste Arboretum dieser Region angelegt, das nach einer Beschreibung von C. C. L. Hirschfeld (1780) „*... aus einer großen Mannigfaltigkeit von einheimischen und ausländischen, besonders nordamerikanischen Bäumen und Sträuchern, die zu reizenden Lustgebüschen mit Spaziergängen schon vor mehrern Jahren angepflanzet [waren] ...*". In massierten Pflanzungen verschiedener Rosensorten oder einem Areal mit ausschließlich weiß blühenden Gehölzen und Blumen wurde zum ersten Mal im Norden botanische Sammellust außerhalb von Orangerien deutlich. Die Initiative zu dieser Anlage wird von verschiedenen Mitgliedern des aufgeklärten Freundeskreises ausgegangen sein, der sich um den Minister sammelte. Zehn Jahre später in Wotersen, bei seiner letzten Gartenplanung in dieser Region, hat der Architekt dann nur die Anbindung weiträumiger Obstplantagen aus der Bernstorffer Planung übernommen. 1759 wurde Jardin zum „*Intendant des Bâtiments du Roy*" ernannt, und 1768/69 erhielt er Gelegenheit, Frankreich, Holland, Belgien und England zu bereisen, wo er sicher auch seinen Kollegen Chambers in Kew traf. Doch ein Jahr später kamen die Arbeiten an der Marmorkirche zum Erliegen, so daß er nach Frankreich zurückkehrte, um seine Karriere als „*architecte ordinaire du roi*" weniger spektakulär fortzusetzen. Eine umfassende Würdigung Jardins als Früh-Klassizist und Gartenarchitekt steht noch aus.

Quellen und Literatur: Kupferstiche von N.-H. Jardin: Plans, Coupes et Élévations de l'Église Royale de Frédéric V., Kopenhagen 1769; Hirschfeld (1779–1785), Bd. 3, S. 223–226; Krohn (1922); Elling (1942); Weilbachs Kunstnerleksikon; Deuter (1994).

Ingrid A. Schubert

Clemens Jelinek
(1868–1936)

Jelinek wurde am 23. November 1868 im mährischen Eisgrub (heute Tschechien) geboren. Über seine Ausbildung und weitere Tätigkeit ist leider nichts bekannt. Ende des 19. Jahrhunderts war er in Essen-Bredeney beschäftigt, bevor er 1900 nach Kiel übersiedelte. Sechs Jahre später erwarb Jelinek in Kiel-Wik Land für die Gründung einer Baumschule. Er etablierte ein Gartenarchitekturbüro (mit Dependance in Wilhelmshaven) und legte in den folgenden Jahren zahlreiche Hausgärten für die Kieler Hautevolee an, z. B. auch den Garten der Villa Ahlmann (heute Hotel „*Kieler Kaufmann*"). Um 1910 schuf Jelinek die Grünanlagen vor der neu erbauten Kieler Kunsthalle und gestaltete im Düsternbrooker Gehölz den Serpentinenweg zur Seebadeanstalt. Sein vermutlich größtes Projekt war die Planung und Ausführung des Gutsgartens in Hörst, den er 1911 anlegte. Den neuen Friedhof in Kiel-Gaarden entwarf er im selben Jahr. Bald darauf beauftragte ihn Freiherr Conrad Hinrich III. von Donner mit der Gestaltung des Steingartens in Lehmkuhlen. Desweiteren ist eine Planung für den Preetzer Klostergarten von Jelinek bekannt. Am 4. September des Jahres 1936 verstarb der Gartenarchitekt in Kiel. Jelineks Anlagen stehen mit ihrer bogigen Wegeführung einerseits dem späten 19. Jahrhundert nahe, andererseits finden auch neoformale Gestaltungstendenzen ihren Raum. Seine graphischen Darstellungen der Parkanlagen können zu den qualitätsvollen des Jugendstils gerechnet werden.

Quellen: Photoalben in Privatbesitz; GA Hörst; Einwohnermeldeamt Kiel; Adreßbücher Kiel; Archiv des Klosters Preetz.

Jörg Matthies

Friedrich Joachim Christian Jürgens (1825–1903)

Friedrich Joachim Christian Jürgens stammte aus einer Lübecker Gärtnerfamilie, die ihm schon früh Unterricht in Botanik, Zeichnen und Fremdsprachen ermöglichte. Nachdem er in St. Petersburg eine Ausbildung als Kaufmann und Ingenieur und in Lübeck eine Gärtnerlehre absolviert hatte, bereiste er Deutschland, England und Belgien, bevor er 1845 eine Stellung als Obergehilfe bei C. W. E. Putzcke in Altona annahm. Schon die erste eigenständige Arbeit als Gartenarchitekt, ein Fährhausgarten auf der aus Schutt aufgeschütteten Elbinsel Steinwerder, glückte dem Einundzwanzigjährigen so gut, daß er im Anschluß mehrere Aufträge erhielt und sich 1847 als selbständiger Landschaftsgärtner niederlassen konnte. In der etwa gleichzeitig erworbenen großen Baumschule in Nienstedten bei Hamburg spezialisierte er sich – als erster in dieser Region – auf die Züchtung großer freistehender Solitäre, um einerseits abgehärtete, gut entwickelte Bäume für Einzelstellung zur Verfügung zu haben, und um andererseits bei seinen Objekten eine interessante Raumbildung sofort erreichen zu können. Bei dem von Friedrich J. C. Jürgens verfolgten landschaftlichen Stil ging es weniger um die Erinnerung an arkadische Gefilde, die fünfzig Jahre zuvor bei Joseph-Jacques Ramée noch zu spüren war, als um die lokale Landschaft. Ihren manchmal etwas herben Reiz und ihre verschiedenen Möglichkeiten versucht der Künstler herauszuarbeiten. Dabei spielen vielgestaltige Wasserlandschaften eine wichtige Rolle und das Gespür für den Umgang mit Laubtönungen, die sich erst im flachen nördlichen Licht voll entfalten. Zwar nahm F. J. C. Jürgens Rücksicht auf die Wünsche seiner Kunden nach Komfort, Unterhaltung und Blumenschmuck, doch zog er es vor, auf formale Partien in der Nähe des Hauses und auf alle lauten Effekte zu verzichten, um – wie sein Biograph Ludwig Möller es formulierte – *„... den Blick in ruhiger Weise ... zu den weiteren oder kürzeren Fernblicken hinüberzuleiten, ... in deren anziehende Bilder sich das Auge des für landschaftliche Schönheiten empfänglichen Beschauers mit vollstem Behagen tief hinein versenkt".* Typisch für seine Gärten sind langgestreckte Lichtungen auf sanft bewegtem Terrain, *„dessen weiche Linien an neptunischen Ursprung erinnern"* sollten, und gerne als Sichtachsen in die Umgebung ausgebaut wurden. Zurückhaltung übte er bei der Anzahl der Wege. Wo sie nötig waren, wurden sie eingetieft, um die Naturbilder nicht zu zerschneiden. Wie viele Gärten F. J. C. Jürgens im damaligen Schleswig-Holstein schuf, bleibt noch zu erforschen. Besonders im Randgebiet Hamburgs müssen es unzählige gewesen sein. Einige davon sind noch in reduzierter Form erhalten, wie der Hesse Park (ehemals Merck) in Blankenese, der Amsinck-Park in Lokstedt, der Landhausgarten de Vos (heute Stadtpark) in Itzehoe. Als Namen weiterer Auftraggeber werden Roosen in Nienstedten, Flohr in Dockenhuden und Schütte in Klein Flottbek genannt. Auch mancher schleswig-holsteinische Gutspark stammt von ihm, wie der von Meischenstorf oder der von Breitenburg. Vieles deutet darauf hin, daß Jürgens die Anlage in Hohenstein schuf, während sein aufwendiger Entwurf für den großherzoglichen Park in Güldenstein mit Sicherheit nur teilweise verwirklicht wurde. Schließlich erhielt der Gartenarchitekt auch Aufträge aus dem Rheinland und Sachsen, für die es noch keine näheren Hinweise gibt. Weniger die Sensibilität des Künstlers, als seine Fähigkeit zu großräumiger Planung und Anpassung an ungewöhnliche Anforderungen waren gefragt bei den beiden Großaufträgen, die sein Renommé weit über norddeutsche Grenzen hinaustrugen: die Gestaltung des Hamburger Zoologischen Gartens 1863 und die erfolgreiche Konzeption der ersten internationalen Gartenbau-Ausstellung 1869, wobei die hoch über dem Hafen gelegene Elb-Bastion in einen Hügel verwandelt wurde, der sich aus bewegter Wasserlandschaft entwickelte und für unterschiedliche Aussteller differenzierte Strukturen und für die Besucher neben der Fachinformation ein herrliches Panorama anbot. Trotz vieler ehrender Auszeichnungen – darunter die Österreichische goldene Staatsmedaille für Kunst und Wissenschaft – überließ Jürgens die Leitung seines Unternehmens schon 1876 seinem Sohn Rudolph, um sich politisch zu engagieren. Doch ist sein gärtnerisches Wirken bis 1890 dokumentiert, als er bei der großen Berliner Gartenbau-Ausstellung noch einmal 196 Solitäre, bis zu 7,5 m hoch und 4 m breit, aus seiner Baumschule präsentierte. Dann zog er sich endgültig zurück und entsann sich seiner kaufmännischen Anfänge. Als Bankdirektor starb Friedrich J. C. Jürgens im Jahre 1903 in Ottensen.

Literatur: Möller (1886), S. 245f; Koopmann (1903), S. 187f; Lemke (1965); Sorge-Genthe (1973), S. 185; Schubert (1993).

Ingrid A. Schubert

Rudolph Jürgens (1850–1930)

Rudolf Jürgens hatte nach seiner Gärtnerausbildung und einem Englandaufenthalt als sechsundzwanzigjähriger Gartenbauingenieur die Leitung der väterlichen Firma in Nienstedten bei Hamburg 1876 übernommen. Der zwei Jahre später gewonnene Wettbewerb zur Umgestaltung des Husumer Schloßgartens in einen Stadtpark stand am Anfang seiner regen, aber in der Forschung bisher kaum berücksichtigten Tätigkeit. Er schuf eine große Anzahl von Villengärten in Hamburgs Außenbezirken: In Aumühle eine Villenkolonie und die Gärten Leisewitz, Specht und Plate, in Wentorf-Reinbek die Gärten Stoltz, Mutzenbecher, Lorenz-Meyer, Fester und in Witzhave den Garten Hertz. In den Elbvororten entwarf oder überformte er zwei Anlagen für die Familie Vorwerk und drei für Mitglieder der Familie Warburg und die Gärten Michahelles und Stucken. Wie ein Pinetum gestaltete Rudolph Jürgens das große sandige Grundstück der Brüder Münchmeyer am Luusberg, und in dem heute öffentlichen Arboretum des H. Lütgens in Ahrensburg schuf er die grundlegende Geländemodellierung und erste Pflanzendisposition. Die Teil-Überformung des Jenischparks im Sinne eines Arboretums ist ihm ebenso zu danken wie die des Gutsparks von Blumendorf. Im westdeutschen Raum sind als Auftraggeber bekannt die Namen Andree, Berg, Charlier, von Guilleaume, Joost, König, von Langen, von Oppenheim, Späther und Zanders, wobei nur der Gutspark Voldagsen/Niedersachsen des Fritz König bisher in der Forschung gewürdigt wurde. Schließlich hat sich Rudolph Jürgens auch mit öffentlichen Anlagen wie der Erschließung des Falkensteins an der Elbe und der Gestaltung des inzwischen reduzierten, ehemaligen Rainvillegartens in Altona 1890 beschäftigt. Für den Bau von Pferderennbahnen galt er als Spezialist, wobei die von Berlin-Karlshorst eine lebhafte Kontroverse in der Presse hervorrief. Stets lobend erwähnt wird R. Jürgens bis heute für die von ihm konzipierte *„Allgemeine Gartenbau-Ausstellung zu Hamburg 1897"*, dagegen wird häufig verschwiegen, daß er als Gutachter der Bürgerschaft 1907 bei der Planung des Hamburger Stadtparks entscheidende Vorschläge zur Änderung des vorgelegten Entwurfes gemacht hat, die akzeptiert wurden und nicht unerheblich zur optischen Gesamtwirkung dieses bekannten Gartenkunstwerkes beitrugen. In den angedeuteten Divergenzen spiegelt sich der Umbruch in der Gartengestaltung zur Jahrhundertwende. Während damals renommierte Kunstpublizisten – in Hamburg allen voran Alfred Lichtwark – lautstark für den neuen architektonischen Garten eintraten, hat sich der jüngere Jürgens in der Nachfolge seines Vaters, Friedrich Joachim Christian Jürgens, stets als ‚Landschafter' verstanden. Mit geschickter Terrainbearbeitung und Wasserführung, bei Schonung vorhandener Baumbestände, sparsamer Wegeprojektierung und optischer Betonung wichtiger Blickachsen bemühte er sich, das Gelände so darzustellen, wie *„... die Natur selbst es ebenso und nicht anders geschaffen hätte"*. So formulierte er es in seinen *„Andeutungen über die berechtigten, praktischen und ästhetischen Anforderungen des Laien an neue landschaftliche Anlagen"*. Wichtig war ihm für die Planung ein erkennbarer Grundgedanke, doch bei der ästhetischen Zusammenstellung der Pflanzen-Varietäten verließ er sich gerne auf seine spontane Eingebung. Dabei äußerte er sich entschieden gegen schablonenhafte Ausführungen des landschaftlichen Stils und konzedierte bei sehr kleinen Hausgärten sowie bei Nutzungsdruck formale Gestaltungen. Mit diesem Grundkonzept hatte er so großen Erfolg, daß er sich Anfang des Jahrhunderts am vornehmen Neuen Wall in Hamburg niederlassen konnte. Doch wenngleich ihm der Hamburger Gartenbauverein bei seinem Tod 1930 einen besonders langen und ehrenden Artikel widmete, galten seine Stilprinzipien unter den damaligen Trendsettern der öffentlichen Meinung als lange überholt.

Quellen und Literatur: StAHH: Senat Cl. VII Lit. Fh Nr. 2 Vol. 1 Conv. II.; Jürgens [1886/87]; Hesdörffer (1896/1897), S. 377–392 und S. 435–445; Gartenbauverein für Hamburg, Altona und Umgebung, Jahresbericht 1929/30; Goecke (1981), S. 105.

Ingrid A. Schubert

Carl Heinrich Eduard Knoblauch (1801–1865)

Der Berliner Architekt Knoblauch wurde am 25.9.1801 in Berlin geboren, studierte von 1819–21 an der Bauakademie sowie der Kunstakademie. 1824 wurde er ein Mitbegründer des Berliner Architektenvereins und blieb dessen regstes Mitglied, bis er den Vorsitz 1861 aufgab. Reisen führten ihn durch Deutschland, in die Niederlande, nach Frankreich, aber auch im Jahr 1829 zusammen mit Stüler nach Italien. Die Skizzenbücher dieser Unternehmungen haben sich teilweise erhalten. 1845 erfolgte die Aufnahme an die Akademie der Künste zusammen mit der Ernennung zum Baurat. In der Zeitspanne zwischen 1854 und 1861 gab Knoblauch die ursprünglich von J. A. Romberg gegründete *„Zeitschrift für praktische Baukunst"* heraus. Das architektonische Schaffen Knoblauchs war sehr vielfältig, seine Hauptdomäne jedoch der Privatbau. Neben vielen Wohnhäusern baute er etwa auch die Russische Botschaft unter den Linden und Krolls Etablissement nach Skizzen von Friedrich Wilhelm IV. und Persius. Außerdem beteiligte er sich z. B. an den Wettbewerben zur Hamburger Nikolaikirche 1844 sowie zum dortigen Rathaus 1854. Sein bekanntestes Werk ist die Berliner Synagoge, die erst 1866 durch Stüler fertiggestellt wurde. Im Stil vermochte Knoblauch alle Varianten vom Klassizismus über den Villenstil und die Neugotik bis hin zum maurischen Stil durchzuspielen. Gartenentwürfe Knoblauchs sind bisher nicht untersucht worden. Daß er an der Blomenburg bei Selent auch die umgebende Landschaft in großen Zügen in seine Gestaltung einbezogen hat, ist insofern interessant, als daß es auf sein architektonisches Verständnis rückschließen läßt. Er faßt, wie auch andere Projekte, etwa die Herausgabe des „Architektonischen Albums" 1839 mit Innenraumentwürfen, belegen, die Aufgabe des Architekten als eine gesamtgestalterische auf.

Literatur: Wallé (1902); Börsch-Supan (1977); David-Sirocko (1992).

Karen David-Sirocko

Hermann Koenig (1883–1961)

Der Hamburger Gartenarchitekt Hermann Koenig war einer der bekanntesten Vertreter seines Berufsstands in der Weimarer Republik. Die Verbindung der Gartenkunst mit den bildenden Künsten und die Verwirklichung sozialreformerischer Ziele im Städtebau der 20er Jahre waren ihm ein Anliegen. Auch wollte er in breiten Bevölkerungskreisen Verständnis für die Arbeit des Berufsstands wecken. Sein Zeitgenosse und prominenter Berufskollege Professor Erwin Barth sagte über ihn: „Ihm ist es zum größten Teil zu danken, wenn sich heute der Gartenarchitekt der Anerkennung und Wertschätzung im öffentlichen Leben erfreut." Koenig wurde am 27.5.1883 in Landeshut/Schlesien geboren. Nach seiner Gärtnerausbildung im Hofgarten zu Camenz/Schlesien besuchte er die höhere Gartenlehranstalt Köstritz und später die Kunstgewerbeschule in Magdeburg. Bevor er sich in Hamburg selbständig machte, arbeitete er als Gartentechniker in verschiedenen Architekturbüros Nord- und Westdeutschlands. Ab 1910 führte Koenig gemeinsam mit Jonathan Roggenbrod eine Landschaftsgärtnerei in Hamburg, welche bis 1919 bestand. 1913 und 1914 wurden ihm sowohl die preußische Silberne Staatsmedaille als auch die Goldene Porträtmedaille der Kaiserin, letztere die damals höchste Auszeichnung für Gartenkunst, verliehen. Nach seiner Rückkehr aus dem Ersten Weltkrieg gründete er sein eigenes Büro für „Gartenkunst, Kulturtechnik und Siedlungswesen". Von 1921 bis 1934 war Koenig Vorsitzender des Bunds Deutscher Gartenarchitekten (BDGA), eine der beiden Organisationen deutscher Gartenarchitekten, und vertrat dessen Anspruch auf die eigentliche Interessenvertretung des Berufsstands. Koenig veröffentlichte zahlreiche Bücher zur Gartenarchitektur und Artikel, unter anderem in der BDGA-Zeitschrift „Der Deutsche Gartenarchitekt". Er war schon früh Nationalsozialist und wirkte ab 1932 aktiv an der Gleichschaltung des BDGA mit dem NS-Regime mit. Nach der zwangsweisen Auflösung des BDGA und der Gründung des nationalsozialistischen „Bunds deutscher Gartengestalter" im Jahr 1933 arbeitete Koenig zwar weiterhin als Gartenarchitekt, wurde aber aus seiner Führungsrolle in der Berufsorganisation verdrängt. In Hamburg schuf er neben zahlreichen Privatgärten auch Friedhofsanlagen, den Eichtalpark in Wandsbek und den Erholungspark am Dammtor, der später zu der „Niederdeutschen Gartenschau Planten un Blomen" umgestaltet wurde. In Schleswig-Holstein plante er beispielsweise den Stadtpark Elmshorn (1935), die Neugestaltung eines Teilbereichs im Emkendorfer Gutsgarten (um 1940) und die Gärten des Verwaltungsgebäudes und der Beamtenhäuser des Schleswig-Holsteinischen Elektrizitätsverbandes in Rendsburg (um 1934). Hermann Koenig starb 1961 in Hamburg.

Literatur: Wolschke-Bulmahn/Gröning (1988); Karrasch (1990).

Mareile Ehlers

Metaphius Theodor August Langenbuch (1842–1907)

Der Lübecker Stadtgärtner Metaphius Langenbuch, am 4. September 1842 in Eutin geboren, ging nach dem Besuch des dortigen Gymnasiums in der Großherzoglichen Hofgärtnerei Eutin 1860–63 bei Hermann Roese in die Lehre und arbeitete zunächst ein Jahr in der Flottbeker Baumschule von James Booth sowie in Konsul Schillers Park (Övelgönne). 1864–65 schloß sich eine zusätzliche Ausbildung in der Königlichen Gärtnerlehranstalt Potsdam an. Der Garten des Fürsten Pückler in Muskau und verschiedene Baumschulen in Norddeutschland (darunter die von F. J. C. Jürgens in Nienstedten) waren weitere berufliche Stationen, bevor Langenbuch dem Park des Konsuls Schön (Klein Flottbek) zehn Jahre als Obergärtner vorstand. Zu Beginn des Jahres 1879 wurde er als Stadtgärtner der Hansestadt Lübeck eingestellt und kümmerte sich dort zunächst um die Pflege und Instandsetzung der öffentlichen städtischen Grünflächen, insbesondere der Wallanlagen. Als Nebentätigkeit gestattete der Senat ihm, Unterricht an der Gewerbeschule zu geben und gelegentlich auch Privatgärten in Lübeck zu entwerfen. 1884 wurde nach Langenbuchs Plänen der Lindenplatz umgestaltet, und bis 1892 schuf er die neuen Grünflächen am Mühlenteich und Dommuseum. Drei Jahre später zeichnete er für die gärtnerischen Anlagen der „Deutsch-nordischen Handels- und Industrie-Ausstellung" in Lübeck verantwortlich, ab 1897 war er für die Gestaltung der Promenaden zu beiden Seiten des Elbe-Lübeck-Kanals im stadtnahen Bereich zuständig – damit im Zusammenhang standen auch die Überformungen am Mühlen- und am Burgtor. Zusätzlich mußte Langenbuch die Baumpflanzungen und -pflege an Straßen und Plätzen sowie die Durchforstung und Erweiterung der Parkanlagen in Travemünde übernehmen. Von 1897–1902 plante und verwirklichte er sein Hauptwerk, den Lübecker Stadtpark. Sofort nach Langenbuchs Tod am 2. Mai 1907 in Lübeck schlugen Mitglieder des Senats vor, dem Stadtgärtner „in Würdigung seiner großen Verdienste um die Ausgestaltung der gärtnerischen Anlagen in der Stadt und den Vorstädten einen Gedenkstein im Stadtpark ... setzen zu lassen." Aus der Lenné-Meyerschen Schule kommend, war Langenbuch ein typischer Vertreter der Gartenbaukunst in der zweiten Hälfte des 19. Jahrhunderts.

Quellen und Literatur: AHL: Baudeputation Personalakte des Stadtgärtners Langenbuch 1879–1907; NSA VII B 9 Nr. 3 und Nr. 4; Baltzer (1907).

Jörg Matthies

Johann Friedrich Laves (1734– nach 1792)

Über Werdegang und Bauten des Architekten Johann Friedrich Laves ist wenig bekannt. Er ist der Onkel des berühmten Hannoverschen Hofbaumeisters Georg Ludwig Friedrich Laves (1788–1864) und eng mit der Kasseler Baumeisterfamilie Jussow verwandt. Die Tätigkeit des aus dem heutigen Südniedersachsen stammenden Laves in den Herzogtümern Holstein und Lauenburg ist nur über die Verbindung zu dem königlich-kurfürstlich-braunschweig-lüneburgischen Generalleutnant, Georg Ludwig Graf von Kielmansegg, zu erklären, in dessen Regiment Laves als Leutnant stand und der die beiden Güter Gülzow (Kreis Herzogtum Lauenburg) und Seestermühe (Kreis Pinneberg) besaß. So lassen sich über Jahrzehnte Laves' Arbeiten für diese Güter verfolgen. In diesem Bereich finden sich auch seine frühesten, in der Fachliteratur bisher unberücksichtigten Pläne: Für Seestermühe zwei Landvermessungskarten (1764) und ein Ruinenaufmaß des 1713 abgebrannten Ahlefeldtschen Herrenhauses (1765), das die Grundlage bildete für die interessanteste von Laves' Seestermüher Arbeiten, den Entwurf zum Wiederaufbau dieses ehemals stattlichen Palaisbaues. Aus Gründen der Sparsamkeit wurde schließlich 1793 der Wiederaufbau gänzlich aufgegeben und statt dessen Laves mit einigen kleineren Reparaturen an verschiedenen Gutsgebäuden in Seestermühe beauftragt. Für Gülzow, den damaligen Hauptsitz der Grafen von Kielmansegg, ist ein 1765 datierter Gartenplan von Laves erhalten. In der Kielmanseggschen Familienchronik wird er auch als Architekt des Gartens genannt. Dort wird ebenfalls berichtet, er habe in Gülzow von 1779–83 ein herrschaftliches Wohnhaus errichtet. Über das ursprüngliche Aussehen dieses Hauses, das später umgebaut wurde, ist nichts bekannt. Mit seinem Architektenberuf etablierte sich Laves als „*Landbaumeister im Lauenburg- und Dannenbergschen wie auch in den Lüneburgischen Ämtern*", wie es im Staatskalender 1789 heißt, und stieg schließlich zum Landbauverwalter in Ratzeburg, zu der Zeit Hannoversche Garnisonsstadt, und um 1800 zum Oberlandbaumeister in Bardowick (Kreis Lüneburg) auf. Als Offizier des Hannoverschen Ingenieur-Corps wurde Laves in seiner Ratzeburger Zeit auch als Landvermesser bei der Verkoppelung im Amt Steinhorst (Lauenburg) angefordert. Dieser Tätigkeit entstammen zwei eigenhändige Vermessungskarten aus dem Jahr 1775 im Schleswig-Holsteinischen Landesarchiv. Als sein Hauptwerk gilt die Stadtkirche St. Petri in Ratzeburg, die in spätbarocker Formensprache mit querrechteckigem Grundriß 1786–91 in Backstein erbaut wurde. Sie liefert bisher den einzigen Ansatzpunkt für eine stilistische Beurteilung des Werkes von Laves. Hammer-Schenk bezeichnet ihn als einen „*durchaus erfolgreichen Architekten, der eine große Zahl von landesherrlichen Gütern mit Bauten ausstattete*". Allerdings nennt der Autor nur zwei Entwürfe für ein Pastorat in Ramelsloh. Am Bardowicker Dom wurde 1792 eine neue, zweigeschossige Sakristei nach Plänen von J. F. Laves errichtet.

Quellen und Literatur: GA Seestermühe Acta II Nr. 165, 166a; LAS Abt. 402 A 5 Nr. 1, 10; Kielmansegg (1910); Michel (1920); Thieme/Becker; Kunstdenkmäler Pinneberg (1961); Hoeltje (1964); Funck (1985), S. 146–159; Neuschäffer (1987), S. 26ff; Hammer-Schenk/Kokkelink (1988), S. 102f; Asmussen-Stratmann (1992), S. 116 und S. 605.

Karen Asmussen-Stratmann

Johann Christian Lewon (um 1690–1760)

J. C. Löwen, genannt Lewon, stammt vermutlich aus dem Raum Braunschweig/Wolfenbüttel, wo es mehrere Kunstgärtner des Namens Löwen/Leue gab. 1712 ist Lewon im Garten des Palais Dernath in Schleswig beschäftigt und übt hier auch bis Ende 1712 die Oberaufsicht über den Alten Garten und den Neuwerk-Garten in Gottorf aus. Ab 1716 beginnt er als Gärtner Löwen seine Arbeit in der Residenz Eutin des Fürstbistums Lübeck. Er durchläuft hier als Hofgärtner eine Amtskarriere bis zum Oberlandbaudirektor; im Dezember 1727 hatte er zusätzlich das Amt des Hofbaumeisters übernommen. In Eutin gestaltete er den vorhandenen Schloßgarten in einen Französischen Garten um. Ein nach seinen Entwürfen und Zeichnungen des Eutiner Hofmalers J. P. Bleil angefertigtes, 15 Blatt umfassendes, von dem Augsburger Kupferstecher Martin Engelbrecht geschaffenes Stichwerk zeigt den vollendeten Eutiner Schloßgarten in großen Übersichten und einzelnen Prospekten. Fürstbischof Adolph Friedrich, der spätere schwedische König, hatte es 1743 herausgegeben. Lewon betreute den Eutiner Garten bis zu seinem Tod am 19. 4. 1760. Er starb in Eutin und wurde hier begraben. Lewon wurde während seiner Eutiner Zeit auch von auswärtigen Auftraggebern zur fachlichen Beratung in Fragen der Gartengestaltung herangezogen. Der Eutiner Kammerpräsident, Oberhofmarschall Jacob Levin von Plessen, übertrug ihm offenbar um 1735/40 die Gesamtplanung des Gartengeländes an seinem Herrenhaus Blumendorf bei Oldesloe. Für den herzoglich gottorfischen Hof in Kiel war er 1739 mit der Konzeption eines neuen Barockgartens befaßt, wie erhaltene Zeichnungen belegen, und wurde auch in Fragen der übrigen Bepflanzung konsultiert. Aus den Jahren 1747 und 1751 haben sich im Schloßmuseum Zerbst Entwürfe für zwei Gartenpavillons erhalten. Die dortige Schloßherrin Johanna Elisabeth – Mutter der russischen Zarin Katharina II. – war eine Tochter des Eutiner Fürstbischofs Christian August, der den französischen Garten in Eutin hatte anlegen lassen. Auch für den Garten des Herrenhauses Rantzau, das Lewon 1750 umbaute, dürfte er die Umgestaltungskonzeption entwickelt haben, ebenso vermutlich für die Herrenhäuser Salzau (um 1740) und Blumendorf (n. 1735). Im Falle des im fürstbischöflichen Besitz befindlichen Gutes Stendorf bei Eutin (1749) ist dies nachweisbar. Seine baumeisterliche Tätigkeit ließ sich bisher an folgenden Bauten belegen: Für den Eutiner Schloßgarten hat er das Entenhaus (1720) und das Vogelhaus (1723), die grottierte Eremitage (1723/24), einen hölzernen Gartenpavillon (1735), die Wasserkunstanlagen und weitere Kleinarchitekturen wie z. B. Portale geschaffen. Ein Entwurf für die Menagerie beim Bauhof ist überliefert, die 1725 jedoch nach Dallins Plänen gebaut wurde. Nach Lewons Plänen entstanden auch mehrere landwirtschaftliche Nutzgebäude sowie das um 1730 auf der großen Insel im Großen Eutiner See erbaute Lustschlößchen Adolphsburg. Zu seiner Amtszeit als Eutiner Hofbaumeister wurden auch einige Gewächshäuser errichtet: 1723/24 das *„vertiefte"* Glashaus, 1727 das Ananashaus, 1733 die Terrassenorangerie vor dem Schloßhügel und 1742 das sogenannte Opernhaus. Einige auftretende Mängel und Schäden – insbesondere an der Adolphsburg – lassen an einer in jeder Hinsicht fachgerechten Ausbildung Lewons zum Architekten zweifeln. Seine Gartenschöpfungen gehören dagegen zum Besten, was zu seiner Zeit in Schleswig-Holstein auf diesem Gebiet entstand. Er orientierte sich in Fragen der praktischen Durchführung an dem 1720 veröffentlichten Werk *„Neue Garten Lust"* von Johann David Fülcken, in künstlerischer Hinsicht überwiegend an dem Werk *„La Théorie et la pratique du jardinage"* von J. A. Dezallier d'Argenville (1709, gefolgt von mehreren Aufl.), aber auch an zahlreichen Kupferstichwerken und -einzelblättern, die sich im Besitz des Eutiner Hofs befanden.

Literatur: Hirschfeld 1953 (1980), S. 175ff; Rudloff (1958), S. 76–82; Eimer (1961), S. 118ff; Paarmann (1986); SHBL, Bd. 6, S. 157f; Thietje (1989b); dies. (1994).

Gisela Thietje

Johann Christoph Ludwig von Lücke
(um 1703–1780)

Der Bildhauer J. C. L. von Lücke wurde um 1703 in Dresden geboren, wo er vermutlich auch seine Ausbildung bei dem Hofbildhauer Balthasar Permoser erhielt; als dessen Nachfolger bewarb er sich 1733 (und 1736) vergeblich. Auch später fand er keine Lebensstellung; so wechselte er alle paar Jahre seinen Wohn- und Wirkungsort; er lebte u. a. längere Zeit in England, Holland, Frankreich und Dänemark, aber auch in verschiedenen deutschen Landen, so bis ca. 1747 wieder einige Jahre in Dresden, dann von ca. 1747–1750 und um 1764–1767 in Hamburg sowie 1754–1756 in Flensburg und Schleswig. Er starb 1780 in Danzig. Den Adelstitel hat er wohl in Wien oder Kopenhagen erhalten. Sein Bruder Carl August Lücke der Jüngere (1710 bis nach 1779) war ebenso Bildhauer wie Carl August Lücke der Ältere (sein Vater?) und ein gewisser Ernst Friedrich Lücke. Ein wichtiger Auftraggeber Lückes bei seinem letzten Aufenthalt in Hamburg war Heinrich Carl Schimmelmann, dänischer Schatzmeister und Besitzer der im südlichen Stormarn gelegenen Güter Ahrensburg (ab 1759) und Wandsbek (ab 1762). Er erwarb für Ahrensburg 1765 zwei liegende Löwen und für Wandsbek weitere vier Löwen und wohl auch die noch (in Privatbesitz) erhaltenen Büsten der *„Europa"* und *„Afrika"*. Auch etliche der einst im berühmten Barockgarten des Bendix von Ahlefeldt zu Jersbek aufgestellten, heute leider nur noch fragmentarisch erhaltenen Großfiguren, Hermen und Vasen werden Lücke zugeschrieben; so haben sich in Jersbek unter anderem zwei Sphingen, eine Puttengruppe, Jupiter und Juno, ein Titan und eine Poseidon-Herme (alle aus Sandstein) sowie eine Marmorvase erhalten und bezeugen eine außerordentliche bildhauerische Qualität. Die seit einigen Jahrzehnten auf dem Rondell vor dem Jersbeker Herrenhaus stehende reizende Puttengruppe ist bereits auf dem Kupferstich von Christian Fritzsch (um 1726) zu sehen. Wahrscheinlich hat Lücke um 1724 auf dem Weg von Dresden nach England Station in Hamburg gemacht, dort erste Werke verkauft und Kontakte geknüpft, die dann zwei Jahrzehnte später zu dem umfangreichen Ergänzungsauftrag für Jersbek führten. Einen ähnlichen, vier Figurensätze umfassenden Auftrag erhielt Lücke auch von dem Herzog von Mecklenburg-Schwerin, ursprünglich für den Garten von Schloß Boitzenburg; *„vier Sandsteinstatuen von Kindern als Personifikationen der Jahreszeiten (1742), vom Teepavillon auf der Nordbastei des Schweriner Schlosses, befinden sich heute im Staatlichen Museum in Schwerin."* Sein Schaffen charakterisiert J. Rasmussen folgendermaßen: *„J. C. L. von Lücke vertritt, nicht ohne Züge einer gewissen Scharlatanerie, den Typus des vielseitigen und hochbegabten Künstlervaganten; in seinen Arbeiten kam die Entwicklung der kleinplastischen Bildschnitzerei in Deutschland zum Abschluß."* Doch nicht nur Arbeiten in Elfenbein, Stein, Pappmaché u. ä. sowie in Porzellan (Dresden, Wien, Fürstenberg) hat J. C. L. von Lücke geschaffen, sondern er war auch ein Bildhauer großplastischer Figuren und Vasen. Eine ausführliche Biographie mit Zusammenstellung und Würdigung seines gesamten Lebenswerkes, das aufgrund seines unsteten Wanderlebens über mehrere Länder verstreut ist, ist bisher nicht erschienen. 1977 waren einige seiner plastischen Arbeiten in der großen Barockausstellung in Hamburg ausgestellt, die sich u. a. in Schleswig-Holstein und Hamburg sowie in großen Museen erhalten haben.

Literatur: Hennings (1784–1791); Thieme/Becker; Hirschfeld (1939), S. 372–424; Rasmussen (1977); Hennigs (1985); Theuerkauff (1986), S. 193–204.

Burkhard von Hennigs

Harry Maasz
(1880–1946)

Der 1880 in Cloppenburg geborene Harry Maasz hat nach seiner Gärtnerlehre in Stadthagen 1897–1900 und dem Studium an der Königlichen Gärtnerlehranstalt in Potsdam-Wildpark 1901–1903 Erfahrungen in den Stadtverwaltungen von Magdeburg und Kiel und bei Gartenbaubüros in Stuttgart und Hamburg sammeln können, bevor er 1912 zum Gartenamtsleiter der Stadt Lübeck ernannt wurde. Im Jahr 1922 ließ er sich in dieser Stadt endgültig als freier Gartenarchitekt nieder. Verständlich ist es daher, daß wir gerade im Raum zwischen Flensburg, Husum, Mölln und Hamburg immer wieder auf Spuren des Harry Maasz treffen, in Villengärten und Siedlungen, bei städtischen Parkanlagen und Friedhöfen.

Doch hat er auch an anderen Plätzen gewirkt, z. B. in Brandenburg, Sachsen und Bayern. Zwischen 1932 und 1935 unterhielt er zusammen mit G. Narberhaus ein Atelier in Barcelona. Maasz hatte sich früh sozial engagiert, mit der Reformbewegung identifiziert und den Nutzungsbedürfnissen einen hohen Stellenwert eingeräumt. In seinen Entwürfen spielen funktional festgelegte, architektonisch gegliederte Räume eine wichtige Rolle. So gab es abgetrennte Orte zum Spielen, Turnen, Sonnenbaden oder Bleichen, und entsprechend häufig kommen Trennwände aus Glas oder in Form von Hecken, steinerne Stufen, Mauern und Böschungen vor. Pflanzen werden unter Berücksichtigung von Landschaft, Klima und Bodenkunde in umgrenzten, thematisch bestimmten Beeten zusammengefaßt. Auffallend sind dabei gelegentlich sehr expressive Formen, wie der Gartenarchitekt sie z. B. auf dem eigenen Grundstück in Pönitz bei Scharbeutz 1925 verwirklichte. Wir sollten uns allerdings zurückhalten mit einer rein fachlich-positiven Bewertung von Harry Maasz, denn er, der schon 1934 förderndes Mitglied der SS geworden war, gehört zweifellos zu jenen Persönlichkeiten, bei denen sich kein Wissenschaftler auf die Kriterien seiner Disziplin zurückziehen kann. Der Gartenarchitekt hat dem Nationalsozialismus nicht nur nahegestanden, sondern muß zu den Nutznießern und Förderern jenes Regimes gerechnet werden, vor dessen Opfern mögliche künstlerische Phänome, wie interessante Gestaltungsideen oder ästhetische Plandarstellungen, nur als Bagatelle wahrgenommen werden können. In seinen zahllosen Veröffentlichungen kann man – was die Sache eher schwieriger macht – die politische Implikation nicht auf Anhieb erkennen. Doch tauchen Vokabeln wie „artfremd" im Gegensatz zu „heimatgebunden" auf, wird „des deutschen Menschen großer Vorzug" erläutert, vor der neuen Gartenromantik als Zeichen für „ein krankes Volk" gewarnt, begrüßt, daß der Krieg die Menschen zur Gartenarbeit gezwungen habe. Auf ein heroisches Leitbild der Erziehung stimmten beeindruckende Ehrenmäler und Thingstätten ein, und auch bei manchem per se unpolitischen Entwurf wie „Laubenkolonie und Spielplatz für Hamburg" (1921) zielten Übersichtlichkeit, geometrische Härte und monumentaler Eindruck nicht auf einen sensiblen, mündigen und in Selbstverantwortung geübten Bürger, sondern förderten eher durch Beeinträchtigung des Selbstwertgefühls angepaßte Persönlichkeitsstrukturen. Noch nicht geklärt ist auch, ob nicht die betonten Nutzungs- und Ordnungsprinzipien den nationalsozialistischen Bemühungen um Disziplinierung entgegenkamen. Denn es ist anzunehmen, daß in ganz anderen Gartenumgebungen die Eigenständigkeit und Initiativkraft gefördert wird; in Gärten, die als geschützter Freiraum die Benutzer wenig festlegen, offen sind für individuelle, spontane Entscheidungen, auch zu lustvollem Schweifen auf nicht vorgezeichneten, unübersichtlichen Wegen animieren und eigene Entdeckungen ermöglichen. Eine kritische Bewertung in diesem Sinne findet in der Forschung kaum statt. So ist zu befürchten, daß sich der schon spürbare Trend zur rein positivistischen Sicht des Gartenarchitekten Maasz fortsetzen wird. In der Tat sind seine ‚Erfolge' nicht zu leugnen. So wie er bis 1943 u. a. gut beschäftigt war mit ‚Begrünungen' von Heeresbauämtern und Rüstungswerken, konnte sein Büro nach der Katastrophe wieder für die Toten Ehrenmäler entwerfen.

Quellen und Literatur: Nachlaß Maasz im LAS: AAI; AHL Personalakte Maasz; Maasz (1913); ders. (1926); ders. (1936); Wimmer (1989), S. 371–381; Wollweber (1990).

Ingrid A. Schubert

Johannes Daniel Major (1634–1693)

Major wurde am 16. August 1634 in Breslau geboren und studierte zunächst in Wittenberg, später in Leipzig Physik und Medizin. 1659 ging er zum Studium der Medizin und Altertumskunde an die Universität zu Padua und promovierte im darauffolgenden Jahr. Nachdem Major wenige Jahre in Wittenberg und Hamburg als Arzt tätig war, wurde er 1665 vom Herzog Christian Albrecht an die neu gegründete Kieler Universität als Professor der theoretischen Medizin und Botanik berufen. Hier war es neben der medizinischen Lehre seine Aufgabe, auch den Botanischen Garten der Universität, der als Grundlage wissenschaftlicher Experimente und als Lieferant für Ingredienzen der Arzneien diente, zu begründen und aufzubauen. Durch die genaue Kenntnis des schon damals berühmten Botanischen Gartens zu Padua schien er für diese Aufgabe besonders befähigt zu sein. 1669 stellte ihm der Herzog ein Viertel des Kieler Schloßgartens für den „*hortus medicus*" zur Verfügung. Bei der Anlage waren ihm offenbar auch ästhetische Gesichtspunkte wichtig, so integrierte er bemalte und geschnitzte Treillagen und vermutlich sogar einige Büsten. Der Arzt und Naturwissenschaftler betreute zeitweise auch die Kunst- und Naturalienkammer am Gottorfer Hof. Nebenbei war Major als Numismatiker und Altertumswissenschaftler anerkannt und gilt bis heute als Begründer der Museumswissenschaft und Sammlungstheorie. In vier Jahrzehnten publizierte er 82 Schriften, u. a. die Beschreibung der „*Americanischen ... blühenden Aloe*" (1668), auf deren Titelvignette der Sinnspruch „*Es steige Holstein in die Höh! Als wie die Edle Aloe!*" zu lesen ist. In diesem Werk werden die besonderen Eigenschaften der exotischen Pflanze mit den Tugenden des Herzogspaares gleichgesetzt, der Neuwerk-Garten gar mit dem florentinischen Pratolino verglichen und als „*von Menschen-Händen wol-geordnetes Paradiß in Holstein*" bezeichnet. Major verstarb am 3. August 1693 in Stockholm.

Quellen und Literatur: Major (1665); ders. (1668); ders. (1669); ders. (1674); Reinke (1912); SHBL, Bd. 1; Museum Cimbricum (1989); Becker (1992–1993); Steckner (1994).

Jörg Matthies

Leberecht Migge (1881-1935)

Der Gartenarchitekt Migge wurde in Danzig als 12. Kind einer Großkaufmannsfamilie geboren. Nach Gartenbaulehre und Kunstschule trat er 1904 in die Hamburger Gartenbaufirma Jacob Ochs ein. Er stieg dort zum künstlerischen Leiter auf und gestaltete großbürgerliche Villen- und Landhausgärten im Geist der Reformbewegung. Migge arbeitete vorwiegend mit den Architekten Hermann Muthesius, Richard Riemerschmid, Karl Ernst Osthaus und Martin Wagner zusammen. Sein Entwurfsstil ist von der Arts & Crafts Bewegung und vom Jugendstil geprägt. Ihm ging es um eine klare Definition der Nutzräume des Gartens, die er geometrisch voneinander abgrenzte. Mauern, Laubengänge und Pergolen lieferten das wohlkalkulierte Raumklima, und das Wegenetz diente den praktischen Zwecken der Gartenerschließung. Üppige Vegetation, oft mehretagig angepflanzt, wurde im architektonischen Rahmen zur Geltung gebracht. Migge bevorzugte raumbildende Pflanzen und plante die Gestaltungselemente des Gartens bis ins kleinste Detail. Formblätter für Gartenmöbel, Gartenlauben, Gitter, Mauern, Treppen, Spiel- und Turngeräte wurden entworfen und publiziert: *„Da ist nichts rührselig oder empfindsam oder malerisch romantisch aufgefaßt, sondern ein Menschenwerk ist in selbstbewußter, würdiger Ordnung menschlichen Zwecken erschlossen"*, schreibt er selbst in seinem Werk *„Die Gartenkultur des 20. Jahrhunderts"*, das 1913 in Jena erschien. Sein gartenjournalistisches Werk ist umfangreich. Nicht zuletzt unter dem Eindruck einer Englandreise im Jahre 1910 formulierte er heftig und kompromißlos eine sozial orientierte Gartenkultur, die *„national"* vorangebracht werden müsse, um *„europäisch"* zu wirken. Die überkommenen Parks, die er als *„Sonntagsgärten"* bezeichnete, sollten durch *„Volksgärten"*, die den verschiedensten Bedürfnissen wie Sport, Spiel und Festlichkeiten Raum bieten sollten, abgelöst werden. *„So muß denn auch unser öffentlicher Garten, vernünftig und schön, zunächst durchaus ein Zweckgebilde sein"*, heißt es in der damals berühmten Diskussion mit Lichtwark um die Entwürfe zum Hamburger Stadtpark. In Hamburg Fuhlsbüttel (1910), Oldenburg (1911) und in Leipzig (1913/14) gestaltete er öffentliche Parkanlagen. Nachdem Migge für die eigene Familie im Jahre 1912 einen kleineren, vorbildlichen Villengarten mit Haus in Blankenese am Rande von Hochkamp erbaut hatte, trennte er sich 1913 von der Firma Ochs und ließ sich dort als freischaffender Gartenarchitekt nieder. Nicht zuletzt unter dem Einfluß und den Wirkungen des Ersten Weltkrieges, angesichts von Arbeitslosigkeit und Wohnungsnot, konnte Migge dem sogenannten *„Kunstgewerbegarten"* der Jahrhundertwende nichts mehr abgewinnen und propagierte konsequent den *„Garten für Jedermann"*. Es gehe nicht mehr allein darum, den Individualgarten zu *„organisieren"*, sondern einen Lösungsschlüssel der drängenden sozialen Frage in den Städten zu liefern. Er wandte sich der Frage des gartenintensiven Siedlungsbaus zu. 1920 verkaufte er Haus und Garten und zog nach Worpswede, wo er den *„Sonnenhof"* als Mustergut im Sinne der Selbstversorgungsideologie anlegte. Er gründete zusammen mit Max Schemmel die *„Intensive Siedler-Schule"*. In seinem Zeichenbüro auf dem Sonnenhof wurde nun reformbewegter Siedlungsbau entworfen, verbunden mit Konzepten der Selbstversorgung, der Abfallwirtschaft, des ökologischen Kreislaufs und einer breit angelegten Volkserziehung hin zum modernen Bewirtschaften eines intensiven Nutzgartens. Sein *„Grünes Manifest"*, das er in der selbst herausgegebenen Siedlerzeitung veröffentlichte, spiegelt die Heftigkeit der Proklamation wider. Noch vor Ende des Weltkrieges entwickelte er das Konzept *„Jugendpark statt Kriegerdenkmal"* (1916 zusammen mit Martin Wagner). Unter der Finanznot der Kommunen entstand dann der Gedanke des *„Kolonialparks"* (Golzheimer Heide Düsseldorf 1928), ein *„rentabler Park ... aus produktiver Gartenlandschaft"*, der von privaten und genossenschaftlichen Trägern geschaffen wurde. Im Hamburger Raum schuf Migge wohl an die 20 privaten Gartenanlagen, im öffentlichen Garten Hamburg-Fuhlsbüttel ist seine Gestaltungsauffassung heute (wieder) zu bewundern. In Kiel schuf er die Siedlung Hof Hammer (1919–23) und im Rahmen des Kieler Stadtentwicklungsmodells den Kulturgürtel (1922). Bis heute fehlt es an einer umfassenden Inventarisierung der Migge-Gärten, ihre Identität ist oft verwischt und vor allem verkannt. In jüngerer Zeit wurde sein Gedankengut an der Gesamthochschule Kassel aufgearbeitet.

Literatur: Migge (1909a); ders. (1909b); ders. (1913); ders. (1918); ders. (1926); Sorge-Genthe (1973), S. 188; Migge (1981); Hesse (1990).

Sylvia Borgmann

Cosmos von Milde (1841–1929)

Aus der großen Zahl bedeutender Obergärtner auf schleswig-holsteinischen Besitzungen ragt der am 3. 6. 1841 in Böhmen geborene Cosmos von Milde insofern heraus, als er außer der Gärtnerlehre auch ein Studium in Forstbotanik absolvierte. 1878 in die Dienste des Bankiers Conrad Hinrich Donner II. getreten, arbeitete er zunächst beim *„Donnerschloß"* am Elbhang bei Neumühlen als Obergärtner. In den neunziger Jahren nahm er an der Hamburger Kunstgewerbeschule Unterricht im Planzeichnen und erzielte auch Erfolge auf dem Gebiet der Topfpflanzenkultur. Mit seinen profunden botanischen Kentnissen errang er sich rasch das Vertrauen seines dendrologisch interessierten Dienstherrn, so daß er bei der großen Erweiterung des Parks in Bredeneek ab 1898 und wahrscheinlich auch bei den Anlagen um die von Donner gestiftete Christuskirche in Othmarschen (erbaut 1898–1900) hinzugezogen wurde. Mit Conrad Hinrich von Donner III., dem Nachfolger seines ersten Dienstherrn, verband von Milde ein nahezu freundschaftliches Verhältnis. Mit ihm zusammen schuf er ab 1911 das bedeutende Arboretum in Lehmkuhlen, in dessen damals mit besonderem Interesse aufgebauten Pinetum noch heute ein Denkstein von seiner Tätigkeit zeugt. Bis ins hohe Alter hinein nahm er Anteil an den Entwicklungen seines Faches, korrespondierte mit Kollegen, interessierte sich für pflegerische Probleme und unternahm in diesem Zusammenhang auch Versuche mit chemischer Unkrautbekämpfung. Als Cosmos von Milde am

28.9.1929 gestorben war, wurde er als einziger Außenstehender auf der Donnerschen Familiengrabstätte in Lehmkuhlen beigesetzt.

Quellen: Hamburger Adreßbuch, Briefe an Adolf Hoff in Privatbesitz, mündliche Berichte.

Jörg Matthies / Ingrid A. Schubert

Johann Georg Moser (1713–1780)

J. G. Moser übernahm nach dem Tod seines Schwiegervaters Theodorus Schlichting im Jahr 1746 das Amt des Eutiner Hofbildhauers. Seine Herkunft ist ungeklärt; er könnte sich, bevor er gegen 1737 in Eutin ankam, in Berlin aufgehalten haben. Zu seinen Aufgaben gehörten auch Bildhauerarbeiten für den Eutiner Schloßgarten: so 1752 eine Sonnenuhr für das Broderieparterre, 1774 einen geschnitzten Delphinkopf für die Fassung des Wasserfalls, 1777 mehrere Hermen und Ziervasen. Im Gottorfer Neuwerk-Garten schuf er 1771/72 für die kleine Kaskadenanlage, die er 1772–1774 grundlegend restaurierte, u. a. sechs heute noch erhaltene Ziervasen aus Sandstein. Im Lusthaus Sielbeck bei Eutin stuckierte er die Innenräume und fertigte die Eingangskartusche. 1768 hatte er im Auftrag Caspar von Salderns für dessen Herrenhaus in Schierensee drei Statuen, zwei Ziervasen und zwei steinerne Blumenkörbe zu arbeiten, 1769 vier weitere Ziervasen. Sie wurden im Garten aufgestellt. 1771 schuf Moser die sechs Postamentvasen der Eingangsanlage des Ehrenhofs. Im selben Jahr folgte die skulpturale Ausstattung des Lusthauses Tranquilitati auf dem Heeschenberg/Schierensee: Dachvasen, Schlußsteine, Türkapitelle, eine Nischenvase und die Inschriftentafel. Das Oeuvre Mosers geht über die Arbeiten für Gärten weit hinaus und umfaßt neben Werken für das Fürstbistum Lübeck Arbeiten innerhalb Schleswig-Holsteins. Moser hatte sich im Laufe seines Berufslebens von Arbeiten im Rokokostil allmählich auf solche des Zopfstils umzustellen. Zu den letzteren scheint er besonders von Caspar von Saldern, dem zeitweiligen Minister der russischen Zarin Katharina II., angeregt worden zu sein. Moser war zweimal verheiratet, 1. mit Catharina Maria Schlichting, 2. mit Cath. Margaretha Packendorff. Der Sohn August Friedrich Moser stammt aus der 1. Ehe. Aus der 2. Ehe gingen 9 Kinder hervor, darunter mehrere weitere Bildhauer und ein Architekt. Moser starb im Januar 1780 in Eutin.

Literatur: Thietje (1988/1989); SHBL, Bd. 9; Thietje (1994), S. 46 und 276.

Gisela Thietje

August Friedrich Moser (1746–1810)

A. F. Moser wurde 1746 als ältester Sohn des Hofbildhauers Johann Georg Moser in Eutin geboren. Nach der Bildhauerausbildung bei seinem Vater arbeitete er ab 1773 in Berlin. 1780 kehrte er nach dem Tod des Vaters nach Eutin zurück. Im folgenden Jahr wurden ihm vom Eutiner Hof die Bildhauerarbeiten übertragen, die zuvor sein Vater und sein Großvater (Schlichting) ausgeführt hatten. Bei der Umgestaltung des Eutiner Schloßgartens in einen Landschaftsgarten gestaltete Moser die beiden Wasserfälle aus Tuff, die Architekturteile und Schnitzarbeiten des Tuffsteinhauses sowie die Modelle zu den Stierschädeln, Opferschalen und Rosetten und einige Säulen für den Monopteros. Moser schuf auch mehrere Ausstattungsgegenstände für das Schloß Eutin, den skulpturalen Schmuck des Witwenpalais am Eutiner Marktplatz (1786) und des Eutiner Rathauses (1791) u.a.m. Wenn Moser noch im Auftrag von Casper von Saldern eine Reihe von Stuckarbeiten im Herrenhaus Schierensee auszuführen hatte und mehrere Ausstattungsgegenstände dorthin lieferte, so zwang ihn doch die schlechte Auftragslage, den Bildhauerberuf aufzugeben. Im Auftrag der Stadt Eutin führte Moser fortan die Aufteilung der allgemeinen Weide durch, eine umfangreiche Arbeit, die sich bis 1808 hinzog. Durch diese Tätigkeit wurde auch die Grundlage für die bis heute lebendige Familientradition Moserscher Fuhrgeschäfte gelegt.

Literatur: SHBL, Bd. 9; Schulze (1991), S. 96 und 181; Thietje (1994), S. 140 und 276.

Gisela Thietje

Johann Heinrich Ohlendorff (1788–1857)

Ohlendorff genoß seine Ausbildung zum botanischen Gärtner im Georgengarten bei Hannover und im Garten Belvedere in Weimar. Dort unterhielt Großherzog Karl August (1757–1828) nicht zuletzt unter den Anregungen Goethes seine berühmten tropischen Pflanzensammlungen. Ohlendorff wirkte unter dem Garteninspektor Johann Konrad Sckell an der Umformung des barocken Gartens zum Landschaftsgarten mit. Sentimentale Motive, aber auch architektonische Reminiszenzen z. B. in dem *„Russischen Garten"* (1810) wurden hier verwandt. Ohlendorff avancierte zum Hofgärtner der Großfürstin Anna von Rußland zu Elfenau bei Bern und legte ihr dort einen Landschaftsgarten an. Im Anschluß vervollkommnete er seine Ausbildung als Gartenkünstler auf Reisen durch Frankreich und England, bildete sich in Claremont Gardens/Surrey weiter und widmete sich dann am Botanischen Garten Berlin der Kultur südafrikanischer und westaustralischer Pflanzen. Eigentlich mit der Absicht, nach Amerika auszuwandern, gelangte er nach Hamburg. Dort jedoch bot sich ihm die Chance, in St. Georg eine eigene Handelsgärtnerei zu gründen. Zwei Gärten legte er in Horn an, für den wohlhabenden Kaufmann Brauer und für den einflußreichen Senator Merck. 1821 wurde er mit der großen Aufgabe betraut, einen Botanischen Garten für Hamburg in den Wallanlagen beim Dammtor anzulegen. Er wurde zum Ersten Garteninspektor ernannt und baute eine bedeutende Pflanzensammlung auf, nicht zuletzt in regem Tauschhandel mit anderen europäischen Gärten. Ohlendorffs *„praktische Sachkunde"* wurde auch von Senator Jenisch herangezogen bei der Anlage eines Arboretums, dem Aufbau einer Pflanzensammlung im Palmenhaus und weiteren Verschönerungen im Jenischpark. Nach 1840 gestaltete er den benachbarten Vorwerkschen Garten in Klein Flottbek. Ferner überarbeitete er die Schloßinsel von Ahrensburg für den Grafen Ernst Schimmelmann (1820–1885) im englischen Stil. 1844 schied er wegen Unstimmigkeiten aus dem Botanischen Garten aus und widmete sich ganz seiner „Hammer Baumschule, J. H. Ohlendorff & Söhne", die durch einen Zweigbetrieb in Volksdorf erweitert wurde. Ohlendorffs Bestände an Obst- und Ziergehölzen waren vorbildlich gepflegt und sortiert, der renommierte Betrieb erlosch 1882. Nach seinem Tode im Jahre 1857 führten seine Söhne die Baumschule in Volksdorf weiter. Berühmt wurden die Brüder Albertus (1834–1894) und Heinrich (1836–1928), die durch Guanoimport und dessen Aufbereitung reich wurden. Der Bruder Theodor machte sich um die Organisation der Gartenbauausstellung 1869 verdient. Freiherr Heinrich von Ohlendorff – Bismarck nahestehend und 1871 geadelt – unterhielt einen aufwendigen Garten in Hamm und legte einen Landsitz in Volksdorf an, der heute als Ohlendorff Park der Öffentlichkeit dient.

Literatur: Knobelsdorf (1926); Sorge-Genthe (1973); Mau/Hilmer (1995).

Sylvia Borgmann

Joseph-Jacques Ramée (1764–1842)

Als Joseph-Jacques Ramée am 18. April 1764 in Charlemont bei Givet geboren, hat der Künstler im Laufe seines bewegten Lebens mehrfach den Vornamen gewechselt. Seine lithographischen Publikationen, wichtige Quellen seines Wirkens als Gartenarchitekt, erschienen unter dem Namen „*Joseph Ramée*". Der früh Talentierte genoß nach autodidaktischen Studien an Hand des Vignola und kurzer Beschäftigung als Festungszeichner in Belgien eine außerordentlich vielseitige Ausbildung ab 1780 bei François Joseph Bélanger (1745–1818), dem Leiter der „*Menus Plaisir du Roi*" in Paris. Hauptsächlich mit Architektur und Innendekoration beschäftigt, sammelte er auch Erfahrungen in Festgestaltung und der Anlage von Gärten im Stil des „*jardin anglo-chinois*", insbesondere in dem Park von Bagatelle und der Folie Saint-James. Auf erste Arbeiten als selbständiger Architekt folgte im Jahre 1790 der Bau des Altars des Vaterlandes und die Gestaltung des Revolutionsfestes auf dem Marsfeld. Trotz dieser frühen Revolutionssympathien entschloß sich Ramée 1794 zur Flucht. Nach kurzem Zwischenspiel im sächsisch-thüringischen Raum, aus dem eine gewisse Verbindung zu Freimaurerkreisen erkennbar wird, ließ sich der Emigrant 1796 in Hamburg nieder, wo ihm eine erstaunliche Karriere gelang. Gartenkunst war dabei nur eines der Gebiete, auf denen er brillierte. Die 1801 gemeinsam mit einem Compagnon gegründete Firma Masson & Ramée handelte mit Kunstobjekten, Möbeln und Tapeten, baute Häuser und Theater und stattete sie aus, plante Gärten und lieferte Pflanzen. Ramée als künstlerischer Direktor entfaltete intensive Aktivitäten zwischen Schwerin, Kopenhagen und Hamburg. Die 1804 gebaute Hamburger Börsenhalle gilt als sein Hauptwerk. Im Jahr darauf erhielt er das Bürgerrecht der Hansestadt und heiratete Caroline Henriette Dreyer. Der 1806 in Hamburg geborene Sohn Daniel wurde später Architekt und Architekturhistoriker. Gleich bei seinem ersten Gartenentwurf im Jahre 1796, einer Anlage für Georg Heinrich Sieveking am Elbhang von Neumühlen bei Hamburg, hat Ramée einen klassisch-natürlichen Gartenstil entwickelt, den er konsequent weiterverfolgte. Die anglo-chinoise Szenenvielfalt seiner Lehrjahre spielte dabei keine Rolle. Offenbar beeinflußt durch den an Rousseaus Gedankengut orientierten Naturenthusiasmus der Französischen Revolution, möglicherweise auch durch gartentheoretische Veröffentlichungen wie die von Girardin, Watelet und Hirschfeld und durch persönliche Bekanntschaft u. a. mit Thomas Blaikie (1750–1838) in Paris und Johann August Arens (1757–1806) in Hamburg, ging es Ramée stets um idealisierte Landschaftsbilder: weiträumige, in großzügigen Wellen modulierte Wiesenflächen im Zentrum des Parks werden kaum von Wegen durchschnitten, aber stets durch Gürtelpflanzungen räumlich abgeschlossen. An dem jeweils in weiten Mäandern oder steigenden Serpentinen geführten Beltwalk finden sich gelegentlich halbrunde Sitzbänke, vor denen sich sorgfältig komponierte Blickachsen öffnen und über die Hanglinie vorkragende Aussichtsplätze, die ein Panorama anbieten. Fast in jeder Anlage betont ein Monopteros die klassische Assoziation. Unter den häufig verwandten Solitären, mit denen Ramée über das klassische Konzept hinausgeht, spielen Säulenpappeln eine besondere Rolle, die als Signum antiker Landschaft und gleichzeitig als Anspielung auf die Freiheitsbäume der Revolution verstanden werden können. Bei aller prinzipiellen stilistischen Übereinstimmung erhielt jedoch fast jedes Objekt einen markanten Akzent, der sich auf die Lage oder den Besitzer bezog. Da viele der eloquenten Besucher von Sievekings-Garten, wie Emilie von Berlepsch, August von Hennings und Friedrich Johann Lorenz Meyer, den Ruhm seines Schöpfers verbreiteten, drängten sich bald die Auftraggeber: Der Licentiat Georg Ludwig Bokelmann wünschte einen Park bei seinem von Christian Frederik Hansen erbauten Herrenhaus in Perdöl, der Frankreich-Kaufmann Daniel Poppe eine Anlage bei seiner Kupfermühle in Hamfelde, der englische Makler Benjamin Jarvis ein Landhaus mit Garten bei Itzehoe und Graf Kuno zu Rantzau einen Entwurf für seinen Besitz Breitenburg. Mindestens neun Neuplanungen oder Überformungen entstanden in der erweiterten Umgebung von Hamburg (außer den genannten noch eine in Eppendorf und drei am Elbhang). Gleichzeitig projektierte der inzwischen berühmte Gartenarchitekt in der Umgebung von Kopenhagen Parkanlagen bei Frederikslund, Sophienholm und Hellerupgaard. Als sich die wirtschaftliche Situation in Hamburg mit Napoleons Aufstieg verschlechterte, zog der Künstler mit Frau und Kind 1811 weiter – nach Amerika. Das schmale überseeische Oeuvre wird überragt von seinem wohl generell wichtigsten Werk: die beispielhafte Planung des Union College in Shenectady. 1816 nach Europa zurückgekehrt, ließ sich Ramée zunächst in Belgien, dann in Frankreich nieder. Er beteiligte sich an öffentlichen Ausschreibungen und entwarf weitere Landhäuser und Parkanlagen. Dokumentiert ist sein Wirken in Paris und Givet, bei Massambre, Villers

Agron, Verneuil, Carlepont, Charleroi und Flize. Bei einem zweiten Hamburg Aufenthalt 1832/35 entstanden nochmals fünf Gartenentwürfe für je eine Anlage in Eppendorf und Wandsbek und für drei weitere zwischen Ottensen und Blankenese an der Elbe. Dabei wird deutlich, daß der Künstler bis ins hohe Alter sensibel auf Tendenzen der Zeit reagierte und sich mit aktuellen Veröffentlichungen, insbesondere von Loudon, beschäftigte. Die im ehemaligen Revolutionspathos emphatisch weiten, schlichten Wiesenhänge wurden biedermeierlich-honett nun durch mehr Wege geteilt und dienten als gepflegte Rasenfläche zur dekorativen Darstellung botanischer Vielfalt. Das zeigte sich auch bei der Überformung von Baurs Park 1833. Diese 1805 schon einmal partiell gestaltete Anlage hat den Künstler so sehr beschäftigt, daß er davon 1810 ein idealisiertes Aquarell schuf. Heute kann sie als das am besten erhaltene jener Gartenkunstwerke betrachtet werden, mit denen der französische Emigrant die Parkgestaltung um Hamburg nachhaltig prägte. Nach seinem Tod 1842 in Beaurains bei Noyon wurde der Künstler rasch und für lange Zeit vergessen. Erst neuerdings bemüht sich die Forschung um Joseph-Jacques Ramée und sein weit verstreutes Oeuvre.

Quellen und Literatur: Ramée (1823); ders. [vor 1838]; ders. [nach 1835]; Hamburger Adreßbücher (1796–1810); Boulliot (1830), S. 493–496; Weilbachs Kunstnerleksikon; Turner (1985); Schubert (1995).

Ingrid A. Schubert

Daniel Rastedt
(1761–1836)

Daniel Rastedt stammte aus einer Lübecker Gärtnerfamilie, die bis zum Dreißigjährigen Krieg zurückverfolgt werden kann. Am 27. Mai 1761 wurde er als Sohn Gabriel Rastedts (1723–1775) in Lübeck getauft und wuchs mit 9 Geschwistern auf. Von den 6 Brüdern wurden 5 Gärtner, davon einer mit Namen Christian, der den Eutiner Hof mit einem großen Teil der Pflanzen belieferte, die für die landschaftliche Umgestaltung des Gartens benötigt wurden.

Ein anderer Bruder, Nicolaus, war Gärtner in St. Petersburg. Bereits mit 19 Jahren zeichnete Rastedt den Grundriß des damaligen, noch in barocker Form bestehenden Eutiner Schloßgartens. Für den seit 1787 entstehenden Landschaftsgarten war er dann zunächst als Gärtnergeselle unter dem Hofgärtner Alexander Schremm angestellt. Offenbar wurde er aber von Anfang an bei der Gestaltung des Landschaftsgartens hinzugezogen, während Schremm für die Nutzgartenanlagen zuständig blieb. Die Konzeption des Eutiner Landschaftsgartens ist von dem Fürsten selbst, dem Oldenburger Herzog Peter Friedrich Ludwig, entwickelt worden, doch gibt es Hinweise darauf, daß er sich mit Rastedt besprach. Mehrere Gartenentwürfe, die z. T. von Rastedt signiert sind, zeigen den Fortgang der Konzeptionsentwicklung. Zahlreiche Schreiben und Pflanzenbestellungen im Zusammenhang mit der Umgestaltung des Schloßgartens sind heute noch erhalten und belegen Rastedts Mitwirkung. Nach dem Tod Schremms wurde er 1793 Hofgärtner und blieb es bis zu seinem Tod im Jahr 1836. Wie sehr der Fürst mit der Arbeit Rastedts zufrieden war, geht zum Beispiel daraus hervor, daß er ihm das Gärtnergehalt bis 1803, als der Garten vollendet war, von 160 auf 240 Reichstaler jährlich erhöhte. Nach eigenem Bekunden hat Rastedt bis mindestens 1827 auch Gärten *„im Holsteinischen und Mecklenburgischen"* angelegt. An der Planung des Eutiner Schloßgartens war er noch bis 1835 beteiligt. Er starb am 3. November 1836 in Eutin. Rastedt war mit Anna Dorothea Ranniger (1780–1851) aus Eutin verheiratet. Das Grab des Ehepaars ist auf dem Eutiner Friedhof erhalten.

Quellen und Literatur: AHL Kirchenbuch 125 – St. Lorenz, S. 100; Archiv der Michaeliskirche Eutin, Beerdigungsbuch Jg. 1836, Nr. 119; SA Eutin Akte Hof und Privatkanzlei II-J-5 Nr. 1.2, Nr. 1.3, Nr. 1.4; Aye (1892), S. 20; Peters (1957); ders. (1958); Schinzel (1960), S. 44; Schulze (1991), S. 109; Prühs (1993), S. 162; Thietje (1994), S. 139 und 276.

Gisela Thietje

Jacob Hinrich Rehder
(1790–1852)

Jacob Hinrich Rehder wurde am 18. 2. 1790 als Sohn des Friseurs und Eutiner Bürgers Paul Hermann Rehder und der Johanna Juliana geb. Böken in Eutin geboren. Seine Gärtnerlehre absolvierte er von 1806 bis 1809 im Hofgarten von Ludwigslust, dem Residenzschloß der Herzöge von Mecklenburg-Schwerin. Zur Zeit der Wanderschaft fand Rehder u. a. Arbeit auf den Besitzungen des Grafen Brühl in Pförten/Niederlausitz. 1821 heiratete er die Tochter des dortigen Hofgärtners F. A. Schmidt. Seit 1817 war Rehder als Obergärtner, später als Parkinspektor im Garten des Fürsten Pückler (1785–1871) in Muskau tätig, wo er nach den Vorstellungen des Fürsten die großartige Parkanlage der ersten Phase realisierte. Auf einer 1826/27 mit dem Fürsten unternommenen Reise nach England konnte er seine Kenntnisse in Landschaftsgartenkunst vertiefen. Für das 1834 von Pückler veröffentlichte Buch *„Andeutungen über Landschaftsgärtnerei"* steuerte Rehder einen Aufsatz über die Anlage von Parkwiesen bei. Nachdem sich der Fürst 1834 auf eine bis 1840 dauernde Reise nach Nordafrika und in den Orient begeben hatte, verließ Rehder 1837 seine Stelle in Muskau, um am 4. August in Eutin das Hofgärtneramt zu übernehmen. Dort blieb er allerdings nur bis Ostern 1838, denn die Aufgaben, die sich auf die Gestaltung des neuen Schloßplatzes und die Pflege des bestehenden Gartens beschränkten, konnten ihn nicht ausfüllen. Bevor er nach Muskau zurückkehrte, hatte er einen Gartenplan zur Umgestaltung des Eutiner Schloßgartens und einen Alternativentwurf zur Anlage des Schloßplatzes angefertigt. Diese Pläne sind zwar nicht verwirklicht worden, doch stellen sie eine reizvolle Version aus der Sicht des Muskauer Gärtners dar. Rehder war nach seiner Rückkehr wieder für den Muskauer Garten tätig und blieb es bis zu seinem Tod am 9.2.1852. Er ist auf dem Alten Friedhof an der Jacobskirche in Muskau begraben.

Quellen und Literatur: Archiv der Michaeliskirche in Eutin, Taufreg. Jg. 1790 Nr. 18; SA Eutin: Hof- und Privatkanzlei Inv.-Nr. II-J-5, Schr. Nr. 1.8 bis 1.23; Pückler-Muskau (1834); Wortmann (1991), S. 64f; Manno, (1992), S. 59ff; Rippl (1990), S. 7–12; Thietje (1994), S. 149f und S. 250, Abb. S. 54 und (1995), S. 250–252; Smers (1995).

Gisela Thietje

Peter Richter
(1750–1805)

Peter Richter wurde am 8. 12. 1750 in Gersfeld (Rhön) als Sohn des Zimmermanns Nikolaus Richter geboren. In seiner Heimatstadt erlernte er das Zimmermannshandwerk. Nach einer Zeit der Wanderschaft ist er seit 1775 im Herzogtum Holstein-Gottorf nachweisbar. Er unterstützte seinen Bruder Johann Adam Richter (1733–1813) beim Bau der Gutsanlagen und des Herrenhauses Schierensee. Am 10. 1. 1780 wurde er Nachfolger Georg Greggenhofers im Amt des Eutiner Hofbaumeisters. In Eutin entstanden unter seiner Leitung 1780 das noch von Greggenhofer entworfene Kollegienhaus an der Vorburg des Schlosses, 1787 das sogenannte Witwenpalais am Eutiner Marktplatz, 1791 das als erster Putzbau Eutins errichtete Rathaus und 1792 das Wohnhaus Friedrich Leopold Stolbergs in der Stolbergstraße. Er gestaltete 1793 auch drei Zimmer im Schloß. Seine Tätigkeit für den Landadel hält sich im kleinen Rahmen. Bei der Umwandlung des Eutiner Französischen Gartens in einen Landschaftsgarten oblag ihm die Bauleitung aller Arbeiten seines Ressorts. Darüber hinaus lieferte er die Entwürfe für die Brücken, Pforten, Bänke und Einfriedigungen. Auch das Anlegen der Wege, der notwendige Straßenumbau, das Herrichten von Teichen und Kanälen und die Errichtung der Fasanerie gehörten zu seinen Aufgaben. Da er in den Jahren der Anlage des Landschaftsgartens auch mit einigen Bauten am Ort belastet war, stellte man ihm 1793 den Baukonduktor Paul Ludwig Heumann zur Seite. Herzog Peter Friedrich Ludwig scheint nicht immer mit den Arbeiten Richters zufrieden gewesen zu sein. Die von handwerklicher Solidität, aber von Kenntnissen der europäischen Baukunst wohl weniger geprägte Profession des Baumeisters mag den Herzog bewogen haben, für die Entwürfe der Gartentempel statt seiner den bekannten Baumeister Christian Frederik Hansen heranzuziehen. Richter war lungenkrank. Den Bau des 1799/1800 entstandenen Seepavillons hat er noch selbst leiten können. Es war seine letzte Bauaufgabe im neuen Garten. Richter starb am 21.12.1805 in Eutin. Er war seit 1781 mit Sophia Elisabeth geb. Neumann verheiratet, sein Wohnhaus in der Weberstraße Nr. 12 steht noch heute.

Literatur: Schulze (1991), S. 96, 105 ff, 111, 181; Prühs (1993), S. 152, 158 f, 206; SHBL, Bd. 7; Thietje (1994).

Gisela Thietje

Hermann Carl Bernhard Roese
(1830–1900)

H. Roese wurde 1830 als Sohn des Königlich-Preußischen *„Obristlieutenant"* W. Roese zu Wittenberg geboren. Er trat seinen Dienst als Hofgärtner im Eutiner Schloßgarten am 1. 5. 1854 an und blieb dort bis zu seiner Pensionierung am 1. 2. 1888 im Amt. Er hatte die *„Gärtnerei in der Königlichen Gärtnerlehranstalt zu Schöneberg bei Berlin erlernt, war 3 Jahre in den Königlichen Gärten von Sanssouci, Charlottenhof bei Potsdam und im Thiergarten bei Berlin, practicirte sodann 1 Jahr im botanischen Garten zu Hamburg, 1 Jahr, bis jetzt, im prinzlichen Park zu Muskau und legte während der Zeit sein 4tes Examen als Obergärtner mit Auszeichnung ab"*, heißt es im Bewerbungsschreiben vom 6. 2. 1854. Die Zeit in Muskau ist also auf 1853/54 zu datieren, als Carl Eduard Adolph Petzold dort schon Garteninspektor war. In Eutin unterstand Roese die Pflege des Landschaftsgartens und der Nutzgärten. Er wohnte mit seiner Familie im alten Gärtnerhaus am Jungfernstieg, seit 1871 im weiter südlich an jener Straße errichteten neuen Gärtnerhaus. Von der Hand Roeses stammen eine lavierte Planzeichnung des Eutiner Landschaftsgartens von 1862, ein Entwurf zur Umgestaltung des Nordgartens von 1887 und ein Umplanungsentwurf für den Stendorfer Garten von 1856. Roese verfaßte 1878 eine *„Abhandlung über die Cultur des Weinstocks unter Glas und in geheizten Räumen"*, die jedoch nicht veröffentlicht wurde. 1884 veröffentlichte er in der *„Deutschen Gartenzeitung"* einen Aufsatz *„Mitteilungen über den Schloßgarten in Eutin"*, in dem er von bemerkenswerten Bäumen in jenem Garten berichtet. Zum Besuch der Pflanzenausstellung 1868 in Hamburg und in Köln 1875 hatte Roese die Erlaubnis erhalten, nicht aber für jene in Berlin 1883, weil man am Eutiner Hof mit der Amtsführung Roeses nur mäßig zufrieden war. Roese mag wegen seines instabilen Gesundheitszustandes persönliche Schwierigkeiten bei der Amtsausführung gehabt haben; doch führte er Defizite bei der Gartenpflege auf die mangelnde Bereitschaft der Verwaltung zur Anstellung von Hilfskräften und sachfremde Entscheidungen des Hofs hinsichtlich der Baum- und Rasenpflege zurück. Erhaltene Briefe von Roese, dem Fürsten Hermann Pückler und Petzold im Schloßarchiv Eutin belegen, daß er seine Kontakte zu Muskau zeitlebens pflegte. Roese starb am 13. 8. 1900 im Alter von 70 Jahren in Eutin.

Quellen und Literatur: Archiv der Michaeliskirche Eutin: Beerd.-Buch v. 1900, Nr. 106, Procl.-Buch v. 1854, Nr. 37; SA Eutin, Hof- und Privatkanzlei, Inv.-Nr.: II-J-5, Nr. 2, II-J-6, Schreiben 18.9.1887, Schreib. vom 25.8.1875 und 7.3.1883, II-J-6. Schr. 1864 und 1876, II-J-10, Schr. Dez. 1865 und 20.11.1862, Schr. seiner Witwe, II-J-6 von 1906; Schulze (1991), S. 109; Thietje (1994), S. 276.

Gisela Thietje

Christian Heinrich Roselius
(1871–1945)

Christian Roselius wurde am 7. Januar 1871 in Bremen geboren, absolvierte nach dem Besuch des Gymnasiums eine Gärtnerlehre und eine Ausbildung am Pomologischen Institut in Proskau (Schlesien). Nach kurzer Tätigkeit für den Herzog von Ratibor im Park des Schlosses Rauden (Schlesien) arbeitete er unter Hofgartendirektor Gustav Fintelmann in Berlin. Ab 1894 stand er zwei Jahre in Diensten des Oldenburger Herzogs in Oldenburg und war später Mitarbeiter im privaten Büro des hannoverschen Stadtgartendirektors Julius Trip. Ende 1898 ließ sich Roselius als selbständiger Gartenarchitekt in Bremen nieder und erhielt in der Folgezeit zahlreiche Aufträge für die Gestaltung von Hausgärten in und um Bremen. Er legte neben Parks bei Herrensitzen im niedersächsischen Raum auch Friedhöfe in Verden/Aller und Syke sowie in Stade an, wo er zusätzlich die ehemaligen Wallanlagen in öffentliches Grün umgestaltete. In Schleswig-Holstein führte Roselius nach einem Entwurf des Hamburger Friedhofdirektors Wilhelm Cordes direkt vor dem Ersten Weltkrieg den Gutsgarten in Grabau aus. Am 23. 4. 1945 verstarb der Gartenarchitekt in seiner Heimatstadt Bremen.

Quellen und Literatur: StA Bremen 7, 66 (Nachlaß); Bremische Biographie (1969); Gröning/Schneider (1995–96).

Jörg Matthies

Johann Gottfried Rosenberg (1709–1776)

Der Baumeister J. G. Rosenberg wurde in Woldeck/Mecklenburg-Strelitz am 17. 7. 1709 geboren. Als Sohn eines Maurermeisters absolvierte er nach der Lehrzeit bei seinem Vater um 1730 eine Maurerausbildung in Greifswald. 1736 zog er nach Kiel, wo er am 2. Oktober 1738 die Bürgerrechte erhielt. Im selben Jahr heiratete Rosenberg Catharina Dorothea Kühnel (geb. 1719). Ab 1745 arbeitete er in Margaard, ein Jahr später war er in Kokkedal zu finden, und gegen Ende der 40er Jahre entwarf er Pläne für den Garten in Testorf. 1749 wird er als Baudirektor von der Plöner Kammerkasse besoldet. Zu diesem Zeitpunkt war der Rohbau des Großen Gartenhauses Herzog Friedrich Carls von Schleswig-Holstein-Sonderburg-Plön gerade abgeschlossen. Da es keine Hinweise auf eine andere Bauaufgabe im Schloßgebiet gibt, an der Rosenberg hätte arbeiten können, ergibt sich folgendes Bild seiner Tätigkeit in Plön: 1744 wurde das alte Gartenhaus abgerissen und durch einen Neubau ersetzt. Zu diesem Zweck berief der Herzog den Kieler Baumeister nach Plön, wo Rosenberg den Bau bis zu seiner Fertigstellung im Jahr 1751 leitete. In diesen Zeitraum fiel 1745 der Brand des Vorwerks auf der Reitbahn. Daraufhin wurde Rosenberg auch mit der Errichtung des Marstalls (1745–50) und des Reithauses (1746) betraut. Nach dem Abschluß der Arbeiten reiste er als „Fürstl.-Plön Baumeister" nach Kopenhagen. In Dänemark arbeitete Rosenberg in Frederiksdal (1752/53) und an den Stadtpalästen der Familien Bernstorff, Berckenthin und Dehn (1752–56). 1756 unternahm er eine Reise nach Norwegen und Schweden. Nach seiner Rückkehr ernannte ihn der dänische König am 25. August 1760 zum wirklichen Landbaumeister für das Herzogtum Schleswig. Für den Grafen Rantzau in Breitenburg schuf Rosenberg 1763 barocke Idealpläne für Haus und Garten, die jedoch nicht ausgeführt wurden. Zahlreiche Pläne und Akten sind von seiner Hand erhalten. Rosenberg starb in Schleswig am 4. 7. 1776.

Quellen und Literatur: KBB 3543; LAS Abt. 20 Nr. 1179; LAS Abt. 20 Nr. 1173.1; Weilbachs Kunstnerlexikon; Hirschfeld (1980), S. 162.

Silke Kuhnigk

Trophim Samaschikoff (Mitte 18. Jahrhundert)

Der Mann mit dem seltsamen Namen Trophim Samaschikoff ist bisher gänzlich unbekannt gewesen. Genauere Untersuchungen zum Barockgarten in Seestermühe haben ergeben, daß die wichtigste Quelle zu diesem Garten, ein Gartenplan aus dem Jahr 1750, von Trophim Samaschikoff signiert ist, ihm also die präzisen Kenntnisse über den Garten im 18. Jahrhundert zu verdanken sind. In den Seestermüher Gartenabrechnungen für die Jahre 1753–55 wird Samaschikoff als Gartenmeister mit 100 Rthlr. Jahreslohn, der zwei Gartenknechte unter sich hatte, geführt. Insgesamt läßt sich seine Tätigkeit in Seestermühe für den Zeitraum vom 22. Dezember 1749 bis zum 7. Oktober 1756 nachweisen. An diesem Tag wurden die Elbmarschen von einer verheerenden Sturmflut heimgesucht, die der Gartenmeister mit seiner Familie zwar mit Mühe und Not überlebte – der Garten und das Gärtnerhaus standen tief unter Wasser –, aber danach scheint er Seestermühe verlassen zu haben. Nach der Rettung von der Katastrophe begegnete Trophim Samaschikoff dem Compastor Lilie in Elmshorn, der die Evakuierten versorgte und bei dieser Gelegenheit den mehr als abenteuerlichen Lebensweg Samaschikoffs erfuhr und in seinem Sturmflutbericht niederschrieb: *„Beyläufig melde, daß sein Geburts-Nahme Sigir Schagan heiße. Er ist zu Alexandria von heydnischen Aeltern gebohren. Sein Vater, der über 100 Jahr alt geworden, nahm ihn auf einer Seereise mit sich, da er noch ganz jung war. Ein Arabischer Caper fiel sie auf dem rothen Meere an, erschoß den Vater, verkaufte aber den Sohn nach Jur-Kutzke zum Sclaven. Von da wurde er nach Asof verhandelt, und nachmals weiter nach Tobolsky. Hier war er bey einem Kaufmanne 2 Jahr, der zu seiner Taufe beförderlich war; wobey er Trophim Samaschschikoff genennet wurde. Nachmals wurde er nach Moskau an den Ceremonienmeister verkauft, von welchem ihn der Herr Geheime Rath von Cram bekam, und ihn in Braunschweig in der evangelischen Religion unterweisen, und auf dem grauen Hofe in der Gärtnerkunst unterrichten lies."* Nach der Odyssee durch den Nahen Osten, Sibirien und Osteuropa hatte Samaschikoff in Braunschweig am Grauen Hof, dem Braunschweiger Herzogsschloß, zum ersten Mal die Möglichkeit, einen Beruf zu erlernen. Er muß darin geschickt gewesen sein, denn er brachte es immerhin bis zum Gartenmeister. Der von Samaschikoff angefertigte Gartenplan von Seestermühe weist ihn sowohl als geschulten Zeichner als auch als einen mit den stilistischen Feinheiten der barocken Gartenkunst vertrauten Fachmann aus. Es ist anzunehmen, daß Trophim Samaschikoff durch den Grafen Georg Ludwig von Kielmansegg, der in braunschweig-lüneburgischen Diensten stand und 1752 das Gut Seestermühe kaufte, in die Elbmarsch gekommen ist und hier endlich als freier Mensch leben konnte.

Quellen und Literatur: Archiv der Kirchengemeinde Seester; GA Seestermühe; Lilie (1758), S. 60f; Asmussen-Stratmann (1992).

Karen Asmussen-Stratmann

Christian Schaumburg (1788–1868)

Christian Schaumburg wurde 1788 als Sohn einer Hugenottenfamilie, deren Mitglieder schon seit vier Generationen als Gärtner in hessischen Diensten standen, in Kassel geboren. Aufgrund seines zeichnerischen Talents wurde er zur Ausbildung an die Wiener Kunstakademie geschickt. Seit 1814 in Hannover, trat er ab etwa 1818 als *„Zweyter Plantage Gärtner"* in den Dienst des hannoverschen Königshauses und wurde vier Jahre später als Gartenmeister für den Lindener Küchengarten angestellt. Sein Durchbruch als Landschaftsgärtner gelang ihm 1825 mit der Anlage des Parks der von G. L. F. Laves erbauten Villa *„Bella Vista"* des Kammerherrn von Schulte. Innerhalb kurzer Zeit stieg er zum führenden Landschaftsgärtner des Königreichs Hannover auf. Für die Krone war er in den Herrenhäuser Gärten und in Bad Rehburg tätig. Als sein Hauptwerk ist die Gestaltung des Georgengartens (1835–1841) zu bezeichnen. Außerdem beauftragte ihn die Stadt Hannover mit der Verschönerung der Wallanlagen, und er entwarf zahlreiche Gärten und Gutsparks für Bürgertum und Adel. Da Schaumburg in Hannover seit dem Regierungsantritt des Königs Ernst August keine weiteren beruflichen Entwicklungsmöglichkeiten für sich sah, nahm er 1839 das Angebot des dänischen Königs Christian VIII. an, als königlich dänischer Garteninspektor die Sommerresidenz in Plön und den Kieler Schloßgarten landschaftlich neu zu gestalten. Auch plante er weitere Gärten für das dänische Königshaus und den Adel in Schleswig-Holstein. Schaumburg wird für Umgestaltungen der Gutsgärten in Deutsch-Nienhof und Nehmten genannt, ohne daß dafür bisher Beweise gefunden wurden. Wie Ingrid A. Schubert nachweisen konnte, gibt es allerdings in den Akten des Gutsarchivs Waterneverstorf Belege für seine dortige Tätigkeit. 1847 kehrte er, nun zum Hofgarteninspektor und Leiter des Georgengartens berufen, nach Hannover zurück. Obwohl er dieses Amt bis zu seinem Tod 1868 behielt, legte er zahlreiche weitere Gärten an. So reiste er noch 1866 im Auftrag des kurz zuvor gegründeten Bürgerparkvereins nach Bremen und lieferte zwei Entwürfe für den Bürgerpark. Das Ziel seiner Gartenschöpfungen sah Schaumburg in der *„Nachahmung der freundlichen und schönen Natur"*, die nur durch behutsame Modellierung des Geländes, durch natürlich wirkende Pflanzungen und landschaftlich gestaltete Gewässer unter Verzicht auf bauliche Staffagen erreicht werden sollte. Die Formensprache seines schlichten zonierten Landschaftsgartens behält er mit kleinen Abwandlungen über seine gesamte mehr als 40 Jahre dauernde Schaffenszeit bei. Neben der Landschaftsgärtnerei beschäftigte sich Schaumburg auch mit der Gemüse- und Obstproduktion, für die er beim Hof zuständig war. Als einem der Begründer des Gartenbauvereines im Königreich Hannover galt darüber hinaus sein Interesse dem Anbau und der Züchtung neuer Blumensorten sowie besonders der Ausbildung von Gärtnern und der Förderung der Gartenkultur.

Literatur: Schaumburg (1833); Clark/Hennebo (1988); Clark (1994).

Ronald Clark

(Johann) Theodorus Schlichting (um 1680–1746)

Die Lebensspur des Bildhauers Schlichting läßt sich bis nach Berlin zurückverfolgen, wo er sich bis etwa 1708 aufhielt. Anschließend war er am Bau des Palais Dernath in Gottorf tätig. An jenem Palais führte er den gesamten, thematisch auf das Ressort *„Militaria"* bezogenen skulpturalen Schmuck aus. Einige der Statuen und Vasen sind erhalten und stehen heute in der Anlage des Städtischen Museums in Flensburg. Bis 1722 lebte Schlichting in seinem Haus in Schleswig, Lollfuß. 1722 trat er in die Dienste des Lübecker Fürstbischofs Christian August ein. Nebenberuflich war er als Wassermüller tätig, wozu er die fürstbischöfliche Wassermühle in Fissaubrück pachtete. Im Französischen Garten in Eutin schuf Schlichting das gesamte Statuen- und Hermenprogramm sowie die skulpturalen Bauteile wie Bassinwülste, Monogrammkartuschen usw. (mit Ausnahme der Schalen an der Cordonata, die in Lübeck bestellt wurden). Von seinem Werk im Eutiner Schloßgarten zeugen heute nur noch Photos von Gartenziervasen und graphische Wiedergaben im Kupferstichwerk von Lewon/Engelbrecht, das 1743 herausgegeben wurde. In einem 1733 mit ihm geschlossenen Vertrag des Eutiner Hofs wurde vereinbart, daß der Bildhauer hinfort alle Skulpturen am Eutiner Schloß, im Garten und am Schiff zu pflegen und ggf. zu restaurieren habe. Schlichting arbeitete auch für auswärtige Auftraggeber, und zwar sowohl im Herrenhausbereich (Blumendorf, Schloß Plön u. Kiel) als auch im sakralen Bereich (Hochaltar Klosterkirche Preetz, Sarkophage im Lübecker Dom, Taufengel Lütjenburg). Von den Kindern aus seiner Ehe mit Anna Maria Hartwig ist die Tochter Catharina Maria (1723–1747/48) erwähnenswert: Sie wurde die Ehefrau des Eutiner Hofbildhauers Johann Georg Moser (1713–1780) und die Mutter des einzigen Kindes aus dieser Ehe, August Friedrich (1746–1810), des späteren Hofbildhauers in Eutin. Schlichting starb im April 1746 in Eutin.

Literatur: Thietje (1986a), S. 79–122; Thietje (1994), S. 46 und S. 276; SHBL, Bd. 9.

Gisela Thietje

Hans Georg Tatter (lebte im 17. Jahrhundert)

H. G. Tatter war der letzte Garteninspektor im Alten Garten von Schloß Gottorf, der die Bezeichnung *„Fürstlicher Lustgärtner"* trug. In der Folgezeit blieb dieser Titel den Gärtnern des Neuwerk-Gartens vorbehalten. Tatter wird 1661 Nachfolger des 1660 verstorbenen, berühmten Kunstgärtners Johannes Clodius und steht den vor der Residenz Gottorf gelegenen Gärten (Westergarten, Alter Garten) bis in die

Zeit der dänischen Besetzung 1684–89 vor. Der Beginn seiner Amtszeit ist gekennzeichnet von umfangreichen Instandsetzungsarbeiten in den durch Kriegseinwirkungen und die dreijährige Abwesenheit der herzoglichen Hofhaltung beschädigten Gärten. In der über 20jährigen Amtszeit Tatters wurde die bauliche Entwicklung der Gewächshäuser und Pflanzengärten im Alten Garten weitergeführt. Der alte Lustgarten Herzog Friedrich III. behielt unter ihm seinen hervorgehobenen Status bei und wurde entsprechend den Ansprüchen eines barocken Gartenkunstwerkes unterhalten.

Literatur: Paarmann (1986), S. 110.

Michael Paarmann

Michael Gabriel Tatter (gest. um 1689)

Über die Herkunft und den Ausbildungsgang des Gottorfer Garteninspektors, der dem berühmten Hofgärtner Johannes Clodius in der Leitung des Neuwerk-Gartens nachfolgte, ist nichts bekannt. Erstmals begegnet uns M. G. Tatter 1649, als er in den Dienst Herzog Friedrich III. tritt und die Aufsicht über den Kieler Schloßgarten übernimmt, der im 30jährigen Krieg verwüstet worden war. Nach sechsjähriger Tätigkeit in Kiel wechselt er 1655 nach Gottorf über, wo ihm der Herzog die bedeutende und hochdotierte Position des Neuwerk-Gärtners überträgt. In den quellenmäßig schlecht dokumentierten Jahren der dänischen Besetzung 1684–89 verliert sich die Spur Tatters. Vermutlich stirbt er auf Gottorf 1689. Michael Gabriel Tatter war ein Bruder des ab 1661 im Alten Garten als Garteninspektor tätigen Hans Georg Tatter. Die unter Herzog Christian Albrecht durchgeführte Erweiterung des Neuen Werks zu einer raumgreifenden, axialsymmetrisch um eine Mittelachse gegliederten Terrassenanlage barocken Zuschnitts fällt in die Amtszeit M. G. Tatters. Dem schwedischen Baumeister Nicodemus Tessin, der 1687 die Gottorfer Gärten besichtigt, berichtet Tatter, daß er den Entwurf zur Erweiterung des Neuwerks gefertigt habe. Aus der Amtszeit Tatters haben sich Pflanzeninventare und Pflanzpläne für die Terrassenparterres erhalten, die sein Botanikinteresse und seine Erfolge in der Aufzucht, Haltung und Erweiterung des Bestandes an exotischen Gewächsen belegen.

Literatur: Seebach (1965), S. 180; Schlee (1978), S. 55; Paarmann (1986), S. 110; de Cuveland (1989), S. 39–55.

Michael Paarmann

George Tschierske (1699–1753)

1729 kam George Tschierske als Hofgärtner mit Herzog Friedrich Carl von Schleswig-Holstein-Sonderburg-Plön von Norburg nach Plön. Dort legte er ab 1730 einen Lustgarten für seinen Dienstherrn an und überwachte die Wiederherstellung des Insel- und des Küchengartens. Außerdem war er für die Bepflanzung des ehemaligen Weinbergs mit Obstbäumen verantwortlich. Nachdem die Erd- und Pflanzarbeiten im Lustgarten abgeschlossen waren, entwarf Tschierske eine weitere Gartenanlage am Sommersitz des Herzogs in Traventhal. Tschierske kann neben Lewon als einer der Hauptvertreter der Gartenkunst der Régence und des Rokoko im Lande angesehen werden. 1738 kam es in Plön zu einer Auseinandersetzung zwischen den im Lustgarten beschäftigten Gesellen und Burschen einerseits und dem Hofgärtner andererseits. Die Ursache des Konflikts ist nicht bekannt. Schließlich quittierten die Angestellten den Dienst. Schon zwei Jahre später kam es zu einer erneuten Eskalation, woraufhin der Herzog Tschierske, der ab 1739 auch als Schloßverwalter für ihn tätig war, ganz und gar aus dem Lustgarten abzog. Im Jahre 1745 verließ Tschierske den Plöner Hof, gestaltete im Auftrag des Grafen W. H. Baudissin den Garten in Rixdorf und wurde erst 1748 im Zusammenhang mit ausstehenden Zahlungen des Herzogs wieder in den Rechnungen der Kammerkasse genannt. Diese Gelder sind im Zusammenhang mit der gärtnerischen Gestaltung des Entréebereichs zwischen Reitbahn und Gartenhaus zu sehen. 1753 wurde er auf dem Altstädter Friedhof in Plön beigesetzt.

Quellen: LAS Abt. 20 Nr. 1160.1, 1164.1, 1164.2, 1174.1, 1180.1.

Silke Kuhnigk

Georg Dietrich Tschierske (vor 1715–nach 1770)

Tschierske war der Sohn des Plöner Hofgärtners George Tschierske. Nach einer Ausbildung zum Baumeister und Gartenarchitekten unter der Protektion Herzog Friedrich Carls von Schleswig-Holstein-Sonderburg-Plön fertigte Georg Dietrich Vorzeichnungen zu mehreren Kupferstichen der von seinem Vater geschaffenen Gartenanlage in Traventhal an. 1748/49 zeichnete er den ebenfalls von seinem Vater angelegten Plöner Lustgarten. 1750 bekam er in Plön ein Gehalt und leitete den Bau einer Brücke. Im Jahr darauf wurde eine Karte vom Specklerholz genannt, die Georg Dietrich angefertigt hatte. Da die Bautätigkeit des Plöner Herzogs mit der Fertigstellung des Großen Gartenhauses unter der Leitung von Johann Gottfried Rosenberg (1709–1776) im Jahre 1751 abgeschlossen war, folgte der junge Architekt dem genannten Rosenberg 1753 nach Kopenhagen. Im selben Jahr zeichnete Tschierske die Vorlage zu einem Kupferstich des dänischen Holstenhuus-Gartens. Sein erster durch Quellen belegter Bau ist der Gartenpavillon von Valdemars Slot, den er 1754 errichtete. Damit war der Anfang seiner Karriere gemacht: Er arbeitete in Langesö, Valdemars Slot, Lögismose Have und Juelsberg. Außerdem werden ihm Arbeiten in Frederiksdal/Lolland, Lundsgaard, Overgade und Odense zugeschrieben. Erst 1757 hatte Tschierske eine Auftragspause in Dänemark und kehrte nach Plön zurück, wo er den Titel eines Hofbaumeisters erhielt. Allerdings war er 1760 wieder als Gartenarchitekt in Valdemars Slot tätig. Nach Plön kehrte er nur noch einmal vor Versteigerung der herzoglichen Bibliothek zurück, die 1763 im Schloß stattfand. Am 19. Januar 1770 heiratete er in Odense Henrica Axel Lund.

Quellen und Literatur: LAS Abt. 20 Nr. 1187.1, 1101, 1198.1; Protocollum Licitationis 1763 (SHLB: 144/1763); Weilbachs Kunstnerlexikon.

Silke Kuhnigk

Ferdinand Tutenberg (1874–1956)

Am 27.5.1874 wurde Ferdinand Tutenberg in Braunschweig als Sohn des Kunst- und Handelsgärtners Fritz Tutenberg geboren. In seiner Heimatstadt absolvierte er 1888–1892 eine Lehre in der Handelsgärtnerei von F. Weinschenk und erhält parallel Unterricht in der Gartenbauschule. Als Gehilfe war Tutenberg bis 1899 an verschiedenen Orten Deutschlands tätig: zunächst in Salzuflen (Gemüsebau), Dortmund (Topfpflanzen) und Düsseldorf (Landschaftsgärtnerei). Nach seinem Militärdienst in Straßburg ging er nach Zweibrücken (Topfkulturen) und als Obergehilfe für zwei Jahre nach Herrenhausen (Palmen), ein weiteres Jahr in den Obstbau zu N. Gaucher nach Stuttgart und in das Baumschulfach zur S. & J. Rinzschen Baumschule in Oberursel. Die erste Auszeichnung erhielt Tutenberg für einen Gartenplan auf der Ehrenfelder Gartenbauausstellung 1893. Die Gartendirektion Mainz beschäftigte den Obergärtner ab Ende 1899. Zwei Jahre später, Tutenberg war inzwischen zum Gartentechniker aufgestiegen, bearbeitete er in Mainz die allgemeine deutsche Gartenbauausstellung. Wiederum wurden ihm Diplome und Medaillen für seine ausgestellten Pläne verliehen. Am 17. 4. 1905 stellte ihn die Stadt Offenbach a. M. als Stadtgärtner an. Hier in der kleinen Schwesterstadt Frankfurts erreichte der Dreißigjährige ein Ziel seiner Karriere. Er wurde Leiter einer Gartenverwaltung, die von ihm im wesentlichen allerdings erst noch installiert werden mußte. In den nächsten Jahren baute er eine Stadtgärtnerei auf, schuf eine Reihe neuer Anlagen und erarbeitete „*in freier Zeit*" den Entwurf für einen Waldpark, der später genehmigt und von seinem Nachfolger ausgeführt worden ist. Weiterhin nahm er an diversen Wettbewerben teil. Der Plan für einen Rosengarten in Worms wurde mit dem 2. Preis und sein Projekt „*Friedhof Hameln*" mit dem Ankauf ausgezeichnet. Mit der Gesamtnote „*sehr gut*" bestand Tutenberg die Gartenarchitekturprüfung 1909 in Köstritz. Zum Garteninspektor in Bochum wurde Tutenberg im Mai 1911 bestellt. Hier legte er den Südpark sowie verschiedene Grünanlagen an. Im Winter 1912 schließlich wurde Tutenberg nach Altona berufen und dort am 1. 4. 1913 zum Gartendirektor ernannt. Hier in der Großstadt krönte 1914 zunächst die Leitung der großen Gartenbauausstellung zum 200jährigen Stadtjubiläum seine Laufbahn. Dafür erhielt er den Titel „*Königlicher Gartendirektor*". Darüber hinaus entwickelt Tutenberg federführend die Pläne für den Altonaer Volkspark und den Zentralfriedhof. Noch vor dem Krieg entstand 1913/14 der erste Entwurf. Teile davon kamen noch im gleichen Jahr zur Ausführung, und 1916 sowie 1920 folgten je ein erweiterter, modifizierter Entwurf, wonach der Park fertiggestellt und der Bevölkerung übergeben wird. Volkspark und Zentralfriedhof kann man als Tutenbergs wichtigste Arbeiten bezeichnen. Diverse kleinere Arbeiten wie die Anlage des Elbuferwegs von Rainvilleterrasse bis nach Neumühlen 1924 und die Veranstaltung der Dahlien-, Blumenschau- und Bindereiausstellung 1925 folgten. Neben einer ganzen Reihe von Artikeln in Tageszeitungen und Fachzeitschriften veröffentlicht Tutenberg 1925 zusammen mit Lüdtke das Buch: „*Die Gartenstadt Altona mit ihrer Umgebung*". Hier schreibt er ausführlich über die Entstehung des Volksparks und Friedhofs in Altona. Die darin geäußerten Gedanken zu Natur- und Vogelschutz, seine Auffassung eines „*natürlichen*" Waldbaus und die besondere Bedeutung, die er dem Wald als Kraftquelle für das deutsche Volk beimißt, zeigen, daß er den eher konservativen Teilen der damaligen Natur- und Heimatschutzbewegung nahestand. Nachdem Tutenberg am 1.7.1934 in den Ruhestand versetzt wurde, zog er sich nach Südhessen zurück und starb am 12.3.1956 in Oberursel.

Quellen und Literatur: StAHH: Bestand Tutenberg; Tutenberg (1914).

Michael Breckwoldt

Stinzenpflanzen in Schleswig-Holstein und Hamburg

Die folgende Liste enthält die wichtigsten bei uns vorkommenden Stinzenpflanzen. Die Nomenklatur folgt im wesentlichen Zander (1993). Die Jahreszahlen in Klammern geben an: Das Jahr des ersten Kulturnachweises in Mitteleuropa, meist auf der Grundlage von Encke (1958–1961) und Boom/ Ruys (1950); das Jahr des ersten Nachweises der Art in Hamburger oder schleswig-holsteinischen Gärten; das Jahr des ersten Nachweises des Wildvorkommens dieser Art in Schleswig-Holstein und Hamburg. Archivalien (Pflanzenlisten, Rechnungen) zu einzelnen Gärten[1] sind erst ansatzweise ausgewertet worden. Für die regionalen Datierungen wurden vor allem die folgende Quellen herangezogen:

Quellen (W = Wildpflanzen, K = Kulturpflanzen):

1649	K	Inventarium Kyell (Fischer-Benzon 1893)
1660	K	Gottorfer Codex (de Cuveland 1989)
1680	K	Pastorengarten Friedrichstadt (Fabricius [um 1680]; Fischer-Benzon 1894)
1688	K,W	Viridiarium Danicum (Kylling 1688)
1710	K	Inventar Sammlergarten Hamburg (Schwerin 1710)
1761	W	Flora Danica (Oeder 1761ff)
1779	K	Katalog Handelsgärtnerei Buek Hamburg (Buek 1779)
1780	W	Primitiae Florae Holsaticae (Weber 1780)
1782	K	Theorie der Gartenkunst, Hirschfeld (1779–1785), Bd. 4 (1782)
1789	W	Flora von Schleswig (Esmarch 1789)
1801	W	Verzeichnis Flora Hamburg (Buek 1801)
1826	W	Novitiae Florae Holsaticae (Nolte 1826)
1836	W	Enumeratio ... Hamburgum (Sickmann 1836)
1846	W,K	Flora Umgegend Hamburg (Hübener 1846)
1851	W	Flora Hamburgensis (Sonder 1851)
1867	K	Gartenflora Nordwestdeutschland (Laban 1867)
1891	W	Flora Schleswig-Holstein (Prahl et al. 1891)
1953	W	Neue kritische Flora (Christiansen 1953)

Archive und Herbarien

Kiel	Landesstelle für Vegetationskunde (Herbar und Kartei für alle bekannten Wildvorkommen von Pflanzen in Hamburg und Schleswig-Holstein)
Hamburg	Herbarium Hamburgense, Universität Hamburg

Aconitum napellus – Eisenhut. Ranunculaceae. (–; 1660; 1821) Süddeutschland und Alpen. Bei uns Bauerngartenpflanze, plattd. „*Kutsch un Peer*". Selten in feuchten Wiesen verwildert, u. a. bei alten Mühlenstandorten wie Wulksfelde und Grönwohld (Stormarn) und im Schleswiger Neuwerk.[2]

Allium carinatum – Gekielter Lauch. Liliaceae (Alliaceae). (1588; –; 1821) West-, Mittel- und Südeuropa. Zuerst in 1820 bei Ottensen und 1859 in Lauenburg nachgewiesen, wo er seit 1930 als verschollen galt und 1982 wiederentdeckt wurde.[3] Früher auch an anderen Stellen im Elbtal. In Gelting um 1970 Massenvorkommen. Bei uns kommen 12 Lauch-Arten vor mit oft schwer entscheidbarem Status. Wichtig sind vor allem die folgenden:

Allium paradoxum – Wunder-Lauch. Liliaceae (Alliaceae). (–; 1921; 1912) Vorderasien. Vermehrung durch Brutzwiebel, kann in Gärten aggressiv werden. Seit 1921 bis heute im Alten Botanischen Garten Hamburg, außerdem in Lübeck und am Winsener Schloß (Niedersachsen[4]). Eindeutige Stinzenpflanze mit Heimat in Vorderasien, bei uns erst in diesem Jahrhundert nachgewiesen.

Allium ursinum – Bärlauch. Liliaceae (Alliaceae). (1561; –; 1810) Heimisch im niedersächsischen Bergland mit ‚klassischem' Vorkommen im Göttinger Stadtwald, wo er durch seinen Geruch lästig fällt. Nördlich davon bis Skandinavien wohl nur Parkpflanze oder Archäophyt,[5] aber oft massenhaft: Lehmsieker Gehölz, Wulksfelde, auch Schleswiger Neuwerk.

Anemone appenina – Appenien-Anemone. Ranunculaceae. (1575; 1660; 1885; unbeständig) Südeuropäische Art, unbeständig. Um 1890 für einige Jahre in Grasgärten in Hamburg-Billwerder verwildert. Die sortenreiche, früher blühende A. blanda ist nicht völlig winterhart und verwildert daher bei uns nicht.

Anemone nemorosa – Buschwindröschen, Osterblume. Ranunculaceae. Urwüchsig, häufige Waldpflanze, oft gepflanzt und verwildert. In der Marsch Stinzenpflanze in alten Parks. Formenreiche Art: Blaublühende Pflanzen in Kultur seit 1720 dokumentiert, früher in Wandsbek und im Niendorfer Gehege bei Hamburg verwildert (oder spontan?). Anemone nemorosa 'Alba Plena', bei uns in Kultur mit z. T. großen Beständen, blüht länger und 14 Tage später als die Art, ist nicht dasselbe wie die bei Fabricius [um 1680] abgebildete gefüllte Form.

Anemone ranunculoides – Gelbes Windröschen. Ranunculaceae. (Urwüchsig) Anspruchsvolle Laubwälder des Hügellandes, selten in Parks, um 1900 in Booths Garten in Klein Flottbek verwildert.

Aristolochia clematitis – Osterluzei. Aristolochiaceae. (–; 1660; 1780) Südliches Mitteleuropa bis Kleinasien. Alte Kulturpflanze, lange vegetativ ausdauernd. Wenige Fundorte in Schleswig-Holstein: Lauenburg, Mölln, und nur geringer Bezug zu historischen Gärten.

Arum maculatum – Aronstab. Araceae. (1305; 1660; 1780) Seit dem Mittelalter kultiviert, urwüchsig in Stormarn, Lauenburg und Ostholstein, in anderen Landesteilen (so im Schleswiger Neuwerk, in Schwansen) wohl nur gepflanzt und z. T. verwildert.

Asarum europaeum – Haselwurz. Aristolochiaceae. (812; 1710; 1780) Arzneipflanze seit dem Mittelalter. In Eutin seit 1816 bis heute bekannt, die Vorkommen in Schleswig (seit 1816), Lauenburg (seit 1821) usw. bedürfen der Überprüfung.

Buglossoides purpureocoerulea – Purpurblauer Steinsame. Boraginaceae. (–) Heimat Trockenrasen Mitteleuropas. Wird für Holland als Stinzenpflanze genannt.[6] Hält sich aufgrund langer Ausläufer lange in Grasland, so seit 1990 im Hindenburgpark in Hamburg-Othmarschen. Sonst sehr selten.

Campanula – Glockenblumen. Campanulaceae. Campanula persicifolia, C. latifolia und C. trachelium urwüchsig, aber seit dem Mittelalter in Kultur und bei uns in Parks gepflanzt und verwildert. C. rapunculoides alte Gemüsepflanze, jetzt häufig und zuweilen hartnäckiges Parkunkraut. Die letzten drei Arten im Gottorfer Codex abgebildet. Auf die um 1800 aus dem Kaukasus eingeführte C. alliariifolia, die 1985 in Lüneburg gefunden wurde, ist auch bei uns zu achten.

Cardamine pratensis 'Plena' – Gefülltes Wiesenschaumkraut. Cruciferae. Setzt keine Samen an, aber kann sich vegetativ durch Blattfragmente oder Wurzelbrut im Grasland halten. Bei uns seit 1688 durch ein Exemplar von Gottorf[7] bekannte, durch Hirschfeld empfohlene Parkpflanze mit früheren Nachweisen auf Hamburger Elbinseln, in Schleswig und im Eutiner Schloßpark vor der Südfront des Schlosses, wo sie noch 1965[8] beobachtet wurde, jetzt aber durch Umbruch und Umwandlung der Wiesen in Scherrasen verschwunden zu sein scheint.

Centaurea nigra – Schwarze Flockenblume. Compositae. (–; 1779; 1805) Grassameneinkömmling, selten: Jenischpark, Hamburg-Rahlstedt, früher auch am Elbufer und bei Bahrenfeld.

Chionodoxa – Schneestolz. Liliaceae (Hyacinthaceae). Stammen aus Kleinasien und angrenzenden Gebieten, in Kultur erst seit 19. Jahrhundert. Zahlreiche Verwilderungen, aber erst ab ca. 1955 dokumentiert: Beim Pauli-Hof am Schleswiger Neuwerk, in Hamburg in Wellingsbüttel, im Alten Botanischen Garten Hamburg und in Altona. Arten werden vielfach falsch angesprochen, Ch. siehei scheint am häufigsten zu sein, daneben Ch. luciliae und Ch. sardensis.

Cicerbita macrophylla – Großblättriger Milchlattich. Compositae. (um 1800; –; 1890 oder schon 1820?) Hochwüchsige im Spätsommer blühende Staude, Heimat Ost-Rußland und Kaukasus. Kann durch Wurzelstöcke ausgedehnte Bestände bilden. Seit 1890 nachgewiesen auf Marutendorf, Lehmkuhlen, Plön, Ahrensbök, Solitude bei Flensburg, in Steinberghaff (Angeln) angeblich schon um 1820 gepflanzt worden. Ähnliche Vorkommen in Mecklenburg.[9]

Claytonia perfoliata – Claytonie. Portulacaceae. (1768; –; 1851) Einjährig. Aus Nordamerika als Gemüsepflanze eingeführt. Als Bodendecker in Baumschulen angesät, wird als Baumschulunkraut mit Gehölzballen verschleppt. Die verwandte C. sibirica wird in den letzten Jahren in Parks häufiger und verwildert durch Selbstaussaat.

Clematis vitalba – Waldrebe. Ranunculacea (–; um 1800; 1835). In Mitteldeutschland heimisch, bei uns Erstnachweis in Kultur Eutin,[10] dort heute um Sielbek Massenvorkommen. Seit 1835 verwildert vom Elbufer bei Nienstedten bekannt, von wo sie sich erst langsam entlang des Elbhanges ausgebreitet hat; dort heute noch Massenvorkommen. Inzwischen im Stadtgebiet Hamburgs und an vielen anderen Orten vollständig eingebürgert.

Colchicum autumnale – Herbst-Zeitlose. Liliaceae (Colchicaceae). (1561; 1660; 1819) Giftige, herbstblühende Zierpflanze. Verwildert zuerst im Schleswiger Neuwerk dokumentiert, wo sie heute in Farbspielarten blüht.[11] Hirschfeld nennt mehrere Sorten.

Convallaria majalis – Maiglöckchen. Liliaceae. (1420; 1660; 1780) Urwüchsig auf trockenen Buchen-Eichenwäldern der Geest. Buek und Hirschfeld[12] nennen noch gefüllte bzw. rotblühende Gartensorten, die heute sehr selten zu finden sind. Gepflanzt werden heute in Gärten nicht die Wildformen, sondern großblütige Sorten wie 'Grandiflora', die sich auch wieder verwildern können. Der Versand von Maiblumen-Keimen zur Treiberei ist heute noch eine Spezialität der Vierländer Erwerbsgärtnerei.

Corydalis cava – Hohler Lerchensporn. Papaveraceae (Fumariaceae). (1596; 1779; 1780) Auf der Jungmoräne urwüchsig und z. T. massenhaft in Wäldern. Rot- und weißblühende Formen kommen nebeneinander vor. Im Gegensatz zu C. solida keine häufige Stinzenpflanze, aber in einigen Parks eingebürgert: Alter Botanischer Garten Hamburg, Elmshorn, Rellingen.

Corydalis intermedia – Mittlerer Lerchensporn. Papaveraceae (Fumariaceae). Urwüchsig. Selten in Parks, und dann meist ursprüngliche Vorkommen: Schleswig (seit 1816), Jersbek.

Corydalis lutea – Gelber Lerchensporn. Papaveraceae (Fumariaceae). (1596; 1680; 1826) Subspontan in stark besonnten Mauern und Pflasterfugen. Neophyt mit Ausbreitungstendenz.

Corydalis solida – Gefingerter Lerchensporn. Papaveraceae (Fumariaceae). (1596; 1680; 1815) Eine der häufigsten Parkpflanzen in Schleswig-Holstein, leicht zu verwildern und wie alle Corydalis-Arten durch Ameisen verbreitet. Erstnachweis bei Altona um 1815 durch J. J. Meyer, wo er heute noch im Gebiet des ehemaligen Rainvillschen Gartens vorkommt. Viele weitere, über 100 Jahre alte Vorkommen in Hamburger Elbparks und in Hamburg-Hamm sowie in Schleswig, Lauenburg, Husum usw.

Crocus neapolitanus (= C. vernus subsp. vernus = C. heuffelianus) – Frühlings-Krokus. Iridaceae. (1561; 1660; 1831) Die am Schloßpark in Wiesen und unter Bäumen verwilderten ‚Husumer Krokusse' sind eine überregional berühmte Touristenattraktion.[13] Krokusse aus Husum wurden mit unterschiedlichem Erfolg in den letzten Jahren in verschiedenen Parks und Botanischen Gärten Deutschlands angesiedelt; möglicherweise handelt es sich bei der auch heute für Parkwiesen begehrten Herkunft um eine Lokalsorte. Der erst in diesem Jahrhundert eingeführte C. tommasinianus – Elfen-Krokus breitet sich durch Selbstaussaat sehr viel stärker aus als jeder andere Krokus, bildet oft große Bestände in Klein- und Hausgärten.

Cymbalaria muralis – Zimbelkraut. Scrophulariaceae. (1600; 1779; 1787) Selbstaussäer, an besonnten Mauern, Gartenflüchter, um 1830 zur Ansiedlung an Grotten empfohlen. Samen offenbar langlebig. Erster Nachweis Schleswiger Neuwerk. „*Um Schleswig häufen sich die Verbreitungsangaben, es darf wohl angenommen werden, daß Samen vom oft aufgesuchten Neuwerk mitgenommen worden sind.*"[14] Pflanze trat hier kurzzeitig an freigelegter Mauer um den Herkules auf, jetzt wieder verschwunden. Größere Vorkommen bei Lauenburg sowie Hamburg: Elbvororte, häufig; Alsterufer zwischen Ohlsdorf und Außenalster; Alter Botanischer Garten. Um Lübeck durch den Dichter Heinrich Seidel[15] ‚angesalbt', d. h. an geeigneten Standorten eingebracht.

Doronicum pardalianches – Kriechende Gemswurz. Compositae. (830; 1660; 1801) Erstes nachgewiesenes Wildvorkommen Neumühlen bei Altona, dort heute noch vorhanden. Vor allem im Hügelland in und außerhalb der Parks häufig und wohl mit Gartenabfall verwildert. Wuchert und bildet Massenbestände, zieht nach der Blüte im Mai vollkommen ein. Großer Bestand mit Symphytum tuberosum seit 1846 am Hohlweg am Mühlenberg bei Hamburg-Dockenhuden, dem ehemaligen Besitz Godeffroy. Scheint bei uns in verschiedenen Formen vorzukommen. Siehe Karte und Tabelle. Andere Doronicum-Arten sind beliebte Frühjahrspflanzen ohne Tendenz zur Etablierung.

Eranthis hiemalis – Winterling. Ranunculaceae. (1570; 1660; 1821) Bei Hirschfeld als „Helleborus hyemalis" für den winterlichen Garten empfohlen. Heutiges Massenvorkommen beim Lauenburger Fürstengarten, seit Nolte 1821 bekannt und regional berühmt,[16] dort heute auch in Vor- und Hausgärten sehr häufig. Bringt frühe Nektartracht, schalenförmige Blüten bilden ‚Hohlspiegel' als ‚Wärmestuben' für früh im Jahr aktive Bestäuber; Ameisenverbreitung; bei günstigen Bedingungen leicht auszuwildern. Weitere Vorkommen u. a. Amtsgarten Ahrensbök (seit 1890), Schloßpark Husum (seit 1890), Kirchhof Bad Oldesloe, Gutspark Kasmark, Malente, Eutin usw.

Fritillaria meleagris – Schachblume, Kiebitzei. Liliaceae. (1572; 1680; 1826) Urwüchsigkeit umstritten, gilt heute in Mitteleuropa als aus Kultur verwilderter Neophyt.[17] Bei Spontanvorkommen neben der gefleckten Normalform stets auch reinweiße Blüten. Hirschfeld und Laban nennen Sorten. Zuerst aus Schleswig und vor allem von Hamburger Elbinseln bekannt, von wo sie bereits damals massenweise als ‚Wilde Tulpen' auf Hamburger Märkte gebracht wurde. In Schleswig dagegen wie in ihrer südosteuropäischen Heimat vereinzelt im Wald, gemeinsam mit Scilla non-scripta. Im Elbtal in hochwasserbeeinflußten Wiesen früher besonders im Kreis Pinneberg massenhaft, heute größter Bestand in Deutschland im Junkernfeld im Landkreis Harburg.[18] Bundesweit im Rückgang und stark gefährdet.

Gagea – Goldsterne. Liliaceae. Unscheinbare frühblühende Zwiebelpflanzen, zuweilen übersehen und miteinander verwechselt, und sowohl in der gärtnerischen wie der floristischen Literatur erst spät dokumentiert. Von Hirschfeld nicht erwähnt. Erster Kulturnachweis 1660 (Gagea lutea) im Gottorfer Codex,[19] erster floristischer Nachweis und gleichzeitig Erstbeschreibung der Art Gagea spathacea 1797 für Wandsbek;[20] beide Arten sind urwüchsig und im Hügelland und auf der Altmoräne auf frischen Böden weit verbreitet, Gagea lutea kommt auf der Marsch in Parks als Stinzenpflanze vor. Von den drei übrigen, extrem seltenen Gagea-Arten hat G. villosa ihren einzigen Standort auf einem Friedhof in Ostholstein.

Galanthus nivalis – Schneeglöckchen. Amaryllidaceae. (1500; 1660; 1846) Mittel-, Süd- und Westeuropa. Die Verbreitung zeigt Bindung an die Gutslandschaft der Jungmoräne mit ihren frischen und nährstoffreichen Böden, ist aber lückenhaft erfaßt, da die als unbeständig eingeschätzte Art[21] oft nicht kartiert wurde: Massenvorkommen in Schleswig, am Westensee und in den Vierlanden sind in der Karte bei Raabe (1987) nicht verzeichnet. Beliebte, relativ anspruchslose und leicht zu verwildernde Art, daher Datierung der Vorkommen schwierig. Die gefüllte Form (G. nivalis 'Hortensis') bei uns seit ca. 1780 in Kultur, heute mit Massenvorkommen im Lauenburger Fürstengarten. Andere Galanthus-Arten (G. ikariae, G. elwesii, G. caucasicus) bei uns selten.

Geranium phaeum – Brauner Storchenschnabel. Geraniaceae. (1576; 1660; 1826) Wiesenpflanze aus Mittel- und Süddeutschland. In Parks des östlichen Hügellandes verwildert, massenhaft im Schleswiger Neuwerk (mit Giersch, Aegopodium podagraria), kommt dort aber nur auf den umgeformten Böden des Parks und nicht außerhalb vor. Weitere Geranium-Arten: Geranium sanguineum – Blutroter Storchschnabel (1561; 1680; 1780) in lichten trockenen Wäldern urwüchsig, beliebte Garten- und Friedhofspflanze, z. T. eingebürgert. Geranium pratense – Wiesen-Storchschnabel (1583; –; 1826) nirgends fest eingebürgert, in jüngster Zeit durch ‚Blumenwiesen-Mode' verstärkt in Städten und an Straßenrändern. Geranium robertianum – Stinkender Storchschnabel. Urwüchsige Waldpflanze, in Waldparks an Wegen häufig. In den Gutsgärten der Marsch lokale, aber sicher nicht bewußt eingebrachte Stinzenpflanze.

Hedera helix – Efeu. Araliaceae. Heimische Liane, in den Baumparks und Bauerngärten der Marsch eingebürgerte Stinzenpflanze. Von Hirschfeld für winterliche Gärten empfohlen.

Helleborus foetidus – Stinkende Nieswurz. Ranunculaceae. (–; 1660; 1821) Mittel- und Südeuropa. Erstnachweis durch Nolte 1821 vom Lauenburger Fürstengarten, dort noch heute vorkommend.

Helleborus viridis – Grüne Nieswurz (0; 1660; 1865) und H. niger – Christrose (–; 1660; 1865) sind zuweilen verwildert, aber unbeständig. Alle Helleborus-Arten werden durch Ameisen verbreitet.

Hepatica nobilis – Leberblümchen. Ranunculaceae. (830; 1660; 1780) Im östlichen Holstein urwüchsig, aber selten; kalkliebend. Beliebte Gartenpflanze, früher in vielen (auch gefüllt blühenden) Sorten kultiviert. Durch Ausgraben für Gärten stark zurückgegangen, worüber schon um 1850 geklagt wurde,[22] und heute stark gefährdet. Trotz Ameisenverbreitung schwer zu etablieren, dauerhafte Vorkommen in unseren Parks nicht bekannt.

Heracleum mantegazzianum – Riesen-Bärenklau.[23] Umbelliferae. (1893; ?; 1961) Hochwüchsige zweijährige Pflanze aus feuchten Bachschluchten des Kaukasus, sich reichlich durch Samen ausbreitend. Als Solitärpflanze für Gärten eingeführt, bei uns erste Wildnachweise 1961 Gnevendorf und Lübeck, nach 1970 sprunghafte Ausbreitung. Wegen seiner hautreizenden Wirkung gefürchtetes, schwer zu bekämpfendes Unkraut.

Hesperis matronalis – Nachtviole. Cruciferae. (1500; 1660; 1839) Zweijährig bis schwach ausdauernd, lila Blüten nachts duftend. Die früher genannten zahlreichen Sorten heute kaum noch in Kultur, Vermehrung der gefüllten Sorten schwierig. Kann jahrzehntelang beständige Vorkommen bilden. Ältere Belege von klassischen ‚Stinzenorten' wie Dockenhuden und Lauenburg (dort noch heute!) belegen Kulturherkunft. Agriophyt, dringt jetzt z. T. in Wälder und auf Ruderalstandorte vor.

Iris sibirica – Sibirische Schwertlilie. Iridaceae. (1588; 1660; 1780) Sehr selten in einigen wechselnassen Moorwiesen, wahrscheinlich durch ‚Florenverbesserung' dort hin gelangt. Die jetzt erloschenen, reichen Hamburger Fundorte lagen in Hamm, Horn und Billwerder, also in der klassischen Hamburger Gartenlandschaft des 18. Jahrhunderts.

Lamium galeobdolon – Goldnessel. Labiatae. (1588; 1779; 1780) Waldpflanze, urwüchsig auf frischen und nährstoffreichen Böden der Jungmoräne und der hohen Geest. Die ursprünglich nur aus der Kultur (seit 1873) bekannte, verwandte Art bzw. Sorte L. argentatum[24] (= Lamium galeobdolon var. florentinum) breitet sich jetzt vor allem in stadtnahen Parks und Gehölzen stark aus.

Leucojum aestivum – Sommer-Knotenblume. Amaryllidaceae. (1588; 1660; 1839) In Mitteldeutschland in Auwäldern, bei uns verwildert u. a. als „*Lilie von Rantzau*" seit 1839 „*beim Schloß Ranzau sehr häufig und von da längs der Krückau und einem Graben bis nach dem Orte Barmstedt hin in Menge.*"[25] Nach dem Bau des Krückau-Sperrwerkes verschwunden und heute im gesamten Niederelbegebiet (auch bei Buxtehude[26]) erloschen. In Buxtehude und Bramstedt werden jedoch in Gärten ‚gerettete' Pflanzen kultiviert.

Leucojum vernum – Märzenbecher. Amaryllidaceae. (1420; 1660; 1846) In Mitteldeutschland wild, erster Nachweis der Verwilderung ein Massenvorkommen auf der Elbinsel Waltershof nahe dem 1788 erbauten Herrenhaus, heute erloschen. Auswilderung aus Kultur wahrscheinlich, aber auch Schwimmverbreitung durch Elbhochwasser[27] möglich, ganze Früchte sind schwimmfähig. Samen werden durch Ameisen verbreitet. Heute auf Travenort, Hochdorf usw.

Lilium bulbiferum – Feuer-Lilie. (1596; 1660; 1835) Gartenpflanze, zuweilen durch Saat oder Brutzwiebel verwildert wie offenbar beim Erstnachweis im Schleswiger Neuwerk.[28] Sonst unbeständig, in Niedersachsen (seltenes) Ackerunkraut.

Lilium martagon – Türkenbund-Lilie. Liliaceae. (1305; 1660; 1821) Im Mittelgebirge auf Kalk heimisch, alte Kulturpflanze. Im Schleswiger Neuwerk seit 1835 bis heute auf unteren Terassen, auf Kalkmergel, mit Selbstaussaat.[29] Erstnachweis 1821 für Lauenburg Fürstengarten durch Nolte. Weitere rezente Vorkommen: Eutin, Salzau, um Flensburg.

Muscari botryoides – Trauben-Hyazinthe. Liliaceae (Hyacinthaceae). (1576; 1660; 1826) In Süddeutschland in lichten Wäldern heimisch, in West-Niedersachsen in Äckern seit dem Mittelalter eingebürgert und noch um 1900 große Vorkommen bildend. Wurde um 1850 aus Billstedt (vom ehemaligem Park Schleems verwildert?) in Massen auf die Hamburger Märkte gebracht und als ‚wirklich wild' eingestuft[30] und hatte noch um 1970 hier in Knicks Wildvorkommen.[31] Oft in Klein- und Hausgärten im Rasen. Vorsicht: Leicht mit M. armeniacum und M. neglectum zu verwechseln.[32]

Narcissus poeticus – Dichternarzisse, Pfingstlilie. Amaryllidaceae. (1600; 1660; 1889, unbeständig) Früher in Kultur häufiger als vorige, aber nicht mit historischen Gärten assoziiert. Dokumentierte Vorkommen auf moorigen Wiesen gehen auf sogenannte ‚Ansalbungen' von ‚Florenverbesserern' zuruck (d. h. Auspflanzungen bzw. Aussaaten in der freien Landschaft).

Narcissus pseudonarcissus – Gelbe Narzisse, Osterlilie, Osterblume. Amaryllidaceae. (1500; 1660; 1846) Altbekannte Gartenpflanze, in Westdeutschland spontan. Alte Vorkommen in Grasgärten der Elbmarschen erloschen, größere Population im Alten Botanischen Garten Hamburg.[33] Verwilderung schwierig, da optimaler Samenansatz offenbar nur bei genetisch heterogener Gründerpopulation, und am besten auf alten, wenig gedüngten Parkwiesen mit dicker Mulchschicht aus gering zersetztem Bestandesabfall.[34] Die heute verwendeten großblumigen Hybriden sind nach 1850 entstanden, verwildern nicht, können aber lange am Standort verharren. N. pseudonarcissus 'Van Sion' ist eine seit 1603 (bei uns seit 1710) bekannte Sorte mit gefüllten Blüten, die bei schattigem Stand nicht blüht und übersehen wird, aber jahrzehntelang überdauern kann. Um 1980 Massenvorkommen bei Risum-Lindholm.[35]

Ornithogalum nutans – Nickender Milchstern. Liliaceae (Hyacinthaceae). (1605; 1680; 1846) Türkei, Griechenland, Bulgarien, soll um 1603 über Neapel nach Leiden gekommen sein und wurde dort schon 1771 als Stinzenpflanze dokumentiert.[36] Von Hirschfeld empfohlen, als Gartenpflanze heute selten, aber mehrfach verwildert und seit mehr als 100 Jahren von folgenden Orten bekannt: Schleswig, Eutin, Lauenburg, Alt-Fresenburg. Große Bestände im Hamburg-Curslack und im Alten Bot. Garten Hamburg, in beiden Fällen zusammen mit Tulipa sylvestris. Sehr ähnlich, aber Blätter zur Blüte abgestorben: Ornithogalum boucheanum – Bouchés Milchstern. In Schleswig-Holstein nur einmal: Plöner Schloßpark (1926), vielleicht übersehen oder verwechselt. Alle Milchstern-Arten mit Ameisenverbreitung.

Ornithogalum umbellatum – Dolden-Milchstern. Liliaceae (Hyacinthaceae). (1500; 1660; 1846) Südl. Mitteleuropa bis Nordafrika und Kaukasus. Ebenfalls ‚unmoderne' Gartenpflanze, in ganz Deutschland verwildert, bei uns vor allem im östlichen Hügelland und in Holstein.[37] Neben Parkstandorten (Jenischpark, Schleswig, Lauenburg, usw.) auch auf Friedhöfen, Wegrändern und früher auch massenhaft auf Äckern: so von 1846 bis 1972 in Hamburg-Boberg.[38] Vermehrung durch Samen und durch zahlreiche runde Brutzwiebeln. Die vielleicht übersehene O. angustifolium aus Westeuropa hat wenige schmale Brutzwiebeln.

Parietaria officinalis – Glaskraut. Urticaceae. (–; 1779; 1770) Archaeophyt, ehemals zum Glasreinigen genutzt (Name!). Früher Plön, Schleswig, Deutsch-Nienhof, Lübeck, Hamburg-Dockenhuden, sonst unbeständig.

Petasites hybridus – Pestwurz. Compositae. (1561; 1660; 1688) Alte Arzneipflanze, zahlreich verwildert. Zweihäusig, bei uns ganz überwiegend im männlichen Geschlecht anzutreffen, da nur diese Form (Petasites officinalis sensu Linnaeus) als heilkräftig galt. Weibliche Pflanzen in oder bei alten Parks: Schleswiger Neuwerk, Hohenstein, Elbufer beim Hindenburgpark (dort seit 1801[39] bis heute).

Plantago media – Mittlerer Wegerich. Grassameneinkömmling in alten, ungedüngten Parkrasen, spontan seit 1780 in Schleswig-Holstein dokumentiert, jetzt selten geworden und stark gefährdet.

Poa chaixii – Berg-Rispengras. Grassameneinkömmling, selten in einigen alten Parks. Erstnachweis 1826.

Polygonatum multiflorum – Vielblütige Weißwurz. Liliaceae. (1588; 1660; 1780) Urwüchsig in Wälder, nur auf sauren Böden fehlend. Zu häufig, um als Parkpflanze angesehen zu werden.

Polygonatum odoratum – Salomonssiegel. (1561; 1660; 1688) Urwüchsig in bodensauren Wäldern, sehr selten. Früher Arzneipflanze, auch mit gefüllten Blüten kultiviert und in dieser Form 1834 von Müller[40] gefunden.

Polygonum bistorta – Wiesen- oder Schlangen-Knöterich. Polygonaceae. (1574; 1779; 1769) Urwüchsig im Hochstaudenried nährstoffreicher Gewässer. In Parks gepflanzt, mehrere Sorten. Kommt im Schleswiger Neuwerk in einer abweichenden Form vor.[41]

Primula elatior – Hohe Schlüsselblume. Primulaceae. (1500; 1680; 1780) Urwüchsig in frischen und feuchten Wäldern und Wiesen, im östl. Holstein früher häufig, jetzt stark zurückgegangen. Berühmt die großen Bestände im Jersbeker Park, vor allem zwischen den doppelreihigen Lindenalleen, die seit Jahrzehnten bewußt gepflegt werden. Die häufigste der drei heimischen Primel-Arten.

Primula veris – Duftende Schlüsselblume. (1500; 1680; 1688) Seltener und heute gefährdet, bevorzugt trockene und kalkreichere Standorte, nicht in Parks.

Primula vulgaris – Kissen-Primel. (–; 1660; 1688) Frische bis feuchte Böden, vor allem im Norden des Landes, wurde früher massenhaft aus den Wäldern in die Gärten geholt. Ameisenverbreitung, daher (?) leichter zu verwildern als die anderen Arten, bildet Hybriden mit den buntblühenden Garten-Primeln.

Pulmonaria officinalis – Lungenkraut. Boraginaceae. (1561; 1779; 1780) Im östl. Hügelland urwüchsige Waldpflanze, vielfach in Gärten verschleppt, sowohl im Schleswiger Neuwerk. Auf andere Arten wie P. angustifolium oder P. mollis wäre in den Parks zu achten.

Ranunculus ficaria – Scharbockskraut. Ranunculaceae. Urwüchsig und in Geest und Hügelland häufig, in den letzten Jahren zunehmend als unerwünschtes Rasenunkraut. Ausschließlich vegetative Vermehrung durch Brutknollen. In Marschgärten als lokale Stinzenpflanze eingebürgert.

Reynoutria japonica – Japanischer Staudenknöterich.[42] Polygonaceae. (1823; 1889; 1903) Ostasien. Als Solitärpflanze für Parks eingeführt, wegen seiner energischen Ausläuferbildung schwer zu bekämpfendes Parkunkraut, seit 1970 in rapider Ausbreitung.

Reynoutria sachalinensis – Sachalin-Staudenknöterich. (1863; ?; 1881) mit größeren Blättern verhält sich ähnlich, ist aber seltener. Reynoutria polystachya ist ebenfalls stellenweise in Parks verwildert.

Rubus odoratus – Zimt-Himbeere. (1770; 1779; 1903). Zierpflanze, gelegentlich verwildert: Schleswiger Neuwerk,[43] früher in Lübeck, Glückstadt, Tangstedt.

Rubus spectabilis – Pracht-Himbeere. Rosaceae. (1827; 1837; 1931) Massenhaft im Schleswiger Neuwerk seit mindestens 1959 durch aggressive Ausläuferbildung verwildert, zahlreiche Park-Vorkommen, unter anderem Jenischpark, Hirschpark, Hohenstein, Meischensdorf, Plön, Eutin. Im Lehmsieker Gehölz und beim Katharinenhof auf Fehmarn durch Vögel aus Gärten in eschenreiche Gehölze auf feuchten Böden verwildert.

Saxifraga granulata var. plena – Gefüllter Knöllchen-Steinbrech. Saxifragaceae. (1596; 1779; ?) Die Spielart der auf Trockenrasen bei uns heimischen Art gilt in Holland als Stinzenpflanze, vermehrt sich durch unterirdische Brutknöllchen. Von Hirschfeld empfohlen. Vorkommen auf trockenen Parkwiesen wäre nicht unwahrscheinlich.

Scilla amoena – Schöner Blaustern. Liliaceae (Hyacinthaceae). (1600; 1660; 1834) Türkei. Durch Clusius über Wien nach Europa gebracht, früher häufiger in Kultur, jetzt durch die beiden folgenden Scilla-Arten ersetzt und sehr selten; gegenwärtig nur noch aus Plön bekannt.

Scilla bifolia – Zweiblatt-Blaustern. Liliaceae (Hyacinthaceae). (1568; 1779; 1981) Mitteleuropa bis Kaukasus, in Parks verwildert. Wird verwechselt mit *Scilla siberica* – Sibirischer Blaustern. (1796; 1867; ?) Kaukasus. Als Gartenpflanze meist in der triploiden cv. 'Spring Beauty'. Beide Arten bei uns nicht oder nur sehr spät dokumentiert.

Scilla non-scripta (= *Hyacinthoides non-scripta*) – Hasenglöckchen. Liliaceae (Hyacinthaceae). (1500; 1680; 1838) Die britischen „Bluebells', Heimat West-Europa. Erstnachweis Schleswiger Neuwerk mit noch heute schönem Bestand, offenbar von dort über Gärten in Wälder in Angeln gelangt. Bildet in England Hybridpopulationen mit der heute im Pflanzenhandel bevorzugten Sc. hispanica (Traube an der Spitze aufrecht, allseitswendig), ebenso in Holland, wo alle Wildvorkommen Mischpopulationen sein sollen.[44]

Scrophularia vernalis – Frühlings-Braunwurz. Scrophulariaceae. (1601; 1779; 1820) Süd- und Südosteuropa. Zweijährig, oft jahrelang nicht erscheinend, dann plötzlich aus ruhenden Samen regeneriert. Möglicherweise früher Bienenfutterpflanze. Sehr selten in Parks: Schleswiger Neuwerk (1820 bis heute), Alt-Fresenburg, Quastrup in Angeln (fraglich), in Hamburger Elbparks von 1846 bis 1950, jetzt dort wohl erloschen.

Symphytum tuberosum – Knoten-Beinwell. Boraginaceae. (–; 1779; 1797) In Mitteldeutschland urwüchsig, heute noch an einem Hohlweg in Hamburg-Blankenese und bei Altona zusammen mit Doronicum pardalianches, dies wohl die Stelle des Erstnachweises durch Hornemann 1797. *Symphytum bulbosum* – Knollen-Beinwell. (1824; –; 1993) Südeuropa, einziges Wildvorkommen in Deutschland im vorigen Jhd. bei Heidelberg (und von dort in den Schwetzinger Garten gebracht), jetzt erloschen. Hält sich seit Jahrzehnten im Alten Botanischen Garten Hamburg.[45]

Telekia speciosa – Telekie[46]. Compositae. (1739; ?; 1886) Südosteuropa bis Kaukasus. Starkwüchsige Modepflanze in Landschaftsparks des 19. Jahrhunderts mit ‚hexenringartiger' Wuchsweise, großen gelben Blüten und reichlich gebildeten, nicht flugfähigen Früchten. Eingebürgert in frischen Hochstaudenfluren, nitrophilen Säumen, Erlen-Eschen-Wälder: Im Alten Botanischen Garten Hamburg, in Gutgärten in Schleswig-Holstein (z. B. Ascheberg, Bossee), in Mecklenburg (erste Nachweise um 1880 Schweriner Schloßpark und Heiligendamm), gegenwärtig in Ausbreitung.

Tulipa sylvestris – Wildtulpe[47]. Liliaceae. (1568; 1779; 1821) Häufigste Parkpflanze Schleswig-Holsteins, vgl. Verbreitungskarte bei Raabe. Heimat umstritten, wahrscheinlich Südalpen. In Mitteleuropa kein Gartenvorkommen vor 1600, in Norddeutschland keines vor 1745, in ganz Europa kein Wildvorkommen vor 1776. Erster Nachweis im Gebiet vom Fürstengarten Lauenburg, dort noch heute in Menge. Energische vegetative Vermehrung durch Ausläuferzwiebeln, Ausbreitung kann durch Bodenbearbeitung gefördert werden. Auf unterschiedlichsten Standorten eingebürgert: Weinberge, alte Parks, Flußauen. Blütenbildung unterbleibt im Schatten und bei zu dichtem Stand, daher oft übersehen.

Veronica filiformis – Faden-Ehrenpreis[48]. Scrophulariaceae. (1780; –; 1938) Ursprünglich im Kaukasus endemisch, Erstnachweis im Gebiet bei Flensburg. Bei uns kaum Samenansatz, da selbststeril und offenbar nur ein Klon in Kultur. Ab 1950 in Europa und N-Amerika in energischer Ausbreitung, ausschließlich durch vegetative Vermehrung von durch häufige Mahd abgeschnittenen Sproßteilen: Heute häufig und Charakterart der kurzgeschnittenen Scherrasen.

Vinca minor – Kleines Immergrün. Apocynaceae. (–; 1660; 1821) Westeuropa bis Kleinasien, bei uns als altbeliebte Gartenpflanze eingebürgert, auch an siedlungsfernen Stellen wie Hahnheide und Sachsenwald (dort Erstnachweis durch Nolte). *„Bemerkt zu werden verdient ... daß der große J. J. Rousseau sie nicht sehen konnte, ohne in eine wehmütige Stimmung zu gerathen."*[49] Einige Sorten in Kultur, mit panaschierten Blättern und in Farbspielarten. Merkwürdig die seit 1820 bekannten nichtblühenden Klone am Drüsensee und der Schwarzen Kuhle[50] im Herzogtum Lauenburg.

Viola odorata – Duft- oder März-Veilchen. Violaceae. (0; 1660; 1851) W-Europa bis Kaukasus, sehr alte Kulturpflanze. Ameisenverbreitung, leicht zu verwildern in Parks, Friedhöfen, an Gartenzäunen, in Knicks. Zuweilen mit weißen Bluten, die gefullten Sorten nicht mehr in Kultur. Die *„Waldveilchen"* V. riviniana und die seltenere V. reichenbachiana sind urwüchsig und stellenweise in Parks eingebürgert. Verwildert und stellenweise eingebürgert sind auch *„Hornveilchen"* (V. cornuta).

Hans-Helmut Poppendieck

1 Z.B. Eutin: Thietje (1994).
2 Puck (1987).
3 Beller (1982).
4 Müller (1983).
5 Brøndegard (1978–1980).
6 Bakker/Boeve (1985).
7 Kylling (1688).
8 Axt (1965).
9 Knapp/Hacker (1984).
10 Thietje (1994).
11 Mierwald, mündliche Mitteilung 1994.
12 Buek (1779); Hirschfeld (1779–1785), Bd. 4, S. 143.
13 Zur Datierung der Vorkommen vgl. den Beitrag des Autors in diesem Band.
14 Christiansen (1962).
15 Stier (1961).
16 Barfod (1903).
17 Fischer (1993).
18 Müller (1996).
19 Schouw (1849).
20 Hayne (1797).
21 Raabe (1987), S. 504.
22 Hübener (1846).
23 Brøndegaard (1990); Pysek (1991).
24 Mang (1990).
25 Prahl u. a. (1890), S. 219. Verbreitungskarte: Mang (1981).
26 Fiebig (1994), S. 54.
27 Prahl u. a. (1890), S. 218.
28 Hornemann (1837).
29 Mierwald, mündliche Mitteilung 1994.
30 Herbarbeleg J. A. Schmidt (1867) (HBG).
31 Hübener (1846); Morgenstern (Botanischer Garten Hamburg), mündliche Mitteilung.
32 Schlüssel: Adolphi (1995), S. 121; Boom/Ruys (1950), S. 341.
33 Ringenberg/Poppendieck (1993), S. 7f.
34 Duhme (1971), S. 26; Duhme/Kaule (1970).
35 Hentzschel (1985) mündliche Mitteilung.
36 Bakker/Boeve (1985).
37 Siehe Karte in Raabe (1987).
38 Hübener (1846); eigene Beobachtungen.
39 Buek (1801).
40 Müller (1843).
41 Mierwald 1994, mündliche Mitteilung.
42 Sukopp/Sukopp (1988).
43 Puck (1987).
44 Vgl. Adolphi (1995), S. 94.
45 Ringenberg/Poppendieck (1993).
46 Knapp/Hacker (1984).
47 Jäger (1973); Dahm (1985); Raabe (1987); Ringenberg/Poppendieck (1993).
48 Müller/Sukopp (1993); Spanjer (1969).
49 Hübener (1846).
50 Vgl. Junge (1904).

Verzeichnis der verwendeten Fachausdrücke

Alpinum
Sammlung von Gebirgsflora auf meist künstlich angelegtem steinigen Terrain, besonders um die Jahrhundertwende in Parkanlagen weit verbreitet.

Arboretum
Gehölzsammlung großer Artenvielfalt in Botanischen Gärten, meist aus wissenschaftlich dendrologischen Zwecken angelegt, im englischen Park dienen sie auch der Verschönerung der landschaftlichen Partien.

Beltwalk
Rundweg in einem Landschaftsgarten von Gehölzen begleitet und so geführt, daß sich zahlreiche Blickbeziehungen in den Garten sowie in die Landschaft bieten.

Belvedere
Meist auf einer Anhöhe liegendes freistehendes Gebäude oder Anbau an eine Villa, von dem man ‚schöne Ausblicke' in die Umgebung hat; dient auch als (→) Point de vue.

Berceau
Laubengang aus Holzlatten oder Draht, um den sich Hecken, Bäume oder Sträucher ranken, häufig in Kombination mit (→) Treillagen.

Blumenkorb – Corbeille de fleurs
Rundes oder ovales Blumenbeet im Rasen – oft von Tonziegeln, Gußeisen oder Zweigen korbartig eingefaßt – im englischen Landschaftsgarten, vor allem durch Fürst Pückler ab den 1820er Jahren als Schmuckelement gebraucht.

Boskett – Bosquet – Buscage
Hecken- und Niederwaldbereich des Gartens in seitlichem oder rückwärtigem Anschluß an die Parterres, in dem durch Schnitt der Hecken oder Bäume Kabinette, Salons und Säle gebildet werden. Die Boskette sind durch Wege erschlossen, die im klassischen Barockgarten in geometrischen Mustern, Anfang des 18. Jahrhunderts auch in unregelmäßigen Formen angelegt wurden.

Boulingrin – Bowlinggreen
Vertieft gelegene Rasenfläche vor allem im französischen Garten des 17. und 18. Jahrhunderts.

Broderieparterre – Parterre de broderie
Parterre mit ornamentalen Mustern, die auf den Gartenplänen wie gestickt (frz. broderie) aussehen. Die Muster werden durch farbige Stein- sowie Grasflächen gebildet, oft mit niedrigem Buchsbaum und anderen geometrisch geschnittenen Formbäumchen eingefaßt.

Cabinet (de verdure) – Kabinett
Von beschnittenen Hecken oder Bäumen wandartig umgebene runde, ovale oder eckige Räume innerhalb eines Boskets. Größere Cabinets werden auch als ‚salles' bezeichnet.

Chinoiserie
Chinesische Motive im Garten, meist auf Kleinarchitekturen wie Pagoden, Brücken oder asiatisch anmutende Tempel bezogen. Besonders häufig werden im französischen Rokoko-Garten exotische Szenen abgebildet. Ab 1772 durch William Chambers' „*Dissertation on oriental gardening*" tauchen Chinoiserien auch häufiger im englischen Landschaftsgarten auf.

Clump
Geschlossene Gehölzgruppe von mehreren Bäumen auf großen weiten Rasenflächen im englischen Landschaftsgarten.

Englisches Parterre – Parterre à l'angloise
(→) Rasenparterre.

Eremitage – Einsiedelei
1) Ein etwas abseits gelegenes Schlößchen oder Lusthaus im Garten, häufiges Motiv in der Zeit um 1700.
2) Eine kleine, einfache, einsam gelegene Holzhütte manchmal auch aus groben Steinen. Seit dem Mittelalter bis ins 16. Jahrhundert als kleine Kapelle oder religiöses Refugium genutzt. Seit dem 17. Jahrhundert dienen sie als abwechslungsreiche unterhaltsame Kulisse höfischer Vergnügungen oder als melancholisch selbstreflexiver Stimmungsträger im Garten. Oft waren die Eremitagen zur Belustigung der erstaunten Besucher mit hölzernen Figuren ausgestattet.

Fasanerie
Gebäude mit Gelände für die Fasanenzucht zu Jagdzwecken, oft im Randbereich des Gartens ohne besonderen Bezug zum Schloß.

Giardino segreto – Jardin secret
Privatgarten in unmittelbarer Nähe des Gebäudes durch eine Mauer oder Hecke gegen Blicke von außen abgeschirmt.

Ha ha – ah ah – Aha
Trockene, tiefe Gräben, die die Grenze zwischen Garten und umgebender Landschaft markieren, vom Garten aus sind sie unsichtbar, so daß man einen ungehinderten Ausblick auf die Landschaft genießen kann; teilweise zusätzlich mit Kanälen oder Zäunen (‚invisible fence') versehen, um zu verhindern, daß Wild, Schafe oder Kühe in den gepflegten Gartenbereich gelangen können.

Heckentheater
Freilufttheater innerhalb eines Boskets, dessen Hecken zu Wänden und Kulissen geschnitten sind; meist mit Skulpturen ausgestattet.

Irrgarten
(→) Labyrinth.

Jagdstern – Etoile
In einem Waldgebiet (Tiergarten) von einem zentralen Punkt strahlenförmig ausgehende Schneisen, die der herrschaftlichen Jagd dienten.

Jardin anglo-chinois
Form der Gartengestaltung in der Zeit des Rokoko um 1770 vor allem in Deutschland und Frankreich verbreitet; Vermischung von chinesischen und englischen Motiven der Gartenkunst

verbunden mit einem engmaschig geführten, geschlängelten Wegenetz.

Jardin potager – Kräutergarten – Küchengarten – Obstgarten
Nutzgarten des Gutshofes meist in der Nähe des Herrenhauses. Zur rationellen Bewirtschaftung in geometrischen Grundformen angelegt und mit Gemüse, Feldfrüchten und Kräutern bepflanzt.

Kaskade
Ein meist architektonisch gefaßter Wasserfall oder eine Wassertreppe. Aus den italienischen Gärten des 16. Jahrhunderts in die französische und damit auch in die deutsche Gartenkunst des 17. und 18. Jahrhunderts übernommenes Element.

Knick
Hecke aus unterschiedlichen Sträuchern auf einem Feldsteinwall zur Begrenzung eines Flurstücks. Der Knick dient als Windschutz und wird regelmäßig ‚geknickt', das heißt, die Äste werden bis zum Boden hinunter abgeschnitten; war in Schleswig-Holstein im Rahmen der Verkoppelung Ende des 18. Jahrhunderts als Eigentumsgrenze weit verbreitet. Knicks prägen bis heute die schleswig-holsteinische Kulturlandschaft.

Labyrinth
Von hohen beschnittenen Hecken gebildeter Irrgarten.

Lenné-Meyersche Schule
Art der Landschaftsgartengestaltung in der zweiten Hälfte des 19. Jahrhunderts in der Nachfolge der Berlin-Potsdamer Gartenarchitekten und Landschaftsgestalter Peter Joseph Lenné (1789–1866) und Gustav Meyer (1816–1877).

Lindendom
Im Kreis angepflanzte Linden, deren Kronen einen gewölbten Raum bilden. Manchmal im Garten der letzte Rest eines barocken Salons, zu erkennen an den alten Schnittstellen.

Lusthaus
Kleines Gebäude im Garten, in dem die Spaziergänger pausieren und dinieren können, manchmal auch möbliert für Spiele und galante gesellige Vergnügungen (→ Pavillon).

Mail Spiel – Maille Bahn
Kugelspiel auf speziell dafür angelegten vertieften Rasenflächen.

Meierei
1) Ökonomisch betriebene Milchwirtschaft, im 17. Jahrhundert meist als Holländerei bezeichnet und Teil des Gutshofes.
2) Das Landleben idealisierender Staffagebau, ab 1750 im Rokoko- und später im englischen Garten.

Menagerie
Gehege zur Haltung exotischer Tiere.

Motte
Im Mittelalter künstlich aufgeschütteter Hügel, von Wall und Graben umgeben, auf dem eine Fluchtburg errichtet wurde.

Orangerie
Beheizbares Gebäude zum Überwintern der wertvollen Zitrusbäume und anderer nicht winterfester Pflanzen, oftmals auch ein prunkvolles Sommerpalais mit Festsälen an zentraler Stelle des Gartens.

Orangerieparterre – Parterre de l'orangerie
Kies oder Rasenplatz direkt vor oder neben einer Orangerie zur Aufstellung der Orangeriepflanzen im Sommer. Seltener auch ein Gartenbereich mit fest eingepflanzten Zitrusbäumen, die im Winter von einer Holz-Glas-Konstruktion umbaut werden.

Ornamental farm – Ornamented farm – Ferme ornée (frz. Zierfarm)
Auf Stephen Switzer (1682–1745) Anfang des 18. Jahrhunderts zurückgehende Bezeichnung für die landschaftsgärtnerische Verschönerung eines Landsitzes; durch die Beschreibung von ‚Woburn Farm' und ‚The Leasowes' in Thomas Whatelys *„Observations on Modern Gardening"* (1770) auch auf dem Kontinent eingeführter Begriff.

Pagode
Turmartiger asiatischer Tempel meist mehrere Stockwerke hoch, mit Glöckchen und Drachenköpfen dekoriert, taucht als beliebtes chinesisches Motiv im (→) Jardin anglo-chinois und im englischen Landschaftsgarten auf.

Parterre
Flacher Bereich des Gartens meist vor der Gartenfront des Schlosses oder seitlich davon gelegen, oft mit ornamentalen Beeten oder Wasserbecken geschmückt. (→ Broderieparterre, Orangerieparterre, Parterre de compartiment, Rasenparterre, Wasserparterre).

Parterre de compartiment
Ein kleinteiliges Parterre bestehend aus Blumenbeeten und Rasenflächen, die Blumenbeete können von geometrisch geschnittenem Buchsbaum eingefaßt oder durch bunte Kiesstreifen von den Rasenstücken getrennt sein.
Das Parterre de compartiment ist in der Längs- und der Querachse symmetrisch angelegt.

Patte d'oie (frz.: Gänsefuß)
Ein mindestens dreistrahliges Alleensystem, das von einem runden Platz im Park oder Wald (Tiergarten) ausgeht. Wichtiges Gliederungssystem des französischen Barockgartens.

Pavillon
Kleines Gartenhaus, im Barockgarten an wichtigen Punkten des Achsensystems gelegen, im Landschaftsgarten häufig Staffagebau.

Platebande de fleurs
Blumenstreifen oder schmale Blumenrabatten als Einfassung eines Beetes.

Pleasureground
Ein gärtnerisch besonders gepflegter Bereich in der Nähe des Hauses, in Deutschland insbesondere von Hermann Fürst Pückler-Muskau (1785–1871) aus der englischen Gartenkunst übernommen.

Point de vue
Markanter Blickpunkt zu besonderen Partien oder Gebäuden des Gartens, meist in einer wichtigen Achse gelegen.

Potager
(→) Jardin potager.

Quercetum
Gehölzsammlung aus Varietäten der Eiche (Quercus).

**Quincunx – Quinconce
(frz. Fünfzahl)**
Die Bezeichnung bezieht sich auf die Anordnung der fünf Punkte auf einem Würfel. Im Garten ursprünglich eine im Grundriß x-förmige Pflanzung mehrerer Bäume der gleichen Art, meist Obstbäume im Bereich des Küchengartens. Auch für die quadratische Anordnung von Bäumen in Reihenpflanzung gebräuchlich, wobei ein rhythmischer Wechsel möglich, aber nicht zwingend ist.

Rasenparterre – Englisches Parterre
Ornamental gestaltete Rasenstücke im Parterrebereich, die von Blumen-, Sand- oder Rasenrabatten eingefaßt sind. Das Rasenparterre ist nicht so aufwendig gestaltet wie ein Broderieparterre und ersetzt dieses zunehmend ab Anfang des 18. Jahrhunderts.

Rockery
Ein schattig kühler Platz, grottenartig eingefaßt von großen Felssteinen (Basaltstelen, Granitfindlinge); im deutschen Landschaftsgarten des späten 19. Jahrhunderts weit verbreitet, oft in der Nähe oder zwischen Teichen.

Rosarium
Rosensammlung, gartenkünstlerisches Element vor allem im 20. Jahrhundert.

Salle – Salon
Größeres Cabinet im Boskett.

Schneckenberg
Kleiner Hügel, auf den ein spiralförmig gewundener Weg hinaufführt.

Shrubberies
Pflanzungen aus blühenden Sträuchern, Stauden und Blumen.

Sondergarten
Im englischen Landschaftsgarten der ersten Hälfte des 19. Jahrhunderts ausgegrenzter Bereich mit einer geometrischen Struktur, häufig ein Küchen-, Blumen- oder Kräutergarten.

Spalier
Metall- oder Holzgitterwand, an der Obst- und Rankpflanzen gezogen werden.

Staket (Staketenzaun)
Lattenzaun.

Stinzenpflanzen
Auch: Schloß- oder Gutsparkpflanzen. Zierpflanzen mit auffallenden Blüten, deren Ausbreitung auf ein bestimmtes Gebiet wie den Gutspark, den Bauern- oder Pfarrgarten beschränkt ist. Sie wurden einst zur Zierde gepflanzt, verwilderten und bürgerten sich auch in der Umgebung ein. Die Ausweisung einer Art als Stinzenpflanze ist nur lokal gültig.

Tapis vert – Tapis de gazon
Schmucklose geometrisch geformte Rasenfläche ohne besondere Einfassung, in französischen Gärten des 17. Jahrhunderts oft in der Mitte der Hauptallee gelegen.

Teppichbeet
Gemustertes ornamentales Blumenbeet, wie es im Wilhelminischen Zeitalter in Mode kam, meist in bizarren Formen, mit zahlreichen verschiedenfarbigen Pflanzen unterschiedlicher Höhe bepflanzt; erinnert mit seinen kleinteiligen geometrischen Formen an einen orientalischen Teppich.

Tiergarten
Fürstliches oder adeliges Jagdgehege, oft mit Schneisen und Jagdstern versehen.

Treillage
Ein aus Metall- oder Holzgitterwerk gebildeter Laubengang, vielfach durch kleine Holzgitterpavillons mit Sitzbänken unterbrochen oder als Abschluß einer Achse im Garten. Sie sind im Unterschied zum (→) Berceau nicht bewachsen.

Überhälter
Einzeln stehengebliebene große alte Bäume, meist Eichen oder Buchen, auf den (→) Knicks.

Voliere
Vogelhaus für seltene Vögel, meist ein (→) Pavillon im Blumengarten oder Boskett.

Wasserparterre
Ein oder mehrere geometrische Wasserbecken im Parterrebereich des Gartens, oft von Blumenrabatten eingefaßt.

Abkürzungen

AAI	Archiv für Architektur und Ingenieurbaukunst, Schleswig	NMS	Nationalmuseum Stockholm
AHL	Archiv der Hansestadt Lübeck	RAK	Reichsarchiv Kopenhagen
AR	Amtsrechnung	Rtl.	Reichstaler
CAU	Christian-Albrechts-Universität zu Kiel	SA	Schloßarchiv
GA	Gutsarchiv	Sch A	Schimmelmann Archiv
KBK	Königliche Bibliothek Kopenhagen	SHBL	Biographisches Lexikon für Schleswig-Holstein und Lübeck
KH	Kunsthalle		
KHI	Kunsthistorisches Institut der CAU Kiel	SHLB	Schleswig-Holsteinische Landesbibliothek Kiel
KA	Kreisarchiv	StA	Stadtarchiv
LAS	Landesarchiv Schleswig-Holstein in Schleswig	StAHH	Staatsarchiv Hamburg
LB	Landesbibliothek	UB	Universitätsbibliothek
LDSH	Landesamt für Denkmalpflege Schleswig-Holstein in Kiel	ZSHG	Zeitschrift der Gesellschaft für Schleswig-Holsteinische Geschichte
M.A.	Magister Artium		

Literaturverzeichnis

Adolphi, Klaus (1995): Neophytische Kultur- und Anbaupflanzen als Kulturflüchtlinge des Rheinlandes (= Nardus, Bd. 2), Wiehl 1995.

Ahrens, Claus (1966): Vorgeschichte des Kreises Pinneberg und der Insel Helgoland (= Die vor- und frühgeschichtlichen Denkmäler und Funde in Schleswig-Holstein 7), Neumünster 1966.

Ahrens, Gerhard (1969): Caspar Voght und sein Mustergut Flottbek. Englische Landwirtschaft in Deutschland am Ende des 18. Jahrhunderts (= Beiträge zur Geschichte Hamburgs, Bd. 1), Hamburg 1969.

Albers, Gerd (1975): Entwicklungslinien im Städtebau. Ideen. Thesen. Aussagen 1875–1945, Düsseldorf 1975.

Alberts, Birgit (1994): Der Lütetsburger Schloßgarten, ein Landschaftsgarten in Ostfriesland. Seine Entstehung und Entwicklung von 1790–1814, Magisterarbeit Kiel 1994.

Alberts, Julius (1882): Das Fürstenthum Lübeck, Eutin 1882.

Alpen, Peter / Beitz, Eberhard / Hell, Christian u. a. (1994): Chronik der Baumschulen Schleswig-Holstein, Uetersen 1994.

Alpers, Friedrich (1905): Friedrich Ehrhardt, Leipzig 1905.

Alphand, A. / Ernouf, Alfred Auguste Baron de (1868): L'Art des Jardins, Paris 1868.

Alvensleben, Udo von / Reuther, Hans (1966): Herrenhausen. Die Sommerresidenz der Welfen, Hannover 1966.

Ambrozy-Migazzi, Istvan Graf (1922): Stauden zum Verwildern, in: Ernst Graf Silva-Tarouca / C. Schneider: Unsere Freiland-Stauden, Wien/Leipzig 1922, S. 58–72.

Amt, Stefan (1994): Der Oberlandbaumeister Otto Heinrich von Bonn (1703–1785) und seine Tätigkeit im heutigen Landkreis Nienburg, in: Nienburger Heimatkalender 9 (1994), S. 123–128.

Andersson, Sven-Ingvar (1990): Havekunsten i Danmark. The history of gardens in Denmark, in: Arkitektur DK 34/4 (1990), S. 133–179.

André, Edouard (1879): L'Art des jardins: Traité général de la composition des parcs et jardins, Paris 1879. Reprint Marseille 1983.

Andresen, A. P. (1813): Der neue Kirchhof zu Flensburg, in: Neue Schleswig-Holsteinische Provinzialberichte 3 (1813), S. 448–458.

Andresen, Hans-Günther (1984): Über den Aussichtsturm im alten Botanischen Garten zu Kiel. Entstehung, Architektur und Charakter, in: Die Heimat 91 (1984), S. 37–53.

Andresen, Hans-Günther (1993): Aus der Prägezeit des schleswig-holsteinischen Backsteinbarock. Zu den Bauten Rudolph Matthias Dallins im Kreis Plön, in: Jb. für Heimatkunde im Kreis Plön 23 (1993), S. 24–53.

Andresen, Hans N. (1939): Vom Plankwerk um die Munkbrarupharde, in: Die Heimat 49 (1939), S. 310–314.

Angelus, Andreas (1597): Holsteinische Städte-Chronica 1597.

Arbeitskreis Historische Gärten (1990): Arbeitskreis Historische Gärten der Deutschen Gesellschaft für Gartenkunst und Landschaftspflege e. V. (= H. 4 der Textreihe des DGGL, 1990).

Architektonisches Erbe (1994): Architektonisches Erbe in Europa – seine Erhaltung. Historische Gärten. Europäische Kommission Generaldirektion X. Information, Kommunikation, Kultur, Audiovisuelle Medien, Kulturelle Aktion. 1993, Athen 1994.

Arminius (1874): Die Großstädte in ihrer Wohnungsnot und die Grundlagen einer durchgreifenden Abhilfe, Leipzig 1874.

Arnim, Volkmar von (1957): Krisen und Konjunkturen der Landwirtschaft in Schleswig–Holstein vom 16.–18. Jahrhundert, in: Quellen und Forschungen zur Geschichte Schleswig–Holsteins, Bd. 35, Neumünster 1957.

Artelt, Gisbert (1989): Der Park in Tremsbüttel, in: Denkmalpflege im Kreis Stormarn 2 (= Stormarner Hefte 14), Neumünster 1989, S. 148–178.

Asmussen-Stratmann, Karen (1992): Das adelige Gut Seestermühe. Gestalt und Geschichte des Barockgartens und der Herrenhausbauten seit Anfang des 18. Jahrhunderts, Magisterarbeit Kiel 1992.

Asmussen-Stratmann, Karen (1994): Die Herrenhausbauten des Gutes Seestermühe. Ihre Gestalt und Geschichte zwischen Ideal und Wirklichkeit, in: Nordelbingen 63 (1994), S. 47–79.

Ausst. Kat. Arens (1972): siehe Wietek (1972).

Ausst. Kat. Barockplastik (1977): siehe Rasmussen (1977).

Ausst. Kat. Barth (1980): Erwin Barth. Gärten Parks Friedhöfe, Ausstellungskatalog TU Berlin, Charlottenburger Schloß, Berlin 1980.

Ausst. Kat. Carl (1996): Landgraf Carl von Hessen 1744–1836. Statthalter in den Herzogtümern Schleswig und Holstein, Ausstellungskatalog LAS, Schleswig 1996 (= Veröffentlichungen des Schleswig-Holsteinischen Landesarchivs 47).

Ausst. Kat. Emil Nolde (1994): siehe Fluck/Reuther (1994).

Ausst. Kat. Ethos und Pathos (1990): siehe Bloch/Einholz/Simson (1990).

Ausst. Kat. Fritz (1992): Johann Friedrich Fritz und die Anfänge der Lithographie in Schleswig-Holstein. Mit einem Katalog seiner Werke, bearb. von Jutta Müller, Ausstellungskatalog Flensburg/SHLB, (= Schriften der Schleswig-Holsteinischen Landesbibliothek, Bd. 14, Heide 1992.).

Ausst. Kat. Gärten, Landhäuser und Villen (1975): Gärten, Landhäuser und Villen des hamburgischen Bürgertums, Ausstellungskatalog Museum für Hamburgische Geschichte, Hamburg 1975.

Ausst. Kat. Holstein (1988): Holstein, wie es sich wirklich gezeigt. Künstler entdecken eine Landschaft 1800–1864, Ausstellungskatalog Mu-

seum für Kunst- und Kulturgeschichte der Hansestadt Lübeck, Lübeck 1988.
Ausst. Kat. Jacob (1995): Louis C. Jacob. Restaurant und Hotel an der Elbchaussee, Ausstellungskatalog Altonaer Museum – Jenisch-Haus, Hamburg 1995.
Ausst. Kat. Kellinghusen (1985): Kellinghusen im Bild, bearb. von Rainer Gerckens und Anna Morath, Ausstellungskatalog Museum Kellinghusen, Kellinghusen 1985.
Ausst. Kat. Kiel Eutin St. Petersburg (1987): Kiel Eutin St. Petersburg. Die Verbindung zwischen dem Haus Holstein-Gottorf und dem russischen Zarenhaus im 18. Jahrhundert, Ausstellungskatalog SHLB (= Schriften der Schleswig-Holsteinischen Landesbibliothek, Bd. 2), Heide 1987.
Ausst. Kat. Künstlerinnen (1993): Künstlerinnen an der Westküste Schleswig-Holsteins von 1850 bis heute, Ausstellungskatalog Itzehoe/Husum/Westerland (= Kataloge der Museen in Schleswig-Holstein 8), Meldorf 1993.
Ausst. Kat. Laves (1988): siehe Hammer-Schenk/Kokkelink (1988).
Ausst. Kat. „Lieblich zum Auge" (1986): „Lieblich zum Auge, gewinnend zum Herzen". Der Ukleisee – Wie um 1800 Ostholsteins Landschaft für die Malerei entdeckt wurde, Ausstellungskatalog Altonaer Museum Hamburg, Hamburg 1986.
Ausst. Kat. Lyst og Længsel (1995): Lyst & Længsel. Kærlighedsmotiver i fransk 1700-tals kunst, Ausstellungskatalog Statens Museum for Kunst, Kopenhagen 1995.
Ausst. Kat. Matthias Claudius (1990): Matthias Claudius 1740–1815, Ausstellungskatalog zum 250. Geburtstag Hamburg/Kiel, hrsg. von Dieter Lohmeier, Heide 1990.
Ausst. Kat. Natur und Naturzerstörung (1985): Natur und Naturzerstörung in der schleswig-holsteinischen Kunst der letzten 200 Jahre, Kiel/Flensburg/Lübeck/Hamburg 1985.
Ausst. Kat. Rainvilles Fest (1994): Rainvilles Fest. Panorama Promenade Tafelfreuden. Ein französischer Lustgarten im dänischen Altona, hrsg. von Bärbel Hedinger, Ausstellungskatalog Altonaer Museum Hamburg, Hamburg 1994.
Ausst. Kat. Sklaven (1994): Sklaven Zucker Rum. Dänemark und Schleswig–Holstein im Atlantischen Dreieckshandel, Ausstellungskatalog SHLB, Heide 1994 (= Schriften der Schleswig-Holsteinischen Landesbibliothek, Bd. 18).
Ausst. Kat. Von der Schönheit (1990): Von der Schönheit des Nützlichen. 200 Jahre Kulturlandschaft Klein-Flottbek, bearb. von Sabine Blumenröder, Ausstellungskatalog Altonaer Museum Hamburg, Hamburg 1990.
Ausst. Kat. Wörlitz (1996): Weltbild Wörlitz. Entwurf einer Kulturlandschaft, hrsg. von Frank-Andreas Bechtoldt und Thomas Weiss, Ausstellungskatalog Deutsches Architektur Museum Frankfurt (= Kataloge und Schriften der Staatlichen Schlösser und Gärten Wörlitz Oranienbaum Luisium 1), Ostfildern 1996.
Aust, Alfred (1972): Mir ward ein schönes Los, Hamburg 1972.
Aust, Alfred / Effenberger, Hartmut (1963): Caspar von Voght. Beiheft zur Lichtbildreihe 6/35, Staatliche Landesbildstelle, Hamburg 1963.
Axt, Karoline (1965): Wiesenschaumkraut mit gefüllten Blüten, in: Die Heimat 72 (1965), S. 324–325.
Aye, Heinrich (1892): Aus Eutins vergangenen Tagen, Bd. 2, Eutin 1892.

Bachmann, Erich (1951): Anfänge des Landschaftsgartens in Deutschland, in: Zeitschrift für Kunstwissenschaft V/3,4 (1951), S. 203–228.
Bakker, P. A. (1986): Erhaltung von Stinzenplanten (Zwiebel- und Knollengewächsen an alten Burgen), in: Bericht über das Internationale Symposium „Naturschutz durch Freilichtmuseen" (Aus Liebe zur Natur, Bd. 4), hrsg. von der Stiftung zum Schutz gefährdeter Pflanzen, Bonn 1986, S. 105–116.
Bakker, P. A. / Boeve, E. (1985): Stinzenplanten, ´s-Graveland/Zutphen 1985.
Ballhaus, Karl Joseph (1987): Das Herrenhaus Steinhorst. Sitz der Stiftung Herzogtum Lauenburg, in: Herbert Godyla: Zehn Jahre Stiftung Herzogtum Lauenburg (= Schriftenreihe der Stiftung Herzogtum Lauenburg 13), Hamburg 1987, S. 15–27.
Baltzer, Johannes (1907): Stadtgärtner Langenbuch, in: Lübeckische Blätter 49 (1907), S. 263–265.
Bangert, Friedrich (1925): Geschichte der Stadt und des Kirchspiels Oldesloe, Bad Oldesloe 1925. Reprint Hamburg 1976.
Barfod, Heinrich (1903): Der Winterling (Eranthis hiemalis Salisb.) im Fürstengarten zu Lauenburg a. E., in: Die Heimat 13 (1903), S. 81–85.
Bargum, L. (1863): Die Landmaße in den Herzogtümern Schleswig, Holstein und Lauenburg, [o. O.] 1863.
Barth, Brigitte (1964): Aus der Gründungszeit des Kurbades Oldesloe, in: Die Heimat 71 (1964), S. 270–273.
Barth, Erwin (1908): Gartenkünstlerische Gestaltung eines Platzes auf Marly, in: Die Gartenkunst 10 (1908).
Baumann, D. (1926): Af Heinrich Raimund Baumanns Erindringer, in: Sønderjydske Aarbøger (1926), S. 205–242.
BdB-Handbuch, Hrsg. Fördergesellschaft „Grün ist Leben", Pinneberg: Teil III, Stauden (1982); Teil VII A, Wildstauden für Wiesen und andere Freiräume (1987); Teil VII B, Wildstauden für Schattenflächen und Säume (1992).
Beccau, Christian Ulrich (1854): Versuch einer urkundlichen Darstellung der Geschichte Husums, Schleswig 1854.
Bechstedt, Johann Caspar (1772): Vollständiges Niedersächsisches Land- und Garten-Buch. Erster Theil. Vom Ackerbau und von den Frucht-Bäumen. Zweyter Theil. Von Blumen, Flensburg/Leipzig 1772.
Bechstedt, Johann Caspar (1795): Der Küchengartenbau für den Gärtner und Gartenliebhaber beschrieben, Schleswig/Leipzig 1795.
Bechstedt, Johann Caspar (1802): Oeconomisches Handbuch für den Landmann und Gartenliebhaber, mit besondrer Rücksicht auf die Herzogthümer Schleswig und Holstein, Altona 1802.

Bechstedt, Johann Caspar (1805): Gedanken über den Ackerbau und die wesentlichen wirtschaftlichen Einrichtungen auf den Gütern und größeren Landbesitzungen in den Herzogthümern Schleswig und Holstein, Altona 1805.

Becker, Christoph (1992–1993): Johann Daniel Major (1634–1693): ‚Sammlungstheoretiker'? ‚Doktor der Weltweisheit'?, in: Jb. des Museums für Kunst und Gewerbe Hamburg, Neue Folge 11/12 (1992–1993), S. 67–82.

Becker, Martin (1992): Historische Analyse Kiel–Hammer. Ein Siedlungsprojekt im Kiel der 20er Jahre, hrsg. vom Magistrat der Landeshauptstadt Kiel, Kiel 1992.

Becker, Martin / Mehlhorn, Dieter-J. (1992): Siedlungen der 20er Jahre in Schleswig-Holstein. Ergebnisse der Forschungsarbeit an der Fachhochschule Kiel – Fachbereich Bauwesen in Eckernförde – Institut für Städtebau und Sozialplanung, Heide 1992.

Becker, P. W. (1843): Greven af Leicester, Robert Sidneys, Beretning om sit Gesandtskab til Kongen af Danmark og Hertugen af Holsteen i Aaret 1632, in: Danske Magazin 3, Bd. 1, Kopenhagen 1843.

Behling, Holger / Paarmann, Michael (1981): Schloß Gottorf. Glanz und Elend des Fürstengartens (= Baudenkmale in Gefahr Nr. 5), hrsg. vom Landesamt für Denkmalpflege Schleswig-Holstein, Kiel 1981.

Behnke, H. Jürgen (1987): Willy Hahn. Stadtbaurat in Kiel von 1921–1930. Erinnerung zum 100. Geburtstag, hrsg. vom Magistrat der Landeshauptstadt Kiel, Kiel 1987.

Behrends, Karl (1970): 250 Jahre Geschichte des Gutes Gudow von 1470 bis 1724, in: Lauenburgische Heimat (Neue Folge) 70 (1970), S. 1–68.

Behrens, Sabine / Dreger, Marion (1989): Das Gut Blumendorf, in: Denkmalpflege im Kreis Stormarn 2 (= Stormarner Hefte 14), Neumünster 1989, S. 91–113.

Bein, Marianne / Fischer, W. / Landeck, Werner (1985–1988): Zum 300jährigen Bestehen des Hauses Hessen-Philippsthal/W., in: Mein Heimatland. Zeitschrift für Geschichte, Volks- und Heimatkunde (Monatliche Beilage zur „Hersfelder Zeitung"), Bd. 31, Nr. 14, Februar 1985, S. 53–55; Bd. 32, Nr. 12, Dezember 1986, S. 49–52; Bd. 33, Nr. 7, Juli 1988, S. 25–28.

Beller, Josef (1982): Einige interessante Bestätigungen und Neufunde aus dem Kreis Hzgt. Lauenburg, in: Kieler Notizen 14 (1982), S. 62–67.

Beneke, Otto (1890): Die Prinzessin von Ostfriesland, in: Hamburgische Geschichten und Denkwürdigkeiten, Berlin 1890, S. 242ff.

Berckenhagen, Ekhart (1962): Deutsche Gärten vor 1800, Hannover/Berlin/Sarstedt 1962.

Berg, A. Freiherr von (1847): Beschreibung des Gutes Stendorf. Zur Erinnerung an die im September 1847 vorgenommene Besichtigung, Eutin 1847.

Berlage, Hans (1923): Die Erbauung des Schlosses Hansburg bei Hadersleben (1557–88), in: Zeitschrift der Gesellschaft für Schleswig-Holsteinische Geschichte 53 (1923), S. 1–54.

Berlepsch, Emilie von (1783): Ueber Holstein. Aus Briefen einer Hannoverschen Dame, in: Hannoversches Magazin (1783), Stück 7, S. 98–112 und Stück 8, S. 113–144.

Berlepsch, Emilie von [Emilie Harms] (1786): Ueber Holstein und Beschreibung einiger Gegenden in Holstein. (Aus den ungedruckten Briefen einer Hannöverschen Dame), in: XII. Kapitel Neue Reisebeschreibungen in und über Deutschland. Von verschiedenen Verfassern, 2. Bd., Kap. XII, S. 307–359, Halle 1786.

Bernstorff, W. Graf von (1982): Die Herren und Grafen von Bernstorff, Celle 1982.

Bertheau, Friedrich (1888): Heinrich Rantzau als Humanist, in: Zeitschrift der Gesellschaft für Schleswig-Holsteinische Geschichte 18 (1888), S. 131–196.

Bertheau, Friedrich (1892): Aus dem Briefwechsel Heinrich Rantzaus von 1570–1594, in: Zeitschrift der Gesellschaft für Schleswig-Holsteinische Geschichte 22 (1892), S. 239–283

Beseler, Hartwig (Hrsg.) (1969): siehe Kunst-Topographie (1969).

Beseler, Hartwig (1980): Bericht des Landesamtes für Denkmalpflege Schleswig-Holstein über die Jahre 1978 und 1979, in: Nordelbingen 49 (1980), S. 154–211.

Biehn, Heinz (1975): Zwei bisher unbekannte Federzeichnungen der Grotte und der Warte im Schloßpark Wilhelmsthal, in: Börsch-Supan, Helmut / Sperlich, Martin (Hrsg.): Charlottenburg Berlin Preußen. Festschrift für Margarete Kühn, München/Berlin 1975, S. 307–312.

Biernatzki, Hermann (1847): Taschenbuch für Reisende in den Herzogthümern Schleswig, Holstein und Lauenburg, Altona 1847.

Biernatzki, Hermann [1848]: Schleswig-Holstein. Mit 24 Ansichten. Nach der Natur gezeichnet, gestochen und herausgegeben von J. Poppel und M. Kurz, München [1848]. Reprint Hamburg 1975.

Biographisches Lexikon für Schleswig-Holstein und Lübeck, hrsg. im Auftrag der Gesellschaft für Schleswig-Holsteinische Geschichte und des Vereins für Lübeckische Geschichte und Altertumskunde, Bd. 1–10, Neumünster 1970–1994.

Birkelund, Palle (1968): Über Joachim Wasserschlebe und seine Kupferstichsammlung, in: Schleswig-Holstein und der Norden. Festschrift für Olaf Klose zum 65. Geburtstag, hrsg. von Alfred Kamphausen, Neumünster 1968, S. 148–168.

Blaikie, Thomas (1931): Diary of a Scotch Gardener at the French Court at the End of the Eighteenth Century, London 1931.

Bloch, Peter / Einholz, Sibylle / Simson, Jutta von (Hrsg.) (1990): Ethos und Pathos. Die Berliner Bildhauerschule 1786–1914, 2 Bde., 1. Ausstellungskatalog, 2. Beiträge, Ausstellungskatalog Berlin Skulpturengalerie SMPK Hamburger Bahnhof 1990.

Block, Hans Raszmussyn (1647): Horticultura danica, Kopenhagen 1647.

Blondel, Jacques-François (1737/1738): De la Distribution des Maisons de Plaisance …, Paris 1737/1738.

Blondel, Jacques-François (1771–1777): Cours d'architecture, ou traité de la décoration, distribution et construction des bâtiments ..., 9 Bde., Paris 1771–1777.

Bobé, Louis (1899): Slaegten Ahlefeldts Historie, Bd. 5, Kopenhagen 1899, S. 128–134.

Bobé, Louis (1901): Slaegten Ahlefeldts Historie, Bd. 4, Kopenhagen 1901.

Bock von Wülfingen, Constantin / Frahm, Walter (Hrsg.) (1938): Stormarn. Der Lebensraum zwischen Hamburg und Lübeck, Hamburg 1938.

Boeck, Wilhelm (1939): Alte Gartenkunst. Eine Kulturgeschichte in Beispielen, Leipzig 1939.

Böger, Marius (1975): Stendorf und seine Herrenhäuser, in: Jb. für Heimatkunde Oldenburg/Ostholstein 19 (1975), S. 17–27.

Bölckow, Erik / Fuhrmann, Hans / Vollmer, Hildegard (1992): Bäume und Wälder in Kiel und Umgebung. Schönheit Bedeutung Gefährdung, Kiel 1992.

Börnsen, Thomas (1981): Meine Erinnerungen an Emil Nolde, in: Tages- und Jahreshefte, Flensburg 1981.

Börsch-Supan, Eva (1977): Berliner Baukunst nach Schinkel 1840–1870 (= Studien zur Kunst des 19. Jahrhunderts, Bd. 25), München 1977.

Böttcher, Hubert (1988): Gutswirtschaft auf dem Hof Stendorf in der Mitte des vorigen Jahrhunderts, in: Jb. für Heimatkunde Oldenburg/Ostholstein 32 (1988), S. 43–49.

Böttger, F. / Waschinski, E. (1952): Alte schleswig-holsteinische Maße und Gewichte, Neumünster 1952.

Böttiger, Karl August (1797): Literarisches Leben auf der Universität Kiel. Beobachtet auf einer Reise dahin im Jahre 1797, Reprint Neumünster 1978.

Boitard, Pierre (1825): Traité de la composition et de l'ornement des jardins, Paris 1825.

Bonstetten, Viktor von (1799): Neue Schriften, Kopenhagen 1799.

Bonstetten, Viktor von (1801): Über die Gartenkunst, besonders in Rücksicht auf die nördlichen Länder, in: Deutscher Merkur, Tübinger Taschenkalender für Natur- und Gartenfreunde auf das Jahr 1801 oder 2. Band der Neuen Schriften Bonstettens.

Boom, B. K./Ruys, J. D. (1950): Flora der gekweekte kruidachtige Gewassen, Wageningen 1950.

Borgmann, Sylvia (1989): Klein Flottbek und Caspar Voght. Eine Hamburger Park- und Stadtlandschaft unter Veränderungsdruck, Sonderdruck aus: Der Heimatbote 38 (1989).

Borzikowsky, Holger (Hrsg.) (1981): Von allerhand Figuren und Abbildungen. Kupferstecher des 17. Jahrhunderts im Umkreis des Gottorfer Hofes, Husum 1981.

Bosse, Julius Friedrich Wilhelm (1829): Vollständiges Handbuch der Blumengärtnerei. Erste und zweite Abtheilung, Hannover 1829 (2. Aufl. Hannover 1840–1849).

Boulliot, J. (1830): Biographie ardennaise, ou histoire des ardennais qui sont fait remarquer par leurs écrits, leurs vertus ou leurs erreurs, Paris 1830.

Brandt, Otto (1925): Geistesleben und Politik in Schleswig-Holstein um die Wende des 18. Jahrhunderts, Berlin/Leipzig 1925.

Brandt, Otto (1932): Caspar von Saldern und die nordeuropäische Politik im Zeitalter Katharina II., Erlangen/Kiel 1932.

Brandt, Reinhard (1957): Schloß Traventhal, Bad Segeberg 1957.

Brather, Jürgen (Hrsg.) (1990): Ahrensbök in Großherzoglich-Oldenburgischer Zeit (1867–1919), Ahrensbök 1990.

Braun, Georg / Hogenberg, Franz (1572–1617/18): Civitates orbis terrarum, Liber 1–6, Köln 1572–1617/18.

Breckwoldt, Michael (1991): Zwischen Naturgefühl und Naturwirkung. Untersuchung zu den gartentheoretischen Schriften von C. C. L. Hirschfeld, Magisterarbeit Osnabrück 1991.

Breckwoldt, Michael (1994): „Volkstümlicher Gartenbau". Schwerpunkt der Gartenbauausstellung in Altona 1914, in: Die Gartenkunst 6/1 (1994), S. 153–156.

Breckwoldt, Michael (1995): „Das Landleben" als Grundlage für eine Gartentheorie. Eine literaturhistorische Analyse der Schriften von Christian Cay Lorenz Hirschfeld (= Arbeiten zur sozialwissenschaftlich orientierten Freiraumplanung 14), München 1995.

Bretschneider, E. (1898): History of European Botanical Discoveries in China, London 1898.

Brien, Ulrich / Metzner, Wolf (1982): Gutachten zur Erhaltung der Lindenalleen im Barockgarten Jersbek/Schleswig-Holstein, im Auftrag des Landrates des Kreises Stormarn, Untere Denkmalschutzbehörde, Ahrensburg 1982 (Manuskript).

Brien, Ulrich (1988): Die Sanierung der Lindenalleen im Barockgarten Jersbek, in: Landeshauptstadt Hannover, Grünflächenamt (Hrsg.): Zum Problem der Erneuerung von Alleen in Gartendenkmalen (= Informationen aus den Herrenhäuser Gärten), Hannover 1988, S. 6–8.

Brien, Ulrich (1989): Gutachten zur Erhaltung des Bürgermeistergartens in Wilster. Rekonstruktion, Konservierung, Weiterentwicklung?, im Auftrag der Stadt Wilster, Ahrensburg 1989.

Brien, Ulrich / Wessels, Ernst (1988): Gutachten zur Erhaltung der Alleen im Barockgarten Seestermühe. Baumpflegemaßnahme Seestermühe, Ahrensburg 1988.

Brock, P. (Hrsg.) (1876/1877): Dagbog over Kronprinds Frederiks Rejse til og i Italien 1692, in: Danske Samlinger, 2. Reihe, Bd. 5, 1876/77, S. 24–55 u. 350–358.

Brockes, Barthold Hinrich (1723–1748): Irdisches Vergnügen in Gott, 9 Bde., Hamburg 1723–1748.

Bröker, M. (1991): Schlösser und Herrenhäuser in Schleswig-Holstein, Hamburg 1991.

Brøndegard, V. J. (1978–1980): Folkd og Flora, 4 Bände, Kopenhagen 1978–1980.

Brøndegaard, V. J. (1990): Massenausbreitung des Bärenklaus, in: Naturwiss. Rundschau 43 (1990), S. 438–439.

Bruhns, E. (1868): Führer durch die Umgegend der ostholsteinischen Eisenbahn, Eutin 1868.

Bubert, Ingo / Walter, Hanspeter (1989): Gutshöfe, Herrenhäuser und Schlösser im östlichen Holstein, Schellhorn 1989.

Buchwald, Friedrich von (1786): Oeconomische und Statistische Reise durch Meklenburg, Pommern, Brandenburg und Holstein (aus dem Dänischen übersetzt, mit einigen Anmerkungen von Valentin August Heinze), Kopenhagen 1786.

Buchwald, Friedrich von (1787): Ökonomische Bruchstücke; ein Auszug aus des Kammerherrn von Buchwald ökonomischen und statistischen Reise, aus dem Dän. v. Prof. Heinze Kopenhagen 1786, in: Schleswig-Holsteinische Provinzialberichte 1 (1787), S. 307–319.

Bührke, Sabine (1988): Das ehemalige Regierungsgebäude in Schleswig. Ein Beispiel preußischer Repräsentationsarchitektur in den Herzogtümern, Magisterarbeit Kiel 1988.

Bührke, Sabine (1989): Zur Baugeschichte des Oberlandesgerichts, in: Schleswig-Holsteinische Anzeigen. Justizministerialblatt für Schleswig-Holstein, Teil A, Nr. 9 (1989), S. 133–137.

Buek, Johann Nikolaus sr. (1779): Verzeichnis von in- und ausländischen Bäumen, Sträuchern, Pflanzen und Saamen so zu bekommen bey Johann Nikolaus Buek ..., Bremen 1779.

Buek, Johann Nikolaus jr. (1801): Versuch eines Verzeichnisses der um Hamburg wild wachsenden Pflanzen, in: Hoppe, Botanisches Taschenbuch, Regensburg 1801, S. 86–115.

Bülck, Rudolf (1922): Beiträge zur Kunde holsteinischer Güter. Perdoel, in: Bilder aus der Heimat, Beilage zum Generalanzeiger für Neumünster 36 (1922).

Bülck, Rudolf (1950): Zur Geschichte des Kieler Botanischen Gartens, in: Mitteilungen der Gesellschaft für Kieler Stadtgeschichte 45 (1950), S. 25–29.

Bülck, Rudolf (1952): Der Rantzausche Gedenkstein im Rastorfer Park, in: Nordelbingen 20 (1952), S. 137–141.

Büsching, Anton Friedrich (Hrsg.) (1753–1757): Nachrichten von dem Zustande der Wissenschaften und Künste in dem Königlichen Dänischen Reichen und Ländern, 3 Bde., Kopenhagen/Leipzig 1753–1757.

Burgsdorf, Friedrich August Ludwig von (1787): Anleitung zur sichern Erziehung und zweckmäßigen Anpflanzung der einheimischen und fremden Holzarten, welche in Deutschland und unter ähnlichen Klima im Freyen fortkommen, 2 Bde., Berlin 1787.

Burke, Edmund (1757): A Philosophical Enquiry into the Origin of our Ideas of the Sublime and Beautiful, London 1757; Untersuchung über den Ursprung unserer Begriffe vom Schönen und Erhabenen, Riga 1773.

Buttlar, Adrian von (1981): Englische Gärten in Deutschland. Bemerkungen zu Modifikationen ihrer Ikonologie, in: Zentralinstitut für Kunstgeschichte (Hrsg.): Sind Briten hier? Relations between British and Continental Art 1680–1880, München 1981, S. 97–126.

Buttlar, Adrian von (1982): Der englische Landsitz 1715–1760. Symbol eines liberalen Weltentwurfs, Mittenwald 1982 (= Studia Iconologica, Bd. 4).

Buttlar, Adrian von (1983): Vom Landschaftsgarten zum Volkspark. Der Englische Garten in München, in: Adolf M. Birke / Kurt Kluxen (Hrsg.): Viktorianisches England in deutscher Perspektive (= Prinz Albert: Studien 1), München/New York/London/Paris 1983, S. 133–145.

Buttlar, Adrian von (1989): Der Landschaftsgarten. Gartenkunst des Klassizismus und der Romantik, Köln 1989.

Buttlar, Adrian von (1990a): Gedanken zur Bildproblematik und zum Realitätscharakter des Landschaftsgartens, in: Die Gartenkunst 2 (1990), S. 7–19.

Buttlar, Adrian von (1990b): Glanz und Elend der Herrenhäuser. Denkmalpflegeprobleme der Ostseeländer, in: Neue Züricher Zeitung vom 18. 2. 1990.

Buttlar, Adrian von (1991): Die Öffentlichkeit von Parks, in: Der Architekt 3 (1991), S. 133–135.

Buttlar, Adrian von (1992): Der Kieler Schloßgarten: Vom Lustgarten zum Stadtgrün, in: Begegnungen mit Kiel. Gabe der Christian-Albrechts-Universität zur 750-Jahr-Feier der Stadt, hrsg. von Werner Paravicini, Neumünster 1992, S. 106–110.

Buttlar, Adrian von (1993): Vom Carlsberg zur Wilhelmshöhe. Kunstgeschichtliche Anmerkungen zur Entwicklung des Kasseler Bergparks, in: Ausst. Kat.: Der Schloßpark Wilhelmshöhe in Ansichten der Romantik, Staatliche Museen Kassel, Kassel 1993.

Buttlar, Adrian von (1994a): Das „Nationale" als Thema der Gartenkunst des 18. und frühen 19. Jahrhunderts, in: Zum Naturbegriff der Gegenwart. Kongreßdokumentation zum Projekt „Natur im Kopf", Stuttgart, 21.–26. Juni 1993, hrsg. von der Landeshauptstadt Stuttgart, Bd. 1, Stuttgart 1994, S. 327–350.

Buttlar, Adrian von (1994b): Sanssouci und der 'Ewige Osten'. Freimaurerische Aspekte im Garten Friedrichs des Großen, in: Die Gartenkunst 2 (1994), S. 219–226.

Buttlar, Adrian von (1995): Das Grab im Garten – Zur naturreligiösen Deutung eines arkadischen Gartenmotivs, in: Wunderlich (1995), S. 79–119.

Buttlar, Adrian von / Bierler-Rolly, Traudl (Hrsg.) (1988): Der Münchner Hofgarten. Beiträge zur Spurensicherung, München 1988.

Camerer, Johann Friedrich (1755): Schreiben an eine vornehme Standesperson, in Absicht einiger Merkwürdigkeiten der holsteinischen Gegenden, Wolfenbüttel 1755.

Camerer, Johann Friedrich (1762): Vermischte historisch-politische Nachrichten in Briefen von einigen merkwürdigen Gegenden der Herzogthümer Schleßwig und Hollstein ..., Flensburg/Leipzig 1762.

Carmontelle, [Louis Carrogis] (1779): Jardin de Monceau, près de Paris, appartenant à son altesse sérémissime Mgr Le Duc de Chartres, Reprod. en fac. sim. de l'éd. de Paris 1779. Reprint Paris 1979 (= Le jardin de Flore, Bd. 20).

Carr, John Esq. (1804): A Northern Summer or Travels round the Baltic through Denmark, Sweden, Russia, Prussia and Part of Germany in the Year 1804, London 1804.

Caus, Salomon de (1615): Les Raisons des Forces Mouvantes, deutsche Übersetzung: Von den Gewaltsamen Bewegungen, Frankfurt 1615.

Chambers, William (1757): Designs of Chinese Buildings, London 1757. Reprint Farnborough 1969.

Chambers, William (1772): A Dissertation on Oriental Gardening, London 1772. Über die orientalische Gartenkunst, Gotha 1775.

Christiansen, Willi (1953): Neue kritische Flora von Schleswig-Holstein, Rendsburg 1953.

Christiansen, Willi (1962): Zu: Linaria cymbalaria Mill. (Zimbelkraut), in: Die Heimat 69 (1962), S. 29.

Chronik Jersbek (1989): Chronik Jersbek. Jersbek – Klein Hansdorf – Timmerhorn, hrsg. von der Gemeinde Jersbek, Husum 1989.

Ciolek, Gerard (1954): Gärten in Polen, Warschau 1954.

Clark, Ronald (1994): Die Umgestaltung des Plöner Schloßgartens durch Christian Schaumburg, Hannover 1994 (Manuskript).

Clark, Ronald / Hennebo, Dieter (1988): Vom Wallmodengarten zum Georgengarten. Anmerkungen zu den ersten Entwürfen von Ch. Schaumburg, in: Festschrift für Georg Hoeltje, hrsg. vom Institut für Bau- und Kunstgeschichte der Universität Hannover, Hannover 1988, S. 79–86.

Clifford, Derek (1966): Geschichte der Gartenkunst, München 1966.

Cramer, Carl Friedrich (1778): Der Anblick der Natur, in: Deutsches Museum (1778), Stück 3, S. 246–248.

Cramer, Carl Friedrich (1969): Klopstock – In Fragmenten aus Briefen von Tellow an Elisa, Neuauflage Bern 1969.

Cuveland, Helga de (1989): Der Gottorfer Codex von Hans Simon Holtzbecker (= Grüne Reihe. Quellen und Forschungen zur Gartenkunst, Bd. 14), Worms 1989.

Cuveland, Helga de (1994a): Der Husumer Schloßgarten. Geschichte und Entwicklung vom Renaissancegarten bis zum Stadtpark, in: Beiträge zur Husumer Stadtgeschichte 5 (1994), S. 27–66.

Cuveland, Helga de (1994b): Schloß Ahrensburg und die Gartenkunst (= Stormarner Hefte 18), Neumünster 1994.

Dahm, Herbert (1985): Die Wildtulpe in den Vierlanden, in: Berichte des Botanischen Vereins zu Hamburg 7 (1985), S. 12–17.

Dallmer, H. J. (1961): Stiftung Louisenlund Schule Carlsburg. Aus Carlsburgs Geschichte, [o. O.] 1961.

Dammann, Elke (1983): Der Luisenberger Turm, in: Steinburger Jb. 27 (1983), S. 208–210.

Danckwerth, Caspar (1652): Newe Landesbeschreibung der zwey Herzogthümer Schleswich und Holstein, zusambt vielen dabey gehörigen Newen Landkarten, die von Johannes Mejero Chorographice elaborirt ..., Husum 1652 (Faksimile siehe Domeier/Haack (1963)).

Daniels, Stephen (1993): Fields of Vision, Cambridge/Oxford 1993.

Dansk biografisk leksikon, 16. Bde., Kopenhagen 1979–1984.

Danske Slotte (1963–1968): Danske Slotte og Herregårde. Under redaktion af Aage Roussell, 20 Bde., Kopenhagen 1963–1968.

David-Sirocko, Karen (1992): Die Blomenburg. Ein Jagdschloß der Romantik in Schleswig-Holstein, Tökendorf 1992.

Davids, Curt (1975): Das Schloß in Reinbek (= Stormarner Hefte 2), Neumünster 1975 (2. Aufl. 1987).

Daviler, Augustin Charles (1699): Cours d'Architecture ..., Amsterdam 1699.

Decker, Paul (1759a): Chinese Architecture, London 1759. Reprint London 1968.

Decker, Paul (1759b): Gothic Architecture Decorated, London 1759. Reprint London 1968.

Degn, Christian (1958): Panker um 1800. Ein Landschafts- und Sozialbild, in: Nordelbingen 26 (1958), S. 192–201.

Degn, Christian (1980): Die Stellungnahmen schleswig–holsteinischer Gutsbesitzer zur Bauernbefreiung, in: Degn/Lohmeier (1980), S. 77ff.

Degn, Christian (1984): Die Schimmelmanns im atlantischen Dreieckshandel. Gewinn und Gewissen, Neumünster 1984 (1. Aufl. 1974).

Degn, Christian (1994): Schleswig-Holstein eine Landesgeschichte. Historischer Atlas, Neumünster 1994.

Degn, Christian / Lohmeier, Dieter (Hrsg.) (1980): Staatsdienst und Menschlichkeit. Studien zur Adelskultur des späten 18. Jahrhunderts in Schleswig-Holstein und Dänemark (= Kieler Studien zur deutschen Literaturgeschichte, Bd. 14), Neumünster 1980.

Dehio, Georg (1977): Handbuch der Deutschen Kunstdenkmäler. Bremen, Niedersachsen, bearb. von Gottfried Kiesow, Hans Christoph Hoffmann; Roswitha Poppe u. a., Darmstadt 1977.

Dehio, Georg (1994): Handbuch der Deutschen Kunstdenkmäler. Hamburg, Schleswig-Holstein, bearb. von Johannes Habich, Christoph Timm und Lutz Wilde, 2. Aufl. München/Berlin 1994.

Deneken, A. G. (1797): Reise von Bremen nach Hollstein, Bremen 1797.

Dennerlein, Ingrid (1981): Die Gartenkunst der Régence und des Rokoko in Frankreich (= Grüne Reihe. Quellen und Forschungen zur Gartenkunst, Bd. 4), Worms 1981.

Detlefsen, Detlef (1891): Geschichte der holsteinischen Elbmarschen, 2 Bde., Glückstadt 1891. Reprint Kiel 1976.

Detlefsen, Detlef (1906): Glückstadt, das heutige im alten. Ein Fremdenführer. Den Freunden der Heimatkunde gewidmet, Glückstadt 1906.

Deuter, Jörg (1994): Die Genesis des Klassizismus in Nordwestdeutschland. Der dänische Einfluß auf die Entwicklung des architektonisch-plastischen Klassizismus in den deutschen Landesteilen Schleswig-Holstein und Oldenburg in den Jahren 1760 bis 1790, Diss. Berlin 1994 (Publikation in Vorbereitung).

Dezallier d'Argenville, Antoine-Joseph (1709): La Théorie et la Pratique du Jardinage (anonym erschienen). Paris 1709.

Dezallier d'Argenville, Antoine-Joseph (1760): La Théorie et la Pratique du Jardinage, Paris 1760. Reprint Hildesheim/New York 1972.

Dierssen, Klaus (1988): Rote Liste der Pflanzengesellschaften Schleswig-

Holsteins, in: Schriftenreihe des Landesamtes für Naturschutz und Landschaftspflege Schleswig-Holstein 6 (1988), S. 1–157.

Diesel, Matthias (1717–1723): Erlustierende Augenweide in Vorstellung herrlicher Garten und Lustgebäude, 3 Bde., Augsburg 1717–1723. Reprint Stuttgart 1989.

Dietrich, Jürgen (1994): Der Husumer Schloßgarten. Die Umgestaltung eines einst fürstlichen Schloßgartens in einen Bürgerpark im Jahre 1878/79. Entwicklung bis zur Gegenwart, in: Beiträge zur Husumer Stadtgeschichte 5 (1994), S. 67–77.

Dochnahl, Friedrich Jacob (Hrsg.) (1861): Bibliotheca Hortensis. Vollständige Garten-Bibliothek oder Alphabetisches Verzeichniss aller Bücher, welche über Gärtnerei, Blumen- und Gemüsezucht, Obst- und Weinbau, Gartenbotanik und bildende Gartenkunst von 1750–1860 in Deutschland erschienen sind, Nürnberg 1861. Reprint Hildesheim/New York 1970.

Döhler, Hans (1959): Die Doppeleiche in den Parkanlagen Glückstadts als historisches Zeugnis und Anlaß zu einer Umfrage, in: Die Heimat 66 (1959), S. 81f.

Dörfer, J. F. A. (1842): Topographie des Herzogtums Holstein, Schleswig 1842.

Dohna, Ursula Gräfin zu / Schönborn, Philipp Graf (1986): Private Gartenkunst in Deutschland, Herford 1986.

Domeier, K. / Haack, M. (Hrsg.) (1963): Die Landkarten von Johannes Mejer, Husum, aus der neuen Landesbeschreibung der zwei Herzogtümer Schleswig und Holstein von Caspar Danckwerth 1652, Faksimiledruck mit einem Vorwort von Christian Degn, Hamburg 1963.

Dose, Pelle (1988): Straßenbau und Stadtentwicklung, in: Industriekultur in Neumünster, hrsg. von A. Heggen und K. Tidow, Neumünster 1988.

Downes, George (1820): Letters from Mecklenburg and Holstein, comprising an account of the free cities of Hamburg and Lübeck, London 1820.

Drees, Jan (1988): Lembcke/Moser, in: Jb. des Schleswig-Holsteinischen Landesmuseum Schloß Gottorf, hrsg. von Heinz Spielmann, Neue Folge, Bd. 1, 1986–1987, Neumünster 1988, S. 110f.

Dröse, Konrad (1954): Kieler Stadtansichten aus der Zeit von 1585–1900, Diss. Kiel 1954.

Du Cerceau, Jacques Androuet (1576/1577): Le premier volume (second volume) des plus excellents Bastiments de France, Paris 1576/1577.

Duhme, Friedrich (1971): Der Schloßpark in Herten (Westfalen), in: Abh. Landesmus. Naturk. Münster Westfalen 33 (1971), S. 1–14.

Duhme Friedrich / Kaule, G. (1970): Zur Verbreitung der gelben Narzisse (Narcissus pesudonarcissus L.) auf Primär- und Sekundärstandorten in Mittel- und Nordwesteuropa, in: Berichte der Deutschen Botanischen Gesellschaft 83 (1970), S. 647–659.

Duncker, Alexander [1869]: Die ländlichen Wohnsitze, Schlösser und Residenzen der ritterschaftlichen Grundbesitzer in der preussischen Monarchie, nebst den Königlichen Familien-, Haus-Fideicommis- und Schatull-Gütern. In naturgetreuen, künstlerisch ausgeführten farbigen Darstellungen, nebst begleitendem Text (1857–1862), Berlin [1869].

Du Roi, Johann Philipp (1771/1772): Die Harbkesche wilde Baumzucht theils Nordamerikanisch und anderer fremder, theils einheimischer Bäume, Sträucher und strauchartiger Pflanzen, nach den Kennzeichen der Anzucht, den Eigenschaften und der Benutzung beschrieben, 2 Bde., Braunschweig 1771/1772.

Eckardt, Heinrich (1895): Kiels bildliche und kartographische Darstellung in den letzten dreihundert Jahren, in: Mitteilungen der Gesellschaft für Kieler Stadtgeschichte 13 (1895).

Eckardt, Heinrich (1899): Alt-Kiel in Wort und Bild, Kiel 1899. Reprint 1975.

Eckardt, Heinrich (1935): Vom Düsternbrooker Holz und vom Marienhain, in: Mitteilungen der Gesellschaft für Kieler Stadtgeschichte 38 (1935), S. 35–48.

Eggers, Eduard Rudolph (1978): Johann Heinrich Schröder 1784–1883 und seine Kinder, Hamburg 1978.

Eggers, H. K. (1877): Schloß und Stadt Plön, Kiel 1877.

Ehlers, Mareile (1994): Gartenhistorisches Gutachten zum Schloßpark Friedrichsruh, im Auftrage der Fürstlich Bismarckschen Verwaltung Friedrichsruh, Hamburg 1994 (Manuskript).

Ehlers, Wilhelm (1922): Geschichte und Volkskunde des Kreises Pinneberg, Elmshorn 1922.

Ehrenberg, Richard (1893): Altona unter Schauenburgischer Herrschaft, Altona 1893.

Ehrenberg, Richard (1897): Aus der Vorzeit von Blankenese und den benachbarten Ortschaften, Hamburg 1897. Reprint 1979.

Eickhoff-Weber, Kirsten (1994): Ein Villengarten von Harry Maasz in Neumünster, in: Schmidt/Hansmann/Gamer (1994), S. 173–177.

Eigner, Annemarie (1988): Auf den Spuren alter Bauerngärten in Schleswig-Holstein, in: Bauernblatt 4/138 (1988), S. 73–74.

Eigner, Annemarie (1993): Schleswig-Holsteins alte Bauerngärten, Husum 1993.

Eimer, Gerhard (1951): Lauenburgs Gruftkirche und ihre Bedeutung in der Frühbarockplastik, in: Konsthistorisk Tidskrift 20 (1951), S. 56–78.

Eimer, Gerhard (1957): Ein bayrischer Baumeister in Schweden. Georg Greggenhofer und das erste Drottingholmtheater, in: Kleine Schriften der Gesellschaft für Theatergeschichte 15 (1957), S. 15–30.

Eimer, Gerhard (1961): Schwedische Offiziere als Baumeister in Schleswig-Holstein, in: Nordelbingen 30 (1961), S. 103–133.

Ellger, Dietrich (1974): Schleswig-Holstein, 3. Aufl. München/Berlin 1974.

Elling, Christian (1928): Danske Slotte og Herregaarde, Kopenhagen 1928.

Elling, Christian (1939): Nogle Herregaardshaver fra det 18. Aarhundrede i Danmark og Holsten, in: Danske Herregardshaver (1930–1939), S. 341–346.

Elling, Christian (1942): Den romantiske Have Kopenhagen 1942, 2. Aufl. Kopenhagen 1979.

Elling, Christian (1945): Om Aschebergs Have, in: ders.: Hofchronik. Studier omkring Caroline Mathilde, Kopenhagen 1945, S. 9–33 und S. 167–169.

Elling, Christian / Fisker, K. (Hrsg.) (1961): Monumenta Architectura Danicae – Danske Arkitektur Tegninger 1660–1920, Kopenhagen 1961.

Elßholtz, Johann Sigismund (1684): Vom Gartenbaw, Berlin/Leipzig/Köln 1684. Reprint Hildesheim/Zürich/New York 1987.

Emeis, Wilhelm (1923): Erfahrungen mit ausländischen Holzarten in der Provinz Schleswig-Holstein, in: Mitteilungen der Deutschen Dendrologischen Gesellschaft 33 (1923), S. 133–156.

Encke, Fritz (1958–1961) (Hrsg.): Pareys Blumengärtnerei, 2 Bde., 2. Aufl. Hamburg/Berlin 1958–1961.

Endell, August (1928): Zauberland des Sichtbaren (= Der Weltgarten, Bd. 4), Berlin 1928.

Englischer Garten (1989): 200 Jahre Englischer Garten München 1789–1989. Offizielle Festschrift, zusammengestellt von Pankraz Freiherr von Freyberg, München 1989.

Eschenburg, H. / Fischer-Benzon, Rudolf von (1893): Unsere Bauerngärten II, in: Die Heimat 3 (1893), S. 36–45.

Esmarch, Heinrich Peter Christian (1810–1816): Kurze Beschreibung der Gewächse, welche in einer Strecke von zwey Meilen um die Stadt Schleswig ohne Anbauung wild wachsen, in: Programm der Schleswiger Domschule (1810–1816).

Essen, A. v. (1800): Fragmente aus dem Tagebuch eines Fremden mehrentheils während dessen Aufenthalt in einigen könglich=dänischen Staaten gesammlet. Nebst einer Zeichnung, Kopenhagen 1800.

Ewald, J. L. (1799): Fantasien auf einer Reise durch Gegenden des Friedens, Hannover 1799.

Ewersen, Jörg (1989): Deutschlands ältester botanischer Universitätsgarten, in: Museum Cimbricum (1989), S. 65–76.

Fabricius, Christian [1680]: Herbarium vivum, sive Collectio Plantarum, quas Christianus Fabricius ..., 313 Pflanzenaquarelle, gebunden, UB Kiel.

Falck, N. (Hrsg.) (1820): Sammlung der wichtigsten Abhandlungen zur Erläuterung der vaterländischen Geschichte und des vaterländischen Rechts, welche in den Schleswig-Holsteinischen Anzeigen erschienen sind, Bd. 1, H. 1, Tondern 1820, S. 213–287.

Falke, Jacob von (1884): Der Garten, seine Kunst und Kunstgeschichte, Berlin/Stuttgart 1884.

Feddersen, Berend Harke (1988): Der Miniatur-Porträtist Hans-Peter Feddersen der Ältere (= Schriften des Nissenhauses Nr. 28), Hamburg 1988.

Fehr, Hans (1957): Buch der Freundschaft, Köln 1957.

Fick, Norbert (1978): Ahrensbök in alten Ansichten, Zaltbommel 1978.

Ficker, Gerhard (1928): Die Gräber der Kieler Professoren in Bordesholm, in: Nordelbingen 7 (1928), S. 299–311.

Fiebig, Irmgard (1994): Flora von Buxtehude, in: Berichte des Botanischen Vereins zu Hamburg 14 (1994), S. 1–100.

Fischer, Wolfgang (1993): Zur Einbürgerung von Parkpflanzen in Brandenburg (Teil 1). Ein Beitrag zur Neophytenflora, in: Verh. Bot. Ver. Berlin Brandenburg 126 (1993), S. 191–200.

Fischer-Benzon, Rudolf von (1891): Unsere Bauerngärten I, in: Die Heimat 1 (1891), S. 166–171.

Fischer-Benzon, Rudolf von (1894): Altdeutsche Gartenflora, Kiel/Leipzig 1894.

Fischer-Benzon, Rudolf von (1895): Zwei ältere Dokumente zur Geschichte des Gartenbaus in Schleswig-Holstein. I. Inventarium des Fürstlichen Gartenhauses zum Kyell (Kiel), Ao. 1649. II. Ein Pastorengarten vor 200 Jahren (des Dr. Christian Fabricius in Friedrichstadt 174..), in: Schriften des Naturwissenschaftlichen Vereins für Schleswig-Holstein, Kiel 1895, S. 120.

Fleischhacker, Hedwig (Hrsg.), (1972): Katharina II. in ihren Memoiren, Frankfurt/M. 1972.

Fluck, Andreas / Reuther, Manfred (1994): Katalog zur Ausstellung ‚Emil Nolde'. Museum für moderne Kunst der Stadt Lugano, Lugano 1994.

Foerster, Eva / Rostin, Gerhard (Hrsg.) (1982): Ein Garten der Erinnerung. Sieben Kapitel von und über Karl Foerster, Berlin 1982.

Foerster, Karl (1917): Vom Blütengarten der Zukunft, Berlin 1917.

Foerster, Karl (1936): Der Steingarten der sieben Jahreszeiten, Berlin/Bern 1936.

Foerster, Karl (1937): Glücklich durchbrochenes Schweigen, Berlin 1937.

Foerster, Karl (1954): Tröste mich – ich bin so glücklich, Hamburg 1954.

Foerster, Karl (1968): Es wird durchgeblüht, Berlin 1968.

Franz, G. (1984): Geschichte des deutschen Gartenbaues, Stuttgart 1984.

Frehse, H. / Thode, Th. (Hrsg.) (1817): Fußreise durch das östliche Holstein 1817. Reprint Kiel 1989.

Freytag, Hans-Günther / Engels, Hans-Werner (1991): Altona, Hamburgs schöne Schwester. Geschichte und Geschichten, 2. Aufl. Hamburg 1991.

Freytag, Hartmut / Harms, Wolfgang / Schulze, Heiko K. L. (1994): Die Embleme der „Bunten Kammer" im Herrenhaus Ludwigsburg (= Grosse Baudenkmäler, H. 497), Berlin 1994.

Friedrich, Paul (1890): Die Sträucher und Bäume unserer öffentlichen Anlagen, insbesondere der Wälle, Lübeck 1890.

Friis, Aage (1904): Bernstorffske Papiere, Kopenhagen 1904.

Friis, Aage (1905): Die Bernstorffs. Lehr und Wanderjahre, Leipzig 1905.

Frühsorge, Gotthardt (1993): Die Kunst des Landlebens, München/Berlin 1993.

Fülck, Johann David [1720]: Neue Garten-Lust ..., Augsburg [1720].

Fürstenberg, U. [o. J.]: Der Altonaer Volkspark, in: Vor den Toren der Großstadt. Heimat- und Wanderbücher. Am Nordrande Altonas, hrsg. vom Altonaer Schulmuseum, Bd. 3, Altona [o. J.], S. 138–146.

Fuhrmann, Hans (1984): Der Alte Botanische Garten in Kiel, seine klimatischen und geologischen Bedingungen und sein Pflanzenbestand. Ein Überblick, in: Die Heimat 91 (1984), S. 150–156.

Fuhrmann, Horst (1959): Heinrich Rantzaus römische Korrespondenten, in: Archiv für Kulturgeschichte 41 (1959), S. 63–89.

Funck, Dirk (1993): Schloßpark Haseldorf. Ein historischer Garten in der Elbmarsch, Diplomarbeit Weihenstephan 1993.

Funck, Hans (1985): Das ehemalige Amt Steinhorst. Aufsätze des Heimatforschers Hans Funck (= Schriftenreihe der Stiftung Herzogtum Lauenburg 9), Neumünster 1985.

Furttenbach, Joseph (1628): Architectura civilis, Ulm 1628. Reprint Hildesheim/New York 1971.

Furttenbach, Joseph (1640): Architectura recreationis, Augsburg 1640. Reprint Hildesheim/New York 1971.

Gallette, Alfons (1979/1980): Zur Geschichte der „Alten Apotheke" in Plön, 2 Teile in: Jb. für Heimatkunde im Kreis Plön-Holstein 9 (1979), S. 52–85 (Rathlouw-Buchwaldscher Hof [bis 1639]) und 10 (1980), S. 75–104 (Das Goltz'sche Haus [1639–1683]).

Gallette, Alfons (1989): Brief des französischen Generals Lafayette aus Wittmoldt an den Plöner Amtmann August von Hennings vom 15. Januar 1799, in: Jb. für Heimatkunde im Kreis Plön 19 (1989), S. 189–230.

Ganay, Ernest de (1949): Les Jardins de France et leur décor, Paris 1949.

Gartenbauverein Hamburg [1961]: 125 Jahre Gartenbauverein Hamburg e. V. 1836-1961, Hamburg [1961].

Geerz, Franz (1859): Geschichte der geographischen Vermessungen und der Landkarten Nordalbingiens vom Ende des 15. Jahrhunderts bis zum Jahre 1859. Mit einer kritischen Übersicht aller bezüglichen geographischen, geognostischen, ethnographischen und historischen Karten und Pläne, nebst Beiträgen zur physischen Geographie und geschichtlichen Topographie, Berlin 1859.

Geisenheyner, L. (1914): Über den Bauerngarten. Eine kulturgeschichtliche Betrachtung. Vortrag, gehalten im Nahegauverband für Naturkunde in Kreuznach am 16. Januar 1914 (= Sonderabdruck aus dem General-Anzeiger, Nr. 26–37).

Genius der Zeit (1794–1800): Der Genius der Zeit – ein Journal, Altona 1794–1800. Reprint Nendeln/Liechtenstein 1992.

Geographische und staatistische Beschreibung (1790): Geographische und staatistische Beschreibung des Herzogthums Holstein, Bisthums Lübek, der Insel Femern, der Hauptstadt Dänemarks, und der freyen Reichsstädte Hamburg und Lübek – Ein nicht unwichtiger Beytrag zur Länder- und Völkerkunde, Altona 1790.

George, Ernst (1923): Die wirtschaftlichen und kulturellen Beziehungen der Westküste Schleswig-Holsteins zu den Niederlanden, in: Nordelbingen 1 (1923), S. 220–289.

Gerckens, Rainer (1985): Louisenlund. Ein Garten im Schatten der Aufklärung, in: Nordelbingen 54 (1985), S. 129–175.

Gerkens, Gerhard (1971): Zur Datierung von Balthasar Denners Bildnissen der Kinder des Ratsherrn Barthold Hinrich Brockes, in: Jb. der Hamburger Kunstsammlungen 16 (1971), S. 105–110.

Gerndt, Siegmar (1981): Idealisierte Natur. Die literarische Kontroverse um den Landschaftsgarten des 18. und frühen 19. Jahrhunderts in Deutschland, Stuttgart 1981.

Geschichte (1900): Geschichte des Erholungshauses für die Angehörigen der Kaiserlichen Werft, Kiel 1900.

Giessler, Gabriele (1988): Grünanlagen und Gärten in Flensburg. Ihre Funktion und ihr Wandel (= Kleine Reihe der Gesellschaft für Flensburger Stadtgeschichte, Bd. 17), Flensburg 1988.

Giradin, René–Louis de (1777): De la Composition des Paysages sur le Terrain ou des Moyens d'embellir la Nature autour des Habitations en y joignant l'Agréable à l'Utile, Genf/Paris 1777; Von Verschönerung der Natur um Landwohnungen ..., Leipzig 1779.

Glasau, Fritz (1951/1952): Das Arboret Lehmkuhlen, in: Mitteilungen der Deutschen Dendrologischen Gesellschaft 52 (1951/1952).

Glasau, Fritz / Jacobsen, Hermann (1950): Arboretum Friedhof Eichhof Kiel, Kiel 1950.

Glasau, Fritz / Jacobsen, Hermann (1952): Das Arboretum Lehmkuhlen bei Preetz in Holstein. Ein vorläufiges Verzeichnis der Nadelbäume (Coniferen) und Laubbäume, Kiel 1952 (Erweiterte Neuauflage 1964).

Gloy, Arthur (1895): Geschichte und Topographie des Kirchspiels Hademarschen, Kiel 1895.

Glückstadt [um 1906]: Glückstadt Elbe, hrsg. von der Kommission zur Hebung des Fremdenverkehrs in der Stadt Glückstadt [Glückstadt um 1906].

Gmelin, Dr. med. [um 1912]: Dr. med. Gmelin Nordseesanatorium A.-G. Nordseebad Südstrand-Föhr [Föhr um 1912].

Gode, Imke (1995): Die herzoglichen Gartenanlagen in Glücksburg im 18. und 19. Jahrhundert, Magisterarbeit Kiel 1995.

Goecke, Michael (1979): Der Barockpark zu Jersbek. Überlegungen zur Revitalisierung eines Parks im Einzugsbereich des Ballungsraumes Hamburg, in: Garten und Landschaft 89 (1979), H. 3, S. 162–166.

Goecke, Michael (1981): Stadtparkanlagen im Industriezeitalter. Das Beispiel Hamburg, Hannover 1981.

Götze, Th. (1926): Die Fürstengruft in der Maria-Magdalenen-Kirche zu Lauenburg, Lauenburg 1926.

Gothein, Marie Luise (1926): Geschichte der Gartenkunst, 2 Bde., Jena 1926. Reprint New York/Hildesheim 1977.

Grabbe, E. (1916): Cay Doses achteckige Kirchen in Hörnerkirchen, Rellingen und Niendorf in Holstein, 2 Teile in: Denkmalpflege 14 (1916), S. 108 und 15 (1916), S. 118.

Graeber, Ulrike (1991): Das Naturschutzgebiet „Brenner Moor" bei Bad Oldesloe – ein Salzmoor in der Traveniederung, in: Naturschutz und Landschaftspflege im Kreis Stormarn (= Stormarner Hefte 16), Neumünster 1991, S. 49–59.

Graef, F. (1937): Der Löwe von Idstedt und die Kriegsgräber auf dem Alten Kirchhofe in Flensburg, in: Zeitschrift der Gesellschaft für Schleswig-Holsteinische Geschichte 65 (1937), S. 255–316.

Gramm, Caeso (1665): Chilonium, Novus Holsatiae Parnassus, Schleswig 1665.

Grieben, H. (1873): Durch Wald und Wasser – Wanderbuch zum Geleit durch die Seenlandschaft des Schwentine=Thals, insbesonders zwischen Eutin, Gremsmühlen und Plön, Eutin 1873.

Gröll, W. (1985): Über ländliche Gärten in Norddeutschland, in: Volkskunst 2, München 1985.

Groen, Jan van der (1669–1670): Le Jardinier Hollandois, Où sont décrites toutes de belles Maisons de plaisance & de campagne; & comment on les peut planter .../ Der Niederländische Gärtner, Das ist, Eine Beschreibung allerhand Fürstlicher, Herren Höfen, und Lustgärten ..., 3 Teile in einem Band, Amsterdam 1669–1670.

Gröning, Gert (1991): Zur sozialen Dimension der Parkpflege, in: Garten und Landschaft. Zeitschrift für Landschaftsarchitektur, Planung, Gestaltung und Entwicklung (1991), H. 6, S. 32–36.

Gröning, Gert / Schneider, Uwe (1995–1996): Bemerkungen zu Nachlaß und Werk des Gartenarchitekten Christian Roselius, in: Bremisches Jb. 74–75 (1995–1996), S. 209–226.

Grohmann, Johann Gottfried (Hrsg.) (1796–1806): Ideenmagazin für Liebhaber von Gärten, englischen Anlagen und für Besitzer von Landgütern, Leipzig 1796–1806.

Grosch, Heinrich August (1790a): Beschreibung der Holsteinischen Gegenden in Briefen – Erster Jahrgang, Kopenhagen 1790.

Grosch, Heinrich August (1790b): Holsteins schöne Gegenden, der Natur getreulich nachgebildet, in Kupfer gestochen, [o. O.] 1790.

Grüner, Julie (1965): Erinnerungen an das Haus meiner Großeltern im dänischen Altona, Hamburg 1965.

Grund, Johann Gottfried (1773): Abbildung des Normannsthals in dem Königlichen Lustgarten zu Friedensburg, Kopenhagen 1773.

Grundmann, Günther (1957): Jenischpark und Jenischhaus, Hamburg 1957.

Grunsky, Konrad (Hrsg.) (1990): Schloß vor Husum, Husum 1990.

Gude, Johann Christian (1778): Bericht von der Halbinsel Sundewitt und den Glücksburgschen Erblande, nebst einer kurzen Historischen Nachricht von dem Fürstlich=Glücksburgschen Hause, Altona 1778.

Günther, Harri (Hrsg.) (1985): Peter Joseph Lenné. Gärten. Parke. Landschaften, Stuttgart 1985.

Günther, Harri (Hrsg.) (1993): Gärten der Goethezeit, Leipzig 1993.

Gundlach, Franz (1926): Caspar von Saldern, seine Herkunft und seine Frauen. Die Familie Schnepel in Jevenstedt, in: Nordelbingen 6 (1926), S. 473–493.

Gurlitt, Ludwig (1912): Louis Gurlitt. Ein Künstlerleben des XIX. Jahrhunderts dargestellt von seinem Sohne, Berlin 1912.

Haar, Regine von der (1990): Sicherung und Wiederherstellung des Gartens Ludwigsburg, Examensarbeit Kiel 1990.

Haase, Wilhelm (1906): Herrensitze zwischen Ostsee und Elbe. V. Schloß Ascheberg am großen Plöner See, in: Von Lübecks Thürmen 16 (1906), S. 51–54.

Habeck, Thomas (1981): Die „Kieler Kunstkeramik AG" und ihre Beziehung zur Baukunst der 20er Jahre in Schleswig-Holstein, Diss. Kiel 1981.

Habermann, Sylvia (1982): Bayreuther Gartenkunst. Die Gärten der Markgrafen von Brandenburg-Culmbach im 17. und 18. Jahrhundert (= Grüne Reihe. Quellen und Forschungen zur Gartenkunst, Bd. 6), Worms 1982.

Habich, Johannes (1990): Adelige Güter prägten Geschichte und Gesicht Schleswig-Holsteins, in: Kultur Journal 6 (1990), S. 4–9.

Häberlin, Carl (1919): Chronik des Seebades Wyk-Föhr 1819–1919, Wyk 1919.

Hädicke, Elli (1931): Kiel. Eine stadtgeographische Untersuchung (= Mitteilungen der Gesellschaft für Kieler Stadtgeschichte, Bd. 36), Kiel 1931.

Hagström, Siegrid (1964): Gartenplastiken schleswig-holsteinischer Herrensitze, Examensarbeit Kiel 1964.

Hagström, Siegrid (1975): Die Gartenplastiken des Gutes Emkendorf, in: Rendsburger Jb. 25 (1975), S. 82–88.

Hahn, Willy (1926): Die Gestaltung des Kieler Stadtbildes, in: Deutschlands Städtebau, Kiel/Berlin 1926.

Hahn, Willy (1927): Die Umgestaltung des Werftparks und der Neubau eines Jugendheims in Kiel-Gaarden, in: Bauamt und Gemeindebau 5 (1927), S. 66ff.

Hahn, Willy (Hrsg.) (1928): Deutschlands Städtebau. Schleswig-Holstein, Berlin 1928.

Hahn, Willy (1929): Neuere Städtebauarbeit der Stadt Kiel, in: Zeitschrift für Bauwesen 79/12 (1929).

Hahn, Willy / Migge, Leberecht (1922): Der Ausbau eines Grüngürtels der Stadt Kiel, Kiel 1922.

Hahn, W. / Ulmann, H. (1984): Wanderungen zu den Herrenhäusern und Gütern im Herzogtum Lauenburg, Mölln 1984.

Hahn-Godeffroy, Johann-Diederich (1984): Als der Falkenstein noch Teil der Godeffroy'schen Forsten war, hrsg. vom Blankeneser Bürgerverein, Hamburg 1984.

Hajós, Géza (1989): Romantische Gärten der Aufklärung. Englische Landschaftskultur des 18. Jahrhunderts in und um Wien, Wien/Köln 1989.

Hallbaum, Franz (1927): Der Landschaftsgarten. Sein Entstehen und seine Einführung in Deutschland durch Friedrich Ludwig von Sckell 1750–1823, München 1927.

Hamann, Peter (1980): Herzog Peter Friedrich Wilhelm von Oldenburg, in: Jb. für Heimatkunde im Kreis Plön-Holstein 10 (1980), S. 105–137.

Hamer, Berthold (1974): Geschichte Glücksburgs. Historische Nachrichten des Herzogtums und der Stadt Glücksburg, hrsg. von der Stadt Glücksburg, Neumünster 1974.

Hammer, Heinz (1991): Die Pächter des Großen Gartens, in: 40. Mitteilungsblatt der Gesellschaft für Friedrichstädter Stadtgeschichte (1991), S. 70-73.

Hammer-Schenk, Harold / Kokkelink, Günther (Hrsg.) (1988): Vom Schloß zum Bahnhof. Bauen in Hannover. Zum 200. Geburtstag des Hofarchitekten G. L. F. Laves 1788–1864, Ausstellungskatalog Hannover 1988.

Hammerschmidt, Valentin / Wilke, Joachim (1990): Die Entdeckung der Landschaft. Englische Gärten des 18. Jahrhunderts, Stuttgart 1990.

Hanerau (1818): Hanerau. Nachricht in: Schleswig-Holstein-Lauenburgische Provinzialberichte 3 (1818), S. 349–351.

Hansen, D. (1950): Die Stiftung Hochdorf bei Tating, in: Jb. des Nordfriesischen Instituts 2 (1950), S. 164–172.

Hansen, Peter Christian (1902): Die Entwicklung der Baugenossenschaften in Schleswig-Holstein, in: VI. Internationaler Wohnungskongreß, Berlin 1902.

Hansen, Richard (1962/1963): Institut für Stauden und Gehölze, in: Die Heimat 69 (1962), S. 408 und 70 (1963), S. 149.

Hansen, Richard / Stahl, Friedrich (1990): Die Stauden und ihre Lebensbereiche in Gärten und Grünanlagen, Stuttgart 1990.

Hansmann, Wilfried (1983): Gartenkunst der Renaissance und des Barock, Köln 1983.

Hanson, P. T. (1813): Reise durch einen Theil von Sachsen und Dänemark in letztverflossenen Jahren, Altona 1813.

Hanssen, Georg (1875): Zur Geschichte norddeutscher Gutswirthschaft seit Ende des 16. Jahrhunderts, Göttingen 1875.

Hanssen, Petrus (1759): Kurtzgefaßte zuverlässige Nachricht von den Holstein-Plönischen Ländereien, Plön 1759.

Harder, Richard / Prinz, Ernst (1916): Denkmale für unsere Gefallenen, Kiel 1916.

Harms, Emilie (1786): siehe Berlepsch (1786).

Harris, John (1980): Some Imperfect Ideas on the Genesis of the Loudonesque Flower Garden, in: John Claudius Loudon and the early nineteenth Century in Great Britain, hrsg. von Elisabeth B. MacDougall, Washington DC 1980, S. 47–57.

Harten, Hans-Christian und Elke (1989): Die Versöhnung mit der Natur. Gärten, Freiheitsbäume, republikanische Wälder, heilige Berge und Tugendparks in der Französischen Revolution, Reinbek 1989.

Hartmann, Günther (1981): Die Ruine im Landschaftsgarten. Ihre Bedeutung für den frühen Historismus und die Landschaftsmalerei der Romantik (= Grüne Reihe. Quellen und Forschungen zur Gartenkunst, Bd. 3), Worms 1983.

Hartmann, Kristiana (1976): Deutsche Gartenstadtbewegung. Kulturpolitik und Gesellschaftsreform, München 1976.

Hase, Walter (1985): Die Forstlehranstalt zu Kiel – die Forstbaumschule – das Düsternbrooker Gehölz. Vor 200 Jahren wurde die Forstlehranstalt gegründet, in: Forstarchiv 56 (1985), S. 259–265.

Haseldorf (1990): Haseldorf. Das kleine Dorf am großen Strom. 800 Jahre Haseldorf 1190–1990, hrsg. von der Gemeinde Haseldorf, Haseldorf 1990.

Haupt, Richard (1887–1925): Die Bau- und Kunstdenkmäler der Provinz Schleswig-Holstein, 6 Bde., Kiel/Heide 1887–1925.

Haupt, Richard (1918): Haus Barmstedt und Schloß Rantzau, in: Quellen und Forschungen zur Geschichte Schleswig-Holsteins, hrsg. von der Gesellschaft für Schleswig-Holsteinische Geschichte, Bd. 6, Leipzig 1918, S. 219–256.

Haupt, Richard (1926): Heinrich Rantzau und die Künste, Kiel 1926.

Hayne, Friedrich Gottlob (1797): Über eine unbeschriebene deutsche Pflanze, in: P. Usteri (hrsg.): Neue Annalen der Botanik 15 (1797), S. 9–14.

Headley, Gwyn / Meulenkamp, Wim (1986): Follies. A National Trust Guide, London 1986.

Heckmann, Hermann (1977): Sonnin. Baumeister des Rationalismus in Norddeutschland (= Mitteilungen aus dem Museum für Hamburgische Geschichte, Band XI), Hamburg 1977.

Heckmann, Hermann (1990): Barock und Rokoko in Hamburg, Stuttgart 1990.

Heckmann, Hermann (Hrsg.) (1994): Berlin-Potsdam, Kunstlandschaft, Landeskultur, Bewahrung der Umwelt – Symposion in Postdam (= Aus Deutschlands Mitte, Bd. 28), Weimar/Köln/Wien 1994.

Hedemann-Heespen, Paul von (1906): Geschichte der adeligen Güter Deutsch-Nienhof und Pohlsee in Holstein, 3 Bde., Schleswig 1906.

Hedemann-Heespen, Paul von (1917): Geschichte der Familie von Hedemann, 2 Bde., [o. O.] 1917.

Hedinger, Bärbel (1992): Die Elbe malerisch gesehen, Hamburg 1992.

Heering, Wilhelm (1906): Bäume und Wälder Schleswig-Holsteins, Kiel 1906.

Hennebo, Dieter (1974): Der Stadtpark, in: Die deutsche Stadt im 19. Jahrhundert, Stadtplanung und Baugestaltung im industriellen Zeitalter (= Studien zur Kunst des 19. Jahrhunderts, Bd. 24), hrsg. v. Ludwig Grote, München 1974.

Hennebo, Dieter (1975): Stadtgrün und Funktionsvorstellungen im 19. und am Beginn des 20. Jahrhunderts, in: Veröffentlichungen der Akademie für Raumforschung u. Landesplanung, Forschungs- u. Sitzungsberichte, Bd. 101, Städtisches Grün in Geschichte u. Gegenwart, Hannover 1975.

Hennebo, Dieter (1979): Entwicklung des Stadtgrüns von der Antike bis in die Zeit des Absolutismus, 2. Aufl., Berlin/Hannover 1979.

Hennebo, Dieter (Hrsg.) (1985): Gartendenkmalpflege. Grundlagen der Erhaltung historischer Gärten und Grünanlagen, Stuttgart 1985.

Hennebo, Dieter / Hoffmann, Alfred (1962–1965): Geschichte der deutschen Gartenkunst, 3 Bde., Hamburg 1962–1965.

Hennebo, Dieter / Schmidt, Erika [o. J.]: Entwicklung des Stadtgrüns in

England von den frühen Volkswiesen bis zu den öffentlichen Parks im 19. Jahrhundert (= Geschichte des Stadtgrüns, Bd. 3), Hannover/Berlin [o. J.].

Hennes, J. H. (1870): Friedrich Leopold Graf zu Stolberg und Herzog Peter Friedrich Ludwig von Oldenburg. Aus ihren Briefen und anderen archivalischen Quellen 1870. Reprint Bern 1971.

Hennigs, Burkhard von (1985): Der Jersbeker Garten im Spiegel von Stichen und Zeichnungen aus dem 18. Jahrhundert, ein Beitrag zur Geschichte des Jersbeker Barockgartens (= Stormarner Hefte 11), Neumünster 1985.

Hennigs, Burkhard von (1989a): Nütschau, in: Denkmalpflege im Kreis Stormarn II (= Stormarner Hefte 14), Neumünster 1989, S. 117–127.

Hennigs, Burkhard von (1989b): Historische Gedenkbäume und Gedenksteine in Stormarn, in: Denkmalpflege im Kreis Stormarn II (= Stormarner Hefte 14), Neumünster 1989, S. 248–272.

Hennigs, Burkhard von (1991): Die Sanierung der Alleen im Jersbeker Park, in: Die Gartenkunst 3 (1991), S. 150–156.

Henninges, Hieronymus (1590): Genealogiae aliquot Familiarum nobilium in Saxonia ..., Hamburg 1590.

Hennings, August von (Hrsg.) (1784–1791): Materialien zur Statistik der Dänischen Staaten, aus Urkunden und beglaubten Nachrichten, nebst einer charakteristischen Übersicht der Dänischen Literatur, 3 Bde., Flensburg/Leipzig 1784–1791.

Hennings, August von (1797): Über Baummahlerei, Garten Inschriften, Clumps und Amerikanische Anpflanzungen, in: Genius der Zeit, Bd. 10, 1797. Reprint Nendeln/Liechtenstein 1992, S. 10–42.

Henseler, Gerald Olaf (1990): Das adelige Gut Heiligenstedten. Baugeschichte und Baugestalt, Magisterarbeit Kiel 1990.

Herzog, Günther (1989): Hubert Robert und das Bild im Garten (= Grüne Reihe. Quellen und Forschungen zur Gartenkunst, Bd. 13), Worms 1989.

Hesdörffer, Max (1896/1897): Die allgemeine Gartenbau-Ausstellung in Hamburg, 2 Teile in: Hesdörffers Monatshefte für Blumen- und Gartenfreunde 1 (1896/1897), S. 377–392 und S. 435–445.

Hess, J. L. von (1795): Durchflüge durch Deutschland, die Niederlande und Frankreich, Bd. 4, Hamburg 1795.

Hess, [J. L.] von (1821): Aus Norddeutschland kein Manuskript, Hamburg 1821.

Hesse, Frank P. (1990): Öffentlicher Garten in Fuhlsbüttel. Ein Reformbeitrag von Leberecht Migge, in: Hesse/Borgmann/Haspel (1990), S. 64–67.

Hesse, Frank P. / Borgmann, Sylvia / Haspel, Jörg u. a. (1990): »Was nützet mir ein schöner Garten ...«. Historische Parks und Gärten in Hamburg, hrsg. von der Patriotischen Gesellschaft von 1765 und dem Verein der Freunde der Denkmalpflege, Hamburg 1990.

Hessen, Carl von (1824): La Pierre zodiacale du Temple Dendérah expliquée par S.A.S. le Landgrave Charles de Hesse, Kopenhagen 1824.

Hessen, Carl von (1866): Denkwürdigkeiten des Landgrafen Karl von Hessen-Kassel, von ihm selbst diktiert, hrsg. von K. Bernhardi, Kassel 1866.

Heuer, Wilhelm [um 1845]: Malerische Ansichten von Schleswig-Holstein und Lauenburg, [o. O. um 1845].

Heuer, Wilhelm [1847]: Hamburg und seine Umgegend, [o. O. 1847].

Heydorn, Volker Detlef (1985): Rund um den Krähenberg, hrsg. vom Blankeneser Bürger-Verein, Hamburg 1985.

Hintze, Otto (1929): Geschichte des uradeligen Geschlechts der Herren und Grafen Blome, Hamburg 1929.

Hintze, Otto (1941): Geschichte der Bauernhöfe und Bauernsippen des Marschdorfes Seestermühe, Hamburg 1941.

Hinz, Gerhard: (1989): Peter Joseph Lenné. Das Gesamtwerk des Gartenarchitekten und Städteplaners, Hildesheim/Zürich/New York 1989.

Hirsch, Erhard (1995): Hortus Oeconomicus: Nutzen, Schönheit, Bildung – Das Dessau-Wörlitzer Gartenreich als Landschaftsgestaltung der europäischen Aufklärung, in: Wunderlich (1995), S. 179–208.

Hirschfeld, Christian Cay Lorenz (1767): Das Landleben, Bern 1767 (2. Auflage Leipzig 1768).

Hirschfeld, Christian Cay Lorenz (1773): Anmerkungen über die Landhäuser und die Gartenkunst, Leipzig 1773 (2. Auflage Frankfurt/Leipzig 1779).

Hirschfeld, Christian Cay Lorenz (1775): Theorie der Gartenkunst, Leipzig 1775 (2. Auflage Frankfurt/Leipzig 1777).

Hirschfeld, Christian Cay Lorenz (1779–1785): Theorie der Gartenkunst, 5 Bde., Leipzig 1779–1785. Reprint in 2 Bde. Hildesheim/Zürich/New York 1973.

Hirschfeld, Christian Cay Lorenz (Hrsg.) (1782a): Gartenkalender auf das Jahr 1782, Kiel/Dessau 1782.

Hirschfeld, Christian Cay Lorenz (1782b): Schreiben des Justizraths und Professors Hirschfeld in Kiel vom 15. November 1782 an den Geheimenrath Numsen in Kopenhagen, als Chef der königlichen Rentekammer, betreffend die Anlegung der Düsternbrooker Fruchtbaumschule, in: Archiv für Geschichte, Statistik, Kunde der Verwaltung und Landesrechte der Herzogthümer Schleswig, Holstein und Lauenburg 4, hrsg. von Nicolaus Falck, Kiel 1845, S. 188–198.

Hirschfeld, Christian Cay Lorenz (Hrsg.) (1783): Taschenbuch für Gartenfreunde, Kiel/Dessau 1783.

Hirschfeld, Christian Cay Lorenz (Hrsg.) (1784): Gartenkalender auf das Jahr 1784, Kiel 1784.

Hirschfeld, Christian Cay Lorenz (Hrsg.) (1785): Gartenkalender auf das Jahr 1785, Kiel 1785.

Hirschfeld, Christian Cay Lorenz (Hrsg.) (1786): Taschenbuch für Gartenfreunde auf das Jahr 1786, Braunschweig 1786.

Hirschfeld, Christian Cay Lorenz (Hrsg.) (1787/1788): Taschenbuch für Gartenfreunde auf die Jahre 1787 und 1788, Braunschweig 1787/1788.

Hirschfeld, Christian Cay Lorenz (1788): Handbuch der Fruchtbaumzucht. 2 Theile, Braunschweig 1788.

Hirschfeld, Christian Cay Lorenz (Hrsg.) (1789): Taschenbuch für Gartenfreunde auf das Jahr 1789, Braunschweig 1789.

Hirschfeld, Christian Cay Lorenz (Hrsg.) (1790): Kleine Gartenbibliothek, 1. Teil, Kiel 1790.

Hirschfeld, Peter (1928): Knoop ein klassizistisches Herrenhaus in Schleswig-Holstein, in: Nordelbingen 7 (1928), S. 312–336.

Hirschfeld, Peter (1934): Carl Gottlob Horn 1734–1807. Ein vergessener schleswig-holsteinischer Baumeister, in: Nordelbingen 10 (1934), S. 328–365.

Hirschfeld, Peter (1935a): Die Wandsbeker Grabkapelle. II. Die Baugeschichte der Kapelle, in: Nordelbingen 11 (1935), S. 206–225.

Hirschfeld, Peter (1935b): Schleswig-Holsteinische Herrenhäuser, Guts-höfe und Gärten des 18. Jahrhunderts, Kiel 1935.

Hirschfeld, Peter (1939): Die „Schatzmeister-Rechnungen" des Ahrensburger Schloßarchivs als kulturgeschichtliche Quelle, in: Nordelbingen 15 (1939), S. 372–424.

Hirschfeld, Peter (1980): Herrenhäuser und Schlösser in Schleswig-Holstein, 5. Aufl. München/Berlin 1980 (1. Auflage 1953).

Hirschfeld, Peter (1985): Rudolph Matthias Dallins Briefe an seinen Bauherrn Christian Rantzau auf Rastorf. Das Arbeitsjahr eines ländlichen Barockbaumeisters in Schleswig-Holstein, in: Nordelbingen 54 (1985), S. 67–89.

Hirschfeld, Wilhelm (1847): Wegweiser durch die Herzogtümer Schleswig und Holstein für die Mitglieder der XI. Versammlung deutscher Land- und Forstwirte, Kiel 1847.

Hobhouse, Penelope (1994): Plants in Garden History, 2. Aufl. London 1994.

Höflich, Andrea (1989): Der Wilhelmplatz in Kiel, Diplomarbeit Osnabrück 1989.

Hoeltje, Georg (1964): Georg Ludwig Friedrich Laves, Hannover 1964.

Höppner, Annaluise (1993): Eine Fahrt zu den Sommerhäusern & Gärten in den alten Lübecker Vorstädten mit einer kleinen Kulturgeschichte am Rande des Weges, Lübeck 1993.

Hövelen, Kunrat von (1667): Der Lobwürdigen Hoch Fürstl. Stadt und Stifts Ratseburg Glaub- und Besähenswährte Merkwürdigkeit …, Lübeck 1667.

Hoff, Hinrich Ewald (1910): Schleswig-Holsteinische Heimatgeschichte, Bd. 1, Kiel/Leipzig 1910.

Hoffmann, Friedrich (1950): Der Weg in die „bessre Zukunft" und A. C. H. Niemann (1761–1832) als Wegbereiter, in: Nordelbingen 19 (1950), S. 63–79.

Hoffmann, Friedrich (1954): Alt-Kiel als Pflegestätte der Garten- und Forstkultur, in: Mitteilungen der Gesellschaft für Kieler Stadtgeschichte 48 (1954), S. 59–73.

Hoffmann, Gottfried / Reumann, Klauspeter / Kellenbenz, Hermann (1986): Die Herzogtümer von der Landesteilung 1544 bis zur Wiedervereinigung Schleswigs 1721 (= Geschichte Schleswig-Holsteins, Bd. 5), Neumünster 1986.

Hoffmann, Paul Theodor (1929): Neues Altona 1919–1929. Zehn Jahre Aufbau einer Deutschen Großstadt, 2 Bde., Jena 1929.

Hoffmann, Paul Theodor (1937): Die Elbchaussee. Ihre Landsitze, Menschen und Schicksale, Hamburg 1937 (8. Aufl. 1977).

Hoffmeister, Jacob Christoph Carl (1874): Historisch genealogisches Handbuch über alle Linien des hohen Regentenhauses Hessen, Marburg 1874.

Holdt, A. C. C. (1884): Flensburg früher und jetzt, Flensburg 1884.

Holzlöhner, Ines (1982): Pflanzenverwendung bei Hermann Mattern, in: Hermann Mattern 1902–1971: Gärten, Gartenlandschaften, Häuser. Ausstellungskatalog der Akademie der Künste, Berlin 1982.

Home, Henry [Lord Kames] (1762): Elements of Criticism, Edinburgh 1762; Grundsätze der Kritik …, Leipzig 1763–66.

Hornemann, Adolf [um 1850]: Ansichten der adeligen Güter Holsteins, der Canzlei-Güter und der adeligen Klöster. Nach der Natur gezeichnet, Hamburg [um 1850].

Hornemann, Jens Wilken (1837): Dansk oeconomisk plantelaere, 2. Band, 3. Aufl. Kopenhagen 1837.

Hottenträger, Grit (1992): New flowers – New Gardens, in: Journal of Garden History 12 (1992), H. 3, S. 207–227.

Hubatsch, Walter (1980): Die „Ruhe des Nordens" als Voraussetzung der Adelskultur des dänischen Gesamtstaates, in: Degn/Lohmeier (1980), S. 11–22.

Hübener, Johann Wilhelm Peter (1846): Flora der Umgegend von Hamburg, Hamburg/Leipzig 1846.

Hübner, Hans (1958): Düsternbrook und Düvelsbeker Gehölz, in: Mitteilungen der Gesellschaft für Kieler Stadtgeschichte, Bd. 53 (1958), S. 1–18.

Hüllmann, Hermann (1934): Die Chronik von Seestermühe, Uetersen 1934.

Humboldt (1796): Tagebuch Wilhelm von Humboldts von seiner Reise nach Norddeutschland im Jahre 1796 (= Quellenschriften zur neueren deutschen Literatur- und Geistesgeschichte III.), hrsg. von Albert Leitzmann, Weimar 1894.

Hunt, John Dixon (Hrsg.) (1990): The Dutch garden in the seventeenth century (= Dumbarton Oaks Colloquium on the History of Landscape Architecture, XII), Dumbarton Oaks 1990.

Hunt, John Dixon / Jong, Erik de (Hrsg.) (1988/1989): The Anglo-Dutch Garden in the Age of William and Mary (= Journal of Garden History 8 (1988), und gleichzeitig Ausstellungskatalog Apeldoorn Rijksmuseum Paleis Het Loo 1988, London 1989).

Hunt, John Dixon / Willis, Peter (Hrsg.) (1975): The Genius of the Place. The English Landscape Garden 1620–1820, New York/Evanston/San Francisco/London 1975.

Hurtzig, Ferdinand [1938]: Die Entwicklung der städtischen Gartenanlagen in den Jahren 1900 bis 1937. Ein Beitrag zur Geschichte der Stadt Kiel (Manuskript), Kiel [1938].

Husen, Britta von (1996): Der Gartenbauarchitekt Jacob Ochs und die Reform des Hausgartens um die Jahrhundertwende, Magisterarbeit Bonn 1996.

Hylander, Nils (1943): Die Grassameneinkömmlinge schwedischer Parke, in: Symb. Bot. Uppsala 7/1 (1943), S. 1–432.

Jacobs, Joachim (1995): Gartendenkmalpflegerische Bestandsaufnahme des Gutsparks Deutsch-Nienhof, im Auftrage des Landesamts für Denkmalpflege Schleswig-Holstein, Kiel 1995.

Jacobsen, Hermann (1954): Mein Leben dem Garten. Ein Buch für junge Gärtner, Jena 1954.

Jäger, E. J. (1973): Zur Verbreitung und Lebensgeschichte der Wildtulpe (Tulipa sylvestris L.) und Bemerkungen zur Chorologie der Gattung Tulipa L., in: Hercynia Neue Folge 10 (1973), S. 429–448.

Jäger, Hermann (1960): Rosenlexikon, Leipzig 1960.

Jaeger, Rudolf (1970): Hermann Georg Krüger. Ein Beitrag zur Geschichte der schleswig-holsteinischen und der preußischen Bauverwaltung im 19. Jahrhundert, in: Nordelbingen 39 (1970), S. 86–107.

Jellicoe, Geoffrey / Goode, Susan (Hrsg.) (1986): The Oxford Companion to Gardens, New York 1986.

Jensen, Jürgen / Wulf, Peter (Hrsg.) (1991): Geschichte der Stadt Kiel, Neumünster 1991.

Jensen, Wilhelm (1893): Die Wunder auf Schloß Gottorp. Ein Gedächtnisblatt aus dem vorigen Jahrhundert, Berlin 1893.

Jensen, Wilhelm / Suck, Johannes (1950): Das Kirchspiel Bargteheide. Seine Kirche und seine Geschichte, Preetz 1950.

Jeske, Holger (1992): Probleme der Freisetzung von gentechnisch veränderten Organismen, in: Umweltbundesamt, Texte 12/92 (1992), S. 1–95.

Jessen, Hans (1983): Das Forst- und Wildwesen im Herzogtum Glücksburg 1779, in: Jahrbuch des Heimatvereins der Landschaft Angeln 47 (1983), S. 93–97.

Jessen, Hans (1984): Über „den hoff to der Lindouwe" und die dortige Leibeigenschaft. Ein Beitrag zur Aufhebung der Leibeigenschaft vor 200 Jahren am 1. Mai 1784, in: Jahrbuch des Heimatvereins der Landschaft Angeln 48 (1984), S. 125–140.

Jessen, H. B. (1981): Erwin Barth. Ein nordelbischer Gartenarchitekt 1880–1933, in: Nordelbingen 50 (1981), S. 91–100.

Johannsen, Friedrich (1970): Die Stiftung und der Hauberg Hochdorf in Tating, in: Zwischen Eider und Wiedau. Heimatkalender für Nordfriesland 1970, S. 150–156.

Jones, Barbara (1974): Folies and grottoes, London 1974.

Jordan, Karl (1974): Heinrich Rantzau als Staatsmann und Humanist, in: Jb. für Heimatkunde im Kreis Plön-Holstein 4 (1974), S. 84–100.

Juckel, Lothar / Thiele, Klaus-Jakob (1993): Vergiß der Schönheit nicht!, in: Baukultur 1 (1993), S. 22–24.

Jürgens, Rudolph [1886/1887]: Andeutungen über die berechtigten, praktischen und ästhetischen Anforderungen des Laien an neue landschaftliche Anlagen, Sonderdruck, Hamburg [1886/1887].

Jürgensen, Johann Christian (1822): Nicolaus Helduader's Chronik der Stadt Schleswig vom Jahre 1603 bis zum Jahre 1822 fortgeführt ..., Schleswig 1822.

Junge, Paul (1904): Beiträge zur Kenntnis der Gefäßpflanzen Schleswig-Holsteins, in: Jb. Hamb. Wiss. Anstalten 22 (1904), S. 49–108.

Kaack, Hans-Georg (1975): Sachsen-Lauenburg, Böhmen und Baden (= Schriftenreihe des Heimatbundes und Geschichtsvereins Herzogtum Lauenburg, Bd. 18), Ausstellungskatalog Ratzeburg 1975.

Kaack, Hans-Georg (1981): Das Herrenhaus Steinhorst. Die Erweckung eines Barockbaus zu neuem Leben, in: Schleswig-Holstein H. 1 (1981), S. 19–21.

Kaack, Hans-Georg (1985): Bauer, Bürger, Edelmann. 400 Jahre Union der Ritter- und Landschaft 1585–1985. Das Herzogtum Lauenburg von der deutschen Besiedlung bis zur Aufhebung der Ständeherrschaft, Ausstellungskatalog Ratzeburg 1985.

Kaack, Hans-Georg (1989): Sachsen-Lauenburg und Böhmen. Die Welfen und das Herzogtum Lauenburg, Ratzeburg 1989.

Kahlfuß, Hans-Jürgen (1969): Landesaufnahme und Flurvermessung in den Herzogtümern Schleswig, Holstein und Lauenburg vor 1864, Neumünster 1969.

Karling, Sten (1931): Trädgårdskonstens Historia I Sverige intill le Nôtrestilens genombrott, Diss. Göteborg, Stockholm 1931.

Karrasch, Birgit (1990): Die ‚Gartenkunst' im Dritten Reich, in: Garten und Landschaft (1990), Heft 7, S. 52–56.

Katalog der Baumschule Jakob und Gerrit Peters (1792), in: Beilage der Schleswig-Holsteinischen Provinzialberichte 1792, Bd. 2, Heft 6, S. 311–314.

Kaufmann, Gerhard (1975): Das alte Kiel. Von der Gründung der Stadt bis an die Schwelle zur Gegenwart, Hamburg 1975.

Kehn, Wolfgang (1980): Adel und Gartenkunst in Schleswig-Holstein in der zweiten Hälfte des 18. Jahrhunderts, in: Degn/Lohmeier (1980), S. 271–296.

Kehn, Wolfgang (1983): Kultur als Verwirklichung der Natur. Über den Zusammenhang von Landschaftsgartenkunst, Menschenbild und aristokratischem Selbstverständnis in den Briefen des Grafen F. L. Stolberg, in: Nordelbingen 52 (1983), S. 59–85.

Kehn, Wolfgang (1984): Der alte Botanische Garten zu Kiel als Denkmal historischer Gartenkunst, in: Die Heimat 91 (1984), S. 27–37.

Kehn, Wolfgang (1991): „Die Schönheiten der Natur gemeinschaftlich betrachten" – Zum Zusammenhang von Freundschaft, ästhetischer Naturerfahrung und „Gartenrevolution" in der Spätaufklärung, in: Frauenfreundschaft – Männerfreundschaft. Literarische Diskurse im 18. Jahrhundert, hrsg. von Wolfram Mauser und Barbara Becker–Cantarino, Tübingen 1991, S. 167–193.

Kehn, Wolfgang (1992a): Der Alte Botanische Garten und die Wasserallee, in: Begegnungen mit Kiel. Gabe der Christian-Albrechts-Universität zur 750-Jahr-Feier der Stadt, hrsg. von Werner Paravicini, Neumünster 1992, S. 130–135.

Kehn, Wolfgang (1992b): Christian Cay Lorenz Hirschfeld 1742–1792. Eine Biographie (= Grüne Reihe. Quellen und Forschungen zur Gartenkunst, Bd. 15), Worms 1992.

Kehn, Wolfgang (1995): Ästhetische Landschaftserfahrung und Landschaftsgestaltung in der Spätaufklärung: Der Beitrag von Christian Cay Lorenz Hirschfelds Gartentheorie, in: Wunderlich, Heinke (1995), S. 1–24.

Kellenbenz, Hermann (1985): Schleswig in der Gottorfer Zeit 1544–1711, Schleswig 1985.

Kelletat, Alfred (1976): „Mein Wäldchen". Erläuterungen zu einer Ode Klopstocks, in: Wissen aus Erfahrungen. Werkbegriff und Interpretation heute. Festschrift für Hermann Meyer zum 65. Geburtstag, hrsg. von Alexander von Bormann, Tübingen 1976, S. 154–173.

Kellinghusen [um 1905]: Kellinghusen in Holstein. Luftkurort und Sommerfrische. Holsteinisch Thüringen, hrsg. vom Verschönerungsverein in Kellinghusen in Holstein, Kellinghusen [um 1905].

Kern, Hermann (1983): Labyrinthe. Erscheinungen und Deutungen. 5000 Jahre Gegenwart eines Urbildes, 2. Aufl. München 1983.

Kerner, A. (1855): Die Flora der Bauerngärten in Deutschland, in: Verhandlungen des zoologischen Vereins in Wien 5 (1855), S. 787–826.

Kielmansegg, Erich Graf von (1910): Familienchronik der Herren, Freiherren und Grafen von Kielmansegg, Wien 1910.

Kiesewetter, Heinrich Christian Philipp (1807): Praktisch ökonomische Bemerkungen auf einer Reise durch Holstein, Schleßwig, Dithmarschen und einen Theil des Bremer und Hannöverschen Landes an der Elbe, Hof 1807.

Kinder, Johann Christian (1890): Urkundenbuch zur Chronik der Stadt Plön, 2. Aufl. Plön 1890.

Kinder, Johann Christian (1904): Plön. Beiträge zur Stadtgeschichte, Plön 1904.

Kircher, Athanasius (1676): Sphinx Mystagoga sive Diatribe Hieroglyphica de Mumiis, Amsterdam 1676.

Klatt, Helgo (1965): Der ehemalige Regierungsgarten. Ein Grundstück in seiner Bau- und personengeschichtlichen Entwicklung seit 300 Jahren, in: Beiträge zur Schleswiger Stadtgeschichte 10 (1965), S. 57–82.

Klausch, Helmut (1971): Beiträge Alfred Lichtwarks zu einer neuen Gartenkunst in seiner Zeit, Diss. Hannover 1971.

Klée Gobert, Renata (1958): Zwei Briefe von Caspar Voght aus London 1794 an den Architekten J. A. Arens in Hamburg, in: Hamburgische Geschichts- und Heimatblätter 17/2 (1958), S. 125–134.

Klée Gobert, Renata (1970): Die Bau- und Kunstdenkmale der Freien und Hansestadt Hamburg, Bd. 2: Altona, Elbvororte, hrsg. von Günther Grundmann, Hamburg 1970.

Klemm, Wilhelm (1963): Die Kieler Kaufmannsfamilien Brauer und Klemm, in: Mitteilungen der Gesellschaft für Kieler Stadtgeschichte, Bd. 56 (1963), S. 21–51.

Klemperer, Viktor (1953): Delliles „Gärten": Ein Mosaikbild des 18. Jahrhunderts. Sitzungsberichte der Deutschen Akademie der Wissenschaften zu Berlin. Klasse für Sprachen, Literatur und Kunst 2 (1953), Berlin 1953.

Klopstock, Friedrich Gottlieb (1824): Sämtliche Werke, Leipzig 1824

Klopstock, Friedrich Gottlieb (1994): Briefe 1783–94. Historisch kritische Ausgabe, Hrsg. Horst Gronemeyer, Berlin/New York 1994.

Klose, Olaf / Degn, Christian (1960): Die Herzogtümer im Gesamtstaat 1721–1830 (= Geschichte Schleswig-Holsteins, Bd. 6), Neumünster 1960.

Klose, Olaf / Martius, Lilli (1962): Ortsansichten und Stadtpläne der Herzogtümer Schleswig, Holstein und Lauenburg (= Studien zur schleswig-holsteinischen Kunstgeschichte, Bd. 7), 2 Bde., Neumünster 1962.

Klose, Olaf / Sedlmaier, Richard (1979): Alt-Kiel und die Kieler Landschaft, 3. Aufl. Heide 1979.

Klüver, Wilhelm (1970): Ascheberg. Ein ostholsteinisches Guts- und Ortsbild, 2. Aufl. Kiel 1970.

Klüver, Wilhelm (1974): Hans Rantzaus patriarchalisches Regiment auf Ascheberg, in: Jb. für Heimatkunde im Kreis Plön-Holstein 4 (1974), S. 135–146.

Knabe, P. E. (1972): Schlüsselbegriffe des kunsttheoretischen Denkens in Frankreich von der Spätklassik bis zum Ende der Aufklärung, Düsseldorf 1972.

Knapp, H. D. / Hacker, E. (1984): Zur Einbürgerung von Telekia speciosa (Schreb.) Baumg. in Mecklenburg, in: Gleditschia 12 (1984), S. 85–106.

Kneisner, Friedrich (1917): Landgraf Carl zu Hessen und seine Wirksamkeit in der deutschen Freimaurerei, in: Schriften der wissenschaftlichen Kommission der großen Landesloge der Freimaurer in Deutschland, Heft 5, Berlin 1917.

Knetsch, Carl (1917): Das Haus Brabant. Genealogie der Herzöge von Brabant und der Landgrafen von Hessen, Darmstadt 1917.

Knobelsdorf, Camilla Schmidt von (1926): Heinrich Jacob Bernhard Freiherr von Ohlendorff, Hamburg 1926.

Knuth, Paul (1892): Zur Flora der schleswigschen Bauerngärten, in: Die Heimat 2 (1892), S. 36–38.

Koch, Hugo (1910): Sächsische Gartenkunst, Berlin 1910.

Koch, Hugo [1914]: Gartenbau-Ausstellung Altona 1914, hrsg. im Auftrag der Stadt Altona. Sonderausgabe der „Bau-Rundschau", Hamburg [1914].

Kock, Christian (1912): Volks- und Landeskunde der Landschaft Schwansen, Heidelberg 1912. Reprint Kiel 1975.

Kock, Christian (1949): Der gelehrte Guts- und Kunstgärtner Johann Caspar Bechstedt, in: Die Heimat 56 (1949), S. 63–65.

Köhler, Marcus (1992): Frühe norddeutsche Landschaftsgärten zwischen 1750 und 1770. Die Landschaftsgärten und Parks von Schwöbber, Harbke und Marienwerder, Magisterarbeit Berlin 1992.

Köhler, Marcus (1993): „Wenn wir erst einen ins wilde angelegten Garten zu sehen gewohnt sind ..." Die frühen Landschaftsgärten von Harbke und

Schwöbber, in: Die Gartenkunst 5 (1993), S. 101–125.

Köhnke, M. C. (1839): Erinnerungen aus meinem Leben, Altona 1839.

König, Dietrich (1976): Parks und Gärten in Schleswig-Holstein, 3. neubearbeitete Aufl. Heide 1976 (1. Aufl. 1966).

Konerding, Volker (1978): Das Herrenhaus Steinhorst (= Große Baudenkmäler, H. 319), München/Berlin 1978.

Konerding, Volker (1979): Das Herrenhaus Steinhorst, in: Volker Konerding / Adolf Singelmann / Werner Kloos: Das Herrenhaus Steinhorst und die Sammlung Schwarzkopf (= Schriftenreihe der Stiftung Herzogtum Lauenburg 2), Neumünster 1979, S. 13–77.

Konerding, Volker / Kahle, Hans-Jürgen/Habich, Johannes / Bassewitz, Horst von (1983): Restaurierung von Schloß Reinbek, in: Stormarner Hefte 9 (1983), S. 13–54.

Koopmann, Christian (1903): Die Senioren der Hamburg-Altonaer Handelsgärtner, in: Die Gartenwelt 7 (1903), S. 186ff.

Koopmann, J. M. (1849): Die Steinpartie (rockwork) im Böckmann'schen Garten, in: Archiv des Garten- und Blumenbau-Vereins für Hamburg, Altona und deren Umgegenden (1849), S. 25–27.

Kopitsch, Franklin (1983): Organisationsformen der Aufklärung in Schleswig-Holstein, in: Lehmann/Lohmeier (1983), S. 53–85.

Kowarik, Ingo (1992): Einführung und Ausbreitung nichteinheimischer Gehölzarten in Berlin und Brandenburg, in: Verh. Bot. Ver. Berlin Brandenburg, Beiheft 3 (1992), S. 1–188.

Krafft, Jean-Charles (1809/1810): Plans de plus beaux jardins pittoresques de France, d'Angleterre et d'Allemagne, Paris 1809/1810. Reprint Worms 1992.

Krafft, Jean-Charles (1812): Recueil d'Architecture civile, contenant les plans, coupes et élévations des châteaux, maisons de campagne, et habitations rurales, jardins anglais, temples, chaumières, kiosques, ponts etc. ..., Paris 1812.

Krafft, Jean-Charles (1864): Maisons de Campagne (Partie I; Cahier 1–20). Plans (Partie II; Planche 122–177) et Décorations (Partie III; Planche 178–292) de Parcs et Jardins Français, Anglais & Allemands, Paris 1864.

Kraus, Gregor (1894): Geschichte der Pflanzeneinführungen in die Europäischen Botanischen Gärten, Leipzig 1894.

Krohn, Mario (1922): Frankrigs og Danmarks kunstneriske Forbindelse i det 18. Aarhundrede, Kopenhagen 1922.

Krosigk, Klaus von (1980): Gartendenkmalpflegerische Aspekte bei der Behandlung der Wiesen und Grasflächen in historischen Parkanlagen, in: Das Gartenamt, 1980. H. 12.

Krosigk, Klaus von (1985): Wiesen-, Rasen- und Blumenflächen in landschaftlichen Anlagen, in: Hennebo (1985), S. 205–253.

Krosigk, Klaus von (1989): Die gartendenkmalpflegerische Wiederherstellung Glienickes, in: Peter Joseph Lenné. Volkspark und Arkadien, Ausstellungskatalog Berlin 1989, S. 156–165.

Krosigk, Klaus von (1993): Die Parkanlage Klein-Glienicke, in: Günther (1993), S. 263–271.

Kruse, Georg (1569): Descripto Bredenbergae, 1569.

Kürtz, Jutta (1994): Badeleben an Nord- und Ostsee. Kleine Kulturgeschichte der Sommerfrische (= Kleine Schleswig-Holstein Bücher, Bd. 44), Heide 1994.

Kuhlmann, Hans Joachim (1956): Ernst Georg Sonnins Tätigkeit auf Seestermühe 1760–61, in: Nordelbingen 24 (1956), S. 52–61.

Kuhnigk, Silke (1993a): Der Plöner Schloßgarten im 18. Jahrhundert, Magisterarbeit Kiel 1993.

Kuhnigk, Silke (1993b): Der Plöner Schloßgarten im 18. Jahrhundert, in: Jb. für Heimatkunde im Kreis Plön 23 (1993), S. 106–132.

Kuhnigk, Silke (1994): Das „Prinzenhaus" im Plöner Schloßgarten, in: Jahrbuch für Heimatkunde im Kreis Plön 24 (1994), S. 5–18.

Kuhnigk, Silke / Meyer, Margita M. (1995): Erhaltet das Plöner Schloßgebiet. Gartendenkmalpflegerische Zielplanung für den Plöner Schloßgarten (= Baudenkmale in Gefahr, Nr. 16), hrsg. vom Landesamt für Denkmalpflege Schleswig-Holstein, Kiel 1995.

Kulenkampff, Angela (1992): Caspar Voght und Flottbek. Ein Beitrag zum Thema „Aufklärung und Empfindsamkeit", in: Zeitschrift des Vereins für Hamburgische Geschichte 78 (1992), S.67-101.

Kunkel, Steffen / Steckner, Cornelius / Ungericht, Hansmartin (1980): Gutachten zur Bestandsaufnahme und Entwicklung der Friedhöfe. Friedhofsleitplanung der Landeshauptstadt Kiel. Arbeitsgemeinschaft Friedhof und Denkmal e.V. Kassel, Kassel 1980.

Kunstdenkmale Hamburg (1970): siehe Klée Gobert (1970).

Kunstdenkmäler Eckernförde (1950): Die Kunstdenkmäler des Kreises Eckernförde, bearb. von Gustav Oberdieck / Ludwig Rohling / Joachim Seeger / Helmut Perseke / Theodora Holm, München/Berlin 1950.

Kunstdenkmäler Flensburg (1952): Die Kunstdenkmäler des Landkreises Flensburg, bearb. von Dietrich Ellger, Flensburg/München/Berlin 1952.

Kunstdenkmäler Flensburg (1955): Die Kunstdenkmäler der Stadt Flensburg, bearb. von Ludwig Rohling, München/Berlin 1955.

Kunstdenkmäler Pinneberg (1961): Die Kunstdenkmäler des Kreises Pinneberg, bearb. von Wolfgang Teuchert / Arnold Lühning, München/Berlin 1961.

Kunstdenkmäler Schleswig (1957): Die Kunstdenkmäler des Landkreises Schleswig ohne die Stadt Schleswig, bearb. von Dietrich Ellger / Wolfgang Teuchert, München/Berlin 1957.

Kunstsplitter (1984): Kunstsplitter. Beiträge zur nordeuropäischen Kunstgeschichte. Festschrift für Wolfgang J. Müller zum 70. Geburtstag überreicht von Kollegen und Schülern, Husum 1984.

Kunst-Topographie (1969): Kunst-Topographie Schleswig-Holstein, hrsg. von Hartwig Beseler, Neumünster 1969.

Kutter, M. (1981): Gärten der jüngsten Vergangenheit – Gartenschauen der Gegenwart, in: Garten und Landschaft H. 2, 1981, S. 103–112.

Kylling, Peder (1688): Viridiarium danicum ..., Hafniae 1688.

Laban, F. C. 1867: Garten-Flora für Norddeutschland, Hamburg 1867.

Lacombe-Vrigny, Jacques Philippe (1706): Relation en forme de journal d'un voyage fait en Danemarc a la suite de Monsieur l'envoyé d'Angleterre, Rotterdam 1706.

Lafrenz, Deert (1987): Das Kieler Schloß. Der Fürstensitz Herzog Adolfs von Gottorf in Kiel. Geschichte eines Schlosses, Hamburg 1987.

Lafrenz, Deert (1989a): Gartendenkmalpflege: Kultur und Natur im Widerstreit?, in: Die Heimat 96 (1989), S. 169–178.

Lafrenz, Deert (1989b): Herrenhaus Hagen, in: Jb. für Heimatkunde im Kreis Plön 19 (1989), S. 87–106.

Lafrenz, Deert (1995): Gartenkultur in Schleswig-Holstein, in: Thode (1995), S. 5–17.

Lafrenz, Deert / Ostwald, Jürgen (1989): Das Zeichenbuch der Sophie Reventlow. Ansichten aus Schleswig-Holstein um 1820, Hamburg 1989.

Lafrenz, Jürgen (1983): Kartographische Fortschritte in Schleswig-Holstein infolge schwedischer Bündnispolitik in der Epoche der Nordischen Kriege, in: Voller Scharfe (Hrsg.): Kartenhistorisches Colloquium Bayreuth '82, Berlin 1983, S. 137–151.

Lamb, Carl (1966): Die Villa d'Este in Tivoli. Ein Beitrag zur Geschichte der Gartenkunst, München 1966.

Landt, A. (1971): Bilder aus Flensburgs Vergangenheit, Flensburg 1971.

Langley, Batty (1728): New Principles of Gardening, London 1728. Reprint New York/London 1982.

Langner, Johannes (1963): Ledoux und die »fabriques«. Voraussetzungen der Revolutionsarchitektur im Landschaftsgarten, in: Zeitschrift für Kunstgeschichte 26 (1963), S. 1–36.

Lappenberg, Johann Martin (1847): Die Elbkarte des Melchior Lorichs, Hamburg 1847.

Larrabee, Harold A. (1934): America's first unified College Plan. Joseph Jacques Ramée Architect, in: Légion d'Honneur 4 (1934), Nr. 4, S. 25ff.

Laur, Wolfgang (1992): Historisches Ortsnamenlexikon von Schleswig-Holstein, 2. Aufl. Neumünster 1992.

Lauterbach, Iris (1987): Der französische Garten am Ende des Ancien Régime. Schöne Ordnung und geschmackvolles Ebenmaß (= Grüne Reihe. Quellen und Forschungen zur Gartenkunst, Bd. 9), Worms 1987.

Le Blond, Alexandre (1731): Die Gärtnerey sowohl in ihrer Theorie oder Betrachtung als Praxi oder Übung, Augsburg 1731. Reprint Leipzig 1986.

Lehmann, Hartmut / Lohmeier, Dieter (Hrsg.) (1983): Aufklärung und Pietismus im dänischen Gesamtstaat 1770–1820, Neumünster 1983.

Lemke, Werner (1965): Zur Geschichte der Garten- und Parkanlagen bei Schloß Güldenstein, in: Jb. für Heimatkunde im Kreis Oldenburg–Holstein 9 (1965), S. 153–179.

Leip, Hans [1928]: Altona, die Stadt der Parks an der Elbe, Altona [o. J.].

Leiska, Christiane / Elingius, Jürgen (1989): Erich Elingius – Ein Architekt in Hamburg (= Veröffentlichung des Vereins für Hamburgische Geschichte, Bd. 24), Hamburg 1989.

Leisner, Barbara / Schulze, Heiko K. L. / Thormann, Ellen (1990): Der Hamburger Hauptfriedhof Ohlsdorf. Geschichte und Grabmäler, bearb. von Andreas von Rauch, 2 Bde., Hamburg 1990.

Leister, Ingeborg (1951): Rittersitz und adeliges Gut in Schleswig-Holstein, in: Schriften des geographischen Instituts der Universität Kiel 14 (1951), H. 2.

Le Rouge, Georges-Louis (1775–1787): Détails des nouveaux jardins à la mode. Jardins anglo-chinois, Paris 1775–1787.

Lewon, Johann Christian / Engelbrecht, Martin (1743): Kupferstichwerk Eutin, gestochen von Martin Engelbrecht, Augsburg, nach Vorlagen von Johann Christian Löwen (Lewon) und Johann Philipp Bleil, Stockholm 1743.

Liisberg, Bering (1914): Rosenborg og Lysthusene i Kongens Have, Kopenhagen 1914.

Lilie, Ernst Philipp (1758): Spuren der Güte, Weisheit und Allmacht Gottes, wie auch seines Ernstes und Strafgerechtigkeit, welche sich bey der außerordentlichen Ueberschwemmung erwiesen, die den 7 Oct. 1756. die Cremper- und Haseldorper-Marsch im Holsteinischen, betroffen, Züllichau 1758.

Limpricht, Cornelia (1994): Platzanlage und Landschaftsgarten als begehbare Utopien. Ein Beitrag zur Deutung der Templum-Salomonis-Rezeption im 16. und 18. Jh., Frankfurt a. M./Berlin 1994.

Linde, Lothar (1961): Erinnerungen an Marie Linde, in: Der Wagen (1961), S. 101–105.

Lindeberg, Peter (1591): Hypotyposis Arcium, Librorum, Pyramidum, Obeliscorum, Cipporum, Molarum, Fontium, Monumentorum & Epitaphiorum ab Illustri & strenuo Viro Henrico Ranzovi ..., 2. Aufl. Hamburg 1591.

Lindner, Erich J. (1976): Die königliche Kunst im Bild. Beiträge zur Ikonographie der Freimaurerei, Graz 1976.

Lindtke, Gustav (1963): Edvard Munchs Linde-Mappe, in: Lübeckische Blätter 123 (1963), S. 314–317.

Linné, Carl von (1787): Philosophia Botanica, 4. Aufl. Upsala 1787.

Lissok, M. (1990): Die Rezeption altägyptischer Bauformen und Motive in der deutschen Architektur, Denkmal- und Sepulkralkunst zwischen 1760–1840, Diss. Greifswald 1990.

Loebel, Friedrich (1853): Andeutungen über Landschaftsgärtnerei, in: Hamburger Garten- und Blumenzeitung, 9 (1853), S. 245ff und 345ff.

Löther-Holthusen, C. / Tutenberg, Ferdinand (1921): Volkspark der Stadt Altona, in: Bau-Rundschau, Heft 5, Hamburg 1921, S. 46–73.

Lohmeier, Dieter (1966/1967): Herder und der Emkendorfer Kreis. Mit den größtenteils ungedruckten Briefwechseln, 2 Teile in: Nordelbingen 35 (1966), S. 103–132 und 36 (1967), S. 39–62.

Lohmeier, Dieter (1978a): Idylle und Landschaftsgemälde. Über den Anteil der Literatur an der Entdeckung Ostholsteins für die Malerei, in: Nordelbingen 47 (1978), S. 152–166.

Lohmeier, Dieter (Hrsg.) (1978b): Arte et Marte. Studien zur Adelskultur des Barockzeitalters in Schweden, Dänemark und Schleswig-Holstein, Neumünster 1978.

Lohmeier, Dieter / Müller, Wolfgang J. (1984): Emkendorf und Knoop. Kultur und Kunst in schleswig-holsteinischen Herrenhäusern um 1800, 2. Aufl. Heide 1984.

Lomeier, Albert (1595): Ranzovici incliti, antiqui ... descriptio, [Eisleben] 1595.

Londo, G. / Leys, H. N. (1979): Stinseplanten en de Nederlandse flora, in: Gorteria 9/7,8 (1979), S. 247–257.

Lorentzen, Volker (1993): Die Gründung des Bades Oldesloe, in: Schleswig-Holstein 10 (1993), S. 9–11.

Lorenzen, Vilhelm (1913): Rantzausche Burgen und Herrensitze im 16. Jahrhundert nach der Rantzauschen Tafel, Schleswig 1913.

Lorenzen-Schmidt, Klaus-Joachim (1990): Kleines Lexikon alter schleswig-holsteinischer Gewichte, Maße und Währungseinheiten, Neumünster 1990.

Ludewig, Christine (1975): Die Auftraggeber der Ludwigsburger Embleme und die kulturgeschichtlichen Voraussetzungen in Schleswig-Holstein, in: Wolfgang Harms / Hartmut Freytag (Hrsg.): Außerliterarische Wirkungen barocker Emblembücher. Emblematik in Ludwigsburg, Gaarz und Pommersfelden, München 1975, S. 103–117.

Lüdemann, Günther Hinrich (1962): Die Forstpflanzenanzucht in Kämpen und Forstbaumschulen Norddeutschlands. Geschichtliche Entwicklung und gegenwärtige Struktur unter besonderer Berücksichtigung der Verhältnisse in den ehemaligen Herzogtümern Schleswig und Holstein, Diss. Göttingen 1962.

Lüden, Catharina (1985): Gmelins Nordsee-Sanatorium. Dr. med. Karl Gmelin und sein Wirken auf Föhr (= Schriftenreihe des Dr.-Carl-Haeberlin-Friesen-Museums Wyk auf Föhr, Neue Folge, H. 2), Husum 1985.

Lüdtke, H. / Lorenzen, O. (1927): Die Turn- und Sportstadt Altona, Altona 1927.

Lüdtke, H. / Tutenberg, Ferdinand (1925): Die Gartenstadt Altona mit ihrer Umgebung, Altona 1925.

Lühning, Frauke (1959): Einflüsse auf Rilkes „Malte Laurids Brigge" von Haseldorf und dänischen Buchveröffentlichungen, in: Kunst in Schleswig-Holstein 9 (1959), S. 53–76.

Lues, Hans (1972): Die Louisenlunder Sonnenuhr, Eckernförde 1972.

Lund, Hakon (1963): Danske Haver i det syttende og attende aarhundrede, Kopenhagen 1963.

Lund, Hakon (1976): Mindelunden ved Jægerspris, [o. O.] 1976.

Lund, Hakon (1977): De kongelige lysthaver, Kopenhagen 1977.

Lund, Hakon / Thygesen, Anne Lise (1995): C. F. Hansen, Kopenhagen 1995.

Lungagnini, Henrik (1988): Schierensee, ein Juwel unter den Gütern Holsteins, in: Schleswig-Holstein Kultur-Journal 4 (1988), S. 4–13.

Maas, I. (1986): Vom Volksgarten zum Volkspark. Aus der Geschichte des demokratischen Stadtgrüns, in: M. Andritzky / K. Spitzer (Hrsg.): Grün in der Stadt, Hamburg 1986, S. 17–39.

Maasz, Harry (1913): Der deutsche Volkspark der Zukunft. Laubenkolonie und Grünfläche, Frankfurt a. O. 1913.

Maasz, Harry (1914): Die Rose im Garten und Park, in: Gartenbauverein für Hamburg, Altona und Umgegend, Jahresbericht 1914–15, S. 15–26.

Maasz, Harry (1924): Der Rosengarten auf Schloß Grabau, in: Die Gartenschönheit 5 (1924), S. 159.

Maasz, Harry (1926): Kleine und große Gärten. Aus der Werkstatt eines Gartengestalters, Frankfurt a. O. 1926.

Maasz, Harry (1935): Große Sorgen um grüne Landschaft, hrsg. vom Schleswig-Holsteinischen Landesverein für Heimatschutz in Verbindung mit der NS Kulturgemeinde Kiel, Wolfshagen-Scharbeutz 1935.

Maasz, Harry (1936): Schleswig-Holsteinische Herrenhäuser, Gutshöfe und Gärten des 18. Jahrhunderts, ihre Bauherren und Baumeister. Von Peter Hirschfeld, in: Gartenrundschau 4 (1936), H. 13, S. 25–27.

Madsen, Hans Helge (1968): Interioerdekorationer i Erichsens Palae. Fra arkitekten J. J. Ramée's virke i Koebenhavn, Kopenhagen 1968.

Mahn, H. (1940): Dr. med. Max Linde gest., in: Lübeckische Blätter 82 (1940), S. 193/194.

Major, Johannes Daniel (1665): Dissertatio Botanica, De Planta Monstrosa Gottorpiensi Mensii Junii, Anni MDCLXV, Schleswig 1665.

Major, Johannes Daniel (1668): Americanische und bey dem HochFürstl. Schloß Gottorff im Monat August und September 1668 blühende Aloe, Dero Liebhabern zu gefallen kürtzlich beschrieben, Schleswig 1668.

Major, Johannes Daniel (1669): Memoria initiati Horti Medici in Academia Kieliensi, Kiel 1669.

Major, Johannes Daniel (1674): Unvorgreiffliches Bedencken von Kunst- und Naturalien-Kammern insgemein, Kiel 1674.

Mang, Friedrich Wilhelm Carl (1981): Vorarbeiten zu einer Roten Liste für Hamburg, in: Kieler Notizen 13 (1981), S. 2–30.

Mang, Friedrich Wilhelm Carl (1990): Goldnessel-Probleme, in: Berichte des Botanischen Vereins zu Hamburg 11 (1990), S. 100–102, 112.

Manno, Werner (1992): Jacob Heinrich Rheders Lehrzeit in Ludwigslust, in: Mitteilungen der Pückler Gesellschaft 8 (1992), S. 59.

Mansa, Jean-Louis (1798): Plans de Jardins dans le Goût anglais & Instructions dans l'Art de distribuer & planter de petits Terrains, Kopenhagen 1798.

Mariette, Jean (1727): Architecture francaise, Paris 1727.

Markowitz, Irene (1958): Zur Formengeschichte des Gartenhauses in Deutschland, Diss. Köln 1958.

Markowitz, Irene (1995): Ausblicke in die Landschaft, in: Wunderlich (1995), S. 121–156.

Marston, James Edward (1833): Der Holsteinische Tourist oder Wegweiser für Fussreisende in der Um-

gegend von Hamburg, Hamburg 1833.
Martins, Barbara (1993): Fruchtbaumschule, Forstbaumschule, Düsternbrooker Gehölz. Kultivierung und Ästhetisierung der Kieler Fördelandschaft im Naturverständnis der Aufklärung, Magisterarbeit Kiel 1993.
Martins, Barbara (1994): Fruchtbaumschule, Forstbaumschule, Düsternbrooker Gehölz. Kultivierung und Ästhetisierung der Kieler Fördelandschaft im Naturverständnis der Aufklärung, in: Mitteilungen der Gesellschaft für Kieler Stadtgeschichte 77 (1994), S. 209–272.
Martius, Lilli (1956): Die schleswig-holsteinische Malerei im 19. Jahrhundert, Neumünster 1956.
Mascher, Erdmute Beate (1991): Schloss Grabau (1906/08). Ein schleswig-holsteinsches Herrenhaus des frühen 20. Jahrhunderts, Magisterarbeit Kiel 1991.
Matthies, Jörg (1996): Das Gut Carlsburg, in: Ausst. Kat. Carl (1996), S. 161–166.
Matthiessen, P. F. C. (1836): Die holsteinischen adlichen Marschgüter Seestermühe, Gross- und Klein-Collmar, Itzehoe 1836. Reprint Elmshorn 1982.
Matthisson, Friedrich von (1810): Erinnerungen, Bd. 2, VI, Seefahrt nach Kopenhagen 1794, Zürich 1810.
Matthisson, Friedrich von (1825): Schriften von Friedrich Matthisson, Dritter Band, Ausgabe letzter Hand, Zürich 1825.
Mau, Günther / Hilmer Rolf (1995): Stammtafelbild der Familie von Ohlendorff, in: Zeitschrift für Niederdeutsche Familienkunde 7 (1995), H. 2 und 3.
Meeder, M. L. (1839): Geschichte der Freien und Hansestadt Hamburg, Zweiter Theil, Hamburg 1839.
Meier, Ludwig (1992): Der Himmel auf Erden. Die Welt der Planetarien, Leipzig 1992.
Meiffert, Nicole (1995): Die Geschichte des Amtes Reinbek 1576–1773, Neumünster 1995.
Mensing, Otto (1927–1935): Schleswig-Holsteinisches Wörterbuch, 4 Bde., Neumünster 1927–1935.

Merck, Heinrich (1960): Erinnerungen und Aufzeichnungen, in: Mercksche Familienzeitschrift 20 (1960), H. 1/2, S. 116ff.
Messerschmidt, Thomas (1994a): Die Parkanlagen der Kaufleute Stuhr und Christiansen in Flensburg. Ein Beitrag zur bürgerlichen Gartenkultur im frühen 19. Jahrhundert, Magisterarbeit Kiel 1994, publiziert Flensburg 1997.
Messerschmidt, Thomas (1994b): Grotte mit Mumiensarkophag im Christiansen-Park in Flensburg, in: DenkMal! Zeitschrift für Denkmalpflege in Schleswig-Holstein 1 (1994), S. 74–76.
Messerschmidt, Thomas (1996): Familie Christiansen – Kunstgeist und Bautätigkeit in Flensburg als Ausdruck bürgerlichen Selbstverständnisses (= Flensburger Bilderbogen Nr. 28), hrsg. von der Gesellschaft für Flensburger Stadtgeschichte, Flensburg 1996.
Meyer, Bernhard (1831): Reiseskizzen, Frankfurt 1831.
Meyer, Carl (1916): Kriegerdenkmäler, in: Schleswig-Holsteinischer Kunstkalender (1916), S. 71.
Meyer, Carl (1917): Das Bauen auf dem platten Lande und in den kleinen Städten Schleswig-Holsteins. Baukatechismus mit Bildern, 3. Aufl. Lübeck 1917.
Meyer, Friedrich Johann Lorenz (1803): Klopstocks Gedächtnisfeier in Hamburg, Hamburg 1803.
Meyer, Friedrich Johann Lorenz (1816): Darstellungen aus Norddeutschland. Teil 1: Ausflug aus Hamburgs Trümmern im Herbst 1814. Teil 2: Sommerreise in Holstein 1815, Hamburg 1816. Teil 2 als Reprint Kiel 1977.
Meyer, Gustav (1860): Lehrbuch der schönen Gartenkunst. Mit besonderer Rücksicht auf die praktische Ausführung von Gärten, Parkanlagen usw., Berlin 1860. Reprint Berlin 1985.
Meyer, Margita Marion (1994a): Gottorf und Eutin: Zwei Residenzgärten in Schleswig-Holstein. Geschichte und gartendenkmalpflegerische Aspekte ihrer Erhaltung, in: DenkMal! Zeitschrift für Denkmal-

pflege in Schleswig-Holstein 1 (1994), S. 41–48.
Meyer, Margita Marion (1994b): Stadtentwicklung und Gartendenkmalpflege am Beispiel des Düsternbrooker Gebietes in Kiel, in: Gartendenkmalpflege in Niedersachsen. Dokumentation des Kolloquiums vom 29./30. Oktober 1993 in Hannover (= Arbeithefte zur Denkmalpflege in Niedersachsen 13), Hameln 1994.
Meyer, Margita Marion (1995): Stand der Inventarisation historischer Gärten und Parks in Schleswig-Holstein, in: DenkMal! Zeitschrift für Denkmalpflege in Schleswig-Holstein 2 (1995), S. 78–80.
Meyer, Rudolf (1934): Hecken- und Gartentheater in Deutschland im XVII. und XVIII. Jahrhundert, Emsdetten 1934.
Michaelis, Adolf (1988): Julie Michaelis. Familienerinnerungen. Ein Kieler Musenhof im Vormärz, hrsg. von Jürgen Jensen, Kiel 1988.
Michel, Eugen (1920): Die Stadtkirche St. Petri in Ratzeburg nach den alten Plänen von Laves, in: Die Denkmalpflege 22 (1920), S. 53ff.
Michelson, Karl (1991): Der Große Garten und die Schenkung durch Margaretha Hedewig von Rantzau, geb. von Reutz, in: 40. Mitteilungsblatt der Gesellschaft für Friedrichstädter Stadtgeschichte, Friedrichstadt 1991, S. 17–69.
Mielck, Johann Bartram (1779): Über das Monument zu Rastorf, Hamburg 1779.
Migge, Leberecht (1909a): Der Hamburger Stadtpark und die Neuzeit, Hamburg 1909.
Migge, Leberecht (1909b): Ein modernes Gartenbuch, [Hamburg] 1909.
Migge, Leberecht (1913): Die Gartenkultur des 20. Jahrhunderts, Jena 1913.
Migge, Leberecht (1918): Jedermann Selbstversorger, Jena 1918.
Migge, Leberecht (1926): Deutsche Binnenkolonisation. Sachgrundlagen des Siedlungswesens, Berlin 1926.
Migge, Leberecht (1932): Die wachsende Siedlung nach biologischen Gesetzen, Stuttgart 1932.

Migge (1981): Leberecht Migge 1881–1935. Gartenkultur des 20. Jahrhunderts, hrsg. vom Fachbereich Stadt- u. Landschaftsplanung der Gesamthochschule Kassel, Bremen 1981.

Mißfeldt, Frauke (1954): Schloß Emkendorf. Kunstsammlung und Ausstattung. Eine stilanalytische Darstellung seiner Innenräume zur Wende des 18. Jahrhunderts, Diss. Kiel 1954.

Möller, Ludwig (1886): F. J. C. Jürgens, in: Möller's Deutsche Gärtner-Zeitung 2 (1886), S. 246.

Möller, Theodor (1913): Alt-Ellerbek und das Fischerhaus im Werftpark, hrsg. vom Wohlfahrtsverein für die Angehörigen der Kaiserlichen Werft, Kiel 1913.

Möring, Gertrud Maria (1990): Die Hugenottenfamilie Godeffroy, Hamburg 1990.

Mollet, André (1651): Le Jardin de Plaisir, Stockholm 1651.

Morel, Jean-Marie (1776): Théorie des jardins, Paris 1776. Reprint 1973.

Moßner, Doris und Eckhard (1990): Grabau. Eine Bilderchronik, Bad Oldesloe 1990. (Hrsg. Gemeinde Grabau).

Moßner, Doris und Eckhard (1994): Blick in die Vergangenheit. Beiträge zur Dorfchronik Grabau, Grabau 1994. (Hrsg. Gemeinde Grabau).

Müller, Ferdinand Jacob Heinrich (1843): Husums phanerogamische Flora. Manuskript im Botanischen Institut der Universität Kiel. Gedruckt als: Breviarium plantarum Ducatus Slesvicensis austro-occidentalis composuit Ferdinandus Jacobus Henricus Müller, Phil. Dr., in: Flora 30 (1853), S. 473–503.

Müller, M. J. / Riecken, G. (1990): Stadtlandschaften in Schleswig-Holstein, Neumünster 1990.

Müller, Norbert / Sukopp, Herbert (1993): Synanthrope Ausbreitung und Vergesellschaftung des Fadenförmigen Ehrenpreises – Veronica filiformis Smith, in: Tuexenia 13 (1993), S. 399–413.

Müller, Rolf (1983): Flora des Landkreises Harburg und angrenzender Gebiete, Winsen/Luhe 1983.

Müller, Uwe (1986): St. Gertrud. Chronik eines vorstädtischen Wohn- und Erholungsgebietes, Lübeck 1986.

Müller, Wolfgang J. (1960): Schloß Glücksburg, in: Nordelbingen 28/29 (1960), S. 65–79.

Müller, Wolfgang J. (1988): Schloß Glücksburg. Bauform als fürstlicher Machtanspruch, in: Das Haus Glücksburg in Europa, hrsg. von Oswald Hauser u. a., Kiel 1988, S. 71–87.

Müller-Glaßl, Uta (1991): Geschichte und heutiger Zustand der Bremer Wallanlagen. Ein Zwischenbericht, in: Die Gartenkunst 3 (1991), S. 261–270.

Müller-Glaßl, Uta (1995): Parkpflegewerk Wallanlagen Lübeck, im Auftrag der Hansestadt Lübeck/Grünflächenamt, Bremen/Worpswede 1995.

Müller-Glaßl, Uta / Dittloff, Rainer (1992): Kurzdokumentation zum Parkpflegewerk Jenischpark, im Auftrage und hrsg. von der Umweltbehörde der Freien und Hansestadt Hamburg, Hamburg 1992.

Müller-Wusterwitz, Nikolay (1993): Dokumentation über die Geschichte des Parkes von Friedrichsruh, Friedrichsruh 1993 (Manuskript).

Münchhausen, Otto von (1765–1773): Der Hausvater, 6 Bde., Hannover 1765–1773.

Mumsen, Jakob (1787): Gedanken über die Luft und ihren Einfluß auf Wachsthum und Nahrung organischer und belebter Wesen, Hamburg 1787.

Mumsen, Jakob (1792): Apologie der Bäume. Der Patriotischen Gesellschaft zugeeignet von einer alten abgängigen Ulme, Kiel 1792.

Museum Cimbricum (1989): Museum Cimbricum. Aspekte des öffentlichen Museumswesens in Schleswig-Holstein 1689–1989, Arbeitsbericht zur Ausstellung in der Landesbibliothek, Kiel 1989.

Muthesius, Hermann (1907): Landhaus und Garten, 1907.

Muus, Gerhard (1986): Die Geschichte der Freimaurerloge in Eutin, in: Jb. Eutin (1986), S. 59–64.

Nabel, Ulrich (1930/1931): Der Kleinflottbeker Park. Bauherren und Baumeister des alten und neuen Herrenhauses, in: Nordelbingen 8 (1930/1931), S. 390–430.

Nägelke, Hans-Dieter (1991): Der Gropius-Bau der Kieler Universität. Architektur zwischen regionaler Identität und preußischer Politik, Kiel 1991.

Nath, Martina (1990): Historische Pflanzenverwendung in Landschaftsgärten. Auswertung für den Artenschutz, Worms 1990.

Nath-Esser, Martina (1995): Neue Methoden im alten Park, in: Landschaftsarchitekten 1 (1995), S. 11–13.

Nay, Alexander (1859): Holstein und Lauenburg in Bildern dargestellt. Sammlung von Prospekten charakteristischer Gegenden und Städte, Kopenhagen 1859.

Nehlsen, Friedrich (1991): Aumühle-Friedrichsruh in alten Ansichten, Zaltbommel 1991.

Nehring, Dorothee (1979): Stadtparkanlagen in der ersten Hälfte des 19. Jahrhunderts. Ein Beitrag zur Kulturgeschichte des Gartens (= Geschichte des Stadtgrüns, Bd. 4), Hannover/Berlin 1979.

Neufforge, Jean-François de (1772–1780): Supplément au recueil élémentaire d'architecture, 2 Bde., Paris 1772–1780.

Neumann, Otto (1963): Heimatgeschichtliches aus den Tagebüchern des Grafen Friedrich zu Rantzau aus der 2. Hälfte des 18. Jahrhunderts, in: Steinburger Jahrbuch 7 (1963),

Neumann, Otto (1964–1970): Baugeschichte des Schlosses Breitenburg, 5 Teile in: Steinburger Jb. 8 (1964), S. 7 12; 9 (1965), S. 17–28; 10 (1966), S. 49–62; 13 (1969), S. 40–48; 14 (1970), S. 88–100.

Neumann, Otto (1974): Drei neu entdeckte Ansichten von Schloß Krummendiek (1796 und 1853), in: Die Heimat 81 (1974), S. 50f.

Neuschäffer, Hubertus (1980): Die Doppelrolle des Adels als Gutsbesitzer und Staatsdiener, in: Degn/Lohmeier (1980), S. 103–126.

Neuschäffer, Hubertus (1983): Anmerkungen zur Frage der Freimaurerei im dänischen Gesamtstaat, in: Lehmann/Lohmeier (1983), S. 87–120.

Neuschäffer, Hubertus (1984): Schlösser und Herrenhäuser in Südholstein, Würzburg 1984.

Neuschäffer, Hubertus (1986): Geschichte von Wald und Forst in Schleswig-Holstein und der alte Rendsburger Wald mit dem Forstamt Barlohe, Rendsburg 1986.

Neuschäffer, Hubertus (1987): Schlösser und Herrenhäuser im Herzogtum Lauenburg, Würzburg 1987.

Nevermann, Friedrich Theodor (1792): Almanach aller um Hamburg liegenden Gärten, Hamburg 1792 (weitere Aufl. 1793, 1796, 1797).

Niemann, August (1798): Miscelaneen, statistischen und ökonomischen Inhalts zur Kunde des deutschen angrenzenden Nordens, besonders der Herzogthümer Schleswig und Holstein, [o. O.] 1789, S. 197–211.

Niemann, August (1799): Handbuch der schleswig-holsteinischen Landeskunde, Bd. 1, Schleswig 1799.

Niemann, August (1822): Verzeichnis der Holzgewächse in der königlichen Forstbaumschule bei Kiel, Kiel 1822.

Nikoleizig, Kurt (1964): Die Gefäßpflanzen des Oldesloer Kurparks, in: Die Heimat 71 (1964), S. 311–316.

Nissen, Gerda (1989): Bauerngärten in Schleswig-Holstein, Heide 1989.

Nolde, Emil (1967): Briefe 1894–1926, hrsg. von Max Sauerland, Hamburg 1967.

Nolde, Emil (1976): Mein Leben, hrsg. von der Stiftung Seebüll Ada und Emil Nolde, Köln 1976.

Nolte, Ernst Ferdinand (1826): Novitiae florae holsaticae, Kiel 1826.

Norrie, Gordon (1953): Steinhorst, en episode 1738–39, 2 Teile in: Militaert Tidsskrift 82 (1953), S. 385–398 und S. 414–435.

Oeder, Georg Christian / Müller, Otto Friedrich / Vahl, Martin / Hornemann, Jens Wilken (Hrsg.) (1761–1861): Flora Danica. Abbildungen der Pflanzen, welche in den Königreichen Dännemark und Holstein wild wachsen, zur Erläuterung des unter dem Titel Flora Danica auf Königl. Befehl veranstalteten Werks von diesen Pflanzen, H. 1–45 Kopenhagen 1761–1861.

Oest, Nicolaus (1767): Oeconomisch–practische Anweisung zur Einfriedung der Ländereien ..., Flensburg 1767.

Olausson, Magnus (1985): Freemasonry, occultism and the picturesque garden towards the end of the eighteenth century, in: Art History 8/4 (1985), S. 413–433.

Olausson, Magnus (1993): Den Engelska parken i Sverige under gustaviansk tid, Stockholm 1993.

Oldekop, Henning (1906): Topographie des Herzogtums Schleswig, Kiel 1906.

Oldekop, Henning (1908): Topographie des Herzogtums Holstein, 2 Bde., Kiel 1908.

Olearius, Adam (1656): Vermehrte Moscowitische und Persianische Reisebeschreibung, Schleswig 1656.

Olearius, Adam (1663): Kurtzer Begriff einer Holsteinischen Chronica ..., Schleswig 1663 (weitere Auflagen 1674 und 1703).

Olearius, Adam (Hrsg.) (1669): Orientalische Reise-Beschreibungen, Schleswig 1669.

Ostwald, Jürgen (1985a): Christian Cay Lorenz Hirschfeld, in: Ausst. Kat. Natur und Naturzerstörung (1985), S. 44–45.

Ostwald, Jürgen (1985b): Natur und Heimat. Notizen zur schleswig-holsteinischen Landschaftskunst, in: Ausst. Kat. Natur und Naturzerstörung (1985), S. 38–43.

Otte, Friedrich-Wilhelm (1791): Bemerkungen über Angeln, aus der Brieftasche zweener Freunde, bey einer Fußreise im Sommer 1791. Reprint Kiel 1981.

Otto, Rosmarie (1990): Die Altonaer Volksparkanlagen. Zur Stadtgrünplanung Ferdinand Tutenbergs, in: Hesse/Borgmann/Haspel (1990), S. 53–63.

Overbeck, Fritz (1968): Botanik, in: Karl Jordan (Hrsg.): Geschichte der Mathematik, der Naturwissenschaften und der Landwirtschaftswissenschaften, Neumünster 1968, S. 127–160.

Paarmann, Michael (1984): C. F. Hansen – Entwürfe zu einem Pavillon im Gottorfer Lustgarten, in: Kunstsplitter (1984), S. 130–143.

Paarmann, Michael (1986): Gottorfer Gartenkunst. Der Alte Garten, Diss. Kiel 1986.

Paarmann, Michael (1988): Denkmalpflege im Gottorfer Neuwerk-Garten. Ein Zwischenbericht, in: Jb. des Schleswig-Holsteinischen Landesmuseums Schloß Gottorf, hrsg. von Heinz Spielmann, Neue Folge, Bd. 1, 1986–1987, Neumünster 1988, S. 19–28.

Paatsch, Walter (1989/1990): Das Amt Tremsbüttel und die gräfliche Familie zu Stolberg. Mosaikbild einer ländlichen Vergangenheit, 2 Teile in: Jb. für den Kreis Stormarn 7 (1989), S. 126–143 und 8 (1990), S. 60–89.

Paczkowski, Renate (1977): Der Ukleisee als Motiv der idealen Landschaftsmalerei, in: Schleswig-Holstein 20/6 (1977), S. 137ff.

Paczkowski, Renate (1989): Waterneverstorf und Stöfs als Motive der schleswig-holsteinischen Landschaftsmalerei, in: Jb. für Heimatkunde im Kreis Plön 19 (1989), S. 171–188.

Panseron, Pierre (1783–1788): Recueil de jardinage, 4 Bde., Paris 1783–1788.

Park und Garten (1978): Park und Garten im 18. Jahrhundert, Colloquium der Arbeitsstelle 18. Jahrhundert der Gesamthochschule Wuppertal (= Beiträge zur Geschichte der Literatur und Kunst des 18. Jahrhunderts, Bd. 2), Heidelberg 1978.

Parey's (1956): Parey's Illustriertes Gartenbaulexikon (1956), Bd. 2, Berlin/Hamburg 1956.

Paulsen, Astrid (1992): „... ein gesegneter und reizvoller Fleck Erde ...". Tourismus in der Holsteinischen Schweiz von 1867 bis 1914, Magisterarbeit Kiel 1992 (publiziert: Neumünster 1994).

Pauly, Georg (1927): Die Raumgestaltung des Altkieler Bürgerhauses, in: Nordelbingen 6 (1927), S. 337–370.

Pauly, Georg (1928): Die Raumgestaltung des Kieler Adelshauses, in: Nordelbingen 7 (1928), S. 176–202.

Pauly (1917): Ein Krieger-Ehrenfriedhof für Kiel, in: Deutsche Bauzeitung 65 (1917), S. 325.

Pauselius, Peter (1988): Der Kreis Plön in alten Ansichten, Plön 1988.

Pax, Ferdinand (1885): Der Botanische Garten in Kiel, in: Gartenflora 34 (1885), S. 40–48.

Pedain, Judith (1994): Der Nolde Garten in Seebüll, Diplomarbeit Osnabrück 1994.

Peters, Gustav (1957): Die Gärtnerfamilie Rastedt/Daniel Rastedt, Hofgärtner in Eutin, in: Blätter für Heimatkunde 26 (1957) (Beilage des Ostholsteinischen Anzeigers).

Peters, Gustav (1958): Geschichte von Eutin, Neumünster 1958.

Petzold, Eduard (1862): Die Landschaftsgärtnerei. Ein Handbuch für Gärtner, Architekten, Gutsbesitzer und Freunde der Gartenkunst. Nach Humphrey Reptons „The Landscape Gardening", Leipzig 1862. Reprint Rüsselsheim 1992.

Petzold, O. [um 1910]: Illustrierter Führer durch Schleswig-Holstein und Lauenburg, Altona [um 1910].

Philippsen, Heinrich (1956): Alt-Schleswig, 3 Teile, Schleswig 1956.

Pietsch, Ulrich (1977): Georg Greggenhofer 1719–1779, Fürstbischöflicher Baumeister an der Residenz Eutin. Ein Beitrag zum Backsteinbarock in Schleswig-Holstein, Diss. Kiel 1977.

Pietsch, Ulrich (1979): Das Herrenhaus Dobersdorf – ein Hauptwerk des Rokoko in Schleswig-Holstein, in: Jb. für Heimatkunde im Kreis Plön-Holstein 9 (1979), S. 31–51.

Ploeg, D. T. E. van der (1952): Stinsenplanten, in: Fries. Reisvalies 3 (1952), S. 90–91.

Ploeg, D. T. E. van der (1969): Vindplatsen von stinseplanten in Friesland, Gorteria 4/12 (1969), S. 203–208.

Pochat, Götz (1970): Der Exotismus während des Mittelalters und der Renaissance (= Acta Universitatis Stockholmiensis. Stockholm Studies in the History of Art, Bd. 21), Stockholm 1970.

Pöhls, Heinrich (1977): Bothkamp eine Heimatkunde, Bordesholm 1977.

Poel, Gustav (1884): Bilder aus vergangener Zeit nach Mittheilungen aus großentheils ungedruckten Familienpapieren, Erster Theil 1760-1787: Bilder aus Piter Poels und seiner Freunde Leben, Hamburg 1884.

Pohlmann, Alfred (1975): Unser Wandsbek. Geschichte und Geschichten aus sieben Jahrhunderten, Hamburg 1975.

Poppendieck, Hans-Helmut (Hrsg.) (1991): Botanischer Wanderführer rund um Hamburg. Zum hundertjährigen Bestehen des Botanischen Vereins zu Hamburg, Hamburg 1991.

Poppendieck, Hans-Helmut (1992): Der erste Museums- Bauerngarten, in: Die Gartenkunst 4 (1992), S. 79–99.

Poppendieck, Hans-Helmut / Zumholz, U. (1992): Zur Entwicklung und Pflege des Parks „Langes Tannen" in Uetersen. Gutachten im Auftrag der Stadt Uetersen, 1992 (Manuskript).

Prahl, Peter / Fischer-Benzon, Rudolf / Krause, Ernst Hans Ludwig (1890): Kritische Flora der Provinz Schleswig-Holstein, Teil II, Kiel 1890.

Prange, Ruth (1969/1970): Die Pertinenzien von Schloß Gottorf. 2 Teile, in: Beiträge zur Schleswiger Stadtgeschichte 14 (1969), S. 29–44 und 15 (1970), S. 3–12.

Prange, Wolfgang (1965): Christoph Rantzau auf Schmoel und die Schmoeler Leibeigenschaftsprozesse (= Quellen und Forschungen zur Geschichte Schleswig-Holsteins, Bd. 49), Neumünster 1965.

Prange, Wolfgang (1969): Hans Rantzau auf Ascheberg (1693–1769) im königlichen Dienst, in: Zeitschrift der Gesellschaft für Schleswig-Holsteinische Geschichte 94 (1969), S. 189–229.

Prange, Wolfgang (1971): Die Anfänge der großen Agrarreformen in Schleswig-Holstein bis um 1771 (= Quellen und Forschungen zur Geschichte Schleswig-Holsteins, Bd. 60), Neumünster 1971.

Prange, Wolfgang (1974): Das Amt Plön 1500–1800. Die Umgestaltung des Siedlungsbildes durch das gutswirtschaftliche System, in: Jb. für Heimatkunde im Kreis Plön-Holstein 4 (1974), S. 121–134.

Prange, Wolfgang (1988): Die Tiergärten Herzog Johanns des Jüngeren, in: Zeitschrift der Gesellschaft für Schleswig-Holsteinische Geschichte 113 (1988), S. 75–91.

Pranz, Erna (1954): Zur Geschichte des Herzogtums Schleswig, Louisenlund 1954 (Privatdruck).

Pranz, Erna (1974): Die Geschichte Louisenlunds – 25 Jahre Stiftung Louisenlund, Louisenlund 1974.

Pries, Robert (1955): Das Geheime Regierungs-Conseil in Holstein Gottorf 1716–1773 (= Quellen und Forschungen zur Geschichte Schleswig-Holsteins, Bd. 12), Neumünster 1955.

Prinz, Ernst (1963): Ein schleswig-holsteinischer Baumeister, hrsg. vom Schleswig-Holsteinischen Heimatbund, Schleswig 1963.

Provinzialberichte (1787ff): Schleswig-Holsteinische Provinzialberichte, Altona 1787–1798 / Schleswig-Holsteinische Blätter für Polizei und Kultur, Leipzig 1799–1800 / Blätter für Polizei und Kultur – Intelligenzblatt, Tübingen 1801 / Neue Schleswig-Holsteinische Provinzialberichte Kiel [u. a.] 1811–1816 / Schleswig-Holstein-Lauenburgische Provinzialberichte – eine Zeitschrift für Kirche und Staat, Lübeck 1817–1830 / Neue Schleswig-Holstein-Lauenburgische Provinzialberichte, Altona 1831–1834 / Schleswig-Holsteinische Blätter, Schleswig 1835–1840.

Prühs, Ernst-Günther (1993): Geschichte der Stadt Eutin, Eutin 1993.

Pruns, Herbert (1994a): Die Idee der Ornamented Farm. Entstehung und Entfaltung einer ästhetisch-praktischen Idee in England, in: Heckmann (1994), S. 99–127.

Pruns, Herbert (1994b): Ornamented Farmen in der Deutschen Kulturlandschaft. Entstehung, Entwicklung und Niedergang, in: Heckmann (1994), S.129–191.

Puck, S. (1987): Gutachterliche Stellungnahme zur ökologischen Wertigkeit des Schleswiger Fürstengartens, Stand September 1987. Gutachten im Auftrag des Landesamtes für Naturschutz und Landschaftspflege Schleswig-Holstein, Kiel 1987 (Manuskript), S. 1–28.

Pückler-Muskau, Hermann Fürst von (1834): Andeutungen über Landschaftsgärtnerei verbunden mit der Beschreibung ihrer praktischen Anwendung in Muskau, Stuttgart 1834. Reprints Stuttgart 1977 und Frankfurt a. M. 1988.

Pühl, Eberhard (1984): Julius Bosse, in: Das Gartenamt 33 (1984), S. 471–478.

Pühl, Eberhard (1991): Klassizistische Gartenkunst, in: E. Gäßler (Hrsg.): Klassizismus – Baukunst in Oldenburg 1785–1860, Oldenburg 1991, S. 289–310.

Puls, Dierk (1991): Rainer Maria Rilke schreibt aus Haseldorf, in: Jb. für den Kreis Pinneberg 1991, S. 91–97.

Puttkamer, Donata von (1983): Landhaus und Landschaftsgarten an der Elbchaussee 1750–1840. Ein Beitrag zur bürgerlichen Architektur in der Gegend von Altona und ihre möglichen englischen Voraussetzungen, Magisterarbeit Bonn 1983.

Pysek, P. (1991): Heracleum mantegazzianum in the Czech Republic: Dynamics of Spreading in the Historical Perspective, in: Folia Geobot. Phytotax. 26 (1991), S. 439–454.

Raabe, Ernst-Wilhelm (1987): Atlas der Flora Schleswig-Holsteins und Hamburg, hrsg. von K. Dierßen und U. Mierwald, Kiel 1987.

Radziewsky, Elke von (1994): Römischer Garten unter norddeutschem Himmel, in: Hamburgische Architektenkammer (Hrsg.): Architektur in Hamburg, Jahrbuch 1994, S. 164–171.

Ralf, Hartmut (1972): Zum Umbau des Herrenhauses Deutsch-Nienhof im ausgehenden 18. Jahrhundert, in: Nordelbingen 41 (1972), S. 7–17.

Rambach-Peters, Hans (1906): Wo die Nordseewellen rauschen. Bilder aus der Heimat, Dresden 1906.

Ramdohr, Friedrich Wilhelm Basilius von (1792): Studien zur Kenntnis der schönen Natur, der schönen Künste, der Sitten und der Staatsverfassung auf einer Reise nach Dänemark, Hannover 1792.

Ramée, Joseph (1823): Jardins irréguliers, maisons de campagne, de tous genres et de toutes dimensions, exécutés dans différentes Contrées de l'Europe et de l'Amérique Septentrionale, Paris 1823.

Ramée, Joseph [nach 1835]: Parcs et Jardins Composés et executés dans differentes Contrées de l'Europe et des Etats unis d'Amérique, Paris [nach 1835].

Ramée, Joseph [vor 1838]: Recueuil de cottages et maisons de campagne ..., Paris [vor 1838].

Ramm, Heinz (1955): Wo lag die Burg Hanerau? In: Heimatkundliches Jb. für den Kreis Rendsburg 5 (1955), S. 129–167.

Ramm, Heinz (1964): Hanerau-Hademarschen, in: Handbuch der Historischen Stätten: Schleswig-Holstein und Hamburg, 2. Aufl. 1964, S. 101f.

Rantzau, Hans Graf (1766): Schreiben eines vornehmen holsteinischen Gutsherrn 1766. „Antwort eines alten Patrioten auf die Anfrage eines jungen Patrioten, wie der Bauernstand und die Wirtschaft der adeligen Güter in Holstein zu verbessern sei", Plön 1766.

Rantzau, Heinrich (1578): Valetudine. Von der Erhaltung menschlicher Gesundheit, Leipzig 1578.

Rantzau, Heinrich (1595): Commentarius bellicus, Frankfurt 1595.

Rasmussen, Jörg (1977): Barockplastik in Norddeutschland, Ausstellungskatalog Museum für Kunst und Gewerbe Hamburg, Mainz 1977.

Rave, Heinrich (1901): Die Amtsbezirke Kollmar und Seestermühe in historisch-statistischer Hinsicht, Itzehoe 1901.

Redlefsen, Ellen (1964): Die Kunsttätigkeit der Flensburger Kaufleute Andreas Christiansen sen. und jun. und die Spiegelgrotte, in: Nordelbingen 33 (1964), S. 13–44.

Redlefsen, Ellen (1983): Flensburg in alten Bildern (= Schriften der Gesellschaft für Flensburger Stadtgeschichte 9), 2. Aufl. Flensburg 1983.

Rehder, Werner (1923): Altholländische Bauweise in Friedrichstadt an der Eider, in: Nordelbingen 1 (1923), S. 166–219.

Reichel, Klaus (1974): Vom Jugendstil zur Sachlichkeit. August Endell (1871–1925), Diss. Bochum 1974.

Reinke, Johannes (1890): Das Botanische Institut und die botanische Meeresstation in Kiel, in: Botanisches Zentralblatt 11 (1890), S. 37–42.

Reinke, Johannes (1912): Der älteste Botanische Garten Kiels. Urkundliche Darstellung der Begründung eines Universitäts-Instituts im siebzehnten Jahrhundert (= Festschrift der Universität Kiel zur Feier des Geburtsfestes Seiner Majestät des Kaisers und Königs Wilhelm II.), Kiel 1912.

Reuther, Manfred (1985): Das Frühwerk Emil Noldes, Köln 1985.

Reventlow, Christian Detlev Friedrich Graf von (1796): Reise Bemerkungen. Sr. Excellenz des Herrn Geheime Staats Ministers und Kammerpræsidenten Grafen v. Reventlow auf einer Reise durch die Herzogthümer im Jahre 1796, hrsg. von Claus Bjørn Odense 1994.

Richter (1904): Richters Führer. Ost-Holstein. Touristenführer durch das östliche Holstein, das Fürstentum Lübeck, Herzogtum Lauenburg und die Städte Lübeck und Kiel, 15. Aufl. Hamburg 1904.

Riewerts, Brar V. (1969): Die Stadt Husum, Husum 1969.

Ringenberg, Jörgen (1994): Gartenhistorisches Gutachten für den Hochdorfer Garten in Tating, im Auftrag des Landesamtes für Denkmalpflege Schleswig-Holstein Kiel, Hamburg 1994 (Manuskript).

Ringenberg, Jörgen / Matthies, Jörg (1996): Gartenhistorisches Gutachten zu den Städtischen Anlagen in Glückstadt. Im Auftrag des Magistrats der Stadt Glückstadt, Hamburg 1996 (Manuskript).

Ringenberg, Jörgen / Poppendieck, Hans-Helmut (1993): Wildtulpe, Nickender Milchstern und andere eingebürgerte Pflanzen im Park Planten un Blomen, in: Berichte des Botanischen Vereins zu Hamburg 13 (1993), S. 1–13.

Rippl, Helmut (1990): Jacob Heinrich Rehder – eine Lebensskizze, in: Bad Muskau – gestern und heute, Heft 3, Muskau 1990, S. 7–12.

Ritter (1816): Versuch einer Beschreibung der in Schleswig und Holstein wildwachsenden Pflanzen mit sichtbarer Blüthe, Tondern 1816.

Rivesell, P. (1817): Versuch einer Beschreibung der Stadt Flensburg, Altona 1817.

Roedl, Urban (1950): Matthias Claudius. Sein Weg und seine Welt, 2. Aufl. Hamburg 1950.

Röhricht, Heinz (1964–1965): Memoria horti medici Academiae Kiliensis, in: Schleswig-holsteinisches Ärzteblatt 17. 3. 1964, 18. 1. 1965, 18. 11. 1965.

Röpke, Georg Wilhelm (1973): Das Geschlecht der Lengerke und Wandsbek, in: Der Wandsbeker, Okt. 1973, S. 19ff.

Roese, Hermann (1884): Mitteilungen über den Schlossgarten in Eutin, in: Deutsche Gärtnerzeitung 8 (1884).

Roll, Karl-Heinz (1985): Gut Luisenberg – Aussichtsturm – Haus Luisenberg, in: Steinburger Jb. 29 (1985), S. 114–127.

Rommel, A. (1954): Die Entstehung des klassischen französischen Gartens im Spiegel der Sprache, Berlin 1954.

Rommel, Christoph von (1858): Geschichte von Hessen, Bd. X, Cassel 1858.

Roscher, Helmut (Hrsg.) [1992]: 100 Jahre Neuer Friedhof Harburg. Hamburg [1992].

Rothe, Rudolf (1828): Utag af en Dagbog over Gartnerie, Kopenhagen 1828.

Rothert, Hans F. (1974): Die Baudissin-Bibliothek in der Schleswig-Holsteinischen Landesbibliothek, in: Jb. für Heimatkunde im Kreis Plön-Holstein 4 (1974), S. 155–162.

Rousseau, Jean-Jacques (1761): Julie oder die neue Héloise. Briefe zweier Liebenden aus einer kleinen Stadt am Fuße der Alpen, in der ersten deutschen Übertragung von Johann Gottfried Gellius, 1761 (Neuaufl. München 1978).

Royer, Johann (1651): Beschreibung des ganzen Fürstl. Braunschw. gartens zu Hessem, mit seinen künstlichen Abtheihlungen, Quartiren ..., Braunschweig 1651. Reprint Wolfenbüttel 1990.

Rudloff, Diether (1958): Die französische Schloßgartenanlage in Eutin, in: Nordelbingen 26 (1958), S. 76–82.

Rudloff, Diether (1962): Künstler und Kunsthandwerker der Eutiner Residenz im 18. Jahrhundert, in: Nordelbingen 31 (1962), S. 85–104.

Rumohr, Cai Asmus (1987a): Zur Baugeschichte des Schlosses Glücksburg, in: Jb. des Heimatvereins der Landschaft Angeln 51 (1987), S. 21–35.

Rumohr, Henning von (1960): Schlösser und Herrensitze in Schleswig-Holstein und Hamburg, Frankfurt a. M. 1960.

Rumohr, Henning von (1980): Zur Struktur des schleswig-holsteinischen Adels, in: Degn/Lohmeier (1980), S. 23–56.

Rumohr, Henning von (1982): Schlösser und Herrenhäuser in Ostholstein, 2. Aufl. Frankfurt a. M. 1982.

Rumohr, Henning von (1987): Schlösser und Herrenhäuser im Herzogtum Schleswig, 3. Aufl. Würzburg 1987.

Rumohr, Henning von (1988): Schlösser und Herrenhäuser im nördlichen und westlichen Holstein, 2. Aufl. Würzburg 1988.

Rumohr, Henning von / Neuschäffer, Hubertus (1983): Schlösser und Herrenhäuser in Schleswig-Holstein, Frankfurt a. M. 1983.

Rumohr, Wulf-Henning von (1984): Im Strom der Zeit. 750 Jahre Familie und Gut. 400 Jahre Rumohr auf Rundhof, Schleswig 1984.

Saeftel, Friedrich (1978): Emkendorf 1190–1790, eine landeskundliche und baugeschichtliche Arbeitsstudie, Kiel 1978.

Sarnow, Winfried [o. J.]: Schierensee. Chronik eines Dorfes, Neumünster [o. J.].

Sauermann, Ernst (1910): Aus Flensburgs Alten Tagen (=2. Heft der Folge: Kleinstadtbilder aus Schleswig-Holstein), Altona 1910.

Saur. Allgemeines Künstlerlexikon. Die Bildenden Künstler aller Zeiten und Völker, 12 Bde., München/Leipzig 1991–1996.

Schabol, Abbé Roger (1767): Dictionnaire pour la Théorie et la pratique du jardinage et de l'agriculture, par principes, et démontrées d'après la Physique des végétaux, Paris 1767.

Schadendorff, Hans (1933/1934): Geschichtliches vom Ahrensburger Schloßpark, in: Jb. des Alster-Vereins Hamburg 20 (1933/1934), S. 31–39.

Schadendorff, Hans (1935): Die Wandsbeker Grabkapelle. I. Leben, Tod und Bestattung des Schatzmeisters Graf Heinrich Carl von Schimmelmann und seiner Gemahlin Caroline Tugendreich von Schimmelmann geb. Friedeborn, in: Nordelbingen 11 (1935), S. 184–205.

Schadendorff, Hans (1936): Schloß Ahrensburg und Dorf Woldenhorn. Baugeschichte Ahrensburgs in der Rantzauschen und Schimmelmannschen Zeit, in: Nordelbingen 12 (1936), S. 145–176.

Schadendorff, Hans (1950): Reventlowsche Briefe von der Romreise 1783/84, in: Nordelbingen 19 (1950), S. 22–49.

Schafft, Peter (1981): SOS ... Nordsee-Sanatorium Wyk (= Baudenkmale in Gefahr Nr. 4), hrsg. vom Landesamt für Denkmalpflege Schleswig-Holstein, Kiel 1981.

Scharmer, Christian Carl (1739): Einige in der Erfahrung gegründete Gedancken über die Conservation der alten und Anlegung neuer Höltzungen, in einer Unterredung verfasset von dem Authore, Plön/Ascheberg 1739.

Scharnweber, Otto (1960): Franz II. Herzog von Sachsen-Lauenburg 1585–1619 (= Sonderheft der Lauenburgischen Heimat), Ratzeburg 1960.

Schaumburg, Christian (1833): Über englische Gartenanlagen, in: Verhandlungen des Gartenbau-Vereins für das Königreich Hannover, Hannover 1833, S. 131–137 und S. 165–169.

Scheele, Heinrich (1940): Juliusberg und sein Tiergarten, in: Lauenburgische Heimat 16 (1940), H. 1/2, S. 35–40.

Scheffler, Wolfgang (1966): Das Alt-Ellerbeker Fischerhaus im Werftpark, ein Heimatmuseum, in: Ellerbek im Auftrage der Gesellschaft für Kieler Stadtgeschichte (= Mitteilungen der Gesellschaft für Kieler Stadtgeschichte, Bd. 55), hrsg. von Hedwig Sievert, Kiel 1966.

Scheidemantel, Eduard (1928): Das Römische Haus, in: Deutscher Schillerbund. Mitteilungen Nr. 49 (1928).

Schepers, Wolfgang (1978a): Zu den Anfängen des Stilpluralismus im Landschaftsgarten und dessen theoretischer Begründung in Deutschland, in: Michael Brix / Monika Steinhauser: Geschichte allein ist zeitgemäß. Historismus in Deutschland, Gießen 1978, S. 73–92.

Schepers, Wolfgang (1978b): Bepflanzung des Landschaftsgartens am Beispiel der Gartentraktate von Hirschfeld, Sckell und Pückler. Referat der Fachtagung Sanierung und Rekonstruktion historischer Gärten, DGGL Landesgruppe Baden-Württemberg 1978.

Schepers, Wolfgang (1978c): C. C. L. Hirschfelds „Theorie der Gartenkunst" (1779–1785) und die Frage des „deutschen Gartens", in: Park und Garten (1978).

Schepers, Wolfgang (1980): Hirschfelds Theorie der Gartenkunst 1779–1785 (= Grüne Reihe. Quellen und Forschungen zur Gartenkunst, Bd. 2), Worms 1980.

Schiller-Tietz [um 1901]: Krögers Führer durch die Elbgegend, Blankenese [um 1901].

Schillmeier, Ulrike (1989): Theodor Allers. Ein Barockbildhauer in Schleswig-Holstein-Gottorf von 1684–1704, Diss. Kiel 1989.

Schinzel, Horst (1960): Schloß Eutin, Eutin 1960.

Schlee, Ernst (Hrsg.) (1965): Gottorfer Kultur im Jahrhundert der Universitätsgründung, Ausstellungskatalog Kiel 1965.

Schlee, Ernst (1978), Das Schloß Gottorf in Schleswig (= Kunst in Schleswig-Holstein 15), 2. Aufl. Neumünster 1978.

Schlee, Ernst (1979): Die Stadt Schleswig in alten Ansichten, hrsg. von der Gesellschaft für Schleswiger Stadtgeschichte, Schleswig 1979.

Schlee, Ernst (1991): Der Gottorfer Globus Herzog Friedrichs III., Heide 1991.

Schlee, Ernst (1993): Schleswiger Ansichten von Jakob Moritz Wagner, in: Beiträge zur Schleswiger Stadtgeschichte 38 (1993), S. 7–15.

Schleiden, Rudolph (1886): Jugenderinnerungen eines Schleswig-Holsteiners, Wiesbaden 1886.

Schleswig-Holsteinische Porträts [1971]: Schleswig-Holsteinische Porträts. Neuerwerbungen für die Porträtsammlung des Schleswig-Holsteinischen Landesmuseums seit 1964, Schleswig [1971].

Schlick, Johann (1974): Die holsteinischen Landschaften von L. P. Strack, in: Jb. für Heimatkunde im Kreis Plön-Holstein 4 (1974), S. 163–176.

Schlick, Johann (1978): Die Blomenburg. Ein romantischer Schloßbau in Schleswig-Holstein, in: Jb. für Heimatkunde im Kreis Plön-Holstein 8 (1978), S. 33–54.

Schlie, Friedrich (1896–1902): Die Kunst- und Geschichtsdenkmäler des Großherzogtums Mecklenburg-Schwerin, 5 Bde., Schwerin 1896–1902.

Schlüter, Hilke (1993): Gutspark Niendorf an der Stecknitz. Eine gartendenkmalpflegerische Studie in Schleswig-Holstein, Diplomarbeit Weihenstephan 1993.

Schlüter, Karl-Heinz (1990): Herrenhaus Annettenhöh, in: Denkmalpflege beim Landesbauamt Schleswig 1990, S. 59–64.

Schmettow, Hildegard Gräfin von (1983): Herrenhaus Steinhorst und die Sammlung Schwarzkopf, in: Kreis Herzogtum Lauenburg II (= Führer zu archäologischen Denkmälern in Deutschland, Bd. 2), Stuttgart 1983, S. 103–108.

Schmidt, Erika (1984): »Abwechslung im Geschmack«. Raumbildung und Pflanzenverwendung beim Stadtparkentwurf Deutschland 19. Jahrhundert, Hannover 1984.

Schmidt, Erika (1988): Der Bochumer Stadtpark und sein städtebauliches Umfeld im 19. Jahrhundert. Ein Beitrag zur Revision von Werturteilen über den typischen deutschen Stadtpark des 19. Jahrhunderts, 2 Bde., Diss. Hannover 1988.

Schmidt, Erika (1993): Ein Parterre im Barockgarten: Nicht „Barock" und doch nicht „falsch", in: Mitteilungen der Pücklergesellschaft 9 (1993) (= Festschrift für Martin Sperlich zum 75. Geburtstag), S. 150–173.

Schmidt, Erika / Hansmann, Wilfried / Gamer, Jörg (Hrsg.) (1994): Garten Kunst Geschichte. Festschrift für Dieter Hennebo zum 70. Geburtstag (= Grüne Reihe. Quellen und Forschungen zur Gartenkunst, Bd. 16), Worms 1994.

Schmidt, Harry (1916): Gottorfer Künstler. Aus urkundlichen Quellen im Reichsarchiv zu Kopenhagen. 1. Teil, Leipzig, in: Quellen und Forschungen zur Geschichte Schleswig-Holsteins 4 (1916), S. 179–321.

Schmidt, Harry (1918–1919): Die Friedrichstädter Polizeiprotokolle. Im Auszug herausgegeben, in: Quellen und Forschungen zur Geschichte Schleswig-Holsteins 6 (1918) und 7 (1919).

Schmidt, Harry (1953): Drei Schlösser am Westensee, Rendsburg 1953.

Schmidt, Harry (1955): Kunst- und kulturgeschichtliche Zeichnungen des Generalmajors Zacharias Wolff, die für die Herzogtümer Schleswig und Holstein von Bedeutung sind, samt seinen Erläuterungen, in: Nordelbingen 23 (1955), S. 97–114.

Schmidt, Harry (1957): Neues über den Baumeister Rudolph Matthias Dallin, in: Beiträge zur Schleswiger Stadtgeschichte 2 (1957), S. 24–33.

Schmidt, Robert (1887): Schloß Gottorf, Leipzig 1887.

Schneider, Ilse (1934): Stadtgeographie von Schleswig, 1934, Reprint Schleswig 1983.

Schnitler, Carl W. (1917): Trädgårdskonstens Historia i Europa, Stockholm 1917.

Schoell-Glass, Charlotte (1989): Jenisch-Park und Quellental bei Hamburg, in: Die Gartenkunst 1 (1989), S. 125–155.

Schoell-Glass, Charlotte (1991): Inszenierte Einsamkeit – Ein Ziereremit in Flottbek bei Hamburg. Zu einem Blatt des Johann Baptist Theobald Schmitt im Kupferstichkabinett der Hamburger Kunsthalle, in: Werner Hofmann und Martin Warnke (Hrsg.): IDEA, Jahrbuch der Hamburger Kunsthalle, Hamburg 1991, S. 197–206.

Schönfeldt, Bruno (1959): Die Tilly-Eiche im Stendorfer Park. Eine Erzählung am Rande der Geschichte Ostholsteins, in: Jb. für Heimatkunde im Kreis Oldenburg i. H. 3 (1959), S. 119–134.

Scholz, Heinrich (1756): Kurtzgefaßte Nachricht von Ploen in Holstein, Kiel 1756 (Manuskript).

Schouw, Joakim Frederik (1849): Bemaerkinger over en Samling af Blomstertegninger i den kongelige Kobberstiksamling, Kopenhagen 1849.

Schreyer, Alf (1984): Jasper Carstens. Ein Leibeigener aus Stormarn wurde ein bedeutender Architekt, in: Jb. für den Kreis Stormarn 2 (1984), S. 58–65.

Schröder, G. (1913): Panker und der Hessenstein, in: Die Heimat 23 (1913), S. 248–254 und S. 282–285.

Schröder, Johannes von (1827): Geschichte und Beschreibung der Stadt Schleswig, Schleswig 1827.

Schröder, Johannes von (1837): Topographie des Herzogthums Schleswig, Schleswig 1837.

Schröder, Johannes von (1841): Topographie des Herzogthums Holstein, des Fürstenthums Lübeck und der freien und Hanse-Städte Hamburg und Lübeck, 2 Bde., Oldenburg i. H. 1841.

Schröder, Johannes von (1862): Darstellungen von Schlössern und Herrenhäusern der Herzogthümer Schleswig, Holstein und Lauenburg, vorzugsweise aus dem fünfzehnten und sechszehnten Jahrhundert, Hamburg 1862.

Schröder, Johannes von / Biernatzki, Hermann (1856): Topographie der Herzogthümer Holstein und Lauenburg, des Fürstenthums Lübeck und des Gebiets der freien und Hanse-Städte Hamburg und Lübeck, 2 Bde., Oldenburg i. H. 1856. Reprint Kiel 1983.

Schubert, Ingrid A. (1992): Rasenparterre und Eichenallee. Gartenanlagen in Wotersen nach alten Plänen interpretiert, in: Musikfeste auf dem Lande 92, Hamburg 1992, S. 36–42.

Schubert, Ingrid A. (1993a): Rendevous mit Riesenbäumen. Das Arboretum in Haseldorf, in: Musikfeste auf dem Lande 93, Hamburg 1993, S. 9–16.

Schubert, Ingrid A. (1993b): Der Park von Hohenstein – Eine bemerkenswerte Anlage des späten 19. Jahrhunderts, in: Jb. der Heimatgemeinschaft Eckernförde 51 (1993), S. 69–78.

Schubert, Ingrid A. (1995): Englische Gärten eines französischen Emigranten. Joseph-Jacques Ramée und sein Wirken in Norddeutschland, in: Die Gartenkunst 7 (1995), S. 49–67.

Schubert-Riese, Brigitte (1975): Das literarische Leben in Eutin im 18. Jahrhundert (= Kieler Studien zur Deutschen Literaturgeschichte, Bd. 11), hrsg. von Erich Trunz, Neumünster 1975.

Schubert-Riese, Brigitte (1994): Der Hauberg Hochdorf. Die Geschichte eines Denkmals, das abgerissen werden sollte und erhalten wurde, in: DenkMal! Zeitschrift für Denkmalpflege in Schleswig-Holstein 1 (1994), S. 85–89.

Schüttler, Hermann (1991): Die Mitglieder des Illuminatenordens: 1776–1787/93, München 1991.

Schuhmacher, H. C. (1811): Korrespondenznachrichten, in: Neue Schleswig-Holsteinische Provinzialberichte 1 (1811), S. 473–477.

Schuldt, Kuno (1981): Der Landsitz „Kupfermühle" in Hamfelde bei Trittau, in: Schleswig-Holstein (1981), H. 2, S. 14ff.

Schulte-Wülwer, Ulrich (1993): Fritz Westphal und Josef Petzl. Gezeichnete Tagebücher des Biedermeier (=Veröffentlichung des Städtischen Museums Schleswig, Bd. 6), Heide 1993.

Schulz, Eberhard Wilhelm (1980): Der schleswig-holsteinische Adel als Publikum Klopstocks, in: Degn/Lohmeier (1980) S. 167–186.

Schulze, Heiko K. L. (1989): Bericht über neue Ergebnisse der Bauforschung des Landesamtes für Denkmalpflege 1985–1989, in: Nordelbingen 85 (1989), S. 189–254.

Schulze, Heiko K. L. (1991): Schloß Eutin, Eutin 1991.

Schulze, Heiko K. L. (1995a): Der Gottorfer Herkules, in: DenkMal! Zeitschrift für Denkmalpflege in Schleswig-Holstein 2 (1995), S. 12–20.

Schulze, Heiko K. L. (1995b): Herkules im Kampf mit der Lernäischen Hydra. Die Wiederentdeckung der barocken Figurengruppe im Gottorfer Fürstengarten, in: Beiträge zur Schleswiger Stadtgeschichte 40 (1995), S. 42–58.

Schulze, Heiko K. L. (1995c): Bericht über neue Ergebnisse der Bauforschung des Landesamtes für Denkmalpflege 1991–1994, in: Nordelbingen 64 (1995), S.179–223.

Schulze, Johann Heinrich (1772): Topographische Beschreibung des Herzogthums Holstein oder Nachrichten von denen in diesem Herzogthum liegenden Städten, Flecken, Klöster, adelichen Gütern, Meierhöfen und Dörfern etc. ..., in alphabetischer Ordnung gebracht und hrsg. v. Johann Heinrich Schulze, Kiel 1772.

Schulze, Traugott / Stolz, Gerd (1983): Die Herzogszeit in Plön 1564–1761, Husum 1983.

Schulze, Traugott [o. J.]: Ostholsteinische Güter, Bd. 2, Eutin [o. J.].

Schumann, Detlef W. (1953): Französische Emigranten in Schleswig-Holstein. Ein Kapitel aus der europäischen Kulturgeschichte um 1800, in: Nordelbingen 21 (1953), S. 121–149.

Schumann, Detlef W. (1954): Neue Studien zur französischen Emigration in Schleswig-Holstein, in: Nordelbingen 22 (1954), S. 134–156.

Schumann, Detlef W. (1958): Caroline Baudissin und Julia Reventlow als Schriftstellerinnen, in: Nordelbingen 26 (1958), S. 158–173.

Schwartz, Otto (1975): Die freimaurerischen Anlagen im Park des Schlosses Louisenlund, in: Quatuor Coronati 12 (1975), S. 7–39.

Schwarz, Hans Wilhelm (1977): Amt und Gut Hanerau von den Anfängen bis 1664. Ein Beitrag zur Geschichte Altholsteins (= Quellen und Forschungen zur Geschichte Schleswig-Holsteins, Bd. 70), Neumünster 1977.

Schwarze, Reinhard (1992): Lucas Andreas Staudinger – Thünens Lehrer und Freund, Hamburgische Geschichts- und Heimatblätter 13/1 (1992), S. 1–12.

Schwerin, Fritz Graf von (1925): Jahresversammlung in Altona, in: Mitteilungen der Deutschen Dendrologischen Gesellschaft, Jb. 1925.

Schwerin, Johann David (1710): Nahm=Register Derjenigen In= und Ausländischen Bäume/ Pflanßen/ Bluhmen/ etc. Welche dieses Jahre Auff einem wohlbekandten im Horn vor der Stadt Hamburg belegenen

Garten sich befinden ..., Hamburg 1710.

Schwindrazheim, Oskar (1918): Das unbekannte Blankenese, in: Jb. für den Kreis Pinneberg 2 (1918), S. 26–33.

Sckell, Friedrich Ludwig von (1818): Beiträge zur Bildenden Gartenkunst für angehende Gartenkünstler und Gartenliebhaber, München 1818. Reprint Worms 1982.

Seebach, Carl-Heinrich (1965): Das Kieler Schloß. Nach Grabungsfunden, Schriftquellen und Bildern, Neumünster 1965.

Seebach, Carl-Heinrich (1966): Friedrich Christian Heylmann, in: Nordelbingen 35 (1966), S. 81–102.

Seebach, Carl-Heinrich (1979): Schloß Glücksburg. Baugeschichte des Stammhauses der Herzöge zu Schleswig-Holstein-Sonderburg-Glücksburg, Neumünster 1979.

Seebach, Carl-Heinrich (1981): Schierensee. Geschichte eines Gutes in Holstein, 2. Aufl. Neumünster 1981.

Seebach, Carl-Heinrich (1985): 800 Jahre Burgen, Schlösser und Herrenhäuser in Schleswig-Holstein, Neumünster 1985.

Seebach, Carl-Heinrich (1988): Exkurs: Zur Baugeschichte und zur künstlerischen Ausgestaltung von Emkendorf, in: Rumohr (1988), S. 125ff.

Seelig, Geert (1920): Eine deutsche Jugend, Hamburg 1920.

Seelig, Geert (1924): Klaus Groth. Sein Leben und Werden, Hamburg 1924.

Seiler, Michael (1985): Auswertung historischer Pläne der Landschaftsgärten, in: Hennebo (1985), S. 120–140.

Seiler, Michael (1989): Bisher unveröffentlichte Briefe über und von Pückler mit Exkurs über Schloß Krenkerup (ehem. Hardenberg) auf Lolland in Dänemark, in: Mitteilungen der Pücklergesellschaft, Neue Folge 6 (1989) S. 79–103.

Sense, Sabine (1989): Das Adelige Gut Hemmelmark 1902–04, Magisterarbeit Kiel 1989.

Seume, Johann Gottfried (1805): Mein Sommer, 1805.

SHBL s. Biographisches Lexikon für Schleswig-Holstein und Lübeck.

Shenstone, William (1764): Unconnected Thoughts on Gardening, in: Works in Prose and Verse of W. S., Bd. 2, London 1764.

Sickmann, Johann Rudolf (1836): Enumeratio stirpium phanerogamicarum circa Hamburgum sponte crescentium, Hamburg 1836.

Siebeck, Rudolf (1853): Die Bildende Gartenkunst in ihren modernen Formen. Aus zwanzig colorierten Tafeln mit ausführlicher Erklärung und nöthigen Beispielen übereinstimmend mit der vorausgehenden fasslichen Theorie der Bildenden Gartenkunst, Leipzig 1853.

Sievers, Kai Detlev (1984): Feste in Schleswig-Holstein. Ein lexikalischer Führer durch den Jahresverlauf, Neumünster 1984.

Sievert, Hedwig (1953): Sanssouci, die Düsternbrooker Waldwirtschaft in Theodor Storms Novelle „Auf der Universität", in: Mitteilungen der Gesellschaft für Kieler Stadtgeschichte Bd. 48 (1953), H.3, S. 21–32.

Sievert, Hedwig (1964): Kiel Einst und Jetzt. Vom Kanal bis zur Schwentine (= Protokolle der Stadtkollegien), Kiel 1964.

Singelmann, Adolf (1979): Der Barockgarten Steinhorst, in: Das Herrenhaus Steinhorst und die Sammlung Schwarzkopf (=Schriftenreihe der Stiftung Herzogtum Lauenburg 2), Neumünster 1979, S. 80–96.

Siricius, Johannes (1705): Historische/Physische und Medicinische Beschreibung Derer im Hoch-Fürstlichen Gottorpischen Prächtigen Garten/Das Neue=Werck genant/ Dreyen sehr rar Blühenden ALOEN ..., Schleswig 1705.

Skierka, Joachim (1991): Schleswig in der Statthalterzeit 1711–1836, hrsg. von der Gesellschaft für Schleswiger Stadtgeschichte, Husum 1991.

Sluyterman van Loo, Koeno (1991): Erhaltung und Unterhaltung privater historischer Gärten in den Niederlanden, in: Fachtagung Fragen zur Gartendenkmalpflege 7.–8. Oktober 1991 in Nordkirchen, hrsg. vom Landschaftsverband Westfalen-Lippe und dem Westfälischen Denkmalamt Münster, S. 32–38.

Smers, Hanspeter (1995): Beiheft zu: Leiter des Fürst Pückler-Parkes Bad Muskau und ihre Berater – Versuch einer tabellarischen Übersicht (= Beiträge zur Stadt- u. Parkgeschichte Bad Muskau Nr. 13), Muskau 1995.

Sörensen, C. Th. (1959): Europas Havekunst. Fra Alhambra til Liselund, Kopenhagen 1959.

Sonder, Otto Wilhelm (1851): Flora Hamburgensis, Hamburg 1851.

Sorge-Genthe, Irmgard (1973): Hammonias Gärtner. Geschichte des Hamburger Gartenbaues in den letzten drei Jahrhunderten, Hamburg 1973.

Spallek, Johannes (1987): Schloß Reinbek Anno 1707. Raumfolge, Ausstattung und Nutzung, in: Jb. für den Kreis Stormarn 5 (1987), S. 12–50.

Spanjer, Geerd (1969): Vom Fadenförmigen Ehrenpreis (Veronica filiformis Sm.), in: Die Heimat 76 (1969), S. 327–329.

Spethmann, Walter (1978): Bad Oldesloe. Ein Rundgang nach alten Bildern, Bad Oldesloe 1978.

Stadt Plön (Hrsg.) (1986): 1000 Jahre Plön, Plön 1986.

Stäcker, Jürgen (1943): Chronik der Haseldorfer Marsch. 1. Teil: Das Gesicht der Haseldorfer Marsch, 1943, S. 209–216 (Manuskript).

Steckner, Cornelius (1994): Das Museum Cimbricum von 1688 und die cartesianische „Perfection des Gemüthes". Zur Museumswissenschaft des Kieler Universitätsprofessors Johann Daniel Major (1634–1693), in: Andreas Grote (Hrsg.): Macrocosmos in Microcosmo. Die Welt in der Stube. Zur Geschichte des Sammelns 1450–1800 (= Berliner Schriften zur Museumskunde, Bd. 10), Opladen 1994.

Steetz (1840): Der Landsitz des Herrn von Lengercke in Wandsbeck, in: Archiv des Garten- und Blumenbau-Vereins für Hamburg, Altona und deren Umgegenden, Hamburg 1840, S. 22–27.

St. Gertrud (1939): St. Gertrud. Die Burgtor-Vorstadt Lübecks, hrsg. vom St. Gertrud Verein, Lübeck 1939.

Steinmetz, Wiebke (1991): Heinrich Rantzau (1526–1598). Ein Vertreter des Humanismus in Norddeutschland und seine Wirkung als Förderer der Künste, Frankfurt a. M. 1991.

Stender, Friedrich (1974): Zur Baugeschichte des Gutes Rantzau, in: Jb. für Heimatkunde im Kreis Plön-Holstein 4 (1974), S. 101–120.

Stender, Friedrich / Freytag, Hans-Joachim (1986): Geschichte der Stadt Plön, Plön 1986.

Stender, M. (1915): Chronik der Familie Lange. Neue Mühle bei Uetersen, 1915, Reprint Uetersen 1985.

Stern, Jean (1930): A l'ombre de Sophie Arnould. Francois-Joseph Belanger Architecte des Menus Plaisirs. Premier Architecte du Comte d'Artois, Bd. 2, Paris 1930.

Stier, Wilhelm (1961): Linaria cymbalaria, Efeublättriges Leinkraut oder Zimbelkraut in Lübeck, in: Die Heimat 78 (1971), S. 269.

Stierling, Hubert [1927]: Caspar von Voght und der Jenischpark, Altona [1927].

Stille, Sigismund (1820): Die Fahrt nach dem Ugley, Hamburg 1820.

Stolberg, Christian und Friedrich Leopold Grafen zu (1827): Gesammelte Werke der Brüder, 20 Bde., 2. Aufl. Hamburg 1827.

Stolberg, Friedrich Leopold Graf zu (1966): Friedrich Leopold Graf zu Stolberg – Briefe (=Kieler Studien zur deutschen Literaturgeschichte, Bd. 5), hrsg. von J. Behrens, Neumünster 1966.

Stolz, Gerd (1983): Panker, „Ole Liese" und Hessenstein. Von der Historie und dem Zauber einer Landschaft, Panker 1983.

Storm, Theodor (1861): Im Schloß (1861), in: Sämtliche Werke Bd. 1, München 1951.

Storm, Theodor (1875/1876): Aquis submersus (1875/1876), in: Ausgewählte Werke, Bd. 2, Leipzig 1920.

Stritzke, Klaus (1994): Über die Schnitthöhe an Bäumen in schwedischen Gärten aus dem 18. Jahrhundert, in: Schmidt/Hansmann/Gamer (1994), S. 75–79.

Struck, Otto (1956): Zu: Winterling, in: Die Heimat 63 (1956), S. 64.

Struve, Konrad (1933): Stimmungsbilder von der Niederelbe. 2. Der Herrensitz Haseldorf, in: Aus der engeren Heimat, 12. Jg., Nr. 3, August 1933.

Stuart, D. (1988): The Garden Triumphant. A Victorian Legacy, New York 1988.

Stüdtje, Johannes (1975): Ein Blick in die Geschichte der Jagd des Kirchspiels Munkbrarup, in: Jb. des Heimatvereins der Landschaft Angeln 38 (1974), S. 64–72.

Sturz, Helferich Peter (1799): Schriften, Bd. 1, Leipzig 1799.

Suhr, Max (1994): Theodor Storm in Hademarschen und Hanerau, hrsg. von der Gemeinde Hanerau-Hademarschen, Heide 1994.

Sukopp, Herbert (1968): Das Naturschutzgebiet Pfaueninsel in Berlin-Wannsee. I. Beiträge zur Landschafts- und Florengeschichte, in: Sitzungsber. Ges. naturforsch. Freunde Berlin (N.F.) 8 (1968), Heft 2, S. 93–129.

Sukopp, Herbert / Sukopp, Ulrich (1988): Reynoutria japonica in Japan und Europa, in: Veröff. Geobot. Inst. ETH, Stiftung Rübel Zürich, 98 (1988), S. 354–372.

Sulzer, Johann Georg (1762): Theorie der angenehmen und unangenehmen Empfindungen, Berlin 1762.

Sulzer, Johann Georg (1771–1774): Allgemeine Theorie der Schönen Künste, Leipzig 1771–1774. Reprint Hildesheim 1967–1970.

Syndram, D. (1990): Ägypten-Faszination, Frankfurt/Bern/New York/Paris 1990.

Tätigkeitsbericht (1901): Tätigkeitsbericht des Arbeiterbauvereins für Gaarden, Kiel und Umgebung e.G.m.b.H. für das Jahr 1900, Kiel 1901.

Tätigkeitsbericht (1902): Tätigkeitsbericht des Arbeiterbauvereins zu Ellerbek für das Jahr 1902 und Rückblick auf die Jahre 1890–1902, Kiel 1902.

Tätigkeits- und Jahresbericht (1910): Tätigkeits- und Jahresbericht des Arbeiterbauvereins zu Ellerbek für die Zeit vom 30. Dez. 1889 bis zum 31. Dez. 1909, Kiel 1910.

Taillefas, J. (1819): Reise nach Holstein besonders der Probstey ... Preetz im Sommer 1817, Hamburg 1819.

Talanow, Jörg (1976): Kiel- so wie es war, Düsseldorf 1976.

Tegethoff, Wolf (1981): Mies van der Rohe. Die Villen und Landhausprojekte, Essen 1981.

Tegethoff, Wolf (1984): Landschaft als Prospekt oder die ästhetische Aneignung des Außenraums bei Schinkel, dargestellt an Beispielen aus den „Architektonischen Entwürfen", in: Kunstsplitter (1984), S. 120–129.

Teichert, Oscar (1865): Geschichte der Ziergärten und der Ziergärtnerei in Deutschland, Berlin 1865.

Teuchert, Wolfgang (1988): Berichte des Landesamtes für Denkmalpflege Kiel, in: Nordelbingen 57 (1988), 233–239.

Thacker, Christopher (1979): Die Geschichte der Gärten, Zürich 1979.

Theuerkauff, Christian (1986): Die Bildwerke in Elfenbein des 16. bis 19. Jahrhunderts. Nachmittelalterliche Elfenbeine, Berlin 1986.

Theuß, Th. (1850): Handbuch des gesammten Gartenbaues ..., 3. Aufl. Berlin 1850.

Thieme/Becker. Allgemeines Lexikon der bildenden Künstler von der Antike bis zur Gegenwart, 37 Bde., Leipzig 1907–1950.

Thietje, Gisela (1986a): Der Bildhauer Theodorus Schlichting, in: Nordelbingen 55 (1986), S. 79–122.

Thietje, Gisela (1986b): Reparatur der Kaskadenanlage im Gottorfer Garten Neuwerk im Jahr 1772, in: Beiträge zur Schleswiger Stadtgeschichte 31 (1986), S. 101–111.

Thietje, Gisela (1988a): Das Tuffsteinhaus im Eutiner Schloßgarten, in: Die Heimat 95 (1988), S. 54–60.

Thietje, Gisela (1988b): Der Französische Schloßgarten zu Eutin. Entstehungsgeschichte und Lebensbilder (= Eutiner Bibliothekshefte, Bd. 2), Eutin 1988.

Thietje, Gisela (1988/1989): Der Bildhauer Johann Georg Moser (1713–1780), ein Vertreter des Rokoko und des Zopfstils in Schleswig-Holstein, 2 Teile in: Nordelbingen 57 (1988), S. 23–72 und 58 (1989), S. 33–77.

Thietje, Gisela (1989a): Die Peter-Pauls-Kirche in Hohenwestedt. Ein Bau Johann Gottfried Rosenbergs, in: Rendsburger Jb. 39 (1989), S. 149–167.

Thietje, Gisela (1989b): Neues über Johann Christian Lewon, in: Jb. für Heimatkunde Eutin 23 (1989), S. 17–21.

Thietje, Gisela (1989c): Pflanzen und Tiere im Französischen Garten der fürstbischöflichen Residenz Eutin im 18. Jahrhundert, in: Die Gartenkunst 1 (1989), H. 2, S. 206–246.

Thietje, Gisela (1994): Der Eutiner Schloßgarten. Gestalt, Geschichte und Bedeutung im Wandel der Jahrhunderte (=Studien zur schleswig-holsteinischen Kunstgeschichte, Bd. 17), Neumünster 1994.

Thode, Joachim (1995): Historische Gärten in Schleswig-Holstein. Fotografien, Heide 1995.

Thouin, Gabriel (1820): Plans raisonnés de toutes les espèces de jardins, Paris 1820. Reprint Paris 1988.

Thura, Laurids de (1746–1749): Den Danske Vitruvius, Kopenhagen 1746–1749.

Tiemann, Franziska und Hermann (1980): Es sind wunderliche Dinger, meine Briefe – Meta Klopstocks Briefwechsel 1751-1758, München 1980.

Tischler, Georg (1950): Über die Geschichte des Kieler Botanischen Gartens (Referat über einen Vortrag), in: Kieler Nachrichten, Nr. 184, 9. Aug. 1950.

Tregder, Eiler Hagerup (1824): Handbuch für Reisende im Königreich Dänemark und in den Herzogthümern Schleswig, Holstein und Lauenburg, Kopenhagen 1824.

Turner, Paul Venable (1985): Joseph-Jacques Ramée's First Career, in: The Art Bulletin 2 (1985), S. 259–277.

Tutenberg, Ferdinand (1914): F. Tutenberg, der Organisator der Dritten deutschen Gartenbauwoche und der Gartenbauausstellung in Altona, in: Möllers Deutsche Gärtner-Zeitung 26, Juni 1914, S. 309.

Tutenberg, Ferdinand (1916): Erläuterungen zum Projekt für den weiteren Ausbau und die Gestaltung des Volksparkes in Altona, Altona 1916.

Tutenberg, Ferdinand (1927): Altona, die Stadt der Gärten und Parke, in: Der deutsche Gartenarchitekt (BDGA), H. 12, Dezember 1927, S. 133–138.

Ukert, G. H. A. (1809): Annalen der Residenz Eutin nebst einer Topographie des Fürstenthums Lübeck, Eutin 1809.

Ulbrich, Eberhard (1928): Biologie der Früchte und Samen, Berlin 1928.

Urban, Martin (1980): Emil Nolde – Blumen und Tiere. Aquarelle und Zeichnungen, Köln 1980.

Urbschat, Johanna (1972): Flora des Kreises Pinneberg, Mitteilungen der Arbeitsgemeinschaft Floristik in Schleswig-Holstein und Hamburg 20 (1972), S. 1–281.

Verzeichnis der Holzgewächse (1822): Verzeichnis der Holzgewächse in der königlichen Forstbaumschule bei Kiel, Kiel 1822.

Vitruvius Britannicus (1715–1739): Vitruvius Britannicus or the British Architect by Colen Campbell, Bd. 1–3, London 1715–1725, Bd. 4 by J. Badeslade and J. Rocque, London 1739, sowie Fortsetzungsbände. Reprint in 4 Bdn. New York 1967–1970.

Voerde, Gustav / Lorenz, August / Otto, Karl [1961]: Alt-Gaarden. Chronik und Geschichte, Kiel [1961].

Voght, Caspar (1796): Schilderung von Irrland 1794, in: Genius der Zeit (1796), S.566 ff.

Voght, Caspar (1822): Flotbeck und dessen diesjährige Bestellung, mit Hinsicht auf die durch dieselbe beabsichtigten Erfahrungen. Ein Wegweiser für die landwirtschaftlichen Besucher desselben und angehängten Flotbecker Garten-Versuchen im Jahre 1821, Altona 1822.

Voght, Caspar (1824): Flotbeck in ästhetischer Ansicht, Manuskript im May 1824, hrsg. von Charlotte Schoell-Glass, Hamburg 1990.

Voght, Caspar (1834): Vortheile der grünen Bedüngung, Hamburg 1834.

Voght, Caspar (1838): Lebensgeschichte, Manuskript 1838, hrsg. Hamburg 1917.

Voght, Caspar (1959–1967): Caspar Voght und sein Hamburger Freundeskreis. Briefe in drei Bänden, bearb. von Kurt Detlev Möller, hrsg. von Annelise Tecke, 3 Bde., Hamburg 1959–1967.

Voigt, Johann Friedrich (1870): Geschichtliches über die Gärten um Hamburg, 2. Aufl. Hamburg 1870.

Volkspark Altona [1995]: 75 Jahre Volkspark Altona. Ein Parkführer, hrsg. von der Umweltbehörde, bearb. von L. Ruge und Martina Nath-Esser, Hamburg [1995].

Vollrath, K. (1930): Die Grafen von Kielmansegg auf Gülzow, in: Das Land an der Elbe. Niedersächsische Mitteilungen der Allgemeinen Lauenburgischen Landeszeitung, Nov. 1930, S. 41–43.

Vorwerk, Gustav Adolph (1906): Flottbek, geschrieben 1906, hrsg. von Holger Termer, Hamburg 1987.

Vothmann, Johann Georg (1796): Oekonomisch-praktischer Garten- Katechismus; oder kurze Anweisung zum ökonomischen Gartenbau in Frage und Antwort. Zwey Theile, für den Landmann und für den feinern Gartenfreund, 2. Aufl. Leipzig 1796.

Vredeman de Vries, Hans (1587): Hortorum viridariorumque elegantes et multiplices formae, Antwerpen 1587.

Vrigny, Lacombe de (1843): Rélation d'un voyage, in: Falcks Archiv 2 (1843), S. 317ff.

Wacker, Jörg (1993): Die Promenadenanlagen von Peter Joseph Lenné in Leipzig, in: Wieder wandeln im alten Park. Beiträge zur Geschichte der Gartenkunst für Harri Günther zum 65. Geburtstag, Potsdam 1993, S. 210–228.

Wagner, Birgit (1985): Gärten und Utopien: Natur- und Glücksvorstellungen in der französischen Spätaufklärung (= Junge Wiener Romanistik, Bd. 7), Wien/Köln/Graz 1985.

Walbaum, Anton Heinrich (1900): Tagebuch einer Reise durch Holstein 1744, in: Schriften des Vereins für schleswig- holsteinische Kirchengeschichte, 2. Reihe, Bd. 1 (1900), H. 4, S. 30–136.

Waldersee, Isabel Gräfin (1963): Geschichte eines ostholsteinischen Gutshauses. Waterneverstorff in Ostholstein, in: Burgen und Schlösser 4 (1963), H. 2, S. 62–64.

Wallé, Peter (1902): Eduard Knoblauch. Ein Abriß seines Lebens, Berlin 1902.

Wallroth, Ernst (1882/1883): Beiträge zur Geschichte Ahrensböks, Aufsatzsammlung in den Ahrensböker Nachrichten 1882/1883. Reprint Ahrensbök 1978.

Walpole, Horace (1771): Essay on modern Gardening, in: Anecdotes of Painting, Bd. 4, London 1771; Über die Gartenkunst der Neuern, Aus dem Englischen des Herrn Horaz Walpole zum ersten mal übersetzt, in: Hirschfeld (1789).

Wanetschek, M. (1971): Die Grünanlagen in der Stadtplanung Münchens von 1790–1860 (= Neue Schriftenreihe des Stadtarchivs München, H. 35), München 1971.

Wangenheim, Friedrich Adam Julius von (1787): Beytrag zur teutschen holzgerechten Forstwissenschaft, die Anpflanzung Nordamericanischer Holzarten, mit Anwendung auf teutsche Forste, betreffend, Göttingen 1787.

Watelet, Claude Henri (1774): Essai sur les Jardins, Paris 1774; Des Herrn Watelets Versuch über die Gärten, Leipzig 1776.

Weber, Friedrich (1822): Hortus Kiliensis. Oder Verzeichnis der Pflanzen, welche im botanischen Garten der Christian-Albrechts-Universität in Kiel 1822 gezogen werden, Kiel 1822.

Weber, Georg Heinrich (1780): Primitiae florae holsatcae quas publice defendet auctor F. R. H. Wiggers, Husum/Kiel 1780.

Weber, G. H. (1787): Supplementum florea holsaticae, Kiel 1787.

Wegner, Dirk (1985): Als Oldesloe noch ein „Bad" war, in: Jb. für den Kreis Stormarn 3 (1985), S. 111–114.

Wehberg, Hinnerk (1989): Der Reinbeker Schloßpark – Überlegungen zur Um- und Neugestaltung, in: Denkmalpflege im Kreis Stormarn II (= Stormarner Hefte 14), Neumünster 1989, S. 142–147.

Wehser, Astrid (1989): Axel Bundsen 1768–1832, Magisterarbeit Kiel 1989.

Wehser, Astrid (1991/1992): Axel Bundsen (1768–1832), 2 Teile in: Nordelbingen 60 (1991), S. 89–137 und 61 (1992), S. 19–48.

Weidemann, M. (1919): Heimatlandschaft und Garten, in: Jb. für den Kreis Pinneberg 1919, S. 55.

Weilbachs Kunstnerleksikon, 3 Bde., [o. O.] 1947–1952.

Wein, K. (1914): Deutschlands Gartenpflanzen um die Mitte des 16. Jahrhunderts, in: Beihh. Bot. Centralbl. 31 (1914), 2. Abt., Heft 3, S. 463–555.

Wendt, Antje (1994): Das Schloß zu Reinbek, Neumünster 1994.

Wergin, Joachim (1987): Altfresenburg. Ein Herrenhaus des Klassizismus in Stormarn, in: Der Waldreiter 39/5 (1987), S. 9–11.

Westphalen, Ernst Joachim von (1739–1745): Monumenta inedita rerum Germanicarum praecipue Cimbricarum et Megapolensium …, 4 Teile, Leipzig 1739–1745.

Whately, Thomas (1770): Observations on Modern Gardening, Dublin 1770. Betrachtungen über das heutige Gartenwesen, durch Beispiele erläutert, Leipzig 1771.

Widmayr, C. (1984): Alte Bauerngärten neu entdeckt, München 1984.

Wiebenson, Dora (1978): The Picturesque Garden in France, Princeton 1978.

Wiebe, Dietrich (1985): Die Bedeutung der Hinterhöfe für die Stadtentwicklung und -struktur von Kiel, in: Die Heimat 92 (1985), S. 265–273.

Wiebe, Dietrich (1988): Vorgärten und Spielplätze in Kiel. Ein kulturgeographischer Beitrag zur Bedeutung privater und öffentlicher Grünflächen im funktionalen Gefüge einer Großstadt, in: Die Heimat 95 (1988), S. 129–143.

Wiegand, Heinz / Krosigk, Klaus von (1985): Berliner Naturschönheiten und die Gartenkunst von damals – Die Wiederentdeckung der Villen- und Landhausgärten, in: Gartendenkmalpflege, Berlin 1978–1985, Senator für Stadtentwicklung und Umweltschutz (Hrsg.), Abt. II, 2. Aufl. 1985, S. 50–56.

Wiese, Eberhard von (1967): Hamburg. Menschen – Schicksale, Berlin/Frankfurt/Wien 1967.

Wietek, Gerhard (1953): Das Palais zu Schleswig, in: Kunst in Schleswig-Holstein des Schleswig-Holsteinischen Landesmuseums, Neumünster 1953, S. 174–185.

Wietek, Gerhard (1958): C. F. Hansens Entwürfe für die Gartentempel im Eutiner Schloßgarten, in: Nordelbingen 26 (1958), S. 116–128.

Wietek, Gerhard (1971): Maler sehen Blankenese und die Elbe, Hamburg 1971.

Wietek, Gerhard (1972): Architekt Johann August Arens 1757–1806, Ausstellungskatalog Altonaer Museum Hamburg, Hamburg 1972.

Willebrandt, J. P. (1748): Hansische Chronick, aus beglaubten Nachrichten zusammen getragen, Lübeck 1748.

Wilse, J. Nicolai (1792): Reise-Beobachtungen in einigen der Nordischen Länder, Bd. 3, Kopenhagen 1792, S. 350–357.

Wimmer, Clemens Alexander (1985): „Wir sämtliche hier unterschriebene Hoff- und Kunstgärtner der Königl. Preuß. Lande..." Zum Lebensbild eines untergegangenen Berufsstandes, in: Berlin durch die Blume oder Kraut und Rüben – Gartenkunst in Berlin-Brandenburg, hrsg. von Marie-Louise Plessen, Ausst.Kat. Schloß Charlottenburg Berlin 1985, S. 33–40.

Wimmer, Clemens Alexander (1989): Geschichte der Gartentheorie, Darmstadt 1989.

Wimmer, Clemens Alexander (1991): Die Kunst der Teppichgärtnerei, in: Die Gartenkunst 3 (1991), S. 1–16.

Wimmer, Clemens Alexander (1995): Peter Lauerembergs »Horticultura« (1631), in: Zandera 10/2 (1995), S. 45–70.

Wo ist das Grabmal (1934): Wo ist das Grabmal Peter Rantzaus geblieben?, in: Oldesloer Landesbote vom 17. 2. 1934.

Wörner, Rose und Gustav (1991): Erläuterungen zum gartendenkmalpflegerischen Gutachten Schloß Gottorf in Schleswig – Fürstengarten und Schloßinsel. Im Auftrag des Finanzministeriums des Landes Schleswig-Holstein, vertreten durch die Oberfinanzdirektion Kiel und das Landesbauamt Schleswig 1991 (Manuskript).

Wörner, Rose und Gustav (1994): Der Fürstengarten am Schloß Gottorf in Schleswig. Möglichkeiten zu seiner Wiederherstellung, in: Schmidt/Hansmann/Gamer (1994), S. 212–225.

Wolf, G. (1992): Haus und Hof deutscher Bauern – Schleswig-Holstein, Berlin 1992.

Wolff, Willy (1990): Der Geestemünder Bürgerpark in Bremerhaven. Aus der Geschichte. Über Denkmäler und Skulpturen. Die Natur im Wechsel der Jahreszeiten, Bremerhaven 1990.

Wolff-Thomsen, Ulrike (1994): Lexikon Schleswig-Holsteinischer Künstlerinnen, hrsg. vom Städtischen Museum Flensburg, Heide 1994.

Wollweber, Imke (1990): Gartenkunst vom Kaiserreich bis zum Nationalsozialismus. Am Beispiel des Gartenarchitekten Harry Maasz, Diplomarbeit Osnabrück 1990.

Wolschke-Bulmahn, Joachim / Gröning, Gert (1988): 1913–1988, 75 Jahre Bund Deutscher Landschaftsarchitekten BDLA, Teil 1: zur Entwicklung der Interessenverbände der Gartenarchitekten in der Weimarer Republik und im Nationalsozialismus, hrsg. vom BDLA, Bonn 1988.

Wortmann, Michael (1991): Jacob Heinrich Rehder (1790–1852) – ein Eutiner in Muskauer Diensten, in: Jb. für Heimatkunde Eutin 25 (1991), S. 68–88.

Wrighte, William (1767): Grotesque architecture, or rural amusement ..., London 1767.

Wülfert, Kurt (1972): Harry Maasz, in: Ausstellungskatalog Harry Maasz, Eutin 1972.

Wunderlich, Heinke (Hrsg.) (1995): „Landschaft" und Landschaften im achtzehnten Jahrhundert. Tagung der Deutschen Gesellschaft für die Erforschung des 18. Jahrhunderts Herzog August Bibliothek Wolfenbüttel 20.–23. November 1991 (= Beiträge zur Geschichte der Literatur und Kunst des 18. Jahrhunderts, Bd. 13), Heidelberg 1995.

Zacharias, Dietmar (1994): Bindung von Gefäßpflanzen an Wälder alter Waldstandorte im nördlichen Harzvorland Niedersachsens – ein Beispiel für die Bedeutung des Alters von Biotopen für den Pflanzenartenschutz, in: Norddeutsche Naturschutzakademie (NNA)-Berichte 7/3 (1994), S. 76–87.

Zander, Handwörterbuch der Pflanzennamen (1993), hrsg. F. von Encke / G. Buchheim / S. Seybold, 14. Aufl. Stuttgart 1993.

Zedler, Johann Heinrich (1732–1750): Grosses vollständiges Universal-Lexikon Aller Wissenschaften und Künste ..., 64 Bde., Halle/Leipzig (1732–1750).

Zetzsche, Carl (1914): Das Bürgermeisterhaus in Wilster (Das Haus der Frau Etatsrätin Doos), Bd. 2, Berlin 1914.

Ziegler, Paul (1980): Ein Bild aus dem Jenischpark, in: Der Heimatbote 29/9 (1980), S. 6–8.

Ziegler, Paul (1981a): Von der Flottbeker Eierhütte zur Hamburger Haschhütte, in: Unser Blatt 33/4 (1981), S. 7–10.

Ziegler, Paul (1981b): Verschollene Baudenkmale im Jenischpark, in: Unser Blatt 33/6 (1981), S.12f.

Ziegler, Paul (1990): Die Rettung des Jenischparks – 1927, in: Unser Blatt 42/10 (1990), S. 16–18.

Zietz, Heinrich Christian (1822): Ansichten der Freien Hansestadt Lübeck und ihrer Umgebungen, Frankfurt a. M. 1822.

Zubek, Paul (1972): Die Bildnissammlung des ehemaligen Lusthauses im Plöner Schloßpark, in: Jb. für Heimatkunde im Kreis Plön-Holstein, 2 (1972), S. 118–135.

Zubek, Paul (1980): Eine unbekannte bildliche Darstellung vom Hofe des Herzogs Peter Friedrich Wilhelm von Oldenburg im Plöner Schloß, in: Jb. für Heimatkunde im Kreis Plön-Holstein 10 (1980), S. 138–148.

Zubek, Paul (1990): Otto Jageteuffel. Ein Gottorfer Hofkünstler des 17. Jahrhunderts, in: Nordelbingen 59 (1990), S. 27–50.

Abbildungsnachweis

Archiv der Hansestadt Lübeck (AHL): 324.

Altonaer Museum in Hamburg – Norddeutsches Landesmuseum: 86 (Inv. Nr. AB 2621), 91 (Inv. Nr. 1981/16), 123 (Inv. Nr. 1965/361, 735), 162 (Inv. Nr. 1969/261), 236 (Inv. Nr. 1968/253, 1833), 259 (Inv. Nr. 1967/678, 19524), 352 (Inv. Nr. 1931/41 a), 357 (Inv. Nr. 1969/447), 476 (Inv. Nr. 1978/35).

Karen Asmussen-Stratmann, Schleswig: 213, 432, 433, 434.

Bismarcksches Archiv, Friedrichsruh: 182.

Sylvia Borgmann, Hamburg: Umschlag, 11, 23, 33, 78, 84, 87, 89, 90, 92, 93, 94, 95, 99, 100, 102, 104, 105, 109, 110, 112, 158, 211, 230, 232, 260, 275, 276, 311, 350, 383, 436, 451, 452, 453, 460.

Michael Breckwoldt, Hamburg: 113, 114, 116, 117.

Büro BPHL, Hamburg: 382.

Büro EGL, Hamburg: 183.

Adrian von Buttlar, Kiel: 245, 307, 310, 397, 400.

Helga de Cuveland, Norderstedt: 238, 381.

Christa Fiedler, Neuwittenbek: 190, 316.

Gisela Floto, Hamburg: 66, 121, 131, 148, 151, 189, 237, 248, 332, 351, 358, 377, 396, 406, 481.

Michaela Gillrath, Hamburg: 215, 300, 331.

Imke Gode, Kiel: 191.

Hamburger Kunsthalle: 327.

Burkhard von Hennigs, Bad Oldesloe: 244.

Annette Henning, Kiel: 132, 147, 163, 171, 173, 175, 185, 186, 188, 192, 201, 202, 221, 227, 250, 277, 281, 287, 304, 308, 323, 325, 326, 333, 340, 346, 353, 354, 355, 361, 376, 393, 395, 428, 430, 454, 455, 456, 464, 483, 488.

Herzog August Bibliothek, Wolfenbüttel: 411.

Peter Hirschfeld Nachlaß: 7, 217, 375, 437, 466, 472.

Hjördis Jahnecke, Kiel: 139.

Johann Jessen, Bad Oldesloe: 242.

Königliche Bibliothek, Kopenhagen (KBK): 313, 442.

Königliche Handbibliothek, Kopenhagen: 271 (Mappe 14 Nr. 33), 426 (Mappe 9 Nr. 24).

Kreisarchiv, Ratzeburg: 297.

Silke Kuhnigk, Plön: 461.

Kunsthistorisches Institut der Christian-Albrechts-Universität zu Kiel (KHI): 2, 4, 6, 8, 12, 14, 16, 17, 18, 19, 24, 25, 26, 27, 28, 30, 31, 34, 35, 36, 38, 40, 49, 58, 67, 83, 85, 96, 97, 98, 106, 107, 108, 111, 120, 122, 124, 125, 128, 130, 136, 142, 143, 144, 146, 152, 155, 165, 166, 167, 168, 172, 174, 176, 177, 178, 179, 181, 184, 187, 194, 200, 205, 207, 208, 210, 219, 224, 225, 226, 228, 229, 231, 233, 235, 239, 251, 257, 258, 262, 263, 264, 266, 267, 268, 272, 273, 274, 278, 279, 280, 282, 284, 290, 291, 292, 296, 298, 301, 302, 305, 309, 312, 314, 317, 319, 321, 322, 328, 334, 335, 336, 337, 338, 339, 341, 342, 343, 344, 345, 348, 356, 360, 364, 366, 367, 386, 387, 390, 391, 398, 402, 407, 409, 415, 417, 418, 422, 435, 438, 439, 440, 445, 446, 457, 462, 463, 465, 468, 471, 475, 482, 485, 486.

Deert Lafrenz, Altenhof: 384, 385.

Landesarchiv Schleswig-Holstein, Schleswig (LAS): 3 (Abt. 402 B II Nr. 247), 5 (Abt. 402 A 23 Nr. 13.2), 9 (Abt. 66 Nr. 9265), 37 (AAI Pl. 555 Nr. 5), 76 (Abt. 402 A 36 Nr. 5), 77 (Abt. 66 Nr. 8362), 79 (Abt. 402 A 46 Nr. 5), 80 (Abt. 402 A 46 Nr. 11), 81 (Abt. 402 A 23 Nr. 11.1), 82 (Abt. 402 A 23 Nr. 11.2), 127, 197 (AAI Pl. 555 Nr. 2), 198 (AAI Pl. 555 Nr. 6), 212 (Abt. 402 B VI Nr. 157), 241 (Abt. 402 A 23 Nr. 11.5), 246 (Abt. 402 A 26 Nr. 31), 247 (Abt. 402 A 26 Nr. 21), 255 (Abt. 402 B X Nr. 1 i), 270 (Abt. 66 Nr. 48/I), 306 (Abt. 402 A 26 Nr. 61), 347 (AAI Pl. 600 Nr. 2), 363 (Abt. 66 Nr. 10674), 370 (Abt. 402 A 41 Nr. 1.2), 378 (Abt. 195 Gut Gelting Nr. 1132), 379 (Abt. 402 A 3 Nr. 632.24), 380 (Abt. 309 Nr. 16365), 388 (Abt. 402 A 4 Nr. 446), 405 (Abt. 402 B II Nr. 247), 412 (Abt. 66 Nr. 9276), 413 (Abt. 66 Nr. 9265), 444 (Abt. 402 A 67 Nr. 47), 447 (Abt. 402 A 67 Nr. 52), 450 (Abt. 402 A 23 Nr. 45), 473 (Abt. 402 A 23).

Landesamt für Denkmalpflege Schleswig-Holstein, Kiel (LDSH): 61, 62, 63, 64, 70, 73, 74, 75, 119, 133 (Neg. Nr. 6x6 22482), 135, 137, 145 (Neg. Nr. 6x6 6327), 149, 150, 153, 156, 157 (Neg. Nr. 6x6 16172), 159 (Neg. Nr. 6x6 6786), 203 (Neg. Nr. PK I 8582), 209, 214 (Neg. Nr. 6x6 19891), 218 (Neg. Nr. L 811), 220, 222 (Neg. Nr. PK I 13268), 223 (Neg. Nr. PK I 13269), 234 (Neg. Nr. 1142–12 KB), 243 (Neg. Nr. 6x6 17588), 265 (Neg. Nr. PK II 1720), 269 (Neg. Nr. PK II 1652), 288 (Neg. Nr. PK I 11899), 289, 293 (Neg. Nr. 6x6 7326), 294 (Neg. Nr. 6x6 7325), 295 (Neg. Nr. 6x6 22470), 318, 320, 349, 371 (Neg. Nr. 6x6 4098), 372 (Neg. Nr. PK I 10610), 373 (Neg. Nr. 6x6 4099), 374 (Neg. Nr. 6x6 4134), 392 (Neg. Nr. PK III 2987), 394 (Neg. Nr. PK I 5730), 399, 401, 403, 414, 419, 421, 423, 443, 448, 449 (Neg. Nr. 6x6 8363), 458, 459, 467 (Neg. Nr. PK I 1745), 470 (Neg. Nr. PK I 1741), 479 (Neg. Nr. 1156–8 KB), 487 (Neg.

Nr. Z 15), 492 (Neg. Nr. 6x6 16589), 493 (Neg. Nr. 1161–22).

Landesbibliothek Schleswig-Holstein, Kiel (SHLB): 1, 44, 50, 134, 138, 180, 369.

Landesbildstelle Schleswig-Holstein, Kiel: 199 (Nr. 1090).

Library of Congress, Washington: 88, 140, 206.

Raimund Marfels, Bad Oldesloe: 10.

Jörg Matthies, Hamburg: 195, 196.

Thomas Messerschmidt, Flensburg: 169, 420.

Margita M. Meyer, Kiel: 59, 60, 65, 68, 71, 404.

Musée National de Blérancourt: 32 (Inv. Nr. CFA a 331-1).

Museum für Hamburgische Geschichte, Hamburg: 474.

Museum für Kunst und Gewerbe, Hamburg: 45, 46, 410.

Heinz-Dieter Nägelke, Kiel: 315.

Nationalmuseum, Stockholm (NMS): 118 (Inv. Nr. THC 444), 129 (Inv. Nr. THC 443), 154 (Inv. Nr. THC 350), 252 (Inv. Nr. THC 457), 253 (Inv. Nr. THC 351), 254 (Inv. Nr. THC 309), 256 (Inv. Nr. THC 352), 261 (Inv. Nr. THC 4874), 359 (Inv. Nr. THC 308), 477 (Inv. Nr. THC 428).

Ostholstein-Museum, Eutin: 15.

Hans-Helmut Poppendieck, Hamburg: 41, 42, 43, 47, 48, 51, 53, 54, 55, 56, 57.

Privat: 72.

Andreas von Rauch, Hamburg: 469.

Reichsarchiv, Kopenhagen (RAK): 164 (Krigsmin. Afl. Mappe 17 Nr. 5), 193 (Krigsmin. Afl. Mappe 21 Nr. 2), 368 (Hofmarskallatets Arkiv II. H 29 sager vedr. Plön Slot og Have 1840–43), 408 (Rentekammeret Slesvigske Kontor C 84).

Wulf Reimer: 431.

Schleswig-Holsteinisches Landesmuseum Schloß Gottorf, Schleswig: 216, 365, 416.

Charlotte Schoell-Glass, Hamburg: 29.

Bodo Schubert, Berlin: 69.

Ingrid A. Schubert, Hamburg: 13, 52, 204, 299, 303, 478, 480, 484, 489, 490, 491.

Staatliche Landesbildstelle, Hamburg: 101.

Staatsarchiv, Hamburg (StAHH): 103, 115, 240.

Stadtarchiv, Kiel: 283, 285, 286.

Stadtarchiv, Plön: 362.

Städtisches Museum, Flensburg: 20, 249.

Städtisches Museum, Schleswig: 21, 389.

Statens Museum for Kunst, Kopenhagen: 424, 425.

Stiftung Ada und Emil Nolde, Seebüll (mit freundl. Genehmigung): 427, 429.

Stiftung Pommern, Kiel: 441 (Inv. Nr. B 12377/17446).

Technische Universität Plansammlung, Berlin: 39, 126 (Inv. Nr. 17268), 329, 330.

Gisela Thietje, Wedel: 160, 161.

Holger Vanselow, Hamburg: 141.

Eiko Wenzel, Flensburg: 22, 170.

Autorenverzeichnis

Birgit Alberts, geb. 1962 in Hage/Ostfriesland, lebt in Trier, Studium der Kunstgeschichte, Pädagogik und Soziologie in Kiel und Saarbrücken, freischaffende Künstlerin in Saarbrücken, Magisterarbeit über den Lütetsburger Schloßpark, Wissenschaftliche Mitarbeiterin im DFG-Projekt „*Historische Gärten in Schleswig-Holstein*".
Katalogbeiträge: Heiligenstedten, Kiel-Schloßgarten und Rundhof.

Karen Asmussen-Stratmann, geb. 1962 in Barmstedt/Holstein, Buchhändlerin, Studium der Kunstgeschichte, Klassischen Archäologie, Volkskunde und Italienischen Philologie in Münster und Kiel, 1992 Magisterarbeit über das Adelige Gut Seestermühe, seit 1993 Arbeit an einer Dissertation über den Gottorfer Neuwerk-Garten, freie museumspädagogische Mitarbeiterin beim Schleswig-Holsteinischen Landesmuseum Schloß Gottorf. Veröffentlichung zum Herrenhaus in Seestermühe.
Katalogbeiträge: Haseldorf, Seestermühe und Steinhorst; Laves, Samaschikoff; 3 Abb., 1 Planzeichnung.

Dörte Beier, geb. 1961 in Kiel, Studium der Kunstgeschichte, Pädagogik und Volkskunde in Kiel mit Studienaufenthalt in Perugia, derzeit Arbeit an einer Dissertation über die städtebauliche Entwicklung Kiels 1918–1933. Mitarbeit bei einer Ausstellung zur Architektur Kiels um die Jahrhundertwende.
Katalogbeiträge: Kiel-Werftpark; Hahn.

Sylvia Borgmann, geb. 1949 in Hamburg, Studium der Mathematik, Betriebswirtschaftslehre und Kunstgeschichte in München, Nymwegen und Hamburg, freischaffende Diplom-Kauffrau, seit 1988 Kulturmanagement zur Bewahrung von Park- und Gartenlandschaften in Hamburg, Photographie historischer Gärten. Veröffentlichungen zum Klein Flottbeker Park.
Katalogbeiträge: Altona-Elbgärten und -Klein Flottbek; Arens, Migge, Ohlendorff; 36 Abb.

Michael Breckwoldt, geb. 1959 in Hamburg, Studium des Gartenbaus in Osnabrück und der Literaturwissenschaft und Philosophie in Hamburg, Magisterarbeit über C. C. L. Hirschfelds „*Landleben*", seit 1992 freier Journalist in Hamburg mit Themenschwerpunkt Garten und Umwelt. Veröffentlichung zu Hirschfeld.
Katalogbeiträge: Altona-Gartenbauausstellung und -Volkspark, Seebüll; Tutenberg; 4 Abb.

Ilsabe von Bülow, geb. 1961 in Tübingen, lebt in Gudow/Lauenburg.
Katalogbeitrag: Gudow.

Adrian von Buttlar, geb. 1948 in Marburg, Studium der Kunstgeschichte, Archäologie, Soziologie und Jura in München und London, 1977 Promotion mit einer Dissertation über den englischen Landsitz im 18. Jahrhundert. Dozent in München, Trier und Augsburg. 1984 Habilitation mit einer Arbeit über Leo von Klenze, seit 1985 Professor für Kunstgeschichte an der Universität Kiel. Zahlreiche Publikationen zur Geschichte der Gartenkunst und Architektur im 18. und 19. Jahrhundert.
Katalogbeiträge: S. 11–59, Gelting, Nehmten, Neudorf, Rastorf und Wandsbek; Bechstedt, Hirschfeld; 5 Abb.

Ronald Clark, geb. 1956 in Oldenburg i. O., Studium des Gartenbaus und der Landespflege in Hannover, Diplomarbeit zum Georgengarten in Hannover, Abteilungsleiter im Grünflächenamt Hannover, arbeitet an einer Dissertation zu Christian Schaumburg. Beiträge zu gartenhistorischen Themen in Fachzeitschriften.
Katalogbeiträge: Plön (Landschaftsgarten); Schaumburg.

Nils Claussen, geb. 1953 in Friedrichstadt, 1973–77 Lehramtsstudium, 1980 2. Staatsexamen, 1980–88 Studium der Kunstgeschichte in Kiel, seit 1988 Hausmann in Bordesholm. Veröffentlichung zu Friedrichstadt.
Katalogbeitrag: Friedrichstadt.

Helga de Cuveland, geb. 1926 in Gelsenkirchen, freiberufliche Fachjournalistin im Bereich Naturwissenschaften und Botanik mit eigenem Bildarchiv und Pressedienst in Norderstedt, Studium der Kunstgeschichte in Hamburg mit anschließender Promotion. Zahlreiche Veröffentlichungen u. a. zur Gartenkunst in Schleswig-Holstein.
Katalogbeiträge: Ahrensburg, Husum, Reinbek und Schleswig-Gottorfer Codex; 2 Abb.

Karen David-Sirocko, geb. 1965, Studium der Kunstgeschichte, Germanistik und Literaturwissenschaft in Kiel und Boston (Mass.), 1990 Magisterarbeit zum neogotischen Schulbau in Schleswig-Holstein, 1995 Promotion mit einer Dissertation zu Georg Gottlob Ungewitter. Veröffentlichungen zur Blomenburg und zur neugotischen Architektur.
Katalogbeiträge: Blomenburg; Knoblauch.

Mareile Ehlers, geb. 1955 in Hamburg, Studium der Landespflege in München-Weihenstephan, 1981–83 Studium und Arbeit in den USA, 1983–94 Mitarbeiterin in Planungsbüros in München, Lübeck und Hamburg, redaktionelle Mitarbeit in Fachzeitschriften, z. Zt. freischaffende Landschaftsarchitektin in Hamburg. Diverse Artikel zur Freiraumplanung in Fachzeitschriften.
Katalogbeiträge: Friedrichsruh; Koenig; 1 Planzeichnung.

Kirsten Eickhoff-Weber, geb. 1960 in Dinslaken/Niederrhein, Studium der Landespflege in Hannover, seit 1988 Leiterin der Unteren Naturschutzbehörde Neumünster, z. Zt. in Erziehungsurlaub und freiberuflich tätig.

Gartenhistorische Aufsätze in Sammelbänden und Fachzeitschriften.
Katalogbeitrag: Neumünster.

Christa Fiedler, geb. in Hamburg, Studium der Philosophie und Literaturwissenschaften in Hamburg und an der Staatlichen Hochschule für Musik in Hamburg, Cembalostudium bei Prof. Praetorius und Gustav Leonhard, danach Konzertverpflichtungen und Dozententätigkeit, seit 1986 Studium der Kunstgeschichte, Musikwisschaften und Kirchengeschichte in Kiel, seit 1994 Arbeit an einer Dissertation. Beiträge in Ausstellungskatalogen.
Katalogbeitrag: Louisenlund; 2 Abb.

Gisela Floto, aufgewachsen in Augustenhof bei Gettorf, Auslandsaufenthalte in London und Paris. Studium der Photographie in Berlin, Bildjournalistin, seit 1971 freie Photographin in Hamburg, seit 1993 Dozentin Universität Hamburg. Zahlreiche Einzel- und Gemeinschaftsausstellungen in Hamburg, Schleswig-Holstein, Düsseldorf, Wuppertal und Berlin. Ankäufe von Museen in München, Hamburg und Schleswig; 15 Abb.

Klara Frantz, geb. 1945 in Prag, lebt in Altenhof bei Eckernförde, Studium der Kunstgeschichte, Slawischen Philologie und Osteuropäischen Geschichte in Prag und Kiel. 1979 Magister.
Katalogbeitrag: Eckhof.

Imke Gode, geb. 1966 in Neustadt a. Rbge., lebt in Kiel, Kunsthistorikerin, Studium der Kunstgeschichte, Geschichte und Volkskunde in Kiel, Magisterarbeit zum Glücksburger Schloßgarten.
Katalogbeitrag: Glücksburg; 1 Abb.

Heinz Hahne, geb. in Osterrode/Harz, Studium der Landespflege in Hannover, danach freiberufliche Tätigkeit im Büro Prof. Landholt in Hannover, Stadtplaner in Salzgitter und Münster, z. Zt. Gartenbaudirektor beim Grünflächenamt der Hansestadt Lübeck. Aufsätze in Fachzeitschriften.
Katalogbeiträge: Lübeck-Marly und -Stadtpark.

Burkhard von Hennigs, geb. 1944 in Falkenwalde/Ueckermünde, Studium der Architektur in Braunschweig, 1974 städtebauliche Staatsprüfung in Kiel, z. Zt. Kreisbaudirektor in Bad Oldesloe und Redaktion der Stormarner Hefte. Zahlreiche denkmalpflegerische Aufsätze in Fachzeitschriften u. a. zum Jersbeker Garten.
Katalogbeiträge: Bad Oldesloe, Blumendorf und Jersbek; Carstens, Lücke; 1 Abb.

Annette Henning, geb. 1961 in Heilbronn a. N., Ausbildung als Photolaborantin und Photographin, seit 1988 am Kunsthistorischen Institut der Christian-Albrechts-Universität in Kiel. Photographische Mitarbeit an zahlreichen wissenschaftlichen Publikationen; 41 Abb. und zahlreiche Repros (KHI).

Hjördis Jahnecke, geb. 1966 in Kellinghusen, Studium der Rechtswissenschaften, der Kunstgeschichte, der Romanischen Sprachen und Literaturwissenschaft in Kiel und Genua, derzeit Arbeit an einer Dissertation zur Bau- und Gartengeschichte der Breitenburg. Beiträge in einem Ausstellungskatalog zur barocken Druckgraphik.
Katalogbeiträge: Breitenburg und Rantzau; 1 Abb.

Silke Kuhnigk, verh. Hunzinger, geb. 1969 in Eutin, Studium der Kunstgeschichte, Mittlere und Neuere Geschichte und Klassische Archäologie in Kiel, seit 1992 freie museumspädagogische Mitarbeiterin beim Schleswig-Holsteinischen Landesmuseum Schloß Gottorf und an der Gemäldegalerie der Stiftung Pommern, 1993 Magisterarbeit zum Plöner Schloßgarten, 1996 Promotion mit einer Dissertation zur Baugeschichte des Plöner Schlosses. Veröffentlichungen zur Kunst im 20. Jahrhundert und zum Plöner Schloßgarten.
Katalogbeiträge: Ahrensbök, Plön und Traventhal; Rosenberg, G. Tschierske, G. D. Tschierske; 1 Abb.

Felix Lühning, geb. 1964 in Schleswig, lebt in Kiel, Zimmerer, Studium der Architektur in Kiel. Veröffentlichung zum Gottorfer Globus.
Katalogbeitrag: Schleswig-Globushaus; 2 Planzeichnungen.

Barbara Martins, geb. 1960 in Bottrop, Studium der Kunstgeschichte, Volkskunde und Archäologie in Kiel, Magisterarbeit und Veröffentlichung zur Frucht- und Forstbaumschule und Düsternbrooker Gehölz in Kiel, freiberuflich in Kiel tätig, u. a. Konzeption und Ausführung einer Ausstellung im Pavillon des Alten Botanischen Gartens, dazu auch eine Veröffentlichung.
Katalogbeiträge: Kiel-Düsternbrooker Gehölz, -Fruchtbaumschule, -Forstbaumschule und -Alter Botanischer Garten.

Jörg Matthies, geb. in Kassel, lebt in Hamburg, Studium der Kunstgeschichte, Klassischen Archäologie, Volkskunde und Pädagogik in Kiel, Wien und Hamburg, Mitarbeiter beim DFG-Projekt „*Historische Gärten in Schleswig-Holstein*", derzeit Arbeit an einer Dissertation zur Kunst im öffentlichen Raum. Veröffentlichungen zur zeitgenössischen Kunst und zur Gartenarchitektur in Schleswig-Holstein.
Katalogbeiträge: Bredeneek, Glückstadt, Grabau, Hörst, Karlsburg, Kellinghusen, Kiel-Schrevenpark, Krummendiek, Lauenburg, Lehmkuhlen, Testorf, Travenort, Wassersleben und Wyk; Barth, Bauer, Bonn, Cordes, Hoff, Hurtzig, Jelinek, Langenbuch, Major, Milde, Roselius; 2 Abb.

Thomas Messerschmidt, geb. 1964 in Flensburg, Ausbildung zum Uhrmacher, Studium der Kunstgeschichte, Archäologie und Volkskunde in Kiel, Magisterarbeit zum Christiansenpark in Flensburg, Wissenschaftlicher Mitarbeiter im DFG-Projekt „*Historische Gärten in Schleswig-Holstein*", lebt in Flensburg. Veröffentlichungen zur Gartenkunst und zur Familie Christiansen in Flensburg.
Katalogbeiträge: Flensburg-Margarethenhof, -Marienhölzung, -Christiansenpark und Alter Friedhof, -Stadtpark; Lübeck-Wallanlagen, -Garten Dr. Linde; Panker, Schleswig-Gärten der Gottorfer Residenz und Sielbeck; Allers, Bundsen, Greggenhofer; 2 Abb.

Margita Marion Meyer, geb. 1960 in Düsseldorf, Studium der Landwirtschaft, Landschaftsplanung und Philosophie in München-Weihenstephan und Berlin, 1991–93 Wissenschaftliche Mitarbeiterin am Kunsthistorischen Institut Kiel, 1994 Promotion mit einer Dissertation über postmoderne Ästhetikkonzeptionen am Beispiel des „*Parc de La Villette*" in Paris, seit 1993 Dezernentin für Gartendenkmalpflege beim Landesamt für Denkmalpflege in Kiel. Beiträge zu gartendenkmalpflegerischen Themen in Fachzeitschriften.
Katalogbeiträge: S. 75–94, Ascheberg, Deutsch-Nienhof, Hanerau, Hochdorf, Ludwigsburg, Niendorf a. d. St., Schierensee und Wilster; Bechstedt; 5 Abb., 1 Planzeichnung.

Michael Paarmann, geb. 1953 in Löhrstorf/Ostholstein, Studium der Kunstgeschichte, Volkskunde und Klassischen Archäologie in Kiel, Promotion mit einer Dissertation zum Alten Garten in Gottorf, z. Zt. Bezirkskonservator beim Niedersächsischen Landesverwaltungsamt - Institut für Denkmalpflege, Außenstelle Braunschweig. Zahlreiche Beiträge zu kunstgeschichtlichen und denkmalpflegerischen Themen in Fachzeitschriften und Sammelbänden.
Katalogbeiträge: Schleswig-Skulpturenausstattung des Neuwerk-Gartens; Clodius, M. G. Tatter, H. G. Tatter.

Renate Paczkowski, geb. in Oldenburg/Holst., Studium der Kunstgeschichte, Geschichte und Archäologie in Kiel und München. 1975 Promotion. Seit 1981 Leiterin der Landesgeschichtlichen Sammlung an der Schleswig-Holsteinischen Landesbibliothek in Kiel, Zahlreiche Veröffentlichungen zur Kunst- und Kulturgeschichte in Schleswig-Holstein.
Katalogbeitrag: Kiel-Brümmerscher Garten.

Kai Pörksen, geb. 1958 in Rendsburg, lebt in Emkendorf, Studium der Wirtschaftswissenschaften und der Kunstgeschichte in Kiel, seit 1991 selbständiger Kaufmann, derzeit Arbeit an einer Dissertation über R. M. Dallin.
Katalogbeiträge: Emkendorf und Knoop; Dallin, Horn.

Hans-Helmut Poppendieck, geb. 1948 in Hamburg, 1975 Promotion in Botanik, danach tätig als Kustos am Botanischen Garten und ab 1987 am Herbarium des Instituts für Allgemeine Botanik in Hamburg, Vorsitzender des Botanischen Vereins in Hamburg. Veröffentlichungen zur Pflanzensystematik in Fachzeitschriften und Botanische Führer für das Hamburger Gebiet.
Katalogbeitrag: S. 60–74, Uetersen; 11 Abb.

Dagmar Rösner, geb. 1964 in Kiel, lebt in Eckernförde, Studium der Kunstgeschichte, der Klassischen Archäologie und der Slawischen Philologie in Kiel, seit 1990 Arbeit an einer Dissertation über den Architekten Hans Grisebach. Veröffentlichungen zu den Herrenhäusern in Tremsbüttel und Emkendorf.
Katalogbeitrag: Tremsbüttel.

Ingrid Alexandra Schubert, Studium der Kunstgeschichte, Geschichte und Theologie in Kiel, derzeit Arbeit an einer Dissertation über den Garten in Pratolino/Italien, freischaffende Gartenhistorikerin. Zahlreiche z. T. journalistische Beiträge zur Gartenkunst in Schleswig-Holstein.

Katalogbeiträge: Bredeneek, Charlottenberg, Gülzow, Hamfelde, Hohenstein, Lauenburg, Lehmkuhlen, Meischenstorf, Perdöl, Rixdorf, Salzau, Travenort, Wandsbek-Lengercke, Wassersleben, Waterneverstorf, Weissenhaus und Wotersen; Foerster, Jacobsen, Jardin, F. J. C. Jürgens, R. Jürgens, Maasz, Milde, Ramée; 11 Abb.

Heiko K. L. Schulze, geb. 1954 in Mülheim/Ruhr, Studium der Kunstgeschichte, Klassischen und Mittelalterlichen Archäologie, Städtebau und Raumplanung in Köln, Tübingen und Bonn, 1981 Promotion, Wissenschaftlicher Mitarbeiter an einem Forschungsprojekt zum Ohlsdorfer Friedhof, z. Zt. Oberkonservator am Landesamt für Denkmalpflege in Kiel, Schriftleiter der Zeitschrift „*Denk-Mal!*". Zahlreiche Publikationen zur Bau- und Kunstgeschichte des Rheinlands, Westfalens und Schleswig-Holsteins sowie zum Gottorfer Herkules.
Katalogbeitrag: Schleswig-Gottorfer Herkules im Neuwerk-Garten.

Gisela Thietje, geb. 1931 in Hohenwestedt, Studium der Pädagogik an der Pädagogischen Hochschule in Flensburg, 1953 bis 1988 Lehrerin für Deutsch, Geschichte und Biologie, heute Rektorin i. R. in Wedel, 1994 Monographie zum Eutiner Schloßgarten. Zahlreiche Publikationen zur Plastik und Gartenkunst des 18. und 19. Jahrhunderts in Schleswig-Holstein.
Katalogbeiträge: Eutin, Schleswig-Dernathscher Garten und Stendorf; Lewon, A. F. Moser, J. G. Moser, Rastedt, Rehder, Richter, Roese, Schlichting; 2 Abb.

Personenregister

Abercron, Carl von (1833–1913) 440, 596

Abercron, Olga von, geb. von Schröder (1838–1922) 440, 596

Adalbert, Prinz von Preußen (1884–1948) 484

Adam, James (1732–1794) und Robert (1728–1792), engl. Architekten 209

Addison, Joseph (1672–1719), engl. Dichter 41, 62, 73, 515

Adelheid, Herzogin von Schleswig-Holstein-Sonderburg-Glücksburg (1821–1899) 419

Adlerfelt, Carl Maximilian Johan Emanuel von (1706–1747), schwedischer Offizier und Zeichner 356, 358; Abb. 261

Adolf, Herzog von Schleswig-Holstein-Gottorf (1526, reg. 1544–1586) 12, 15, 320, 345, 410, 497, 533

Adolph Friedrich, Fürstbischof von Lübeck (reg. 1727–1750), ab 1751 schwedischer König (1710–1771) 20, 173, 218, 222, 229, 348, 356, 486, 487, 531, 588, 664

Ahlefeldt, Familie von 19, 164, 294, 297, 311, 402, 403, 573, 575, 650, 664

Ahlefeldt, von (um 1900), Oberwerftdirektor 384

Ahlefeldt, Balthasar von (16. Jh.) 297

Ahlefeldt, Bendix von (1679–1757) 19, 26, 34, 194, 328, 332, 335, 620, 654, 665

Ahlefeldt, Conrad Christoph Graf von, aus Eschelsmark (1763–1853) 158, 163

Ahlefeldt, Detlev von (18. Jh.) 294

Ahlefeldt, Hans-Hinrich von (1656–1720) 194, 195, 328, 573, 574, 575, 576, 577, 578

Ahlefeldt, Hermann von (1806–1855) 427,

Ahlefeldt, Hinrich von (15. Jh.) 194

Ahlefeldt, Johann Rudolph von (18. Jh.) 258, 652

Ahlefeldt, Josefine von, geb. Block (1827–1891) 428

Albedyll, Heinrich Otto von (18. Jh.) 461

Albutius, C. G. (18. Jh.), Graphiker und Kupferstecher 173, 175, 176, 491; Abb. 370

Alexander, Markgraf von Ansbach-Bayreuth (reg. 1763–1791) 423

Allers, Theodor (gest. 1704), Bildhauer 18, 541, 555, 650

Altmann, Isaak Hermann Albert (1777–1837), Bremer Gärtner 166, 275

Alvensleben, Frau von (Ende 18. Jh.) 205

Ambrózy-Migazzi, Istvan Graf (Anfang 20. Jh.), ungarischer Botaniker 73

Ammannati, Bartolomeo (1511–1592), ital. Architekt und Bildhauer 401

Amsinck, Heinrich (Anfang 20. Jh.), Architekt 146

Ancker, Ferdinand (1857–1920), Bauunternehmer 128

Andersen, Hans Christian (1805–1875), dänischer Dichter 185, 186

Andersen, Jürgen (um 1620–1679), Gottorf. Beamter und Reiseschriftsteller 519

Andresen, Andreas Peter (1771–1832), Flensburger Kaufmann und Dichter 233, 242

Andresen, H. N. (19. Jh.), Landmesser 593

Angivillers, Graf de (1730–1809), Hofbau- und Kunstintendant Louis XVI. 32

Anna, Großfürstin von Rußland (Anfang 19. Jh.) 668

Anna Carolina, Herzogin von Schleswig-Holstein-Sonderburg-Glücksburg, geb. von Nassau-Saarbrücken-Usingen (1751–1824) 30, 265, 268, 269

Anna Petrovna, russ. Großfürstin, Herzogin von Holstein-Gottorf (1708–1728) 348, 356

Anpenot (Ende 18. Jh.), französischer Gartenbauunternehmer 286, 287

Aratos (3. Jh. v. Chr.), griechischer Dichter 227

Arends, (Anfang 20. Jh.), Blumenzüchter 571

Arens, Johann August (1757–1806), Architekt 116, 117, 135, 136, 137, 138, 193, 451, 650–651, 669

August, Kurfürst von Sachsen (1526–1586) 397

August II. (der Starke), Kurfürst von Sachsen und König von Polen (1670–1733) 444

August Friedrich, Bischof von Lübeck (1646, reg. 1666–1705) 216

Augusta, Herzogin von Schleswig-Holstein-Gottorf (1580–1639) 15, 320, 322, 324, 326, 497, 498, 500

Baade, Franz (18. Jh.), Gärtner auf Schierensee 532

Baedecker, Walther (geb. 1880), Architekt 127, 131

Bærner, Johann Jürgen (18. Jh.), Geometer 100, 101, 102, 105, 106, 108; Abb. 80

Baggesen, Jens (1764–1826), dänischer Dichter 32, 609

Baljohr, Jakob Dietrich (18. Jh.), Gärtner auf Gelting 264

Ballin, Albert (1857–1918), Hamburger Reeder 286

Barckha(h)n, Johann Hieronymus (1785–1865), Maler und Lithograph Abb. 136

Barth, Erwin (1880–1933), Lübecker Stadtgärtner und Stadtgartendirektor von Berlin 56, 252, 429, 432, 434, 438, 651, 663; Abb. 39, 329, 330

Baudissin, Carl Ludwig Graf von (1756–1814) 489, 490

Baudissin, Caroline Adelaine Gräfin von, geb. Schimmelmann (1760–1826) 42, 208, 389, 509, 658

Baudissin, Heinrich Christoph Reichsgraf von (1709–1786), Offizier 488

Baudissin, Heinrich Friedrich Graf von (1753–1818) 212, 389, 490, 653, 658

Baudissin, Otto Friedrich Magnus Graf von (1792–1865), Offizier und Zeichner 168

Baudissin, Wolf Graf von (1789–1878), Diplomat und Übersetzer 490

Baudissin, Wolf Heinrich (Wulff Hinnerich) Graf von (1671–1758?), sächsischer General und Kabinettsminister 506, 674

Baudissin, Wolf-Caspar Graf von (1. Hälfte 20. Jh.) 491

Bauer, August Friedrich (18. Jh.), Gartenkünstler 394, 651; Abb. 293

Bauer, Friedrich (1872–1937), Gartenarchitekt 388

Bauer, Nicolaus Sigismund (1720–1777), dänischer Baumeister und Plöner Landbaumeister 95, 164

Baur, Georg Friedrich (1768–1865), Kaufmann 51, 116, 119, 120

Baur, Johann Heinrich d. J. (1767–1807), Kaufmann 52

Bechstedt, Johann Caspar (1735–1801), Gutsgärtner 22, 23, 27, 31, 34, 49, 54, 258, 258, 259, 260, 262, 264, 318, 412, 413, 424, 526, 527, 532, 651–652; Abb. 187

Becker, (20. Jh.), Ortsvorsteher 146

Beeck, (19. Jh.), Müllermeister 552, 555

Behn, Joachim Friedrich (Ende 18. Jh.), Zimmermeister 618

Behrens, C. F. (Ende 18. Jh.), Gärtner auf Stendorf 589; Abb. 444

Behrens, Peter (1868–1940), Architekt 656

Bélanger, François-Joseph (1744–1818), frz. Architekt 192, 669

Bendixen, Siegfried Detlev (1786–1864), Maler und Lithograph Abb. 263, 364

Benoit, F. C. (Ende 18. Jh.), Planzeichner 401

Benoit, G. von (Ende 18. Jh.), Landmesser 254

Berg, (19. Jh.), Tischlermeister 233

Berg, A. von (Mitte 19. Jh.) 589; Abb. 446

Bergholtz, Friedrich Wilhelm von (1699–1766), Kammerherr 355, 356

Berlepsch, Emilie von (= Emilie Harms) (1755–1830), Schriftstellerin 31, 33, 162, 198, 199, 200, 202, 203, 204, 205, 207, 526, 669

Bernhard, Herzog von Sachsen (1140-1212) 400

Bernini, Gianlorenzo (1598–1680), ital. Architekt und Bildhauer 650

Bernoulli, Hans (1876–1959), schweizer Architekt 656

Bernstorff, Andreas Gottlieb Freiherr von (1649–1726), hannov. Staatskanzler 18, 643, 644, 646

Bernstorff, Andreas Gottlieb Graf von (1708–1768) 18

Bernstorff, Andreas Peter Graf von, dän. Minister (1735–1797) 12, 34, 623, 658

Bernstorff, Joachim Engelke Graf von (1678–1736) 646

Bernstorff, Johann Hartwig Ernst Graf von (1712–1772), dänischer Staatskanzler 12, 18, 33, 34, 41, 47, 119, 201, 202, 204, 205, 496, 644, 645, 657, 660

Bernstorff, Johann Hartwig Ernst Graf von (1815–1898) 646

Besler, Basilius (1561–1629), Apotheker und Naturkundler 559

Beus, Carl (19. Jh.), Lenné-Schüler 566

Beuys, Joseph (1921–1986) 630

Biernatzki, Hermann (1818–1895), Jurist und Landeskundler 41, 256, 452

Biesoldt, Georg Friedrich (1735–1792), Gärtner 22, 299, 300, 494, 606; Abb. 217

Biesoldt, Martin Friedrich (Anfang 18. Jh.), Gärtner 492f

Bismarck, Annemarie Fürstin von 253

Bismarck, Elisabeth Fürstin von 254

Bismarck, Otto Fürst von (1815–1898), Reichskanzler 53, 55, 249, 250, 251, 252, 382, 660; Abb. 181

Bismarck, Otto Fürst von 252

Biss, Christoph (Mitte 18. Jh.), Hoftischler 601

Blacker, John (Ende 18. Jh.), Courtmaster 116, 122

Blaikie, Thomas (1750–1838), schott. Gärtner 669

Blei(e)l, Johann Philipp (vor 1730–1775), Eutiner Hofmaler 229, 475, 601, 664

Blohm, Jacob Wilhelm (1. Hälfte 19. Jh.), Wandsbeker Gärtner 619

Blome, Adolf (1798–1875) 302

Blome, Adolf (1863–1937) 303

Blome, Catharina Margarethe, geb. von Hahn 514, 519

Blome, Christoph (1657–1729) 627

Blome, Christoph (1691–1743) 297

Blome, Elisabeth, geb. Rantzau (1687–1776) 30, 628, 629

Blome, Friedrich von (1769–1818) 521

Blome, Hans Jacob, Preetzer Bauunternehmer (18. Jh.) 47, 474

Blome, Hinrich (1685–1736) 627, 628, 634

Blome, Hinrich (Heinrich) (1616–1676) 30, 626, 627

Blome, Otto (1770–1849) 301

Blome, Otto Lehnsgraf von (1795–1884) 53, 168, 169, 170, 171, 172, 521, 522, 523, 525

Blome, Otto von (1735–1803) 297, 298, 300, 301, 302, 303

Blome, Wolff von (1728–1784) 36, 42, 44, 301, 513, 514, 515, 516, 518, 519, 520, 521, 524, 525, 658

Blondel, Jacques-François (1705–1774), frz. Architekt 22, 97, 106, 262, 264, 298, 476, 514, 525, 615

Bocholt, Marten van (17. Jh.), Baumschulgärtner 255, 256

Bock, C. (19. Jh.), Gärtner aus Lammershagen 169

Böcklin, Arnold (1827–1901), schweizer Maler 436

Böckmann, Hamburger Baumschule in St. Georg 47, 114, 259, 289, 316, 319, 527, 532, 651

Böckmann, Hans (gest. 1718), Gärtner 288, 289, 292

Böger, Marius (1905–1976) 587, 588

Börnsen, Thomas (20. Jh.), Gärtner auf Seebüll 568, 570

Bösch, Andreas (17. Jh.), Büchsenmacher und Mechaniker 546, 550

Boie, Heinrich Christian (1744–1806), Schriftsteller und Verleger 609

Bokelmann, Georg Ludwig (1748–1822), Hamburger Licentiat und Domherr 49, 471, 669; Abb. 29

Bonn, Otto Heinrich von (1703–1785), hann. Oberlandbaumeister 400, 401, 461, 652–653; Abb. 297

Bonnard, Pierre (1867–1947), frz. Maler 436

Booth, James (1772–1814), schottischer Gärtner 121, 125, 137, 187, 272, 280

Borchardt, Rudolf (1877–1945), Dichter und Schriftsteller 656

Borchmann, Johann Caspar (Anfang 18. Jh.), Baumeister 643, 644, 645, 646

Born, Ignaz von (1742–1791), Mineraloge 422

Bosse, Julius Friedrich Wilhelm (1788–1864), Gartenarchitekt und Gärtner 302

Bossi, Bartolomeo (um 1713–nach 1764), Stuckateur 475

Boullée, Etienne Louis (1728–1799), frz. Architekt 244

Boyceau de La Baraudiere, Jacques (vor 1588–um 1633), Intendant der kgl. Gärten 15

Brahe, Tycho (1546–1601), dän. Astronom 550, 614

Branca, Alexander Freiherr von (20. Jh.), Architekt 130

Brandt, Wilhelm (19. Jh.), Hamburger Kaufmann 653

Brauer, (19. Jh.), Hamburger Kaufmann 668

Brauer, Abraham Christian (gest. 1868), Tabakfabrikant 372, 373, 374

Brauer, Max (1887–1973), Altonaer und Hamburger Bürgermeister 130

Braun, Georg (um 1540–1622), Theologe und Publizist 230; Abb. 2

Bridgeman, Charles (gest. 1738), engl. Gartenkünstler 29

Brien, Ulrich, Gartenarchitekt 336

Brockdorff, Maria Sophia Charlotte von (1772–1833) 531

Brockdorff-Ahlefeldt, Conrad Friedrich Gottlieb Graf von (1823–1909) 158, 164

Brocken, Christian von (1730–1788), Handelsgärtner in Lübeck 263, 481

Brockes, Barthold Hinrich (1680–1747) Hamburger Ratsherr, Dichter und Freimaurer 22, 23, 27, 33, 34, 35, 61, 73, 114; Abb. 19

Brömbsen, Marquard von (18. Jh.), Lübecker Patrizier 338

Brown, Lancelot „Capability" (1716–1783), engl. Gartenkünstler und kgl. Hofgärtner 424, 450

Brügmann, Christian 150

Brühl, Christiane (Tina) Gräfin von (1756–1816) 41, 212, 423, 658

Brühl, Hans Moritz Graf von (1746–1811) 41, 423

Brühl, Heinrich Graf von (1700–1763), sächs. Minister 109, 670

Brümmer, Otto Friedrich von (1690–1752), Oberhofmarschall 20, 356, 358

Brütt, Adolf (1855–1939), Bildhauer 247, 248, 353

Bruyn, J. de (18. Jh.), Landmesser 95; Abb. 76

Buchwald(t), Familie von 36, 328, 452

Buchwald, Friedrich von (1761–1822) 447, 494

Buchwald, Hans von 177

Buchwaldt, Anna Margarethe von (18. Jh.) 328

Buchwaldt, Caspar von (gest. 1765) 452

Buchwaldt, Caspar von (gest. 1869) 455

Buchwaldt, Detlev von (gest. 1836), Amtmann 452, 455

Buchwaldt, Detlev von (gest. 1797) 452

Buchwaldt, Friedrich Christian von (gest. 1763) 452

Buchwaldt, Jasper von (gest. 1726) 328

Buchwaldt, Wolf von (gest. 1830) 452

Buek, Hamburger Gärtnerfamilie und Baumschule 71, 527

Bülow, Adolph Gottlieb von (1795–1841) 52, 279

Bülow, Amelie von, geb. von Oertzen (1839–1893) 280

Bülow, Bernhard Graf und Fürst von (1849–1929), Reichskanzler 143

Bülow, Cuno Josua von (18. Jh.), hann. Generalfeldmarschall 209, 652

Bülow, Friedrich Gottlieb von (1831–1898) 280, 281

Bülow, Johan von 424

Bülow, Wilhelm, Obergärtner 648

Büsch, Familie 134

Büsch, Johann Georg (1728–1800), Mathematiker und Wirtschaftswissenschaftler 134, 147, 651

Bundsen, Axel (1768–1832), dän. Architekt 46, 235, 239, 244, 360, 361, 362, 386, 389, 446, 451, 490, 653; Abb. 373

Bundsen, Jes(s) (1766–1829), dän. Maler 389, 653

Buontalenti, Bernardo (1536–1608), ital. Architekt 401

Burke, Edmund (1729–1797), britischer Staatsmann und Philosoph 40, 657

Burmester, Adolf (1823–1909), Maler und Zeichenlehrer 164, 589; Abb. 16, 26, 228, 398, 445

Caetani, Alessandro (17. Jh.) 562

Camerer, Johann Friedrich (1720–1792) 575, 577

Carl, Landgraf von Hessen-Kassel (1654, reg. 1677–1730) 16, 18, 597

Carl, Landgraf von Hessen-Philippsthal (1682–1770) 591, 592, 593, 596, 597

Carl, Prinz und Landgraf von Hessen, dänischer Statthalter (1744–1836) 12, 32, 36, 41, 42, 258, 338, 340, 341, 410, 411, 412, 414, 415, 417, 418, 419, 420, 421, 422, 423, 424, 468, 619, 652, 658
siehe auch Karl

Caroline, geb. von Brandenburg-Ansbach, englische Königin (1683–1737) 30

Caroline Mathilde, dänische Königin (1751–1775) 558, 607, 608

Carstenn-Lichterfelde, Johann Wilhelm Anton von (1822–1896), Unternehmer 593, 619, 620

Carstens, Jasper (1705–1759), Architekt 328, 601, 617, 653–654

Carstens, Trinke 653

Carstens, Bendix 653

Castell, Robert (gest. 1729), engl. Architekturpublizist 212

Caus, Salomon de (um 1576–1626), Baumeister, Gartenkünstler und Ingenieur 16, 551

Chambers, Sir William (1723–1796), engl. Architekt 40, 192, 224, 227, 424, 519, 618, 660

Champollion, Jean François (1791–1832), Begründer der Ägyptologie 420, 425

Charbonnier, Ernst August, Hofgärtner 637

Charbonnier, Martin (gest. 1720), Hofgärtner in Herrenhausen 329, 639

Charlotte Amalie von Hessen-Kassel (1650–1714), dänische Königin 596

Chodowiecki, Daniel Nikolaus (1726–1801), Maler und Kupferstecher 34; Abb. 18

Christian, Herzog von Schleswig-Holstein-Sonderburg-Glücksburg (1627, reg. 1663–1698) 265

Christian III., dänischer König (1503, reg. 1534–1559) 12

Christian IV., dänischer König (1577, reg. 1588–1648) 15, 16, 270, 292, 320, 497, 505

Christian V., dänischer König (1649, reg. 1670–1699) 601

Christian VI., dänischer König (1699, reg. 1730–1746) 565

Christian VII., dänischer König (1749, reg. 1766–1808) 19, 98, 108, 161, 199, 204, 243, 286, 410, 421, 477, 496, 527, 542, 558, 607, 608, 544

Christian VIII., dänischer König (1786, reg. 1839–1848) 52, 480, 482, 647, 673

Christian Albrecht, Bischof von Lübeck (reg. 1655–1666), Herzog von Schleswig-Holstein-Gottorf (1641, reg. 1659–1694) 17, 18, 324, 346, 354, 372, 500, 533, 539, 542, 552, 554, 559, 650, 666, 674

Christian August, Fürstbischof von Lübeck (1673, reg. 1705–1726) 20, 218, 655, 664, 673

Christiansen, Flensburger Kaufmannsfamilie 234, 235

Christiansen, Andreas jun. (1780–1831), Flensburger Kaufmann 234, 239, 240, 242, 243, 244, 246, 403

Christiansen, Andreas sen. (1743–1811), Flensburger Kaufmann 234, 239, 653

Christine Irmgard, Herzogin von Schleswig-Holstein-Sonderburg-Plön, geb. von Reventlow (1711–1779) 479

Cirsovius, Friedrich Carl (1733–1806), Landmesser 451

Claudius, Caroline Abb. 17

Claudius, Matthias (1740–1815), Dichter 32, 33, 34, 36, 208, 209, 422, 609, 614, 615, 617, 618, 619, 629; Abb. 17

Claudius, Rebecca (1754–1832) Abb. 17

Clodius, Friedrich (17. Jh.) 654

Clodius, Johannes (1584–1660), Gottorfer Garteninspektor 15, 16, 47, 323, 536, 539, 540, 543, 552, 562, 654, 673, 674

Clodius, Peter (16. Jh.), Hofgärtner 654

Coch, G. I. E. 256

Collenburg, H. 424

Columbo, Fortuna (17. Jh.), ital. Wasserkunstmeister 215

Cordes, Johann Diedrich (Anfang 19. Jh.) 311

Cordes, Johann Wilhelm (1840–1917), Hamburger Gartenarchitekt 276, 277, 278, 654–655, 672; Abb. 197

Cossel, Marie Elisabeth von (gest. 1789) 334

Cossel, Paschen von (1714–1805) 37, 334, 335

Cossel, W. von (19. Jh.) Abb. 380

Cramer, Carl Friedrich (1752–1807/08), Professor für Griechisch und Dichter 32, 201, 202, 204, 205, 206

Cramer, Charlotte (1726–1777) 201

Cramer, Johann Andreas (1732–1788), Theologieprofessor und Kanzler der Kieler Universität 206

Creutzfeld, J. A. (19. Jh.), Landmesser 532

Dallin, Rudolph Matthias (um 1680–1743), Eutiner Hofbaumeister 21, 47, 160, 164, 173, 218, 223, 348, 349, 358, 492, 506, 558, 588, 627, 634, 655, 656, 665

Dammann, Hans (1867–1942), Bildhauer 600

Danckwerth, Caspar (um 1605–1672), Arzt und Historiograph 255, 270, 345, 533, 544

Danican, Louis Michel Thevenet, gen., frz. General und Emigrant 193

Datz, Melchior (18. Jh.), Baumeister 601

David, Johann Marcus (1764–1810), Landschafts- und Porträtmaler 432; Abb. 321

Daviler (D'Aviler), Augustin Charles (1653–1701), frz. Architekt und Publizist 298, 338, 396, 576

Degas, Edgar (1834–1917), frz. Maler 436

Degn, Christian, Historiker 104

Dehn, Friedrich Ludwig Graf von (1697–1771) 427

Delfs, Moritz Ernst August (1823–1906), Maler 318

De Lille, Abbé Jacques (1738–1813), Dichter 40

Deneken, Arnold Gerhard (1759–1836), Bremer Ratsherr und Reiseschriftsteller 528, 650

Denner, Balthasar (1685–1749), Maler 61

Dernath, Gerhard Graf von (1668–1740) 20, 536, 563, 565, 634

Desgot, Claude (gest. 1732) 477

Detlefsen, Detlef (1833–1911), Gymnasialdirektor 273,

Dezallier d'Argenville, Antoine Joseph (1680–1765), frz. Kunstgelehrter und Publizist 22, 25, 28, 62, 97, 158, 185, 219, 298, 348, 351, 355, 474, 575, 606, 635, 637, 665

Diebel, K., 224

Diehn, C. L. (18. Jh.), Kartograph 100, 101; Abb. 79

Dierkes, Paul, Bildhauer 570

Diesel, Matthias (Mathias Disl) (1675–1752), bayrischer Hofgärtner 507

Dohna-Poninska, Gräfin Adelheid (pseudon. Arminius) 388

Donner, Familie von 150, 405, 406, 668

Donner, Agnes Freifrau von, geb. von Bülow (1888–1962) 408

Donner, Bernhard (1808–1865), Kaufmann und Bankier 149, 151, 403

Donner, Bodild von, geb. Gräfin von Holstein-Holsteinborg (1852–1927) 178

Donner, Conrad Hinrich I. (1774–1854), Hamburger Kaufmann, Bankier und Reeder 178

Donner, Conrad Hinrich II. Freiherr von (1844–1911), Hamburger Kaufmann und Bankier 54, 178, 179, 402, 667

Donner, Conrad Hinrich III. Freiherr von (1876–1937) 54, 55, 403, 404, 407, 408, 409, 658, 661, 667; Abb. 301

Donner, Conrad Hinrich V. Freiherr von (1939–1989) 409

Doos, Johann Hinrich (18. Jh.), Kanzleirat 640, 641

Doos, Luise, geb. von Wolters 640, 641,

Dose, Cay (um 1700–1768), Altonaer Baumeister 653

Dreesen, Wilhelm (1840–1926), Flensburger Photograph Abb. 111

Drenckhan (Drenkhaan), Carl Albrecht, Landmesser 505

Dreyer, Hans Andreas 622

Driessen, Johann (17./18. Jh), niederl. Gärtner 576

Du Cerceau, Jacques Androuet (1510–1585), frz. Architekt, Stecher und Publizist 14, 183, 486

Dühn, R. von 303

Dürer, Albrecht (1471–1528) 332

Duhamel Du Monceau, Henry Louis (1700–1782), Botaniker 515

Dumas, Graf Matthieu 32, 211,

Dumouriez, Charles François (1739–1823), frz. General und Minister 32

Duplat (Du Plat), Pierre Joseph sen., Landmesser 586; Abb. 349

Eckart, Christian (19. Jh.), Handelsgärtner 367

Ehlers, Martin (1732–1800), Kieler Professor für Pädagogik 201, 206

Ehrhardt, Friedrich (geb. 1742), kgl. Regierungsbotaniker in Hannover 63

Eichler, A. W. (19. Jh.), Botaniker 372

Eimer, Gerhard, Kunsthistoriker 173, 349, 358, 532

Elingius, Erich (20. Jh.), Architekt 254

Elisabeth, Herzogin von Braunschweig-Lüneburg 498

Elisabeth Sophia Marie, Herzogin von Braunschweig-Wolfenbüttel (1683–1767) 452

Elisabeth Petrovna, russ. Zarin (1709–1761) 531

Elsässer, Martin (1884–1957), Architekt 129

Emden, Max, Kaufmann 146

Endell, August (1871–1925), Architekt 648, 649

Engehausen, Rudolph, Garteninspektor 432

Engelbrecht, Martin (1684–1754), Kupferstecher 21, 219, 229, 664, 673; Abb. 7, 14, 155, 199

Ernst, Fürst und Graf von Holstein-Schaumburg/Lippe (1576–1622) 654

Ernst August, König von Hannover (1771, reg. 1837–1851) 480, 483, 673

Esmarch, Heinrich Peter Christian (1745–1830), Rektor a. d. Domschule in Schleswig 71

Eugen, Prinz von Savoyen (1663–1736) 20, 219, 477, 506

Everdingen, Allaert van (1621–1675), niederl. Landschaftsmaler 44

Ewald, Johann Ludwig (1747–1822), Generalsuperintendent und Schriftsteller 124

Eyb, Caspar (17. Jh.), Tischler 555

Eyben, Geheimer Rat von 161

Faber, C. G. (18. Jh.), Zeichner 593

Fabricius, Cäcilie (1747–1820), Schriftstellerin 206

Fabricius, Christian (oder Friedrich) (17. Jh.), Pastor in Friedrichstadt 85; Abb. 49, 58, 67

Fabricius, Johann Christian (1748–1808), Kieler Professor und Naturkundler 201, 205, 206

Fabris, Jacob (um 1689–1761), Hamburger Bühnenbildner 47, 328, 329; Abb. 239

Falckenberg, H. von (18. Jh.) 586; Abb. 442

Feddersen, Hans Peter d. Ä. (1788–1860), Landwirt und Porträtzeichner 241

Feddersen, Hans Peter d. J. (1848–1941), Maler 11; Abb. 415

Federspiel, L. (19. Jh.), Kartograph und Landmesser Abb. 200

Feignet, Joseph Carl Julien de (um 1699–1771), Kartograph 358

Feldtmann, (18. Jh.), Plöner Gärtner 474

Ferdinand, Herzog von Braunschweig-Lüneburg-Wolfenbüttel (1721, reg. 1735–1792), Freimaurer 282, 421, 422

Fielitz, Otto Karl Hermann (19./20. Jh.), Flensburger Stadtbaurat 247, 248

Fintelmann, Carl Friedrich (1735–1811), preuß. Hofgärtner 651

Fintelmann, Gustav Adolf (1846–1918), preuß. Hofgartendirektor 671

Fischer, Gerd 282

Fischer, Paul, Hamburger Kaufmann 282, 284

Foerster, Karl (1874–1970), Berliner Gartenarchitekt 55, 64, 128, 571, 625, 632, 633, 634, 655–656

Foerster, Wilhelm (1832–1921), Astronom 655

Förster, Johann Christian (1705–nach 1771), Baumeister 349

Fontane, Theodor (1819–1898), Dichter und Schriftsteller 317

Forsmann, Franz Gustav Joachim (1795–1878), Architekt 143

Fossati, (18. Jh.), Stuckateur 601

Fouquet, Nicolas (1615–1680) frz. Finanzminister 16

Franz II., Herzog von Sachsen-Lauenburg (1547–1619) 18, 397, 400, 401

Franzius, Georg, Hafenbaudirektor 383, 388

Freudenreich, (18. Jh.) Gottorfer Fontänenmeister 268

Fridrich, J. G. (18. Jh.), Kupferstecher 231

Friederike, Prinzessin von Holstein-Sonderburg-Beck, verm. von Anhalt-Bernburg (1811–1902) 423, 424; Abb. 317

Friederike Amalie von Dänemark, Herzogin von Schleswig-Holstein-Gottorf (1649–1704) 346, 348, 358, 540

Friedrich, dänischer Erbprinz (1753–1805) 44, 657

Friedrich, Herzog von Schleswig-Holstein-Sonderburg-Glücksburg (1701, reg. 1729–1766) 266, 269

Friedrich, Markgraf von Brandenburg-Bayreuth (1711, reg. 1735–1763) 423

Friedrich I., schwedischer König und Landgraf von Hessen-Kassel (reg. 1720–1751) 464

Friedrich II. (der Große), preußischer König (1712, reg. 1740–1786) 20, 49, 78, 104, 282, 496, 530, 532, 651

Friedrich II., dänischer König (1534, reg. 1559–1588) 505

Friedrich II., Landgraf von Hessen-Kassel (1720–1785) 650

Friedrich III., dänischer König (1609, reg. 1648–1670) 288

Friedrich III., deutscher Kaiser (1831, reg. 1888) 382

Friedrich III., Herzog von Schleswig-Holstein-Gottorf (1597, reg. 1616–1659) 15, 16, 17, 320, 327, 500, 533, 536, 539, 543, 545, 546, 550, 552, 554, 555, 557, 559, 561, 654, 674; Abb. 416

Friedrich IV., dänischer König (1671, reg. 1699–1730) 194, 410, 551, 563, 601

Friedrich IV., Herzog von Schleswig-Holstein-Gottorf (1671–1702) 184, 655

Friedrich V., dänischer König (1723, reg. 1746–1766) 19, 31, 99, 161, 165, 417, 418, 607, 608

Friedrich V., Kurfürst von der Pfalz und König von Böhmen („Winterkönig") (1596–1632) 16

Friedrich V., Landgraf von Hessen-Homburg (1748–1820) 44, 204, 518,

Friedrich VI., dänischer König (1768, reg. 1808–1839) 45, 166, 271, 351, 360, 361, 417, 418, 422, 496,

Friedrich VII., dänischer König (1808, reg. 1848–1863) 269

Friedrich August, Fürstbischof von Lübeck (1711, reg. 1750–1785), ab 1774 Herzog von Oldenburg 31, 580, 581, 589, 657

Friedrich Carl, Herzog von Schleswig-Holstein-Sonderburg-Plön (1706, reg. 1729–1761) 19, 25, 97, 98, 109, 474, 476, 478, 479, 480, 484, 506, 596, 601, 602, 607, 608, 672, 674; Abb. 458

Friedrich Ernst, Markgraf von Brandenburg-Kulmbach (1703–1762), dänischer Statthalter 12, 394, 565, 566, 642, 651

Friedrich Heinrich Wilhelm, Herzog von Schleswig-Holstein-Sonderburg-Glücksburg (1747, reg. 1766–1779) 268

Friedrich Wilhelm, Fürst von Hessenstein (1735–1808) 37, 464, 468

Friedrich Wilhelm II., preußischer König (1744, reg. 1786–1797) 421, 424, 651

Friedrich Wilhelm III., preußischer König (1770, reg. 1797–1840) 651

Friedrich Wilhelm IV., preußischer König (1795, reg. 1840–1858, 1861) 662

Friedrich Wilhelm Paul Leopold, Herzog von Schleswig-Holstein-Sonderburg-Glücksburg (1785–1831) 415

Friedrich, Caspar David (1774–1840), Maler 307

Fritz, Johann Friedrich (1798–1870), Maler und Lithograph 233; Abb. 165, 475

Fritzsch, Christian Friedrich (1695–1769), Kupferstecher 27, 329, 332, 334, 475, 665; Abb. 12, 239, 240, 360, 409, 422

Fromm, Asmus Thomas (1800–1880), Kaufmann 234, 247

Fuchs, Charles (1803–1874), Lithograph 125, 615; Abb. 97

Fülck(en), Johann David (17./18. Jh), Hofgärtner in Wiesentheid 22, 222, 349, 627, 665

Furttenbach, Joseph d. Ä. (1591–1667), Architekturtheoretiker und Ulmer Stadtbaumeister 321, 497

Garten/Kah/Hoyer, Architektengemeinschaft 120

Gaucher, N. 675

Geibel, Emanuel (1815–1884), Lübecker Dichter 583

Geltingen, Adriane Sebranda Baronesse von (1753–1803) 264

Geltingen, Christian Friedrich Rudolph Baron von (1764–1820) 260, 263, 264, 652

Geltingen, s. a. Ingwersen

Genest, Abbé Charles Claude (1639–1717) 35

Georg I., Kurfürst Georg Ludwig von Hannover, seit 1714 König von Großbritannien (1660, reg. 1714–1727) 282, 643, 635

Georg III., Kurfürst und König von Großbritannien (1738, reg. 1760–1820), ab 1814 König von Hannover 199, 643

Gerckens, Rainer 422

Gerlach, Bogislav Tessen von 311

Gerlach, Hans, (19./20. Jh.) Gartenarchitekt 151

Gerlach, Tessen von 318

Gessner, Albert (geb. 1868), Architekt 656

Geßner (Gessner), Salomon (1730–1788), schweizer Landschaftsmaler und Dichter 30, 515

Gillrath, M. Abb. 215, 300, 331

Gilly, David (1748–1808), Architekt und preußischer Baumeister 240

Gilting, Jobst (17. Jh.), niederl. Blumenhändler 498

Girardin, René-Louis Marquis de (1735–1808), frz. Agrarreformer und Publizist 40, 669

Glasau, Friedrich, Botaniker 660

Glashoff, J. T. (19. Jh.) 121; Abb. 92

Gmelin, Karl (1863–1941), Arzt 647, 649

Godbersen (18. Jh.), Verwalter 260, 263

Godeffroy, Familie von 129, 402, 405, 406

Godeffroy Adolph (1814–1893), Hamburger Kaufmann 314

Godeffroy, Charles (1787–1848), hanseatischer Minister-Resident in St. Petersburg 403

Godeffroy, Gustav (1817–1893), Hamburger Kaufmann und Senator 126, 130

Godeffroy, Jean César IV. (1742–1818), Hamburger Kaufmann 116, 121, 123, 124, 130

Godeffroy, Johan César VI. (1813–1885), Hamburger Kaufmann 124, 126, 129, 130

Godeffroy, Pierre (Peter) (1749–1822), Hamburger Kaufmann 116, 120, 121, 124

Godeffroy, Susanne 130

Goethe, Johann Wolfgang von (1749–1832) 35, 40, 49, 50, 117, 135, 137, 208, 214, 609, 629, 650, 657, 668

Goldschmidt, Meir (Mitte 19. Jh.) 240

Goldt (18. Jh.), Plöner Gärtner 474

Gollwitzer, Helmut (geb. 1908), Pfarrer und Theologe 656

Goos & Koenemann, Blumenzüchter 571

Gosch, Hans (17. Jh.), Kieler Maler 498

Goué, Siegfried August von (1742–1789), Offizier und Schriftsteller 36

Gramm, Caeso (1640–1673), Naturkundler 345

Graumann, Fr. (19. Jh.), Gärtner 521, 525

Greggenhofer, Georg (1718/19–1779), Eutiner Hofbaumeister 22, 25, 31, 47, 102, 104, 109, 195f, 197, 222, 227, 510, 526, 528, 529, 530, 531, 532, 580, 581, 589, 593, 652, 656, 671; Abb. 81, 403

Groen, Jan van der (gest. 1672), Hofgärtner des Prinzen von Oranien 22, 216, 323, 347

Gröter, (18. Jh.), herzoglicher Kammerrat in Ahrensbök 95, 98, 99

Grohmann, Johann Gottfried (1764–1805), Publizist 238, 416, 490

Groothoff, Hugo, Hamburger Architekt 596

Gropius, Martin Philipp (1824–1880), Berliner Architekt 353, 374

Grosch, Heinrich August (1763–1843), Maler und Kupferstecher 494; Abb. 268

Grotius, Hugo (Huigh de Groot) (1583–1645), Begründer des Völker- und Seerechts 111

Grüner, Julie 130

Günther, J. A. (Ende 18. Jh.), Hamburger Senator 650

Gurlitt, Louis (1812–1897), Maler 32, 451, 455; Abb. 476

Haar, Regine von der Abb. 319

Händel, Georg Friedrich (1685–1759), Komponist 114

Hagen, Simon Daniel (um 1750), Landmesser 358

Hahn, Christine Magdalene von, geb. von Brockdorff (18. Jh.) 403

Hahn, Friedrich II. Graf von (1742–1805) 525

Hahn, Willy (1887–1930), Kieler Stadtbaurat 56, 381, 384, 385, 386, 388, 656–657, 659; Abb. 284

Haller, Albrecht von (1708–1777), schweizer Arzt und Dichter 316

Haller, Martin (1835–1925), Hamburger Architekt 126

Hamann, Jürgen Heinrich (18. Jh.), Gärtner 521, 525

Hammer-Schenk, Harold, Kunsthistoriker 664

Hammerbacher, Herta (1900–1985), Berliner Gartenarchitektin 571, 656
Hanbury, Familie 134
Hanbury, Caroline geb. Bohn (1758–1832) 147
Hanbury, Emilie (1815–1894) 130, 142
Hanbury, Sophie 130, 134, 142,
Hanbury, William (1755–1798) 147
Hannig, Obergärtner 660
Hannsen, Petrus (1686–1760), Plöner Hofprediger und Superintendent 601, 605
Hans, Bischof zu Lübeck (1606, reg. 1634–1655) 184, 215, 229, 587 siehe auch Johann
Hansen, Christian Frederik (1756–1845), dänischer Architekt 51, 116, 117, 119, 130, 142, 166, 224, 226, 296, 471, 492, 501, 543, 650, 653, 669, 671; Abb. 159
Hansen, E. F. (19. Jh.), Gottorfer Garteninspektor 543
Hansen, Georg Karl, Gastwirt 126
Hansen, Johann Ludwig d. Ä. (1784–1849), Maler Abb. 266
Hansen, Johann Matthias (1781–1850), Architekt 119, 178
Hansen, Thomas (18. Jh.), Landmesser 257, 259
Hanssen, F. H. (18. Jh.) Abb. 378
Hanssen, Georg (1809–1894), Nationalökonom und Agrarhistoriker, Kieler Professor 57, 512
Hardekopf, Hamburger Pastor 111
Hardenberg, Gräfin Adeline, geb. Blome (1838–1908) 171; Abb. 152
Harsdorff, Caspar Frederik (1735–1799), dänischer Architekt 650, 653
Hartlib, Samuel (vor 1628–1670), engl. Gelehrter und Reformer 654
Hase, Conrad Wilhelm (1818–1902), Architekt und Professor 655
Hasenclever, Alfred (1859–1908), Industrieller 611
Hassenberg, Hieronymus Jacob (18. Jh.), Lübecker Bildhauer 474, 602
Haupt, Gottfried (1730–1787), Gärtner 586
Haupt, Johann Andreas (vor 1713–1763), Gärtner 586
Haupt, Richard (1846–1940), Kunsthistoriker und preuß. Provinzialkonservator 590
Havemann (17./18. Jh.), Baumeister Abb. 379

Hecker, Hinrich Cornelius (17./18. Jh.), Landmesser 294
Hedde, (19. Jh.) Abb. 209
Hedemann (-Heespen), Christian Friedrich von (1769–1847) 50, 196; Abb. 142
Hedemann-Heespen, Friedrich von (1827–1905) 197
Hedemann-Heespen, Paul von (1869–1937) 196, 197
Heespen, Christian Friedrich von (1717–1776) 195, 197
Heicke, Carl (19./20. Jh.), Gartenarchitekt 388
Heine, Heinrich (1797–1856), Dichter 126
Heine, Salomon (1767–1844), Hamburger Bankier 120
Heinrich, Prinz von Preußen (1726–1802) 530
Heinrich der Löwe, Herzog von Sachsen und Bayern (1129/30–1195) 250
Heinrich I. Bockholt, Bischof von Lübeck (reg. 1317–1341) 215
Heinrich Julius, Herzog von Braunschweig (1564–1613) 498
Hemsen, (18. Jh.), Landmesser 294; Abb. 212
Henne, Joachim (17. Jh.), Hamburger Bildhauer 554, 555
Henning, F. W. (19. Jh.), Gartengestalter 566
Hennings, August von (1746–1826), Plöner Amtmann 26, 33, 54, 119, 332, 337, 471, 669
Hentze, Wilhelm (1793–1874), kurhessischer Hofgartendirektor 275
Herder, Adelbert 208
Herder, Johann Gottfried (1744–1803), Schriftsteller, Philosoph und Theologe 208, 214, 515, 525
Hermkes, Bernhard (1903–1985), Architekt 146
Hesse, Heinrich (17. Jh.), Gartentheoretiker 654
Hessen, Landgrafen von 464
Heuer, Wilhelm (1813–1890), Zeichner und Lithograph 176; Abb. 108, 130, 257, 345
Heumann, Georg Daniel (1691–1759), Kupferstecher 605; Abb. 457
Heumann, Johann Paul (ca. 1702–1759), hann. Hofbaumeister 646
Heumann, Paul Ludwig (um 1800), Baukonducteur 671
Heydorn, J., Obergärtner 143

Heydrich, Gottlob (18. Jh.), Inspektor 100, 105
Heylmann, Friedrich Christian (1771–1837), Baumeister 396
Hillbrecht, (19./20. Jh), Husumer Stadtbaumeister 325; Abb. 235
Hinrichs, Eduard (19./20. Jh.), Obergärtner 658
Hinüber, Gerhard Friedrich Otto von (geb. 1752), Hannov. Hofrat 403
Hinüber, Jobst Anton von (1718–1784), Hannov. Legationsrat 41, 403
Hirschfeld, Christian Cay Lorenz (1742–1792), Professor für Philosophie und Schöne Wissenschaften in Kiel 20, 23, 25, 30, 31, 33, 34, 36, 37, 40, 41, 44, 45, 45, 49, 50, 54, 59, 60, 62, 73, 116, 134, 161, 162, 170, 172, 198, 199, 200, 201, 202, 203, 204, 214, 223, 227, 242, 270, 272, 273, 274, 285, 289, 295, 317, 318, 352, 359, 360, 361, 363, 364, 365, 366, 367, 373, 377, 388, 411, 412, 414, 415, 416, 417, 419, 424, 451, 452, 453, 454, 455, 495, 496, 511, 512, 516, 519, 520, 521, 525, 528, 531, 581, 615, 617, 618, 619, 630, 638, 651, 652, 657–658, 660, 669; Abb. 205, 268, 402
Hirschfeld, Gerhard Friedrich, Fabrikant 393
Hirschfeld, Peter (1900–1988), schleswig-holsteinischer Landeskonservator 183, 299, 492, 653, 658
Hirschfeld, Wilhelm (1795–1874), Landwirt, Schriftsteller und Politiker 169, 317
Hobe, Andreas August von (1739–1802), Amtmann von Reinbek 502
Hobe-Gelting, Bertram Baron von (1849–1916) 264
Hobe-Gelting, Levin Ludwig Leopold Baron von (1783–1853) 264
Hobe-Gelting, Siegfried Baron von (1816–1877) 264
Hobe-Gelting, Siegfried Baron von 264
Hochreuther, (19. Jh.), Maurermeister 233
Höbbel, A.H., Hamburger Samenhandlung 108
Hölscher, Georg (1866–1932), Hamburger Gartenarchitekt 150, 658
Hölty, Ludwig Christoph Heinrich (1748–1776), Dichter 203f
Hoemann, Reinhold (1870–1961), Düsseldorfer Gartenarchitekt 651

Hörup, Jacob Jensen (1797–1840), Maler Abb. 364, 438, 439
Hoff, Carl Adolf (1870–1958), Harburger Gartenarchitekt 274, 404, 658
Hoffa, Elsa (1885–1965), Obergärtnerin 55, 128
Hoffmann, Diethelm, Architekt 95, 99
Hogarth, William (1697–1764), engl. Maler und Graphiker 104
Hogenberg, Franz (um 1540–um 1590), Kupferstecher 181, 230; Abb. 1, 2, 134
Holck, Friedrich Christian Conrad Graf (1745–1800), Hofmarschall und Amtmann 33, 41, 42, 199, 200, 201, 202, 204, 205, 206, 658
Holck, Juliane Sophie Gräfin, geb. Gräfin von Danneskiold-Laurvig (1757–1790) 31, 41, 199, 201, 202, 204, 205, 206
Holck, Sophie Gräfin 202
Hollander, Walter von (geb. 1892), Schriftsteller 462
Hollander-Hermann, Familie 463
Holm, Johann Friedrich (19. Jh.), Baumeister 209
Holmer, C. G. (18. Jh.), Kartograph 356
Holst, Johannes (um 1800), Flensburger Kaufmann 239
Holst, Mathias (18. Jh.), Flensburger Zuckersieder 230
Holst, Peter (18. Jh.), Flensburger Kaufmann 230
Holstein, Conrad Graf von (1825–1897) 631
Holstein, Ernst Bogislav von (1693–1754), Plöner Hofmarschall 601
Holstein, Heinrich Christoph Graf von (1786–1842) 37, 631
Holstein-Holsteinborg, Heinrich Lehnsgraf von (1748–1796) 629
Holtzbecker, Hans Simon (17. Jh.), Hamburger Maler 323, 327, 544, 559, 561; Abb. 424, 425
Holzbach, August, Gastronom 583
Home, Henry (Lord Kames) (1696–1782), engl. Philosoph 40, 657
Homer (8. Jh. v. Chr.), griech. Dichter 609
Hoppe, (18. Jh.), Gärtner auf Schierensee 259, 532
Horaz (Quintus Horatius Flaccus) (65–8 v. Chr.), röm. Dichter 27, 40, 41, 134, 141
Horn, Carl Gottlob (1734–1807), Architekt 22, 47, 49, 50, 100, 105, 106, 108, 109, 193, 196, 208, 209, 211, 212, 213, 214, 332, 337, 389, 391, 467, 473, 614, 615, 617, 618, 658–659; Abb. 82, 149, 150, 241, 289
Horn, Johann Gottlob (1698–1745), Postmeister 658
Horn, Sophie Maria, geb. Nerger 658
Hornemann, Friedrich Adolph (1813–1890), Maler und Lithograph 176, 196, 301, 396, 442, 491, 578; Abb. 133, 143, 219, 295, 435
Hübener, Zacharias (Ende 16. Jh.–um 1650), Bildhauer 537, 539, 555
Hübner, (18. Jh.), Kieler Kammerrat 527
Hüllmann, Friedrich (1817–1908), Gutsinspektor 578
Hünecke, Martin Friedrich (18. Jh.), Kunstgärtner 165
Humboldt, Wilhelm von (1767–1835), Gelehrter und preußischer Staatsrat 583, 619
Hurtzig, Ferdinand August Wilhelm (1872–1939), Kieler Stadtgartendirektor 378, 379, 380, 659; Abb. 284

Illies, Carl (1840–1910), Hamburger Kaufmann 308
Illies, Rudolf (1877–1920), Hamburger Kaufmann 55, 308, 309
Ingwersen, Sönke (Seneca), Baron von Geltingen (1715–1786) 18, 257, 259, 264, 526
Ingwersen, Thomas (18. Jh.), Kapitän 264
Isenberg, Carl (1870–1944) 599, 600
Isenberg, Martha (1874–1948) 600
Isenberg, Paul (1837–1903) 599

Jacob, Daniel Louis (1763–1830), Kunstgärtner und Gastronom 120, 121
Jacobi, Friedrich Heinrich (1743–1819), Philosoph 32, 208, 609; Abb. 17
Jacobsen, Hermann (1898–1978), Garteninspektor 376, 660
Jageteuffel, Otto (17. Jh.), Maler 557
Jahn, Jakob, Kieler Stadtsyndikus 356
Jansen, J. (19. Jh.), Landmesser 256
Jardin, Louis-Henri (1730–1759) 660
Jardin, Nicolas-Henri (1720–1799), frz./dän. Architekt 22, 47, 299, 303, 623, 643, 645, 646, 659, 660; Abb. 490
Jarvis, Benjamin (um 1800), engl. Kaufmann 191, 669
Jekyll, Gertrude (1843–1932), engl. Gartenkünstlerin 64, 146, 572
Jelinek, Clemens (1868–1936), Kieler Gartenarchitekt 55, 308, 309, 404, 660–661; Abb. 224, 225, 226
Jenisch, Familie von 129, 173
Jenisch, Fanny Henriette, geb. Roeck (1801–1881) 141, 143
Jenisch, Johann Christian Freiherr von 147
Jenisch, Martin Johann (1793–1857), Hamburger Bankier und Senator 54, 142, 143, 177, 668
Jensen, (19. Jh.), Gärtner 188
Jess, M. F. (19. Jh.), Gottorfer Garteninspektor 543
Joachim Ernst, Herzog von Holstein-Sonderburg-Plön (1595, reg. 1622–1671) 473
Joachim Friedrich (1668, reg. 1706–1722), Herzog von Holstein-Sonderburg-Plön 97, 473, 474
Johann (Hans) Adolf, Herzog von Holstein-Sonderburg-Plön (1634, reg. 1671–1704) 473, 478, 479, 601
Johann (Hans) der Jüngere, Herzog von Schleswig-Holstein-Sonderburg-Plön (1545, reg. 1564–1622) 95, 265, 473
Johann Adolf, Bischof von Lübeck (1586–1607), Herzog von Schleswig-Holstein-Gottorf (1575, reg. 1590–1616) 320, 497
Johanna Elisabeth, Fürstin von Anhalt-Zerbst, geb. Prinzessin von Holstein-Gottorf (1712–1760) 452, 664
Jürgens, Friedrich Joachim Christian (1825–1903), Hamburger Gartenarchitekt 53, 127, 129, 189, 314, 316, 317, 318, 440, 441, 442, 597, 661–662, 663; Abb. 331
Jürgens, H. C. W. H., Justitiar 292
Jürgens, Rudolph (1850–1930), Hamburger Gartenarchitekt 46, 53, 127, 146, 166, 325, 661, 662
Jürgensen, Johann Christian (1744–1823), Mechaniker und Schleswiger Chronist 414, 544
Juliane Luise, Herzogin von Holstein-Sonderburg-Plön, geb. Prinzessin von Ostfriesland (1698–1740) 98
Julius Heinrich, Herzog von Sachsen-Lauenburg (1586, reg. 1656–1665) 397, 400, 401

Julius, Herzog von Braunschweig-Lüneburg (1528–1589) 397, 401
Jussow, Kasseler Baumeisterfamilie (18./19. Jh.) 664
Juvenal (Decius Junius Juvenalis) (um 60–140 v. Chr.), röm. Dichter 162

Karies, Nikolaus (vor 1558–1587), Baumeister 265
Karl, Herzog von Schleswig-Holstein-Sonderburg-Glücksburg (1813–1878) 351, 411, 420, 480
Karl XII., König von Schweden (1682, reg. 1697–1718) 601, 655
Karl August, Großherzog von Sachsen-Weimar-Eisenach (1757–1828) 54, 668
Karl Friedrich, Herzog von Schleswig-Holstein-Gottorf, Großfürst von Rußland (1700–1739) 348, 356, 358, 500
siehe auch Carl
Kase, Asmus Heinrich (vor 1661–1701), Eutiner Hofgärtner 216, 219
Kase, Johann Jürgen (vor 1690–nach 1716), Eutiner Hofgärtner 216, 219
Katharina II., Zarin von Rußland (Sophie Augusta Friederike von Anhalt-Zerbst) (1729–1796) 12, 198, 356, 452, 526, 664, 668
Kaup, Friedrich Georg von (Ende 18. Jh.), Kurhess. Kapitän und Zeichner 412, 413, 415, 416, 417, 418, 422; Abb. 309, 313, 314
Keller, Gottfried (1819–1890), schweizer Schriftsteller 317
Kempf, Christian, Zimmermeister 307
Kent, William (1685–1748), engl. Maler und (Garten-)Architekt 29, 30, 161
Kielmann von Kielmannseck, Johann Adolf (gest. 1676), Gottorfer Kanzler 426
Kielman(n)segg, Friederike Gräfin von, geb. von Wallmoden-Gimborn (Anfang 19. Jh.) 284
Kielman(n)segg, Friedrich Christian Freiherr von (17. Jh.) 426
Kielman(n)segg, Georg Ludwig Graf von (1705–1785) 47, 282, 283, 574, 664, 672
Kielman(n)segg, Hans Hinrich von (1636–1686), Amtmann und Statthalter von Schleswig und Holstein 650

Kielmansegg, William Graf von (1854–1920) 578
Kilian, Lukas (1579–1637), Augsburger Zeichner und Kupferstecher 332
Kircher, Athanasius (1602–1680), Universalgelehrter und Professor in Würzburg und Rom 34, 246
Kladde, H. G. (18. Jh.), Gärtner und Planzeichner 516, 525
Klefeker, Handelsgärtnerei in Hamburg 47, 98, 161, 165, 474, 605
Kleiner, Salomon (um 1700–1761), Wiener Zeichner und Kupferstecher 21, 477
Klessel, Christian Hermann Benedict (18. Jh.), Landmesser 365
Klingenberg, Paul von (17. Jh.), Admiralitätsrat 288, 289
Klingmann, Christian (gest. 1711), Husumer Hofgärtner 324
Klopstock, Friedrich Gottlieb (1724–1803), Dichter 32, 35, 41, 115, 134, 135, 137, 198, 201, 202, 204, 205, 206, 208, 295, 401, 452, 609, 614, 629, 646, 657; Abb. 13, 17, 87
Klopstock, Meta, geb. Moller (1728–1759) 115
Kneisner, Friedrich (geb. 1860), Historiker 419
Knoblauch, Carl Heinrich Eduard (1801–1865), Berliner Architekt 44, 168, 170, 662–663; Abb. 126
Knöffel, Johann Christoph (1686–1752), Architekt und sächsischer Baumeister 109
Knuth, Paul (19. Jh.) 64
Knyphausen, Moritz Graf zu 416
Koch, (19. Jh.), Landbaumeister in Plön 482; Abb. 368
Koch, Hugo (geb. 1883), Architekt, Grünplaner und Publizist 150
Köllisch, Hein, Hamburger Volkssänger 146
Koenig, Hermann (1883–1961), Hamburger Gartenarchitekt 55, 151, 212, 249, 252, 254, 663; Abb. 182
Königsmarck, Amalie Gräfin von (verehel. Gräfin Loewenhaupt) 444
Königsmarck, Aurora Gräfin von (1662–1728) 443
Königsmarck, Conrad Christopher Graf von (17. Jh.) 443
Koeppen, von (Ende 18. Jh.), Architekt 490
Koess, Peter (gest. 1716), Amtsschreiber 347, 348

Konigshewen, J. D. (16./17. Jh.), Kupferstecher Abb. 411
Kopernikus, Nikolaus (1473–1543), Astronom 549f
Kowallek, Adolf (1851–1902), Kölner Gartendirektor 659
Krafft, Jean Charles (um 1800), frz. Architekturzeichner und Publizist 260, 262, 652; Abb. 187
Kramer, F. (18. Jh.), mecklenburg. Hofgärtner 394, 395; Abb. 294
Kramer, Franz Caspar Ludwig (gest. 1891), Gärtner 143
Kramer, Friedrich Berthold (vor 1833–1880), Obergärtner 143
Krieger, Johan Cornelius (1683–1755), dänischer Architekt 20
Kriegsmann, W. Matthias (1809–1855), Maler und Lithograph Abb. 174
Krohn, Major von (19. Jh.) 419
Krüger, Hermann Georg (1815–1897), Architekt und Landbaumeister 164
Krummendiek (Geschlecht) 297
Kruse, Georg gen. Crusius (16. Jh.) 181, 183
Kruse, Maximilian (1866–1937), Kieler Stadtoberbaurat Abb. 279
Kuchel, Theodor (1819–1889), Maler Abb. 440
Kuhn, Johann Nikolaus (1670–1744), Hamburger Architekt 584
Kupfer, Wilhelm, Vermessungsingenieur Abb. 300
Kurz, Georg Michael (1815–1883), Lithograph Abb. 90

Laban, L. C. (19. Jh.) 71; Abb. 55
Lafayette, Joseph Gilbert Marquis de (1757–1834), frz. General und Politiker 32, 403
Laffert, Ernst August von (19. Jh.), Guts- und Baumschulbesitzer 281
Lagerfeld, Karl, Modeschöpfer 131
Lahusen, Gustav (1854–1939), Bremer Kaufmann 55, 276, 278
Lange, Hans (vor 1700), Flensburger Kaufmann 230
Lange, Oberförster in Friedrichsruh (19. Jh.) 251
Lange, Werner und Familie 612, 613
Langenbuch, Metaphius Theodor August (1842–1907), Lübecker Stadtgärtner und Gartenarchitekt 432, 433, 663; Abb 324
Langenbuch, R. (19./20. Jh.) 527, 530; Abb. 399

Langley, Batty (1696–1751), engl. Garten- und Architekturpublizist 283, 606

Lauremberg, Peter (17. Jh.), Rostocker Arzt 63, 73

Lavater, Johann Kaspar (1741–1801), schweizer Theologe 208, 609

Laves, Georg Ludwig Friedrich (1788–1864), hann. Oberhofbaumeister 285, 448, 637, 639, 664, 673

Laves, Johann Friedrich (1734–nach 1792), Baumeister 47, 282, 283, 284, 577, 664; Abb. 203, 433

Le Blond, Jean-Baptiste Alexandre (1679–1719), frz. Architekt 22, 219, 606, 627, 637

Ledoux, Claude Nicolas (1736–1806), frz. Architekt 244

Leibl, Wilhelm (1844–1900), Maler 436

Leip, Hans (1893–1983), Hamburger Dichter, Maler und Graphiker 110

Lengercke, Johann Cornelius Peter von (1788–1848), Wandsbeker Fabrikant 621, 622

Lenné, Peter Joseph (1789–1866), preußischer Generalgartendirektor 44, 46, 52, 53, 172, 352, 429, 431, 432, 434, 442, 450, 462, 463, 621, 566, 659, 663; Abb. 322

Le Nôtre, André (1613–1700), frz. Hofbaumeister und Gartenkünstler 18, 21, 123, 334, 573, 576, 578, 652

Leopold III. Friedrich Franz, Fürst von Anhalt-Dessau (1740–1817) 42, 524, 631

Le Pautre, Antoine (1621–1691), frz. Architekt 555

Le Rouge, Georges-Louis (18. Jh.), frz. Publizist und Stecher 192, 490

Le Vau, Louis (1612–1670), frz. Architekt 18, 476

Lewon (Löwen), Johann Christian (um 1690–1760), Eutiner Garteninspektor und Hofbaumeister 21, 22, 25, 30, 47, 109, 173, 175, 176, 218, 219, 222, 223, 229, 329, 345, 348, 349, 351, 355, 358, 487, 514, 563, 565, 587, 588, 655, 664–665, 673; Abb. 7, 14, 129, 154, 155, 350

Lichtwark, Alfred (1852–1914), Kunsthistoriker 64, 457, 571, 662, 667

Liebermann, Max (1847–1935), Maler 436, 571

Liliencron, Christian Friedrich Freiherr von (18. Jh.) 173

Liliencron, Detlev von (1844–1909), Schriftsteller 125

Lillie, Joseph Christian (1760–1827), Architekt 279, 281, 436, 653

Linde, Lothar 436

Linde, Max (1862–1940), Lübecker Arzt und Kunstsammler 436, 437

Lindeberg, Peter (1562–1596), Rostocker Dichter und Chronist 181, 183; Abb. 466

Lindemann, Christian, Steinmetzmeister 556

Linné, Carl von (1707–1778), schwedischer Botaniker 62, 63, 71, 652

Lodge, Gebrüder in Blankenese (18. Jh.) 116

Loebel, Friedrich (19. Jh.), Schriftsteller 313

Lönborg (Lemberg), Hans Christoph (18. Jh.), Landmesser und Zeichner 563, 565; Abb. 3, 405

Löns, Hermann (1866–1914), Schriftsteller 129

Loesener, Friedrich 128

Lohse, Adolf (1829–1907), Maler Abb. 267

Lomeier, Albert (16. Jh.), Chronist 485f, 486

Loos, Friedrich (1797–1890), Landschaftsmaler und Zeichenlehrer Abb. 15

Lorentzen, Friedrich August (1765–1842), Apotheker und Justizrat 166

Lorentzen, Jürgen (vor 1703–1743), Gärtner 265

Lorentzen, Peter (17. Jh.), Husumer Hofgärtner 323

Lorenzen, Mathias (18. Jh.) 305

Lorrain, Claude Gellé gen. (1600–1682), frz. Maler 32

Lothar Franz von Schönborn, Mainzer Erzbischof und Kurfürst (1655–1729) 20, 218, 597

Loudon, John Claudius (1783–1843), schottischer Gartenschriftsteller und Künstler 55, 56, 122, 341, 622, 670

Louis XIV., französischer König (1638, reg. 1661–1715) 21, 22, 477, 606

Louis XVI., französischer König (1754, reg. 1774–1793) 32

Louise, Erbprinzessin von Dänemark und Norwegen (1750–1831) 410, 411, 422

Louise Caroline, Prinzessin von Hessen, Herzogin von Schleswig-Holstein-Sonderburg-Beck (1789–1867) 424
siehe auch Luise

Louwien, Jochen, Landschaftsgärtner 147

Luckner, Nicolas Graf, Marschall von Frankreich (1722–1794) 176

Ludolff, J. Heinrich (19. Jh.), preuß. Landbaumeister 165

Lübkert, J. H. B. (19. Jh.), Theologe in Glückstadt 274

Lücke, Carl August d. Ä., Bildhauer 665

Lücke, Carl August d. J. (1710–1779), Bildhauer 665

Lücke, Ernst Friedrich, Bildhauer 665

Lücke, Johann Christoph Ludwig von (um 1703–1780), Bildhauer 26, 108, 335, 615, 620, 665; Abb. 10, 244, 469

Lüdtke, H. 675

Lützau, Charlotte von (1728–1743) 230

Luise, Königin von Preußen (1776–1810) 170

Luise Henriette von Oranien, Kurfürstin von Brandenburg (1627–1667) 566

Luise Ulrike von Preußen, schwedische Königin (1720–1782) 531

Lund, Hans (18. Jh.), Landmesser 510; Abb. 388

Lund, Peter (18. Jh.), Landmesser 412, 413, 414, 417, 418; Abb. 306

Luserke, Wilhelm (geb. 1884), Hamburger Gartenarchitekt 57, 497, 502; Abb. 381

Maasz (auch: Maaß), Harry (1880–1946), Lübecker Gartenarchitekt 55, 57, 276, 277, 388, 432, 434, 457, 458, 459, 460, 632, 665–666; Abb. 37, 198, 347

Mackeprang, (Ende 18. Jh.), Amtmann 586

Mahlus, Bendix (18. Jh.), Gärtner auf Haseldorf 294

Mahr, Georg (1889–1967), Bildhauer 386; Abb. 285

Major, Johann(es) Daniel (1634–1693), Kieler Botanikprofessor 346, 561, 666

Mander, Cornelis van (gest. vor 1657), Gottorfer Bildhauer 215, 539, 553, 555, 557

Manet, Edouard (1832–1883), frz. Maler 436

Mannfeld, B. (19. Jh.), Zeichner und Radierer Abb. 180

Mannhardt, Anna, geb. van der Smissen (1771–1843) 289
Mannhardt, Hinrich Gysbert (1791–1872) 291
Mannhardt, Johann Wilhelm (1760–1831) 34, 45, 288, 289, 290, 291, 292
Maria, Herzogin von Sachsen-Lauenburg, geb. von Braunschweig-Lüneburg (1566–1626) 397, 401
Maria Elisabeth, Herzogin von Schleswig-Holstein-Gottorf, geb. von Sachsen (1610–1684) 15, 69, 320, 321, 323, 324, 326, 327, 500
Marie Sophie Friederike, Prinzessin von Hessen-Kassel, dänische Königin (1767–1852) 46, 360, 361, 417, 422
Mariette, Jean (1660–1742), Maler, Stecher und Verleger 97, 477
Marston, James Edward (1771–1817), Privatlehrer, Schriftsteller und Maler 630; Abb. 120
Martens, Heinrich (17. Jh.), Hamburger Maler 397, 400; Abb. 296
Martial (um 40–104) röm Dichter, 162
Mattäi, (18. Jh.), Kammerdiener 490; Abb. 372
Mattern, Hermann (1902–1971), Gartenarchitekt 571, 656
Matthiessen, Catharina Margaretha 456
Matthiessen, Peter Friedrich Christian (1800–1865) 578
Matthiessen, Wilhelm Conrad (18. Jh.), Gärtner auf Gelting 264
Matthisson, Friedrich von (1761–1831), Dichter 162, 495, 532
Maximilian I., Herzog und Kurfürst von Bayern (1597–1651) 16
Mecklenburg-Schwerin, Herzöge von 395, 651, 665, 670
Mee, Arthur Patrick, Architekt 120
Mejer, Johannes (1606–1674), Husumer Kartograph 255, 320, 557; Abb. 184, 233, 251, 407
Mensch, August Wilhelm (1725–1806), Plöner Hofgärtner 477, 478, 479, 481; Abb. 363
Mensendieck, Alice 648
Mensendieck, Otto, Pädagoge 648
Merck, (19. Jh.), Hamburger Senator 668
Merian, Matthäus d. Ä. (1593–1650), Kupferstecher 400
Mertens, Christian Heinrich Ludwig (geb. 1821), Maler und Stahlstecher 303; Abb. 138, 414

Mesmer-Saldern, Friederike Marie Sophie von, geb. von Brockdorff 531
Mettler, Rudolph (19. Jh.), Pflanzenzüchter 619
Metzener, Familie 462
Metzner, Wolf, Gartenarchitekt 336
Meurer, Heinrich von (1713–1777), Hamburger Domherr 394
Meuron, Auguste de (1813–1898), Architekt 126
Meyer, Franz Andreas 655
Meyer, Friedrich Johann Lorenz (1760–1844), Hamburger Domherr und Schriftsteller 161, 162, 206, 391, 530, 531, 650, 669
Meyer, Gustav (1816–1877), Berliner Stadtgartendirektor 53, 172, 434, 442, 659, 663
Meyer, Heinrich Adolf (gest. 1899), Kaufmann 367
Meyer, Wilhelm Friedrich (1799–1866), schleswiger Bauinspektor 269, 555
Michaelis, Adolf 356
Michaelis, D. A. (Anfang 19. Jh.) Abb. 270
Michaelis, Julie, geb. Jahn 356
Michaelsen, Georg David (vor 1709–nach 1751), Landmesser und Kartograph 401, 644, 646; Abb. 489
Michelangelo (Buonarroti) (1475–1564) 26
Mielck, Johann Bartram (1736–1801), Prediger zu Preetz und Hauptpastor Oldesloe 494, 495, 496
Mies van der Rohe, Ludwig (1886–1969), Architekt 571
Migge, Leberecht (1881–1935), Gartenarchitekt 55, 56, 128, 129, 146, 150, 151, 154, 384, 385, 457, 657, 659, 666–667; Abb. 38, 101
Milberg, Harriet, geb. von Schröder (1836–1899) 311, 313
Milberg, Theodor (1826–1868), Hamburger Kaufmann 311
Milde, Cosmos von (1841–1929), Obergärtner 54, 55, 178, 404, 409, 658, 667–668; Abb. 301
Miller, Philip (1691–1771), englischer Gärtner und Publizist 299, 415, 652
Milton, John (1608–1674), engl. Dichter 515
Modersohn, Otto (1865–1943), Maler 296

Möller, Ludwig (19. Jh.), Gartenpublizist 661
Moldenhawer, Johann Jacob (1766–1827), Kieler Botanikprofessor 366, 367
Moldenschardt, Heinrich (1839–1891), Architekt 353
Molière (Jean-Baptiste Poquelin) (1622–1673), frz. Dichter 491
Moller, Barthold (17. Jh.), Hamburger Bürgermeister 559
Moltke, Adam Gottlob (1710–1792), dän. Oberhofmarschall 593
Monet, Claude (1840–1926), frz. Maler 436, 572
Moritz, Karl Philipp (1757–1793), Kunstgelehrter und Dichter 650
Mose, Joseph Eduard (1825–1898), Architekt 169, 302, 523
Moser, August Friedrich (1746–1810), Bildhauer 224, 226, 228, 668, 673
Moser, Catharina Margaretha, geb. Packendorf 668
Moser, Catharina Maria, geb. Schlichting 668
Moser, Johann Georg (1713–1780), Bildhauer 225, 526, 543, 552, 555, 583, 668, 673; Abb. 421
Mosnier, Jean Laurent (1743/44–1808), frz. Maler 141
Motz, Jens Ludwig von (1779–1868), Major und Maler Abb. 352
Motz, Johann Hermann von (1743–1829), Landbaumeister 412, 418, 419, 420, 421
Mozart, Wolfgang Amadeus (1756–1791) 33, 36, 422
Müller, Christian (17. Jh.), Gottorfer Hofmaler 556
Müller, Otto Johann (1692–1762), Landbaumeister 322, 324, 558; Abb. 412
Münchhausen, Otto Freiherr von (1716–1774) 24, 54, 295, 518, 520, 525, 652
Mulier, Peter (Anf. 17. Jh.), Gottorfer Gärtner 536
Mumsen, Jakob (1737–1819), Altonaer Arzt und Freimaurer 45
Munch, Edvard (1863–1944), Maler 436, 437; Abb. 327, 328
Munting, Abraham 561
Munting, Henricus (1583–1650), Botaniker 561
Murjahn, Heinrich, Lauenburger Bäcker und Laienmaler 401
Muthesius, Hermann (1861–1927), Architekt 253, 667

Napoleon I. Bonaparte, Kaiser der Franzosen (1769, reg. 1804–1814, 1821) 669

Narberhaus, G. 666

Nath-Esser, Martina, Pflanzen- und Gartenhistorikerin 147

Nay, Alexander Friedrich Wilhelm (1822–1883), Zeichner und Lithograph Abb. 83, 98, 125, 168, 356

Necker, Postschaffner 152

Neergaard, Jens Peter Bruun (18./19.Jh.) 205f, 208

Neufforge, Jean-François de (1714–1791), frz. Architekt und Stecher 22, 262, 264

Neumann, J. Friedrich (18./19. Jh.), Planzeichner 365

Neumann, Ludwig Henning Schack (gest. 1771), Maurermeister 269

Newton, Isaac (1642–1727), engl. Physiker 422

Nicolai, Christoph Friedrich (1733–1811), Schriftsteller und Verleger 530

Nicolay, (18. Jh.), Planzeichner 332

Niemann, August Christian Heinrich (1761–1832), Professor für Forstwissenschaft 368, 370, 371

Nissen, Heinrich, Altonaer Gartenbauingenieur 247, 248

Nöbbe, Matthias Carl (1802–1885), Malermeister Abb. 167

Nolde, Ada (gest. 1946) 57, 78, 567, 569

Nolde, Emil (1867–1956), Maler 11, 57, 78, 567, 568, 569, 570, 571, 572; Abb. 427, 429

Nonne & Höpker, Blumenzüchter 571

Norden, Friedrich Ludwig (gest. 1742), Offizier und Ägyptologe 418

Ochs, Jacob (1870–1927), Hamburger Gartenarchitekt und Gartenbaufirma 146, 667

Odendahl, Henry (19. Jh.), Lithograph (Anstalt in Hamburg) Abb. 89

Oelsner, Gustav (1879–1956), Altonaer Stadtbaurat 130

Oer, Theobald von (1807–1885), Historien- und Genremaler Abb. 17

Oest, Nicolaus (gest. 1798), Pastor und Agrarreformer 41

Ohlendorff & Söhne, Hamburger Baumschule 669

Ohlendorff, Albertus (1834–1894) 669

Ohlendorff, Heinrich (1836–1928) 669

Ohlendorff, Johann Heinrich (1788–1857), Leiter des Botanischen Gartens am Dammtor in Hamburg 54, 108, 125, 143, 668–669

Ohlendorff, Theodor 669

Oldekop, Henning (gest. 1923), Landschaftsrat in Kiel 164, 205, 273

Oldenburg, Herzöge von 12, 672

Olearius, Adam (1603–1671), Gottorfer Hofwissenschaftler 536, 543, 546, 556

Oppen-Schilden, Adolf Wilhelm Rudolf von (19. Jh.) 296

Orléans, Philipp I. Herzog von (1640–1701) 18

Osthaus, Karl Ernst (1874–1921), Kunsthistoriker und Sammler 667

Otten, M. Frantzen (16. Jh.), Gärtner auf Deutsch-Nienhof 194

Otto IV., Graf von Schauenburg und Pinneberg (1614–1640) 110, 130

Otto, Carl (1813–1864), Lithograph und Hofphotograph Abb. 168

Ovens, Jürgen (1623–1678), Gottorfer Hofmaler 539, 540, 543, 545; Abb. 416

Overheide, J. H. (18. Jh.), Planzeichner 646

Paepcke, Eckhard Edler von 178

Panseron, Pierre (geb. um 1736), frz. Architekt und Publizist 22, 262

Papst-Ross, Bertha (1825–1910), Malerin 344; Abb. 249

Parish, Hamburger Kaufmannfamilie 52, 120

Parish, John (1742–1829), Hamburger Kaufherr 116

Parish, Richard 120, 130

Patow, Freiin von 502, 503, 505

Pauli, Familie 134

Pauli, Lübecker Kaufmann 135, 147

Pauli, Magdalena geb. Poel (1757–1825) 135, 147

Paulsen, Paul (18. Jh.), Plöner Hofgärtner 95, 97, 98; Abb. 77

Pauly, Georg (1865–1951), Kieler Stadtbaurat 379; Abb. 280

Pelli, Domenico (1657–1729), ital. Baumeister 346

Permoser, Balthasar (1651–1733), Dresdner Hofbildhauer 26, 335, 665

Persius, Ludwig (1803–1845), preuß. Architekt 662

Perthes, Friedrich Christoph (1772–1843), Hamburger Buchhändler und Verleger Abb. 17

Pestalozzi, Johann Heinrich (1746–1827), schweizer Pädagoge, Schriftsteller und Sozialreformer 135

Peter I. der Große, Zar von Rußland (1672–1725) 16, 356, 551

Peter III., ab 1742 russ. Großfürst, 1762 Zar von Rußland (Karl Peter Ulrich von Schleswig-Holstein-Gottorf) (1728–1762) 12, 20, 25, 356, 526, 531

Peter Friedrich Ludwig, Fürstbischof von Lübeck, (Groß-)Herzog von Oldenburg (1755, reg. 1785–1829) 31, 33, 37, 45, 49, 50, 223, 229, 451, 657, 658, 670, 671

Peter Friedrich Wilhelm, Herzog von Oldenburg (1754–1823) 204

Peters, Clauß 255

Peters, Harald, Architekt 254

Peters, Matthis (17. Jh.), Kupferstecher 255

Petersen, August (19. Jh.), Altonaer Architekt 178, 190

Petersen, Cai (18.Jh.) 259

Petersen, (19. Jh.), Gutsverwalter 263

Petersen, Moritz (vor 1795–nach 1811), Glücksburger Hofgärtner 268

Petzold, Carl Eduard Adolph (1815–1891), Landschaftsgärtner 52, 172, 671

Pezold, I. E., Landmesser 510

Pfeffel, Johann Andreas d. Ä. (1674–1750), Augsburger Verleger 605

Pfitzer, Blumenzüchterfirma 571

Philipp, Herzog von Schleswig-Holstein-Sonderburg-Glücksburg (1584, reg. 1622–1663) 265

Philipp Ernst, Herzog von Schleswig–Holstein-Sonderburg-Glücksburg (1673, 1698–1729) 266, 269

Pilgrim, Johann Balzer (18. Jh.), Gärtner auf Gelting 264

Pingeling, Th. A. (18. Jh.), Kupferstecher 231

Plange, Georg, Kommerzienrat 150

Platen Hallermund, Grafen von 637

Platen Hallermund, Erik Graf von 635, 639

Platen Hallermund, Georg Ludwig Reichsgraf von (1704–1772) 635

Platen Hallermund, Georg Wilhelm Friedrich Graf von (1785–1873) 637

Platen Hallermund, Julia Gräfin, geb. Gräfin von Hardenberg (1788–1833) 637, 639

Plessen, Christian Ludwig von (gest. 1752), Generalmajor 514

Plessen, Gräfin, geb. von Hedemann 196

Plessen, Jacob Levin von (1701–1761), Eutiner Oberhofmarschall und Präsident der Rentekammer 173, 175, 178, 487, 488, 664

Plinius d. Ä. (23–79), röm. Gelehrter 515

Plinius d. J. (62–113), röm. Gelehrter und Politiker 212

Plomin, Karl (1904–1986), Hamburger Gartenarchitekt 613

Pluche, Noël Antoine (1681–1761), frz. Abbé und Gartentheoretiker 645

Poel, Familie 134

Poel, Emma Abb. 29

Poel, Frederike Elisabeth, geb. Büsch (1768–1821) 147; Abb. 29

Poel, Piter (1760–1837) 49, 134, 135, 147; Abb. 29

Poel, Piter Edouard Abb. 29

Poelzig, Hans (1869–1936), Architekt 656

Pogwisch, Familie (v.) 635

Pope, Alexander (1688–1744), engl. Dichter 27, 298, 515

Poppe, Daniel, Hamburger Kaufmann 52, 286, 287, 669

Poppel, Johann Gabriel (1807–1882), Maler, Stecher und Verleger Abb. 90

Prahl, Jürgen Paul (gest. 1813) 430

Pregizer, Karl 657

Prey, Johann Leonard (um 1700–1757), Hamburger Baumeister 653

Pries, Johann Christian (18. Jh.), Lustgärtner 161

Prinz, Ernst (1878–1974), Kieler Architekt 80, 209

Pückler-Muskau, Hermann Fürst von (1785–1871), Landschaftsgärtner und Schriftsteller 52, 76, 172, 189, 663, 670, 671

Quaglio, Joseph (1747–1828), Münchner Architekt und Bühnenmaler 422

Qualen, Josias von (18. Jh.) 33

Quatremère de Quincy, Antoine Chrysostôme (1755–1849), frz. Archäologe und Kunstgelehrter 32

Rahbeck, Knud Lyhne 130

Ramcke, Wolert, Gutsgärtner auf Ascheberg 165

Ramée, Caroline Henriette, geb. Dreyer 669

Ramée, Daniel, Architekt 669

Ramée, Joseph-Jacques (1764–1842), Gartenkünstler 32, 51, 52, 53, 116, 117, 118, 119, 120, 187, 188, 191, 192, 193, 286, 403, 470, 471, 621, 622, 661, 669–670; Abb. 32, 88, 140, 206

Ramm, (18. Jh.), Gärtner 264

Randahl, Jacob Ehrhard (um 1710–1757), Offizier und Planzeichner/Kartograph 173, 223, 332, 349, 565; Abb. 6, 255, 426

Randerup, Nicolaus Jönsen (18. Jh.), dän. Garteningenieur 625, 627, 628; Abb. 477

Rantzau, Grafen zu und von 191, 194, 289, 464, 513, 615, 626, 672

Rantzau, (19. Jh.), Plöner Amtmann 483

Rantzau, Amöne Gräfin zu, geb. Gräfin zu Castell-Remlingen (1732–1802) 185, 186

Rantzau, Andreas Conrad Peter Graf zu (1773–1845) 52, 185, 186, 187, 188, 189, 190, 344

Rantzau, Anna Sabine Gräfin zu, geb. von Buchwaldt (1750–1829) 494, 496

Rantzau, Catharina Hedwig Gräfin zu, verm. Castell-Rüdenhausen (1663–1743) 184

Rantzau, Christian Graf zu (1683–1729) 160, 492

Rantzau, Christian 1. Graf zu (1614–1663) 183, 184

Rantzau, Christian Detlef Carl (1772–1812) 163

Rantzau, Christian Detlef Graf zu (gest. 1721) 184

Rantzau, Christian Emil Graf zu (1716–1777) 494, 525

Rantzau, Detlef Graf zu (1644–1697) 184

Rantzau, Frederike Eleonore Gräfin zu (gest. 1760) 185

Rantzau, Friedrich Graf zu (1729–1806) 185, 186

Rantzau, Gert Graf zu (1558–1627) 183

Rantzau, Hans Graf zu (1693–1769) 23, 30, 33, 158, 160, 161, 163, 164, 461, 492, 658

Rantzau, Hans Heinrich Graf zu (1764–1836) 342, 344

Rantzau, Heinrich (1526–1599) dänischer Statthalter 12, 14, 15, 25, 177, 181, 183, 184, 186, 345, 443, 485, 486, 533

Rantzau, Johann (1492–1565) 181, 188

Rantzau, Kuno Graf zu (1852–1895) 189

Rantzau, Kuno Graf zu (auf Rohlsdorf) (1805–1856) 188, 669; Abb. 137

Rantzau, Luise Gräfin zu, geb. von Scheel (1772–1812) 342

Rantzau, Margarethe Hedewig von, geb. von Reutz 256

Rantzau, Peter von (16. Jh.), Amtmann in Flensburg 100

Rantzau, Schack Carl Reichsgraf von (1717–1789) 163

Rasmussen, Jörg, Kunsthistoriker 665

Rastedt, Anna Dorothea, geb. Ranniger (1780–1851) 670

Rastedt, Christian 670

Rastedt, Daniel (1761–1836), Eutiner Hofgärtner 50, 52, 223, 227, 670

Rastedt, Gabriel (1723–1775) 670

Rastedt, Nicolaus 670

Rathgens, H. G. 430

Ratibor, Herzog von 671

Reemtsma, Philipp Fürchtegott (1893–1959), Zigarettenfabrikant 129

Rehbenitz, Theodor (1791–1861), Maler Abb. 27

Rehder, Jacob Hinrich (1790–1852), Hofgärtner in Eutin und Muskau 52, 670–671

Rehder, Johanna Juliane, geb. Böken 670

Rehder, Paul Hermann 670

Rehpennig, Joachim, Gärtner auf Schierensee 532

Reichardt, Christian (gest. 1775) 452

Reichert, J. F. (18. Jh.), Weimarer Hofgärtner 296

Reimarus, Familie 134

Reimarus, Johann Albert Heinrich (1729–1814), Arzt 134, 147

Rembrandt (Harmensz van Rijn) (1606–1669) 539

Repton, Humphry (1752–1818), Landschaftsgärtner 50, 55, 172, 192, 424, 448, 451, 622

Reuterholm, Gustav Adolf (1756–1813) (Baron Tempelcreutz) 422, 424

Reventlow, Familie von 626
Reventlow, Cay Friedrich von 653
Reventlow, Christian Detlef Friedrich von (1748–1827), Staatsminister 42, 490
Reventlow, Christian Detlef von (1671–1731), Oberpräsident von Altona 114
Reventlow, Friedrich (Fritz) Graf von (1755–1828) 32, 33, 50, 208, 209, 211, 212, 609, 658,
Reventlow, Friedrich von (um 1700) 452
Reventlow, Geheimer Staatsminister von (1748–1827) 42
Reventlow, Heinrich (1796–1848) 658
Reventlow, Heinrich Graf zu (18. Jh.), Kammerpräsident 20, 230
Reventlow, Heinrich von (Anfang 18. Jh.) 402
Reventlow, Julia Gräfin von, geb. Schimmelmann (1763–1816) 32, 33, 50, 208, 211, 212, 214, 658
Reventlow, Sophie Anna Gräfin von, geb. Baudissin (1778–1853) 198, 391, 509; Abb. 145
Reventlow, Theodor Graf von (1801–1873) 336
Richardi, Hermann (18. Jh.) 305
Richardsen, Doris, geb. von Bruchwitz 306; Abb. 222, 223
Richardsen, Hans 306
Richardsen, Jacob 306, 307; Abb. 222, 223
Richter, Johann Adam (1733–1813), Landbaumeister 367, 526, 671
Richter, Nikolaus (18. Jh.), Zimmermann 671
Richter, Peter (1750–1805), Eutiner Hofbaumeister 223, 671
Richter, Sophia Elisabeth, geb. Neumann 671
Ridikesdorp, Herren von 506
Riemerschmid, Richard (1868–1957), Architekt 667
Rilke, Rainer Maria (1875–1926), Dichter 293
Ringenberg, Jörgen Abb. 63, 64, 220
Rinzsche Baumschule in Oberursel 675
Rist, Johann (1607–1667), Pastor in Wedel und Dichter 111
Rist, Johann Georg (1775–1847), Diplomat und Schriftsteller 49; Abb. 29
Robinson, William (1838–1935) 64

Rodich, Hans Hinrich (gest. 1715), Hofgärtner in Kiel 346, 348
Rodin, Auguste (1840–1917), frz. Bildhauer 436, 437
Röhl, Jacob, Steinmetz 224
Röhling, C. Abb. 181
Röhling, Kammersekretär 655
Roese, Hermann Carl Bernhard (1830–1900), Eutiner Hofgärtner 52, 589, 663, 671; Abb. 447
Roese, W. 671
Röttger, Kriminaldirektor 419
Rogers, Alexander, schottischer Landwirt 136/7, 148
Roggenbrod, Jonathan, Hamburger Gartenarchitekt 151, 663
Rohlfs, Christian (1849–1938), Maler und Graphiker 436
Romanzow, Graf 148
Romberg, J. A. 662
Roncha, Franz von (um 1560–1622), ital. Baumeister 297, 303
Roselius, Christian Heinrich (1871–1945), Bremer Gartenarchitekt 276, 277, 671f; Abb. 197
Rosenberg, Catharina Dorothea, geb. Kühnel (geb. 1719) 672
Rosenberg, Georg Erdmann (1739–1788), Architekt 299
Rosenberg, Johann Gottfried (1709–1776), Plöner Hofbaumeister und dänischer Architekt 25, 164, 185, 428, 475, 591, 592, 593, 596, 597, 672, 674; Abb. 135, 448, 449
Ross, Charles (1816–1858), Maler 32, 471; Abb. 357
Ross, Colin (1734–1793) 344
Roß (auch: Ross), Daniel (1776–1840), Hamburger Kaufmann 122, 344
Ross, Eduard (1786–1873), Hamburger Kaufmann 342, 344
Rothgießer, Andreas (17. Jh.), Graveur 555
Rotterdam, Erasmus von (1467–1536), Humanist und Gelehrter 181, 183, 497
Rousseau, Jean-Jacques (1712–1778) frz. Philosoph 29, 31, 62, 73, 147, 163, 236, 268, 298, 512, 515, 669
Royer, Johann (17. Jh.), Braunschweigisch-Wolfenbüttelscher Hofgärtner in Hessen 498
Rubens, Peter Paul (1577–1640), fläm. Maler 91
Rücker, Emily geb. Jenisch 143
Rüppel, Julius, Samenhandlung 108

Rumford, Benjamin Thompson Reichsgraf von (1753–1814), bayr. Minister 45, 275
Rumohr, Familie 510, 511, 512
Rumohr, Christian August II. von (1721–1775) 510
Rumohr, Christian August III. von (1759–1798) 33, 42, 50, 510, 511, 512
Rumohr, Luise Marianne von 653

Sadebeck, R. (19. Jh.) 71; Abb. 56
Saggau, Hans Hinrich (18. Jh.), Gärtner auf Ascheberg 161
Saint Germain, Graf von (1696–1784), Alchemist und Freimaurer 419, 425
Saldern, Caspar von (1711–1786), großfürstl. Staatsminister 12, 18, 20, 31, 198, 258, 526, 529, 530, 532, 652, 658, 668
Samaschikoff, Trophim (vor 1780–nach 1810) 574, 575, 577, 672–673; Abb. 432
Scaichi, G. de 229
Schadendorff, Hans 100, 102; Abb. 80
Schaffer, Joseph und Peter (18./19. Jh.), Wiener Zeichner und Kupferstecher 422
Scharmer, (18. Jh.), Privatsekretär 160, 164
Schauenburg (Grafen) 12
Schaumburg, Christian (1788–1868), hannoverscher Garteninspektor 46, 52, 59, 196, 197, 351, 352, 353, 354, 355, 448, 472, 480, 481, 482, 483, 484, 631, 634, 673
Schaumburg, Louise 59
Scheel, Henning (gest. 1819), Gärtner auf Schierensee 531
Scheel-Plessen, Carl Theodor August von (1811–1892), Kammerpräsident 450
Schemmel, Max 667
Schenk, Baron von 161
Schernekau, (19. Jh.), Baumeister 301, 451
Schilden, Hans Heinrich von (1745–1816) 54, 293, 295, 296
Schilden, Heinrich Andreas von (1. Hälfte 18. Jh.) 294
Schiller, Friedrich von (1759–1805) 50
Schimmelmann, Christian Graf von 619
Schimmelmann, Ernst Graf von (1820–1885) 108, 620, 668

Schimmelmann, Friedrich Joseph Graf von (1754–1800) 108
Schimmelmann, Heinrich Carl Graf von (1724–1782), dän. Minister 18, 26, 40, 42, 45, 47, 100, 101, 104, 105, 106, 108, 196, 208, 212, 337, 365, 389, 526, 614, 615, 618, 619, 620, 658, 665
Schinkel, Karl Friedrich (1781–1841), Architekt 44, 143, 168, 170, 244, 353
Schlee, Ernst (1910–1994), Kunsthistoriker 541
Schleiden, Christian (1777–1833), Bremer Kaufmann 163
Schleiden, Rudolph (1815–1895), Diplomat 163
Schlichting, Anna Maria, geb. Hartwig 673
Schlichting, Catharina Maria (1723–1747/48) 673
Schlichting, Johann Theodorus (um 1680–1746), Hofbildhauer 173, 219, 563, 588, 629, 634, 673, 668
Schmedtje, August (19./20. Jh.) 273
Schmedtje, Heinrich (1832–1902) 274
Schmeisser, Johann Gottfried (1767–1837), Pharmazeut und Chemiker 137
Schmidt (19. Jh.), Gutsgärtner in Hanerau Abb. 31
Schmidt, P. H., Hofgärtner 670
Schmieden, Heino (1835–1913), Berliner Architekt 353, 374
Schmitt, Johann Baptist (1768–1819), Landschaftsmaler 148
Schnackenberg, Rudolf (geb. 1879), Hamburger Gartenarchitekt 151
Schnackenburg, Bernhard (1867–1924) Altonaer Oberbürgermeister 149, 150
Schnittger, Hans (1873–1934), Architekt 457
Schoell-Glass, Charlotte, Kunsthistorikerin 138
Scholz, Heinrich 601
Schönborn, Fürstbischöfe von 634
Schönborn, Gräfin Adelheid von, Gartenarchitektin 526
siehe auch Lothar Franz von Schönborn
Schörl, Gärtner 323
Schreiber von Cronstern, Gabriel Friedrich (1740–1807) 42, 44, 444, 445
Schreiber von Cronstern, Gabriel Friedrich (1783–1869) 18, 42, 50, 59, 443, 446, 447, 448, 450, 451

Schreiber von Cronstern, Ludewig (1785–1823) 44, 50, 443, 445, 446, 447, 448, 449, 451; Abb. 25, 28, 30, 36, 334–339, 341, 342
Schremm, Alexander (gest. 1792), Eutiner Hofgärtner 223, 670
Schröder, Heinrich (19. Jh.), Architekt 292
Schröder, Familie von 440
Schröder, Johann Heinrich von (1784–1883), Bankier 53, 311
Schröder, Johannes von (1793–1862), Offizier, Topograph und Schriftsteller 163, 452
Schröder, Rudolf Alexander (1878–1962), Dichter und Architekt 393
Schroeder, Johann Heinrich (18. Jh.), Landmesser 635; Abb. 482
Schroeder, Rudolf (1897–1965), Kieler Architekt und Stadtbaurat 361, 657
Schubert, Bodo Abb. 69
Schüler, Johann Volckmar (Anfang 18. Jh.), Gutsverwalter 576
Schütte, (19. Jh.), Hamburger Senator 129
Schütte, (um 1900), Architekt aus Quedlinburg 296
Schulte, Kammerherr 673
Schultz & Witte, Hamburger Firma 479
Schumacher, Fritz (1869–1947), Architekt und Hamburger Oberbaudirektor 55, 152, 457, 657
Schuricht, Christian Friedrich (1753–1832), Architekt und Dresdner Oberlandbaumeister 489, 490; Abb. 371
Schwarze, Julius Heinrich (1706–1775), Architekt 109
Schwedler, Max Heinrich Rudolf (1862–nach 1900), Kieler Stadtgärtner 378
Schweer, (19. Jh.), Ludwigsluster Hofgärtner 52, 279
Schwegerle, Hans (1882–1956), Münchner Bildhauer 432
Schwennsen, Schwenno (gest. 1681), Glücksburger Hofgärtner 265
Schwerdtfeger, August (19. Jh.) 598
Sckell, Friedrich Ludwig von (1750–1823), bayr. Hofgartenintendant und Landschaftsgärtner 45, 63, 424
Sckell, Johann Conrad (1768–1834), Hofgärtner in Weimar 668
Seehann, Günther, Biologe 180, 600
Seelig, Geert (1864–1934), Hamburger Rechtsanwalt 471
Seelig, Philipp (um 1900), Lübecker Kunstgärtner 651

Sehestedt, Benedict von 511
Sehestedt, Hese von geb. von Brockdorff 511
Seidel, Johann Ernst (1765–1832), Glückstädter Stadtpräsident 46, 270, 271, 272, 274, 275
Seneca (0–65), römischer Dichter 227
Sennholz, (19. Jh.), Gartenarchitekt 431
Serène d'Acqueria, Joseph-Louis (18. Jh.), frz. Emigrant und Zeichner 512
Serlio, Sebastiano (1475–1554), ital. Architekt und Architekturtheoretiker 540
Shaftesbury, Anthony Ashley Cooper, 3rd Earl of (1671–1713), engl. Philosoph 27, 58
Shakespeare, William (1564–1616), engl. Dichter 491
Shenstone, William (1714–1763) engl. Dichter 40, 41, 133, 200, 201, 521
Shilling, Miß Abb. 29
Sidney, Robert 2. Earl of Leicester (1595–1677), engl. Gesandter 322
Sidon, Heinrich Ludwig (gest. 1810), Plöner Hofgärtner 602, 607; Abb. 5
Siebold, Paul Ferdinand Johannes (geb. 1880), Hamburger Gartenarchitekt 151
Siemering, Rudolf (1835–1905), Berliner Bildhauer 353
Sierakowski, Graf Jozéf (1765–1831) 138, 148; Abb. 103
Sieveking, Georg Heinrich (1751–1799) 49, 52, 118, 134, 147, 669
Sieveking, Johanna Margaretha („Hannchen") geb. Reimarus (1760–1832) 119, 134, 147; Abb. 29
Sieveking, Karl (1787–1847), Diplomat Abb. 29
Signac, Paul (1863–1935), frz. Maler 436
Siricius, Johann (17./18. Jh.), Arzt 561
Sloman, Robert Miles, Hamburger Reeder 128
Smissen, Hinrich I. van der (1662–1737), Altonaer Kaufmann und Mennonit 114
Smissen, Hinrich III. van der Smissen, Altonaer Kaufmann 289, 292
Smith, Peter, Hamburger Samenhandlung in Bergedorf 108

Sonnenfels, Joseph von (1732–1817), Wiener Staatsrechtler und Freimaurer 33
Sonnin, Ernst Georg (1713–1794), Hamburger Architekt 164, 332, 642, 650, 653; Abb. 240
Sophie Wilhelmine, Markgräfin von Brandenburg-Bayreuth (1709–1758) 31, 530, 532
Sophokles (497–406 v. Chr.), griech. Dichter 609
Späth, Christian, Berliner Gartenarchitekt 254
Späth, Hellmuth (1885–1945), Berliner Gartenarchitekt 252, 254
Späth, Ludwig (1793–1883), Berliner Gartenarchitekt 249, 252, 253
Speck, Johann Heinrich August (Mitte 19. Jh.), Landmesser 532
Speckter, Otto (1807–1871), Maler und Lithograph 622
Sperber, Oberingenieur 152
Springer, Axel (1912–1985), Verleger 526
Staak, (19 Jh.), Landmesser 176
Staal, Carl Friedrich von (1721–1789), Oberst und Gottorfer Prinzenerzieher 73, 657
Staël-Holstein, Anne Louise Germaine Baronesse de, geb. Necker (1766–1817), frz. Schriftstellerin 135
Stallknecht, Claus (1681–1734), Altonaer Baumeister 114, 164
Stange, Carl Friedrich (1784–1851), Architekturzeichner 142; Abb. 109
Staudinger, Lucas Andreas (1770–1842), Landwirt 137
Steen, Andreas Hermann (18. Jh.), Gärtner auf Stendorf 589
Steffens, Maximilian (um 1587–nach 1635), Bildhauer 537, 552
Stein, Theodor Friedrich (um 1730–1788), Maler 204
Steltzner, Lübecker Baumschulfirma 588, 589
Stelzner, Carl Ferdinand (um 1805–1894), Maler 540; Abb. 410
Sternberg (um 1800), Hamburger Gartenbesitzer 264
Stevens, Alfred Georg (1817–1875?), Maler 436
Stieglitz, Christian Ludwig (1756–1836), Jurist, Architekturhistoriker und Zeichner 452
Stolberg, Auguste Gräfin zu (1763–1835) 201

Stolberg, Christian Graf zu (1748–1821), Schriftsteller 32, 34, 51, 208, 211, 609, 610, 611, 614; Abb. 17
Stolberg, Friedrich Leopold Graf zu (1750–1819), Schriftsteller 32, 34, 208, 583, 609, 614, 624, 671; Abb. 17
Stolberg, Louise Gräfin zu, geb. von Reventlow (1746–1824) 208, 609, 610, 611
Stolle, Johann Wilhelm von (1740–1825), dän. Kammerherr und Hofjägermeister 516, 518
Stoltenberg, Fritz (1855–1921), Kieler Maler Abb. 283
Storm, Gertrud 291
Storm, Theodor (1817–1888), Dichter 11, 69, 291, 321, 324, 325, 326, 327, 361; Abb. 236
Strack, Johann Heinrich (1805–1880), Architekt 127, 151
Strack, Ludwig Philipp (1761–1836), Eutiner Hofmaler 31, 37, 120, 389, 583; Abb. 72, 91, 162, 290, 441
Ströhe, Hermann (gest. 1673), Hofgärtner in Husum 323
Ströhmer, Paul (um 1900), Fabrikant 457
Struensee, Johann Friedrich (1737–1772), Altonaer Arzt und dän. Kabinettsminister 199, 607, 608, 647
Stuhr, Peter Clausen (gest. 1820), Flensburger Kaufmann 234, 235, 236, 239, 240, 243, 246, 653
Stüler, Friedrich August (1800–1865), Architekt 662
Sturz, Helferich Peter (1736–1779), Diplomat und Schriftsteller 199
Sukopp, Herbert, Botaniker und Ökologieprofessor 64
Sulzer, Johann Georg (1720–1779), Philosoph und Ästhetiker 40, 657
Sye, (19. Jh.), Landmesser 163

Tadei, Michel Angelo und Francesco Antonio (nachw. 1777–1812), Stuckateur-Werkstatt 239, 257; Abb. 185, 186
Tatter, Hans Georg (17. Jh.), Gottorfer Hofgärtner 576, 673–674,
Tatter, Michael Gabriel (gest. um 1689), Gottorfer Hofgärtner 539, 562, 674
Taube, Hedwig Ulrike Gräfin von (18. Jh.) 464
Taube, Jacob Johann von (18. Jh.) 461, 462

Telemann, Georg Philipp (1681–1767), Komponist und Hamburger Kapellmeister 114
Térasson, Jean (1670–1750), frz. Abbé und Professor für Griechisch 36, 422
Tessenow, Heinrich (1876–1950), Architekt 656
Tessin, Nicodemus d. J. (1654–1728), schwedischer Architekt 18, 473, 540, 541, 545, 674; Abb. 4, 359
Thalbitzer, Wilhelm von (Mitte 19. Jh.), Landmesser 351; Abb. 258
Thaulow, C. (Mitte 19. Jh.), Landmesser 480
Thaulow, Gustav Ferdinand (1817–1883), Kieler Pädagoge und Sammler 634
Themsen, J. (18. Jh.) 542; Abb. 413
Thiessen, Johann Andreas (18. Jh.), großfürstlicher Geodät 198, 389, 393, 531; Abb. 144, 146, 288
Thoma, Hans (1839–1924), Maler 436
Thomson, James (1700–1748), schottischer Dichter 27
Thorsen, (19. Jh.), Gärtner auf Gelting 264
Thorvaldsen, Bertel (1770–1844), dänischer Bildhauer 186
Thünen, Johann Heinrich von (1783–1850), Agrarwissenschaftler und Nationalökonom 137
Thura, Laurids de (1706–1759), dän. Architekt und Kunstschriftsteller 322, 565; Abb. 234
Tiedemann, (um 1800), Planzeichner 187
Tilly, Johann Tserclaes Graf von (1559–1632), Feldherr 590
Timm & Co., Elmshorner Baumschule 651
Timm, Hans Hinrich (19. Jh.), Gärtner 619
Tischbein, Johann Heinrich d. Ä. (1722–1789), Maler 602; Abb. 458, 459
Tournefort, Jean Pitton de (1656–1708), frz. Botaniker 652
Treu, Cornelius Gottfried (1684–1759), Hamburger Baumeister 209, 394
Trip, Julius (1857–1907), hannov. Stadtgartendirektor 651, 672
Truell, Robert 425
Tschierske, Georg Dietrich (vor 1715–nach 1770), Architekt 475, 509, 605, 674–675; Abb. 360, 457

Tschierske, George (1699–1753), Plöner Hofgärtner 47, 97, 474, 475, 478, 506, 508, 601, 602, 606, 674; Abb. 8

Tschierske, Henrica Axel, geb. Lund 674

Tutenberg, Ferdinand (1874–1956), Altonaer Gartenbaudirektor 57, 149, 151, 152, 154, 155, 156, 675; Abb. 115

Tutenberg, Fritz, Kunst- und Handelsgärtner 675

Ulrike Eleonore, schwedische Königin (1688–1741) 464

Urban, Martin, Kunsthistoriker 568

Valbelle, Comte de (18. Jh.) 238

Varendorf(f), Gustav Adolf (1743–1812) Major und Landvermesser 99, 402, 470, 509, 532, 593; Abb. 262

Vergil (Publius Vergilius Maro) (70–19 v. Chr.), röm. Dichter 40, 134, 202

Vezin, Hausvogt 188

Viethen, Margaretha 305

Vignola, Giacomo Barozzi da (1507–1573), Architekt und Architekturtheoretiker 669

Villermoz, (18. Jh.), Lyoner Logenmeister 421

Vinci, Leonardo da (1452–1519) 241

Völckers, C. 242

Vogel von Vogelstein, Carl Christian (1788–1868), Dresdner Hofmaler 629, 634; Abb. 479

Vogeler, Anna Magdalena 444

Vogeler, Johann Adolph (18. Jh.), Eutiner Amtsverwalter 444, 446

Voght, Caspar Baron von (1752–1839) 33, 42, 44, 45, 49, 57, 115, 116, 117, 118, 121, 132, 133, 134, 135, 136, 137, 138, 139, 140, 141, 142, 146, 147, 177, 193, 521, 630, 650; Abb. 29

Voigts, Carl Daniel (1747–1813), Maler und Kupferstecher 42, 370, 412, 424, 494; Abb. 24, 264, 271, 291

Voltaire, François-Marie Arouet (1694–1778), frz. Schriftsteller 135

Voorhelm et Zombel, niederl. Gartenbaufirma 652

Vorherr, Gustav (1778–1848), kgl. bayr. Baurat 244

Voss, David Christopher (gest. 1769), Gottorfer Hofgärtner 653, Abb. 408

Voß, Hinrich, Schmied 634

Voß, Johann Heinrich (1751–1826), Schriftsteller, Philologe und Übersetzer 32, 204, 401, 583, 646

Voß, Sophie Catharina 653

Vothmann, J. G. (18. Jh.), Handelsgärtner in Sonderburg 262

Vredeman de Vries, Hans (1527–1606), niederl. Architekturzeichner und Publizist 183, 321, 497, 505

Vries, Adrian de (1545?–1626), niederl. Bildhauer 557

Wachholtz, Else 457

Wachholtz, Karl (1892–1962), Verleger 457, 458

Wachs, Heinrich (1822–1895), Arzt 291

Wagner, Jakob Moritz (1. H. 19. Jh.), Maler 292; Abb. 265

Wagner, Martin (1885–1957), Architekt, Berliner Stadtbaurat und Professor 657, 667

Wailly, Charles de (1729–1789), frz. Architekt 650

Waldersee, Grafen von 285, 631

Waldersee, Alfred Graf von (1832–1904), Generalfeldmarschall 631

Waldersee, Else Gräfin von, geb. Haniel 632

Waldersee, Franz Graf von 626

Waldersee, Franz Graf von (1862–1927) 631, 632

Wallenstein (Albrecht Wenzel Eusebius Graf Waldstein) (1583–1634), kaiserl. Feldmarschall 25, 183

Walpole, Horace, 4th Earl of Orford (1717–1797), Dichter und Kunstschriftsteller 40, 657

Warburg, Max M. (1867–1946), Hamburger Bankier 55, 128

Warnstedt, Daniel Nikolaus (1729–1802), Plöner Hofjägermeister 482

Wasserschlebe, Joachim (1709–1787), dän. Konferenzrat 51, 623, 624, 646

Wassner, Valentin (1808–1888), Maler 424; Abb. 305

Watelet, Claude-Henri (1718–1786), frz. Maler und Gartentheoretiker 40, 133, 669

Weber, Carl Maria von (1786–1826), Komponist 227, 583

Wedderkop, Gottfried von (1693–1741) 584

Wedderkop, Magnus von (1637–1721), Gottorfer Staatsminister 19, 584

Weddig, Heinrich (1870–1946), Flensburger Bildhauer 248

Wehber, Heinrich 276

Wehberg, Hinnerk, Gartenarchitekt und Professor 167, 497, 504; Abb. 382

Weinschenk, F. 675

Wendt, August, Gartendirektor 431

Wergeland, Otto (19. Jh.), Landmesser Abb. 168

Wesche, Hans, Holzvogt 232

Westphal, Fritz (1803–1844), Zeichner 511, 512; Abb. 21, 389

Westphalen, Grafen von 509

Weyandt, Ludwig (geb. um 1690), schwed. Hofmaler 561f

Whately, Thomas (gest. 1772), engl. Politiker und Gartentheoretiker 40, 657

Whistler, James Abbott McNeill (1834–1903), Maler 436

Wiedewelt, Johannes (1731–1802), dän. Bildhauer 417, 495, 660; Abb. 376

Wiepking-Jürgensmann, Heinrich (1891–1973), Gartenarchitekt 509

Wiese, Elmshorner Architekt 631

Wiesel, (18. Jh.), Planzeichner 332

Wigman, Mary (1886–1973), Tänzerin 571f

Wilde, Christian (um 1800), Maschinenbauer 136

Wilhelm I., preußischer König und ab 1871 deutscher Kaiser (1797, reg. 1861–1888) 95, 99, 250, 353, 354, 382, 625, 633

Wilhelm II., deutscher Kaiser (1859, reg. 1888–1918, 1941) 146, 152, 381, 388, 472, 484

Wilhelm IX., Landgraf, ab 1803 Kurfürst Wilhelm I. von Hessen-Kassel (1743–1821) 416, 419, 423, 424, 658

Wilhelm August, Gottorfer Prinz (1793–1774) 657

Wilhelmine Marie , Prinzessin von Dänemark, Herzogin von Schleswig-Holstein-Sonderburg-Glücksburg (1808–1891) 361, 418, 424, 425

Willebrandt, J. P. 115

Wilster, P. I. (18. Jh.), Landmesser 270

Wimmer, Clemens Alexander, Gartenarchitekt und Gartenhistoriker 505

Winck, Friedrich Carl Franz (1796–1859), Bildhauer 120

Winthem, Johanna Elisabeth verehel. Klopstock (1747–1821) 201
Wittmack, Diederich 593
Wögens, Nicolas (um 1800), Planzeichner Abb. 391
Wörner, Gustav und Rose, Wuppertaler Gartenarchitekten 80; Abb. 70
Wohlers, Altonaer Gärtnerei 296
Wolf, Paul 656f

Wolff, Zacharias (geb. 1667), Baumeister 655
Wrangel, Karl von (1812–1899), preuß. General 56, 248
Wulf, Peter, Gottorfer Hofgärtner 500

Young, Edward (1683–1765), engl. Dichter 202

Zedler, Johann Heinrich (1706–1763), Verleger 241
Zetzsche, Carl (20. Jh.) 640, 642; Abb. 486
Ziegler, Paul, Kunsterzieher 139, 146, 148
Zoega, (18. Jh.), Finanzverwalter 257

Ortsregister

Aberdeen 344
Ahrensberg 413
Ahrensbök 11, 12, 13, 69, 95–99, 265, 452; Abb. 76–78
Ahrensburg 18, 22, 23, 26, 42, 49, 100–109, 185, 208, 275, 337, 389, 526, 615, 620, 656, 658, 662, 665, 668; Abb. 79–84
Alexandrien 418
Altfresenburg (Fresenburg) 142, 177
Altona 12, 36, 45, 47, 71, 80, 108, 110, 114, 117, 119, 125, 126, 130, 137, 146, 148, 149, 150, 152, 154, 155, 160, 260, 270, 296, 500, 612, 617, 653, 658, 661, 675; Abb. 38, 85; – Alt Altona: Altonaer Balkon 110, 111; – Alt-Altona: Palmaille 110, 111, 114, 115, 119, 130, 191; Abb. 86; – Bahrenfeld 132, 152; – Blankenese 110, 116, 119, 126, 128, 141, 151, 344, 670; Abb. 97; – Blankenese: Baurs Park 51, 117, 118, 119, 120, 121, 126, 130, 658, 670; Abb. 32, 89–91; – Blankenese: Bismarckstein 126; – Blankenese: Hesse Park (ehem. Klünders Garten auf dem Kahlkampberg) 121, 126, 127, 661; – Blankenese: Migges Garten 56, 128, 667; Abb. 38; – Blankenese: Römischer Garten 55, 128; Abb. 99; – Blankenese: Süllberg 126; Abb. 98; – Blankenese: Wilmans Park 126; – Dockenhuden 111, 116, 121, 131, 141; – Dockenhuden: Beausite 126, 130; – Dockenhuden: Goßlers Park (ehemals Blackers Landhaus, heute Blankenese) 116, 122, 123, 344; Abb. 94; – Dockenhuden: Hirschpark (heute Blankenese) 111, 116, 120, 121, 122, 123, 124, 125, 127, 130, 131; Abb. 95–97; – Dockenhuden: Park des Weißen Hauses (ehem. Godeffroy-Thierryscher Park) 116, 121, 124, 130; – Dockenhuden: Park von Flohr 661; – Dockenhuden: Ramées Garten „de Bost" (heute Landhaus Bost) 120, 122; – Elbgärten 12, 18, 36, 44, 51, 54, 71, 110–131, 169, 662; Abb. 32, 97; – Gartenbauausstellung 1914 56, 149–151, 155, 407; Abb. 113, 114; – Klein Flottbek 111, 116, 121, 132; – Klein Flottbek (heute Othmarschen): Baumschule Booth 47, 108, 120, 121, 137, 141, 306, 307, 663; Abb. 93; – Klein Flottbek: Eichberghaus (Hanburys Landsitz und Garten) 130; – Klein Flottbek: Garten Max Emden 129; – Klein Flottbek: Garten Thiel 129; – Klein Flottbek: Hindenburgpark (ehem. Elbparkvilla, heute Othmarschen) Abb. 57; – Klein Flottbek: Jenisch-Park (Teil des Geländes der Ornamented Farm, heute Othmarschen) 24, 44, 111, 121, 129, 132, 138, 139, 141, 146, 662, 668; Abb. 102, 107, 110, 111, 112; – Klein Flottbek: Neuer Botanischer Garten Hamburg (auf einem Teil des Geländes der ehem. Ornamented Farm, heute Osdorf, Groß Flottbek) 146; – Klein Flottbek: Ornamented Farm des Caspar Vogth (heute Teile von Othmarschen, Nienstedten, Osdorf, Groß Flottbek) 12, 33, 42, 44, 45, 49, 49, 54, 57, 116, 117, 121, 127, 130, 132–148, 177, 193, 630, 650; Abb. 29, 103–109; – Klein Flottbek: Park des Konsuls Schön 661; – Klein Flottbek: Vorwerks Garten (heute Nienstedten) 122, 125, 668; – Klein Flottbek: Wesselhöftpark (heute Nienstedten) 121, 142; – Neumühlen 110, 111, 116; – Neumühlen: Donners Park (ehemals Sievekings Garten) 51, 118, 127, 149, 151, 178, 403, 658, 667; Abb. 88; – Neumühlen: Jencquels Landsitz (später Sievekingsgarten, Donnerspark) 115; – Neumühlen: Park „Fischers Allee" 151; – Neumühlen: Rosengarten (ehem. Lawaetz Garten) 121; – Neumühlen: Slaafs Hof 114, 126; – Nienstedten 53, 111, 120, 121, 132, 148, 662; – Nienstedten und Klein Flottbek: Baumschule von Ehren 147; – Nienstedten: Baumschule Jürgens 127, 661; – Nienstedten: Baurs Elbschlößchen 51, 116, 120; – Nienstedten: Jacobs Lindenterrasse 120, 121; Abb. 92; – Nienstedten: Newmans Park 111; – Nienstedten: Parish Garten 51, 116, 120, 130; – Nienstedten: Park von Roosen 661; – Nienstedten: Simpsonsche Hof 111; – Nienstedten: Vidals Landhaus (später J. R. Freiherr von Schröders Landsitz, heute Seegerichtshof) 117, 148; – Övelgönne 152; – Övelgönne: Schiller Park 663; – Othmarschen 122, 128, 132, 152, 667; – Othmarschen: Böhlsche Landhaus 116; – Othmarschen: Gebauers Landhaus 116; – Othmarschen: Reemtsmapark (westliche Teile davon ehem. Landschaftsgarten des Senators Schütte) 129, 661; Abb. 101; – Othmarschen: Wriedts Park (später Stadtpark Altona); 149, 151; – Ottensen 114, 115, 661, 670; Abb. 87; – Ottensen: Heines Park (später Landsitz Plage) 120, 150; – Ottensen: Rainvilles Garten 60, 126, 662; – Rissen: Waldpark im Klövensteen 129; – Rissen: Falkenstein 126, 129; – Volkspark Altona 12, 13, 57, 151, 152–157, 675; Abb. 115–117
Amsterdam 498
Arcetri b. Florenz – Capponi-Gärten 323
Ascheberg 23, 27, 30, 33, 158–165, 472, 525, 655, 658; Abb. 2, 16, 68, 118–121
Assens auf Fünen 653
Augsburg 356, 557, 656
Aumühle 662

Bad Doberan 279
Bad Homburg 525
Bad Muskau 52, 589, 663, 670, 671
Bad Oldesloe 13, 44, 54, 166–167; Abb. 34, 122–124
Bad Pyrmont 295
Bad Rehburg 673
Bad Schwartau 431
Bagnaia – Villa Lante 18, 540
Bagshot Park/Hampshire 622
Barcelona 666
Bardowick 664
Bargfeld 653
Beaurains b. Noyon 670
Bergstedt 654
Berlin 44, 77, 78, 93, 143, 168, 194, 240, 244, 249, 250, 253, 254, 353, 368, 373, 434, 436, 474, 502, 567, 571, 572, 593, 600, 607, 620, 650, 655, 656, 659, 661, 662, 668, 671, 673; – Glienicke 621; – Pfaueni-

sel 64; – Schillerpark 154, 388; – Tiergarten 363, 671
Bern 40, 657, 668
Birkenmoor 451
Birmingham 199, 201
Blomenburg 44, 53, 168–172, 523, 662f; Abb. 26, 125–128
Blumendorf 21, 23, 25, 28, 142, 173–177, 487, 491, 662, 664, 673; Abb. 129–131
Bochum 675
Bötzow (Oranienburg) 566
Boitzenburg 463, 665
Bollingstedt 552, 555
Bologna 223
Bonn 660
Bordesholm 181, 205, 452, 650
Bornim b. Potsdam 632, 655, 656
Borstel 164, 276, 328, 597, 653
Bosau 451
Bossee 527, 656
Bothkamp 408; Abb. 303
Braunschweig 574, 664, 672, 675
Bredeneek 24, 54, 178–180, 402, 403, 404, 406, 660, 667; Abb. 132, 133
Bregentved 591
Breitenburg 11, 12, 14, 25, 52, 53, 177, 181–190, 191, 344, 342, 345, 486, 491, 533, 597, 661, 669, 672; Abb. 1, 134–139
Bremen 275, 276, 277, 393, 429, 651, 659, 671, 672; – Bürgerpark 306, 433, 673
Bremerhaven 658
Breslau 152, 310, 666
Brühl am Rhein – Schloßgarten 93
Büchen 250, 430
Bückeburg 15, 147, 654

Cambridge 199
Camenz/Schlesien 663
Caprarola 18
Carlepont 670
Castello 16, 18, 401
Chantilly 576
Charlemont bei Givet 669
Charleroi 670
Charlottenberg b. Itzehoe 52, 188, 191–193; Abb. 140, 141
Cismar 452
Claremont 161, 669
Cloppenburg 665
Cuxhaven 653

Dänisch-Nienhof 44, 194

Damp 318, 652
Danzig 665, 666
Dargun/Mecklenburg 575
Den Haag 194, 257, 328, 576
Denderah 420
Dersau 162f
Deutsch-Nienhof 15, 40, 50, 53, 86, 194–197, 328, 659, 673; Abb. 69, 142, 143
Dobersdorf 655, 656
Dortmund 659, 675
Drage – Schloß Friedrichsruh 25, 184, 394, 641, 642, 651
Dravit 64
Dresden 42, 78, 93, 100, 109, 120, 194, 328, 443, 488, 489, 491, 536, 629, 647, 656, 659, 665; – Brühlsche Terrasse 109, 615; – Moszynska-Garten 109, 214, 615; – Seifersdorfer Tal 41, 212, 417, 423, 658
Drült 653
Düsseldorf 651, 667, 675
Duisburg 657

Eckernförde 419
Eckhof b. Kiel 22, 31, 32, 33, 40, 41, 44, 198–207, 208, 491, 496, 518, 658; Abb. 144–148
Edinburg 136
Egeskov 575, 606
Ehrenfeld 675
Eisenach 296
Eisgrub 660
Eisleben 486
Elmshorn 274, 631, 663, 672
Emkendorf 23, 27, 32, 33, 40, 49, 50, 55, 106, 109, 193, 208–214, 319, 389, 491, 609, 653, 658, 663; Abb. 149–152
Ermenonville 236, 512
Esgrus 511
Esher 161
Essen 660
Eutin 12, 71, 173, 262, 441, 580, 581, 588, 634, 650, 656, 663, 664, 668, 670, 671, 673; Abb. 153; – Schloßgarten 11, 12, 13, 15, 20, 21, 23, 24, 25, 27, 28, 29, 32, 33, 37, 40, 45, 47, 49, 52, 75, 76, 78, 94, 109, 123f, 175, 177, 184, 215–229, 269, 297, 321, 329, 348, 451, 479, 487, 526, 545, 563, 565, 590, 606, 650, 655, 656, 658, 664, 668, 670, 671, 673; Abb. 7, 14, 15, 23, 47, 72, 73, 153–163

Falkenberg 658
Fargau 517, 518

Farve 635
Fehmarn 44, 468
Fleckeby 416, 653
Flemhude 650
Flensburg 80, 232, 235, 321, 567, 653, 665, 673; – Christiansenpark (Stuhrsche Park) und Alter Friedhof 35, 36, 78, 80, 91, 234–246, 563; Abb. 20, 22, 75, 166–175; – Margarethenhof 20, 230–231; Abb. 164; – Marienhölzung 46, 232–233, 247; Abb. 165; – Stadtpark 56, 247–248; Abb. 176–178
Flize 670
Florenz 15, 94, 227, 654; – Villa Medici (Boboli) 18, 211, 401
Fontainebleau 486
Frankfurt a. M. 56, 388, 675
Frankfurt a. O. 430
Franzhagen 397, 401
Frascati – Villa Aldobrandini 16, 17, 540, 555
Fredensborg 417, 424
Frederiksberg 424, 479f
Frederiksborg 20, 356, 653
Frederiksdal 672, 674
Frederikslund 669
Freiburg 657
Freudenholm 402
Friedrichsruh/Aumühle 37, 53, 55, 249–254; Abb. 179–183
Friedrichstadt 114, 255–256, 270, 354; Abb. 184
Fürstenberg 665

Gaibach 21
Gartow 643
Gelting 14, 18, 20, 22, 23, 24, 257–264, 338, 526, 652; Abb. 185–189
Gersfeld 671
Giekau 170
Givet 669
Glasau 653
Glücksburg 11, 12, 13, 15, 24, 30, 76, 78, 263, 265–269, 321; Abb. 190–193
Glückstadt 658; – Wallanlagen 13, 46, 270–275; Abb. 194–196
Gnissau 598
Göttingen 32, 41, 297, 609, 650
Grabau 55, 276–278, 655, 672; Abb. 37, 197–199
Greifswald 334, 672
Grönau 401
Groningen 561

Gudow 27, 52, 54, 279–281; Abb. 35, 200–202
Güldenstein 12, 597, 655, 661
Gülzow 14, 22, 25, 37, 47, 282–285, 338, 664; Abb. 203–205

Haarlem 652
Haffkrug 166
Hagen (Probsteierhagen) 626, 650
Halle 34, 297, 334, 451, 514, 651, 657
Hamburg 12, 13, 47, 51, 53, 55, 60, 61, 66, 70, 71, 74, 77, 78, 100, 108, 110, 111, 114, 115, 116, 117, 120, 125, 130, 132, 133, 134, 136, 137, 146, 147, 147, 148, 149, 150, 157, 178, 187, 191, 201, 204, 209, 249, 250, 263, 264, 270, 286, 306, 313, 314, 316, 318, 328, 329, 332, 334, 336, 344, 371, 404, 429, 440, 461, 471, 473, 498, 502, 503, 525, 527, 539, 554, 559, 562, 571, 576, 596, 613, 615, 617, 619, 647, 649, 650, 651, 653, 654, 655, 657, 658, 660, 662, 663, 665, 666, 667, 668, 669, 670, 671; Abb. 54; – Amsinck-Park 318, 661; – Anckelmanns Garten in Horn 61; – Erster Botanischer Garten am Dammtor 54, 125, 669, 671; – Hammer Park 154; – Ohlendorff Park 669; – Planten un Blomen 63; – Stadtpark 55, 152, 154, 157, 388, 655, 662, 667; – Wallanlagen 127, 166, 668
Hameln 675
Hamfelde b. Trittau 52, 286–287, 669; Abb. 206
Hanau – Hofgarten 299
Hanerau 34, 45, 288–292; Abb. 31, 207–210
Hannover 12, 47, 63, 77, 78, 161, 250, 282, 435, 474, 480, 483, 584, 586, 635, 637, 639, 643, 651, 655, 664, 668, 673; – Georgengarten 673; – Herrenhausen 93, 164, 329, 334, 365, 606, 651, 673, 675; – Schloß Fantasie 285; – Schloß Linden 635; – Schloß Monbrillant 635, 637, 639, 646
Hansühn 593, 596
Harbke 512
Haselau 285
Haseldorf 11, 28, 32, 37, 54, 67, 114, 140, 293–296; Abb. 13, 211–214
Hasselburg 563, 656
Heide 659
Heidelberg 600; Schloßgarten 16, 551

Heiligenstedten 22, 36, 47, 283, 297–303, 338, 606; Abb. 215–219
Helgoland 166
Hellerupgaard 669
Helmstedt 654
Hemmelmark 69, 195, 311
Herrnhut 290
Hessen b. Wolfenbüttel 401, 498
Hessenstein 44, 170, 464, 468; Abb. 356
Hinschendorf 497
Hochdorf 11, 63, 78, 83, 304–307; Abb. 63, 64, 220–223
Höltenklinken 174
Hörst 55, 308–310, 661; Abb. 224–227
Hohenfelde 464
Hohenhorst 95
Hohenlieth 655
Hohenstein 28, 44, 53, 275, 311–319, 652, 661; Abb. 33, 228–232
Hohenstein b. Oldenburg i. H. 650
Hohwacht 630
Holstenhuus 674
Hoppenbroock (Schloß) 95
Hoyerswort 60
Husum 305, 561, 665; – Schloßgarten 11, 12, 15, 18, 24, 46, 53, 60, 69, 70, 76, 78, 86, 255, 265, 304, 320–327, 371, 497, 662; Abb. 54, 233–238

Isfahan 546
Itzehoe 189, 274, 300, 627, 661, 669

Jægerspris 44, 417, 424, 496
Jena 667
Jersbek 19, 24, 25, 26, 27, 28, 34, 37, 47, 60, 63, 84, 109, 114, 158, 175, 194, 328–337, 514, 573, 601, 606, 617, 620, 628, 653, 654, 665; Abb. 10, 66, 239–245
Johannstorf/Mecklenburg 655
Jühnde b. Göttingen 652
Juelsberg 674
Juliusburg 401

Kahlwinkel b. Bad Bibra 651
Kaiserhammer (Schloß) 566
Karlsbad 137, 208
Karlsburg (Gereby) 12, 27, 335, 338–341, 410; Abb. 246–248
Karlshof 593
Karlsruhe 586
Kassel 40, 78, 275, 474, 650, 667, 673; – Carlsberg (Kassel-Wilhelmshöhe) 16, 171, 423, 597, 658; – Karlsaue 597

Kellinghusen (Luisenberg) 44, 342–344; Abb. 249, 250
Kiel 36, 40, 46, 56, 57, 77, 78, 80, 93, 94, 166, 201, 209, 255, 270, 274, 328, 359, 360, 361, 363, 364, 372, 373, 378, 379, 380, 383, 404, 452, 510, 518, 527, 543, 561, 638, 650, 656, 657, 658, 659, 661, 665, 666, 667, 672; – Alter Botanischer Garten 44, 78, 91, 372–377, 659; Abb. 274–277; – Brümmerscher Garten 20, 231, 356–358; Abb. 261; – Diedrichsenpark 367; – Düsternbrook 13, 45, 139, 351, 353, 359–364, 372, 376, 653, 661; Abb. 27, 262–267; – Forstbaumschule 24, 42, 368–371; Abb. 270–273; – Fruchtbaumschule 24, 40, 46, 365–367, 652, 657, 658; Abb. 268, 269; – Schloßgarten 12, 15, 17, 20, 21, 22, 23, 25, 45, 52, 54, 56, 76, 78, 86, 175, 297, 345–355, 359, 360, 372, 380, 449, 480, 501, 507, 650, 655, 664, 666, 673, 674; Abb. 6, 59, 251–260; – Schrevenpark 13, 53, 378–380, 659; Abb. 278–281; – Werftpark 13, 53, 57, 381–388, 659; Abb. 282–287
Kieth/Mecklenburg 659
Kirchnüchel 657
Klamp 464
Klixbüll 306
Kniphagen 563
Köln 659, 660, 671
Königstein 488
Köstritz 658, 663, 675
Knoop 23, 42, 49, 106, 208, 235, 389–393, 490, 509, 653, 658; Abb. 288–292
Kokkedal 672
Kopenhagen 12, 15, 32, 34, 62, 100, 117, 162, 199, 201, 214, 239, 273, 363, 371, 389, 417, 418, 428, 437, 489, 498, 525, 543, 559, 596, 601, 607, 644, 645, 646, 650, 652, 653, 658, 659, 660, 665, 669, 672, 674; Abb. 46; – Bernstorff Schloß 12, 33, 54, 205, 303, 623, 645, 646; – Sœndernmarken 44
Krieschow b. Frankfurt a. d. O. 656
Kronshagen 452
Kropp 650
Krummendiek 394–396; Abb. 293–295
Kukus/Böhmen 581

Lammershagen 168, 169, 172, 523, 655

Landeshut/Schlesien 663
Langesö 674
Lauenburg 12, 71, 250, 274, 279, 282, 286, 401, 643, 652, 664; – Fürstengarten 12, 13, 18, 60, 69, 71, 86, 270, 397–401, 652; Abb. 41, 296–298
Laxenburg b. Wien 416
Leasowes siehe The Leasowes
Lebrade 650
Ledreborg auf Seeland 161
Lehmkuhlen 32, 54, 78, 178, 242, 402–409, 658, 660, 661, 667, 668; Abb. 299–304
Lehsen b. Wittenburg/Mecklenburg 280, 281
Leipzig 273, 297, 430, 514, 629, 666, 667
Limburg 546, 550
Lindau 267
Liverpool 199
Lögismose 674
London 27, 30, 114, 136, 137, 160, 199, 239, 328; – Kew Gardens 40, 125, 161, 224, 227, 373, 504, 519, 618, 643, 660
Louisenlund 12, 22, 24, 32, 33, 35, 36, 41, 258, 259, 340, 410–425, 518, 651, 652, 653, 658; Abb. 21, 24, 305–317
Ludwigsburg 24, 426–428; Abb. 318–320
Ludwigslust/Mecklenburg 52, 279, 280, 659, 670
Lübeck 12, 47, 71, 95, 135, 147, 215, 274, 289, 437, 438, 474, 481, 527, 588, 601, 646, 651, 652, 661, 663, 665, 670, 673; – Garten Dr. Linde 436–437; Abb. 327, 328; – Marly (Dräger-Park) 56, 438–439, 651; Abb. 39, 329, 330; – Stadtpark 13, 53, 432, 433–435; Abb. 324–326; – Wallanlagen 13, 46, 57, 429–432, 663; Abb. 40, 321–323
Lüneburg 401, 664
Lütjenburg 452, 453, 630, 673
Lugano 127
Lundsgaard 674
Lyon 421

Magdeburg 663, 665
Mainz 675; – Favorite 21, 218
Manchester 199
Mannheim 422, 474
Margaard 672
Marienlyst 299, 303, 660

Marienwerder b. Hannover 41, 403
Marly 477, 575, 576
Massambre 669
Meiningen 117
Meischenstorf 53, 440–442, 597, 661; Abb. 331, 332
Meißen 63, 658; Abb. 45
Mölln 274, 498, 665
Montpellier 576
Montreux 127
Morschen 597
Mortefontaine b. Ermenonville 518
Moulin-Joli 133
Mümpelgard/Elsaß 264
München 78, 244, 443, 567; – Englischer Garten 45, 275; – Hofgarten 16, 597
Münsterdorf 185, 192, 193
Muggesfelde 601

Neapel 650
Nehmten 18, 28, 40, 42, 44, 50, 53, 54, 59, 443–451, 653, 673; Abb. 2, 25, 28, 30, 36, 333–342
Neudorf 27, 36, 44, 452–456; Abb. 343–346
Neuhaus 514
Neuhaus a. d. Elbe 397, 401
Neuilly b. Paris – Folie St. James 669
Neumünster 80, 344, 460, 483; – Villa Wachholtz 55, 457–460; Abb. 347, 348
Neustadt 483, 488, 659
Neustadt-Glewe/Mecklenburg 395, 651
Niendorf a. d. St. 461–463, 652; Abb. 349, 350
Nolde 567
Norburg 97, 474, 674
Nordkirchen 94
Nütschau 319

Oberursel 675
Odense 674
Oevelgönne (Gut) 563
Offenbach 675
Oldenburg 601, 671f
Oldenburg i. H. 441, 638, 667
Oldenstadt b. Uelzen 653
Overgade 674
Overveen 299
Oxford 199

Padua 666
Panker 12, 37, 44, 410, 456, 464–469; Abb. 351–355
Parin 431

Paris 23, 51, 105, 108, 110, 192, 212, 260, 262, 286, 298, 300, 474, 476, 495, 514, 519, 567, 615, 623, 644, 650, 658, 660, 669; – Bagatelle 669; – Jardin de Chartreux 160; – Tuilerien 15
Parsow/Pommern 318
Perdöl 49, 51, 403, 470–471, 655, 669; Abb. 357
Périgny 477
Petraia 18
Pförten/Brandenburg 109, 214, 670
Philippsthal 591
Pinneberg 12, 67, 121, 130, 132, 137, 138
Pirna 658
Pisa 651
Plön 59, 162, 403, 451, 452, 469, 471, 480, 485, 601; Abb. 2, 16; – Schloßgarten 12, 13, 15, 19, 23, 24, 27, 28, 30, 44, 47, 52, 57, 75, 78, 94, 97, 98, 163, 321, 351, 443, 446, 447, 449, 450, 472–484, 506, 545, 602, 605, 608, 628, 637, 672, 673, 674; Abb. 12, 16, 60, 71, 358–368
Pönitz b. Scharbeutz 666
Pommersfelden 20f, 597
Potsdam 44, 49, 52, 77, 93, 431, 481, 482, 571, 651, 659, 663, 665; – Charlottenhof 211, 671; – Neuer Garten 264, 423; – Sanssouci 104, 282, 291, 496, 519, 532, 606, 671; – Schloß Babelsberg 53, 170
Prag 443
Pratjau 518
Pratolino 16, 544
Preetz 275, 403, 474, 494, 514, 656, 661, 673
Proskau 671

Quedlinburg 296, 655

Ramelsloh 664
Rantzau 12, 15, 21, 25, 36, 183, 461, 485–491, 653, 664; Abb. 2, 369–374
Rastede b. Oldenburg 223
Rastorf 15, 23, 30, 160, 492–496, 525, 655; Abb. 375–377
Ratzeburg 400, 651, 652, 664
Rauden (Schloß) 671
Reinbek 12, 15, 18, 24, 57, 78, 497–505; Abb. 378–383
Reinfeld 265
Rendsburg 120, 209, 270, 317, 543, 663
Rethfurt 653

Rethwisch 97, 178, 402, 403, 406
Rheinsberg 93, 530
Rixdorf 23, 27, 391, 496, 506–509, 518, 653, 655, 674; Abb. 384–387
Rom 15, 135, 225, 228, 246, 495, 514, 516, 540, 650, 654, 660; – Villa Borghese 211; – Villa Mattei 211; – Villa Medici 211, 215, 229; – Villa Pamphili 211
Rüstringen b. Wilhelmshaven 657
Rundhof 33, 36, 40, 44, 50, 196, 510–512, 597, 656; Abb. 388, 389
Ryswyck 597, 601

Saint-Germain-des-Noyers 660
Salzau 14, 22, 24, 27, 33, 36, 40, 44, 168, 170, 171, 172, 283, 301, 444, 510, 513–525, 658, 664; Abb. 26, 390–398
Salzdahlum 519
Salzuflen 675
Sanderumgaard-Haven/Fünen 424
Sanspareil b. Bayreuth 31, 423, 530, 581
Saxtorf 24, 60, 258, 308, 318, 652
Schackenburg b. Tondern 285
Schädtbek 655
Schierensee (Heeschenberg) 12, 18, 20, 22, 24, 27, 31, 33, 109, 258, 526–532, 543, 652, 656, 658, 668, 671; Abb. 399–404
Schiffbek 329
Schlackenwerth 400, 401
Schleißheim 75
Schleswig 36, 70, 257, 258, 422, 426, 557, 650, 654, 655, 672, 673; – Gottorf 12, 40, 47, 61, 69, 78, 215, 255, 321, 322, 327, 410, 415, 439, 500, 540, 576, 650, 654, 655, 665; – Gottorf: Alter Garten 15, 24, 256, 324, 354, 500, 533–545, 559–562, 654, 664, 673, 674; Abb. 405, 407, 408; – Gottorf: Neuwerk-Garten 15, 16, 17, 18, 20, 21, 24, 25, 63, 68, 71, 76, 78, 80, 81, 87, 91, 93, 268, 269, 324, 346, 347, 533–545, 546–551, 552–555, 556–558, 559–562, 626, 650, 654, 664, 665, 668, 673, 674; Abb. 3, 4, 9, 42, 55, 61, 62, 70, 74, 405–407, 409–425; – Gottorf: Westergarten 12, 15, 20, 183, 270, 533–545, 563, 673; Abb. 407; – Palais Dernath 12, 20, 23, 231, 358, 563–566, 664, 673; Abb. 405, 426
Schmoel 464
Schönwalde 588
Schwensby b. Flensburg 260, 652

Schwerin 52, 655, 665
Schwetzingen 93, 264
Schwöbber 24, 295
Seebüll 11, 57, 78, 304, 567–572; Abb. 428–430
Seedorf 196, 655
Seegalendorf 655
Seehof 20
Seelust 214
Seestermühe 11, 14, 19, 20, 23, 24, 25, 27, 37, 47, 114, 158, 194, 282, 285, 328, 514, 573–579, 606, 664, 672; Abb. 11, 431–436
Shenectady 669
Siebenbäumen 585
Sielbeck – Uklei-Pavillon 25, 31, 285, 528, 580–583, 602, 656, 668; Abb. 437–441
Sierhagen 24
Skagen 317
Sonderburg 262, 263, 473
Sophienhof 402
Sophienholm 669
St. Cloud 18, 541, 555
St. Petersburg 16, 24, 298, 301, 403, 529, 546, 551, 661, 670; – Schloß Petershof 24
Stade 672
Stadthagen 665
Staritz 658
Steinbek b. Hamburg Abb. 56
Steinhorst 19, 584–586, 652, 664; Abb. 442, 443
Stendorf 12, 21, 25, 565, 587–590, 664, 671; Abb. 444–447
Stockholm 356, 540, 666
Stöfs 284, 625, 628, 629, 630, 631
Stoltebüll 512
Stowe 268, 496
Stralsund 358, 655, 656
Strande b. Kiel 204
Straßburg 675
Stubbe 230
Stuttgart 571, 647, 665, 675
Süllfeld 653
Syke 672

Tellingstedt 650
Testorf 24, 25, 27, 37, 44, 591–597, 656, 672; Abb. 448–453
The Leasowes 41, 133, 201, 202, 521
Tivoli – Villa d'Este 16, 18, 397, 401, 540
Todendorf 456
Tönning 358, 500, 540, 655
Tolk 552
Tondern 567

Tourves 238
Tralau 620
Travemünde 166, 663
Travenort 44, 598–600; Abb. 52, 454–456
Traventhal 12, 13, 19, 22, 23, 24, 27, 97, 109, 299, 300, 328, 478, 508, 543, 573, 601–608, 615, 654, 674; Abb. 5, 8, 457–461
Tremsbüttel 32, 51, 211, 609–612; Abb. 462–464
Triest 658
Tübingen 647
Tuscum 211

Uelzen 652
Uetersen 328, 612–613, 653, 654; Abb. 465
Uhlenhorst 204

Valdemars Slot 674
Vaux-Le-Vicomte 16, 75, 476
Veckerhagen 597
Veitshöchheim 55, 212
Venlo 576
Verden 672
Verneuil 486, 670
Versailles 19, 24, 298, 334, 544, 575, 576, 606
Villers Agron 669f
Voldagsen/Niedersachsen 662

Wabern 597
Waiküll/Estland 356
Wandsbek 176, 663, 670; – Garten Lengercke 52, 621–622; Abb. 474; – Schloßpark 12, 18, 22, 23, 24, 26, 32, 40, 42, 44, 45, 49, 104, 106, 109, 114, 208, 389, 614–620, 658, 665; Abb. 17, 466–473
Warschau 148
Wassersleben b. Flensburg 51, 623–624; Abb. 475
Waterneverstorf 14, 28, 30, 32, 37, 44, 53, 55, 284, 319, 456, 507, 625–634, 637, 655, 673; Abb. 476–481
Wedel 111
Weikersheim 93
Weimar 40, 41, 54, 78, 93, 117, 208, 296
Weimar – Belvedere 586, 668; – Park an der Ilm 117, 193, 611, 650
Weissenhaus 23, 24, 319, 635–639; Abb. 482–485
Wellingsbüttel b. Hamburg 656
Wensin 84, 598; Abb. 65

Wentorf/Reinbek 662
Wien 138, 246, 422, 424, 443, 658, 659, 665, 673; – Belvedere-Garten 20, 109, 219, 477, 615; – Prater 363
Wilhelmsbad b. Hanau 416, 419, 420, 423
Wilhelmshaven 56, 661
Wilster 25, 274, 640–643; Abb. 486–488
Wintershagen 319
Wismar 356
Wittenberg 666, 671
Witzhave 662
Wörlitz 42, 77, 78, 93, 133, 209, 214, 482, 611
Woldeck/Mecklenburg 672
Woldenhorn 100
Worms 675
Worpswede 317, 667
Wotersen 12, 22, 33, 47, 299, 507, 643-646, 660; Abb. 489–491
Würzburg 634
Wulksfelde 654
Wyk auf Föhr – Kurpark 13, 166, 647–649; Abb. 492, 493

York 199

Zarskoje Selo 526
Zerbst 664
Zweibrücken 675

Danksagung

Für Anregungen, Hilfe, Hinweise und Öffnung ihrer Gärten und Archive danken wir herzlich:

Christian Friedrich von Abercron (Testorf), Altonaer Museum in Hamburg – Norddeutsches Landesmuseum, Archiv der Hansestadt Lübeck, Hartwig Barg (Kreisdenkmalpfleger Ostholstein), Wolfgang Bauch (Landesamt für Vor- und Frühgeschichte Schleswig), Friedrich Graf von Baudissin (Augustenhof), Jutta Beese (Kreisarchiv Plön), Thomas Behrenbruch (Grünflächenamt Kiel), Jutta und Berthold-Wilken von Behr (Rixdorf), Ingrid Bernin-Israel (Eutiner Landesbibliothek), Andreas Graf von Bernstorff (Gartow), Christoph von Bethmann-Hollweg (Jersbek, Altenhof), Bibliothek der Königlichen Akademie für Forst- und Landwirtschaft (Stockholm), Ferdinand Fürst von Bismarck (Friedrichsruh), Erik Bölckow (Grünflächenamt Kiel), Jutta Briel (Stadtarchiv Kiel), Albrecht Graf von Brockdorff-Ahlefeldt (Ascheberg), Gisela und Wolf von Buchwaldt (Neudorf), Herbert Cords (Hamburg), Gisela und Bodo Daetz (Wassersleben), Familie Dethleffsen (Glücksburg-Flensburg), Jörg Deuter (Königshofen), Götz von Donner (Wielen), Jan Drees (Schleswig-Holsteinisches Landesmuseum Schleswig), Karl-Heinz Düring-Rüder (Travenort), Irmtraut und Herbert Engeling (Plön), Elisabeth und Otto Fenner (Hamburg), Karl Foerster Gesellschaft Berlin, Hans Frahm (Hohenstein), Bernadette Frfr. und Konstantin Frhr. von Fürstenberg-Plessen (Nehmten), Hans Fuhrmann (Kiel), Thomas Gädeke (Schleswig-Holsteinisches Landesmuseum Schleswig), Gartenbaubibliothek der TU Berlin, Rosemarie Gerdes (Kiel), Annemarie und Tessen von Gerlach-Parsow (Eckernförde), Bogislav-Tessen von Gerlach (Hohenstein), Henrik Gram (Flensburg), Wolfgang Griep (Eutiner Landesbibliothek), Gert Gröning (Berlin), Klaus-Dieter Hahn (Ostholstein-Museum Eutin), Joh. Diederich Hahn-Godeffroy (Hamburg), Hamburgisches Architekturarchiv, Walter Hatje (Hamburg), Alfred Heggen (Staatliches Internatsgymnasium Plön), Petra Heide (Städtisches Museum Flensburg), Moritz Landgraf von Hessen (Panker), Hessische Hausstiftung Schloß Fasanerie (Nicolette Luthmer und Meinolf Siemer), Ulf von Hielmcrone (Husum), Edda Hinrichsen (Verein Alter Botanischer Garten e.V.), Werner Hinsch (Elbschiffahrtsmuseum Lauenburg), Rita Hirschfeld (Horw/Schweiz), Siegfried Baron von Hobe-Gelting (Gelting), Therese Hoene-Hirschfeld (Altenholz), Henning Höppner (Kreisdenkmalpfleger Plön), Klaus Hoff (Hamburg), Benita und Julius von Hollander (Niendorf a. d. St.), Hugo Holst (Krummendiek), Rudolf Illies (Hamburg), Institut für Weltwirtschaft – Photostelle, Anton Jelinek (Wien), Alexander N. Kalinin und Ingel P. Karpejew (Lomonossow-Museum der Russischen Akademie der Wissenschaften, St. Petersburg), Jürgen Kawalek (Landesbibliothek Kiel), Wolfgang Kehn (Literaturwissenschaftliches Institut CAU), Rosemarie Gräfin und Georg Ludwig Graf von Kielmansegg (Seestermühe), Moritz Graf zu Knyphausen (Louisenlund), Kreisarchiv Nordfriesland, Kreisarchiv Ratzeburg, Andrea Krohn (Bibliothek des Instituts für Allgemeine Botanik Hamburg), Hans Reimer Kuckuck (Hamburg), Deert Lafrenz (LDSH), Landesarchiv Schleswig (insbesondere Heinrich Freiherr von Hoyningen gen. Huene, Jan Richter, Karl-Heinz Schwartz und Hans-Adolf Zirkel), Landesbauamt Kiel II, Landesbibliothek Kiel, Landesvermessungsamt Schleswig-Holstein (Kiel), Johanna Leßmann (Museum für Kunst und Gewerbe Hamburg), Doris Liebetrau (Grünflächenamt Kiel), Dieter Lohmeier (Kiel), Jochen und Marianne Louwien (Hamburg), Ella Freifrau von Lüttwitz-Heinrich (Emkendorf), Hakon Lund (Kopenhagen), Henrik Lungagnini (Schierensee), Olguita Mahn (Eckernförde), Ulrich Mierwald (Kieler Institut für Landschaftsökologie), Ruth und Hans-Reimer Möller (Detlefsen-Museum Glückstadt), Nikolaj Müller-Wusterwitz (Friedrichsruh), Museum für Hamburgische Geschichte, Museum für Kunst- und Kulturgeschichte der Hansestadt Lübeck, Martina Nath-Esser (Hamburg), Walter Niebergall (Kiel), Niedersächsisches Hauptstaatsarchiv Hannover, Niedersächsisches Staatsarchiv Wolfenbüttel, Niedersächsische Staats- und Universitätsbibliothek Göttingen, Ehepaar Niemöller (Hanerau), Magnus Olausson (Nationalmuseum Stockholm), Anton Günther Herzog von Oldenburg (Güldenstein), Anna-Marie von Oppeln-Bronikowski (Kellinghusen), B. Overmiller (Library of Congress Washington), Renate Paczkowski (Landesgeschichtliche Sammlung Schloß Kiel), Bodild von Paepcke (Bredeneek), Bodo Paeske (Archiv Glücksburg), Cord Panning (Hannover-Herrenhausen), Sylvie Péharpré (Musée National de la Coopération Franco-Americaine Château Blérancourt), Plansammlung der Technischen Universität Berlin, Erik Graf von Platen Hallermund (Weißenhaus), Elke Gräfin und Breido Graf zu Rantzau (Breitenburg), Andreas von Rauch (Denkmalschutzamt Hamburg), Reichsarchiv Kopenhagen, Manfred Reuther (Stiftung Seebüll Ada und Emil Nolde), Friedrich Graf von Reventlow (Wulfshagen), Jörgen Ringenberg (Hamburg), Sophie Rochard-Fiblec (Réunion des Musées Nationaux Paris), Holger Rüdel (Städtisches Museum Schleswig), Christoph Prinz von Schleswig-Holstein-Sonderburg-Glücksburg (Grünholz), Schloßarchiv Eutin, Schloßarchiv Reinbek, Friedhelm Schneider (LDSH), Charlotte Schoell-Glass (Hamburg), Renata Prinzessin und Udo Prinz von Schönaich-Carolath (Haseldorf), Ulrich Schulte-Wülwer (Städtisches Museum Flensburg), Broder Schwensen (Stadtarchiv Flensburg), Günther Seehann (Bundesforschungsanstalt für Forst- und Holzwirtschaft Hamburg), Lucie von Senden (Meischenstorf), Margarethe Söldner (Archäologisches Institut der CAU), Johannes Spallek (Bad Oldesloe), Staatsarchiv Hamburg, Stadtarchiv Herrenberg, Staatsbibliothek Hamburg, Stadt- und Kreisarchiv Itzehoe, Stadtarchiv Bremerhaven, Stadtarchiv Lauenburg, Stadtarchiv Reinbek, Statens Museum for Kunst (Kopenhagen), Klaus Stritzke (Stockholm), Wolfgang Teuchert (Kiel), Philippa Gräfin von Thun-Hohenstein (Salzau), Tiefbauamt Lauenburg, Ludwig Trauzettel (Wörlitz), Paul Venable Turner (Stanford University California), Anne Lise Thygesen (Kopenhagen), Universitätsbibliothek Kiel, Universitätsbibliothek der Technischen Universität Hamburg-Harburg, Holger Vanselow (Hamburg), Marion und Klaus R. Wachs (Hamburg), Franz Graf von Waldersee (Waterneverstorf), Jürgen Graf von Waldersee (Stöfs), Gabriele Gräfin von Waldersee-Brandt (Hohwacht), Eiko Wenzel (Bauordnungsamt Flensburg), Jens Wiederich (Stadtarchiv Plön), Peter H. Wilkens (Hamburg), Else Maria Wischermann (UB Kiel), Joachim Wolschke-Bulmahn (Hannover), Paul Ziegler (Hamburg), Paul Zubek † (Schleswig-Holsteinisches Landesmuseum Schleswig).

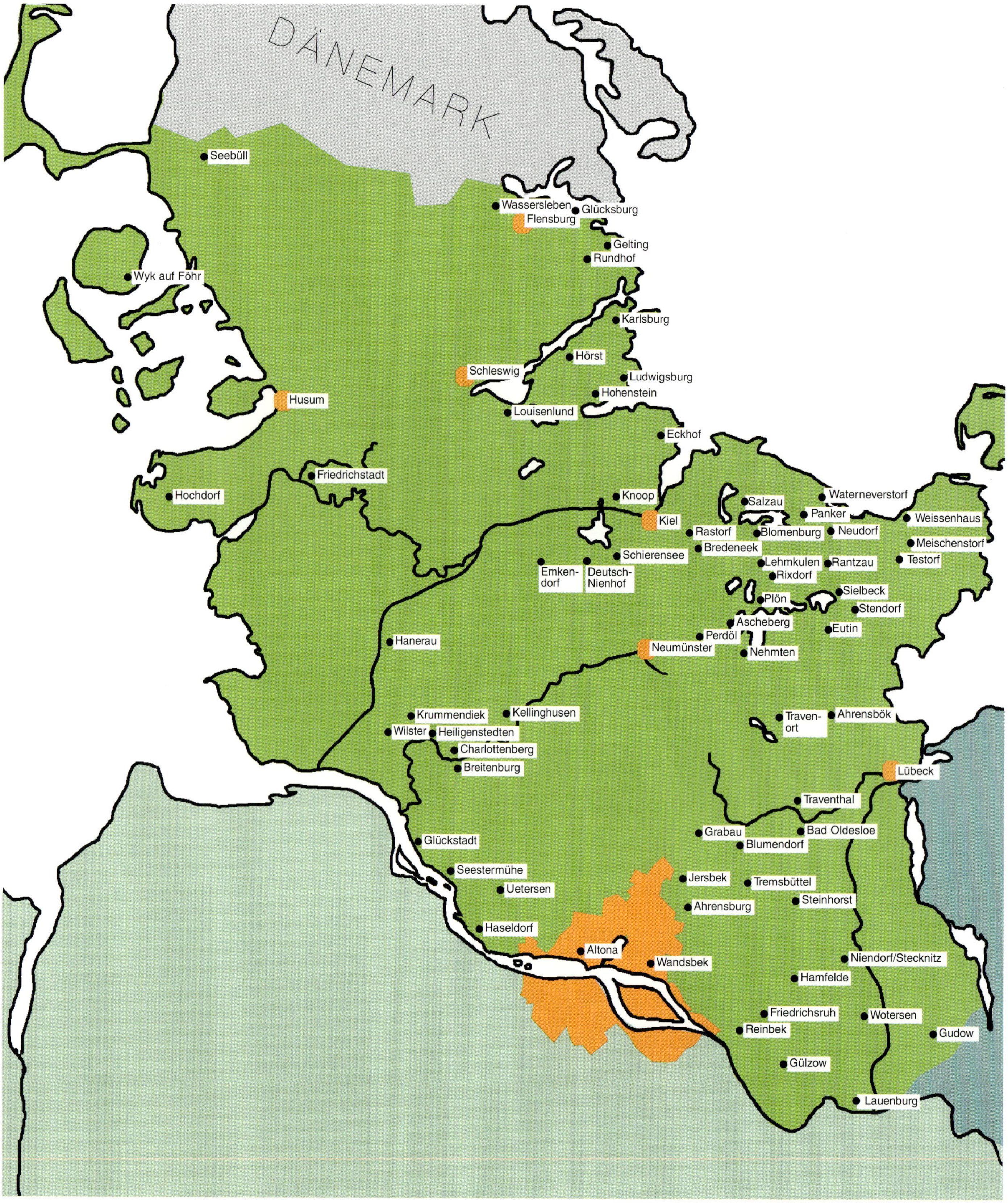
DÄNEMARK
Seebüll
Wassersleben
Glücksburg
Flensburg
Gelting
Rundhof
Wyk auf Föhr
Karlsburg
Hörst
Schleswig
Ludwigsburg
Hohenstein
Husum
Louisenlund
Eckhof
Friedrichstadt
Hochdorf
Knoop
Salzau
Waterneverstorf
Panker
Weissenhaus
Kiel
Rastorf
Blomenburg
Neudorf
Bredeneek
Meischenstorf
Schierensee
Testorf
Emken-
dorf
Deutsch-
Nienhof
Lehmkulen
Rantzau
Rixdorf
Sielbeck
Plön
Stendorf
Ascheberg
Perdöl
Eutin
Hanerau
Neumünster
Nehmten
Krummendiek
Kellinghusen
Traven-
ort
Ahrensbök
Wilster
Heiligenstedten
Charlottenberg
Breitenburg
Lübeck
Traventhal
Grabau
Bad Oldesloe
Blumendorf
Glückstadt
Seestermühe
Jersbek
Tremsbüttel
Uetersen
Ahrensburg
Steinhorst
Haseldorf
Altona
Wandsbek
Niendorf/Stecknitz
Hamfelde
Friedrichsruh
Wotersen
Reinbek
Gudow
Gülzow
Lauenburg